양자정보 이론 2/e

양자정보 이론 2/e

남기환 옮김　Mark M. Wilde 지음

에이콘

에이콘출판의 기틀을 마련하신 故 정완재 선생님 (1935-2004)

| 옮긴이 소개 |

남기환(snowall@gmail.com)

중앙대학교에서 물리학, 수학을 전공하고 한국방송통신대학교에서 컴퓨터과학, 영어영문학을 전공했다. 중앙대학교에서 입자물리학 석사를 취득하고, 카이스트 물리학과 박사과정을 중퇴했다. 광주과학기술원 고등광기술연구소를 거쳐 현재 광통신 관련 업체 연구원으로 재직 중이다.

양자역학을 적극적으로 사용하는 양자 기술이 발전함에 따라, 바야흐로 양자 컴퓨터와 양자 통신의 시대가 다가오고 있다. 양자 컴퓨터와 양자 통신에서 처리하는 정보의 단위인 큐비트는 중첩, 얽힘과 같이 고전적으로는 설명할 수 없는 특성이 있으며, 고전 비트와는 성질이 완전히 다르다. 이에 따라 고전적인 정보 이론은 양자 컴퓨터와 양자 통신의 정보 처리 과정을 완전히 기술하기에는 부적합하며, 양자정보를 위한 양자정보 이론이 필수적으로 요구된다.

정보 이론이란 컴퓨터와 통신에서 정보를 다룰 때 얼마나 효율적으로 처리할 수 있는지를 이론적으로 연구하는 분야다. 정보 이론은 전통적으로 컴퓨터과학과 수학의 연구 분야였으나, 양자 계산과 양자정보의 개념이 도입됨에 따라 물리학의 연구 분야로도 확장됐다.

양자정보 이론은 양자역학의 개념들을 정보 이론에 접목한 것으로, 간단히 설명한다면 양자역학적으로 정보를 처리함에 있어 얼마나 효율적으로 다룰 수 있는지, 양자 통신을 사용해 정보를 전달할 때 어떤 자원이 얼마나 필요한지에 대한 이론 체계다. 양자정보 이론의 체계는 고전적인 정보 이론을 체계적으로 정립한 클로드 섀넌의 체계를 대체로 따라간다. 하지만 고전 비트와 큐비트의 본질적인 차이가 존재하기 때문에 양자정보 이론은 고전적인 정보 이론을 넘어서는 개념들이 필요하다. 이 책에서는 이를 위해 필요한 개념과 이론적 도구를 정의하고, 정보에 관한 고전적 개념과 양자적 개념의 차이 및 공통점을 설명한다.

이 책은 저자가 양자정보 이론에 대해 연구하고 강의한 내용을 엮은 것으로, 양자정보 이론에 입문하려는 학생과 연구자를 대상으로 한다. 저자는 큐비트와 양자정보의 기본 개념에서부터 시작해 양자정보 엔트로피와 관련된 각종 부등식을 소개하고, 고전적인 통신공학과 정보 이론의 중요한 개념과 통신 규약을 양자정보의 개념으로 확장한다. 이를 통해 양자 섀넌 엔트로피, 양자 상호 정보, 홀레보 정보, 양자 전형성 그리고 양자 통신 용량 정리에 이르는 개념들을 도입하고 설명한다.

역자로서 대가의 책을 번역하는 작업은 쉽지 않은 일이었으나, 또한 흥미롭고 놀라운 내용이 담겨 있어 즐겁게 작업할 수 있었다. 번역 작업을 하면서 원서의 내용을 가능한 한 있는 그대로 독자들에게 전달하고자 노력했다. 다만, 원서의 탁월한 설명이 번역서를 읽는 독자들에게 와 닿지 않는다면 그것은 오롯이 역자의 책임일 것이다. 이 책이 양자정보 이론에 입문하려는 학생과 연구자에게 도움이 되기를 바란다.

이 책을 번역하는 데 있어 많은 분들의 도움을 받았다. 번역 과정에서 많은 조언을 해주신 이우준 님, 이상진 님, 이진엽 님, 번역에 있어 응원과 지원을 아끼지 않으신 에이콘출판사의 권성준 사장님, 김진아 님 그리고 편집을 담당해주신 김경희 님께 감사를 드린다.

| 지은이 소개 |

마크 M. 윌디 Mark M. Wilde

미국 루이지애나주 배턴루지의 루이지애나주립대학교LSU, Louisiana State University에 있는 물리천문학과와 컴퓨터기술센터의 조교수로, 국립 직업개발기금상과 APS-IUSSTF 물리 분야 교수상을 수상했다. IEEE의 상급위원이자, 현재 주도적 학술지인 「IEEE Transactions on Information Theory」의 양자정보 이론 분야 부편집자를 맡고 있다. 현재는 양자 섀넌 이론, 양자 광통신, 양자 계산 복잡도 이론, 양자 오류 보정 등을 연구하고 있다.

머리말

이 책 초판의 첫 번째 원고를 완성한 지 수년이 지났다. 많은 것을 배울 수 있었던 동료들에게 감사를 표하고 싶다. 지난 수년간 마리오 베르타Mario Berta, 니란야나 다타Nilanjana Datta, 사이캇 구하Saikat Guha, 안드레아스 윈터Andreas Winter는 내가 양자정보 이론을 생각하는 방식에 큰 영향을 줬다. 그리고 마리오와 니란야나는 나의 기술적 글쓰기 방식에 영향을 줬고, 그 부분은 2판에 반영했다. 또한 동료를 비롯한 많은 분과 함께 일하게 된 덕분에 내가 하게 될 것이라고는 상상도 못했던 양자정보 이론의 새로운 연구 방향으로 나아갈 수 있었다.

그리고 대학원 과정 동안 이 책을 주 교재로 사용하며 많은 피드백을 보내준 토드 브런Todd Brun, 폴 커프Paul Cuff, 루도비코 라미Ludovico Lami, 키아라 모건Ciara Morgan, 지아니콜라 스카르파Giannicola Scarpa에게 감사한다. 누구든 책을 쓰면서 오타를 피하려고 노력하겠지만, 오타는 늘 예상하지 못한 곳에서 나타난다. 오타와 오류를 지적해주고 어떻게 고쳐야 할지도 제안해준 토드 브런, 줄리오 키리벨라Giulio Chiribella, 폴 커프, 다웨이 (데이비드) 딩Dawei (David) Ding, 윌 매튜스Will Matthews, 밀런 모소니Milan Mosonyi, 데이비드 립David Reeb, 마르코 토마미켈Marco Tomamichel을 비롯한 많은 분께 감사를 표한다. 또한 2판의 출판에 많은 도움을 준 케임브리지대학교 출판사의 데이비드 트라나David Tranah와 편집자들에게 감사한다.

그렇다면, 2판에서는 무엇이 새로워졌는가? 이 책의 모든 페이지를 새로 작성하고, 100쪽 이상의 새로운 자료를 추가했다는 설명으로 충분할 것이다! 나는 루이지애나주립대학교에서 2013년 가을학기 동안 대학원생을 대상으로 양자정보를 강의하면서 이 책의 새로운 판에 대한 생각을 정리했다. 그리고 2015년 가을에는 더 많은 생각을 정리하며 실제로 2판을 저술했다(양자정보를 다시 강의를 할 때였다). 따라서 좋은 환경과 지원을 제공한 루이지애나주립대학교의 물리천문학부와 컴퓨터기술센터 모두에 감사한다. 또한 강의를 하며 피드백을 해준 대학원생들에게도 감사한다. 모르고 지나칠 수도 있는 전체적인 작은 변화가 많다. 예를 들어, 앨리스와 밥 사이의 공유된 양자 상태를 ρ^{AB}가 아니라 ρ_{AB}로 쓰기로 했다(즉, 계의 표지를 위첨자보다는 아래첨

9

자로 나타낸 것이다). 여기에는 많은 동료가 영향을 줬는데, 이 방식을 쓰는 데에는 좋은 이유가 있다. '양자계의 상태'라는 말은 상태 ρ가 계 AB에 '남아 있어야' 하고, 자주 사용할 부분 대각합 $\mathrm{TR}_A\{\rho_{AB}\}$가 $\mathrm{TR}_A\{\rho^{AB}\}$보다 더 괜찮아 보이며, ρ_{AB}는 무작위 변수 X에 대한 확률 분포 p_X라는 표기법과 더 잘 맞아떨어지기 때문이다. 이런 것은 사소한 변화다. 중요한 변화는 많은 연습문제의 추가, 벨 정리Bell's theorem의 자세한 논의, CHSH 게임, 치렐슨 정리Tsirelson's theorem, 양자 통신 선로에 대한 공리적 접근, 최-크라우스 정리Choi-Kraus theorem의 증명, 단위 수반 사상unital adjoint map의 정의, 모두 양자 통신 선로로서 사용될 상태, 통신 선로, 측정에 대한 논의, 양자정화의 등가성, 등척 확장isometric extension으로 나타낸 수반 사상, 다이아몬드 노름의 정의와 해석, 측정으로 충실도에 도달하는 방법, 힐베르트-슈미트Hilbert-Schmidt 거리가 선로에 대해 단조 함수가 아닌 이유, 고전 상대 엔트로피와 양자 상대 엔트로피의 더 자세한 정의, 고전 엔트로피와 상대 엔트로피의 새로운 연속성 경계, 고전 엔트로피 부등식의 개선, 강한 준가법성과 상대 엔트로피의 단조성 같은 양자 엔트로피 부등식의 등가성, 회복 가능성을 다룬 12장의 추가, 선로 정보량의 가법성에 대한 변화된 증명, 고전 통신의 연속 복호화, 슈마허 압축 정리Schumacher compression theorem의 더 간단한 증명, 완전히 다시 작성한 19장, HSW 정리의 도달 가능성 부분에 대한 다른 증명, 삭제 선로의 고전 용량 증명, 얽힘보조 용량 정리의 역에 대한 더 간단한 증명, 반대급부 자원 부등식에 대한 새로운 증명, 해시 경계에 대한 새로운 증명, 양자 동역학적 용량 정리의 역에 대한 간단해진 증명, 양자 동역학적 용량 공식의 중요성에 대한 완전히 새로운 논의, 최근의 영향력 있는 많은 새로운 참고문헌의 추가 등이다. 전체적으로 많은 정리와 정의를 보여주는 방식에 사소한 변화들이 있었다.

나의 삶에 응원과 지지를 보내주는 나의 어머니, 아버지, 누이, 형제를 비롯한 내 주변의 모든 가족 구성원에게 가장 감사를 보낸다. 나는 여전히 아내인 크리스타벨Christabelle과 그 가족들에게 따뜻한 사랑을 빚지고 있다. 크리스타벨은 나에 대한 사랑과 지지의 끝없는 원천이다.

이 책의 2판을 조카인 데이비드David와 매튜Matthew에게 헌정한다.

이 책은 2008년 여름 로스앤젤레스에서, 박사학위 논문을 쓰고 남은 마지막 몇 달의 여유를 이용해 쓰기 시작했다. 3년 전인 2005년 가을에 서던캘리포니아대학교USC, University of Southern California에 있을 때 이고르 데브택Igor Devetak이 가르쳐준 양자정보 과학의 아름다운 영역인 양자 섀넌 이론을 다시 살펴봐야겠다는 확고한 결정을 내리고, '양자정보 이론의 원리'라는 제목의 원고를 주의 깊게 연구했다. 이 책은 이고르가 패트릭 헤이든Patrick Hayden 및 안드레아스 윈터Andreas Winter와 공동연구를 시작했던 교재였다. 나는 이 원고를 여러 번 읽었으며, 많은 부분은 잘 이해할 수 있었지만 또 어떤 부분들은 잘 이해하지 못했다.

몇 주간 읽고 또 읽은 후, 만약 내가 이 책을 처음부터 다시 쓴다면 이 내용을 이해할 수 있을 것 같다는 결론을 내렸다. 그리고 포장 보조정리packing lemma, 덮음 보조정리covering lemma, 양자 전형성quantum typicality에 대한 장들을 작성하기 시작했다. 나는 이고르의 (이제는 예전) 학생인 민-슈 시에Min-Hsiu Hsieh와 지쳉 뤄Zhicheng Luo가 이미 이고르와 함께 좋은 연구논문을 몇 편 작성한 적이 있기 때문에 이 주제에 대해 잘 알고 있다는 사실을 알고 있었다. 그래서 기초적인 내용을 살펴보는 시간을 매주 한 시간씩 가질 수 있는지 물어봤다. 그들은 친절하게 동의해줬고, 포장 기술과 덮음 기술을 이해하는 데 많은 도움을 줬다.

졸업 후, 이고르가 우리 둘에게 제안한 '양자 통신 선로의 3중 반대급부 용량의 탐색'이라는 주제로 민-슈와 공동연구를 시작했다. 이것은 이 영역에서 이미 달성된 모든 것을 이해해야만 증명할 수 있는 양자 섀넌 이론을 배우기에는 최고의 시작점이었다. 몇 달간의 노력 끝에, 안드레아스 윈터의 싱가포르 연구단에 2개월간 방문하는 동안에도 민-슈와 이 연구에 대한 작업을 계속했다. 더 많은 것을 배우면서, 더 많은 내용을 원고에 추가할 수 있었고, 책은 계속 발전했다.

2009년 1월, 워싱턴 DC의 직장에 정착한 후에 내가 한 과목을 가르치는 데 필요한 자료를 거의 갖고 있다는 사실을 깨달았고, 그 지역의 대학들에게 혹시 관심이 있는지를 문의했다. 조지워싱턴대학교George Washington University 전기공학과의 전 학과장이었던 캔 코만^{Can Korman}은 그 가능성에 들떴다. 그의 열정은 내가 원고를 계속 작성할 수 있게 했다. 나는 강의를 준비하고 남은 시간에 계속해서 원고를 수정하고 추가했다. 불행히도(어쩌면 다행스럽게도?) 이 강의는 취소됐다. 나는 낙심했으나, 패트릭 헤이든을 만나서 맥길대학교^{McGill University}에 있는 그의 연구단에 참여해도 괜찮은지 문의했다. 패트릭 헤이든과 데이비드 에이비스^{David Avis}는 나를 박사후과정 연구원으로 초청했고, 2009년 10월에 몬트리올로 옮겼다. 합류 후에는 패트릭과 그의 연구단 동료와 공동연구를 하고, 토론을 하면서 많은 것을 배웠다. 패트릭은 그의 연구년 동안 나에게 그의 양자 섀넌 이론 대학원 수업에서 강의할 수 있는 기회를 줬고, 이것은 이 원고를 꾸준히 작업하는 데 힘이 됐다.

저술을 하는 동안 용기를 주고 지지해준 것에 대해 앞서 언급한 모두에게 감사를 표하고 싶다. 또한 글을 쓰는 동안 피드백을 해준 모두에게도 감사를 전한다. 특히 이 책 전체에 걸쳐 상세한 피드백을 해준 데이브 투셰트^{Dave Touchette}에게 특히 감사하다. 데이브의 꼼꼼한 검토와 오류 검사 덕분에 이 책의 품질을 크게 개선할 수 있었다. 그리고 전반적으로 이 책의 초반부에 대해 사랑이 담긴 조언을 해준 나의 아버지 그레고리 E. 윌디^{Gregory E. Wilde, Sr.}에게도 감사한다. 또한 나를 응원하고, 피드백을 해주고, 이 책이 중요한 학술적 작업임을 믿어준 이반 사보프^{Ivan Savov}에게 감사한다. 콘스탄스 카라마놀리스^{Constance Caramanolis}, 라자-알리 카즈미^{Raza-Ali Kazmi}, 존 M. 섄크^{John M. Schanck}, 바이랄 쇼^{Bilal Shaw}, 안나 베르시니나^{Anna Vershynina}의 가치 있는 피드백에도 감사한다. 많은 분야의 공동연구를 통해 나의 양자 섀넌 이론 지식을 발전시켜준 민-슈 시에에게도 감사한다. 저작물 사용 허가 표시와 관련해 조언을 해준 마이클 닐슨^{Michael Nielsen}과 빅터 슈프^{Victor Shoup}, 책의 출판에 대한 조언을 해준 커트 제이콥스^{Kurt Jacobs}에게도 감사를 표한다. 발전적인 피드백과 출판 과정 전반에 걸쳐 뛰어난 지원을 해준 케임브리지대학교 출판사의 사라 페인^{Sarah Payne}과 데이비드 트라나^{David Tranah}에게 감사한다. 연구는 MDEIE(퀘벡)의 PSR-SIIRI 연구비 지원사업으로 수행됐다.

나를 학생으로 받아준 선생님들께도 빚을 졌다. 토드 브런^{Todd Brun}은 도움이 되고 친절하며 창의력과 고유의 추진력을 북돋워준 경이로운 박사 과정 지도교수였다. 이고르 데브택은 2005년 가을학기에 양자 섀넌 이론을 가르쳐줬고, 주 1회의 면담 시간을 통해 내게 도움을 줬다. 또한 나를 토드^{Todd}의 연구단으로 초청했고, 책을 쓰는 동안 '큰 그림'을 그려보라는 피드백과 큰 용기를 줬다. 바트 코스코^{Bart Kosko}는 서던 캘리포니아대학교에 머물던 초기에 나를 학자로 만들었고, 이 책의 기획에 도움이 된 조언을 해줬다. 패트릭 헤이든은 맥길대학교에서 나의 큰 지지기반이었다. 양자정보를 비롯한 많은 분야에 대한 그의 지식은 타의 추종을 불허하며, 맥길대학교에 있는 동안 친절하고 많은 도움을 줬으며, 자주 초청해줬다. 맥길대학교에서 강의할 수 있는 기회를 주고 이 책을 발전시키도록 전반적인 조언을 해준 패트릭에게도 감사를 전한다.

사랑과 지지의 원천이 되어준 나의 어머니, 아버지, 누이, 형제와 나를 둘러싼 모든 가족에게 감사한다. 끝으로, 아내인 크리스타벨Christabelle과 그녀의 가족들이 보여준 따뜻함과 사랑에 빚을 졌다.

이 책을 나의 조부모인 조셉 맥마흔Joseph McMahon과 로즈 맥마흔Rose McMahon, 노버트 제이Norbert Jay와 메리 월디Mary Wilde에게 헌정한다. 주님께 영광 있으라.

차례

옮긴이 소개 5

옮긴이의 말 6

지은이 소개 8

머리말 9

초판 머리말 11

이 책의 사용법 29

1부 소개　　　　　　　　　　　　　　　　　　　　　　　　33

01　양자 섀넌 이론의 개념　　　　　　　　　　　　　　　35

1.1 양자 이론의 개괄 39

　1.1.1 양자 이론의 간략한 역사 39

　1.1.2 양자 이론의 기본 개념 41

1.2 양자 섀넌 이론의 출현 44

　1.2.1 섀넌의 정보 비트 44

　1.2.2 양자정보의 척도 45

　1.2.3 양자 섀넌 이론의 조작적 작업 49

　1.2.4 양자 섀넌 이론의 역사 53

02　고전 섀넌 이론　　　　　　　　　　　　　　　　　　61

2.1 자료 압축 62

　2.1.1 자료 압축의 사례 62

　2.1.2 정보의 척도 64

　2.1.3 섀넌의 원천 부호화 정리 65

2.2 선로 용량 73

　2.2.1 오류 교정 부호의 예 73

2.2.2 섀넌의 선로 부호화 정리 77

2.2.3 선로 부호의 일반 모형 77

2.2.4 섀넌의 선로 부호화 정리 증명을 위한 밑그림 81

2.3 정리 89

2부 양자 이론   91

03   무잡음 양자 이론   93

3.1 개괄 94

3.2 양자 비트 95

3.3 가역 변화 102

    3.3.1 연산자의 행렬 표현 103

    3.3.2 교환자와 반교환자 106

    3.3.3 파울리 행렬 106

    3.3.4 아다마르 게이트 107

    3.3.5 회전 연산자 108

3.4 측정 110

    3.4.1 연산자의 확률, 기댓값, 분산 112

    3.4.2 불확정성 원리 115

3.5 복합 양자계 117

    3.5.1 복합계의 변화 119

    3.5.2 복합계의 확률 진폭 121

    3.5.3 제어형 게이트 122

    3.5.4 복제 불가 정리 124

    3.5.5 복합계의 측정 126

3.6 얽힘 127

    3.6.1 자원으로서의 얽힘 129

    3.6.2 CHSH 게임에서의 얽힘 131

    3.6.3 벨 상태 140

3.7 정리와 큐디트 상태로의 확장 141

    3.7.1 큐디트 141

    3.7.2 유니터리 변화 142

    3.7.3 큐디트의 측정 144

      3.7.4 큐디트의 복합계 146
  3.8 슈미트 분해 148
  3.9 역사와 더 읽을거리 151

04 유잡음 양자 이론   153

  4.1 유잡음 양자 상태 154
      4.1.1 밀도 연산자 155
      4.1.2 앙상블들의 앙상블 163
      4.1.3 앙상블의 무잡음 변화 163
      4.1.4 특별한 경우로서의 확률론 166
  4.2 유잡음 양자 이론의 측정 169
      4.2.1 POVM 형식 체계 172
  4.3 복합 유잡음 양자계 174
      4.3.1 독립 앙상블 174
      4.3.2 분리 가능한 상태 176
      4.3.3 국소 밀도 연산자와 부분 대각합 179
      4.3.4 고전-양자 앙상블 187
  4.4 양자 변화 189
      4.4.1 양자 변화의 공리적 접근 189
      4.4.2 양자 선로의 유일한 명세 199
      4.4.3 양자 선로의 직렬 연결 200
      4.4.4 양자 선로의 병렬 연결 200
      4.4.5 단위 사상과 양자 선로의 수반 연산자 201
  4.5 양자 선로의 해석 203
      4.5.1 출력 측정의 손실로서의 유잡음 변화 204
      4.5.2 유니터리 상호 작용에서 나타나는 유잡음 변화 204
  4.6 양자 선로는 모든 것을 아우른다 206
      4.6.1 양자 선로의 준비와 덧붙임 206
      4.6.2 대각합 씻음 선로와 버림 선로 207
      4.6.3 유니터리 선로와 등척 선로 207
      4.6.4 고전-대-고전 선로 210
      4.6.5 고전-대-양자 선로 211
      4.6.6 양자-대-고전 선로(측정 선로) 212
      4.6.7 얽힘파괴 선로 213
      4.6.8 양자 기기 217

4.7 양자 선로의 사례 220

    4.7.1 무작위 유니터리 연산으로부터의 잡음 변화 220

    4.7.2 위상이완 선로 221

    4.7.3 파울리 선로 223

    4.7.4 탈분극화 선로 223

    4.7.5 진폭감쇠 선로 225

    4.7.6 삭제 선로 226

    4.7.7 조건부 양자 선로 227

4.8 정리 230

4.9 역사와 더 읽을거리 231

05   정화된 양자 이론   233

5.1 양자정화 234

    5.1.1 양자정화의 해석 235

    5.1.2 양자정화의 등가성 236

    5.1.3 양자 상태의 확장 238

5.2 등척 변화 238

    5.2.1 사례: 비트반전 선로의 등척 확장 239

    5.2.2 양자 선로의 등척 확장 242

    5.2.3 등척 확장의 더 많은 사례 247

    5.2.4 양자 선로의 등척 확장과 수반 사상 250

5.3 결맞은 양자 기기 252

5.4 결맞은 측정 253

5.5 역사와 더 읽을거리 255

3부   단위 양자 통신 규약   257

06   세 가지 단위 양자 통신 규약   259

6.1 비국소적 단위 자원 261

6.2 통신 규약 264

    6.2.1 얽힘 분배 264

    6.2.2 초등 부호화 267

6.2.3 양자 초고밀도 부호화 268

6.2.4 양자원격전송 270

6.3 세 가지 단위 통신 규약의 최적성 275

6.4 양자 섀넌 이론의 확장 277

6.5 세 가지 단위 큐디트 통신 규약 278

6.5.1 얽힘 분배 280

6.5.2 양자 초고밀도 부호화 281

6.5.3 양자원격전송 281

6.6 역사와 더 읽을거리 285

07   결맞은 통신 규약   287

7.1 결맞은 통신의 정의 289

7.2 결맞은 비트 선로의 구현 291

7.3 결맞은 초고밀도 부호화 293

7.4 결맞은 원격전송 295

7.5 결맞은 통신 항등식 297

7.6 역사와 더 읽을거리 299

08   단위 자원 용량 영역   301

8.1 단위 자원 도달 가능 영역 302

8.2 직접 부호화 정리 307

8.3 역정리 307

8.4 역사와 더 읽을거리 313

4부   양자 섀넌 이론의 도구   315

09   거리 척도   317

9.1 대각합 거리 318

9.1.1 대각합 노름 318

9.1.2 대각합 노름으로부터 대각합 거리 322

9.1.3 확률 차이로서의 대각합 거리 323

9.1.4 대각합 거리의 조작적 해석 325

9.1.5 대각합 거리 보조정리 327

9.1.6 선로 구분 가능성과 다이아몬드 노름 331

9.2 충실도 334

9.2.1 순수 상태의 충실도 334

9.2.2 기대 충실도 336

9.2.3 울만 충실도 337

9.2.4 충실도의 성질 340

9.2.5 측정이 충실도를 만든다 345

9.3 대각합 거리와 충실도의 관계 348

9.4 약한 측정 352

9.5 양자 선로의 충실도 356

9.5.1 양자 선로의 기대 충실도 357

9.5.2 얽힘 충실도 358

9.5.3 기대 충실도와 얽힘 충실도 361

9.6 힐베르트-슈미트 거리 척도 362

9.7 역사와 더 읽을거리 363

10 고전 정보와 엔트로피   365

10.1 무작위 변수의 엔트로피 366

10.1.1 이항 엔트로피 함수 369

10.1.2 엔트로피의 수학적 성질 369

10.2 조건부 엔트로피 372

10.3 결합 엔트로피 374

10.4 상호 정보 375

10.5 상대 엔트로피 376

10.6 조건부 상호 정보 378

10.7 엔트로피 부등식 379

10.7.1 상대 엔트로피의 비음수성 380

10.7.2 자료 처리 부등식 382

10.7.3 파노 부등식 387

10.7.4 엔트로피의 연속성 390

10.8 엔트로피 부등식이 거의 등식인 경우 394

10.8.1 핀스커 부등식 394

10.8.2 엔트로피 부등식의 개량 397

10.9 양자계에서의 고전 정보 401

10.9.1 POVM의 섀넌 엔트로피 402

10.9.2 접근 가능한 정보 402

10.9.3 2분할 상태의 고전적 상호 정보 403

10.10 역사와 더 읽을거리 404

11 양자정보와 엔트로피   405

11.1 양자 엔트로피 406

11.1.1 양자 엔트로피의 수학적 성질 408

11.1.2 양자 엔트로피의 다른 특징 410

11.2 결합 양자 엔트로피 412

11.2.1 순수 2분할 상태의 한계 엔트로피 412

11.2.2 가법성 414

11.2.3 고전-양자 상태의 결합 양자 엔트로피 414

11.3 조건부 양자 엔트로피의 아직 불만족스러운 잠재적 정의 416

11.4 조건부 양자 엔트로피 418

11.4.1 고전-양자 상태에 대한 조건부 엔트로피 419

11.4.2 음의 조건부 양자 엔트로피 419

11.5 결맞은 정보 421

11.6 양자 상호 정보 423

11.6.1 홀레보 정보 426

11.7 조건부 양자 상호 정보 427

11.7.1 CQMI의 비음수성 428

11.8 양자 상대 엔트로피 430

11.8.1 양자 상대 엔트로피에서 다른 엔트로피의 유도 434

11.8.2 양자 상대 엔트로피의 수학적 성질 436

11.9 양자 엔트로피 부등식 438

11.9.1 양자 엔트로피 부등식들의 동등함 441

11.9.2 양자 자료 처리 445

11.9.3 엔트로피 불확정성 원리 448

11.10 양자 엔트로피의 연속성 453

11.11 역사와 더 읽을거리 461

12   양자 엔트로피 부등식과 복원 가능성   463

12.1 복원 가능성 정리 463

12.2 샤튼 노름과 복소 보간법 465

   12.2.1 샤튼 노름과 쌍대성 465

   12.2.2 복소해석학 466

   12.2.3 샤튼 노름의 복소 보간법 469

12.3 페츠 복원 사상 471

12.4 레니 정보 척도 474

12.5 복원 가능성 정리의 증명 479

12.6 양자 엔트로피 부등식의 개량 482

   12.6.1 강한 준가법성 483

   12.6.2 조건부 양자 엔트로피의 오목성 484

   12.6.3 양자 상대 엔트로피의 결합 볼록성 485

   12.6.4 양자 불일치의 비음수성 485

   12.6.5 홀레보 한계 487

12.7 역사와 더 읽을거리 488

13   양자 선로의 정보   491

13.1 고전 선로의 상호 정보 493

   13.1.1 고전 선로의 정규화된 상호 정보 494

   13.1.2 가법성 496

   13.1.3 정규화와 관련된 문제 499

   13.1.4 고전 선로의 상호 정보를 최적화하기 501

13.2 도청 선로의 비밀 정보 502

   13.2.1 비밀 정보의 가법성 504

   13.2.2 감쇠된 도청 선로 506

13.3 양자 선로의 홀레보 정보 508

   13.3.1 특정 선로에 대한 홀레보 정보의 가법성 509

   13.3.2 홀레보 정보의 최적화 512

13.4 양자 선로의 상호 정보 515

   13.4.1 가법성 516

   13.4.2 양자 선로의 상호 정보를 최적화하기 519

13.5 양자 선로의 결맞은 정보 520

   13.5.1 몇몇 선로에 대한 결맞은 정보의 가법성 521

13.5.2 결맞은 정보를 최적화하기 524

13.6 양자 선로의 비밀 정보 525

13.6.1 비밀 정보와 결맞은 정보 527

13.6.2 감쇠 가능한 선로의 비밀 정보의 가법성 529

13.7 정리 532

13.8 역사와 더 읽을거리 533

14   고전 전형성   **535**

14.1 전형성의 사례 536

14.2 약한 전형성 538

14.3 전형적 집합의 성질 540

14.3.1 전형적 집합의 성질의 증명 541

14.4 응용: 자료 압축 543

14.5 약한 결합 전형성 545

14.5.1 결합된 전형적 집합의 성질 547

14.6 약한 조건부 전형성 548

14.6.1 조건부 전형적 집합의 성질 549

14.7 강한 전형성 552

14.7.1 형식과 강한 전형성 554

14.7.2 강한 전형적 집합의 성질 556

14.7.3 강한 전형적 집합의 성질 증명 557

14.7.4 전형적 형식류의 농도 561

14.8 강한 결합 전형성 564

14.8.1 강하게 결합된 전형적 집합의 성질 565

14.9 강한 조건부 전형성 566

14.9.1 강한 조건부 전형성의 정의 568

14.9.2 강한 조건부 전형적 집합의 성질 569

14.9.3 강한 조건부 전형적 집합의 성질 증명 570

14.10 응용: 선로 용량 정리 574

14.11 맺음말 580

14.12 역사와 더 읽을거리 580

15   **양자 전형성**   581

   15.1 전형적 부분공간 583

      15.1.1 전형적 부분공간 측정 585

      15.1.2 전형적 집합과 전형적 부분공간의 차이 587

      15.1.3 전형적 부분공간의 성질 588

      15.1.4 2분할 또는 다분할 상태의 전형적 부분공간 591

      15.1.5 고전 상태에 대한 결합된 전형적 부분공간 593

   15.2 조건부 양자 전형성 595

      15.2.1 약한 조건부 양자 전형성 597

      15.2.2 약한 조건부 전형적 부분공간의 성질 598

      15.2.3 강한 조건부 양자 전형성 599

      15.2.4 강한 조건부 전형적 부분공간의 성질 601

      15.2.5 강한 조건부 전형적 부분공간의 성질 증명 602

      15.2.6 강한 조건부 양자 전형성과 한계 양자 전형성 605

   15.3 양자계에 대한 형식 기법 607

   15.4 맺음말 609

   15.5 역사와 더 읽을거리 610

16   **포장 보조정리**   611

   16.1 사례 소개 612

   16.2 포장 보조정리의 상황 613

   16.3 포장 보조정리의 내용 616

   16.4 포장 보조정리의 증명 617

      16.4.1 부호 구성 617

      16.4.2 POVM 구성 619

      16.4.3 오류 분석 620

   16.5 비무작위화와 삭제 625

   16.6 순차적 복호화 627

   16.7 역사와 더 읽을거리 633

17   **덮음 보조정리**   635

   17.1 사례 소개 636

   17.2 덮음 보조정리의 상황과 내용 639

17.3 연산자 체르노프 한계 641

17.4 덮음 보조정리의 증명 647

    17.4.1 체르노프 앙상블의 구성 647

    17.4.2 체르노프 부호의 구성 648

    17.4.3 덮음 부호의 혼동 오류 650

17.5 역사와 더 읽을거리 655

5부   무잡음 양자 섀넌 이론   657

18   슈마허 압축   659

18.1 정보 처리 작업 661

18.2 양자 자료 압축 정리 663

    18.2.1 직접 부호화 정리 663

    18.2.2 역정리 666

18.3 양자 압축의 사례 667

18.4 슈마허 문제의 변형 669

18.5 맺음말 671

18.6 역사와 더 읽을거리 672

19   얽힘 다루기   673

19.1 얽힘 다루기의 밑그림 675

    19.1.1 3개 사본 얽힘집중 사례 675

    19.1.2 얽힘집중의 밑그림 677

    19.1.3 얽힘희석의 밑그림 679

19.2 LOCC와 얽힘의 상대 엔트로피 679

19.3 얽힘 다루기 작업 682

19.4 얽힘 다루기 정리 683

    19.4.1 역정리 684

    19.4.2 직접 부호화 정리 685

19.5 맺음말 696

19.6 역사와 더 읽을거리 696

6부   유잡음 양자 섀넌 이론   699

소개 701

20   고전 통신   703

20.1 순진한 접근법: 곱 측정 705

20.2 정보 처리 작업 708

    20.2.1 고전 통신 708

    20.2.2 무작위성 분배 709

20.3 고전 용량 정리 711

    20.3.1 직접 부호화 정리 712

    20.3.2 역정리 719

20.4 선로의 사례 720

    20.4.1 얽힘파괴 선로의 고전 용량 721

    20.4.2 양자 아다마르 선로의 고전 용량 722

    20.4.3 양자 삭제 선로의 고전 용량 725

    20.4.4 탈분극화 선로의 고전 용량 726

20.5 홀레보 정보의 초가법성 731

20.6 맺음말 735

20.7 역사와 더 읽을거리 736

21   얽힘보조 고전 통신   739

21.1 정보 처리 작업 741

21.2 예비적 사례 743

21.3 얽힘보조 용량 정리 747

21.4 직접 부호화 정리 747

21.5 역정리 757

    21.5.1 되먹임은 용량을 증가시키지 않는다 759

21.6 선로의 사례 764

    21.6.1 양자 삭제 선로 766

    21.6.2 진폭 감쇠 선로 767

21.7 맺음말 770

21.8 역사와 더 읽을거리 771

22	유잡음 자원을 사용한 결맞은 통신	773

22.1 얽힘보조 양자 통신 774
22.2 양자 통신 780
22.3 유잡음 초고밀도 부호화 781
22.4 상태 전송 785
  22.4.1 양자 상호 정보의 이중적 역할 789
22.5 절충적 부호화 790
  22.5.1 제한된 얽힘을 갖는 고전 통신 791
  22.5.2 절충적 부호화는 시간 공유를 포함한다 796
  22.5.3 결맞은 정보와 고전 정보 사이의 절충 797
  22.5.4 고전 통신과 얽힘보조 양자 통신 사이의 절충 798
  22.5.5 고전 통신과 양자 통신 사이의 절충 799
22.6 맺음말 799
22.7 역사와 더 읽을거리 800

23	비밀 고전 통신	801

23.1 정보 처리 작업 802
  23.1.1 도청자의 상호 정보 804
23.2 비밀 고전 용량 정리 805
23.3 직접 부호화 정리 806
  23.3.1 차원 논증 807
  23.3.2 무작위 부호 구성 809
  23.3.3 비무작위화 811
  23.3.4 불필요한 부분의 삭제 814
23.4 역정리 816
23.5 비밀 고전 용량에 대한 논의 818
  23.5.1 비밀 정보의 초가법성 818
  23.5.2 비밀 고전 용량의 초가법성 819
  23.5.3 비밀키 보조 비밀 고전 통신 820
23.6 역사와 더 읽을거리 821

24	양자 통신	823

24.1 정보 처리 작업 825

24.2 복제불가와 양자 통신 826

24.3 양자 용량 정리 828

24.4 직접 부호화 정리 828

24.5 역정리 838

24.6 양자 안정자 부호 841

    24.6.1 큐비트 반복 부호 841

    24.6.2 안정자 부호 842

    24.6.3 해시 한계 845

24.7 선로 사례 848

    24.7.1 양자 삭제 선로 848

    24.7.2 진폭 감쇠 선로 850

24.8 양자 용량에 대한 논의 853

    24.8.1 결맞은 정보의 초가법성 853

    24.8.2 양자 용량의 초활성화 857

24.9 얽힘 증류 860

24.10 역사와 더 읽을거리 863

25   통신 자원의 절충   867

25.1 정보 처리 작업 869

25.2 양자 동적 용량 정리 871

    25.2.1 양자 동적 용량 정리의 특수한 사례 872

25.3 직접 부호화 정리 876

25.4 역정리 879

    25.4.1 순수 상태 앙상블이면 충분하다 882

    25.4.2 양자 동적 용량 공식 883

25.5 선로의 사례 891

    25.5.1 양자 아다마르 선로 891

    25.5.2 결어긋남 선로 893

    25.5.3 양자 삭제 선로 897

    25.5.4 순손실 보손 선로 904

25.6 역사와 더 읽을거리 909

26   요약과 전망   913

26.1 단위 통신 규약 914

26.2 무잡음 양자 섀넌 이론 915

26.3 유잡음 양자 섀넌 이론 916

26.4 이 책에서 다루지 않은 통신 규약 919

26.5 네트워크 양자 섀넌 이론 921

26.6 앞으로의 발전 922

부록 A   보충 결과   925

부록 B   양자물리적 변화의 고유한 선형 확장   930

참고문헌 935

찾아보기 957

학생들에게

이 책의 내용을 이해하기 위해서는 확률론과 선형대수학에 대한 튼튼한 배경지식이 필요하다. 만약 정보 이론을 처음 접한다면, 속도를 올리기 위해 충분한 배경지식이 필요할 것이다(2장, 10장, 13장, 14장). 정보 이론에 대한 고전적 교재로 커버^{Cover}와 토마스^{Thomas}(2006) 그리고 맥케이^{MacKay}(2003)의 책이 도움이 될 참고자료일 것이다. 만약 양자역학을 처음 접한다면, 이 책의 2부에서 양자 섀넌 이론을 이해하는 데 필요한 배경지식을 제공하는 충분한 자료가 있다. 닐슨^{Nielsen}과 추앙^{Chuang}(2000)이 쓴, 때로는 애정을 담아서 '마이크와 아이크$^{Mike\ and\ Ike}$'라고도 알려진 책은 양자정보 과학을 공부하는 학생들에게 표준적인 시작점이 됐고, 또한 도움이 될 것이다. 그 책의 내용은 닐슨의 박사학위 논문(1998)에서도 찾아볼 수 있다. 만약 섀넌의 정보 이론에 익숙하다면(가령 [Cover & Thomas, 2006] 수준 정도로), 지금 보는 이 책이 양자 섀넌 이론 분야를 시작하는 좋은 지점일 것이다. 양자 통신 선로를 통한 통신 기법을 만드는 것을 돕기 위해 고전적으로 발전한 직관에서 시작한다. 만약 양자역학에 익숙한 독자라도, 몇 가지는 양자역학의 표준적인 수업에서 다루지 않을 수 있기 때문에 이 책의 2부를 다시 보는 것도 가치 있는 일이 될 것이다.

이 책의 목적은 많은 전공자에게 양자 섀넌 이론이라고 알려진 일반적인 연구 분야의 놀라운 새천년 전후의 발전사항들을 '밑바닥에서부터' 세울 수 있게 해주는 것이다. 따라서 양자정보 이론을 위한 양자역학에 많은 시간을 사용하고(2부), 양자원격전송의 중요한 단위 통신 규약, 초고밀도 부호화, 얽힘 분배를 신중하게 공부하고(3부), 양자정보의 전송과 압축에 필요한 많은 도구를 배울 것이다(4부). 이 책의 5부와 6부는 그 정수로, 양자 섀넌 이론의 수많은 주요 성과를 이해하는 데 도움을 주는 모든 도구를 배울 것이다.

교사에게

이 책은 자습이나 참고 용도로 유용하지만, 교실에서 강의용으로 사용하는 것도 주요 목표 중 하나다. 이 책의 초고, 출간 전 원고 등이 강의 설계에 필요하다면 저작자표시-비영리-동일조건변경허락하에서 사용할 수 있다. 이것은 원한다면 저자를 표시하고 상업적 목적으로 사용하지 않는 한 이 책의 초고와 출간 전 원고를 이 조건과 같은 조건에서 변경하고 재배포할 수 있다는 뜻이다(이 허가서의 조항에 대한 요약본은 http://creativecommons.org/licenses/by-nc-sa/3.0/을 참고하라). 이 요구조건은 만약 저자로부터 직접적인 허가를 얻은 경우에는 면제될 수 있다. 이 책의 초고와 출간 전 원고를 이 허가서의 조건으로 공개함으로써 교사들이 필요에 따라 변경해 사용하기를 독려하고 기대한다. 이를 통해 새로운 연습문제, 이론의 새로운 발전, 최신 미해결 문제를 추가할 수 있으며, 네트워크 양자 섀넌 이론과 같이 이 책에 관련된 주제를 시작하는 데 도움이 될 수도 있다.

나는 이 책을 맥길대학교에서 2011년 겨울학기 동안 양자 섀넌 이론의 한 학기짜리 강의에 사용했다(미국의 많은 곳에서는 이 학기를 대체로 '봄학기'라고 부른다). 나는 이 책을 거의 다 사용했지만, 필요하다면 내용을 두 학기로 나누는 것도 가능하다. 여기에 우리가 진행했던 강의 순서를 제시한다.

1. 1부에 대한 소개

2. 2부의 양자역학

3. 3부의 단위 통신 규약

4. 9장의 거리 측도, 10장의 고전 정보와 엔트로피, 11장의 양자정보와 엔트로피

5. 14장의 첫 부분, 고전적 전형성과 섀넌 압축

6. 15장의 첫 부분, 양자 전형성

7. 18장의 슈마허 압축

8. 14장과 15장의 형식 기법

9. 19장의 얽힘집중

10. 20장의 고전 통신

11. 21장의 얽힘보조 고전 통신

12. 22장의 결과에 대한 대단원의 마무리(양자 용량 정리의 도달 가능성 부분을 증명하는 방법 중 하나)

위의 순서는 맥길대학교에서 진행한 수업에 적합한 특정한 순서일 뿐이며, 물론 다른 순서도 가능하다. 만약 양자 동역학적 용량 정리를 다룰 생각이 없다면 3부의 마지막 부분은 생략해도 좋다. 양자 용량 정리에 숨은 더 많은 통찰을 얻기 위해서라면 고전 통신에서 사설 고전 통신과 양자 통신으로 초점을 옮겨갈 수도 있다. 루이지 애나주립대학교에서 2013년 가을학기 강의는 그렇게 진행했다. 하지만 최근 2015년 가을학기에서는 원래 순서대로 진행했으며, 여기에 CHSH 게임과 12장의 새로운 결과에 집중하는 강의를 포함시켰다.

그 외의 자료

양자 섀넌 이론의 배경지식을 얻을 수 있는 많은 자료가 있다. 닐슨과 추앙(2000)의 책이 표준적인 참고자료이지만, 이 책은 새천년 이후의 양자 섀넌 이론의 결과에 대해서는 별로 좋지 않다. 양자 섀넌 이론의 여러 측면을 다루는 좋은 책들이 있다(Hayashi, 2006; Holevo, 2002a; Holevo, 2012; Watrous 2015). 패트릭 헤이든은 캘리포니아공과대학에서 박사후과정 연구원으로, 맥길대학교에서 교수로 있으면서 많은 박사학위 논문과 석사학위 논문의 공동 안내자로서 많은 도움을 줬다. 여기에는 [Yard, 2005], [Abeysinghe, 2006], [Savov, 2008], [Savov, 2012], [Dupuis, 2010], [Dutil, 2011] 등이 있다. 이 학위 논문들은 탁월한 참고자료다. 또한 헤이든은 이 책의 1판을 쓰는 동안 나에게 큰 영향을 줬다.

1부

소개

01

양자 섀넌 이론의 개념

처음 몇 개 장의 목표는 양자 통신 선로^{quantum channel}를 통해 정보를 전송할 때 등장하는 기본적인 질문에 답할 수 있도록 확고한 기초를 다지는 것이다. 이 연구 분야를 양자정보 과학의 다른 분야와 구분하기 위해 양자정보 학계에서는 이 분야를 **양자 섀넌 이론**^{quantum Shannon theory}이라고 한다. 이 책에서는 '양자 섀넌 이론'과 '양자정보 이론'을 구분하지 않고 바꿔가며 사용한다. 일단, 양자 이론의 기본적인 사항들을 간략히 짚으면서 시작하려고 한다. 이 장과 앞으로 보게 될 양자 이론에 대한 연구는 추상적인 수준이며, 스핀 1/2 입자나 광자 같은 특정한 물리계를 골라서 설명하는 것은 아니다. 이 접근법은 이 분야를 공부하는 데는 더 도움이 될 것이다. 다만, 현실에 기반을 둔 실제 물리계에 대한 참고문헌들을 곳곳에 둘 것이다.

독자들은 아마 '양자 섀넌 이론'이 무엇이며, 왜 이 분야에 그런 이름이 붙었는지 궁금할 것이다. 요약하자면, 양자 섀넌 이론은 양자역학에 의해 지배되며 잡음이 있는 물리계가 정보와 상관성을 보존하면서 가질 수 있는 궁극적인 용량에 관한 연구다. 양자정보 이론학자들은 클로드 섀넌^{Claude Shannon}을 기리기 위해 '양자 섀넌 이론'이란 이름을 선택했다. 그는 놀라운 논문(Shannon, 1948)을 통해 고전 정보 이론이란 분야를 단독으로 만들어낸 사람이다. 특히, 이 책에서 공부할 핵심 주제인 양자 섀넌 이론은 양자정보에 대한 점근적 이론이다. 섀넌 이후의 정보학자들은 섀넌을 '정보

시대의 아인슈타인'[1]이라고 부른다. 양자 섀넌 이론의 핵심 정리들을 증명하기 위해 섀넌 아이디어의 양자역학적 판본을 사용할 것이기 때문에, '양자 섀넌 이론'이란 이름은 이 연구 분야를 말하기에 적합하다.

우리는 '양자정보 과학'이나 '양자정보' 같은 이름보다 '양자 섀넌 이론'이란 이름을 더 선호한다. 다른 이름들은 너무 범위가 넓어서, 양자 컴퓨터, 양자 알고리듬, 양자 복잡도 이론, 양자 통신 복잡도, 얽힘 이론, 양자 키 분배, 양자 오류 보정, 심지어 양자 통신 규약의 실험적 구현에 이르기까지 다양한 분야를 포함한다. 양자 섀넌 이론은 앞에서 말한 주제의 일부, 다시 말해 양자 컴퓨터, 얽힘 이론, 양자 키 분배, 양자 오류 보정 같은 분야와는 겹치긴 하지만 '양자 섀넌 이론'이란 이름은 독자들이 이 책의 주제를 다 공부한 후 친근하고 익숙해질 양자 통신의 특정한 패러다임을 떠올리게 한다. 예를 들어, 양자 컴퓨터의 주제 중에서 **양자 게이트**quantum gate에 대해 논의할 필요가 있다. 왜냐하면 양자 섀넌 이론의 통신 규약이 특정 정보 처리 작업을 달성하기 위해 양자 게이트를 사용하기 때문이다. 또한 23장에서는 비밀 정보(의도한 수신자를 제외한 제3자에게 비밀인 정보)를 전송하는 유잡음 양자 통신 선로noisy quantum communication channel 능력의 궁극적 한계에 대해 논의한다. 유잡음 양자 통신 선로의 비밀 정보 능력은 비밀키를 분배하는 양자 통신 선로를 사용하는 작업과 강력히 연관되어 있기 때문에, 이 주제는 양자 섀넌 이론을 양자 키 분배와 연결해준다. 마지막 연관성으로, 양자 섀넌 이론의 가장 중요한 정리 중 하나인 **양자 용량 정리**quantum capacity theorem가 있다. 이 정리는 양자 통신 선로를 통해 송신자가 수신자에게 양자정보를 신뢰성 있게 전송할 수 있는 궁극적인 속도를 결정한다. 양자 용량 정리에 의해 얻어지는 결과는 양자 오류 보정 이론에 가깝게 연관되어 있지만, 양자 섀넌 이론에 사용되는 수학적 기법과 양자 오류 보정에 사용되는 기법은 주제들이 다른 분야로 나눠질 정도로 다르다.

양자 섀넌 이론은 20세기의 위대한 두 과학 분야인 양자 이론과 정보 이론의 교집합이다. 양자 이론은 1926년에 기본적으로 완성됐고 정보 이론은 1948년에 등장했으므로, 물리학자, 수학자, 컴퓨터 과학자, 컴퓨터 공학자들이 두 주제의 융합을 생각하기 시작하는 것은 전적으로 시간 문제였을 뿐이다. 이 융합은 '양자정보 혁명', 또는 '두 번째 양자 혁명'이라고도 하는 사건이다(Dowling & Milburn, 2003; 첫 번째 혁

---

1 유튜브에서 '양자정보학의 아버지 클로드 섀넌(Claude Shannon — Father of the Information Age)'을 찾아서 여러 유명한 정보학자가 '정보 이론을 만든 아버지'를 찬양하는 모습을 보는 것도 좋다.

명은 양자 이론의 발견이다).

양자 이론의 기본 구성요소는 원자 규모에서 일어나는 현상을 지배하는 규칙들의 집합이다. 불확정성은 양자 이론의 핵심에 있다. '양자 불확정성' 또는 '하이젠베르크 불확정성'은 우리가 정보를 모르거나, 잃어버렸거나, 측정 능력이 부족해서 그런 것이 아니라, 자연 그 자체가 갖고 있는 기본적 불확정성이다. 양자 이론의 발견은 물리학계 전체에 충격이었고, 과학적 지식의 근간을 흔들었다. 아마 이런 이유로 모든 개론적인 양자역학 수업들은 그 역사를 자세히 파고들고, 양자 이론을 건설한 아버지들을 찬양하는 것일 테다. 이 책에서는 양자 이론의 역사를 자세히 논의하지는 않고, 대신에 좋은 개론서들을 소개한다(Bohm, 1989; Sakurai, 1994; Griffiths, 1995; Feynman, 1998). 플랑크Planck, 아인슈타인Einstein, 보어Bohr, 드 브로이de Broglie, 보른Born, 하이젠베르크Heisenberg, 슈뢰딩거Schrödinger, 파울리Pauli, 디랙Dirac, 폰 노이만von Neumann 같은 물리학자들이 1920년대에서 1930년대에 양자 이론을 만드는 데 기여했다. 여기서는 양자 이론의 역사와 핵심 개념을 간략히 설명하고 넘어가려고 한다.

정보 이론은 양자 섀넌 이론을 만드는 데 필요한 두 번째 위대한 과학이다. 어떤 관점에서는 확률론을 잘 응용한 것으로 볼 수도 있다. 그 목표는 정보의 궁극적인 압축성과 송신자가 수신자에게 믿을 수 있게 정보를 전송하는 궁극적인 능력을 정량화하는 것이다. 어떤 상황에서도 전체 정보가 부족해서 나타나는 '고전적인' 불확정성이 정보 처리 과정 전체에 대해 나타나기 때문에 이 분야는 확률론에 기반한다. 고전 정보 이론에서의 불확정성은 동전 던지기나 카드 섞기에 있는 것과 같은 종류다. 즉, 정확하지 않은 정보 때문에 나타나는 불확정성이다. '양자' 불확정성은 자연 그 자체에 내재되어 있으며, 고전 정보 이론으로 측정할 수 있는 불확정성만큼 직관적이지는 않을 것이다. 여러 종류의 불확정성에 대해서는 나중에 확장해서 논의할 것이며, 4장에서 양자정보 이론이 어떻게 두 종류의 불확정성을 하나의 형식 체계에서 포착할 수 있는지 보일 것이다.[2]

고전 정보 이론의 역사는 클로드 섀넌과 함께 시작했다. 섀넌의 기여는 그의 결정적인 논문(Shannon, 1948)에서 이 분야를 만들었기 때문에 현대과학에서 단독으로 가장 위대한 기여 중의 하나로 알려졌다. 이 논문에서 섀넌은 기본 용어들을 만들고, 핵심적인 수학적 정의를 설명하고 정당화했으며, 정보 이론의 두 기본 정리를 증명했

---

2 폰 노이만은 1932년에 내놓은 양자 이론에 관한 책에서 밀도 연산자 형식 체계를 만들었다. 이 수학적 작업틀은 두 종류의 불확정성을 모두 포착한다(von Neumann, 1996).

다. 정보 이론에 기여한 많은 후속 연구가 있었지만, 대부분은 섀넌의 사고방식을 어떤 식으로든 이용해서 기여하고 있다. 양자 섀넌 이론에서는 특정한 양자역학적 형태이기는 해도, 섀넌의 원래 아이디어 다수를 제시할 것이다.

고전 정보 이론과 양자 섀넌 이론 둘 다에 대한 핵심 가정 중 하나는 국소적 계산은 자유롭지만 통신은 비싸다는 것이다. 특히, 고전적인 경우 각 참여자들은 제한이 없는 계산 능력을 가졌다고 가정한다. 또한 통신과 공유 자원이 모두 비싸다고 가정할 것이고, 이런 이유로 **자원 계산**^{resource count}을 통해 자원을 추적한다. 그렇지만 때로는 상황을 단순화하기 위해 고전 통신이 자유롭다고 할 수도 있다. 이런 단순화는 그런 가정을 하지 않으면 불가능할 수도 있는 굉장한 통찰을 이끌어내기도 한다.

먼저, 양자 섀넌 이론을 잘 공부하기 위해 양자 이론의 가정들을 배우고 이해해야 한다. 노벨상 수상자인 물리학자 리처드 파인만^{Richard Feynman}이 했던 말, "난 양자역학을 아무도 이해하지 못했다고 자신 있게 말할 수 있다고 생각한다."를 들었을 때 여러분의 심장은 철렁했을지도 모른다. 여기서는 파인만의 주장을 명료하게 할 필요가 있다. 당연히 파인만은 양자 이론이 어떻게 작동하는지 아무도 모른다고 말하려는 의도는 아니었다. 수많은 우수한 물리학자들은 양자 이론의 법칙을 이용해 진공에서 이온을 포획한다거나, 단일 전자를 처리하는 트랜지스터에서 양자 터널링 효과를 이용한다거나 하는 등의 환상적인 일들을 하기 위해 수많은 날을 보낸다. 내가 여러분에게 바라는 것은 나에게 파인만의 주장을 해석할 수 있도록 허락해달라는 것이다. 내 생각에 파인만은 우리가 양자역학이 예측하는 현상을 경험할 수 없기 때문에 양자 이론을 직관적으로 이해하기가 매우 어렵다는 뜻으로 그 말을 했을 것이다. 만약 우리가 원자 크기이고 양자 이론의 법칙을 매일 경험한다면, 아마 양자 이론은 뉴턴의 만유인력 법칙만큼이나 직관적이었을 것이다.[3] 따라서 이런 점에서 나는 파인만의 의견에 동의한다. 우리의 일상적 경험이 아니기 때문에 아무도 양자역학을 정말로 이해할 수는 없다. 그러나 이 책의 목표는 이론이 예측하는 것에서부터 직관을 형성할 수 있도록 양자역학으로 작업하는 것이다. 양자역학의 가설에 노출되고 연습하는 것만이 양자역학의 예측으로부터 실제로 직관을 얻을 수 있다. 우리의 일상적인 세계에 양자역학의 가설이 포함됐다고 상상하는 것이 가장 좋다. 왜냐하면 실제로 매우 많은 실험이 양자역학은 옳다고 확인하고 있기 때문이다.

---

3 물론, 뉴턴의 만유인력은 혁명적으로 혁신적이다. 왜냐하면 학생들이 처음에 그걸 배울 때는 중력 현상이 전혀 직관적이지 않기 때문이다. 그러나 우리는 일상생활에서 중력을 경험하며, 난 이것이 양자얽힘 현상 같은 것보다 훨씬 더 직관적이라고 말할 수 있다.

1장은 소개하는 장이므로 양자 이론과 정보 이론의 융합 역사를 자세히 파고들어 보자. 왜냐하면 이 융합은 흥미로운 역사를 거쳐왔고, 이 책의 주제와 관련이 있기 때문이다. 이 역사적인 부분을 돌아보는 이유는 이 분야 자체와 친숙해지기 위해서만이 아니라 새로운 미해결 문제에 막혔을 때 중요하게 생각해봐야 할 유형의 질문을 살펴볼 수 있기 때문이다.[4] 수많은 가장 중요한 결과는 간단하고 심오하지도 않은 질문을 해보고 그 가능성을 탐색하는 것에서부터 온다.

먼저, 양자 이론과 정보 이론의 융합을 파고들기 전에 양자 이론의 역사와 기본 개념을 간단히 살펴본다. 양자 섀넌 이론의 초창기에 기초적인 기여를 한 몇몇을 소개하는 것으로 논의를 구성할 것이다. 이 장의 마지막 부분은 양자 섀넌 이론으로 답할 수 있는 몇몇 질문을 소개하며 마무리한다.

1.1 양자 이론의 개괄

1.1.1 양자 이론의 간략한 역사

1890년대를 살았던 물리학자들은 물리학의 발전에 기뻐했지만, 미해결 연구 문제가 부족하다는 사실을 보고 좌절했을 수도 있다. 뉴턴의 역학 법칙, 맥스웰Maxwell의 전자기학, 볼츠만Boltzmann의 통계역학은 대부분의 자연현상을 설명하는 것처럼 보였기 때문이다. 양자 이론의 기초를 세운 아버지 중 하나인 막스 플랑크Max Planck는 1874년 연구 분야를 찾고 있었는데, 지도교수로부터 다음과 같은 안내를 들었다.

> "이 [물리학] 분야에서는 거의 모든 것이 이미 밝혀졌고, 남은 것은 몇 개의 구멍을 메꾸는 일뿐이다."

두 구름

다행스럽게도 플랑크는 이 조언을 따르지 않았고, 대신에 자신의 물리학 연구를 시작했다. 모두가 플랑크의 전 지도교수의 의견에 동의하지는 않았다. 켈빈 경은 1900년

---

4 좋은 질문을 찾아내는 또 다른 방법은 좋은 교수가 주최하는 파티에 참석하는 것이다. 이 이야기는 옥스퍼드대학교의 물리학자 데이비드 도이치(David Deutsch)가 1981년에 텍사스 오스틴의 유명한 물리학자 존 아치볼드 휠러(John Archibald Wheeler)의 집에서 열린 파티에 참석했을 때로 돌아간다. 이 파티에서는 많은 참가자가 계산의 기초를 논의했다(Mullins, 2001). 도이치는 그가 양자 이론이 계산 속도를 개선할 수 있음을 즉시 보일 수 있다고 주장했다. 몇 년 후인 1985년, 그는 가장 빠른 고전 알고리듬을 뛰어넘는 양자 속도 증가의 첫 번째 사례가 되는 알고리듬을 출판했다(Deutsch, 1985).

4월의 그 유명한 강연에서 '두 구름'이 '이론의 아름다움과 명료성'을 감쌌다고 했다 (Kelvin, 1901). 첫 번째 구름은 마이컬슨^Michelson과 몰리^Morley가 '에테르 이론^ether theory' 에 의해 예측되는 빛의 속도가 바뀌는 것을 검출하는 데 실패한 것이다. 두 번째 구름은 자외선 파국^ultraviolet catastrophe이다. 이것은 고전적 예측에 따라 흑체^blackbody가 내쏘는 빛이 높은 자외선 진동수에서 무한대로 밝아져야 한다는 것이다. 1900년에, 플랑크 또한 두 번째 구름을 닦아내며 양자 혁명을 시작했다. 그는 빛이 이산적인 에너지 묶음으로 되어 있다고 가정했으며, 이 아이디어를 흑체 복사의 정확한 스펙트럼을 예측하는 공식을 만들기 위해 사용했다(Planck, 1901). 자외선 파국을 다룬 굉장한 풍자만화에서는 플랑크가 고전물리학자와 함께 조용히 난롯가에 앉아 있는데 그 고전물리학자의 얼굴은 고전 이론에서 예측되는 불꽃이 방출하는 강력한 자외선 때문에 타들어 가고 있다(McEvoy & Zarate, 2004). 수년 후, 아인슈타인은 두 번째 구름을 더 깔끔하게 치우는 데 도움을 주는 논문(Einstein, 1905)을 썼다(아인슈타인은 또한 특수 상대성 이론에 관한 1905년의 논문으로 첫 번째 구름도 깔끔하게 치웠다). 그는 플랑크가 옳았다고 가정하고, 빛이 '양자'의 형태로 도달한다는 가설(지금은 광자 이론으로 알려져 있다.)이 광전 효과^photoelectric effect를 간단히 설명해준다는 것을 보였다. 광전 효과란 금속 표면에 특정 문턱 진동수를 넘는 전자기 복사가 닿아야 금속에 전류가 흐르는 현상이다.

플랑크와 아인슈타인의 두 설명은 이제 첫 번째 양자 혁명이라고 하는 물리학의 이론적 혁명에 기름을 부었다(Dowling & Milburn, 2003). 몇 년 후, 드 브로이(1924)는 모든 물질 원소, 원자, 전자, 또는 광자가 입자 같은 거동과 파동 같은 거동을 둘 다 갖는다는 가설을 제안했다. 겨우 2년 후, 슈뢰딩거(1926)는 드 브로이의 아이디어를 사용하여 현재 슈뢰딩거 방정식이라고 알려진 파동 방정식을 만들었다. 이 방정식은 닫힌 양자역학적 계의 변화를 설명한다. 그의 형식 체계는 이후 파동역학^wave mechanics 이라고 알려졌고, 물리학자들 사이에서 가장 인기 있었다. 왜냐하면 물리학자들에게 이미 친숙한 개념을 이용해서 보였기 때문이다. 반면, 하이젠베르크(1925)는 행렬역학^matrix machanics이라고 하는 대안적인 양자 이론을 만들었다. 그의 이론은 행렬과 선형대수학이라는, 물리학자들에게 아직 그다지 친숙하지 않았던 수학을 이용했다. 이런 이유로, 슈뢰딩거의 파동역학이 하이젠베르크의 행렬역학보다 더 인기 있었다. 1930년, 폴 디랙^Paul Dirac은 슈뢰딩거와 하이젠베르크의 형식 체계를 통합하는 교재를 출판했다(지금은 4판이 나왔고 16쇄까지 인쇄됐다). 이 책에서는 두 형식 체계가 사실상 동등하다는 사실이 밝혀진다(Dirac, 1982). 이후 판에서 그는 이 책에서도 사용하고 양자 이론에서 널리 쓰이는 '디랙 표기법Dirac notation'을 도입했다.

디랙의 교재가 출판된 후, 양자 이론은 단단한 수학적 기초 위에 섰고 기본 이론이 만들어졌다. 따라서 이 지점에서 역사적 이야기는 마무리하고, 양자 이론의 기본 개념으로 옮겨가겠다.

1.1.2 양자 이론의 기본 개념

양자 이론에는 양자정보 이론에도 적용되는 정말 중요한 몇 가지 개념이 있다. 이 절에서는 양자 이론의 이런 측면을 각각 간단히 살펴본다. 이 현상들 중 몇몇에는 '양자'라는 말이 붙지만, 나머지는 고전 이론에서도 나타난다. 짧게 말해, 다음과 같은 개념이 있다.[5]

1. 비결정론
2. 간섭
3. 불확정성
4. 중첩
5. 얽힘

양자 이론은 **비결정론**indeterminism이다. 왜냐하면 이론은 어떤 사건이 일어날 확률에 대한 예측만을 만들기 때문이다. 양자 이론의 이런 측면은 뉴턴 법칙에 의해 예측되는 결정론적 고전 이론과 대조적이다. 뉴턴 체계에서는 모든 물체의 초기 위치와 초기 속도를 알고 있다면 상호 작용에 포함된 모든 물체의 궤적을 확실히 예측하는 것이 가능하다. 현실에 대한 이런 결정론적인 관점은 어떤 사람들을 철학적 관점에서의 결정론까지 믿도록 만들었다. 예를 들어, 수학자 피에르 시몽 라플라스Pierre-Simon Laplace는 '라플라스의 악마'라고 널리 알려진 어떤 초지성이 현재와 과거에 일어난 사건으로부터 미래의 모든 사건을 예측할 수 있다고 주장하기도 했다.

"우주의 현재 상태가 과거의 결과이고 미래의 원인이라고 볼 수 있다. 어떤 시점에 자연의 움직임을 구성하는 모든 힘과, 모든 물체의 모든 위치를 알고 있는 어떤 지성체가 있어서 이 지성체가 이 자료를 분석하기에 충분히 거대하다면, 우주의 가장 큰 물체의 움

---

5 토드 브룬(Todd A. Brun)의 강의록에서 이 목록을 가져왔다(Brun, 날짜 미상).

직임에서부터 가장 작은 원자의 움직임까지 하나의 공식으로 알아낼 수 있다. 그런 지성은 아무것도 불확실한 게 없으며 미래를 과거와 마찬가지로 보지 않고도 지금 현재처럼 알 수 있다."

기본적으로 라플라스의 주장을 원자에 적용하는 것은 틀렸다. 하지만 그의 시대에는 양자역학이 아직 완성되지 않았을 때이므로 그를 용서할 수 있다. 많은 사람이 라플라스의 주장을 인간 자유의지의 불가성에 대한 논의로까지 확장했다. 그런 논의는 철학자들의 몫으로 남겨두겠다.[6]

실제로는, 어떤 물리계가 주어져도 모든 물체의 위치와 속도에 대한 완전한 정보를 가질 수 없다. 확률론은 사건의 확률을 예측할 수 있게 해주며, 몇 가지를 고치면 고전 이론은 비결정론이 된다. 따라서 비결정론은 양자 이론의 독특한 측면은 아니며 그 미묘한 특징 중 하나다. 그러나 이 특징은 양자 이론에 매우 중요하므로 기본 개념의 목록에 넣었다.

간섭interference은 양자 이론의 또 다른 특징이다. 이 또한 고전 파동 이론에서도 볼 수 있다. 보강 간섭은 한 파동의 마루가 다른 파동의 마루와 만났을 때 일어나며 더 강한 파동을 생성한다. 반대로, 상쇄 간섭은 한 파동의 마루가 다른 파동의 골과 만났을 때 나타나며 서로를 없앤다. 고전 파동 이론에서 파동은 특정 매질의 많은 입자가 다른 입자와 결맞은 상태에서 움직인 결과로, 마치 바다 표면의 파도나 소리 압력파가 나타난다거나 전기장과 자기장의 결맞은 진동의 결과로 나타난다. 양자 이론에서 간섭의 이상한 측면은 전자와 같은 '단일 입자'조차도 그 유명한 이중 실틈 실험 double slit experiment에서처럼 파동적인 특성을 보일 수 있다는 것이다(이 실험의 역사에 대해서는 예를 들어 [Greene, 1999]를 참고하라). 이 양자 간섭은 파동–입자 이중성을 물질의 모든 기본 구성요소에 부여한다.

불확정성uncertainty은 양자 이론의 핵심이다. 양자 이론의 불확정성은 고전 이론의 불확정성과는 근본적으로 다르다(비결정론적 고전 이론에 대해서는 앞의 문단에서 논의했다). 양자 이론에서 불확정성의 전형적인 사례는 단일 입자에서 나타난다. 이 입자는 2개의 상보적인 변수, 위치와 운동량을 갖는다. 불확정성 원리는 이 입자의 위치와 운동량을 임의의 정확도로 둘 다 아는 것은 불가능하다고 한다. 이 원리는 심지어 양자 이론의 맥락에서 앞 문장의 '안다'라는 단어의 의미에 대한 질문까지 불러일으킨다.

---

6 존 아치볼드 휠러는 이런 접근법에 반대할 것 같다. 그는 "철학은 철학자들에게 미뤄두기에는 너무 중요하다."라고 말한 적이 있다(Misner et al., 2009).

우리는 단지 우리가 측정한 것만을 안다고 말할 수 있다. 따라서 우리는 입자의 위치를 결정하는 정확한 측정을 한 후에 입자의 위치를 알 수 있다. 만약 이어서 운동량에 대한 정확한 측정을 한다면, 운동량에 대해 알게 된 후 입자의 위치에 대한 정보는 전부 잃어버리게 된다. 양자정보 과학에서는 양자 키 분배에 대한 BB84 통신 규약이 두 상보적인 변수에 정보를 부호화하여 양자 통신 선로에 도청자가 존재하는지를 결정하기 위해 불확정성 원리와 통계 분석을 사용한다(Bennett & Brassard, 1984).

중첩superposition 원리는 양자 입자가 허용되는 두 다른 상태의 선형 결합된 상태, 또는 **중첩된 상태**superposed state에 있을 수 있다는 뜻이다. 이 원리는 양자 이론의 선형성의 결과다. 슈뢰딩거 파동 방정식은 선형 미분 방정식인데, 이 말은 만약 ψ와 ϕ가 파동 방정식의 해라면 그 선형 결합인 $\alpha\psi + \beta\phi$도 해가 된다는 뜻이다. 여기서 $\alpha\psi + \beta\phi$를 두 해의 결맞은 중첩 상태라고 한다. 중첩 원리는 양자 이론의 해석에 극적인 결론을 준다. 즉, 한 입자가 어떤 측면에서는 '한 장소와 다른 장소에 동시에' 존재할 수 있다는 것이다. 중첩 원리의 의미에 대한 다른 해석도 있지만, 여기서 강조하지는 않겠다. 입자가 두 위치의 중첩된 상태에 있다는 기술적인 언어를 사용하기로 했다. 중첩의 손실은 입자가 그 환경과 상호 작용하면서 나타난다. 임의의 양자 상태 중첩을 유지하는 것은 양자 통신 규약의 중심 목표 중 하나다.

끝으로, 여기서 강조하는 가장 놀라운 양자역학적 특성은 **얽힘**entanglement이다. 얽힘은 참된 고전적 유사품이 없다. 얽힘의 가장 가까운 유사성은 두 참여자가 갖고 있는 비밀키일 수 있는데, 이조차도 유사한 것과는 한참 멀다. 얽힘은 둘 이상의 양자 입자가 가질 수 있는 강한 양자 상관성을 나타낸다. 양자얽힘의 상관성은 정확히, 기술적인 관점에서 다른 어떤 고전적 상관성보다 더 강력하다. 슈뢰딩거는 그 이상한 성질과 결과 몇 가지를 관찰한 후 '얽힘'이라는 용어를 처음 만들어냈다(Schrödinger, 1935). 아인슈타인, 포돌스키Podolsky, 로젠Rosen은 양자역학의 완결성에 대한 의심을 품게 만드는 얽힘에 관한 명백한 역설을 제시했다(Einstein et al., 1935). 즉, 이들은 얽힘의 이상해 보이는 성질이 불확정성 원리를(따라서 양자 이론의 완결성도) 질문으로 끌고 들어오며, 게다가 '국소적 숨은 변수' 이론이 실험 결과를 설명할 수 있다고 제안했다. 이 역설을 해결하는 데는 30년이 걸렸지만, 존 벨John Bell은 지금은 벨 부등식Bell inequality이라고 알려진 간단한 부등식을 보이는 것으로 해결했다(Bell, 1964). 벨은 아인슈타인, 포돌스키, 로젠이 제안한 국소적 숨은 변수 이론의 가정을 만족시키는 두 입자 간의 고전적 상관성이 어떤 양보다 반드시 더 작아야 한다는 것을 보였다. 벨은 두 얽힌 양자 입자의 상관성이 어떻게 이 부등식을 위반할 수 있는지 보였고, 따라서 얽힘은 고전적 상관성으로는 설명할 수 없으며 그 대신에 독특한 양자역학적 현상임을 보였다. 실험가들은 이후 두 얽힌 양자 입자들이 벨 부등식을 위반할 수 있음을 검증했다(Aspect et al., 1981).

양자정보 과학에서 얽힘의 비고전적 상관성은 많은 통신 규약에서 중심 역할을 한다. 예를 들어, 얽힘은 양자원격전송quantum teleportation에서 허용되는 자원이다. 양자원격전송이란 한 장소에서 양자 상태가 사라지고 다른 장소에서 재생되는 통신 규약을 말한다. 이 책 전체에 걸쳐 얽힘의 또 다른 많은 사례를 볼 것이다.

얽힘 이론은 두 입자 상태뿐만 아니라 다입자 상태에서 나타나는 얽힘의 정도를 정량화하는 방법을 알려준다. 얽힘 이론을 조사한 다수의 문헌이 있지만(Horodecki et al., 2009), 여기서는 양자 섀넌 이론을 공부하는 데 관계된 부분만을 살펴볼 것이다.

위의 다섯 가지 특징은 양자 이론의 정수를 포착하지만 3장과 4장, 5장에 걸쳐 더 많은 측면을 보게 될 것이다.

1.2 양자 섀넌 이론의 출현

앞 절에서 중첩이나 얽힘 같은 독특한 양자현상을 논의했지만, 이 독특한 양자현상이 어떤 정보를 나타낼 수 있는지는 분명치 않았다. 양자 이론과 섀넌의 정보 이론은 융합될 수 있을까? 만약 그렇다면, 그 융합은 무엇일까?

1.2.1 섀넌의 정보 비트

섀넌의 근본적인 기여는 정보의 척도로 **비트**bit를 도입한 것이다. 대체로, 비트에 대해 생각할 때면 '꺼짐'과 '켜짐'의 두 값을 가질 수 있는 양을 생각한다. 이 비트는 2진수인 '0'과 '1'로 표현된다. 또한 비트에 대한 물리적 개념과도 연관 지을 수 있다. 이 물리적 개념은 전등을 켜고 끄는 것 또는 트랜지스터가 전류를 흐르게 하거나 그렇지 못하게 막는 것, 많은 수의 자기스핀이 한 방향을 가리키거나 다른 방향을 가리키는 등, 목록은 계속해서 길어진다. 이 모든 것이 비트의 물리적 개념이다.

섀넌의 비트 개념은 앞의 물리적 개념과는 조금 다르다. 그의 개념을 이해하기 위해, 공평한 동전 던지기를 예로 들어보자. 동전을 던지지 않고서 동전 던지기의 결과를 알아낼 수는 없다. 그 결과에 대한 우리의 최선의 생각은 무작위적일 것이라고 생각하는 것이다. 만약 누군가가 무작위 동전 던지기의 결과를 알게 된다면, 그 사람에게 이렇게 물어볼 수 있다. "그 결과는 무엇인가?" 그러면 우리는 **1비트의 정보**를 안 것이다.

명백해 보이지만, 올바른 질문을 던지지 않으면 어떤 것도(또는 많이) 배울 수 없다는 점은 우리를 괴롭힌다. 이 점은 양자역학의 경우에서 훨씬 더 중요해진다. 동전이 공정하지 않다고 하자. 일반성을 잃지 않고도 '앞면'이 나올 확률이 '뒷면'이 나올 확률보다 더 크다고 가정할 수 있다. 이 경우 동전 던지기에서 '앞면'이 나왔다고 해도 놀라지 않을 것이다. 이 동전 던지기의 결과를 누군가에게 물어봤다면, 이 경우 1비트보다 더 적은 정보를 알았다고 말할 수 있다.

섀넌의 이항 엔트로피$^{binary\ entropy}$는 정보의 척도다. 어떤 이항 무작위 변수$^{binary\ random\ variable}$에 대한 확률 분포 $(p, 1 - p)$가 주어져 있을 때, 섀넌의 이항 엔트로피는 다음과 같다.

$$h_2(p) \equiv -p \log p - (1 - p) \log(1 - p) \qquad (1.1)$$

여기서(뿐만 아니라 이 책 전체에서 특별히 명시하지 않는 한) 로그함수의 밑은 2로 둔다. 섀넌의 이항 엔트로피는 정보를 비트 단위로 측정한다. 이에 대해 더 자세한 내용은 2장과 10장에서 논의할 것이다.

섀넌 비트, 또는 섀넌의 이항 엔트로피는 무작위 이항 시행의 결과로부터 알게 된 놀람의 정도다. 그러므로 섀넌 비트는 물리 비트의 해석과는 완전히 다른 해석을 갖는다. 동전 던지기의 결과는 물리 비트로 나타나지만, 우리가 측정하고 싶은 것은 그 물리 비트의 무작위 성질과 연관된 정보다. 이것이 정보 이론에서 중요한 비트의 개념이다.

1.2.2 양자정보의 척도

앞 절에서 섀넌의 비트 개념을 정보의 척도라고 논의했다. 자연스럽게 나오는 질문은 양자정보의 유사한 척도가 있는지 여부다. 그러나 그 질문을 하기 전에, 먼저 궁금한 것이 있다. 무엇이 **양자정보**$^{quantum\ information}$인가? 고전적인 경우와 마찬가지로, 여기에도 양자정보의 '물리적' 개념이 있다. 양자 상태는 항상 물리계에 존재한다. 이 아이디어를 다른 식으로 말하면 모든 물리계는 어떤 양자 상태에 있다고 할 수 있다. 양자 비트quantum bit 또는 줄여서 큐비트qubit('큐-빗'이라고 발음하기도 한다.)의 물리적 개념은 2준위 양자계다. 2준위 양자계의 예로는 전자의 스핀, 광자의 편광, 어떤 원자의 바닥 상태와 들뜬 상태 등이 있다. 큐비트의 물리적 개념은 일단 양자역학을 잘 알고 있으면 곧이어서 이해할 수 있다.

이 책에서 더 중요하게 생각하는 질문은 섀넌의 관점에서 큐비트의 '정보학적' 개념을 이해하는 것이다. 고전적인 경우, 확률적인 질문의 답으로부터 알게 된 지식의 양으로 정보를 정량화했다. 그렇다면 양자 세계에서는 양자 상태에 대해 어떤 지식을 가질 수 있을까?

특정한 방법으로 양자계를 준비했기 때문에 물리계의 양자 상태를 정확히 알 수 있는 경우가 있다. 예를 들어, 어떤 전자를 'z 방향으로 스핀-위' 상태에 준비할 수 있다. 이 상태를 $|\uparrow_z\rangle$로 적는다. 만약 이렇게 상태를 준비했다면, 이 상태가 실제로 $|\uparrow_z\rangle$이고 다른 상태가 아니라는 것을 확실히 알고 있다. 그러므로 누군가가 그 상태가 $|\uparrow_z\rangle$라고 말해준다면 어떤 정보도 얻을 수 없고, 다시 말해 더 이상 불확정성을 제거할 수 없다. 이 상태는 양자정보의 큐비트가 없다고 할 수 있다. 여기서 이제 '큐비트'라는 용어는 상태의 양자정보 척도를 말한다.

양자 세계에서는 이 측정을 x 방향으로 하는 것 또한 가능하다. 3장에서 이야기할 양자 이론의 가설에 의하면, 이 상태는 x 방향으로 측정하면 $|\uparrow_x\rangle$가 나올 확률과 $|\downarrow_x\rangle$가 나올 확률이 같다. 양자 이론을 이렇게 해석하는 것은 이 계가 x 방향으로는 어떤 확정된 상태를 갖지 않는다는 것이다. 사실, 물리계가 z 방향인 것이 확실하다면 x 방향으로는 최대의 불확정성이 존재한다. 이런 거동은 하이젠베르크의 불확정성 원리가 나타나는 방식 중 하나다. 그러므로 측정을 수행하기 전에는 그 결과로 얻은 상태에 대한 지식이 없으며, 측정의 결과를 알게 됐을 때 섀넌의 정보 비트 하나를 얻는다. 만약 섀넌의 엔트로피 개념을 사용하고 x 방향 측정을 수행한다면, 이 고전적 척도는 여기서 계의 상태에 대한 우리의 지식을 포착할 어떤 능력을 잃어버린다. 상태의 지식을 포착하기에는 부적합하다. 왜냐하면 이 상태는 $|\uparrow_z\rangle$에 확실성을 갖고 준비됐음을 알고 있기 때문이다. 이렇게 다른 정보 개념들 중에서 양자역학적 경우에 가장 적합한 것은 무엇인가?

사실 첫 번째 방법이 양자정보를 정량화하는 데 가장 유용하다. 만약 누군가가 특정 물리계의 확정된 양자 상태를 알려줬고 그 상태가 실제로 진짜 상태라면 우리는 그 상태에 대해 완전한 지식을 갖고 있으며, 따라서 더 이상 이 지점에서는 양자정보의 '큐비트'를 알아낼 수 없다. 이 생각을 따라가는 것은 고전 세계와 비슷한 관점이지만, 고전 세계와는 다르게 앞 문단에서 설명한 경우를 고려해야 한다.

이제, 어떤 친구('밥Bob'이라고 하자)가 확률적 앙상블ensemble로서 양자 상태를 무작위적으로 준비한다고 하자. 밥은 $|\uparrow_z\rangle$와 $|\downarrow_z\rangle$를 같은 확률로 준비했다. 이런 확률적 지식만을 갖고서 밥이 어떤 상태를 준비했는지 밝힌다면, 우리는 1비트의 정보를 얻는다. 또한 밥이 준비한 상태를 알아내기 위해 계에 양자 측정을 수행할 수도 있다(양자 측정은 3장에서 자세히 논의한다). 한 가지 납득할 만한 측정은 z 방향으로 측정을 수행하는 것이다. 측정 결과는 밥이 실제로 어떤 상태를 준비했는지 정한다. 왜냐하면 앙상블의 두 상태는 확정적인 z 상태에 있기 때문이다. 따라서 이 측정 결과는 1비트의 정보를 준다. 만약 밥이 우리에게 어떤 상태를 준비했는지 알려준다면 알 수 있는 것과 같은 양이다. 이 논리의 대부분은 고전적인 경우와 비슷해 보인다. 즉, 측정 결과만이 우리에게 섀넌의 정보 비트를 준다는 것이다.

또 다른 측정은 x 방향으로 측정을 수행하는 것이다. 만약 실제 상태가 $|\uparrow_z\rangle$로 준비됐다면, 양자 이론은 그 상태가 $|\uparrow_x\rangle$와 $|\downarrow_x\rangle$를 같은 확률로 갖게 된다고 예측한다. 마찬가지로, 만약 실제 상태가 $|\downarrow_z\rangle$로 준비되어 있었다면 이번에도 양자 이론은 $|\uparrow_x\rangle$와 $|\downarrow_x\rangle$를 같은 상태 확률로 갖게 된다고 예측한다. 이 확률을 계산해보면 결과는 1/2의 확률로 $|\uparrow_x\rangle$, 1/2의 확률로 $|\downarrow_x\rangle$가 된다. 따라서 이 결과로부터 알 수 있는 섀넌 비트의 내용은 다시 1비트다. 하지만 z 방향으로 측정했을 때의 상황과는 많이 다른 방식으로 결론에 도달했다. 이 앙상블에 대해 어떤 식으로 '양자정보'를 정량화할 수 있을까? 이제 이 앙상블은 1'큐비트'의 양자정보를 갖고 있으며, 이 결과는 이 특정한 앙상블에 대해 z 방향 측정이나 x 방향 측정으로부터 유도할 수 있다고 주장하려고 한다.

양자정보를 정량화할 수 있는 방법에 대한 직관을 줄 수도 있는 마지막 사례를 생각해보자. 밥이 $|\uparrow_z\rangle$나 $|\uparrow_x\rangle$를 같은 확률로 준비했다고 하자. 첫 번째 상태는 z 방향의 스핀-위이고, 두 번째 상태는 x 방향의 스핀-위 상태다. 만약 밥이 어떤 상태를 준비했는지 밝힌다면 1개의 섀넌 정보 비트를 얻게 된다. 그러나 이제 친구인 밥의 도움 없이 어떤 상태가 준비됐는지 직접 알아내려 한다고 하자. 한 가지 가능성은 z 방향으로 측정을 수행하는 것이다. 만약 $|\uparrow_z\rangle$ 방향으로 준비됐다면 이 결과를 1/2의 확률로 알아낼 수 있다. 그러나 만약 상태가 $|\uparrow_x\rangle$로 준비됐다면 양자 이론은 상태가 같은 확률을 갖는(이 새로운 상태가 뭔지 알아낸다면) $|\uparrow_z\rangle$나 $|\downarrow_z\rangle$가 될 것이라고 예측한다. 그러

므로 양자 이론은 이 앙상블에 대한 측정 행위가 이 시점에 어떤 식으로든 상태를 흐트러트린다는 것을 예측한다. 또한 상태가 $|\uparrow_z\rangle$인지 $|\uparrow_x\rangle$인지 확실하게 알아낼 수 있는 방법은 없다. z 방향으로 측정을 한다면, 3/4의 확률로 $|\uparrow_z\rangle$ 상태를 얻고 1/4의 확률로 $|\downarrow_z\rangle$의 상태를 얻는다. 이 앙상블로부터 섀넌의 1 정보 비트보다 적은 것을 알게 됐다. 왜냐하면 이 특정한 측정을 할 때 확률 분포가 왜곡됐기 때문이다.

z 방향으로 측정할 때 얻은 확률은, 밥이 3/4의 확률로 $|\uparrow_z\rangle$ 상태를 준비하고 1/4의 확률로 $|\downarrow_z\rangle$ 상태를 준비한 경우에 측정을 z 방향으로 수행한 것과 같다. (3/4, 1/4)라는 분포의 실제 섀넌 엔트로피는 0.81비트이며, 우리가 얻은 것이 대략 1비트보다 작을 것이라는 직관을 확인해준다. 마찬가지로, 대칭적인 분석을 하면 이 측정을 x 방향으로 수행했을 때도 0.81비트를 얻는다는 것을 보일 수 있다.

만약 계에 측정을 수행했을 때 더 적은 정보를 얻는다면, 계에 대해서는 더 많은 것을 이미 안다는 뜻이다. 양자 이론에 따르면, 계를 많이 흐트러트리지 않으면서 계에 대한 측정을 수행한다면 계에 대해서는 덜 알게 된다. 우리가 최소한의 정보만을 알아내는 측정을 수행할 수 있을까? 무작위 실험의 결과에서 얻은 평균은 더 적은 질문이 필요하다는 해석이 있으므로, 최소한의 정보만을 알아내는 것은 이상적인 경우임을 떠올려보자. 실제로, $x + z$ 방향으로 측정하는 것이 정보의 최소량을 보인다는 사실을 알 수 있다. 일단 자세한 설명을 생략하면 이 실험은 $\cos^2(\pi/8)$의 확률로 $|\uparrow_{x+z}\rangle$ 상태를 얻고, $\sin^2(\pi/8)$의 확률로 $|\downarrow_{x+z}\rangle$ 상태를 얻는다. 이 측정은 앙상블에 있는 원래 상태에 최소한의 흐트러짐만을 발생시키는 바람직한 효과를 낸다. 이 측정에서 얻은 분포의 엔트로피는 0.6비트이고, 밥이 상태를 밝혔을 때 알게 되는 1비트보다 적다. 0.6 정도의 엔트로피는 또한 이 앙상블에 수행할 수 있는 가능한 모든 예리한 측정 중에서 최소한의 정보다. 이 앙상블은 0.6큐비트의 양자정보를 갖는다고 말할 수 있다.

섀넌의 원천 부호화 정리Shannon's source coding theorem를 이용하면 고전 정보의 궁극적 압축률을 정할 수 있다(이 기법은 다음 장에서 살펴본다). 유사한 방법으로 양자정보의 궁극적 압축률을 계산할 수 있을까? 이 질문은 양자 섀넌 이론의 초기 질문이자 유익한 질문이며, 그 답은 긍정적이다. 양자 압축 기술은 슈마허 압축Schumacher compression이라고 하며, 벤저민 슈마허Benjamin Schumacher의 이름이 붙었다. 슈마허는 섀넌의 아이디어와 유사한 아이디어를 생각했다. 그는 무작위적인 물리적 큐비트를 방출하는 양자정보 원천의 개념을 만들어서, 큰 수의 법칙을 적용해 양자정보의 대부분이 실제로 존재하는 **전형적인 부분공간**typical subspace이라는 것이 존재함을 보였다. 이런 생각의 방향은 다음 장에서 자료 압축을 살펴볼 때 논의할 내용과 유사하다. 대부분의 양자정보 원천에 대해 전형적인 부분공간의 크기는 방출된 물리적 큐비트가 존재하는 공간의 크기보다 지수함수적으로 작다. 따라서 양자정보를 이 공간으로 많은 손실 없이 '양자 압축'을 할 수 있다. 이제 슈마허의 양자 원천 부호화 정리는 조작적 관점에서 앙상블이 갖고 있는 실제 양자정보의 양을 정량화한다. 실제 양자정보의 양은 정보적 관점에서는 앙상블이 가진 큐비트의 수에 해당한다. 이 척도는 앞 문단에서 제안했던 '최적 측정'과 동등한 것이다. 나중에 양자 이론과 양자정보 원천의 엄밀한 개념을 소개할 때 이 아이디어에 대해 더 자세히 공부할 것이다.

양자 섀넌 이론의 몇몇 기법은 고전 정보 이론에서 사용된 기법의 직접적인 '양자' 유사체다. 큰 수의 법칙과 전형적인 부분공간의 개념을 사용하지만 두 다른 양자 상태가 얼마나 '가까운지' 결정하기 위해 고전 세계에서 사용했던 척도의 일반화가 필요하다. 한 가지 척도는 **충실도**fidelity인데, 한 양자 상태가 다른 상태일 수 있는 시험을 통과할 확률을 부여한다는 조작적인 해석을 갖는다. 또 다른 거리 척도로 **대각합 거리**trace distance가 있는데, 이것은 고전적인 거리 척도와 더 비슷하다. 그 고전적인 유사체는 두 확률 분포의 가까움의 척도다. 양자 섀넌 이론의 기법은 또한 양자 이론에 확고하게 존재하며, 어떤 경우 참된 고전적 유사체가 없다. 이 기법들 중 몇몇은 고전 세계에서 쓰던 것과 유사해 보이지만, 양자 섀넌 이론의 근본적 질문 중 몇몇에 대한 답은 고전 세계에서의 어떤 답들과 완전히 다르다. 이 책의 목적은 양자 섀넌 이론의 근본적 질문에 답을 찾아가는 것이 목적이며, 이제 우리가 무엇을 수행할 수 있는지 물어보기 시작할 것이다.

1.2.3 양자 섀넌 이론의 조작적 작업

양자 섀넌 이론은 두 참여자가 양자정보 처리 작업에 사용할 수 있는 몇 가지 자원을 갖고 있다. 가장 자연스러운 양자 자원은 **무잡음 큐비트 선로**noiseless qubit channel일 것이다. 이 자원은 물리적 큐비트가 어떤 잡음에도 영향을 받지 않고 돌아다닐 수 있는 매체로 생각할 수 있다. 무잡음 큐비트 선로의 사례로는 광자가 돌아다니는 자유 공간이 될 수 있다. 여기서 광자는 그 목적지에 있는 길을 따라서 다른 어떤 입자와

도 상호 작용하지 않는다.[7]

무잡음 고전 비트 선로noiseless classical bit channel는 무잡음 큐비트 선로의 특수한 경우다. 왜냐하면 고전적 정보는 항상 양자 상태에 부호화될 수 있기 때문이다. 광자를 예로 들어보면, 수평편광을 '0'에 대응시키고 수직편광을 '1'에 대응시킬 수 있다. 무잡음 큐비트 선로와 구분하기 위해, 무잡음 고전 비트 선로의 동적인 자원을 **크비트**cbit라고 할 것이다.

아마 두 참여자가 공유할 수 있는 가장 흥미로운 자원은 무잡음 얽힘noiseless entanglement일 것이다. 어떤 얽힘 자원이든 **정적인 자원**static resource이다. 왜냐하면 얽힘은 참여자가 공유하는 것이기 때문이다. 고전 세계에서 정적 자원의 예를 들자면, 압축하려는 정보나 두 참여자가 공유하는 공통 비밀키가 있다. 얽힘을 실제로 측정하는 방법은 나중에 논의할 것이며, 이런 이유에서 송신자와 수신자는 얽힘의 비트bit of entanglement, 또는 줄여서 **얽힘비트**ebit를 갖고 있다고 할 수 있다.

얽힘은 많은 양자 통신 작업에서 유용한 자원임이 알려졌다. 얽힘이 유용한 사례는 양자원격전송 통신 규약에 있다. 이것은 송신자와 수신자가 하나의 얽힘비트와 2개의 고전 비트를 이용해 하나의 큐비트를 신뢰성 있게 전송하는 방법이다. 이 통신 규약은 무잡음 얽힘의 굉장한 능력의 사례다. '원격전송'이라는 이름은 이 통신 규약에 정말 적절한데, 왜냐하면 송신자의 기지국에서 물리 큐비트가 사라지고, 수신자가 2개의 고전 비트를 전달받은 후에 수신자의 기지국에서 나타나기 때문이다. 이후 무잡음 큐비트 선로가 다른 두 종류의 무잡음 자원을 만들어낼 수 있다는 것을 살펴볼 것이다. 하지만 그 두 종류의 무잡음 자원 각각으로 무잡음 큐비트 선로를 만들어내는 것은 불가능하다. 이런 점에서, 무잡음 큐비트 선로는 세 가지 단위 자원 중 가장 강력하다.

여기서 논의했던 첫 번째 양자정보 처리 작업은 슈마허 압축이다. 이 작업의 목적은 얼마 안 되는 무잡음 큐비트 선로를 이용해 양자정보 원천의 결과물을 가능한 한 신뢰성 있게 전송하는 것이다. 슈마허 압축을 기술적 관점에서 이해하고 나면, 이 책의 초점은 송신자와 수신자 사이에 어떤 양자정보 처리 작업이 유잡음 통신 선로를 사용해 달성될 수 있는지 정하는 것이다. 첫 번째이자 아마도 가장 간단한 작업은 유잡음 양자 선로를 여러 번 사용해 얼마나 많은 고전 정보를 송신자가 수신자에게 신

---

7 여기서 텅 빈 공간조차도 양자역학적인 잡음이 있을 수 있기 때문에 실제로 완벽한 선로가 되지는 않는다는 점에 주의하자. 그렇지만 상상할 수 있는 간단한 물리적 사례다.

뢰성 있게 보낼 수 있는가를 정하는 것이다. 이 작업은 그 발견자인 홀레보^{Holevo}, 슈마허^{Schumacher}, 웨스트모어랜드^{Westmoreland}의 이름을 따서 HSW 부호화라고 알려져 있다. HSW 부호화 정리는 섀넌의 통신 선로 부호화 정리(다음 장에서 살펴볼 것이다.)의 양자역학적 일반화 중 하나다. 또한 송신자와 수신자가 통신을 하기 전에 얼마간의 무잡음 얽힘을 공유해야 한다고 가정한다. 송수신자들은 이 무잡음 얽힘을 대량의 유잡음 양자 선로에 추가적으로 사용할 수 있다. 이 작업은 유잡음 양자 선로를 통한 **얽힘보조 고전 통신**^{entanglement-assisted classical communication}이라고 한다. 이 작업에 해당하는 용량 정리^{capacity theorem}는 얽힘의 놀라운 특징 중 하나를 조명한다. 즉, 얽힘은 유잡음 양자 선로를 사용해 생성할 수 있는 무잡음 통신 선로의 양을 늘려준다는 것이다. 일반적으로 얽힘보조를 이용한 고전적 용량은 이용하지 않았을 때보다 더 많다.

양자 섀넌 이론의 가장 중요한 정리 중 하나는 **양자 선로 용량 정리**^{quantum channel capacity theorem}다. 어떤 용량 정리 증명이라도 두 부분으로 나뉘는데, 하나는 용량의 하한을 구성하는 것이고 다른 쪽은 용량의 상한을 구성하는 것이다. 양쪽 한계가 일치하면, 이 한계를 이용해 용량을 특징지을 수 있다. 양자 용량의 하한은 소위 LSD 부호화 정리[8]라고 알려져 있는데, 송신자가 유잡음 양자 선로를 통해 양자정보를 믿을 수 있게 송신하여 수신자가 완벽하게 복원할 수 있도록 하는 최대 속도를 특징짓도록 해준다. 양자정보를 그대로 유지하는 것이 더 어렵기 때문에 이 속도는 일반적으로 고전적 용량보다 낮다. 앞서 말했듯이, 고전 정보는 양자 상태로 부호화할 수 있다. 하지만 이런 고전적 부호화는 양자 상태의 특별한 경우일 뿐이다. 양자정보를 보존하기 위해서는 임의의 양자 상태를 보존할 수 있어야 하며, 그저 고전적 부호화를 양자 상태에 적용하는 것이 아니다.

이 책은 24장에서 절정에 도달한다. 거기서 마침내 양자 용량 정리를 공부할 것이다. 그 앞의 모든 노력과 기술적 밑바탕은 이를 염두에 둔 것이다.[9] 동역학적 설정에서 첫 번째 부호화 정리는 HSW 부호화 정리다. 이 부호화 정리의 엄밀한 학습은 유잡음 양자 선로를 통한 신뢰성 있는 통신의 부호 구조를 이해하는 데 중요한 기초가 된다. HSW 부호화 정리의 방법은 '얽힘보조 고전 용량 정리^{entanglement-assisted classical}

---

8 여기서 LSD 부호화 정리는 합성 결정분말인 리세르기산 디에틸아미드(lysergic acid diethylamide, 잠재적인 환각 약물로 사용될 수 있다.)가 아니라 로이드(Lloyd, 1997), 쇼어(Shor, 2002b), 데브택(Devetak, 2005)의 이름을 딴 것이다. 이들은 양자 용량의 하한을 점점 더 엄밀하게 증명했다.

9 이 책의 목표 중 하나는 양자 선로 부호화 정리에 대한 데브택의 증명(Devetak, 2005)에 숨어 있는 수학적 기교를 풀이하는 것이다.

capacity theorem'에 적용된다. 이 정리는 양자 섀넌 이론의 다른 통신 규약을 만드는 구성원소다. 그리고 유잡음 양자 선로를 이용해 비밀 고전 정보를 보내는 방법에 대한 더 복잡한 부호화 구조를 발전시켜나간다. **비밀 부호화**private coding는 의도된 수신자는 전달된 메시지를 완벽하게 알아낼 수 있지만 제3자인 도청자는 송신자가 의도된 수신자에게 전송한 내용에 대해 아무것도 알아낼 수 없는 부호화다. 비밀 고전 용량의 연구는 처음에는 우회하는 것 같아 보이지만, 결국 우리의 궁극적 목표에 가깝게 연관되어 있다. 비밀 정보를 보내기 위해 개발된 부호화 구조는 양자 부호의 구조를 이해하는 것과 서로 뗄 수 없음이 증명됐다. 고전 정보를 비밀로 보호하고 양자정보를 결맞은 상태로 유지한다는 목표들 사이에는 강한 연관성이 있다. 비밀 부호화 상황에서 목표는 도청자가 전송에 대해 아무것도 알 수 없게 하여 정보가 절대 누설되지 않도록 하는 것이다. 양자 부호화 상황에서는 주변환경이 전송된 양자정보를 알게 되어 양자정보에 흐트러짐이 생긴 것으로 양자 잡음을 간주할 수 있다. 이 효과는 양자정보 이론의 기본인 정보 방해 형평성과 연관이 있다. 만약 전송된 상태에 대한 어떤 내용을 환경이 알게 된다면, 어떤 식으로든 양자 상태에 영향을 주는 잡음이 발생하는 것을 피할 수 없다. 그러므로 비밀 부호화와 양자 부호화 사이에 대응 관계를 볼 수 있다. 양자 부호화에서 목표는 어떤 정보도 환경으로 누설되지 않도록 하는 것이다. 그런 누설을 피하는 것이 곧 전송된 상태에 흐트러짐이 없다는 뜻이기 때문이다. 양자 부호화에서 환경의 역할은 비밀 부호화에서 도청자의 역할과 유사하다. 그리고 양쪽 상황에서 모두 환경이나 도청자를 내용에서 떼어놓는 것이 목표다. 비밀 부호와 양자 부호가 유사한 구조를 갖는 것은 우연이 아니다. 사실, 양자 부호는 비밀 부호로부터 그 구조를 상속받았다고 할 수 있다.[10]

양자 용량 정리의 논의에 더불어 '형평성trade-off' 문제도 생각해보겠다. 22장은 이 책의 또 다른 정점인데, 이전 장에서 나온 몇 가지 아이디어를 결합해 나타나는 종합적인 결과라는 특징이 있다. 이 장의 가장 매력적인 측면은 21장에서 나온 단 하나의 아이디어로부터 실질적으로 양자 섀넌 이론에 나온 모든 통신 규약을 구성할 수 있다는 것이다. 또한 22장은 유잡음 양자 선로를 통한 정보 전달과 관련된 많은 현실적인 질문에 일부 답을 제공한다. 그런 질문의 사례는 다음과 같다.

---

10 무작위 부분공간을 사용해 양자 부호를 구성하는 다른 방법도 있지만(Shor, 2002b; Hayden, Horodecki, Winter & Yard, 2008; Heyden, Shor & Winter, 2008; Klesse, 2008), 여기서는 데브택의 접근법을 택하겠다. 왜냐하면 양자 용량 정리를 증명하는 방법에 사용되는 비밀 용량과 같은 양자 섀넌 이론의 다른 측면을 배울 수 있기 때문이다.

- 유잡음 양자 선로는 얼마나 많은 양자정보와 고전 정보를 전송할 수 있을까?

- 얽힘보조 유잡음 양자 선로는 보조받지 않는 경우보다 더 많은 고전 정보를 전송할 수 있다. 그러나 얼마나 많은 얽힘이 실제로 필요할까?

- 무잡음 고전 통신은 유잡음 양자 선로를 통한 신뢰성 있는 양자정보의 전송에 도움이 될까?

- 고전 통신이 돕는다면 유잡음 양자 선로는 얼마나 많은 얽힘을 생성할 수 있을까?

- 얽힘이 돕는다면 유잡음 양자 선로는 얼마나 많은 양자정보를 통신할 수 있을까?

이것들은 형평성 문제의 사례다. 왜냐하면 유잡음 양자 선로와 무잡음 자원의 소비나 생성을 포함하기 때문이다. 무잡음 자원의 생성이나 소비의 모든 조합에 대해, 그 상태가 얼마나 빠른 속도에 도달할 수 있는지 해당하는 부호화 정리가 있다(그리고 어떤 경우에는 최적이다). 이 형평성 문제들 중 몇몇은 흥미로운 답을 내놓지만, 어떤 것들은 그렇지 않다. 이 형평성 문제의 최종 목표는 유잡음 양자 선로와 세 가지 단위 자원(고전 통신, 양자 통신, 얽힘)을 조합한 최적의 방법을 찾아서 완전한 3중 형평성 해법을 정하는 것이다.

유잡음 양자 선로에 대한 부호화 정리는 섀넌의 고전 부호화 정리만큼이나 중요하다. 왜냐하면 부호화 정리가 양자 이론의 가설들이 적용되는 세계에서의 궁극적 정보 처리 용량을 결정하기 때문이다. 양자 이론이 모든 물리현상을 뒷받침하는 궁극적 이론이고, 어떤 중력 이론은 어떤 식으로든 양자 이론과 통합될 것이라 생각된다. 따라서 이 계가 달성할 수 있는 작업을 결정하기 위해 양자정보 처리의 완전한 섀넌 이론에 현재의 노력을 집중해야 한다는 것은 타당하다. 많은 물리적 상황에서 양자 섀넌 이론의 몇 가지 가정은 정당화되지 않는다(독립적이고 동등하게 분포하는 양자 선로 등). 그러나 그럼에도 양자 섀넌 이론은 이런 물리계의 용량을 결정할 수 있는 이상적 배경을 제공한다.

1.2.4 양자 섀넌 이론의 역사

궁극적으로 양자 섀넌 이론의 개발을 이끌어내도록 연구자들이 생각했던 문제를 간략히 소개하며 이 장을 마무리하겠다.

1970년대 — 양자정보 이론의 첫 연구자들은 광학적 방법으로 고전 자료를 전송하는 문제를 연구했다. 이들은 궁극적으로 양자역학적 체계화를 이끌어냈는데, 왜냐하면 이들은 결맞은 레이저를 이용해 고전 정보를 전송하려고 했기 때문이다. 결맞은 레이저가 이상적으로 방출하는 **결맞은 상태**coherent state는 특별한 양자 상태다. 글로버Glauber는 중요한 두 논문에서 결맞은 상태의 완전한 양자역학적 이론을 제시했고(Glauber, 1963b; Glauber, 1963a), 그 공로로 2005년에 노벨상을 받았다(Glauber, 2005). 양자정보 이론의 초기 연구자로는 헬스트롬Helstrom, 고든Gordon, 스트라토노비치Stratonovich, 홀레보Holevo 등이 있다. 고든(1964)은 양자계로부터 고전 정보에 접근할 수 있는 능력에 중요한 한계가 있다는 추측을 내놨다. 그리고 레비틴Levitin(1969)은 이를 증명 없이 언급했다(Holevo, 1973a; Holevo, 1973b). 이후, 그 한계가 있다는 증명이 제시됐다. 이 중요한 한계는 홀레보 한계Holevo bound라고 알려져 있고, 양자 섀넌 이론에서 그 역정리(최적화와 관련된 정리)를 증명하는 데도 중요하다. 홀레보 한계의 (거칠지만) 가장 간단한 주장에 의하면 무잡음 양자 선로를 통해 고전 정보 비트를 1개 이상 전송하면서 동시에 신뢰성 있게 복원하는 것은 불가능하다. 즉, **큐비트 1개당 크비트 1개**를 얻는다는 뜻이다. 헬스트롬(1976)은 양자 검출과 양자 추측의 완전한 이론을 개발했고, 이 이론에 대해 논의하는 교재를 출판했다. 파네스Fannes(1973)는 엔트로피의 유용한 연속성 성질에 기여했고, 이것은 양자 섀넌 이론의 역정리를 증명하는 데도 유용하다. 위스너Wiesner는 1970년에 불확정성 원리를 이용해 '양자 화폐quantum money'라는 개념을 고안했지만, 불행히도 그의 작업은 첫 투고에서 받아들여지지 않았다. 이 작업은 시대를 앞서갔고, 결국 한참 후에 받아들여졌다(Wiesner, 1983). 위스너의 아이디어는 양자 키 분배의 BB84 통신 규약으로 가는 길이 됐다. 양자 엔트로피의 강한 준가법성(Lieb & Ruskai, 1973b; Lieb & Ruskai, 1973a)이나 양자 상대적 엔트로피의 단조성(Lindblad, 1975)과 같은 기본적 엔트로피 부등식이 또한 이 기간 동안 증명됐다. 이 엔트로피 부등식은 홀레보 한계를 일반화하고, 양자 섀넌 이론의 최적성 정리를 만드는 데 기초가 됐다.

1980년대 — 1980년대에는 양자정보에서 별로 진전이 없었다. 왜냐하면 양자 이론과 정보 이론의 아이디어를 연결하는 가능성에 대해 생각하는 학자들이 얼마 없었기 때문이다. 노벨상을 수상한 물리학자인 리처드 파인만은 1982년에 양자역학계를 이용한 계산에 대해 처음으로 논의한 흥미로운 논문 중 하나를 출판했다(Feynman,

1982). 그의 관심사는 양자역학계를 시뮬레이션하는 데 양자 컴퓨터를 사용한다는 것이었는데, 양자계를 시뮬레이션하는 고전적인 시뮬레이션 대신에 다른 양자계를 사용한다면 속도가 빨라질 것이라는 점을 지적했다. 이 작업은 양자 섀넌 이론이라기보다 양자 컴퓨터에 대한 것이지만 여전히 하나의 이정표다. 왜냐하면 1970년대 학자들이 제안했던 것처럼, 파인만이 고전 정보를 처리하는 데 양자계를 사용하는 것뿐만이 아니라 물리계의 실제 양자정보를 사용하는 것에 대해 생각하기 시작했기 때문이다.

우터스Wootters와 주렉Zurek(1982)은 양자정보 과학에 중요한 가장 간단하면서도 심오한 결과를 만들어냈다(Dieks, 1982; 같은 해에 이 결과를 증명했다). 이들은 **복제불가 정리**no-cloning theorem를 증명했는데, 이것은 양자 이론의 가정들에 따르면 범용적으로 양자 상태를 복제하는 것은 불가능함을 보여준다. 어떤 임의의 양자 상태가 주어졌을 때, 이 상태를 복사하는 장치를 만드는 것은 불가능하다. 이 결과는 양자정보 처리에 깊은 함의를 가지며, 양자 세계의 정보 처리와 고전 세계의 정보 처리 사이에는 커다란 간극이 있음을 보인다. 이 정리는 이 책의 3장에서 증명하고, 계속해서 논의에 사용할 것이다. 복제불가 정리의 역사는 지금까지 여러분이 들어왔을 '과학의 사회학' 이야기보다 더 흥미로울 것이다. 이 이야기는 닉 허버트Nick Herbert가 얽힘을 이용한 초광속 통신에 대한 제안을 담은 논문을 학술지 「물리학 기초Foundations of Physics」에 투고했을 때로 거슬러 올라간다. 애셔 페레스Asher Peres가 당시 심사위원이었고(Peres, 2002), 그는 뭐가 문제인지는 짚어낼 수 없었지만 논문의 결론이 초광속 통신을 허용한다는 점 때문에 뭔가 틀려야만 한다는 사실을 알았다(또한 허버트가 자신의 제안에 오류가 있음을 알았다고 지적했다). 그럼에도 페레스는 이 논문의 출판을 추천했는데(Herbert, 1982), 이 논문이 해당 주제에 관한 폭넓은 관심을 자극할 것임을 알았기 때문이다. 오래 지나지 않아 우터스와 주렉은 논문을 출판했고, 그 이후로 복제불가 정리의 결과를 따르는 수천 개의 논문이 생겨났다(Scarani et al., 2005).

위스너의 켤레 부호화에 대한 작업은 찰스 베넷Charles Bennett이라는 IBM의 물리학자에게 영감을 줬다. 베넷과 브라사드는 첫 번째 양자 통신 규약인 BB84 통신 규약을 자세히 설명한 획기적인 논문(Bennett & Brassard, 1984)을 출간했다. 이 통신 규약은 송신자와 수신자가 양자 선로를 이용해서 비밀키를 생성할 수 있는 방법을 보였다. 이 통신 규약의 보안성은, 대충 말하자면 불확정성 원리에 의존한다. 만약 어떤 도청자가 비밀키를 생성하는 데 사용한 무작위 양자정보에 대해 알아내려고 하면, 알아내려고 한 행위는 불가피하게 전송된 양자정보를 흐트러트릴 수밖에 없고, 두 참여자는 무작위 시험 자료의 통계성에 변화가 생긴 것을 감지해 그 흐트러트림을 알아낼 수 있다. 유잡음 양자 선로의 비밀키 생성 용량은 BB84 통신 규약과 불가분의 관계가 있고, 비밀 정보를 통신하는 양자 선로의 능력을 배울 때 이 용량 문제를 자세히 알아볼 것이다. 흥미롭게도, 물리학계는 베넷과 브라사드가 처음 출판했을 때는 BB84 논문을 꽤 무시했다. 아마 그들이 공학 학회에서 발표했고, 물리학와 정보학의 결합은 아직 효과가 없었기 때문인 듯하다.

1990년대 — 1990년대는 양자정보 과학의 활동이 많이 증가한 시기다. 아마도, 여러 중요한 결과들과 함께 가장 들뜬 시기 중 하나였을 것이다. 가장 중요한 결과 중 하나는 에커트Ekert가 냈다. 에커트는 양자 키 분배를 수행하는 다른 방법을 출판했는데, 이번에는 얽힘의 강한 상관성을 이용했다(Ekert, 1991). 에커트는 얽힘 기반의 양자 키 분배 작업을 할 때 BB84 통신 규약에 대해 몰랐다. 물리학계는 이 결과를 수용했고, 얼마 지나지 않아 에커트, 베넷, 브라사드는 서로의 결과를 알게 됐다(Bennett, Brassard & Ekert, 1992). 베넷, 브라사드, 머민Mermin은 이후 달라 보이는 두 기법이 동등함을 보였다(Bennett, Brassard & Mermin, 1992). 베넷은 이후 임의의 직교하지 않는 두 양자 상태를 이용한 양자 키 분배를 수행하는 B92 통신 규약을 개발했다(Bennett, 1992).

나중에 양자 섀넌 이론에 영향을 주는 가장 심오한 결과 중 2개가 1990년대 초에 등장했다. 먼저, 베넷과 위스너(1992)는 초고밀도 부호화 규약super-dense coding protocol을 고안했다. 이 규약은 하나의 무잡음 얽힘비트와 하나의 무잡음 큐비트 선로를 이용해 2개의 무잡음 고전 비트 선로를 시뮬레이션한다. 이 결과를 홀레보의 결과와 비교해보자. 홀레보 한계는 큐비트당 1개의 고전 비트만을 신뢰성 있게 보낼 수 있다고 했다. 하지만 초고밀도 부호화 규약은 얽힘을 사용한다면 이 속도를 두 배로 늘릴 수 있다고 한다. 따라서 이 통신 규약에서 얽힘은 무잡음 양자 선로만을 이용할 때 가능한 고전적 전송률을 증가시키도록 해준다. 다음 해, 베넷과 공동저자들은 초고밀도 부호화 규약을 뒤집어서 더 심오한 함의를 갖는 통신 규약을 고안한다. 이들이 **양자원격전송 통신 규약**teleportation protocol을 만들었다(Bennett et al., 1993). 이 통신 규약은 2개의 고전 비트 선로와 하나의 얽힘비트를 소모해서 송신자에서 수신자에게 하나의 큐비트를 전송한다. 기술적인 배경지식이 없는 지금 시점에서는 아직 큐비트가 어떻게 송신자에서 수신자로 옮겨갈 수 있는지 불분명할 것이다. 원래 저자들은 이걸 '양자 상태의 분리 전송'이라고 표현했다. 지금은 이런 분리된 전송을 가능케 하는 얽힘(특히, 얽힘비트)의 독특한 성질이라고 말하는 것으로 충분하다. 다시 말하지만 이 통신 규약을 가능케 하는 자원은 얽힘이다. 하지만 얽힘의 역할을 과장하지 않도록 주의해야 한다. 얽힘만으로는 양자원격전송을 구현하기에 충분하지 않다. 이 통신 규약들은 얽힘과 양자 통신 또는 얽힘과 고전 통신의 독특한 조합이 이런 결과를 이끌어낸다는 것을 보여준다. 이 두 가지 무잡음 통신 규약은 양자 섀넌 이론의 초석이다. 양자 섀넌 이론은 애초에 독특한 양자 통신 규약을 체계화하기 위해 고전 통신, 양자 통신, 얽힘이라는 자원을 잘 엮는 흥미로운 방법과 다른 무잡음 자원과 유자원 자원을 결합하여 더 기묘한 통신 규약을 만들어내는 방법이 있다는 것을 제안했다. 이 통신 규약과 관련된 간단한 질문이 양자 섀넌 이론적인 통신 규약을 이끌어냈다. 초고밀도 부호화에서 양자 선로가 유잡음이 되면 앨리스는 얼마나 많은 고전 정보를 보낼 수 있을까? 얽힘이 유잡음이 된다면 어떨까? 양자원격전송에서 고전 선로가 유잡음이 되면 앨리스는 얼마나 많은 양자정보를 보낼 수 있을까? 얽힘이 유잡음이 된다면 어떨까? 학자들은 초고밀도 부호화와 양자원격전송 통신 규약이 가능해진 후 얼마 지나지 않아 이 질문에 답을 했고, 이 책에서도 이 중요한 질문에 대해 논의할 것이다.

1994년은 양자정보 과학의 기념비적인 해다. 쇼어가 수를 다항 시간 내에 인수분해하는 알고리듬을 출판했다(Shor, 1994). 이 알고리듬은 알려진 최상의 고전 알고리듬을 지수함수적으로 빠르게 뛰어넘는다. 이 분야에서 쇼어 알고리듬의 중요성은 더 이상 말할 것도 없다. 가장 중요한 응용 분야는 RSA 암호화를 깨는 것이다(Rivest et al., 1978). 왜냐하면 이 암호화 알고리듬의 보안성은 큰 수의 인수분해가 계산적으로 어렵다는 사실에 의존하기 때문이다. 이 놀라운 성과는 양자 컴퓨터라는 아이디어에 폭넓은 관심을 일으켰고, 양자 컴퓨터를 만들고 그 능력에 대한 연구가 시작됐다.

초기에, 실제로 양자 컴퓨터를 만들겠다는 아이디어는 많은 회의론과 마주쳤다(Landauer, 1995; Unruh, 1995). 몇몇 전문가들은 양자 상호 작용 동안 양자계가 그 환경과 결합해서 발생할 불가피한 오류를 극복하는 일이 불가능할 것이라 생각했다. 쇼어는 이 문제를 겪으면서 첫 번째 양자 오류 보정 부호(Shor, 1995)와 결함 허용 양자 계산 fault-tolerant quantum computation을 고안했다(Shor, 1996). 양자 오류 보정을 다룬 그의 논문은 양자 섀넌 이론과 가장 관계가 깊다. 이 논문의 끝에서 쇼어는 많은 수의 유잡음 선로를 사용해 양자 상태를 보낼 때, 송신자와 수신자가 양자 상태의 충실도를 유지할 수 있는 최대 속도로서 유잡음 양자 선로의 양자 용량이라는 아이디어를 제안했다. 이어서 양자 오류 보정(Calderbank & Shor, 1996; Steane, 1996; Laflamme et al., 1996; Gottesman, 1996; Gottesman, 1997; Calderbank et al., 1997; Calderbank et al., 1998)과 결함허용 양자 계산(Aharonov & Ben-Or, 1997; Kitaev, 1997; Preskill, 1998; Knill et al., 1998)에 부산한 이론적 활동이 뒤따랐다. 이 두 영역은 이제 양자정보 과학의 중요한 하위 분야이지만, 이 책에서 자세히 다루지는 않을 것이다.

슈마허도 1995년에 중요한 논문을 출판했다(Schumacher, 1995; 그의 기여는 앞 절에서 논의했다). 이 논문은 큐비트라는 정보 개념을 처음으로 제시했고, 심지어 지금은 널리 쓰이는 '큐비트'라는 용어를 만들었다. 슈마허는 양자정보의 궁극적 압축성을 제시하는 섀넌의 원천 부호화 정리의 양자역학 유사물을 증명했다. 그는 섀넌의 전형적인 집합typical set과 유사한 전형적인 부분공간이라는 개념을 사용했다. 섀넌의 정보 이론에서 전형적인 집합의 개념이 중요한 것처럼, 전형적인 부분공간 개념은 양자 섀넌 이론의 부호를 구성하는 데 가장 중요한 아이디어 중 하나임을 증명한다.

얼마 지나지 않아, 몇몇 학자들은 고전적 정보를 보내기 위한 유잡음 양자 선로의 용량을 조사하기 시작했다(Hausladen et al., 1996). 홀레보(1998) 및 슈마허와 웨스트모어랜드(1997)는 독립적으로 양자 선로의 홀레보 정보가 고전 통신에 대한 한계를 극복해 도달 가능한 속도임을 증명했다. 이들은 슈마허의 전형적인 부분공간 개념에 관심을 갖고, 고전 정보를 보내는 선로 부호화를 구성했다. 그 증명은 몇 걸음 떨어져서 볼 때 어쩌면 섀넌의 선로 부호화 정리의 증명(다음 장에서 논의한다.)과 비슷해 보인다. 그 정리의 역에 대한 증명도 1973년의 홀레보 한계를 사용하는 한 단계를 제외하면 섀넌 정리의 역의 증명과 유사하게 진행된다. 생각해보면, 홀레보 한계(역증명converse proof의 핵심 단계) 증명의 출현과 고전 정보를 보내기 위한 직접 부호화 정리의 등장 사이에 20년 이상 걸렸다는 것은 어쩌면 놀라운 일이다.

양자 용량 정리는 양자 섀넌 이론에서 가장 근본적인 정리의 하나다. 여러 학자들에 의해 이뤄진 초기 작업이 양자 용량 정리에 몇몇 통찰을 제공했고(Bennett, Brassard, Popescu, Schumacher, Smolin & Wootters, 1996; Bennett, DiVincenzo, Smolin & Wootters, 1996; Bennett et al., 1997; Schumacher & Westmoreland, 1998), 양자 용량의 상한을 찾아내는 일련의 논문에도 통찰을 제공했다(Schumacher, 1996; Schumacher & Nielsen, 1996; Barnum et al., 1998; Barnum et al., 2000). 하한에 대해서는 로이드Lloyd (1997)가 증명의 아이디어를 처음으로 구성했지만, 그 증명은 경험적 논의 그 이상임이 밝혀졌다. 쇼어Shor(2002b)가 그 뒤를 따라서 하한에 대한 다른 증명을 내놨다. 쇼

어의 몇 가지 아이디어는 나중에 완전히 출판되어 나타난다(Hayden, Shor & Winter, 2008). 데브택Devetak(2005)과 카이Cai, 윈터Winter, 영Yeung(2004)은 독립적으로 비밀 용량 정리를 거의 동시에 풀었다(CWY 논문은 데브택의 arXiv 투고로부터 1년 후에 출판됐다). 데브택은 비밀 용량 정리의 증명을 한 단계 더 나아가서 양자 용량의 좋은 하한을 얻는 양자 부호를 구성하는 데 그 기법을 어떻게 적용하는지도 보였고, 또한 그 역정리에 대해 또 다른 깔끔한 증명을 제시했다(Devetak, 2005). 이 기법은 부호화 구조에 어떤 통찰력을 제공하기 때문에, 이 책에서 중점적으로 탐구하는 것은 데브택의 기법이다 (그러나 얽힘보조 고전 통신을 통한 다른 기법도 탐구할 것이다).

2000년대 — 최근 양자 섀넌 이론에 많은 발전이 있었다(엄밀하게는 앞에서 말한 기여분 중 몇 가지는 2000년대이지만, 양자 용량 정리 역사의 연속성을 깨트리고 싶지 않았다). 가장 중요한 결과는 얽힘보조 고전 용량 정리의 증명이다. 이것은 양자 선로가 잡음이 있을 때 초고밀도 부호화 통신 규약의 유잡음 판본이다(Bennett et al., 1999; Bennett et al., 2002; Holevo, 2002b). 이 정리는 앨리스와 밥이 무제한의 얽힘을 공유하고, 그 얽힘과 유잡음 양자 선로를 이용해 고전 정보를 보내는 데 이용한다고 가정한다.

최근 몇 년간은 몇 가지 환상적인 결과가 나타났다. 호로데키Horodecki, 오펜하임Oppenheim, 윈터Winter가 상태 합성 규약state-merging protocol의 존재성을 보였다(Horodecki et al., 2005; Horodecki et al., 2007) 이 통신 규약은 앨리스가 자신의 양자 상태를 밥에게 보내기 위해 무잡음 통신 선로를 소모하는 최소한의 속도를 제시한다. 이 속도는 조건부 양자 엔트로피다. 따라서 이 통신 규약은 이 엔트로피적인 양에 조작적 해석을 제공한다. 이 결과의 가장 놀라운 부분은 조건부 양자 엔트로피양자 섀넌 이론에서는 음수가 될 수 있다는 점이다. 이 작업 이전에는 아무도 조건부 양자 엔트로피가 음수가 될 수 있다는 것이 무슨 뜻인지 실제로 이해하지 못했다(Wehrl, 1978; Horodecki & Horodecki, 1994; Cerf & Adami, 1997). 그러나 이 상태 합성 결과는 설득력 있는 조작적 해석을 제공한다. 음수의 속도가 말하는 것은 앨리스와 밥이 속도가 양수일 때 양자 통신을 소모하는 대신에, 미래의 양자 통신에 대한 능력을 얻는다는 뜻이다.

또 다른 환상적인 결과는 스미스Smith와 야드Yard(2008)가 내놓았다. 2개의 유잡음 통신 선로를 갖고, 각각 단독으로는 양자정보를 보내는 용량이 0이라고 하자. 누군가가 직관적으로 양자정보를 보낼 수 있는 (둘을 같이 사용한) '결합 양자 용량joint quantum capacity'이 0이라고 예측할 것이다. 그러나 이 결과는 양자 세계에서는 일반적이지 않다. 개별적으로 양자 용량이 0인 특정한 유잡음 양자 선로를 0이 아닌 결합 양자 용량을 갖도록 할 수 있다. 아직은 그런 '초활성도superactivation' 효과가 구체적으로 어떤 이점이 있는지 분명하지 않겠지만, 이 결과는 그럼에도 불구하고 놀랍고, 반직관적이며, 아직 완전히 이해할 수가 없다.

2000년대 후반부에서는 양자 섀넌 이론의 통합을 볼 수 있다. 이전에 알려진 많은 결과를 하나의 형식 체계로 통합하기 때문에, 이 자원 부등식resource inequality 작업틀은 첫 단계다(Devetak et al., 2004; Devetak et al., 2008). 데브택, 해로Harrow, 윈터는 양자 섀넌 이론의 계보도를 만들어서 계보도의 통신 규약들이 다른 통신 규약과 어떻게 연관되는지 보였다. 이 책 전체에 걸쳐 자원 부등식 이론을 자세히 파고들 것이다. 왜냐하면 양자 섀넌 이론의 부호화 정리를 고려할 때 관련된 개념들을 엄청나게 단순화할 수 있기 때문이다. 사실 이 책의 마지막 장은 자원 부등식의 언어로 양자 섀넌 이론의 중요한 통신 규약들 다수를 간결하게 요약한다. 아베이싱허Abeyesinghe, 데브택, 헤이든Hayden, 윈터(2009)는 계보도의 모계 통신 규약mother protocol이 부계 통신 규약father protocol을 생성할 수 있음을 보였다. 여기서 삼중 형평성 부호 정리의 형태로 통합하려는 노력을 봤다(Abeyesinghe & Hayden, 2003; Hsieh & Wilde, 2010a; Hsieh & Wilde, 2010b). 이 정리는 고전 통신, 양자 통신, 얽힘의 최적 조합과, 다양한 양자정보 처리 작업을 달성하기 위한 점근적인 유잡음 자원을 제공한다.

또한 네트워크 양자 섀넌 이론의 연구가 출현하는 것도 봤다. 몇몇 저자들은 양자 방송 패러다임에 반기를 들었는데(Guha & Shapiro, 2007; Guha et al., 2007; Dupuis et al., 2010; Yard et al., 2011), 이것은 하나의 송신자가 다수의 수신자에게 전송하는 경우다. 다중 접속 양자 선로는 많은 송신자와 하나의 수신자를 갖는다. 같은 저자들 중 몇몇(그리고 또 다른 학자들)은 다중 접속 통신에도 반기를 들었다(Winter, 2001; Yard, 2005; Yen & Shapiro, 2005; Yard et al., 2005; Yard et al., 2008; Hsieh, Devetak & Winter, 2008; Czekaj & Horodecki, 2009). 이 네트워크 양자 섀넌 이론은 양자 인터넷quantum Internet이라는 궁극적 목표에 더 가까이 다가갈수록 점점 더 중요해질 것이다.

양자 섀넌 이론은 이제 그 자체로 중요하고 정립된 연구 분야로 세워졌다. 다음 몇개 장에서 양자 섀넌 이론의 중요한 결과 중 몇몇에 반론하기 위한 준비에 필요한 개념을 논의할 것이다.

02

고전 섀넌 이론

현대 과학에 있어 섀넌 기여분의 중요성은 더 이상 강조할 수도 없다. 섀넌이 도입한 정보 이론 분야와 그 두 핵심 정리의 해법은 그의 통신에 대한 아이디어가 1948년쯤 이 영역에 대한 다른 탁월한 아이디어를 한참 뛰어넘는다는 것을 보였다.

2장의 목표는 해설적인 방법으로 섀넌의 두 핵심적인 기여를 논의하는 것이다. 이런 고수준 논의의 목표는 유사한 양자정보 이론의 아이디어를 파고들기 전에 정보 이론의 문제 영역에 대한 직관을 형성하고 핵심 개념을 이해하는 것이다. 이 장에서는 깊이 있는 기술적 논의는 피하고, 자세한 사항은 고전 및 양자 섀넌 이론의 부호 정리를 엄밀하게 증명할 수 있는 뒤의 장으로 넘길 것이다. 여기서는 몇 가지 확률 이론의 수학(가령, 큰 수의 법칙)을 사용할 것이다.

이번 장의 기술적으로 자세한 부분은 이후의 장(특히 10장, 13장, 14장)에서 파고들 것이다. 기술적으로 더 자세한 부분을 배우는 해당 장에 도달했다면, 그렇게 발전된 동기에 대한 전체적인 느낌을 파악하기 위해 이 장으로 돌아오는 것이 도움이 될 수 있다.

2.1 자료 압축

먼저, 자료 압축 문제를 논의해보자. 인터넷에 친숙한 여러분은 JPEG, MPEG, ZIP, GIF 같은 유명한 자료 형식을 사용해봤을 것이다. 이 모든 파일 형식은 그에 해당하는 정보 원천^{information source}의 출력물을 압축하는 알고리듬이 있다. 언뜻 보기에 압축 문제는 정보 원천의 출력물을 임의의 작은 크기로 압축하는 것이 불가능하다고 생각될 것이다. 그리고 섀넌이 바로 이 부분을 증명했다. 그 결과가 섀넌의 첫 번째 무잡음 부호화 정리의 내용이다.

2.1.1 자료 압축의 사례

정보 원천의 개념을 설명하는 간단한 사례로 시작하자. 그리고 그 출력을 더 적은 수의 비트를 이용해 성실하게 표현할 수 있도록 이 정보 원천을 부호화하기 위한 기법을 알아보겠다.

앨리스가 송신자이고 밥이 수신자라고 하자. 여기에 더해서, 무잡음 비트 선로는 앨리스와 밥을 연결한다고 하자. 무잡음 비트 채널은 송신자로부터 수신자에게 정보를 완벽하게 전송하는 것이다. 예를 들어 앨리스가 '0'을 보냈으면 밥이 '0'을 받고, 앨리스가 '1'을 보냈으면 밥이 '1'을 받는다. 이걸 사용하는 비용이 비싸기 때문에 앨리스와 밥은 무잡음 선로를 사용하는 횟수를 최소화하고 싶다.

앨리스가 밥과 정보를 통신하는 데 무잡음 선로를 이용하려고 한다. 정보 원천은 4개의 기호 $\{a, b, c, d\}$ 중에서 임의로 고른다고 하고, 다음과 같은 불균일한 확률 분포로 고른다.

$$\Pr\{a\} = 1/2 \tag{2.1}$$
$$\Pr\{b\} = 1/8 \tag{2.2}$$
$$\Pr\{c\} = 1/4 \tag{2.3}$$
$$\Pr\{d\} = 1/8 \tag{2.4}$$

따라서 기호 a가 가장 많이 등장하는 것이고 기호 c가 그다음이며, b와 d는 가장 덜 등장한다. 이제 정보 원천은 각 기호를 이전에 골랐던 기호와 상관없이 독립적으로 고르고, 위의 확률 분포에 따라 고른다는 추가적인 가정을 하자. 정보 원천이 고른 후, 선택된 기호는 부호화를 위해 앨리스에게 주어진다.

무잡음 비트 선로는 비트만을 입력으로 받는다. a, b, c, d는 입력으로 받아들이지 않는다. 따라서 앨리스는 그 정보를 비트로 부호화해야 한다. 앨리스는 다음과 같은 부호화 기법을 사용할 수 있다.

$$a \rightarrow 00, \quad b \rightarrow 01, \quad c \rightarrow 10, \quad d \rightarrow 11 \tag{2.5}$$

여기서 부호의 2진수 표현은 각각 **부호단어**codeword라고 한다. 이 특정한 부호화 기법의 성능을 어떻게 측정할 것인가? 부호단어의 예측된 길이는 성능을 측정하는 한 가지 방법이다. 위의 사례에서 예상되는 길이는 2비트와 같다. 이 척도는 위의 기법과 관련된 문제를 드러낸다. 이 기법은 각 부호단어가 같은 길이를 갖기 때문에 정보 원천의 분포가 왜곡돼 있다는 특징의 이점을 활용하지 못한다.

대신에, 다른 기법을 생각해볼 수 있다. 자주 쓰이는 기호에 짧은 부호단어를 사용하고, 덜 쓰이는 기호에 긴 부호단어를 사용하는 것이다.[1] 그러면 예상되는 부호단어의 길이는 위의 기법보다 더 짧아질 것이다. 다음의 부호화 기법은 부호단어의 예상되는 길이를 개선해준다.

$$a \rightarrow 0, \quad b \rightarrow 110, \quad c \rightarrow 10, \quad d \rightarrow 111 \tag{2.6}$$

이 기법은 부호화된 어떤 수열이라도 유일하게 복원할 수 있다는 장점이 있다. 예를 들어, 밥이 다음의 수열을 얻었다고 해보자.

$$0011010111010100010 \tag{2.7}$$

밥은 위의 수열을 다음과 같이 분해할 수 있다.

$$0 \ 0 \ 110 \ 10 \ 111 \ 0 \ 10 \ 10 \ 0 \ 0 \ 10 \tag{2.8}$$

그리고 앨리스가 보낸 메시지가

$$aabcdaccaac \tag{2.9}$$

라는 것을 결정할 수 있다. 이제 이 부호화 기법에서 예측되는 길이가 다음과 같다

---

1 이런 부호화 기법은 흔하다. 새뮤얼 모스(Samuel F. B. Morse)는 이 아이디어를 그 유명한 모스부호에 활용했다. 〈잠수종과 나비(The Diving Bell and the Butterfly)〉라는 영화에서는 어떤 작가가 '갇힘 증후군'이라는 장애를 얻어서 왼쪽 눈을 깜빡이는 것만이 가능해졌다. 조수가 '깜빡임 부호'를 만들었는데 가장 자주 쓰는 문자를 시작에, 가장 덜 사용하는 문자를 끝에 두고 순서대로 읽는다. 그 작가는 이 부호화 기법을 사용해 그가 원하는 문자를 조수가 말해줄 때 눈을 깜빡이는 방식으로 책 전체를 완성한다.

는 것을 계산할 수 있다.

$$\frac{1}{2}(1) + \frac{1}{8}(3) + \frac{1}{4}(2) + \frac{1}{8}(3) = \frac{7}{4} \tag{2.10}$$

따라서 이 기법은 예상되는 길이가 2비트와 반대로 7/4비트이므로 더 효율적이다. 원천 기호에 따라 부호단어의 비트 수가 달라지므로 이것은 **가변길이 부호**variable-length code다.

2.1.2 정보의 척도

위의 기법은 정보를 측정하는 한 방법을 제안한다. 식 (2.1) ~ 식 (2.4)의 확률 분포를 생각해보자. 정보 원천이 기호 a를 생성했다는 것을 알았을 때와 기호 d를 생성했다는 것을 알았을 때, 어느 것이 더 놀라울까? 답은 d이다. 왜냐하면 원천이 d를 덜 생성하기 때문이다. X가 식 (2.1) ~ 식 (2.4)에 주어진 확률을 갖는 무작위 변수라고 하자. 기호 $x \in \{a, b, c, d\}$의 놀라움의 어떤 척도를

$$i(x) \equiv \log\left(\frac{1}{p_X(x)}\right) = -\log\left(p_X(x)\right) \tag{2.11}$$

라고 하자. 여기서 로그함수는 밑을 2로 둔다(이 편의성은 이 척도가 비트의 단위라는 뜻이다). 이 놀라움의 척도는 사건이 낮은 확률일 때 더 높고, 높은 확률일 때 더 낮다는 필요한 성질을 갖는다. 여기서 (섀넌을 따라서) $i(x)$를 x의 **정보 내용**information content 또는 **놀람**surprisal이라고 부르자. 식 (2.6)의 부호화 기법에 있는 각 부호단어의 길이가 그에 해당하는 기호의 정보 내용과 같다는 점을 확인하자.

정보 내용은 **가법성**additivity이라는 또 다른 필요한 성질을 갖는다. 정보 원천이 각각에 해당하는 무작위 변수 X_1과 X_2에 따라 두 기호 x_1과 x_2를 생성한다고 하자. 이 원천이 비기억성이라고 가정한다면 이 사건의 확률은 $p_{X_1 X_2}(x_1, x_2)$이고, 결합 분포 계수joint distribution factor는 $p_{X_1}(x_1)p_{X_2}(x_2)$이다. **비기억성**memoryless이란 각 기호가 독립적으로 생성된다는 뜻이다. 두 기호 x_1과 x_2의 정보 내용은 가법적이다. 왜냐하면

$$i(x_1, x_2) = -\log\left(p_{X_1 X_2}(x_1, x_2)\right) \tag{2.12}$$

$$= -\log\left(p_{X_1}(x_1)p_{X_2}(x_2)\right) \tag{2.13}$$

$$= -\log{(p_{X_1}(x_1))} - \log{(p_{X_2}(x_2))} \tag{2.14}$$

$$= i(x_1) + i(x_2) \tag{2.15}$$

이기 때문이다. 일반적으로 가법성은 어떤 정보 척도에든 필요한 성질이다. 이 책의 여러 다양한 맥락에서 가법성 문제로 되돌아올 것이다(특히 13장에서).

정보 원천의 예상되는 정보 내용은 다음과 같다.

$$\sum_x p_X(x)i(x) = -\sum_x p_X(x)\log{(p_X(x))} \tag{2.16}$$

위의 양은 여기에 정보 원천의 **엔트로피**entropy라는 이름을 줄 정도로 정보 이론에서 매우 중요하다. 그 중요성은 엔트로피와 그 변화는 정보 이론에서 많은 질문의 답으로 나타나기 때문이다. 예를 들어, 위의 부호화 기법에서 예상되는 부호단어의 길이는 정보 원천의 엔트로피다. 왜냐하면

$$-\frac{1}{2}\log{\frac{1}{2}} - \frac{1}{8}\log{\frac{1}{8}} - \frac{1}{4}\log{\frac{1}{4}} - \frac{1}{8}\log{\frac{1}{8}}$$

$$= \frac{1}{2}(1) + \frac{1}{8}(3) + \frac{1}{4}(2) + \frac{1}{8}(3) \tag{2.17}$$

$$= \frac{7}{4} \tag{2.18}$$

이기 때문이다. 식 (2.6)의 특정한 부호화 기법을 고른 것은 우연이 아니다. 이 사례에서 해당 기법의 효용성은 기호의 개수가 2의 거듭제곱이고 각 기호의 확률이 2의 거듭제곱의 역수인 정보 원천의 구조와 관련이 있다.

2.1.3 섀넌의 원천 부호화 정리

다음 질문은 식 (2.6)에 나온 기법보다 더 좋은 압축률compression rate2에 도달할 수 있는 다른 기법이 존재하는가이다. 이 질문은 섀넌이 그의 첫 부호화 정리에서 질문한 것이다. 이 질문에 답하려면 더 일반적인 정보 원천을 생각해서 섀넌의 개념인 **전형적인 수열의 집합**이라는 아이디어를 도입해야 한다.

x가 **알파벳**alphabet $\mathcal{X}$에 있는 **문자**letter로 구현된 무작위 변수 X로 더 일반적인 정보

---

2 이 책에서 압축률은 압축 전의 크기에 대한 압축 후의 크기의 비율이다. 즉, 압축률이 좋다는 것은 압축률이 더 작다는 뜻이다. - 옮긴이

원천을 나타낼 수 있다. $p_X(x)$가 무작위 변수 X에 연관된 확률 질량 함수^{probability mass} ^{function}라고 하면 그 구현체 x의 확률은 $p_X(x)$이다. $H(X)$를 정보 원천의 엔트로피라고 할 때, 다음과 같이 정의된다.

$$H(X) \equiv -\sum_{x \in \mathcal{X}} p_X(x) \log\left(p_X(x)\right) \tag{2.19}$$

또한 엔트로피 $H(X)$는 무작위 변수 X의 엔트로피다. 이걸 다르게 적으면 $H(p)$이지만, 이 책에서는 더 널리 쓰이는 표기법인 $H(X)$를 사용할 것이다.

무작위 변수 X의 정보 내용 $i(X)$는

$$i(X) \equiv -\log\left(p_X(X)\right) \tag{2.20}$$

이고, 그 자체로 무작위 변수다. 여기서 무작위 변수 X가 밀도 함수 p_X를 함수 인자로 받아들이는 것은 언뜻 보기엔 자기참조적 표현으로 보이지만 수학적으로는 아무것도 잘못된 것이 없다. 이런 사고방식은 나중에 유용하다는 것이 밝혀진다. 다시, X의 예상되는 정보 내용은 엔트로피

$$\mathbb{E}_X \left\{ -\log\left(p_X(X)\right) \right\} = H(X) \tag{2.21}$$

와 같다.

【연습문제 2.1.1】 $|\mathcal{X}|$가 변수의 알파벳 크기일 때, 균일한 무작위 변수의 엔트로피는 $\log|\mathcal{X}|$와 같음을 보여라.

이제, 위의 정보 원천을 부호화하는 원천으로 되돌아가 보자. 식 (2.6)에서 사용한 기법처럼, 각 기호 x에 대해 어떤 2진 부호단어를 연관시킬 수 있다. 하지만 우리가 사용한 예쁜 예제처럼 알파벳 크기가 2의 거듭제곱수가 아니거나 확률이 2의 거듭제곱의 역수가 아니라면 이 기법은 효율성을 잃어버릴 수 있다. 섀넌의 획기적인 아이디어는 앞의 사례에서 본 것처럼 각 기호를 부호화하는 대신, 원천이 큰 수의 구현체를 내보내도록 하고, 커다란 덩어리가 된 내보낸 자료를 부호화한 것이다. 섀넌의 다른 통찰은 압축 기법에 약간의 오류를 허용하지만 이 오류는 덩어리 크기가 점점 커지면서 사라진다는 것을 보인 것이다. **덩어리 부호화 기법**^{block coding scheme}을 더 명료하게 하기 위해, 섀넌은 원천이 다음과 같은 수열을 내보낸다고 했다.

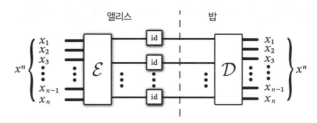

그림 2.1 이 그림은 섀넌의 고전 원천 부호를 묘사한 것이다. 정보 원천은 x^n의 긴 수열을 앨리스에게 내보낸다. 앨리스는 이 수열을 부호화기 $\mathcal{E}$를 통해 한 덩어리로 부호화하고, 그 길이가 원래 수열 x^n보다 짧은 부호단어를 생성한다(부호화기 $\mathcal{E}$의 출력선이 더 적은 것으로 나타냈다). 앨리스는 무잡음 비트 선로를 통해 부호단어를 전송하고('id'로 나타낸 것이 개별 비트 선로를 나타낸다.) 밥이 그 내용을 받는다. 밥은 복호화기 $\mathcal{D}$를 통해 전송받은 부호단어를 복호화해서, 앨리스가 전송한 원래의 수열을 생성한다. 이것은 이들이 선택한 부호가 부호의 오류 확률이 작다는 관점에서 좋은 경우에만 가능하다.

$$x^n \equiv x_1 x_2 \cdots x_n \tag{2.22}$$

여기서 n은 내보낸 자료의 덩어리 크기이고, 큰 수다. $i = 1, \ldots, n$에 대해 x_i는 i번째로 내보낸 기호다. X^n이 수열 x^n과 관련된 무작위 변수를 나타낸다고 하고, X_i는 i번째 기호 x_i에 대한 무작위 변수라고 하자. 그림 2.1에 고전 원천 부호에 대한 섀넌의 아이디어를 묘사했다.

이 정보 원천에 대한 중요한 가정은 이것이 독립적이고 동등한 분포^{i.i.d., independent} ^{and identically distributed}를 갖는다는 것이다. i.i.d. 가정은 각 무작위 변수 X_i가 무작위 변수 X와 같은 분포를 갖는다는 뜻이며, 지표 i는 단지 X_i에 해당하는 기호 x_i를 추적하기 위해 사용한다. i.i.d. 가정이 있으면, 어떤 내보내진 수열 x^n의 확률은 다음과 같다.

$$p_{X^n}(x^n) = p_{X_1, X_2, \ldots, X_n}(x_1, x_2, \ldots, x_n) \tag{2.23}$$

$$= p_{X_1}(x_1) p_{X_2}(x_2) \cdots p_{X_n}(x_n) \tag{2.24}$$

$$= p_X(x_1) p_X(x_2) \cdots p_X(x_n) \tag{2.25}$$

$$= \prod_{i=1}^{n} p_X(x_i) \tag{2.26}$$

확률론에 따라, 위의 규칙은 수학적으로 놀랍도록 간단해진다. 이제 구현과 문자를 구분하기 위해 알파벳 $\mathcal{X}$의 문자를 $a_1, \ldots, a_{|\mathcal{X}|}$라고 표시하기로 하자. $N(a_i|x^n)$을 수열 x^n의 문자 a_i가 나타난 횟수라고 하자(여기서 $i = 1, \ldots, |\mathcal{X}|$이다). 예를 들어, 식 (2.9)

의 수열을 생각해보자. 이 예시에서 $N(a_i|x^n)$은 다음과 같다.

$$N(a|x^n) = 5 \tag{2.27}$$
$$N(b|x^n) = 1 \tag{2.28}$$
$$N(c|x^n) = 4 \tag{2.29}$$
$$N(d|x^n) = 1 \tag{2.30}$$

식 (2.26)의 결과를

$$p_{X^n}(x^n) = \prod_{i=1}^{n} p_X(x_i) = \prod_{i=1}^{|\mathcal{X}|} p_X(a_i)^{N(a_i|x^n)} \tag{2.31}$$

처럼 다시 쓸 수 있다. 내보내진 수열의 길이 n이 알파벳 크기 $|\mathcal{X}|$보다 훨씬 더 크도록 매우 커지게 한다는 점을 염두에 두자.

$$n \gg |\mathcal{X}| \tag{2.32}$$

식 (2.31) 우변의 공식은 식 (2.26)보다 훨씬 단순한데, 곱셈이 훨씬 덜 반복됐기 때문이다. i.i.d. 가정에 의해 수열 x^n을 다음과 같이 치환할 수 있다.

$$x^n \rightarrow \underbrace{a_1 \cdots a_1}_{N(a_1|x^n)} \underbrace{a_2 \cdots a_2}_{N(a_2|x^n)} \cdots \underbrace{a_{|\mathcal{X}|} \cdots a_{|\mathcal{X}|}}_{N(a_{|\mathcal{X}|}|x^n)} \tag{2.33}$$

이것은 확률 계산은 이런 치환에 대해 불변이기 때문이다. 나중에 양자 섀넌 이론의 몇몇 아이디어를 발전시키는 데 도움이 될 것이기 때문에(특히 14.9절) 앞서와 같이 생각하는 방법을 지금 소개했다. 그러므로 식 (2.31) 우변의 공식은 주어진 수열 x^n의 확률을 특징짓는다.

앞서의 논의는 정보 원천이 내보낸 특정 수열 x^n에 적용된다. 이제 원천이 내보낸 **무작위 수열**random sequence X^n의 거동을 분석해보자. 구현체 x^n과 무작위 변수 X^n을 구분하는 것은 중요하다. 특히, 무작위 수열 X^n의 정보 내용의 표본 평균sample average을 생각해보자(표본 평균을 얻기 위해 X^n의 정보 내용을 n으로 나눈다).

$$-\frac{1}{n} \log\left(p_{X^n}(X^n)\right) \tag{2.34}$$

언뜻 보기에 확률 질량 함수의 인자로 들어간 X^n이 그 자체로 이미 무작위 변수라는 점이 이상해 보일 수 있다. 하지만 이런 종류의 표현은 수학적으로 완벽하게 잘 정의된다(이런 자기참조적 형태의 표현은 식 (2.20)과 유사하고, 엔트로피 계산에 이미 썼었다). 곧 명료해지겠지만, 이러한 양을 무작위 수열 X^n의 **표본 엔트로피**sample entropy라고 부른다.

이제 무작위 수열 X^n의 문자 a_i가 나타난 횟수를 계산하는 데 함수 $N(a_i|\bullet)$를 써보자. 필요한 양을 $N(a_i|X^n)$이라고 적고, 이것 또한 무작위 변수임을 알아두자. 그 무작위 성질은 X^n에서 유도된 것이다. 식 (2.34)의 표현을 몇 가지 대수적 기법과 식 (2.31)의 결과를 이용해 다음과 같이 간단하게 만들 수 있다.

$$-\frac{1}{n}\log\left(p_{X^n}(X^n)\right) = -\frac{1}{n}\log\left(\prod_{i=1}^{|\mathcal{X}|} p_X(a_i)^{N(a_i|X^n)}\right) \tag{2.35}$$

$$= -\frac{1}{n}\sum_{i=1}^{|\mathcal{X}|}\log\left(p_X(a_i)^{N(a_i|X^n)}\right) \tag{2.36}$$

$$= -\sum_{i=1}^{|\mathcal{X}|}\frac{N(a_i|X^n)}{n}\log\left(p_X(a_i)\right) \tag{2.37}$$

위의 양은 다시 무작위라는 것에 신경 써야 한다.

n이 커질 때, 앞의 표본 엔트로피의 거동을 정할 수 있는 방법이 있을까? 확률론이 방법을 제시한다. $N(a_i|X^n)/n$은 알파벳 $\mathcal{X}$에 있는 문자 a_i의 경험적 분포를 나타낸다. 큰 수의 법칙에 따르면, n이 커짐에 따라 무작위 수열은 그 경험적 분포 $N(a_i|X^n)/n$이 진짜 분포 $p_X(a_i)$에 압도적으로 가까워진다고 한다. 그리고 반대로, 이 성질을 만족하지 않는 무작위 수열은 매우 드물어진다. 그러므로 무작위로 내보내진 수열 X^n은 n이 커짐에 따라 모든 $\delta > 0$에 대해 다음의 조건을 매우 높은 정도로 만족시킨다.

$$\lim_{n\to\infty}\Pr\left\{\left|-\frac{1}{n}\log\left(p_{X^n}(X^n)\right) - \sum_{i=1}^{|\mathcal{X}|}p_X(a_i)\log\left(\frac{1}{p_X(a_i)}\right)\right| \le \delta\right\} = 1 \tag{2.38}$$

$-\sum_{i=1}^{|\mathcal{X}|}p_X(a_i)\log\left(p_X(a_i)\right)$라는 양은 엔트로피 $H(X)$일 뿐이며, 위의 표현은 모든 $\delta > 0$에 대한 다음의 표현과 동등하다.

$$\lim_{n\to\infty}\Pr\left\{\left|-\frac{1}{n}\log\left(p_{X^n}(X^n)\right) - H(X)\right| \le \delta\right\} = 1 \tag{2.39}$$

이 성질은 다음과 같이 다르게 말할 수도 있다.

> 정보 원천은 표본 엔트로피가 진짜 엔트로피에 가까운 수열을 내보낸다. 반대로, 정보 원
> 천이 이 성질을 만족하지 않는 수열을 내보낼 가능성은 매우 드물다.[3]

이제 무작위 수열 X^n의 특정한 구현체 x^n을 고려하자. 만약 그 표본 엔트로피가
실제 엔트로피 $H(X)$에 가깝고 모든 전형적 수열의 집합이 **전형적 집합**typical set이라면,
특정한 수열 x^n은 **전형적 수열**typical sequence이다. 자료 압축에는 다행스럽게도, 전형적
수열의 집합은 너무 크지는 않다. 14장에서 전형적 수열을 다루는데, 전형적 수열의
집합 크기가 모든 수열의 집합보다 훨씬 작다는 것을 증명한다. 지금은 일단 전형적
집합의 크기가 $\approx 2^{nH(X)}$이지만, 모든 수열의 집합 크기는 $|\mathcal{X}|^n$임을 받아들이자(그리
고 나중에 증명하자). 모든 수열의 집합의 크기를

$$|\mathcal{X}|^n = 2^{n \log |\mathcal{X}|} \tag{2.40}$$

처럼 다시 적을 수 있다. 전형적 집합의 크기를 모든 수열의 집합 크기와 비교하면,
전형적 집합은 무작위 변수가 균일 무작위 변수uniform random variable와 같지 않을 때는
항상 모든 수열의 집합보다 지수함수적으로 작다. 그림 2.2에서 이 개념을 요약했
다. 여기서 전형적 집합의 두 가지 중요한 성질과 나중에 증명할 성질 하나를 요약
해둔다.

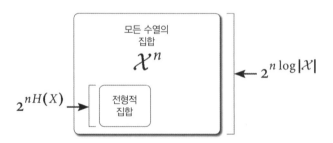

그림 2.2 이 그림은 전형적 집합이 모든 수열의 집합보다 훨씬 작다(지수함수적으로 작다)는 것을 나타낸다.
무작위 변수 X의 엔트로피 $H(X)$가 $\log|\mathcal{X}|$와 같은 경우에만 전형적 집합이 대략 모든 수열의 집합과 비슷한
크기를 갖고, 이것은 무작위 변수 X의 분포가 균일하다는 뜻이다.

---

3 '원천이 내보내는 가능한 수열은 전형적 수열이다.'라고 생각하는 덫에 빠지면 안 된다. 사실 여기서 보인 것은 매우 다른
데, 왜냐하면 전형적 수열의 집합은 모든 가능한 수열의 집합보다 훨씬 작기 때문이다.

【성질 2.1.1】단위확률 내보내진 수열이 전형적일 확률은 n이 커짐에 따라 1에 가까워진다. 이 성질을 다르게 말하면, 전형적 집합이 확률의 거의 전체를 차지한다.

【성질 2.1.2】지수함수적으로 작은 농도 전형적 집합의 크기는 $\approx 2^{nH(X)}$이고, 이는 무작위 변수 X가 균일하지 않을 때는 항상 모든 수열의 집합 크기 $2^{n \log|x|}$보다 지수함수적으로 작다.

【성질 2.1.3】등분배 특정한 전형적 수열의 확률은 $\approx 2^{-nH(X)}$으로 균일하다(전형적 집합이 확률을 전부 차지하고, 그 크기가 $2^{nH(X)}$이며, 전형적 배열의 분포가 균일하다는 것을 받아들인다면, 확률 $2^{-nH(X)}$은 간단히 계산할 수 있다).

이 세 가지 성질은 한꺼번에 **점근적 등분배 정리**asymptotic equipartition theorem라고 한다. '점근적'이라는 말은 이 정리가 n이 커질 때의 점근적 극한을 이용하기 때문에 붙었고, '등분배'는 위에서 말한 세 번째 성질 때문이다.

위에서 말한 전형적 집합의 개념을 장착하면, 정보 압축에 대한 전략은 이제 명확해진다. 전략은 원천이 내보낸 전형적 수열만을 압축하는 것이다. 이것은 간단히, 전형적 수열의 집합($2^{nH(X)}$ 크기)에서 길이 $nH(X)$인 모든 2진 문자열의 집합(이 집합도 크기가 $2^{nH(X)}$이다.)을 대응시키는 1 대 1 부호화 함수를 만들면 된다. 만약 원천이 비전형적 수열을 내보낸다면 오류를 선언한다. 이 부호화 기법은 점근적 극한에서 신뢰성이 있는데, 왜냐하면 n이 커짐에 따라 점근적 등분배 정리의 단위확률 성질에 의해 오류가 발생할 확률이 사라지기 때문이다. 이 덩어리 부호화 기법의 압축률을 다음과 같이 측정할 수 있다.

$$\text{압축률} \equiv \frac{\text{무잡음 선로 비트 수}}{\text{원천 기호 수}} \tag{2.41}$$

섀넌 압축의 경우, 무잡음 선로 비트 수는 $nH(X)$와 같고 원천 기호의 수는 n과 같다. 따라서 압축률은 엔트로피 $H(X)$와 같다.

혹자는 이 결과가 우리가 할 수 있는 최선인지 아닌지, 즉 이 압축률이 최적인지 아닌지 궁금할 수 있다(최적이 아니라면 더 낮은 압축률에 도달할 수 있다). 사실, 위의 압축률은 우리가 정보를 압축했을 때 도달 가능한 최적 압축률이다. 그리고 이것이 섀넌의 자료 압축 정리의 내용이다. 최적성의 엄밀한 증명은 18장으로 미뤄둔다. 지금은 단지 섀넌 엔트로피가 자료 압축의 최적 압축률로 나타나기 때문에 이 자료 압축 규약은 섀넌 엔트로피 $H(X)$에 **조작적 해석**operational interpretation을 준다는 정도만 말해두겠다.

앞서의 논의는 정보 이론에서 부호화 정리를 만드는 공통적인 접근법을 강조한다. 부호화 정리의 증명은 두 부분으로 나뉜다. 하나는 전통적으로 **직접 부호화 정리**direct coding theorem라고 하고, 다른 하나는 **역정리**converse theorem라고 한다. 먼저, 정보 처리 과정에 대해 정해진 압축률에 도달할 수 있는 부호화 기법을 만든다. 이 첫 번째 부분은 부호화 기법의 직접적인 구축을 포함하며, 따라서 이름을 '직접 부호화 정리'라고 한다. 앞의 작업에 대한 직접 부호화 정리의 주장은 다음과 같다.

> 만약 원천의 엔트로피보다 압축률이 높다면, 부정확하게 복호화하는 오류가 나타날 확률을 임의로 작아지게 할 수 있다는 관점에서 무손실 데이터 압축이 가능한 부호화 기법이 존재한다.

두 번째 작업은 직접 부호화 정리의 압축률이 최적, 즉 주어진 압축률보다 더 이상 좋게 만들 수 없음을 증명하는 것이다. 전통적으로 이 부분을 역정리라고 한다. 왜냐하면 앞에서 말한 진술의 역에 해당하기 때문이다.

> 만약 복호화 오류 확률을 임의로 작게 만드는 무손실 압축을 달성할 수 있는 부호화 기법이 존재한다면, 압축률은 원천의 엔트로피보다 더 높다.

부호화 정리의 각 부분을 증명하는 기술은 완전히 다르다. 정보 이론에서 대부분의 부호화 정리에 대해, 직접 부호화 정리는 전형적인 수열의 아이디어와 큰 덩어리 크기를 나타낸 것으로 증명할 수 있다. 이 기술이 좋은 부호화 기법을 준다는 것은 수열의 길이가 커짐에 따라 자료의 무작위 수열의 거동을 지배하는 점근적 등분배 성질에 직접 연관된다. 역정리의 증명은 부호화 구축에서 나타난 엔트로피양의 빠듯한 한계를 주는 정보 부등식에 의존한다. 10장에서 정보 부등식으로 역정리를 증명하는 능력을 키우는 데 시간을 할애할 것이다.

직접 부호화 정리의 증명 과정에서, 때로는 정해진 정보 처리 과업에 대한 최적 압축률을 찾아냈다고 생각할 수 있다. 역정리와 맞춰보지 않으면, 그렇게 찾아낸 압축률이 최적이라는 것은 일반적으로 분명하지 않다. 따라서 항상 역정리를 증명해야 한다!

2.2 선로 용량

이어서 살펴볼 다음 주제는 유잡음 고전 선로를 통해 정보를 전송하는 것이다. 유
잡음 비트반전 선로를 통한 정보의 1비트 전송이라는 표준적인 예시에서 시작해보
겠다.

2.2.1 오류 교정 부호의 예

송신자와 수신자로 우리의 주인공인 앨리스와 밥을 데려오자. 그런데 이번에는 이들
이 유잡음 고전 선로로 연결됐고, 정보 전송이 믿을 만하지 않다고 가정하자. 앨리스
와 밥은 유잡음 선로가 무잡음 선로만큼 비싸지는 않지만, 그래도 쓰기에는 여전히
비싸다는 사실을 알고 있다. 이런 이유로 앨리스는 밥에게 신뢰성 있게 전송할 수 있
는 정보의 양을 최대화하려고 한다. 여기서 신뢰성 있는 통신이란 이 정보를 전송할
때 발생하는 오류의 확률을 무시해도 될 정도라는 뜻이다.

가장 간단한 예는 비트반전 선로bit-flip channel다. 여기에는 **이진 대칭 선로**binary symmetric
channel라는 기술적 이름이 붙었다. 이 선로는 입력 비트를 확률 p로 뒤집고, $1 - p$의
확률로 그대로 둔다. 그림 2.3에 이 비트반전 선로의 작동을 묘사했다. 앨리스와 밥
은 이 선로를 여러 번 사용할 수 있고, 그렇게 할 때 이 선로가 다음번 사용과 독립적
으로 거동하며, 앞에서 설명한 것과 같은 무작위적 방식으로 거동한다고 가정한다.
이런 이유에서, 이 선로를 여러 번 사용하는 것을 i.i.d. 선로로 설명한다. 이 가정은
이 선로를 많이 사용할 때 점근적 영역으로 가는 데 도움이 될 것이다.

앨리스와 밥이 이 선로를 있는 그대로 사용한다고 하자. 앨리스는 밥에게 비트를
그대로 보낸다. 이 방법은 비트반전 오류의 확률이 소멸될 때만 신뢰성 있게 작동한
다. 따라서 앨리스와 밥은 이 물리적 선로를 신뢰성 있게 만들 공학적 방법을 찾는 최

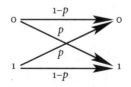

그림 2.3 이 그림은 비트반전 선로의 작동을 묘사한다. 이 선로는 입력 비트를 $1 - p$의 확률로 보전하고, p의
확률로 뒤집는다.

선의 노력을 기울일 것이다. 하지만 일반적으로 고전 선로를 이런 방법으로 공학적으로 다루는 것은 물리적 이유나 논리적 이유 때문에 불가능하다. 예를 들어 앨리스와 밥은 각자 양 끝에 있는 자신의 컴퓨터만을 이용할 수 있고, 물리적 선로에는 접근할 수 없다. 전화회사가 선로를 통제할 것이기 때문이다.

앨리스와 밥은 이 문제를 해결하기 위해 물리적 채널을 공학적으로 다루기보다 '시스템 공학system engineering'적 해법을 이용할 수 있다. 두 사람은 선로의 잡음 수준을 실질적으로 감소시키며 밥이 앨리스가 보낸 정보를 높은 확률로 결정할 수 있도록 하는 방식으로 정보를 여유롭게 부호화할 수 있다. 시스템 공학적 해법의 간단한 예는 3비트 다수결 부호majority vote code다. 앨리스와 밥은 다음의 부호화를 사용한다.

$$0 \rightarrow 000, \quad 1 \rightarrow 111 \tag{2.42}$$

여기서 '000'과 '111'은 **부호단어**다. 앨리스가 실제로 밥에게 보내려는 것이 '0'이라면 유잡음 선로를 세 번 독립적으로 사용해 부호단어 '000'을 보낸다. 만약 앨리스가 '1'을 보내려고 한다면 부호단어 '111'을 보낸다. **물리 비트**physical bit 혹은 **선로 비트**channel bit는 앨리스가 유잡음 선로를 통해 실제로 전송한 비트이고, **논리 비트**logical bit 혹은 **정보 비트**information bit는 앨리스가 밥이 받았으면 하는 비트다. 예를 들어, '0'은 논리 비트이고 '000'은 물리 비트에 해당한다.

이 기법의 전송 속도는 1개의 정보 비트를 부호화하기 때문에 1/3이 된다. 여기서 '속도rate'라는 용어는 아마 선로를 이용해 비트의 시계열time sequence을 보내는 경우를 포함하지 않는 부호화 상황에서 부적절한 이름일 것이다. 또한 여기서는 신뢰할 수 없는 기억장치에 1비트를 저장하기 위해 단지 다수결 부호를 사용한다. 아마 더 범용적인 용어는 **효율**efficiency일 것이다. 그렇지만 이 책에서는 **속도**라는 용어를 관례적으로 사용할 것이다.

물론, 유잡음 비트반전 선로가 항상 이 부호단어를 오류 없이 전송하지는 않는다. 그래서 밥은 복원할 때 얼마나 오류를 얻을까? 밥은 전송받은 메시지를 결정하기 위해 단순히 **다수결**majority vote을 이용한다. 즉, 밥은 부호단어에 있는 0의 수가 1의 수보다 많으면 '0'이라고 해석한다.

이제, 이 간단한 '시스템 공학적' 해법의 성능을 분석해보자. 표 2.1에 앨리스가 '0'을 '000'으로 부호화해서 보냈다고 할 때 3비트로 받을 수 있는 모든 경우의 확률을 적었다. 오류가 없을 확률은 $(1 - p)^3$, 1비트 오류의 확률은 $3p(1 - p)^2$, 2비트 오류의 확률은 $3p^2(1 - p)$, 전부 오류일 확률은 p^3이다. 다수결 해법은 오류가 없는 경우와 1비트 오류인 경우 전부에 대해 '보정'할 수 있지만, 2비트 오류와 3비트 오류는 보정할 수 없다. 사실은 뒤쪽 두 가지 경우는 '011', '110', '101'이 '111'로 '보정'되고 '111'은 '1'로 복원되기 때문에 부정확하게 복원된 것이다. 따라서 뒤쪽 두 가지 출력의 경우는 부호화가 이들을 보정할 능력이 없기 때문에 오류다. 앨리스가 밥에게 다수결 부호를 이용해 '1'을 보내려고 하는 경우에도 마찬가지 논의를 할 수 있다.

표 2.1 첫 번째 열은 앨리스가 다수결 부호를 써서 유잡음 비트반전 선로를 통해 '0'을 보냈을 때 가능한 여덟 가지 출력이다. 두 번째 열은 밥이 그에 해당하는 특정 출력을 받을 확률이다.

선로 출력	확률
000	$(1 - p)^3$
001, 010, 100	$p(1 - p)^2$
011, 110, 101	$p^2(1 - p)$
111	p^3

언제 다수결 기법의 성능이 부호화를 하지 않는 경우보다 좋아질까? 그건 정확히 다수결 부호의 오류 확률이 부호화를 하지 않을 때의 오류 확률 p보다 작아질 때다. e를 오류가 나타난 사건이라고 하자. 오류 확률은 다음과 같다.

$$\Pr\{e\} = \Pr\{e|0\}\Pr\{0\} + \Pr\{e|1\}\Pr\{1\} \tag{2.43}$$

앞에서 분석한 대로, 조건부 확률 $\Pr\{e|0\}$과 $\Pr\{e|1\}$은 유잡음 비트반전 선로의 대칭성 때문에 다수결 부호에 대해 같다. $\Pr\{0\} + \Pr\{1\} = 1$이기 때문에, 결과적으로 오류 확률이

$$\Pr\{e\} = 3p^2(1 - p) + p^3 \tag{2.44}$$

$$= 3p^2 - 2p^3 \tag{2.45}$$

이 된다. 따라서 다수결 부호가 오류 확률을 정하는지 결정하는 데는 다음의 부등식을 이용하면 된다.

$$3p^2 - 2p^3 < p \tag{2.46}$$

이 부등식은

$$0 < 2p^3 - 3p^2 + p \tag{2.47}$$

$$\therefore 0 < p\,(2p-1)\,(p-1) \tag{2.48}$$

로 단순화할 수 있다. 이 부등식은 p가 $0 < p < 1/2$인 경우에만 만족된다. 따라서 다수결 부호는 $0 < p < 1/2$인 경우에만, 즉 선로의 오류가 너무 많지 않을 때만 오류 확률을 줄인다. 너무 많은 잡음은 부호단어를 너무 자주 뒤집어버리는 효과를 내서 밥의 복호화기에 던져준다.

다수결 부호는 앨리스와 밥이 통신하는 중의 오류 확률을 줄일 수 있는 방법을 제시하지만, 불행히도 유잡음 선로가 그들의 통신을 방해할 확률이 여전히 존재한다. 오류 확률을 0으로 줄여서 신뢰성 있는 통신을 가능케 하는 방법이 존재할까?

이 목표를 달성하는 한 가지 간단한 방법은 다수결 부호 아이디어를 두 번 사용하는 것이다. 앨리스와 밥은 다수결 부호 2개를 **접합**concatenate시켜서 더 큰 수의 물리 비트를 갖는 부호를 생성할 수 있다. 접합은 한 부호를 '내부' 부호로, 다른 쪽을 '외부' 부호로 사용한다. 이 경우에는 내부 부호와 외부 부호를 실제로 구분할 필요는 없다. 왜냐하면 내부 부호와 외부 부호에 같은 부호화를 사용하기 때문이다. 이 경우, 접합 기법은 먼저 $i \in \{0,\, 1\}$인 메시지 i를 다수결 부호로 부호화한다. 부호단어를 다음과 같이 표시하자.

$$\bar{0} \equiv 000, \qquad \bar{1} \equiv 111 \tag{2.49}$$

접합의 두 번째 계층은 $\bar{0}$과 $\bar{1}$을 이용해 다수결 부호를 다시 사용한다.

$$\bar{0} \rightarrow \bar{0}\bar{0}\bar{0}, \qquad \bar{1} \rightarrow \bar{1}\bar{1}\bar{1} \tag{2.50}$$

따라서 접합 기법에서 전체 부호화는 다음과 같다.

$$0 \rightarrow 000\,000\,000, \qquad 1 \rightarrow 111\,111\,111 \tag{2.51}$$

접합된 부호의 속도는 1/9가 되고, 원래의 속도 1/3보다 작다. 앞에서 했던 다수결 부호에 대한 성능 분석을 간단히 적용하면, 접합 기법의 오류 확률이 다음과 같이 줄어든 것을 볼 수 있다.

$$3[\Pr\{e\}]^2 - 2[\Pr\{e\}]^3 = O(p^4) \tag{2.52}$$

오류 확률 $\Pr\{e\}$는 식 (2.45)에 주어져 있고, $O(p^4)$은 좌변의 가장 높은 차수 항이 p의 4차 항이라는 뜻이다.

접합 기법은 더 많은 물리 비트를 사용하는 비용을 치러서 더 낮은 오류 확률에 부호에 도달한다. 오류 확률 없이 신뢰성 있는 통신에 도달한다는 목표를 생각해보자. 언뜻 보기에, 접합을 계속하면 신뢰성 있는 통신에 도달할 것 같다. 접합을 한 번 더 하면, 오류 확률은 $O(p^6)$으로 줄어들고 속도는 $1/27$로 떨어진다. 오류 확률을 원하는 만큼 줄이고 신뢰성 있는 통신에 도달할 때까지 접합은 무한정 반복될 수 있다. 그러나 문제는 오류 확률을 원하는 만큼 줄이면서 속도가 0에 접근한다는 점이다.

이 사례에서 부호화 기법의 속도와 원하는 정도의 오류 확률 사이에는 거래 관계가 존재한다는 것을 봤다. 유잡음 선로를 통해 좋은 통신 속도를 유지하면서 정보를 부호화할 수 있는 방법이 존재할까?

2.2.2 섀넌의 선로 부호화 정리

섀넌의 두 번째 획기적인 부호화 정리는 앞서의 질문에 긍정적인 답을 준다. 이 답은 1948년의 통신 연구자들에게 완벽한 충격으로 다가왔다. 게다가, 섀넌이 이 사실을 보이는 데 사용한 기법은 그 시대에 공학자들이 거의 쓰지 않는 방식이었다. 이제 섀넌이 그의 두 번째 중요한 정리인 유잡음 선로 부호화 정리를 증명하는 데 사용했던 핵심 아이디어와 기술을 포괄적으로 제시하겠다.

2.2.3 선로 부호의 일반 모형

먼저, 앞서의 사례에서 살펴본 몇 가지 아이디어를 일반화한다. 앨리스가 여전히 밥과 통신을 시도하고 있는데, 이번에는 앨리스가 점근적으로 완벽한 신뢰성을 갖고서 '0'이나 '1'이 아니라 더 큰 메시지 집합을 전송하려고 한다. M개의 메시지

$$[M] \equiv \{1, \dots, M\} \tag{2.53}$$

이 있는 메시지 집합 $[M]$에서 앨리스가 메시지를 고른다고 하자. 여기에 집합 $[M]$에서 특정한 메시지 m을 고를 확률이 균일하다고 가정하자. 앨리스의 메시지에 대한 균일 분포 가정은 앨리스가 보내려고 하는 실제 메시지의 내용에 신경 쓸 필요가 없

다는 뜻이다. 이제 앨리스가 메시지를 신뢰성 있게 보내는 능력에만 관심을 가질 것이므로, 앨리스의 전체 메시지는 모른다고 하겠다. 메시지 집합 $[M]$을 나타내는 데 $\log(M)$개의 비트가 필요하다. 여기서 로그함수는 2를 밑으로 갖는다. 이 수는 선로 부호의 속도를 계산할 때 중요해진다.

이 모형에서 그다음으로 일반화해야 할 부분은 앨리스와 밥을 연결하는 유잡음 선로다. 앞에서는 비트반전 선로를 이용했지만, 이 선로는 이번 목적에 충분히 일반적이지 않다. 선로 모형을 확장하는 간단한 방법은 모형을 입력 무작위 변수 X와 출력 무작위 변수 Y를 포함하는 조건부 확률 분포로 나타내는 것이다.

$$\mathcal{N}: \qquad p_{Y|X}(y|x) \tag{2.54}$$

여기서 기호 $\mathcal{N}$은 더 일반적인 선로 모형을 나타낸다. 무작위 변수 X와 Y에 대한 한 가지 가정은 이들이 이산적이지만 그 출력의 크기는 딱 맞을 필요가 없다는 것이다. 유잡음 선로에 적용할 다른 가정은 이들이 i.i.d.라는 것이다. 수열 $x^n = x_1 x_2 \cdots x_n$과 $y^n = y_1 y_2 \cdots y_n$에 해당하는 무작위 변수가 각각 $X^n = X_1 X_2 \cdots X_n$과 $Y^n = Y_1 Y_2 \cdots Y_n$이라고 하자. 만약 앨리스가 수열 x^n을 n개 유잡음 선로에 해당하는 n개의 입력으로 넣으면, 가능한 출력 수열은 y^n이다. i.i.d. 가정은 출력 수열 y^n의 조건부 확률을 인수분해할 수 있게 한다.

$$p_{Y^n|X^n}(y^n|x^n) = p_{Y_1|X_1}(y_1|x_1)p_{Y_2|X_2}(y_2|x_2)\cdots p_{Y_n|X_n}(y_n|x_n) \tag{2.55}$$
$$= p_{Y|X}(y_1|x_1)p_{Y|X}(y_2|x_2)\cdots p_{Y|X}(y_n|x_n) \tag{2.56}$$
$$= \prod_{i=1}^{n} p_{Y|X}(y_i|x_i) \tag{2.57}$$

더 일반적인 이 모형의 기술적 이름은 **이산 비기억 선로**discrete memoryless channel다.

어떤 부호화 기법, 또는 **부호**는 앨리스의 모든 메시지를 n개의 i.i.d. 유잡음 선로에 입력으로 사용할 수 있는 부호단어로 번역한다. 예를 들어, 앨리스가 메시지 m을 부호화하기로 정했다고 하자. 그러면 m에 해당하는 부호단어를 $x^n(m)$으로 적을 수 있다. 왜냐하면 이 선로에 대한 입력은 m에 의존하는 어떤 부호단어이기 때문이다.

이 모형의 마지막 부분은 밥이 통신 선로를 통해 오염된 부호단어 y^n을 받고, 그와 연관되어 있어야 할 잠재적 부호단어 x^n을 정하는 것이다. 이 마지막 복호화 부분에는 아직 자세히 신경 쓰지 않겠다. 일단은 다수결 부호 사례와 유사하게 작동한다고

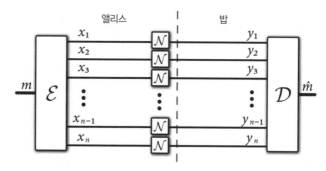

그림 2.4 이 그림은 고전 선로 부호에 대한 섀넌의 아이디어를 묘사한다. 앨리스는 메시지 집합 $[M] \equiv \{1, ..., M\}$에서 메시지 m을 고른다. 앨리스는 부호화 조작 $\mathcal{E}$를 통해 메시지 m을 부호화한다. 이 부호화 조작은 부호단어 x^n을 m에 대응시키고, 부호단어 x^n을 많은 수의 i.i.d.인 유잡음 선로 $\mathcal{N}$에 입력한다. 유잡음 선로는 부호단어 x^n을 무작위적으로 오염시켜서 y^n으로 만든다. 밥은 오염된 수열 y^n을 받고, 복호화 조작 $\mathcal{D}$를 수행해서 부호단어 x^n을 추정한다. 부호단어 x^n의 추정은 앨리스가 전송한 메시지의 추정치 $\hat{m}$을 생성한다. 신뢰성 있는 부호는 덩어리 길이 n이 커질 때 소멸될 오류 확률로 밥이 각 메시지 $m \in [M]$을 복호화할 수 있도록 하는 성질을 갖는다.

만 생각하자. 그림 2.4는 여기서 설명했던 섀넌의 통신 모형을 나타낸다.

이렇게 정한 부호화 기법의 속도를 다음과 같이 계산할 수 있다.

$$속도 \equiv \frac{\text{메시지 비트의 수}}{\text{사용된 선로의 수}} \tag{2.58}$$

이 모형에서는 부호화 기법의 속도가

$$R = \frac{1}{n} \log(M) \tag{2.59}$$

으로 주어진다. 여기서 $\log(M)$은 메시지 집합 $[M]$의 임의의 메시지를 표현하는 데 필요한 비트의 수이고, n은 사용된 선로의 수다. 유잡음 선로의 **용량**^{capacity}은 정보의 통신이 신뢰성 있게 이뤄질 수 있는 가장 빠른 속도다.

그리고 어떤 부호가 주어졌을 때 그 성능을 결정할 방법이 필요하다. 여기서는 몇 가지 성능 척도를 나열하겠다. $\mathcal{C} \equiv \{x^n(m)\}_{m \in [M]}$이 앨리스와 밥이 선택한 부호를 나타낸다고 하자. 여기서 $x^n(m)$은 메시지 m에 해당하는 각 부호단어다. 앨리스가 메시지 $m \in [M]$을 부호 $\mathcal{C}$를 사용해 보냈을 때, $p_e(m, \mathcal{C})$가 오류 확률을 나타낸다고 하자. 평균 오류 확률을

$$\bar{p}_e(\mathcal{C}) \equiv \frac{1}{M} \sum_{m=1}^{M} p_e(m, \mathcal{C}) \tag{2.60}$$

로 나타낼 수 있다. 최대 오류 확률은 다음과 같다.

$$p_e^*(\mathcal{C}) \equiv \max_{m \in [M]} p_e(m, \mathcal{C}) \tag{2.61}$$

우리의 궁극적 목표는 최대 오류 확률 $p_e^*(\mathcal{C})$를 임의로 작게 만드는 것이지만, 분석에서는 평균 오류 확률 $\bar{p}_e(\mathcal{C})$가 중요하다. 이 두 가지 성능 척도는 관련이 있다. 최대 오류 확률이 작으면 평균 오류 확률도 작다. 아마 놀랍겠지만, 평균 오류 확률이 작으면 최대 오류 확률은 적어도 메시지 길이의 절반에 대해 작다. 다음 연습문제는 이 진술을 좀 더 정량화한다.

【연습문제 2.2.1】 $\varepsilon \in [0, 1/2]$이고 $p_e(m, \mathcal{C})$는 앨리스가 부호 $\mathcal{C}$를 이용해 메시지 $m \in [M]$을 보냈을 때의 오류 확률이라고 하자. 마르코프^{Markov} 부등식을 써서 다음과 같이 주어지는 평균 오류 확률의 상한

$$\frac{1}{M} \sum_{m} p_e(m, \mathcal{C}) \leq \varepsilon \tag{2.62}$$

이 적어도 메시지 m의 절반에 대해 다음의 상한을 뜻한다는 것을 증명하라.

$$p_e(m, \mathcal{C}) \leq 2\varepsilon \tag{2.63}$$

여러분은 여기서 왜 선로에 대한 입력을 모형화하는 데 무작위 수열 X^n을 사용했는지 궁금할 것이다. 이미 앨리스의 메시지가 균일한 무작위 변수이고, 어떤 부호화 기법의 부호단어는 보내진 메시지에 직접 의존한다고 했다. 예를 들어, 다수결 부호에서 메시지가 '0'이면 선로 입력은 항상 '000'이고, 마찬가지로 메시지가 '1'이면 선로 입력은 '111'이다. 그렇다면, 각 부호단어가 의도한 메시지의 결정론적 함수인 것 같을 때 어째서 선로 입력을 무작위 변수 X^n으로 모형화해서 과도하게 복잡하게 만들 필요가 있을까? 아직 이 질문에 대답할 때가 아니지만, 곧 설명하겠다.

그리고 유잡음 선로에 대한 신뢰성 있는 부호의 존재성을 증명하기 위해 섀넌의 기발한 기법으로 넘어가기 전에, 중요한 점을 강조해야 한다. 앞서의 모형에서 기본

적으로 2개의 '무작위 계층^{layer of randomness}'을 설명했다.

1. 첫 번째 무작위 계층은 메시지에 대한 앨리스의 선택과 관련된 균일 무작위 변수다.

2. 두 번째 무작위 계층은 유잡음 선로다. 선로의 출력은 무작위 변수다. 왜냐하면 선로의 출력을 확신을 갖고 항상 예측할 수 없기 때문이다.

이러한 무작위 계층을 둘 다 '갖고 노는' 것은 불가능하다. 앨리스의 메시지와 관련된 무작위 변수는 앨리스의 메시지 내용을 무시하기 때문에 균일한 무작위 변수로 고정된다. 유잡음 선로의 조건부 확률 분포 또한 고정된다. 이때 앨리스와 밥이 유잡음 선로와 관련된 조건부 확률을 추측해서 알 수 있다고 가정한다. 대신에, 제3자가 조건부 확률 분포의 지식을 갖고 있어 앨리스와 밥에게 어떻게든 알려준다고 가정할 수 있다. 앨리스와 밥이 어떻게 분포에 대한 지식을 얻었는지에 상관없이, 둘이 그 조건부 확률을 알고 또한 고정된다고 가정할 수 있다.

2.2.4 섀넌의 선로 부호화 정리 증명을 위한 밑그림

이제, 주어진 유잡음 선로의 용량에 도달할 수 있는 부호의 존재성을 증명하기 위한 섀넌의 기술을 전반적으로 살펴볼 준비가 됐다. 섀넌이 증명의 개요에 사용한 몇 가지 방법은 첫 번째 부호화 정리에서 사용한 것과 비슷하다. 확률론의 큰 수의 법칙이 작동하도록 하고, 작은 오류 확률이 선로의 사용 횟수가 많아짐에 따라 사라지도록 하기 위해 선로가 여러 번 사용된다는 사실을 다시 사용한다. 만약 전형적인 수열의 개념이 첫 번째 부호화 정리에서 매우 중요했다면, 유잡음 선로 부호화 정리에서도 중요할 것이라고 생각할 수 있다. 모든 수열의 집합과 비교할 때 전형적 집합은 작지만 거의 대부분의 확률을 차지하기 때문에, 전형적 집합은 효율성의 어떤 개념을 포착한다. 따라서 이 효율성은 선로 부호화 정리에서 어떻게든 역할을 할 것이라고 예측된다.

유잡음 선로 부호화 정리를 증명하는 섀넌의 기술이 첫 번째 부호화 정리를 증명하는 다른 아이디어와 다른 측면은 **무작위 부호화**^{random coding}다. 섀넌의 기술은 앞에서 언급한 모형에 세 번째 무작위 계층을 추가한다(처음의 두 무작위 계층은 앨리스의 무작위 메시지와 유잡음 선로의 무작위 성질이라는 것을 떠올리자).

세 번째 무작위 계층은 무작위 변수 X에 따라 무작위적인 방식으로 부호단어 그 자체를 선택하는 것이다. 여기서 독립적으로 주어진 부호단어 x^n에 대해 분포 $p_X(x_i)$에 따라 각 문자 x_i를 고른다. 이렇게 해서 선로 입력을 무작위 변수로 모형화한다. 그러면 각 부호단어를 무작위 변수 $X^n(m)$으로 적을 수 있다. 특정 부호단어 $x^n(m)$을 선택할 확률 분포는 다음과 같다.

$$\Pr\{X^n(m) = x^n(m)\} = p_{X_1, X_2, \ldots, X_n}(x_1(m), x_2(m), \ldots, x_n(m)) \qquad (2.64)$$

$$= p_X(x_1(m))p_X(x_2(m)) \cdots p_X(x_n(m)) \qquad (2.65)$$

$$= \prod_{i=1}^{n} p_X(x_i(m)) \qquad (2.66)$$

알아둬야 할 중요한 결과는 부호를 i.i.d. 방식으로 골랐으며 (그리고 더 중요하게는) 각 부호단어의 분포가 그것과 연관된 메시지 m에 명시적 의존성이 없기 때문에 주어진 부호단어에 대한 확률이 인수분해된다는 점이다. 즉, 첫 번째 부호단어의 확률 분포는 다른 모든 부호단어의 확률 분포와 정확히 같다. 이 기법에서 부호를 무작위로 고르기 때문에 부호 $\mathcal{C}$ 그 자체는 무작위 변수가 된다. 이제 $\mathcal{C}$가 무작위 부호를 나타내는 무작위 변수를 가리킨다고 하고, $\mathcal{C}_0$는 어떤 특정한 결정론적 부호를 나타낸다고 하자. 특정 부호 $\mathcal{C}_0 = \{x^n(m)\}_{m \in |M|}$을 고를 확률은 다음과 같다.

$$p_{\mathcal{C}}(\mathcal{C}_0) = \prod_{m=1}^{M} \prod_{i=1}^{n} p_X(x_i(m)) \qquad (2.67)$$

그리고 다시 돌아오자면, 이 확률 분포는 부호 $\mathcal{C}_0$의 각 메시지 m에 대한 명시적 의존성이 없다.

무작위 방식으로 부호단어를 고르면 오류 확률에 대한 수학적 분석에 극적인 단순화를 가능케 한다. 섀넌의 획기적 아이디어 중 하나는 평균 오류 확률의 **기댓값**expectation을 분석한 것이다. 여기서 기댓값이란 평균 오류 확률 그 자체를 분석한다기보다 무작위 부호 $\mathcal{C}$에 대한 것이다. 평균 오류 확률의 기댓값은 다음과 같다.

$$\mathbb{E}_{\mathcal{C}}\{\bar{p}_e(\mathcal{C})\} \qquad (2.68)$$

무작위적인 부호 선택 방식 때문에 이 기댓값은 분석하기 훨씬 단순하다. 이제

$$\mathbb{E}_{\mathcal{C}}\{\bar{p}_e(\mathcal{C})\} = \mathbb{E}_{\mathcal{C}}\left\{\frac{1}{M}\sum_{m=1}^{M} p_e(m, \mathcal{C})\right\} \qquad (2.69)$$

를 생각해보자. 기댓값의 선형성을 사용해 다음과 같이 기댓값을 급수와 교환할 수 있다.

$$\mathbb{E}_{\mathcal{C}}\left\{\bar{p}_e(\mathcal{C})\right\} = \frac{1}{M}\sum_{m=1}^{M}\mathbb{E}_{\mathcal{C}}\left\{p_e(m,\mathcal{C})\right\} \tag{2.70}$$

이제 특정 메시지 m에 대한 오류 확률의 기댓값이 실제로 메시지 m에 의존하지 않는다. 왜냐하면 각 무작위 부호단어 $X^n(m)$의 분포가 m에 명시적으로 의존하지 않기 때문이다. 이제 증명은 극적으로 간단해진다. 왜냐하면 $\mathbb{E}_c\{p_e(m,\mathcal{C})\}$가 모든 메시지에 대해 같기 때문이다. 따라서

$$\mathbb{E}_{\mathcal{C}}\left\{p_e(m,\mathcal{C})\right\} = \mathbb{E}_{\mathcal{C}}\left\{p_e(1,\mathcal{C})\right\} \tag{2.71}$$

라고 말할 수 있다(첫 메시지 대신에 어떤 메시지를 써도 똑같다). 그러면

$$\mathbb{E}_{\mathcal{C}}\left\{\bar{p}_e(\mathcal{C})\right\} = \frac{1}{M}\sum_{m=1}^{M}\mathbb{E}_{\mathcal{C}}\left\{p_e(1,\mathcal{C})\right\} \tag{2.72}$$

$$= \mathbb{E}_{\mathcal{C}}\left\{p_e(1,\mathcal{C})\right\} \tag{2.73}$$

를 얻는다. 여기서 마지막 단계는 $\mathbb{E}_c\{p_e(1,\mathcal{C})\}$가 m에 대해 의존성이 없기 때문에 따라온다. 전체 집합에 대해 평균 오류 확률의 기댓값을 정하는 대신에 '메시지 하나'에 대한 오류 확률의 기댓값을 정하기만 하면 된다. 이 단순화는 무작위 부호화가 두 양을 같게 만들었기 때문이다.

샤넌은 이어서 평균 오류 확률의 기댓값 한계를 구하는 방법을 다음과 같이 정했다(기술적으로 자세한 건 곧 논의할 것이다).

$$\mathbb{E}_{\mathcal{C}}\left\{\bar{p}_e(\mathcal{C})\right\} \leq \varepsilon \tag{2.74}$$

여기서 ε은 $\in (0,\ 1)$인 어떤 수이며, 덩어리 크기 n이 임의로 커짐에 따라 임의로 작게 만들 수 있다. 만약 평균 오류 확률의 기댓값 한계를 구할 수 있다면, 그 오류 확률이 같은 한계

$$\bar{p}_e(\mathcal{C}_0) \leq \varepsilon \tag{2.75}$$

가 되는 어떤 결정론적 부호 $\mathcal{C}_0$가 확실히 존재한다. 만약 그렇지 않다면, 원래의 기

댓값 한계가 불가능하기 때문이다. 이 단계를 섀넌의 증명에서 **역무작위화**derandomization 단계라고 한다. 궁극적으로는 높은 속도와 임의로 작은 오류 확률을 갖는 결정론적 부호가 필요하고, 이 단계는 그런 부호의 **존재성**existence을 보인다. 무작위 부호 기술은 증명의 수학적인 부분을 간단히 하는 데에만 유용하다.

증명의 마지막 단계는 **삭제**expurgation 단계라고 한다. 이것은 연습문제 2.2.1의 결과를 적용한 것이다. 우리의 목표가 낮은 최대 오류 확률을 갖는 고속 부호의 존재성을 보이는 것임을 떠올려보자. 그러나 지금까지 얻은 것은 평균 오류 확률의 한계다. 삭제 단계에서 부호단어의 절반을 최악의 오류 확률로 던져버린다. 부호단어의 더 안좋은 절반을 던져버리면 메시지 수가 절반으로 줄어들지만, 부호의 속도에는 무시해도 괜찮을 정도의 영향만을 준다. 메시지의 수가 2^{nR}이라고 하자. 여기서 R은 부호의 속도다. 그러면 부호단어의 더 안 좋은 절반을 던져버린 후 메시지의 수는 $2^{n(R-\frac{1}{n})}$이고, 속도는 $R - \frac{1}{n}$이 되어 점근적으로 속도 R과 같아진다. 부호단어의 더 안 좋은 절반을 던져버린 후, 연습문제 2.2.1의 결과는 다음의 오류 한계가 최대 오류 확률에 적용될 수 있음을 보인다.

$$p_e^*(\mathcal{C}_0) \leq 2\varepsilon \tag{2.76}$$

이 삭제 단계를 마지막으로 오류 확률의 분석을 끝낸다.

이제 앨리스와 밥이 사용한 부호의 크기를 논의해보자. 부호의 속도는 $R = \log(M)/n$임을 떠올려보자. 메시지 집합 $[M]$의 크기 M을 R에 대해 나타내는 것이 편리하다. 그렇게 하면 메시지 집합의 크기는 다음과 같다.

$$M = 2^{nR} \tag{2.77}$$

메시지 집합 크기에서 특이한 점은 이런 식으로 정의했을 때 이 크기가 사용한 선로의 수에 대해 지수함수적으로 커진다는 것이다. 그러나 어떤 부호가 M개의 메시지를 보내기 위해 n개의 선로를 사용한다는 점을 떠올려보자. 그러면 사용한 선로의 수가 무한대로 가는 극한을 취했을 때 그 메시지 집합의 크기가 $M = 2^{nR}$이고 사용한 선로의 수가 n인 부호의 수열이 존재한다는 뜻이다. 여기서 부호의 속도를 일정하게 유지하고, 어떤 고정된 속도 R에 대해 오류 확률이 사라지도록 $n \to \infty$인 극한을 취하자.

앨리스가 밥과 신뢰성 있는 통신을 할 수 있는 최대 속도는 얼마일까? 앨리스가 신뢰성 있게 밥에게 보내는 구분 가능한 메시지의 수를 정해야 한다. 그리고 그렇게 하

려면 **조건부 전형성**conditional typicality이라는 개념이 필요하다. 앨리스가 확률 분포 $p_X(x)$를 갖는 무작위 변수 X에 따라 부호단어를 무작위적으로 고른다고 해보자. 점근적 등분배 정리에 의해, 앨리스가 고른 부호단어 각각은 $H(X)$에 가까운 표본 엔트로피를 갖는 전형적인 수열일 가능성이 매우 높다. 그런 부호화 기법에서 앨리스는 특정한 부호단어 x^n을 유잡음 선로를 통해 전송하고, 밥은 무작위 수열 Y^n을 받는다. 무작위 수열 Y^n은 조건부 확률 분포 $p_{Y|X}(y|x)$에 따라 x^n에 의존하는 무작위 변수다. 이제, 특정한 입력 수열 x^n에 해당하는 가능한 출력 수열의 수를 정하려고 한다. 이 상황에 유용한 엔트로피양은 조건부 엔트로피 $H(Y|X)$이다. 이에 대해 자세한 기술적 내용은 10장으로 미뤄두겠다. 지금은 일단 조건부 엔트로피가 무작위 변수 X의 값을 이미 알고 있을 때 무작위 변수 Y의 불확실성을 측정한다고 생각하면 된다. 조건부 엔트로피 $H(Y|X)$는 X와 Y가 독립이 아닌 한 항상 엔트로피 $H(Y)$보다 작다. 이 부등식은 연관된 무작위 변수 X에 대한 지식이 Y의 불확실성을 증가시키지 않기 때문이다. 그러면 전형성의 개념과 마찬가지로 조건부 전형성의 개념이 있고(그림 2.5에 묘사함), 조건부 전형적 수열에 대해 유사한 점근적 등분배 정리가 성립한다는 사실도 알 수 있다(자세한 내용은 14.9절에서 논의한다). 이 정리는 또한 세 가지 중요한 성질이 있다. 각 입력 수열 x^n에 대해 해당하는 조건부 전형적 집합이 있고, 이들은 다음의 성질을 갖는다.

1. 이 집합이 거의 모든 확률을 차지한다. 즉, 특정한 입력 수열이 주어졌을 때 무작위 선로 출력 수열이 조건부 전형적일 가능성이 매우 높다.

2. 그 크기는 $\approx 2^{nH(Y|X)}$이다.

3. 입력 수열 x^n의 지식이 주어졌을 때, 각 조건부 전형적 수열 y^n의 확률은

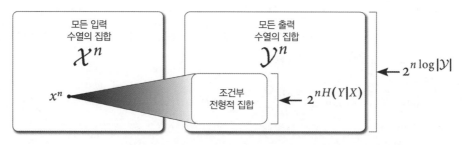

그림 2.5 이 그림은 조건부 전형적 집합의 개념을 나타낸다. 모든 입력 수열 x^n과 연관되어 대부분을 차지하는 출력 집합으로 구성된 조건부 전형적 집합이 있다. 이 조건부 전형적 집합의 크기는 $\approx 2^{nH(Y|X)}$이다. 조건부 확률 변수가 균일하지 않은 한 이 크기는 모든 출력 집합의 크기보다 지수함수적으로 작다.

$$\approx 2^{-nH(Y|X)} \text{이다.}$$

만약 출력 수열을 생성하는 데 사용된 입력 수열에 대한 지식을 무시하면 출력 수열을 생성하는 확률 분포는 다음과 같다.

$$p_Y(y) = \sum_x p_{Y|X}(y|x)p_X(x) \tag{2.78}$$

이 확률 분포가 모든 가능한 출력 수열을 생성하는 확률 분포라고 생각할 수 있다. 출력 수열은 대부분 크기가 $2^{nH(Y)}$인 전형적 출력 집합에 있을 것이다.

이제, 무작위 부호의 구조와 메시지 집합의 크기를 묘사하는 위치에 섰다. 앨리스는 분포 $p_X(x)$에 따라 2^{nR}개의 부호단어를 생성한다. 지금부터는 밥이 앨리스가 부호단어를 생성한 다음 그 부호의 지식을 가졌다고 하겠다. 앨리스가 선로를 통해 부호단어 하나를 보냈다고 하자. 밥은 전송된 부호단어를 모른다. 따라서 그의 관점에서 출력 수열은 확률 분포 $p_Y(y)$에 따라 생성된 것이다. 이제 밥은 전형적 수열 복호화를 사용한다. 먼저, 수열 y^n이 크기 $2^{nH(Y)}$인 전형적 출력 집합에 있는지를 결정한다. 만약 아니라면 오류를 선언한다. 점근적 등분배 정리에 의하면 이런 유형의 오류가 나올 확률은 작다. 만약 출력 수열 y^n이 전형적 출력 집합에 있으면, 출력 수열이 크기 $2^{nH(Y|X)}$인 조건부 전형적 집합의 어디에 속하는지 결정하기 위해 부호에 대한 지식을 사용한다. 만약 그가 출력 수열 y^n을 틀린 조건부 전형적 집합으로 복원한다면, 오류가 발생한다. 이 마지막 유형의 오류는 이런 유형의 오류가 발생하는 것을 방지하기 위해 부호를 어떻게 구조화해야 하는지 제안한다. 만약 출력 조건부 전형적 집합이 서로 너무 많이 겹치지 않도록 부호가 구조화됐다면, 밥은 높은 확률로 각 출력 수열 y^n에 대해 유일한 입력 수열 x^n을 복원할 수 있어야 한다. 이 마지막 논리는 출력 전형적 수열의 집합이 각 크기가 $2^{nH(Y|X)}$인 조건부 전형적 출력 집합의 집합으로 나눠져야 하고, 그 집합은 M개라는 사실을 제시한다. 따라서 메시지의 수를 다음과 같이 $M = 2^{nR}$이 되도록 한다면,

$$2^{nR} \approx \frac{2^{nH(Y)}}{2^{nH(Y|X)}} = 2^{n(H(Y)-H(Y|X))} \tag{2.79}$$

직관적으로 밥이 높은 확률로 복호화할 수 있어야 한다. 이런 논의를 '포장^{packing}' 논증이라고 한다. 왜냐하면 이 논증은 정보를 모든 출력 수열의 공간으로 포장하는 방

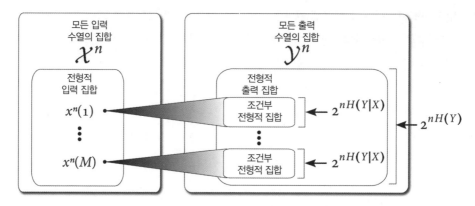

그림 2.6 이 그림은 섀넌이 사용한 포장 논증을 묘사한다. 통신 선로는 $i \in \{1, ..., M\}$에 대해 각 부호단어 $x^n(i)$에 해당하는 조건부 전형적 집합을 유도한다. 각 조건부 전형적 출력 집합의 크기는 $2^{nH(Y|X)}$이다. 모든 출력 수열의 전형적 집합의 크기는 $2^{nH(Y)}$이다. 이 크기들은 전형적 출력 집합을 M개의 조건부 전형적 집합으로 나누고, $M \approx 2^{nH(Y)}/2^{nH(Y|X)}$개의 메시지를 오류 없이 구분할 수 있다는 것을 알려준다.

법을 보여주기 때문이다. 그림 2.6은 포장 논증을 시각적으로 보여준다. 이제 이 직관이 옳다는 걸 보이자. 만약 $H(Y) - H(Y|X)$가 속도 R을 다음과 같이 한정 짓는다면

$$R < H(Y) - H(Y|X) \tag{2.80}$$

앨리스는 밥에게 신뢰성 있게 정보를 보낼 수 있다. $H(Y) - H(Y|X)$보다 낮은 속도는 평균 오류 확률의 기댓값을 원하는 만큼 작게 만들 수 있음을 보증한다. 이제, 사용한 회선의 수 n이 무한대로 감에 따라 최대 오류 확률이 사라지는 부호가 존재함을 보이기 위해 앞에서 논의했던 역무작위화 단계와 삭제 단계를 사용한다.

엔트로피양 $H(Y) - H(Y|X)$는 주목받을 만하다. 왜냐하면 이것은 정보 이론에서 또 다른 중요한 엔트로피양이기 때문이다. 이것은 무작위 변수 X와 Y 사이의 **상호 정보**^{mutual information}이며,

$$I(X;Y) \equiv H(Y) - H(Y|X) \tag{2.81}$$

라고 표기한다. 상호 정보는 신뢰성 있는 통신의 한계 속도로서 나타나므로 중요하다. 상호 정보의 더 자세한 성질은 이 책을 통해 논의할 것이다.

앞서의 부호화 기법을 강화할 수 있는 마지막 단계가 하나 남았다. 앞에서 부호화 구조에 세 가지 무작위 계층이 있다고 했다. 그것은 앨리스의 균일한 메시지 선택, 유잡음 선로, 섀넌의 무작위 부호화 기법이다. 처음 두 가지 무작위 계층은 제어할 수

없다. 하지만 마지막 무작위 계층은 실제로 제어할 수 있다. 앨리스는 분포 $p_X(x)$에 따라 부호를 선택한다. 앨리스는 자신이 원하는 어떤 분포에 따라서든 부호를 선택할 수 있다. 만약 앨리스가 $p_X(x)$에 따라서 고르기로 했다면, 그 결과 부호의 속도는 상호 정보 $I(X;Y)$이다. 나중에 상호 정보 $I(X;Y)$가 조건부 분포 $p_{Y|X}(y|x)$가 고정됐을 때 분포 $p_X(x)$에 대해 오목 함수라는 것을 증명하겠다. 오목성^{concavity}은 상호 정보를 최대화하는 분포 $p_X^*(x)$가 존재한다는 뜻이다. 따라서 앨리스는 무작위적으로 부호를 생성할 때 최적 분포 $p_X^*(x)$를 골라야 한다. 그리고 이 선택은 앨리스와 밥이 가질 수 있는 가능한 가장 큰 속도를 제공한다. 이 가능한 가장 큰 속도를 선로의 **용량**^{capacity}이라고 하며, 다음과 같이 표기한다.

$$C(\mathcal{N}) \equiv \max_{p_X(x)} I(X;Y) \tag{2.82}$$

여기서의 논의는 섀넌의 선로 용량 정리를 단지 개괄적으로 살펴봤을 뿐이다. 엄밀한 증명에 필요한 기술적 도구를 배운 후 14.10절에서 이 정리의 전체 증명을 제시한다.

한 가지 더 분명히 해두겠다. 부호의 조작에 관한 논의에서, 앨리스와 밥이 둘 다 부호의 지식을 갖고 있다고 했다. 그럼, 앨리스와 밥이 유잡음 선로로 연결됐다면 밥이 어떻게 부호를 알 수 있을까? 이 문제의 한 가지 해법은 앨리스와 밥이 그 끝에서 무제한적인 계산력을 가졌다고 가정하는 것이다. 따라서 선로를 n번 사용하는 코드가 주어졌을 때 앨리스와 밥은 둘 다 앞서의 최적화 문제를 계산할 수 있고, n개의 선로에 사용할 가능한 가장 좋은 부호를 결정할 때까지 '시험용' 부호를 무작위로 생성할 수 있다. 그러면 두 사람은 주어진 선로를 n번 사용하는 상황에서 유일하고 최고의 가능한 부호에 도달한다. 이 방식은 실용적이지 않을 수도 있다. 그럼에도 불구하고, 둘 다 모두 사용하는 부호의 지식을 갖고 있다는 것에 대한 정당화를 제공한다. 이 문제의 또 다른 해법은 단순히 부호의 선택에 대해 합의할 수 있도록 서로 멀리 떨어지기 전에 두 사람이 만나는 것을 허용하는 것이다.

아까 용량 $C(\mathcal{N})$이 앨리스와 밥이 통신할 수 있는 최대 속도라고 했다. 그러나 앞서의 논의에서 최적성에 대해서는 증명하지 않았다. 여기서 증명한 것은 단지 선로 용량 정리에 대한 직접 부호화 정리다. 이 정교한 부호화 절차를 만드는 데 시간과 노력이 많이 들었다. 그리고 그 과정에서 확률론에서 온 강력한 도구 중 하나인 큰 수의 법칙을 계속해서 써먹었다. 아마, 전형적 수열 부호화와 복호화가 최적 부호 구조를 이끌어내야 한다는 것이 직관적으로 보일 것이다. 전형적 수열은 가장 나타나기에 그럴듯한 방식으로 어떤 종류의 점근적 효율을 보여준다. 하지만 일반적으로, 그 농도는 모든 수열의 집합보다 지수함수적으로 작다. 그러나 전형적 수열 부호화에 대한 이 직관이 맞을까? 섀넌이 고안한 정교한 기법을 깰 수 있는 다른 부호화 방법이 가능하지 않을까? **최적성을 증명하는 역정리 없이는 절대 알 수 없다!** 만약 앞에서 했던 부호화 정리에 대한 2.1.3절의 논의를 떠올린다면, 직접 부호화 정리가 제시한 속도가 최적임을 알려주는 역정리를 증명하는 것이 얼마나 중요한지 알 것이다. 지금은 역정리의 증명을 미룬다. 왜냐하면 그 증명에 필요한 도구가 이 절에서 묘사한 도구와 많이 다르기 때문이다. 지금은 식 (2.82)의 공식이 두 참여자가 통신할 수 있는 사실상의 최적 속도임을 받아들이자. 이 결과에 대해서는 이후의 장에서 증명할 것이다.

직접 부호화 정리와 역정리를 요약하면서 섀넌의 선로 부호화 정리에 대한 설명을 마친다. 직접 부호화 정리는 다음과 같다.

만약 통신 속도가 선로 용량보다 작다면, 사용한 선로의 수가 무한대로 갈 때 최대 오류 확률이 소멸하는 부호의 수열이 존재한다는 관점에서 앨리스가 밥과 신뢰성 있게 통신하는 것이 가능하다.

역정리는 다음과 같다.

만약 신뢰성 있는 부호의 수열이 존재한다면, 그 부호의 수열의 속도는 선로 용량보다 작다.

나중에 유용해질 역정리의 또 다른 표현은 다음과 같다.

만약 부호화 기법의 속도가 선로 용량보다 높다면, 부호화 기법의 오류 확률이 0이 아니라는 관점에서 신뢰성 있는 부호는 존재하지 않는다.

2.3 정리

일반적으로 통신 상황은 송신자와 수신자를 포함한다. 고전적 상황에서 송신자와 수신자가 수행할 수 있는 두 가지 정보 처리 작업을 논의했다. 첫 번째 작업은 자료 압축, 또는 원천 부호화이고, 여기서는 송신자와 수신자가 매우 여러 번 사용할 수 있는 무잡음 고전 비트 선로에 의해 서로 연결됐다고 가정했다. 이 무잡음 고전 비트 선로를 두 참여자가 공유하는 **무잡음 동적 자원**noiseless dynamic resource으로 생각할 수 있다.

송신자가 수신자에게 도달하기 위해 정보의 물리적 전달자가 통과하는 어떤 물리적 매체를 가정하기 때문에 이 자원은 동적이다. 정보를 신뢰성 있게 보내는 무잡음 자원을 사용할 수 있는 횟수를 세는 것이 여기서의 목표였다. 섀넌의 원천 부호화 정리는 무잡음 자원을 사용해야 하는 최소한의 속도를 제시한다. 여기서 논의한 두 번째 작업은 선로 부호화이며, 여기서는 매우 여러 번 사용할 수 있는 유잡음 고전 선로에 의해 서로 연결된 송신자와 수신자를 가정했다. 유잡음 고전 선로는 참여자들이 공유하는 **유잡음 동적 자원**noisy dynamic resource이다. 이 정보 처리 작업을 **시뮬레이션 작업**simulation task이라고 생각할 수 있다. 시뮬레이션 작업은 여유로운 방식으로 유잡음 동적 자원을 사용해 무잡음 동적 자원을 시뮬레이션하는 것이 목표다. 이 여유로움 redundancy은 앨리스가 밥과 신뢰성 있게 통신할 수 있도록 하고, 신뢰성 있는 통신은 무잡음 자원을 유효하게 시뮬레이션할 수 있다는 뜻이다. 이 경우에 대해 다시 자원을 세는데, n은 참가자들이 사용한 유잡음 자원의 사용 횟수이고, nC는 이들이 시뮬레이션하는 무잡음 비트 선로의 수다(여기서 C는 선로의 용량이다). 이 자원 계수resource counting 개념은 고전적 경우에는 그다지 중요해 보이지 않을 수 있지만, 양자역학적 경우에는 훨씬 더 중요해진다.

이제 섀넌의 정보 이론에 대한 개괄을 마무리한다. 이 개괄에서 가져가야 할 핵심은 섀넌이 원천과 선로 부호를 구조화하는 데 사용한 아이디어다. 정보 원천이 대량의 자료열을 내보내도록 했다. 또는 비슷하게, 확률론의 큰 수의 법칙을 사용할 수 있을 정도로 선로를 매우 여러 번 사용했다. 그 결과 두 기법에 대해 극한을 취했을 때 오류가 사라짐을 보일 수 있었다. 14장에서 전형적 수열의 이론을 자세히 배우고, 이 개괄적 소개에서 미뤄뒀던 많은 결과를 증명할 것이다.

다 배우고 나서 보면, 두 부호화 정리를 증명한 섀넌의 방법은 결국 확률론에서 온 하나의 아이디어인 큰 수의 법칙을 절묘하게 사용한 것이다. 아마도 이 관점은 자료 압축과 선로 부호화에 대해 비슷한 기법을 누구도 고안조차 하지 못했다는 걸 떠올릴 때까지는 섀넌의 기여를 낮춰보는 것 같다. 섀넌의 이론적 발전은 현대 과학에 있어 가장 중요한 기여다. 그의 정리는 우리가 고전 정보를 압축하고 통신할 수 있는 궁극적인 속도를 결정하기 때문이다.

2부

양자 이론

03

무잡음 양자 이론

가장 간단한 양자계는 물리적 양자 비트, 즉 **큐비트**qubit다. 큐비트는 2준위 양자계로, 가령 전자의 스핀, 광자의 편광, 2준위 원자의 바닥 상태와 들뜬 상태 등이 있다. 3장에서는 물리적 구현에 너무 많이 신경 쓰지는 않을 것이다. 대신에, 양자 이론의 수학적 가정과 큐비트에 수행할 수 있는 연산에 집중한다. 큐비트에서 더 나아가면 물리적 **큐디트**qudit를 연구할 수 있다. 큐디트는 d준위 양자계이고, 큐비트를 일반화한 중요한 것이다. 다시 말하지만, 큐디트의 물리적 실체에 대해 논의하지 않을 것이다.

잡음은 양자계에 영향을 줄 수 있다. 그리고 양자계의 잡음을 모형화하는 방법을 이해해야 한다. 왜냐하면 잡음의 나쁜 영향으로부터 양자계를 보호하는 방법을 만드는 것이 궁극적 목표이기 때문이다. 1장에서는 자연에서 나타나는 여러 유형의 잡음을 설명했다. 첫째로, 그리고 아마 더 쉽게 이해할 수 있는 유형의 잡음은 주어진 상황에 대한 정보가 부족해서 나타난 것이다. 이 유형의 잡음은 카지노에서 카드를 섞을 때나 주사위를 던질 때 볼 수 있다. 이 사건은 무작위이고, 결과가 어떻게 될지 예상할 수 없으므로 확률론의 무작위 변수는 이 사건들을 모형화한다. 이 잡음은 고전 정보 처리계에서 나타나는 것과 같다.

반면에, 양자 이론은 근본적으로 다른 유형의 잡음이 존재한다. 양자 잡음은 자연에 내재돼 있고, 정보가 부족해서 나타난 것이 아니며, 자연 그 자체에 의한 것이다.

이 유형의 잡음으로는 예를 들어 '하이젠베르크 잡음'이 있는데, 불확정성 원리의 결과다. 만약 어떤 입자가 주어졌을 때 그 운동량을 정확한 측정을 통해 알게 되면, 그 위치에 대해서는 절대적으로 아무것도 알 수 없다. 즉, 그 위치 측정은 무작위 결과를 준다. 마찬가지로, 만약 광자를 정확히 측정해 그 수직-수평 방향 편광에 대해 알게 되면, 그 이후의 대각 방향 편광에 대한 측정은 무작위 결과를 줄 것이다. 이 두 가지 유형의 차이를 명확히 해두는 것이 중요하다.

이 장에서 양자 이론의 가정들을, 특히 큐비트에 관심을 갖고 탐색해볼 것이다. 이 가정은 우주의 다른 모든 것으로부터 고립된 닫힌 양자계에 적용된다. 이 첫 번째 장의 제목을 '무잡음 양자 이론'이라고 붙인 것은 양자계가 그 주변환경과 상호 작용하지 않고, 따라서 오염과 정보 손실에 노출되지 않기 때문이다. 주변환경과의 상호 작용은 앞서 설명한 고전적 잡음의 관점에서 정보의 손실을 유도할 수 있다. 닫힌 양자계는 불확정성 원리나 측정 행위와 같은 것으로부터 어떤 유형의 양자 잡음을 겪을 수 있다. 왜냐하면 이들은 양자 이론의 가정의 대상이기 때문이다. '무잡음 양자 이론'이라는 이름은 양자계가 닫혔을 때의 이상적인 특성을 논의한다는 뜻이다.

이 장에서는 양자 이론의 네 가지 가정을 소개한다. 양자 이론의 수학적 도구는 복소수로 이뤄진 벡터와 행렬에 대한 선형대수학$^{linear\ algebra}$에 기반하고 있다. 양자 이론에 속한 물리계를 설명하는 선형대수학의 작동을 포함해야 한다는 것이 처음엔 이상해 보일 것이다. 그러나 이 설명이 양자계가 보여주는 현상을 예측할 수 있는 가장 간단한 수학적 도구의 집합이라는 사실이 밝혀진다. 양자 이론의 특징은 어떤 연산은 다른 연산과 가환^{commute}이 아니라는 것과, 행렬이 이 비가환성$^{non\text{-}commutativity}$이라는 아이디어를 포착하는 가장 간단한 수학적 대상이라는 것이다.

3.1 개괄

먼저, 양자계에서 정보가 어떻게 처리되는지 간략히 소개하겠다. 이 과정은 보통 상태 준비, 양자 연산, 측정의 세 단계로 구성된다. 상태 준비는 양자계에 실행하고 싶은 연산에 따라 양자계를 어떤 시작 상태로 초기화하는 것이다. 양자계의 상태를 초기화하는 몇 가지 고전적 제어장치가 있을 수도 있다. 이 단계의 입력계는 고전계이고, 출력계는 양자계임을 알아두자. 양자계의 상태를 초기화한 다음, 그 상태를 변화시키는 몇 가지 양자 연산을 수행한다. 이 단계에서 더 나은 정보 처리 능력을 위

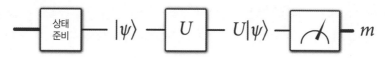

그림 3.1 전형적인 무잡음 양자정보 처리 규약의 모든 단계. 고전 제어(왼쪽의 두꺼운 검정색 선)는 양자계의 상태를 초기화한다. 양자계는 어떤 유니터리 연산에 따라 변화한다(3.3절에서 설명함). 마지막 단계는 양자계로부터 어떤 고전 자료 m을 읽어내는 측정이다.

해 양자 효과의 이점을 취할 수 있다. 이 단계의 입력계와 출력계는 둘 다 양자계다. 끝으로, 계산 결과를 읽어내는 어떤 방법이 필요한데 여기에는 측정을 이용할 수 있다. 이 단계의 입력계는 양자계이고, 출력계는 고전계다. 그림 3.1에서 이 모든 단계를 묘사했다. 양자 통신 규약에서 공간적으로 분리된 참여자들은 이 단계의 다른 부분을 실행할 수 있는데, 여기서는 통신 규약을 구현하는 데 필요한 비국소적 자원을 추적하는 데 관심을 가질 것이다. 3.2절에서 양자 상태(그리고 상태 준비)를 설명하고, 3.3절에서 양자 상태의 비잡음 변화를 설명하고, 3.4절에서 '읽어내기' 또는 측정을 설명한다. 지금은 이 모든 단계를 완벽하게 수행할 수 있다고 가정하고, 잡음의 효과를 어떻게 포함시키는지는 이후의 장에서 논의할 것이다.

3.2 양자 비트

가장 간단한 양자계는 2상태계, 즉 물리적 큐비트다. $|0\rangle$이 계에서 가능한 한 상태를 나타낸다고 하자. 왼쪽의 세로 막대기와 오른쪽의 꺾쇠괄호는 이 상태를 표현하는 디랙 표기법을 사용한다는 뜻이다. 디랙 표기법은 양자 이론에서 계산을 하는 데 몇 가지 장점이 있고, 이 책을 공부하는 동안 그러한 장점을 강조할 것이다. $|1\rangle$은 큐비트의 또 다른 가능한 상태라고 하자. 그러면 고전 비트, 또는 **크비트**cbit를 다음과 같이 큐비트로 대응시킬 수 있다.

$$0 \rightarrow |0\rangle, \qquad 1 \rightarrow |1\rangle \tag{3.1}$$

지금까지 위의 설명에서는 비트값 주변에 놓아둔 흥미로운 세로 막대기와 꺾쇠괄호를 빼면 고전 비트와 큐비트를 전혀 구분하지 않았다. 그러나 양자 이론은 위의 상태가 큐비트의 유일하게 가능한 상태가 아니라고 예측한다. 양자 이론은 선형 이론이기 때문에 임의의 **중첩**superposition, 즉 위의 두 상태의 선형 결합linear combination이 또한 가능하다. 양자 이론의 선형성은 양자계의 변화를 지배하는 슈뢰딩거 방정식의 선형성의 결과라고 말하는 것으로 충분하다.[1] 일반적인 무잡음 큐비트는 다음의 상태에 있을 수 있다.

$$|\psi\rangle \equiv \alpha|0\rangle + \beta|1\rangle \qquad (3.2)$$

여기서 계수 α와 β는 단위 노름 $|\alpha|^2 + |\beta|^2 = 1$을 갖는 임의의 복소수다. 계수 α와 β는 **확률 진폭**probability amplitude이라고 한다. 이들은 확률 그 자체는 아니지만, 확률을 계산할 수 있게 해준다. 단위 노름 제약조건은 양자 이론의 **보른 규칙**Born rule, 즉 확률적 해석probabilistic interpretation을 유도한다. 그리고 이 제약조건과 확률 진폭에 대해서는 측정 가설을 설명할 때 이야기하겠다.

중첩된 상태의 가능성은 불 대수Boolean algebra가 중첩 상태를 허용하지 않기 때문에 0과 1이라는 고전 비트로 이뤄진 불 대수로는 $|0\rangle$과 $|1\rangle$ 상태를 표현할 수 없다는 뜻이다. 대신에, 이 상태를 설명하기 위해 **선형대수학**linear algebra이라는 수학이 필요하다. 상태 $|0\rangle$과 $|1\rangle$의 벡터 표현을 먼저 정의하는 것이 좋겠다.

$$|0\rangle \equiv \begin{bmatrix} 1 \\ 0 \end{bmatrix}, \qquad |1\rangle \equiv \begin{bmatrix} 0 \\ 1 \end{bmatrix} \qquad (3.3)$$

여기서 $|0\rangle$과 $|1\rangle$은 디랙 표기법의 언어로 말하자면 '켓ket'이라고 하고, 처음에는 열벡터column vector라고 생각하는 것이 가장 좋다. 식 (3.2)의 중첩 상태는 다음의 2차원 벡터 표현을 갖는다.

$$|\psi\rangle = \alpha|0\rangle + \beta|1\rangle = \begin{bmatrix} \alpha \\ \beta \end{bmatrix} \qquad (3.4)$$

벡터를 이용한 양자 상태 표현은 이론을 뒷받침하는 수학의 몇 가지 측면을 이해하는 데 도움이 된다. 하지만 디랙 표기법으로 직접 작업하는 것이 우리의 목적에 훨씬 더 쓸모 있다는 사실이 밝혀질 것이다. 일단 지금은 벡터 표현을 제시하지만, 나중에는 디랙 표기법만 사용할 것이다.

그림 3.2에 묘사된 **블로흐 구**Bloch sphere는 큐비트를 시각화하는 중요한 방법이다. 광

---

[1] 이 책에서 슈뢰딩거 방정식을 제시하지는 않을 것이다. 대신에, 양자 이론의 '양자정보' 표현에 집중한다. 여기에 관심이 있다면 그리피스의 양자역학 교재(Griffiths, 1995)가 슈뢰딩거 방정식으로부터 양자 이론을 소개한다.

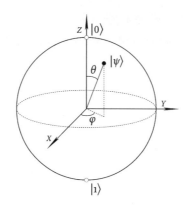

그림 3.2 큐비트의 블로흐 구 표현. 임의의 큐비트 |ψ⟩는 두 각도 θ와 φ로 나타낸다. 여기서 0 ≤ θ ≤ π이고 0 ≤ φ < 2π이다. 이 각도에 대한 임의의 큐비트 상태는 |ψ⟩ = cos(θ/2)|0⟩ + $e^{iφ}$ sin(θ/2)|1⟩이다.

역 위상-global phase이 다른 것을 빼면 동등한 임의의 두 큐비트를 생각해보자. 예를 들어, 그런 두 큐비트는 다음과 같다.

$$|\psi_0\rangle \equiv |\psi\rangle, \qquad |\psi_1\rangle \equiv e^{i\chi}|\psi\rangle \tag{3.5}$$

여기서 $0 \leq \chi < 2\pi$이다. 이 두 큐비트는 물리적으로 동등하다. 왜냐하면 이들을 측정했을 때 같은 물리적 결과를 내놓기 때문이다(이에 대한 더 자세한 내용은 3.4절에서 측정 가설을 소개할 때 다룬다). 확률 진폭 α와 β가 다음과 같은 복소수로 표현된다고 하자.

$$\alpha = r_0 e^{i\varphi_0}, \qquad \beta = r_1 e^{i\varphi_1} \tag{3.6}$$

여기서 두 계수 α와 β로부터 위상 $e^{i\varphi_0}$를 소거할 수 있고, 여전히 식 (3.2)와 물리적으로 동등한 상태로 남아 있다.

$$|\psi\rangle \equiv r_0|0\rangle + r_1 e^{i(\varphi_1 - \varphi_0)}|1\rangle \tag{3.7}$$

여기서 식 (3.5)에서 언급한 등가성 때문에, |ψ⟩가 상태를 표현하도록 재정의했다. $\varphi \equiv \varphi_1 - \varphi_0$이고, $0 \leq \varphi < 2\pi$라고 하자. 단위 노름 제약조건을 생각하면 $|r_0|^2 + |r_1|^2 = 1$이다. 그러면 r_0와 r_1을 하나의 매개변수 θ를 이용해 나타낼 수 있다.

$$r_0 = \cos(\theta/2), \qquad r_1 = \sin(\theta/2) \tag{3.8}$$

매개변수 θ는 0과 π 사이에서 변한다. 이런 θ의 범위와 2로 나누는 것은 큐비트에 유일한 표현을 준다. 2로 나누는 대신에 θ를 0과 2π 사이에서 변하도록 할 수도 있지만, 이렇게 매개변수화하면 매개변수 θ와 φ에 대해 큐비트가 유일하게 특정되지 않는다. θ와 φ로 매개변수화하면 식 (3.2)의 큐비트에 블로흐 구 표현을 준다.

$$|\psi\rangle \equiv \cos(\theta/2)|0\rangle + \sin(\theta/2)e^{i\varphi}|1\rangle \tag{3.9}$$

선형대수학에서 열벡터는 유일한 벡터 종류가 아니다. 행벡터$^{\text{row vector}}$ 또한 유용하다. 디랙 표기법에 행벡터에 해당하는 게 있을까? 디랙 표기법은 행벡터의 표현으로 '브라^{bra}'라고 부르는 것을 제공한다. $|0\rangle$과 $|1\rangle$ 켓에 해당하는 브라는 다음과 같다.

$$\langle 0| \equiv \begin{bmatrix} 1 & 0 \end{bmatrix}, \qquad \langle 1| \equiv \begin{bmatrix} 0 & 1 \end{bmatrix} \tag{3.10}$$

그리고 이들은 $|0\rangle$과 $|1\rangle$ 켓의 켤레 전치 행렬이다.

$$\langle 0| = (|0\rangle)^{\dagger}, \qquad \langle 1| = (|1\rangle)^{\dagger} \tag{3.11}$$

일반적인 양자 상태의 수학적 표현이 복소수 원소를 갖기 때문에 (단순한 전치 연산이 아닌) 켤레 전치 연산이 필요하다.

브라는 물리적 상태를 나타내지는 않는다. 하지만 확률 진폭을 계산하는 데 도움이 된다. 식 (3.2)의 큐비트를 예로 들어, $|0\rangle$ 상태의 확률 진폭을 결정한다고 해보자. 식 (3.2)와 $\langle 0|$ 브라를 다음과 같이 결합할 수 있다.

$$\langle 0||\psi\rangle = \langle 0|\,(\alpha|0\rangle + \beta|1\rangle) \tag{3.12}$$

$$= \alpha\langle 0||0\rangle + \beta\langle 0||1\rangle \tag{3.13}$$

$$= \alpha \begin{bmatrix} 1 & 0 \end{bmatrix} \begin{bmatrix} 1 \\ 0 \end{bmatrix} + \beta \begin{bmatrix} 1 & 0 \end{bmatrix} \begin{bmatrix} 0 \\ 1 \end{bmatrix} \tag{3.14}$$

$$= \alpha \cdot 1 + \beta \cdot 0 \tag{3.15}$$

$$= \alpha \tag{3.16}$$

위의 계산은 어쩌면 디랙 표기법을 '미화'시키는 선형대수학의 연습문제처럼 보일 수 있다. 그러나 양자 이론의 표준적 계산이다. $\langle 0||\psi\rangle$ 같은 양은 양자 이론에서 자주 나타나며, 이를 간단하게

$$\langle 0|\psi\rangle \equiv \langle 0||\psi\rangle \tag{3.17}$$

로 표현하고 위의 표기를 '브라켓^{braket}'이라고 한다.[2] $\langle 0|\psi \rangle$라는 양의 물리적 해석은 이 상태가 $|0\rangle$에 존재할 확률 진폭이다. 마찬가지로, $\langle 1|\psi \rangle$라는 양은 이 상태가 $|1\rangle$에 존재할 확률 진폭이다. 그리고 $\langle 1|0 \rangle$이라는 진폭($|0\rangle$ 상태가 $|1\rangle$ 상태에 존재한다.)과 $\langle 0|1 \rangle$이라는 진폭은 둘 다 0이라고 정한다. 이 두 상태는 겹침^{overlap}이 없기 때문에 **직교 상태**$^{\text{orthogonal state}}$라고 한다. 비슷한 계산을 하면 $\langle 0|0 \rangle$과 $\langle 1|1 \rangle$이라는 진폭은 1이다.

다음 작업은 시시한 연습문제 같겠지만, 임의의 상태 $|\psi \rangle$가 $|\psi \rangle$ 상태, 즉 자기 자신에 존재할 진폭을 구해본다. 앞서의 방식대로, 이 진폭은 $\langle \psi|\psi \rangle$이고 다음과 같이 계산한다.

$$\langle \psi|\psi \rangle = \left(\left(\langle 0|\alpha^* + \langle 1|\beta^* \right) \left(\alpha|0\rangle + \beta|1\rangle \right) \right) \tag{3.18}$$
$$= \alpha^*\alpha \langle 0|0 \rangle + \beta^*\alpha \langle 1|0 \rangle + \alpha^*\beta \langle 0|1 \rangle + \beta^*\beta \langle 1|1 \rangle \tag{3.19}$$
$$= |\alpha|^2 + |\beta|^2 \tag{3.20}$$
$$= 1 \tag{3.21}$$

여기서 직교관계식 $\langle 0|0 \rangle$, $\langle 1|0 \rangle$, $\langle 0|1 \rangle$, $\langle 1|1 \rangle$과 단위 노름 제약조건을 사용했다. 이를 $|\psi \rangle$의 유클리드 노름$^{\text{Euclidean norm}}$으로 나타내면

$$\||\psi \rangle\|_2 \equiv \sqrt{\langle \psi|\psi \rangle} = 1 \tag{3.22}$$

이 된다. 양자 측정에 대한 논의에서 단위 노름 제약조건으로 되돌아온 것 같지만, 이번엔 임의의 양자 상태가 자기 자신으로 존재할 확률이 진폭 1을 갖는다는 것을 보였다.

상태 $|0\rangle$과 $|1\rangle$은 **계산 기저**$^{\text{computational basis}}$라고 하는 큐비트의 특정한 기저다. 계산 기저는 양자 계산과 양자 통신에서 사용하는 표준 기저다. 하지만 다른 기저들도 중요하다. 다음의 두 벡터는 정규직교 기저$^{\text{orthonormal basis}}$를 구성한다.

$$\frac{1}{\sqrt{2}} \begin{bmatrix} 1 \\ 1 \end{bmatrix}, \qquad \frac{1}{\sqrt{2}} \begin{bmatrix} 1 \\ -1 \end{bmatrix} \tag{3.23}$$

이러한 대안적 기저도 양자정보 이론에서 디랙 표기법으로 짧게 줄여서 정의할 정도

---

2 둘을 합쳤을 때 '브라켓'이 되기 때문에, 디랙이 이 이름으로 '브라'와 '켓'을 사용하기로 (어쩌면 웃기는 이유이지만) 정했다. 표기법 이름은 우스울 수 있지만, 양자 상태를 이 방식으로 나타내는 것이 유용하다는 사실이 밝혀졌기 때문에 그 표기법 자체는 오랜 시간 동안 유지됐다. 필요에 따라 어쩔 수 없지 않으면, 가능한 한 '브라'와 '켓'이라는 용어의 사용을 피할 것이다.

로 중요하며, 또한 계산 기저로 이 기저를 나타낼 수 있다.

$$|+\rangle \equiv \frac{|0\rangle + |1\rangle}{\sqrt{2}}, \qquad |-\rangle \equiv \frac{|0\rangle - |1\rangle}{\sqrt{2}} \tag{3.24}$$

이 대안적 기저에 대해 널리 쓰는 이름은 '+/−' 기저, 아다마르 기저$^{\text{Hadamard basis}}$, 또는 대각 기저$^{\text{diagonal basis}}$다. 디랙 표기법을 쓰는 것이 더 좋겠으나, 지금은 이해를 돕기 위해 벡터 표현을 사용하겠다.

【연습문제 3.2.1】 상태 $|+\rangle$와 $|-\rangle$에 대해 블로흐 구의 각도 θ와 φ를 결정하라.

식 (3.2)의 상태가 $|+\rangle$ 상태에 있을 진폭은 얼마일까? $|-\rangle$ 상태에 있을 진폭은 얼마일까? 이것들은 양자 이론이 간단한 답을 주는 질문이다. $\langle +|$ 브라를 이용해 진폭 $\langle +|\psi\rangle$를 계산하면 다음과 같다.

$$\langle +|\psi\rangle = \langle +|\,(\alpha|0\rangle + \beta|1\rangle) \tag{3.25}$$
$$= \alpha\,\langle +|0\rangle + \beta\,\langle +|1\rangle \tag{3.26}$$
$$= \frac{\alpha + \beta}{\sqrt{2}} \tag{3.27}$$

위의 결과는 식 (3.24)의 정의를 사용하고 식 (3.16) 예제의 선형대수학 계산과 비슷한 계산을 한 것이다. 또한 $\langle -|\psi\rangle$ 진폭도 다음과 같이 계산할 수 있다.

$$\langle -|\psi\rangle = \frac{\alpha - \beta}{\sqrt{2}} \tag{3.28}$$

위의 계산도 비슷하게 하면 된다.

+/− 기저는 **완전**^{complete} 정규직교 기저다. 이 말은 임의의 큐비트 상태를 두 기저 상태 $|+\rangle$와 $|-\rangle$를 이용해 표현할 수 있다는 뜻이다. 실제로, 위의 확률 진폭 계산과 +/− 기저가 완전하다는 사실은 식 (3.2)의 큐비트를 다음의 중첩된 상태로 표현할 수 있다는 뜻이다.

$$|\psi\rangle = \left(\frac{\alpha + \beta}{\sqrt{2}}\right)|+\rangle + \left(\frac{\alpha - \beta}{\sqrt{2}}\right)|-\rangle \tag{3.29}$$

만약 큐비트 상태를 +/− 기저에서 표현된 것으로 보고 싶다면, 위의 표현이 대안적 표현이다. 식 (3.27)과 식 (3.28)에 등호를 넣어서 $|\psi\rangle$ 상태를 나타내면

$$|\psi\rangle = \langle+|\psi\rangle\,|+\rangle + \langle-|\psi\rangle\,|-\rangle \tag{3.30}$$

가 된다. 진폭 $\langle+|\psi\rangle$와 $\langle-|\psi\rangle$는 둘 다 스칼라^{scalar}양이므로 위의 양은 다음과 같다.

$$|\psi\rangle = |+\rangle\langle+|\psi\rangle + |-\rangle\langle-|\psi\rangle \tag{3.31}$$

식 $|+\rangle\langle+|\psi\rangle$와 $|-\rangle\langle-|\psi\rangle$ 항에서 곱셈의 순서는 중요하지 않다. 즉, 다음의 등식이 성립한다.

$$|+\rangle\,(\langle+|\psi\rangle) = (|+\rangle\langle+|)\,|\psi\rangle \tag{3.32}$$

$|-\rangle\langle-|\psi\rangle$에 대해서도 마찬가지다. 좌변의 양은 진폭을 켓에 곱한 것이고, 우변의 양은 선형 연산자에 켓을 곱한 것이다. 하지만 선형대수학은 두 양이 같다고 알려준다. $|+\rangle\langle+|$와 $|-\rangle\langle-|$ 연산자들은 특별한 연산자다. 이들은 랭크^{rank} 1인 사영 연산자$^{projection\ operator}$이고, 상태를 1차원 부분공간으로 사영한다. 선형성을 이용하면 다음의 등식을 얻는다.

$$|\psi\rangle = (|+\rangle\langle+| + |-\rangle\langle-|)\,|\psi\rangle \tag{3.33}$$

위의 등식은 자명해 보이지만 중요한 점이 있다. $|+\rangle\langle+|+|-\rangle\langle-|$가 항등 연산자$^{identity\ operator}$와 같고, 다음과 같이 쓸 수 있다는 것이다.

$$I = |+\rangle\langle+| + |-\rangle\langle-| \tag{3.34}$$

여기서 I는 항등 연산자를 나타낸다. 이 관계식은 **완전성 관계**$^{completeness\ relation}$ 또는 **항등원 분해**$^{resolution\ of\ the\ identity}$라고 한다. 어떤 정규직교 기저가 주어지면, 각 정규직교 기저 상태에서 구성된 랭크 1 사영 연산자를 더해서 항상 항등원 분해를 구성할 수 있다. 예를 들어, 계산 기저는 항등원 분해를 구성하는 또 다른 방법을 준다.

$$I = |0\rangle\langle0| + |1\rangle\langle1| \tag{3.35}$$

이 간단한 기교는 어떤 기저에 대해서도 양자 상태의 표현을 찾을 수 있는 방법을 제공한다.

3.3 가역 변화

물리계는 시간이 흐름에 따라 변한다. 자기장이 전자에 작용하면 그 스핀이 변하고, 레이저를 원자에 쏘면 그 전자 중 하나가 바닥 상태에서 들뜬 상태로 들떠 올라간다. 이것들은 물리계가 바뀔 수 있는 몇 가지 사례일 뿐이다.

슈뢰딩거 방정식은 닫힌 양자계의 변화^{evolution}를 지배한다. 이 책에서는 슈뢰딩거 방정식을 설명하지도 않는 대신에 그 중요성에 초점을 맞추려고 한다. **만약 양자계의 상태에 대해 아무것도 모른다면(즉, 측정하지 않는다면) 닫힌 양자계의 변화는 가역이다.** 가역성^{reversibility}은 변화의 출력 상태와 변화에 대한 지식이 있으면 입력 상태를 결정할 수 있다는 뜻이다. 예를 들어, 단일 큐비트 가역 연산은 NOT 게이트가 있다.

$$|0\rangle \rightarrow |1\rangle, \qquad |1\rangle \rightarrow |0\rangle \qquad (3.36)$$

고전 세계에서 NOT 게이트는 고전 비트의 값을 뒤집는 것에 불과하다. 양자 세계에서 NOT 게이트는 기저 상태 $|0\rangle$과 $|1\rangle$을 뒤집는다. NOT 게이트는 가역적인데, 왜냐하면 NOT 게이트를 한 번 더 적용하면 원래 입력 상태로 되돌릴 수 있기 때문이다. NOT 게이트는 그 자신이 역연산이다.

일반적으로, 닫힌 양자계는 유니터리 연산자 U에 의해 변화한다. 유니터리 변화는 가역성을 내포하는데, 유니터리 연산자가 항상 그 역연산자를 갖고 있기 때문이다. 그 역연산자는 켤레 전치 연산자다. 이 성질은

$$U^\dagger U = UU^\dagger = I \qquad (3.37)$$

라는 관계를 준다. 유니터리 성질은 변화가 단위 노름 제약조건(물리 상태에 대한 중요한 요구조건이며, 3.4절에서 논의할 것이다.)을 보존토록 보장한다. 유니터리 연산 U를 식 (3.2)의 큐비트 상태 예제에 적용하는 경우 $U|\psi\rangle$를 생각해보자. 그림 3.3에 이 유니터리 변화에 대한 양자 회로 도표를 나타냈다.

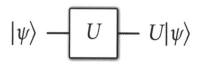

그림 3.3 유니터리 연산자 U에 따라 양자 상태 $|\psi\rangle$의 변화를 묘사한 양자 회로 도표

브라는 이 상태의 쌍대^{dual}이고, $\langle\psi|U^\dagger$이다(다시 말하지만, 브라를 얻기 위해서는 켤레 전치 연산을 취하면 된다). 식 (3.18)에서 식 (3.21)에 걸쳐, 모든 양자 상태는 자기 자신과 1인 진폭을 가져야 한다는 것을 보였다. 이 관계식은 연산자 U가 유니터리이므로 $U|\psi\rangle$에 대해서도 성립한다.

$$\langle\psi|U^\dagger U|\psi\rangle = \langle\psi|I|\psi\rangle = \langle\psi|\psi\rangle = 1 \tag{3.38}$$

벡터가 항상 자기 자신과 1의 진폭을 가져야 한다는 가정은 양자 이론에서 중대한 가정 중 하나이고, 위의 논증은 유니터리 변화가 이 가정을 보완함을 보여준다.

【연습문제 3.3.1】 만약 모든 양자 상태 $|\psi\rangle$(단위 벡터)에 대해 $\||T|\psi\rangle\|_2 = \||\psi\rangle\|_2$라면, 선형 연산자 T는 노름을 보존한다. 여기서 유클리드 노름은 식 (3.22)에서 정의됐다. 연산자 T가 유니터리인 필요충분조건이 T가 노름을 보존하는 것임을 증명하라. **힌트:** 필요조건을 보이려면 다음의 편극 항등식$^{\text{polarization identity}}$를 사용해보자.

$$4\langle\psi|\phi\rangle = \||\psi\rangle+|\phi\rangle\|_2^2 - \||\psi\rangle-|\phi\rangle\|_2^2 + i\||\psi\rangle+i|\phi\rangle\|_2^2 - i\||\psi\rangle-i|\phi\rangle\|_2^2 \tag{3.39}$$

3.3.1 연산자의 행렬 표현

NOT 게이트의 몇 가지 성질을 알아보자. X가 NOT 게이트에 해당하는 연산자라고 하자. 계산 기저 상태에 대한 X의 작용은 다음과 같다.

$$X|i\rangle = |i \oplus 1\rangle \tag{3.40}$$

여기서 $i = \{0,\ 1\}$이고 $\oplus$는 2진 덧셈이다. NOT 게이트가 중첩 상태에 작용한다고 하자.

$$X\left(\alpha|0\rangle + \beta|1\rangle\right) \tag{3.41}$$

양자 이론의 선형성에 의해, X 연산자는 위의 표현에서 다음과 같이 분배된다.

$$\alpha X|0\rangle + \beta X|1\rangle = \alpha|1\rangle + \beta|0\rangle \tag{3.42}$$

실제로, 계산 기저에서 나타냈을 때 NOT 게이트 X는 어떤 양자 상태의 기저 상태를 뒤집을 뿐이다.

$\langle 0|$과 $\langle 1|$ 브라를 이용해 연산자 X에 대한 **행렬 표현**matrix representation을 구할 수 있다. 식 (3.40)의 관계식을 생각해보자. 이 관계식을 $\langle 0|$ 브라와 결합하면 다음과 같다.

$$\langle 0|X|0\rangle = \langle 0|1\rangle = 0, \qquad \langle 0|X|1\rangle = \langle 0|0\rangle = 1 \tag{3.43}$$

마찬가지로, $\langle 1|$ 브라와 결합하면 다음과 같다.

$$\langle 1|X|0\rangle = \langle 1|1\rangle = 1, \qquad \langle 1|X|1\rangle = \langle 1|0\rangle = 0 \tag{3.44}$$

이 행렬 원소들을 연산자 X의 행렬 표현에 넣으면 된다.

$$\begin{bmatrix} \langle 0|X|0\rangle & \langle 0|X|1\rangle \\ \langle 1|X|0\rangle & \langle 1|X|1\rangle \end{bmatrix} \tag{3.45}$$

여기서 브라는 행을 따라 배치하고, 켓은 열을 따라 배치했다. 그러면

$$X = \begin{bmatrix} 0 & 1 \\ 1 & 0 \end{bmatrix} \tag{3.46}$$

이라고 할 수 있다. 여기서 편의상 기호 X는 연산자 X와 행렬 표현 둘 다를 나타낸다(이것은 기호의 남용이지만, 맥락에 따라 X가 연산자인지 그 연산자의 행렬 표현인지는 분명할 것이다).

이제 몇 가지 독특한 양자 거동을 살펴보자. NOT 연산자 X가 $+/-$ 기저에 작용하는 경우를 생각해보자. 먼저, $|+\rangle$ 상태에 X 연산자가 작용하는 경우 어떤 일이 일어나는지 생각해보자. $|+\rangle = (|0\rangle + |1\rangle)/\sqrt{2}$라는 사실을 떠올려보면

$$X|+\rangle = X\left(\frac{|0\rangle + |1\rangle}{\sqrt{2}}\right) = \frac{X|0\rangle + X|1\rangle}{\sqrt{2}} = \frac{|1\rangle + |0\rangle}{\sqrt{2}} = |+\rangle \tag{3.47}$$

이다. 위의 발견은 상태 $|+\rangle$가 NOT 연산자 X에 대해 특수한 상태임을 보인다. 즉, **고윳값**eigenvalue 1을 갖는 X의 **고유상태**eigenstate다. 연산자의 고유상태는 연산자의 작용에 대해 불변인 상태다. 고유상태 앞의 계수는 그 고유상태에 해당하는 **고윳값**이다. 유니터리 변화에 대해 고유상태 앞의 계수는 단지 복소 위상일 뿐이지만, 이 광역 위상은 상태의 측정 결과를 관찰하는 데 아무런 영향이 없다. 왜냐하면 두 상태는 광역 위상을 제외하면 동등하기 때문이다.

이제 NOT 연산자 X가 $|-\rangle$ 상태에 작용한 것에 대해 생각해보자. $|-\rangle = (|0\rangle - |1\rangle)/\sqrt{2}$라는 사실을 떠올려보면, 유사한 계산을 통해

$$X|-\rangle = X\left(\frac{|0\rangle - |1\rangle}{\sqrt{2}}\right) = \frac{X|0\rangle - X|1\rangle}{\sqrt{2}} = \frac{|1\rangle - |0\rangle}{\sqrt{2}} = -|-\rangle \qquad (3.48)$$

임을 알 수 있다. 여기서 $|-\rangle$ 상태는 또한 X의 고유상태이지만, 그 고웃값은 -1이다.

그러면 $+/-$ 기저에 대한 X 연산자의 행렬 표현도 다음과 같이 찾을 수 있다.

$$\begin{bmatrix} \langle+|X|+\rangle & \langle+|X|-\rangle \\ \langle-|X|+\rangle & \langle-|X|-\rangle \end{bmatrix} = \begin{bmatrix} 1 & 0 \\ 0 & -1 \end{bmatrix} \qquad (3.49)$$

이 표현은 X 연산자가 $+/-$ 기저에 대해 대각 행렬임을 나타낸다. 따라서 $+/-$는 X 연산자의 **고유기저**eigenbasis다. 유니터리 연산자 U의 고유기저는 항상 알아낼 수 있는데, 왜냐하면 고유기저는 U에 따른 변화에서 불변으로 남아 있는 상태이기 때문이다.

Z 연산자를 $+/-$ 기저에서 상태를 뒤집는 연산자라고 하자.

$$Z|+\rangle \rightarrow |-\rangle, \qquad Z|-\rangle \rightarrow |+\rangle \qquad (3.50)$$

X 연산자에 했던 것과 유사한 분석을 통해, $+/-$ 기저에서 Z 연산자의 행렬 표현을 다음과 같이 찾을 수 있다.

$$\begin{bmatrix} \langle+|Z|+\rangle & \langle+|Z|-\rangle \\ \langle-|Z|+\rangle & \langle-|Z|-\rangle \end{bmatrix} = \begin{bmatrix} 0 & 1 \\ 1 & 0 \end{bmatrix} \qquad (3.51)$$

흥미롭게도, $+/-$ 기저에서 나타낸 Z 연산자의 행렬 표현은 계산 기저에서 나타낸 X 연산자의 행렬 표현과 같다. 이런 이유로, Z 연산자를 **위상 반전**phase flip 연산자라고 한다.[3]

양자 이론은 선형 이론이기 때문에 다음의 단계를 생각해볼 수 있다.

$$Z\left(\frac{|+\rangle + |-\rangle}{\sqrt{2}}\right) = \frac{Z|+\rangle + Z|-\rangle}{\sqrt{2}} = \frac{|-\rangle + |+\rangle}{\sqrt{2}} = \frac{|+\rangle + |-\rangle}{\sqrt{2}}, \qquad (3.52)$$

---

3 더 적절한 이름은 '+/- 기저의 비트 반전 연산자'일 테지만, 이 이름은 너무 길어서 '위상 반전'이라는 용어를 그대로 쓰기로 한다.

$$Z\left(\frac{|+\rangle - |-\rangle}{\sqrt{2}}\right) = \frac{Z|+\rangle - Z|-\rangle}{\sqrt{2}} = \frac{|-\rangle - |+\rangle}{\sqrt{2}} = -\left(\frac{|+\rangle - |-\rangle}{\sqrt{2}}\right) \quad (3.53)$$

위의 단계는 상태 $(|+\rangle + |-\rangle)/\sqrt{2}$와 $(|+\rangle - |-\rangle)/\sqrt{2}$가 둘 다 Z 연산자의 고유상태임을 보여준다. 이 상태들은 식 (3.24)의 정의를 보면 각각 계산 기저의 $|0\rangle$과 $|1\rangle$에 해당할 뿐이다. 그러므로 계산 기저에서 Z 연산자의 행렬 표현은

$$\begin{bmatrix} \langle 0|Z|0 \rangle & \langle 0|Z|1 \rangle \\ \langle 1|Z|0 \rangle & \langle 1|Z|1 \rangle \end{bmatrix} = \begin{bmatrix} 1 & 0 \\ 0 & -1 \end{bmatrix} \quad (3.54)$$

이 되고, 이 행렬은 Z 연산자의 대각화다. 따라서 계산 기저에서 Z 연산자의 거동은 $+/-$ 기저에서 X 연산자의 거동과 같다.

3.3.2 교환자와 반교환자

두 연산자 A와 B의 **교환자**commutator $[A, B]$는 다음과 같다.

$$[A, B] \equiv AB - BA \quad (3.55)$$

두 연산자가 가환commute인 것은 교환자가 0인 것과 필요충분조건이다.

두 연산자 A와 B의 **반교환자**anticommutator $\{A, B\}$는 다음과 같다.

$$\{A, B\} \equiv AB + BA \quad (3.56)$$

반교환자가 0이면 두 연산자는 **반교환**anticommute이라고 한다.

【연습문제 3.3.2】 기저 $\{|0\rangle, |1\rangle\}$에서 $[X, Z]$의 행렬 표현을 찾아라.

3.3.3 파울리 행렬

양자 이론에서는 관례상 두 물리 큐비트를 나타내는 **표준 기저**standard basis로서 계산 기저를 취한다. 위의 두 연산자에 대한 표준 행렬 표현은 계산 기저를 표준 기저로 선택할 때 다음과 같다.

$$X \equiv \begin{bmatrix} 0 & 1 \\ 1 & 0 \end{bmatrix}, \quad Z \equiv \begin{bmatrix} 1 & 0 \\ 0 & -1 \end{bmatrix} \tag{3.57}$$

어떤 기저에서도 항등 연산자는 다음 표현과 같다.

$$I \equiv \begin{bmatrix} 1 & 0 \\ 0 & 1 \end{bmatrix} \tag{3.58}$$

또 다른 연산자인 Y 연산자도 유용하게 고려할 만하다. Y 연산자는 계산 기저에서 다음의 행렬 표현을 갖는다.

$$Y \equiv \begin{bmatrix} 0 & -i \\ i & 0 \end{bmatrix} \tag{3.59}$$

$Y = iXZ$임은 쉽게 검사할 수 있고, 이런 이유로 Y 연산자를 비트 반전과 위상 반전의 결합으로 생각할 수 있다. I, X, Y, Z의 4개의 행렬은 물리 큐비트를 다루는 데 특별하며, **파울리 행렬**Pauli matrix이라고 한다.

【연습문제 3.3.3】 파울리 행렬은 모두 에르미트Hermitian 행렬이고, 유니터리 행렬이며, 제곱하여 항등 행렬이 되며, 고윳값이 ±1임을 보여라.

【연습문제 3.3.4】 계산 기저에서 Y 연산자의 고윳값을 나타내어라.

【연습문제 3.3.5】 파울리 행렬이 서로 가환인지 반가환anticommute인지 보여라.

【연습문제 3.3.6】 파울리 행렬을 $\sigma_0 \equiv I$, $\sigma_1 \equiv X$, $\sigma_2 \equiv Y$, $\sigma_3 \equiv Z$라고 표시하자. $i, j \in \{0, \ldots, 3\}$에 대해 $\mathrm{Tr}\{\sigma_i \sigma_j\} \equiv 2\delta_{ij}$임을 보여라. 여기서 Tr은 행렬의 대각합이고, 그 대각선 성분을 모두 합한 것으로 정의된다(정의 4.1.1도 참고하라).

3.3.4 아다마르 게이트

또 다른 중요한 유니터리 연산자는 계산 기저를 +/- 기저로 변환하는 것이다. 이 변환은 아다마르 변환Hadamard transformation이라고 한다.

$$|0\rangle \rightarrow |+\rangle, \qquad |1\rangle \rightarrow |-\rangle \tag{3.60}$$

위의 관계식을 사용하면, 아다마르 변환을 다음의 연산자로 나타낼 수 있다.

$$H \equiv |+\rangle\langle 0| + |-\rangle\langle 1| \tag{3.61}$$

위의 연산자가 식 (3.60)의 변환을 구현한다는 것은 금방 검사해볼 수 있다.

이제 위의 구성을 일반화해보자. 어떤 정규직교 기저 $\{|\psi_i\rangle\}_{i\in\{0,1\}}$와 다른 정규직교 기저 $\{|\phi_i\rangle\}_{i\in\{0,1\}}$가 있다고 하자. 여기서 i는 각 정규직교 기저의 지표다. 그러면 첫 번째 기저를 두 번째 기저로 변환하는 유니터리 연산자는 다음과 같다.

$$\sum_{i=0,1} |\phi_i\rangle\langle\psi_i| \tag{3.62}$$

【연습문제 3.3.7】 아다마르 연산자 H는 계산 기저에서 다음의 행렬 표현을 갖는다는 것을 보여라.

$$H = \frac{1}{\sqrt{2}} \begin{bmatrix} 1 & 1 \\ 1 & -1 \end{bmatrix} \tag{3.63}$$

【연습문제 3.3.8】 아다마르 연산자는 위의 행렬 표현과 식 (3.61)의 연산자 형태를 이용해 자기 자신이 역연산임을 보여라.

【연습문제 3.3.9】 만약 아다마르 게이트가 자기 자신이 역연산이라면 $|+\rangle$와 $|-\rangle$ 상태를 각각 $|0\rangle$과 $|1\rangle$로 만들 것이고, 이를 다음의 연산자 $H = |0\rangle\langle+| + |1\rangle\langle-|$로 나타낼 수 있다. $|0\rangle\langle+| + |1\rangle\langle-| = |+\rangle\langle0| + |-\rangle\langle1|$임을 보여라.

【연습문제 3.3.10】 $HXH = Z$이고 $HZH = X$임을 보여라.

3.3.5 회전 연산자

양자 상태의 변화를 다루는 이번 절을 '회전 변화$^{\text{rotation evolution}}$'를 논의하고 블로흐 구의 더 완전한 그림을 제시하며 마무리한다. 회전 연산자 $R_X(\phi)$, $R_Y(\phi)$, $R_Z(\phi)$는 각각 파울리 연산자 X, Y, Z의 함수로 다음과 같다.

$$R_X(\phi) \equiv \exp\{iX\phi/2\}, \quad R_Y(\phi) \equiv \exp\{iY\phi/2\}, \quad R_Z(\phi) \equiv \exp\{iZ\phi/2\} \tag{3.64}$$

여기서 ϕ는 $0 \leq \phi < 2\pi$인 어떤 각도다. 이 연산자의 함수는 어떻게 결정할까? 표준 방법은 연산자를 그 대각 기저에서 나타내고, 함수를 연산자의 0이 아닌 고윳값에

적용하는 것이다. 예를 들어, X 연산자의 대각 표현은 다음과 같다.

$$X = |+\rangle\langle+| - |-\rangle\langle-| \tag{3.65}$$

함수 $\exp\{iX\phi/2\}$를 X의 0이 아닌 고윳값에 적용하면 다음과 같다.

$$R_X(\phi) = \exp\{i\phi/2\}|+\rangle\langle+| + \exp\{-i\phi/2\}|-\rangle\langle-| \tag{3.66}$$

이것은 특별한 경우로, 이 책에서는 일반적으로 다음의 관례를 따르겠다.

【정의 3.3.1】에르미트 연산자의 함수 에르미트 연산자 A가 어떤 정규직교 기저 $\{|i\rangle\}$에 대해 그 스펙트럼 분해 $A = \sum_{i:a_i \neq 0} a_i|i\rangle\langle i|$를 갖는다고 하자. 그러면 어떤 함수 f에 대해 연산자 $f(A)$는 다음과 같이 정의된다.

$$f(A) \equiv \sum_{i:a_i \neq 0} f(a_i)|i\rangle\langle i| \tag{3.67}$$

【연습문제 3.3.11】 $\cos(\phi/2) = (e^{i\phi/2} + e^{-i\phi/2})/2$와 $\sin(\phi/2) = (e^{i\phi/2} - e^{-i\phi/2})/2i$ 라는 사실을 이용해 회전 연산자 $R_X(\phi)$, $R_Y(\phi)$, $R_Z(\phi)$가 다음의 표현과 같음을 보여라.

$$R_X(\phi) = \cos(\phi/2)I + i\sin(\phi/2)X \tag{3.68}$$

$$R_Y(\phi) = \cos(\phi/2)I + i\sin(\phi/2)Y \tag{3.69}$$

$$R_Z(\phi) = \cos(\phi/2)I + i\sin(\phi/2)Z \tag{3.70}$$

이제 파울리 연산자와 그 고윳값을 배웠으므로, 그림 3.4에서 블로흐 구의 더 자세한 그림을 제시한다. 계산 기저는 Z 연산자의 고유상태이고, 블로흐 구의 북극^north pole과 남극^south pole에 있다. $+/-$ 기저는 X 연산자의 고유상태이고 연습문제 3.2.1의 계산은 이들이 '동극^east pole과 서극^west pole'에 있음을 보인다. Y 연산자가 블로흐 구의 적도에 있는 다른 극에 있음을 보이는 것은 다른 연습문제로 남겨둔다.

【연습문제 3.3.12】 파울리 Y 연산자의 고유상태에 대해 블로흐 구의 각 θ와 φ를 결정하라.

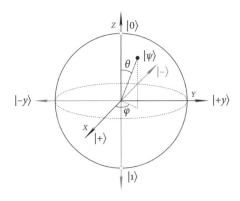

그림 3.4 이 그림은 블로흐 구 위의 상태에 더 많은 표지를 제시한다. Z축은 파울리 Z 연산자의 고유상태로서 구 위의 점을 갖고, X축은 파울리 X 연산자의 고유상태를 갖고, Y축은 파울리 Y 연산자의 고유상태를 갖는다. 회전 연산자 $R_X(\phi)$, $R_Y(\phi)$, $R_Z(\phi)$는 구 위의 상태를 각각 X, Y, Z축에 대해 ϕ만큼 회전시킨다.

3.4 측정

측정은 양자계가 가질 수 있는 또 다른 형태의 변화다. 측정은 양자계에서 고전 정보를 얻어내는 변화이며, 따라서 정보를 '읽어낼' 수 있다. 식 (3.2)의 양자 상태 $|\psi\rangle$에 대해 뭔가를 알고 싶다고 하자. 만약 그 상태의 사본 1개에 수행할 수 있는 양자 측정을 단 한 번만 한다면, 자연은 확률 진폭 α와 β에 대해 어떤 것도 알아내는 것을 금지한다. 자연은 우리에게 **관측 가능량**observable을 측정하는 것만을 허락한다. 관측 가능량은 입자의 위치나 운동량 같은 물리적 변수다. 양자 이론에서 관측 가능량은 에르미트 연산자로 나타낸다. 왜냐하면 에르미트 연산자는 고윳값이 실수이고, 모든 측정 장비의 출력도 실수이기 때문이다. 우리가 측정할 수 있는 큐비트 관측 가능량의 사례로는 파울리 연산자 X, Y, Z가 있다.

Z 연산자를 측정한다고 해보자. 이 측정은 Z 연산자의 고윳값을 측정하기 때문에 '계산 기저에서의 측정' 또는 '관측 가능량 Z의 측정'이라고 부른다. 양자 이론의 측정 가설은 또한 **보른 규칙**Born rule이라고도 하는데, 계가 $|\alpha|^2$의 확률로 $|0\rangle$ 상태가 되고, $|\beta|^2$의 확률로 $|1\rangle$ 상태가 된다고 말한다. 즉, 그 결과의 확률은 확률 진폭의 절댓값의 제곱이다. 측정 후, 측정장치는 결과상태가 $|0\rangle$이라면 $+1$을 반환하고, $|1\rangle$이라면 -1을 반환하여 측정 대상인 상태가 $|0\rangle$과 $|1\rangle$의 어느 것으로 축소됐는지 알려준다. 반환된 값은 Z 연산자의 고윳값이다. 이 측정 가설은 양자 이론을 확률적으로 만드는, 혹

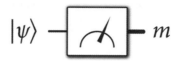

그림 3.5 이 그림은 양자 측정의 도표를 나타낸다. 얇은 선은 양자정보이고, 굵은 선은 고전 정보를 나타낸다. 측정 결과는 양자 이론의 보른 규칙에 의해 지배되는 확률 분포에 따라 고전 변수 m으로 출력된다.

은 '도약시키는', 그리고 양자 이론의 '이상함'을 맡고 있는 양자 이론의 한 측면이다. 그림 3.5에 이 책의 도표에서 사용할 측정에 대한 표기법을 나타냈다.

만약 상태 $|\psi\rangle$를 $+/-$ 기저에서 측정한다면 어떤 결과가 나올까? 식 (3.29)에서 주어진 것처럼 $|\psi\rangle$를 $|+\rangle$ 상태와 $|-\rangle$ 상태의 중첩으로 나타낼 수 있다고 해보자. 측정 가설에 의하면 X 연산자의 측정은 $|\alpha + \beta|^2/2$의 확률로 $|+\rangle$ 상태를 주고, $|\alpha - \beta|^2/2$의 확률로 $|-\rangle$ 상태를 준다. 이제 진폭 α와 β가 서로 간섭하기 때문에 양자 간섭이 역할을 하게 된다. 따라서 이 효과는 양자정보 이론에서 중요한 역할을 한다.

어떤 경우 기저 상태 $|0\rangle$과 $|1\rangle$은 전자의 스핀 상태를 나타내는 것이 아니라 전자의 **위치**^{location}를 나타내는 것일 수 있다. 따라서 이 경우에 측정 가설을 해석하는 방법은 전자가 한 장소, 또는 측정 결과에 따라 다른 장소로 '뛰어드는' 것이라고 할 수 있다. 하지만 측정하기 전 전자의 상태는 뭐였을까? 이 책에서는 철학적 해석으로 못 박아버리기보다, 단지 중첩되고 정해지지 않은 또는 예리하지 않은 상태였다고 말할 수밖에 없다. 어떤 사람들은 '다른 두 위치에 동시에' 존재한다고 말할 수도 있다.

또한 측정 가설에 대해, 측정하기 전의 상태가 $|0\rangle$에 있을 확률이 $|\alpha|^2$이고 $|1\rangle$에 있을 확률이 $|\beta|^2$이라고 해석할 수도 없다는 점을 강조하겠다. 왜냐하면 이 해석은 앞에서 설명한 것과 물리적으로 다르며, 또한 완전히 고전적 해석이기 때문이다. 중첩 상태 $\alpha|0\rangle + \beta|1\rangle$은 $|\alpha|^2$의 확률로 $|0\rangle$에 있고 $|\beta|^2$의 확률로 $|1\rangle$에 있는 상태의 확률론적 해석과는 근본적으로 다른 거동을 보인다. 두 가지 설명(중첩과 확률론적)에 해당하는 상태를 갖고 Z 연산자를 측정한다고 해보자. 두 경우 $|0\rangle$과 $|1\rangle$의 측정 결과는 각각 $|\alpha|^2$과 $|\beta|^2$의 확률로 얻게 되며, 같은 결과를 얻을 것이다.

하지만 이제 X 연산자를 측정한다고 해보자. 중첩 상태는 앞에서 설명한 대로 $|\alpha + \beta|^2/2$의 확률로 $|+\rangle$를 얻고, $|\alpha - \beta|^2/2$의 확률로 $|-\rangle$를 얻는다. 확률론적 묘사는 전혀 다른 결과를 준다. 상태가 $|0\rangle$이라고 하자. 우리는 이미 $|0\rangle$이 $|+\rangle$와 $|-\rangle$의 균일한 중첩 상태임을 알고 있다.

표 3.1 이 표에서 $\alpha|0\rangle + \beta|1\rangle$의 중첩인 양자 상태와 $|0\rangle$과 $|1\rangle$의 확률적 섞임인 고전 상태에 대해 다른 확률이 얻어짐을 요약했다.

양자 상태	|+⟩를 얻을 확률	|−⟩를 얻을 확률
중첩 상태	$|\alpha + \beta|^2/2$	$|\alpha - \beta|^2/2$
확률론적 해석	1/2	1/2

$$|0\rangle = \frac{|+\rangle + |-\rangle}{\sqrt{2}} \tag{3.71}$$

따라서 이 경우의 상태는 같은 확률을 갖고 $|+\rangle$나 $|-\rangle$로 붕괴될 것이다. 만약 상태가 $|1\rangle$이었다면, 이번에도 같은 확률을 갖고 $|+\rangle$나 $|-\rangle$로 붕괴된다. 이 확률을 합치면 X 연산자의 측정은 $(|\alpha|^2 + |\beta|^2)/2 = 1/2$의 확률로 $|+\rangle$를 주고, 같은 확률로 $|-\rangle$를 준다. 이 결과는 원래 상태를 중첩 상태 $|\psi\rangle$라고 했을 때 얻은 결과와 근본적으로 다르다. 표 3.1에서 방금 논의한 결과를 요약했다.

이제 기본적 양자 거동의 또 다른 사례를 설명하기 위해 '슈테른-게를라흐^{Stern-Gerlach}'와 유사한 논의를 생각해보자(Gerlach & Stern, 1922). 슈테른-게를라흐 실험은 양자 스핀 상태의 '이상한' 행동을 결정하는 데 중요한 실험이다. 상태를 $|0\rangle$에 준비했다고 하자. 만약 이 상태를 Z 기저에서 측정한다면 결과는 항상 $|0\rangle$을 얻을 것이다. 왜냐하면 준비한 상태가 확실한 Z 연산자의 고유상태이기 때문이다. 이제 X 연산자를 측정한다고 하자. $|0\rangle$ 상태는 $|+\rangle$와 $|-\rangle$의 균일한 중첩과 같다. 측정 가설에 따르면 같은 확률로 $|+\rangle$와 $|-\rangle$ 상태를 얻을 것이다. 이제 Z 연산자로 다시 측정한다면 결과는 완전히 무작위다. Z 연산자 측정 결과는 X 연산자 측정이 $|+\rangle$인 경우 같은 확률로 $|0\rangle$과 $|1\rangle$을 얻을 것이고, X 연산자 측정이 $|-\rangle$인 경우에도 마찬가지 결과가 나온다. 이 논의는 X 연산자가 Z 연산자의 측정을 '던져'버린다는 것을 보여준다. 슈테른-게를라흐 실험은 양자 이론의 예측을 검증하는 가장 초창기 실험 중 하나다.

3.4.1 연산자의 확률, 기댓값, 분산

일반적인 양자계에 더 유용하도록 측정 가설을 더 엄밀하게 설명하는 다른 방법이 있다. Z 연산자를 측정한다고 해보자. 이 연산자의 대각 표현은 다음과 같다.

$$Z = |0\rangle\langle 0| - |1\rangle\langle 1| \tag{3.72}$$

다음의 에르미트 연산자를 생각해보자.

$$\Pi_0 \equiv |0\rangle\langle0| \tag{3.73}$$

이 연산자는 $\Pi_0^2 = \Pi_0$와 같이, 두 번 작용한 것이 한 번 작용한 것과 같은 효과를 나타내므로 위의 연산자는 사영 연산자다. 이 연산자는 하나의 벡터 $|0\rangle$에 의해 펼쳐지는 부분공간 위로 사영한다. 마찬가지 분석을 다음의 사영 연산자

$$\Pi_1 \equiv |1\rangle\langle1| \tag{3.74}$$

에도 적용할 수 있다. 그러면 Z 연산자를 $\Pi_0 - \Pi_1$으로 나타낼 수 있다. Z 연산자에 대한 측정을 수행하는 것은 다음의 질문을 던지는 것과 같다. 상태가 $|0\rangle$ 또는 $|1\rangle$인가? 다음과 같은 $\langle\psi|\Pi_0|\psi\rangle$라는 양을 생각해보자.

$$\langle\psi|\Pi_0|\psi\rangle = \langle\psi|0\rangle\langle0|\psi\rangle = \alpha^*\alpha = |\alpha|^2 \tag{3.75}$$

마찬가지로,

$$\langle\psi|\Pi_1|\psi\rangle = |\beta|^2 \tag{3.76}$$

도 보일 수 있다. 이 두 양은 상태가 $|0\rangle$이나 $|1\rangle$로 축소될 확률을 준다.

Z 기저에서 측정을 표현하는 더 일반적인 방법은 결과 확률을 결정하는 측정 연산자 집합 $\{\Pi_i\}_{i\in\{0,1\}}$를 갖고 있다고 말하는 것이다. 이 측정 연산자는 또한 측정 후의 결과를 결정한다. 만약 측정 결과가 $+1$이었다면 그 결과 상태는 다음과 같다.

$$\frac{\Pi_0|\psi\rangle}{\sqrt{\langle\psi|\Pi_0|\psi\rangle}} = |0\rangle \tag{3.77}$$

여기서 관계없는 위상 계수 $\frac{\alpha}{|\alpha|}$는 암묵적으로 무시했다. 만약 결과가 -1이었다면 그 결과 상태는 다음과 같다.

$$\frac{\Pi_1|\psi\rangle}{\sqrt{\langle\psi|\Pi_1|\psi\rangle}} = |1\rangle \tag{3.78}$$

여기서도 관계없는 위상 계수 $\frac{\beta}{|\beta|}$는 암묵적으로 무시했다. $i = 0, 1$에 대해 $\sqrt{\langle\psi|\Pi_i|\psi\rangle}$로 나눈 것은 측정 후의 결과가 물리 상태(단위 벡터)에 대응되도록 한 것이다.

이 방법으로 임의의 정규직교 기저를 측정할 수 있다. 이런 방식의 사영 측정을 **폰노이만 측정**von Neumann measurement이라고 한다. 임의의 정규직교 기저 $\{|\phi_i\rangle\}_{i \in \{0,1\}}$에 대해 측정 연산자는 $\{|\phi_i\rangle\langle\phi_i|\}_{i \in \{0,1\}}$이고, 상태는 $\langle\psi|\phi_i\rangle\langle\phi_i|\psi\rangle = |\langle\phi_i|\psi\rangle|^2$의 확률을 갖고 $|\phi_i\rangle\langle\phi_i|\psi\rangle/|\langle\phi_i|\psi\rangle|$으로 축소된다.

【연습문제 3.4.1】 관측 가능량 X의 측정에 해당하는 측정 연산자의 집합을 구하라.

Z 연산자를 측정했을 때 측정 결과의 기댓값을 결정해보자. $|0\rangle$ 상태에 해당하는 $+1$의 값을 얻을 확률은 $|\alpha|^2$이고, -1인 고유상태에 해당하는 -1의 값을 얻을 확률은 $|\beta|^2$이다. 표준 확률 이론은 상태가 $|\psi\rangle$일 때 Z 연산자 측정의 기댓값을 준다.

$$\mathbb{E}[Z] = |\alpha|^2(1) + |\beta|^2(-1) = |\alpha|^2 - |\beta|^2 \tag{3.79}$$

이 기댓값은 디랙 표기법을 이용해 다른 방법으로 계산할 수 있다.

$$\mathbb{E}[Z] = |\alpha|^2(1) + |\beta|^2(-1) \tag{3.80}$$
$$= \langle\psi|\Pi_0|\psi\rangle + \langle\psi|\Pi_1|\psi\rangle(-1) \tag{3.81}$$
$$= \langle\psi|\Pi_0 - \Pi_1|\psi\rangle \tag{3.82}$$
$$= \langle\psi|Z|\psi\rangle \tag{3.83}$$

기댓값을 나타내는 데 물리학자들이 널리 쓰는 방식은

$$\langle Z \rangle \equiv \langle\psi|Z|\psi\rangle \tag{3.84}$$

이고, 상태 $|\psi\rangle$에 대한 기댓값으로 이해하면 된다. 이런 표현은 일반적이며, 다음 연습문제에서 X 연산자와 Y 연산자에 대해서도 잘 작동함을 보일 것이다.

【연습문제 3.4.2】 상태 $|\psi\rangle$를 X 기저와 Y 기저에서 측정했을 때, $\langle\psi|X|\psi\rangle$와 $\langle\psi|Y|\psi\rangle$의 표현이 각각 기댓값 $\mathbb{E}[X]$와 $\mathbb{E}[Y]$를 준다는 것을 보여라.

또한 Z 연산자의 측정 분산도 결정할 수 있다. 표준 확률론을 다시 이용하면

$$\mathrm{Var}[Z] = \mathbb{E}[Z^2] - \mathbb{E}[Z]^2 \tag{3.85}$$

을 얻는다. 물리학자들은 Z 연산자의 측정 표준편차를

$$\Delta Z \equiv \left\langle \left(Z - \langle Z \rangle \right)^2 \right\rangle^{1/2} \tag{3.86}$$

으로 적고, 따라서 분산은 $(\Delta Z)^2$이다. 물리학자들은 흔히 ΔZ를 상태가 $|\psi\rangle$일 때 관측 가능량 Z의 불확정성으로 둔다.

이미 $\mathbb{E}[Z]$는 알기 때문에, 분산 $\mathrm{Var}[Z]$를 계산하기 위해 필요한 것은 2차 모먼트 $\mathbb{E}[Z^2]$뿐이다.

$$\mathbb{E}\left[Z^2\right] = |\alpha|^2 \, (1)^2 + |\beta|^2 \, (-1)^2 = |\alpha|^2 + |\beta|^2 \tag{3.87}$$

이 양을 디랙 표기법으로 다시 계산할 수 있다. $\langle \psi | Z^2 | \psi \rangle$ 양은 $\mathbb{E}[Z^2]$과 같고, 증명은 다음 연습문제로 풀어보자.

【연습문제 3.4.3】 $\mathbb{E}[X^2] = \langle \psi | X^2 | \psi \rangle$, $\mathbb{E}[Y^2] = \langle \psi | Y^2 | \psi \rangle$, $\mathbb{E}[Z^2] = \langle \psi | Z^2 | \psi \rangle$임을 보여라.

3.4.2 불확정성 원리

불확정성 원리는 양자 이론의 근본적인 특성이다. 큐비트의 경우, 불확정성 원리의 한 예로 Z 연산자의 불확정성과 X 연산자의 불확정성의 곱에 하한이 있다.

$$\Delta Z \Delta X \geq \frac{1}{2} \left| \langle \psi | \, [Z, X] \, | \psi \rangle \right| \tag{3.88}$$

양자 이론의 가설을 이용해 이 원리를 증명할 수 있다. $Z_0 \equiv Z - \langle Z \rangle$와 $X_0 \equiv X - \langle X \rangle$라는 연산자를 정의하자. 먼저,

$$\Delta Z \Delta X = \langle \psi | Z_0^2 | \psi \rangle^{1/2} \langle \psi | X_0^2 | \psi \rangle^{1/2} \geq \left| \langle \psi | Z_0 X_0 | \psi \rangle \right| \tag{3.89}$$

임을 생각해보자. 위의 단계는 두 벡터 $X_0 | \psi \rangle$와 $Z_0 | \psi \rangle$에 코시-슈바르츠 부등식$^{\text{Cauchy-Schwarz inequality}}$을 적용하면 된다. 임의의 연산자 A에 대해, 그 실수 부분 $\mathrm{Re}\{A\}$를 $\mathrm{Re}\{A\} \equiv (A + A^\dagger)/2$로 정의하고, 그 허수 부분 $\mathrm{Im}\{A\}$를 $\mathrm{Im}\{A\} \equiv (A - A^\dagger)/2i$로 정의하면, $A = \mathrm{Re}\{A\} + i\mathrm{Im}\{A\}$이다. 이제 연산자 $Z_0 X_0$의 실수 부분과 허수 부분은 다음과 같다.

$$\mathrm{Re}\left\{Z_0 X_0\right\} = \frac{Z_0 X_0 + X_0 Z_0}{2} \equiv \frac{\{Z_0, X_0\}}{2} \tag{3.90}$$

$$\mathrm{Im}\left\{Z_0 X_0\right\} = \frac{Z_0 X_0 - X_0 Z_0}{2i} \equiv \frac{[Z_0, X_0]}{2i} \tag{3.91}$$

여기서 $\{Z_0,\ X_0\}$는 Z_0와 X_0의 반교환자이고, $[Z_0,\ X_0]$는 두 연산자의 교환자다. 이제 $|\langle\psi|Z_0 X_0|\psi\rangle|$을 $Z_0 X_0$의 실수 부분과 허수 부분으로 나타내보자.

$$|\langle\psi|Z_0 X_0|\psi\rangle| = |\langle\psi|\,\mathrm{Re}\left\{Z_0 X_0\right\}|\psi\rangle + i\langle\psi|\,\mathrm{Im}\left\{Z_0 X_0\right\}|\psi\rangle| \tag{3.92}$$

$$\geq |\langle\psi|\,\mathrm{Im}\left\{Z_0 X_0\right\}|\psi\rangle| \tag{3.93}$$

$$= |\langle\psi|\,[Z_0, X_0]\,|\psi\rangle|\,/2 \tag{3.94}$$

$$= |\langle\psi|\,[Z, X]\,|\psi\rangle|\,/2 \tag{3.95}$$

첫 번째 등식은 대입하면 된다. 첫 번째 부등식은 어떤 복소수의 크기가 그 허수 부분보다 크다는 사실에서 유도된다. 두 번째 등식은 식 (3.91)을 대입한 것이다. 세 번째 등식은 다음의 연습문제 3.4.4의 결과를 적용한 것이다. 위의 과정에서는 큐비트에 작용하는 특정 관측 가능량에 대해 유도했지만, 이 결과는 일반적인 관측 가능량과 양자 상태에 대해서도 성립한다.

연산자 Z와 X의 교환자는 하한을 만들어낸다. 따라서 Z와 X가 가환이 아닌 것은 이들에게 불확정성이 존재하는 근본적 이유다. 또한 서로 가환인 두 연산자 사이에는 불확정성 원리가 적용되지 않는다.

식 (3.88)의 불확정성 원리를 다른 두 종류의 실험을 독립적으로 많이 실행한 후에 얻은 것으로 해석하는 것도 좋다. 첫 번째 실험은 $|\psi\rangle$를 준비해서 관측 가능량 Z를 측정한다. 이 실험을 독립적으로 여러 번 수행하고, 표준편차 ΔZ의 추정치를 계산한다. 이것은 독립 실험의 수가 커질수록 실제 표준편차 ΔZ에 점점 가까워질 것이다. 두 번째 실험은 $|\psi\rangle$를 준비해서 관측 가능량 X를 측정한다. 이 실험을 여러 번 반복한 후, ΔX의 추정치를 계산한다. 그러면 불확정성 원리는 (많은 독립적 실험에 대한) 두 추정치의 곱이 교환자의 기댓값 $\frac{1}{2}|\langle\psi|[X,\ Z]|\psi\rangle|$에 의해 아래로 유계라는 뜻이다.

【연습문제 3.4.4】 $[Z_0,\ X_0] = [Z,\ X]$이고 $[Z,\ X] = -2iY$임을 보여라.

【연습문제 3.4.5】 불확정성 원리 식 (3.88)은 그 하한이 상태 $|\psi\rangle$에 대한 의존성이 있

다. $\Delta X \Delta Z$의 불확정성 곱에 대한 하한이 사라지는 상태 $|\psi\rangle$를 찾아라.[4]

3.5 복합 양자계

단일 물리 큐비트는 독특한 양자현상을 보이는 흥미로운 물리계이지만, 그 자체로 특별히 유용하지는 않다(고전 비트가 고전적 통신이나 고전적 계산에서 특별히 유용하지 않은 것과 마찬가지다). 큐비트를 서로 결합해야만 흥미로운 양자정보 처리 작업을 수행할 수 있다. 그러므로 복합 양자계를 구성하기 위해 큐비트를 결합했을 때의 거동을 묘사할 방법이 있어야 한다.

두 고전 비트 c_0, c_1을 생각해보자. 한 쌍의 크비트에 대한 비트 연산을 묘사하기 위해 이들을 순서쌍 (c_1, c_0)로 쓸 수 있다. 그러면 모든 가능한 비트값의 공간은 집합 $\mathbb{Z}_2 \equiv \{0, 1\}$의 두 사본의 데카르트 곱$^{\text{Cartesian product}}$인 $\mathbb{Z}_2 \times \mathbb{Z}_2$이다.

$$\mathbb{Z}_2 \times \mathbb{Z}_2 \equiv \{(0,0), (0,1), (1,0), (1,1)\} \tag{3.96}$$

대체로, 크비트 상태를 표현할 때는 줄여서 $c_1 c_0 \equiv (c_1, c_0)$라고 적는다.

특정한 큐비트의 상태로 두 크비트 상태를 표현할 수 있다. 예를 들어, 2크비트 상태 00은 다음의 대응으로 나타낼 수 있다.

$$00 \rightarrow |0\rangle|0\rangle \tag{3.97}$$

다시 말하지만, 큐비트로 2크비트 상태를 나타낼 때는 줄여서 $|00\rangle \equiv |0\rangle|0\rangle$이라고 적을 것이다. 임의의 2크비트 상태 $c_1 c_0$는 다음의 2큐비트 상태 표현을 갖는다.

$$c_1 c_0 \rightarrow |c_1 c_0\rangle \tag{3.98}$$

위의 큐비트 상태들이 양자 이론에서 나타날 수 있는 모든 가능한 상태는 아니다. 중첩 원리에 의해, 2크비트 상태 집합의 임의의 가능한 선형 결합이 2큐비트 상태에 대해 가능하다.

$$|\xi\rangle \equiv \alpha|00\rangle + \beta|01\rangle + \gamma|10\rangle + \delta|11\rangle \tag{3.99}$$

---

4 이 연습문제의 결과에 겁먹을 필요 없다. 불확정성 원리의 일반적인 형태는 단지 불확정성 곱의 하한을 줄 뿐이다. 이 하한은 위치와 운동량이 관측 가능량인 경우 절대 사라지지 않는다. 왜냐하면 두 연산자의 교환자가 i를 곱한 항등 연산자와 같기 때문이다. 하지만 이 연습문제에 주어진 연산자에 대해서는 사라질 수 있다.

여기서도 물리적 양자 상태에 대응하는 2큐비트 상태에 대해, 단위 노름 조건 $|\alpha|^2 + |\beta|^2 + |\gamma|^2 + |\delta|^2 = 1$이 만족돼야 한다. 데카르트 곱이 상태의 선형 결합을 허용하지 않기 때문에, 이제 (불 대수가 단일 큐비트 상태를 표현하는 데 충분하지 않은 것과 마찬가지로) 데카르트 곱이 2큐비트 양자 상태를 나타내는 데 충분하지 않다는 것이 분명할 것이다.

충분한 표현을 결정하기 위해 다시 선형대수학으로 돌아와야 한다. **텐서 곱**^{tensor} product은 두 큐비트 상태를 표현하는 데 충분하나 수학적 연산이다. 2개의 2차원 벡터가 있다고 하자.

$$\left[\begin{array}{c} a_1 \\ b_1 \end{array}\right], \qquad \left[\begin{array}{c} a_2 \\ b_2 \end{array}\right] \tag{3.100}$$

두 벡터의 텐서 곱은 다음과 같다.

$$\left[\begin{array}{c} a_1 \\ b_1 \end{array}\right] \otimes \left[\begin{array}{c} a_2 \\ b_2 \end{array}\right] \equiv \left[\begin{array}{c} a_1 \left[\begin{array}{c} a_2 \\ b_2 \end{array}\right] \\ b_1 \left[\begin{array}{c} a_2 \\ b_2 \end{array}\right] \end{array}\right] = \left[\begin{array}{c} a_1 a_2 \\ a_1 b_2 \\ b_1 a_2 \\ b_1 b_2 \end{array}\right] \tag{3.101}$$

이 연산은 벡터의 오른쪽에 똑같은 벡터를 복사해서 쌓고, 첫 번째 벡터에 해당하는 수를 각 사본에 곱한 것으로 이해할 수도 있다.

식 (3.3)에서 살펴본 단일 큐비트 상태 $|0\rangle$과 $|1\rangle$에 대한 벡터 표현을 다시 떠올려보자. 이 벡터 표현과 텐서 곱에 대한 위의 정의를 이용하면, 2큐비트 기저 상태는 다음의 벡터 표현을 갖는다.

$$|00\rangle = \left[\begin{array}{c} 1 \\ 0 \\ 0 \\ 0 \end{array}\right], \quad |01\rangle = \left[\begin{array}{c} 0 \\ 1 \\ 0 \\ 0 \end{array}\right], \quad |10\rangle = \left[\begin{array}{c} 0 \\ 0 \\ 1 \\ 0 \end{array}\right], \quad |11\rangle = \left[\begin{array}{c} 0 \\ 0 \\ 0 \\ 1 \end{array}\right] \tag{3.102}$$

이 표현을 기억하는 간단한 방법은 켓 지표 안쪽의 비트값이 벡터의 한 성분에 대응된다고 생각하는 것이다. 예를 들어, 01은 2비트 문자열의 두 번째 지표이므로 $|01\rangle$의 벡터 표현은 두 번째 원소가 1이다. 식 (3.99)의 중첩 상태에 대한 벡터 표현은 다음과 같다.

$$\begin{bmatrix} \alpha \\ \beta \\ \gamma \\ \delta \end{bmatrix} \tag{3.103}$$

실제로 다양한 방법으로 2큐비트 상태를 적을 수 있는데, 이 모든 방법을 지금 소개하겠다. 물리학자들은 많은 축약법을 개발했고 문헌에 따라 자주 보이기 때문에 각각 알아두는 것은 중요하다(심지어 이 책에서는 문맥에 따라 다른 표기법을 사용한다). 만약 두 큐비트가 한 참여자에 국소적이고, 단 하나의 참여자만이 통신 규약에 필요하다면, 다음의 2큐비트 표기법 중 아무것이라도 사용할 수 있다.

$$\alpha|0\rangle \otimes |0\rangle + \beta|0\rangle \otimes |1\rangle + \gamma|1\rangle \otimes |0\rangle + \delta|1\rangle \otimes |1\rangle \tag{3.104}$$
$$\alpha|0\rangle|0\rangle + \beta|0\rangle|1\rangle + \gamma|1\rangle|0\rangle + \delta|1\rangle|1\rangle \tag{3.105}$$
$$\alpha|00\rangle + \beta|01\rangle + \gamma|10\rangle + \delta|11\rangle \tag{3.106}$$

A와 B처럼 둘 이상 다수의 참여자가 있다면, 표지를 붙일 수도 있다.

$$\alpha|0\rangle_A \otimes |0\rangle_B + \beta|0\rangle_A \otimes |1\rangle_B + \gamma|1\rangle_A \otimes |0\rangle_B + \delta|1\rangle_A \otimes |1\rangle_B \tag{3.107}$$
$$\alpha|0\rangle_A|0\rangle_B + \beta|0\rangle_A|1\rangle_B + \gamma|1\rangle_A|0\rangle_B + \delta|1\rangle_A|1\rangle_B \tag{3.108}$$
$$\alpha|00\rangle_{AB} + \beta|01\rangle_{AB} + \gamma|10\rangle_{AB} + \delta|11\rangle_{AB} \tag{3.109}$$

이 두 번째 상황은 첫 번째 상황과 다르다. 왜냐하면 공간적으로 분리된 두 참여자가 2큐비트 상태를 공유하기 때문이다. 만약 상태가 양자 상관성을 갖는다면, 이 상태는 통신 자원으로서 중요할 수 있다. 이 주제에 대한 자세한 내용은 **얽힘**entanglement을 논의하는 3.6절에서 다룰 것이다.

3.5.1 복합계의 변화

유니터리 변화에 대한 가정은 2큐비트 상황으로도 확장할 수 있다. 먼저, 다음과 같이 두 연산자 A와 B의 텐서 곱 $A \otimes B$를 만들자.

$$A \otimes B \equiv \begin{bmatrix} a_{11} & a_{12} \\ a_{21} & a_{22} \end{bmatrix} \otimes \begin{bmatrix} b_{11} & b_{12} \\ b_{21} & b_{22} \end{bmatrix} \tag{3.110}$$

$$\equiv \begin{bmatrix} a_{11}\begin{bmatrix} b_{11} & b_{12} \\ b_{21} & b_{22} \end{bmatrix} & a_{12}\begin{bmatrix} b_{11} & b_{12} \\ b_{21} & b_{22} \end{bmatrix} \\ a_{21}\begin{bmatrix} b_{11} & b_{12} \\ b_{21} & b_{22} \end{bmatrix} & a_{22}\begin{bmatrix} b_{11} & b_{12} \\ b_{21} & b_{22} \end{bmatrix} \end{bmatrix} \tag{3.111}$$

$$= \begin{bmatrix} a_{11}b_{11} & a_{11}b_{12} & a_{12}b_{11} & a_{12}b_{12} \\ a_{11}b_{21} & a_{11}b_{22} & a_{12}b_{21} & a_{12}b_{22} \\ a_{21}b_{11} & a_{21}b_{12} & a_{22}b_{11} & a_{22}b_{12} \\ a_{21}b_{21} & a_{21}b_{22} & a_{22}b_{21} & a_{22}b_{22} \end{bmatrix} \qquad (3.112)$$

행렬의 텐서 곱 연산은 벡터에 대해 한 것과 유사하지만, 이번엔 행렬의 사본을 오른쪽에 쌓기를 가로 방향과 세로 방향으로 모두 해서 첫 번째 행렬의 해당하는 수를 각 사본에 곱한다.

식 (3.99)의 2큐비트 상태를 보자. 첫 번째 큐비트에 NOT 게이트를 수행해서 $\alpha|10\rangle + \beta|11\rangle + \gamma|00\rangle + \delta|01\rangle$로 바꿀 수 있다. 대신에, 두 번째 큐비트에 적용해서 $\alpha|01\rangle + \beta|00\rangle + \gamma|11\rangle + \delta|10\rangle$으로 바꾸거나 동시에 둘 다에 적용해 $\alpha|11\rangle + \beta|10\rangle + \gamma|01\rangle + \delta|00\rangle$으로 바꿀 수도 있다. 그림 3.6에 이 연산의 양자 회로 표현을 나타냈다. 이 연산들은 모두 가역이다. 왜냐하면 한 번 더 수행하면 식 (3.99)의 원래 상태로 되돌아오기 때문이다. 첫 번째 경우에서 두 번째 큐비트에는 아무것도 하지 않았고, 두 번째 경우에서 첫 번째 큐비트에는 아무것도 하지 않았다. 큐비트에 대한 항등 연산자는 아무런 일도 일으키지 않는다.

첫 번째 큐비트를 '1', 두 번째 큐비트를 '2'라고 표시하자. 첫 번째 연산은 첫 번째 큐비트만 뒤집고 두 번째 큐비트에는 (항등 연산자를 적용해) 아무것도 하지 않으므로 첫 번째 연산에 대해 X_1I_2와 같이 연산자에도 표시를 붙일 수 있다. 두 번째와 세 번째 연산자에도 각각 I_1X_2, X_1X_2라는 표지를 붙일 수 있다. 연산자 X_1I_2의 행렬 표현은 X의 행렬 표현과 I의 행렬 표현의 텐서 곱이다. 이 관계는 I_1X_2 연산자와 X_1X_2 연산자에도 마찬가지로 성립한다. 먼저 X_1I_2 연산자에 대해 성립하는 것을 보이고, 나머지 두 경우에 대해서는 연습문제로 남겨둔다. 2큐비트 계산 기저를 사용해 2큐비트 연산자 X_1I_2에 대한 행렬 표현을 얻을 수 있다.

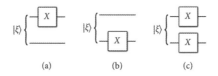

그림 3.6 이 그림은 2큐비트 유니터리 연산 X_1I_2, I_1X_2, X_1X_2에 대한 회로의 예를 나타낸다.

$$\begin{bmatrix} \langle 00|X_1I_2|00\rangle & \langle 00|X_1I_2|01\rangle & \langle 00|X_1I_2|10\rangle & \langle 00|X_1I_2|11\rangle \\ \langle 01|X_1I_2|00\rangle & \langle 01|X_1I_2|01\rangle & \langle 01|X_1I_2|10\rangle & \langle 01|X_1I_2|11\rangle \\ \langle 10|X_1I_2|00\rangle & \langle 10|X_1I_2|01\rangle & \langle 10|X_1I_2|10\rangle & \langle 10|X_1I_2|11\rangle \\ \langle 11|X_1I_2|00\rangle & \langle 11|X_1I_2|01\rangle & \langle 11|X_1I_2|10\rangle & \langle 11|X_1I_2|11\rangle \end{bmatrix}$$

$$= \begin{bmatrix} \langle 00|10\rangle & \langle 00|11\rangle & \langle 00|00\rangle & \langle 00|01\rangle \\ \langle 01|10\rangle & \langle 01|11\rangle & \langle 01|00\rangle & \langle 01|01\rangle \\ \langle 10|10\rangle & \langle 10|11\rangle & \langle 10|00\rangle & \langle 10|01\rangle \\ \langle 11|10\rangle & \langle 11|11\rangle & \langle 11|00\rangle & \langle 11|01\rangle \end{bmatrix} = \begin{bmatrix} 0 & 0 & 1 & 0 \\ 0 & 0 & 0 & 1 \\ 1 & 0 & 0 & 0 \\ 0 & 1 & 0 & 0 \end{bmatrix} \quad (3.113)$$

마지막 행렬은 식 (3.110)에서 행렬의 텐서 곱 정의에 따라 계산했던 텐서 곱 $X \otimes I$ 와 같다.

【연습문제 3.5.1】 연산자 I_1X_2의 행렬 표현이 텐서 곱 $I \otimes X$와 같음을 보여라. X_1X_2 의 행렬 표현이 $X \otimes X$와 같음을 보여라.

3.5.2 복합계의 확률 진폭

앞서의 행렬 표현에서는 $\langle 00|10\rangle$이나 $\langle 00|00\rangle$ 같은 진폭을 계산하기 위해 2큐비트 계산 기저 상태의 직교성에 의지했다. 이 진폭을 계산하기 위해 단일 큐비트 계산 기저 상태의 직교성에만 의존하는 또 다른 방법이 있다. 4개의 단일 큐비트 상태 $|\phi_0\rangle$, $|\phi_1\rangle$, $|\psi_0\rangle$, $|\psi_1\rangle$을 갖고 있다고 하자. 그리고 이로부터 2큐비트 상태를 다음과 같이 만든다.

$$|\phi_0\rangle \otimes |\psi_0\rangle, \qquad |\phi_1\rangle \otimes |\psi_1\rangle \qquad (3.114)$$

동등하게 다음과 같이 나타낼 수도 있다.

$$|\phi_0, \psi_0\rangle, \qquad |\phi_1, \psi_1\rangle \qquad (3.115)$$

왜냐하면 디랙 표기법은 다용도로 쓸 수 있기 때문이다(사실상 오해의 염려가 없는 한 켓 안에는 무엇이든 넣을 수 있다). $\langle \phi_1, \psi_1|$ 브라는 $|\phi_1, \psi_1\rangle$ 켓의 쌍대다. 이것들을 이용해 다음의 진폭을 계산할 수 있다.

$$\langle \phi_1, \psi_1|\phi_0, \psi_0\rangle \qquad (3.116)$$

이 진폭은 다음과 같은 단일 큐비트 진폭의 곱과 같다.

$$\langle \phi_1, \psi_1 | \phi_0, \psi_0 \rangle = \langle \phi_1 | \phi_0 \rangle \langle \psi_1 | \psi_0 \rangle \tag{3.117}$$

【연습문제 3.5.2】 진폭 $\{\langle ij|kl\rangle\}_{i,j,k,l \in \{0,1\}}$ 은 각각 진폭 $\{\langle i|k\rangle \langle j|l\rangle\}_{i,j,k,l \in \{0,1\}}$ 이라는 것을 확인하라. 선형성에 의해, 이 연습문제는 식 (3.117)의 관계식을 (적어도 2큐비트 상태에 대해서는) 정당화한다.

3.5.3 제어형 게이트

중요한 2큐비트 유니터리 변화는 제어형 NOT[CNOT, controlled-NOT] 게이트다. 먼저, 그 고전적인 판본부터 살펴보겠다. 고전 게이트는 2크비트에 작용한다. 만약 첫 번째 비트가 0이면 아무것도 하지 않고, 첫 번째 큐비트가 1이면 두 번째 큐비트를 뒤집는다.

$$00 \to 00, \qquad 01 \to 01, \qquad 10 \to 11, \qquad 11 \to 10 \tag{3.118}$$

이 게이트를 2큐비트 계산 기저 상태에 대해 똑같은 작용을 하도록 양자 게이트로 바꿔보자.[5]

$$|00\rangle \to |00\rangle, \qquad |01\rangle \to |01\rangle, \qquad |10\rangle \to |11\rangle, \qquad |11\rangle \to |10\rangle \tag{3.119}$$

선형성에 의해, 이 거동은 중첩 상태에도 적용된다.

$$\alpha|00\rangle + \beta|01\rangle + \gamma|10\rangle + \delta|11\rangle \quad \underrightarrow{\text{CNOT}} \quad \alpha|00\rangle + \beta|01\rangle + \gamma|11\rangle + \delta|10\rangle \tag{3.120}$$

CNOT 게이트의 유용한 연산자 표현은 다음과 같다.

$$\text{CNOT} \equiv |0\rangle\langle 0| \otimes I + |1\rangle\langle 1| \otimes X \tag{3.121}$$

위의 표현은 CNOT 게이트의 결맞은 양자 특성을 잘 포착한다. 고전 CNOT 게이트는 첫 번째 비트의 값에 조건부로 두 번째 비트에 게이트가 적용된다는 점에서 '조건형 게이트'라고 할 수 있다. 양자 CNOT 게이트는 첫 번째 큐비트의 기저 상태에 대해 두 번째 큐비트에 대한 연산이 **제어**된다(따라서 그 이름이 '제어형 NOT'으로 선택됐다). 즉, 중첩된 양자 상태에 이 게이트가 작동하고, 그 중첩을 유지하면서 동시에 확률 분

---

5 고전 연산자를 양자 연산자로 바꾸는 작용을 나타내는 몇 가지 용어가 있다. 예를 들면 '결맞도록 한다', '결맞음화하기 (coherifying)', 또는 양자 게이트는 고전 게이트의 '결맞음화(coherification)' 등이다. '결맞음화'는 좋은 단어는 아니지만 어떤 경우에는 신경 쓰지 않고 쓸 것이다.

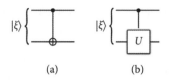

그림 3.7 (a) CNOT 게이트와 (b) 제어형 U 게이트에 대해 사용하는 회로 도표

포를 뒤섞는다. 이 게이트가 아무 효과가 없는 한 가지 경우는 첫 번째 큐비트가 $|0\rangle$ 상태에 준비되고 두 번째 큐비트 상태는 아무거나 준비된 경우다.

제어형 U 게이트는 식 (3.121)의 CNOT 게이트와 비슷하다. 이 게이트는 첫 번째 큐비트의 제어를 받아 두 번째 큐비트에 유니터리 연산 U(단일 큐비트 유니터리 연산으로 가정됨)를 적용한다.

$$제어형\ U \equiv |0\rangle\langle 0| \otimes I + |1\rangle\langle 1| \otimes U \tag{3.122}$$

제어 큐비트는 임의의 정규직교 기저 $\{|\phi_0\rangle, |\phi_1\rangle\}$에 대해 대신 제어될 수 있다.

$$|\phi_0\rangle\langle\phi_0| \otimes I + |\phi_1\rangle\langle\phi_1| \otimes U \tag{3.123}$$

그림 3.7은 제어형 NOT 게이트와 제어형 U 게이트의 회로 도표를 나타낸다.

【연습문제 3.5.3】 계산 기저에서 CNOT 게이트의 행렬 표현이 다음과 같음을 확인하라.

$$\begin{bmatrix} 1 & 0 & 0 & 0 \\ 0 & 1 & 0 & 0 \\ 0 & 0 & 0 & 1 \\ 0 & 0 & 1 & 0 \end{bmatrix} \tag{3.124}$$

【연습문제 3.5.4】 CNOT 게이트를 적용하기 전과 후에 그 첫 번째와 두 번째 큐비트에 각각 아다마르 게이트를 적용한다고 하자. 이 게이트는 $+/-$ 기저에서의 CNOT 게이트와 같음을 보여라(Z 연산자가 $+/-$ 기저를 뒤집는다는 것을 이용하라).

$$H_1 H_2\ \mathrm{CNOT}\ H_1 H_2 = |+\rangle\langle+| \otimes I + |-\rangle\langle-| \otimes Z \tag{3.125}$$

【연습문제 3.5.5】 같은 제어 큐비트를 갖는 두 CNOT 게이트는 가환임을 보여라.

3.5.4 복제 불가 정리

복제 불가 정리$^{\text{no-cloning theorem}}$는 양자 이론에서 가장 간단한 결과 중 하나이지만, 가장 심오한 귀결을 갖는다. 이 정리는 양자 상태의 **범용 복사기**$^{\text{universal copier}}$를 만드는 것이 불가능하다고 한다. 범용 복사기는 입력받은 임의의 양자 상태의 사본을 만드는 장치다. 처음 듣기에 양자정보를 복사하는 것이 불가능하다는 말은 놀라울 수 있는데, 왜냐하면 고전 정보를 복사하는 것은 널리 퍼져 있기 때문이다.

이제 복제 불가 정리의 간단한 증명을 제시한다. 양자정보의 범용 복사기로 작동하는 2큐비트 유니터리 연산자가 존재하면 모순이 생긴다는 것을 보일 것이다. 즉, 만약 첫 번째 큐비트가 임의의 상태 $|\psi\rangle = \alpha|0\rangle + \beta|1\rangle$이고 두 번째 큐비트가 $|0\rangle$인 보조 큐비트라면, 그런 장치는 첫 번째 큐비트를 두 번째 큐비트의 칸에 다음과 같이 '써야' 한다.

$$U|\psi\rangle|0\rangle = |\psi\rangle|\psi\rangle \tag{3.126}$$
$$= (\alpha|0\rangle + \beta|1\rangle)\,(\alpha|0\rangle + \beta|1\rangle) \tag{3.127}$$
$$= \alpha^2|0\rangle|0\rangle + \alpha\beta|0\rangle|1\rangle + \alpha\beta|1\rangle|0\rangle + \beta^2|1\rangle|1\rangle \tag{3.128}$$

복사기가 범용이라면, 이 복사기는 임의의 상태를 복사한다. 특히, $|0\rangle$과 $|1\rangle$에 대해서도 다음과 같이 복사할 것이다.

$$U|0\rangle|0\rangle = |0\rangle|0\rangle, \qquad U|1\rangle|0\rangle = |1\rangle|1\rangle \tag{3.129}$$

그런 다음 양자 이론의 선형성에 의해 그 중첩 상태 $\alpha|0\rangle + \beta|1\rangle$에 유니터리 연산자가 다음과 같이 작용해야 한다.

$$U\,(\alpha|0\rangle + \beta|1\rangle)\,|0\rangle = \alpha|0\rangle|0\rangle + \beta|1\rangle|1\rangle \tag{3.130}$$

하지만 식 (3.128)의 결론은 식 (3.130)의 결론과 모순이다. 왜냐하면 두 표현이 모든 α와 β에 대해 같을 이유가 없기 때문이다.

$$\exists \alpha, \beta : \alpha^2|0\rangle|0\rangle + \alpha\beta|0\rangle|1\rangle + \alpha\beta|1\rangle|0\rangle + \beta^2|1\rangle|1\rangle \neq \alpha|0\rangle|0\rangle + \beta|1\rangle|1\rangle \tag{3.131}$$

즉, 양자 이론의 선형성은 범용 양자 복사기의 존재와 모순이다.

여기서 이 증명은 특정 양자 상태를 복사하는 것이 불가능하다는 뜻이 아님을 강조해둔다. 이 증명은 '범용' 복사기가 불가능하다는 뜻일 뿐이다. 식 (3.131)을 보면 $\alpha = 1$, $\beta = 0$이나 $\alpha = 0$, $\beta = 1$인 경우에 만족된다. 따라서 기저인 $|0\rangle$이나 $|1\rangle$에(또는 다른 정규직교 기저에 대해) 준비된 알려지지 않은 고전 상태는 복사할 수 있다.

복제 불가 정리의 또 다른 증명은 양자 변화의 유니터리성을 이용해 모순에 도달한다. 다시, 범용 복사기 U가 존재한다고 가정해보자. 임의의 두 상태 $|\psi\rangle$와 $|\phi\rangle$를 생각해보자. 만약 범용 복사기 U가 존재한다면, 이 복사기는 두 상태에 대해 다음의 복사 연산을 수행할 수 있다.

$$U|\psi\rangle|0\rangle = |\psi\rangle|\psi\rangle, \qquad U|\phi\rangle|0\rangle = |\phi\rangle|\phi\rangle \qquad (3.132)$$

확률 진폭 $\langle\psi|\langle\psi||\phi\rangle|\phi\rangle$를 생각해보면

$$\langle\psi|\langle\psi||\phi\rangle|\phi\rangle = \langle\psi|\phi\rangle\langle\psi|\phi\rangle = \langle\psi|\phi\rangle^2 \qquad (3.133)$$

이다. 식 (3.132)의 결과와 유니터리 성질 $U^\dagger U = I$를 이용하면 $\langle\psi|\langle\psi||\phi\rangle|\phi\rangle$에 대해 다음의 관계식이 성립한다.

$$\langle\psi|\langle\psi||\phi\rangle|\phi\rangle = \langle\psi|\langle0|U^\dagger U|\phi\rangle|0\rangle \qquad (3.134)$$
$$= \langle\psi|\langle0||\phi\rangle|0\rangle \qquad (3.135)$$
$$= \langle\psi|\phi\rangle\langle0|0\rangle \qquad (3.136)$$
$$= \langle\psi|\phi\rangle \qquad (3.137)$$

결과적으로, 위의 두 결과를 이용해

$$\langle\psi|\langle\psi||\phi\rangle|\phi\rangle = \langle\psi|\phi\rangle^2 = \langle\psi|\phi\rangle \qquad (3.138)$$

임을 얻었다. 방정식 $\langle\psi|\phi\rangle^2 = \langle\psi|\phi\rangle$는 정확히 두 경우, $\langle\psi|\phi\rangle = 1$과 $\langle\psi|\phi\rangle = 0$에 대해서만 성립한다. 첫 번째는 두 상태가 같은 상태인 경우이고, 두 번째는 두 상태가 서로 직교인 경우다. 즉, 그 외의 경우는 유니터리 특성에 모순되기 때문에 양자 정보를 복사하는 것이 불가능하다.

복제 불가 정리는 양자정보 처리에 있어 몇몇 응용법이 있다. 먼저, 양자 키 분배 통신 규약 보안성의 근간이 된다. 왜냐하면 두 참여자가 비밀키를 만드는 데 사용한

양자 상태를 공격자가 복사할 수 없음이 보장되기 때문이다. 삭제 선로로 알려진 어떤 양자 선로의 양자 용량에 대해 설명할 때 이 정리를 사용하므로, 양자 섀넌 이론에서도 응용이 있다. 이 점에 대해서는 24장에서 살펴볼 것이다.

【연습문제 3.5.7】 두 상태 $|\psi\rangle$와 $|\psi^\perp\rangle$가 직교라고 하자. 즉, $\langle\psi|\psi^\perp\rangle = 0$이다. 이 상태를 복사할 수 있는 2큐비트 유니터리 연산자를 만들어라. 즉, 다음과 같이 작용하는 유니터리 연산자 U를 찾아라.

$$U|\psi\rangle|0\rangle = |\psi\rangle|\psi\rangle, \ U|\psi^\perp\rangle|0\rangle = |\psi^\perp\rangle|\psi^\perp\rangle$$

【연습문제 3.5.8】 삭제 불가 정리   복제 불가 정리와 관련되어, 삭제 불가 정리no-deletion theorem가 있다. 양자 상태 $|\psi\rangle$의 두 사본이 가능하다고 하자. 목표는 유니터리 상호작용에 의해 두 상태 중 하나를 삭제하는 것이다. 즉, $|\psi\rangle$의 두 사본과 보조 상태 $|A\rangle$에 대해 입력 상태 $|\psi\rangle$에 상관없이 다음과 같은 작용을 하는 범용 양자 삭제기 U가 존재한다.

$$U|\psi\rangle|\psi\rangle|A\rangle = |\psi\rangle|0\rangle|A'\rangle \tag{3.139}$$

여기서 $|A'\rangle$은 또 다른 상태다. 이것이 불가능함을 보여라.

3.5.5 복합계의 측정

측정 가설도 복합 양자계에 대해 확장하자. 다시, 식 (3.99)의 2큐비트 양자 상태를 갖고 있다고 하자. 1큐비트 경우와 유사하게 생각하면, 다음과 같이 확률 진폭을 정할 수 있다.

$$\langle 00|\xi\rangle = \alpha, \quad \langle 01|\xi\rangle = \beta, \quad \langle 10|\xi\rangle = \gamma, \quad \langle 11|\xi\rangle = \delta \tag{3.140}$$

또한 다음의 사영 연산자도 정의할 수 있다.

$$\Pi_{00} \equiv |00\rangle\langle 00|, \quad \Pi_{01} \equiv |01\rangle\langle 01|, \quad \Pi_{10} \equiv |10\rangle\langle 10|, \quad \Pi_{11} \equiv |11\rangle\langle 11| \tag{3.141}$$

그리고 각 결과에 대한 확률을 결정할 수 있는 보른 규칙도 다음과 같이 쓸 수 있다.

$$\langle\xi|\Pi_{00}|\xi\rangle = |\alpha|^2, \ \langle\xi|\Pi_{01}|\xi\rangle = |\beta|^2, \ \langle\xi|\Pi_{10}|\xi\rangle = |\gamma|^2, \ \langle\xi|\Pi_{11}|\xi\rangle = |\delta|^2 \tag{3.142}$$

첫 번째 큐비트에만 Z 연산자의 측정을 수행한다고 해보자. 이런 측정을 설명할 수 있는 사영 연산자 집합은 무엇일까? 답은 복합계의 변화에 대해 배웠던 것과 유사하다. 두 번째 큐비트에는 아무런 측정도 하지 않을 것이므로 항등 연산자를 적용하면 된다. 즉, 측정 연산자의 집합은 다음과 같다.

$$\{\Pi_0 \otimes I, \Pi_1 \otimes I\} \tag{3.143}$$

여기서 Π_0와 Π_1은 식 (3.73)과 식 (3.74)에 정의됐다. 이 상태는 확률 $\langle \xi|(\Pi_0 \otimes I)|\xi\rangle$ $= |\alpha|^2 + |\beta|^2$을 갖고

$$\frac{(\Pi_0 \otimes I)|\xi\rangle}{\sqrt{\langle \xi|(\Pi_0 \otimes I)|\xi\rangle}} = \frac{\alpha|00\rangle + \beta|01\rangle}{\sqrt{|\alpha|^2 + |\beta|^2}} \tag{3.144}$$

로 축소된다. 그리고 확률 $\langle \xi|(\Pi_1 \otimes I)|\xi\rangle = |\gamma|^2 + |\delta|^2$을 갖고

$$\frac{(\Pi_1 \otimes I)|\xi\rangle}{\sqrt{\langle \xi|(\Pi_1 \otimes I)|\xi\rangle}} = \frac{\gamma|10\rangle + \delta|11\rangle}{\sqrt{|\gamma|^2 + |\delta|^2}} \tag{3.145}$$

로 축소된다. $\sqrt{\langle \xi|(\Pi_0 \otimes I)|\xi\rangle}$와 $\sqrt{\langle \xi|(\Pi_1 \otimes I)|\xi\rangle}$로 정규화하는 것은 결과로 얻은 벡터가 물리 상태에 대응됨을 보장한다.

3.6 얽힘

복합 양자계는 **얽힘**entanglement이라는 독특한 양자현상을 일으킨다. 슈뢰딩거는 둘 이상의 양자계가 얽힐 수 있다는 사실을 처음으로 알아냈고, 이 현상의 몇 가지 이상한 귀결을 알아차리고 얽힘이라는 용어를 만들었다.[6]

먼저, 얽힌 상태와 비교해서 얽히지 않은 상태가 어떻게 다른지 알아보기 위해, 얽히지 않은 상태를 앨리스와 밥이라는 두 참여자가 공유하는 상황을 생각해보자. 이들이 다음의 상태를 공유한다고 하자.

---

[6] 슈뢰딩거는 이 현상을 설명하기 위해 처음에 독일어 단어 'Verschränkung'을 사용했는데, 이 말은 직역하면 '한쪽이 멀리 떨어져 있더라도 서로 정확히 똑같은 거리를 유지하는 작은 부분'이라는 뜻이다. 영어 한 단어로 번역하면 '얽힘 (entanglement)'이다. 아인슈타인은 'Verschränkung'을 'spukhafte Fernwirkung'으로 설명했는데, 가장 가깝게 번역하면 '장거리 귀신 효과(long-distance ghostly effect)', 또는 더 널리 쓰이기로는 '먼 거리에서의 기괴한 작용(spooky action at a distance)'이다.

$$|0\rangle_A |0\rangle_B \tag{3.146}$$

여기서 앨리스는 A계에 있는 큐비트를 갖고, 밥은 B계에 있는 큐비트를 갖고 있다. 앨리스는 자신의 큐비트가 $|0\rangle_A$라고 단정적으로 말할 수 있고, 밥도 자신의 큐비트가 $|0\rangle_B$라고 단정적으로 말할 수 있다. 사실, 이 상황에는 이상한 것이 아무것도 없다.

다음의 복합 상태 $|\Phi^+\rangle_{AB}$를 생각해보자.

$$|\Phi^+\rangle_{AB} \equiv \frac{1}{\sqrt{2}}\left(|0\rangle_A |0\rangle_B + |1\rangle_A |1\rangle_B\right) \tag{3.147}$$

이제 앨리스는 A계에 있는 첫 번째 큐비트를 갖고 밥은 B계에 있는 두 번째 큐비트를 갖고 있다. 하지만 이번에는 앨리스의 개별 상태와 밥의 개별 상태를 어떻게 결정하는지 설명하기가 분명치 않다. 위의 상태는 사실 결합 상태 $|0\rangle_A |0\rangle_B$와 $|1\rangle_A |1\rangle_B$의 균일한 중첩 상태이고, 무잡음 양자 이론에서 앨리스와 밥의 개별 상태를 나타내는 것은 불가능하다. 또한 어떤 상태 $|\phi\rangle_A$와 $|\psi\rangle_B$에 대해서도 이 얽힘 상태 $|\Phi^+\rangle_{AB}$를 $|\phi\rangle_A |\psi\rangle_B$처럼 곱 상태로 나타내는 것도 불가능하다. 이것은 다음과 같은 일반적인 정의를 이끌어낸다.

【정의 3.6.1】얽힘의 순수 상태 만약 순수한 2분할 상태 $|\psi\rangle_{AB}$를 어떤 상태 $|\phi\rangle_A$와 $|\varphi\rangle_B$에 대해서도 곱 상태 $|\phi\rangle_A \otimes |\varphi\rangle_B$로 적을 수 없다면, 그 상태는 얽혀 있다.

【연습문제 3.6.1】 얽힘 상태 $|\Phi^+\rangle_{AB}$가 다음의 $+/-$ 기저 표현을 가짐을 보여라.

$$|\Phi^+\rangle_{AB} = \frac{1}{\sqrt{2}}\left(|+\rangle_A |+\rangle_B + |-\rangle_A |-\rangle_B\right) \tag{3.148}$$

그림 3.8은 얽힘을 그림으로 묘사한 것이다. 이 묘사는 책 전체에서 자주 사용된다. 앨리스와 밥은 어떤 식으로든 얽힘을 받아야 하고, 이 도표는 어떤 자원이 얽힘

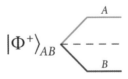

그림 3.8 이 책에서는 두 참여자 A와 B 사이에 공유된 얽힘을 묘사하기 위해 위의 도표를 사용한다. 이 도표는 얽힘이 원천의 장소에서 만들어져서 A에 있는 한 계와, B에 있는 다른 계에 나눠졌음을 나타낸다. 얽힘의 표준 단위는 얽힘비트 $|\Phi^+\rangle_{AB} \equiv (|00\rangle_{AB} + |11\rangle_{AB})/\sqrt{2}$이다.

쌍을 둘에게 나눠준다는 것을 나타낸다. 만약 앨리스와 밥이 식 (3.147)의 얽힘 상태를 공유한다면, 두 사람이 얽힘의 한 비트, 또는 1개의 **얽힘비트**^{ebit}를 공유한다고 할 것이다. '얽힘비트'라는 용어는 얽힘을 정량화하는 어떤 방법이 있음을 뜻하고, 19장에서 이 개념을 명확하게 다룬다.

3.6.1 자원으로서의 얽힘

이 책에서는 자원으로서의 얽힘의 사용에 관심을 갖는다. 이 책의 상당 부분은 양자 정보 처리 자원의 이론에 연관되고, 자원의 이론에 대한 표준 표기법을 사용한다. 공유된 얽힘비트의 자원을 다음과 같이 나타내자.

$$[qq] \tag{3.149}$$

이 식은 얽힘비트가 두 참여자 사이에 공유된 무잡음 양자 자원이라는 뜻이다. 각괄호는 무잡음 자원을 나타내며, 문자 q는 양자 자원을 나타내고, 문자 q를 두 번 적은 것은 참여자가 둘인 자원임을 나타낸다.

얽힘을 사용하는 첫 번째 사례는 **공유된 무작위성**^{shared randomness} 생성에서 볼 수 있다. 두 2진 무작위 변수 X_A와 X_B에 대해 공유된 무작위성 1비트의 확률 분포를 다음과 같이 정의한다.

$$p_{X_A, X_B}(x_A, x_B) = \frac{1}{2}\delta(x_A, x_B) \tag{3.150}$$

여기서 δ는 크로네커 델타 함수^{Kronecker delta function}다. 앨리스가 무작위 변수 X_A를 갖고, 밥이 무작위 변수 X_B를 갖고 있다고 하자. 따라서 1/2의 확률로 두 사람은 둘 다 0을 갖거나 둘 다 1을 갖는다. 이 공유된 무작위성 1비트라는 자원을 다음과 같이 나타낸다.

$$[cc] \tag{3.151}$$

이 식은 공유된 무작위성 1비트가 두 참여자 사이에 공유된 무잡음 고전 자원임을 나타낸다.

이제 앨리스와 밥이 하나의 얽힘비트를 공유하고, 각자 자신의 큐비트를 계산 기저에서 측정하기로 했다고 하자. 일반성을 잃지 않으므로, 앨리스가 측정을 먼저 한다고 하자. 따라서 앨리스는 Z_A 연산자를 측정한다. 다시 말해, 앨리스가 $Z_A \otimes I_B$를 측정한다는 뜻이다(두사람은 공간적으로 분리되어 있으므로 앨리스는 밥의 큐비트에 아무것도 할 수 없다). 이 측정의 사영 연산자는 식 (3.143)에 주어져 있고, 상태는 결합 상태로 사영된다. 앨리스가 측정 결과를 보기 직전까지 앨리스는 결과를 모른다. 그리고 이 계가 다음과 같은 상태의 앙상블에 있다고 묘사할 수 있다.

$$|0\rangle_A |0\rangle_B 일 \ 확률 \ \frac{1}{2} \tag{3.152}$$

$$|1\rangle_A |1\rangle_B 일 \ 확률 \ \frac{1}{2} \tag{3.153}$$

위의 앙상블에서 흥미로운 것은 앨리스가 측정한 직후, 밥의 결과가 측정하기도 전에 이미 결정됐다는 점이다. 앨리스가 자신의 측정 결과가 $|0\rangle_A$임을 안다고 하자. 밥이 자신의 계를 측정했을 때 밥은 1의 확률로 $|0\rangle_B$를 얻고, **앨리스는 밥이 이 결과를 측정했음을 안다**. 추가로, 밥이 $|0\rangle_B$를 얻었다면 앨리스의 상태가 $|0\rangle_A$인 것도 알고 있다. 같은 결과가 앨리스가 자신의 측정 결과가 $|1\rangle_A$임을 아는 경우에도 성립한다. 따라서 이 통신 규약은 식 (3.150)에 정의된 대로 둘 사이에 1비트의 공유된 무작위성을 생성하는 방법이다.

위의 통신 규약을 다음의 **자원 부등식**^{resource inequality}으로 나타낼 수 있다.

$$[qq] \geq [cc] \tag{3.154}$$

이 자원 부등식의 해석은 **좌변의 자원을 소모하고 국소 연산만을 사용해 우변의 자원을 생성하는 통신 규약이 존재한다**는 것이다. 그리고 이런 이유로, 좌변의 자원은 우변의 자원보다 더 강한 자원이다. 자원 부등식의 이론은 이 책에서 중요한 역할을 하며, 양자 통신 규약을 짧게 나타내는 데 유용하다.

이제 자연스러운 질문은 공유된 무작위성으로부터 배타적으로 얽힘을 생성할 수 있는 통신 규약이 존재하는가다. 그건 불가능하며, 자원 부등식을 정당화하는 근거는 또 다른 형태의 부등식(앞서 언급한 자원 부등식과는 다르다)으로, 벨 부등식^{Bell's inequality}이라고 한다. 짧게 말해, 벨 부등식은 어떤 두 고전계가 보이는 상관성에 상한을 제시한다. 얽힘은 이 부등식을 위반하며, 알려진 고전적 등가물이 없음을 보인다. 따라서 얽힘은 공유된 무작위성보다 확실하게 더 강력한 자원이고, 식 (3.154)의 자원 부등식은 적혀 있는 방향으로만 성립한다.

공유된 무작위성은 고전 정보 이론의 자원이고, 몇몇 상황에서 유용할 수 있다. 하지만 사실은 훨씬 약한 자원이다. 분명, 공유된 무작위성은 얽힘의 유일한 사용법이 아니다. 얽힘 자원과 다른 자원을 결합해 양자원격전송 통신 규약이나 초고밀도 부호화 통신 규약과 같이 훨씬 더 기묘한 통신 규약을 만들 수 있다는 사실을 알게 될 것이다. 이런 통신 규약에 대해서는 6장에서 논의한다.

【연습문제 3.6.2】 연습문제 3.6.1의 얽힘비트 표현을 사용해 앨리스와 밥이 X 연산자를 측정하여 공유된 무작위성을 생성하는 것을 보여라. 두 참여자 사이에 Z 기저나 X 기저를 측정해 공유된 무작위성을 얻는 능력은 얽힘 기반 양자 키 분배 통신 규약의 밑바탕이다.

【연습문제 3.6.3】 복제는 신호 보내기를 뜻한다. 만약 범용 양자 복제기가 존재한다면, 앨리스가 밥에게 둘 사이에 공유된 얽힘비트 상태 $|\Phi^+\rangle_{AB}$만을 이용해 다른 통신 없이 빛의 속도보다 더 빠르게 신호를 보내는 것이 가능함을 증명하라. 즉, 이것을 가능케 하는 통신 규약의 존재성을 보여라(힌트: 한 가능성은 앨리스가 자신이 가진 얽힘비트에 X나 Z 파울리 연산자를 국소적으로 측정하고, 밥이 범용 양자 복제기를 이용할 가능성이다. 식 (3.147)과 식 (3.148)에 있는 얽힘비트의 표현을 생각해보자. 이 질문의 답은 여러 가지일 수 있는데, 왜냐하면 양자 복제기가 존재한다고 가정하면 양자 이론이 실질적으로 비선형적으로 되기 때문이다).

3.6.2 CHSH 게임에서의 얽힘

얽힘의 능력을 보여주는 가장 간단한 방법 중 하나는 CHSH 게임(클로저[Clauser], 호른[Horne], 시모니[Shimony], 홀트[Holt]의 이름을 땄다.)이라고 알려진 2인용 게임이다. 이 게임은 벨 정리의 원래 상황의 특정한 변종이다. 먼저 게임의 규칙을 설명하고, 참가자들이 고전적인 전략에 따라 행동할 때 이길 수 있는 확률의 상한을 알아보겠다. 끝으로, 최대로 얽힌 상태인 벨 상태 $|\Phi^+\rangle$를 공유하는 참가자들이 양자역학적 전략을 사용하는 게임에서 이길 확률이 대략 10% 더 높다는 점은 연습문제로 남겨두겠다. 벨의 정리[Bell's theorem]로 알려진 이 결과는 고전 물리와 양자 물리 사이의 가장 놀라운 차이점 중 하나를 보여준다.

게임의 참가자는 앨리스와 밥이고, 이들은 게임이 시작해서 끝날 때까지 공간적으로 서로 떨어져 있다. 게임은 심판이 두 비트 x와 y를 균일하게 무작위적으로 고르면서 시작한다. 그리고 심판은 x를 앨리스에게 보내고 y를 밥에게 보낸다. 앨리스와 밥은 이 지점에서 어떤 식으로든지 서로 통신이 허용되지 않는다. 앨리스는 심판에게 비트 a를 보내고, 밥도 심판에게 비트 b를 보낸다. 공간적으로 분리되어 있으므로 앨리스의 응답 비트 a는 밥의 입력 비트 y에 의존할 수 없고, 마찬가지로 밥의 응답 비트 b는 앨리스의 입력 비트 x에 의존할 수 없다. 응답 비트 a와 b를 받은 후, 심판은 x와 y의 AND 연산값이 a와 b의 배타적 OR$^{\text{XOR, exclusive OR}}$ 연산값과 같은지 결정한다. 만약 같다면, 앨리스와 밥은 게임에 승리한다. 즉, 승리 조건은 다음과 같다.

$$x \wedge y = a \oplus b \tag{3.155}$$

그림 3.9에 CHSH 게임을 묘사했다.

CHSH 게임의 승리 확률에 대한 표현을 찾아보자. $V(x, y, a, b)$가 어떤 게임 1회에 대해 앨리스와 밥이 이겼는지를 알려주는 표시 함수를 다음과 같이 나타낸다고 하자.

$$V(x, y, a, b) = \begin{cases} 1 & x \wedge y = a \oplus b \text{인 경우} \\ 0 & \text{그 외} \end{cases} \tag{3.156}$$

앨리스와 밥이 이용한 특정 전략에 해당하는 조건부 확률 분포 $p_{AB|XY}(a, b|x, y)$가 있다. 입력 x와 y는 무작위로 균일하게 선택되고 각각 가능한 값이 두 가지가 있으므로, x와 y에 대한 확률 분포 $p_{XY}(x, y)$는 다음과 같다.

$$p_{XY}(x, y) = 1/4 \tag{3.157}$$

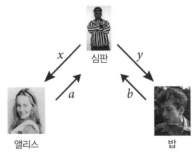

그림 3.9 CHSH 게임의 묘사. 첫 단계에서 심판은 x비트와 y비트를 앨리스와 밥에게 준다. 두 번째 단계에서 앨리스와 밥은 a비트와 b비트를 심판에게 되돌려준다.

CHSH 게임의 승리 확률에 대한 표현은 다음과 같다.

$$\frac{1}{4} \sum_{a,b,x,y} V(x,y,a,b)p_{AB|XY}(a,b|x,y) \qquad (3.158)$$

고전 전략과 양자 전략에 대해 이 승리 확률을 계산하기 위해, 확률 분포 $p_{AB|XY}(a, b|x, y)$에 대해 좀 더 이해할 필요가 있다. 그렇게 하려면, 앨리스와 밥이 사용한 전략을 설명하는 방법이 필요하다. 이러한 목적에서, λ라는 값을 갖는 무작위 변수 Λ가 있다고 가정하자. 이것은 고전 전략 또는 양자 전략을 나타내고, 그 값은 행렬의 모든 원소나 심지어 연속적인 값이 될 수도 있다. 전체 확률의 법칙을 이용하면, 조건부 확률 $p_{AB|XY}(a, b|x, y)$를 다음으로 확장할 수 있다.

$$p_{AB|XY}(a,b|x,y) = \int d\lambda \; p_{AB|\Lambda XY}(a,b|\lambda,x,y) \; p_{\Lambda|XY}(\lambda|x,y) \qquad (3.159)$$

여기서 $p_{\Lambda|XY}(\lambda|x, y)$는 조건부 확률 분포다. 이렇게 얻은 확률 분포 $p_{AB|XY}(a, b|x, y)$는 그림 3.10(i)에 주어진 앨리스와 밥의 전략에 대한 묘사를 이끌어낸다.

고전 전략

앨리스와 밥이 고전 전략에 따라 행동한다고 해보자. 그런 전략의 가장 일반적인 형태는 무엇일까? 그림 3.10(i)의 도표를 보면, 어떻게 게임이 작동하는지 이해한 것과 잘 맞지 않는 몇 가지 측면이 있다.

고전 전략에서 무작위 변수 Λ는 앨리스와 밥이 '게임 시작 전'에 공유할 수 있는 고전 상관성에 해당한다. 이들은 미리 만나서 Λ의 값 λ를 무작위로 고를 수 있다. 게임의 명세에 따라, 앨리스와 밥의 입력 비트 x와 y는 무작위로 독립적으로 선택되고, 따라서 무작위 변수 Λ는 x와 y에 의존하지 않는다. 그러므로 조건부 확률 분포 $p_{\Lambda|XY}(\lambda|x, y)$는 다음과 같이 간단해진다.

$$p_{\Lambda|XY}(\lambda|x,y) = p_{\Lambda}(\lambda) \qquad (3.160)$$

그림 3.10(ii)가 이 조건을 반영한다.

다음으로, 앨리스와 밥은 공간적으로 분리되어 독립적으로 행동하므로 확률 분포 $p_{AB|\Lambda XY}(a, b|\lambda, x, y)$는 다음과 같이 인수분해된다.

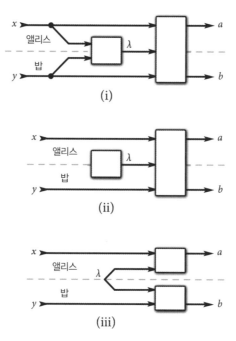

그림 3.10 CHSH 게임에서 고전적 전략의 다양한 단순화: (i) 제약조건이 없는 전략, (ii) 입력 비트 x와 y에 독립적인 매개변수 λ에 따라 달라지는 전략, (iii) 앨리스와 밥의 행동이 독립적이고 이들이 서로 입력 비트에 접근할 수 없다는 요구사항이 필요한 전략

$$p_{AB|\Lambda XY}(a, b|\lambda, x, y) = p_{A|\Lambda XY}(a|\lambda, x, y)\, p_{B|\Lambda XY}(b|\lambda, x, y) \qquad (3.161)$$

그러나 앨리스의 전략은 밥의 입력 비트 y와 무관하고, 밥의 전략도 앨리스의 입력 x와 무관하다고 했다. 왜냐하면 이들은 공간적으로 분리됐기 때문이다. 하지만 이들의 전략은 게임 시작 전에 공유하는 것이 허용된 무작위 변수 Λ에 의존할 수 있다. 이 모든 것은 둘의 전략을 설명하는 조건부 확률 분포가 다음과 같이 인수분해돼야 한다는 뜻이다.

$$p_{AB|\Lambda XY}(a, b|\lambda, x, y) = p_{A|\Lambda X}(a|\lambda, x)\, p_{B|\Lambda Y}(b|\lambda, y) \qquad (3.162)$$

그리고 그림 3.10(iii)이 이 변화를 반영한다. 이제 그림 3.10(iii)은 Λ가 게임 시작 전에 앨리스와 밥이 모두 접근하는 것이 가능한 무작위 변수에 해당한다면, 밥과 앨리스가 사용할 수 있는 가장 일반적인 고전 전략을 나타낸다.

모든 것을 합치면, 고전 전력에 대한 조건부 확률 분포 $p_{AB|XY}(a,\, b|x,\, y)$는 다음의 형태가 된다.

$$p_{AB|XY}(a,b|x,y) = \int d\lambda \; p_{A|\Lambda X}(a|\lambda,x) \; p_{B|\Lambda Y}(b|\lambda,y) \; p_\Lambda(\lambda) \qquad (3.163)$$

이제 모든 고전 전략에 대해 식 (3.158)의 승리 확률을 최적화할 수 있다. 어떤 확률 사상$^{\text{stochastic map}}$ $p_{A|\Lambda X}(a|\lambda, x)$라도 결정론적 2진값 함수 $f(a|\lambda, x, n)$을 n으로 표시된 값을 갖는 국소적 무작위 변수 N에 적용해 시뮬레이션될 수 있음을 생각해보자. 그러면 다음을 만족하는 무작위 변수 N을 항상 찾아낼 수 있다.

$$p_{A|\Lambda X}(a|\lambda,x) = \int dn \; f(a|\lambda,x,n) \; p_N(n) \qquad (3.164)$$

똑같은 논의가 확률 사상 $p_{B|\Lambda Y}(b|\lambda, y)$에도 성립한다. 즉, 다음을 만족하는 무작위 변수 M이 존재한다.

$$p_{B|\Lambda Y}(b|\lambda,y) = \int dm \; g(b|\lambda,y,m) \; p_M(m) \qquad (3.165)$$

여기서 g는 결정론적 2진값 함수다. 따라서

$$
\begin{aligned}
& p_{AB|XY}(a,b|x,y) \\
& = \int d\lambda \; p_{A|\Lambda X}(a|\lambda,x) \; p_{B|\Lambda Y}(b|\lambda,y) \; p_\Lambda(\lambda) \qquad (3.166) \\
& = \int d\lambda \left[\int dn \; f(a|\lambda,x,n) \; p_N(n) \right] \left[\int dm \; g(b|\lambda,y,m) \; p_M(m) \right] p_\Lambda(\lambda) \\
& \qquad\qquad\qquad\qquad\qquad\qquad\qquad\qquad\qquad\qquad\qquad (3.167) \\
& = \int \int \int d\lambda \; dn \; dm \; f(a|\lambda,x,n) \; g(b|\lambda,y,m) \; p_\Lambda(\lambda) \; p_N(n) \; p_M(m) \qquad (3.168)
\end{aligned}
$$

임을 알 수 있다. 위 수식의 마지막 줄을 살펴보면 공유된 무작위 변수 Λ에 국소 무작위 변수 N과 M을 포함시킬 수 있다는 것이 분명하므로, 고전 전략에 대한 어떤 조건부 확률 분포 $p_{AB|XY}(a, b|x, y)$를 다음과 같이 쓸 수 있다.

$$p_{AB|XY}(a,b|x,y) = \int d\lambda \; f'(a|\lambda,x) \; g'(b|\lambda,y) \; p_\Lambda(\lambda) \qquad (3.169)$$

여기서 f'과 g'은 (f 및 g와 관련된) 결정론적 2진값 함수다. 이 표현을 식 (3.158)의 승리 확률식에 대입하면

$$\frac{1}{4} \sum_{a,b,x,y} V(x,y,a,b) p_{AB|XY}(a,b|x,y)$$

$$= \frac{1}{4} \sum_{a,b,x,y} V(x,y,a,b) \int d\lambda \; f'(a|\lambda,x) \; g'(b|\lambda,y) \; p_{\Lambda}(\lambda) \tag{3.170}$$

$$= \int d\lambda \; p_{\Lambda}(\lambda) \left[\frac{1}{4} \sum_{a,b,x,y} V(x,y,a,b) \; f'(a|\lambda,x) \; g'(b|\lambda,y) \right] \tag{3.171}$$

$$\leq \frac{1}{4} \sum_{a,b,x,y} V(x,y,a,b) \; f'(a|\lambda^*,x) \; g'(b|\lambda^*,y) \tag{3.172}$$

임을 알 수 있다. 두 번째 등식은 단지 λ에 대한 적분을 급수와 교환한 것이다. 마지막 단계의 부등식에서는 평균은 항상 최댓값보다 작다는 사실을 이용했다. 즉, λ의 모든 값에 대해 평균을 낼 때보다 같거나 더 높은 승리 확률을 주는 특정한 값 λ^*가 항상 존재한다. 위의 계산 결과는 승리 확률을 분석할 때 앨리스와 밥의 결정론적 전략을 고려하기에 충분하다.

이제 결정론적 전략이 모든 고전 전략에 대해 최적임을 알았으므로 여기에 집중해 보자. 결정론적 전략은 앨리스가 받은 비트 x를 조건으로 하는 a_x를 고르도록 하고, 마찬가지로 밥은 y를 조건으로 하는 비트 b_y를 고를 수 있다. 다음의 표는 이 결정론적 전략을 사용하는 x와 y의 네 가지 경우에 대한 승리 조건을 나타낸다.

x	y	$x \wedge y$	$= a_x \oplus b_y$
0	0	0	$= a_0 \oplus b_0$
0	1	0	$= a_0 \oplus b_1$
1	0	0	$= a_1 \oplus b_0$
1	1	1	$= a_1 \oplus b_1$

$$\tag{3.173}$$

그러나 이들이 항상 이기는 것은 불가능함을 볼 수 있다. $x \wedge y$ 열에 들어가면 2진 합은 1인 반면, $= a_x \oplus b_y$ 열에 들어가면 2진 합은 0이다. 따라서 이 모든 방정식이 동시에 만족되는 것은 불가능하다. 4개 중 최대 3개가 만족될 수 있으므로, 고전 결정론적 전략 $p_{AB|XY}(a,b|x,y)$를 이용한 최대 승리 확률은 커봐야 3/4다.

$$\frac{1}{4} \sum_{a,b,x,y} V(x,y,a,b) p_{AB|XY}(a,b|x,y) \leq \frac{3}{4} \tag{3.174}$$

앨리스와 밥이 이 상한선에 도달하기 위한 전략은 둘이 x와 y에 아무 상관없이 $a = 0$과 $b = 0$을 고르는 것이다.

양자 전략

앨리스와 밥의 양자 전략은 어떻게 보일까? 여기서 매개변수 λ는 공유된 양자 상태 $|\phi\rangle_{AB}$에 해당한다. 앨리스와 밥은 그들이 받은 입력 x와 y의 값에 따라 국소적 측정을 수행한다. 앨리스의 x에 의존하는 측정을 각각의 x에 대해 $\{\Pi_a^{(x)}\}$라고 적을 수 있다. 여기서 $\Pi_a^{(x)}$는 사영 연산자이고, $\Sigma_a \Pi_a^{(x)} = I$이다. 마찬가지로, 밥의 y에 의존하는 측정을 $\{\Pi_b^{(y)}\}$라고 적을 수 있다. 그런 다음, 대신에 조건부 확률 분포 $p_{AB|XY}(a, b|x, y)$를 결정하는 데 보른 규칙을 사용할 수 있다.

$$p_{AB|XY}(a,b|x,y) = \langle\phi|_{AB}\Pi_a^{(x)} \otimes \Pi_b^{(y)}|\phi\rangle_{AB} \tag{3.175}$$

따라서 특정 양자 전략에 대한 승리 확률은 다음과 같다.

$$\frac{1}{4} \sum_{a,b,x,y} V(x,y,a,b)\langle\phi|_{AB}\Pi_a^{(x)} \otimes \Pi_b^{(y)}|\phi\rangle_{AB} \tag{3.176}$$

흥미롭게도, 만약 앨리스와 밥이 최대로 얽힘 상태를 공유한다면 고전 상관성만을 공유할 때보다 더 높은 승리 확률에 도달할 수 있다. 이것은 얽힘의 능력을 보여주는 한 사례이고, CHSH 게임에서 양자 전략을 따르면 승리 확률이 $\cos^2(\pi/8) \approx 0.85$에 도달함을 증명하는 것은 연습문제로 남겨둔다.

【연습문제 3.6.4】 앨리스와 밥이 최대로 얽힌 상태 $|\Phi^+\rangle$를 공유한다고 하자. 다음의 전략이 승리 확률 $\cos^2(\pi/8)$을 갖는다는 것을 보여라. 앨리스가 심판으로부터 $x = 0$을 받았다면, 앨리스는 자신이 가진 계에서 파울리 Z 연산을 측정하고 그 측정 결과에 따라 'a'를 반환한다. 측정 결과가 $+1$이면 $a = 0$이고, 측정 결과가 -1이면 $a = 1$이다(이것은 다음 상황에도 적용된다). 만약 앨리스가 $x = 1$을 받았다면, 앨리스는 자신이 가진 계에서 X 연산을 측정하고 그 측정 결과에 따라 'a'를 반환한다. 만약 밥이 심판으로부터 $y = 0$을 받는다면, 밥은 자신의 계에서 $(X + Z)/\sqrt{2}$ 연산을 측정하고 그 결

과에 따라 b를 반환한다. 만약 밥이 심판으로부터 $y = 1$을 받는다면, 밥은 $(Z - X)/$ $\sqrt{2}$ 연산을 측정하고 그 결과에 따라 b를 반환한다.

양자역학적 최대 승리 확률

고전 전략이 3/4보다 높은 확률로 이길 수가 없다고 하면, 양자 전략의 승리 확률의 한계가 있는지 궁금한 것이 자연스러운 일이다. 앨리스와 밥이 양자 전략을 썼을 때 CHSH 게임을 이길 최대 확률은 $\cos^2(\pi/8)$이라는 것이 알려져 있고, 이 결과는 **치 렐슨 한계**^{Tsirelson's bound}라고 한다. 이 결과를 보이기 위해 CHSH 게임으로 돌아가 보자. x와 y가 00, 01, 10으로 주어지는 조건일 때, 앨리스와 밥이 같은 결과를 내면 승리한다는 것을 알고 있다. 어떤 양자 전략이 주어졌을 때 이런 일이 일어날 확률은

$$\langle\phi|_{AB}\Pi_0^{(x)} \otimes \Pi_0^{(y)}|\phi\rangle_{AB} + \langle\phi|_{AB}\Pi_1^{(x)} \otimes \Pi_1^{(y)}|\phi\rangle_{AB} \tag{3.177}$$

이고, 이런 일이 일어나지 않을 확률은

$$\langle\phi|_{AB}\Pi_0^{(x)} \otimes \Pi_1^{(y)}|\phi\rangle_{AB} + \langle\phi|_{AB}\Pi_1^{(x)} \otimes \Pi_0^{(y)}|\phi\rangle_{AB} \tag{3.178}$$

이다. 따라서 x와 y가 00, 01, 10인 조건에 대해 승리 확률에서 패배 확률을 빼면

$$\langle\phi|_{AB}A^{(x)} \otimes B^{(y)}|\phi\rangle_{AB} \tag{3.179}$$

이다. 여기서 **관측 가능량** $A^{(x)}$와 $B^{(y)}$를 다음과 같이 정의한다.

$$A^{(x)} \equiv \Pi_0^{(x)} - \Pi_1^{(x)} \tag{3.180}$$

$$B^{(y)} \equiv \Pi_0^{(y)} - \Pi_1^{(y)} \tag{3.181}$$

만약 x와 y가 둘 다 1이라면 앨리스와 밥은 다른 결과를 내야 하고, 위의 논의와 마찬가지 과정을 거쳐서 승리 확률에서 패배 확률을 뺀 것이

$$- \langle\phi|_{AB}A^{(1)} \otimes B^{(1)}|\phi\rangle_{AB} \tag{3.182}$$

와 같음을 알 수 있다. 따라서 입력 비트 전체에 대해 평균을 계산하기 위해 승리 확률에서 패배 확률을 빼면 다음과 같다.

$$\frac{1}{4} \langle \phi|_{AB} C_{AB} |\phi\rangle_{AB} \qquad (3.183)$$

여기서 C_{AB}는 다음과 같이 정의되는 CHSH 연산자다.

$$C_{AB} \equiv A^{(0)} \otimes B^{(0)} + A^{(0)} \otimes B^{(1)} + A^{(1)} \otimes B^{(0)} - A^{(1)} \otimes B^{(1)} \qquad (3.184)$$

연습 삼아 다음을 점검해보자.

$$C_{AB}^2 = 4I_{AB} - \left[A^{(0)}, A^{(1)}\right] \otimes \left[B^{(0)}, B^{(1)}\right] \qquad (3.185)$$

연산자 R의 무한 노름infinity norm $\|R\|_\infty$는 가장 큰 특잇값singular value과 같다. 무한 노름은 다음의 관계식을 따른다.

$$\|cR\|_\infty = |c| \, \|R\|_\infty \qquad (3.186)$$
$$\|RS\|_\infty \leq \|R\|_\infty \|S\|_\infty \qquad (3.187)$$
$$\|R + S\|_\infty \leq \|R\|_\infty + \|S\|_\infty \qquad (3.188)$$

여기서 $c \in \mathbb{C}$이고 S는 또 다른 연산자다. 이 관계를 사용해

$$\left\|C_{AB}^2\right\|_\infty = \left\|4I_{AB} - \left[A^{(0)}, A^{(1)}\right] \otimes \left[B^{(0)}, B^{(1)}\right]\right\|_\infty \qquad (3.189)$$
$$\leq 4 \left\|I_{AB}\right\|_\infty + \left\|\left[A^{(0)}, A^{(1)}\right] \otimes \left[B^{(0)}, B^{(1)}\right]\right\|_\infty \qquad (3.190)$$
$$= 4 + \left\|\left[A^{(0)}, A^{(1)}\right]\right\|_\infty \left\|\left[B^{(0)}, B^{(1)}\right]\right\|_\infty \qquad (3.191)$$
$$\leq 4 + 2 \cdot 2 = 8 \qquad (3.192)$$

위의 식이 다음을 암시함을 알 수 있다.

$$\|C_{AB}\|_\infty \leq \sqrt{8} = 2\sqrt{2} \qquad (3.193)$$

이 사실과 식 (3.183)을 보면, 어떤 양자 전략에서든 승리 확률에서 패배 확률을 뺀 것이 $\sqrt{2}/2$보다 절대로 클 수 없다. 승리 확률과 패배 확률의 합이 1이라는 사실을 조합하면, 어떤 양자 전략에서든 승리 확률은 $1/2 + \sqrt{2}/4 = \cos^2(\pi/8)$보다 클 수 없다.

3.6.3 벨 상태

표준 얽힘비트 말고도 다른 유용한 얽힘 상태가 있다. 앨리스가 자신의 얽힘비트 $|\Phi^+\rangle_{AB}$에 Z_A 연산을 수행한다고 하자. 그 결과 상태는 다음과 같다.

$$|\Phi^-\rangle_{AB} \equiv \frac{1}{\sqrt{2}} \left(|00\rangle_{AB} - |11\rangle_{AB} \right) \tag{3.194}$$

마찬가지로, 앨리스가 X 연산자나 Y 연산자를 수행하면, 전체 상태는 (전체 위상을 제외하면) 각각 다음과 같은 상태로 변환된다.

$$|\Psi^+\rangle_{AB} \equiv \frac{1}{\sqrt{2}} \left(|01\rangle_{AB} + |10\rangle_{AB} \right) \tag{3.195}$$

$$|\Psi^-\rangle_{AB} \equiv \frac{1}{\sqrt{2}} \left(|01\rangle_{AB} - |10\rangle_{AB} \right) \tag{3.196}$$

$|\Phi^+\rangle_{AB}$, $|\Phi^-\rangle_{AB}$, $|\Psi^+\rangle_{AB}$, $|\Psi^-\rangle_{AB}$를 **벨 상태**^{Bell state}라고 하며, 2큐비트 계에서 가장 중요한 얽힘 상태다. 이들은 2큐비트 공간에 대해 **벨 기저**^{Bell basis}라는 정규직교 기저를 구성한다. 벨 상태는 다음과 같이 나타낼 수도 있다.

$$|\Phi^{zx}\rangle_{AB} \equiv Z_A^z X_A^x |\Phi^+\rangle_{AB} \tag{3.197}$$

여기서 2비트 2진수 zx는 앨리스가 I_A, Z_A, X_A, $Z_A X_A$를 수행한다는 뜻이다. 그 결과 상태 $|\Phi^{00}\rangle_{AB}$, $|\Phi^{01}\rangle_{AB}$, $|\Phi^{10}\rangle_{AB}$, $|\Phi^{11}\rangle_{AB}$는 각각 $|\Phi^+\rangle_{AB}$, $|\Psi^+\rangle_{AB}$, $|\Phi^-\rangle_{AB}$, $|\Psi^-\rangle_{AB}$ 상태에 해당한다.

【**연습문제 3.6.5**】 벨 상태가 정규직교 기저를 구성함을 보여라.

$$\langle \Phi^{z_1 x_1} | \Phi^{z_2 x_2} \rangle = \delta_{z_1, z_2} \delta_{x_1, x_2} \tag{3.198}$$

【**연습문제 3.6.6**】 다음의 항등식이 성립함을 보여라.

$$|00\rangle_{AB} = \frac{1}{\sqrt{2}} \left(|\Phi^+\rangle_{AB} + |\Phi^-\rangle_{AB} \right) \tag{3.199}$$

$$|01\rangle_{AB} = \frac{1}{\sqrt{2}} \left(|\Psi^+\rangle_{AB} + |\Psi^-\rangle_{AB} \right) \tag{3.200}$$

$$|10\rangle_{AB} = \frac{1}{\sqrt{2}} \left(|\Psi^+\rangle_{AB} - |\Psi^-\rangle_{AB} \right) \tag{3.201}$$

$$|11\rangle_{AB} = \frac{1}{\sqrt{2}} \left(|\Phi^+\rangle_{AB} - |\Phi^-\rangle_{AB} \right) \tag{3.202}$$

【연습문제 3.6.7】 식 (3.197)을 사용해 다음의 항등식이 성립함을 보여라.

$$|\Phi^+\rangle_{AB} = \frac{1}{\sqrt{2}} \left(|++\rangle_{AB} + |--\rangle_{AB} \right) \tag{3.203}$$

$$|\Phi^-\rangle_{AB} = \frac{1}{\sqrt{2}} \left(|-+\rangle_{AB} + |+-\rangle_{AB} \right) \tag{3.204}$$

$$|\Psi^+\rangle_{AB} = \frac{1}{\sqrt{2}} \left(|++\rangle_{AB} - |--\rangle_{AB} \right) \tag{3.205}$$

$$|\Psi^-\rangle_{AB} = \frac{1}{\sqrt{2}} \left(|-+\rangle_{AB} - |+-\rangle_{AB} \right) \tag{3.206}$$

얽힘은 양자 계산과 양자 통신에서, 그리고 이 책에서 탐색할 양자 섀넌 이론의 환경에서 가장 유용한 자원 중 하나다. 이 책의 목표는 자원으로서의 얽힘을 공부하는 것뿐만 아니라, 얽힘의 측정, 다자간 얽힘, 일반화된 벨 부등식(Horodecki et al., 2009) 등 얽힘의 다른 여러 측면도 공부하는 것이다.

3.7 정리와 큐디트 상태로의 확장

이제 d차원 계의 양자 상태로 나타낸 핵심 가설을 요약하면서 무잡음 양자 이론에 대한 개괄적 소개를 마무리 짓겠다. 그런 상태를 2차원 양자계에 대한 '큐비트'라는 이름과 유사하게 **큐디트 상태**qudit state라고 한다.

3.7.1 큐디트

큐디트 상태 $|\psi\rangle$는 d차원 양자계의 정규직교 기저 $\{|j\rangle\}_{j\in\{0,...,d-1\}}$ 집합에 대한 임의의 중첩 상태다.

$$|\psi\rangle \equiv \sum_{j=0}^{d-1} \alpha_j |j\rangle \tag{3.207}$$

진폭 α_j는 정규화 조건 $\sum_{j=0}^{d-1}|\alpha_j|^2 = 1$을 만족한다.

3.7.2 유니터리 변화

양자 이론의 첫 번째 가설은 유니터리 (가역적) 변환 U를 이 상태에 수행할 수 있다는 것이다. 그 결과 상태는 $U|\psi\rangle$이고, $|\psi\rangle$ 상태에 연산자 U를 적용했다는 뜻이다.

유니터리 변환의 한 사례는 순환 이동 연산자cyclic shift operator $X(x)$로, 정규직교 상태 $\{|j\rangle\}_{j\in\{0,\dots,d-1\}}$에 대해 다음과 같이 작용한다.

$$X(x)|j\rangle = |x \oplus j\rangle \tag{3.208}$$

여기서 $\oplus$는 순환 덧셈 연산자이고, 덧셈의 결과가 $(x+j) \bmod (d)$라는 뜻이다. 파울리 X 연산자는 계산 기저에서와 유사한 거동을 보인다는 점을 알아두자. 왜냐하면 $i \in \{0, 1\}$에 대해

$$X|i\rangle = |i \oplus 1\rangle \tag{3.209}$$

이기 때문이다. 따라서 연산자 $X(x)$는 X 파울리 연산자를 큐디트로 일반화한 것이다.

【연습문제 3.7.1】 $X(x)$의 역연산이 $X(-x)$임을 보여라.

【연습문제 3.7.2】 $X(x)$ 연산자의 행렬 표현 $X(x)$가 표준 기저 $\{|j\rangle\}$에 대해 $[X(x)]_{i,j} = \delta_{i,j\oplus x}$임을 보여라.

유니터리 연산의 또 다른 사례는 **위상 연산자**phase operator $Z(z)$이다. 이 연산자는 상태에 의존하는 위상을 기저 상태에 가한다. 큐디트 계산 기저 상태 $\{|j\rangle\}_{j\in\{0,\dots,d-1\}}$에 대해

$$Z(z)|j\rangle = \exp\{i2\pi zj/d\}\,|j\rangle \tag{3.210}$$

와 같이 행동한다. 이 연산자는 파울리 Z 연산자의 큐디트 유사품이다. $\{X(x)Z(z)\}_{x,z\in\{0,\dots,d-1\}}$은 d^2개의 연산자들인데 **하이젠베르크-와일 연산자**Heisenberg-Weyl operator라고 한다.

【연습문제 3.7.3】 $Z(1)$ 연산이 $d = 2$인 경우 파울리 Z 연산자와 동등함을 보여라.

【연습문제 3.7.4】 $Z(z)$의 역연산이 $Z(-z)$임을 보여라.

【연습문제 3.7.5】 위상 연산자 $Z(z)$의 행렬 표현이 표준 기저 $\{|j\rangle\}$에 대해

$$[Z(z)]_{j,k} = \exp\{i2\pi zj/d\}\,\delta_{j,k} \tag{3.211}$$

임을 보여라. 특히, 이 결과는 $Z(z)$ 연산자가 큐디트 계산 기저 상태 $\{|j\rangle\}_{j\in\{0,\dots,d-1\}}$에 대해 대각 행렬 표현을 가짐을 뜻한다. 따라서 큐디트 계산 기저 상태 $\{|j\rangle\}_{j\in\{0,\dots,d-1\}}$는 위상 연산자 $Z(z)$의 고유상태다(큐비트 계산 기저 상태가 파울리 Z 연산자의 고유상태인 것과 마찬가지다). 고유상태 $|j\rangle$의 고윳값은 $\exp\{i2\pi zj/d\}$이다.

【연습문제 3.7.6】 순환 이동 연산자 $X(1)$의 고유상태 $|\tilde{l}\rangle$은 푸리에 변환된 상태 $|\tilde{l}\rangle$임을 보여라. 여기서

$$|\tilde{l}\rangle \equiv \frac{1}{\sqrt{d}}\sum_{j=0}^{d-1}\exp\{i2\pi lj/d\}\,|j\rangle \tag{3.212}$$

이고, l은 집합 $\{0,\dots,d-1\}$의 정수다. $|\tilde{l}\rangle$ 상태에 해당하는 고윳값이 $\exp\{-i2\pi l/d\}$임을 보여라. 이 상태가 또한 $X(x)$의 고유상태이지만, 그에 대응되는 고윳값은 $\exp\{-i2\pi lx/d\}$임을 증명하라.

【연습문제 3.7.7】 $+/-$ 기저 상태가 식 (3.212)의 상태가 $d=2$일 때의 특수한 경우임을 보여라.

【연습문제 3.7.8】 푸리에 변환 연산자 F는 아다마르 게이트의 큐디트 유사체다. 이 연산자는 큐디트 계산 기저에 대해 다음의 변환을 수행한다.

$$|j\rangle \to \frac{1}{\sqrt{d}}\sum_{k=0}^{d-1}\exp\{i2\pi jk/d\}\,|k\rangle \tag{3.213}$$

다음의 관계식이 푸리에 변환 연산자 F에 대해 성립함을 보여라.

$$FX(x)F^\dagger = Z(x),\ FZ(z)F^\dagger = X(-z)$$

【연습문제 3.7.9】 순환 이동 연산자 $X(x)$와 위상 연산자 $Z(z)$ 사이에 다음의 교환 관계가 있음을 보여라.

$$X(x_1)Z(z_1)X(x_2)Z(z_2) = \\ \exp\{2\pi i\,(z_1x_2 - x_1z_2)\,/d\}\,X(x_2)Z(z_2)X(x_1)Z(z_1) \tag{3.214}$$

다음의 결과를 먼저 보이는 것이 좋다.

$$X(x)Z(z) = \exp\{-2\pi izx/d\}\, Z(z)X(x) \tag{3.215}$$

3.7.3 큐디트의 측정

큐디트의 측정은 큐비트의 측정과 유사하다. 어떤 상태 $|\psi\rangle$를 갖고 있다고 하자. 거기에 더해, 다음과 같은 대각화를 갖는 어떤 에르미트 연산자 A를 측정한다고 해보자.

$$A = \sum_j f(j)\Pi_j \tag{3.216}$$

여기서 $\Pi_j\Pi_k = \Pi_j\delta_{j,k}$이고 $\sum_j \Pi_j = I$이다. 연산자 A에 대한 측정은 다음의 확률을 갖고 결과 j를 반환한다.

$$p(j) = \langle\psi|\Pi_j|\psi\rangle \tag{3.217}$$

그리고 그 결과 상태는 다음과 같다.

$$\frac{\Pi_j|\psi\rangle}{\sqrt{p(j)}} \tag{3.218}$$

연산자 A의 기댓값을 계산하는 것은 큐비트의 경우에 계산했던 방법과 유사하다.

$$\mathbb{E}[A] = \sum_j f(j)\langle\psi|\Pi_j|\psi\rangle = \langle\psi|\sum_j f(j)\Pi_j|\psi\rangle = \langle\psi|A|\psi\rangle \tag{3.219}$$

이제, 측정할 일이 있을 수 있는 큐디트 연산자의 간단한 사례 두 가지를 제시하겠다. $X(1)$ 연산자와 $Z(1)$ 연산자는 에르미트가 아니기 때문에 파울리 X 연산자와 파울리 Z 연산자의 완전하지는 않은 유사체다. 따라서 이 연산자는 직접 측정될 수 없다. 대신에, $X(1)$과 $Z(1)$ '연산자의 측정'과 기본적으로 등가인 연산자를 만들어보자. 먼저, $Z(1)$ 연산자를 생각해보자. 그 고유상태는 큐디트 계산 기저 $\{|j\rangle\}_{j\in\{0,\dots,d-1\}}$이다. 연산자 $M_{Z(1)}$을

$$M_{Z(1)} \equiv \sum_{j=0}^{d-1} j|j\rangle\langle j| \tag{3.220}$$

처럼 구성할 수 있다. 이 연산자를 측정하는 것은 큐디트 계산 기저에서 측정하는 것과 동등하다. 식 (3.207) 상태에 있는 큐디트 $|\psi\rangle$에 대한 이 연산자의 기댓값은 다음과 같다.

$$\mathbb{E}\left[M_{Z(1)}\right] = \langle\psi|M_{Z(1)}|\psi\rangle \tag{3.221}$$

$$= \sum_{j'=0}^{d-1}\langle j'|\alpha_{j'}^* \sum_{j=0}^{d-1} j|j\rangle\langle j| \sum_{j''=0}^{d-1}\alpha_{j''}\,|j''\rangle \tag{3.222}$$

$$= \sum_{j',j,j''=0}^{d-1} j\alpha_{j'}^*\alpha_{j''}\,\langle j'|j\rangle\,\langle j|j''\rangle \tag{3.223}$$

$$= \sum_{j=0}^{d-1} j\,|\alpha_j|^2 \tag{3.224}$$

마찬가지로, '$X(1)$ 연산자의 측정'에 대한 연산자 $M_{X(1)}$ 연산자를 $X(1)$ 연산자의 고유상태 $|j\rangle_X$를 이용해 다음과 같이 만들 수 있다.

$$M_{X(1)} \equiv \sum_{j=0}^{d-1} j|\widetilde{j}\rangle\langle\widetilde{j}| \tag{3.225}$$

$M_{X(1)}$ 연산자를 측정할 때 기댓값을 계산하는 것은 연습문제로 남겨둔다.

【연습문제 3.7.10】 식 (3.207)의 상태 $|\psi\rangle$에 있는 큐디트를 생각해보자. $M_{X(1)}$ 연산자의 기댓값이 다음과 같음을 보여라.

$$\mathbb{E}\left[M_{X(1)}\right] = \frac{1}{d}\sum_{j=0}^{d-1} j\left|\sum_{j'=0}^{d-1}\alpha_{j'}\exp\left\{-i2\pi j'j/d\right\}\right|^2 \tag{3.226}$$

힌트: 먼저, $X(1)$ 고유기저에서 상태 $|\psi\rangle$가 다음과 같이 표현된다는 것을 보이자.

$$|\psi\rangle = \sum_{l=0}^{d-1}\frac{1}{\sqrt{d}}\left(\sum_{j=0}^{d-1}\alpha_j\exp\left\{-i2\pi lj/d\right\}\right)|\widetilde{l}\rangle \tag{3.227}$$

3.7.4 큐디트의 복합계

텐서 곱을 사용해 다중 큐디트 계도 정의할 수 있다. A계와 B계에 대한 일반적인
2큐디트 상태는 다음의 형태를 갖는다.

$$|\xi\rangle_{AB} \equiv \sum_{j,k=0}^{d-1} \alpha_{j,k} |j\rangle_A |k\rangle_B \tag{3.228}$$

2큐디트 상태의 변화는 앞서와 유사하다. 앨리스가 유니터리 연산자 U_A를 자신의 큐
디트에 적용한다고 해보자. 그 결과는 다음과 같다.

$$(U_A \otimes I_B)|\xi\rangle_{AB} = (U_A \otimes I_B) \sum_{j,k=0}^{d-1} \alpha_{j,k} |j\rangle_A |k\rangle_B \tag{3.229}$$

$$= \sum_{j,k=0}^{d-1} \alpha_{j,k} (U_A |j\rangle_A) |k\rangle_B \tag{3.230}$$

이 결과는 선형성에 의해 유도된다. 밥의 국소적 유니터리 연산자 적용도 마찬가지
형태를 갖는다. 어떤 광역적 유니터리 연산자 U_{AB}를 상태에 적용하면 다음과 같다.

$$U_{AB} |\xi\rangle_{AB} \tag{3.231}$$

큐디트 벨 상태

2큐디트 상태 또한 얽힐 수 있다. 최대로 얽힌 큐디트 상태는 다음과 같다.

$$|\Phi\rangle_{AB} \equiv \frac{1}{\sqrt{d}} \sum_{i=0}^{d-1} |i\rangle_A |i\rangle_B \tag{3.232}$$

앨리스가 첫 번째 큐디트를 갖고, 밥이 두 번째 큐디트를 갖고, 이들이 공간적으로
분리되어 있을 때, 위의 상태는 **얽힘디트**[7]로 알려진 자원이다. 얽힘디트는 6장에서 논
의할 양자원격전송과 초고밀도 부호화 통신 규약의 큐디트 판본에서 유용하게 사용
된다. 이 책 전체에 걸쳐, 편의상 다음과 같이 정규화되지 않은 최대로 얽힌 벡터를
사용한 경우가 있다.

---

[7] 원문에는 'edit'로 되어 있으며, '얽힘비트(ebit)'를 dit에 대해 확장한 것이다. '이-디트'라고 발음한다. – 옮긴이

$$|\Gamma\rangle_{AB} \equiv \sum_{i=0}^{d-1} |i\rangle_A |i\rangle_B \qquad (3.233)$$

최대로 얽힌 상태 $|\Phi\rangle_{AB}$의 앨리스가 가진 부분에 연산자 $X(x)Z(x)$를 적용하는 경우를 생각해보자. 다음의 표기법을 사용할 것이다.

$$|\Phi^{x,z}\rangle_{AB} \equiv (X_A(x)Z_A(z) \otimes I_B)|\Phi\rangle_{AB} \qquad (3.234)$$

d^2개의 상태 $\{|\Phi^{x,z}\rangle_{AB}\}_{x,z=0}^{d-1}$은 큐디트 벨 상태라고 하며, 큐디트 양자 통신 규약과 양자 섀넌 이론에서 중요하다. 연습문제 3.7.11에서 이 상태들이 완전한 정규직교 기저를 구성함을 확인해보자. 따라서 큐디트 벨 상태에서 2개의 큐디트를 측정할 수 있다. 큐비트 경우와 마찬가지로, 3.6.1절의 논의를 확장하면 큐디트 상태는 공유된 무작위성 디트^{dit}를 생성할 수 있음을 쉽게 알 수 있다.

【연습문제 3.7.11】 $\{|\Phi^{x,z}\rangle_{AB}\}_{x,z=0}^{d-1}$ 상태의 집합이 다음과 같이 완전한 정규직교 기저를 형성함을 보여라.

$$\langle\Phi^{x_1,z_1}|\Phi^{x_2,z_2}\rangle = \delta_{x_1,x_2}\delta_{z_1,z_2} \qquad (3.235)$$

$$\sum_{x,z=0}^{d-1} |\Phi^{x,z}\rangle\langle\Phi^{x,z}|_{AB} = I_{AB} \qquad (3.236)$$

【연습문제 3.7.12】 전치 기교   다음의 '전치 기교$^{transpose\ trick}$' 또는 '튕김^{ricochet}' 성질이 최대로 얽힌 상태 $|\Phi\rangle_{AB}$(식 (3.232)에 정의됨)와 $d \times d$ 행렬 M에 대해 성립함을 보여라.

$$(M_A \otimes I_B)|\Phi\rangle_{AB} = (I_A \otimes M_B^T)|\Phi\rangle_{AB} \qquad (3.237)$$

여기서 M^T는 식 (3.232)의 기저 $\{|i\rangle_B\}$에 대한 연산자 M의 전치 연산자다. 이것은 $|\Phi\rangle_{AB}$에 대한 앨리스의 어떤 국소 연산이 밥이 자신의 상태에 이 연산의 전치 연산을 수행한 것과 동등하다는 뜻이다. 물론, 같은 등식은 식 (3.233)의 정규화되지 않은 최대로 얽힌 벡터 $|\Gamma\rangle_{AB}$에 대해서도 사실이다.

$$(M_A \otimes I_B)|\Gamma\rangle_{AB} = (I_A \otimes M_B^T)|\Gamma\rangle_{AB}$$

3.8 슈미트 분해

슈미트 분해Schmidt decomposition는 양자정보 이론에서 2분할 순수 상태를 분석하는 데 가장 중요한 도구 중 하나로, 조율된 정규직교 기저의 중첩으로 주어진 임의의 2분할 순수 상태를 분해할 수 있음을 보여준다. 이것은 선형대수학의 잘 알려진 특잇값 분해 정리singular value decomposition theorem의 결과다. 이 결과를 엄밀한 표현으로 다음과 같은 정리로 쓴다.

【정리 3.8.1】슈미트 분해 다음의 2분할 순수 상태가 있다고 하자.

$$|\psi\rangle_{AB} \in \mathcal{H}_A \otimes \mathcal{H}_B \tag{3.238}$$

여기서 $\mathcal{H}_A$와 $\mathcal{H}_B$는 유한 차원 힐베르트 공간이며, 같은 차원일 필요는 없다. 그리고 $\||\psi\rangle_{AB}\|_2 = 1$이다. 그러면 이 상태는 다음과 같이 표현할 수가 있다.

$$|\psi\rangle_{AB} \equiv \sum_{i=0}^{d-1} \lambda_i |i\rangle_A |i\rangle_B \tag{3.239}$$

여기서 진폭 λ_i는 실수로, 0이 아닌 양수이며, $\sum_i \lambda_i^2 = 1$로 정규화되어 있고, 상태 $\{|i\rangle_A\}$는 A계의 정규직교 기저를 구성하며, 상태 $\{|i\rangle_B\}$는 B계의 정규직교 기저를 형성한다. 벡터 $[\lambda_i]_{i \in \{0,...,d-1\}}$는 슈미트 계수Schmidt coefficient의 벡터라고 한다. 2분할 상태의 슈미트 랭크 d는 그 상태의 슈미트 분해에 대한 슈미트 계수 λ_i의 수와 같고, 다음을 만족시킨다.

$$d \leq \min\{\dim(\mathcal{H}_A), \dim(\mathcal{H}_B)\} \tag{3.240}$$

【증명】 이것은 기본적으로 행렬의 특잇값 분해를 다시 적는 것이다. 임의의 2분할 순수 상태 $|\psi\rangle_{AB} \in \mathcal{H}_A \otimes \mathcal{H}_B$를 생각해보자. $d_A \equiv \dim(\mathcal{H}_A)$이고 $d_B \equiv \dim(\mathcal{H}_B)$라고 하자. $|\psi\rangle_{AB}$를 어떤 진폭 $\alpha_{j,k}$와 A계와 B계 각각의 어떤 정규직교 기저 $\{|j\rangle_A\}$와 $\{|k\rangle_B\}$에 대해 다음과 같이 나타낼 수 있다.

$$|\psi\rangle_{AB} = \sum_{j=0}^{d_A-1} \sum_{k=0}^{d_B-1} \alpha_{j,k} |j\rangle_A |k\rangle_B \tag{3.241}$$

$\alpha_{j,k}$에 의해 만들어진 어떤 $d_A \times d_B$ 행렬 G를

$$[G]_{j,k} = \alpha_{j,k} \tag{3.242}$$

로 적자. 모든 행렬은 특잇값 분해를 가지므로 G는 다음과 같다.

$$G = U\Lambda V \tag{3.243}$$

여기서 U는 $d_A \times d_A$ 유니터리 행렬이고, V는 $d_B \times d_B$ 유니터리 행렬이며, Λ는 $d_A \times d_B$ 행렬이고, 이 행렬은 대각선 성분에 d개의 실수이며 0이 아닌 양수 λ_i를 갖고 다른 성분은 0인 행렬이다. U의 행렬 원소를 $u_{j,i}$라고 쓰고, V의 행렬 원소를 $v_{i,k}$라고 하자. 위의 행렬 방정식은 다음의 연립방정식과 같다.

$$\alpha_{j,k} = \sum_{i=0}^{d-1} u_{j,i}\lambda_i v_{i,k} \tag{3.244}$$

이 표현을 식 (3.241)의 상태에 대입하면 다음과 같다.

$$|\psi\rangle_{AB} = \sum_{j=0}^{d_A-1} \sum_{k=0}^{d_B-1} \left(\sum_{i=0}^{d-1} u_{j,i}\lambda_i v_{i,k} \right) |j\rangle_A |k\rangle_B \tag{3.245}$$

텐서 곱의 성질을 이용해 몇몇 항을 조정하면,

$$|\psi\rangle_{AB} = \sum_{i=0}^{d-1} \lambda_i \left(\sum_{j=0}^{d_A-1} u_{j,i}|j\rangle_A \right) \otimes \left(\sum_{k=0}^{d_B-1} v_{i,k}|k\rangle_B \right) \tag{3.246}$$

$$= \sum_{i=0}^{d-1} \lambda_i |i\rangle_A |i\rangle_B \tag{3.247}$$

를 얻는다. 여기서 A계의 정규직교 기저를 $|i\rangle_A \equiv \sum_j u_{j,i}|j\rangle_A$로 정의하고 B계의 정규직교 기저를 $|i\rangle_B \equiv \sum_k v_{i,k}|k\rangle_B$로 정의했다. 이것으로 이 정리의 증명이 완료된다. 그러나 연습문제 3.8.1에서 상태의 집합 $\{|i\rangle_A\}$가 정규직교 기저를 구성한다는 것을 보이도록 했다(상태의 집합 $\{|i\rangle_B\}$에 대한 증명도 비슷하다). $\square$

정리 3.8.1의 내용은 깊이 생각해보지 않고 보면 놀랍다. 예를 들어, 앨리스의 힐

베르트 공간 $\mathcal{H}_A$는 2차원 큐비트 힐베르트 공간이고, 밥의 힐베르트 공간 $\mathcal{H}_B$는 십억(또는 더 큰 수의) 차원일 수도 있다. 이때 밥의 힐베르트 공간이 이렇게 거대함에도 불구하고 만약 A계와 B계의 상태가 순수 상태임을 안다면 이 상태를 나타내는 데 충분한 $\mathcal{H}_A$를 따라 $\mathcal{H}_B$의 2차원 부분공간을 찾는 것이 항상 가능하다. 그러므로 이 사례에서 나머지 모든 여분의 자유도는 불필요하다. 양자 섀넌 이론에서 때로는 순수 상태에 대한 어떤 함수를 최적화해야 한다. 그런 경우, 슈미트 분해 정리는 그런 최적화 문제에서 생각해야 하는 공간의 크기를 제한하는 데 도움이 된다.

【일러두기 3.8.1】 슈미트 분해는 2분할계뿐만 아니라 2분할계로 나눌 수 있는 어떤 수의 계에든 적용할 수 있다. 예를 들어, $ABCDE$계에 있는 상태 $|\phi\rangle_{ABCDE}$가 있다고 해보자. 한쪽 계는 AB로 두고 다른 쪽 계를 CDE라고 하여, 이 상태에 대해 슈미트 분해를 다음과 같이 적을 수 있다.

$$|\phi\rangle_{ABCDE} = \sum_y \sqrt{p_Y(y)}|y\rangle_{AB}|y\rangle_{CDE} \tag{3.248}$$

여기서 $\{|y\rangle_{AB}\}$는 결합계 AB의 정규직교 기저이고, $\{|y\rangle_{CDE}\}$는 결합계 CDE의 정규직교 기저다.

【연습문제 3.8.1】 정리 3.8.1의 증명에서 나온 상태 집합 $\{|i\rangle_A\}$가 정규직교 기저를 형성함을 행렬 U의 유니터리성을 이용해 보여라.

【연습문제 3.8.2】 슈미트 분해는 어떤 순수 상태가 얽힘 상태인지 곱 상태인지 알아내는 방법을 제공함을 증명하라. 특히, 순수 2분할 상태가 얽혀 있음은 슈미트 계수가 1개보다 많은 것과 필요충분조건이다. 먼저, 순수한 2분할 상태 $|\phi\rangle_{AB}$가 단 1개의 슈미트 계수를 갖는다고 가정하라. 그 상태와 곱 상태의 최대 겹침이 1과 같음을 증명하라.

$$\max_{|\varphi\rangle_A, |\psi\rangle_B} |\langle\varphi|_A \otimes \langle\psi|_B|\phi\rangle_{AB}|^2 = 1 \tag{3.249}$$

어떤 상태 $|\phi\rangle_{AB}$에 대해 1개보다 많은 슈미트 계수가 있다고 하자. 이 상태와 곱 상태의 최대 겹침이 1보다 엄격하게 작음(따라서 곱 상태로 적을 수 없음)을 증명하라.

$$\max_{|\varphi\rangle_A, |\psi\rangle_B} |\langle\varphi|_A \otimes \langle\psi|_B |\phi\rangle_{AB}|^2 < 1 \qquad (3.250)$$

(힌트: 슈미트를 써라! 슈바르츠를 써라!(코시-슈바르츠에서처럼...))

3.9 역사와 더 읽을거리

양자역학에 대한 수학적 배경지식을 쌓을 수 있는 좋은 책들이 많다(Bohm, 1989; Sakurai, 1994; Nielsen & Chuang, 2000). 자원부등식 형식 체계에 대한 아이디어는 베넷[Bennett]의 유명한 논문(1995)과 또 다른 베넷의 논문(2004)에 처음으로 등장했다. 삭제 불가 정리는 파티[Pati]와 브라운슈타인[Braunstein]의 논문(2000)에 있다. 호로데키[Horodecki] 일가의 리뷰 논문(2009)은 양자얽힘을 공부하는 데 도움이 되는 참고문헌이다. CHSH 게임의 표현과 그 분석은 스카라니[Scarani]의 논문(2013)을 따른 것이다. CHSH 게임의 양자역학적 최대 승리 확률에 대한 한계는 치렐슨[Tsirelson]의 논문(1980)에 있다.

04

유잡음 양자 이론

일반적으로, 특정 양자 상태를 갖고 있는지는 모르더라도, 양자 상태의 앙상블에 대한 확률적인 묘사를 알고 있을 수는 있다. 4장에서는 양자계에 대한 완전한 정보가 없는 경우를 포함하여 양자 이론의 기초를 다시 구성한다. 밀도 연산자 형식 체계는 이 상황을 묘사하는 강력한 수학적 도구다. 이 장은 또한 양자계의 유잡음 변화를 어떻게 모형화하는지도 구성한다. 그리고 2장의 2.2.3절에서 논의했던 유잡음 고전 선로의 일반화인 유잡음 양자 선로의 모형들을 탐색한다.

앞 장에서 양자계의 소유자가 주어진 계의 상태에 대해 완벽한 지식을 가졌다는 전제에 기대서 개념을 전개했음을 알 것이다. 예를 들어, 앨리스는 상태가 $|\psi\rangle$인 큐비트를 갖고 있음을 안다. 여기서

$$|\psi\rangle = \alpha|0\rangle + \beta|1\rangle \tag{4.1}$$

이고, 어떤 α, $\beta \in \mathbb{C}$에 대해 $|\alpha|^2 + |\beta|^2 = 1$이다. 또한 어떤 사례에서는 앨리스와 밥이 얽힘비트 $|\Phi^+\rangle_{AB}$를 하나 공유하고 있음을 안다고 가정한다. 심지어 양자 상태의 소유자가 거기에 적용할 수 있는 유니터리 변화나 특정한 측정의 완벽한 지식도 안다고 가정한다.

양자 상태에 대해 완벽하고 분명한 지식을 갖고 있다는 가정은 실제로는 정당화

되기 어렵다. 실제로 어떤 양자 상태를 원하는 대로 준비하고, 변화시키고, 측정하는 것은 어려운 일이다. 양자계는 장치의 결함이나 우리가 제어하는 계의 외부의 다른 자유도와 결합하기 때문에 준비 과정, 변화, 측정에서 약간의 오류가 있을 수 있다. 그런 부정확성의 사례로, 빛살 가르개$^{beam splitter}$에 들어간 두 광자의 결합이 있을 수 있다. 실험에서 빛살 가르개의 반사도를 정확히 조절할 수 없거나, 광자의 도착 시간을 정확히 모를 수 있다. 앞 장에서 소개했던 무잡음 양자 이론은 이런 부정확성을 다룰 수 없다.

이번 장에서는 양자 상태의 준비, 변화, 측정에 대한 완벽한 지식이라는 가정을 완화하여 이 상태에 부정확한 지식을 포함하는 유잡음 양자 이론을 전개해나간다. 유잡음 양자 이론은 확률론과 양자 이론을 하나의 형식 체계로 융합한다.

유잡음 양자 이론의 전개는 다음 순서로 진행된다.

1. 먼저 밀도 연산자 형식 체계를 소개한다. 이것은 부정확한 유잡음 양자계에 대한 표현을 제공한다.

2. 유잡음 양자 상태의 설명에 대해 측정의 일반 형태와 그 효과를 논의한다.

3. 특정한 형태를 포함하는 복합 유잡음 양자계로 나가서, 곱 상태, 분리 가능한 상태, 고전-양자 상태, 얽힘 상태, 임의의 상태 등 복합 유잡음 양자계에서 가능한 여러 상태에 대해 논의한다.

4. 다음으로 양자 선로의 크라우스 표현$^{Kraus representation}$을 알아보는데, 이는 유잡음 변화를 설명하는 방법을 제공한다. 그리고 유잡음 양자 선로의 중요한 사례를 논의할 것이다. 또한 준비와 측정을 포함한 지금까지 논의했던 모든 연산은 양자 선로로 간주될 수 있음을 강조한다.

4.1 유잡음 양자 상태

일반적으로는 준비된 양자 상태에 대해 완벽한 지식을 갖지 못한다. 제3자인 밥이 우리에게 어떤 상태를 준비해주고, 그 상태에 대해 확률론적 묘사만 제공한다고 하자. 즉, 우리가 아는 것은 밥이 $|\psi_x\rangle$를 어떤 확률 $p_X(x)$로 선택했다는 것뿐이다. 그러면 이 상태에 대해 양자 상태의 앙상블 $\mathcal{E}$로 나타낼 수 있다.

$$\mathcal{E} \equiv \{p_X(x), |\psi_x\rangle\}_{x \in \mathcal{X}} \tag{4.2}$$

위에서 X는 확률 분포 $p_X(x)$를 갖는 무작위 변수다. 무작위 변수 X의 각 구현체 x는 알파벳 $\mathcal{X}$에 속한다. 따라서 x의 구현체는 지표로서 작용하고, 양자 상태가 확률 분포 $p_X(x)$를 갖는 $|\psi_x\rangle$임을 뜻한다. 또한 각 상태 $|\psi_x\rangle$는 d차원 큐디트 상태라고 가정할 것이다.

간단한 예로 다음의 앙상블이 있다. $\{\{1/3, |1\rangle\}, \{2/3, |3\rangle\}\}$. $|1\rangle$ 상태와 $|3\rangle$ 상태는 $\{|0\rangle, |1\rangle, |2\rangle, |3\rangle\}$에 의해 펼쳐진 4차원 공간이다. 이 앙상블의 해석은 상태가 1/3의 확률로 $|1\rangle$에 있고, 2/3의 확률로 $|3\rangle$에 있다는 뜻이다.

4.1.1 밀도 연산자

이제 식 (4.2)의 앙상블 묘사 $\mathcal{E}$를 갖는 계에 완벽한 사영 측정을 수행할 수 있는 능력이 있다고 하자. Π_j를 이 사영 측정의 원소라고 하고, $\sum_j \Pi_j = I$이다. J는 측정 결과 j에 해당하는 무작위 변수다. 먼저, 일반성을 잃지 않고 앙상블에 있는 상태가 어떤 $x \in \mathcal{X}$에 대해 $|\psi_x\rangle$라고 하자. 그러면 무잡음 양자 이론의 보른 규칙에 따라, (상태가 $|\psi_x\rangle$로 주어졌을 때) j라는 측정 결과를 얻을 조건부 확률 $p_{J|X}(j|x)$는 다음과 같다.

$$p_{J|X}(j|x) = \langle\psi_x|\Pi_j|\psi_x\rangle \tag{4.3}$$

그리고 측정 후의 상태는 $\Pi_j|\psi_x\rangle/\sqrt{p_{J|X}(j|x)}$이다. 그러나 또한 앙상블 묘사 $\mathcal{E}$에 대해 측정 결과 j를 얻을 비조건적인 확률 $p_J(j)$도 알고 싶다. **전체 확률의 법칙**law of total propability에 의해, 비조건적 확률 $p_J(j)$는 다음과 같다.

$$p_J(j) = \sum_{x \in \mathcal{X}} p_{J|X}(j|x)p_X(x) \tag{4.4}$$

$$= \sum_{x \in \mathcal{X}} \langle\psi_x|\Pi_j|\psi_x\rangle p_X(x) \tag{4.5}$$

이 지점에서, 이 책 전체에서 널리 사용될 정사각형 연산자의 **대각합**trace을 소개하면 도움이 될 것이다.

【정의 4.1.1】 대각합 힐베르트 공간 $\mathcal{H}$에 작용하는 정사각형 연산자 A의 대각합 $\text{Tr}\{A\}$는 다음과 같이 정의된다.

$$\mathrm{Tr}\{A\} \equiv \sum_i \langle i|A|i \rangle \tag{4.6}$$

여기서 $\{|i\rangle\}$는 $\mathcal{H}$의 어떤 완전한 정규직교 기저다.

대각합 연산은 **선형**^{linear}임을 알아두자. 또한 대각합은 정규직교 기저를 어떻게 선택하는가에 무관하다. 왜냐하면

$$\mathrm{Tr}\{A\} = \sum_i \langle i|A|i \rangle \tag{4.7}$$

$$= \sum_i \langle i|A \left(\sum_j |\phi_j\rangle\langle\phi_j| \right) |i \rangle \tag{4.8}$$

$$= \sum_{i,j} \langle i|A|\phi_j\rangle\langle\phi_j|i \rangle \tag{4.9}$$

$$= \sum_{i,j} \langle \phi_j|i\rangle\langle i|A|\phi_j \rangle \tag{4.10}$$

$$= \sum_j \langle \phi_j| \left(\sum_i |i\rangle\langle i| \right) A|\phi_j \rangle \tag{4.11}$$

$$= \sum_j \langle \phi_j|A|\phi_j \rangle \tag{4.12}$$

이기 때문이다. 위에서 $\{|\phi_j\rangle\}$는 $\mathcal{H}$에 대한 어떤 또 다른 정규직교 기저이고, $I = \sum_j |\phi_j\rangle\langle\phi_j| = \sum_i |i\rangle\langle i|$인 완전성 관계를 사용했다.

【연습문제 4.1.1】 대각합이 순환적임을 증명하라. 즉, 세 연산자 A, B, C에 대해 관계식 $\mathrm{Tr}\{ABC\} = \mathrm{Tr}\{CAB\} = \mathrm{Tr}\{BCA\}$가 성립한다.

식 (4.5)로 돌아와서, 다음의 유용한 성질을 보일 수 있다.

$$\langle \psi_x|\Pi_j|\psi_x \rangle = \langle \psi_x| \left(\sum_i |i\rangle\langle i| \right) \Pi_j|\psi_x \rangle \tag{4.13}$$

$$= \sum_i \langle \psi_x|i\rangle \langle i|\Pi_j|\psi_x \rangle \tag{4.14}$$

$$= \sum_i \langle i|\Pi_j|\psi_x\rangle \langle \psi_x|i \rangle \tag{4.15}$$

$$= \mathrm{Tr}\{\Pi_j|\psi_x\rangle\langle\psi_x|\} \tag{4.16}$$

첫 번째 등식은 완전성 관계 $\sum_i |i\rangle\langle i| = I$를 사용한다. 따라서 식 (4.5)의 전개 과정을 계속해서 다음을 보일 수 있다.

$$p_J(j) = \sum_{x \in \mathcal{X}} \text{Tr}\left\{\Pi_j |\psi_x\rangle\langle\psi_x|\right\} p_X(x) \tag{4.17}$$

$$= \text{Tr}\left\{\Pi_j \sum_{x \in \mathcal{X}} p_X(x)|\psi_x\rangle\langle\psi_x|\right\} \tag{4.18}$$

마지막 방정식은 다음과 같이 쓸 수도 있다.

$$p_J(j) = \text{Tr}\left\{\Pi_j \rho\right\} \tag{4.19}$$

여기서 앙상블 $\mathcal{E}$에 해당하는 **밀도 연산자** ρ를 도입한다.

【정의 4.1.2】**밀도 연산자** 앙상블 $\mathcal{E} \equiv \{p_X(x),\ |\psi_x\rangle\}_{x \in \mathcal{X}}$에 대응하는 **밀도 연산자** ρ는 다음과 같이 정의된다.

$$\rho \equiv \sum_{x \in \mathcal{X}} p_X(x)|\psi_x\rangle\langle\psi_x| \tag{4.20}$$

연산자 ρ는 밀도 연산자라고 한다. 왜냐하면 확률 밀도 함수를 양자역학적으로 일반화한 것이기 때문이다. 이 책 전체에서 ρ, σ, τ, π, ω와 같은 기호를 밀도 연산자를 나타내는 데 자주 사용할 것이다.

밀도 연산자를 얻기 위해 앙상블의 모든 상태에 대해 기댓값을 취한다는 점에서 어떤 경우에는 밀도 연산자를 **기대 밀도 연산자**expected density operator로 쓰기도 한다. 밀도 연산자는 동등하게 다음과 같이 쓸 수 있다.

$$\rho = \mathbb{E}_X\left\{|\psi_X\rangle\langle\psi_X|\right\} \tag{4.21}$$

여기서 기댓값은 무작위 변수 X에 대한 것이다. $|\psi_X\rangle$는 고전 무작위 변수 X에 대해 무작위인 무작위 양자 상태이기 때문에 기댓값 안의 상태에 대해 $|\psi_x\rangle$ 표기 대신에 $|\psi_X\rangle$ 표기를 썼다는 점에 주의하자.

【연습문제 4.1.2】 앙상블이 겹친 확률 밀도 함수를 갖는다고 하자. 가령, $p_X(0) = 1$이고 모든 $x \neq 0$에 대해 $p_X(x) = 0$이다. 이 겹친 앙상블의 밀도 연산자는 무엇일까?

【연습문제 4.1.3】 다음의 등식을 증명하라.

$$\mathrm{Tr}\{A\} = \langle\Gamma|_{RS} I_R \otimes A_S |\Gamma\rangle_{RS} \tag{4.22}$$

여기서 A는 힐베르트 공간 $\mathcal{H}_S$에 작용하는 정사각 연산자이고, I_R은 $\mathcal{H}_S$와 동형인 힐베르트 공간 $\mathcal{H}_R$에 작용하는 항등 연산자다. $|\Gamma\rangle_{RS}$는 식 (3.233)의 정규화되지 않은 최대로 얽힌 벡터다. 이 식은 정사각 연산자 A의 대각합에 대해 다른 공식을 제시한다.

【연습문제 4.1.4】 $\mathrm{Tr}\{f(G^\dagger G)\} = \mathrm{Tr}\{f(GG^\dagger)\}$임을 증명하라. 여기서 G는 임의의 연산자다(에르미트 연산자일 필요도 없다). f는 임의의 함수다(연산자의 함수에 대해 정의 3.1.1의 관례를 사용하라).

밀도 연산자의 성질

어떤 앙상블에 해당하는 밀도 연산자가 주어졌을 때 만족해야 하는 성질에는 무엇이 있을까? 다음과 같이 ρ의 대각합을 취한다고 해보자.

$$\mathrm{Tr}\{\rho\} = \mathrm{Tr}\left\{\sum_{x\in\mathcal{X}} p_X(x)|\psi_x\rangle\langle\psi_x|\right\} \tag{4.23}$$

$$= \sum_{x\in\mathcal{X}} p_X(x)\,\mathrm{Tr}\{|\psi_x\rangle\langle\psi_x|\} \tag{4.24}$$

$$= \sum_{x\in\mathcal{X}} p_X(x)\,\langle\psi_x|\psi_x\rangle \tag{4.25}$$

$$= \sum_{x\in\mathcal{X}} p_X(x) \tag{4.26}$$

$$= 1 \tag{4.27}$$

위의 전개는 앙상블에 해당하는 모든 밀도 연산자는 **단위 대각합**^{unit trace}을 가짐을 보여준다.

다음과 같이 밀도 연산자 ρ의 켤레 전치 연산자를 생각해보자.

$$\rho^\dagger = \left(\sum_{x\in\mathcal{X}} p_X(x)|\psi_x\rangle\langle\psi_x|\right)^\dagger \tag{4.28}$$

$$= \sum_{x\in\mathcal{X}} p_X(x)\,(|\psi_x\rangle\langle\psi_x|)^\dagger \tag{4.29}$$

$$= \sum_{x \in \mathcal{X}} p_X(x) |\psi_x\rangle\langle\psi_x| \tag{4.30}$$

$$= \rho \tag{4.31}$$

ρ의 켤레 전치 연산자가 ρ이기 때문에 모든 밀도 연산자는 또한 **에르미트** 연산자다. 게다가 모든 밀도 연산자는 **양의 준정부호**positive semi-definite다. 이것은

$$\langle\varphi|\rho|\varphi\rangle \geq 0 \quad \forall |\varphi\rangle \tag{4.32}$$

라는 뜻이다. 어떤 연산자가 양의 준정부호임을 나타내기 위해 $\rho \geq 0$이라고 적는다. 임의의 밀도 연산자 ρ가 음이 아님을 증명하는 것은 다음과 같다.

$$\langle\varphi|\rho|\varphi\rangle = \langle\varphi| \left(\sum_{x \in \mathcal{X}} p_X(x) |\psi_x\rangle\langle\psi_x| \right) |\varphi\rangle \tag{4.33}$$

$$= \sum_{x \in \mathcal{X}} p_X(x) \langle\varphi|\psi_x\rangle \langle\psi_x|\varphi\rangle \tag{4.34}$$

$$= \sum_{x \in \mathcal{X}} p_X(x) |\langle\varphi|\psi_x\rangle|^2 \geq 0 \tag{4.35}$$

부등식은 각각의 $p_X(x)$가 확률이고, 따라서 음수가 아니기 때문에 유도된다.

앙상블과 밀도 연산자

모든 앙상블은 유일한 밀도 연산자를 갖는다. 하지만 그 역은 성립하지 않는다. 모든 밀도 연산자가 하나의 앙상블에 대응하지는 않으며, 여러 앙상블에 대응될 수 있다. 그러나 정해진 밀도 연산자를 만들어내는 앙상블에 대한 제한사항들이 있어서, 앙상블들 사이에는 어떤 관계가 있다. 이 질문은 더 많은 도구를 배운 후 5.1.2절에서 다시 살펴볼 것이다.

【연습문제 4.1.5】 다음의 앙상블이 같은 밀도 행렬을 가짐을 보여라.

$$\{\{1/2, |0\rangle\}, \{1/2, |1\rangle\}\} \text{ 그리고 } \{\{1/2, |+\rangle\}, \{1/2, |-\rangle\}\}$$

방금 살펴본 결과는 양자 이론의 예측에 대한 중요한 의미를 갖는데, 완전히 다른 둘 이상의 앙상블이 같은 측정 결과를 가질 수 있기 때문이다. 또한 양자 섀넌 이론에서도 중요한 의미가 있다.

스펙트럼 정리에 의해, 모든 밀도 연산자 ρ는 에르미트 연산자이므로 그 고유상태 $\{|\phi_x\rangle\}_{x \in \{0,\ldots,d-1\}}$에 대해 다음과 같은 스펙트럼 분해를 갖는다.

$$\rho = \sum_{x=0}^{d-1} \lambda_x |\phi_x\rangle\langle\phi_x| \qquad (4.36)$$

여기서 계수 λ_x는 고윳값이다.

【연습문제 4.1.6】 $\mathrm{Tr}\{\rho\} = 1$과 $\rho \geq 0$이라는 사실을 이용해 계수 λ_x는 확률임을 보여라.

그러므로 임의의 밀도 연산자 ρ가 주어지면, 그에 해당하는 '정준^{canonical}' 앙상블 $\{\lambda_x, |\phi_x\rangle\}$를 정의할 수 있다. 이 앙상블은 유일하지 않음을 알아두자. 만약 $x \neq x'$에 대해 $\lambda_x = \lambda_{x'}$이면, 이 고윳값에 대한 고유벡터의 선택은 유일하지 않기 때문이다. 앙상블이 밀도 연산자에 대응될 수 있다는 사실은 이 책 전체에 걸쳐 이 아이디어가 나오고 또 나오는 걸 볼 수 있을 정도로 양자 섀넌 이론에서 매우 중요하다. 스펙트럼 정리에서 나타난 임의의 앙상블은 어떤 점에서는 가장 '효율적인' 앙상블이다. 그리고 이 아이디어를 양자 자료 압축에 대해 논의하는 18장에서 탐색해볼 것이다.

상태로서의 밀도 연산자

밀도 연산자는 양자계에 수행되는 어떤 측정에 대해 확률을 계산하는 데 사용할 수 있기 때문에, 밀도 연산자를 양자계의 **상태**^{state}라고 할 수도 있다. 이 계산을 앙상블 묘사 없이 할 수 있다. 밀도 연산자만 있으면 된다. 또한 유잡음 양자 이론은 무잡음 양자 이론을 포함한다. 왜냐하면 어떤 상태 $|\psi\rangle$는 유잡음 양자 이론에서 그에 해당하는 밀도 연산자 $|\psi\rangle\langle\psi|$를 갖고, 유잡음 양자 이론에서 이 밀도 연산자를 이용한 모든 계산은 무잡음 양자 이론에서 상태 $|\psi\rangle$를 갖고 계산한 것과 같은 결과를 주기 때문이다. 이런 이유로, 어떤 주어진 양자계의 상태는 밀도 연산자라고 말할 수 있다.

【정의 4.1.3】 상태로서의 밀도 연산자 양자 상태는 밀도 연산자 ρ에 의해 주어질 수 있다. ρ는 양의 준정부호이고 대각합이 1과 같다. 힐베르트 공간에 작용하는 모든 밀도 연산자의 집합을 $\mathcal{D}(\mathcal{H})$로 나타낸다.

가장 중요한 상태 중 하나는 최대한으로 섞인 상태 π이다.

【정의 4.1.4】최대한으로 섞인 상태　최대한으로 섞인 상태^{maximally mixed state} π는 직교 상태 $\{\frac{1}{d}, |x\rangle\}$의 균일 앙상블에 해당하는 밀도 연산자다. 여기서 d는 힐베르트 공간의 차원이다. 이때 최대한으로 섞인 상태 π는 다음과 같다.

$$\pi \equiv \frac{1}{d} \sum_{x \in \mathcal{X}} |x\rangle\langle x| = \frac{I}{d} \tag{4.37}$$

【연습문제 4.1.7】　π가 $|0\rangle$, $|1\rangle$, $|+\rangle$, $|-\rangle$를 같은 확률로 고르는 앙상블의 밀도 연산자임을 보여라.

【연습문제 4.1.8】볼록성　주어진 힐베르트 공간에 작용하는 밀도 연산자의 집합은 볼록 집합^{convex set}임을 보여라. 즉, 만약 $\lambda = [0, 1]$이고 ρ와 σ가 밀도 연산자라면, $\lambda\rho + (1 - \lambda)\sigma$도 밀도 연산자다.

【정의 4.1.5】순도　밀도 연산자 ρ의 순도^{purity} $P(\rho)$는 다음과 같다.

$$P(\rho) \equiv \text{Tr}\left\{\rho^\dagger \rho\right\} = \text{Tr}\left\{\rho^2\right\} \tag{4.38}$$

순도는 양자계의 잡음을 측정하는 특정한 방법이다. 순수 상태의 순도는 1과 같고, 섞인 상태의 순도는 엄격하게 1보다 작다. 다음 연습문제로 검증해보자.

【연습문제 4.1.9】　어떤 단위 벡터 ψ에 대해 $\rho = |\psi\rangle\langle\psi|$로 쓸 수 있는 밀도 연산자 ρ에 대해, ρ의 순도가 1인 것은 ρ가 순수 상태인 것과 필요충분조건임을 증명하라.

블로흐 구와 밀도 연산자

다음의 순수 큐비트 상태가

$$|\psi\rangle \equiv \cos(\theta/2)|0\rangle + e^{i\varphi}\sin(\theta/2)|1\rangle \tag{4.39}$$

다음과 같은 밀도 연산자 표현을 갖는 경우를 생각해보자.

$$|\psi\rangle\langle\psi| = \left(\cos(\theta/2)|0\rangle + e^{i\varphi}\sin(\theta/2)|1\rangle\right)\left(\cos(\theta/2)\langle0| + e^{-i\varphi}\sin(\theta/2)\langle1|\right) \tag{4.40}$$

$$= \cos^2(\theta/2)|0\rangle\langle0| + e^{-i\varphi}\sin(\theta/2)\cos(\theta/2)|0\rangle\langle1|$$

$$+ e^{i\varphi}\sin(\theta/2)\cos(\theta/2)|1\rangle\langle0| + \sin^2(\theta/2)|1\rangle\langle1| \tag{4.41}$$

계산 기저에 대해 이 밀도 연산자의 행렬 표현, 또는 **밀도 행렬**density matrix은 다음과 같다.

$$\begin{bmatrix} \cos^2(\theta/2) & e^{-i\varphi}\sin(\theta/2)\cos(\theta/2) \\ e^{i\varphi}\sin(\theta/2)\cos(\theta/2) & \sin^2(\theta/2) \end{bmatrix} \quad (4.42)$$

삼각항등식을 사용하면, 이 밀도 행렬은 다음의 행렬과 같음을 보일 수 있다.

$$\frac{1}{2}\begin{bmatrix} 1+\cos(\theta) & \sin(\theta)\left(\cos(\varphi)-i\sin(\varphi)\right) \\ \sin(\theta)\left(\cos(\varphi)+i\sin(\varphi)\right) & 1-\cos(\theta) \end{bmatrix} \quad (4.43)$$

여기에, 다음과 같이 밀도 행렬을 나타내는 데 3.3.3절에서 정의된 파울리 행렬을 이용할 수 있다.

$$\frac{1}{2}\left(I + r_x X + r_y Y + r_z Z\right) \quad (4.44)$$

여기서 $r_x = \sin(\theta)\cos(\varphi)$, $r_y = \sin(\theta)\sin(\varphi)$, $r_z = \cos(\theta)$이다. r_x, r_y, r_z 계수들은 각도 θ와 φ의 데카르트 좌교계 표현일 뿐이며, 따라서 단위 벡터에 해당한다.

더 일반적으로, 식 (4.44)의 공식은 r_x, r_y, r_z 계수들이 단위 벡터일 필요가 없고 $\|\mathbf{r}\|_2 \leq 1$인 어떤 벡터 $\mathbf{r}$에 해당하는 임의의 큐비트 밀도 연산자를 나타낼 수 있다. 다음과 같은 식 (4.44)의 밀도 행렬을 생각해보자.

$$\frac{1}{2}\begin{bmatrix} 1+r_z & r_x - ir_y \\ r_x + ir_y & 1-r_z \end{bmatrix} \quad (4.45)$$

위의 행렬은 대각합이 1이고, 에르미트 행렬이며, 음이 아니기 때문에 허용되는 밀도 행렬에 해당한다(다음 연습문제에서 이 사실을 검증해볼 것이다). 블로흐 구 안의 벡터로 나타내는 행렬 밀도의 대안적인 표현은 유잡음 양자 이론의 유잡음 큐비트 처리 과정을 시각화하는 데 유용하다.

【연습문제 4.1.10】 식 (4.45) 행렬의 대각합이 1이고, 에르미트 행렬이며, $\|\mathbf{r}\|_2 \leq 1$인 모든 $\mathbf{r}$에 대해 음이 아님을 보여라. 따라서 이 행렬은 허용되는 밀도 행렬에 해당한다.

【연습문제 4.1.11】 식 (4.45)와 연습문제 3.3.6의 결과를 이용한 공식 $\mathrm{Tr}\{X\rho\}$,

$\text{Tr}\{Y\rho\}$, $\text{Tr}\{Z\rho\}$를 이용하면 블로흐 구의 각 좌표 r_x, r_y, r_z를 계산할 수 있음을 보여라.

【연습문제 4.1.12】 식 (4.45)의 밀도 행렬 표현을 갖는 일반적인 큐비트 밀도 연산자의 고윳값은 $\frac{1}{2}(1 \pm \|\mathbf{r}\|_2)$와 같음을 보여라.

【연습문제 4.1.13】 블로흐 벡터 $\mathbf{r}_j$와 확률 $p(j)$를 갖는 순수 상태 $|\psi_j\rangle$의 섞임이 $\mathbf{r} = \sum_j p(j)\mathbf{r}_j$인 블로흐 벡터 $\mathbf{r}$을 갖는 밀도 행렬을 준다는 것을 보여라.

4.1.2 앙상블들의 앙상블

구성할 수 있는 가장 일반적인 앙상블은 **앙상블들의 앙상블**이다. 즉, 밀도 행렬의 앙상블 $\mathcal{F}$가 다음과 같다.

$$\mathcal{F} \equiv \{p_X(x), \rho_x\} \tag{4.46}$$

앙상블 $\mathcal{F}$는 기본적으로 두 계층의 무작위화를 갖는다. 첫 번째 계층은 확률 분포 $p_X(x)$에서 온다. $\mathcal{F}$의 각 밀도 연산자 ρ_x는 앙상블 $\{p_{Y|X}(y|x), |\psi_{x,y}\rangle\}$에서 왔다. 조건부 확률 분포 $p_{Y|X}(y|x)$는 무작위화의 두 번째 계층을 나타낸다. 각 ρ_x는 위의 앙상블에 대한 밀도 연산자다.

$$\rho_x \equiv \sum_y p_{Y|X}(y|x)|\psi_{x,y}\rangle\langle\psi_{x,y}| \tag{4.47}$$

앙상블 $\mathcal{F}$는 그 자체로도 밀도 연산자 ρ를 갖고 있다.

$$\rho \equiv \sum_{x,y} p_{Y|X}(y|x)p_X(x)|\psi_{x,y}\rangle\langle\psi_{x,y}| = \sum_x p_X(x)\rho_x \tag{4.48}$$

밀도 연산자 ρ는 x를 처리하지 않는 다른 사람의 관점에서 온 것이다. 그림 4.1에 앙상블 $\mathcal{F}$를 선택하는 과정을 나타냈다.

4.1.3 앙상블의 무잡음 변화

양자 상태는 유니터리 연산자나 측정에 대해 무잡음 방식으로 변할 수 있다. 이 절에

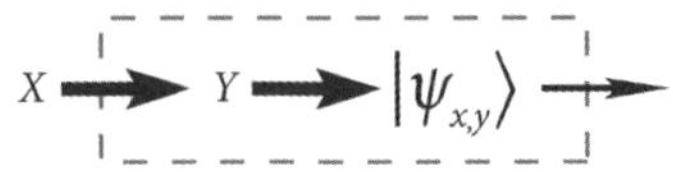

그림 4.1 앙상블의 앙상블을 생성하는 섞임 과정. 먼저 확률 분포 $p_X(x)$에 대해 구현체 x를 선택한다. 그리고 조건부 확률 분포 $p_{Y|X}(y|x)$에 대해 구현체 y를 선택한다. 끝으로, 구현체 x와 y에 대해 상태 $|\psi_{x,y}\rangle$를 선택한다. 이 과정은 $\rho_x \equiv \sum_y p_{Y|X}(y|x)|\psi_{x,y}\rangle\langle\psi_{x,y}|$인 앙상블 $\{p_X(x), \rho_x\}$를 생성한다.

서는 앙상블의 무잡음 변화와 그에 해당하는 밀도 연산자를 결정하겠다. 또한 밀도 연산자가 양자 측정에 대해 어떻게 변하는지도 보일 것이다.

유잡음 상태의 무잡음 유니터리 변환

어떤 유니터리 연산자 U에 대한 무잡음 변화를 먼저 생각해보겠다. 밀도 연산자 ρ를 갖는 식 (4.2)의 앙상블 $\mathcal{E}$가 있다고 하자. 일반성을 잃지 않고, 이 상태를 $|\psi_x\rangle$라고 적을 수 있다. 무잡음 양자 이론의 변화 가정에 의해 다음과 같은 유니터리 변화가 일어난 후의 상태 $U|\psi_x\rangle$를 얻을 수 있다. 이 결과는 이 변화가 새로운 앙상블을 유도한다는 뜻이다.

$$\mathcal{E}_U \equiv \{p_X(x), U|\psi_x\rangle\}_{x \in \mathcal{X}} \tag{4.49}$$

이렇게 변화된 앙상블의 밀도 연산자는 다음과 같다.

$$\sum_{x \in \mathcal{X}} p_X(x)U|\psi_x\rangle\langle\psi_x|U^\dagger = U\left(\sum_{x \in \mathcal{X}} p_X(x)|\psi_x\rangle\langle\psi_x|\right)U^\dagger \tag{4.50}$$

$$= U\rho U^\dagger \tag{4.51}$$

따라서 위의 관계식은 앙상블 $\mathcal{E}$의 모든 상태 변화를 추적할 걱정 없이, 밀도 연산자 ρ의 변화를 추적할 수 있음을 보여준다. 밀도 연산자의 변화를 추적하는 것만으로 충분한 이유는 이 연산자가 계에 수행된 어떤 측정에 대해서도 확률을 결정하기에 충분하기 때문이다.

유잡음 상태의 무잡음 측정

마찬가지 방식으로, 식 (4.2)의 앙상블 묘사 $\mathcal{E}$를 갖는 계에 대한 측정의 결과를 분석할 수 있다. 사영 연산자 $\{\Pi_j\}_j$를 갖고서 사영 측정을 한다고 해보자. 여기서 $\sum_j \Pi_j = I$이다. 이 절의 핵심 결과는 측정이 일어난 후에 두 가지가 일어난다는 것이다. 첫째로, 식 (4.19)의 전개 과정에서 보였듯이 확률 $p_J(j) = \mathrm{Tr}\{\Pi_j \rho\}$를 갖고 j라는 결과를 얻는다는 것이다. 둘째로, 측정 결과가 j라면 그 상태는 다음과 같이 변한다는 것이다.

$$\rho \longrightarrow \frac{\Pi_j \rho \Pi_j}{p_J(j)} \tag{4.52}$$

앞에서 봤듯이, 앙상블 $\mathcal{E}$에 있는 상태를 $|\psi_x\rangle$라고 하자. 그러면 무잡음 양자 이론은 x라는 지표에 조건부로 j라는 결과를 얻을 확률을 다음과 같이 예측한다.

$$p_{J|X}(j|x) = \langle \psi_x | \Pi_j | \psi_x \rangle \tag{4.53}$$

그리고 그 결과 상태는 다음과 같다.

$$\frac{\Pi_j |\psi_x\rangle}{\sqrt{p_{J|X}(j|x)}} \tag{4.54}$$

결과 j를 얻었다고 하자. 그러면 새로운 앙상블

$$\mathcal{E}_j \equiv \left\{ p_{X|J}(x|j), \frac{\Pi_j |\psi_x\rangle}{\sqrt{p_{J|X}(j|x)}} \right\}_{x \in \mathcal{X}} \tag{4.55}$$

를 갖게 된다. 이 앙상블의 밀도 연산자는 다음과 같다.

$$\sum_{x \in \mathcal{X}} p_{X|J}(x|j) \frac{\Pi_j |\psi_x\rangle \langle \psi_x| \Pi_j}{p_{J|X}(j|x)}$$

$$= \Pi_j \left(\sum_{x \in \mathcal{X}} \frac{p_{X|J}(x|j)}{p_{J|X}(j|x)} |\psi_x\rangle \langle \psi_x| \right) \Pi_j \tag{4.56}$$

$$= \Pi_j \left(\sum_{x \in \mathcal{X}} \frac{p_{J|X}(j|x) p_X(x)}{p_{J|X}(j|x) p_J(j)} |\psi_x\rangle \langle \psi_x| \right) \Pi_j \tag{4.57}$$

$$= \frac{\Pi_j \left(\sum_{x \in \mathcal{X}} p_X(x) |\psi_x\rangle \langle \psi_x| \right) \Pi_j}{p_J(j)} \tag{4.58}$$

$$= \frac{\Pi_j \rho \Pi_j}{p_J(j)} \tag{4.59}$$

두 번째 등식은 다음의 베이즈 규칙^{Bayes rule}을 적용한 것이다.

$$p_{X|J}(x|j) = p_{J|X}(j|x) p_X(x) / p_J(j) \tag{4.60}$$

4.1.4 특별한 경우로서의 확률론

유잡음 양자 이론이 어떻게 확률론을 특별한 경우로 포함하고 있는지 보이면 직관적으로 이해하는 데 도움이 될 수 있다. 사실, 물리적 세계에 대해 유잡음 양자 이론이 확률론적 예측을 만들어내고 있다면 확률론이 유잡음 양자 이론 안에 포함돼야 함을 예상할 수 있다.

다시 한번 양자 상태의 앙상블에서 시작해보자. 하지만 이번에는 앙상블의 상태들이 특별한 상태가 되도록, 즉 이들이 모두 어떤 한 상태와 직교하도록 고를 것이다. 만약 앙상블에 있는 상태들이 모두 한 상태에 직교한다면, 이 상태는 기본적으로 고전 상태다. 왜냐하면 이 상태의 측정 결과를 그 한 상태와 구분하는 측정이 존재하기 때문이다. 그러므로 그런 앙상블이 $\{p_X(x), |x\rangle\}_{x \in \mathcal{X}}$가 되도록 고르자. 여기서 $\{|x\rangle\}_{x \in \mathcal{X}}$ 상태는 $|\mathcal{X}|$차원의 힐베르트 공간에 대한 정규직교 기저를 이룬다. 이 상태는 고전적이다. 왜냐하면 다음의 사영 연산자를 이용해 이들을 구분할 수 있기 때문이다.

$$\{|x\rangle\langle x|\}_{x \in \mathcal{X}} \tag{4.61}$$

확률 분포의 양자 세계에 대한 일반화는 밀도 연산자다.

$$p_X(x) \leftrightarrow \rho \tag{4.62}$$

이렇게 되는 이유는 밀도 연산자를 관측 가능량의 기댓값과 모멘트^{moment}를 계산하는 데 사용할 수 있기 때문이다. 게다가, 확률 분포는 알려진 정규직교 기저에 대해 대각 연산자인 밀도 연산자 안에 다음과 같이 부호화될 수 있다.

$$\sum_{x \in \mathcal{X}} p_X(x)|x\rangle\langle x| \tag{4.63}$$

무작위 변수의 일반화는 관측 가능량이다. 예를 들어, 다음의 관측 가능량을 생각해보자.

$$X \equiv \sum_{x \in \mathcal{X}} x|x\rangle\langle x| \tag{4.64}$$

이것은 식 (3.220)의 관측 가능량과 유사하다. 관측 가능량 X의 기댓값을 정하기 위해 다음의 계산을 수행한다.

$$\mathbb{E}_\rho[X] = \mathrm{Tr}\{X\rho\} \tag{4.65}$$

이 양을 명시적으로 계산하면, 확률 분포 $p_X(x)$를 갖는 무작위 변수 X의 기댓값에 대한 공식과 잘 맞는 것을 알 수 있다.

$$\mathrm{Tr}\{X\rho\} = \mathrm{Tr}\left\{\sum_{x \in \mathcal{X}} x|x\rangle\langle x| \sum_{x' \in \mathcal{X}} p_X(x')|x'\rangle\langle x'|\right\} \tag{4.66}$$

$$= \sum_{x,x' \in \mathcal{X}} x\, p_X(x')\, |\langle x|x'\rangle|^2 \tag{4.67}$$

$$= \sum_{x \in \mathcal{X}} x\, p_X(x) \tag{4.68}$$

확률론의 또 다른 유용한 개념은 지시자 무작위 변수 $I_A(X)$이다. 어떤 집합 A에 대해 지시자 함수 $I_A(X)$는 다음과 같이 정의된다.

$$I_A(x) \equiv \begin{cases} 1 & : & x \in A \\ 0 & : & x \notin A \end{cases} \tag{4.69}$$

지시자 무작위 변수 $I_A(X)$의 기댓값 $\mathbb{E}[I_A(X)]$는 다음과 같다.

$$\mathbb{E}[I_A(X)] = \sum_{x \in A} p_X(x) \equiv p_X(A) \tag{4.70}$$

여기서 $p_X(A)$는 집합 A의 확률을 나타낸다.

$$I_A(X) \equiv \sum_{x \in A} |x\rangle\langle x| \tag{4.71}$$

이 연산자는 집합 A의 안에 있는 표지 x에 대한 모든 고유벡터에 대해 1과 같은 고 윗값을 갖고, 집합 A의 밖에 있는 표지에 대한 고유벡터에 대해서는 0인 고윗값을 갖는다. 지시자 관측 가능량 $I_A(X)$의 기댓값 $\mathrm{Tr}\{I_A(X)\rho\}$가 $p_X(A)$임은 쉽게 보일 수 있다.

지시자 관측 가능량은 또한 사영 연산자임을 알 수 있다. 따라서 양자 이론의 가설에 따라, 다음의 원소를 갖는 측정을 수행할 수 있다.

$$\{I_A(X), I_{A^c}(X) \equiv I - I_A(X)\} \tag{4.72}$$

이런 사영 측정의 결과는 확률 $p_X(A)$를 갖고 $I_A(X)$에 의해 주어진 부분공간 위로 사영하는 것과 $1 - p_X(A)$를 갖고 $I_{A^c}(X)$에 의해 주어진 상보적 부분공간 위로 사영하는 것이다.

두 가지 사례를 더 제시하여 유잡음 양자 이론과 확률론 사이의 연결 관계를 강조하겠다. 먼저, 2개의 **서로 분리된**disjoint 집합 A와 B가 있다고 하자. 이때 그 합집합의 확률과 각 집합의 확률의 합은 다음과 같다.

$$\Pr\{A \cup B\} = \Pr\{A\} + \Pr\{B\} \tag{4.73}$$

그리고 여집합 $(A \cup B)^c = A^c \cap B^c$의 확률은 $1 - \Pr\{A\} - \Pr\{B\}$이다. 유잡음 양자 이론에서 유사한 계산을 할 수 있다. 두 사영 연산자

$$\Pi(A) \equiv \sum_{x \in A} |x\rangle\langle x|, \quad \Pi(B) \equiv \sum_{x \in B} |x\rangle\langle x| \tag{4.74}$$

를 생각해보자. 이 사영 연산자의 합은 합집합 $A \cup B$ 위로의 사영을 준다.

$$\Pi(A \cup B) \equiv \sum_{x \in A \cup B} |x\rangle\langle x| = \Pi(A) + \Pi(B) \tag{4.75}$$

【연습문제 4.1.14】 사영 연산자 $\Pi(A)$와 $\Pi(B)$가 $\Pi(A)\Pi(B) = 0$을 만족시키고 밀도 연산자 ρ가 $\Pi(A)$ 및 $\Pi(B)$와 동일한 기저에서 대각 연산자인 경우에는 언제나 $\mathrm{Tr}\{\Pi(A \cup B)\rho\} = \Pr\{A\} + \Pr\{B\}$임을 보여라.

두 집합의 교집합도 생각해볼 수 있다. 두 집합 A와 B가 있다고 하자. 두 집합의 교집합은 두 집합 모두에 공통으로 있는 모든 원소로 구성된다. 그러면 교집합과 연관된 확률 $\Pr\{A \cap B\}$가 존재한다. 반복해서, 이 아이디어를 유잡음 양자 이론에 대해 형식화할 수 있다. 식 (4.74)의 사영 연산자를 생각해보자. 이 두 사영 연산자의 곱은 두 공간의 교집합 위로의 사영 연산자를 준다.

$$\Pi(A \cap B) = \Pi(A)\Pi(B) \tag{4.76}$$

【연습문제 4.1.15】 밀도 연산자 ρ가 $\Pi(A)$ 및 $\Pi(B)$와 동일한 기저에서 대각 연산자인 경우에는 언제나 $\mathrm{Tr}\{\Pi(A)\Pi(B)\rho\} = \Pr\{A \cap B\}$임을 보여라.

고전 세계에 대한 이런 아이디어와 연관성은 양자 섀넌 이론을 이해하는 데 중요하다. 앞으로 여러 번 서로 분리된 부분공간의 합집합에 대해 생각할 것이고, 서로 분리된 집합의 합집합과 유사한 것을 만들면 도움이 된다. 또한 덮음 보조정리covering lemma를 다루는 17장에서 연산자의 서포트support 일부를 소거하기 위해 사영 연산자를 사용할 것이고, 이것은 집합의 교집합을 취하는 것과 매우 닮았다.

고전 상태에 대해 강한 연관성이 존재한다는 사실에도 불구하고, 여기서의 고찰 중 몇 가지는 직교하지 않는 양자 상태를 생각하면 깨진다. 예를 들어, 사영 연산자 $\Pi_0 \equiv |0\rangle\langle 0|$과 $\Pi_+ \equiv |+\rangle\langle +|$를 생각해보자. 두 연산자에 의해 사영된 부분공간은 서로 교차하지 않지만, 연산자에 해당하는 상태가 직교하지 않기 때문에 이 연산자들은 어느 정도 겹침이 있음을 안다. 교집합 연산과 유사한 것은 한 연산자를 다른 연산자에 샌드위치sandwich시키는 것이다. 예를 들어,

$$\Pi_0\Pi_+\Pi_0, \qquad \Pi_+\Pi_0\Pi_+ \qquad\qquad (4.77)$$

처럼 할 수 있다. 만약 두 사영 연산자가 가환이라면 이렇게 적는 순서는 아무 문제가 없고, 그 결과 연산자는 두 부분공간의 교집합 위로의 사영 연산자가 될 것이다. 하지만 이는 여기서 예를 든 경우가 아니며, 그 결과 연산자는 많이 다르다.

【연습문제 4.1.16】 합집합 한계　서로 가환인 사영 연산자 Π_1과 Π_2가 $0 \leq \Pi_1, \Pi_2 \leq I$에 대해, 그리고 '임의의' 밀도 연산자 ρ(Π_1 및 Π_2와 동일한 기저에서 대각 연산자일 필요는 없다.)에 대해 다음의 합집합 한계union bound를 증명하라.

$$\mathrm{Tr}\left\{(I - \Pi_1\Pi_2)\rho\right\} \leq \mathrm{Tr}\left\{(I - \Pi_1)\rho\right\} + \mathrm{Tr}\left\{(I - \Pi_2)\rho\right\} \qquad (4.78)$$

4.2 유잡음 양자 이론의 측정

지금까지 항등 연산자의 분해를 구성하는 사영 연산자들의 집합을 이용해 양자 이론의 측정을 설명했다. 예를 들어, $\sum_j \Pi_j = I$인 조건을 만족시키는 사영 연산자의 집합 $\{\Pi_j\}_j$는 허용되는 양자역학적 사영 측정이다.

관심 있는 계가 상호 작용이 일어난 후 측정할 탐색용 계와의 유니터리 상호 작용을 허용하는 것에서 유도되는 양자 측정에 대해 대안적인 설명이 있다. 따라서 관심 있는 계가 $|\psi\rangle_S$ 상태에 있고 탐색에 사용할 계가 $|0\rangle_P$에 있어서, 어떤 일이 일어나

기 전의 상태가

$$|\psi\rangle_S \otimes |0\rangle_P \tag{4.79}$$

가 된다고 하자. $\{|0\rangle_P, |1\rangle_P, \ldots, |d-1\rangle_P\}$가 탐색용 계에 대한 정규직교 기저라고 하자(탐색용 계는 d차원을 갖는다고 가정한다). 이제 관심 있는 계와 탐색용 계가 유니터리 연산자 U_{SP}에 따라 상호 작용한다고 하자. 그리고 탐색용 계에 측정 연산자 $\{|j\rangle \langle j|_P\}$로 묘사되는 측정을 수행한다고 하자. 결과 j를 얻을 확률은

$$p_J(j) = \left(\langle\psi|_S \otimes \langle 0|_P U_{SP}^\dagger \right) (I_S \otimes |j\rangle\langle j|_P) (U_{SP}|\psi\rangle_S \otimes |0\rangle_P) \tag{4.80}$$

이고, 측정 후의 출력 상태 j는 다음과 같다.

$$\frac{1}{\sqrt{p_J(j)}} (I_S \otimes |j\rangle\langle j|_P) (U_{SP}|\psi\rangle_S \otimes |0\rangle_P) \tag{4.81}$$

위의 표현을 다른 방식으로 다시 적을 수 있다. 유니터리 연산자 U_{SP}를 탐색용 계 P의 정규직교 기저에 대해 다음과 같이 전개하자.

$$U_{SP} = \sum_{j,k} M_S^{j,k} \otimes |j\rangle\langle k|_P \tag{4.82}$$

여기서 $\{M_S^{j,k}\}$는 연산자의 집합이다. S와 P계의 치환을 제외하고 (3.5.1절에서 설명한) 텐서 곱의 수학을 사용하면, 위의 식은 유니터리 연산자 U_{SP}를 다음과 같이 적은 것과 같다.

$$\begin{bmatrix} M_S^{0,0} & M_S^{0,1} & \cdots & M_S^{0,d-1} \\ M_S^{1,0} & M_S^{1,1} & \cdots & M_S^{1,d-1} \\ \vdots & \vdots & \ddots & \vdots \\ M_S^{d-1,0} & M_S^{d-1,1} & \cdots & M_S^{d-1,d-1} \end{bmatrix} \tag{4.83}$$

이 집합 $\{M_S^{j,k}\}$는 U_{SP}의 유니터리 성질에 해당하는 몇 가지 제약조건을 만족시켜야 한다. 특히 다음의 연산자

$$\sum_j M_S^{j,0} \otimes |j\rangle\langle 0|_P \tag{4.84}$$

를 생각해보자. 이 식은 식 (4.83)에 묘사된 연산자 값을 갖는 원소들로 이뤄진 행렬 U_{SP}의 첫 번째 열에 해당한다. 따라서 $M_S^j \equiv M_S^{j,0}$이라고 줄여서 쓸 수 있다. $U_{SP}^\dagger U_{SP}$ $= I_{SP} = I_S \otimes I_P$라는 사실로부터, 다음의 등식이 반드시 성립해야 함을 보일 수 있다.

$$I_S \otimes |0\rangle\langle 0|_P = \left(\sum_{j'} M_S^{j'\dagger} \otimes |0\rangle\langle j'|_P \right) \left(\sum_j M_S^j \otimes |j\rangle\langle 0|_P \right) \quad (4.85)$$

$$= \sum_{j',j} M_S^{j'\dagger} M_S^j \otimes |0\rangle \langle j'|j\rangle \langle 0|_P \quad (4.86)$$

$$= \sum_j M_S^{j\dagger} M_S^j \otimes |0\rangle\langle 0|_P \quad (4.87)$$

여기서 마지막 줄은 식 (4.82)의 U_{SP} 표현에 있는 정규직교 기저를 선택했다는 사실에서 유도된다. 따라서 위의 등식은 다음의 조건이 성립한다는 것을 뜻한다.

$$\sum_j M_S^{j\dagger} M_S^j = I_S \quad (4.88)$$

식 (4.82)를 식 (4.80)과 식 (4.81)에 대입하면, (앞서와 유사한) 짧은 계산을 통해 다음과 같이 간단하게 적을 수 있다.

$$p_J(j) = \langle\psi|M_j^\dagger M_j|\psi\rangle \quad (4.89)$$

$$\frac{1}{\sqrt{p_J(j)}} \left(I_S \otimes |j\rangle\langle j|_P \right) \left(U_{SP}|\psi\rangle_S \otimes |0\rangle_P \right) = \frac{M_j|\psi\rangle_S \otimes |j\rangle_P}{\sqrt{p_J(j)}} \quad (4.90)$$

관심 있는 계와 탐색용 계가 측정이 이뤄진 후에 순수한 곱 상태에 있으므로(그리고 서로에게 독립이므로) 탐색용 계를 버릴 수 있고, 관심 있는 계 S의 측정 후의 상태가 단순히 $M_j|\psi\rangle_S/\sqrt{p_J(j)}$임을 알 수 있다.

위의 전개 과정에 착안해, 양자 측정의 개념을 다음의 완전성 조건

$$\sum_j M_j^\dagger M_j = I \quad (4.91)$$

를 만족시키는 측정 연산자들의 집합 $\{M_j\}$로 이뤄진 양자 측정이라는 대안적인 개념을 생각할 수 있다. 위의 전개 과정으로부터, 이것이 $\{M_j\}$ 연산자가 만족시켜야 할 유일한 제약조건임을 알아두자. 이 제약조건은 유니터리성의 귀결이지만, 사영

양자 측정을 구성하는 사영 연산자들의 집합에 대한 완전성 관계의 일반화로 볼 수도 있다. 이러한 형태로 측정 연산자의 집합이 주어지면, $|\psi\rangle$ 상태를 측정했을 때 j라는 결과를 얻을 확률은

$$p_J(j) \equiv \langle\psi|M_j^\dagger M_j|\psi\rangle \tag{4.92}$$

이고, j를 결과로 얻었을 때 측정 후 상태는 다음과 같다.

$$\frac{M_j|\psi\rangle}{\sqrt{p_J(j)}} \tag{4.93}$$

이번에는 밀도 연산자 ρ와 앙상블 $\{p_X(x), |\psi_x\rangle\}$를 가졌다고 하자. 식 (4.59)를 유도할 때 사용한 것과 비슷한 분석을 통해, j라는 결과를 얻을 확률 $p_J(j)$가

$$p_J(j) \equiv \mathrm{Tr}\{M_j^\dagger M_j \rho\} \tag{4.94}$$

이고, 측정 결과 j를 얻은 후의 상태가

$$\frac{M_j \rho M_j^\dagger}{p_J(j)} \tag{4.95}$$

라고 결론지을 수 있다. $p_J(j) = \mathrm{Tr}\{M_j^\dagger M_j \rho\}$라는 표현은 보른 규칙의 다른 형식이다.

4.2.1 POVM 형식 체계

어떤 경우에는 단순히 양자 측정의 측정 후 상태에 신경 쓰지 않고, 대신에 특정 결과가 나올 확률에만 관심이 있을 수 있다. 가령, 이런 상황은 양자 선로를 통해 고전 자료의 전송을 할 때 나타난다. 이 상황에서는 고전 전송의 오류 확률을 최소화하는 데만 관심이 있다. 수신자는 측정 후의 상태에는 관심이 없다. 왜냐하면 양자정보 처리 규약이 더 이상 필요 없기 때문이다. 이런 종류의 측정을 POVM이라고 하며, 다음과 같이 정의한다.

【정의 4.2.1】 POVM 양의 연산자 값 측정POVM, Positive Operator-Valued Measure은 다음의 음수가 아닌 특성과 완전성을 만족시키는 연산자들의 집합 $\{\Lambda_j\}_j$이다.

$$\forall j : \Lambda_j \geq 0, \qquad \sum_j \Lambda_j = I \qquad (4.96)$$

만약 상태가 어떤 순수 상태 $|\psi\rangle$라면, 결과 j를 얻을 확률은 다음과 같다.

$$\langle \psi | \Lambda_j | \psi \rangle \qquad (4.97)$$

만약 상태가 어떤 밀도 연산자 ρ에 의해 묘사되는 섞인 상태에 있다면, 결과 j를 얻을 확률은 다음과 같다.

$$\mathrm{Tr}\{\Lambda_j \rho\} \qquad (4.98)$$

이것은 보른 규칙의 또 다른 형식이다.

【연습문제 4.2.1】 다음의 다섯 가지 크라이슬러[Chrysler] 상태를 생각해보자.

$$|e_k\rangle \equiv \cos(2\pi k/5)|0\rangle + \sin(2\pi k/5)|1\rangle \qquad (4.99)$$

여기서 $k \in \{0, ..., 4\}$이다. 이 상태는 블로흐 구의 XZ 평면에 오각형을 구성하기 때문에 '크라이슬러' 상태라고 한다.[1] 다음 연산자들의 집합 $\{\frac{2}{5}|e_k\rangle\langle e_k|\}$가 유효한 POVM임을 보여라.

【연습문제 4.2.2】 밀도 연산자의 앙상블 $\{p_X(x), \rho_x\}$와 높은 확률로 ρ_x 상태로 식별되는 원소 $\{\Lambda_x\}$를 가진 POVM이 있다고 하자. 즉, $\mathrm{Tr}\{\Lambda_x \rho_x\}$가 가능한 한 높은 상태다. 이때 예측되는 POVM의 성공 확률은 다음과 같다.

$$\sum_x p_X(x) \mathrm{Tr}\{\Lambda_x \rho_x\} \qquad (4.100)$$

다음과 같은 조건을 만족하는 어떤 연산자 τ가 있다고 하자.

$$\tau \geq p_X(x)\rho_x \qquad (4.101)$$

여기서 $\tau \geq p_X(x)\rho_x$ 조건은 $\tau - p_X(x)\rho_x \geq 0$과 같다(즉, $\tau - p_X(x)\rho_x$는 양의 준정부호 연산자). $\mathrm{Tr}\{\tau\}$가 POVM의 예상되는 성공 확률에 대한 상한임을 보여라. 그런 다음,

---

1 자동차 제조사인 크라이슬러의 예전 로고가 오각형의 별이었다. - 옮긴이

d차원 부분공간으로 부호화되는 n비트를 생각해보자. (앙상블 $\{2^{-n}, \rho_i\}_{i \in \{0,1\}^n}$의 경우에서) 균일하게 무작위로 상태를 고르는 것으로, 예상되는 성공 확률이 $d\, 2^{-n}$에 의해 위로 유계임을 보여라. 따라서 n개 이상의 비트를 n큐비트에 저장했다가 완벽한 복원 확률을 갖도록 하는 것은 불가능하다.

4.3 복합 유잡음 양자계

이제 둘 이상의 양자계를 결합할 때 이들의 거동에 관심을 가져보자. 그중 가장 기묘한 것은 결합된 양자계에서 진짜 '양자스러운' 거동이 나타난다는 점이며, 고전 세계로부터 떠나는 지점이다.

4.3.1 독립 앙상블

양자계 A와 B의 두 가지 독립적인 앙상블을 먼저 생각해보자. 첫 번째 양자계는 앨리스가 갖고, 두 번째 양자계는 밥이 갖고 있으며, 이들은 공간적으로 떨어져 있을 수도 있고 아닐 수도 있다. $\{p_X(x), |\psi_x\rangle\}$가 A계에 대한 앙상블이고, $\{p_Y(y), |\phi_y\rangle\}$가 B계에 대한 앙상블이라고 하자. 이제 A계의 상태가 어떤 x에 대해 $|\psi_x\rangle$이고 B계의 상태가 어떤 y에 대해 $|\phi_y\rangle$라고 하자. 무잡음 양자 이론의 복합계 가설을 이용하면, 주어진 x와 y의 결합 상태는 $|\psi_x\rangle \otimes |\phi_y\rangle$이다. 이 결합 양자계에 대한 밀도 연산자는 각 앙상블을 묘사하는 무작위 변수 X와 Y에 대해 $|\psi_x\rangle \otimes |\phi_y\rangle$의 기댓값이다.

$$\mathbb{E}_{X,Y} \left\{ (|\psi_X\rangle \otimes |\phi_Y\rangle)(\langle\psi_X| \otimes \langle\phi_Y|) \right\} \tag{4.102}$$

위의 표현은 다음과 같다.

$$\mathbb{E}_{X,Y} \left\{ |\psi_X\rangle\langle\psi_X| \otimes |\phi_Y\rangle\langle\phi_Y| \right\} \tag{4.103}$$

왜냐하면 $(|\psi_x\rangle \otimes |\phi_y\rangle)(\langle\psi_x| \otimes \langle\phi_y|) = |\psi_x\rangle\langle\psi_x| \otimes |\phi_y\rangle\langle\phi_y|$이기 때문이다. 그러면 기댓값을 확률에 대한 합으로 명시적으로 적을 수 있다.

$$\sum_{x,y} p_X(x)p_Y(y)|\psi_x\rangle\langle\psi_x| \otimes |\phi_y\rangle\langle\phi_y| \tag{4.104}$$

텐서 곱은 분배 법칙을 따르기 때문에 확률과 급수를 분배할 수 있다.

$$\sum_x p_X(x)|\psi_x\rangle\langle\psi_x| \otimes \sum_y p_Y(y)|\phi_y\rangle\langle\phi_y| \tag{4.105}$$

이 앙상블의 밀도 연산자는 다음의 간단한 형태로 정리된다.

$$\rho \otimes \sigma \tag{4.106}$$

여기서 $\rho = \sum_x p_X(x)|\psi_x\rangle\langle\psi_x|$는 X 앙상블의 밀도 연산자이고, $\sigma = \sum_y p_Y(y)|\phi_y\rangle\langle\phi_y|$는 Y 앙상블의 밀도 연산자다. 즉, 앨리스의 밀도 연산자는 ρ이고 밥의 밀도 연산자는 σ라고 할 수 있다. 전체 상태는 이 두 밀도 연산자의 텐서 곱이다.

【정의 4.3.1】곱 상태　만약 어떤 밀도 연산자가 둘 이상의 밀도 연산자들의 텐서 곱과 같다면, 그 밀도 연산자는 **곱 상태**product state다.

앙상블들이 독립적이라고 가정했기 때문에, 밀도 연산자가 앞에서 말한 대로 인수분해될 것을 기대해야 한다. 각각에 해당하는 앙상블에 속한 상태가 같은 앙상블의 다른 상태와 직교하지 않는 경우를 제외하면, 고전 세계와 이 상황을 구분할 방법은 없다. 하지만 심지어 이 경우에도 정규직교 기저를 사용해 설명하는 각 앙상블에 대한 동등한 묘사가 존재하고, 이 설명과 두 독립적인 확률 분포로 분해되는 결합 확률 분포 사이에는 실질적으로 큰 차이가 없다.

【연습문제 4.3.1】　순도 $P(\rho_A)$가 다음의 표현식과 같음을 보여라.

$$P(\rho_A) = \text{Tr}\left\{(\rho_A \otimes \rho_{A'})\, F_{AA'}\right\} \tag{4.107}$$

여기서 A'계는 A계의 힐베르트 공간과 동형인 힐베르트 공간 구조를 갖고, $F_{AA'}$은 A와 A'의 켓 사이에 다음의 작용을 하는 교환 연산자다.

$$\forall x, y \quad F_{AA'}|x\rangle_A|y\rangle_{A'} = |y\rangle_A|x\rangle_{A'} \tag{4.108}$$

(사실, 더 일반적으로 A계의 연산자에 대한 임의의 함수 f에 대해 $\text{Tr}\{f(\rho_A)\} = \text{Tr}\{(f(\rho_A) \otimes I_{A'})\, F_{AA'}\}$임을 보일 수 있다.)

4.3.2 분리 가능한 상태

이제, 두 계 A와 B에 해당하는 앙상블이 고전적인 방식으로 연관된 경우를 생각해보자. 이렇게 연관된 앙상블은 결합 앙상블로 나타낸다.

$$\{p_X(x), |\psi_x\rangle \otimes |\phi_x\rangle\} \tag{4.109}$$

위의 연관된 앙상블의 밀도 연산자가 다음의 형태를 갖는다는 사실은 곧바로 확인할 수 있다.

$$\mathbb{E}_X\left\{(|\psi_X\rangle \otimes |\phi_X\rangle)(\langle\psi_X| \otimes \langle\phi_X|)\right\} = \sum_x p_X(x)|\psi_x\rangle\langle\psi_x| \otimes |\phi_x\rangle\langle\phi_x| \tag{4.110}$$

밥의 계를 무시하면, 앨리스의 국소 밀도 연산자는 다음의 형태다.

$$\mathbb{E}_X\left\{|\psi_X\rangle\langle\psi_X|\right\} = \sum_x p_X(x)|\psi_x\rangle\langle\psi_x| \tag{4.111}$$

마찬가지로, 밥의 국소 밀도 연산자는 다음과 같다.

$$\mathbb{E}_X\left\{|\phi_X\rangle\langle\phi_X|\right\} = \sum_x p_X(x)|\phi_x\rangle\langle\phi_x| \tag{4.112}$$

식 (4.110)의 형태를 갖는 상태는 고전적 절차에 의해 생성될 수 있다. 제3자가 확률 분포 $p_X(x)$에 따라 기호 x를 생성하고, 앨리스와 밥 모두에게 기호 x를 보낸다. 이 때 앨리스는 상태 $|\psi_x\rangle$를 준비하고, 밥은 상태 $|\phi_x\rangle$를 준비한다. 만약 둘이 기호 x를 버린다면, 이들의 상태는 식 (4.110)에 주어진 것과 같다.

4.1.2절에서 살펴본 '앙상블들의 앙상블' 아이디어와 유사한 아이디어를 사용하면, 이와 같은 고전적 준비 절차를 한 단계 더 나아가서 일반화할 수 있다. 먼저, 어떤 확률 분포 $p_Z(z)$에 대해 무작위 변수 Z를 생성한다. 그럼 무작위 변수 Z의 값에 따라 조건화되는 두 가지 앙상블을 생성한다. 첫 번째 앙상블을 $\{p_{X|Z}(x|z), |\psi_{x,z}\rangle\}$라고 하고, 두 번째 앙상블을 $\{p_{Y|Z}(y|z), |\phi_{y,z}\rangle\}$라고 하자. 여기서 무작위 변수 X와 Y는 Z에 대해 조건화될 때 독립이다. z의 특정 구현체에 의해 조건화될 때, 첫 번째와 두 번째의 앙상블에 대한 밀도 연산자를 각각 ρ_z와 σ_z라고 하자. 그러면 이 고전적 준비 절차로부터 생성된 앙상블의 밀도 연산자가 다음의 형태를 갖는다는 사실을 바로 확인할 수 있다.

$$\mathbb{E}_{X,Y,Z}\left\{\left(\lvert\psi_{X,Z}\rangle\otimes\lvert\phi_{Y,Z}\rangle\right)\left(\langle\psi_{X,Z}\rvert\otimes\langle\phi_{Y,Z}\rvert\right)\right\} = \sum_z p_Z(z)\rho_z\otimes\sigma_z \quad (4.113)$$

【연습문제 4.3.2】 밥의 계를 무시하면 앨리스의 국소 연산자를 결정할 수 있다. 다음을 보여라.

$$\mathbb{E}_{X,Y,Z}\left\{\lvert\psi_{X,Z}\rangle\langle\psi_{X,Z}\rvert\right\} = \sum_z p_Z(z)\rho_z \quad (4.114)$$

위의 표현은 앨리스의 밀도 연산자다. 마찬가지로, 밥의 국소 밀도 연산자는 다음과 같다.

$$\mathbb{E}_{X,Y,Z}\left\{\lvert\phi_{Y,Z}\rangle\langle\phi_{Y,Z}\rvert\right\} = \sum_z p_Z(z)\sigma_z \quad (4.115)$$

【연습문제 4.3.3】 식 (4.113)에 있는 일반 형태를 사용해 항상 식 (4.113)과 같은 형태의 상태를 순수한 곱 상태의 볼록 조합convex combination으로 적을 수 있음을 보여라.

$$\sum_w p_W(w)\lvert\phi_w\rangle\langle\phi_w\rvert\otimes\lvert\psi_w\rangle\langle\psi_w\rvert \quad (4.116)$$

연습문제 4.3.3의 결과로, 식 (4.113) 형태의 어떤 상태라도 순수한 곱 상태의 볼록 조합으로 적을 수 있다. 그런 상태를 **분리 가능한 상태**separable state라고 하며, 엄밀하게는 다음과 같이 정의된다.

【정의 4.3.2】 분리 가능한 상태 2분할 밀도 연산자 σ_{AB}를 어떤 확률 분포 $p_X(x)$와 순수 상태의 집합 $\{\lvert\psi_x\rangle_A\}$와 $\{\lvert\phi_x\rangle_B\}$에 대해 다음과 같이 적을 수 있다면 σ_{AB}는 분리 가능한 상태다.

$$\sigma_{AB} = \sum_x p_X(x)\lvert\psi_x\rangle\langle\psi_x\rvert_A\otimes\lvert\phi_x\rangle\langle\phi_x\rvert_B \quad (4.117)$$

'분리 가능한'이라는 용어는 위의 상태에 얽힘이 없다는 뜻이다. 즉, 위의 상태를 준비하는 완전히 고전적인 절차가 있다는 뜻이다. 사실, 이 결과는 일반적인 2분할 밀도 연산자에 대해 얽힘의 정의를 이끌어낸다.

【정의 4.3.3】 얽힘 상태 2분할 밀도 연산자 ρ_{AB}가 분리 가능한 상태가 아니면, ρ_{AB}는

얽혀^{entangled} 있다.

【연습문제 4.3.4】볼록성 주어진 텐서 곱 힐베르트 공간에 작용하는 분리 가능한 상태의 집합이 볼록 집합임을 보여라. 즉, $\lambda \in [0, 1]$이고 ρ_{AB}와 σ_{AB}가 분리 가능한 상태라면, $\lambda\rho_{AB} + (1 - \lambda)\sigma_{AB}$도 분리 가능한 상태다.

분리 가능한 상태와 CHSH 게임

위에서 정의 4.3.2와 정의 4.3.3에 대한 동기는 이미 주어졌다. 어떤 분리 가능한 상태에 대해, 그 상태를 준비하는 데 사용될 수 있는 고전적 절차가 존재한다는 것이다. 따라서 얽힘 상태는 그런 절차가 없다. 즉, 두 계 사이의 비고전적(양자적) 상호 작용이 얽힘 상태를 준비하는 데 필요하다.

또 다른 관련된 동기는 분리 가능한 상태는 3.6.2절에서 논의했던 CHSH 게임에 대한 고전적 전략을 설명할 수 있다는 것이다. 다음과 같은 형태를 갖는 고전 전략 $p_{AB|XY}(a, b|x, y)$의 식 (3.163)을 다시 불러와 보자.

$$p_{AB|XY}(a,b|x,y) = \int d\lambda \, p_\Lambda(\lambda) \, p_{A|\Lambda X}(a|\lambda, x) \, p_{B|\Lambda Y}(b|\lambda, y) \qquad (4.118)$$

만약 분리된 상태에 대해 연속적인 지표 λ를 허용한다면, 그런 상태는 다음과 같이 적을 수 있다.

$$\sigma_{AB} = \int d\lambda \, p_\Lambda(\lambda) \, |\psi_\lambda\rangle\langle\psi_\lambda|_A \otimes |\phi_\lambda\rangle\langle\phi_\lambda|_B \qquad (4.119)$$

일반적인 양자 전략에서는 측정 $\{\Pi_a^{(x)}\}$와 $\{\Pi_b^{(y)}\}$가 있어서 입력 비트 x와 y에 기반한 출력 비트 a와 b를 주고 다음의 전략을 유도한다.

$$
\begin{aligned}
&p_{AB|XY}(a,b|x,y) \\
&= \mathrm{Tr}\{(\Pi_a^{(x)} \otimes \Pi_b^{(y)})\sigma_{AB}\} \qquad &(4.120)\\
&= \mathrm{Tr}\left\{(\Pi_a^{(x)} \otimes \Pi_b^{(y)})\left(\int d\lambda \, p_\Lambda(\lambda) \, |\psi_\lambda\rangle\langle\psi_\lambda|_A \otimes |\phi_\lambda\rangle\langle\phi_\lambda|_B\right)\right. &(4.121)\\
&= \int d\lambda \, p_\Lambda(\lambda) \, \mathrm{Tr}\left\{\Pi_a^{(x)}|\psi_\lambda\rangle\langle\psi_\lambda|_A \otimes \Pi_b^{(y)}|\phi_\lambda\rangle\langle\phi_\lambda|_B\right\} &(4.122)\\
&= \int d\lambda \, p_\Lambda(\lambda) \, \langle\psi_\lambda|_A\Pi_a^{(x)}|\psi_\lambda\rangle_A \, \langle\phi_\lambda|_B\Pi_b^{(y)}|\phi_\lambda\rangle_B &(4.123)
\end{aligned}
$$

식 (4.118)에서 확률 분포 $p_{A|\Lambda X}(a|\lambda, x)$와 $p_{B|\Lambda Y}(b|\lambda, y)$를 다음과 같이 고르면

$$p_{A|\Lambda X}(a|\lambda, x) = \langle \psi_\lambda |_A \Pi_a^{(x)} |\psi_\lambda \rangle_A \tag{4.124}$$

$$p_{A|\Lambda X}(a|\lambda, x) = \langle \psi_\lambda |_A \Pi_a^{(x)} |\psi_\lambda \rangle_A \tag{4.125}$$

CHSH 게임의 분리 가능한 상태를 사용하는 임의의 양자 전략을 시뮬레이션할 수 있는 고전 전략이 있음을 알 수 있다. 따라서 분리 가능한 상태를 사용하는 양자 전략의 승리 확률은 3.6.2절에서 유도했던 3/4라는 고전적 한계가 적용된다. 이 경우, 그런 전략은 실질적으로는 고전적이다.

4.3.3 국소 밀도 연산자와 부분 대각합

첫 번째 사례

두 계 A와 B에 공유된 얽힌 벨 상태 $|\Phi^+\rangle_{AB}$를 생각해보자. 앞서의 분석에서는 앨리스와 밥 모두에 대한 국소 밀도 연산자 설명을 결정했다. 이제 $|\Phi^+\rangle_{AB}$ 상태나 더 일반적인 상태에 대해 앨리스와 밥의 국소 지역 연산자 설명을 결정하는 것이 가능한지에 관심을 가져보자.

이 문제에 대한 첫 번째 접근법으로, 밀도 연산자 설명이 특정 측정의 결과 확률을 결정하는 데 유용하다는 점에서 나타난다는 것을 떠올려보자. 밀도 연산자가 계의 '그 상태'라고 말할 수 있다. 왜냐하면 물리적 측정으로부터 나온 확률을 계산하도록 하는 수학적 표현이기 때문이다. 그러므로 '국소 밀도 연산자'를 결정하고 싶다면, 그런 국소 밀도 연산자는 국소 측정의 결과를 예측해야 한다.

앨리스가 자신의 계에 수행할 수 있는 국소 POVM $\{\Lambda^j\}_j$를 생각해보자. 이 국소 측정에 대한 광역 측정 연산자는 밥의 계에는 아무것도 하지 않으므로(항등 연산이므로) $\{\Lambda_A^j \otimes I_B\}_j$이다. 이 측정을 $|\Phi^+\rangle_{AB}$ 상태에 수행해 j라는 출력을 얻을 확률은 다음과 같다.

$$\langle \Phi^+ |_{AB} \Lambda_A^j \otimes I_B |\Phi^+\rangle_{AB} = \frac{1}{2}\sum_{k,l=0}^{1} \langle kk|_{AB} \Lambda_A^j \otimes I_B |ll\rangle_{AB} \tag{4.126}$$

$$= \frac{1}{2}\sum_{k,l=0}^{1} \langle k|_A \Lambda_A^j |l\rangle_A \langle k|l\rangle_B \tag{4.127}$$

$$= \frac{1}{2} \left(\langle 0|_A \Lambda_A^j |0\rangle_A + \langle 1|_A \Lambda_A^j |1\rangle_A \right) \tag{4.128}$$

$$= \frac{1}{2} \left(\text{Tr} \left\{ \Lambda_A^j |0\rangle\langle 0|_A \right\} + \text{Tr} \left\{ \Lambda_A^j |1\rangle\langle 1|_A \right\} \right) \tag{4.129}$$

$$= \text{Tr} \left\{ \Lambda_A^j \frac{1}{2} \left(|0\rangle\langle 0|_A + |1\rangle\langle 1|_A \right) \right\} \tag{4.130}$$

$$= \text{Tr} \left\{ \Lambda_A^j \pi_A \right\} \tag{4.131}$$

위의 단계는 내적을 취하는 규칙을 텐서 곱에 적용해 얻은 것이다. 마지막 줄은 식 (4.37)의 최대로 섞인 상태 π의 정의를 이용했다. 여기서 π는 큐비트가 최대로 섞인 상태다.

위의 계산은 밀도 연산자 π를 사용한 임의의 국소적인 '앨리스'의 측정 결과도 예측할 수 있음을 보여준다. 따라서 앨리스의 국소 밀도 연산자는 π라고 말해도 되며, 더 나아가서 앨리스의 **국소 상태**local state가 π라고까지 말할 수도 있다. 대칭적인 계산을 통해 밥의 국소 상태도 π임을 알 수 있다.

그 국소 밀도 연산자에 대한 이 결과는 처음 보기엔 이상해 보일 수 있다. 다음의 광역 상태가 국소 측정에 대한 동등한 예측을 준다.

$$\pi_A \otimes \pi_B \tag{4.132}$$

광역 상태의 동등한 표현이 위의 상태와 같다고 결론지을 수 있을까? 결코 그렇지 않다. 광역 상태 $|\Phi^+\rangle_{AB}$와 위의 상태는 광역 측정에 대해 극단적으로 다른 예측을 내놓는다. 아래의 연습문제 4.3.6에서 광역 상태가 $|\Phi^+\rangle_{AB}$나 $\pi_A \otimes \pi_B$일 때 광역 연산자 $Z_A \otimes Z_B$를 측정하는 확률을 계산해보고, 그 결과가 얼마나 다른지 살펴보자.

【**연습문제 4.3.5**】 관측 가능량 $Z_A \otimes Z_B$의 측정에 해당하는 사영 연산자가 다음과 같음을 보여라.

$$\Pi_{\text{even}} \equiv \frac{1}{2} \left(I_A \otimes I_B + Z_A \otimes Z_B \right) = |00\rangle\langle 00|_{AB} + |11\rangle\langle 11|_{AB} \tag{4.133}$$

$$\Pi_{\text{odd}} \equiv \frac{1}{2} \left(I_A \otimes I_B - Z_A \otimes Z_B \right) = |01\rangle\langle 01|_{AB} + |10\rangle\langle 10|_{AB} \tag{4.134}$$

이 측정은 홀짝성parity 측정이다. 측정 연산자 Π_{even}은 짝수에 결맞은 측정을 하고, Π_{odd}는 홀수에 결맞은 측정을 한다.

【연습문제 4.3.6】 $|\Phi^+\rangle_{AB}$ 상태에 대해 (앞의 연습문제에서 정의한) 홀짝성 측정이 1의 확률로 짝수를 내놓고, $\pi_A \otimes \pi_B$ 상태의 홀짝성 측정은 같은 확률로 짝수와 홀수를 내놓는다. 따라서 이 상태가 같은 국소적 묘사를 갖는다는 사실에도 불구하고 그 광역적 거동은 매우 다르다. 같은 결과가 다음의 위상 홀짝성phase parity 측정에 대해서도 사실임을 보여라.

$$\Pi_{\mathrm{even}}^X \equiv \frac{1}{2}\left(I_A \otimes I_B + X_A \otimes X_B\right) \tag{4.135}$$

$$\Pi_{\mathrm{odd}}^X \equiv \frac{1}{2}\left(I_A \otimes I_B - X_A \otimes X_B\right) \tag{4.136}$$

【연습문제 4.3.7】 최대로 상관된 상태 $\overline{\Phi}_{AB}$가

$$\overline{\Phi}_{AB} = \frac{1}{2}\left(|00\rangle\langle00|_{AB} + |11\rangle\langle11|_{AB}\right) \tag{4.137}$$

로 주어졌을 때, 그 국소 측정 결과가 최대로 얽힌 상태 $|\Phi^+\rangle_{AB}$와 같음을 보여라. 위의 홀짝성 측정이 이 상태를 구분할 수 있음을 보여라.

부분 대각합

일반적으로, 모든 국소 측정의 결과를 예측하는 국소 밀도 연산자를 알아야 할 때가 있다. 국소 밀도 연산자를 결정하는 일반적인 방법은 **부분 대각합 연산**partial trace operation을 사용하는 것이고, 여기서 정의하려는 것은 4.3.3절의 시작 부분에서 논의했던 사례의 일반화에서 착안한다.

앨리스와 밥의 2분할 상태 ρ_{AB}에 대해, 앨리스가 자신의 계에 POVM $\{\Lambda_A^j\}$로 묘사되는 국소 측정을 수행한다고 하자. 그럼 밥은 자신의 계에 아무것도 하지 않는다고 가정했으므로, 결합된 계에 대한 모든 POVM은 $\{\Lambda_A^j \otimes I_B\}$이다. 보른 규칙에 따라, 앨리스가 측정 후에 결과 j를 얻을 확률은 다음의 식에 따라 주어진다.

$$p_J(j) = \mathrm{Tr}\{(\Lambda_A^j \otimes I_B)\rho_{AB}\} \tag{4.138}$$

이 대각합을 계산하기 위해, 원하는 대로 임의의 정규직교 기저를 선택할 수 있다(정의 4.1.1과 후속 논의를 참고하라). $\{|k\rangle_A\}$를 앨리스의 힐베르트 공간에 대한 정규직교 기저로 고르고, $\{|l\rangle_B\}$를 밥의 힐베르트 공간에 대한 정규직교 기저로 골랐다고 하자.

그러면 집합 $\{|k\rangle_A \otimes |l\rangle_B\}$가 이들의 힐베르트 공간의 텐서 곱에 대한 정규직교 기저를 형성한다. 따라서 식 (4.138)을 다음과 같이 계산할 수 있다.

$$\text{Tr}\{(\Lambda_A^j \otimes I_B)\rho_{AB}\}$$

$$= \sum_{k,l} \left(\langle k|_A \otimes \langle l|_B\right) \left[(\Lambda_A^j \otimes I_B)\rho_{AB}\right] (|k\rangle_A \otimes |l\rangle_B) \tag{4.139}$$

$$= \sum_{k,l} \langle k|_A (I_A \otimes \langle l|_B) \left[(\Lambda_A^j \otimes I_B)\rho_{AB}\right] (I_A \otimes |l\rangle_B) |k\rangle_A \tag{4.140}$$

$$= \sum_{k,l} \langle k|_A \Lambda_A^j (I_A \otimes \langle l|_B) \rho_{AB} (I_A \otimes |l\rangle_B) |k\rangle_A \tag{4.141}$$

$$= \sum_{k} \langle k|_A \Lambda_A^j \left[\sum_{l} (I_A \otimes \langle l|_B) \rho_{AB} (I_A \otimes |l\rangle_B)\right] |k\rangle_A \tag{4.142}$$

첫 번째 등식은 정의 4.1.1의 대각합 정의와 정규직교 기저 $\{|k\rangle_A \otimes |l\rangle_B\}$에서 유도된다. 두 번째 등식은

$$|k\rangle_A \otimes |l\rangle_B = (I_A \otimes |l\rangle_B) |k\rangle_A \tag{4.143}$$

이므로 유도된다. 세 번째 등식은

$$(I_A \otimes \langle l|_B) (\Lambda_A^j \otimes I_B) = \Lambda_A^j (I_A \otimes \langle l|_B) \tag{4.144}$$

이므로 유도된다. 네 번째 등식은 l에 대한 합을 안으로 넣어서 유도된다. 정의 4.1.1의 대각합 정의와 $\{|k\rangle_A\}$가 앨리스의 힐베르트 공간에 대한 정규직교 기저라는 사실을 이용하면, 식 (4.142)는 다음과 같이 다시 적을 수 있다.

$$\text{Tr}\left\{\Lambda_A^j \left[\sum_{l} (I_A \otimes \langle l|_B) \rho_{AB} (I_A \otimes |l\rangle_B)\right]\right\} \tag{4.145}$$

부분 대각합 연산을 정의하는 마지막 단계는 다음과 같다.

【정의 4.3.4】부분 대각합 X_{AB}가 텐서곱 힐베르트 공간 $\mathcal{H}_A \otimes \mathcal{H}_B$에 작용하는 정사각 연산자라고 하자. 그리고 $\{|l\rangle_B\}$를 $\mathcal{H}_B$에 대한 정규직교 기저라고 하자. 그러면 힐베르트 공간 $\mathcal{H}_B$에 대한 부분 대각합은 다음과 같다.

$$\text{Tr}_B\{X_{AB}\} \equiv \sum_l (I_A \otimes \langle l|_B) X_{AB} (I_A \otimes |l\rangle_B) \tag{4.146}$$

간결함을 위해, 항등 연산자 I_A는 생략하고 다음과 같이 적을 수 있다.

$$\text{Tr}_B\{X_{AB}\} \equiv \sum_l \langle l|_B X_{AB} |l\rangle_B \tag{4.147}$$

대각합의 정의가 정규직교 기저의 선택에 대해 불변인 것과 같은 이유로, 부분 대각합 연산도 마찬가지다. 또한 부분 대각합이 선형 연산임을 위의 정의로부터 알 수 있다. 위의 전개를 계속하면, 부분 대각합을 이용해 국소 연산자 ρ_A를 다음과 같이 정의할 수 있다.

$$\rho_A = \text{Tr}_B\{\rho_{AB}\} \tag{4.148}$$

그러면 이것은 식 (4.145)를 $\text{Tr}\{\Lambda_A^j \rho_A\}$로 다시 적을 수 있도록 한다. 그리고 이것은

$$p_J(j) = \text{Tr}\{(\Lambda_A^j \otimes I_B)\rho_{AB}\} = \text{Tr}\{\Lambda_A^j \rho_A\} \tag{4.149}$$

라는 결론을 유도한다. 따라서 연산자 ρ_A로부터, 앨리스가 자신의 계에 국소 측정을 한 결과를 예측할 수 있다. 또한 여기서 중요한 것은 밀도 연산자 ρ_{AB}와 $\{\Lambda_A^j \otimes I_B\}$ 형태의 측정을 갖는 광역적 그림이, 측정을 $\{\Lambda_A^j\}$로 쓰고 확률 $p_J(j)$를 계산하는 데 연산자 ρ_A가 사용된다는 국소적 그림과 잘 맞아떨어진다는 점이다. 연산자 ρ_A 그 자체는 밀도 연산자로, **국소 밀도 연산자**local density operator 또는 **축소된 밀도 연산자**reduced density operator라고 부른다. 다음 연습문제에서 이것이 실제로 밀도 연산자임을 확인해보자.

【연습문제 4.3.8】국소 밀도 연산자 ρ_{AB}가 2분할 힐베르트 공간에 작용하는 밀도 연산자라고 하자. $\rho_A = \text{Tr}_B\{\rho_{AB}\}$가 밀도 연산자임을 증명하라. 즉, 양의 준정부호이고 그 대각합이 1과 같다.

결론적으로, 앨리스와 밥이 가진 결합 상태를 설명하는 밀도 연산자 ρ_{AB}가 주어졌을 때 항상 국소 밀도 연산자 ρ_A를 계산할 수 있고, 이것은 앨리스가 밥의 계에 접근할 수 없는 경우 앨리스의 국소적 상태를 설명한다.

대각합을 설명하는 다른 방법이 있는데, 알아두면 도움이 될 것이다. $|x\rangle_A$와 $|y\rangle_B$가 각각 단위 벡터인 경우,

$$|x\rangle\langle x|_A \otimes |y\rangle\langle y|_B \tag{4.150}$$

위와 같은 형태의 간단한 상태에 대해 부분 대각합은 다음과 같은 작용을 갖는다.

$$\mathrm{Tr}_B\left\{|x\rangle\langle x|_A \otimes |y\rangle\langle y|_B\right\} = |x\rangle\langle x|_A \ \mathrm{Tr}\left\{|y\rangle\langle y|_B\right\} = |x\rangle\langle x|_A \tag{4.151}$$

여기서 첫 번째 계에 대한 국소 밀도 연산자를 구하기 위해 두 번째 계는 '대각합으로 씻어'버렸다. 만약 부분 대각합이 랭크가 1인 연산자들의 텐서 곱(상태에 대응할 필요는 없다.)인 다음의 연산자

$$|x_1\rangle\langle x_2|_A \otimes |y_1\rangle\langle y_2|_B \tag{4.152}$$

에 작용한다면, 그 작용은 다음과 같다.

$$\mathrm{Tr}_B\left\{|x_1\rangle\langle x_2|_A \otimes |y_1\rangle\langle y_2|_B\right\} = |x_1\rangle\langle x_2|_A \ \mathrm{Tr}\left\{|y_1\rangle\langle y_2|_B\right\} \tag{4.153}$$

$$= |x_1\rangle\langle x_2|_A \ \langle y_2|y_1\rangle \tag{4.154}$$

사실, 부분 대각합을 정의하는 다른 방법은 위의 순서를 따르고 선형성으로 이를 확장하는 것이다.

【연습문제 4.3.9】 부분 대각합 연산에 대한 두 개념이 일치함을 보여라. 즉, 밥의 계에 대한 어떤 정규직교 기저 $\{|i\rangle_B\}$에 대해

$$\mathrm{Tr}_B\left\{|x_1\rangle\langle x_2|_A \otimes |y_1\rangle\langle y_2|_B\right\} = \sum_i \langle i|_B\left(|x_1\rangle\langle x_2|_A \otimes |y_1\rangle\langle y_2|_B\right)|i\rangle_B \tag{4.155}$$

$$= |x_1\rangle\langle x_2|_A \ \langle y_2|y_1\rangle \tag{4.156}$$

임을 보여라.

부분 대각합의 대안적인 개념이 작동하는 것을 자세히 살펴보면 도움이 될 것이다. 두 계 A와 B에 대해 가장 일반적인 밀도 연산자는 크기가 1인 대각합을 갖는 양의 준정부호 밀도 연산자 ρ_{AB}이다. ρ_{AB}로부터 B계를 대각합으로 씻어내는 것에 의해 국소 밀도 연산자 ρ_A를 얻을 수 있다.

$$\rho_A = \mathrm{Tr}_B\left\{\rho_{AB}\right\} \tag{4.157}$$

더 자세히 보기 위해, 2분할(참여자가 2명인) 상태에 대해 정규직교 기저 $\{|i\rangle_A \otimes$

$|j\rangle_B\}_{i,j}$에 대해 임의의 밀도 연산자 ρ_{AB}를 전개해보자.

$$\rho_{AB} = \sum_{i,j,k,l} \lambda_{i,j,k,l}(|i\rangle_A \otimes |j\rangle_B)(\langle k|_A \otimes \langle l|_B) \tag{4.158}$$

계수 $\lambda_{i,j,k,l}$은 기저 $\{|i\rangle_A \otimes |j\rangle_B\}_{i,j}$에 대한 ρ_{AB}의 행렬 원소이고, 음이 아닐 제약조건과 ρ_{AB}에 대해 대각합이 1인 제약조건이 적용된다. 위의 연산자를 다음과 같이 다시 적을 수 있다.

$$\rho_{AB} = \sum_{i,j,k,l} \lambda_{i,j,k,l}|i\rangle\langle k|_A \otimes |j\rangle\langle l|_B \tag{4.159}$$

이제 부분 대각합을 계산할 수 있다.

$$\rho_A = \mathrm{Tr}_B\left\{\sum_{i,j,k,l} \lambda_{i,j,k,l}|i\rangle\langle k|_A \otimes |j\rangle\langle l|_B\right\} \tag{4.160}$$

$$= \sum_{i,j,k,l} \lambda_{i,j,k,l}\,\mathrm{Tr}_B\{|i\rangle\langle k|_A \otimes |j\rangle\langle l|_B\} \tag{4.161}$$

$$= \sum_{i,j,k,l} \lambda_{i,j,k,l}|i\rangle\langle k|_A\,\mathrm{Tr}\{|j\rangle\langle l|_B\} \tag{4.162}$$

두 번째 등식은 부분 대각합 연산의 선형성을 이용했다. 계속해서,

$$= \sum_{i,j,k,l} \lambda_{i,j,k,l}|i\rangle\langle k|_A\,\langle j|l\rangle \tag{4.163}$$

$$= \sum_{i,j,k} \lambda_{i,j,k,j}|i\rangle\langle k|_A \tag{4.164}$$

$$= \sum_{i,k}\left(\sum_j \lambda_{i,j,k,j}\right)|i\rangle\langle k|_A \tag{4.165}$$

이다.

【연습문제 4.3.10】 곱 상태의 부분 대각합이 곱 상태의 밀도 연산자 중 하나를 준다는 것을 확인하라.

$$\mathrm{Tr}_B\{\rho_A \otimes \sigma_B\} = \rho_A \tag{4.166}$$

이 결과는 식 (4.106)에서 살펴본 것과 잘 맞는다.

【연습문제 4.3.11】 분리 가능한 상태에 대한 다음의 부분 대각합이 식 (4.114)의 결과를 준다는 것을 확인하라.

$$\text{Tr}_B \left\{ \sum_z p_Z(z) \rho_A^z \otimes \sigma_B^z \right\} = \sum_z p_Z(z) \rho_A^z \tag{4.167}$$

【연습문제 4.3.12】 2분할 양자 상태의 결합 확률 분포 $p_{X,Y}(x, y)$를 갖고 있는 다음의 밀도 연산자를 생각해보자.

$$\rho = \sum_{x,y} p_{X,Y}(x,y) |x\rangle\langle x| \otimes |y\rangle\langle y| \tag{4.168}$$

여기서 상태들의 집합 $\{|x\rangle\}_x$와 $\{|y\rangle\}_y$는 각각 정규직교 기저를 형성한다. 이 경우, 두 번째 계에 대해 대각합을 취한 것이 결합 확률 분포 $p_{X,Y}(x, y)$의 주변 분포marginal distribution $p_X(x) = \sum_y p_{X,Y}(x, y)$를 취한 것과 같음을 보여라. 즉, 다음과 같은 형태의 밀도 연산자가 남는다.

$$\sum_x p_X(x) |x\rangle\langle x| \tag{4.169}$$

위의 '고전적' 상태 말고도 더 기묘한 양자 상태를 다룰 것이므로, 부분 대각합이 주변화의 일반화임을 유념해야 한다.

【연습문제 4.3.13】 2분할계에 부분 대각합을 두 번 취하는 것은 다음과 같이 어떤 순서로 해도 전체 대각합과 동등함을 보여라.

$$\text{Tr}\{\rho_{AB}\} = \text{Tr}_A\{\text{Tr}_B\{\rho_{AB}\}\} = \text{Tr}_B\{\text{Tr}_A\{\rho_{AB}\}\} \tag{4.170}$$

【연습문제 4.3.14】 밥이 앨리스의 측정 결과를 통보받지 않은 상태로 유니터리 연산이나 측정을 수행하는 것은 앨리스의 국소 밀도 연산자를 바꾸지 않음을 확인하라.

【연습문제 4.3.15】 부분 대각합 연산이 대각합을 취한 계에 대해서만 독점적으로 작용하는 경우 순환성 관계를 따른다는 것을 증명하라. 즉, X_{AB}가 힐베르트 공간 $\mathcal{H}_A \otimes \mathcal{H}_B$에 작용하는 정사각 연산자이고, Y_B, Z_B, W_B가 힐베르트 공간 $\mathcal{H}_B$에 작용하

는 정사각 연산자라고 하자. 다음을 증명하라.

$$\text{Tr}_B\{X_{AB}Y_BZ_BW_B\} = \text{Tr}_B\{W_BX_{AB}Y_BZ_B\} \qquad (4.171)$$
$$= \text{Tr}_B\{Z_BW_BX_{AB}Y_B\} \qquad (4.172)$$
$$= \text{Tr}_B\{Y_BZ_BW_BX_{AB}\} \qquad (4.173)$$

위의 과정에서 $Y_B = I_A \otimes Y_B$임을 뜻하며, 다른 것도 마찬가지다.

【연습문제 4.3.16】 밀도 연산자 ρ_A의 순도가 $\text{Tr}\{\rho_A^2\}$와 같음을 생각해보자. Φ_{AB}가 최대로 얽힌 상태일 때, $\rho_A = \text{Tr}_B\{\Phi_{AB}\}$라고 하자. 이때의 순도는 A계의 차원의 역수와 같음을 증명하라.

4.3.4 고전-양자 앙상블

결합 앙상블의 마지막 유형인 **고전-양자 앙상블**classical-quantum ensemble에 대해 논의하며 복합 유잡음 양자계의 소개를 마무리하겠다. 이 앙상블은 앞에서 논의했던 '앙상블들의 앙상블'의 일반화다.

다음과 같은 밀도 연산자의 앙상블을 생각해보자.

$$\{p_X(x), \rho_A^x\}_{x \in \mathcal{X}} \qquad (4.174)$$

여기서의 착안점은 앨리스가 확률 $p_X(x)$를 갖고 ρ_A^x 상태에 있는 양자계를 준비한다는 점이다. 그리고 이 앙상블을 밥에게 넘기면, 밥이 할 일은 앙상블에 대해 아는 것이다. 앨리스가 같은 방법으로 앙상블을 다수 준비했다면 밥은 앙상블에 대해 알 수 있다.

일반적으로, 앨리스가 이 앙상블을 일단 준비하면 무작위 변수 X에 대한 정보의 손실이 있다. $\{|x\rangle\}_{x \in \mathcal{X}}$ 상태가 정규직교 기저를 구성할 때 각 밀도 연산자 ρ_A^x가 순수 상태 $|x\rangle\langle x|$라면, 밥이 무작위 변수 X의 분포에 대해 알아내기가 더 쉽다. 그 결과 밀도 연산자는 다음과 같다.

$$\rho_A = \sum_{x \in \mathcal{X}} p_X(x)|x\rangle\langle x|_A \qquad (4.175)$$

이때 밥은 측정 연산자 $\{|x\rangle\langle x|\}_{x \in \mathcal{X}}$로 측정을 수행하고, 매우 여러 번 측정해서 확률

분포 $p_X(x)$에 대해 알아낼 수 있다.

일반적으로, 밀도 연산자 $\{\rho_A^x\}_{x\in\mathcal{X}}$는 순수 상태에 대응되지 않으며 정규직교 기저에는 더더욱 아니다. 그리고 밥이 무작위 변수 X에 대해 알아내는 것은 더 어려운 일이다. 이 앙상블의 밀도 연산자는

$$\rho_A = \sum_{x\in\mathcal{X}} p_X(x)\rho_A^x \tag{4.176}$$

이고, 무작위 변수 X의 확률 분포에 대한 정보는 밀도 연산자 ρ_x의 '섞임' 안에 '섞여 있다'. 밥이 ρ에 대해 수행해서 무작위 변수 X의 확률 분포에 대해 직접 알아낼 수 있게 하는 측정은 없다.

이 문제의 한 가지 해법은 앨리스가 다음의 고전-양자 앙상블을 준비하는 것이다.

$$\{p_X(x), |x\rangle\langle x|_X \otimes \rho_A^x\}_{x\in\mathcal{X}} \tag{4.177}$$

여기서 첫 번째 계는 X로 표시하고, 두 번째 계는 A로 표시했다. 앨리스는 상태 $|x\rangle$를 각 밀도 연산자 ρ_A^x에 연관시킨다. 여기서 $\{|x\rangle\}_{x\in\mathcal{X}}$는 정규직교 기저를 이룬다. 이 앙상블은 '고전-양자' 앙상블이라고 한다. 왜냐하면 첫 번째 계는 고전적이고 두 번째 계는 양자적이기 때문이다. 그러면 다음과 같이 정의되는 **고전-양자 상태**classical-quantum state ρ_{XA} 개념을 이끌어낼 수 있다.

【정의 4.3.5】고전-양자 상태 앞에서 논의한 것과 같이, 고전-양자 앙상블 $\{p_X(x), |x\rangle\langle x|_X \otimes \rho_A^x\}_{x\in\mathcal{X}}$에 해당하는 밀도 연산자는 고전-양자 상태라고 하며 다음의 형태를 갖는다.

$$\rho_{XA} \equiv \sum_{x\in\mathcal{X}} p_X(x)|x\rangle\langle x|_X \otimes \rho_A^x \tag{4.178}$$

이것은 X와 A의 분리 가능한 상태의 특수한 경우다. 이때 X계의 각 상태는 완벽하게 구분 가능하며, 따라서 고전적이다.

식 (4.177)의 '확대된' 앙상블은 밥이 앨리스가 준비한 앙상블에 대해 아는 것과 동시에 무작위 변수 X에 대해 쉽게 알 수 있게 한다. 밥은 X계에 대해 측정을 수행해 무작위 변수 X의 분포를 알아낼 수 있다. 또한 A에 대해 측정하고 이 결과를 첫 번째 측정 결과와 결합해 ρ_x 상태에 대해서도 알아낼 수 있다. 다음 연습문제는 이 주

장을 확인하는 것이다.

【연습문제 4.3.17】 X계의 국소 측정이 확률 분포 $p_X(x)$를 재현할 수 있음을 보여라. $p_X(x) = \text{Tr}\{\rho_{XA}(|x\rangle\langle x|_X \otimes I_A)\}$를 보이기 위해 국소 측정 연산자 $\{|x\rangle\langle x|\}_{x \in \mathcal{X}}$를 사용하라.

【연습문제 4.3.18】 A계에 대한 측정 연산자 $\{\Lambda_A^j\}$로 측정을 수행하는 것은 식 (4.174)의 앙상블에 측정을 수행한 것과 같음을 보여라. 즉, $\text{Tr}\{\rho_A \Lambda_A^j\} = \text{Tr}\{\rho_{XA}(I_X \otimes \Lambda_A^j)\}$임을 보여라. 여기서 ρ_A는 식 (4.176)에 정의된 것과 같다.

【연습문제 4.3.19】 볼록성의 부족 고전-양자 상태의 집합이 볼록 집합이 아님을 증명하라. 즉, 어떤 ρ_{XA}와 σ_{XA}가 존재하여, $\lambda \in [0, 1]$에 대해 $\lambda\rho_{XA} + (1 - \lambda)\sigma_{XA}$가 고전-양자 상태가 아닌 경우가 있음을 보여라.

4.4 양자 변화

양자계의 변화는 결코 완벽할 수 없다. 이번 절은 양자계를 이해하는 데 가장 일반적인 접근법인 **공리적 접근법**axiomatic approach을 논의하는 것으로 시작한다. 이 강력한 접근법은 세 가지 물리적으로 타당한 공리를 갖고 시작한다. 이 공리계는 어떤 양자 변화에 대해서든 성립해야 하며, 이로부터 어떤 양자 변화든지 만족해야 하는 수학적 제약조건들(**최-크라우스 정리**Choi-Kraus theorem라고 한다.)을 도출한다. 이 책 전체에 걸쳐, 이 제약조건들을 만족하는 양자 변화를 **양자 선로**quantum channel라고 하겠다. 양자계의 정보 손실로부터 어떻게 잡음이 나타나는지, 또는 주변환경에 대한 접근이 부족한 데서 어떻게 잡음이 나타나는지가 최-크라우스 정리로부터 알아낸 것과 같음을 보이겠다. 끝으로 지금까지 살펴본 준비와 측정을 포함한 모든 연산을 어떻게 양자 선로로 볼 수 있는지 논의하고, 양자 선로의 중요한 사례들을 제시하겠다.

4.4.1 양자 변화의 공리적 접근

이제, **공리적 접근**이라고 하는 양자물리학적 변화를 이해하는 강력한 접근법을 논의한다. 여기서 임의의 양자 변화가 반드시 만족해야 하는 물리적으로 타당한 세 가지 가정을 만들고, 이어서 이 공리들이 임의의 양자물리적 변화의 형태에 대한 수학적 제약조건을 나타낸다는 것을 증명한다.

여기서 도입할 이 제약조건들 모두는 변화의 입력이 양자 상태(밀도 연산자)라면, 변화의 출력도 양자 상태(밀도 연산자)가 되어야 한다는 합리적인 요구조건에 기인한다. 처음부터 명료하게 해야 할 중요한 가정은 양자물리적 변화를 '블랙박스black box'로 간주한다는 것이다. 즉, 앨리스는 변화가 시작되기 전에 순수 상태나 섞인 상태를 포함하여 원하는 아무 상태라도 준비할 수 있다는 뜻이다. 결정적으로, 앨리스가 얽힘 상태의 한쪽을 입력하는 것도 허용한다. 이것은 양자정보 이론의 표준 가정이지만, 이 가정이 합리적인지는 확실히 의문일 수 있다. 만약 이 기준이 물리적으로 타당하다고 받아들인다면, 양자 변화에 대한 최-크라우스 표현 정리Choi-Kraus representation theorem가 유도된다.

【표기법 4.4.1】 밀도 연산자와 선형 연산자 $\mathcal{D}(\mathcal{H})$를 힐베르트 공간 $\mathcal{H}$에 작용하는 밀도 연산자들의 공간이라 하고, $\mathcal{L}(\mathcal{H})$를 $\mathcal{H}$에 작용하는 정사각 선형 연산자들의 공간이라고 한다. $\mathcal{L}(\mathcal{H}_A, \mathcal{H}_B)$를 힐베르트 공간 $\mathcal{H}_A$에서 힐베르트 공간 $\mathcal{H}_B$로 가는 선형 연산의 공간이라고 하자.

이 전개 과정 전체에 걸쳐, $\mathcal{N}$은 $\mathcal{D}(\mathcal{H}_A)$에 있는 밀도 연산자를 $\mathcal{D}(\mathcal{H}_B)$에 있는 밀도 연산자에 대응시키는 사상을 나타낸다. 일반적으로, 입력과 출력에 대해 각각의 힐베르트 공간 $\mathcal{H}_A$와 $\mathcal{H}_B$는 같을 필요가 없다. 암묵적으로, $\mathcal{N}$을 도입하는 물리적으로 타당한 첫 번째 요구사항을 이미 말했다. 말하자면, 만약 $\rho_A \in \mathcal{D}(\mathcal{H}_A)$라면 $\mathcal{N}(\rho_A) \in \mathcal{D}(\mathcal{H}_B)$라는 것이다. 이 요구조건을 확장하면, $\mathcal{N}$은 $\mathcal{D}(\mathcal{H}_A)$에 작용할 때 **볼록 선형**convex linear이어야 한다.

$$\mathcal{N}(\lambda\rho_A + (1-\lambda)\sigma_A) = \lambda\mathcal{N}(\rho_A) + (1-\lambda)\mathcal{N}(\sigma_A) \qquad (4.179)$$

여기서 ρ_A, $\sigma_A \in \mathcal{D}(\mathcal{H}_A)$이고 $\lambda \in [0, 1]$이다.

이 볼록 선형성 조건의 물리적 해석은 반복된 실험에 있다. λ만큼의 일부가 ρ_A 상태에 준비되고 $1 - \lambda$만큼의 다른 일부분이 σ_A 상태에 준비된 동등한 양자계에서 여러번 실험을 시행한다고 하자. 거기에, 어떤 상태가 어떤 실험에 준비됐는지는 알려지지 않는다. 각 계에 측정을 수행하기 전, 변화 $\mathcal{N}$이 각 계에 작용한다. 이 실험에 대해 각 계를 특징짓는 밀도 연산자는 $\mathcal{N}(\lambda\rho_A + (1 - \lambda)\sigma_A)$이다. 이제 각 계에 대한 측정을 수행한다. 많은 실험을 수행한 후, 밀도 연산자가 $\mathcal{N}(\lambda\rho_A + (1 - \lambda)\sigma_A)$

임을 추측할 수 있다. 이제 원리적으로는 이 실험에서 어떤 분율로 ρ_A가 준비되고 또 어떤 분율로 σ_A가 준비됐는지 알아낼 수 있다. 이 경우, ρ_A 실험을 나타내는 밀도 연산자는 $\mathcal{N}(\rho_A)$이고 σ_A 실험을 나타내는 밀도 연산자는 $\mathcal{N}(\sigma_A)$이다. 따라서 첫 번째 상황의 측정 결과에서 관찰된 통계가 두 번째 상황에서 관찰된 통계와 합치할 것이라고 예상하는 것은 타당하며, 이것이 식 (4.179)의 요구조건을 만드는 물리적 근거다.

이제 밀도 연산자뿐만 아니라 모든 선형 연산자에 적용되는 양자 선로의 영역과 범위를 확장하는 것이 수학적으로 편리할 것이다. 이렇게 하면, (애초에 밀도 연산자에 작용하고 볼록 선형성을 만족시키도록 배타적으로 정의됐던) 위에서 정의된 임의의 양자 변화 $\mathcal{N}$의 유일한 선형 확장인 $\widetilde{\mathcal{N}}$을 찾는 것이 가능해진다. 이 아이디어의 전개 과정 전체는 부록 B를 보면 된다. 따라서 유일한 선형 확장 $\widetilde{\mathcal{N}}$을 그 양자물리적 변화 $\mathcal{N}$에 수학적으로 연관시키는 것이 타당하다. 그리고 이어서(또한 이 책의 남은 부분에서) 유일한 선형 확장 $\widetilde{\mathcal{N}}$을 이용해 물리적 변화 $\mathcal{N}$을 특정하는 것이 가능하며, 이것을 **양자 선로**라고 한다. 이런 이유로, 임의의 양자 선로 $\mathcal{N}$이 선형임을 도입한다.

【기준 4.4.1】 **선형성** 양자 선로 $\mathcal{N}$은 선형 사상이다.

$$\mathcal{N}(\alpha X_A + \beta Y_A) = \alpha \mathcal{N}(X_A) + \beta \mathcal{N}(Y_A) \tag{4.180}$$

여기서 $X_A,\ Y_A \in \mathcal{L}(\mathcal{H}_A)$이고, $\alpha,\ \beta \in \mathbb{C}$이다.

앞에서 이미 양자물리적 변화가 밀도 연산자를 밀도 연산자로 바꾸도록 할 것을 요구했다. 이를 선형성(특히, 척도 불변성)과 결합하면 양자 선로는 양의 준정부호 연산자의 부류를 보존해야 한다는 뜻이다. 즉, 이들은 다음과 같이 정의되는 양성 사상 positive map이어야 한다.

【정의 4.4.1】 **양성 사상** 만약 $\mathcal{M}(X_A)$가 모든 양의 준정부호인 $X_A \in \mathcal{L}(\mathcal{H}_A)$에 대해 양의 준정부호이면 선형 사상 $\mathcal{M} : \mathcal{L}(\mathcal{H}_A) \to \mathcal{L}(\mathcal{H}_B)$는 양성이다.

만약 여기서 고전계를 다뤘더라면, 이 양성은 물리적 변화의 부류를 설명하기에 충분했을 것이다. 하지만 위에서 양자물리적 변화의 '블랙박스' 관점에서 논의 중이었고, 여기서는 원리적으로 앨리스가 입력계 A에 임의의 양자 간 상태two-party state $\rho_{RA} \in \mathcal{D}(\mathcal{H}_R \otimes \mathcal{H}_A)$가 되도록 준비할 수 있다. 여기서 R은 임의의 크기를 갖는 참조계다. 따라서 이것은 항등 연산자가 참조계 R에 작용하고 A계에 작용하는 사상 $\mathcal{N}$이 ρ_{RA}를 R과 B의 계에 밀도 연산자로 취하는 것을 의미한다. $\mathrm{id}_R \otimes \mathcal{N}_{A \to B}$ 가 이 변화를 나타낸다고 하자. 여기서 id_R은 R계에 작용하는 항등 초연산자identity superoperator다.

$\mathrm{id}_R \otimes \mathcal{N}_{A \to B}$라는 변화를 수학적으로 어떻게 나타낼 수 있을까? X_{RA}를 $\mathcal{H}_R \otimes \mathcal{H}_A$ 에 작용하는 임의의 연산자라고 하고, $\{|i\rangle_R\}$을 $\mathcal{H}_R$의 정규직교 기저라고 하자. 그럼 X_{RA}를 이 기저에 대해 다음과 같이 전개할 수 있다.

$$X_{RA} = \sum_{i,j} |i\rangle\langle j|_R \otimes X_A^{i,j} \tag{4.181}$$

그리고 X_{RA}에 작용하는 (선형인 $\mathcal{N}$에 대해) $\mathrm{id}_R \otimes \mathcal{N}_{A \to B}$는 다음과 같이 정의된다.

$$(\mathrm{id}_R \otimes \mathcal{N}_{A \to B})(X_{RA}) = (\mathrm{id}_R \otimes \mathcal{N}_{A \to B}) \left(\sum_{i,j} |i\rangle\langle j|_R \otimes X_A^{i,j} \right) \tag{4.182}$$

$$= \sum_{i,j} (\mathrm{id}_R \otimes \mathcal{N}_{A \to B}) \left(|i\rangle\langle j|_R \otimes X_A^{i,j} \right) \tag{4.183}$$

$$= \sum_{i,j} \mathrm{id}_R (|i\rangle\langle j|_R) \otimes \mathcal{N}_{A \to B} \left(X_A^{i,j} \right) \tag{4.184}$$

$$= \sum_{i,j} |i\rangle\langle j|_R \otimes \mathcal{N}_{A \to B} \left(X_A^{i,j} \right) \tag{4.185}$$

즉, 항등 초연산자 id_R은 R에 아무런 영향이 없다. 위의 전개 과정은 **완전한 양성** completely positive인 선형 사상 개념과 임의의 물리적 변화에 대한 다음의 조건을 유도 한다.

【정의 4.4.2】**완전한 양성 사상**   임의의 크기를 갖는 참조계 R에 대해 $\mathrm{id}_R \otimes \mathcal{M}$이 양성 사상이면 선형 사상 $\mathcal{M} : \mathcal{L}(\mathcal{H}_A) \to \mathcal{L}(\mathcal{H}_B)$는 완전한 양성이다.

【기준 4.4.2】**완전한 양성**   양자 선로는 완전한 양성 사상이다.

양자물리적 변화에 도입할 마지막 요구조건은 **대각합 보존**trace preservation이다. 이 조 건은 $\mathcal{N}$이 밀도 연산자를 밀도 연산자로 대응시켜야 한다는 합리적인 제약조건에서 온다. 즉, 모든 입력 밀도 연산자 ρ_A에 대해 $\mathrm{Tr}\{\rho_A\} = \mathrm{Tr}\{\mathcal{N}(\rho_A)\} = 1$이어야 한 다는 뜻이다. 그러나 모든 양자물리적 변화의 선형성에 대해 논의했으므로, 밀도 연 산자에 대한 선형성이 결합된 대각합 보존은 양자 선로가 모든 연산자의 집합에 대해 대각합을 보존해야 한다는 뜻이다. 이것은 $\mathcal{L}(\mathcal{H}_A)$에 대한 기저를 구성하는 밀도 연산자들의 집합이 존재한다는 사실 때문이다. 실제로, 그런 밀도 연산자들의 기저는 다음과 같다.

$$\rho_A^{x,y} = \begin{cases} |x\rangle\langle x|_A & x = y \text{인 경우} \\ \frac{1}{2}\left(|x\rangle_A + |y\rangle_A\right)\left(\langle x|_A + \langle y|_A\right) & x < y \text{인 경우} \\ \frac{1}{2}\left(|x\rangle_A + i|y\rangle_A\right)\left(\langle x|_A - i\langle y|_A\right) & x > y \text{인 경우} \end{cases} \tag{4.186}$$

$x < y$인 모든 x와 y에 대해 다음이 성립하면

$$|x\rangle\langle y|_A = \left(\rho_A^{x,y} - \frac{1}{2}\rho_A^{x,x} - \frac{1}{2}\rho_A^{y,y}\right) - i\left(\rho_A^{y,x} - \frac{1}{2}\rho_A^{x,x} - \frac{1}{2}\rho_A^{y,y}\right) \tag{4.187}$$

$$|y\rangle\langle x|_A = \left(\rho_A^{x,y} - \frac{1}{2}\rho_A^{x,x} - \frac{1}{2}\rho_A^{y,y}\right) + i\left(\rho_A^{y,x} - \frac{1}{2}\rho_A^{x,x} - \frac{1}{2}\rho_A^{y,y}\right) \tag{4.188}$$

임의의 연산자 X_A를 집합 $\{\rho_A^{x,y}\}$에서 밀도 연산자들의 선형 결합으로 나타낼 수 있다. 이 사실은 양자 선로의 마지막 기준을 이끌어낸다.

【기준 4.4.3】 대각합 보존 양자 선로는 모든 $X_A \in \mathcal{L}(\mathcal{H}_A)$에 대해 $\text{Tr}\{X_A\} = \text{Tr}\{\mathcal{N}(X_A)\}$라는 점에서 대각합을 보존한다.

【정의 4.4.3】 양자 선로 양자 선로는 어떤 양자물리적 변화에 대응하는 선형이며, 완전한 양성이고, 대각합 보존인 사상이다.

위에서 설명한 기준 4.4.1, 기준 4.4.2, 기준 4.4.3을 자세히 보면 최-크라우스 표현 정리가 자연스럽게 유도된다. 이것은 어떤 사상이 세 가지 기준을 만족시킨다는 것이 최-크라우스 분해라는 특정한 형태를 취한다는 것과 필요충분조건이라는 내용이다.

【정리 4.4.1】 최-크라우스 분해 어떤 사상 $\mathcal{N} : \mathcal{L}(\mathcal{H}_A) \to \mathcal{L}(\mathcal{H}_B)$(또한 $\mathcal{N}_{A \to B}$로도 나타냄)가 선형이고, 완전한 양성이며, 대각합 보존인 것은 이 사상이 다음과 같은 최-크라우스 분해를 갖는다는 것과 필요충분조건이다.

$$\mathcal{N}_{A \to B}(X_A) = \sum_{l=0}^{d-1} V_l X_A V_l^\dagger \tag{4.189}$$

여기서 모든 $l \in \{0, \ldots, d-1\}$에 대해 $X_A \in \mathcal{L}(\mathcal{H}_A)$, $V_l \in \mathcal{L}(\mathcal{H}_A, \mathcal{H}_B)$이고

$$\sum_{l=0}^{d-1} V_l^\dagger V_l = I_A \tag{4.190}$$

이다. d는 $\dim(\mathcal{H}_A)\dim(\mathcal{H}_B)$보다 크지 않을 필요는 없다.

증명으로 더 깊이 들어가기 전에, 밑그림을 그리는 것이 도움이 될 것이다. 증명은 더 쉬운 부분과 더 어려운 부분이 있다. 더 쉬운 부분은 최 연산자$^{Choi\ operator}$라는 연산자가 유용한 도구다.

【정의 4.4.4】 최 연산자 $\mathcal{H}_R$과 $\mathcal{H}_B$가 동형인 힐베르트 공간이고, $\{|i\rangle_R\}$과 $\{|i\rangle_A\}$가 각각 $\mathcal{H}_R$과 $\mathcal{H}_A$의 정규직교 기저라고 하자. $\mathcal{H}_B$가 어떤 다른 힐베르트 공간이고, $\mathcal{N} : \mathcal{L}(\mathcal{H}_A) \to \mathcal{L}(\mathcal{H}_B)$(또는 $\mathcal{N}_{A\to B}$라고 적는다.)가 선형 사상이라고 하자. $\mathcal{N}_{A\to B}$와 기저 $\{|i\rangle_R\}$과 $\{|i\rangle_A\}$에 해당하는 최 연산자는 다음과 같다.

$$(\mathrm{id}_R \otimes \mathcal{N}_{A\to B})\,(|\Gamma\rangle\langle\Gamma|_{RA}) = \sum_{i,j=0}^{d_A-1} |i\rangle\langle j|_R \otimes \mathcal{N}_{A\to B}(|i\rangle\langle j|_A) \tag{4.191}$$

여기서 $d_A \equiv \dim(\mathcal{H}_A)$이고, $|\Gamma\rangle_{RA}$는 식 (3.233)에서 정의했던 것과 같은 정규화되지 않은 최대로 얽힌 벡터다.

$$|\Gamma\rangle_{RA} \equiv \sum_{i=0}^{d_A-1} |i\rangle_R \otimes |i\rangle_A \tag{4.192}$$

최 연산자의 랭크는 최 랭크$^{Choi\ rank}$라고 한다.

만약 $\mathcal{N}_{A\to B}$가 완전한 양성 사상이라면, 최 연산자는 양의 준정부호다. 이것은 정의 4.4.2와 $|\Gamma\rangle\langle\Gamma|_{RA}$가 양의 준정부호라는 사실의 직접적인 귀결이다. 그 역도 참인데, 이것은 연습문제 4.4.1에서 확인해보자. 어떤 점에서는 그 역이 더 강력한 명제다. 정의 4.4.2는 주어진 선형 사상이 완전한 양성인지 검증하기 위해 겉보기에는 무한히 많은 경우의 수를 점검해야 할 수도 있음을 제시한다. 하지만 그 역명제는 단 한 가지 경우만 검사하면 된다고 한다. 최 연산자가 양의 준정부호인가?

최 연산자가 유용한 도구인 다른 이유는 무엇일까? 한 가지 중요한 이유는 양자 선로가 임의의 가능한 입력 연산자 X_A에 작용하고, 따라서 그 양자 선로를 완전히 기

술하는 방법을 부호화하기 때문이다. 최 연산자를 텐서 곱의 성질을 사용해 다음과 같은 (전체 크기가 $d_A d_B \times d_A d_B$인) 행렬들의 행렬로 확장한다고 생각해보자.

$$
\begin{bmatrix}
\mathcal{N}(|0\rangle\langle 0|) & \mathcal{N}(|0\rangle\langle 1|) & \cdots & \mathcal{N}(|0\rangle\langle d_A - 1|) \\
\mathcal{N}(|1\rangle\langle 0|) & \mathcal{N}(|1\rangle\langle 1|) & \cdots & \mathcal{N}(|1\rangle\langle d_A - 1|) \\
\vdots & \vdots & \ddots & \vdots \\
\mathcal{N}(|d_A - 1\rangle\langle 0|) & \mathcal{N}(|d_A - 1\rangle\langle 1|) & \cdots & \mathcal{N}(|d_A - 1\rangle\langle d_A - 1|)
\end{bmatrix}
\tag{4.193}
$$

만약 선로 $\mathcal{N}_{A \to B}$가 입력 연산자 X_A에 작용하는 방법을 알아낸다면, 먼저 정규직교 기저 $\{|i\rangle_A\}$에 대해 X_A를 $X_A = \sum_{i,j} x^{i,j}|i\rangle\langle j|_A$처럼 전개하고, 선형성을 사용해 양자 선로를 적용한다.

$$
\mathcal{N}_{A \to B}(X_A) = \mathcal{N}_{A \to B}\left(\sum_{i,j} x^{i,j}|i\rangle\langle j|_A\right) = \sum_{i,j} x^{i,j} \mathcal{N}_{A \to B}(|i\rangle\langle j|_A) \tag{4.194}
$$

따라서 이 과정은 X_A를 위와 같이 전개하고, 최 연산자의 (i, j) 원소와 (i, j) 계수인 $x^{i,j}$를 곱하고, 모든 연산자 i, j에 대해 이 연산자들을 모두 더한다.

【정리 4.4.1의 증명】 더 쉬운 '충분조건' 부분을 먼저 증명한다. $\mathcal{N}_{A \to B}$가 식 (4.189)의 형태를 갖고, 또한 식 (4.190)의 조건이 성립한다고 하자. 그러면 $\mathcal{N}_{A \to B}$는 분명히 선형 사상이다. 이는 완전한 양성인데, 왜냐하면 $\mathcal{N}_{A \to B}$가 식 (4.189)의 형태를 갖고 이것이 임의의 크기를 갖는 참조계 R에 대해 성립할 때 $X_{RA} \geq 0$이면 $(\mathrm{id}_R \otimes \mathcal{N}_{A \to B})$ $(X_{RA}) \geq 0$이기 때문이다. 즉, 식 (4.185)를 생각하면 $\{I_R \otimes V_l\}$이 확장된 선로 id_R $\otimes \mathcal{N}_{A \to B}$에 대한 크라우스 연산자의 집합이고, 따라서

$$
(\mathrm{id}_R \otimes \mathcal{N}_{A \to B})(X_{RA}) = \sum_{l=0}^{d-1} (I_R \otimes V_l) X_{RA} (I_R \otimes V_l^\dagger) \tag{4.195}
$$

이다. 이제 $X_{RA} \geq 0$일 때 모든 l에 대해 $(I_R \otimes V_l) X_{RA} (I_R \otimes V_l)^\dagger \geq 0$임을 알았고, 합에 대해서도 마찬가지로 성립한다. 대각합 보존은

$$
\mathrm{Tr}\{\mathcal{N}_{A \to B}(X_A)\} = \mathrm{Tr}\left\{\sum_{l=0}^{d-1} V_l X_A V_l^\dagger\right\} \tag{4.196}
$$

$$
= \mathrm{Tr}\left\{\sum_{l=0}^{d-1} V_l^\dagger V_l X_A\right\} \tag{4.197}
$$

$$= \operatorname{Tr}\{X_A\} \tag{4.198}$$

이므로 성립한다. 여기서 둘째 줄은 선형성과 대각합의 순환성에서 오고, 마지막 줄은 식 (4.190)의 조건으로부터 유도된다.

이제, 좀 더 어려운 '필요조건' 부분을 증명한다. $d_A \equiv \dim(\mathcal{H}_A)$이고 $d_B \equiv \dim(\mathcal{H}_B)$라고 하자. 최 연산자는 양의 준정부호이므로 정의 4.4.4에 주어진 최 연산자를 대각화할 수 있다.

$$\mathcal{N}_{A \to B}\left(|\Gamma\rangle\langle\Gamma|_{RA}\right) = \sum_{l=0}^{d-1} |\phi_l\rangle\langle\phi_l|_{RB} \tag{4.199}$$

여기서 $d \le d_A d_B$는 $\mathcal{N}_{A \to B}$ 사상의 최 랭크다(이 분해는 벡터 $\{|\phi_l\rangle_{RB}\}$가 정규직교일 필요는 없지만, 항상 $d \le d_A d_B$가 되도록 고를 수 있다는 점은 염두에 둬야 한다). 식 (4.191)을 조사해보면

$$\left(\langle i|_R \otimes I_B\right)\left(\mathcal{N}_{A \to B}\left(|\Gamma\rangle\langle\Gamma|_{RA}\right)\right)\left(|j\rangle_R \otimes I_B\right) = \mathcal{N}_{A \to B}\left(|i\rangle\langle j|\right) \tag{4.200}$$

이다.

이제, 임의의 2분할 벡터 $|\phi\rangle_{RB}$에 대해 이 벡터를 앞에서 주어진 정규직교 기저 $\{|j\rangle_B\}$와 $\{|i\rangle_R\}$에 대해 전개할 수 있다.

$$|\phi\rangle_{RB} = \sum_{i=0}^{d_A-1} \sum_{j=0}^{d_B-1} \alpha_{ij} |i\rangle_R \otimes |j\rangle_B \tag{4.201}$$

$V_{A \to B}$가 다음의 선형 연산자를 나타낸다고 하자.

$$V_{A \to B} \equiv \sum_{i=0}^{d_A-1} \sum_{j=0}^{d_B-1} \alpha_{i,j} |j\rangle_B \langle i|_A \tag{4.202}$$

여기서 $\{|i\rangle_A\}$는 앞에서 주어진 정규직교 기저다. 이때

$$\left(I_R \otimes V_{A \to B}\right)|\Gamma\rangle_{RA} = \sum_{i=0}^{d_A-1} \sum_{j=0}^{d_B-1} \alpha_{i,j} |j\rangle_B \langle i|_A \sum_{k=0}^{d_A-1} |k\rangle_R \otimes |k\rangle_A \tag{4.203}$$

$$= \sum_{i=0}^{d_A-1} \sum_{j=0}^{d_B-1} \sum_{k=0}^{d_A-1} \alpha_{i,j} |k\rangle_R \otimes |j\rangle_B \langle i|k\rangle_A \tag{4.204}$$

$$= \sum_{i=0}^{d_A-1} \sum_{j=0}^{d_B-1} \alpha_{ij} |i\rangle_R \otimes |j\rangle_B \tag{4.205}$$

$$= |\phi\rangle_{RB} \tag{4.206}$$

임을 알 수 있다. 이것은 모든 2분할 벡터 $|\phi\rangle_{RB}$에 대해, $(I_R \otimes V_{A \to B})|\Gamma\rangle_{RA} = |\phi\rangle_{RB}$ 인 선형 연산이자 $V_{A \to B}$를 찾을 수 있다는 뜻이다. 또한

$$\langle i|_R |\phi\rangle_{RB} = \langle i|_R (I_R \otimes V_{A \to B}) |\Gamma\rangle_{RA} \tag{4.207}$$

$$= V_{A \to B} |i\rangle_A \tag{4.208}$$

임을 생각해보자. 이 공식을 우리의 경우에 적용하면, 각각의 l에 대해

$$|\phi_l\rangle_{RB} = I_R \otimes (V_l)_{A \to B} |\Gamma\rangle_{RA} \tag{4.209}$$

라고 적을 수 있다. 여기서 $(V_l)_{A \to B}$는 식 (4.202)의 형태를 갖는 어떤 선형 연산자다. 이 사실을 알았으면, 다음과 같이 적는 것이 가능함을 알 수 있다.

$$\mathcal{N}_{A \to B}(|i\rangle\langle j|) = (\langle i|_R \otimes I_B)(\mathcal{N}_{A \to B}(|\Gamma\rangle\langle\Gamma|_{RA}))(|j\rangle_R \otimes I_B) \tag{4.210}$$

$$= (\langle i|_R \otimes I_B) \sum_{l=0}^{d-1} |\phi_l\rangle\langle\phi_l|_{RB} (|j\rangle_R \otimes I_B) \tag{4.211}$$

$$= \sum_{l=0}^{d-1} [(\langle i|_R \otimes I_B)|\phi_l\rangle_{RB}][\langle\phi_l|_{RB}(|j\rangle_R \otimes I_B)] \tag{4.212}$$

$$= \sum_{l=0}^{d-1} V_l |i\rangle\langle j|_A V_l^\dagger \tag{4.213}$$

$\mathcal{N}_{A \to B}$ 사상의 선형성에 의해, 위의 결과를 이용하면 그리고 식 (4.194)의 전개 과정을 이용하면 임의의 입력 연산자 X_A에 대한 $\mathcal{N}_{A \to B}$의 작용을 다음과 같이 쓸 수 있음을 유도할 수 있다.

$$\mathcal{N}_{A \to B}(X_A) = \sum_{l=0}^{d-1} V_l X_A V_l^\dagger \tag{4.214}$$

식 (4.190)의 조건을 증명하기 위해, 먼저 $\mathcal{N}_{A \to B}$ 사상이 대각합 보존이라는 사실을 이용하자. 그러면 모든 연산자 $\{|i\rangle\langle j|_A\}_{i,j}$에 대해

$$\mathrm{Tr}\left\{\mathcal{N}_{A\to B}\left(|i\rangle\langle j|_A\right)\right\} = \mathrm{Tr}\left\{|i\rangle\langle j|_A\right\} = \delta_{ij} \tag{4.215}$$

이다. 하지만 또한

$$\mathrm{Tr}\left\{\mathcal{N}_{A\to B}\left(|i\rangle\langle j|_A\right)\right\} = \mathrm{Tr}\left\{\sum_l V_l\left(|i\rangle\langle j|_A\right) V_l^\dagger\right\} \tag{4.216}$$

$$= \mathrm{Tr}\left\{\sum_l V_l^\dagger V_l\left(|i\rangle\langle j|_A\right)\right\} \tag{4.217}$$

$$= \langle j|_A \sum_l V_l^\dagger V_l |i\rangle_A \tag{4.218}$$

임을 생각하자. 따라서 식 (4.215)와 정합성을 가지려면 $\langle j|_A \sum_l V_l^\dagger V_l|i\rangle_A = \delta_{i,j}$여야 하거나, 또는 동등하게 식 (4.190)이 성립해야 한다. □

【일러두기 4.4.1】 만약 식 (4.199)의 분해가 스펙트럼 분해라면, 크라우스 연산자 $\{V_l\}$은 힐베르트-슈미트 내적에 대해 직교한다.

$$\mathrm{Tr}\left\{V_l^\dagger V_k\right\} = \mathrm{Tr}\left\{V_l^\dagger V_l\right\} \delta_{l,k} \tag{4.219}$$

이 사실로부터 다음이 유도된다.

$$\delta_{l,k}\langle\phi_l|\phi_l\rangle = \langle\phi_l|\phi_k\rangle \tag{4.220}$$

$$= \langle\Gamma|_{RB}\left[I_R \otimes \left(V_l^\dagger V_k\right)_B\right]|\Gamma\rangle_{RB} \tag{4.221}$$

$$= \mathrm{Tr}\left\{V_l^\dagger V_k\right\} \tag{4.222}$$

여기서 세 번째 줄은 연습문제 4.1.3의 결과를 적용했다.

【연습문제 4.4.1】 만약 정의 4.4.4대로 정의된 $\mathcal{N}$에 해당하는 최 연산자가 양의 준정부호 연산자라면 그 선형 사상 $\mathcal{N}$이 완전한 양성임을 증명하라(힌트: 임의의 양의 준정부호 연산자는 대각화 가능하다는 사실과, $\mathrm{id}_R \otimes \mathcal{N}$이 선형이라는 사실, 그리고 식 (4.203) ~ 식 (4.206)과 유사한 논의를 사용하라).

4.4.2 양자 선로의 유일한 명세

$\{|i\rangle_A\}$가 어떤 정규직교 기저일 때, $|i\rangle\langle j|_A$ 형태의 연산자에 대한 임의의 선형 사상 $\mathcal{N} : \mathcal{L}(\mathcal{H}_A) \to \mathcal{L}(\mathcal{H}_B)$가 그 작용 $\mathcal{N}_{A \to B}(|i\rangle\langle j|_A)$에 의해 완전히 기술된다는 점을 다시 강조한다. 따라서 두 선형 사상 $\mathcal{N}_{A \to B}$와 $\mathcal{M}_{A \to B}$가 $|i\rangle\langle j|$ 형태의 모든 연산자에 대해 같은 효과를 갖는다면, 두 선형 사상은 같다.

$$\mathcal{N}_{A \to B} = \mathcal{M}_{A \to B} \quad \Leftrightarrow \quad \forall i, j \quad \mathcal{N}_{A \to B}(|i\rangle\langle j|_A) = \mathcal{M}_{A \to B}(|i\rangle\langle j|_A) \quad (4.223)$$

결과적으로, 두 양자 선로가 서로 같은지 검사할 수 있는 흥미로운 방법이 있다. 최대로 얽힌 큐디트 상태 $|\Phi\rangle_{RA}$를 생각해보자. 여기서

$$|\Phi\rangle_{RA} = \frac{1}{\sqrt{d}} \sum_{i=0}^{d-1} |i\rangle_R |i\rangle_A \quad (4.224)$$

이고, d는 각 계 R과 A의 차원이다. $|\Phi\rangle_{RA}$에 대응되는 밀도 연산자 Φ_{RA}는 다음과 같다.

$$\Phi_{RA} = \frac{1}{d} \sum_{i,j=0}^{d-1} |i\rangle\langle j|_R \otimes |i\rangle\langle j|_A \quad (4.225)$$

이제, Φ_{RA}의 A계를 양자 선로 $\mathcal{N}$을 통해 보낸다고 하자.

$$(\mathrm{id}_R \otimes \mathcal{N}_{A \to B})(\Phi_{RA}) = \frac{1}{d} \sum_{i,j=0}^{d-1} |i\rangle\langle j|_R \otimes \mathcal{N}_{A \to B}(|i\rangle\langle j|_A) \quad (4.226)$$

그 결과 상태는 양자 선로 $\mathcal{N}$을 완전히 특징짓는다. 왜냐하면 식 (4.226)의 상태와 식 (4.223)의 연산자 $\mathcal{N}_{A \to B}(|i\rangle\langle j|_A)$ 사이를 다음의 사상이 옮겨주기 때문이다.

$$d\langle i|_R (\mathrm{id}_R \otimes \mathcal{N}_{A \to B})(\Phi_{RA})|j\rangle_R = \mathcal{N}_{A \to B}(|i\rangle\langle j|_A) \quad (4.227)$$

따라서 최대로 얽힌 상태의 한쪽을 양자 선로를 통해 보낸 결과로 나온 양자 상태를 결정하는 것에 의해, 그 양자 선로를 완전히 특징지을 수 있다. 그리고 임의의 두 양자 선로가 같을 필요충분조건은 다음과 같다.

$$\mathcal{N} = \mathcal{M} \quad \Leftrightarrow \quad (\mathrm{id}_R \otimes \mathcal{N}_{A \to B})(\Phi_{RA}) = (\mathrm{id}_R \otimes \mathcal{M}_{A \to B})(\Phi_{RA}) \quad (4.228)$$

이 식은 식 (4.223)의 조건과 동등하다.

4.4.3 양자 선로의 직렬 연결

어떤 양자 상태는 한 종류의 양자 변화만 겪지는 않을 수도 있다. 당연히 한 양자 선로에 이어서 다른 양자 선로를 겪을 수 있다. $\mathcal{N} : \mathcal{L}(\mathcal{H}_A) \to \mathcal{L}(\mathcal{H}_B)$를 첫 번째 양자 선로라고 하고, $\mathcal{M} : \mathcal{L}(\mathcal{H}_B) \to \mathcal{L}(\mathcal{H}_C)$를 두 번째 양자 선로라고 하자. $\mathcal{N}$의 크라우스 연산자를 $\{N_k\}$라고 하고, $\mathcal{M}$의 크라우스 연산자를 $\{M_k\}$라고 하자. 두 양자 선로의 직렬 연결 $\mathcal{M}_{B \to C} \circ \mathcal{N}_{A \to B}$를 곧바로 정의할 수 있다. 어떤 입력 밀도 연산자 $\rho_A \in \mathcal{D}(\mathcal{H}_A)$에 대해 첫 번째 양자 선로의 출력이 다음과 같다고 하자.

$$\mathcal{N}_{A \to B}(\rho_A) \equiv \sum_k N_k \rho_A N_k^\dagger \tag{4.229}$$

이때 직렬로 연결된 양자 선로 $\mathcal{M}_{B \to C} \circ \mathcal{N}_{A \to B}$의 출력은 다음과 같다.

$$(\mathcal{M}_{B \to C} \circ \mathcal{N}_{A \to B})(\rho_A) = \sum_k M_k \mathcal{N}_{A \to B}(\rho) M_k^\dagger = \sum_{k,k'} M_k N_{k'} \rho_A N_{k'}^\dagger M_k^\dagger \tag{4.230}$$

직렬로 연결된 양자 선로 $\mathcal{M}_{B \to C} \circ \mathcal{N}_{A \to B}$의 크라우스 연산자가 $\{M_k N_{k'}\}_{k,k'}$임은 분명하다. 양자 선로의 직렬 연결은 둘 이상의 양자 선로에 대한 직렬 연결로 명백하게 일반화된다.

4.4.4 양자 선로의 병렬 연결

또한 두 양자 선로는 병렬로 사용될 수 있다. 즉, 양자계 A를 선로 $\mathcal{N} : \mathcal{L}(\mathcal{H}_A) \to \mathcal{L}(\mathcal{H}_C)$를 통해 보내고, B계는 $\mathcal{M} : \mathcal{L}(\mathcal{H}_B) \to \mathcal{L}(\mathcal{H}_D)$를 통해 보낸다고 하자. 게다가, 크라우스 연산 $\mathcal{N}_{A \to C}$는 $\{N_k\}$이고 $\mathcal{M}_{B \to D}$는 $\{M_k\}$라고 하자. 그러면 두 선로의 병렬 연결은 다음의 직렬 연결과 같다.

$$\mathcal{N}_{A \to C} \otimes \mathcal{M}_{B \to D} = (\mathcal{N}_{A \to C} \otimes \mathrm{id}_D)(\mathrm{id}_A \otimes \mathcal{M}_{B \to D}) \tag{4.231}$$

또는 동등하게,

$$\mathcal{N}_{A \to C} \otimes \mathcal{M}_{B \to D} = (\mathrm{id}_C \otimes \mathcal{M}_{B \to D})(\mathcal{N}_{A \to C} \otimes \mathrm{id}_B) \tag{4.232}$$

직관적으로, 앨리스가 국소 작용을 실행하고 밥도 그렇게 한다면 이들이 작용을 실행하는 순서는 최종 출력 상태를 결정하는 데 문제가 되지 않는다. 이미 $\mathcal{N}_{A\to C} \otimes \mathrm{id}_D$에 대한 크라우스 연산자의 집합이 $\{N_k \otimes I_D\}$이고, $\mathrm{id}_A \otimes \mathcal{M}_{B\to D}$에 대한 크라우스 연산자의 집합은 $\{I_A \otimes M_{k'}\}$임을 논의했다. 따라서 $\mathcal{N}_{A\to C} \otimes \mathcal{M}_{B\to D}$의 크라우스 연산자 집합이 $\{N_k \otimes M_{k'}\}$임은 금방 확인할 수 있고, 따라서 이 양자 선로는 입력 밀도 연산자 $\rho_{AB} \in \mathcal{D}(\mathcal{H}_A \otimes \mathcal{H}_B)$에 대해 다음의 작용을 갖는다.

$$(\mathcal{N}_{A\to C} \otimes \mathcal{M}_{B\to D})(\rho_{AB}) = \sum_{k,k'} (N_k \otimes M_{k'})(\rho_{AB})(N_k \otimes M_{k'})^\dagger \quad (4.233)$$

양자 선로의 직렬 연결도 둘 이상의 더 많은 양자 선로에 대한 명백한 일반화가 가능하다.

4.4.5 단위 사상과 양자 선로의 수반 연산자

선형 연산이자 G의 수반 연산자 $G^\dagger$가 유일한 선형 연산자로, 모든 벡터 x, y에 대해 다음의 방정식을 만족시키는 것으로 정의됨을 떠올려보자.

$$\langle y, Gx \rangle = \langle G^\dagger y, x \rangle \quad (4.234)$$

이때 $\langle z,\, w \rangle = \sum_i z_i^* w_i$로, 벡터 z와 w 사이에서 정의된 내적이다.

이 아이디어를 확장하여 연산자의 내적을 정의할 수 있다.

【정의 4.4.5】 힐베르트-슈미트 내적 두 연산자 C, $D \in \mathcal{L}(\mathcal{H})$ 사이의 힐베르트-슈미트 내적Hilbert-Schmidt inner product은 다음과 같이 정의된다.

$$\langle C, D \rangle \equiv \mathrm{Tr}\{C^\dagger D\} \quad (4.235)$$

그러면 선형 사상 $\mathcal{N}$의 수반 사상adjoint map $\mathcal{N}^\dagger$를 식 (4.234)와 유사한 방식으로 정의할 수 있게 된다.

【정의 4.4.6】 수반 사상 $\mathcal{N} : \mathcal{L}(\mathcal{H}_A) \to \mathcal{L}(\mathcal{H}_B)$가 선형 사상이라고 하자. 선형 사상 $\mathcal{N}$의 수반 사상 $\mathcal{N}^\dagger : \mathcal{L}(\mathcal{H}_B) \to \mathcal{L}(\mathcal{H}_A)$는 모든 $X \in \mathcal{L}(\mathcal{H}_A)$와 모든 $Y \in \mathcal{L}(\mathcal{H}_B)$에 대해 다음의 방정식을 만족시키는 유일한 선형 사상이다.

$$\langle Y, \mathcal{N}(X) \rangle = \langle \mathcal{N}^\dagger(Y), X \rangle \tag{4.236}$$

선형 사상의 또 다른 중요한 부류는 다음과 같이 정의되는 단위적 사상$^{\text{unital map}}$
이다.

【정의 4.4.7】단위적 사상   선형 사상 $\mathcal{N} : \mathcal{L}(\mathcal{H}_A) \to \mathcal{L}(\mathcal{H}_B)$가 선형 연산자를 보존한
다면, 즉 $\mathcal{N}(I_A) = I_B$라면 이 선형 사상은 단위적^{unital}이다.

수반 사상의 개념이 주어지면, 자연스럽게 양자 선로의 수반 사상이 무엇인가 생각
하게 되고, 게다가 그 해석이 무엇인지도 궁금해진다. 따라서 $\mathcal{N} : \mathcal{L}(\mathcal{H}_A) \to \mathcal{L}(\mathcal{H}_B)$
가 $\sum_l V_l^\dagger V_l = I_A$를 만족시키는 크라우스 연산자들의 집합 $\{V_l\}$을 갖는 양자 선로
라고 하자. 그런 다음

$$\langle Y, \mathcal{N}(X) \rangle = \text{Tr}\left\{ Y^\dagger \sum_l V_l X V_l^\dagger \right\} = \text{Tr}\left\{ \sum_l V_l^\dagger Y^\dagger V_l X \right\} \tag{4.237}$$

$$= \text{Tr}\left\{ \left(\sum_l V_l^\dagger Y V_l \right)^\dagger X \right\} = \left\langle \sum_l V_l^\dagger Y V_l, X \right\rangle \tag{4.238}$$

임을 계산할 수 있다. 여기서 두 번째 등호는 대각합의 선형성과 순환성에서 유도되
고, 마지막 등호는 힐베르트-슈미트 내적의 정의에서 유도된다. 그러므로 임의의 양
자 선로 $\mathcal{N}$의 수반 연산자 $\mathcal{N}^\dagger$는 다음과 같이 주어진다.

$$\mathcal{N}^\dagger(Y) = \sum_l V_l^\dagger Y V_l \tag{4.239}$$

수반 연산자 $\mathcal{N}^\dagger$는 완전한 양성이고, 이것은 연습문제 4.4.1을 적용하면 쉽게 확인
할 수 있다. 게다가, 수반 연산자 $\mathcal{N}^\dagger$는 단위적이다. 왜냐하면

$$\mathcal{N}^\dagger(I_B) = \sum_l V_l^\dagger I_B V_l = \sum_l V_l^\dagger V_l = I_A \tag{4.240}$$

이기 때문이다. 이 결과는 다음과 같이 요약된다.

【명제 4.4.1】   양자 선로 $\mathcal{N} : \mathcal{L}(\mathcal{H}_A) \to \mathcal{L}(\mathcal{H}_B)$의 수반 연산자 $\mathcal{N}^\dagger : \mathcal{L}(\mathcal{H}_B) \to \mathcal{L}(\mathcal{H}_A)$는 완전한 양성이고 단위적 사상이다.

양자 선로의 수반 연산자의 해석은 무엇일까? 이 해석은 양자물리에서 상태의 변화에 집중하는 슈뢰딩거 묘사에서 관측 가능량이나 측정 연산자의 변화에 집중하는 하이젠베르크 묘사로 연결하는 것과 같다. 이것을 살펴보기 위해 $\{\Lambda_B^j\}$가 POVM이라 하고, ρ_A는 밀도 연산자, $\mathcal{N} : \mathcal{L}(\mathcal{H}_A) \to \mathcal{L}(\mathcal{H}_B)$가 양자 선로라고 하자. 상태 ρ_A를 준비해서 양자 선로 $\mathcal{N}$을 적용하고, 측정 $\{\Lambda_B^j\}$를 했다고 하자. 이 측정에서 j라는 결과를 얻을 확률은 보른 규칙에 의해 주어진다.

$$p_J(j) = \text{Tr}\{\Lambda_B^j \mathcal{N}(\rho_A)\} = \text{Tr}\{\mathcal{N}^\dagger(\Lambda_B^j)\rho_A\} \tag{4.241}$$

여기서 두 번째 등호는 $\mathcal{N}^\dagger$가 $\mathcal{N}$의 수반 연산자이기 때문에 유도된다. 이 표현은 하이젠베르크 묘사에 대응하는 것이다. 여기서 각 측정 연산자 Λ_B^j는 '거꾸로 변화'해서 $\mathcal{N}^\dagger(\Lambda_B^j)$가 되고, 그 결과 측정 연산자 $\{\mathcal{N}^\dagger(\Lambda_B^j)\}$가 ρ_A에 수행된다고 해석한다. 집합 $\{\mathcal{N}^\dagger(\Lambda_B^j)\}$가 실제로 측정을 구성하는지 검토해야 한다. 각각의 $\mathcal{N}^\dagger(\Lambda_B^j)$가 양의 준정부호이며, 그 수반 연산자가 완전한 양성 사상임을 생각해보자. 그러면 다음이 성립한다.

$$\sum_j \mathcal{N}^\dagger(\Lambda_B^j) = \mathcal{N}^\dagger\left(\sum_j \Lambda_B^j\right) = \mathcal{N}^\dagger(I_B) = I_A \tag{4.242}$$

여기서 등호들은 $\mathcal{N}^\dagger$가 선형이고 단위적이기 때문에 성립한다. 측정 $\{\mathcal{N}^\dagger(\Lambda_B^j)\}$의 해석은 양자 선로 $\mathcal{N}$을 적용하고, 이어서 측정 $\{\Lambda_B^j\}$를 수행한 것에 해당하는 물리적 과정이다. 그러므로 당연히 허용된 측정 과정이다.

4.5 양자 선로의 해석

이제 양자 선로의 두 해석이 최-크라우스 정리(정리 4.4.1)와 잘 합치된다는 것을 자세히 살펴보겠다. 첫째, 양자 선로에서 발생한 잡음을 출력 측정의 손실로 해석할 수 있다. 둘째, 우리가 접근할 수 없는 환경과 유니터리 상호 작용이 존재하기 때문에 생긴 잡음을 해석할 수 있다.

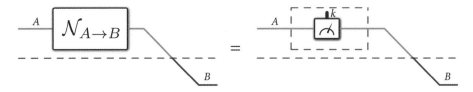

그림 4.2 왼쪽 도표는 양자계 A에서 양자계 B를 취하는 양자 선로 $\mathcal{N}_{A \to B}$를 나타낸다. 이 양자 선로는 오른쪽에 있는 도표처럼 해석될 수 있다. 이것은 어떤 제3자가 입력계를 측정하고 측정 결과를 수신자에게 알려주지 않은 상황이다.

4.5.1 출력 측정의 손실로서의 유잡음 변화

양자 선로의 결과적인 잡음은 출력 측정의 손실로부터 나타난 것으로 해석될 수 있다 (그림 4.2 참고). 어떤 계의 상태가 밀도 연산자 ρ에 의해 묘사되고, 측정 연산자들의 집합 $\{M_k\}$를 이용해 측정을 수행한다고 해보자. 이때 측정 연산자는 $\sum_k M_k^\dagger M_k = I$를 만족시킨다. 측정에서 결과 k를 얻을 확률은 보른 규칙에 의해 주어진다. 즉, 4.2절의 마지막에서 논의했던 대로 $p_K(k) = \mathrm{Tr}\{M_k^\dagger M_k \rho\}$이고 측정 후의 상태는 $M_k \rho M_k^\dagger / p_K(k)$이다. 이제 측정 결과의 추적을 잃었다고 하자. 또는 동등하게, 다른 누군가가 계에 대해 측정을 한 후 측정 결과에 대해 알려주지 않았다고 하자. 그러면 그 결과 앙상블 묘사는 다음과 같다.

$$\left\{ p_K(k), M_k \rho M_k^\dagger / p_K(k) \right\}_k \tag{4.243}$$

이 앙상블에 해당하는 밀도 연산자는 다음과 같다.

$$\sum_k p_K(k) \frac{M_k \rho M_k^\dagger}{p_K(k)} = \sum_k M_k \rho M_k^\dagger \tag{4.244}$$

따라서 이 변화를 양자 선로 $\mathcal{N}(\rho)$로 적을 수 있다. 여기서 $\mathcal{N}(\rho) = \sum_k M_k \rho M_k^\dagger$이다. 이 측정 연산자는 이 변화에서 크라우스 연산자의 역할을 한다.

4.5.2 유니터리 상호 작용에서 나타나는 유잡음 변화

양자 잡음에 관해 생각해보면 도움이 될 수 있는 또 다른 관점이 있다. 이것은 정적 변화를 논의하는 5장에서 주어지는 관점과 동등하다. 양자계 A가 ρ_A 상태에서 시작

하고, 순수 상태 $|0\rangle_E$인 주변계 E가 존재한다고 하자. 그러면 결합계 AE의 초기 상태는 $\rho_A \otimes |0\rangle\langle 0|_E$이다. 두 계 모두에 작용하는 어떤 유니터리 연산자 U_{AE}에 의해 A와 E가 상호 작용한다고 하자. 만약 상호 작용 후 A계에만 접근할 수 있다면, 이 계의 상태 σ_A는 환경 E에 대해 부분 대각합을 취해서 계산한다.

$$\sigma_A = \mathrm{Tr}_E \left\{ U_{AE} \left(\rho_A \otimes |0\rangle\langle 0|_E \right) U_{AE}^\dagger \right\} \tag{4.245}$$

이 변화는 크라우스 연산자 $\{ B_i \equiv (I_A \otimes i|_E) U_{AE}(I_A \otimes |0\rangle_E) \}_i$를 갖는 완전한 양성이고 대각합 보존 사상의 변화와 동등하다. 이것은 환경의 정규직교 기저 $\{ |i\rangle_E \}$에 대해 부분 대각합을 취하기 때문에 유도된다.

$$\mathrm{Tr}_E \left\{ U_{AE} \left(\rho_A \otimes |0\rangle\langle 0|_E \right) U_{AE}^\dagger \right\}$$
$$= \sum_i \left(I_A \otimes \langle i|_E \right) U_{AE} \left(\rho_A \otimes |0\rangle\langle 0|_E \right) U_{AE}^\dagger \left(I_A \otimes |i\rangle_E \right) \tag{4.246}$$
$$= \sum_i \left(I_A \otimes \langle i|_E \right) U_{AE} \left(I_A \otimes |0\rangle_E \right) \left(\rho_A \right) \left(I_A \otimes \langle 0|_E \right) U_{AE}^\dagger \left(I_A \otimes |i\rangle_E \right) \tag{4.247}$$
$$= \sum_i B_i \rho_A B_i^\dagger \tag{4.248}$$

첫 번째 등호는 부분 대각합의 정의 4.3.4에서 유도된다. 두 번째 등호는

$$\rho_A \otimes |0\rangle\langle 0|_E = \left(I_A \otimes |0\rangle_E \right) \left(\rho_A \right) \left(I_A \otimes \langle 0|_E \right) \tag{4.249}$$

이므로 유도된다. 연산자 $\{ B_i \}$가 $\sum_i B_i^\dagger B_i = I_A$를 만족시키는 합당한 크라우스 연산자들의 집합이라는 사실은 U_{AE}의 유니터리성과 기저 $\{ |i\rangle_E \}$의 정규직교성으로부터 유도된다.

$$\sum_i B_i^\dagger B_i = \sum_i \left(I_A \otimes \langle 0|_E \right) U_{AE}^\dagger \left(I_A \otimes |i\rangle_E \right) \left(I_A \otimes \langle i|_E \right) U_{AE} \left(I_A \otimes |0\rangle_E \right)$$

$$= \left(I_A \otimes \langle 0|_E \right) U_{AE}^\dagger \left(I_A \otimes \sum_i |i\rangle\langle i|_E \right) U_{AE} \left(I_A \otimes |0\rangle_E \right) \tag{4.250}$$
$$= \left(I_A \otimes \langle 0|_E \right) U_{AE}^\dagger U_{AE} \left(I_A \otimes |0\rangle_E \right) \tag{4.251}$$
$$= \left(I_A \otimes \langle 0|_E \right) I_A \otimes I_E \left(I_A \otimes |0\rangle_E \right) \tag{4.252}$$
$$= I_A \tag{4.253}$$

4.6 양자 선로는 모든 것을 아우른다

이 절에서는 지금까지 생각했던 모든 것이 어떻게 양자 선로로 간주될 수 있는지 보일 것이다. 이것은 지금까지 논의했던 물리적 변화를 포함하지만, 거기에 더해서(그리고 아마 놀랍겠지만) 밀도 연산자, 계의 포기, 양자 측정을 포함한다. 이런 관점으로부터, 실제로 양자물리의 근간에 깔려 있는 단 하나의 가설이 있고, 이 이론에서 생각할 수 있는 모든 것이 그저 어떤 종류의 양자 선로일 뿐이라고 할 수 있다.

4.6.1 양자 선로의 준비와 덧붙임

자명한 입력 힐베르트 공간 $\mathbb{C}$와 출력 힐베르트 공간 $\mathcal{H}_A$에 대해 상태 $\rho_A \in \mathcal{D}(\mathcal{H}_A)$에 계 A를 준비하는 것은 특정 유형의 양자 선로다. $\rho_A = \sum_x p_X(x)|x\rangle\langle x|_A$가 ρ_A의 스펙트럼 분해라고 하자. 이때 이 선로의 크라우스 연산자는 $\{N_x \equiv \sqrt{p_X(x)}|x\rangle_A\}$이고, 이것이 타당한 크라우스 연산자라는 것은 완전성 관계가 성립하도록 다음의 계산을 통해 쉽게 알 수 있다.

$$\sum_x N_x^\dagger N_x = \sum_x \left(\sqrt{p_X(x)}\langle x|_A\right)\left(\sqrt{p_X(x)}|x\rangle_A\right) = \sum_x p_X(x) = 1 \quad (4.254)$$

1이라는 수는 자명한 힐베르트 공간 $\mathbb{C}$에 대한 항등원이다. 수 1이 또한 $\mathcal{D}(\mathbb{C})$의 유일한 밀도 연산자임을 고려하면, 이 양자 선로는 자명한 밀도 연산자 1을 밀도 연산자 $\rho_A \in \mathcal{D}(\mathcal{H}_A)$에 대응시키는 것으로 볼 수 있다. 따라서 이것은 준비 선로preparation channel다.

【정의 4.6.1】준비 선로   준비 선로 $\mathcal{P}_A \equiv \mathcal{P}_{\mathbb{C}\to A}$는 주어진 상태 $\rho_A \in \mathcal{D}(\mathcal{H}_A)$에 있는 양자계 A를 준비한다.

이것은 이와 관련된 양자 선로인 덧붙임 선로appending channel를 이끌어낸다.

【정의 4.6.2】덧붙임 선로   덧붙임 선로는 항등 선로와 준비 선로의 병렬 연결이다.

따라서 덧붙임 선로는 σ_B 상태에 있는 B계에 다음의 작용을 한다.

$$(\mathcal{P}_A \otimes \mathrm{id}_B)(\sigma_B) = \rho_A \otimes \sigma_B \quad (4.255)$$

이와 같은 덧붙임 선로의 크라우스 연산자는 $\{\sqrt{p_X(x)}|x\rangle_A \otimes I_B\}$이다.

4.6.2 대각합 씻음 선로와 버림 선로

어떤 관점에서는 준비의 반대는 버림이다. 따라서 양자계 A의 내용을 완전히 버린다고 하자. 그런 양자 선로를 **대각합 씻음 선로**[trace-out channel] Tr_A라고 하고, 그 작용은 임의의 밀도 연산자 $\rho_A = \mathcal{D}(\mathcal{H}_A)$를 자명한 밀도 연산자 1로 대응시키는 것이다. 대각합 씻음 선로의 크라우스 연산자는 $\{N_x \equiv \langle x|_A\}$이고, 여기서 $\{|x\rangle_A\}$는 A계의 어떤 정규직교 기저다. 이 크라우스 연산자는 완전성 관계를 만족시킨다. 왜냐하면

$$\sum_x N_x^\dagger N_x = \sum_x |x\rangle\langle x|_A = I_A \tag{4.256}$$

이기 때문이다. 이 양자 선로는 정의 4.1.1에서 주어진 대각합 연산에 직접 대응된다.

이제 두 계 A와 B를 갖고, A계만을 버리고 싶다고 하자. 이렇게 해주는 양자 선로를 **버림 선로**[discarding channel]라고 하며, 대각합 씻음 선로 Tr_A와 항등 선로 id_B의 병렬 연결이다. 이 양자 선로는 밀도 연산자 $\rho_{AB} \in \mathcal{D}(\mathcal{H}_A \otimes \mathcal{H}_B)$에 대해 다음과 같은 작용을 한다.

$$(\text{Tr}_A \otimes \text{id}_B)(\rho_{AB}) = \sum_x (\langle x|_A \otimes I_B) \rho_{AB} (|x\rangle_A \otimes I_B) = \text{Tr}_A\{\rho_{AB}\} \tag{4.257}$$

여기서 $\text{Tr}_A \otimes \text{id}_B$의 크라우스 연산자는 $\{\langle x|_A \otimes I_B\}$가 되도록 선택했다. 명백히 이 양자 선로는 정의 4.3.4의 부분 대각합 연산에 직접 대응된다.

4.6.3 유니터리 선로와 등척 선로

유니터리 변화는 $UU^\dagger = U^\dagger U = I_\mathcal{H}$를 만족시키는 하나의 크라우스 연산자 $U \in \mathcal{L}(\mathcal{H})$만이 존재하는 특별한 종류의 양자 선로다. 따라서 유니터리 선로[unitary channel]는 완전한 양성이고, 대각합 보존이며, 단위적이다. $\rho \in \mathcal{D}(\mathcal{H})$라고 하자. 유니터리 선로 $\mathcal{U}$의 작용에 대해 이 상태는 다음과 같이 변한다.

$$\mathcal{U}(\rho) = U\rho U^\dagger \tag{4.258}$$

여기서 $\mathcal{U}(\rho) \in \mathcal{D}(\mathcal{H})$이다. 따라서 편의상 유니터리 선로는 $\mathcal{U}$로 나타내고, 유니터리 연산자는 U로 나타낸다.

여기에 **등척 양자 선로**isometric quantum channel라고 하는, 유니터리 선로와 관련되지만 더 일반적인 종류의 양자 선로가 있다. 이것을 정의하기 전에, 먼저 선형 등척변환isometry의 개념을 정의해야 한다.

【정의 4.6.3】 등척변환 $\mathcal{H}$와 $\mathcal{H}'$이 $\dim(\mathcal{H})\langle\dim(\mathcal{H}')$인 힐베르트 공간이라고 하자. 등척변환 V는 $V^\dagger V = I_\mathcal{H}$를 만족시키는 $\mathcal{H}$에서 $\mathcal{H}'$으로의 선형 사상이다. 동등하게, 어떤 등척변환 V는 선형이고 모든 $|\psi\rangle \in \mathcal{H}$에 대해 $|||\psi\rangle||_2 = ||V|\psi\rangle||_2$라는 점에서 노름을 보존하는 연산자다.

등척변환은 유니터리 사상의 일반화다. 왜냐하면 이는 다른 차원의 공간을 대응시키기 때문이고, 따라서 일반적으로 직사각형이며, $VV^\dagger = I_{\mathcal{H}'}$을 만족시킬 필요가 없다. 게다가, $\Pi_{\mathcal{H}'}$이 $\mathcal{H}'$ 위로의 어떤 사영 연산자일 때 $VV^\dagger = \Pi_{\mathcal{H}'}$을 만족시킨다. 왜냐하면

$$(VV^\dagger)(VV^\dagger) = V(V^\dagger V)V^\dagger = VI_\mathcal{H}V^\dagger = VV^\dagger \qquad (4.259)$$

이기 때문이다. 이후의 장에서 등척변환의 개념을 반복적으로 사용할 것이다.

이제, 등척 선로isometric channel를 정의할 수 있다.

【정의 4.6.4】 등척 선로 모든 $X \in \mathcal{L}(\mathcal{H})$에 대해 다음을 만족시키는 선형 등척변환 $V : \mathcal{H} \to \mathcal{H}'$이 있으면 양자 선로 $\mathcal{V} : \mathcal{L}(\mathcal{H}) \to \mathcal{L}(\mathcal{H}')$은 등척 선로다.

$$\mathcal{V}(X) = VXV^\dagger \qquad (4.260)$$

등척 선로는 완전한 양성이고 대각합 보존이다. 게다가, 유니터리 선로의 경우 $V^\dagger V = I_\mathcal{H}$를 만족시키는 하나의 크라우스 연산자 V만이 존재한다.

유니터리 선로와 등척 선로의 역연산

유니터리 선로 $\mathcal{U}$의 작용을 뒤집고 싶다고 해보자. 그렇게 하는 것은 쉽다. 수반 사상 $\mathcal{U}^\dagger$는 유니터리 선로이고, 이것을 $\mathcal{U}$에 적용하면 임의의 $X \in \mathcal{L}(\mathcal{H})$에 대해

$$(\mathcal{U}^\dagger \circ \mathcal{U})(X) = U^\dagger UXU^\dagger U = X \qquad (4.261)$$

를 얻는다.

만약 등척 선로 $\mathcal{V}$의 작용을 뒤집고 싶다면, 조금 더 주의해야 한다. 이 경우 수반 사상 $\mathcal{V}^\dagger$는 대각합 보존이 아니기 때문에 양자 선로가 아니다. 모든 $Y \in \mathcal{L}(\mathcal{H}')$에 대해 다음을 생각해보자.

$$\mathrm{Tr}\{\mathcal{V}^\dagger(Y)\} = \mathrm{Tr}\{V^\dagger Y V\} = \mathrm{Tr}\{V V^\dagger Y\} \qquad (4.262)$$
$$= \mathrm{Tr}\{\Pi_{\mathcal{H}'} Y\} \leq \mathrm{Tr}\{Y\} \qquad (4.263)$$

여기서 $\Pi_{\mathcal{H}'}$은 $\Pi_{\mathcal{H}'} \equiv V V^\dagger$인 사영 연산자다.

그러나 임의의 등척 선로 $\mathcal{V}$에 대해 다음과 같은 방식으로 **역선로**reversal channel $\mathcal{R}$을 구성하는 것이 가능하다.

$$\mathcal{R}(Y) \equiv \mathcal{V}^\dagger(Y) + \mathrm{Tr}\{(I_{\mathcal{H}'} - \Pi_{\mathcal{H}'}) Y\} \sigma \qquad (4.264)$$

여기서 $\sigma \in \mathcal{D}(\mathcal{H})$이다. 사상 $\mathcal{R}$은 완전한 양성이고, 대각합 보존임을 확인할 수 있다. 왜냐하면

$$\mathrm{Tr}\{\mathcal{R}(Y)\} = \mathrm{Tr}\{[\mathcal{V}^\dagger(Y) + \mathrm{Tr}\{(I_{\mathcal{H}'} - \Pi_{\mathcal{H}'}) Y\} \sigma]\} \qquad (4.265)$$
$$= \mathrm{Tr}\{\mathcal{V}^\dagger(Y)\} + \mathrm{Tr}\{(I_{\mathcal{H}'} - \Pi_{\mathcal{H}'}) Y\} \mathrm{Tr}\{\sigma\} \qquad (4.266)$$
$$= \mathrm{Tr}\{\Pi_{\mathcal{H}'} Y\} + \mathrm{Tr}\{(I_{\mathcal{H}'} - \Pi_{\mathcal{H}'}) Y\} \qquad (4.267)$$
$$= \mathrm{Tr}\{Y\} \qquad (4.268)$$

이기 때문이다. 게다가, 이 역연산은 등척 선로 $\mathcal{V}$의 작용을 완벽하게 뒤집는다. 왜냐하면 모든 $X \in \mathcal{L}(\mathcal{H})$에 대해

$$(\mathcal{R} \circ \mathcal{V})(X) = \mathcal{V}^\dagger(\mathcal{V}(X)) + \mathrm{Tr}\{(I_{\mathcal{H}'} - \Pi_{\mathcal{H}'}) \mathcal{V}(X)\} \sigma \qquad (4.269)$$
$$= V^\dagger V X V^\dagger V + \mathrm{Tr}\{(I_{\mathcal{H}'} - V V^\dagger) V X V^\dagger\} \sigma \qquad (4.270)$$
$$= X + [\mathrm{Tr}\{V X V^\dagger\} - \mathrm{Tr}\{V V^\dagger V X V^\dagger\}] \sigma \qquad (4.271)$$
$$= X + [\mathrm{Tr}\{V^\dagger V X\} - \mathrm{Tr}\{V^\dagger V V^\dagger V X\}] \sigma \qquad (4.272)$$
$$= X + [\mathrm{Tr}\{X\} - \mathrm{Tr}\{X\}] \sigma \qquad (4.273)$$
$$= X \qquad (4.274)$$

이기 때문이다.

4.6.4 고전-대-고전 선로

고전 선로가 양자 선로의 특수한 경우라고 생각하는 것은 자연스러운 일이고, 사실 그렇다. 이를 보기 위해, 입력 확률 분포 $p_X(x)$와 고전 선로 $p_{Y|X}(y|x)$를 고정하자. 입력 문자에 해당하는 정규직교 기저 $\{|x\rangle\}$와 출력 문자에 해당하는 정규직교 기저 $\{|y\rangle\}$를 고정하자. 그러면 입력 확률 $p_X(x)$를 다음과 같은 형태의 밀도 연산자 ρ로 부호화할 수 있다.

$$\rho = \sum_x p_X(x)|x\rangle\langle x| \tag{4.275}$$

$\mathcal{N}$을 다음의 크라우스 연산자를 갖는 양자 선로라고 하자.

$$\left\{ \sqrt{p_{Y|X}(y|x)}|y\rangle\langle x| \right\}_{x,y} \tag{4.276}$$

(이 연산자들이 합당한 크라우스 연산자라는 사실은 $p_{Y|X}(y|x)$가 조건부 확률 분포라는 사실에서 직접 유도된다.) 그러면 양자 선로가 입력 ρ에 대해 다음의 작용을 갖는다.

$$\mathcal{N}(\rho) = \sum_{x,y} \sqrt{p_{Y|X}(y|x)}|y\rangle\langle x| \left(\sum_{x'} p_X(x')|x'\rangle\langle x'| \right) \sqrt{p_{Y|X}(y|x)}|x\rangle\langle y| \tag{4.277}$$

$$= \sum_{x,y,x'} p_{Y|X}(y|x)p_X(x')\left|\langle x'|x\rangle\right|^2 |y\rangle\langle y| \tag{4.278}$$

$$= \sum_{x,y} p_{Y|X}(y|x)p_X(x)|y\rangle\langle y| \tag{4.279}$$

$$= \sum_y \left(\sum_x p_{Y|X}(y|x)p_X(x) \right) |y\rangle\langle y| \tag{4.280}$$

따라서 유잡음 고전 선로 $p_{Y|X}(y|x)$는 확률 분포 $p_X(x)$에 대해 다음과 같은 출력을 만드는 형태로 작용한다.

$$p_Y(y) = \sum_x p_{Y|X}(y|x)p_X(x) \tag{4.281}$$

무잡음 고전 선로가 $p_{Y|X}(y|x) = \delta_{x,y}$이기 때문에, 다음의 정의를 이끌어낼 수 있다.

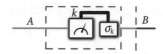

그림 4.3 이 그림은 고전-양자 선로의 내부적 작동을 묘사한다. 이 선로는 어떤 기저 $\{|k\rangle\}$에 대해 입력 상태를 측정하고, 측정 결과에 따라 출력 양자 상태 σ_k를 내보낸다.

【정의 4.6.5】 무잡음 고전 선로 $\{|x\rangle\}$가 힐베르트 공간 $\mathcal{H}$의 정규직교 기저라고 하자. 무잡음 고전 선로는 밀도 연산자 $\rho \in \mathcal{D}(\mathcal{H})$에 대해 다음의 작용을 갖는다.

$$\rho \rightarrow \sum_x |x\rangle\langle x|\rho|x\rangle\langle x| \tag{4.282}$$

즉, 이 선로는 행렬이 $\{|x\rangle\}$ 기저에 대해 표현됐을 때 ρ의 비대각 성분을 제거한다.

4.6.5 고전-대-양자 선로

고전-대-양자 선로, 또는 짧게 고전-양자 선로는 고전계를 양자계로 가져오는 선로다. 따라서 이 선로는 고전-대-고전 선로와 준비 선로 모두를 한 단계 더 넘어간 것이다. 더 일반적으로 말하면, 이 선로는 다음 정의에서 말하는 대로 주어진 양자계를 고전적으로 만들고 양자계를 준비한다.

【정의 4.6.6】 고전-양자 선로 고전-양자 선로는 먼저 특정한 정규직교 기저에 대해 입력 상태를 측정하고, 그 측정 결과에 따라 밀도 연산자를 출력한다. 정규직교 기저 $\{|k\rangle_A\}$와 그 원소가 $\mathcal{D}(\mathcal{H}_B)$에 속하는 상태의 집합 $\{\sigma_B^k\}$가 주어져 있을 때, 고전-양자 선로는 입력 밀도 연산자 $\rho_A \in \mathcal{D}(\mathcal{H}_A)$에 대해 다음의 작용을 한다.

$$\rho_A \rightarrow \sum_k \langle k|_A \rho_A |k\rangle_A \sigma_B^k \tag{4.283}$$

위의 정의를 사용하면 어떤 일이 일어나는지 살펴보자. 고전-양자 선로는 먼저 입력 상태 ρ_A를 $\{|k\rangle_A\}$ 기저에서 측정한다. 측정 결과가 k라면, 측정 후의 상태는 다음과 같다.

$$\frac{|k\rangle\langle k|\rho_A|k\rangle\langle k|}{\langle k|\rho_A|k\rangle} \tag{4.284}$$

이 선로는 밀도 연산자 σ_B^k를 측정 후의 상태에 연관시킨다.

$$\frac{|k\rangle\langle k|\rho_A|k\rangle\langle k|}{\langle k|\rho_A|k\rangle} \otimes \sigma_B^k \tag{4.285}$$

이 작용은 다음의 앙상블을 이끌어낸다.

$$\left\{ \langle k|\rho_A|k\rangle, \frac{|k\rangle\langle k|\rho_A|k\rangle\langle k|}{\langle k|\rho_A|k\rangle} \otimes \sigma_B^k \right\} \tag{4.286}$$

그리고 이 앙상블의 밀도 연산자는 다음과 같다.

$$\sum_k \langle k|\rho_A|k\rangle \frac{|k\rangle\langle k|\rho_A|k\rangle\langle k|}{\langle k|\rho_A|k\rangle} \otimes \sigma_B^k = \sum_k |k\rangle\langle k|\rho_A|k\rangle\langle k| \otimes \sigma_B^k \tag{4.287}$$

이 선로는 우측의 계를 출력할 뿐이다(첫 번째 계는 대각합으로 씻어냈다). 그 결과 선로는 식 (4.283)에 주어진 것과 같다.

【연습문제 4.6.1】 고전-양자 선로에 대한 크라우스 연산자 집합은 무엇인가?

4.6.6 양자-대-고전 선로(측정 선로)

양자-대-고전 선로, 또는 짧게 줄여서 양자-고전 선로는 어떤 점에서는 고전-양자 선로의 반대 개념이다. 이 선로는 양자계를 고전계로 가져간다. 그리고 그렇게 하여 이 선로는 측정에 직접 대응된다. 따라서 어떤 경우 이 선로는 측정 선로measurement channel라고도 한다. 또한 이 선로는 고전-양자 선로와 다른 고전 선로를 일반화하는 방법을 나타낸다.

【정의 4.6.7】 양자-고전 선로 $\{|x\rangle_X\}$를 힐베르트 공간 $\mathcal{H}_X$에 대한 정규직교 기저라고 하자. 그리고 $\{\Lambda_A^x\}$를 A계에 작용하는 POVM이라고 하자. 양자-고전 선로는 입력 밀도 연산자 $\rho_A \in \mathcal{D}(\mathcal{H}_A)$에 대해 다음의 작용을 한다.

$$\rho_A \rightarrow \sum_x \mathrm{Tr}\{\Lambda_A^x \rho_A\}|x\rangle\langle x|_X \tag{4.288}$$

이제 크라우스 연산자를 결정하여 이 선로가 실제로 양자 선로임을 확인해야 한

다. 대각합 연산을 $\mathrm{Tr}\{\cdot\} = \sum_j \langle j|_A \cdot |j\rangle_A$라고 적는다고 하자. 여기서 $\{|j\rangle_A\}$는 $\mathcal{H}_A$에 대한 어떤 정규직교 기저다. 그러면 식 (4.288)은 다음과 같이 다시 적을 수 있다.

$$\sum_x \mathrm{Tr}\{\Lambda_A^x \rho_A\}|x\rangle\langle x|_X = \sum_x \mathrm{Tr}\left\{\sqrt{\Lambda_A^x}\rho_A\sqrt{\Lambda_A^x}\right\}|x\rangle\langle x|_X \tag{4.289}$$

$$= \sum_{x,j} \langle j|_A \sqrt{\Lambda_A^x}\rho_A\sqrt{\Lambda_A^x}|j\rangle_A|x\rangle\langle x|_X \tag{4.290}$$

$$= \sum_{x,j} |x\rangle_X \langle j|_A \sqrt{\Lambda_A^x}\rho_A\sqrt{\Lambda_A^x}|j\rangle_A\langle x|_X \tag{4.291}$$

따라서 이 전개 과정은 식 (4.288)의 양자 선로에 대한 크라우스 연산자의 집합이 $\{N_{x,j} \equiv |x\rangle_X \langle j|_A \sqrt{\Lambda_A^x}\}$임을 밝힌다. 이에 대한 완전성 관계를 확인하자.

$$\sum_{x,j} N_{x,j}^\dagger N_{x,j} = \sum_{x,j} \sqrt{\Lambda_A^x}|j\rangle_A\langle x|_X|x\rangle_X\langle j|_A\sqrt{\Lambda_A^x} \tag{4.292}$$

$$= \sum_{x,j} \sqrt{\Lambda_A^x}|j\rangle_A\langle j|_A\sqrt{\Lambda_A^x} \tag{4.293}$$

$$= \sum_x \Lambda_A^x = I_A \tag{4.294}$$

여기서 마지막 등호는 $\{\Lambda_A^x\}$가 POVM이기 때문에 유도된다.

4.6.7 얽힘파괴 선로

양자 선로의 중요한 부류 중 하나는 얽힘파괴 선로entanglement-breaking channel의 집합이다. 그리고 양자-고전 선로와 고전-양자 선로가 얽힘파괴 선로의 특수한 경우임을 볼 것이다.

【정의 4.6.8】**얽힘파괴 선로**   얽힘파괴 선로 $\mathcal{N}^{\mathrm{EB}} : \mathcal{L}(\mathcal{H}_A) \to \mathcal{L}(\mathcal{H}_B)$는 선로 $\mathrm{id}_R \otimes \mathcal{N}_{A\to B}^{\mathrm{EB}}$가 임의의 상태 ρ_{RA}를 분리 가능한 상태로 가져가는 성질에 의해 정의된다. 여기서 R은 임의의 크기를 갖는 참조계다.

다행스럽게도, 모든 가능한 ρ_{RA}에 대해 이 성질을 검사할 필요는 없다. 사실, $(\mathrm{id}_R \otimes \mathcal{N}_{A\to B}^{\mathrm{EB}})(\Phi_{RA})$가 분리 가능한 상태인지 확인하는 것으로 충분하다. 여기서 Φ_{RA}는 식 (3.232)에서 정의된 최대로 얽힌 상태다.

【연습문제 4.6.2】 Φ_{RA}가 최대로 얽힌 상태일 때, 어떤 양자 선로 $\mathcal{N}_{A\to B}$에 대해 만약 $\mathrm{id}_R \otimes \mathcal{N}_{A\to B}(\Phi_{RA})$가 분리 가능한 상태이면 양자 선로 $\mathcal{N}_{A\to B}$는 얽힘파괴 선로임을 증명하라(힌트: 연습문제 4.4.1을 풀 때 사용했던 것과 유사한 기법을 사용할 수 있다. 아니면, 아래의 정리 4.6.1의 증명을 살펴보라).

【연습문제 4.6.3】 고전-양자 선로와 양자-고전 선로가 모두 얽힘파괴 선로임을 보여라. 즉, 만약 2분할 상태 ρ_{RA}의 A계를 이 선로 중 어떤 것에 입력하면 RB계에서의 결과 상태는 분리 가능하다.

얽힘파괴 선로에 대해 그 정의를 이용해서 더 일반적인 구조적 정리를 증명할 수 있다.

【정리 4.6.1】 어떤 양자 선로가 얽힘파괴 선로인 것은 그 양자 선로가 크라우스 연산자의 랭크가 1인 크라우스 표현을 갖는 것과 필요충분조건이다.

【증명】 먼저 이 정리의 '충분조건' 부분을 증명하겠다. 양자 선로 $\mathcal{N}_{A\to B}$의 크라우스 연산자가

$$\{N_z \equiv |\xi_z\rangle_B \langle\varphi_z|_A\} \tag{4.295}$$

라고 하자. 단순히 그에 해당하는 $|\varphi_z\rangle_A$의 척도를 바꾸면 되므로, 일반성을 잃지 않고 $|\xi_z\rangle_B$가 단위 벡터가 되도록 고를 수 있다. 이 집합이 합당한 크라우스 연산자 집합이 되려면 다음의 조건이 성립해야 한다.

$$I_A = \sum_z N_z^\dagger N_z = \sum_z |\varphi_z\rangle_A \langle\xi_z|_B |\xi_z\rangle_B \langle\varphi_z|_A = \sum_z |\varphi_z\rangle\langle\varphi_z|_A \tag{4.296}$$

이제 그런 양자 선로가 일반적인 2분할 상태 $\rho_{RA} \in \mathcal{D}(\mathcal{H}_A \otimes \mathcal{H}_B)$의 한쪽을 갖고 있다고 하자.

$$(\mathrm{id}_R \otimes \mathcal{N}_{A\to B})(\rho_{RA}) = \sum_z (I_R \otimes |\xi_z\rangle_B \langle\varphi_z|_A)\, \rho_{RA}\, (I_R \otimes |\varphi_z\rangle_A \langle\xi_z|_B) \tag{4.297}$$

$$= \sum_z \mathrm{Tr}_A\{|\varphi_z\rangle\langle\varphi_z|_A \rho_{RA}\} \otimes |\xi_z\rangle\langle\xi_z|_B \tag{4.298}$$

$$= \sum_z p_Z(z)\rho_R^z \otimes |\xi_z\rangle\langle\xi_z|_B \tag{4.299}$$

여기서 마지막 줄은 상태 $\rho_R^z \equiv \mathrm{Tr}_A\{|\varphi_z\rangle\langle\varphi_z|_A \rho_{RA}\}/p_Z(z)$를 정의하고, $p_Z(z) = \mathrm{Tr}\{|\varphi_z\rangle\langle\varphi_z|_A \rho_{RA}\}$로부터 확률 분포 p_Z를 정의했다(p_Z가 확률 분포라는 것은 식 (4.296)에서 유도된다). 이제 마지막 줄의 밀도 연산자가 분리 가능함을 보였다. ρ_{RA}는 임의로 고른 것이므로 이 정리의 '충분조건' 부분이 유도된다.

이제 '필요조건' 부분을 증명하자. 최대로 얽힌 상태 Φ_{RA}의 한쪽에 작용하는 얽힘 파괴 선로 $\mathcal{N}^{EB}$의 출력이 다음과 같음을 고려하자.

$$\left(\mathrm{id}_R \otimes \mathcal{N}^{EB}_{A\to B}\right)(\Phi_{RA}) = \sum_z p_Z(z)|\phi_z\rangle\langle\phi_z|_R \otimes |\psi_z\rangle\langle\psi_z|_B \qquad (4.300)$$

여기서 p_Z는 확률 분포이고, $\{|\phi_z\rangle_R\}$과 $\{|\psi_z\rangle_B\}$는 순수 상태의 집합이다. 이 사실은 양자 선로의 출력이 분리 가능한 상태이므로 성립한다(이 선로는 얽힘을 '파괴'한다). 그리고 순수 상태를 갖는 분리 가능한 상태의 표현은 항상 찾을 수 있다(연습문제 4.3.3 참고). 랭크가 1인 크라우스 연산자를 따라서 이제 양자 선로 $\mathcal{M}$을 구성해보자.

$$N_z \equiv \left\{ \sqrt{d\, p_Z(z)} |\psi_z\rangle_B \langle\phi_z^*|_A \right\}_z \qquad (4.301)$$

여기서 d는 최대로 얽힌 상태 Φ_{RA}의 슈미트 랭크이고, $|\phi_z^*\rangle_A$는 Φ_{RA}로부터 정의된 기저에 대해 $|\phi_z\rangle_A$의 모든 원소가 켤레복소수로 바뀐 상태다. 먼저, $\sum_z N_z^\dagger N_z = I_A$를 검사해서 크라우스 연산자가 허용되는 선로를 구성하는지 확인해야 한다.

$$\sum_z N_z^\dagger N_z = \sum_z d\, p_Z(z)|\phi_z^*\rangle_A \langle\psi_z|\psi_z\rangle_B \langle\phi_z^*|_A \qquad (4.302)$$

$$= d \sum_z p_Z(z)|\phi_z^*\rangle\langle\phi_z^*|_A \qquad (4.303)$$

다음을 생각해보자.

$$\mathrm{Tr}_B\left\{\left(\mathrm{id}_R \otimes \mathcal{N}^{EB}_{A\to B}\right)(\Phi_{RA})\right\} = \pi_R \qquad (4.304)$$

$$= \mathrm{Tr}_B\left\{\sum_z p_Z(z)|\phi_z\rangle\langle\phi_z|_R \otimes |\psi_z\rangle\langle\psi_z|_B\right\} \qquad (4.305)$$

$$= \sum_z p_Z(z)|\phi_z\rangle\langle\phi_z|_R \qquad (4.306)$$

여기서 π_R은 최대로 얽힌 상태다. 따라서 $\mathcal{M}$은 양자 선로임이 유도된다. 왜냐하면

$$d \sum_z p_Z(z)|\phi_z\rangle\langle\phi_z|_R = d\ \pi_R = I_R = (I_A)^* \tag{4.307}$$

$$= d \sum_z p_Z(z)|\phi_z^*\rangle\langle\phi_z^*|_A = \sum_z N_z^\dagger N_z \tag{4.308}$$

이기 때문이다. 이제 최대로 얽힌 상태에 대한 양자 선로 $\mathcal{M}$의 작용을 생각해보자.

$$(\mathrm{id}_R \otimes \mathcal{M}_{A\to B})(\Phi_{RA}) \tag{4.309}$$

$$= \frac{1}{d} \sum_{z,i,j} |i\rangle\langle j|_R \otimes \sqrt{d\ p_Z(z)}|\psi_z\rangle_B\langle\phi_z^*|_A|i\rangle\langle j|_A|\phi_z^*\rangle_A\langle\psi_z|_B \sqrt{d\ p_Z(z)} \tag{4.310}$$

$$= \sum_{z,i,j} p_Z(z)\ |i\rangle\langle j|_R \otimes \langle\phi_z^*|i\rangle\ \langle j|\phi_z^*\rangle\ |\psi_z\rangle\langle\psi_z|_B \tag{4.311}$$

$$= \sum_{z,i,j} p_Z(z)\ |i\rangle\ \langle j|\phi_z^*\rangle\ \langle\phi_z^*|i\rangle\ \langle j|_R \otimes\ |\psi_z\rangle\langle\psi_z|_B \tag{4.312}$$

$$= \sum_z p_Z(z)\ |\phi_z\rangle\langle\phi_z|_R \otimes\ |\psi_z\rangle\langle\psi_z|_B \tag{4.313}$$

마지막 등식은 $\sum_{i,j}|i\rangle\langle j|\ \cdot\ |i\rangle\langle j|$를 ($\Phi_{RA}$에서 유도된 기저에 대한) 전치 연산으로 생각하고, 전치 연산이 에르미트 연산자 $|\phi_z\rangle\langle\phi_z|$의 켤레와 등가임을 알면 유도된다. 끝으로, $\mathcal{N}_{A\to B}^{\mathrm{EB}}$와 $\mathcal{N}_{A\to B}$는 최대로 얽힌 상태에 대한 작용이 같으므로 두 양자 선로가 같다고 결론지을 수 있다(4.4.2절 참고). 따라서 $\mathcal{M}$은 랭크가 1인 크라우스 연산자를 갖는 양자 선로의 표현이다. □

위 정리의 증명은 다음의 중요한 따름정리를 유도한다.

【따름정리 4.6.1】 얽힘파괴 선로 $\mathcal{N}_{A\to B}^{\mathrm{EB}}$는 양자-고전 선로 $\mathcal{M}_{A\to Z}$와 고전-양자 선로 $\mathcal{P}_{Z\to B}$의 직렬 연결이다. 즉, $\mathcal{N}_{A\to B}^{\mathrm{EB}} = \mathcal{P}_{Z\to B} \circ \mathcal{M}_{A\to Z}$이다. 즉, 모든 얽힘파괴 선로는 준비하자마자 측정한 것으로 적을 수 있다.

【증명】 위의 정리에 의해, 얽힘파괴 선로 $\mathcal{N}_{A\to B}^{\mathrm{EB}}$에 대한 단위 벡터의 집합 $\{|\xi_z\rangle_B\}$와 식 (4.296)을 만족시키는 $\{|\varphi_z\rangle_A\}$를 갖는 크라우스 연산자를 식 (4.295)에 주어진 것처럼 취할 수 있다. $\{|z\rangle_Z\}$가 힐베르트 공간 $\mathcal{H}_Z$의 정규직교 기저라고 하자. 그런 다음 양자-고전 선로 $\mathcal{M}_{A\to Z}$를

$$\mathcal{M}_{A\to Z}(\rho_A) = \sum_z \mathrm{Tr}\{|\varphi_z\rangle\langle\varphi_z|_A\rho_A\}|z\rangle\langle z|_Z \tag{4.314}$$

로 취하고, 고전-양자 선로 $\mathcal{P}_{Z \to B}$를

$$\mathcal{P}_{Z \to B}(\sigma_Z) = \sum_z \langle z | \sigma_Z | z \rangle_Z \, |\xi_z\rangle\langle\xi_z|_B \qquad (4.315)$$

로 취하자. 그러면 $\mathcal{N}_{A \to B}^{\mathrm{EB}} = \mathcal{P}_{Z \to B} \circ \mathcal{M}_{A \to Z}$임을 알 수 있다. □

4.6.8 양자 기기

크라우스 연산자를 갖는 양자 선로의 묘사는 양자 상태가 진행할 수 있는 가장 일반적인 변화를 제시한다. 이 정의를 어떤 다른 상황에 대해 특화하려고 한다. 입력이 어떤 양자계이고, 출력은 양자계와 고전계 모두로 이뤄져 있는 가장 일반적인 변화를 정하려고 해보자. 그런 상황은 앨리스가 고전 정보와 양자정보를 모두 보내려고 하고, 밥은 어떤 양자 기기를 이용해 두 가지 종류의 정보를 모두 해석하려는 경우를 만들어낼 수 있다. **양자 기기**quantum instrument는 그런 복합적 출력을 갖는 진화를 준다.

【정의 4.6.9】대각합 비증가 사상 $\mathcal{H}$가 힐베르트 공간일 때, 만약 모든 양의 준정부호 $X \in \mathcal{L}(\mathcal{H})$에 대해 어떤 선형 사상 $\mathcal{M}$이 $\mathrm{Tr}\{\mathcal{M}(X)\} \le \mathrm{Tr}\{X\}$이면 그 선형 사상 $\mathcal{M}$은 대각합 비증가trace non-increasing다.

【정의 4.6.10】양자 기기   양자 기기는 완전한 양성이고 대각합 비증가 사상의 모임 $\{\mathcal{E}_j\}$로 구성된다. 이때 사상의 합 $\sum_j \mathcal{E}_j$가 대각합 보존이다. $\{|j\rangle\}$가 힐베르트 공간 $\mathcal{H}_J$의 정규직교 기저라고 하자. 밀도 연산자 $\rho \in \mathcal{D}(\mathcal{H})$에 대한 양자 기기의 작용은 다음의 양자 선로와 같다. 이는 양자 출력과 고전 출력을 모두 갖는다.

$$\rho \to \sum_j \mathcal{E}_j(\rho) \otimes |j\rangle\langle j|_J \qquad (4.316)$$

이 정의가 만들어내는 것을 살펴보자. 유잡음 양자 선로는 식 (4.244)에서처럼 측정의 결과를 잊어버리는 것으로부터 나타난 것으로 간주할 수 있다. 어떤 제3자가 두 가지 결과 j와 k를 갖는 측정을 수행했다고 하자. 이 두 가지 측정 결과에 대한 측정 연산자는 $\{M_{j,k}\}_{j,k}$이다. 먼저, 제3자가 밀도 연산자 ρ를 갖는 양자계에 측정을 수행하고 그 측정 결과를 알려줬다고 하자. 이 상황에서 측정 후의 상태는 다음과 같다.

$$\frac{M_{j,k}\rho M_{j,k}^{\dagger}}{p_{J,K}(j,k)} \tag{4.317}$$

여기서 j와 k의 결합 확률 분포는 다음과 같다.

$$p_{J,K}(j,k) = \mathrm{Tr}\{M_{j,k}^{\dagger}M_{j,k}\rho\} \tag{4.318}$$

이제 전체 확률의 법칙에 따라 주변 분포 $p_J(j)$와 $p_K(k)$를 계산할 수 있다.

$$p_J(j) = \sum_k p_{J,K}(j,k) = \sum_k \mathrm{Tr}\{M_{j,k}^{\dagger}M_{j,k}\rho\} \tag{4.319}$$

$$p_K(k) = \sum_j p_{J,K}(j,k) = \sum_j \mathrm{Tr}\{M_{j,k}^{\dagger}M_{j,k}\rho\} \tag{4.320}$$

측정장치가 고전적 레지스터register J와 K에 고전적 출력을 내놓는다고 하자. 측정 후 상태는 다음과 같다.

$$\frac{M_{j,k}\rho M_{j,k}^{\dagger}}{p_{J,K}(j,k)} \otimes |j\rangle\langle j|_J \otimes |k\rangle\langle k|_K \tag{4.321}$$

이때 $\{|j\rangle\}$와 $\{|k\rangle\}$는 각각 정규직교 기저를 구성한다. 이런 연산은 물리적으로 가능하며, 레지스터 J와 K에 대한 완전한 사영 측정을 수행해 나중에 고전 정보를 다시 재생할 수 있다. 만약 전체 양자 변화에 대한 크라우스 사상을 정하고 싶다면, 모든 측정 결과 j와 k에 대한 기댓값을 취하면 된다.

$$\sum_{j,k} p_{J,K}(j,k) \left(\frac{M_{j,k}\rho M_{j,k}^{\dagger}}{p_{J,K}(j,k)} \right) \otimes |j\rangle\langle j|_J \otimes |k\rangle\langle k|_K$$
$$= \sum_{j,k} M_{j,k}\rho M_{j,k}^{\dagger} \otimes |j\rangle\langle j|_J \otimes |k\rangle\langle k|_K \tag{4.322}$$

이제 측정 결과 k에 접근할 수 없다고 하자. 이 접근할 수 없음은 고전 레지스터 K에 접근할 수 없는 것과 동등하다. 그 결과 상태를 정하기 위해, 고전 레지스터 K를 대각합으로 씻어낸다. 그러면 이 사상은 다음과 같이 된다.

$$\sum_{j,k} M_{j,k}\rho M_{j,k}^{\dagger} \otimes |j\rangle\langle j|_J \tag{4.323}$$

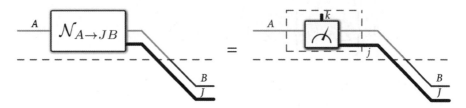

그림 4.4 왼쪽의 그림은 양자 출력과 고전 출력을 모두 생성하는 일반적인 유잡음 변화에 대한 양자 기기를 묘사한다. 오른쪽의 그림은 양자 기기의 내부 작동을 나타낸다. 여기서는 측정 결과에 부분적인 접근만 가능하다는 것을 보인다.

앞의 사상은 양자 기기에 대응한다. 그리고 양자 출력과 고전 출력을 모두 생성하는 일반적인 유잡음 양자 변화다. 그림 4.4는 양자 기기를 묘사한다.

위의 사상은 좀 더 명시적으로 다음과 같이 바꿔 적을 수 있다.

$$\sum_j \left(\sum_k M_{j,k} \rho M_{j,k}^\dagger \right) \otimes |j\rangle\langle j|_J = \sum_j \mathcal{E}_j(\rho) \otimes |j\rangle\langle j|_J \qquad (4.324)$$

여기서

$$\mathcal{E}_j(\rho) \equiv \sum_k M_{j,k} \rho M_{j,k}^\dagger \qquad (4.325)$$

라고 정의했다. 각각의 j에 의존하는 사상 $\mathcal{E}_j(\rho)$는 $\text{Tr}\{\mathcal{E}_j(\rho)\} \leq 1$이므로 완전한 양성인 대각합 비증가 사상이다. 사실, $\mathcal{E}_j(\rho)$의 정의를 점검하고 식 (4.319)와 비교하면 다음이 성립한다.

$$\text{Tr}\{\mathcal{E}_j(\rho)\} = p_J(j) \qquad (4.326)$$

확률 $p_J(j)$가 기기의 입력인 밀도 연산자 ρ에 의존한다는 것은 중요한 사실이다. 그럼 고전 레지스터 J에 대해 대각합을 취해서 기기의 양자 출력을 결정할 수 있다. 그 결과, 양자 출력은 다음과 같다.

$$\text{Tr}_J \left\{ \sum_j \mathcal{E}_j(\rho) \otimes |j\rangle\langle j|_J \right\} = \sum_j \mathcal{E}_j(\rho) \qquad (4.327)$$

위의 '합 사상'은 대각선 보존 사상이다. 왜냐하면

$$\text{Tr}\left\{\sum_j \mathcal{E}_j(\rho)\right\} = \sum_j \text{Tr}\left\{\mathcal{E}_j(\rho)\right\} = \sum_j p_J(j) = 1 \qquad (4.328)$$

이기 때문이다. 여기서 마지막 등식은 주변 확률 $p_J(j)$의 합이 1이기 때문에 유도된다. 방금 말한 것이 양자 기기에서 가장 중요한 지점이다. 고전계와 양자계 모두를 출력하는 장치가 필요할 때, 이런 종류의 변화를 사용하게 된다.

양자 기기는 CPTP[2] 사상을 섞어서 양자 상태에 적용하는 것보다 더 일반적임을 강조해둔다. CPTP 사상의 섞임 $\{\mathcal{N}_j\}$를 양자 상태 ρ에 적용한다고 하자. 이때 확률 분포 $p_J(j)$에 따라 선택했다. 예상되는 결과 상태는 다음과 같다.

$$\sum_j p_J(j)|j\rangle\langle j|_J \otimes \mathcal{N}_j(\rho) \qquad (4.329)$$

확률 $p_J(j)$는 CPTP 사상의 입력으로 들어가는 상태 ρ에 독립적이다. 하지만 이것이 양자 기기에 대해 일반적인 경우는 아니다. 여기서 확률 $p_J(j)$가 입력 상태 ρ에 의존할 수 있다. 이 경우는 이 확률 분포를 $p_J(j|\rho)$로 쓰는 것이 더 나을 수도 있다. 왜냐하면 양자 기기에 입력인 상태에 따라 묵시적인 조건이 있기 때문이다.

4.7 양자 선로의 사례

이 절에서는 이 책에서 생각해보게 될 양자 선로의 가장 중요한 사례들을 논의한다. 이를 통해, 다양한 선로의 정보 전달 능력을 생각하게 될 것이다. 이 사례들은 양자 섀넌 이론에 대한 깨달음을 '손에 쥐게' 해주는 데 유용할 것이다.

4.7.1 무작위 유니터리 연산으로부터의 잡음 변화

아마 양자 선로의 가장 간단한 사례는 양자 비트반전 선로^{bit-flip channel}일 것이다. 이것은 큐비트 밀도 연산자에 다음의 작용을 한다.

$$pX\rho X^\dagger + (1-p)\rho \qquad (4.330)$$

---

2 '완전한 양성, 대각합 보존(Completely Positive, Trace Preserving)'의 약자 – 옮긴이

이 밀도 연산자는 원래의 밀도 연산자보다 더 '섞여' 있다. 그리고 이 문장을 10장에서 엔트로피에 대해 논의하면서 더 정밀하게 다듬을 것이다. $\rho \to pX\rho X^{\dagger} + (1-p)\rho$라는 변환은 분명히 정당한 양자 선로다. 이에 대한 크라우스 연산자는 $\{\sqrt{p}\,X, \sqrt{1-p}\,I\}$이고, 이 연산자는 분명히 완전성 관계를 만족시킨다.

위의 논의를 일반화한 것이 밀도 연산자 ρ에 작용하는 유니터리 연산자들(무작위 유니터리 연산자)의 어떤 앙상블 $\{p(k),\ U_k\}$를 생각하는 것이다. 그 결과는 다음의 출력 밀도 연산자를 유도한다.

$$\sum_k p(k)U_k\rho U_k^{\dagger} \tag{4.331}$$

4.7.2 위상이완 선로

이미 4.7.1절에서 유잡음 비트반전 양자 선로의 사례를 살펴봤다. 또 다른 중요한 사례는 그 켤레 기저에서의 비트반전, 또는 동등하게 **위상반전 선로**phase-flip channel다. 이 선로는 임의의 밀도 연산자가 주어졌을 때 다음과 같이 작용한다.

$$\rho \to (1-p)\rho + pZ\rho Z \tag{4.332}$$

이 선로는 또한 **위상이완 선로**dephasing channel라고도 알려져 있다.

$p = 1/2$인 경우, 주어진 양자 선로에 대한 위상이완 선로의 작용은 계산 기저에서 큐비트를 측정하고 그 측정 결과를 잊어버리는 것과 동등한 작용이다. 이 아이디어를 예를 들어서 더 분명하게 해보겠다. 먼저, 다음의 큐비트를 갖고 있다고 가정하자.

$$|\psi\rangle = \alpha|0\rangle + \beta|1\rangle \tag{4.333}$$

그리고 이 큐비트를 계산 기저에서 측정한다. 그러면 양자 이론의 가설에 따라 큐비트는 $|\alpha|^2$의 확률을 갖고 $|0\rangle$이 되고, $|\beta|^2$의 확률을 갖고 $|1\rangle$이 된다. 측정 결과를 잊었다고 하자. 또는 동등하게, 그 결과에 접근할 수 없다고 하자. 그럼, 큐비트에 대한 최선의 묘사는 다음의 앙상블을 쓰는 것이다.

$$\left\{\left\{|\alpha|^2, |0\rangle\right\}, \left\{|\beta|^2, |1\rangle\right\}\right\} \tag{4.334}$$

이 앙상블의 밀도 연산자는 다음과 같다.

$$|\alpha|^2 |0\rangle\langle 0| + |\beta|^2 |1\rangle\langle 1| \qquad (4.335)$$

이제 위상이완 선로가 앞에서 말한 건망증 심한 측정과 같은 행동을 주는지 검사해보자. 큐비트가 $\{1, |\psi\rangle\}$에 있다고 하자. 즉, 큐비트 상태가 확실하게 $|\psi\rangle$이다. 이 앙상블의 밀도 연산자는 다음의 ρ가 된다.

$$\rho = |\alpha|^2 |0\rangle\langle 0| + \alpha\beta^* |0\rangle\langle 1| + \alpha^*\beta|1\rangle\langle 0| + |\beta|^2 |1\rangle\langle 1| \qquad (4.336)$$

$p = 1/2$인 위상이완 선로가 밀도 연산자 ρ에 작용하면 밀도 연산자를 $1/2$의 확률로 보존하고, $1/2$의 확률로 큐비트의 위상을 반전시킨다.

$$\frac{1}{2}\rho + \frac{1}{2}Z\rho Z$$

$$= \frac{1}{2}\left(|\alpha|^2 |0\rangle\langle 0| + \alpha\beta^* |0\rangle\langle 1| + \alpha^*\beta|1\rangle\langle 0| + |\beta|^2 |1\rangle\langle 1|\right)$$

$$+ \frac{1}{2}\left(|\alpha|^2 |0\rangle\langle 0| - \alpha\beta^* |0\rangle\langle 1| - \alpha^*\beta|1\rangle\langle 0| + |\beta|^2 |1\rangle\langle 1|\right) \qquad (4.337)$$

$$= |\alpha|^2 |0\rangle\langle 0| + |\beta|^2 |1\rangle\langle 1| \qquad (4.338)$$

위상이완 선로는 계산 기저에서 표현됐을 때 밀도 연산자의 비대각 성분을 제거한다. 결과 밀도 연산자 묘사는 측정 결과를 잊어버렸을 때 얻은 것과 같다. 또한 이것은 정의 4.6.5에서 주어진 고전 선로와 동등하다.

【연습문제 4.7.1】 블로흐 벡터에 대한 위상이완 선로의 작용이 다음과 같음을 확인하라.

$$\frac{1}{2}\left(I + r_x X + r_y Y + r_z Z\right) \to$$
$$\frac{1}{2}\left(I + (1-2p)r_x X + (1-2p)r_y Y + r_z Z\right) \quad (4.339)$$

이 선로는 블로흐 벡터의 Z 방향인 어떤 성분이든 보존하지만, X나 Y 방향 성분은 어떤 것이든 쪼그라트린다.

4.7.3 파울리 선로

파울리 선로^{Pauli channel}는 앞서 논의한 위상이완 선로와 비트반전 선로의 일반화다. 간단히 말해, 확률 분포에 따라 무작위적인 파울리 연산을 적용한다. 큐비트 파울리 선로에 대한 사상은 다음과 같다.

$$\rho \to \sum_{i,j=0}^{1} p(i,j) Z^i X^j \rho X^j Z^i \tag{4.340}$$

이 선로의 큐디트에 대한 일반화는 쉽다. 단순히 파울리 연산자를 하이젠베르크-와일 연산자로 교체하면 된다. 큐디트 파울리 선로는 다음과 같다.

$$\rho \to \sum_{i,j=0}^{d-1} p(i,j) Z(i) X(j) \rho X^\dagger(j) Z^\dagger(i) \tag{4.341}$$

이 선로는 양자 키 분배 연구에서 가장 유명하다.

【연습문제 4.7.2】 파울리 선로는 다음과 같이 적을 수 있다.

$$\rho \to p_I \rho + p_X X \rho X + p_Y Y \rho Y + p_Z Z \rho Z \tag{4.342}$$

블로흐 벡터에 대한 파울리 선로의 작용이 다음과 같음을 확인하라.

$$(r_x, r_y, r_z) \to$$
$$((p_I + p_X - p_Y - p_Z)r_x, \ (p_I + p_Y - p_X - p_Z)r_y, \ (p_I + p_Z - p_X - p_Y)r_z) \tag{4.343}$$

4.7.4 탈분극화 선로

탈분극화 선로는 '최악의 상황' 선로다. 이 선로는 어떤 확률로 입력 큐비트를 완전히 손실한다고 가정한다. 즉, 손실된 큐비트를 완전히 섞인 상태로 대체한다. 탈분극화 선로의 사상은 다음과 같다.

$$\rho \to (1-p)\rho + p\pi \tag{4.344}$$

여기서 π는 최대로 섞인 상태로, $\pi = I/2$이다.

대부분의 경우 이 선로는 너무 비관적이다. 대체로, 어떤 추측 과정에 의해 선로의 물리적 특성에 대해 알 수 있다. 탈분극화 선로는 실제 물리 선로에 대해 정보가 너무 적은 경우에 대한 모형으로만 고려해야 한다.

【연습문제 4.7.3】파울리 돌림 무작위적으로 파울리 연산자 I, X, Y, Z를 임의의 밀도 연산자에 대해 균일한 확률로 적용하면 최대로 섞인 상태가 된다.

$$\frac{1}{4}\rho + \frac{1}{4}X\rho X + \frac{1}{4}Y\rho Y + \frac{1}{4}Z\rho Z = \pi \tag{4.345}$$

(힌트: 밀도 연산자를 $\rho = (I + r_x X + r_y Y + r_z Z)/2$로 나타내고, 파울리 연산자의 교환 규칙을 적용하라.) 이것은 '돌림' 연산으로 알려져 있다.

【연습문제 4.7.4】 탈분극화 선로를 다음의 파울리 선로처럼 다시 적을 수 있음을 보여라.

$$\rho \rightarrow (1 - 3p/4)\,\rho + p\left(\frac{1}{4}X\rho X + \frac{1}{4}Y\rho Y + \frac{1}{4}Z\rho Z\right) \tag{4.346}$$

【연습문제 4.7.5】 블로흐 벡터에 대한 탈분극화 선로의 작용이

$$(r_x, r_y, r_z) \rightarrow ((1-p)r_x,\ (1-p)r_y,\ (1-p)r_z) \tag{4.347}$$

임을 보여라.

따라서 이 선로는 블로흐 벡터를 최대로 섞인 상태에 더 가까워지도록 균일하게 쪼그라트린다.

탈분극화 선로의 큐디트에 대한 일반화는 쉽다. 식 (4.344)의 사상과 같으며, 밀도 연산자 ρ와 π가 큐디트 밀도 연산자로 바뀐다는 차이점이 있을 뿐이다.

【연습문제 4.7.6】큐디트 돌림 다음의 하이젠베르크-와일 연산자를 임의의 큐디트 밀도 연산자에 균일한 확률을 갖고 무작위로 적용하는 것이 최대로 얽힌 상태 π를 준다는 것을 보여라.

$$\{X(i)Z(j)\}_{i,j\in\{0,\dots,d-1\}} \tag{4.348}$$

$$\frac{1}{d^2} \sum_{i,j=0}^{d-1} X(i)Z(j)\rho Z^\dagger(j)X^\dagger(i) = \pi \tag{4.349}$$

(힌트: 계산 전체를 수행할 수도 있고, 또는 이 선로를 2개의 완전한 위상이완 선로가 되도록 분해할 수 있다. 첫 번째는 계산 기저에서 위상이완이고, 그다음은 켤레 기저에서의 위상이완이다.)

4.7.5 진폭감쇠 선로

진폭감쇠 선로amplitude damping channel는 광학계에서부터 원자에서 광자가 자발적으로 방출되는 스핀-1/2 입자의 사슬에 이르기까지 수많은 물리계에서 일어나는 유잡음 변화에 대한 근사다.

이 선로를 생각해내려면, 계산 기저 상태에 대한 물리적 해석을 줘야 한다. $|0\rangle$ 상태를 2준위 원자의 바닥 상태라고 하고, $|1\rangle$ 상태를 그 원자의 들뜬 상태라고 하자. 자발 방출은 원자가 들뜬 상태에서 바닥 상태로 붕괴하려는 과정이고, 심지어 원자가 바닥 상태와 들뜬 상태의 중첩 상태에 있다고 해도 마찬가지다. $0 \leq \gamma \leq 1$인 매개변수 γ가 붕괴의 확률을 나타낸다고 하자. 이 감쇠 과정을 포착하는 하나의 크라우스 연산자는 다음과 같다.

$$A_0 = \sqrt{\gamma}|0\rangle\langle 1| \tag{4.350}$$

연산자 A_0는 바닥 상태를 소멸시킨다.

$$A_0|0\rangle\langle 0|A_0^\dagger = 0 \tag{4.351}$$

그리고 들뜬 상태는 바닥 상태로 붕괴시킨다.

$$A_0|1\rangle\langle 1|A_0^\dagger = \gamma|0\rangle\langle 0| \tag{4.352}$$

A_0만으로는 물리적인 사상을 특정할 수 없다. 왜냐하면 $A_0^\dagger A_0 = \gamma|1\rangle\langle 1|$이기 때문이다(임의의 선로에 대한 크라우스 연산자가 $\Sigma_k\, A_k^\dagger A_k = I$ 조건을 만족해야 함을 떠올려보자). 또 다른 연산자 A_1을 선택해서 다음의 조건을 만족시켜야 한다.

$$A_1^\dagger A_1 = I - A_0^\dagger A_0 = |0\rangle\langle 0| + (1 - \gamma)|1\rangle\langle 1| \tag{4.353}$$

A_1을 다음과 같이 고르면 식 (4.353)의 조건을 만족시킨다.

$$A_1 \equiv |0\rangle\langle 0| + \sqrt{1-\gamma}|1\rangle\langle 1| \qquad (4.354)$$

따라서 A_0와 A_1 연산자는 진폭감쇠 선로에 대한 타당한 크라우스 연산자다.

【연습문제 4.7.7】 계산 기저에 대해 다음의 행렬 표현을 갖는 단일 큐비트 밀도 연산자를 생각해보자.

$$\rho = \begin{bmatrix} 1-p & \eta \\ \eta^* & p \end{bmatrix} \qquad (4.355)$$

여기서 $0 \leq p \leq 1$이고, η는 어떤 복소수다. 매개변수 γ를 갖고 진폭감쇠 선로를 위의 밀도 연산자에 해당하는 큐비트에 적용하면 다음의 행렬 표현을 갖는 밀도 연산자가 주어짐을 보여라.

$$\begin{bmatrix} 1-(1-\gamma)\,p & \sqrt{1-\gamma}\,\eta \\ \sqrt{1-\gamma}\,\eta^* & (1-\gamma)\,p \end{bmatrix} \qquad (4.356)$$

【연습문제 4.7.8】 진폭감쇠 선로가 합성 규칙을 따름을 보여라. 어떤 진폭감쇠 선로 $\mathcal{N}_1$이 투과 매개변수 $(1-\gamma_1)$을 갖고, 또 다른 진폭감쇠 선로 $\mathcal{N}_2$가 투과 매개변수 $(1-\gamma_2)$를 갖는다고 하자. 합성 선로 $\mathcal{N}_2 \circ \mathcal{N}_1$이 투과 매개변수 $(1-\gamma_1)(1-\gamma_2)$를 갖는 진폭감쇠 선로임을 보여라(투과 매개변수가 1에서 감쇠 매개변수를 뺀 것과 같음을 생각하라).

4.7.6 삭제 선로

삭제 선로erasure channel는 양자 섀넌 이론에서 또 다른 중요한 선로다. 삭제 선로는 이후에 용량에 대해 논의할 때 간단한 모형을 받아들이게 하고, 상대적으로 복잡하지 않은 분석을 하게 해준다. 삭제 선로는 광학계의 광자 손실의 단순화된 모형으로도 사용된다.

먼저, 삭제 선로의 고전적 정의를 살펴보자. 고전 삭제 선로는 $1-\varepsilon$의 어떤 확률로 비트를 전송하거나, ε의 확률로 그 비트를 삭제 기호 e로 대체한다. 출력 알파벳은 삭제 기호 e가 있으므로 입력 알파벳보다 1개의 기호가 더 많다.

고전 삭제 선로를 양자 세계에 일반화하는 것은 쉽다. 다음의 사상을 구현하면 된다.

$$\rho \rightarrow (1 - \varepsilon)\,\rho + \varepsilon|e\rangle\langle e| \tag{4.357}$$

여기서 $|e\rangle$는 입력 힐베르트 공간에 없는 어떤 상태이고, 또한 이와 직교한다. 삭제 선로의 출력공간은 입력 공간보다 1차원 더 크다. 양자 삭제 선로의 해석은 고전 삭제 선로의 해석과 유사하다. 양자 삭제 선로는 $1 - \varepsilon$의 확률로 큐비트를 전송하고, ε의 확률로 큐비트를 '삭제(직교하는 삭제 상태로 대체)'한다.

【연습문제 4.7.9】 다음의 연산자가 양자 삭제 선로에 대한 크라우스 연산자임을 보여라.

$$\{\sqrt{1-\varepsilon}(|0\rangle_B\langle 0|_A + |1\rangle_B\langle 1|_A), \sqrt{\varepsilon}|e\rangle_B\langle 0|_A, \sqrt{\varepsilon}|e\rangle_B\langle 1|_A\}$$

선로의 수신 측에서 삭제가 발생했는지는 간단한 측정으로 결정할 수 있다. 측정 연산자 $\{\Pi_{\text{in}}, |e\rangle\langle e|\}$를 수행하면 된다. 여기서 Π_{in}은 입력 힐베르트 공간 위로의 사영 연산자다. 이 측정은 필요한 것 이상의 정보를 검출하지 않는다는 장점이 있다. 이 측정은 삭제가 일어났는지만을 측정하며, 따라서 삭제가 일어나지 않았다면 입력의 양자정보를 보존한다.

4.7.7 조건부 양자 선로

이제 변화의 마지막 유형을 고려하며 이 장을 마무리한다. **조건부 양자 부호화기**^{conditional} quantum encoder $\mathcal{E}_{MA \rightarrow B}$, 또는 **조건부 양자 선로**^{conditional quantum channel}는 CPTP 사상의 모음 $\{\mathcal{E}^m_{A \rightarrow B}\}_m$이다. 그 입력은 고전계 M과 양자계 A이고, 출력은 양자계 B이다. 조건부 양자 부호화기는 고전과 양자정보 모두를 부호화할 수 있는 기능이 있다.

다음과 같은 고전-양자 상태 ρ_{MA}

$$\rho_{MA} \equiv \sum_m p(m)|m\rangle\langle m|_M \otimes \rho^m_A \tag{4.358}$$

가 조건부 양자 부호화기 $\mathcal{E}_{MA \rightarrow B}$의 입력으로 작용할 수 있다. 고전-양자 상태 ρ_{MA}에 대한 조건부 양자 부호화기 $\mathcal{E}_{MA \rightarrow B}$의 작용은 다음과 같다.

$$\mathcal{E}_{MA \rightarrow B}(\rho_{MA}) = \text{Tr}_M \left\{ \sum_m p(m)|m\rangle\langle m|_M \otimes \mathcal{E}^m_{A \rightarrow B}(\rho^m_A) \right\} \tag{4.359}$$

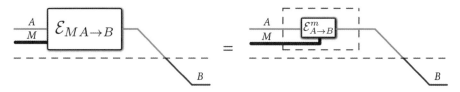

그림 4.5 왼쪽 그림은 고전계에서 양자계를 취하는 조건부 양자 부호화기의 일반적인 연산을 묘사했다. 오른쪽 그림은 조건부 양자 부호화기의 내부 작동을 묘사한다.

그림 4.5에 조건부 양자 부호화기의 거동을 묘사했다.

입력이 고전-양자 상태일 때는 사실상 임의의 양자 선로를 조건부 양자 부호화기처럼 적는 것이 가능하다. 실제로, 입력계 X와 A를 갖고 출력계 B를 갖는 어떤 양자 선로 $\mathcal{N}_{XA \to B}$를 생각해보자. 이 선로의 크라우스 분해가 다음과 같다고 하자.

$$\mathcal{N}_{XA \to B}(\rho) \equiv \sum_j A_j \rho A_j^\dagger \tag{4.360}$$

이제 입력이 이 선로에 대해 다음의 고전-양자 상태라고 하자.

$$\sigma_{XA} \equiv \sum_x p_X(x)|x\rangle\langle x|_X \otimes \rho_A^x \tag{4.361}$$

선로 $\mathcal{N}_{XA \to B}$는 고전-양자 상태 σ_{XA}에 대해 다음과 같이 작용한다.

$$\mathcal{N}_{XA \to B}(\sigma_{XA}) = \sum_{j,x} A_j \left(p_X(x)|x\rangle\langle x|_X \otimes \rho_A^x \right) A_j^\dagger \tag{4.362}$$

고전-양자 상태가 텐서 곱을 이용해 다음의 행렬 표현으로 나타난다는 것을 생각해보자.

$$\sum_{x \in \mathcal{X}} p_X(x)|x\rangle\langle x|_X \otimes \rho_A^x \tag{4.363}$$

$$= \begin{bmatrix} p_X(x_1)\rho_A^{x_1} & 0 & \cdots & 0 \\ 0 & p_X(x_2)\rho_A^{x_2} & & \vdots \\ \vdots & & \ddots & 0 \\ 0 & \cdots & 0 & p_X(x_{|\mathcal{X}|})\rho_A^{x_{|\mathcal{X}|}} \end{bmatrix} \tag{4.364}$$

$$= \bigoplus_{x \in \mathcal{X}} p_X(x)\rho_x \tag{4.365}$$

$|\mathcal{X}|$ 블록 행렬을 이용해 각 크라우스 연산자 A_j의 행렬 표현을 특정하는 것이 가능하다.

$$A_j = \begin{bmatrix} A_{j,1} & A_{j,2} & \cdots & A_{j,|\mathcal{X}|} \end{bmatrix} \tag{4.366}$$

식 (4.362)의 합에 있는 각 연산자 $A_j \left(p_X(x)|x\rangle\langle x|_X \otimes \rho_A^x \right) A_j^\dagger$는 다음의 형태를 취하게 된다.

$$
\begin{aligned}
&A_j \left(p_X(x)|x\rangle\langle x|_X \otimes \rho_A^x \right) A_j^\dagger \\
&= \begin{bmatrix} A_{j,1} & A_{j,2} & \cdots & A_{j,|\mathcal{X}|} \end{bmatrix}
\begin{bmatrix}
p_X(x_1)\rho_A^{x_1} & 0 & \cdots & 0 \\
0 & \ddots & & \vdots \\
\vdots & & \ddots & 0 \\
0 & \cdots & 0 & p_X(x_{|\mathcal{X}|})\rho_A^{x_{|\mathcal{X}|}}
\end{bmatrix}
\begin{bmatrix} A_{j,1}^\dagger \\ A_{j,2}^\dagger \\ \vdots \\ A_{j,|\mathcal{X}|}^\dagger \end{bmatrix} \\
&= \sum_{x \in |\mathcal{X}|} p_X(x) A_{j,x} \rho_A^x A_{j,x}^\dagger
\end{aligned}
\tag{4.367}
$$

전체 사상은 다음과 같이 적을 수 있다.

$$\mathcal{N}_{XA \to B}(\sigma_{XA}) = \sum_j \sum_{x \in \mathcal{X}} p_X(x) A_{j,x} \rho_A^x A_{j,x}^\dagger \tag{4.368}$$

$$= \sum_{x \in \mathcal{X}} p_X(x) \sum_j A_{j,x} \rho_A^x A_{j,x}^\dagger \tag{4.369}$$

$$= \sum_{x \in \mathcal{X}} p_X(x) \mathcal{N}_{A \to B}^x(\rho_A^x) \tag{4.370}$$

여기서 각 사상 $\mathcal{N}_{A \to B}^x$는 다음과 같다.

$$\mathcal{N}_{A \to B}^x(\rho_A^x) = \sum_j A_{j,x} \rho_A^x A_{j,x}^\dagger \tag{4.371}$$

따라서 고전-양자 상태에 대한 어떤 양자 선로의 작용이든 조건부 양자 부호화기의 작용과 같다.

【연습문제 4.7.10】 조건 $\sum_j A_j^\dagger A_j = I$가 다음의 $|\mathcal{X}|$ 조건을 뜻한다는 것을 보여라.

$$\forall x \in \mathcal{X} : \sum_j A_{j,x}^\dagger A_{j,x} = I \tag{4.372}$$

4.8 정리

이 장의 핵심 결과를 간단히 요약하겠다. 이 장의 모든 결과는 무잡음 양자 이론과 앙상블의 관점에서 유도됐다. 대안적인 관점은 밀도 연산자가 계의 상태이고, 양자역학의 가설을 밀도 연산자로 나타낸다는 것이다. 어떤 관점이든지, 더 근본적으로 생각할수록 서로 잘 합치한다는 사실을 알게 된다.

앙상블 $\{p_X(x), |\psi_x\rangle\}$의 밀도 연산자는 다음과 같다.

$$\rho = \sum_x p_X(x)|\psi_x\rangle\langle\psi_x| \tag{4.373}$$

유니터리 연산자 U에 따른 밀도 연산자의 변화는 다음과 같다.

$$\rho \to U\rho U^\dagger \tag{4.374}$$

$\sum_j M_j^\dagger M_j = I$일 때, 측정 $\{M_j\}$에 따른 상태의 측정은 다음의 측정 후 상태를 이끌어낸다.

$$\rho \to \frac{M_j\rho M_j^\dagger}{p_J(j)} \tag{4.375}$$

여기서 결과 j를 얻을 확률 $p_J(j)$는 다음과 같다.

$$p_J(j) = \mathrm{Tr}\left\{M_j^\dagger M_j\rho\right\} \tag{4.376}$$

양자 상태가 겪을 수 있는 가장 일반적인 유잡음 변화는 다음과 같이 적을 수 있는 완전한 양성, 대각합 보존 사상 $\mathcal{N}(\rho)$를 따른다.

$$\mathcal{N}(\rho) = \sum_j A_j\rho A_j^\dagger \tag{4.377}$$

여기서 $\sum_j A_j^\dagger A_j = I$이다. 이 변화의 특수한 경우로 양자 기기가 있다. 양자 기기는 양자 입력을 갖고, 고전 출력과 양자 출력을 갖는다. 양자 기기를 표현하는 가장 일반적인 방법은 다음과 같다.

$$\rho \to \sum_j \mathcal{E}_j(\rho) \otimes |j\rangle\langle j|_J \tag{4.378}$$

여기서 각 사상 $\mathcal{E}_j$는 다음과 같은 완전한 양성, 대각합 비증가 사상이다.

$$\mathcal{E}_j(\rho) = \sum_k A_{j,k}\rho A_{j,k}^\dagger \qquad (4.379)$$

이때 $\sum_{j,k} A_{j,k}^\dagger A_{j,k} = I$이다. 물론 전체 사상은 대각합 보존이다.

4.9 역사와 더 읽을거리

닐센[Nielsen]과 추앙[Chuang](2000)은 유잡음 양자계에 대한 탁월한 소개를 제시했다. 베르너[Werner](1989)는 다자간 양자 상태가 얽혔다는 말의 의미를 정의했다. 호로덱키[Horodecki] 등(2003)은 얽힘파괴 선로를 소개하고 그중 몇 가지 성질을 증명했다(가령, 정리 4.6.1의 증명). 데이비스[Davies]와 루이스[Lewis](1970)는 양자 기기 형식 체계를 소개했고, 오자와[Ozawa](1984)는 이를 더 발전시켰다. 그라슬[Grassl] 등(1997)은 양자 삭제 선로를 소개하고, 이를 위한 몇 가지 간단한 양자 오류 보정 부호를 구성했다. 조건부 양자 선로에 대한 논의는 야드[Yard](2005)의 저술에 나타난다.

05

정화된 양자 이론

양자 이론의 기초를 다지는 마지막 장은 수학적 도구인 양자정화[1] 정리purification theorem를 제시하는데, 아마 가장 강력한 관점을 줄 것이다. 이것은 양자계의 잡음을 완전히 다르게 생각하는 방식을 제시한다. 이 정리는 양자 상태의 집합에 대해 정보가 부족한 것을 우리가 접근할 수 없는 또 다른 계와의 얽힘으로부터 나타난 것이라고 생각할 수 있다는 내용이다. 우리가 접근할 수 없는 계는 **정화계**purifying system라고 한다. 양자 이론의 정화라는 관점에서 유잡음 변화는 그 환경과 양자계의 상호 작용으로부터 일어난 것이다. 환경과 양자계의 상호 작용은 양자계와 환경의 상관성을 유도하고, 이 상호 작용은 우리가 환경에 접근할 수 없기 때문에 정보의 손실로 나타난다. 따라서 환경은 유잡음 양자 선로 출력의 정화다.

3장에서는 무잡음 양자 이론을 도입했다. 무잡음 양자 이론은 몇 가지 독특한 양자 행동에 대한 통찰을 얻기 시작할 수 있어서 알아두면 유용한 이론이지만, 양자정보 처리의 이상적인 모형이다. 4장에서는 무잡음 양자 이론을 일반화하여 유잡음 양자 이론을 소개했다. 유잡음 양자 이론은 잡음에 노출된 불완전한 양자계의 거동을 설명한다.

이번 장에서는 사실상 '무잡음 양자 이론의 특별한 경우로' 유잡음 양자 이론을 바

---

1 여기서 'purification'은 '깨끗이 한다'는 뜻의 '정화'이지만, 양자계를 정화한다는 의미에서 '양자정화'로 옮겼다. – 옮긴이

라볼 수 있음을 보인다. 이 관계는 처음엔 이상해 보일 수 있지만, 양자정화 정리가 연결고리를 만들어준다. 이 장에서 소개할 양자 이론은 무잡음 양자 이론이지만, 3장에서 설명한 무잡음 양자 이론과 구분하기 위해 **정화된 양자 이론**purified quantum theory이라고 부를 것이다.

정화된 양자 이론은 잡음을 다른 계와 얽힌 결과로 볼 수 있음을 보여준다. 사실 앞 장에서 국소 밀도 연산자를 소개하면서 이런 현상을 잠깐 살펴봤지만, 그 부분에서 자세히 강조하지는 않았다. 예를 들어, 최대로 얽힌 벨 상태 $|\Phi^+\rangle_{AB}$가 있다. 이 상태는 두 계 A와 B에 대한 순수 상태이지만, 앨리스의 국소 밀도 연산자는 최대로 섞인 상태 π_A이다. 이 국소 연산자가 임의의 국소적 측정이나 변화에 대해 모든 예측을 할 수 있도록 하는 수학적 대상임을 살펴봤다. 또한 밀도 연산자가 앙상블로부터 나타나지만, 거꾸로 앙상블을 임의의 밀도 연산자의 볼록 분해에 대응하도록 해석할 수도 있다는 것도 살펴봤다. 이 밀도 연산자가 $|0\rangle$과 $|1\rangle$을 1/2라는 같은 확률로 고르는 앙상블에서 나타날 수 있다는 관점이 있다. 양자정화의 아이디어를 밀어붙이면, 밀도 연산자 π_A를 가진 앨리스의 유잡음 앙상블에 밥과 앨리스의 계 사이의 얽힘에서 나타났다고 말할 수 있다. 양자 이론을 다루는 바로 이 마지막 장에서 이 아이디어를 더 자세히 탐색해본다.

5.1 양자정화

계 A에 대한 밀도 연산자 ρ_A가 있다고 하자. 그런 모든 밀도 연산자는 아래에서 정의되고 그림 5.1에 묘사된 것과 같은 양자정화를 갖는다.

【정의 5.1.1】 양자정화   밀도 연산자 $\rho_A \in \mathcal{D}(\mathcal{H}_A)$의 **양자정화**purification는 참조계 R과 원래의 계 A에 대한 순수한 2분할 상태 $|\psi\rangle_{RA} \in \mathcal{H}_R \otimes \mathcal{H}_A$이다. 이때 A계로 환원한 상태는 ρ_A와 같다.

$$\rho_A = \text{Tr}_R \left\{ |\psi\rangle\langle\psi|_{RA} \right\} \tag{5.1}$$

밀도 연산자 ρ_A에 대한 스펙트럼 분해가 다음과 같다고 하자.

$$\rho_A = \sum_x p_X(x)|x\rangle\langle x|_A \tag{5.2}$$

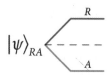

그림 5.1 이 도표는 밀도 연산자 ρ_A의 양자정화 $|\psi\rangle_{RA}$를 묘사한다. 위의 도표는 참조계 R이 일반적으로 A계와 얽혀 있음을 나타낸다. 양자정화 정리의 해석은 밀도 연산자 ρ_A에 내재된 잡음은 참조계 R과의 얽힘 때문이라는 것이다.

다음의 상태 $|\psi\rangle_{RA}$는 ρ_A의 양자정화라고 말할 수 있다.

$$|\psi\rangle_{RA} \equiv \sum_x \sqrt{p_X(x)}|x\rangle_R|x\rangle_A \qquad (5.3)$$

여기서 벡터의 집합 $\{|x\rangle_R\}_x$는 참조계 R에 대한 정규직교 벡터의 어떤 집합이다. 다음 연습문제에서 이 주장을 증명해보자.

【연습문제 5.1.1】 식 (5.3)에 정의된 상태 $|\psi\rangle_{RA}$가 밀도 연산자 ρ_A의 양자정화이고, 식 (5.2)에 주어진 스펙트럼 분해를 갖는다는 것을 보여라.

【연습문제 5.1.2】 정준 양자정화 ρ_A가 밀도 연산자이고, $\sqrt{\rho_A}$가 그 유일한 양의 준정부호 제곱근이라고 하자(즉, $\rho_A = \sqrt{\rho_A}\sqrt{\rho_A}$이다). ρ_A의 정준 양자정화^{canonical purification}는 다음과 같이 정의된다.

$$(I_R \otimes \sqrt{\rho_A})\,|\Gamma\rangle_{RA} \qquad (5.4)$$

여기서 $|\Gamma\rangle_{RA}$는 식 (3.233)의 정규화되지 않은 최대로 얽힌 벡터다. 식 (5.4)가 ρ_A의 양자정화임을 보여라.

5.1.1 양자정화의 해석

양자정화의 아이디어는 흥미로운 물리적 해석을 갖는다. 특정 양자계에 내재된 잡음을 우리가 접근할 수 없는 어떤 외부 참조계에 얽힌 것으로 생각할 수 있다는 것이다. 즉, 밀도 연산자 ρ_A가 A계와 참조계 R 사이의 얽힘, 그리고 R계에 대한 접근성 부족으로부터 유도된다고 생각할 수 있다.

다른 방식으로 말하자면, 양자정화의 아이디어는 잡음을 해석하는 데 있어 근본적으로 다른 방법을 제시한다. 이 해석에 의하면 국소 계에 대한 어떤 잡음이라도 우리가 접근할 수 없는 다른 계와의 얽힘 때문에 생긴다. 제어할 수 없는 외부 환경을 갖는 계의 상호 작용으로부터 잡음이 발생한다고 볼 수 있다.

광역 상태 $|\psi\rangle_{RA}$는 순수 상태이지만, 축소된 상태 ρ_A는 일반적으로 순수 상태가 아니다. 왜냐하면 축소된 상태를 얻기 위해 참조계에 대해서는 대각합을 수행했기 때문이다. 축소된 상태 ρ_A가 순수 상태인 것은 광역 상태 $|\psi\rangle_{RA}$가 순수한 곱 상태인 것과 필요충분조건이다.

5.1.2 양자정화의 등가성

아래의 정리 5.1.1은 어떤 밀도 연산자 ρ_A가 주어졌을 때 그에 대한 모든 양자정화가 등가 관계를 갖는다는 뜻이다. 이것은 슈미트 분해(정리 3.8.1)의 결과다. 설명하기 전에, 정의 4.6.3의 등척변환 정의를 떠올려보자.

【정의 5.1.1】 밀도 연산자의 모든 양자정화는 정화계에 대한 어떤 등척변환에 의해 연관돼 있다. 즉, ρ_A가 밀도 연산자이고 $\dim(\mathcal{H}_{R_1}) \leq \dim(\mathcal{H}_{R_2})$인 $|\psi\rangle_{R_1 A}$와 $|\varphi\rangle_{R_2 A}$가 ρ_A의 양자정화라고 하자. 그리고 어떤 등척변환 $U_{R_1 \to R_2}$가 있어서 다음을 만족시킨다.

$$|\varphi\rangle_{R_2 A} = (U_{R_1 \to R_2} \otimes I_A) |\psi\rangle_{R_1 A} \tag{5.5}$$

【증명】 먼저, ρ_A의 고윳값이 서로 구분된다고 하자. 그러면 ρ_A의 유일한 스펙트럼 분해는 다음과 같다.

$$\rho_A = \sum_x p_X(x)|x\rangle\langle x|_A \tag{5.6}$$

그리고 $|\varphi\rangle_{R_2 A}$의 슈미트 분해는 다음과 같은 형태가 되어야 한다.

$$|\varphi\rangle_{R_2 A} = \sum_x \sqrt{p_X(x)}|\varphi_x\rangle_{R_2}|x\rangle_A \tag{5.7}$$

여기서 $\{|\varphi_x\rangle_{R_2}\}$는 R_2계의 정규직교 기저다. 마찬가지로, $|\psi\rangle_{R_1 A}$의 슈미트 분해는 다음과 같은 형태가 되어야 한다.

$$|\psi\rangle_{R_1A} = \sum_x \sqrt{p_X(x)}|\psi_x\rangle_{R_1}|x\rangle_A \qquad (5.8)$$

(만약 이런 경우가 아니라면, 정리에서 주어진 대로 $\text{Tr}_{R_2}\{|\varphi\rangle\langle\varphi|_{R_2A}\} = \text{Tr}_{R_1}\{|\psi\rangle\langle\psi|_{R_1A}\} = \rho_A$일 수 없다.) 위와 같은 상황에서, 등척변환 $U_{R_1 \to R_2}$를

$$U_{R_1 \to R_2} = \sum_x |\varphi_x\rangle_{R_2}\langle\psi_x|_{R_1} \qquad (5.9)$$

이 되도록 선택한다. 이것은 등척변환인데, $U^\dagger U = I_{R_1}$이기 때문이다. 만약 ρ_A의 고 윳값이 서로 다르지 않은 경우라면, 슈미트 분해에 더 많은 자유도가 있다. 하지만 여기서는 자유롭게 위와 같이 정할 수 있고, 전개 과정은 같다. □

이 정리는 4.1.1절에서 제기된 질문에 대한 답으로, 주어진 밀도 연산자의 모든 볼록 분해를 관련시킬 수 있는 방법을 유도한다.

【따름정리 5.1.1】 어떤 밀도 연산자 ρ의 두 볼록 분해가 다음과 같다고 하자.

$$\rho = \sum_{x=1}^d p_X(x)|\psi_x\rangle\langle\psi_x| = \sum_{y=1}^{d'} p_Y(y)|\phi_y\rangle\langle\phi_y| \qquad (5.10)$$

여기서 $d' \leq d$이다. 그러면 다음을 만족하는 등척변환 U가 존재한다.

$$\sqrt{p_X(x)}|\psi_x\rangle = \sum_y U_{x,y}\sqrt{p_Y(y)}|\phi_y\rangle \qquad (5.11)$$

【증명】 $\{|x\rangle_R\}$이 어떤 양자정화계의 정규직교 기저라고 하고, 그 상태 수가 $\max\{d, d'\}$과 같다고 하자. 그러면 첫 번째 분해에 대한 양자정화는 다음과 같다.

$$|\psi\rangle_{RA} \equiv \sum_x \sqrt{p_X(x)}|x\rangle_R \otimes |\psi_x\rangle_A \qquad (5.12)$$

그리고 두 번째 분해에 대한 양자정화는 다음과 같다.

$$|\phi\rangle_{RA} \equiv \sum_y \sqrt{p_Y(y)}|y\rangle_R \otimes |\phi_y\rangle_A \qquad (5.13)$$

정리 5.1.1로부터, $|\psi\rangle_{RA} = (U_R \otimes I_A)|\phi\rangle_{RA}$를 만족시키는 등척변환 U_R이 존재한다

는 사실을 알고 있다. 그러면 다음을 생각해보자.

$$\sqrt{p_X(x)}|\psi_x\rangle_A = \sum_{x'} \sqrt{p_X(x')}\langle x|_R|x'\rangle_R \otimes |\psi_{x'}\rangle_A = (\langle x|_R \otimes I_A)|\psi\rangle_{RA} \quad (5.14)$$

$$= (\langle x|_R U_R \otimes I_A)|\phi\rangle_{RA} = \sum_y \sqrt{p_Y(y)}\langle x|_R U_R|y\rangle_R|\phi_y\rangle_A \quad (5.15)$$

$$= \sum_y \sqrt{p_Y(y)} U_{x,y}|\phi_y\rangle_A \quad (5.16)$$

이때 마지막 단계에서 $U_{x,y} = \langle x|_R U_R|y\rangle_R$이라고 정의했다. □

【연습문제 5.1.3】 다음 고전-양자 상태의 양자정화를 찾아라.

$$\sum_x p_X(x)|x\rangle\langle x|_X \otimes \rho_A^x \quad (5.17)$$

【연습문제 5.14】 $\{p_X(x),\ \rho_A^x\}$가 밀도 연산자의 앙상블이라고 하자. $|\psi^x\rangle_{RA}$가 ρ_A^x의 양자정화라고 하자. 이 앙상블에 대해 기대되는 밀도 연산자는 $\rho_A \equiv \sum_x p_X(x)\rho_A^x$이다. ρ_A의 양자정화를 찾아라.

5.1.3 양자 상태의 확장

또한 어떤 양자 상태 ρ_A의 **확장**extension도 정의할 수 있다.

【정의 5.1.2】확장 밀도 연산자 $\rho_A \in \mathcal{D}(\mathcal{H}_A)$의 확장은 $\rho_A = \mathrm{Tr}_R\{\Omega_{RA}\}$를 만족시키는 밀도 연산자 $\Omega_{RA} \in \mathcal{D}(\mathcal{H}_R \otimes \mathcal{H}_A)$이다.

이 개념은 유용하지만, 확장 Ω_{RA}의 양자정화인 $|\psi\rangle_{R'RA}$를 항상 찾을 수 있음을 염두에 두자.

5.2 등척 변화

양자 선로는 양자정화도 받아들인다. 간단한 사례를 통해 이 아이디어를 배워보자.

5.2.1 사례: 비트반전 선로의 등척 확장

식 (4.330)의 비트반전 선로를 생각해보자. 이 선로는 어떤 확률 $1 - p$로 항등 연산자를 적용하고, p의 확률로 파울리 연산자 X를 적용한다. 이 선로에 $|\psi\rangle$ 상태에 있는 큐비트 계 A를 이 선로에 입력해보자. 출력 상태에 해당하는 앙상블은 다음과 같은 형태를 갖는다.

$$\{\{1 - p, |\psi\rangle\}, \{p, X|\psi\rangle\}\} \tag{5.18}$$

그리고 이 결과 상태의 밀도 연산자는 다음과 같다.

$$(1 - p)|\psi\rangle\langle\psi| + pX|\psi\rangle\langle\psi|X \tag{5.19}$$

다음 상태는 위 밀도 연산자의 양자정화다(이 관계식이 성립하는지 빨리 점검해봐야 한다).

$$\sqrt{1 - p}|\psi\rangle_A|0\rangle_E + \sqrt{p}X|\psi\rangle_A|1\rangle_E \tag{5.20}$$

원래 계는 A로 표지하고, 정화계는 E로 표지했다. 이런 맥락에서 정화계는 선로의 환경이라고 볼 수 있다.

위의 비트반전 선로의 동역학을 해석하는 또 다른 방법이 있다. 선로에 대한 앙상블을 결정하고 정화하는 대신에, A계에서 더 큰 결합계 AE로 보내는 다음의 사상을 직접 구현하는 선로를 이야기할 수 있다.

$$|\psi\rangle_A \rightarrow \sqrt{1 - p}|\psi\rangle_A|0\rangle_E + \sqrt{p}X|\psi\rangle_A|1\rangle_E \tag{5.21}$$

임의의 $p \in (0, 1)$, 즉 선로에 있는 어떤 분량의 잡음이라도 입력계를 환경 E와 얽히게 만든다는 것을 볼 수 있다. 이제, 환경계 E를 버림(대각합으로 씻어버림)으로써 선로의 유잡음 동역학을 얻는다.

【연습문제 5.2.1】 식 (5.21)의 사상이 A와 E의 얽힘을 이끌어내지 않도록 하는 두 입력 상태를 찾아라.

식 (5.21)은 비트반전 선로의 **등척 확장**isometric extension이다. 이 등척 확장을 $U_{A \rightarrow AE}$라고 쓰고, 입력계가 A이고 출력계가 AE임을 나타내는 표기라고 하자. 정의 4.6.3 근처에서 논의했던 대로, 어떤 등척변환은 어떤 힐베르트 공간(입력계)의 상태를 더 큰 힐베르트 공간(결합계일 수 있다.)의 상태로 보내기 때문에 유니터리 연산자와 유사하지만 다르다. 일반적으로 정사각형 행렬 표현이 주어지지 않으며, 대신에 직사각형 행렬 표현이 있다. 식 (5.21)에 있는 등척 연산의 행렬 표현은 다음의 행렬 원소로 구성된다.

$$
\begin{bmatrix}
\langle 0|_A \langle 0|_E U_{A \to AE} |0\rangle_A & \langle 0|_A \langle 0|_E U_{A \to AE} |1\rangle_A \\
\langle 0|_A \langle 1|_E U_{A \to AE} |0\rangle_A & \langle 0|_A \langle 1|_E U_{A \to AE} |1\rangle_A \\
\langle 1|_A \langle 0|_E U_{A \to AE} |0\rangle_A & \langle 1|_A \langle 0|_E U_{A \to AE} |1\rangle_A \\
\langle 1|_A \langle 1|_E U_{A \to AE} |0\rangle_A & \langle 1|_A \langle 1|_E U_{A \to AE} |1\rangle_A
\end{bmatrix}
=
\begin{bmatrix}
\sqrt{1-p} & 0 \\
0 & \sqrt{p} \\
0 & \sqrt{1-p} \\
\sqrt{p} & 0
\end{bmatrix}
\quad (5.22)
$$

식 (5.21)에서 했던 것처럼, 환경 상태를 이렇게 고른 것에는 별다른 이유가 없다. 환경 상태는 임의의 정규직교 기저가 되도록 고를 수 있다. 등척변환 거동은 환경의 상태들이 단지 서로 구분 가능할 것만을 요구한다. 이것은 모든 양자정화가 정화계에 작용하는 등척변환에 의해 연관됐다는 사실과 관련된다(정리 5.1.1 참고).

등척변환은 더 큰 계에 대한 유니터리 연산자의 일부다

식 (5.21)의 동역학을 처음의 순수한 환경과 큐비트 상태 $|\psi\rangle$ 사이의 상호 작용으로 볼 수 있다. 따라서 등척 사상isometric mapping을 구현하는 동등한 방법은 2단계 절차를 갖는다. 먼저, 상호 작용이 시작되기 전에 선로의 환경이 순수 상태 $|0\rangle_E$에 있다고 가정한다. 큐비트 $|\psi\rangle$와 환경의 결합 상태는 다음과 같다.

$$
|\psi\rangle_A |0\rangle_E \tag{5.23}
$$

이제 이 두 계는 유니터리 연산자 V_{AE}에 따라 상호 작용한다. 식 (5.21)의 등척 사상을 쓰면 유니터리 연산자의 두 열을 특정할 수 있다(좀 더 명확하게 만들겠다).

$$
V_{AE} |\psi\rangle_A |0\rangle_E = \sqrt{1-p} |\psi\rangle_A |0\rangle_E + \sqrt{p} X |\psi\rangle_A |1\rangle_E \tag{5.24}
$$

전체 유니터리 연산자 V_{AE}를 특정하기 위해, 큐비트와 환경의 초기 상태가

$$
|\psi\rangle_A |1\rangle_E \tag{5.25}
$$

일 때 이 사상이 어떻게 거동하는지도 특정해야 한다. 전체 상호 작용이 유니터리 연산이 되도록 다음과 같은 사상을 고른다.

$$V_{AE}|\psi\rangle_A|1\rangle_E = \sqrt{p}|\psi\rangle_A|0\rangle_E - \sqrt{1-p}X|\psi\rangle_A|1\rangle_E \tag{5.26}$$

【연습문제 5.2.2】 식 (5.24)와 식 (5.26)에 정의된 연산자 V_{AE}의 계산 기저 $\{|00\rangle_{AE},$ $|01\rangle_{AE}, |10\rangle_{AE}, |11\rangle_{AE}\}$에 대한 작용을 정하여 유니터리임을 보여라. 그리고 이 입력 각각에 대해 해당 출력 전체가 정규직교 기저를 구성함을 보여라.

【연습문제 5.2.3】 행렬 원소가 $\langle i|_A \langle j|_E V|k\rangle_A |l\rangle_E$임을 고려하여, 식 (5.24)와 식 (5.26)에서 정의된 전체 유니터리 연산자 V_{AE}의 행렬 표현이 다음과 같음을 확인하라.

$$\begin{bmatrix} \sqrt{1-p} & \sqrt{p} & 0 & 0 \\ 0 & 0 & \sqrt{p} & -\sqrt{1-p} \\ 0 & 0 & \sqrt{1-p} & \sqrt{p} \\ \sqrt{p} & -\sqrt{1-p} & 0 & 0 \end{bmatrix} \tag{5.27}$$

상보 선로

여기서 양자 선로의 수신 측 출력에만 관심 있는 것이 아니라, 양자 선로에서 나온 환경의 출력을 정하는 데도 관심이 있을 수 있다. 이 아이디어는 양자 섀넌 이론의 연구를 진행하면서 점점 중요해진다. 우리는 양자 통신 규약의 모든 참여자를 생각해야 하고, 정화된 양자 이론은 그렇게 할 수 있게 해준다. 환경이 송신자로부터 어떤 양자정보를 받을 수도 있기 때문에, 환경은 양자 통신 규약의 모든 참여자의 하나로 생각된다.

양자 선로로부터 나온 환경의 출력은 환경 외의 전체 계를 단순히 대각합으로 씻어버림으로써 얻을 수 있다. 송신자에서 환경으로의 사상은 **상보 선로**complementary channel 라고 한다. 식 (5.21)의 비트반전 선로의 등척 확장을 예로 들면, 선로 입력이 $|\psi\rangle_A$인 경우, 환경이 다음의 출력 상태를 받게 됨을 확인할 수 있다.

$$\begin{aligned} \mathrm{Tr}_A &\left\{ \left(\sqrt{1-p}|\psi\rangle_A|0\rangle_E + \sqrt{p}X|\psi\rangle_A|1\rangle_E \right) \left(\sqrt{1-p}\langle\psi|_A\langle 0|_E + \sqrt{p}\langle\psi|_A X\langle 1|_E \right) \right\} \\ &= \mathrm{Tr}_A \left\{ (1-p)|\psi\rangle\langle\psi|_A \otimes |0\rangle\langle 0|_E + \sqrt{p(1-p)}X|\psi\rangle\langle\psi|_A \otimes |1\rangle\langle 0|_E \right\} \\ &\quad + \mathrm{Tr}_A \left\{ \sqrt{p(1-p)}|\psi\rangle\langle\psi|_A X \otimes |0\rangle\langle 1|_E + pX|\psi\rangle\langle\psi|_A X \otimes |1\rangle\langle 1|_E \right\} \tag{5.28} \\ &= (1-p)|0\rangle\langle 0|_E + \sqrt{p(1-p)}\langle\psi|X|\psi\rangle|1\rangle\langle 0|_E \\ &\quad + \sqrt{p(1-p)}\langle\psi|X|\psi\rangle|0\rangle\langle 1|_E + p|1\rangle\langle 1|_E \tag{5.29} \end{aligned}$$

$$= (1 - p)|0\rangle\langle0|_E + \sqrt{p\,(1 - p)}\,\langle\psi|X|\psi\rangle\,(|1\rangle\langle0|_E + |0\rangle\langle1|_E) + p|1\rangle\langle1|_E \quad (5.30)$$

$$= (1 - p)|0\rangle\langle0|_E + \sqrt{p\,(1 - p)}\,2\,\mathrm{Re}\,\{\alpha^*\beta\}\,(|1\rangle\langle0|_E + |0\rangle\langle1|_E) + p|1\rangle\langle1|_E \quad (5.31)$$

여기서 마지막 줄은 큐비트가 $|\psi\rangle \equiv \alpha|0\rangle + \beta|1\rangle$이라고 가정했다.

위의 예를 몇 가지 경우에 대해 점검해보면 도움이 될 것이다. 잡음 변수가 $p = 0$이거나 $p = 1$인 경우를 생각해보자. 이 경우 환경은 각각의 상태 $|0\rangle$과 $|1\rangle$ 중의 하나를 받는다. 따라서 이 경우 환경은 양자 선로로부터 전송돼온 상태 $|\psi\rangle$에 대한 어떤 양자정보도 받지 못한다. 환경은 확률 진폭 α나 β에 대해 아무것도 알 수 없다. 이 관점은 이 사례의 양자 선로가 실제로 무잡음임을 알 수 있는 완전히 다른 방법이다. 만약 전송하는 데 사용된 선로로부터 양자 선로의 환경이 상태에 대해 아무것도 알아내지 못한다면, 즉 그 양자 선로가 환경으로 양자정보를 누출시키지 않는다면 그 양자 선로는 무잡음이다. 이제 $p \in (0, 1)$인 경우를 생각해보자. p가 위쪽에서든 아래쪽에서든 1/2에 접근하면서, 비대각 성분의 진폭 $\sqrt{p(1 - p)}$는 1/2에서 극대가 되는 단조 함수가 된다. 따라서 1/2의 극댓값에서 비대각 항은 가장 강하며, 환경이 일반적으로 원래의 양자 상태 $|\psi\rangle$의 결맞음을 대부분 '훔쳐간다'는 뜻이 된다.

【연습문제 5.2.4】 $p = 1/2$를 갖는 비트반전 선로에 대한 수신자의 출력 밀도 연산자가 환경이 얻은 밀도 연산자와 같음을 보여라.

5.2.2 양자 선로의 등척 확장

이제 양자 선로의 등척 확장에 대한 일반적인 정의를 제시한다.

【정의 5.2.1】등척 확장 $\mathcal{H}_A$와 $\mathcal{H}_B$를 힐베르트 공간이라 하고, $\mathcal{N} : \mathcal{L}(\mathcal{H}_A) \to \mathcal{L}(\mathcal{H}_B)$를 양자 선로라고 하자. $\mathcal{H}_E$를 선로 $\mathcal{N}$의 최 랭크보다 작지 않은 차원을 갖는 힐베르트 공간이라고 하자. 그러면 선로 $\mathcal{N}$의 등척 확장^{isometric extension}, 또는 스타인스프링 희석^{Stinespring dilation} $U : \mathcal{H}_A \to \mathcal{H}_B \otimes \mathcal{H}_E$는 선형 등척변환으로 $X_A \in \mathcal{L}(\mathcal{H}_A)$에 대해 다음을 만족한다.

$$\mathrm{Tr}_E\{U X_A U^\dagger\} = \mathcal{N}_{A\to B}(X_A) \quad (5.32)$$

U가 등척변환이라는 사실은 다음 조건과 동등하다.

$$U^\dagger U = I_A, \qquad UU^\dagger = \Pi_{BE} \tag{5.33}$$

여기서 Π_{BE}는 텐서 곱 힐베르트 공간 $\mathcal{H}_B \otimes \mathcal{H}_E$의 사영 연산자다.

【표기법 5.2.1】 입력계와 출력계를 명시적으로 표시하기 위해 양자 선로 $\mathcal{N} : \mathcal{L}(\mathcal{H}_A)$ $\to \mathcal{L}(\mathcal{H}_B)$를 $\mathcal{N}_{A\to B}$로 나타낸다. 마찬가지로, $\mathcal{N}$의 등척 확장 $U : \mathcal{H}_A \to \mathcal{H}_B \otimes \mathcal{H}_E$ 를 $\mathcal{N}$과의 연관성을 명시적으로 나타내고, A계를 입력으로 받아들이고 출력계로 B 와 E를 갖는다는 것을 명시적으로 나타내기 위해 $U^\mathcal{N}_{A\to BE}$로 나타낸다. E계는 '환경 environment'계라고 하겠다. 끝으로, 등척 확장 $U^\mathcal{N}_{A\to BE}$와 연관된 양자 선로 $\mathcal{U}^\mathcal{N}_{A\to BE}$가 존재하며, 모든 $X_A \in \mathcal{L}(\mathcal{H}_A)$에 대해 다음과 같이 정의된다.

$$\mathcal{U}^\mathcal{N}_{A\to BE}(X_A) = UX_AU^\dagger \tag{5.34}$$

$\mathcal{U}^\mathcal{N}_{A\to BE}$가 $U^\dagger U = I_A$로 주어지는 유일한 크라우스 연산자 U를 갖는 양자 선로임을 알아두자.

양자 선로의 등척 확장을 그 선로의 양자정화로 생각할 수도 있다. 환경계 E는 원 래 선로로 되돌아오려면 그에 대해 대각합을 취하면 되므로, 5.1절의 정화계와 유사 하다. 환경계 E에 대각합을 취해버리면 양자 선로 $\mathcal{N}_{A\to B}$의 변화를 유도하기 때문 에, 등척 확장은 원래의 양자 선로를 **확장한다**. 또한 등척 확장은 **등척변환**처럼 행동한 다. 이는 유니터리 연산자처럼 거동하는 직사각형 연산자와 유사하다. 등척변환의 행 렬 표현은 유니터리 행렬에서 열을 몇 개만 선택해온 것으로 구성되는 직사각형 행렬 이다. $U^\dagger U = I_A$인 성질은 단순히 켤레 전치 연산을 취해서 역연산을 얻을 수 있기 때문에 등척변환이 유니터리 연산자와 유사하게 거동한다는 것을 나타낸다. $UU^\dagger =$ Π_{BE}라는 성질은 등척 연산을 유니터리 연산과 구분 짓는 특성이다. 이 특성은 등척 변환이 입력계 A의 상태를 결합계 BE의 특정한 부분공간으로 가져간다는 뜻이다. 사영 연산자 Π_{BE}는 등척변환이 입력 양자 상태로 취한 부분공간 위로 사영한다. 그 림 5.2는 등척 확장에 대한 양자 회로를 묘사한다.

크라우스 연산자로부터의 등척 확장

크라우스 연산자 집합으로부터 직접 양자 선로의 등척 확장을 정하는 것이 가능하다. 다음의 크라우스 표현을 갖는 양자 선로 $\mathcal{N}_{A\to B}$를 생각해보자.

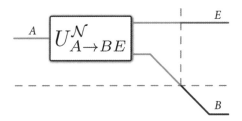

그림 5.2 이 그림은 양자 선로 $\mathcal{N}_{A\to B}$의 등척 확장 $U^{\mathcal{N}}_{A\to BE}$를 나타낸다. 확장 $U^{\mathcal{N}}_{A\to BE}$는 E계 위의 접근 불가능한 환경을 양자정보의 '수신자'로서 포함한다. 환경 E를 무시하면 양자 선로 $\mathcal{N}_{A\to B}$를 얻는다.

$$\mathcal{N}_{A\to B}(\rho_A) = \sum_j N_j \rho_A N_j^\dagger \tag{5.35}$$

이 양자 선로 $\mathcal{N}_{A\to B}$의 등척 확장은 다음의 선형 사상이다.

$$U^{\mathcal{N}}_{A\to BE} \equiv \sum_j N_j \otimes |j\rangle_E \tag{5.36}$$

위의 사상이 등척변환임은 바로 확인할 수 있다.

$$\left(U^{\mathcal{N}}\right)^\dagger U^{\mathcal{N}} = \left(\sum_k N_k^\dagger \otimes \langle k|_E\right)\left(\sum_j N_j \otimes |j\rangle_E\right) \tag{5.37}$$

$$= \sum_{k,j} N_k^\dagger N_j \langle k|j\rangle \tag{5.38}$$

$$= \sum_k N_k^\dagger N_k \tag{5.39}$$

$$= I_A \tag{5.40}$$

마지막 등호는 크라우스 연산자의 완전성 조건으로부터 유도된다. 결과적으로, 식 (4.259)에 주어진 것과 같은 이유로 $U^{\mathcal{N}}(U^{\mathcal{N}})^\dagger$가 결합계 BE 위로 가는 사영 연산자라는 사실을 알았다. 끝으로, $U^{\mathcal{N}}$이 $\mathcal{N}$의 확장임을 확인해야 한다. 양자 선로 $\mathcal{U}^{\mathcal{N}}_{A\to BE}$를 임의의 밀도 연산자 ρ_A에 적용하면 다음의 사상을 얻는다.

$$\mathcal{U}^{\mathcal{N}}_{A\to BE}(\rho_A) \equiv U^{\mathcal{N}} \rho_A \left(U^{\mathcal{N}}\right)^\dagger \tag{5.41}$$

$$= \left(\sum_j N_j \otimes |j\rangle_E\right) \rho_A \left(\sum_k N_k^\dagger \otimes \langle k|_E\right) \tag{5.42}$$

$$= \sum_{j,k} N_j \rho_A N_k^\dagger \otimes |j\rangle\langle k|_E \tag{5.43}$$

그리고 환경계를 대각합으로 씻어버리면 원래의 양자 선로 $\mathcal{N}_{A\to B}$로 되돌아온다.

$$\mathrm{Tr}_E\left\{\mathcal{U}^{\mathcal{N}}_{A\to BE}(\rho_A)\right\} = \sum_j N_j \rho_A N_j^\dagger = \mathcal{N}_{A\to B}(\rho_A) \tag{5.44}$$

【연습문제 5.2.5】 어떤 양자 선로의 모든 등척 확장이 환경계에 대한 등척변환을 생각하면 모두 등가임을 보여라(이것은 정리 5.1.1의 결과와 유사하다).

【연습문제 5.2.6】 삭제 선로의 등척 확장이 다음과 같음을 보여라.

$$\begin{aligned}
U^{\mathcal{N}}_{A\to BE} &= \sqrt{1-\varepsilon}(|0\rangle_B\langle 0|_A + |1\rangle_B\langle 1|_A) \otimes |e\rangle_E \\
&\quad + \sqrt{\varepsilon}|e\rangle_B\langle 0|_A \otimes |0\rangle_E + \sqrt{\varepsilon}|e\rangle_B\langle 1|_A \otimes |1\rangle_E \\
&= \sqrt{1-\varepsilon}I_{A\to B} \otimes |e\rangle_E + \sqrt{\varepsilon}I_{A\to E} \otimes |e\rangle_B \tag{5.45}
\end{aligned}$$

【연습문제 5.2.7】 앨리스가 임의의 순수 상태 $|\psi\rangle$를 삭제 선로의 등척 확장에 입력할 때의 결과 상태를 결정하라. 삭제 확률이 $\varepsilon = 1/2$일 때, 밥과 도청자가 같은 앙상블을 받음을 확인하라(이들은 같은 국소 밀도 연산자를 갖는다).

【연습문제 5.2.8】 삭제 선로의 등척 확장에 대한 행렬 표현이 다음과 같음을 보여라.

$$\begin{bmatrix}
\langle 0|_B\langle 0|_E U^{\mathcal{N}}_{A\to BE}|0\rangle_A & \langle 0|_B\langle 0|_E U^{\mathcal{N}}_{A\to BE}|1\rangle_A \\
\langle 0|_B\langle 1|_E U^{\mathcal{N}}_{A\to BE}|0\rangle_A & \langle 0|_B\langle 1|_E U^{\mathcal{N}}_{A\to BE}|1\rangle_A \\
\langle 0|_B\langle e|_E U^{\mathcal{N}}_{A\to BE}|0\rangle_A & \langle 0|_B\langle e|_E U^{\mathcal{N}}_{A\to BE}|1\rangle_A \\
\langle 1|_B\langle 0|_E U^{\mathcal{N}}_{A\to BE}|0\rangle_A & \langle 1|_B\langle 0|_E U^{\mathcal{N}}_{A\to BE}|1\rangle_A \\
\langle 1|_B\langle 1|_E U^{\mathcal{N}}_{A\to BE}|0\rangle_A & \langle 1|_B\langle 1|_E U^{\mathcal{N}}_{A\to BE}|1\rangle_A \\
\langle 1|_B\langle e|_E U^{\mathcal{N}}_{A\to BE}|0\rangle_A & \langle 1|_B\langle e|_E U^{\mathcal{N}}_{A\to BE}|1\rangle_A \\
\langle e|_B\langle 0|_E U^{\mathcal{N}}_{A\to BE}|0\rangle_A & \langle e|_B\langle 0|_E U^{\mathcal{N}}_{A\to BE}|1\rangle_A \\
\langle e|_B\langle 1|_E U^{\mathcal{N}}_{A\to BE}|0\rangle_A & \langle e|_B\langle 1|_E U^{\mathcal{N}}_{A\to BE}|1\rangle_A \\
\langle e|_B\langle e|_E U^{\mathcal{N}}_{A\to BE}|0\rangle_A & \langle e|_B\langle e|_E U^{\mathcal{N}}_{A\to BE}|1\rangle_A
\end{bmatrix} = \begin{bmatrix}
0 & 0 \\
0 & 0 \\
\sqrt{1-\varepsilon} & 0 \\
0 & 0 \\
0 & 0 \\
0 & \sqrt{1-\varepsilon} \\
\sqrt{\varepsilon} & 0 \\
0 & \sqrt{\varepsilon} \\
0 & 0
\end{bmatrix} \tag{5.46}$$

【연습문제 5.2.9】 진폭감쇠 선로의 등척 확장 $U^{\mathcal{N}}_{A\to BE}$의 행렬 표현이 다음과 같음을 보여라.

$$\begin{bmatrix}
\langle 0|_B\langle 0|_E U^{\mathcal{N}}_{A\to BE}|0\rangle_A & \langle 0|_B\langle 0|_E U^{\mathcal{N}}_{A\to BE}|1\rangle_A \\
\langle 0|_B\langle 1|_E U^{\mathcal{N}}_{A\to BE}|0\rangle_A & \langle 0|_B\langle 1|_E U^{\mathcal{N}}_{A\to BE}|1\rangle_A \\
\langle 1|_B\langle 0|_E U^{\mathcal{N}}_{A\to BE}|0\rangle_A & \langle 1|_B\langle 0|_E U^{\mathcal{N}}_{A\to BE}|1\rangle_A \\
\langle 1|_B\langle 1|_E U^{\mathcal{N}}_{A\to BE}|0\rangle_A & \langle 1|_B\langle 1|_E U^{\mathcal{N}}_{A\to BE}|1\rangle_A
\end{bmatrix} = \begin{bmatrix}
0 & \sqrt{\gamma} \\
1 & 0 \\
0 & 0 \\
0 & \sqrt{1-\gamma}
\end{bmatrix} \tag{5.47}$$

【연습문제 5.2.10】 다음을 만족하는 전체 유니터리 연산자 $V_{AE\to BE}$가 진폭감쇠 선

로를 준다고 하자.

$$\mathrm{Tr}_E \left\{ V \left(\rho_A \otimes |0\rangle\langle 0|_E \right) V^\dagger \right\} \tag{5.48}$$

V의 행렬 표현이 다음과 같음을 보여라.

$$
\begin{bmatrix}
\langle 0|_B\langle 0|_E V|0\rangle_A|0\rangle_E & \langle 0|_B\langle 0|_E V|0\rangle_A|1\rangle_E & \langle 0|_B\langle 0|_E V|1\rangle_A|0\rangle_E \\
\langle 0|_B\langle 1|_E V|0\rangle_A|0\rangle_E & \langle 0|_B\langle 1|_E V|0\rangle_A|1\rangle_E & \langle 0|_B\langle 1|_E V|1\rangle_A|0\rangle_E \\
\langle 1|_B\langle 0|_E V|0\rangle_A|0\rangle_E & \langle 1|_B\langle 0|_E V|0\rangle_A|1\rangle_E & \langle 1|_B\langle 0|_E V|1\rangle_A|0\rangle_E \\
\langle 1|_B\langle 1|_E V|0\rangle_A|0\rangle_E & \langle 1|_B\langle 1|_E V|0\rangle_A|1\rangle_E & \langle 1|_B\langle 1|_E V|1\rangle_A|0\rangle_E
\end{bmatrix}
$$

$$
\begin{bmatrix}
\langle 0|_B\langle 0|_E V|1\rangle_A|1\rangle_E \\
\langle 0|_B\langle 1|_E V|1\rangle_A|1\rangle_E \\
\langle 1|_B\langle 0|_E V|1\rangle_A|1\rangle_E \\
\langle 1|_B\langle 1|_E V|1\rangle_A|1\rangle_E
\end{bmatrix}
=
\begin{bmatrix}
0 & -\sqrt{1-\gamma} & \sqrt{\gamma} & 0 \\
1 & 0 & 0 & 0 \\
0 & 0 & 0 & 1 \\
0 & \sqrt{\gamma} & \sqrt{1-\gamma} & 0
\end{bmatrix}
\tag{5.49}
$$

【연습문제 5.2.11】 앞의 연습문제에서 본 진폭감쇠 선로에 대한 전체 유니터리 연산자를 생각해보자. 그 밀도 연산자가 다음과 같음을 보여라.

$$\mathrm{Tr}_B \left\{ V \left(\rho_A \otimes |0\rangle\langle 0|_E \right) V^\dagger \right\} \tag{5.50}$$

그리고 이브가 다음의 행렬 표현을 받음을 보여라.

$$\text{만약 } \rho_A = \begin{bmatrix} 1-p & \eta \\ \eta^* & p \end{bmatrix} \text{라면} \quad \begin{bmatrix} \gamma p & \sqrt{\gamma}\eta^* \\ \sqrt{\gamma}\eta & 1-\gamma p \end{bmatrix} \tag{5.51}$$

식 (4.356)과 비교하면, 이브에 대한 출력은 감쇠 매개변수 $1-\gamma$를 갖는 진폭감쇠 선로 출력의 비트반전임을 생각하자.

상보 선로

정화된 양자 이론에서, 주어진 통신 규약에 참여하는 모든 참여자를 고려하는 것은 유용하다. 그런 참여자 중 하나는 (비록 통신 규약의 능동적 참가자일 필요가 없음에도 불구하고) 양자 선로의 환경이다. 그러나 암호화 상황의 경우 어떤 관점에서는 환경이 능동적이고, 이를 도청자^eavesdropper와 연관시킨다. 따라서 도청자를 의인화해서 '이브 Eve'라고도 한다.

임의의 양자 선로 $\mathcal{N}_{A \to B}$에 대해, 그 양자 선로의 등척 확장 $U^{\mathcal{N}}_{A \to BE}$가 존재한다. 상보 선로 $\mathcal{N}^c_{A \to E}$는 송신자에서 환경으로 가는 양자 선로이며, 엄밀하게는 다음과 같이 정의한다.

【정의 5.2.2】상보 선로 $\mathcal{N} : \mathcal{L}(\mathcal{H}_A) \to \mathcal{L}(\mathcal{H}_B)$를 양자 선로라고 하고, $U : \mathcal{H}_A \to \mathcal{H}_B \otimes \mathcal{H}_E$를 양자 선로 $\mathcal{N}$의 등척 확장이라고 하자. U와 연관된 $\mathcal{N}$의 상보 선로 $\mathcal{N}^c : \mathcal{L}(\mathcal{H}_A) \to \mathcal{L}(\mathcal{H}_E)$는 $X_A \in \mathcal{L}(\mathcal{H}_A)$에 대해 다음과 같이 정의된다.

$$\mathcal{N}^c(X_A) = \mathrm{Tr}_B \left\{ U X_A U^\dagger \right\} \tag{5.52}$$

즉, 등척 확장의 출력으로부터 밥의 B계를 대각합으로 씻어내서 상보 선로를 얻는다. 이것은 도청자가 밥의 계와 결합된 자신의 계를 갖고서 '본다'는 잡음을 포착한다.

【연습문제 5.2.12】 식 (5.36)의 형태가 되는 양자 선로의 등척 확장을 택한다면, 도청자의 밀도 연산자(상보 선로의 출력)가 다음의 형태임을 보여라.

$$\rho \to \sum_{i,j} \mathrm{Tr}\{N_i \rho N_j^\dagger\} |i\rangle \langle j| \tag{5.53}$$

상보 선로는 도청자의 계에 작용하는 등척변환에 대해서만 유일하다. 이 성질은 양자 선로의 등척 확장이 도청자의 계에 작용하는 등척변환에 대해서만 유일하다는 사실로부터 물려받은 것이다. 모든 실용적 목적에서 이런 유일성의 부족은 도청자가 볼 잡음에 대한 연구에 영향을 주지 않는다. 왜냐하면 11장에서 잡음의 측정이 도청자의 계에 작용하는 등척변환에 대해 불변이기 때문이다.

5.2.3 등척 확장의 더 많은 사례

일반화된 위상이완 선로

일반화된 위상이완 선로generalized dephasing channel는 어떤 선호하는 정규직교 기저 $\{|x\rangle\}$에 대해 상태를 대각 상태로 보존하지만 이 기저에서 표현된 밀도 연산자의 비대각 성분에 대해서는 임의의 위상을 추가할 수도 있는 것이다. 일반화된 위상이완 선로의 등척 확장은 $\{|x\rangle\}$ 기저에서 다음과 같이 작용한다.

$$U^{\mathcal{N}_{\mathrm{D}}}_{A \to BE} |x\rangle_A = |x\rangle_B |\varphi_x\rangle_E \tag{5.54}$$

여기서 $|\varphi_x\rangle_E$는 환경에 대한 어떤 상태다(이 상태는 서로 직교일 필요는 없다). 따라서 그 등척변환은 다음과 같이 나타낼 수 있다.

$$U_{A \to BE}^{\mathcal{N}_D} \equiv \sum_x |x\rangle_B |\varphi_x\rangle_E \langle x|_A \tag{5.55}$$

그리고 밀도 연산자 ρ에 대한 작용은 다음과 같다.

$$U^{\mathcal{N}_D} \rho \left(U^{\mathcal{N}_D} \right)^\dagger = \sum_{x,x'} \langle x|\rho|x'\rangle \ |x\rangle\langle x'|_B \otimes |\varphi_x\rangle\langle\varphi_{x'}|_E \tag{5.56}$$

환경을 대각화해서 씻어버리면 다음과 같이 수신자에 대한 선로 $\mathcal{N}_D$의 작용을 얻을 수 있다.

$$\mathcal{N}_D(\rho) = \sum_{x,x'} \langle x|\rho|x'\rangle \langle\varphi_{x'}|\varphi_x\rangle \ |x\rangle\langle x'|_B \tag{5.57}$$

여기서 이 선로가 ρ의 대각 성분 $\{|x\rangle\langle x|\}$는 보존하지만, ρ의 $d(d-1)$개의 대각 성분에는 환경 상태의 $d(d-1)$개의 겹침 $\langle\varphi_{x'}|\varphi_x\rangle$(이때 $x \neq x'$)에 의존하는 임의의 위상을 곱한다는 것을 확인하자. 수신자를 대각합으로 씻어버리면, 환경에 대한 상보 선로의 작용 $\mathcal{N}_D^c$를 얻는다.

$$\mathcal{N}_D^c(\rho) = \sum_x \langle x|\rho|x\rangle \ |\varphi_x\rangle\langle\varphi_x|_E \tag{5.58}$$

이 선로는 환경에 대해 얽힘파괴임을 확인해두자. 즉, 이 양자 선로의 작용은 $\{|x\rangle\}$ 기저에서 완전한 사영 측정을 먼저 수행하고 측정 결과에 따라 조건화된 어떤 상태 $|\varphi_x\rangle_E$를 준비하는 것과 같다(즉, 이것은 4.6.7절에서 논의했던 고전-양자 선로다). 추가로, 수신자인 밥은 그가 받은 상태에 같은 작용을 수행해 이 선로의 작용을 시뮬레이션할 수 있다.

【연습문제 5.2.13】 다음의 큐비트 위상이완 선로가 일반화된 위상이완 선로의 특수한 경우임을 명시적으로 보여라.

$$\rho \to (1-p)\rho + pZ\rho Z \tag{5.59}$$

양자 아다마르 선로

양자 아다마르 선로Quantum Hadamard channel는 그 상보 선로가 얽힘파괴이고, 따라서 일반화된 위상이완 선로는 양자 아다마르 선로의 일부다. 양자 아다마르 선로의 출력을

입력 밀도 연산자 표현과 다른 연산자의 아다마르 곱^{Hadamard product}(원소별 곱셈)으로 적을 수 있다. 어떻게 이렇게 되는지 논의하기 위해, 선로 $\mathcal{N}_{A \to B}$의 상보 선로 $\mathcal{N}^c_{A \to E}$가 얽힘파괴라고 하자. 그러면 그 크라우스 연산자 $|\xi_i\rangle_E \langle\zeta_i|_A$가 랭크 1을 갖는다는 사실(정리 4.6.1 참고)과 식 (5.36)에서 논의한 등척 확장에 대한 구성을 사용해, $\mathcal{N}^c$에 대한 등척 확장 $U^{\mathcal{N}^c}$를 다음과 같이 적을 수 있다.

$$U^{\mathcal{N}^c} \rho_A \left(U^{\mathcal{N}^c} \right)^\dagger = \sum_{i,j} |\xi_i\rangle_E \langle\zeta_i|_A \rho_A |\zeta_j\rangle_A \langle\xi_j|_E \otimes |i\rangle_B \langle j|_B \tag{5.60}$$

$$= \sum_{i,j} \langle\zeta_i|_A \rho_A |\zeta_j\rangle_A |\xi_i\rangle_E \langle\xi_j|_E \otimes |i\rangle_B \langle j|_B \tag{5.61}$$

집합 $\{|\xi_i\rangle_E\}$와 $\{\langle\zeta_i|_A\}$ 각각은 정규직교 상태를 구성할 필요는 없지만, $\{|i\rangle_B\}$ 집합은 상보 선로의 환경이기 때문에 정규직교 상태를 구성해야 한다. E계에 대해 대각합을 취하면 A계로부터 B계로 가는 원래의 양자 선로를 얻는다.

$$\mathcal{N}^{\mathrm{H}}_{A \to B}(\rho_A) = \sum_{i,j} \langle\zeta_i|_A \rho_A |\zeta_j\rangle_A \langle\xi_j|\xi_i\rangle_E |i\rangle_B \langle j|_B \tag{5.62}$$

Σ가 원소 $[\Sigma]_{i,j} = \langle\zeta_i|_A \rho_A |\zeta_j\rangle_A$를 갖는 행렬로, 입력 상태 ρ의 표현을 나타낸다고 하자. 그리고 Γ는 $[\Gamma]_{i,j} = \langle\xi_i|\xi_j\rangle_E$를 원소로 갖는 행렬을 나타낸다고 하자. 그러면 식 (5.62)로부터, 이 양자 선로의 출력은 $\{|i\rangle_B\}$ 기저에 대한 Σ와 $\Gamma^\dagger$의 아다마르 곱 $*$인 것이 명백하다.

$$\mathcal{N}^{\mathrm{H}}_{A \to B}(\rho) = \Sigma * \Gamma^\dagger \tag{5.63}$$

이런 이유에서 이 선로는 아다마르 선로라고 한다.

아다마르 선로는 **분해 가능**^{degradable}하며, 분해는 다음의 정의에서 소개된다.

【정의 5.2.3】**분해 가능한 선로** $\mathcal{N}_{A \to B}$를 양자 선로라고 하고, $\mathcal{N}^c_{A \to E}$를 $\mathcal{N}_{A \to B}$의 상보 선로라고 하자. 만약 모든 $X_A \in \mathcal{L}(\mathcal{H}_A)$에 대해 다음을 만족하는 분해 선로^{degrading channel} $\mathcal{D}_{B \to E}$가 존재하면, $\mathcal{N}_{A \to B}$는 분해 가능하다.

$$\mathcal{D}_{B \to E}(\mathcal{N}_{A \to B}(X_A)) = \mathcal{N}^c_{A \to E}(X_A) \tag{5.64}$$

양자 아다마르 선로가 분해 가능하다는 것을 보려면, 밥이 그의 상태에 대해 $\{|i\rangle_B\}$

기저에서 완전한 사영 측정을 수행하도록 하고, 측정 결과에 따른 상태 $|\xi_i\rangle_E$를 준비하도록 하자. 이 절차는 상보 선로 $\mathcal{N}^c_{A \to E}$를 시뮬레이션하고, 또한 분해 선로 $\mathcal{D}_{B \to E}$가 얽힘파괴임을 뜻한다. 더 정확하게는, 분해 선로 $\mathcal{D}_{B \to E}$의 크라우스 연산자는 $\{|\xi_i\rangle_E \langle i|_B\}$이고, 다음을 만족시킨다.

$$\mathcal{D}_{B \to E}(\mathcal{N}^{\mathrm{H}}_{A \to B}(\sigma_A)) = \sum_i |\xi_i\rangle_E \langle i|_B \mathcal{N}_{A \to B}(\sigma_A) |i\rangle_B \langle \xi_i|_E \qquad (5.65)$$

$$= \sum_i \langle \zeta_i|_A \sigma_A |\zeta_i\rangle_A |\xi_i\rangle \langle \xi_i|_E \qquad (5.66)$$

위의 식은 이 분해 선로가 상보 선로 $\mathcal{N}^{\mathrm{H}}_{A \to E}$를 시뮬레이션함을 보인다. 이 분해 선로를 두 양자 선로의 합성으로 볼 수 있음을 알아두자. 첫 번째 선로는 완전한 사영 측정을 수행해 고전 변수 Y를 이끌어내는 $\mathcal{D}^1_{B \to Y}$이고, 두 번째 선로는 고전 변수 Y의 값에 조건화되어 상태 준비를 수행하는 $\mathcal{D}^2_{Y \to E}$이다. 따라서 $\mathcal{D}_{B \to E} = \mathcal{D}^2_{Y \to E} \circ \mathcal{D}^1_{B \to Y}$라고 적을 수 있다. 분해 선로의 이 특정한 형태는 그 양자 용량에 대한 함의를 갖고(24장 참고), 더 일반적인 용량에 대한 함의도 있다(25장 참고). 앞 절에서 일반화된 위상이완 선로가 그 환경에 대해 얽힘파괴이기 때문에 양자 아다마르 선로임을 확인해두자.

5.2.4 양자 선로의 등척 확장과 수반 사상

4.4.5절에서 배운 양자 선로의 수반 사상 개념을 다시 떠올려보자. 여기서 양자 선로의 수반 사상을 그 등척 확장을 이용해 표현하는 다른 방법을 보일 것이다.

【명제 5.2.1】 $\mathcal{N} : \mathcal{L}(\mathcal{H}_A) \to \mathcal{L}(\mathcal{H}_B)$가 양자 선로이고, $\mathcal{U} : \mathcal{H}_A \to \mathcal{H}_B \otimes \mathcal{H}_E$가 U의 등척 확장이라고 하자. 그러면 $Y_B \in \mathcal{L}(\mathcal{H}_B)$에 대한 수반 사상 $\mathcal{N}^\dagger : \mathcal{L}(\mathcal{H}_B) \to \mathcal{L}(\mathcal{H}_A)$는 다음과 같이 적을 수 있다.

$$\mathcal{N}^\dagger(Y_B) = U^\dagger(Y_B \otimes I_E)U \qquad (5.67)$$

【증명】 수반 사상의 정의(정의 4.4.6), 등척 확장의 정의(정의 5.2.1), 부분 대각합의 정의(정의 4.3.4)를 이용해 이것을 알 수 있다. 수반 사상의 정의로부터, $\mathcal{N}^\dagger$가 모든 $X_A \in \mathcal{L}(\mathcal{H}_A)$와 모든 $Y_B \in \mathcal{L}(\mathcal{H}_B)$에 대해 다음을 만족시킴을 생각해보자.

$$\langle Y_B, \mathcal{N}(X_A) \rangle = \langle \mathcal{N}^\dagger(Y_B), X_A \rangle \tag{5.68}$$

그러면

$$\langle Y_B, \mathcal{N}(X_A) \rangle = \text{Tr}\{Y_B^\dagger \mathcal{N}(X_A)\} \tag{5.69}$$
$$= \text{Tr}\{Y_B^\dagger \, \text{Tr}_E\{U X_A U^\dagger\}\} \tag{5.70}$$
$$= \text{Tr}\{(Y_B^\dagger \otimes I_E) U X_A U^\dagger\} \tag{5.71}$$
$$= \text{Tr}\{U^\dagger (Y_B^\dagger \otimes I_E) U X_A\} \tag{5.72}$$
$$= \text{Tr}\{[U^\dagger (Y_B \otimes I_E) U]^\dagger X_A\} \tag{5.73}$$
$$= \langle U^\dagger (Y_B \otimes I_E) U, X_A \rangle \tag{5.74}$$

이다. 두 번째 등식은 등척 확장의 정의로부터 유도된다. 세 번째 등식은 부분 대각합의 정의를 적용해 유도된다. 네 번째 등식은 대각합의 순환성을 사용한다. 모든 $X_A \in \mathcal{L}(\mathcal{H}_A)$와 모든 $Y_B \in \mathcal{L}(\mathcal{H}_B)$에 대해 $\langle Y_B, \mathcal{N}(X_A) \rangle = \langle U^\dagger(Y_B \otimes I_E) U, X_A \rangle$임을 보였으므로 식 (5.67)의 진술이 유도된다. □

식 (5.67)의 공식을 다른 방법으로 확인할 수도 있다. 양자 선로 $\mathcal{N}$의 크라우스 표현이 다음과 같다고 하자.

$$\mathcal{N}(X_A) = \sum_l V_l X_A V_l^\dagger \tag{5.75}$$

여기서 모든 l에 대해 $V_l \in \mathcal{L}(\mathcal{H}_A, \mathcal{H}_B)$이고, $\sum_l V_l^\dagger V_l = I_A$이다. 그러면 이 양자 선로의 등척 확장 U는 식 (5.36)에서 주어진 것과 같이

$$U = \sum_l V_l \otimes |l\rangle_E \tag{5.76}$$

이다. 여기서 $\{|l\rangle_E\}$는 어떤 정규직교 기저다. 그러면 식 (5.67)의 공식을 다음과 같이 명시적으로 계산할 수 있다.

$$U^\dagger (Y_B \otimes I_E) U = \left(\sum_l V_l^\dagger \otimes \langle l|_E \right) (Y_B \otimes I_E) \left(\sum_{l'} V_{l'} \otimes |l'\rangle_E \right) \tag{5.77}$$

$$= \sum_{l,l'} V_l^\dagger Y_B V_{l'} \langle l|l'\rangle_E = \sum_l V_l^\dagger Y_B V_l = \mathcal{N}^\dagger(Y_B) \tag{5.78}$$

여기서 마지막 등식은 이전에 식 (4.239)를 계산할 때 사용한 것에서 유도된다.

5.3 결맞은 양자 기기

양자 기기의 등척 확장을 생각해보면 유용하다(양자 기기에 대해서는 4.6.8절에서 논의했다). 양자 기기가 양자계에서 양자계와 고전계로 보내는 가장 일반적인 사상이라고 생각해보면, 이 관점은 중요하다.

4.6.8절에서 양자 기기가 어떤 입력 $\rho_A \in \mathcal{D}(\mathcal{H}_A)$에 대해 다음과 같이 작용함을 떠올려보자.

$$\rho_A \to \sum_j \mathcal{E}^j_{A \to B}(\rho_A) \otimes |j\rangle\langle j|_J \tag{5.79}$$

여기서 각각의 $\mathcal{E}^j_{A \to B}$는 모든 j에 대해 $\sum_k M^\dagger_{j,k} M_{j,k} \leq I$를 만족하는 완전한 양성, 대각합 비증가CPTNI, Completely Positive, Trace Non-Increasing 사상이고, 다음의 형태를 갖는다.

$$\mathcal{E}^j_{A \to B}(\rho_A) = \sum_k M_{j,k} \rho_A M^\dagger_{j,k} \tag{5.80}$$

이제, 특정한 자유도에 대해 대각합을 취했을 때 위의 변환을 구현하는 특정한 결맞은 변화를 설명한다. 각 CPTNI 사상 $\mathcal{E}_j$의 순수한 확장은 다음과 같다.

$$U^{\mathcal{E}_j}_{A \to BE} \equiv \sum_k M_{j,k} \otimes |k\rangle_E \tag{5.81}$$

여기서 연산자 $M_{j,k}$는 입력계 A에 작용하고, 환경계 E는 CPTNI 사상 $\mathcal{E}_j$ 전체를 받아들일 수 있을 만큼 충분히 크다. 즉, 만약 첫 번째 사상 $\mathcal{E}_1$이 $\{|1\rangle_E, ..., |d_1\rangle_E\}$인 상태를 갖는다면, 두 번째 사상 $\mathcal{E}_2$가 $\{|d_1 + 1\rangle_E, ..., |d_1 + d_2\rangle_E\}$를 갖고, E의 상태들이 양자 기기의 일부분인 서로 다른 사상 $\mathcal{E}_j$에 대해 전부 직교한다. 이 순수한 확장을 식 (5.79)의 변화에 다음과 같이 내장할 수 있다.

$$\rho_A \to \sum_j \mathcal{U}^{\mathcal{E}_j}_{A \to BE}(\rho_A) \otimes |j\rangle\langle j|_J \tag{5.82}$$

여기서 $\mathcal{U}^{\mathcal{E}_j}_{A \to BE}(\rho_A) = \mathcal{U}^{\mathcal{E}_j}_{A \to BE}(\rho_A)(U^{\mathcal{E}_j}_{A \to BE})^\dagger$이다. 이 변화는 완전히 결맞은 것은 아니지

만, 조금 바꾸면 완전히 결맞도록 만들 수 있다.

$$\sum_j U_{A\to BE}^{\mathcal{E}_j} \otimes |j\rangle_J \otimes |j\rangle_{E_J} \tag{5.83}$$

그러면 결맞은 양자 기기의 전체 작용은 다음과 같다.

$$\rho_A \to \sum_{j,j'} U_{A\to BE}^{\mathcal{E}_j} \rho_A \left(U_{A\to BE}^{\mathcal{E}_{j'}}\right)^\dagger \otimes |j\rangle\langle j'|_J \otimes |j\rangle\langle j'|_{E_J} \tag{5.84}$$

$$= \sum_{j,k,j',k'} M_{j,k}\rho_A M_{j',k'}^\dagger \otimes |k\rangle\langle k'|_E \otimes |j\rangle\langle j'|_J \otimes |j\rangle\langle j'|_{E_J} \tag{5.85}$$

환경적 자유도 E와 E_J에 대해 대각합을 취하면 식 (5.79)의 양자 기기의 작용을 다시 얻을 수 있음을 검사해볼 수 있다.

5.4 결맞은 측정

결맞은 측정에 대해 논의하고 이 장을 마무리하겠다. 마지막 절에서는 양자 선로의 등척 확장 개념과 결합하면 결맞은 측정이 유니터리 변환과 폰 노이만(완전한 사영) 측정만을 이용하는 소위 '전통주의자' 방식으로 모든 양자 이론을 설명하기에 충분함을 보일 것이다.

$\sum_j M_j^\dagger M_j = I$를 만족시키는 측정 연산자의 집합 $\{M_j\}_j$를 갖고 있다고 하자. 유잡음 양자 이론에서 밀도 연산자 ρ를 갖는 양자계 S에 대한 측정에 대해 측정 후의 상태가

$$\frac{M_j \rho M_j^\dagger}{p_J(j)} \tag{5.86}$$

임을 알았다. 여기서 측정 결과 j는

$$p_J(j) = \mathrm{Tr}\left\{M_j^\dagger M_j \rho\right\} \tag{5.87}$$

라는 확률로 나타난다.

S에 대한 위의 측정을 수행하는 방법을 '결맞은' 방식으로 나타내려고 한다. 식 (5.36)의 등척변환은 그런 결맞은 측정을 어떻게 구성할 수 있는지에 대한 힌트를 준

다. 그런 결맞은 측정은 다음의 등척변환으로 만들 수 있다.

$$U_{S \to SS'} \equiv \sum_j M_S^j \otimes |j\rangle_{S'} \tag{5.88}$$

이 등척변환을 밀도 연산자 ρ_S에 적용하면 다음의 상태를 얻는다.

$$\mathcal{U}_{S \to SS'}(\rho_S) = U_{S \to SS'} \rho_S (U_{S \to SS'})^\dagger \tag{5.89}$$

$$= \sum_{j,j'} M_S^j \rho_S (M_S^{j'})^\dagger \otimes |j\rangle\langle j'|_{S'} \tag{5.90}$$

사영 연산자 $\{|j\rangle\langle j|\}_j$를 갖고 완전한 사영 측정을 S'계에 적용하면, 다음의 측정 후 상태를 얻는다.

$$\frac{(I_S \otimes |j\rangle\langle j|_{S'})(\mathcal{U}_{S \to SS'}(\rho_S))(I_S \otimes |j\rangle\langle j|_{S'})}{\mathrm{Tr}\{(I_S \otimes |j\rangle\langle j|_{S'})(\mathcal{U}_{S \to SS'}(\rho_S))\}}$$
$$= \frac{M_S^j \rho_S (M_S^j)^\dagger}{\mathrm{Tr}\left\{(M_S^j)^\dagger M_S^j \rho_S\right\}} \otimes |j\rangle\langle j|_{S'} \tag{5.91}$$

이 결과는 식 (5.86)의 결과와 같다. 사실, 이것은 양자 측정의 대안적 설명을 이끌어 냈던 4.2절에서 사용한 것과 같은 방법이다.

【연습문제 5.4.1】 밀도 연산자 ρ_S^k의 집합과 높은 확률로 이 상태라고 식별되는 POVM $\{\Lambda_S^k\}$가 있다고 하자. 이는 $\varepsilon \in (0, 1)$에 대해 다음을 만족시킨다.

$$\forall k \quad \mathrm{Tr}\left\{\Lambda_S^k \rho_S^k\right\} \geq 1 - \varepsilon \tag{5.92}$$

결맞은 측정 $U_{S \to SS'}$을 구성하고, 이 결맞은 측정이

$$|\langle \phi_k|_{RS} \langle k|_{S'} U_{S \to SS'} |\phi_k\rangle_{RS}| \geq 1 - \varepsilon \tag{5.93}$$

이라는 점에서 높은 성공 확률을 갖는다는 것을 보여라. 여기서 각 $|\phi_k\rangle_{RS}$는 ρ_k의 양자정화다.

5.5 역사와 더 읽을거리

양자 이론의 정화라는 관점은 오랫동안 양자정보 이론의 일부분이었다(Nielsen & Chuang, 2000; Yard, 2005). 스타인스프링[Stinespring](1955)의 초기 작업은 모든 선형 CPTP 사상이 더 큰 힐베르트 공간에 출력을 갖는 선형 등척변환으로 구현될 수 있고, 부분 대각합에 의해 유도된다는 것을 보였다. 지오바네티[Giovannetti]와 파지오 [Fazio](2005)는 이 장의 연습문제에 나온 진폭감쇠 선로에 대한 몇 가지 고찰을 논의 했다. 데브택[Devetak]과 쇼어[Shor](2005)는 일반화된 위상이완 선로를 부호화의 형평성 이라는 맥락에서 도입했고, 또한 분해 가능한 양자 선로의 개념을 소개했다. 킹[King] 등(2007)은 양자 아다마르 선로에 대해 연구했다. 결맞은 양자 기기와 측정은 몇 가 지 양자 부호화 정리에 사용된 복호화기의 일부분으로 [Devetak & Winter, 2004], [Devetak, 2005], [Hsieh, Devetak & Winter, 2008]에서 나타났다. 이 개념들을 24 장과 25장에서 이용할 것이다.

3부

단위 양자 통신 규약

06

세 가지 단위 양자 통신 규약

6장에서는 양자 이론의 가설을 양자 통신에 적용하는 놀라운 첫 응용 사례를 개시한다. 기본적인 단위 양자 통신 규약들을 배우게 되는데, 이 통신 규약에는 단일 송신자 앨리스와 단일 수신자 밥이 참여한다. 이 통신 규약들은 앨리스와 밥이 완벽한 고전 통신과 완벽한 양자 통신, 완벽한 얽힘을 사용한다고 가정하기 때문에 이상적이며 무잡음이다. 이 장의 끝에서는 후속 연구를 위해 이 통신 규약들에 완벽하지 못함을 어떻게 도입하는지 제시한다.

앨리스와 밥은 고전 정보의 전송, 양자정보의 전송, 얽힘의 전송이라는 몇 가지 양자정보 처리 과정 중 하나를 수행하려고 한다. 기본적인 통신 규약은 다음의 자원들을 사용한다.

1. 무잡음 얽힘은 앨리스와 밥이 고전 자원만으로는 가능하지 않은 다른 통신 규약들을 수행할 수 있도록 해주기 때문에, 양자 섀넌 이론에서 무잡음 얽힘이 중요한 자원임을 살펴볼 것이다. 여기서 얽힘을 생성하는 간단하고 이상적인 통신 규약인 **얽힘 분배**entanglement distribution를 소개한다.

2. 앨리스가 밥에게 고전 정보를 통신하려고 한다. **초등 부호화**elementary coding라고 하는 자명한 방법은 그렇게 하는 간단한 방법으로, 간략히 논의할 것이다.

3. 고전 정보를 전송하는 더 흥미로운 기술은 **초고밀도 부호화**super-dense coding다. 이 기술은 무잡음 큐비트 선로만 사용했을 때 가능한 것보다 더 많은 고전 정보를 전송하기 위해 무잡음 큐비트 선로와 공유된 얽힘을 이용한다.

4. 끝으로, 앨리스가 밥에게 양자정보를 전송하려고 한다. 그렇게 하는 자명한 방법은 무잡음 양자 선로를 이용하는 것이다. 하지만 그런 자원은 실제 공학적으로 이용하기가 까다롭기 때문에 양자정보를 전송하는 다른 방법을 갖고 있는 것도 유용하다. 대신에, 양자정보를 전송하는 놀라운 방법은 **양자원격전송**quantum teleportation이다. 양자원격전송 통신 규약은 양자정보를 전송하기 위해 고전 정보와 공유된 얽힘을 이용한다.

이 통신 규약들 각각은 기본적인 단위 통신 규약이고, 양자 섀넌 이론에서 더 많은 질문을 던질 수 있게 해주는 기초를 제공한다. 사실, 뒤의 두 통신 규약의 발견은 원래의 양자 섀넌 이론 연구의 상당 부분을 자극했다. 여기에 사용된 자원들 중 하나 또는 그 이상이 무잡음이 아니라 유잡음인 경우에도 이 통신 규약을 사용할 수 있고, 그 성능에 대해 궁금할 수 있다. 이 책의 뒤쪽 장들은 이 가능성의 많은 부분을 탐색해볼 것이다.

이 장에서는 **자원계수법**resource counting이라는 기술을 소개한다. 이것은 어떤 과업을 달성하는 데 드는 통신 비용을 정량화하기 때문에 실질적으로 중요하다. 자원계수법에는 비국소적 자원만을 포함시킨다. 비국소적 자원은 고전 통신, 양자 통신, 또는 공유된 얽힘을 포함한다.

통신 규약의 이용에서 무잡음 얽힘이나 무잡음 큐비트 선로와 같이 어떤 자원들은 비용이 비싸기 때문에 사용을 최소화하는 것이 중요하다. 양자정보 처리 작업의 어떤 구현이 주어지면, 더 적은 비용을 소모하도록 구현하는 다른 방법이 있는지 궁금할 수 있다. 그 통신 규약이 우리가 바랄 수 있는 최선이라는 증명은 최적성 증명 optimality proof이다(또한 2.1.3절에서 논의한 것과 같이 역증명converse proof이라고도 한다). 적절한 물리 법칙에 바탕을 둔 이 장의 통신 규약은 필요한 양자정보 처리 작업의 최적 구현이라고 할 수 있다. 25장에서는 최적성에 대한 정보 이론적인 증명을 제시할 것이다.

6.1 비국소적 단위 자원

먼저 무잡음 양자 선로, 무잡음 고전 비트 선로, 무잡음 얽힘이 어떤 뜻인지 간단히 정의하겠다. 이 자원들 각각은 **비국소적 단위 자원**non-local unit resource이다. 만약 공간적으로 분리된 두 참여자가 공유하거나 서로 통신하는 데 사용할 수 있으면 그 자원은 **비국소적**non-local이다. 만약 어떤 자원 자원이 큐비트, 고전 비트, 얽힘비트와 같이 어떤 '최적 기준gold standard'이 되는 형태로 주어진다면 이 자원은 **단위**unit다. 제시된 통신 규약이 실제로 이 자원들 중 하나를 시뮬레이션하는지 검사하려면 이 정의를 잘 구성하는 것이 중요하다.

무잡음 큐비트 선로는 다음의 사상을 구현하는 어떤 기술이든 된다.

$$|i\rangle_A \rightarrow |i\rangle_B \tag{6.1}$$

이 사상은 임의의 상태 벡터에 대해 선형적으로 확장된다. 여기서 $i \in \{0, 1\}$이고, $\{|0\rangle_A, |1\rangle_A\}$는 앨리스의 계에서 선호하는 어떤 정규직교 기저이며, $\{|0\rangle_B, |1\rangle_B\}$는 밥의 계에서 선호하는 어떤 정규직교 기저다. 이 기저들은 같을 필요는 없지만, 각 참여자가 어떤 기저를 사용하고 있는지는 명확해야 한다. 임의의 중첩 상태를 보존하려면(즉, 임의의 큐비트를 보존하려면) 위의 사상은 선형이다. 예를 들어, 위의 사상은 중첩 상태에 대해 다음과 같이 작용한다.

$$\alpha|0\rangle_A + \beta|1\rangle_A \rightarrow \alpha|0\rangle_B + \beta|1\rangle_B \tag{6.2}$$

이것을 또한 다음의 등척변환처럼 적을 수도 있다.

$$\sum_{i=0}^{1} |i\rangle_B \langle i|_A \tag{6.3}$$

위의 사상을 구현하는 어떤 정보 처리 통신 규약이든지 무잡음 큐비트 선로가 된다. 무잡음 큐비트 선로의 통신 자원은 다음과 같이 표시한다.

$$[q \rightarrow q] \tag{6.4}$$

이 표기법은 무잡음 큐비트 선로를 단방향으로 한 번 사용했음을 나타낸다.

무잡음 고전 비트 선로는 다음의 사상을 구현하는 어떤 기술이든 된다.

$$|i\rangle\langle i|_A \rightarrow |i\rangle\langle i|_B \tag{6.5}$$

$$|i\rangle\langle j|_A \rightarrow 0 \quad i \neq j \text{인 경우} \tag{6.6}$$

이 사상은 밀도 연산자에 대해 선형적으로 확장된다. 여기서 $i, j \in \{0, 1\}$이고, 정규직교 기저는 또한 임의로 정한 것이다. 이 선로는 $\{|0\rangle_A, |1\rangle_A\}$ 기저에서 밀도 연산자의 대각 성분은 그대로 유지하지만 비대각 성분은 삭제한다. 이 선로를 밀도 연산자 ρ_A에 작용하는 다음의 선형 사상으로 적을 수도 있다.

$$\rho_A \rightarrow \sum_{i=0}^{1} |i\rangle_B \langle i|_A \rho_A |i\rangle_A \langle i|_B \tag{6.7}$$

위의 형태는 무잡음 고전 선로에 대한 정의 4.6.5와 합치한다. 이 자원은 무잡음 양자 선로보다 더 약하다. 왜냐하면 앨리스와 밥이 임의의 중첩 상태를 유지하도록 요구하지 않기 때문이다. 이 선로는 단지 고전 정보만을 전송한다. 앨리스는 위의 선로를 사용해 고전 정보를 밥에게 보낼 수 있다. 앨리스는 고전 상태 $|0\rangle\langle 0|$이나 $|1\rangle\langle 1|$을 준비해 고전 선로를 통해 전송하고, 밥은 앨리스가 전송한 메시지를 알아내기 위해 계산 기저에서 측정을 수행한다. 무잡음 고전 비트 선로의 통신 자원은 다음과 같이 표기한다.

$$[c \rightarrow c] \tag{6.8}$$

이 표기법은 무잡음 고전 비트 선로를 단방향으로 한 번 사용했음을 나타낸다.

고전 정보를 다른 방식으로 전송하는 방법을 배웠다. 예를 들어, 앨리스가 공정한 코인을 던져서 $|0\rangle_A$나 $|1\rangle_A$ 상태 중 하나를 같은 확률로 골랐다고 하자. 그 결과 상태는 다음의 밀도 연산자다.

$$\frac{1}{2}\left(|0\rangle\langle 0|_A + |1\rangle\langle 1|_A\right) \tag{6.9}$$

앨리스가 위의 상태를 무잡음 고전 선로를 통해 보냈다고 하자. 밥이 얻은 결과 밀도 연산자는 다음과 같다.

$$\frac{1}{2}\left(|0\rangle\langle 0|_B + |1\rangle\langle 1|_B\right) \tag{6.10}$$

이러한 고전 비트 선로 사상은 밀도 연산자의 비대각 성분을 보존하지 않는다. 대신에, 앨리스가 중첩 상태를 준비했다고 하자.

$$\frac{|0\rangle_A + |1\rangle_A}{\sqrt{2}} \tag{6.11}$$

이 상태에 해당하는 밀도 연산자는 다음과 같다.

$$\frac{1}{2}\left(|0\rangle\langle 0|_A + |0\rangle\langle 1|_A + |1\rangle\langle 0|_A + |1\rangle\langle 1|_A\right) \tag{6.12}$$

앨리스가 이 상태를 위의 고전 선로를 통해 전송했다고 하자. 고전 선로는 밀도 연산자의 모든 비대각 성분을 삭제하며, 밥이 얻은 결과 상태는 다음과 같다.

$$\frac{1}{2}\left(|0\rangle\langle 0|_B + |1\rangle\langle 1|_B\right) \tag{6.13}$$

따라서 임의의 중첩 상태를 유지하지 못하기 때문에 무잡음 고전 선로가 무잡음 큐비트 선로를 시뮬레이션하는 것은 불가능하다. 그러나 무잡음 양자 선로는 무잡음 고전 비트 선로를 시뮬레이션할 수 있고 이 사실을 다음의 **자원 부등식**^{resource inequality}으로 나타낸다.

$$[q \rightarrow q] \geq [c \rightarrow c] \tag{6.14}$$

그러므로 무잡음 양자 통신은 무잡음 고전 통신보다 더 강력한 자원이다.

【연습문제 6.1.1】 $p = 1/2$를 갖는 식 (4.332)의 유잡음 위상이완 선로가 무잡음 고전 비트 선로와 같음을 보여라.

여기서 고려할 최종 자원은 공유된 얽힘이다. 얽힘비트는 순수한 이분할 (두 참가자의) 얽힘에 대한 '황금'과 같은 표준 자원이며, 이에 대해서는 19장에서 조작적으로 좀 더 명확하게 다룰 것이다. 얽힘비트는 다음의 두 큐비트 상태다.

$$|\Phi^+\rangle_{AB} \equiv \frac{1}{\sqrt{2}}\left(|00\rangle_{AB} + |11\rangle_{AB}\right) \tag{6.15}$$

여기서 앨리스는 첫 번째 큐비트를 갖고 밥은 두 번째 큐비트를 갖는다.

아래에서는 어떻게 무잡음 큐비트 선로가 얽힘 분배라는 이름이 붙은 간단한 통신 규약을 통해 무잡음 얽힘비트를 생성할 수 있는지 보인다. 그러나 얽힘비트는 (나중에 설명할 이유들 때문에) 무잡음 큐비트 선로를 시뮬레이션할 수 없다. 따라서 무잡음 양자 통신은 세 가지 자원 중 가장 강력하고, 얽힘과 고전 통신은 서로가 서로를 시뮬레이션할 수 없기 때문에 어떤 관점에서는 '직교'한다.

6.2 통신 규약

6.2.1 얽힘 분배

얽힘 분배 통신 규약entanglement distribution protocol은 세 가지 단위 통신 규약 중 가장 기본적인 것이다. 얽힘 분배는 1개의 공유된 무잡음 얽힘비트를 생성하기 위해 1개의 무잡음 큐비트 선로를 사용한다. 이 통신 규약은 다음의 두 단계로 구성된다.

1. 앨리스가 자신의 실험실에 국소적으로 벨 상태를 준비한다. 앨리스는 $|0\rangle_A|0\rangle_{A'}$ 상태에 있는 2큐비트를 준비한다. 여기서 첫 번째 큐비트는 A, 두 번째 큐비트는 A'이라고 표시했다. 큐비트 A에 아다마르 게이트를 수행해서 다음의 상태를 생성한다.

$$\left(\frac{|0\rangle_A + |1\rangle_A}{\sqrt{2}} \right) |0\rangle_{A'} \tag{6.16}$$

그리고 A를 원천 큐비트로 하고 A'을 목표 큐비트로 하여 CNOT 게이트를 수행한다. 이 상태는 다음의 벨 상태가 된다.

$$|\Phi^+\rangle_{AA'} = \frac{|00\rangle_{AA'} + |11\rangle_{AA'}}{\sqrt{2}} \tag{6.17}$$

2. 앨리스가 무잡음 큐비트 선로를 1개 사용해 큐비트 A'을 밥에게 보낸다. 이제 앨리스와 밥은 얽힘비트 $|\Phi^+\rangle_{AB}$를 공유한다.

그림 6.1은 얽힘 분배 통신 규약을 묘사한다.

다음의 자원 부등식은 위의 통신 규약에서 소모되거나 생성된 비국소적 자원을 정량화한다.

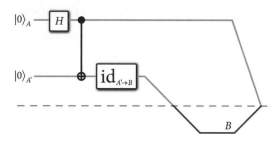

그림 6.1 이 그림은 얽힘 분배에 대한 통신 규약을 묘사한다. 앨리스가 국소 연산(아다마르 게이트와 CNOT 게이트)을 수행하고 무잡음 큐비트 선로를 1개 소모하여 밥과 공유하는 1개의 무잡음 얽힘비트 $|\Phi^+\rangle_{AB}$를 생성한다.

$$[q \rightarrow q] \geq [qq] \tag{6.18}$$

여기서 $[q \rightarrow q]$는 무잡음 큐비트 선로를 단방향으로 한 번 사용한 것이고, $[qq]$는 공유된 무잡음 얽힘비트를 나타낸다. 이 자원 부등식의 의미는 우변의 자원을 생성하기 위해 좌변의 자원을 소모하는 통신 규약이 존재한다는 뜻이다. 자원 부등식과 가장 비슷한 것은 '화학반응chemical reaction'식과 같은 공식이라고 생각하는 것이다. 여기서 통신 규약은 한 자원을 다른 것으로 변환하는 화학반응 같은 것이다.

위의 통신 규약과 그에 대응하는 자원 부등식에 대해 알아둬야 할 사소한 것들이 있다.

1. 자원 상태를 묘사할 때 언어에 조심해야 한다. 첫 번째 단계에서 벨 상태로 $|\Phi^+\rangle$를 묘사했는데, 왜냐하면 앨리스의 실험실에 있는 국소적 상태이기 때문이다. '얽힘비트ebit'라는 용어는 이 상태가 앨리스와 밥 사이의 비국소적 자원이 됐을 때, 두 번째 단계 이후의 상태를 묘사하는 데만 사용했다.

2. 자원 수에는 비국소적 자원만을 포함시킨다. 여기서 아다마르 게이트나 CNOT 게이트 같은 어떤 국소적 연산도 자원 수에 넣지 않는다. 이런 사고방식은 계산 이론과 다르다. 계산 이론은 계산에 포함되는 단계 수를 최소화하는 것이 무엇보다 중요하다. 이 책에서는 양자 통신에 관한 이론을 다루기 때문에 비국소적 자원만을 센다.

3. 모든 국소적 연산을 완벽하게 수행하는 것이 가능하다고 가정한다. 이 사고방식은 양자 연산에서 오류의 확산을 연구하는 결함 허용 양자 계산fault-tolerant quantum

computation에서는 실질적으로 걱정해야 하는 또 다른 출발점이다. CNOT 게이트를 수행하는 것은 양자 계산이 실험적으로 개발 중이어서 대부분의 구현이 완벽과는 한참 멀리 있는 현 단계에서는 굉장히 쉽지 않은 작업이다. 그럼에도, 이와 같은 통신 이론적인 관점에서 계속 진행할 것이다.

다음의 연습문제는 얽힘 분배와 유사한 고전 정보 처리 작업의 밑그림을 그린다.

【연습문제 6.2.1】 **공유된 무작위성 분배**shared randomness distribution의 통신 규약을 알아보자. 앨리스와 밥이 무잡음 고전 비트 선로를 1개 사용할 수 있다고 하자. 이들이 다음의 자원 부등식을 구현하는 방법을 제시하라.

$$[c \rightarrow c] \geq [cc] \tag{6.19}$$

여기서 $[c \rightarrow c]$는 무잡음 고전 비트 선로를 한 번 단방향으로 사용한다는 것을 나타내고, $[cc]$는 공유된 무작위성의 공유된 비국소적 비트를 나타낸다.

【연습문제 6.2.2】 앨리스, 밥, 도청자라는 세 참여자가 있고, 무잡음 사설 선로가 앨리스와 밥을 연결한다고 하자. 여기서 '사설privacy'이란 도청자가 사설 선로를 통과하는 정보에 대해 아무것도 알아낼 수 없다는 뜻이다. 즉, 도청자의 확률 분포는 앨리스와 밥의 확률 분포와 독립적이다.

$$p_{A,B,E}(a,b,e) = p_A(a)p_{B|A}(b|a)p_E(e) \tag{6.20}$$

무잡음 사설 비트 선로에 대해 $p_{B|A}(b|a) = \delta_{b,a}$이다. 무잡음 비밀키는 다음의 분포에 해당한다.

$$p_{A,B,E}(a,b,e) = \frac{1}{2}\delta_{b,a}p_E(e) \tag{6.21}$$

여기서 $\frac{1}{2}$은 이 키가 같은 확률로 '0'이나 '1'과 같다는 뜻이고, $\delta_{b,a}$는 완벽하게 연관된 비밀키를 뜻하며, 확률 분포 $p_{A,B,E}(a, b, e)$의 인수분해는 키의 비밀성을 뜻한다 (도청자의 정보는 앨리스 및 밥의 정보와 독립적이다). 무잡음 사설 비트 선로와 무잡음 비밀키 사이의 차이점은 사설 선로는 동적 자원이고, 비밀키는 공유된 정적 자원이라는 점이다. 앨리스와 밥이 무잡음 사설 비트 선로를 공유한다면, 공유된 무작위 분포에 대한 통신 규약을 비밀키 분배 통신 규약으로 승급시키는 것이 가능함을 보여라. 즉,

이들이 다음의 자원 부등식을 달성할 수 있음을 보여라.

$$[c \to c]_{\text{priv}} \geq [cc]_{\text{priv}} \tag{6.22}$$

여기서 $[c \to c]_{\text{priv}}$는 무잡음 사설 비트 선로를 단방향으로 한 번 사용함을 뜻하고, $[cc]_{\text{priv}}$는 공유된 무잡음 비밀키의 1비트를 말한다.

얽힘과 양자 통신

얽힘이 두 참여자가 양자정보를 통신하도록 할 수 있을까? 다음의 자원 부등식에 해당하는 통신 규약이 있는지 궁금한 것은 자연스러운 일이다.

$$[qq] \overset{?}{\geq} [q \to q] \tag{6.23}$$

불행히도, 위의 자원 부등식을 구현하는 통신 규약을 만드는 것은 물리적으로 불가능하다. 그런 통신 규약을 반대하는 근거는 상대성 이론에서 나타난다. 특히, 상대성 이론은 정보나 신호가 빛의 속도보다 더 빠르게 전달되는 것을 금지한다. 만약 위의 자원 부등식을 구현하는 통신 규약이 존재했다면, 두 참여자는 빛의 속도보다 더 빠르게 양자정보를 주고받을 수 있다는 뜻이다. 왜냐하면 양자정보를 순간적으로 전송하는 얽힘을 이용하기 때문이다.

얽힘 분배 자원 부등식은 식 (6.18)처럼 '한 방향'으로만 성립한다. 따라서 양자 통신은 다른 비국소적 자원을 이용할 수 없을 때는 공유된 얽힘보다 엄밀하게 더 강력하다.

6.2.2 초등 부호화

고전 정보는 무잡음 양자 선로를 이용해 보낼 수도 있다. 그렇게 하는 간단한 통신 규약을 **초등 부호화**elementary coding라고 한다. 이 통신 규약은 다음과 같은 단계로 구성된다.

1. 앨리스가 보내려는 고전 비트에 따라 $|0\rangle$이나 $|1\rangle$ 중 하나를 준비한다.
2. 앨리스는 무잡음 양자 선로를 통해 이 상태를 전송하고, 밥이 그 큐비트를 받는다.

3. 밥이 앨리스가 전송한 고전 비트를 알아내기 위해 계산 기저에서 측정을 수행한다.

밥의 측정은 고전 상태 $|0\rangle$과 $|1\rangle$을 항상 구분할 수 있기 때문에 초등 부호화는 오류 없이 성공한다. 다음의 자원 부등식이 초등 부호화에 적용된다.

$$[q \to q] \geq [c \to c] \tag{6.24}$$

다시 말하지만, 여기서 자원 수는 비국소 자원만을 셌다. 시작 부분의 상태 준비와 끝부분의 측정은 세지 않는다.

만약 소모할 수 있는 다른 자원이 없다면 위의 자원 부등식은 최적이다. 아무도 무잡음 큐비트 선로를 1회 이용해서 1개의 고전 비트를 보내는 것보다 더 잘할 수 없다는 뜻이다. 큐비트 상태의 확률 진폭의 연속적인 자유도를 사용해 큐비트당 1개의 고전 비트보다 더 많이 부호화할 수 있을 것처럼 보였기 때문에, 이 결과는 처음에는 조금 좌절감이 들 수 있다. 불행히도, 어떤 측정 기법으로도 이 연속적인 자유도에 있는 정보에 접근할 수 있는 방법은 없다. 연습문제 4.2.2의 결과가 위의 통신 규약이 최적임을 보이며, 11장의 홀레보 한계^{Holevo bound}를 이용해서도 또한 성립한다.

6.2.3 양자 초고밀도 부호화

이제 **초고밀도 부호화**^{super-dense coding}라는 통신 규약을 소개한다. 그 이름은 무잡음 얽힘이 무잡음 큐비트 선로의 고전 통신 능력을 두 배로 만들 수 있는 놀라운 성질을 가졌기 때문이다. 이 통신 규약은 세 단계로 구성된다.

1. 앨리스와 밥이 얽힘비트 $|\Phi^+\rangle_{AB}$를 공유한다고 하자. 앨리스는 네 가지 유니터리 연산 $\{I, X, Z, XZ\}$ 중 하나를 앞의 얽힘비트 중 자신이 가진 부분에 적용한다. 이 상태는 앨리스가 선택한 메시지에 따라 다음의 네 가지 벨 상태 중 (전역 위상을 제외하면) 하나로 변한다.

$$|\Phi^+\rangle_{AB}, \qquad |\Phi^-\rangle_{AB}, \qquad |\Psi^+\rangle_{AB}, \qquad |\Psi^-\rangle_{AB} \tag{6.25}$$

벨 상태의 정의는 식 (3.194) ∼ 식 (3.196)에 주어져 있다.

2. 앨리스가 무잡음 큐비트 선로를 하나 사용해 자신의 큐비트를 밥에게 전송한다.

3. 밥은 4개의 상태를 완벽히 구분하기 위해 벨 측정($\{|\Phi^+\rangle_{AB}, |\Phi^-\rangle_{AB}, |\Psi^+\rangle_{AB}, |\Psi^-\rangle_{AB}\}$ 기저에서 수행하는 측정)을 수행한다. 이 상태는 모두 서로 직교하기 때문에 밥은 상태를 구분할 수 있다.

따라서 앨리스가 무잡음 얽힘비트를 밥과 공유하고 무잡음 양자 선로를 하나 이용한다면, 앨리스는 밥에게 (4개의 메시지에 해당하는) 2개의 고전 비트를 전송할 수 있다. 그림 6.2에 양자 초고밀도 부호화의 통신 규약을 묘사했다.

초고밀도 부호화는 다음의 자원 부등식을 구현한다.

$$[qq] + [q \to q] \geq 2[c \to c] \tag{6.26}$$

다시 말하지만, 자원 부등식은 비국소적 자원만을 센다. 여기서 통신 규약 준비 과정의 국소 연산이나 통신 규약 끝의 벨 측정은 세지 않았다.

또한 2개의 초등 부호화 구현체를 이용해 2개의 무잡음 고전 비트 선로를 구현할 수도 있음을 알아두자.

$$2[q \to q] \geq 2[c \to c] \tag{6.27}$$

그러나 이 방법은 초고밀도 부호화 통신 규약만큼 강력하지는 않다. 초고밀도 부호화에서는 2개의 고전 비트 전송을 돕기 위해 추가적인 무잡음 큐비트 선로라는 강한 자원을 소모하는 대신에 얽힘비트라는 더 약한 자원을 소모했다.

초고밀도 부호화 통신 규약은 또한 고전 비트를 '비밀스럽게' 전송한다. 제3자가 앨리스가 전송한 큐비트를 가로챘다고 하자. 앨리스가 전송한 메시지가 어떤 것인지

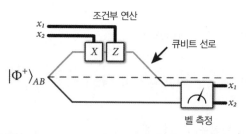

그림 6.2 이 그림은 초고밀도 부호화 통신 규약을 묘사한다. 앨리스와 밥이 통신 규약을 개시하기 전에 1개의 얽힘비트를 공유하고 있다. 앨리스는 2개의 고전 비트 $x_1 x_2$를 밥에게 전송하려고 한다. 앨리스는 자신이 가진 2개의 고전 비트에 따라 파울리 회전을 수행하고 자신이 가진 얽힘비트를 무잡음 큐비트 선로를 통해 밥에게 전송한다. 밥은 벨 측정을 수행해 2개의 고전 비트를 복원할 수 있다.

알아내기 위해 제3자가 수행할 수 있는 측정은 없다. 왜냐하면 벨 상태 전체의 국소 밀도 연산자는 같고, 최대로 섞인 상태 π_A와 같기 때문이다(도청자가 보는 정보는 앨리스가 보낸 각 메시지에 상관없이 같다). 이 통신 규약의 비밀성은 앨리스와 밥이 최대로 얽힌 상태를 공유했다는 점에 있다. 7장에서 '결맞도록' 만들 때 초고밀도 부호화의 이 측면을 이용할 것이다.

6.2.4 양자원격전송

무잡음 양자 통신의 가장 놀라운 통신 규약은 아마 **양자원격전송 통신 규약**quantum teleportation protocol일 것이다. 이 통신 규약은 한 장소에 있는 양자 상태를 파괴하고, 공유된 얽힘의 도움을 받아 멀리 떨어진 장소에서 그 큐비트를 재생한다. 따라서 '원격전송'이라는 이름은 실제 일어나는 현상에 잘 대응된다.

양자원격전송 통신 규약은 앨리스와 밥이 장비를 서로 바꾼다는 관점에서 사실 초고밀도 부호화 통신 규약의 뒤집힌 판본이다. 양자원격전송을 이해하는 첫 단계로 텐서 곱의 기교와 연습문제 3.6.6에서 살펴본 벨 상태의 대응 관계를 이용한 몇 가지 대수학적인 단계를 수행해야 한다. 앨리스가 가진 큐비트 $|\psi\rangle_{A'}$을 생각해보자. 여기서

$$|\psi\rangle_{A'} \equiv \alpha|0\rangle_{A'} + \beta|1\rangle_{A'} \tag{6.28}$$

앨리스가 얽힘비트 $|\Phi^+\rangle_{AB}$를 밥과 공유한다고 하자. A', A, B계의 결합 상태는 다음과 같다.

$$|\psi\rangle_{A'}|\Phi^+\rangle_{AB} \tag{6.29}$$

먼저, 이 상태를 명시적으로 적어보자.

$$|\psi\rangle_{A'}|\Phi^+\rangle_{AB} = (\alpha|0\rangle_{A'} + \beta|1\rangle_{A'})\left(\frac{|00\rangle_{AB} + |11\rangle_{AB}}{\sqrt{2}}\right) \tag{6.30}$$

각 항들을 분배하면 다음의 등식을 얻는다.

$$= \frac{1}{\sqrt{2}}\left[\alpha|000\rangle_{A'AB} + \beta|100\rangle_{A'AB} + \alpha|011\rangle_{A'AB} + \beta|111\rangle_{A'AB}\right] \tag{6.31}$$

여기서 연습문제 3.6.6의 관계를 이용해 결합계 $A'A$를 벨 기저에 대해 다시 적는다.

$$= \frac{1}{2} \left[\begin{array}{l} \alpha \left(|\Phi^+\rangle_{A'A} + |\Phi^-\rangle_{A'A} \right) |0\rangle_B + \beta \left(|\Psi^+\rangle_{A'A} - |\Psi^-\rangle_{A'A} \right) |0\rangle_B \\ +\alpha \left(|\Psi^+\rangle_{A'A} + |\Psi^-\rangle_{A'A} \right) |1\rangle_B + \beta \left(|\Phi^+\rangle_{A'A} - |\Phi^-\rangle_{A'A} \right) |1\rangle_B \end{array} \right] \quad (6.32)$$

이를 간단히 만들면 다음의 등식을 얻는다.

$$= \frac{1}{2} \left[\begin{array}{l} |\Phi^+\rangle_{A'A} \left(\alpha|0\rangle_B + \beta|1\rangle_B \right) + |\Phi^-\rangle_{A'A} \left(\alpha|0\rangle_B - \beta|1\rangle_B \right) \\ + |\Psi^+\rangle_{A'A} \left(\alpha|1\rangle_B + \beta|0\rangle_B \right) + |\Psi^-\rangle_{A'A} \left(\alpha|1\rangle_B - \beta|0\rangle_B \right) \end{array} \right] \quad (6.33)$$

끝으로, 각 중첩으로 이뤄진 항에 대해 밥의 계 B에 적용될 서로 다른 파울리 연산자를 갖는 4개의 중첩된 항으로 이뤄진 상태로 적는다.

$$= \frac{1}{2} \left[|\Phi^+\rangle_{A'A} |\psi\rangle_B + |\Phi^-\rangle_{A'A} Z|\psi\rangle_B + |\Psi^+\rangle_{A'A} X|\psi\rangle_B + |\Psi^-\rangle_{A'A} XZ|\psi\rangle_B \right] \quad (6.34)$$

이제 양자원격전송 통신 규약을 3단계로 설명할 수 있다(그림 6.3에 묘사됨).

1. 앨리스가 자신의 계 $A'A$에 벨 측정을 수행한다. 이 상태는 같은 확률을 갖고 다음의 4개 상태 중 하나로 붕괴된다.

$$|\Phi^+\rangle_{A'A} |\psi\rangle_B \quad (6.35)$$

$$|\Phi^-\rangle_{A'A} Z|\psi\rangle_B \quad (6.36)$$

$$|\Psi^+\rangle_{A'A} X|\psi\rangle_B \quad (6.37)$$

$$|\Psi^-\rangle_{A'A} XZ|\psi\rangle_B \quad (6.38)$$

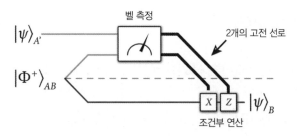

그림 6.3 이 그림은 양자원격전송 통신 규약을 묘사한다. 앨리스는 임의의 양자 상태 $|\psi\rangle_{A'}$을 밥에게 전송하려고 한다. 앨리스와 밥은 통신 규약을 개시하기 전, 1개의 얽힘비트를 공유하고 있다. 앨리스는 얽힘과 무잡음 고전 비트 선로를 2개 사용해 자신의 양자 상태를 밥에게 '원격전송'할 수 있다.

측정의 결과에 상관없이 측정의 결과 상태가 $A'A \mid B$로 잘라진 곱 상태임을 알아두자. 이 지점에서 앨리스는 측정 결과를 알고 있기 때문에 밥의 상태가 $|\psi\rangle_B$, $Z|\psi\rangle_B$, $X|\psi\rangle_B$, $XZ|\psi\rangle_B$ 중 어떤 것인지 안다. 반면에, 밥은 자신의 계인 B의 상태에 대해 아무것도 알지 못한다. 연습문제 4.7.6은 앨리스가 측정을 수행한 직후에 밥의 국소 밀도 연산자가 최대로 섞인 상태 π_B라는 뜻이다. 따라서 밥의 국소적 상태가 원래 상태 $|\psi\rangle$에 완전히 독립이기 때문에 이 지점에서 양자정보의 원격전송은 없다. 다시 말해, 원격전송은 즉시 이뤄질 수 없다.

2. 앨리스는 4개의 측정 결과 중 어떤 결과를 얻었는지 알려주는 2개의 고전 비트를 밥에게 전송한다. 밥은 이 고전 정보를 받은 후, 자신의 상태를 앨리스의 원래 상태 $|\psi\rangle$로 복원시키기 위해 수행해야 하는 연산이 어떤 것인지 즉시 확신할 수 있다. 밥이 이 상태를 되돌리기 위해 상태에 대한 정보를 알 필요가 없다는 점을 알아두자. 밥은 단지 복원 연산에 대한 지식만이 필요하다.

3. 밥은 앨리스로부터 받은 고전 정보에 따라 항등 연산자, 파울리 X 연산자, 파울리 Z 연산자, 파울리 ZX 연산자 중 하나를 적용해 복원 연산을 수행한다.

양자원격전송은 '무심한' 통신 규약이다. 왜냐하면 앨리스와 밥이 이 통신 규약을 수행하기 위해 원격전송된 그 양자 상태에 대해 어떤 지식도 알 필요가 없기 때문이다. 이 특성이 양자원격전송을 범용으로 만든다고 말할 수 있다. 이 통신 규약은 입력 상태와 독립적으로 작동한다.

밥의 계에 '사본'이 나타났기 때문에 양자원격전송 통신 규약이 복제 불가 정리를 위반한 것이라고 생각할 수도 있다. 하지만 그런 위반은 이 통신 규약의 어떤 지점에서도 일어나지 않는다. 왜냐하면 벨 측정이 앨리스의 원래 정보 큐비트에 대한 정보를 파괴하고 다른 장소에 다시 만들기 때문이다. 또한 벨 측정의 결과가 앨리스가 전송하려고 했던 상태에 해당하는 특정한 확률 진폭 α나 β에 대해 독립적이라는 것도 알아두자.

양자원격전송 통신 규약은 〈스타트렉〉[1]의 텔레비전 에피소드에서 그려진 것과 같은 즉각적인 원격전송이 아니다. 벨 측정 이후 즉시 양자정보가 전송되지 않는다. 왜냐하면 밥의 B계에 대한 국소적 묘사는 최대로 섞인 상태 π이기 때문이다. 통신이 일어나는 것은 밥이 고전 비트를 받아서 자신의 상태를 '원격 수정telecorrect'한 다음이

---

1 인기 있는 SF 영화, 드라마 시리즈. 원격전송장치가 등장한다. – 옮긴이

다. 반드시 이렇게 되어야 한다. 그렇지 않으면 이들은 빛의 속도보다 더 빠르게 통신을 할 수 있는데, 초광속 통신은 상대성 이론에 의해 허용되지 않는다.

끝으로, 양자원격전송 통신 규약의 자원 부등식을 적어둔다.

$$[qq] + 2\,[c \to c] \geq [q \to q] \tag{6.39}$$

다시 말하지만, 비국소 자원만을 자원 수에 포함시켰다. 지금까지 배운 세 가지 단위 통신 규약 중에서 위의 자원 부등식이 아마 가장 놀라울 것이다. 이것은 2개의 자원, 즉 무잡음 얽힘과 무잡음 고전 통신을 조합해서, 비록 각각은 둘 다 무잡음 양자 통신보다 더 약하지만 무잡음 양자 통신을 달성한 것이기 때문이다. 이 통신 규약과 초고밀도 부호화는 양자 통신 이론에서 가장 근본적인 통신 규약 중 두 가지다. 왜냐하면 다른 자원을 생성하기 위해 자원들을 결합하는 영리한 방법이 있다는 생각에 불을 붙였기 때문이다.

아래의 연습문제 6.2.3에서는 **원격상태준비**remote state preparation라고 부르는 양자원격전송의 변종을 논의한다. 여기서는 앨리스가 원격전송하려는 상태의 고전적 묘사를 갖고 있다. 이 지식을 바탕으로, 양자원격전송에 필요한 고전 정보의 양을 줄이는 것이 가능하다.

【연습문제 6.2.3】 **원격상태준비**는 양자원격전송 통신 규약의 변종이다. 원경상태준비 통신 규약의 간단한 사례를 생각해보자. 앨리스가 어떤 상태 $|\psi\rangle \equiv (|0\rangle + e^{i\phi}|1\rangle)/\sqrt{2}$ (블로흐 구의 적도 위에 있다.)의 고전적 묘사를 갖고, 밥과 얽힘비트 $|\Phi^+\rangle_{AB}$를 공유한다고 하자. 앨리스는 밥의 계에 $|\psi\rangle$ 상태를 준비시키고 싶다. 앨리스가 자신의 A계에 $\{|\psi^*\rangle, |\psi^{\perp *}\rangle\}$ 기저에서 측정하고, 1개의 고전 비트를 전송해 밥이 그 고전 정보에 따른 복원 연산을 수행한다면 앨리스는 이 상태를 밥의 계에 준비시킬 수 있음을 보여라($|\psi^*\rangle$가 $|\psi\rangle$ 벡터의 켤레임을 생각하라).

【연습문제 6.2.4】 **제3자 제어 양자원격전송**third-party controlled teleportation은 양자원격전송 통신 규약의 또 다른 변종이다. 앨리스, 밥, 찰리가 다음의 GHZ 상태를 갖고 있다고 하자.

$$|\Phi_{\text{GHZ}}\rangle \equiv \frac{|000\rangle_{ABC} + |111\rangle_{ABC}}{\sqrt{2}} \tag{6.40}$$

앨리스는 밥에게 임의의 큐비트를 양자원격전송하고 싶다. 앨리스는 통상적인 양자원격전송 통신 규약을 수행한다. 찰리가 수행할 마지막 단계와 찰리가 밥에게 양자원격전송 통신 규약을 완성하기 위해 전송해야 할 정보를 제시하라.

$$[qqq]_{ABC} + 2[c \to c]_{A \to B} + [c \to c]_{C \to B} \geq [q \to q]_{A \to B} \qquad (6.41)$$

(힌트: 이 통신 규약의 자원 부등식은 위와 같다. 여기서 $[qqq]_{ABC}$는 앨리스, 밥, 찰리가 공유한 GHZ 상태의 자원을 나타내고, 다른 자원은 통신 방향이 그에 해당하는 아래첨자로 나타냈다는 것을 포함하면 앞에서 말한 것과 같다.)

【연습문제 6.2.5】 게이트 원격전송$^{\text{gate teleportation}}$은 양자원격전송의 완전히 다른 변종이며, 결함 허용 양자 계산에 유용하다. 앨리스가 단일 큐비트 게이트 U를 상태 $|\psi\rangle$에 있는 큐비트에 대해 수행하려 한다고 하자. 게이트 U는 수행하기가 어렵지만, $U\sigma_i U^{\dagger}$는 수행하기가 훨씬 덜 어렵다. 여기서 σ_i는 단일 큐비트 파울리 연산자 중 하나다. 게이트 원격전송을 위한 통신 규약은 다음과 같다. 먼저 앨리스와 밥이 얽힘비트 $U_B|\Phi^+\rangle_{AB}$를 준비한다. 앨리스는 자신의 큐비트 $|\psi\rangle_{A'}$과 A 계에 대해 벨 측정을 수행한다. 앨리스는 2개의 고전 비트를 밥에게 보내고, 밥은 4개의 수정 연산인 $U\sigma_i U^{\dagger}$ 중 하나를 수행한다. 이 통신 규약이 작동함을 보여라. 즉, 밥의 최종 상태는 $U|\psi\rangle$다.

【연습문제 6.2.6】 다음의 기술을 이용해 위상이완 큐비트 선로를 시뮬레이션할 수 있음을 보여라. 먼저, 앨리스가 최대로 얽힌 벨 상태 $|\Phi^+\rangle$를 준비한다. 앨리스는 그중 한쪽을 위상이완 큐비트 선로를 통해 밥에게 보낸다. 앨리스와 밥은 보통의 양자원격전송 통신 규약을 수행한다. 이 절차가 큐비트를 위상이완 선로를 통해 보낸 것과 같은 결과를 준다는 것을 보여라(힌트: 이 결과는 위상이완 선로가 모든 파울리 연산자와 가환이기 때문에 성립한다).

【연습문제 6.2.7】 양자원격전송 통신 규약으로부터 **얽힘 교환 통신 규약**^{entanglement} $^{\text{swapping protocol}}$을 구성하라. 즉, 찰리와 앨리스가 2분할 상태 $|\psi\rangle_{CA}$를 갖고 있다고 하자. 만약 앨리스가 상태 $|\psi\rangle_{CA}$에서 자신의 부분을 밥에게 전송하면, 찰리와 밥이 $|\psi\rangle_{CB}$를 공유한다. 이 통신 규약의 특별한 경우는 $|\psi\rangle_{CA}$가 얽힘비트인 경우다. 그러면 이 통신 규약은 얽힘 교환 통신 규약과 동등하다.

6.3 세 가지 단위 통신 규약의 최적성

이제 (처음 보기엔 어쩌면 당연해 보이지만) 양자 통신의 좋은 이론을 만드는 데 매우 중요한 몇 가지 주장을 생각해보겠다. 어떤 통신 규약의 최적성에 대해 항상 생각해야 한다. 만약 주어진 통신 규약을 수행하는 더 좋고 저렴한 방법이 있다면, 이것이 장점이된다. 위의 통신 규약에 대해 물어볼 수 있는 몇 가지 질문이 있다.

1. 얽힘 분배에서는 큐비트 1개에 얽힘비트 1개가 할 수 있는 최선일까? 아니면 무잡음 큐비트 선로를 1회 사용해 1개 이상의 더 많은 얽힘비트를 생성하는 것이 가능할까?

2. 초고밀도 부호화에서는 1개 이하의 무잡음 양자 선로나 1개 이하의 무잡음 얽힘비트를 이용해 2개의 무잡음 고전 비트 선로를 생성하는 것이 가능할까?

3. 양자원격전송에서는 주어진 자원을 사용해 1큐비트 이상의 양자원격전송이 가능할까? 2개 이하의 고전 비트나 1개 이하의 얽힘비트를 이용해 양자원격전송이 가능할까?

이번 절에서는 위의 질문 모두가 부정적이라는 답을 줄 것이다. 이 통신 규약들은 모두 주어진 그대로 최적 통신 규약이다. 여기서 자원 부등식 형식 체계의 아름다움을 보기 시작한다. 자원 부등식 형식 체계는 통신 규약을 서로 엮어서 새로운 통신 규약을 만들 수 있게 한다. 이 아이디어를 앞으로 최적성 논의에 사용하겠다.

먼저, 얽힘 분배의 최적성을 파헤쳐보자. 다음과 같은

$$[q \rightarrow q] \geq E\,[qq] \tag{6.42}$$

다른 어떤 자원 부등식을 구현하는 통신 규약이 존재할까? 여기서 얽힘 생성률 E는 1보다 크다.

이제, 그런 자원 부등식이 절대 나타날 수 없음을 보이겠다. 즉, $E = 1$이 최적이다. $E > 1$인 자원 부등식이 존재한다고 가정하자. 자유롭게 고전 통신을 전송할 수 있다는 가정하에, 위의 자원 부등식을 양자원격전송과 결합해 다음의 자원 부등식을 얻을 수 있다.

$$[q \rightarrow q] \geq E\,[q \rightarrow q] \tag{6.43}$$

단순히 이 통신 규약을 반복하면 양자 통신의 수량을 무제한으로 얻을 수 있고, 이것은 불가능하다. 따라서 $E = 1$이어야만 한다.

이어서 초고밀도 부호화의 최적성을 생각해보자. 다시 한번 모순에 의한 증명을 이용해본다. 무제한적인 수량의 얽힘을 갖고 있다고 하자. 초고밀도 부호화가 생성하는 것보다 더 많은 양의 고전 통신을 생성할 수 있는 어떤 '초초고밀도' 부호화 통신 규약이 존재한다고 하자. 즉, 초초고밀도 부호화의 고전 통신 출력은 $2C$이고, 여기서 $C > 1$이다. 그리고 그 자원 부등식은 다음과 같다.

$$[q \to q] + [qq] \geq 2C\,[c \to c] \tag{6.44}$$

이 초초고밀도 부호화 기법(무한히 많은 얽힘과 함께)은 다음의 자원 부등식을 준다.

$$[q \to q] + \infty\,[qq] \geq 2C\,[c \to c] + \infty\,[qq] \tag{6.45}$$

이 통신 규약은 유한한 양의 얽힘만을 소모하기 때문에, 초초고밀도 부호화 통신 규약을 실행한 후에도 무한한 양의 얽힘이 여전히 가능하다. 그럼 위의 통신 규약을 양자원격전송과 엮어서 다음의 자원 부등식을 달성할 수 있다.

$$2C\,[c \to c] + \infty\,[qq] \geq C\,[q \to q] + \infty\,[qq] \tag{6.46}$$

종합해보면, 다음의 자원 부등식을 달성할 수 있는 기법을 보였다.

$$[q \to q] + \infty\,[qq] \geq C\,[q \to q] + \infty\,[qq] \tag{6.47}$$

이 통신 규약을 계속해서 k번 수행하면, 다음의 자원 부등식을 구현할 수 있다.

$$[q \to q] + \infty\,[qq] \geq C^k\,[q \to q] + \infty\,[qq] \tag{6.48}$$

이렇게 구성한 결과는 1개의 무잡음 큐비트 선로와 무한한 양의 얽힘을 갖고서 무한한 양의 양자 통신을 생성할 수 있다는 것이다. 이 결과는 물리적으로 불가능하다. 왜냐하면 얽힘이 무잡음 양자 선로의 용량을 강화하지 않기 때문이다. 또한 이 기법은 무제한의 양자 통신을 생성하는 데 단지 1개의 무잡음 양자 선로와 얽힘을 사용한다. 그렇게 하려면 초광속으로 신호를 보내야만 한다. 따라서 초고밀도 부호화의 고전 통신 속도는 최적이다.

양자원격전송에 대한 최적성 논증은 초고밀도 부호화 통신 규약의 논증과 유사하므로 연습문제로 남겨둔다. 알아둘 사항은 (얽힘 분배의 경우에 대해) 고전 통신을 자유롭게 쓴다는 가정을 하지 않고도 이 통신 규약들의 최적성을 증명할 수 있다는 점이고, 8장에서 그렇게 할 것이다.

【연습문제 6.3.1】 양자원격전송 통신 규약에서 $C > 1$이 불가능함을 보여라. 여기서 C는 다음의 자원 부등식에서 정의된다.

$$2[c \to c] + [qq] \geq C[q \to q] \tag{6.49}$$

【연습문제 6.3.2】 양자원격전송과 초고밀도 부호화 통신 규약의 자원 소모율이 최적임을 보여라.

6.4 양자 섀넌 이론의 확장

앞 절에서 양자 섀넌 이론가에게 물어볼 수도 있는 좋은 질문들을 소개했다. 만약 소모되는 자원 중 어떤 부분이 완벽한 자원이 아니라 유잡음이라면 어떤 유형의 통신 속도가 가능한지 궁금할 수도 있다. 이런 질문 중 몇 가지를 아래에 적어둔다.

먼저, 얽힘 분배를 생각해보자. 얽힘 분배에서 소모된 무잡음 큐비트 선로가 대신에 유잡음 양자 선로 $\mathcal{N}$이라고 해보자. 이 통신 작업은 **얽힘 생성**entanglement generation이라고 한다. 이 통신 작업은 다음의 자원 부등식으로 다시 적을 수 있다.

$$\langle \mathcal{N} \rangle \geq E[qq] \tag{6.50}$$

이 자원 부등식의 의미는 수신자와 송신자가 어떤 속도 E로 얽힘을 생성하기 위해 유잡음 양자 선로 $\mathcal{N}$의 자원을 소모한다는 뜻이다. 양자 섀넌 이론의 엄밀한 연구를 시작할 때 양자 섀넌 이론의 자원 부등식 정의를 더 정밀하게 만들 것이다. 하지만 위의 정의는 일단 충분하다. 유잡음 양자 선로 $\mathcal{N}$을 이용한 얽힘 생성의 최적 속도는 $\mathcal{N}$의 얽힘 생성 용량entanglement generation capacity이라고 한다. 이 작업은 $\mathcal{N}$의 양자 통신 용량quantum communication capacity과 밀접하게 관련되어 있고, 그 연관성은 24장에서 더 논의한다.

이제 초고밀도 부호화로 가보자. 초고밀도 부호화에서 소모된 무잡음 큐비트 선로가 그 대신에 유잡음 양자 선로 $\mathcal{N}$이라고 하자. 이 작업의 이름은 **얽힘보조 고전 통신**entanglement-assisted classical communication이라고 한다. 다음의 자원 부등식이 이 통신 작업에 해당한다.

$$\langle \mathcal{N} \rangle + E\,[qq] \geq C\,[c \to c] \tag{6.51}$$

이 자원 부등식의 의미는 어떤 속도 C로 무잡음 고전 통신을 생성하기 위해 유잡음 양자 선로 $\mathcal{N}$과 어떤 속도 E의 무잡음 얽힘이 필요하다는 뜻이다. 이 통신 규약에 대해서는 21장에서 자세히 배울 것이다. 얽힘이 더 이상 무잡음이 아닌 경우도 생각할 수 있다. 하지만 이것은 앨리스와 밥이 공유하는 더 일반적인 2분할 상태 ρ_{AB}이다. 이 작업은 유잡음 초고밀도 부호화[noisy super-dense coding][2]라고 한다. 유잡음 초고밀도 부호화는 22장에서 배울 것이다. 여기에 해당하는 자원 부등식은 다음과 같다(이 지점에서 그 의미는 명확할 것이다).

$$\langle \rho_{AB} \rangle + Q\,[q \to q] \geq C\,[c \to c] \tag{6.52}$$

또한 같은 질문을 양자원격전송 통신 규약에 대해서도 던질 수 있다. 얽힘 자원이 그 대신에 유잡음 2분할 상태 ρ_{AB}라고 하자. 이 작업은 **유잡음 양자원격전송**[noisy teleportation]이라고 하며, 다음의 자원 부등식을 갖는다.

$$\langle \rho_{AB} \rangle + C\,[c \to c] \geq Q\,[q \to q] \tag{6.53}$$

이 절에서 소개한 질문들은 양자 섀넌 이론의 근본적인 질문들이다. 우리는 세 가지 기본적인 무잡음 통신 규약의 무잡음 자원을 단순히 유잡음으로 바꿈으로써 이 질문에 도착했다. 이 질문에 답하는 데 따로 떼어놓을 수 없는 양자 섀넌 이론의 도구에 대한 지식을 쌓기 위해 상당량의 노력을 기울여야 할 것이다.

6.5 세 가지 단위 큐디트 통신 규약

이 장을 세 가지 단위 통신 규약의 큐디트 판본을 배우며 마무리하겠다. 큐디트 계를 이 통신 규약으로 처리할 수도 있기 때문에, 이 통신 규약의 큐디트 판본을 알아 두면 유용하다.

큐디트 자원은 큐비트 자원의 직접적인 확장이다. 무잡음 큐디트 선로는 다음의

---

2 유잡음 초고밀도 부호화라는 이름은 얽힘보조 고전 통신의 사전작업에만 적용할 수도 있지만, 이 용어는 여러 문헌에서 이 특정한 양자정보 처리 작업에 대해서만 사용한다.

사상이다.

$$|i\rangle_A \rightarrow |i\rangle_B \qquad (6.54)$$

여기서 $\{|i\rangle_A\}_{i\in\{0,\ldots,d-1\}}$는 앨리스의 계에서 선호하는 어떤 정규직교 기저이고, $\{|i\rangle_B\}_{i\in\{0,\ldots,d-1\}}$는 밥의 계에서 선호하는 어떤 정규직교 기저다. 또한 다음의 등척변환으로 큐디트 선로 사상을 적을 수 있다.

$$I_{A\rightarrow B} \equiv \sum_{i=0}^{d-1} |i\rangle_B \langle i|_A \qquad (6.55)$$

사상 $I_{A\rightarrow B}$는 다음과 같이 중첩 상태를 보존한다.

$$\sum_{i=0}^{d-1} \alpha_i |i\rangle_A \rightarrow \sum_{i=0}^{d-1} \alpha_i |i\rangle_B \qquad (6.56)$$

무잡음 고전 디트 선로, 또는 **크디트**^{cdit}는 다음의 사상이다.

$$|i\rangle\langle i|_A \rightarrow |i\rangle\langle i|_B \qquad (6.57)$$
$$|i\rangle\langle j|_A \rightarrow 0 \quad i \neq j \text{인 경우} \qquad (6.58)$$

최대로 얽힌 무잡음 큐디트 상태, 또는 **얽힘디트** 상태는 다음과 같다.

$$|\Phi\rangle_{AB} \equiv \frac{1}{\sqrt{d}} \sum_{i=0}^{d-1} |i\rangle_A |i\rangle_B \qquad (6.59)$$

'디트'라는 자원은 비트 척도로 정량화한다. 예를 들어, 무잡음 큐디트 선로는 다음의 자원이다.

$$\log d\, [q \rightarrow q] \qquad (6.60)$$

여기서 로그의 밑은 2이다. 따라서 1큐디트 선로는 양자정보로 $\log d$개의 큐비트를 전송할 수 있고, 큐비트는 양자정보의 표준 단위로 남는다. 전송된 공간의 차원에 따라 전송된 정보의 양을 정량화할 수도 있다. 예를 들어, 어떤 양자계가 8개의 준위를 갖고 있다고 하자. 이 8준위 계에 3큐비트 양자정보를 부호화할 수 있다.

마찬가지로, 고전 디트 선로는 다음의 자원이다.

$$\log d\, [c \rightarrow c] \qquad (6.61)$$

이렇게 하면 고전 디트 선로는 $\log d$개의 고전 비트를 전송한다. 매개변수 d는 선로가 전송하는 고전적 메시지의 수다.

끝으로, 얽힘디트는 다음의 자원이다.

$$\log d \, [qq] \tag{6.62}$$

그 슈미트 랭크(정리 3.8.1 참고)를 이용해 최대로 얽힌 상태의 얽힘 양을 정량화할 수 있다. 얽힘은 얽힘비트의 단위로 측정한다(이 주제는 19장에서 다시 논의한다).

6.5.1 얽힘 분배

얽힘 분배 통신 규약을 큐디트 상황으로 확장하는 것은 어렵지 않다. 앨리스는 단지 자신의 실험실에 $|\Phi\rangle_{AA'}$ 상태를 준비하고, A'계를 무잡음 큐디트 선로를 통해 전송하면 된다. 앨리스는 $|\Phi\rangle_{AA'}$ 상태를 2개의 게이트로 준비할 수 있다. 아다마르 게이트의 큐디트 유사체와 CNOT 게이트의 큐디트 유사체다. 아다마르 게이트의 큐디트 유사체는 연습문제 3.7.8에서 소개했던 푸리에 게이트 F이며, 다음과 같다.

$$F : |l\rangle \to \frac{1}{\sqrt{d}} \sum_{j=0}^{d-1} \exp\left\{\frac{2\pi i l j}{d}\right\} |j\rangle \tag{6.63}$$

따라서

$$F \equiv \frac{1}{\sqrt{d}} \sum_{l,j=0}^{d-1} \exp\left\{\frac{2\pi i l j}{d}\right\} |j\rangle\langle l| \tag{6.64}$$

CNOT 게이트의 큐디트 유사체는 다음의 제어형 이동 게이트^{controlled-shift gate}다.

$$\mathrm{CNOT}_d \equiv \sum_{j=0}^{d-1} |j\rangle\langle j| \otimes X(j) \tag{6.65}$$

여기서 $X(j)$는 식 (3.208)에서 정의된 이동 연산자다.

【연습문제 6.5.1】 앨리스가 $|0\rangle_A|0\rangle_{A'}$을 준비하고 F_A와 CNOT_d를 적용해 국소적으로 최대로 얽힌 큐디트 상태 $|\Phi\rangle_{AA'}$을 준비할 수 있음을 확인하라. 다음을 보여라.

$$|\Phi\rangle_{AA'} = \text{CNOT}_d \cdot F_A |0\rangle_A |0\rangle_{A'} \tag{6.66}$$

이 큐디트 얽힘 분배 통신 규약에 대한 자원 부등식은 다음과 같다.

$$\log d\,[q \to q] \geq \log d\,[qq] \tag{6.67}$$

6.5.2 양자 초고밀도 부호화

초고밀도 부호화 통신 규약의 큐디트 판본은 몇 가지 알아둬야 하는 예외를 빼면 큐비트 경우와 유사하게 진행된다. 이는 여전히 다음의 세 단계로 구성된다.

1. 앨리스와 밥이 식 (6.59)의 형태로 최대로 얽힌 상태를 갖고 시작한다. 앨리스는 $\{X(x)Z(z)\}_{x,z=0}^{d-1}$ 집합에 있는 d^2개의 유니터리 연산 중 하나를 자신의 큐디트에 적용한다. 공유된 상태는 식 (3.234)에 주어진 d^2개의 최대로 얽힌 큐디트 상태 중 하나가 된다.

2. 앨리스가 자신의 큐디트를 1개의 무잡음 큐디트 선로를 통해 밥에게 보낸다.

3. 밥은 앨리스가 보낸 메시지를 알아내기 위해 큐디트 벨 기저에서 측정을 수행한다. 연습문제 3.7.11의 결과가 이 상태들이 측정에 의해 완전히 구분 가능하다는 뜻이다.

이 큐디트 초고밀도 부호화 통신 규약은 다음의 자원 부등식을 구현한다.

$$\log d\,[qq] + \log d\,[q \to q] \geq 2\log d\,[c \to c] \tag{6.68}$$

6.5.3 양자원격전송

큐디트 양자원격전송 통신 규약은 이번에도 큐비트 경우와 유사하다. 이 통신 규약은 3단계로 진행된다.

1. 앨리스가 임의의 큐디트 $|\psi\rangle_{A'}$을 갖고 있다. 이때

$$|\psi\rangle_{A'} \equiv \sum_{i=0}^{d-1} \alpha_i |i\rangle_{A'} \tag{6.69}$$

앨리스와 밥은 식 (6.59)의 형태로 최대로 얽힌 큐디트 상태 $|\Phi\rangle_{AB}$를 공유한다. 그럼 앨리스와 밥의 결합 상태는 $|\psi\rangle_{A'}|\Phi\rangle_{AB}$이다. 앨리스는 $\{|\Phi_{i,j}\rangle_{A'A}\}_{i,j}$ 기저에서 측정을 수행한다.

2. 앨리스가 측정 결과 (i, j)를 2개의 고전 디트 선로를 사용해 밥에게 전송한다.

3. 밥은 유니터리 변환 $Z_B(j)X_B(j)$를 자신의 상태에 적용해 '원격 수정'하여 앨리스의 원래 큐디트로 바꾼다.

이 통신 규약이 작동한다는 것을 측정 결과의 확률과 밥의 계에서의 측정 후 상태를 분석해 증명할 수 있다. 여기서 사용한 기술은 큐비트의 경우에 사용한 것과 다르다.

먼저, 앨리스가 자신이 접근할 수 없는 참조계 R과 공유하는 $|\psi\rangle_{RA'}$ 상태에 있는 A'계를 양자원격전송하려 한다고 하자. 이 방법에서 양자원격전송 통신 규약은 앨리스가 A'에 대해 섞인 상태를 전송할 수도 있는 가장 일반적인 상황을 포함한다. 또한 앨리스는 밥과 최대로 얽힌 얽힘디트 상태 $|\Phi\rangle_{AB}$를 공유한다. 앨리스는 먼저 A'계와 A계에 대해 $\{|\Phi_{i,j}\rangle_{A'A}\}_{i,j}$ 기저에서 측정을 수행한다. 여기서

$$|\Phi_{i,j}\rangle_{A'A} = U_{A'}^{ij} |\Phi\rangle_{A'A} \tag{6.70}$$

이고

$$U_{A'}^{ij} \equiv Z_{A'}(j)X_{A'}(i) \tag{6.71}$$

이다. 따라서 측정 연산자는 다음과 같다.

$$|\Phi_{i,j}\rangle\langle\Phi_{i,j}|_{A'A} \tag{6.72}$$

그러면 정규화되지 않은 측정 후 상태는 다음과 같다.

$$|\Phi_{i,j}\rangle\langle\Phi_{i,j}|_{A'A} |\psi\rangle_{RA'} |\Phi\rangle_{AB} \tag{6.73}$$

이 부분과 이 다음 부분에서, 표기법을 정돈하기 위해 항등 연산자와의 텐서 곱 부분은 생략하고 묵시적으로 남겨두겠다. 식 (6.70)의 $|\Phi_{i,j}\rangle_{A'A}$ 정의를 이용해 이 상태를 다음과 같이 다시 적을 수 있다.

$$|\Phi_{i,j}\rangle\langle\Phi|_{A'A} \left(U^{ij}_{A'}\right)^{\dagger} |\psi\rangle_{RA'} |\Phi\rangle_{AB} \tag{6.74}$$

임의의 최대로 얽힌 상태 $|\Phi\rangle$에 대해 성립하는 연습문제 3.7.12의 '전치 기교'를 떠올려보자. 이 결과를 이용해 A'계에 유니터리 연산자 $(U^{ij})^{\dagger}$를 적용한 것은 다음과 같이 A계에 $(U^{ij})^{*}$를 적용한 것과 같음을 보일 수 있다.

$$|\Phi_{i,j}\rangle\langle\Phi|_{A'A} \left(U^{ij}_{A}\right)^{*} |\psi\rangle_{RA'} |\Phi\rangle_{AB} \tag{6.75}$$

유니터리 연산자 $(U^{ij}_{A})^{*}$는 R계와 A'계에 대해서는 가환이므로

$$|\Phi_{i,j}\rangle\langle\Phi|_{A'A} |\psi\rangle_{RA'} \left(U^{ij}_{A}\right)^{*} |\Phi\rangle_{AB} \tag{6.76}$$

이다. 연습문제 3.7.12의 전치 기교를 다시 적용하면 위의 상태가 다음의 상태와 같음을 보일 수 있다.

$$|\Phi_{i,j}\rangle\langle\Phi|_{A'A} |\psi\rangle_{RA'} \left(U^{ij}_{B}\right)^{\dagger} |\Phi\rangle_{AB} \tag{6.77}$$

그런 다음, 유니터리 연산자 $(U^{ij}_{B})^{\dagger}$를 왼쪽으로 보내고 $|\Phi\rangle_{RA'}$과 $|\Phi\rangle_{AB}$의 순서를 아무 문제 없이 교환할 수 있다. 왜냐하면 이 계에 상태를 추적하기에 충분한 표지를 붙여놨기 때문이다.

$$\left(U^{ij}_{B}\right)^{\dagger} |\Phi_{i,j}\rangle\langle\Phi|_{A'A} |\Phi\rangle_{AB} |\psi\rangle_{RA'} \tag{6.78}$$

이제, 최대로 얽힌 얽힘디트 상태와 다른 상태에 있는 그 상태 사이의 매우 특별한 겹침 $\langle\Phi|_{A'A} |\Phi\rangle_{AB}$를 생각해보자.

$$\langle\Phi|_{A'A}\,|\Phi\rangle_{AB} = \left(\frac{1}{\sqrt{d}}\sum_{i=0}^{d-1}\langle i|_{A'}\langle i|_A\right)\left(\frac{1}{\sqrt{d}}\sum_{j=0}^{d-1}|j\rangle_A|j\rangle_B\right) \tag{6.79}$$

$$= \frac{1}{d}\sum_{i,j=0}^{d-1}\langle i|_{A'}\langle i|_A|j\rangle_A|j\rangle_B = \frac{1}{d}\sum_{i,j=0}^{d-1}\langle i|_{A'}\langle i|j\rangle_A\,|j\rangle_B \tag{6.80}$$

$$= \frac{1}{d}\sum_{i=0}^{d-1}\langle i|_{A'}|i\rangle_B = \frac{1}{d}\sum_{i=0}^{d-1}|i\rangle_B\langle i|_{A'} \tag{6.81}$$

$$= \frac{1}{d}I_{A'\to B} \tag{6.82}$$

첫 번째 등식은 정의에 의해 유도된다. 두 번째 등식은 곱셈과 덧셈의 선형성에 따라 항들을 재배열한 것이다. 세 번째와 네 번째 등식은 $\langle i|_A|j\rangle_A$가 내적이고 이를 정규직교 기저 $\{|i\rangle_A\}$에서 계산해 유도한다. 다섯 번째 등식은 브라와 켓을 재배열해서 얻을 수 있다. 마지막 등식은 마지막으로 중요한 깨달음이다. 연산자 $\sum_{i=0}^{d-1}|i\rangle_B\langle i|_{A'}$이 양자원격전송 통신 규약이 만든 A'계에서 B로 가는 무잡음 큐디트 선로 $I_{A'\to B}$라는 것이다(식 (6.55)의 무잡음 큐디트 선로 정의를 참고하라). 이것을 '양자원격전송 사상'이라고 한다.

이제 양자원격전송 사상을 식 (6.78)의 상태에 적용하자.

$$\left(U_B^{ij}\right)^\dagger|\Phi_{i,j}\rangle\langle\Phi|_{A'A}\,|\Phi\rangle_{AB}\,|\psi\rangle_{RA'} = \left(U_B^{ij}\right)^\dagger|\Phi_{i,j}\rangle_{A'A}\frac{1}{d}I_{A'\to B}\,|\psi\rangle_{RA'} \tag{6.83}$$

$$= \frac{1}{d}\left(U_B^{ij}\right)^\dagger|\Phi_{i,j}\rangle_{A'A}|\psi\rangle_{RB} \tag{6.84}$$

$$= \frac{1}{d}|\Phi_{i,j}\rangle_{A'A}\left(U_B^{ij}\right)^\dagger|\psi\rangle_{RB} \tag{6.85}$$

그러면 입력 상태가 $|\psi\rangle_{RA'}$일 때 i와 j라는 측정 결과를 받을 확률을 계산할 수 있다. 이 결과는 다음과 같이 앞의 벡터가 자기 자신과 겹친 것과 같다.

$$p(i,j|\psi) = \left[\frac{1}{d}\langle\Phi_{i,j}|_{A'A}\langle\psi|_{RB}U_B^{ij}\right]\left[\frac{1}{d}|\Phi_{i,j}\rangle_{A'A}\left(U_B^{ij}\right)^\dagger|\psi\rangle_{RB}\right] \tag{6.86}$$

$$= \frac{1}{d^2}\langle\Phi_{i,j}|_{A'A}|\Phi_{i,j}\rangle_{A'A}\langle\psi|_{RB}U_B^{ij}\left(U_B^{ij}\right)^\dagger|\psi\rangle_{RB} \tag{6.87}$$

$$= \frac{1}{d^2}\langle\Phi_{i,j}|_{A'A}|\Phi_{i,j}\rangle_{A'A}\langle\psi|_{RB}|\psi\rangle_{RB} = \frac{1}{d^2} \tag{6.88}$$

따라서 $(i,\,j)$라는 출력을 얻을 확률은 완전히 무작위이고, 입력 상태에 무관하다.

이 결과는 입력 상태에 독립적으로 작용하는 범용 양자원격전송 통신 규약의 경우가 될 것이라고 예상할 수 있다. 따라서 정규화한 후 앨리스와 밥의 계의 상태는 다음과 같다.

$$|\Phi_{i,j}\rangle_{A'A} \left(U_B^{ij}\right)^\dagger |\psi\rangle_{RB} \tag{6.89}$$

이 지점에서 밥은 측정 결과를 모른다. 밥이 모든 측정 결과에 접근할 수는 없으므로 모든 측정 결과에 대해 평균을 내기 위해 A', A, R계에 대해 대각합을 취해서 밥의 밀도 연산자를 얻을 수 있다.

$$\mathrm{Tr}_{A'AR}\left\{\frac{1}{d^2}\sum_{i,j=0}^{d-1}|\Phi_{i,j}\rangle\langle\Phi_{i,j}|_{A'A}\left(U_B^{ij}\right)^\dagger|\psi\rangle\langle\psi|_{RB}U_B^{ij}\right\}$$

$$= \frac{1}{d^2}\sum_{i,j=0}^{d-1}\left(U_B^{ij}\right)^\dagger\psi_B U_B^{ij} = \pi_B \tag{6.90}$$

첫 번째 등식은 부분 대각합을 계산하고, $\psi_B \equiv \mathrm{Tr}_R\{|\psi\rangle\langle\psi|_{RB}\}$라고 정의해 유도된다. 두 번째 등식은 하이젠베르크-와일 연산자가 균일하고 완전하게 양자 상태를 최대로 섞인 상태가 되도록 무작위화하기 때문에 유도된다(연습문제 4.7.6 참고).

이제 앨리스가 측정 결과 i와 j를 무잡음 고전 디트 선로 2개를 사용해 전송한다. 밥은 그 상태가

$$\left(U_B^{ij}\right)^\dagger |\psi\rangle_{RB} \tag{6.91}$$

임을 알고, 전체 상태가 $|\psi\rangle_{RB}$가 되도록 U_B^{ij}를 적용할 수 있다. 이 마지막 단계가 양자원격전송 절차를 마무리한다. 큐디트 양자원격전송 통신 규약에 대한 자원 부등식은 다음과 같다.

$$\log d\,[qq] + 2\log d\,[c \to c] \geq \log d\,[q \to q] \tag{6.92}$$

6.6 역사와 더 읽을거리

이 장에서는 고전 통신, 양자 통신, 얽힘의 세 가지 단위 자원을 사용하는 세 가지 중

요한 통신 규약을 소개했다. 여기서 놀랍게도, 두 가지 자원(초고밀도 부호화와 양자원격전송 모두)을 결합해서 다른 자원을 시뮬레이션하는 흥미로운 방법이 가능함을 배웠다. 이 자원들의 조합은 양자 섀넌 이론에서 상당히 중요해지고, 이 장에서 이들의 가장 기본적인 형태를 살펴봤다.

베넷Bennett과 위스너Wiesner(1992)가 초고밀도 부호화에 대해 출판했고, 1년도 안 돼서 베넷 등(1993)이 앨리스와 밥이 초고밀도 부호화 통신 규약의 연산을 서로 교환하면 그들끼리 입자를 원격전송할 수 있음을 알아챘다. 이 두 가지 통신 규약은 훨씬 나중에 양자 섀넌 이론의 씨앗이 됐다.

07

결맞은 통신 규약

앞 장에서 세 가지 통신 규약을 소개했다. 얽힘 분배, 양자원격전송, 초고밀도 부호
화다. 그중 마지막 2개인 양자원격전송과 초고밀도 부호화는 정보 처리 작업을 달성
하기 위해 세 가지 단위 자원을 조합하는 통찰력 있는 방법을 보였기 때문에, 아마 얽
힘 분배보다 더 흥미로울 것이다.

　양자원격전송과 초고밀도 부호화는 서로에 대해 '역방향' 통신 규약일 수 있다. 왜
냐하면 양자원격전송은 앨리스와 밥이 '그들의 장비를 서로 교환'했을 때 초고밀도
부호화로부터 유도되기 때문이다. 하지만 각각의 자원 부등식을 생각해보면 두 통
신 규약 사이에는 근본적인 비대칭성이 존재한다. 양자원격전송에 대한 자원 부등
식을 떠올려보자.

$$2\,[c \to c] + [qq] \geq [q \to q] \tag{7.1}$$

그리고 초고밀도 부호화는 다음과 같다.

$$[q \to q] + [qq] \geq 2\,[c \to c] \tag{7.2}$$

이 통신 규약들 사이의 비대칭성은 이들이 **자원 뒤집기**resource reversal에 대해 **쌍대**dual가
아니라는 점이다. 만약 한쪽이 소모한 자원이 다른 쪽에서 생성된 자원과 같고, 그 반

대로도 같으면 두 통신 규약은 자원 뒤집기에 대해 쌍대라고 한다. 식 (7.2)의 초고밀도 부호화 자원 부등식이 2개의 고전 비트 선로를 생성한다고 해보자. 식 (7.1)의 양자원격전송 자원 부등식의 좌변을 일단 보면, 초고밀도 부호화로부터 생성된 2개의 고전 비트 선로가 식 (7.1)의 좌변에 있는 무잡음 큐비트 선로를 생성하기에는 충분하지 않다는 것을 알 수 있다. 양자원격전송 통신 규약은 2개의 무잡음 고전 비트 선로를 소모하며 추가로 무잡음 얽힘도 소모한다.

양자원격전송과 초고밀도 부호화가 자원 뒤집기에 대해 쌍대가 되도록 하는 방법이 있을까? 한 가지 방법은 '얽힘이 공짜 자원'이라고 가정하는 것이다. 무잡음 얽힘은 극도로 깨지기 쉽기 때문에, 이 가정은 강하며 현실적 측면에서는 정당화하기 어려울 것이다. 또한 얽힘은 양자원격전송과 초고밀도 부호화 통신 규약이 보여준 것만큼이나 강력한 자원이다. 하지만 양자 통신 이론에서 이런 식의 가정은 자주 사용한다. 그런 가정이 문제를 극적으로 단순화해주기 때문이다. 이 전개 과정을 계속하기 위해, 얽힘이 공짜 자원이고 자원 수 세기에 포함시킬 필요가 없다고 가정하자. 이 가정에서는 양자원격전송에 대한 자원 부등식이

$$2\,[c \to c] \geq [q \to q] \tag{7.3}$$

가 되며, 초고밀도 부호화에 대해서는

$$[q \to q] \geq 2\,[c \to c] \tag{7.4}$$

가 된다. 양자원격전송과 초고밀도 부호화는 '공짜 얽힘' 가정이 있으면 자원 뒤집기에 대해 쌍대가 되고, 다음의 **자원 등식**resource equality을 얻게 된다.

$$[q \to q] = 2\,[c \to c] \tag{7.5}$$

【연습문제 7.0.1】 무제한적인 수의 얽힘에 의해 보조를 받는 양자 선로의 양자 용량이 어떤 수 Q와 같다고 하자. 고전 정보를 전송하는 데 있어 이 얽힘보조 선로의 용량은 얼마일까?

【연습문제 7.0.2】 다음의 자원 등식은 어떻게 얻을 수 있을까?(힌트: 어떤 자원이 공짜라고 가정하라.)

$$[q \rightarrow q] = [qq] \tag{7.6}$$

위의 자원 등식을 보이기 위해 어떤 무잡음 통신 규약을 사용했는가? 위의 자원 등식은 강력한 주장이다. 당신이 알아낸 그 가정에 대해, 얽힘과 양자 통신이 동등하다는 뜻이다.

【연습문제 7.0.3】 어떤 양자 선로의 얽힘 생성 용량이 어떤 수 E와 같다고 하자. 이 양자 선로가 공짜인 순방향 고전 통신의 도움을 받으면 그 양자 용량은 얼마일까?

위의 가정은 통신 규약을 자원 뒤집기에 대해 쌍대로 만드는 간단한 방법을 찾는 데 도움이 된다. 그리고 양자 섀넌 이론의 다양한 용량 정리의 증명에서 이들을 이용할 것이다. 하지만 양자원격전송과 초고밀도 부호화를 자원 뒤집기에 대해 쌍대로 만드는 더 영리한 방법이 있다는 사실이 알려졌다. 이 장에서는 **무잡음 결맞은 비트 선로** noiseless coherent bit channel라는 새로운 자원을 도입한다. 이 자원은 자원 뒤집기에 대해 쌍대인 양자원격전송과 초고밀도 부호화 통신 규약의 '결맞은' 판본을 생성한다. 이 결맞은 통신 기술의 성과는 양자 섀넌 이론의 다양한 부호화 정리의 증명을 간단히 하는 데 사용할 수 있다는 점이다. 또한 앞 장에서 살펴본 양자원격전송과 초고밀도 부호화 통신 규약의 관계를 더 깊이 이해하도록 해준다.

7.1 결맞은 통신의 정의

결맞은 비트 선로를 (특정한 관점에서 볼 때) '양자 되먹임quantum feedback'을 갖는 고전 선로라고 소개하며 이번 절을 시작한다. 연습문제 6.1.1에 의하면, 고전 비트 선로는 위상이완 매개변수 $p = 1/2$를 갖는 계산 기저에서 위상이완이 되는 위상이완 선로와 동등하다. 이 완전한 위상이완 선로에 해당하는 CPTP 사상은 다음과 같다.

$$\mathcal{N}(\rho) = \frac{1}{2}\left(\rho + Z\rho Z\right) \tag{7.7}$$

위의 선로에 대한 등척 확장 $U^{\mathcal{N}}_{A \rightarrow BE}$는 식 (5.36)을 적용하면 다음과 같다.

$$U^{\mathcal{N}}_{A \rightarrow BE} = \frac{1}{\sqrt{2}}\left(I_{A \rightarrow B} \otimes |+\rangle_E + Z_{A \rightarrow B} \otimes |-\rangle_E\right) \tag{7.8}$$

여기서 환경 E의 정규직교 기저 상태가 $|+\rangle$와 $|-\rangle$가 되도록 정했다(환경의 기저 상태를 선택하는 데 있어 유니터리 자유가 있음을 생각하자). 등척 확장 $U^{\mathcal{N}}_{A \to BE}$가 연산자 I와 Z 및 상태 $|+\rangle$와 $|-\rangle$를 전개해 유도되는 것을 보이기는 쉽다.

$$U^{\mathcal{N}}_{A \to BE} = |0\rangle_B \langle 0|_A \otimes |0\rangle_E + |1\rangle_B \langle 1|_A \otimes |1\rangle_E \tag{7.9}$$

따라서 고전 비트 선로는 그 작용을 선형성에 의해 전개하면 다음의 사상과 같다.

$$|i\rangle_A \to |i\rangle_B |i\rangle_E : i \in \{0, 1\} \tag{7.10}$$

결맞은 비트 선로는 앨리스가 선로의 환경에 대한 통제를 어떻게든 다시 가져간다고 가정한다는 예외를 포함하면 위의 고전 비트 선로 사상과 유사하다.

$$|i\rangle_A \to |i\rangle_B |i\rangle_A : i \in \{0, 1\} \tag{7.11}$$

이 맥락에서 '결맞음'은 선형성과 동의어처럼 사용된다(중첩된 상태의 관리와 선형 변환이다). 결맞은 비트 선로는 기저 상태를 결맞은 중첩 상태로 유지하면서 복사하기 때문에 고전적인 복사와 유사하다. 결맞은 비트 선로는 다음과 같이 나타낸다.

$$[q \to qq] \tag{7.12}$$

그림 7.1에 결맞은 비트 선로의 시각적 묘사를 제시했다.

【연습문제 7.1.1】 다음의 자원 부등식이 성립함을 보여라.

$$[q \to qq] \geq [c \to c] \tag{7.13}$$

즉, 1개의 무잡음 결맞은 비트 선로를 사용해 무잡음 고전 비트 선로를 생성하는 통신 규약을 고안하라.

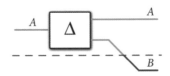

그림 7.1 이 그림은 결맞은 비트 선로의 작용을 묘사한다. 이것은 송신자 A가 환경의 출력에 접근할 수 있다는 점에서 고전 비트 선로의 '결맞음화'다.

7.2 결맞은 비트 선로의 구현

결맞은 비트 선로는 실제로 어떻게 구현할 수 있을까? 그렇게 하는 가장 간단한 방법은 국소 CNOT 게이트와 무잡음 큐비트 선로의 도움을 받는 것이다. 이 통신 규약은 다음과 같이 진행된다(그림 7.2에 이 통신 규약을 묘사했다).

1. 앨리스가 상태 $|\psi\rangle_A \equiv \alpha|0\rangle_A + \beta|1\rangle_A$에 있는 정보 큐비트를 갖고 있다. 앨리스는 $|0\rangle_{A'}$에 있는 보조 큐비트를 준비한다.

2. 앨리스는 국소 CNOT 게이트를 큐비트 A에서 큐비트 A'으로 수행한다. 그 결과 상태는 다음과 같다.

$$\alpha|0\rangle_A|0\rangle_{A'} + \beta|1\rangle_A|1\rangle_{A'} \tag{7.14}$$

3. 앨리스가 무잡음 큐비트 선로 $\mathrm{id}_{A'\to B}$를 1번 사용해서 큐비트 A'을 밥에게 보낸다. 그 결과 상태는 다음과 같다.

$$\alpha|0\rangle_A|0\rangle_B + \beta|1\rangle_A|1\rangle_B \tag{7.15}$$

이제 앨리스와 밥이 식 (7.11)에 정의된 대로 무잡음 결맞은 비트 선로를 구현했다는 것은 명확하다.

위의 통신 규약은 다음의 자원 부등식을 실현한다.

$$[q \to q] \geq [q \to qq] \tag{7.16}$$

그리고 양자 통신이 결맞은 통신을 생성한다는 것을 보인다.

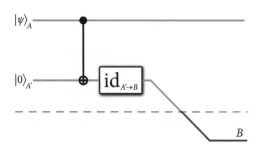

그림 7.2 무잡음 큐비트 선로를 한 번 사용해 무잡음 결맞은 선로를 구현하는 간단한 통신 규약

【**연습문제 7.2.1**】 다음의 자원 부등식이 성립함을 보여라.

$$[q \rightarrow qq] \geq [qq] \tag{7.17}$$

즉, 결맞은 비트 선로를 한 번 사용해 무잡음 얽힘비트를 생성하는 통신 규약을 고안하라.

【**연습문제 7.2.2**】 다음의 두 자원 방정식이 성립하지 않음을 보여라.

$$[q \rightarrow qq] \geq [q \rightarrow q] \tag{7.18}$$

$$[qq] \geq [q \rightarrow qq] \tag{7.19}$$

이제 다음의 연쇄 자원 부등식을 얻는다.

$$[q \rightarrow q] \geq [q \rightarrow qq] \geq [qq] \tag{7.20}$$

따라서 결맞은 비트 선로의 능력은 무잡음 큐비트 선로와 무잡음 얽힘비트의 사이에 놓여 있다.

【**연습문제 7.2.3**】 양자원격전송의 변형으로 무잡음 결맞은 비트 선로를 구현하는 또다른 방법이 있는데, '얽힘과 고전 통신의 보조를 받는 결맞은 통신'이라고 한다. 앨리스와 밥이 얽힘비트 $|\Phi+\rangle_{AB}$를 공유하고 있다고 하자. 앨리스는 보조 큐비트 $|0\rangle_{A'}$을 준비해서 A를 제어 큐비트로 두고 A'을 표적으로 하는 국소적 CNOT 게이트를 작용하여 공유된 얽힘비트에 덧붙인다. 그 결과는 다음과 같다.

$$|\Phi_{\mathrm{GHZ}}\rangle_{AA'B} = \frac{1}{\sqrt{2}} \left(|000\rangle_{AA'B} + |111\rangle_{AA'B} \right) \tag{7.21}$$

앨리스는 위의 상태에 정보 큐비트 $|\psi\rangle_{A_1} \equiv \alpha|0\rangle_{A_1} + \beta|1\rangle_{A_1}$을 이어붙이며, 전체 상태는 다음과 같아진다.

$$|\psi\rangle_{A_1} |\Phi_{\mathrm{GHZ}}\rangle_{AA'B} \tag{7.22}$$

앨리스가 보통의 양자원격전송 연산을 A_1, A, A'계에 수행했다고 하자. 앨리스와 밥이 $\alpha|0\rangle_{A'}|0\rangle_B + \beta|1\rangle_{A'}|1\rangle_B$ 상태를 생성하기 위해 수행해야 하는 단계를 제시하라. 그 결과 무잡음 결맞은 비트 선로가 구현된다. 힌트: 이 통신 규약에 대한 자원 부등

식은 다음과 같다.

$$[qq] + [c \to c] \geq [q \to qq] \tag{7.23}$$

이것은 $[qq] + 2[c \to c] \geq [q \to q]$에 해당하는 양자원격전송 통신 규약과 비교해야 한다.

【연습문제 7.2.4】 위 통신 규약의 단계들을 고쳐서 얽힘과 고전 통신의 보조를 받는 결맞은 통신의 큐디트 판본을 만들어라.

7.3 결맞은 초고밀도 부호화

앞 절에서 무잡음 결맞은 비트 선로를 구현하는 두 가지 통신 규약을 소개했다. 앞 절에서의 간단한 방법과 얽힘과 고전 통신의 보조를 받는 결맞은 통신(연습문제 7.2.3) 이다. 이제, 두 가지 결맞은 비트 선로를 구현하기 위해 사용 가능한 자원을 더 신중하게 쓰도록 하는 다른 방법을 소개한다. 이 방법은 초고밀도 부호화 통신 규약의 결맞은 판본이기 때문에 이 방법을 **결맞은 초고밀도 부호화**coherent super-dense coding라고 부르겠다.

이 통신 규약은 다음과 같이 진행된다(그림 7.3에 이 통신 규약이 묘사됐다).

1. 앨리스와 밥은 통신 규약을 개시하기 전에 상태 $|\Phi^+\rangle_{AB}$에 있는 1개의 얽힘비트를 공유한다.

2. 앨리스는 먼저 $|a_1\rangle_{A_1}|a_2\rangle_{A_2}$ 상태에 있는 2개의 큐비트 A_1과 A_2를 준비한다. 그리고 이 상태를 얽힘비트에 덧붙인다. 전체 상태는 다음과 같다.

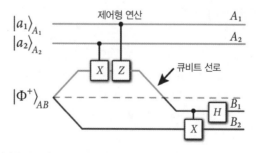

그림 7.3 이 그림은 결맞은 초고밀도 부호화의 통신 규약을 묘사한다.

$$|a_1\rangle_{A_1} |a_2\rangle_{A_2} |\Phi^+\rangle_{AB} \tag{7.24}$$

여기서 a_1과 a_2는 2진수다. 이 준비 과정은 초고밀도 부호화 통신 규약을 생각 나게 한다(초고밀도 통신 규약에서 앨리스는 통신하려는 2개의 고전 비트를 갖고 있었다는 점을 생각해보자).

3. 앨리스는 레지스터 A_2에서 레지스터 A로 CNOT 게이트를 수행하고, 레지스 터 A_1에서 레지스터 A로 제어형 Z 게이트를 수행한다. 그 결과 상태는 다음 과 같다.

$$|a_1\rangle_{A_1} |a_2\rangle_{A_2} Z_A^{a_1} X_A^{a_2} |\Phi^+\rangle_{AB} \tag{7.25}$$

4. 앨리스가 레지스터 A의 큐비트를 밥에게 전송한다. 이 레지스터를 이제 B_1이라 고 하고, 밥의 다른 레지스터 B를 B_2라고 이름을 다시 붙인다.

5. 밥은 레지스터 B_1에서 B_2로 CNOT 게이트를 수행하고, 아다마르 게이트를 B_1 에 수행한다. 최종 상태는 다음과 같다.

$$|a_1\rangle_{A_1} |a_2\rangle_{A_2} |a_1\rangle_{B_1} |a_2\rangle_{B_2} \tag{7.26}$$

위의 통신 규약은 2개의 결맞은 비트 선로를 구현한다. 하나는 A_1에서 B_1으로, 다 른 하나는 A_2에서 B_2로 전송된다. 이 통신 규약이 A_1과 A_2에 대한 두 큐비트 상태 의 임의의 중첩에 대해 작동한다는 것을 직접 검사해볼 수 있을 것이다. 이런 이유에 서, 이 통신 규약은 2개의 결맞은 비트 선로를 구현한 것이다. 결맞은 초고밀도 부호 화에 해당하는 자원 부등식은 다음과 같다.

$$[qq] + [q \to q] \geq 2\,[q \to qq] \tag{7.27}$$

【연습문제 7.3.1】 다음의 자원 부등식을 구현해 결맞은 초고밀도 부호화의 큐디트 판 본을 구성하라.

$$\log d\,[qq] + \log d\,[q \to q] \geq 2 \log d\,[q \to qq] \tag{7.28}$$

(힌트: 제어형 NOT 게이트의 큐디트 일반화는 $\sum_{i=0}^{d-1} |i\rangle\langle i| \otimes X(i)$이고, 여기서 X는 식 (3.208)에 서 정의됐다. 제어형 Z 게이트의 큐디트 일반화는 $\sum_{j=0}^{d-1} |j\rangle\langle j| \otimes Z(j)$이고, 여기서 Z는 식 (3.210) 에서 정의됐다. 아다마르 게이트의 큐디트 일반화는 푸리에 변환 게이트다.)

7.4 결맞은 원격전송

이제 양자원격전송 통신 규약의 결맞은 판본인 **결맞은 원격전송**^{coherent teleportation}을 소개한다. Z 결맞은 비트 선로 Δ_Z가 Z 연산자의 고유상태를 복사한다고 하자(이것은 앞서 정의했던 결맞은 비트 선로 그대로다). X 결맞은 비트 선로 Δ_X는 X 연산자의 고유상태를 복사한다고 하자. 다시 말해 다음과 같다.

$$\Delta_X : |+\rangle_A \rightarrow |+\rangle_A|+\rangle_B \tag{7.29}$$

$$|-\rangle_A \rightarrow |-\rangle_A|-\rangle_B \tag{7.30}$$

어떤 기저를 사용해서 결맞은 비트 선로를 정의했는지는 사실 문제가 되지 않는다. 어떤 기저의 직교 상태들을 복사한다는 것만이 문제다.

【연습문제 7.4.1】 X 결맞은 비트 선로가 Z 결맞은 비트 선로와 국소 연산을 시뮬레이션하는 방법을 보여라.

이 통신 규약은 다음과 같이 진행된다(그림 7.4에 이 통신 규약을 묘사했다).

1. 앨리스는 다음의 정보 큐비트 $|\psi\rangle_A$를 갖고 있다.

$$|\psi\rangle_A \equiv \alpha|0\rangle_A + \beta|1\rangle_A \tag{7.31}$$

앨리스는 Z 결맞은 비트 선로를 통해 자신의 큐비트를 보낸다.

$$|\psi\rangle_A \quad \underrightarrow{\Delta_Z} \quad \alpha|0\rangle_A|0\rangle_{B_1} + \beta|1\rangle_A|1\rangle_{B_1} \equiv |\tilde{\psi}\rangle_{AB_1} \tag{7.32}$$

위의 상태 $|\tilde{\psi}\rangle_{AB}$를 다음과 같이 다시 적는다.

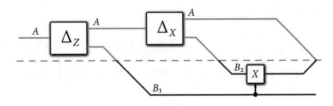

그림 7.4 이 그림은 결맞은 원격전송의 통신 규약을 묘사한다.

$$|\tilde{\psi}\rangle_{AB_1} = \alpha \left(\frac{|+\rangle_A + |-\rangle_A}{\sqrt{2}} \right) |0\rangle_{B_1} + \beta \left(\frac{|+\rangle_A - |-\rangle_A}{\sqrt{2}} \right) |1\rangle_{B_1} \tag{7.33}$$

$$= \frac{1}{\sqrt{2}} \left[|+\rangle_A \left(\alpha|0\rangle_{B_1} + \beta|1\rangle_{B_1} \right) + |-\rangle_A \left(\alpha|0\rangle_{B_1} - \beta|1\rangle_{B_1} \right) \right] \tag{7.34}$$

2. 앨리스가 출력계 A와 B_2에 대해 X 결맞은 비트 선로를 통해 자신의 큐비트 A를 전송한다.

$$|\tilde{\psi}\rangle_{AB_1} \xrightarrow{\Delta_X} \frac{1}{\sqrt{2}} |+\rangle_A |+\rangle_{B_2} \left(\alpha|0\rangle_{B_1} + \beta|1\rangle_{B_1} \right)$$
$$+ \frac{1}{\sqrt{2}} |-\rangle_A |-\rangle_{B_2} \left(\alpha|0\rangle_{B_1} - \beta|1\rangle_{B_1} \right) \tag{7.35}$$

3. 이제, 밥이 큐비트 B_1에서 큐비트 B_2로 CNOT 게이트를 수행한다. 원천 큐비트가 계산 기저에 있고 목표 큐비트가 $+/-$ 기저에 있는 CNOT 게이트의 작용이 다음과 같음을 생각해보자.

$$|0\rangle|+\rangle \rightarrow |0\rangle|+\rangle \tag{7.36}$$
$$|0\rangle|-\rangle \rightarrow |0\rangle|-\rangle \tag{7.37}$$
$$|1\rangle|+\rangle \rightarrow |1\rangle|+\rangle \tag{7.38}$$
$$|1\rangle|-\rangle \rightarrow -|1\rangle|-\rangle \tag{7.39}$$

마지막 항은 π만큼의 위상($e^{i\pi} = -1$)이 붙는다. 그러면 이 CNOT 게이트는 전체 상태를 다음과 같이 가져온다.

$$\frac{1}{\sqrt{2}} \left[|+\rangle_A |+\rangle_{B_2} \left(\alpha|0\rangle_{B_1} + \beta|1\rangle_{B_1} \right) + |-\rangle_A |-\rangle_{B_2} \left(\alpha|0\rangle_{B_1} + \beta|1\rangle_{B_1} \right) \right]$$

$$= \frac{1}{\sqrt{2}} \left[|+\rangle_A |+\rangle_{B_2} |\psi\rangle_{B_1} + |-\rangle_A |-\rangle_{B_2} |\psi\rangle_{B_1} \right] \tag{7.40}$$

$$= \frac{1}{\sqrt{2}} \left[|+\rangle_A |+\rangle_{B_2} + |-\rangle_A |-\rangle_{B_2} \right] |\psi\rangle_{B_1} \tag{7.41}$$

$$= |\Phi^+\rangle_{AB_2} |\psi\rangle_{B_1} \tag{7.42}$$

따라서 앨리스는 자신의 정보 큐비트를 밥에게 양자원격전송했고, 앨리스와 밥은 통신 규약이 마무리될 때 하나의 얽힘비트를 갖고 있다.

결맞은 원격전송에 대한 자원 부등식은 다음과 같다.

$$2[q \rightarrow qq] \geq [qq] + [q \rightarrow q] \tag{7.43}$$

【연습문제 7.4.2】 결맞은 비트^{cobit} 선로와 얽힘비트가 어떻게 GHZ 상태를 생성할 수 있는지 보여라. 즉, 다음의 자원 부등식을 구현하는 통신 규약을 보여라.

$$[qq]_{AB} + [q \rightarrow qq]_{BC} \geq [qqq]_{ABC} \tag{7.44}$$

【연습문제 7.4.3】 앞의 결맞은 원격전송의 큐디트 판본 밑그림을 그려보라. 이 통신 규약은 다음의 자원 부등식을 구현해야 한다.

$$2 \log d[q \rightarrow qq] \geq \log d[qq] + \log d[q \rightarrow q] \tag{7.45}$$

【연습문제 7.4.4】 원래의 양자원격전송 통신 규약을 고쳐서 결맞은 원격전송 통신 규약의 촉매 판본 밑그림을 그려보라. 앨리스가 정보 큐비트 $|\psi\rangle_{A'}$을 갖고, 앨리스와 밥이 얽힘비트 $|\Phi^+\rangle_{AB}$를 공유한다고 하자. 벨 측정을 제어형 NOT 게이트와 아다마르 게이트로 교체하고, 고전 비트 선로를 결맞은 비트 선로로 교체하고, 밥의 조건부 유니터리 연산을 제어형 유니터리 연산으로 교체하라. 그 결과로 나온 자원 부등식은 다음의 형태가 되어야 한다.

$$2[q \rightarrow qq] + [qq] \geq [q \rightarrow q] + 2[qq] \tag{7.46}$$

이 통신 규약은 양변에서 얽힘비트를 1개씩 소거하면 식 (7.43)의 자원 부등식을 준다는 점에서 촉매다.

7.5 결맞은 통신 항등식

이 장의 근본적인 결과는 **결맞은 통신 항등식**$^{\text{coherent communication identity}}$이다.

$$2[q \rightarrow qq] = [qq] + [q \rightarrow q] \tag{7.47}$$

이 항등식은 식 (7.27)의 결맞은 초고밀도 부호화에 대한 자원 부등식과 식 (7.43)의 결맞은 원격전송에 대한 자원 부등식을 결합해 얻는다. 결맞은 통신 항등식은 결맞은 초고밀도 부호화와 결맞은 원격전송이 자원 뒤집기에 대해 쌍대임을 보여준다. 즉, 결맞은 양자원격전송이 소모하는 자원은 결맞은 초고밀도 부호화가 생성한 자원과 같고, 그 반대도 마찬가지다.

결맞은 통신 항등식의 최대 응용 분야는 유잡음 양자 섀넌 이론이다. 나중에 이 응용 분야는 비밀 고전 정보를 출력하는 통신 규약의 '승급upgrade'에서 나타난다는 사실을 알게 될 것이다. 어떤 통신 규약이 비밀 고전 비트를 출력한다고 하자. 6.2.3절의 논의 중 마지막 문단에서 말했듯이, 초고밀도 부호화 통신 규약은 그런 사례 중 하나다. 그러면 초고밀도 부호화를 결맞게 만든 방법과 유사한 방법으로, 조건부 유니터리 연산을 제어형 유니터리 연산으로 교체해 통신 규약을 결맞은 방식으로 만들어서 승급시키는 것이 가능하다.

이 아이디어를 예를 들어서 더 정밀하게 만들 수 있다. 얽힘보조 고전 부호화에 대한 자원 부등식은 다음과 같은 형태를 갖는다(더 자세한 사항은 21장에서 논의한다).

$$\langle \mathcal{N} \rangle + E\,[qq] \geq C\,[c \rightarrow c] \tag{7.48}$$

여기서 $\mathcal{N}$은 앨리스를 밥에게 연결하는 유잡음 양자 선로다. E는 얽힘 소모의 어떤 속도이고, C는 고전 통신의 어떤 속도다. 그러면 초고밀도 부호화를 승급시킬 때 사용했던 것과 유사한 방식으로 생성된 고전 비트를 결맞은 비트로 승급시키는 것이 가능하다. 그 결과 자원 부등식은 다음과 같은 형태를 갖는다.

$$\langle \mathcal{N} \rangle + E\,[qq] \geq C\,[q \rightarrow qq] \tag{7.49}$$

이제, 식 (7.47)의 결맞은 통신 항등식을 사용해 위의 자원 부등식을 구현하는 임의의 통신 규약이 결맞은 초고밀도 부호화에서 생성된 결맞은 비트를 사용하는 것만으로 다음의 자원 부등식도 구현할 수 있음을 보일 수 있다.

$$\langle \mathcal{N} \rangle + E\,[qq] \geq \frac{C}{2}\,[q \rightarrow q] + \frac{C}{2}\,[qq] \tag{7.50}$$

그러면 자원 부등식 양변의 얽힘비트를 상쇄키는 '촉매 논증'을 만들 수 있다. 최종 자원 부등식은 다음과 같다.

$$\langle \mathcal{N} \rangle + \left(E - \frac{C}{2} \right)[qq] \geq \frac{C}{2}\,[q \rightarrow q] \tag{7.51}$$

위의 자원 부등식은 얽힘보조 양자 통신에 대한 통신 규약에 해당하고, 이 통신 규약의 역정리가 보인 것과 같이 어떤 선로에 대해서는 최적임이 알려져 있다. 이 최적성은 고전 비트에서 결맞은 비트로의 효율적인 변환과 결맞은 통신 항등식을 응용했기 때문이다.

7.6 역사와 더 읽을거리

해로[Harrow](2004)는 결맞은 통신의 아이디어를 도입했다. 이후, 결맞은 비트 선로의 아이디어는 윌디[Wilde] 등(2007)에 의해 연속 변수인 경우로 일반화됐다. 결맞은 통신은 이후의 장에서 공부할 양자 섀넌 이론에서 많은 응용법을 갖는다.

08

단위 자원 용량 영역

6장에서는 양자원격전송, 초고밀도 부호화, 얽힘 분배라는 세 가지 단위 통신 규약을 소개했다. 6.3절에서는 이 통신 규약 각각이 개별적으로 최적임을 증명했다. 예를 들어, 얽힘 분배 통신 규약은 두 참여자가 한 번의 무잡음 큐비트 선로를 사용해 하나보다 많은 얽힘비트를 생성할 수 없기 때문에 최적이다.

8장에서는 이 세 가지 통신 규약이 사실상 가장 중요한 통신 규약임을 보인다. 즉, 고전 통신, 양자 통신, 얽힘에 있어서 무잡음 자원이 가능하다면 다른 어떤 통신 규약도 고려할 필요가 없다. 이 세 가지 통신 규약을 결합하는 것이 단위 자원으로 할 수 있는 최선이다.

이런 관점에서 이번 장은 용량 정리의 역을 증명하는 좋은 사례를 제시한다. 여기서 세 가지 단위 통신 규약이 채우게 될 단위 자원 도달 가능 영역unit resource achievable region이라는 3차원 영역을 구성한다. 이 장의 역증명은 물리적 논증을 이용해 단위 자원 도달 가능 영역이 최적임을 보인다. 그리고 이것을 단위 자원 용량 영역이라고 부를 수 있다. 나중에 용량의 절충에 대해 배울 때 여기서의 전개 과정을 이용할 것이다(25장 참고).

8.1 단위 자원 도달 가능 영역

먼저, 세 가지 단위 통신 규약에 대한 자원 부등식을 다시 적어보자. 양자원격전송에 대한 자원 부등식은 다음과 같다.

$$2[c \to c] + [qq] \geq [q \to q] \qquad (8.1)$$

초고밀도 부호화에 대해서는

$$[q \to q] + [qq] \geq 2[c \to c] \qquad (8.2)$$

이고, 얽힘 분배에 대한 자원 부등식은 다음과 같다.

$$[q \to q] \geq [qq] \qquad (8.3)$$

$[q \to q]$, $[qq]$, $[c \to c]$라는 자원은 각각 **단위 자원**unit resource이다.

위의 세 가지 단위 통신 규약은 다른 단위 통신 규약 전부를 복원하는 데 충분하다. 예를 들어, 초고밀도 부호화와 얽힘 분배를 이용해 다음의 자원 부등식을 생성할 수 있다.

$$2[q \to q] + [qq] \geq 2[c \to c] + [qq] \qquad (8.4)$$

위의 자원 부등식은 양변에서 얽힘을 소거하고 1/2로 줄이면 다음과 동등하다(얽힘은 여기서 촉매 자원으로 작용하기 때문에 소거할 수 있다).

$$[q \to q] \geq [c \to c] \qquad (8.5)$$

위의 통신 규약을 N번 반복 사용하는 상황을 생각하면 1/2로 줄이는 것을 정당화할 수 있다. 통신 규약의 첫 번째 시행에서는 시작할 때 하나의 얽힘비트가 필요하다. 하지만 그 이후의 모든 시행에서는 얽힘비트 1개의 소모와 생성이 둘 다 일어나며,

$$2N[q \to q] + [qq] \geq 2N[c \to c] + [qq] \qquad (8.6)$$

로 주어진다. N으로 나누면 이 작업의 속도를 얻을 수 있고, N이 매우 커지면 최초의 얽힘비트 사용은 무시할 수 있게 된다. 식 (8.5)를 '무잡음 선로를 통한 고전적 부호화'라고 한다.

앞의 자원 부등식을 다른 방식으로 생각할 수도 있다. C가 무잡음 고전 통신, Q가 무잡음 양자 통신, E가 무잡음 얽힘에 해당할 때, (C, Q, E)라는 형태로 주어지는 점들의 3차원 공간을 생각해보자. 이 공간의 각 점은 단위 자원을 포함하는 통신 규약이다. 어떤 점에 해당하는 자원 부등식이 좌표에 해당하는 자원을 소모한다면 그 점의 좌표는 음수이고, 점에 해당하는 자원 부등식이 좌표에 해당하는 자원을 생성한다면 그 점의 좌표는 양수다.

예를 들어, 양자원격전송 통신 규약에 해당하는 점은 다음과 같다.

$$x_{\text{TP}} \equiv (-2, 1, -1) \tag{8.7}$$

왜냐하면 양자원격전송은 2개의 무잡음 고전 비트 선로와 1개의 얽힘비트를 소모하여 1개의 무잡음 큐비트 선로를 생성하기 때문이다. 비슷한 이유로, 초고밀도 부호화와 얽힘 분배에 해당하는 점은 각각 다음과 같다.

$$x_{\text{SD}} \equiv (2, -1, -1) , \quad x_{\text{ED}} \equiv (0, -1, 1) \tag{8.8}$$

그림 8.1은 3차원 공간에서 고전 통신, 양자 통신, 얽힘에 해당하는 3개의 점을 표시한다.

세 가지 단위 통신 규약 중 어떤 것이든 한 번만 실행할 수 있다. 또는 어떤 양의 정수 m에 대해 이들 중 어떤 것이든 m번 실행할 수 있다. 통신 규약을 m번 실행하면 3차원 공간의 다른 점이 나온다. 즉, 임의의 양수 m에 대해 $m x_{\text{TP}}$, $m x_{\text{SD}}$, $m x_{\text{ED}}$의 점에 도달할 수 있다. 이 방법은 3차원 공간의 어떤 부분을 채울 수 있도록 하고,

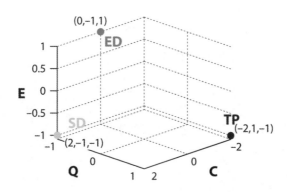

그림 8.1 3개의 점은 세 가지 단위 통신 규약에 해당한다. ED: 얽힘 분배, TP: 양자원격전송, SD: 초고밀도 부호화

유리수 계수를 갖는 자원 부등식에 대한 해석을 제공한다. 유리수는 실수 집합 안에서 빽빽하므로 실수 계수를 허용해도 된다. 이 사실은 나중에 특정 전송 속도(통신 속도는 임의의 실수가 될 수 있다.)에 도달하기 위해 세 가지 단위 통신 규약을 결합해야 할 때 중요해진다. 따라서 이 통신 규약들을 결합해 다음의 형태를 갖는 어떤 점에든지 도달할 수 있다.

$$\alpha x_{\mathrm{TP}} + \beta x_{\mathrm{SD}} + \gamma x_{\mathrm{ED}} \tag{8.9}$$

여기서 α, β, $\gamma \geq 0$이다.

몇 가지 표기법을 만들어두자. L이 선을 나타내고, Q는 4분면, O는 8분공간[1]을 나타낸다(Q가 양자 통신을 뜻하는지 '4분면'을 뜻하는지는 맥락에 따라 분명해야 한다). 예를 들어, L^{-00}은 고전 통신의 음수 방향으로 향하는 선을 나타낸다.

$$L^{-00} \equiv \{\alpha\,(-1,0,0) : \alpha \geq 0\} \tag{8.10}$$

Q^{0+-}는 고전 통신이 없고, 양자 통신이 생성되고, 얽힘이 소모되는 4분면을 나타낸다.

$$Q^{0+-} \equiv \{\alpha\,(0,1,0) + \beta\,(0,0,-1) : \alpha,\beta \geq 0\} \tag{8.11}$$

O^{+-+}는 고전 통신이 생성되고, 양자 통신이 소모되고, 얽힘이 생성되는 8분공간을 나타낸다.

$$O^{+-+} \equiv \left\{ \begin{array}{c} \alpha\,(1,0,0) + \beta\,(0,-1,0) + \gamma\,(0,0,1) \\ : \alpha,\beta,\gamma \geq 0 \end{array} \right\} \tag{8.12}$$

두 영역 A와 B 사이의 '집합적 덧셈set addition' 연산(민코프스키 합Minkowski sum이라고 함)을 생각해보면 위의 정의가 유용하다.

$$A + B \equiv \{a + b : a \in A, b \in B\} \tag{8.13}$$

위의 정의를 이용하면 다음의 관계식이 성립한다.

$$Q^{0+-} = L^{0+0} + L^{00-} \tag{8.14}$$

---

1 3차원 공간에서 x–y 평면, y–z 평면, x–z 평면에 의해 나눠지는 8개의 구역 중 하나 – 옮긴이

$$O^{+-+} = L^{+00} + L^{0-0} + L^{00+} \tag{8.15}$$

$(C,\ Q,\ E)$ 공간에 다음의 기하학적 객체들이 놓여 있다.

1. '양자원격전송의 선' L_{TP}는 다음 점들의 집합이다.

$$L_{\text{TP}} \equiv \{\alpha\,(-2, 1, -1) : \alpha \geq 0\} \tag{8.16}$$

2. '초고밀도 부호화의 선' L_{SD}는 다음 점들의 집합이다.

$$L_{\text{SD}} \equiv \{\beta\,(2, -1, -1) : \beta \geq 0\} \tag{8.17}$$

3. '얽힘 분배의 선' L_{ED}는 다음 점들의 집합이다.

$$L_{\text{ED}} \equiv \{\gamma\,(0, -1, 1) : \gamma \geq 0\} \tag{8.18}$$

【정의 8.1.1】 $\tilde{C}_{\text{U}}$가 단위 자원 도달 가능 영역을 나타낸다고 하자. 이는 위 통신 규약들의 모든 선형 결합으로 구성된다.

$$\tilde{C}_{\text{U}} \equiv L_{\text{TP}} + L_{\text{SD}} + L_{\text{ED}} \tag{8.19}$$

다음의 행렬은 $\tilde{C}_{\text{U}}$에 있는 모든 도달 가능한 삼항 $(C,\ Q,\ E)$를 준다.

$$\begin{bmatrix} C \\ Q \\ E \end{bmatrix} = \begin{bmatrix} -2 & 2 & 0 \\ 1 & -1 & -1 \\ -1 & -1 & 1 \end{bmatrix} \begin{bmatrix} \alpha \\ \beta \\ \gamma \end{bmatrix} \tag{8.20}$$

여기서 $\alpha,\ \beta,\ \gamma \geq 0$이다. 계수 $\alpha,\ \beta,\ \gamma$를 속도 삼항 $(C,\ Q,\ E)$의 함수로 나타내기 위해, 위의 방정식을 역행렬을 이용해 다시 적을 수 있다.

$$\begin{bmatrix} \alpha \\ \beta \\ \gamma \end{bmatrix} = \begin{bmatrix} -1/2 & -1/2 & -1/2 \\ 0 & -1/2 & -1/2 \\ -1/2 & -1 & 0 \end{bmatrix} \begin{bmatrix} C \\ Q \\ E \end{bmatrix} \tag{8.21}$$

$\alpha,\ \beta,\ \gamma$에 대한 음성이 아니어야 한다는 제한사항은 도달 가능한 속도의 삼항에 다음의 제한을 준다.

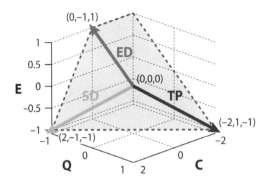

그림 8.2 이 그림은 단위 자원 도달 가능 영역 $\tilde{C}_U$를 나타낸다.

$$C + Q + E \leq 0 \tag{8.22}$$
$$Q + E \leq 0 \tag{8.23}$$
$$C + 2Q \leq 0 \tag{8.24}$$

위의 결과는 식 (8.19)의 도달 가능 영역 $\tilde{C}_U$가 식 (8.22) ~ 식 (8.24)를 만족시키는 모든 속도 삼항과 동등하다는 뜻이다. 그림 8.2가 전체 단위 자원 도달 가능 영역을 나타낸다.

【정의 8.1.2】 단위 자원 용량 영역 C_U는 다음의 자원 부등식을 만족시키면서 C, Q, E 공간에 속하는 모든 점 (C, Q, E) 집합의 폐포^{closure}다.

$$0 \geq C[c \to c] + Q[q \to q] + E[qq] \tag{8.25}$$

위의 정의는 단위 자원 용량 영역은 그 점에서 구현한 것에 해당하는 통신 규약을 갖고 있는 모든 (C, Q, E) 점으로 구성된다는 뜻이다. 음수의 속도를 갖는 자원이 암묵적으로 자원 부등식의 좌변에 있다는 사실을 떠올리기 전에는 위의 정의에 나온 표기법을 처음 볼 때 조금 혼란스러울 수 있다.

아래의 정리 8.1.1은 세 가지 단위 자원의 최적 3차원 용량 영역을 제시한다.

【정리 8.1.1】 단위 자원 용량 영역 C_U는 단위 자원 도달 가능 영역 $\tilde{C}_U$와 같다.

$$C_U = \tilde{C}_U \tag{8.26}$$

이 정리를 증명하려면 두 단계가 필요한데, **직접 부호화 정리**^{direct coding theorem}와 **역정**

리$^{\text{converse theorem}}$다. 이 경우 **직접 부호화 정리**는 도달 가능 영역 $\tilde{C}_\text{U}$가 용량 영역 C_U에 포함됨을 말한다.

$$\tilde{C}_\text{U} \subseteq C_\text{U} \tag{8.27}$$

반대로, **역정리**는 $\tilde{C}_\text{U}$의 최적성을 말한다.

$$C_\text{U} \subseteq \tilde{C}_\text{U} \tag{8.28}$$

8.2 직접 부호화 정리

직접 부호화 정리의 결과 $\tilde{C}_\text{U} \subseteq C_\text{U}$는 식 (8.19)의 단위 자원 도달 가능 영역 $\tilde{C}_\text{U}$의 정의, 식 (8.25)의 단위 자원 용량 영역 C_U, 자원 부등식 이론으로부터 즉시 유도된다. 단위 자원 용량 영역의 점에는 단순히 세 가지 단위 자원의 양수인 선형 결합을 생각하면 도달할 수 있다. 다음 절에서 단위 자원 용량 영역이 전부 단위 자원 도달 가능 영역의 점으로만 구성된다는 것을 보일 것이다.

8.3 역정리

역정리(즉, $C_\text{U} \subseteq \tilde{C}_\text{U}$)를 증명하기 위해 식 (8.19)의 $\tilde{C}_\text{U}$ 정의를 이용하고, (C, Q, E) 공간의 8분공간을 따로 생각한다. $(\pm, \pm, \pm)$가 서로 다른 8분공간에 대한 표지라고 하자.

이 세 가지 통신 규약 각각이 개별적으로 최적이라는 것은 6장에서 봤듯이 모순 논증을 통해 증명할 수 있다. 그러나 정리 8.1.1의 역증명에서, 세 단위 통신 규약을 조합해 섞는 전략이 최적임을 보여야 한다.

다음의 세 가지 가정을 받아들이고, 역을 증명하기 위해 이들을 이용할 것이다.

1. 얽힘만으로는 고전 통신이나 양자 통신, 또는 둘 다를 생성할 수 없다.

2. 고전 통신만으로는 양자 통신이나 얽힘, 또는 둘 다를 생성할 수 없다.

3. 홀레보 한계: 무잡음 큐비트 선로를 단독으로 사용해서 통신의 고전 비트를 1개보다 많이 생성할 수 없다.

$(+, +, +)$. C_U의 이 8분공간은 비어 있다. 왜냐하면 송신자와 수신자가 고전 통신, 양자 통신, 얽힘을 구현하기 위해 어떤 자원이 필요하기 때문이다(아무것도 없는데 단위 자원을 생성할 수는 없다).

$(+, +, -)$. C_U의 이 8분공간은 비어 있다. 왜냐하면 얽힘만으로는 고전 통신이나 양자 통신, 또는 둘 다를 생성할 수 없기 때문이다.

$(+, -, +)$. 이 8분면에 대한 작업은 양자 통신의 $|Q|$개의 큐비트를 소모하여 무잡음 고전 선로의 C개의 비트와 E개의 얽힘비트를 생성하는 것이다. 따라서 $C \geq 0$, $Q \leq 0$, $E \geq 0$인 (C, Q, E) 형태의 모든 점을 고려한다. 다음의 부등식을 증명하면 충분하다.

$$C + E \leq |Q| \tag{8.29}$$

왜냐하면 식 (8.29)에 $C \geq 0$과 $E \geq 0$인 조건을 결합하면 식 (8.22) ~ 식 (8.24)를 의미하기 때문이다. 다음과 같이 초고밀도 부호화 식 (8.2)에서 모든 얽힘을 소모할 수 있기 때문에 $(C, -|Q|, E)$의 도달 가능성은 $(C + 2E, -|Q| - E, 0)$인 점의 도달 가능성을 의미한다.

$$(C + 2E, -|Q| - E, 0) = (C, -|Q|, E) + (2E, -E, -E) \tag{8.30}$$

이 새로운 점은 $|Q| + E$개의 무잡음 큐비트 선로를 소모하여 $C + 2E$개의 고전 비트를 전송하는 통신 규약이 존재한다는 뜻이다. 홀레보 한계(연습문제 4.2.2가 이 한계의 더 간단한 진술을 제시한다.)에 따르면 큐비트당 1개의 고전 비트만을 보낼 수 있기 때문에, 다음의 한계가 적용된다.

$$C + 2E \leq |Q| + E \tag{8.31}$$

그러면 식 (8.29)의 한계가 유도된다.

$(+, -, -)$. 이 8분공간에 대한 작업은 양자 통신에서 $|Q|$개의 큐비트와 얽힘에서 $|E|$개의 얽힘비트를 이용해 크기가 C비트인 고전 선로를 시뮬레이션하는 것이다. $C \geq 0$, $Q \leq 0$, $E \leq 0$인 (C, Q, E) 형태의 모든 점을 고려하자. 다음의 부등식들을 증명하면 충분하다.

$$C \leq 2|Q| \tag{8.32}$$

$$C \leq |Q| + |E| \tag{8.33}$$

왜냐하면 식 (8.32)와 식 (8.33)을 $C \geq 0$과 결합하면 식 (8.22) ~ 식 (8.24)를 의미하기 때문이다. 식 (8.1)의 양자원격전송으로 고전 통신 전부를 소모할 수 있기 때문에 $(C, -|Q|, -|E|)$의 도달 가능성은 $(0, -|Q| + C/2, -|E| - C/2)$의 도달 가능성을 뜻한다.

$$(0, -|Q| + C/2, -|E| - C/2) = (C, -|Q|, -|E|) + (-C, C/2, -C/2) \tag{8.34}$$

얽힘만으로는 양자 통신을 생성할 수 없기 때문에 다음의 한계가 적용된다(양자 통신은 양수가 될 수 없다).

$$-|Q| + C/2 \leq 0 \tag{8.35}$$

그러면 식 (8.32)의 한계는 위의 한계에서 유도된다. $(C, -|Q|, -|E|)$의 도달 가능성은 $(C, -|Q| - |E|, 0)$의 도달 가능성이다. 왜냐하면 얽힘 분배 식 (8.3)으로 여분의 $|E|$개 큐비트를 소모할 수 있기 때문이다.

$$(C, -|Q| - |E|, 0) = (C, -|Q|, -|E|) + (0, -|E|, |E|) \tag{8.36}$$

식 (8.33)의 한계는 이제 앞의 8분공간에서와 마찬가지로 같은 홀레보 한계 논증을 적용할 수 있다.

$(-, +, +)$. C_U의 이 8분공간은 비어 있다. 왜냐하면 고전 통신만으로는 양자 통신이나 얽힘, 또는 둘 다를 생성할 수 없기 때문이다.

$(-, +, -)$. 이 8분공간에 대한 작업은 얽힘에서 $|E|$개의 얽힘비트와 고전 통신에서 $|C|$개의 비트를 사용해 크기가 Q개의 큐비트인 양자 선로를 시뮬레이션하는 것이다. $C \leq 0$, $Q \geq 0$, $E \leq 0$인 (C, Q, E) 형태의 모든 점을 생각하자. 다음의 부등식들을 증명하면 충분하다.

$$Q \leq |E| \tag{8.37}$$
$$2Q \leq |C| \tag{8.38}$$

왜냐하면 위의 부등식을 $C \leq 0$과 조합하면 식 (8.22) ~ 식 (8.24)를 의미하기 때문이다. 식 (8.3)의 얽힘 분배로 모든 양자 통신을 소모할 수 있기 때문에 점 $(-|C|, Q,$

$-|E|$)의 도달 가능성은 점 $(-|C|, 0, Q - |E|)$의 도달 가능성을 뜻한다.

$$(-|C|, 0, Q - |E|) = (-|C|, Q, -|E|) + (0, -Q, Q) \qquad (8.39)$$

고전 통신만으로는 얽힘을 생성할 수 없기 때문에, 다음의 한계가 적용된다(얽힘은 양수가 될 수 없다).

$$Q - |E| \leq 0 \qquad (8.40)$$

식 (8.37)의 한계는 위의 한계로부터 유도된다. 모든 양자 통신은 식 (8.2)의 초고밀도 부호화로 소모할 수 있기 때문에, 점 $(-|C|, Q, -|E|)$의 도달 가능성은 점 $(-|C| + 2Q, 0, -Q - |E|)$의 도달 가능성을 뜻한다 .

$$(-|C| + 2Q, 0, -Q - |E|) = (-|C|, Q, -|E|) + (2Q, -Q, -Q) \qquad (8.41)$$

얽힘만으로는 고전 통신을 생성할 수 없기 때문에 다음의 한계가 적용된다(고전 통신이 양수가 될 수 없다).

$$- |C| + 2Q \leq 0 \qquad (8.42)$$

식 (8.38)의 한계는 위의 한계로부터 유도된다.

$(-, -, +)$. 이 8분공간에 대한 작업은 양자 통신에서 $|Q|$개의 큐비트와 고전 통신에서 $|C|$개의 비트를 사용해 얽힘에서 E개의 얽힘비트를 생성하는 것이다. $C \leq 0$, $Q \leq 0$, $E \geq 0$인 (C, Q, E) 형태의 모든 점을 생각하자. 다음의 부등식을 증명하는 것으로 충분하다.

$$E \leq |Q| \qquad (8.43)$$

왜냐하면 위의 식을 $Q \leq 0$ 및 $C \leq 0$과 조합하면 식 (8.22) ~ 식 (8.24)를 의미하기 때문이다. 식 (8.1)의 양자원격전송을 이용해 모든 얽힘을 소모할 수 있기 때문에 $(-|C|, -|Q|, E)$의 도달 가능성은 $(-|C| - 2E, -|Q| + E, 0)$의 도달 가능성을 뜻한다.

$$(-|C| - 2E, -|Q| + E, 0) = (-|C|, -|Q|, E) + (-2E, E, -E) \qquad (8.44)$$

고전 통신만으로는 양자 통신을 생성할 수 없기 때문에 다음의 한계가 적용된다(양자 통신은 양수가 될 수 없다).

$$- |Q| + E \leq 0 \tag{8.45}$$

위의 한계로부터 식 (8.43)의 한계가 유도된다.

$(-, -, -)$. $\tilde{C}_U$는 이 8분공간을 완전히 포함한다.

이제 식 (8.22)에서 식 (8.24)의 부등식 집합이 (C, Q, E) 공간의 모든 8분공간에 대해 성립함을 증명했다. 다음의 연습문제는 유사한 단위 자원 도달 가능 영역에 대한 질문이다.

【연습문제 8.3.1】 공개 고전 통신

$$[c \to c]_{\text{pub}} \tag{8.46}$$

과 비밀 고전 통신

$$[c \to c]_{\text{priv}} \tag{8.47}$$

과 공유된 비밀키

$$[cc]_{\text{priv}} \tag{8.48}$$

이라는 자원을 생각해보자. 공개 고전 통신은 다음의 선로와 동등하다.

$$\rho \to \sum_i \langle i|\rho|i \rangle \, |i\rangle\langle i|_B \otimes \sigma_E^i \tag{8.49}$$

따라서 도청자가 전송 상태 ρ의 어떤 상관성을 알아낼 수 있다. 비밀 고전 통신은 다음의 선로와 동등하다.

$$\rho \to \sum_i \langle i|\rho|i \rangle \, |i\rangle\langle i|_B \otimes \sigma_E \tag{8.50}$$

따라서 도청자의 상태는 밥이 받은 정보와 독립적이다. 끝으로, 비밀키는 다음의 형태를 갖는 상태다.

$$\overline{\Phi}_{AB} \otimes \sigma_E \equiv \left(\frac{1}{d} \sum_i |i\rangle\langle i|_A \otimes |i\rangle\langle i|_B \right) \otimes \sigma_E \tag{8.51}$$

따라서 앨리스와 밥은 최대의 고전적 상관성을 공유하고 도청자의 상태는 그에 무관하다. 이 세 가지 고전 자원을 연관 짓는 세 가지 통신 규약이 존재한다. 비밀키 분배는 무잡음 비밀 선로를 이용해 무잡음 비밀키를 생성하는 통신 규약이다. 이는 다음의 자원 부등식을 갖는다.

$$[c \rightarrow c]_{\text{priv}} \geq [cc]_{\text{priv}} \tag{8.52}$$

일회용 암호 통신 규약은 공유된 비밀키와 무잡음 공개 선로를 이용해 무잡음 비밀 선로를 생성한다(이는 단순히 비밀키의 비트와 송신자가 전송하려는 비트의 XOR을 수행하며, 비밀키가 완벽하게 비밀이라면 이 통신 규약은 깨트릴 수 없음을 증명할 수 있다). 이는 다음의 자원 부등식을 갖는다.

$$[c \rightarrow c]_{\text{pub}} + [cc]_{\text{priv}} \geq [c \rightarrow c]_{\text{priv}} \tag{8.53}$$

끝으로 밥이 자신의 정보를 저장할 수 있는 국소적 레지스터를 갖고 있고, 그걸 도청자에게 준다고 하면 비밀 고전 통신은 공개 비밀 통신을 시뮬레이션할 수 있다. 이는 다음의 자원 부등식을 갖는다.

$$[c \rightarrow c]_{\text{priv}} \geq [c \rightarrow c]_{\text{pub}} \tag{8.54}$$

이 세 가지 통신 규약이 공개 고전 통신, 비밀 고전 통신, 비밀키로 이뤄진 공간에서 최적 도달 가능 영역을 채운다는 것을 보여라. 최적성을 증명하기 위해 다음의 세 가지 가정을 사용하라. (1) 공개 고전 통신만으로는 비밀키나 비밀 고전 통신을 생성할 수 없다. (2) 비밀키만으로는 공개 고전 통신이나 비밀 고전 통신을 생성할 수 없다. (3) 공개된 선로와 비밀키의 순수한 전체 비트양은 비밀 선로에서 사용된 비트의 수를 초과할 수 없다.

【연습문제 8.3.2】 7장의 결맞은 통신 자원을 생각해보자.

$$[q \rightarrow qq] \tag{8.55}$$

식 (7.47)의 결맞은 통신 항등식을 떠올려보자.

$$2[q \rightarrow qq] = [q \rightarrow q] + [qq] \tag{8.56}$$

결맞은 통신의 다른 자원 부등식을 떠올려보자.

$$[q \rightarrow q] \geq [q \rightarrow qq] \geq [qq] \qquad (8.57)$$

C가 결맞은 통신, Q가 양자 통신, E가 얽힘일 때 (C, Q, E) 점으로 이뤄진 공간을 생각해보자. 위의 자원 부등식과 다음의 또 다른 자명한 자원 부등식

$$[qq] \geq 0 \qquad (8.58)$$

으로 얻을 수 있는 도달 가능 영역을 결정하라. 위의 자원 부등식은 앨리스가 단순히 얽힘을 던져버리는 것이라서 '얽힘 소모'라고 해석한다.

8.4 역사와 더 읽을거리

단위 자원 용량 영역은 [Hsieh & Wilde, 2010b]의 부호화 절충이라는 맥락에서 처음으로 등장했다. 이후, 비밀 단위 자원 용량 영역은 [Wilde & Hsieh, 2012a]에서 등장했다.

4부

양자 섀넌 이론의 도구

09

거리 척도

6장부터 8장까지 양자원격전송, 초고밀도 부호화, 그 결맞은 판본, 얽힘 분배 등과 같이 중요한 무잡음 양자 통신 규약을 자세히 논의했다. 이 통신 규약 각각은 무잡음 자원이 사용 가능하다는 가정에 의존한다. 예를 들어, 얽힘 분배 통신 규약은 무잡음 얽힘비트를 생성하는 무잡음 큐비트 선로가 사용 가능하다고 가정한다. 이런 이상화는 더 복잡한 문제에 대한 걱정 없이 통신 규약의 핵심 원리를 전개할 수 있게 해주지만, 실제로 이런 통신 규약은 잡음이 존재할 때 예상대로 작동하지 않는다.

양자계가 실제로 잡음에 의해 손상된다고 할 때, 통신 규약이 일을 얼마나 잘 수행하는지 결정하는 방법이 있어야 한다. 그렇게 하는 가장 간단한 방법은 이상적인 통신 규약의 출력과 실제 통신 규약의 출력을 두 출력 양자 상태의 **거리 척도**distance measure를 이용해 비교하는 것이다. 즉, 양자정보 처리 통신 규약이 어떤 양자 상태 $|\psi\rangle$를 이상적으로 출력해야 하는데, 이 통신 규약의 실제 출력이 밀도 연산자 ρ를 갖는 양자 상태라고 하자. 그러면 성능 척도 $P(\psi, \rho)$는 이상적인 출력이 실제 출력에 얼마나 가까운지 나타내야 한다. 그림 9.1은 이상적인 통신 규약과 잡음이 있는 다른 통신 규약의 비교를 묘사한다.

9장에서는 두 양자 상태가 얼마나 가까운지를 정할 수 있는 두 가지 거리 척도를 소개한다. 여기서 논의할 첫 번째 거리 척도는 대각합 거리trace distance이고 두 번째는

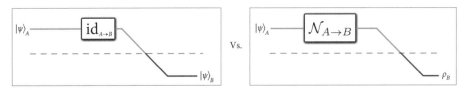

그림 9.1 거리 척도는 주어진 이상적인 통신 규약(왼쪽에 묘사됨)의 출력이 유잡음 자원을 이용한 실제 통신규약(오른쪽의 유잡음 양자 선로 $\mathcal{N}_{A \to B}$로 묘사됨)의 출력으로부터 얼마나 멀리 떨어져 있는지 정량화한다.

충실도^{fidelity}다(그러나 충실도는 엄밀한 수학적 관점에서 거리 척도는 아님을 알아두자. 그럼에도 충실도는 직관적인 조작적 해석을 주기 때문에 양자 상태의 '가까움' 척도로 사용한다). 이 두 가지 척도는 대체로 서로 교환할 수 있지만, 때로는 상황에 따라 어떤 것보다 다른 것이 더 편리하기 때문에 두 가지를 모두 소개한다.

거리 척도는 통신 규약이 얼마나 잘 작동하고 있는지 결정하는 방법을 제공하기 때문에 양자 섀넌 이론에서 특히 중요하다. 무잡음 부호화 정리와 유잡음 부호화 정리 모두에 대한 섀넌의 방법(2장에서 간략히 소개함)이 통신 규약에 약간의 오류를 허용하지만, 큰 덩어리 길이의 극한에서 오류가 사라짐을 보였다는 점을 다시 떠올려보자. 양자 부호화 정리를 증명할 이후의 장에서는 성능의 척도로 대각합 거리나 충실도를 이용해 점근적으로 작은 오류를 보여주는 이 기술을 빌려올 것이다.

9.1 대각합 거리

먼저, 대각합 거리를 소개한다. 이 소개는 대각합 정의를 정의하기 위해 선형 연산자의 노름을 이용하기 때문에 어쩌면 수학적이다. 이런 수학적인 느낌에도 불구하고, 이 절에서는 대각합 거리의 직관적인 조작적 해석을 제시한다.

9.1.1 대각합 노름

【정의 9.1.1】 대각합 노름   어떤 연산자 $M \in \mathcal{L}(\mathcal{H}, \mathcal{H}')$의 **대각합 노름**^{trace norm} 또는 **샤튼 1-노름**^{Schatten 1-norm} $\|M\|_1$은 다음과 같이 정의된다.

$$\|M\|_1 \equiv \mathrm{Tr}\{|M|\} \tag{9.1}$$

여기서 $|M| \equiv \sqrt{M^\dagger M}$ 이다.

【명제 9.1.1】 어떤 연산자 $M \in \mathcal{L}(\mathcal{H}, \mathcal{H}')$의 대각합 노름은 그 특잇값의 합과 같다.

【증명】 임의의 함수 f를 에르미트 연산자 A에 적용했을 때의 정의 3.3.1을 상기하자.

$$f(A) \equiv \sum_{i:\alpha_i \neq 0} f(\alpha_i)|i\rangle\langle i| \tag{9.2}$$

여기서 $\sum_{i:\alpha_i \neq 0} \alpha_i|i\rangle\langle i|$는 A의 스펙트럼 분해다. 이 두 가지 정의를 갖고, M의 대각합 노름이 그 특잇값의 합과 같음을 보이기는 쉽다. 실제로, $M = U\Sigma V$가 M의 특잇값 분해라고 하자. 여기서 U와 V는 유니터리 행렬이고, Σ는 대각선에 음이 아닌 특잇값을 갖는 직사각형 행렬이다. 그러면 다음과 같이 쓸 수 있다.

$$M = \sum_{i=0}^{d-1} \sigma_i|u_i\rangle\langle v_i| \tag{9.3}$$

여기서 d는 M의 랭크이고, $\{\sigma_i\}$는 M의 엄격하게 양수인 특잇값이며, $\{|u_i\rangle\}$는 $\{\sigma_i\}$ 집합에 대한 U의 정규직교 열벡터이고, $\{|v_i\rangle\}$는 $\{\sigma_i\}$ 집합에 대한 V의 정규직교인 행벡터다. 이때

$$M^\dagger M = \left[\sum_{j=0}^{d-1} \sigma_j|v_j\rangle\langle u_j|\right]\left[\sum_{i=0}^{d-1} \sigma_i|u_i\rangle\langle v_i|\right] \tag{9.4}$$

$$= \sum_{i,j=0}^{d-1} \sigma_j\sigma_i|v_j\rangle\langle u_j||u_i\rangle\langle v_i| \tag{9.5}$$

$$= \sum_{i=0}^{d-1} \sigma_i^2|v_i\rangle\langle v_i| \tag{9.6}$$

이므로 다음이 성립한다.

$$\sqrt{M^\dagger M} = \sum_{i=0}^{d-1} \sqrt{\sigma_i^2}|v_i\rangle\langle v_i| = \sum_{i=0}^{d-1} \sigma_i|v_i\rangle\langle v_i| \tag{9.7}$$

이는 다음을 의미한다.

$$\mathrm{Tr}\{|M|\} = \sum_{i=0}^{d-1} \sigma_i \tag{9.8}$$

이것은 또한 다음을 의미한다.

$$\|M\|_1 = \mathrm{Tr}\{\sqrt{MM^\dagger}\} \tag{9.9}$$

왜냐하면 $MM^\dagger$와 $M^\dagger M$의 특잇값이 같기 때문이다(이것이 연습문제 4.1.4의 핵심이다). 또한 에르미트 연산자의 대각합 노름은 그 고윳값의 절댓값 합과 같음을 쉽게 보일 수 있다. □

대각합 노름은 실제로 **노름**인데, 왜냐하면 비음수 확정성, 균일성, 삼각부등식이라는 세 가지 성질을 만족시키기 때문이다.

【성질 9.1.1】 **비음수 확정성** 연산자 M의 대각합 노름은 비음수 확정non-negative definite 이다.

$$\|M\|_1 \geq 0 \tag{9.10}$$

대각합 노름이 0인 것과 연산자 M이 0 연산자인 것은 서로 필요충분조건이다.

$$\|M\|_1 = 0 \quad \Leftrightarrow \quad M = 0 \tag{9.11}$$

【성질 9.1.2】 **균일성** 임의의 상수 $c \in \mathbb{C}$에 대해 다음이 성립한다.

$$\|cM\|_1 = |c|\,\|M\|_1 \tag{9.12}$$

【성질 9.1.3】 **삼각부등식** 임의의 두 연산자 $M,\ N \in \mathcal{L}(\mathcal{H},\ \mathcal{H}')$에 대해 다음의 삼각부등식이 성립한다.

$$\|M + N\|_1 \leq \|M\|_1 + \|N\|_1 \tag{9.13}$$

비음수 확정성은 연산자의 특잇값이 음수가 아니며, 모든 특잇값이 0인 것(따라서 이 연산자는 0이다.)은 특잇값의 합이 0인 것과 필요충분조건이기 때문에 유도된다. 균일성은 $|cM| = |c||M|$이라는 사실에서 직접 유도된다. 삼각부등식에 대해서는 나중에(하지만 특수한 경우에 대해서만) 증명을 제시할 것이다. 연습문제 9.1.1에서 정사각 연산자에 대해 증명해보자.

대각합 노름의 세 가지 또 다른 중요한 성질은 등척변환에 대한 불변성, 볼록성, 변분 특성화다. 아래의 세 가지 성질 각각은 양자 섀넌 이론에서 유용한 도구로 등장한다.

【성질 9.1.4】 등척 불변성   대각합 노름은 등척변환 U와 V의 곱에 대해 불변이다.

$$\left\| UMV^\dagger \right\|_1 = \|M\|_1 \tag{9.14}$$

【성질 9.1.5】 볼록성   임의의 두 연산자 $M, N \in \mathcal{L}(\mathcal{H}, \mathcal{H}')$과 $\lambda \in [0, 1]$에 대해 다음의 부등식이 성립한다.

$$\|\lambda M + (1 - \lambda)N\|_1 \le \lambda \|M\|_1 + (1 - \lambda) \|N\|_1 \tag{9.15}$$

등척 불변성은 M과 $UMV^\dagger$가 같은 특잇값을 갖기 때문에 성립한다. 볼록성은 삼각부등식과 균일성에서 직접 유도된다(따라서 이런 관점에서 임의의 노름은 볼록이다).

【성질 9.1.6】 변분 특성화   정사각 연산자 $M \in \mathcal{L}(\mathcal{H})$에 대해, 대각합 노름의 다음과 같은 변분 특성화가 성립한다.

$$\|M\|_1 = \max_U |\mathrm{Tr}\,\{MU\}| \tag{9.16}$$

여기서 최적화는 모든 유니터리 연산자에 대해 수행된다.

【증명】   위의 특성화는 M의 특잇값 분해를 $M = WDV$로 취하여 유도한다. 이때 W와 V는 유니터리 행렬이고, D는 특잇값들의 대각행렬이다. 코시-슈바르츠 부등식을 적용하면 다음을 얻는다.

$$|\mathrm{Tr}\,\{MU\}| = |\mathrm{Tr}\,\{WDVU\}| = \left| \mathrm{Tr}\left\{ \sqrt{D}\sqrt{D}VUW \right\} \right| \tag{9.17}$$

$$\le \sqrt{\mathrm{Tr}\left\{ \sqrt{D}\sqrt{D} \right\}} \sqrt{\mathrm{Tr}\left\{ \left(\sqrt{D}VUW \right)^\dagger \sqrt{D}VUW \right\}} \tag{9.18}$$

$$= \mathrm{Tr}\,\{D\} = \|M\|_1 \tag{9.19}$$

이 부등식은 힐베르트-슈미트 내적에 대한 코시-슈바르츠 부등식의 결과다.

$$\left| \mathrm{Tr}\,\{A^\dagger B\} \right| \le \sqrt{\mathrm{Tr}\,\{A^\dagger A\}} \sqrt{\mathrm{Tr}\,\{B^\dagger B\}} \tag{9.20}$$

등호는 $U = V^\dagger W^\dagger$일 때 성립하며, 이렇게 하면 식 (9.16)을 얻는다. □

【연습문제 9.1.1】 삼각 부등식(성질 9.1.3)이 정사각 연산자 $M,\ N \in \mathcal{L}(\mathcal{H})$에 대해 성립함을 증명하라(힌트: 성질 9.1.6의 특성화를 사용하라).

9.1.2 대각합 노름으로부터 대각합 거리

대각합 노름은 대각합 거리라는 자연스러운 거리 척도를 유도한다.

【정의 9.1.2】 대각합 거리 두 연산자 $M,\ N \in \mathcal{L}(\mathcal{H},\ \mathcal{H}')$이 주어지면, 두 연산자 사이의 대각합 거리는 다음과 같다.

$$\|M - N\|_1 \tag{9.21}$$

대각합 거리는 밀도 연산자 ρ와 σ로 주어진 두 양자 상태에 대한 구분 가능성의 척도로 특별히 유용하다. 다음의 한계는 임의의 두 밀도 연산자 ρ와 σ 사이의 대각합 거리에 적용된다.

$$0 \leq \|\rho - \sigma\|_1 \leq 2 \tag{9.22}$$

때로는 정규화된 대각합 거리 $\frac{1}{2}\|\rho - \sigma\|_1$을 이용해 $\frac{1}{2}\|\rho - \sigma\|_1 \in [0,\ 1]$이 되도록 하는 것이 유용하다. 식 (9.22)의 아래쪽 한계는 두 양자 상태가 같은 경우에 대응된다. 즉, 양자 상태 ρ와 σ가 서로 같은 것은 그 대각합 거리가 0인 것과 필요충분조건이다. 0이 되는 대각합 거리의 물리적 구현은 σ로부터 ρ를 구분할 수 있는 측정이 없는 것이다. 식 (9.22)의 위쪽 한계는 삼각부등식에서 유도된다.

$$\|\rho - \sigma\|_1 \leq \|\rho\|_1 + \|\sigma\|_1 = 2 \tag{9.23}$$

대각합 거리는 ρ와 σ가 직교 부분공간에 서포트를 가질 때 최대가 된다. 나중에 충실도를 소개한 후, 이 경우가 이런 일이 일어날 수 있는 유일한 경우임을 증명할 것이다. 최대 대각합 거리의 물리적 구현은 σ로부터 ρ를 완벽하게 구분할 수 있는 측정이 존재하는 것이다. 대각합 거리의 조작적 해석은 9.1.4절에서 더 자세히 논의할 것이다.

【연습문제 9.1.2】 2큐비트 밀도 연산자 ρ와 σ 사이의 대각합 거리는 그 블로흐 벡터

$\vec{r}$과 $\vec{s}$ 사이의 유클리드 거리와 같음을 보여라. 여기서

$$\rho = \frac{1}{2}\left(I + \vec{r} \cdot \vec{\sigma}\right), \qquad \sigma = \frac{1}{2}\left(I + \vec{s} \cdot \vec{\sigma}\right) \tag{9.24}$$

즉, $\|\rho - \sigma\|_1 = \|\vec{r} - \vec{s}\|_2$임을 보여라.

【연습문제 9.1.3】 대각합 거리가 임의의 밀도 연산자 ρ_1, ρ_2, σ_1, σ_2에 대해 망원경 성질 telescope property을 따름을 보여라.

$$\|\rho_1 \otimes \rho_2 - \sigma_1 \otimes \sigma_2\|_1 \leq \|\rho_1 - \sigma_1\|_1 + \|\rho_2 - \sigma_2\|_1 \tag{9.25}$$

(힌트: 먼저 임의의 연산자 ρ, σ, ω에 대해 $\|\rho \otimes \omega = \sigma \otimes \omega\|_1 = \|\rho - \sigma\|_1$을 보여라.)

【연습문제 9.1.4】 등척 양자 선로에 대해 대각합 거리가 다음과 같은 관점에서 불변임을 보여라.

$$\|\rho - \sigma\|_1 = \left\|U\rho U^\dagger - U\sigma U^\dagger\right\|_1 \tag{9.26}$$

여기서 U는 등척 연산자다. 식 (9.26)의 물리적 구현은 등척 양자 선로가 두 상태에 적용된 것이 두 상태의 구분 가능성을 늘리거나 줄이지 않는 것이다.

9.1.3 확률 차이로서의 대각합 거리

이제 대각합 거리를 특징짓는 대안적이고 유용한 방법을 제시하는 중요한 보조정리를 소개하고 증명하겠다. 이 특정한 특성화는 대각합 거리에 따르는 보조정리의 많은 증명에 활용된다.

【보조정리 9.1.1】 두 상태 ρ, $\sigma \in \mathcal{D}(\mathcal{H})$ 사이의 정규화된 대각합 거리 $\frac{1}{2}\|\rho - \sigma\|_1$은 두 상태 ρ와 σ가 같은 측정 산출물 Λ를 줄 수 있는 최대의 확률 차이와 같다.

$$\frac{1}{2}\|\rho - \sigma\|_1 = \max_{0 \leq \Lambda \leq I} \mathrm{Tr}\left\{\Lambda\left(\rho - \sigma\right)\right\} \tag{9.27}$$

위의 최대화는 그 고윳값이 1에 의해 위로 유계인 모든 양의 준정부호 연산자 $\Lambda \in \mathcal{L}(\mathcal{H})$에 대해 수행된다.

【증명】 차 연산자 $\rho - \sigma$가 에르미트이고 따라서 다음과 같이 대각화할 수 있음을 생각하자.

$$\rho - \sigma = \sum_i \lambda_i |i\rangle\langle i|$$

여기서 $\{|i\rangle\}$는 고유벡터의 정규직교 기저이고, $\{\lambda_i\}$는 실수 고윳값의 집합이다.

$$P \equiv \sum_{i:\lambda_i \geq 0} \lambda_i |i\rangle\langle i|, \qquad Q \equiv \sum_{i:\lambda_i < 0} |\lambda_i| \, |i\rangle\langle i| \tag{9.28}$$

위의 정의는 P와 Q가 양의 준정부호임을 뜻하고,

$$\rho - \sigma = P - Q \tag{9.29}$$

라는 뜻이다. 또한 $PQ = 0$임을 생각하자. Π_P와 Π_Q가 각각 P와 Q의 서포트 위로의 사영 연산자라고 하자.

$$\Pi_P \equiv \sum_{i:\lambda_i \geq 0} |i\rangle\langle i|, \qquad \Pi_Q \equiv \sum_{i:\lambda_i < 0} |i\rangle\langle i| \tag{9.30}$$

그러면 다음이 유도된다.

$$\Pi_P P \Pi_P = P, \qquad \Pi_Q Q \Pi_Q = Q \tag{9.31}$$
$$\Pi_P Q \Pi_P = 0, \qquad \Pi_Q P \Pi_Q = 0 \tag{9.32}$$

또한 다음의 성질도 성립한다.

$$|\rho - \sigma| = |P - Q| = P + Q \tag{9.33}$$

왜냐하면 P와 Q의 서포트가 직교이고 연산자 $P - Q$의 절댓값이 그 고윳값의 절댓값을 취하기 때문이다. 따라서

$$\|\rho - \sigma\|_1 = \mathrm{Tr}\{|\rho - \sigma|\} = \mathrm{Tr}\{P + Q\} = \mathrm{Tr}\{P\} + \mathrm{Tr}\{Q\} \tag{9.34}$$

그러나

$$\mathrm{Tr}\{P\} - \mathrm{Tr}\{Q\} = \mathrm{Tr}\{P - Q\} = \mathrm{Tr}\{\rho - \sigma\} \tag{9.35}$$
$$= \mathrm{Tr}\{\rho\} - \mathrm{Tr}\{\sigma\} = 0 \tag{9.36}$$

여기서 마지막 등식은 두 양자 상태가 모두 대각합으로 1을 갖기 때문이다. 따라서 $\mathrm{Tr}\{P\} = \mathrm{Tr}\{Q\}$이고

$$\|\rho - \sigma\|_1 = 2 \cdot \mathrm{Tr}\{P\} \tag{9.37}$$

이다. 그러면 다음을 생각해보자.

$$\mathrm{Tr}\{\Pi_P(\rho - \sigma)\} = \mathrm{Tr}\{\Pi_P(P - Q)\} = \mathrm{Tr}\{\Pi_P P\} \tag{9.38}$$

$$= \mathrm{Tr}\{P\} = \frac{1}{2}\|\rho - \sigma\|_1 \tag{9.39}$$

이제 연산자 Π_P가 최대화하는 것임을 증명하자. Λ가 그 스펙트럼이 1에 의해 위로 유계인 임의의 양의 준정부호 연산자라고 하자. 그러면 다음이 성립한다.

$$\mathrm{Tr}\{\Lambda(\rho - \sigma)\} = \mathrm{Tr}\{\Lambda(P - Q)\} \leq \mathrm{Tr}\{\Lambda P\} \tag{9.40}$$

$$\leq \mathrm{Tr}\{P\} = \frac{1}{2}\|\rho - \sigma\|_1 \tag{9.41}$$

첫 번째 부등식은 Λ와 Q가 음수가 아니고, 따라서 $\mathrm{Tr}\{\Lambda Q\}$가 음수가 아니기 때문이다. 두 번째 부등식은 $\Lambda < I$이기 때문에 성립한다. 마지막 등식은 식 (9.37)에서 유도된다. □

【연습문제 9.1.5】 $\rho = |0\rangle\langle 0|$이고 $\sigma = |+\rangle\langle +|$라고 하자. ρ와 σ에 대해 식 (9.28)과 식 (9.30)에 정의된 대로 P, Q, Π_P, Π_Q를 계산하라. 대각합 거리 $\|\rho - \sigma\|_1$을 계산하라.

【연습문제 9.1.6】 임의의 에르미트 연산자 ω의 대각합 노름이 다음의 최적화

$$\|\omega\|_1 = \max_{-I \leq \Lambda \leq I} \mathrm{Tr}\{\Lambda\omega\} \tag{9.42}$$

에 의해 주어짐을 보여라.

9.1.4 대각합 거리의 조작적 해석

이제, 두 양자 상태의 구분 가능성으로서 대각합 거리의 조작적 해석을 제시하겠다. 이 해석은 가설 검정 상황에서 나온 결과다. 밥이 두 양자 상태 ρ_0와 ρ_1을 준비하고,

앨리스가 그걸 구분한다고 하자. 게다가, 밥이 ρ_0나 ρ_1을 준비할 확률은 선험적으로 똑같다고 하자. X를 선험적 확률에 할당된 베르누이 무작위 변수라고 하자. 즉, $p_X(0) = p_X(1) = 1/2$이다. 앨리스는 두 상태를 구분하기 위해 $\Lambda \equiv \{\Lambda_0, \Lambda_1\}$의 원소로 2진 POVM을 수행할 수 있다. 즉, 앨리스는 측정에서 '0'을 얻는다면 질문의 상태가 ρ_0라고 생각하고, 측정에서 '1'을 얻는다면 ρ_1일 것이라고 생각한다. Y가 앨리스의 측정의 고전적 결과에 배정된 베르누이 무작위 변수라고 하자. 가설 검정 상황에 대한 성공 확률 $p_{\text{succ}}(\Lambda)$는 상태가 ρ_0일 때 '0'을 검출할 확률과 상태가 ρ_1일 때 '1'을 검출할 확률의 합이다.

$$p_{\text{succ}}(\Lambda) = p_{Y|X}(0|0)p_X(0) + p_{Y|X}(1|1)p_X(1) \tag{9.43}$$

$$= \text{Tr}\{\Lambda_0\rho_0\}\frac{1}{2} + \text{Tr}\{\Lambda_1\rho_1\}\frac{1}{2} \tag{9.44}$$

완전성 관계 $\Lambda_0 + \Lambda_1 = I$를 이용해 위의 식을 간단히 할 수 있다.

$$p_{\text{succ}}(\Lambda) = \frac{1}{2}\left(\text{Tr}\{\Lambda_0\rho_0\} + \text{Tr}\{(I - \Lambda_0)\rho_1\}\right) \tag{9.45}$$

$$= \frac{1}{2}\left(\text{Tr}\{\Lambda_0\rho_0\} + \text{Tr}\{\rho_1\} - \text{Tr}\{\Lambda_0\rho_1\}\right) \tag{9.46}$$

$$= \frac{1}{2}\left(\text{Tr}\{\Lambda_0\rho_0\} + 1 - \text{Tr}\{\Lambda_0\rho_1\}\right) \tag{9.47}$$

$$= \frac{1}{2}\left(1 + \text{Tr}\{\Lambda_0(\rho_0 - \rho_1)\}\right) \tag{9.48}$$

이제 앨리스가 ρ_0와 ρ_1을 구분하기 위해 POVM $\Lambda = \{\Lambda_0, \Lambda_1\}$ 중에 선택할 자유가 있다고 하자. 그리고 앨리스는 성공 확률 $p_{\text{succ}}(\Lambda)$를 최대화하기 위해 그중 하나를 고른다. 따라서 모든 측정에 대한 성공 확률을 다음과 같이 정의할 수 있다.

$$p_{\text{succ}} \equiv \max_{\Lambda} p_{\text{succ}}(\Lambda) = \max_{\Lambda} \frac{1}{2}\left(1 + \text{Tr}\{\Lambda_0(\rho_0 - \rho_1)\}\right) \tag{9.49}$$

최대화 안쪽의 표현이 Λ_0만을 포함하고 있기 때문에 위의 양을 보조정리 9.1.1에 나온 특성을 이용해 대각합 거리에 대해 다시 적을 수 있다.

$$p_{\text{succ}} = \frac{1}{2}\left(1 + \frac{1}{2}\|\rho_0 - \rho_1\|_1\right) \tag{9.50}$$

따라서 정규화된 대각합 거리는 양자 가설 검정 실험에서 두 양자 상태 ρ_0와 ρ_1을 구

분하는 데 있어 최대 성공 확률과 선형적으로 연관된 조작적 해석을 갖는다. 성공 확률에 대한 위의 해석에서, $\|\rho_0 - \rho_1\|_1$이 0과 같을 때 두 상태가 구분 불가능하다는 것은 분명하다. 즉, 앨리스가 그 상태가 어떤지 무작위로 추측하는 것만으로 충분하며, 이 경우 앨리스는 맞출 확률을 1/2보다 더 개선할 수 없다. 반면에, $\|\rho_0 - \rho_1\|_1$이 최대이고 두 상태를 구분하는 측정이, $\rho_0 - \rho_1$의 음이 아닌 고유상태 위로 보내는 사영 연산자와 $\rho_0 - \rho_1$의 음의 고유상태 위로 보내는 사영 연산자, 이렇게 2개의 사영 연산자로 구성된다면 두 상태는 완벽하게 구분 가능하다. 이런 관점에서 정규화된 대각합 거리는 가설 검정 실험에서 무작위 추측으로부터 멀리 떨어져서 치우쳐 있다.

【연습문제 9.1.7】 위의 가설 검정 상황의 선험적 확률이 균일하지 않고 p_0, p_1과 같다고 하자. 그러면 성공 확률이 다음과 같이 주어짐을 보여라.

$$p_{\text{succ}} = \frac{1}{2}\left(1 + \|p_0\rho_0 - p_1\rho_1\|_1\right) \tag{9.51}$$

9.1.5 대각합 거리 보조정리

보조정리 9.1.1의 유용한 따름정리를 몇 가지 소개하고, 그에 해당하는 증명을 제시하겠다. 이 따름정리는 삼각부등식, 가까운 상태에 대한 측정, 대각합 거리의 단조성 등을 포함한다. 보조정리 각각은 양자 섀넌 이론의 여러 증명에서 응용된다.

【보조정리 9.1.2】삼각부등식 대각합 거리는 삼각부등식을 따른다. 임의의 세 양자 상태 ρ, σ, $\tau \in \mathcal{D}(\mathcal{H})$에 대해 다음의 부등식이 성립한다.

$$\|\rho - \sigma\|_1 \leq \|\rho - \tau\|_1 + \|\tau - \sigma\|_1 \tag{9.52}$$

【증명】 $\|\rho - \sigma\|_1$에 대한 최대 연산자로 (보조정리 9.1.1에 따라) Π를 고르면, 다음이 성립한다.

$$\|\rho - \sigma\|_1 = 2 \cdot \text{Tr}\{\Pi(\rho - \sigma)\} \tag{9.53}$$
$$= 2 \cdot \text{Tr}\{\Pi(\rho - \tau)\} + 2 \cdot \text{Tr}\{\Pi(\tau - \sigma)\} \tag{9.54}$$
$$\leq \|\rho - \tau\|_1 + \|\tau - \sigma\|_1 \tag{9.55}$$

마지막 부등식은 $\|\rho - \sigma\|_1$을 최대화하는 Π가 $\|\rho - \tau\|_1$과 $\|\tau - \sigma\|_1$을 둘 다 최대화하는 연산자와 일반적으로는 같지 않기 때문에 유도된다. □

【따름정리 9.1.1】 가까운 상태에 대한 측정　두 양자 상태 ρ, $\sigma \in \mathcal{D}(\mathcal{H})$와 $0 \leq \Pi \leq I$를 만족하는 연산자 $\Pi \in \mathcal{L}(\mathcal{H})$가 있다고 하자. 그러면 다음이 성립한다.

$$\mathrm{Tr}\,\{\Pi\rho\} \geq \mathrm{Tr}\,\{\Pi\sigma\} - \frac{1}{2}\,\|\rho - \sigma\|_1 \tag{9.56}$$

$$\geq \mathrm{Tr}\,\{\Pi\sigma\} - \|\rho - \sigma\|_1 \tag{9.57}$$

【증명】　다음의 논증을 생각해보자.

$$\frac{1}{2}\,\|\rho - \sigma\|_1 = \max_{0 \leq \Lambda \leq I}\,\{\mathrm{Tr}\,\{\Lambda\,(\sigma - \rho)\}\} \tag{9.58}$$

$$\geq \mathrm{Tr}\,\{\Pi\,(\sigma - \rho)\} \tag{9.59}$$

$$= \mathrm{Tr}\,\{\Pi\sigma\} - \mathrm{Tr}\,\{\Pi\rho\} \tag{9.60}$$

첫 번째 등식은 보조정리 9.1.1에서 유도된다. 첫 번째 부등식은 Λ가 최대화 연산자이고, 오직 Λ만이 $0 \leq \Pi \leq I$인 또 다른 연산자 Π에 대한 확률 차이보다 더 큰 확률 차이를 이끌어낼 수 있기 때문에 유도된다. □

따름정리 9.1.1을 양자 섀넌 이론에서 사용하는 가장 보편적인 방식은 다음의 상황이다. 연산자 Π를 이용한 측정이 양자 상태 σ에 대해 높은 확률로 성공한다고 하자.

$$\mathrm{Tr}\,\{\Pi\sigma\} \geq 1 - \varepsilon \tag{9.61}$$

여기서 ε은 어떤 작은 양수다. 거기에, 또 다른 양자 상태 ρ가 대각합 거리에서 σ에 ε만큼 가까이 있다고 하자.

$$\|\rho - \sigma\|_1 \leq \varepsilon \tag{9.62}$$

식 (9.61)과 식 (9.62)를 식 (9.57)에 대입하면, 따름정리 9.1.1은 σ에 가까운 상태 ρ에 대한 측정이 높은 확률로 성공한다는 직관적 결과를 준다.

$$\mathrm{Tr}\,\{\Pi\rho\} \geq 1 - 2\varepsilon \tag{9.63}$$

【연습문제 9.1.8】　연습문제 9.1.6의 결과를 이용해 식 (9.57)의 결과가 임의의 에르미트 연산자 ρ와 σ에 대해 성립함을 증명하라.

다음으로, 계를 폐기함에 따른 대각합 거리의 단조성^{monotonicity}을 살펴보자. 이 따름정리의 해석은 계를 폐기하는 것이 두 양자 상태의 구분 불가능성을 증가시키지 않

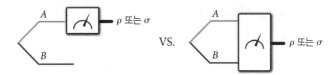

그림 9.2 이 그림은 2진값 측정을 이용해 밥이 상태 ρ_{AB}를 상태 σ_{AB}와 구분하기 위한 작업을 묘사한다. 밥이 B계에 대해 접근할 수 없다면 밥은 A계에 대해서만 최적 측정을 수행할 수 있다. 만약 밥이 B계에도 접근할 수 있다면, 밥은 A와 B계에 대해 최적의 결합 측정을 수행할 수 있다. 만약 밥이 결합 측정을 수행한다면 B계의 상태에 대한 더 많은 정보를 얻을 수 있기 때문에 그 상태를 좀 더 신뢰성 있게 구분할 수 있을 것이라고 예상할 수 있다. 대각합 거리는 구분 가능성의 척도이므로 다음의 부등식 $\|\rho_A - \sigma_A\|_1 \leq \|\rho_{AB} - \sigma_{AB}\|_1$을 따를 것이라고 예상할 수 있다(구분 가능성 검사의 일부분에 해당하는 더 작은 계에만 접근 가능하다면, 이 상태에 대한 구분 가능성이 낮다).

는다는 것이다. 즉, 더 큰 계에 대한 측정이 각 부분계에 대한 국소적 측정보다 두 계를 더 잘 구분할 수 있을 것이다. 사실 단조성의 증명은 이 직관을 정확히 따르며, 그림 9.2에서 단조성에 숨은 직관을 묘사한다.

【따름정리 9.1.2】대각합 거리의 단조성 $\rho_{AB},\ \sigma_{AB} \in \mathcal{D}(\mathcal{H}_A \otimes \mathcal{H}_B)$라고 하자. 대각합 거리는 부분계의 폐기에 대해 단조적이다.

$$\|\rho_A - \sigma_A\|_1 \leq \|\rho_{AB} - \sigma_{AB}\|_1 \tag{9.64}$$

【증명】 양성 반확정 연산자 $\Lambda_A \leq I_A$에 대해

$$\|\rho_A - \sigma_A\|_1 = 2 \cdot \mathrm{Tr}\left\{\Lambda_A \left(\rho_A - \sigma_A\right)\right\} \tag{9.65}$$

를 생각해보자. 그러면

$$2 \cdot \mathrm{Tr}\left\{\Lambda_A \left(\rho_A - \sigma_A\right)\right\} = 2 \cdot \mathrm{Tr}\left\{\left(\Lambda_A \otimes I_B\right)\left(\rho_{AB} - \sigma_{AB}\right)\right\} \tag{9.66}$$

$$\leq 2 \cdot \max_{0 \leq \Lambda_{AB} \leq I} \mathrm{Tr}\left\{\Lambda_{AB}\left(\rho_{AB} - \sigma_{AB}\right)\right\} \tag{9.67}$$

$$= \|\rho_{AB} - \sigma_{AB}\|_1 \tag{9.68}$$

이다. 첫 번째 등식은 양자 이론의 국소적 예측이 광역적 예측과 일치해야 하기 때문에 유도된다(4.3.3절에서 논의함). 부등호는 국소 연산자 Λ_A가 광역 연산자 전체에 대한 최대화보다 더 높은 확률 차이를 줄 수 없기 때문에 유도된다. 마지막 등식은 보조정리 9.1.1 대각합 거리의 특성화로부터 유도된다. □

【연습문제 9.1.9】 대각합 거리의 단조성 $\rho,\ \sigma \in \mathcal{D}(\mathcal{H}_A)$이고 $\mathcal{N} : \mathcal{L}(\mathcal{H}_A) \to \mathcal{L}(\mathcal{H}_B)$가 양자 선로라고 하자. 양자 선로 $\mathcal{N}$의 작용에 대해 대각합 거리가 단조적임을 보여라.

$$\|\mathcal{N}(\rho) - \mathcal{N}(\sigma)\|_1 \leq \|\rho - \sigma\|_1 \tag{9.69}$$

(힌트: 따름정리 9.1.2와 연습문제 9.1.4의 결과를 활용하라.)

위의 연습문제의 결과는 해설이 필요하다. 이 결과는 양자 선로 $\mathcal{N}$이 2개의 양자 상태 ρ와 σ의 서로에 대한 구분 가능성을 줄인다는 뜻이다. 즉, 유잡음 양자 선로는 그 양자 선로가 작용하기 전보다 두 상태를 더 비슷해 보이게 해서 두 상태 사이를 흐릿하게 만들어준다.

【연습문제 9.1.10】   측정이 다음과 같은 관점에서 대각합 거리를 달성함을 증명하라.

$$\|\rho - \sigma\|_1 = \max_{\{\Lambda_x\}} \sum_x |\mathrm{Tr}\{\Lambda_x \rho\} - \mathrm{Tr}\{\Lambda_x \sigma\}| \tag{9.70}$$

여기서 $\rho,\ \sigma \in \mathcal{D}(\mathcal{H})$이고, 최적화는 모든 POVM $\{\Lambda_x\}$에 대해 수행된다. 힌트: 연습문제 9.1.9의 결과를 사용하여 POVM을 어떻게 선택하든 다음의 부등식이 성립함을 보여라.

$$\|\rho - \sigma\|_1 \geq \sum_x |\mathrm{Tr}\{\Lambda_x \rho\} - \mathrm{Tr}\{\Lambda_x \sigma\}| \tag{9.71}$$

다음으로, 이 한계에 포화되는 최적 측정을 만들기 위해 보조정리 9.1.1의 증명을 사용하라(힌트: 측정 $\{\Pi_P, \Pi_Q\}$를 생각해보라).

【연습문제 9.1.11】   대각합 거리가 **강하게 볼록**임을 보여라. 즉, 모든 x에 대해 $\rho_x,\ \sigma_x \in \mathcal{D}(\mathcal{H})$인 두 앙상블 $\{p_{X_1}(x),\ \rho_x\}$와 $\{p_{X_2}(x),\ \rho_x\}$에 대해, 다음의 부등식이 성립한다.

$$\left\| \sum_x p_{X_1}(x)\rho_x - \sum_x p_{X_2}(x)\sigma_x \right\|_1$$
$$\leq \sum_x |p_{X_1}(x) - p_{X_2}(x)| + \sum_x p_{X_1}(x)\|\rho_x - \sigma_x\|_1 \tag{9.72}$$

9.1.6 선로 구분 가능성과 다이아몬드 노름

대각합 거리의 조작적 해석을 양자 상태 구별하기(9.1.4절)로 생각하면, 자연스러운 그다음 질문은 하나의 양자 선로를 다른 것과 어떻게 구분할 수 있는지 이해하는 것이다. 즉, 두 양자 선로가 서로 얼마나 가까운지 조작적 관점에서 이해하고 싶다. 이런 목적을 위해, 9.1.4절의 상황을 확장한 가설 검정 상황이 있다. 9.1.4절의 상태 구별 통신 규약에서, 실제로는 두 단계만이 있었다. 밥이 두 상태 중 하나를 무작위로 준비해서 앨리스에게 보내고, 앨리스는 밥이 준비한 상태를 알아내기 위해 측정을 수행한다.

선로를 구분할 때는 추가적인 자유도가 존재한다. 선로는 곧 출력 상태로 변환될 입력 상태를 받아들인다. 이것은 선로의 구분 가능성 시험에 추가적인 단계, 즉 앨리스가 양자 상태를 허용하는 단계가 허용된다는 것을 말한다. $\mathcal{N}, \mathcal{M} : \mathcal{L}(\mathcal{H}_A) \to \mathcal{L}(\mathcal{H}_B)$가 양자 선로라고 하자. 강화된 가설 검정 상황은 다음의 단계로 구성된다.

1. 앨리스가 상태 ρ_A를 준비해서 밥에게 전송한다.
2. 밥은 공정한 동전을 던져서 그 결과에 따라 ρ_A에 $\mathcal{N}$을 적용할지 $\mathcal{M}$을 적용할지 결정한다. 밥은 그 양자 선로의 결과를 앨리스에게 전송한다.
3. 앨리스는 밥이 어떤 선로를 선택했는지 알아내는 측정을 수행한다.

앞 절의 전개 방식으로부터, 이런 통신 규약을 사용해 선로를 구분할 성공 확률은 다음과 같음을 즉시 결론지을 수 있다.

$$\frac{1}{2}\left(1 + \frac{1}{2}\|\mathcal{N}_{A\to B}(\rho_A) - \mathcal{M}_{A\to B}(\rho_A)\|_1\right) \tag{9.73}$$

하지만 앨리스가 입력 상태를 잘 골라서 이 값을 최대화하는 것으로 성공 확률을 더 올릴 수 있다는 것이 분명하다. 이것은 성공 확률에 대한 다음의 표현식을 유도한다.

$$\frac{1}{2}\left(1 + \frac{1}{2}\max_{\rho_A \in \mathcal{D}(\mathcal{H}_A)}\|\mathcal{N}_{A\to B}(\rho_A) - \mathcal{M}_{A\to B}(\rho_A)\|_1\right) \tag{9.74}$$

이것은 두 양자 선로 $\mathcal{N}$과 $\mathcal{M}$ 사이의 구분 가능성의 척도로 다음의 양을 생각해 보게 한다.

$$\max_{\rho_A \in \mathcal{D}(\mathcal{H}_A)} \|\mathcal{N}_{A \to B}(\rho_A) - \mathcal{M}_{A \to B}(\rho_A)\|_1 \tag{9.75}$$

그러나 양자 선로를 구분하는 이 통신 규약은 실제 가능한 것보다 일반적이지 않기 때문에 여전히 문제가 있다. 즉, 앨리스가 선로를 구분하기 위해 얽힘 상태를 준비할 가능성을 배제한다. 양자 선로를 구분하는 가장 일반적인 통신 규약은 다음의 단계로 구성된다(그림 9.3에 묘사됨).

1. 앨리스는 R과 A계에 상태 ρ_{RA}를 준비해서 A계를 밥에게 보낸다. 참조계 R은 임의로 큰 차원을 갖는다.

2. 밥은 공정한 동전을 던져서, 그 결과에 따라 A계에 $\mathcal{N}$과 $\mathcal{M}$ 중 어느 것을 적용하여 B계에 결과를 생성할지 결정한다. 밥은 B계를 앨리스에게 보낸다.

3. 앨리스는 밥이 적용한 선로를 알아내기 위해 R과 B계에 측정을 수행한다.

그런 통신 규약이 있으면, 앨리스가 얽힘 상태를 준비할 가능성도 허용한다. 얽힘 상태를 준비하는 것이 (양자 선로에 따라서는) 허용되는가 아닌가에 따라 때때로 거대한 차이가 존재할 수도 있음을 알 수 있다.

앞서와 같은 이유로 앨리스가 준비할 수 있는 모든 가능한 입력 상태에 대해 최적화를 허용하면, 앨리스가 양자 선로를 구분할 성공 확률은 다음과 같다.

$$\frac{1}{2}\left(1 + \frac{1}{2}\sup_n \max_{\rho_{R_n A}} \|(\mathrm{id}_{R_n} \otimes \mathcal{N}_{A \to B})(\rho_{R_n A}) - (\mathrm{id}_{R_n} \otimes \mathcal{M}_{A \to B})(\rho_{R_n A})\|_1\right)$$
$$\tag{9.76}$$

여기서 $\rho_{R_n A} \in \mathcal{D}(\mathcal{H}_{R_n} \otimes \mathcal{H}_A)$이다. 위의 공식에서 n은 참조계 R_n의 차원에 해당하는 양의 정수다. 선험적으로, 참조계에 대해 필요한 차원의 한계를 정하지 않았기 때문에 참조계의 차원 크기에는 상한이 필요하다. 위의 공식에 등장한 양자 선로 거리 척도는 다이아몬드 노름 거리diamond-norm distance로 알려져 있다.

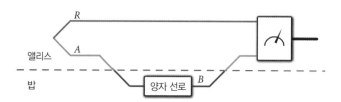

그림 9.3 앨리스가 한 선로를 다른 선로와 구분하기 위한 통신 규약(본문에 설명됨)

【정의 9.1.3】 다이아몬드 노름 거리 $\mathcal{N}$, $\mathcal{M} : \mathcal{L}(\mathcal{H}_A) \rightarrow \mathcal{L}(\mathcal{H}_B)$가 양자 선로라고 하자. 다이아몬드 노름 거리는 다음과 같이 정의된다.

$$\|\mathcal{N} - \mathcal{M}\|_\diamond \equiv \sup_n \max_{\rho_{R_n A}} \|(\mathrm{id}_{R_n} \otimes \mathcal{N}_{A \rightarrow B})(\rho_{R_n A}) - (\mathrm{id}_{R_n} \otimes \mathcal{M}_{A \rightarrow B})(\rho_{R_n A})\|_1 \tag{9.77}$$

여기서 $\rho_{R_n A} \in \mathcal{D}(\mathcal{H}_{R_n} \otimes \mathcal{H}_A)$이다.

위의 정의가 있으면, 필요한 참조계의 차원에 대해 한계를 정할 수 있는지가 자연스럽게 궁금해진다. 사실 이것은 가능하며, 다음의 정리가 말해준다.

【정리 9.1.1】 $\mathcal{N}$, $\mathcal{M} : \mathcal{L}(\mathcal{H}_A) \rightarrow \mathcal{L}(\mathcal{H}_B)$가 양자 선로라고 하자. 그러면

$$\|\mathcal{N} - \mathcal{M}\|_\diamond =$$
$$\max_{|\psi\rangle_{RA}} \|(\mathrm{id}_R \otimes \mathcal{N}_{A \rightarrow B})(|\psi\rangle\langle\psi|_{RA}) - (\mathrm{id}_R \otimes \mathcal{M}_{A \rightarrow B})(|\psi\rangle\langle\psi|_{RA})\|_1 \tag{9.78}$$

여기서 최적화는 $\||\psi\rangle_{RA}\|_2 = 1$인 모든 $|\psi\rangle_{RA} \in \mathcal{H}_R \otimes \mathcal{H}_A$에 대해 이뤄지며, $\dim(\mathcal{H}_R) = \dim(\mathcal{H}_A)$이다.

【증명】 이 정리는 대각합 노름과 슈미트 분해의 볼록성으로부터 유도된다. 실제로, $\rho_{R_n A}$를 R_n계와 A계의 임의의 밀도 연산자라고 하자. $\sum_x p_X(x)|\psi^x\rangle\langle\psi^x|_{R_n A}$를 $\rho_{R_n A}$의 스펙트럼 분해라고 하자. 대각합의 볼록성으로부터

$$\|(\mathrm{id}_{R_n} \otimes \mathcal{N}_{A \rightarrow B})(\rho_{R_n A}) - (\mathrm{id}_{R_n} \otimes \mathcal{M}_{A \rightarrow B})(\rho_{R_n A})\|_1$$
$$= \left\| \sum_x p_X(x) \left[(\mathrm{id}_{R_n} \otimes \mathcal{N}_{A \rightarrow B})(|\psi^x\rangle\langle\psi^x|_{R_n A}) \right.\right.$$
$$\left.\left. - (\mathrm{id}_{R_n} \otimes \mathcal{M}_{A \rightarrow B})(|\psi^x\rangle\langle\psi^x|_{R_n A})\right] \right\|_1 \tag{9.79}$$
$$\leq \sum_x p_X(x) \|[(\mathrm{id}_{R_n} \otimes \mathcal{N}_{A \rightarrow B})(|\psi^x\rangle\langle\psi^x|_{R_n A})$$
$$- (\mathrm{id}_{R_n} \otimes \mathcal{M}_{A \rightarrow B})(|\psi^x\rangle\langle\psi^x|_{R_n A})]\|_1 \tag{9.80}$$
$$\leq \|[(\mathrm{id}_{R_n} \otimes \mathcal{N}_{A \rightarrow B})(|\psi_*^x\rangle\langle\psi_*^x|_{R_n A}) - (\mathrm{id}_{R_n} \otimes \mathcal{M}_{A \rightarrow B})(|\psi_*^x\rangle\langle\psi_*^x|_{R_n A})]\|_1 \tag{9.81}$$

임을 알 수 있다. 여기서 마지막 부등식은 평균값은 최댓값보다 클 수가 없고, $|\psi_*^x\rangle_{R_n A}$를 최댓값을 주는 상태 벡터를 나타내는 것으로 했기 때문에 유도된다. 슈미트 분해 정리(정리 3.8.1)로부터 $|\psi_*^x\rangle_{R_n A}$의 슈미트 랭크는 $\dim(\mathcal{H}_A)$보다 클 수 없고,

이는 $|\psi_*^x\rangle_{R_nA}$는 $\dim(\mathcal{H}_R) = \dim(\mathcal{H}_A)$를 만족시키는 텐서 곱 힐베르트 공간 $\mathcal{H}_R \otimes \mathcal{H}_A$에 내장할 수 있다는 뜻이다. 이 한계는 임의의 밀도 연산자 ρ_{R_nA}에 대해 성립하므로 정리가 증명된다. □

위 정리의 결과로, 식 (9.78)의 결과를 다이아몬드 노름 거리의 정리로 사용할 수 있다. 다이아몬드 노름 거리의 주 사용법은 양자 선로를 비교하는 것이다. 예를 들어 양자 선로의 고전적 용량을 연구할 때(20장) 주어진 통신 규약이 무잡음 고전 선로를 얼마나 잘 시뮬레이션하는지 비교할 수 있는데, 다이아몬드 노름 거리는 그렇게 하는 자연스러운 방법을 제공한다. 이 상황은 양자 용량 정리(24장)에서도 유사하다. 이때는 어떤 통신 규약이 무잡음 양자 선로를 얼마나 잘 시뮬레이션하는지 비교하게 되고, 다이아몬드 노름 거리를 이용해 그 성능을 정량화할 수 있다.

【연습문제 9.1.12】 앨리스가 두 양자 선로 $\mathcal{N}$과 $\mathcal{M}$을 구분하는 데 있어 R_n계와 A계에 대해 분리 가능한 상태만을 사용하도록 제한된다고 하자. 그 경우 성공 확률이 다음 식으로 주어짐을 보여라.

$$\frac{1}{2}\left(1 + \frac{1}{2}\max_{|\psi\rangle_A}\|\mathcal{N}_{A\to B}(|\psi\rangle\langle\psi|_A) - \mathcal{M}_{A\to B}(|\psi\rangle\langle\psi|_A)\|_1\right) \tag{9.82}$$

여기서 $|\psi\rangle\langle\psi|_A \in \mathcal{D}(\mathcal{H}_A)$이다.

【연습문제 9.1.13】 양자 선로 $\mathcal{N}$과 $\mathcal{M}$이 다음과 같이 정의된다고 하자.

$$\mathcal{N}(X_A) = \mathrm{Tr}\{X_A\}\rho_B, \qquad \mathcal{M}(X_A) = \mathrm{Tr}\{X_A\}\sigma_B \tag{9.83}$$

여기서 $X_A \in \mathcal{L}(\mathcal{H}_A)$이고 ρ_B, $\sigma_B \in \mathcal{D}(\mathcal{H}_B)$이다. 다음을 보여라.

$$\|\mathcal{N} - \mathcal{M}\|_\diamond = \|\rho_B - \sigma_B\|_1 \tag{9.84}$$

9.2 충실도

9.2.1 순수 상태의 충실도

두 양자 상태의 가까움에 대한 대안적인 척도는 **충실도**^{fidelity}다. 먼저 충실도의 가장

간단한 형태를 소개한다. 특정한 순수 상태 $|\psi\rangle$를 양자정보 처리 통신 규약에 입력으로 넣는다고 하자. 이상적으로는 통신 규약의 출력이 입력과 같은 상태이기를 바라지만, 그렇지 않고 그 출력이 순수 상태 $|\phi\rangle$라고 하자. 순수 상태의 충실도 $F(\psi, \phi)$는 출력 상태가 얼마나 입력 상태에 가까운지의 척도다.

【정의 9.2.1】 순수 상태의 충실도 $|\psi\rangle$, $|\phi\rangle \in \mathcal{H}$가 순수 상태라고 하자. 순수 상태의 충실도는 두 상태 $|\psi\rangle$와 $|\phi\rangle$의 겹친 정도의 제곱이다.

$$F(\psi, \phi) \equiv |\langle\psi|\phi\rangle|^2 \tag{9.85}$$

순수 상태의 충실도는 출력 상태 $|\phi\rangle$가 입력 상태 $|\psi\rangle$와 같은지에 대한 시험을 통과할 확률이라는 조작적 해석을 갖는다(연습문제 9.2.2 참고).

순수 상태 충실도는 $F(\psi, \phi) = F(\phi, \psi)$로 대칭적이고, 다음의 범위에 있다.

$$0 \leq F(\psi, \phi) \leq 1 \tag{9.86}$$

충실도가 1인 것과 두 상태가 같은 것이 필요충분조건이고, 충실도가 0인 것과 두 상태가 서로 직교하는 것이 필요충분조건이다. 충실도라는 척도는 엄격한 수학적 의미에서 거리 척도가 아니다. 왜냐하면 두 상태가 같으면 충실도가 1인 반면에, 거리는 두 상태가 같으면 0이 돼야 하기 때문이다.

【연습문제 9.2.1】 두 순수 양자 상태 $|\psi\rangle$, $|\phi\rangle \in \mathcal{H}$가 다음과 같다고 하자.

$$|\psi\rangle \equiv \sum_x \sqrt{p(x)}|x\rangle, \qquad |\phi\rangle \equiv \sum_x \sqrt{q(x)}|x\rangle \tag{9.87}$$

여기서 $\{|x\rangle\}$는 $\mathcal{H}$에 대한 어떤 정규직교 기저다. 두 상태 사이의 충실도 $F(\psi, \phi)$가 두 확률 분포 $p(x)$와 $q(x)$의 **바타차리야 겹침**Bhattacharyya overlap(고전적 충실도)과 동등함을 보여라.

$$F(\psi, \phi) = \left[\sum_x \sqrt{p(x)q(x)}\right]^2 \tag{9.88}$$

9.2.2 기대 충실도

이제, 주어진 통신 규약의 출력이 순수 상태가 아니고 밀도 연산자 ρ를 갖는 섞인 상태라고 하자. 일반적으로, 양자정보 처리 통신 규약은 유잡음이며 순수 상태 입력 $|\psi\rangle$를 섞인 상태로 보낸다. 이 두 상태를 비교하는 방법이 있다.

【정의 9.2.2】기대 충실도 순수 상태 $|\psi\rangle \in \mathcal{H}$와 섞인 상태 $\rho \in \mathcal{D}(\mathcal{H})$ 사이의 기대 충실도expected fidelity $F(\psi, \rho)$는 다음과 같다.

$$F(\psi, \rho) \equiv \langle\psi|\rho|\psi\rangle \tag{9.89}$$

이제 위의 충실도 정의를 정당화하겠다. ρ를 스펙트럼 분해에 따라 $\rho = \sum_x p_X(x) |\phi_x\rangle\langle\phi_x|$로 분해하자. 이 출력 밀도 연산자가 앙상블 $\{p_X(x), |\phi_x\rangle\}$에서 유도된 것으로 생각할 수 있다. 앞에서 살펴본 순수 상태 충실도를 순수 상태 충실도의 기댓값으로 확장하면, 앙상블의 상태에 대한 기댓값이 된다.

$$F(\psi, \rho) \equiv \mathbb{E}_X\left[|\langle\psi|\phi_X\rangle|^2\right] \tag{9.90}$$

$$= \sum_x p_X(x) |\langle\psi|\phi_x\rangle|^2 \tag{9.91}$$

$$= \sum_x p_X(x) \langle\psi|\phi_x\rangle \langle\phi_x|\psi\rangle \tag{9.92}$$

$$= \langle\psi| \left(\sum_x p_X(x)|\phi_x\rangle\langle\phi_x|\right) |\psi\rangle \tag{9.93}$$

$$= \langle\psi|\rho|\psi\rangle \tag{9.94}$$

짧은 공식 $F(\psi, \rho) = \langle\psi|\rho|\psi\rangle$는 입력 상태가 순수하고 출력 상태가 섞여 있을 때 충실도를 특징짓는 좋은 방법이다. 위의 충실도 척도가 식 (9.85)의 순수 상태 충실도를 일반화한 것임을 알 수 있다. 이 충실도는 같은 범위에 있다.

$$0 \leq F(\psi, \rho) \leq 1 \tag{9.95}$$

그리고 충실도가 1인 것은 상태 ρ가 $|\psi\rangle\langle\psi|$와 같은 상태인 것과 필요충분조건이고, 충실도가 0인 것은 ρ의 서포트가 $|\psi\rangle\langle\psi|$와 직교인 것과 필요충분조건이다.

【연습문제 9.2.2】 어떤 상태 $\sigma \in \mathcal{D}(\mathcal{H})$가 주어졌을 때, 이 상태가 순수 상태 $|\varphi\rangle \in \mathcal{H}$에 가까이 있는지에 대한 시험을 통과할 수 있는지 알아보려고 한다. POVM $\{|\varphi\rangle$

$\langle\varphi|, \ I - |\varphi\rangle\langle\varphi|\}$를 측정해, φ가 나오면 '통과'이고 $I - \varphi$가 나오면 '실패'라고 할 수 있다. 그러면 충실도가 $\Pr\{$통과$\}$와 같음을 보여라.

【연습문제 9.2.3】 따름정리 9.1.1의 결과를 사용해, 다음의 부등식이 순수 상태 $|\phi\rangle \in \mathcal{H}$와 섞인 상태 $\rho, \sigma \in \mathcal{D}(\mathcal{H})$에 대해 성립함을 보여라.

$$F(\phi, \rho) \leq F(\phi, \sigma) + \tfrac{1}{2} \|\rho - \sigma\|_1 \tag{9.96}$$

9.2.3 울만 충실도

두 양자 상태가 모두 섞인 상태일 때, 충실도의 가장 일반적인 형태는 무엇일까? 두 순수 상태 사이의 겹침을 이용한 순수 상태의 충실도 아이디어를 빌려올 수 있다. 어떤 양자계의 다른 상태를 나타내는 섞인 상태 ρ_A와 σ_A 사이의 충실도를 결정한다고 하자. $|\phi^\rho\rangle_{RA}$와 $|\phi^\sigma\rangle_{RA}$가 각각 어떤 참조계 R에 대한 섞인 상태의 양자정화라고 하자(여기서 일단은 참조계가 A계와 같은 차원을 갖는다고 가정한다). 두 섞인 상태 ρ_A와 σ_A의 울만 충실도Uhlmann fidelity $F(\rho_A, \sigma_A)$를 각각의 양자정화 사이의 최대 겹침으로 정의할 수 있다. 여기서 최대화는 ρ_A와 σ_A의 모든 가능한 양자정화 $|\phi^\rho\rangle_{RA}$와 $|\phi^\sigma\rangle_{RA}$에 대해 이뤄진다.

$$F(\rho_A, \sigma_A) \equiv \max_{|\phi^\rho\rangle_{RA}, \ |\phi^\sigma\rangle_{RA}} |\langle\phi^\rho|\phi^\sigma\rangle_{RA}|^2 \tag{9.97}$$

대신에, 충실도를 유니터리 연산자 전체에 대해 나타낼 수도 있다(모든 양자정화는 참조계의 유니터리 연산자에 대해 동등하다는 정리 5.1.1의 결과를 떠올려보자).

$$F(\rho_A, \sigma_A) = \max_{U^\rho, U^\sigma} \left| \langle\phi^\rho|_{RA} \left((U_R^\rho)^\dagger \otimes I_A \right) \left(U_R^\sigma \otimes I_A \right) |\phi^\sigma\rangle_{RA} \right|^2 \tag{9.98}$$

$$= \max_{U^\rho, U^\sigma} \left| \langle\phi^\rho|_{RA} (U_R^\rho)^\dagger U_R^\sigma \otimes I_A |\phi^\sigma\rangle_{RA} \right|^2 \tag{9.99}$$

곱 $(U_R^\rho)^\dagger U_R^\sigma$이 하나의 유니터리 연산자를 나타내기 때문에 유니터리 연산자의 두 집합에 대한 최대화는 불필요하다. 두 섞인 상태 사이의 충실도에 대한 마지막 표현식은 울만 충실도를 정의한다.

【정의 9.2.3】 울만 충실도 두 섞인 상태 ρ_A와 σ_A 사이의 울만 충실도 $F(\rho_A, \sigma_A)$는 각

각의 양자정화 사이의 최대 겹침이다. 여기서 최대화는 양자정화계 R에 작용하는 모든 유니터리 연산자 U에 대해 이뤄진다.

$$F(\rho_A, \sigma_A) = \max_U |\langle\phi^\rho|_{RA} U_R \otimes I_A |\phi^\sigma\rangle_{RA}|^2 \qquad (9.100)$$

이 충실도 개념이 식 (9.85)의 순수 상태 충실도와 식 (9.94)의 기대 충실도를 모두 일반화한다는 것을 알 수 있다. 이것은 두 섞인 상태의 충실도에 대한 다음의 공식이 섀튼 1-노름에 의해 특징지어지는 위의 울만 특성화와 동등하기 때문에 성립한다.

$$F(\rho_A, \sigma_A) = \|\sqrt{\rho_A}\sqrt{\sigma_A}\|_1^2 \qquad (9.101)$$

이 결과를 울만 정리 ^{Uhlmann's theorem}라고 한다.

【정리 9.2.1】울만 정리   충실도에 대한 다음의 두 표현은 같다.

$$F(\rho_A, \sigma_A) = \max_U |\langle\phi^\rho|_{RA} U_R \otimes I_A |\phi^\sigma\rangle_{RA}|^2 = \|\sqrt{\rho_A}\sqrt{\sigma_A}\|_1^2 \qquad (9.102)$$

【증명】 $|\phi^\rho\rangle_{RA}$가 ρ_A의 정준 양자정화를 나타낸다고 하자(연습문제 5.1.2 참고).

$$|\phi^\rho\rangle_{RA} \equiv (I_R \otimes \sqrt{\rho_A}) |\Gamma\rangle_{RA} \qquad (9.103)$$

여기서 $|\Gamma\rangle_{RA}$는 정규화되지 않은 최대로 얽힌 벡터다.

$$|\Gamma\rangle_{RA} \equiv \sum_i |i\rangle_R |i\rangle_A \qquad (9.104)$$

따라서 상태 $|\phi^\rho\rangle_{RA}$는 ρ의 특정한 양자정화다. $|\phi^\sigma\rangle_{RA}$가 σ_A의 정준 양자정화를 나타낸다고 하자.

$$|\phi^\sigma\rangle_{RA} \equiv (I_R \otimes \sqrt{\sigma_A}) |\Gamma\rangle_{RA} \qquad (9.105)$$

다음과 같은 겹침 $|\langle\phi^\rho| U_R \otimes I_A |\phi^\sigma\rangle|^2$을 생각해보자.

$$|\langle\phi^\rho| U_R \otimes I_A |\phi^\sigma\rangle|^2 = |\langle\Gamma|_{RA} (U_R \otimes \sqrt{\rho_A}) (I_R \otimes \sqrt{\sigma_A}) |\Gamma\rangle_{RA}|^2 \qquad (9.106)$$

$$= |\langle\Gamma|_{RA} (U_R \otimes \sqrt{\rho_A}\sqrt{\sigma_A}) |\Gamma\rangle_{RA}|^2 \qquad (9.107)$$

$$= |\langle\Gamma|_{RA} (I_R \otimes \sqrt{\rho_A}\sqrt{\sigma_A}U_A^T) |\Gamma\rangle_{RA}|^2 \qquad (9.108)$$

$$= |\mathrm{Tr}\{\sqrt{\rho_A}\sqrt{\sigma_A}U_A^T\}|^2 \qquad (9.109)$$

첫 번째 등식은 식 (9.103)과 식 (9.105)를 대입하면 유도된다. 세 번째 등식은 연습문제 3.7.12에서 유도된다. 마지막 등식은 연습문제 4.1.3에서 유도된다. 끝으로, 성질 9.1.6을 이용해

$$\max_{U_A} \left| \text{Tr} \left\{ \sqrt{\rho_A} \sqrt{\sigma_A} U_A^T \right\} \right|^2 = \left\| \sqrt{\rho_A} \sqrt{\sigma_A} \right\|_1^2 \tag{9.110}$$

을 만들면 식 (9.102)가 유도된다. □

【연습문제 9.2.4】 충실도에 대한 표현 $\left\| \sqrt{\rho_A} \sqrt{\sigma_A} \right\|_1^2$과 힐베르트-슈미트 내적(식 (9.20)으로부터)에 대한 코시-슈바르츠 부등식을 사용해 두 밀도 연산자의 양자 충실도가 절대로 1을 초과할 수 없음을 증명하라.

【일러두기 9.2.1】 충실도 함수를 두 양의 준정부호 연산자에 대해 더 일반적으로 정의할 수 있고, 이는 때때로 유용하다. 즉, P와 Q가 같은 힐베르트 공간에 작용하는 양의 준정부호 연산자라고 하자. 그런 다음

$$F(P, Q) \equiv \left\| \sqrt{P} \sqrt{Q} \right\|_1^2 \tag{9.111}$$

을 정의한다. 힐베르트-슈미트 내적(식 (9.20) 참고)에 대한 코시-슈바르츠 부등식을 적용하고 성질 9.1.6의 대각합 노름의 특징을 이용하면, 다음을 알 수 있다.

$$F(P, Q) \leq \text{Tr}\{P\} \text{Tr}\{Q\} \tag{9.112}$$

【일러두기 9.2.2】 위의 전개 과정에서 참조계 R의 차원이 A계와 같다고 가정했다는 사실에 유의하자. 하지만 이것이 우리가 할 수 있는 가장 일반적인 정의는 아니다. 충실도를 다음과 같이 정의할 수도 있다.

$$F(\rho_A, \sigma_A) = \sup_{\dim(\mathcal{H}_R)} \max_{|\phi^\rho\rangle_{RA}, \, |\phi^\sigma\rangle_{RA}} \left| \langle \phi^\rho |_{RA} |\phi^\sigma\rangle_{RA} \right|^2 \tag{9.113}$$

여기서는 양자정화에 대한 최적화에 덧붙여 참조계 R에 대한 추가적인 최적화가 들어간다. 그러나 위와 유사한 분석을 반복하면, 이 정의에 대해서도 다음의 결론이 도출된다.

$$F(\rho_A, \sigma_A) = \left\| \sqrt{\rho_A} \sqrt{\sigma_A} \right\|_1^2 \tag{9.114}$$

실제로,

$$\left|\langle\phi^\rho|_{RA}\,|\phi^\sigma\rangle_{RA}\right|^2 = \left|\left[\langle\Gamma|_{R'A}\sqrt{\rho_A}\left(V_{R'\rightarrow R}\right)^\dagger\right]\left[U_{R'\rightarrow R}\sqrt{\sigma_A}\,|\Gamma\rangle_{R'A}\right]\right|^2 \quad (9.115)$$

임을 알고 있다. 여기서 R'은 $\dim(\mathcal{H}_A)$와 같은 차원을 갖는 참조계이고 $U_{R'\rightarrow R}$과 $V_{R'\rightarrow R}$은 어떤 등척변환이며, 모든 양자정화는 참조계에 대한 등척변환에 의해 연관되어 있다는 사실에서 주어진다(정리 5.1.1). 연습문제 9.1.6의 대각합 노름의 특징에 따라 같은 분석을 하면 $|\langle\phi^\rho|_{RA}\,|\phi^\sigma\rangle_{RA}| \leq \|\sqrt{\rho_A}\sqrt{\sigma_A}\|_1$을 얻고, 따라서 임의의 큰 참조계를 갖고 있어도 도움이 되지 않는다.

9.2.4 충실도의 성질

자주 유용하게 쓰이는 충실도의 추가적인 성질을 논의하겠다. 이 성질 중 몇 가지는 대각합 거리의 유사한 성질과 짝지을 수 있다. 식 (9.102)에서 본 충실도의 특징으로부터, 함수 인자에 대해 대칭임을 알 수 있다.

$$F(\rho,\sigma) = F(\sigma,\rho) \quad (9.116)$$

충실도는 다음의 범위를 갖는다.

$$0 \leq F(\rho,\sigma) \leq 1 \quad (9.117)$$

하한선에 닿는 것은 두 상태 ρ와 σ의 서포트가 직교한다는 것과 필요충분조건이다. 이걸 보려면, ρ와 σ의 서포트가 직교한다고 가정하자. 그럼 $\sqrt{\rho}\sqrt{\sigma} = 0$이고, $F(\rho,\sigma) = \|\sqrt{\rho}\sqrt{\sigma}\|_1^2 = 0$이다. 반대로, $F(\rho,\sigma) = 0$이라고 하자. 정의에 의해 $\|\sqrt{\rho}\sqrt{\sigma}\|_1^2 = 0$이다. 그리고 대각합 노름의 음수가 아니라는 제한 때문에 $\sqrt{\rho}\sqrt{\sigma} = 0$임을 알 수 있다. 이것은 ρ와 σ의 서포트가 직교한다는 뜻이다. 식 (9.117)의 상한선은 두 상태 ρ와 σ가 서로 같다는 것과 필요충분조건이다.

【연습문제 9.2.5】 식 (9.101)의 충실도 정의가 두 상태가 순수 상태일 때는 식 (9.85)가 되고, 두 상태 중 하나가 순수 상태이고 다른 하나가 섞인 상태일 때는 식 (9.89)가 됨을 보여라.

【성질 9.2.1】승법성 ρ_1, $\sigma_1 \in \mathcal{D}(\mathcal{H}_1)$이고 ρ_2, $\sigma_2 \in \mathcal{D}(\mathcal{H}_2)$라고 하자. 충실도는 텐서

곱에 대해 승법성^{multiplicativity}을 갖는다.

$$F(\rho_1 \otimes \rho_2, \sigma_1 \otimes \sigma_2) = F(\rho_1, \sigma_1)F(\rho_2, \sigma_2) \qquad (9.118)$$

이 결과는 식 (9.101)의 충실도 정의를 이용해 성립한다.

다음의 단조성 보조정리는 대각합 거리에 대한 보조정리(보조정리 9.1.2)와 유사하다. 또한 부분계를 폐기함에 따라 두 양자 상태가 더 비슷해진다(덜 구분 가능해진다)는 유사한 해석을 갖는다.

【보조정리 9.2.1】 단조성 ρ_{AB}, $\sigma_{AB} \in \mathcal{D}(\mathcal{H}_A \otimes \mathcal{H}_B)$라고 하자. 충실도는 부분 대각합에 대해 감소하지 않는다.

$$F(\rho_{AB}, \sigma_{AB}) \le F(\rho_A, \sigma_A) \qquad (9.119)$$

여기서

$$\rho_A = \mathrm{Tr}_B\{\rho_{AB}\}, \qquad \sigma_A = \mathrm{Tr}_B\{\sigma_{AB}\} \qquad (9.120)$$

【증명】 ρ_A와 ρ_{AB}의 정해진 양자정화 $|\psi\rangle_{RAB}$ 그리고 σ_A와 σ_{AB}의 정해진 양자정화 $|\phi\rangle_{RAB}$를 생각해보자. 그러면

$$|\langle\psi|_{RAB}U_R \otimes I_A \otimes I_B|\phi\rangle_{RAB}|^2 \le \max_{U_{RB}}|\langle\psi|_{RAB}U_{RB} \otimes I_A|\phi\rangle_{RAB}|^2 \quad (9.121)$$

$$= F(\rho_A, \sigma_A) \qquad (9.122)$$

여기서 첫 번째 부등식은 등척변환 U_{RB}에 대한 최대화가 $U_R \otimes I_A$를 포함하기 때문에 유도되고, 등식은 울만 정리의 결과다. 모든 유니터리 연산자 U_R에 대해 부등식이 성립한다는 사실을 알았으면, 다음과 같이 결론지을 수 있다.

$$F(\rho_{AB}, \sigma_{AB}) = \max_{U_R}|\langle\psi|_{RAB}U_R \otimes I_A \otimes I_B|\phi\rangle_{RAB}|^2 \le F(\rho_A, \sigma_A) \quad (9.123)$$

여기서 등식은 다시 한번 울만 정리의 결과다. □

【성질 9.2.2】 결합 오목성 모든 x에 대해 ρ_x, $\sigma_x \in \mathcal{D}(\mathcal{H})$라고 하고, p_X가 확률 분포라고 하자. 제곱근 충실도^{root fidelity}는 그 입력 인자에 대해 결합적으로 오목하다.

$$\sqrt{F}\left(\sum_x p_X(x)\rho_x, \sum_x p_X(x)\sigma_x\right) \geq \sum_x p_X(x)\sqrt{F}(\rho_x, \sigma_x) \qquad (9.124)$$

【증명】 연습문제 5.1.4의 결과를 이용해 결합 오목성을 증명한다. $|\phi^{\rho_x}\rangle_{RA}$와 $|\phi^{\sigma_x}\rangle_{RA}$가 각각 ρ_x와 σ_x의 울만 양자정화라고 하자(이 양자정화는 울만 충실도를 최대화한다). 그러면

$$F(\phi^{\rho_x}_{RA}, \phi^{\sigma_x}_{RA}) = F(\rho_x, \sigma_x) \qquad (9.125)$$

어떤 정규직교 기저 $\{|x\rangle_X\}$를 선택하자. 그러면

$$|\phi^\rho\rangle \equiv \sum_x \sqrt{p_X(x)}|\phi^{\rho_x}\rangle_{RA}|x\rangle_X, \qquad |\phi^\sigma\rangle \equiv \sum_x \sqrt{p_X(x)}|\phi^{\sigma_x}\rangle_{RA}|x\rangle_X \quad (9.126)$$

는 각각 $\sum_x p_X(x)\rho_x$와 $\sum_x p_X(x)\sigma_x$의 양자정화다. 다음의 첫 번째 부등식은 울만 정리에 의해 성립한다.

$$\sqrt{F}\left(\sum_x p_X(x)\rho_x, \sum_x p_X(x)\sigma_x\right) \geq |\langle\phi^\rho|\phi^\sigma\rangle| \qquad (9.127)$$

$$= \left|\sum_x p_X(x)\langle\phi^{\rho_x}|\phi^{\sigma_x}\rangle\right| \qquad (9.128)$$

$$\geq \sum_x p_X(x)\,|\langle\phi^{\rho_x}|\phi^{\sigma_x}\rangle| \qquad (9.129)$$

$$= \sum_x p_X(x)\sqrt{F}(\rho_x, \sigma_x) \qquad (9.130)$$

이것으로 증명이 완료된다. □

【성질 9.2.3】오목성 ρ, σ, $\tau \in \mathcal{D}(\mathcal{H})$이고 $\lambda \in [0, 1]$이라고 하자. 충실도는 그 인자 중 하나에 대해 오목하다.

$$F(\lambda\rho + (1-\lambda)\tau, \sigma) \geq \lambda F(\rho, \sigma) + (1-\lambda)F(\tau, \sigma) \qquad (9.131)$$

【증명】 $|\psi^\sigma\rangle_{RS}$가 σ_S의 고정된 양자정화라고 하자. $|\psi^\rho\rangle_{RS}$가 ρ_S의 양자정화이고, 다음을 만족시킨다고 하자.

$$|\langle\psi^\sigma|\psi^\rho\rangle|^2 = F(\rho, \sigma) \qquad (9.132)$$

마찬가지로, $|\psi^\tau\rangle_{RS}$가 τ_S의 양자정화이고 다음을 만족시킨다고 하자.

$$|\langle \psi^\sigma | \psi^\tau \rangle|^2 = F(\tau, \sigma) \tag{9.133}$$

그러면 다음을 생각해보자.

$$\begin{aligned}
\lambda F(\rho, \sigma) &+ (1 - \lambda) F(\tau, \sigma) \\
&= \lambda |\langle \psi^\sigma | \psi^\rho \rangle|^2 + (1 - \lambda) |\langle \psi^\sigma | \psi^\tau \rangle|^2 \tag{9.134} \\
&= \lambda \langle \psi^\sigma | \psi^\rho \rangle \langle \psi^\rho | \psi^\sigma \rangle + (1 - \lambda) \langle \psi^\sigma | \psi^\tau \rangle \langle \psi^\tau | \psi^\sigma \rangle \tag{9.135} \\
&= \langle \psi^\sigma |_{RS} \left(\lambda | \psi^\rho \rangle \langle \psi^\rho |_{RS} + (1 - \lambda) | \psi^\tau \rangle \langle \psi^\tau |_{RS} \right) | \psi^\sigma \rangle_{RS} \tag{9.136} \\
&= F(|\psi^\sigma\rangle\langle\psi^\sigma|_{RS}, \lambda|\psi^\rho\rangle\langle\psi^\rho|_{RS} + (1-\lambda)|\psi^\tau\rangle\langle\psi^\tau|_{RS}) \tag{9.137} \\
&\leq F(\psi_S^\sigma, \lambda \psi_S^\rho + (1 - \lambda) \psi_S^\tau) \tag{9.138} \\
&= F(\lambda \rho + (1 - \lambda) \tau, \sigma) \tag{9.139}
\end{aligned}$$

첫 번째 단계는 식 (9.132)와 식 (9.133)을 다시 적은 것이다. 네 번째 등식은 연습문제 9.2.5의 결과다. 부등식은 부분 대각합에 대한 충실도의 단조성으로부터 유도된다(보조정리 9.2.1). □

【연습문제 9.2.6】 ρ, $\sigma \in \mathcal{D}(\mathcal{H})$라고 하자. 식 (9.101)의 정의를 이용해 제곱근 충실도를 다음과 같이 나타낼 수 있음을 보여라.

$$\sqrt{F}(\rho, \sigma) = \mathrm{Tr}\left\{ \sqrt{\rho^{1/2} \sigma \rho^{1/2}} \right\} = \mathrm{Tr}\left\{ \sqrt{\sigma^{1/2} \rho \sigma^{1/2}} \right\} \tag{9.140}$$

【연습문제 9.2.7】 ρ, $\sigma \in \mathcal{D}(\mathcal{H})$라고 하자. 충실도는 등척변환 $U \in \mathcal{L}(\mathcal{H}, \mathcal{H}')$에 대해 불변임을 보여라.

$$F(\rho, \sigma) = F(U\rho U^\dagger, U\sigma U^\dagger) \tag{9.141}$$

【연습문제 9.2.8】 ρ, $\sigma \in \mathcal{D}(\mathcal{H})$이고, $\mathcal{N} : \mathcal{L}(\mathcal{H}_A) \to \mathcal{L}(\mathcal{H}_B)$가 어떤 양자 선로라고 하자. 충실도가 선로 $\mathcal{N}$에 대해 다음과 같이 단조적임을 보여라.

$$F(\rho, \sigma) \leq F(\mathcal{N}(\rho), \mathcal{N}(\sigma)) \tag{9.142}$$

【연습문제 9.2.9】 앨리스가 유잡음 양자 선로를 이용하고, 밥과 도청자에게 공유될 다음의 상태를 생성하기 위해 양자 선로를 순서대로 사용했다고 하자.

$$\frac{1}{\sqrt{M}} \sum_m |m\rangle_A |m\rangle_{B_1} |\phi_m\rangle_{B_2 E} \tag{9.143}$$

여기서 $\{|m\rangle_A\}$와 $\{|m\rangle_{B_1}\}$은 정규직교 기저이고, $\{|\phi_m\rangle_{B_2 E}\}$는 상태의 집합이다. 앨리스가 A계를 갖고 있고, 밥은 B_1, B_2계를 갖고 있고, 도청자는 E계를 갖고 있다. ϕ_E^m가 밥의 B_2계에 대한 $|\phi_m\rangle_{B_2 E}$의 부분 대각합을 나타낸다고 하자. 즉,

$$\phi_E^m \equiv \mathrm{Tr}_{B_2} \{|\phi_m\rangle\langle\phi_m|_{B_2 E}\} \tag{9.144}$$

이다. 게다가, $F(\phi_E^m, \theta_E) = 1$이라고 가정하자. 여기서 θ_E는 도청자의 계 E에 대한 (m에 의존하지 않는) 어떤 **상수**constant 밀도 연산자다. 밥이 자신의 계인 B_1과 B_2에 수행해 도청자의 E계를 **결합풀림**decouple할 수 있는 유니터리 연산자를 정하라. 결합풀림 유니터리 연산자를 수행한 후의 상태는 다음과 같다.

$$\left(\frac{1}{\sqrt{M}} \sum_m |m\rangle_A |m\rangle_{B_1} \right) \otimes |\phi_\theta\rangle_{B_2 E} \tag{9.145}$$

여기서 $|\phi_\theta\rangle_{B_2 E}$는 θ_E 상태의 양자정화다. 밥이 결합풀림 유니터리 연산자를 수행한 후 결과는 앨리스와 밥이 각자의 계 A와 B_1 사이에 최대의 얽힘을 공유하는 것이다. 그림 9.4가 이 통신 규약을 묘사한다.

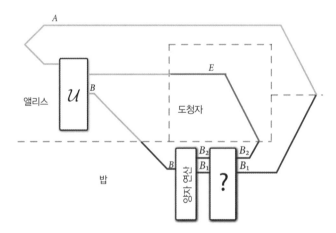

그림 9.4 이 그림은 연습문제 9.2.9와 관련된 통신 규약을 묘사한다. 앨리스가 얽힘 상태 중 한쪽을 등척 확장선로 $\mathcal{U}$를 갖는 양자 선로를 통해 전송한다. 밥과 도청자는 등척변환의 결과로 양자계를 받는다. 밥은 앨리스, 밥, 도청자가 식 (9.143)의 상태를 공유하도록 어떤 양자 연산을 수행한다. 연습문제 9.2.9는 밥이 자신의 계 B_1과 도청자의 계의 결합을 풀기 위해 수행할 수 있는 결합풀림 유니터리 연산자를 결정하라는 것이다.

【연습문제 9.2.10】 고전-양자 상태에 대한 충실도 제곱근 충실도가 다음의 성질을 가짐을 보여라.

$$\sqrt{F}\left(\omega_{XB}, \tau_{XB}\right) = \sum_x \sqrt{p(x)q(x)}\sqrt{F}\left(\omega_x, \tau_x\right) \tag{9.146}$$

여기서

$$\omega_{XB} \equiv \sum_x p(x)|x\rangle\langle x|_X \otimes \omega_x, \quad \tau_{XB} \equiv \sum_x q(x)|x\rangle\langle x|_X \otimes \tau_x \tag{9.147}$$

이고, p와 q는 확률 분포, $\{|x\rangle\}$는 어떤 정규직교 기저, 그리고 모든 x에 대해 ω_x, $\tau_x \in \mathcal{D}(\mathcal{H})$이다.

9.2.5 측정이 충실도를 만든다

확률 분포에 대한 충실도의 고전적 개념이 있는데, 이를 고전적 충실도 또는 바타차리야 겹침이라고도 한다. 그 정의는 다음과 같다.

【정의 9.2.4】 고전적 충실도 p와 q가 유한한 알파벳 $\mathcal{X}$에 대한 확률 분포라고 하자. 고전적 충실도 $F(p, q)$는 다음과 같이 정의된다.

$$F(p,q) \equiv \left[\sum_{x \in \mathcal{X}} \sqrt{p(x)q(x)}\right]^2 \tag{9.148}$$

【연습문제 9.2.11】 고전적 충실도가 양자 충실도의 특수한 경우임을 확인하라. 즉, p와 q가 유한한 알파벳 $\mathcal{X}$에 대해 정의된 확률 분포라고 하고, 이 확률 분포의 원소들이 서로 가환인 행렬 ρ와 σ의 대각 성분을 따라 놓여 있다고 하자. $F(p, q) = F(\rho, \sigma)$임을 보여라.

이제 두 밀도 연산자 $\rho, \sigma \in \mathcal{D}(\mathcal{H})$가 있고, POVM $\{\Lambda_x\}$를 이 상태에 수행한다고 하면, 다음의 확률 분포를 얻는다.

$$p(x) = \mathrm{Tr}\{\Lambda_x \rho\}, \qquad q(x) = \mathrm{Tr}\{\Lambda_x \sigma\} \tag{9.149}$$

그러면 식 (9.148)의 공식을 이용해 측정 결과에 대한 분포의 고전적 충실도를 계산할 수 있고, 이는 특정 측정에 대한 두 양자 상태의 구분 가능성의 척도다. 양자 선로에 대한 양자 충실도의 단조성(연습문제 9.2.8)으로부터 양자 충실도 $F(\rho, \sigma)$는 고전적 충실도를 절대 넘을 수 없음이 유도된다.

$$F(\rho, \sigma) \leq \left[\sum_{x \in \mathcal{X}} \sqrt{\mathrm{Tr}\{\Lambda_x \rho\} \, \mathrm{Tr}\{\Lambda_x \sigma\}} \right]^2 \tag{9.150}$$

특히 이 한계는 연습문제 9.2.8에서 유도되며, 여기서 양자 선로는 $\omega \to \sum_x \mathrm{Tr}\{\Lambda_x \omega\}|x\rangle\langle x|$ 형태의 측정 선로로 이해된다. 그런 다음 연습문제 9.2.11의 결과를 적용할 수 있다. 아마도 놀라운 부분이라면 위의 한계를 가득 채우는 측정이 항상 존재한다는 점이고, 다음과 같은 충실도의 대안적 특성이 유도된다.

【정리 9.2.2】측정이 충실도를 만든다. $\rho, \sigma \in \mathcal{D}(\mathcal{H})$라고 하자. 그러면 다음이 성립한다.

$$F(\rho, \sigma) = \min_{\{\Lambda_x\}} \left[\sum_{x \in \mathcal{X}} \sqrt{\mathrm{Tr}\{\Lambda_x \rho\} \, \mathrm{Tr}\{\Lambda_x \sigma\}} \right]^2 \tag{9.151}$$

여기서 최소화는 모든 POVM에 대해 수행된다.

【증명】 정리의 앞에서 정의한 대로, 식 (9.150)의 한계는 임의의 POVM에 대해 성립한다. 따라서 한계를 가득 채우는 특정 POVM(푹스-케이브스 측정$^{\text{Fuchs-Caves measurement}}$이라고 알려짐)을 구성할 수 있다. 먼저, σ가 양성 확정인 경우(따라서 가역인 경우)를 살펴보자. 다음의 연산자(ρ와 σ^{-1}의 연산자 기하평균이라고 한다.)를 생각해보자.

$$M = \sigma^{-1/2} \left[\sigma^{1/2} \rho \sigma^{1/2} \right]^{1/2} \sigma^{-1/2} \tag{9.152}$$

연산자 M은 양의 준정부호이고, 따라서 스펙트럼 분해가 된다.

$$M = \sum_y \lambda_y |y\rangle\langle y| \tag{9.153}$$

여기서 $\{\lambda_y\}$는 음수가 아닌 고윳값들의 집합이고, $\{|y\rangle\}$는 그에 해당하는 고유벡터의 집합이다.

이제 식 (9.151)의 최적 측정이 $\{|y\rangle\langle y|\}$임을 증명하겠다. 먼저, 간단한 계산으로

다음을 알 수 있다.

$$M\sigma M = \rho \tag{9.154}$$

이제 측정 $\{|y\rangle\langle y|\}$의 고전적 충실도를 생각해보자.

$$\sum_y \sqrt{\text{Tr}\{|y\rangle\langle y|\rho\}\,\text{Tr}\{|y\rangle\langle y|\sigma\}} = \sum_y \sqrt{\langle y|\rho|y\rangle\,\langle y|\sigma|y\rangle} \tag{9.155}$$

$$= \sum_y \sqrt{\langle y|M\sigma M|y\rangle\,\langle y|\sigma|y\rangle} \tag{9.156}$$

$$= \sum_y \sqrt{\langle y|\lambda_y\sigma\lambda_y|y\rangle\,\langle y|\sigma|y\rangle} \tag{9.157}$$

$$= \sum_y \lambda_y\langle y|\sigma|y\rangle \tag{9.158}$$

두 번째 등식은 식 (9.154)에서 유도된다. 세 번째 등식은 $M|y\rangle = \lambda_y|y\rangle$이므로 유도된다. 계속해서, 위의 마지막 줄은 다음과 같다.

$$\text{Tr}\left\{\sum_y \lambda_y|y\rangle\langle y|\sigma\right\} = \text{Tr}\{M\sigma\} = \text{Tr}\left\{\left[\sigma^{1/2}\rho\sigma^{1/2}\right]^{1/2}\right\} = \sqrt{F}(\rho,\sigma) \tag{9.159}$$

마지막 등식은 연습문제 9.2.6의 결과에서 유도된다.

σ가 가역이 아닌 경우에 대해, 위의 분석을 반복한다. 대신에 ρ를 $\Pi_\sigma\rho\Pi_\sigma$로 바꾼다. 여기서 Π_σ는 σ의 서포트 위로의 사영이다. 이 경우 기하평균 연산자 M은 σ의 서포트에 포함된 서포트를 갖는다. 그리고 M의 스펙트럼 분해를 식 (9.153)에서처럼 찾을 수 있다. 따라서

$$\sqrt{F}(\Pi_\sigma\rho\Pi_\sigma,\sigma) = \sum_y \sqrt{\text{Tr}\{|y\rangle\langle y|\Pi_\sigma\rho\Pi_\sigma\}\,\text{Tr}\{|y\rangle\langle y|\sigma\}} \tag{9.160}$$

고유벡터 $\{|y\rangle\}$는 전체 공간을 펼칠 필요가 없으므로, $\{|y\rangle\}$에 있는 벡터와 직교인 모든 정규직교 벡터를 추가할 수 있고, 그러면 이들을 모두 합쳐서 합당한 측정을 구성하게 할 수 있다. $\Pi_\sigma\rho\Pi_\sigma$와 σ는 둘 다 새 벡터 전체에 대해 직교하므로 이 측정 결과에 대한 확률은 전부 0이고, 따라서 이들은 식 (9.160)에는 전혀 기여하는 것이 없다. 마지막으로

$$F(\Pi_\sigma\rho\Pi_\sigma,\sigma) = F(\rho,\sigma) \tag{9.161}$$

가 된다. 왜냐하면 $\sigma^{1/2} = \Pi_\sigma \sigma^{1/2} = \sigma^{1/2} \Pi_\sigma$여서

$$
\begin{aligned}
\sqrt{F(\rho, \sigma)} &= \mathrm{Tr}\left\{ \sqrt{\sigma^{1/2} \rho \sigma^{1/2}} \right\} \\
&= \mathrm{Tr}\left\{ \sqrt{\sigma^{1/2} \Pi_\sigma \rho \Pi_\sigma \sigma^{1/2}} \right\} = \sqrt{F(\Pi_\sigma \rho \Pi_\sigma, \sigma)} \quad (9.162)
\end{aligned}
$$

이기 때문이다. 이것으로 증명이 마무리된다. □

9.3 대각합 거리와 충실도의 관계

양자 섀넌 이론에서는 주어진 양자정보 처리 통신 규약이 이상적인 통신 규약을 근사적으로 따라 하는 것을 보이는 데 관심이 있다. 그렇게 하기 위해 이상적인 통신 규약의 양자 출력 ρ가 실제 통신 규약의 양자 출력 σ에 가깝다는 것을 보여야 한다. 예를 들어, ρ와 σ 사이의 충실도가 높다는 것을 보일 수 있다.

$$
F(\rho, \sigma) \geq 1 - \varepsilon \quad (9.163)
$$

여기서 ε은 위의 충실도 기준에 따라 ρ가 얼마나 σ를 잘 근사하는지 정하는 작은 양의 실수다. 전형적으로, 양자 섀넌 이론의 논증에서는 ε을 원하는 만큼 작게 만들 수 있음을 보이는 극한을 취하게 된다. 성능 매개변수 ε이 무시할 수 있을 만큼 작아지면 ρ와 σ는 근사적으로 같아진다고 생각할 수 있고, 어떤 극한에서 ε이 0이 될 때 둘은 완전히 같아진다.

충실도가 1일 때 대각합 거리가 0이 되기 때문에 충실도가 높다면 대각합 거리가 작아야 하며, 그 반대도 마찬가지여야 한다고 자연스럽게 생각할 수 있다(식 (9.22)와 식 (9.117)의 한계에 도달하는 조건을 생각해보라). 다음의 정리는 대각합 거리와 충실도 사이의 몇 가지 관계를 줘서 이 직관을 정확하게 만들어준다.

【정리 9.3.1】충실도와 대각합 거리의 관계　다음의 한계가 두 양자 상태 ρ, $\sigma \in \mathcal{D}(\mathcal{H})$에 대한 대각합 거리와 충실도에 적용된다.

$$
1 - \sqrt{F(\rho, \sigma)} \leq \frac{1}{2} \| \rho - \sigma \|_1 \leq \sqrt{1 - F(\rho, \sigma)} \quad (9.164)
$$

【증명】　먼저, 순수 상태에 대한 충실도와 대각합 거리 사이의 정확한 관계식이 있음을 보이겠다. 임의의 두 순수 상태 $|\psi\rangle$, $|\phi\rangle \in \mathcal{H}$를 고르자. $|\phi\rangle$ 상태를 $|\psi\rangle$ 상태와

$|\psi\rangle$에 수직인 $|\psi^\perp\rangle$에 대해 나타낼 수 있다.

$$|\phi\rangle = \cos(\theta)|\psi\rangle + \sin(\theta)|\psi^\perp\rangle \tag{9.165}$$

먼저, 두 순수 상태의 충실도는 다음과 같다.

$$F(\psi, \phi) = |\langle\phi|\psi\rangle|^2 = \cos^2(\theta) \tag{9.166}$$

이제 대각합 거리를 정해보자. 밀도 연산자 $|\phi\rangle\langle\phi|$는 다음과 같다.

$$|\phi\rangle\langle\phi| = \big(\cos(\theta)|\psi\rangle + \sin(\theta)|\psi^\perp\rangle\big)\big(\cos(\theta)\langle\psi| + \sin(\theta)\langle\psi^\perp|\big) \tag{9.167}$$
$$= \cos^2(\theta)|\psi\rangle\langle\psi| + \sin(\theta)\cos(\theta)|\psi^\perp\rangle\langle\psi|$$
$$+ \cos(\theta)\sin(\theta)|\psi\rangle\langle\psi^\perp| + \sin^2(\theta)|\psi^\perp\rangle\langle\psi^\perp| \tag{9.168}$$

$\{|\psi\rangle, |\psi^\perp\rangle\}$ 기저에 대해 연산자 $|\psi\rangle\langle\psi| - |\phi\rangle\langle\phi|$의 행렬 표현은 다음과 같다.

$$\begin{bmatrix} 1 - \cos^2(\theta) & -\sin(\theta)\cos(\theta) \\ -\sin(\theta)\cos(\theta) & -\sin^2(\theta) \end{bmatrix} \tag{9.169}$$

위 행렬의 고윳값이 $|\sin(\theta)|$와 $-|\sin(\theta)|$임은 금방 보일 수 있고, $|\psi\rangle$와 $|\phi\rangle$ 사이의 대각합 거리는 두 고윳값의 절댓값의 합이므로 다음과 같다.

$$\||\psi\rangle\langle\psi| - |\phi\rangle\langle\phi|\|_1 = 2|\sin(\theta)| \tag{9.170}$$

다음의 삼각함수 공식을 써보자.

$$\left(\frac{2|\sin(\theta)|}{2}\right)^2 = 1 - \cos^2(\theta) \tag{9.171}$$

위의 공식을 적용하면, 식 (9.166)을 식 (9.171)의 우변에 대입하고 식 (9.170)을 식 (9.171)의 좌변에 대입하여 순수 상태에 대한 충실도와 대각합 거리 사이의 관계식을 다음과 같이 얻는다.

$$\left(\frac{1}{2}\||\psi\rangle\langle\psi| - |\phi\rangle\langle\phi|\|_1\right)^2 = 1 - F(\psi, \phi) \tag{9.172}$$

따라서

$$\frac{1}{2} \left\| |\psi\rangle\langle\psi| - |\phi\rangle\langle\phi| \right\|_1 = \sqrt{1 - F(\psi, \phi)} \tag{9.173}$$

섞인 상태 ρ_A와 σ_A의 상계를 증명하기 위해, ρ_A와 σ_A 상태에 대한 각각의 양자정화 $|\phi^\rho\rangle_{RA}$와 $|\phi^\sigma\rangle_{RA}$가 다음을 만족시키도록 고른다.

$$F(\rho_A, \sigma_A) = |\langle\phi^\sigma|\phi^\rho\rangle|^2 = F(\phi^\rho_{RA}, \phi^\sigma_{RA}) \tag{9.174}$$

(울만 정리에 의해 이런 양자정화가 존재함을 떠올려보자.) 그러면

$$\frac{1}{2} \|\rho_A - \sigma_A\|_1 \leq \frac{1}{2} \|\phi^\rho_{RA} - \phi^\sigma_{RA}\|_1 \tag{9.175}$$

$$= \sqrt{1 - F(\phi^\rho_{RA}, \phi^\sigma_{RA})} \tag{9.176}$$

$$= \sqrt{1 - F(\rho_A, \sigma_A)} \tag{9.177}$$

여기서 첫 번째 부등식은 계를 폐기함에 대한 대각합 거리의 단조성에 의해 유도된다(보조정리 9.1.2).

섞인 상태 ρ와 σ의 하계를 증명하려면, 연습문제 9.1.10과 정리 9.2.2를 이용한다. 연습문제 9.1.10은 대각합 거리가 상태 ρ와 σ에 작용한 POVM $\{\Lambda_m\}$의 결과로 얻은 두 확률 분포 사이의 최대 고전적 대각합이라는 뜻이다.

$$\|\rho - \sigma\|_1 = \max_{\{\Lambda_m\}} \sum_m |p_m - q_m| \tag{9.178}$$

여기서

$$p_m \equiv \text{Tr} \{\Lambda_m \rho\}, \qquad q_m \equiv \text{Tr} \{\Lambda_m \sigma\} \tag{9.179}$$

게다가, 정리 9.2.2는 양자 충실도가 ρ와 σ 상태의 측정 $\{\Gamma_m\}$의 결과인 두 확률 분포 p'_m과 q'_m 사이의 최소 고전적 충실도라는 뜻이다.

$$F(\rho, \sigma) = \min_{\{\Gamma_m\}} \left(\sum_m \sqrt{p'_m q'_m} \right)^2 \tag{9.180}$$

여기서

$$p'_m \equiv \text{Tr} \{\Gamma_m \rho\}, \qquad q'_m \equiv \text{Tr} \{\Gamma_m \sigma\} \tag{9.181}$$

증명으로 되돌아오자. POVM $\{\Gamma_m\}$이 최소 고전적 충실도에 도달하고, 그 결과 확률 분포 p'_m과 q'_m을 얻었다면,

$$F(\rho, \sigma) = \left(\sum_m \sqrt{p'_m q'_m} \right)^2 \tag{9.182}$$

이다. 다음을 생각해보자.

$$\sum_m \left(\sqrt{p'_m} - \sqrt{q'_m} \right)^2 = \sum_m p'_m + q'_m - 2\sqrt{p'_m q'_m} \tag{9.183}$$

$$= 2 - 2\sqrt{F(\rho, \sigma)} \tag{9.184}$$

그러면 다음이 유도된다.

$$\sum_m \left(\sqrt{p'_m} - \sqrt{q'_m} \right)^2 \leq \sum_m \left| \sqrt{p'_m} - \sqrt{q'_m} \right| \left| \sqrt{p'_m} + \sqrt{q'_m} \right| \tag{9.185}$$

$$= \sum_m |p'_m - q'_m| \tag{9.186}$$

$$\leq \sum_m |p_m - q_m| \tag{9.187}$$

$$= \|\rho - \sigma\|_1 \tag{9.188}$$

첫 번째 부등식은 $|\sqrt{p'_m} - \sqrt{q'_m}| \leq |\sqrt{p'_m} + \sqrt{q'_m}|$이므로 성립한다. 두 번째 부등식은 고전적 충실도를 최소화하는 확률 분포 p'_m과 q'_m이 일반적으로 고전적 대각합 거리를 최대화하는 p_m과 q_m보다 작은 고전적 대각합 거리를 갖기 때문이다. 따라서 다음의 부등식이 유도된다.

$$2 - 2\sqrt{F(\rho, \sigma)} \leq \|\rho - \sigma\|_1 \tag{9.189}$$

이제 이 정리의 하한이 유도됐다. □

정리 9.3.1은 대각합 거리와 충실도의 극값을 완전히 이해할 수 있게 해준다. 두 상태 $\rho, \sigma \in \mathcal{D}(\mathcal{H})$가 대각합 거리가 0인 것과 $\rho = \sigma$인 것이 필요충분조건임은 이미 논의했다. 정리 9.3.1은 F(ρ, σ) = 1인 것과 $\rho = \sigma$인 것이 필요충분조건이라는 뜻이다. 마찬가지로, F(ρ, σ) = 0인 것과 ρ의 서포트가 σ의 서포트와 직교인 것이 필요충분조건인 것도 이미 논의했다. 정리 9.3.1은 $\|\rho - \sigma\|_1$ = 2인 것과 ρ의 서포트

가 σ의 서포트와 직교인 것이 필요충분조건이라는 뜻이다.

다음의 두 따름정리는 정리 9.3.1의 간단한 결과다.

【따름정리 9.3.1】 ρ, $\sigma \in \mathcal{D}(\mathcal{H})$라 하고, $\varepsilon \in [0, 1]$을 고정하자. ρ가 대각합 거리에 대해 σ에 ε만큼 가깝다고 하자.

$$\|\rho - \sigma\|_1 \leq \varepsilon \tag{9.190}$$

그러면 ρ와 σ 사이의 충실도는 $1 - \varepsilon$보다 크다.

$$F(\rho, \sigma) \geq 1 - \varepsilon \tag{9.191}$$

【따름정리 9.3.2】 ρ, $\sigma \in \mathcal{D}(\mathcal{H})$이고, $\varepsilon = [0, 1]$을 고정하자. ρ와 σ 사이의 충실도가 $1 - \varepsilon$보다 크다고 하자.

$$F(\rho, \sigma) \geq 1 - \varepsilon \tag{9.192}$$

그러면 ρ는 대각합 거리에서 $2\sqrt{\varepsilon}$만큼 σ에 가깝다.

$$\|\rho - \sigma\|_1 \leq 2\sqrt{\varepsilon} \tag{9.193}$$

【연습문제 9.3.1】 ρ, $\sigma \in \mathcal{D}(\mathcal{H})$라고 하자. ρ와 σ를 구분하는 양자 가설 검정에서 오류 확률 p_e에 대한 다음의 하계를 증명하라.

$$p_e \geq \frac{1}{2}\left(1 - \sqrt{1 - F(\rho, \sigma)}\right) \tag{9.194}$$

(힌트: 9.1.4절의 전개 과정을 떠올려보라.)

9.4 약한 측정

약한 측정[1]과 약한 연산자 보조정리는 정리 9.3.1의 특정한 응용이며, 양자 상태에 대한 간섭을 고려한다. 양자 이론에서 일반적으로 특정한 측정은 측정하려는 상태를 흐트러뜨려 버릴 것이라고 예측된다. 예를 들어, 어떤 큐비트가 $|0\rangle$ 상태에 있다고 하자. X 방향으로의 측정은 $+1$이나 -1을 같은 확률로 내놓을 것이고, 상태는 크게

---

1 원문의 'gentle measurement'는 'weak measurement'라고도 하며, 같은 뜻으로 사용된다. – 옮긴이

흐트러져서 각각 $|+\rangle$나 $|-\rangle$가 될 것이다. 반면에, 큐비트 측정을 Z 방향으로 한다면 측정 결과는 1의 확률로 +1이 될 것이고 큐비트에는 어떤 흐트러짐도 유발되지 않는다. 아래의 '약한 측정 보조정리'는 1이라는 결과를 매우 높은 가능성으로 얻게 될 측정은 측정된 양자 상태에 작은 흐트러짐만을 유발한다는 것을 보임으로써 양자 상태의 흐트러짐을 정량적으로 짚어준다(따라서 이 측정은 '약하다'고 한다).

【보조정리 9.4.1】약한 측정   밀도 연산자 ρ와 $0 \leq \Lambda \leq I$인 측정 연산자 Λ를 생각해 보자. 이 측정 연산자는 POVM의 원소일 수 있다. 이 측정 연산자 Λ가 상태 ρ를 얻을 확률이 높다고 하자.

$$\text{Tr}\{\Lambda\rho\} \geq 1 - \varepsilon \tag{9.195}$$

여기서 $\varepsilon \in [0, 1]$이다(ε이 0에 가까우면 검출 확률이 높다). 그러면 측정 후 상태인

$$\rho' \equiv \frac{\sqrt{\Lambda}\rho\sqrt{\Lambda}}{\text{Tr}\{\Lambda\rho\}} \tag{9.196}$$

는 원래 상태 ρ에 대각합 거리에 대해 $2\sqrt{\varepsilon}$만큼 가깝다.

$$\|\rho - \rho'\|_1 \leq 2\sqrt{\varepsilon} \tag{9.197}$$

따라서 ε이 작으면 이 측정은 상태 ρ를 많이 흐트러뜨리지 않는다.

【증명】   먼저, ρ가 순수 상태 $|\psi\rangle\langle\psi|$라고 하자. 측정 후 상태는 다음과 같다.

$$\frac{\sqrt{\Lambda}|\psi\rangle\langle\psi|\sqrt{\Lambda}}{\langle\psi|\Lambda|\psi\rangle} \tag{9.198}$$

원래 상태 $|\psi\rangle$와 위의 측정 후 상태 사이의 충실도는 다음과 같다.

$$\langle\psi|\left(\frac{\sqrt{\Lambda}|\psi\rangle\langle\psi|\sqrt{\Lambda}}{\langle\psi|\Lambda|\psi\rangle}\right)|\psi\rangle = \frac{\left|\langle\psi|\sqrt{\Lambda}|\psi\rangle\right|^2}{\langle\psi|\Lambda|\psi\rangle} \geq \frac{|\langle\psi|\Lambda|\psi\rangle|^2}{\langle\psi|\Lambda|\psi\rangle} \tag{9.199}$$

$$= \langle\psi|\Lambda|\psi\rangle \geq 1 - \varepsilon \tag{9.200}$$

첫 번째 부등식은 $\Lambda \leq I$이면 $\sqrt{\Lambda} \geq \Lambda$이기 때문에 유도된다. 두 번째 부등식은 보조정리의 가정에서 유도된다. 이제 섞인 상태 ρ_A와 ρ'_A이 있다고 하자. ρ_A와 ρ'_A의 양자

정화를 각각 $|\psi\rangle_{RA}$, $|\psi'\rangle_{RA}$라고 하면

$$|\psi'\rangle_{RA} \equiv \frac{I_R \otimes \sqrt{\Lambda_A}|\psi\rangle_{RA}}{\sqrt{\langle\psi|I_R \otimes \Lambda_A|\psi\rangle_{RA}}} \tag{9.201}$$

이다. 그러면 충실도의 단조성(보조정리 9.2.1)과 순수 상태에 대한 위의 결과를 적용해 다음을 보일 수 있다.

$$F(\rho_A, \rho'_A) \geq F(\psi_{RA}, \psi'_{RA}) \geq 1 - \varepsilon \tag{9.202}$$

따름정리 9.3.2를 이용하면 위의 대각합 거리 $\|\rho_A - \rho'_A\|_1$에 대한 한계를 얻는다. $\square$

다음은 약한 측정 보조정리의 변형이다.

【보조정리 9.4.2】약한 연산자 밀도 연산자 ρ와 $0 \leq \Lambda \leq I$인 측정 연산자 Λ를 생각해보자. 이 측정 연산자는 POVM의 원소일 수 있다. 이 측정 연산자 Λ가 상태 ρ를 얻을 확률이 높다고 하자.

$$\mathrm{Tr}\{\Lambda\rho\} \geq 1 - \varepsilon \tag{9.203}$$

여기서 $\varepsilon \in [0, 1]$이다(ε이 0에 가까우면 검출 확률이 높다). 그러면 $\sqrt{\Lambda}\rho\sqrt{\Lambda}$는 대각합 거리에서 원래 상태 ρ에 $2\sqrt{\varepsilon}$만큼 가깝다.

$$\left\|\rho - \sqrt{\Lambda}\rho\sqrt{\Lambda}\right\|_1 \leq 2\sqrt{\varepsilon} \tag{9.204}$$

【증명】 다음의 이어지는 부등식을 보자.

$$\left\|\rho - \sqrt{\Lambda}\rho\sqrt{\Lambda}\right\|_1$$

$$= \left\|\left(I - \sqrt{\Lambda} + \sqrt{\Lambda}\right)\rho - \sqrt{\Lambda}\rho\sqrt{\Lambda}\right\|_1 \tag{9.205}$$

$$\leq \left\|\left(I - \sqrt{\Lambda}\right)\rho\right\|_1 + \left\|\sqrt{\Lambda}\rho\left(I - \sqrt{\Lambda}\right)\right\|_1 \tag{9.206}$$

$$= \mathrm{Tr}\left|\left(I - \sqrt{\Lambda}\right)\sqrt{\rho}\cdot\sqrt{\rho}\right| + \mathrm{Tr}\left|\sqrt{\Lambda}\sqrt{\rho}\cdot\sqrt{\rho}\left(I - \sqrt{\Lambda}\right)\right| \tag{9.207}$$

$$\leq \sqrt{\mathrm{Tr}\left\{\left(I - \sqrt{\Lambda}\right)^2\rho\right\}\mathrm{Tr}\{\rho\}} + \sqrt{\mathrm{Tr}\{\Lambda\rho\}\mathrm{Tr}\left\{\rho\left(I - \sqrt{\Lambda}\right)^2\right\}} \tag{9.208}$$

$$\leq \sqrt{\mathrm{Tr}\{(I - \Lambda)\rho\}} + \sqrt{\mathrm{Tr}\{\rho(I - \Lambda)\}} \tag{9.209}$$

$$= 2\sqrt{\mathrm{Tr}\{(I - \Lambda)\rho\}} \leq 2\sqrt{\varepsilon} \tag{9.210}$$

첫 번째 부등식은 삼각부등식의 결과다. 두 번째 등식은 대각합 노름의 정의와 ρ가 양의 준정부호 연산자라는 사실에서 유도된다. 두 번째 부등식은 힐베르트-슈미트 내적에 대한 코시-슈바르츠 부등식에 의해 유도된다(식 (9.20) 참고). 세 번째 부등식은 $0 \le x \le 1$이면 $(1 - \sqrt{x})^2 \le 1 - x$라는 사실과, $\mathrm{Tr}\{\rho\} = 1$ 및 $\mathrm{Tr}\{\Lambda\rho\} \le 1$에 의해 유도된다. 마지막 부등식은 제곱근이 단조 증가 함수이기 때문에 식 (9.203)을 적용해 유도된다. □

【연습문제 9.4.1】 약한 연산자 보조정리가 준정규화된 양의 준정부호 연산자 $\rho(\mathrm{Tr}\{\rho\}$ ≤ 1인 연산자)에 대해 성립함을 보여라.

다음은 양자 상태의 앙상블에 적용되는 약한 측정 보조정리의 또 다른 변형이다.

【보조정리 9.4.3】 앙상블에 대한 약한 측정 $\{p_X(x),\ \rho_x\}$가 평균 밀도 연산자 $\bar{\rho} \equiv \sum_x p_X(x)\rho_x$를 갖는 앙상블이라고 하자. $\Lambda \le I$이고 $\mathrm{Tr}\{\bar{\rho}\Lambda\} \ge 1 - \varepsilon$인 양의 준정부호 연산자 Λ가 주어지면

$$\sum_x p_X(x) \left\| \rho_x - \sqrt{\Lambda}\rho_x\sqrt{\Lambda} \right\|_1 \le 2\sqrt{\varepsilon} \tag{9.211}$$

이다. 여기서 $\varepsilon \in [0,\ 1]$이다.

【증명】 모든 x에 대해 성립하는 다음의 부등식을 얻기 위해 약한 연산자 보조정리의 증명과 같은 단계를 적용할 수 있다.

$$\left\| \rho_x - \sqrt{\Lambda}\rho_x\sqrt{\Lambda} \right\|_1^2 \le 4\left(1 - \mathrm{Tr}\{\Lambda\rho_x\}\right) \tag{9.212}$$

양변에 기댓값을 취하면 다음의 부등식을 얻는다.

$$\sum_x p_X(x) \left\| \rho_x - \sqrt{\Lambda}\rho_x\sqrt{\Lambda} \right\|_1^2 \le 4\left(1 - \mathrm{Tr}\{\Lambda\rho\}\right) \le 4\varepsilon \tag{9.213}$$

위의 부등식에 제곱근을 취하면 다음의 부등식을 얻는다.

$$\sqrt{\sum_x p_X(x) \left\| \rho_x - \sqrt{\Lambda}\rho_x\sqrt{\Lambda} \right\|_1^2} \le 2\sqrt{\varepsilon} \tag{9.214}$$

제곱근의 오목성에 의해 다음이 유도된다.

$$\sum_x p_X(x) \sqrt{\left\| \rho_x - \sqrt{\Lambda}\rho_x\sqrt{\Lambda} \right\|_1^2} \leq 2\sqrt{\varepsilon} \qquad (9.215)$$

이로써 증명이 완료된다. □

【연습문제 9.4.2】결맞은 약한 측정 $\{\rho_A^k\}$가 밀도 연산자의 모음이고, $\{\Lambda_A^k\}$가 모든 k에 대해 다음을 만족하는 POVM이라고 하자.

$$\text{Tr}\left\{\Lambda_A^k \rho_A^k\right\} \geq 1 - \varepsilon \qquad (9.216)$$

$|\phi^k\rangle_{RA}$가 ρ_A^k의 양자정화라고 하자. 5.4절에서 본 것과 같은 관점에서 다음을 만족하는 결맞은 약한 측정 $\mathcal{D}_{A \to AK}$가 존재함을 보여라.

$$\left\| \mathcal{D}_{A \to AK}(\phi_{RA}^k) - \phi_{RA}^k \otimes |k\rangle\langle k|_K \right\|_1 \leq 2\sqrt{\varepsilon(2-\varepsilon)} \qquad (9.217)$$

(힌트: 연습문제 5.4.1을 이용하라.)

9.5 양자 선로의 충실도

양자 선로 $\mathcal{N}$이 양자정보를 얼마나 잘 보존하는지 결정하는 척도를 갖는 것은 유용하다. 이 장의 앞 절에서는 대각합 거리와 충실도 같은 정적 거리 척도를 만들었다. 이제 이 척도들을 사용해 동적 척도를 정의해볼 것이다.

이런 종류의 '딱 떠오르는' 척도는 최소 충실도 $F_{\min}(\mathcal{N})$이다.

$$F_{\min}(\mathcal{N}) \equiv \min_{|\psi\rangle} F(\psi, \mathcal{N}(\psi)) \qquad (9.218)$$

이 척도는 앨리스가 밥에게 전송하기 전에는 유잡음 선로에 입력하려는 상태에 대해 일반적으로 알 수 없기 때문에 좋은 것처럼 보일 수 있다.

최소 충실도의 정의를 놓고, 순수 상태에 대해 최소화하려고 보면 뭔가 이상해 보인다. 양자 이론에서 나타나는 가장 일반적인 상태는 섞인 상태가 아닌가? 이는 제곱근 충실도의 결합 오목성(성질 9.2.2)과 제곱 함수의 단조성이 최소 충실도에 대해 섞인 상태를 고려할 필요가 없다는 사실을 알려준다. 다음의 부등식들을 살펴보자.

$$\sqrt{\overline{F}}\left(\rho, \mathcal{N}(\rho)\right) = \sqrt{F}\left(\sum_x p_X(x)|x\rangle\langle x|, \mathcal{N}\left(\sum_x p_X(x)|x\rangle\langle x|\right)\right) \quad (9.219)$$

$$= \sqrt{F}\left(\sum_x p_X(x)|x\rangle\langle x|, \sum_x p_X(x)\mathcal{N}(|x\rangle\langle x|)\right) \quad (9.220)$$

$$\geq \sum_x p_X(x)\sqrt{F}(|x\rangle\langle x|, \mathcal{N}(|x\rangle\langle x|)) \quad (9.221)$$

$$\geq \sqrt{F}(|x_{\min}\rangle\langle x_{\min}|, \mathcal{N}(|x_{\min}\rangle\langle x_{\min}|)) \quad (9.222)$$

첫 번째 등식은 밀도 연산자 ρ를 스펙트럼 분해로 전개해서 유도된다. 두 번째 등식은 양자 연산 $\mathcal{N}$의 선형성에서 유도된다. 첫 번째 부등식은 제곱근 충실도의 결합 오목성(성질 9.2.2)에서 유도된다. 마지막 부등식은 충실도가 앞 줄의 기대 충실도보다 절대 크지 않은 순수 상태 $|x_{\min}\rangle$(ρ의 고유상태 중 하나)이 존재하기 때문에 유도된다.

9.5.1 양자 선로의 기대 충실도

일반적으로, 최소 충실도는 양자 선로에 대해 양자정보의 보존에 대한 다른 척도에 비해 덜 유용하다. 최소 충실도의 어려움은 잠재적으로 큰 입력 상태의 공간에 대한 최적화가 필요하다는 점이다. 일반적으로 이를 다루고 계산하는 것은 어려운 일이 될 수 있으므로, 양자 선로의 성능을 정하는 다른 방법을 소개한다.

충실도의 개념을 앨리스가 보낸 상태에 한정하는 대신에 상태의 집합에 대해 충실도를 평균 내서 단순화할 수 있다. 즉, 앨리스가 어떤 앙상블 $\{p_X(x), \rho_x\}$로부터 상태를 전송하고 양자 선로가 이 정보 원천을 얼마나 잘 보존했는지 정하고 싶다고 하자. 특정 상태 ρ_x를 양자 선로 $\mathcal{N}$을 통해 보내면 $\mathcal{N}(\rho_x)$ 상태가 생성된다. 전송된 상태 ρ_x와 수신된 상태 $\mathcal{N}(\rho_x)$ 사이의 충실도는 앞에서 정의한 대로 $F(\rho_x, \mathcal{N}(\rho_x))$이다. 그러면 앙상블의 **기대 충실도**는 다음과 같이 정의된다.

$$\overline{F}(\mathcal{N}) \equiv \mathbb{E}_X[F(\rho_X, \mathcal{N}(\rho_X))] = \sum_x p_X(x)F(\rho_x, \mathcal{N}(\rho_x)) \quad (9.223)$$

기대 충실도는 앨리스가 밥에게 평균적으로 앙상블을 얼마나 잘 전송할 수 있는가를 나타낸다. 다시 말하지만, 이는 보통의 충실도가 그렇듯이 0과 1 사이에 있다.

기대 충실도의 더 일반화된 형태는 앙상블에 대해 한정하는 대신, 임의의 양자 상태에 대한 기대 성능을 고려한 것이다. 즉, 어떤 양자 상태 $|\psi\rangle$를 고정하고 임의의 유

니터리 연산자 U를 적용하자. 이때 유니터리 연산자는 하르 측도$^{\text{Haar measure}}$에 따라 선택한다(이는 유니터리 연산자에 대해 균일한 분포다). 상태 $U|\psi\rangle$는 무작위 양자 상태를 나타내고, 다음의 기대 충실도에 대해 더 일반적인 개념을 정의하기 위해 그 상태에 대한 기댓값을 취할 수 있다.

$$\overline{F}(\mathcal{N}) \equiv \mathbb{E}_U \left[F(U|\psi\rangle\langle\psi|U^\dagger, \mathcal{N}(U|\psi\rangle\langle\psi|U^\dagger)) \right] \tag{9.224}$$

기대 충실도에 대한 위의 공식은 다음과 같이 하르 측도에 대한 적분이 된다.

$$\overline{F}(\mathcal{N}) = \int \langle\psi|U^\dagger \mathcal{N}(U|\psi\rangle\langle\psi|U^\dagger)U|\psi\rangle \, dU \tag{9.225}$$

9.5.2 얽힘 충실도

이제 양자 선로가 양자정보를 보존하는 능력의 다른 척도를 생각해보자. 앨리스가 밀도 연산자 ρ_A인 양자 상태를 전송하려고 한다. 이 양자 상태는 참조계 R에 대해 양자정화 $|\psi\rangle_{RA}$를 갖는다. $|\psi\rangle_{RA}$의 A계를 항등 선로 id_A를 통해 전송하면 $|\psi\rangle_{RA}$로 되돌아온다. $|\psi\rangle_{RA}$의 A계를 양자 선로 $\mathcal{N} : \mathcal{L}(\mathcal{H}_A) \to \mathcal{L}(\mathcal{H}_A)$를 통해 전송하면 $\sigma_{RA} \equiv (\text{id}_R \otimes \mathcal{N}_A)(\psi_{RA})$를 얻는다. 얽힘 충실도는 다음과 같이 정의된다.

【정의 9.5.1】 얽힘 충실도 ρ, $\mathcal{N}$, σ, $|\psi\rangle$가 위와 같이 주어졌다고 하자. 그러면 얽힘 충실도$^{\text{entanglement fidelity}}$는 $F_e(\rho, \mathcal{N}) \equiv \langle\psi|\sigma|\psi\rangle$로 주어진다.

이는 양자 선로가 다른 계와의 얽힘을 얼마나 잘 보존하는지의 척도다. 그림 9.5는 얽힘 충실도가 비교하는 두 상태를 묘사한다.

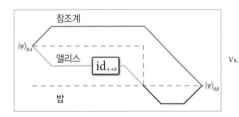 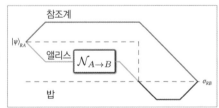

그림 9.5 얽힘 충실도는 이상적인 상황(왼쪽에 그려짐)의 출력과 유잡음 상황(오른쪽에 그려짐) 사이를 비교한다.

얽힘 충실도는 입력 상태의 양자정화를 어떻게 고르느냐에 대해 불변이다. 이는 모든 양자정화가 단순히 정화계에 대해 작용하는 등척변환에 의해 관련되기 때문에 유도된다. 즉, $|\psi\rangle_{R_1 A}$가 ρ_A의 한 양자정화이고 $|\varphi\rangle_{R_2 A}$가 다른 양자정화라고 하자. 그리고 $U_{R_1 \to R_2}$가 $|\varphi\rangle_{R_2 A} = U_{R_1 \to R_2} |\psi\rangle_{R_1 A}$처럼 둘을 연결하는 등척변환이라고 하자. 그러면

$$\langle\varphi|_{R_2 A} (\mathrm{id}_{R_2} \otimes \mathcal{N}_A) (\varphi_{R_2 A}) |\varphi\rangle_{R_2 A}$$
$$= \langle\psi|_{R_1 A} U_{R_1 \to R_2}^\dagger \left[(\mathrm{id}_{R_2} \otimes \mathcal{N}_A) \left(U_{R_1 \to R_2} \psi_{R_1 A} U_{R_1 \to R_2}^\dagger\right)\right] U_{R_1 \to R_2} |\psi\rangle_{R_1 A} \tag{9.226}$$
$$= \langle\psi|_{R_1 A} U_{R_1 \to R_2}^\dagger U_{R_1 \to R_2} [(\mathrm{id}_{R_1} \otimes \mathcal{N}_A) (\psi_{R_1 A})] U_{R_1 \to R_2}^\dagger U_{R_1 \to R_2} |\psi\rangle_{R_1 A} \tag{9.227}$$
$$= \langle\psi|_{R_1 A} [(\mathrm{id}_{R_1} \otimes \mathcal{N}_A) (\psi_{R_1 A})] |\psi\rangle_{R_1 A} \tag{9.228}$$

여기서 두 번째 부등식은 등척변환이 항등 사상 id_{R_2}와 가환이기 때문에 유도된다. 마지막 등식은 $U_{R_1 \to R_2}$가 $U_{R_1 \to R_2}^\dagger U_{R_1 \to R_2} = I_{R_1}$인 등척변환이기 때문에 유도된다.

얽힘 보존 작업에서 생각해야 하는 이득 중 하나는 그것이 양자 통신에 대해 의미하는 것이다. 즉, 만약 앨리스가 다른 계와의 얽힘을 보존하는 통신 규약을 고안했다면, 같은 통신 규약이 앨리스가 전송한 양자정보도 잘 보존할 것이다.

다음의 정리는 얽힘 충실도를 주어진 유잡음 양자 선로의 크라우스 연산자로 나타내는 간단한 방법을 제시한다.

【정리 9.5.1】 $\rho_A \in \mathcal{D}(\mathcal{H}_A)$이고, $\mathcal{N} : \mathcal{L}(\mathcal{H}_A) \to \mathcal{L}(\mathcal{H}_A)$가 양자 선로라고 하자. $\{K^m\}$이 $\mathcal{N}$에 대한 크라우스 연산자의 집합이라고 하자. 그러면 얽힘 충실도 $F_e(\rho, \mathcal{N})$은 다음의 표현식과 같다.

$$F_e(\rho, \mathcal{N}) = \sum_m |\mathrm{Tr}\{\rho_A K^m\}|^2 \tag{9.229}$$

【증명】 얽힘 충실도가 양자정화의 선택에 대해 불변이라고 하면, 단순히 ρ_A의 정준 양자정화 $|\psi\rangle_{RA}$를 이용하면 된다. 즉,

$$|\psi\rangle_{RA} = (I_R \otimes \sqrt{\rho_A}) |\Gamma\rangle_{RA} \tag{9.230}$$

여기서 $|\Gamma\rangle_{RA}$는 식 (3.233)에서의 정규화되지 않은 최대로 얽힌 벡터다. 그러면 다음을 알 수 있다.

$$\langle\psi|_{RA}\,(\mathrm{id}_R\otimes\mathcal{N}_A)\,(\psi_{RA})|\psi\rangle_{RA}$$

$$= \langle\psi|_{RA}\sum_m \left(I_R\otimes K_A^m\right)|\psi\rangle\langle\psi|_{RA}\left(I_R\otimes (K_A^m)^\dagger\right)|\psi\rangle_{RA} \tag{9.231}$$

$$= \sum_m \langle\psi|_{RA}\left(I_R\otimes K_A^m\right)|\psi\rangle\langle\psi|_{RA}\left(I_R\otimes (K_A^m)^\dagger\right)|\psi\rangle_{RA} \tag{9.232}$$

$$= \sum_m \left|\langle\psi|_{RA}\left(I_R\otimes K_A^m\right)|\psi\rangle_{RA}\right|^2 \tag{9.233}$$

다음을 생각해보자.

$$\langle\psi|_{RA}\left(I_R\otimes K_A^m\right)|\psi\rangle_{RA}$$

$$= \langle\Gamma|_{RA}\left(I_R\otimes\sqrt{\rho_A}\right)\left(I_R\otimes K_A^m\right)\left(I_R\otimes\sqrt{\rho_A}\right)|\Gamma\rangle_{RA} \tag{9.234}$$

$$= \langle\Gamma|_{RA}\left(I_R\otimes\sqrt{\rho_A}K_A^m\sqrt{\rho_A}\right)|\Gamma\rangle_{RA} \tag{9.235}$$

$$= \mathrm{Tr}\left\{\sqrt{\rho_A}K_A^m\sqrt{\rho_A}\right\} \tag{9.236}$$

$$= \mathrm{Tr}\left\{\rho_A K_A^m\right\} \tag{9.237}$$

여기서는 세 번째 등식을 보이기 위해 연습문제 4.1.3을 사용했다. 따라서

$$\langle\psi|_{RA}\,(\mathrm{id}_R\otimes\mathcal{N}_A)\,(\psi_{RA})|\psi\rangle_{RA} = \sum_m \left|\mathrm{Tr}\left\{\rho_A K^m\right\}\right|^2 \tag{9.238}$$

위와 같이 증명이 완료된다. □

【연습문제 9.5.1】 ρ_1, $\rho_2\in\mathcal{D}(\mathcal{H})$이고, $\mathcal{N}:\mathcal{L}(\mathcal{H})\to\mathcal{L}(\mathcal{H})$가 양자 선로라고 하자. $\lambda\in[0,1]$을 고정하자. 입력 상태에 대해 얽힘 충실도가 볼록임을 보여라.

$$F_e(\lambda\rho_1+(1-\lambda)\rho_2,\mathcal{N}) \le \lambda F_e(\rho_1,\mathcal{N})+(1-\lambda)F_e(\rho_2,\mathcal{N}) \tag{9.239}$$

(힌트: 정리 9.5.1의 결과가 여기서 유용하다.)

【연습문제 9.5.2】 얽힘 충실도가 주어진 양자 선로에 대한 크라우스 연산자의 특정한 선택에 의존하지 않음을 증명하라(힌트: 어떤 양자 선로의 두 다른 크라우스 표현을 연관 짓는 등척변환이 항상 존재함을 이용하라. 즉, 크라우스 연산자의 집합 $\{K^m\}$과 또 다른 집합 $\{L^n\}$에 대해

$$K^m = \sum_n u_{mn}L^n \tag{9.240}$$

임을 알고 있다. 여기서 u_{mn}은 유니터리 행렬의 원소다).

9.5.3 기대 충실도와 얽힘 충실도

얽힘 충실도와 기대 충실도는 유잡음 양자 선로가 양자정보를 보존하는 능력을 정량화하기 위한 달라 보이는 방법을 제공한다. 두 방법이 어떻게 연관됐는지 보일 수 있는 방법이 있을까?

실제로 이들은 연관됐다. 먼저, 얽힘 충실도가 상태 ρ를 보존하기 위한 양자 선로의 충실도에 대한 하계임을 생각해보자.

$$F_e(\rho, \mathcal{N}) \leq F(\rho, \mathcal{N}(\rho)) \tag{9.241}$$

위의 결과는 단순히 부분 대각합에 대한 충실도의 단조성에서 유도된다(보조정리 9.2.1). 얽힘 충실도의 볼록성(연습문제 9.5.1)과 식 (9.241)의 한계를 결합하면, 얽힘 충실도는 언제나 식 (9.223)의 기대 충실도보다 작다는 것을 볼 수 있다.

$$F_e\left(\sum_x p_X(x)\rho_x, \mathcal{N}\right) \leq \sum_x p_X(x)F_e(\rho_x, \mathcal{N}) \tag{9.242}$$
$$\leq \sum_x p_X(x)F(\rho_x, \mathcal{N}(\rho_x)) \tag{9.243}$$
$$= \overline{F}(\mathcal{N}) \tag{9.244}$$

따라서 어떤 참조계에 대해 얽힘을 보존하는 임의의 선로는 앙상블의 기대 충실도를 보존한다. 대부분의 경우, 유잡음 양자 선로의 성능을 정의하는 척도로 기대 충실도만 생각하면 된다.

얽힘 충실도와 기대 충실도 사이의 관계는 하르 측도에 따라 무작위 양자 상태를 고르는 경우에 더 정확해진다(그리고 더 아름다워진다). 식 (9.224)의 기대 충실도가 얽힘 충실도와 다음과 같은 관련이 있음을 보일 수 있다.

$$\overline{F}(\mathcal{N}) = \frac{dF_e(\pi, \mathcal{N}) + 1}{d + 1} \tag{9.245}$$

여기서 d는 입력계의 차원이고, π는 최대로 얽힌 상태로의 양자정화를 갖는 최대로 섞인 상태다.

【연습문제 9.5.3】 식 (9.245)의 관계식이 양자 탈분극 선로에 대해 성립함을 보여라.

9.6 힐베르트-슈미트 거리 척도

마지막으로 만들어볼 거리 척도는 힐베르트-슈미트 거리 척도^{Hilbert-Schmidt distance} measure다. 이 척도는 ℓ_2-노름에서 유도되기 때문에, 친숙한 유클리드 거리 척도에 가장 유사하다. 이 거리 척도는 대각합 거리나 충실도와 같이 드러나는 조작적 해석은 없다. 게다가, 일반적으로 양자 선로의 작용에 따라 늘어나거나 줄어들지 않는다. 따라서 양자 상태의 구분 가능성 척도로 사용하면 안 된다. 그러나 이것을 거리 척도로 사용하는 것과 이를 대각합 거리와 연습문제 9.6.1의 한계를 통해 연관 짓는 것은 때로 도움이 될 수 있다.

연산자 $M \in \mathcal{L}(\mathcal{H}, \mathcal{H}')$의 힐베르트-슈미트 노름을 다음과 같이 정의하자.

$$\|M\|_2 \equiv \sqrt{\text{Tr}\left\{M^\dagger M\right\}} \tag{9.246}$$

위의 노름이 노름의 세 가지 요구사항인 비음수성, 균질성, 삼각부등식을 만족함은 쉽게 보일 수 있다. 계산해보면 이 노름이 단순히 특잇값의 제곱을 더하여 제곱근을 취한 것임을 알 수 있다. 그 이유는 명제 9.1.1의 증명 과정과 같다.

힐베르트-슈미트 노름은 다음의 힐베르트-슈미트 거리 척도를 이끌어낸다.

$$\|M - N\|_2 \tag{9.247}$$

여기서 $M, N \in \mathcal{L}(\mathcal{H}, \mathcal{H}')$이다. 그러면 이 거리 척도를 위 공식의 M과 N의 자리에 양자 상태 ρ와 σ를 대입하여 ρ와 σ에 적용할 수 있다.

힐베르트-슈미트 거리 척도는 대각합 거리보다 더 좋은 한계를 찾기가 더 쉬운 경우가 있기 때문에, 때로 양자 섀넌 이론의 부호화 정리의 증명에서 사용처를 찾을 수 있다. 어떤 경우, 밀도 연산자의 앙상블에 대한 기댓값을 취하여 이 기댓값으로 분산이나 공분산을 계산할 수 있다.

【연습문제 9.6.1】 다음의 부등식이 임의의 연산자 X에 대해 성립함을 보여라.

$$\|X\|_1^2 \leq d\,\|X\|_2^2 \tag{9.248}$$

여기서 d는 X의 랭크다(힌트: 힐베르트-슈미트 내적에 대한 코시-슈바르츠 부등식을 사용하라).

【연습문제 9.6.2】 힐베르트-슈미트 거리의 단조성에 대한 명시적인 반례가 있다. $A = |01\rangle \langle 00| + |11\rangle\langle 10|$과 $B = |01\rangle\langle 01| + |11\rangle\langle 11|$이 양자 선로 $\mathcal{N}(\omega) = A\omega A^\dagger + B\omega B^\dagger$에 대한 크라우스 연산자라고 하자. 그리고 두 상태 $\rho = |0\rangle\langle 0| \otimes \pi$와 $\sigma = |1\rangle\langle 1| \otimes \pi$를 생각하자. 여기서 $\pi = I/2$이다. 먼저 $\mathcal{N}$이 양자 선로임을 확인하고, 이 사례에 대해 $||\rho - \sigma||_2 < ||\mathcal{N}(\rho) - \mathcal{N}(\sigma)||_2$임을 명시적 계산을 통해 보여라. 반면에, $\rho = |0\rangle\langle 0|$, $\sigma = |1\rangle\langle 1|$과 $\mathcal{N}(\omega) = \frac{1}{2}(\omega + X\omega X)$가 있다고 하자. 이 또 다른 사례에 대해서는 $||\rho - \sigma||_2 > ||\mathcal{N}(\rho) - \mathcal{N}(\sigma)||_2$임을 보여라. 의미: 힐베르트-슈미트 거리를 구분 가능성의 척도로 쓰지 마라!

9.7 역사와 더 읽을거리

[Fuchs, 1996]과 [Fuchs & van de Graaf, 1998]은 대각합 거리와 충실도에 대해 더 자세히 배우기 좋은 출발점이다. 양자 가설 검정의 맥락에서 대각합 거리의 조작적 해석을 설명하는 다른 알아둘 만한 참고자료로는 [Nielsen & Chuang, 2000], [Yard, 2005], [von Kretschmann, 2007], [Helstrom, 1969], [Helstrom, 1976]이 있다. 울만[Uhlmann](1976)은 자신의 이름이 붙은 정리를 처음으로 증명했고, 조사[Jozsa](1994)가 나중에 이 정리의 증명을 유한 차원 양자계의 경우에 대해 제시했다. 정리 9.2.2는 푹스[Fuchs]와 케이브스[Caves](1995)가 유도했다. 슈마허[Schumacher](1996)는 얽힘 충실도를 도입했고, 바넘[Barnum] 등(2000)은 그에 대해 많은 관찰을 만들었다. 닐센[Nielsen](2002)은 얽힘 충실도와 기대 충실도 사이의 정확한 관계에 대한 간단한 증명을 제시했다.

윈터[Winter](1999a, 1999b)는 '약한 측정' 보조정리를 처음 증명했다. 거기서, 윈터는 HSW 부호화 정리의 변형된 직접적 부분을 얻기 위해 이 보조정리를 사용했다. 나중에 윈터(2001)는 다중 접속 양자 선로에 대해 달성 가능한 속도를 증명하는 데 사용했다. 이어서 오가와[Ogawa]와 나가오카[Nagaoka](2007)는 이 한계를 $2\sqrt{\varepsilon}$으로 개선했다.

힐베르트-슈미트 거리의 단조성에 대한 반례는 오자와(2000)가 보였다.

10

고전 정보와 엔트로피

모든 물리계는 원자, 전류, 당구공의 위치, 스위치 등, 어떤 것이든 정보의 비트를 담을 수 있다. 정보는 그 계에 따라서 고전적일 수도 있고, 양자적일 수도 있으며, 그 둘의 혼종일 수도 있다. 예를 들어, 원자나 전자나 초전도체는 **양자** 이론이 이 계에 적용되기 때문에 양자정보를 담을 수 있다. 하지만 당구공의 위치에는 고전 정보만을 담을 수 있다고 안전하게 말할 수 있다. 양자계에 고전 비트를 담는 것은 항상 가능하기 때문에, 원자나 전자나 초전도체에는 고전 비트도 담을 수 있다.

정보 이론의 맥락에서 **정보**information라는 용어는 우리가 선험적으로 '매일' 경험하는 정보와는 조금 다른 정교한 의미를 갖고 있다. 물리적 비트의 개념이 비트의 물리적 표현을 뜻한다는 것과, 정보 비트는 무작위 실험의 결과로부터 얼마나 많이 알아낼 수 있는지의 척도임을 생각해보자. 아마 '놀라움surprise'이라는 단어가 정보의 개념을 정보 이론의 맥락에 적용되는 대로 더 잘 포착할 것이다.

10장에서는 고전 정보에 대한 엄밀한 연구를 시작한다. 고전 정보 이론에 대한 2장의 핵심적인 조작적 작업 몇 가지를 다시 살펴보겠다. 10장의 목표는 고전계에 접근할 수 있는 참가자들과 관련지어서 정보 척도에 대해 직관적 이해를 제공하는 것이기 때문에 여기서의 접근법은 조금 다르다. 여기서는 단일 물리계나 다중 물리계에 부호화된 정보의 양을 측정하는 정교한 수학적 공식을 정의한다. 이 이론 전개의 장점은 정보를 담고 있는 물리계의 상세한 부분에는 신경 쓰지 않고 정보 그 자체만을 올바르게 연구할 수 있다는 것이다.

먼저, 10.1절에서 무작위 변수의 기대되는 놀라움으로서 엔트로피를 소개한다. 엔트로피의 이 기본 개념을 확장해 10.2절에서 10.6절까지는 정보의 다른 척도들을 만들어나가며, 직관적 정보 척도로서 이들이 유용할 뿐만 아니라 더 중요하게는 이 척도들이 유잡음 자원을 사용해 수행하려는 조작적 작업에 대한 답임을 증명한다. 이 양들을 소개하면서, 이와 관련되어 실전 정보 이론가를 위한 중요한 도구인 몇 가지 수학적 결과를 논의하고 증명한다. 이 도구들은 결과를 증명하고 정보의 본성에 대한 이해를 높이는 데 유용하다. 10.7절에서는 정보를 처리하는 능력의 한계를 이해하도록 도와주는 엔트로피 부등식을 소개하고, 10.8절에서는 이 엔트로피 부등식의 몇 가지 개량된 표현을 제시한다. 10.9절은 그 앞에서 만들어진 고전적 정보 척도를 양자계에서 추출해낼 수 있는 고전 정보에 적용하며 이 장을 마무리한다.

10.1 무작위 변수의 엔트로피

무작위 변수 X를 생각해보자. 무작위 변수 X의 각 구현체 x가 알파벳 $\mathcal{X}$에 속한다고 하자. $p_X(x)$는 구현체 x가 나타날 확률이 되도록 $p_X(x)$가 X의 확률 밀도 함수를 나타낸다고 하자. 특정 구현체 x의 정보 내용^{information content} $i(x)$는 어떤 사람이 무작위 실험의 결과를 알았을 때 놀라움의 척도다.

$$i(x) \equiv -\log\left(p_X(x)\right) \tag{10.1}$$

로그의 밑은 2이고, 이것은 놀라움 또는 정보의 단위를 비트로 사용한다는 뜻이다.

그림 10.1은 단위 구간 안에 있는 값에 대한 정보 내용을 그린다. 이 놀라움의 척도는 생각한 대로 행동한다. 즉, 우리를 더 놀라게 할 확률이 낮은 사건에 대해서는 더 높고, 그렇게 많이 놀랍지 않을 법한 확률이 높은 사건에 대해서는 더 낮다. 이 그림을 살펴보면, 정보 내용이 어떤 구현체 x에 대해서도 음수가 아님을 알 수 있다.

정보 내용은 또한 로그함수를 골랐기 때문에 가법적이다. 무작위 변수 X를 이용한 두 독립 무작위 실험에서 그 구현체 x_1과 x_2가 주어지면,

$$i(x_1, x_2) = -\log\left(p_{X,X}(x_1, x_2)\right) = -\log\left(p_X(x_1)p_X(x_2)\right) = i(x_1) + i(x_2) \tag{10.2}$$

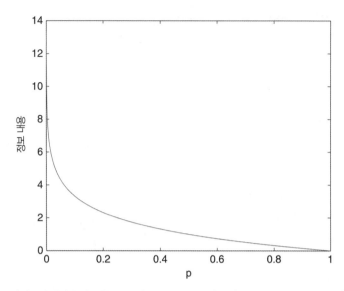

그림 10.1 0에서 1의 범위에 있는 확률 p의 함수로 나타낸 식 (10.1)의 정보 내용, 또는 '놀라움'. 어떤 사건이 자주 일어난다면 덜 놀랍고, 덜 일어난다면 많이 놀랍다.

임을 알 수 있다. 가법성^{additivity}은 정보의 척도에서 찾아내야 하는 성질이다(더 일반적인 정보의 척도에 대한 이 문제를 다루기 위해 13장 전체를 할애할 정도로 많다).

정보 내용은 무작위 변수 X의 특정 구현에 대한 놀라움의 척도로 유용하지만, 정해진 무작위 변수 X가 갖는 놀라움의 양이라는 일반적 개념을 포착하지는 않는다. 엔트로피 $H(X)$는 무작위 변수 X의 놀라움의 이런 일반적 개념을 포착한다. 즉, 무작위 변수 X의 기대 정보 내용이다.

$$H(X) \equiv \mathbb{E}_X \left\{ i(X) \right\} \tag{10.3}$$

언뜻 보기에, 위의 정의는 이상하게 자기참조적으로 보일 것이다. 왜냐하면 확률 밀도 함수 $p_X(x)$의 인자가 무작위 변수 X 그 자체이기 때문이다. 하지만 이는 수학적으로 잘 정의된다. 위의 공식을 계산하면 엔트로피 $H(X)$에 대해 정의한 대로 표현식을 얻는다.

【정의 10.1.1】엔트로피 확률 분포 $p_X(x)$를 갖는 이산 무작위 변수 X의 엔트로피^{entropy}는 다음과 같다.

$$H(X) \equiv - \sum_x p_X(x) \log \left(p_X(x) \right) \tag{10.4}$$

확률이 0인 구현체에 대해 관례상 $0 \cdot \log(0) = 0$을 적용한다. $\lim_{\varepsilon \to 0} \varepsilon \cdot \log(1/\varepsilon)$ = 0이라는 사실이 직관적으로 이 관례를 정당화한다(이 관례를 만약 어떤 사건이 일어났을 때 무한히 놀랄 수도 있다는 사실보다 사건이 0의 확률을 갖는다는 사실이 더 중요하다고 해석할 수도 있다).

엔트로피는 직관적 해석을 받아들인다. 앨리스가 자신의 실험실에서 무작위 변수 X의 확률 밀도 함수 $p_X(x)$에 따라 구현체 x를 선택하는 무작위 실험을 수행한다고 하자. 게다가, 밥이 그 실험 결과를 아직 모른다고 하자. 밥이 무작위 실험의 결과로부터 알게 될 것이라고 예측한 정보 이득은 $H(X)$ 비트다. 2장에서 설명한 섀넌의 무잡음 부호화 정리는 밥이 압축된 메시지를 복호화할 수 있으려면 앨리스가 밥에게 $H(X)$의 속도로 비트를 보내야 함을 증명하여 이 해석을 더 정밀하게 다듬었다. 그림 10.2(a)가 10.2절에서 소개할 조건부 엔트로피와 유사한 해석을 따라서 엔트로피 $H(X)$의 해석을 묘사한다.

10.1.1 이항 엔트로피 함수

엔트로피의 어떤 특수한 경우는 무작위 변수 X가 $p_X(0) = p$이고 $p_X(1) = 1 - p$인 확률 밀도를 갖는 베르누이 무작위 변수일 때 나타난다. 이 베르누이 무작위 변수는 무작위 동전 던지기의 결과에 해당한다. 이 경우의 엔트로피는 **이항 엔트로피 함수**binary entropy function라고 한다.

【정의 10.1.2】 이항 엔트로피 $p \in [0, 1]$의 이항 엔트로피는 다음과 같다.

$$h_2(p) \equiv -p \log p - (1 - p) \log(1 - p) \tag{10.5}$$

이항 엔트로피는 동전 던지기의 결과에서 알 수 있는 비트의 수를 정량화한다. 만

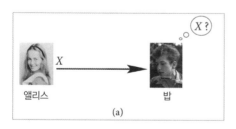
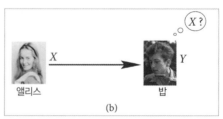

그림 10.2 (a) 엔트로피 $H(X)$는 밥이 무작위 변수 X에 대해 알아내기 전에 갖고 있는 불확실성이다. (b) 조건부 엔트로피 $H(X|Y)$는 밥이 이미 Y를 알고 있을 때 X에 대해 갖고 있는 불확실성이다.

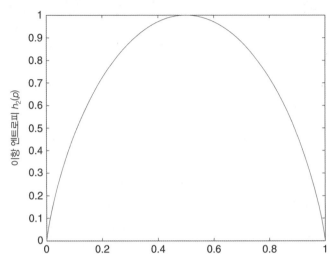

그림 10.3 매개변수 p의 함수로 나타낸 이항 엔트로피 함수 $h_2(p)$

약 동전이 편향되지 않았다면($p = 1/2$) 최대 1비트를 알 수 있다($h_2(p) = 1$). 만약 동전이 결정됐다면($p = 0$ 또는 $p = 1$) 결과로부터 알 수 있는 것은 아무것도 없다($h_2(p) = 0$). 그림 10.3이 이항 엔트로피 함수를 나타낸다. 이 그림은 이항 엔트로피 함수 $h_2(p)$가 매개변수 p에 대해 오목 함수이고 극댓값이 $p = 1/2$에 있음을 보여준다.

10.1.2 엔트로피의 수학적 성질

이제, 엔트로피 $H(X)$의 다섯 가지 중요한 수학적 성질을 논의한다.

【성질 10.1.1】 비음수성 확률 분포 $p_X(x)$를 갖는 임의의 이산 무작위 변수 X에 대해 엔트로피 $H(X)$는 음수가 아니다.

$$H(X) \geq 0 \tag{10.6}$$

【증명】 비음수성non-negativity은 엔트로피가 기대 정보 내용 $i(X)$이고, 정보 내용 그 자체가 음수가 아니기 때문에 유도된다. 무작위 변수 X에 대해 알아내려고 할 때, 비음수성이 항상 몇 개의 비트는 알아낼 수 있어야 한다는 뜻이기 때문에 엔트로피가 음수가 아니어야 한다는 것은 어쩌면 직관적이다(만약 무작위 변수의 결과가 어떻게 될지 이미 알고 있었다면, 그런 시행을 해도 0비트의 정보를 알아낼 뿐이다). 고전적 관점에서는 절대

로 정보량이 음수가 되도록 알아낼 수는 없다! □

【성질 10.1.2】오목성 엔트로피 $H(X)$는 확률 밀도 $p_X(x)$에 대해 오목하다.

【증명】 이 결과를 일단은 경험적인 '섞임' 논증으로 정당화하고, 엄밀한 증명은 10.7.1절에서 제시하겠다. 두 무작위 변수 X_1과 X_2가 각각 확률 밀도 함수 $p_{X_1}(x)$와 $p_{X_2}(x)$를 갖고, 그 구현은 같은 알파벳에 속한다고 하자. 어떤 베르누이 무작위 변수 B가 $b = 1$과 $b = 2$에 대한 확률이 각각 $q \in [0, 1]$과 $1 - q$라고 하자. 먼저 무작위 변수 B의 구현체 b를 생성하고, 무작위 변수 X_b의 구현체 x를 생성한다고 하자. 그러면 무작위 변수 X_B는 두 무작위 변수 X_1과 X_2의 섞인 판본을 나타낸다. X_B의 확률 밀도는 $p_{X_B}(x) = qp_{X_1}(x) + (1 - q)p_{X_2}(x)$다. 엔트로피의 오목성은 다음의 부등식이다.

$$H(X_B) \geq qH(X_1) + (1 - q)\,H(X_2) \tag{10.7}$$

여기서의 경험적 논증은 이 섞임 과정이 섞인 무작위 변수 X_B를 원래의 두 무작위 변수 각각에서 기대되는 불확정성보다 더 불확실하게 만든다는 것이다. 이 결과를 두 기체를 갖는 물리적 상황으로 생각할 수 있다. 두 기체는 각각 자신의 엔트로피를 갖고 있지만, 두 기체를 하나로 섞으면 엔트로피가 증가한다. 나중에 오목성을 정당화하기 위한 더 엄밀한 논증을 제시하겠다. □

【성질 10.1.3】순열 불변성 엔트로피는 무작위 변수 X의 구현체의 순열에 대해 불변이다.

【증명】 즉, 구현체 x_1, x_2, ..., $x_{|\mathcal{X}|}$에 어떤 순열 π를 적용해 $\pi(x_1)$, $\pi(x_2)$, ..., $\pi(x_{|\mathcal{X}|})$가 되도록 하자. 그러면 엔트로피는 구현체의 값이 아니라 구현체의 확률에만 의존하므로 이렇게 순서를 섞는 것에 대해 불변이다. □

【성질 10.1.4】최솟값 엔트로피 $H(X)$가 0인 것과 X가 결정된 변수라는 것은 필요충분조건이다.

【증명】 무작위 실험의 불확실성으로 엔트로피를 해석한다면, 결정된 변수의 엔트로피는 0이 될 것이라고 생각된다. 이 직관은 참이고, 그 경우는 축퇴된 확률 밀도 $p_X(x) = \delta_{x,x_0}$이다. 이것은 구현체 x_0가 모든 확률을 가져가고, 다른 구현체는 확률

이 0인 것이다. 이 확률 밀도는 X가 축퇴된 확률 밀도를 가질 때 엔트로피의 최솟 값 $H(X) = 0$을 준다. 만약 $H(X) = 0$이면 이것은 모든 $x \in \mathcal{X}$에 대해 $p_X(x)\log[1/p_X(x)] = 0$이라는 뜻이고, 다시 말해 모든 $x \in \mathcal{X}$에 대해 $p_X(x) = 0$이거나 $p_X(x) = 1$ 이라는 뜻이다. p_X는 확률 분포가 돼야 하므로, 하나의 구현체에 대해서만 $p_X(x) = 1$ 을 주고 나머지 다른 것에 대해서는 모두 $p_X(x) = 0$을 줘야 한다. 그러면 X는 결정 된 무작위 변수다. □

때로는 계의 가능한 변숫값에 대한 선험적 정보가 없을 수도 있고, 확률 밀도 함수 로 계를 묘사하는 것이 가장 적절하다고 결정할 수도 있다. 값에 대해 선험적 정보가 없으면 이런 확률 밀도 함수는 어떻게 정해야 할까? 이론가와 실험가들은 '최대 엔트 로피의 원리' 또는 '최대 무시의 원리'라는 것을 사용한다. 즉, 엔트로피를 최대화하 는 확률 밀도로 정해야 한다는 뜻이다.

【성질 10.1.5】 최댓값　엔트로피 $H(X)$의 최댓값은 알파벳 $\mathcal{X}$에서 값을 고르는 무작위 변수 X에 대해 $\log|\mathcal{X}|$다.

$$H(X) \leq \log |\mathcal{X}| \tag{10.8}$$

이 부등식에서 등호가 성립하는 것과 X가 $\mathcal{X}$에 대해 균일한 무작위 변수인 것은 필 요충분조건이다.

【증명】　먼저, 연습문제 2.1.1의 결과가 $\log|\mathcal{X}|$가 $\mathcal{X}$에 대해 균일한 무작위 변수의 엔트로피임을 알아두자. 다음으로, 엔트로피를 최대화하는 확률 밀도 함수 $p_X(x)$에 대해 간단한 라그랑주 최적화 문제를 풀어서 위의 부등식을 증명할 수 있다. 엔트로 피가 확률 밀도에 대해 오목하고, 따라서 어떤 국소적 최댓값이라도 전역 최댓값이 기 때문에 라그랑주 최적화Lagrangian optimization는 이 작업에 잘 맞는다. 라그랑주 $\mathcal{L}$은 다음과 같다.

$$\mathcal{L} \equiv H(X) + \lambda \left(\sum_x p_X(x) - 1 \right) \tag{10.9}$$

여기서 $H(X)$는 최대화하려는 양이고, 확률 밀도 함수의 합이 1이 되는 제약조건에 놓여 있다. 편미분 $\frac{\partial \mathcal{L}}{\partial p_X(x)}$은 다음과 같다.

$$\frac{\partial \mathcal{L}}{\partial p_X(x)} = -\log\left(p_X(x)\right) - 1 + \lambda \qquad (10.10)$$

$\mathcal{L}$을 최대화하는 확률 밀도를 찾기 위해 편미분 $\frac{\partial \mathcal{L}}{\partial p_X(x)}$이 0과 같다고 하자.

$$0 = -\log\left(p_X(x)\right) - 1 + \lambda \qquad (10.11)$$

$$\Rightarrow p_X(x) = 2^{\lambda - 1} \qquad (10.12)$$

그 결과 확률 밀도 $p_X(x)$는 상수 λ에만 의존하며, 이것은 $p_X(x)$가 $1/|\mathcal{X}|$로 균일해야 한다는 뜻이다. 따라서 균일 분포가 무작위 변수 X가 유한할 때 엔트로피 $H(X)$를 최대화한다. □

10.2 조건부 엔트로피

이제 앨리스가 무작위 변수 X를 갖고, 밥이 어떤 다른 무작위 변수 Y를 갖고 있다고 하자. 무작위 변수 X와 Y는 통계적으로 독립이 아니라면 상관성을 공유하고, 그러면 밥은 X에 대한 '부정보$^{\text{side information}}$'를 Y의 형태로 갖는다. $i(x|y)$를 조건부 정보 내용이라고 하자.

$$i(x|y) \equiv -\log\left(p_{X|Y}(x|y)\right) \qquad (10.13)$$

무작위 변수 Y의 특정한 구현체 y에 조건부인 무작위 변수 X의 엔트로피 $H(X|Y=y)$는 기대되는 조건부 정보 내용이다. 여기서 기댓값은 $X|Y=y$에 대해 계산한다.

$$H(X|Y=y) \equiv \mathbb{E}_{X|Y=y}\left\{i(X|y)\right\} \qquad (10.14)$$

$$= -\sum_x p_{X|Y}(x|y)\log\left(p_{X|Y}(x|y)\right) \qquad (10.15)$$

이와 관련된 엔트로피는 밥이 부정보를 가진 상황에 적용되는 조건부 엔트로피 $H(X|Y)$로, 다음과 같이 정의된다.

【정의 10.2.1】 조건부 엔트로피 X와 Y는 결합 확률 분포 $p_{X,Y}(x,\ y)$를 갖는 이산 확률 변수다. 조건부 엔트로피 $H(X|Y)$는 기대되는 조건부 정보 내용이고, 기댓값은 X와 Y 둘 다에 대해 계산한다.

$$H(X|Y) \equiv \mathbb{E}_{X,Y} \{i(X|Y)\} \tag{10.16}$$

$$= \sum_y p_Y(y) H(X|Y=y) \tag{10.17}$$

$$= -\sum_y p_Y(y) \sum_x p_{X|Y}(x|y) \log(p_{X|Y}(x|y)) \tag{10.18}$$

$$= -\sum_{x,y} p_{X,Y}(x,y) \log(p_{X|Y}(x|y)) \tag{10.19}$$

조건부 엔트로피 $H(X|Y)$는 또한 해석할 가치가 있다. 앨리스가 무작위 변수 X 를 갖고 밥이 무작위 변수 Y를 갖고 있다고 하자. 조건부 엔트로피 $H(X|Y)$는 밥이 Y를 이미 갖고 있을 때 X에 대해 갖는 불확정성의 양이다. 그림 10.2(b)가 이 해석 을 묘사한다.

조건부 엔트로피 $H(X|Y)$에 대한 위의 해석은 곧바로 이 값이 엔트로피 $H(X)$와 같거나 작아야 한다는 뜻이 된다. 즉, 측면 변수side variable Y에 접근할 수 있다는 것 은 다른 변수에 대한 불확실성을 줄이기만 한다. 이 아이디어를 다음의 정리로 설명 하고, 10.7.1절에서 엄밀한 증명을 제시하겠다.

【정리 10.2.1】조건화는 엔트로피를 증가시키지 않는다. 엔트로피 $H(X)$는 조건부 엔트로 피 $H(X|Y)$와 같거나 더 크다.

$$H(X) \geq H(X|Y) \tag{10.20}$$

그리고 등호가 성립하는 것은 X와 Y가 독립적인 무작위 변수인 것과 필요충분조 건이다. $H(X|Y) = \sum_y p_Y(y) H(X|Y=y)$라는 사실의 결과로, 엔트로피가 오목임 을 알 수 있다.

확률 밀도 $p_Y(y)$에 대해 엔트로피 $H(X|Y=y)$의 기댓값이 조건부 엔트로피이 기 때문에, 조건부 엔트로피의 비음수성은 엔트로피의 비음수성에서 유도된다. 다 시 말하지만, 조건부 엔트로피가 양수가 아니어야 한다는 것은 직관적이다. 아무리 어떤 부정보 Y를 갖고 있다고 해도, X를 포함하는 무작위 실험의 결과를 알게 되 면 몇 비트이든지 정보를 알아낼 수 있다. 이상할 수도 있겠지만, 양자 조건부 엔트 로피는 여기서 주어진 고전적 관점의 정보에 대한 직관을 깨트리며 음수가 될 수 있 음을 볼 것이다.

10.3 결합 엔트로피

만약 밥이 X도 모르고 Y도 모른다면? 밥의 불확실성을 설명하는 자연스러운 엔트로피양은 결합 엔트로피joint entropy $H(X, Y)$이다. 결합 엔트로피는 결합 무작위 변수 (X, Y)의 엔트로피다.

【정의 10.3.1】 **결합 엔트로피** X와 Y가 결합 확률 분포 $p_{X,Y}(x, y)$를 갖는 이산 무작위 변수라고 하자. 결합 엔트로피 $H(X, Y)$는 다음과 같이 정의된다.

$$H(X, Y) \equiv \mathbb{E}_{X,Y} \{i(X, Y)\} \tag{10.21}$$

$$= -\sum_{x,y} p_{X,Y}(x, y) \log(p_{X,Y}(x, y)) \tag{10.22}$$

다음의 연습문제는 결합 엔트로피 $H(X, Y)$, 조건부 엔트로피 $H(Y|X)$, 한계 엔트로피 $H(X)$ 사이의 관계를 알아보게 한다. 그 증명은 결합 확률 분포, 조건부 확률 분포, 한계 확률 분포에 대해 $p_{X,Y}(x, y) = p_{Y|X}(y|x)p_X(x)$인 확률의 곱셈 관계식이 엔트로피의 정의에 의해 덧셈 관계식으로 바뀐다는 점을 보면 유도된다.

【연습문제 10.3.1】 $H(X, Y) = H(X) + H(Y|X) = H(Y) + H(X|Y)$임을 확인하라.

【연습문제 10.3.2】 연습문제 10.3.1의 결과를 확장하여 다음의 엔트로피 연쇄 규칙을 증명하라.

$$H(X_1, \ldots, X_n) = H(X_1) + H(X_2|X_1) + \cdots + H(X_n|X_{n-1}, \ldots, X_1) \tag{10.23}$$

【연습문제 10.3.3】 정리 10.2.1과 연습문제 10.3.2의 엔트로피 연쇄 규칙을 이용해 엔트로피는 **준가법적**subadditive임을 증명하라.

$$H(X_1, \ldots, X_n) \leq \sum_{i=1}^{n} H(X_i) \tag{10.24}$$

【연습문제 10.3.4】 무작위 변수 $X_1, \ldots, X_n$이 독립일 때 엔트로피는 가법적additive임을 증명하라.

$$H(X_1, \ldots, X_n) = \sum_{i=1}^{n} H(X_i) \tag{10.25}$$

10.4 상호 정보

이제, 두 참여자가 갖고 있는 공통 정보common information 또는 상호 정보mutual information 의 엔트로피 척도를 소개하겠다. 앨리스가 무작위 변수 X를 갖고, 밥이 무작위 변수 Y를 갖고 있다고 하자.

【정의 10.4.1】 상호 정보 X와 Y가 결합 확률 분포 $p_{X,Y}(x,\ y)$를 갖는 이산 무작위 변수라고 하자. 상호 정보 $I(X;Y)$는 한계 엔트로피 $H(X)$에서 조건부 엔트로피 $H(X|Y)$만큼 작다.

$$I(X;Y) \equiv H(X) - H(X|Y) \tag{10.26}$$

상호 정보는 두 무작위 변수 X와 Y의 의존성이나 연관성을 정량화한다. 상호 정보는 한 무작위 변수에 대해 아는 것이 다른 무작위 변수의 불확실성을 얼마나 많이 줄이는지 측정한다. 이런 관점에서 상호 정보는 두 무작위 변수의 공통 정보다. 밥이 Y를 갖고, 따라서 앨리스의 변수 X에 대해 $H(X|Y)$라는 불확실성을 갖고 있다. Y에 대한 지식은 X에 대해 $H(X|Y)$비트만큼의 정보 이득을 주며, 따라서 X에 대해 전체 불확실성 $H(X)$, 즉 밥이 X에 대해 어떠한 부정보도 아는 것이 없을 경우의 불확실성을 감소시킨다.

【연습문제 10.4.1】   상호 정보는 그 입력에 대해 대칭임을 보여라.

$$I(X;Y) = I(Y;X) \tag{10.27}$$

는 추가적으로

$$I(X;Y) = H(Y) - H(Y|X) \tag{10.28}$$

임을 뜻한다.

상호 정보 $I(X;Y)$를 결합 확률 밀도 함수 $p_{X,Y}(x,\ y)$와 한계 확률 밀도 함수 $p_X(x)$, $p_Y(y)$를 이용해 표현할 수 있다.

$$I(X;Y) = \sum_{x,y} p_{X,Y}(x,y) \log\left(\frac{p_{X,Y}(x,y)}{p_X(x)p_Y(y)}\right) \tag{10.29}$$

위의 표현식은 상호 정보 $I(X;Y)$에 대한 두 가지 직관을 끌어낸다. 두 무작위 변수

X와 Y가 통계적으로 독립이라면 이들은 상호 정보를 0비트 갖고 있다(X와 Y가 독립일 때 결합 밀도 인자가 $p_{X,Y}(x, y) = p_X(x)p_Y(y)$임을 떠올려보자). 즉, 두 무작위 변수가 통계적으로 독립이면 Y의 지식은 X에 대한 어떤 정보도 주지 않는다. 나중에 그 역도 참임을 보일 것이다. 또한 두 무작위 변수가 $Y = X$라는 관점에서 완벽하게 상관됐다면 이들은 $H(X)$ 비트의 상호 정보를 갖고 있다.

아래의 정리 10.4.1은 임의의 무작위 변수 X와 Y에 대해 상호 정보 $I(X;Y)$는 음수가 아니라는 내용이다. 이에 대한 엄격한 증명은 10.7.1절에서 제시하겠다. 그러나 이 정리는 식 (10.26)의 상호 정보 정의와 '조건화는 엔트로피를 증가시키지 않는다(정리 10.2.1)'는 사실부터 자연스럽게 유도된다.

【정리 10.4.1】 임의의 무작위 변수 X와 Y에 대한 상호 정보 $I(X;Y)$는 음수가 아니다.

$$I(X;Y) \geq 0 \tag{10.30}$$

그리고 $I(X;Y) = 0$인 것은 X와 Y가 독립적인 무작위 변수인 것(즉, $p_{X,Y}(x, y) = p_X(x)p_Y(y)$인 것)과 필요충분조건이다.

10.5 상대 엔트로피

상대 엔트로피는 어떤 확률 밀도 함수 $p(x)$가 다른 확률 밀도 함수 $q(x)$에 대해 얼마나 '멀리' 있는지를 정량화하는 또 다른 중요한 엔트로피양이다. 이 엔트로피는 $q(x)$가 음수가 아닌 값을 갖는 함수가 되도록 하는 더 일반적인 정의를 만드는 데 도움이 된다. 상대 엔트로피를 정의하기 전에 함수의 서포트 개념이 있어야 한다.

【정의 10.5.1】 서포트 $\mathcal{X}$가 유한 집합을 나타낸다고 하자. 함수 $f : \mathcal{X} \to \mathbb{R}$의 서포트support는 f에 대해 0이 아닌 함숫값을 주는 $\mathcal{X}$의 부분집합이다.

$$\text{supp}(f) \equiv \{x : f(x) \neq 0\} \tag{10.31}$$

【정의 10.5.2】 상대 엔트로피 p가 알파벳 $\mathcal{X}$에 정의된 확률 분포라고 하고, $q : \mathcal{X} \to [0, \infty)$라고 하자. 상대 엔트로피 $D(p\|q)$는 다음과 같이 정의된다.

$$D(p\|q) \equiv \begin{cases} \sum_x p(x) \log\left(p(x)/q(x)\right) & \text{supp}(p) \subseteq \text{supp}(q) \text{인 경우} \\ +\infty & \text{그 외} \end{cases} \tag{10.32}$$

위의 정의에 따라, 상대 엔트로피는 다음의 기대 로그 우도 비율^{log-likelihood ratio}과 같다.

$$D(p\|q) = \mathbb{E}_X \left\{ \log\left(\frac{p(X)}{q(X)}\right) \right\} \tag{10.33}$$

위의 정의는 상대 엔트로피가 $p(x)$와 $q(x)$의 교환에 대해 대칭적이지 않음을 보인다. 따라서 상대 엔트로피는 대칭적이지 않기 때문에 엄격한 수학적 관점에서는 거리 척도가 아니다(삼각부등식을 만족하지도 않는다).

상대 엔트로피는 만약 $q(x)$가 확률 분포라면 원천의 부호화에 해석을 갖는다. 어떤 정보 원천이 확률 밀도 함수 $p(x)$에 따라 무작위 변수 X를 생성한다고 하자. 더불어, 앨리스(압축자)가 그 정보 원천의 확률 밀도 함수를 $q(x)$라고 잘못 가정하고 이에 따라 부호화를 했다고 하자. 상대 엔트로피는 잘못된 확률 밀도 함수에 따라 부호화를 할 때 앨리스가 초래한 비효율성을 정량화한다. 앨리스는 부호화하는 데 평균적으로 $H(X) + D(p\|q)$ 비트가 필요하다(반면, 만약 실제 확률 밀도 함수 $p(x)$를 사용했다면 부호화하는 데 평균적으로 $H(X)$비트만이 필요할 것이다).

또한 이제 식 (10.32)의 상대 엔트로피 정의와 식 (10.29)의 상호 정보에 대한 표현식을 비교하면 상호 정보 $I(X;Y)$가 상대 엔트로피 $D(p_{X,Y}\|p_X \otimes p_Y)$와 같음을 알 수 있다($p_X \otimes p_Y$는 한계 분포의 곱이라는 뜻이다). 이런 관점에서 상호 정보는 결합 밀도 함수 $p_{X,Y}$의 '거리'를 한계 분포의 곱으로 계산했기 때문에, 두 무작위 변수 X와 Y가 독립적 상황에서 얼마나 멀리 떨어져 있는지 정량화한다.

p_{X_1}과 p_{X_2}가 같은 알파벳에 대해 정의된 두 확률 분포라고 하자. 상대 엔트로피 $D(p_{X_1}\|p_{X_2})$는 병적인 성질이 있다. 만약 $p_{X_1}(x_1)$이 $p_{X_2}(x_2)$의 서포트에 포함된 서포트 전체를 갖고 있지 않다면(즉, 만약 $p_{X_1}(x) \neq 0$이지만 $p_{X_2}(x) = 0$인 어떤 구현체 x가 있으면) 무한대가 될 수 있다. 이 성질은 거리 개념으로 상대 엔트로피를 해석하려고 하면 좀 괴로울 수 있다. 극단적인 경우, $\Pr\{X_2 = 1\} = 1$로 결정된 2진 무작위 변수 X_2와 $\Pr\{X_1 = 0\} = \varepsilon$이고 $\Pr\{X_1 = 1\} = 1 - \varepsilon$으로 확률이 주어진 무작위 변수 사이의 거리는 ε의 크기를 갖고 있어야 한다고 생각할 수 있다. 하지만 이 경우, 직관적으로는 이 두 분포가 가깝다고 나와야 하는데도 불구하고 상대 엔트로피 $D(p_{X_1}\|p_{X_2})$

는 무한대다. 무손실 부호화 정리에서 해석하자면, p_{X_1}을 무손실 부호화하는데 앨리스가 실수로 p_{X_2}를 선택했다면 무한한 수의 비트가 필요하다는 뜻이다. 앨리스는 $X_2 = 0$이 절대로 나타나지 않는다고 생각할 것이고, 사실 앨리스는 전형적 집합 typical set이 모두 1로 이뤄진 단 1개뿐이고, 나머지는 모두 비전형적이라고 생각할 것이다. 하지만 실제로는 전형적 집합은 이보다 조금 더 크고, 앨리스의 압축 결과가 실제로 무손실이라고 말하려면 무한한 수의 비트라는 극한에서만 존재한다.

【연습문제 10.5.1】 정의 10.5.2에서 상대 엔트로피의 정의가 다음의 극한과 합치한다는 것을 확인하라.

$$D(p\|q) = \lim_{\varepsilon \searrow 0} D(p\|q + \varepsilon \mathbf{1}) \tag{10.34}$$

여기서 1은 1의 벡터를 나타낸다. 즉, $q + \varepsilon \mathbf{1}$의 원소는 $q(x) + \varepsilon$이다.

10.6 조건부 상호 정보

무작위 변수 Z에 내재된 어떤 부정보를 갖고 있을 때, 두 무작위 변수 X와 Y 사이의 공통 정보는 무엇일까? 이 공통 정보를 정량화하는 엔트로피양은 조건부 상호 정보다.

【정의 10.6.1】 조건부 상호 정보 X, Y, Z가 이산 무작위 변수라고 하자. 조건부 상호 정보conditional mutual information는 다음과 같이 정의된다.

$$I(X;Y|Z) \equiv H(Y|Z) - H(Y|X,Z) \tag{10.35}$$
$$= H(X|Z) - H(X|Y,Z) \tag{10.36}$$
$$= H(X|Z) + H(Y|Z) - H(X,Y|Z) \tag{10.37}$$

【정리 10.6.1】 강한 준가법성   조건부 상호 정보 $I(X;Y|Z)$는 음수가 아니다.

$$I(X;Y|Z) \geq 0 \tag{10.38}$$

위의 부등식에서 등식이 성립하는 것은 $X - Z - Y$가 마르코프 연쇄Markov chain인 것(즉, $p_{X,Y|Z}(x, y|z) = p_{X|Z}(x|z)p_{Y|Z}(y|z)$인 경우)과 필요충분조건이다.

【증명】 이 정리의 증명은 상호 정보가 음수가 아니라는 사실의 직접적인 결과다(정

리 10.4.1). 다음의 등식을 생각해보자.

$$I(X;Y|Z) = \sum_z p_Z(z)I(X;Y|Z=z) \tag{10.39}$$

여기서 $I(X;Y|Z=z)$는 결합 밀도 함수 $p_{X,Y|Z}(x,y|z)$와 한계 밀도 함수 $p_{X|Z}(x|z)$와 $p_{Y|Z}(y|z)$에 대한 상호 정보다. $I(X;Y|Z)$가 음수가 아닌 것은 $p_Z(z)$와 $I(X;Y|Z=z)$가 음수가 아니기 때문에 유도된다. 등호일 조건은 정리 10.4.1에서 주어진 상호 정보에서 등식이 성립할 조건으로부터 바로 유도된다(조건부 상호 정보가 상호 정보의 볼록 조합임을 생각하라). □

강한 준가법성strong subadditivity에 대한 위의 고전 판본의 증명은 아마 다 알고 나면 자명해 보일 것이다(몇 가지 논증만이 필요하다). 반면에, 강한 준가법성의 양자 판본 증명은 전혀 자명하지 않다. 양자 엔트로피의 강한 준가법성에 대해서는 다음 장에서 논의한다.

【연습문제 10.6.1】 식 (10.38)의 표현은 엔트로피의 강한 준가법성을 표시하는 가장 간결한 방법을 나타낸다. 다음의 부등식이 강한 준가법성의 표현과 동등함을 보여라.

$$H(XY|Z) \le H(X|Z) + H(Y|Z) \tag{10.40}$$
$$H(XYZ) + H(Z) \le H(XZ) + H(YZ) \tag{10.41}$$
$$H(X|YZ) \le H(X|Z) \tag{10.42}$$

【연습문제 10.6.2】 다음과 같은 상호 정보의 연쇄 규칙을 증명하라.

$$I(X_1,\ldots,X_n;Y)$$
$$= I(X_1;Y) + I(X_2;Y|X_1) + \cdots + I(X_n;Y|X_1,\ldots,X_{n-1}) \tag{10.43}$$

연쇄 규칙의 해석은 $X_1, \ldots, X_n$과 Y 사이의 상관성을 n단계로 구성할 수 있다는 것이다. 첫 단계에서 X_1과 Y 사이의 상관성을 만들면 이제 X_1이 사용 가능하다(그리고 조건화된다). 이어서 X_2와 Y의 상관성을 만든다. 이를 계속하면 된다.

10.7 엔트로피 부등식

앞 절에서 소개한 엔트로피양 각각은 서로 연결된 한계를 갖는다. 이 한계는 우리가 정보를 처리하고 저장하는 데 있어 근본적 한계다. 이 절에서는 몇 가지 한계를 소개한다. 상대 엔트로피의 비음수성, 2개의 자료 처리 부등식, 파노 부등식, 엔트로피의 연속성에 대한 균일 한계다. 이 부등식 각각은 정보 이론에서 중요한 역할을 하며, 다음 절에서는 해당 역할을 더 자세히 설명할 것이다.

10.7.1 상대 엔트로피의 비음수성

상대 엔트로피는 언제나 음수가 아니다. 겉보기에 별것 아닌 것 같은 이 결과는 중요한 의미가 있다. 가령 엔트로피의 최댓값, 조건화는 엔트로피를 증가시키지 않는다는 점(정리 10.2.1), 상호 정보의 비음수성(정리 10.4.1), 강한 준가법성(정리 10.6.1) 등이 이로부터 바로 유도되는 따름정리다. 엔트로피 부등식의 증명은 간단한 부등식 $\ln x \leq x - 1$을 응용해 유도된다.

【정리 10.7.1】 상대 엔트로피의 비음수성 $p(x)$가 알파벳 $\mathcal{X}$에 대한 확률 분포이고 $q : \mathcal{X} \to [0, 1]$이 $\sum_x q(x) \leq 1$를 만족하는 함수라고 하자. 그러면 상대 엔트로피 $D(p\|q)$는 음수가 아니다.

$$D(p\|q) \geq 0 \tag{10.44}$$

그리고 $D(p\|q) = 0$인 것과 $p = q$인 것은 필요충분조건이다.

【증명】   먼저, $\mathrm{supp}(p) \nsubseteq \mathrm{supp}(q)$라고 가정하자. 그러면 상대 엔트로피 $D(p\|q) = +\infty$이고 부등식은 자명하게 만족된다.

이제 $\mathrm{supp}(p) \subseteq \mathrm{supp}(q)$라고 하자. 이 증명은 모든 $x \geq 0$에 대해 $\ln x \leq x - 1$이고 이 범위에서 등식은 오직 $x = 1$인 경우에서만 성립한다는 점을 이용한다(간략한 설명: $f(x) = x - 1 - \ln x$라고 하자. $f(1) = 0$, $f'(1) = 0$ 그리고 $x > 1$인 경우 $f'(x) > 0$, $x < 1$인 경우 $f'(x) < 0$이다. 그러면 $f(x)$는 $x = 1$에서 최솟값을 갖고, $x > 1$에서 엄격하게 증가하며, $x < 1$에서 엄격하게 감소한다. 등호의 조건: $f(x) = 0$이라고 하자. $x = 1$은 이 방정식의 해다. 이 함수는 $x < 1$에서 엄격하게 감소하고 $x > 1$에서 엄격하게 증가하므로, $x = 1$은 $f(x) = 0$의 유일한 해다). 함수 $\ln x$와 $x - 1$을 비교하기 위해 그림 10.4에 그렸다.

먼저 식 (10.44)의 부등식을 증명한다. 다음의 연쇄적인 부등식을 살펴보자.

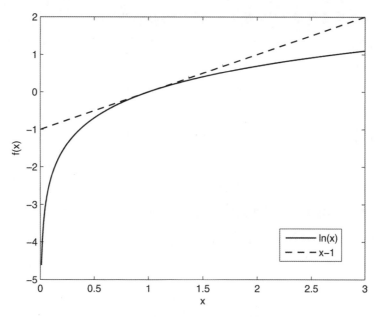

그림 10.4 두 함수 $\ln x$와 $x - 1$을 비교하는 그래프. 모든 양수 x에 대해 $\ln x \leq x - 1$임을 보여준다.

$$D(p\|q) = \sum_x p(x) \log \left(\frac{p(x)}{q(x)} \right) \tag{10.45}$$

$$= -\frac{1}{\ln 2} \sum_x p(x) \ln \left(\frac{q(x)}{p(x)} \right) \tag{10.46}$$

$$\geq \frac{1}{\ln 2} \sum_x p(x) \left(1 - \frac{q(x)}{p(x)} \right) \tag{10.47}$$

$$= \frac{1}{\ln 2} \left(\sum_x p(x) - \sum_x q(x) \right) \tag{10.48}$$

$$\geq 0 \tag{10.49}$$

첫 번째 부등식은 $-\ln x \geq 1 - x$이기 때문에 유도된다($\ln x \leq x - 1$을 단순히 재배치한 것이다). 마지막 부등식은 $\sum_x q(x) \leq 1$이라는 가정에서 유도된다.

이제 $p = q$라고 하자. 그러면 $D(p\|q) = 0$이 명백하다. 끝으로, $D(p\|q) = 0$이라고 하자. 그러면 $\text{supp}(p) \subseteq \text{supp}(q)$여야 하고, $D(p\|q) = 0$이라는 조건은 위의 부등식에서 모두 등호가 성립한다는 뜻이다. 따라서 먼저 $\sum_x q(x) \leq 1$라고 가정했고, 위의 마지막 부등식에서 등호가 성립하기 때문에 q가 확률 분포임을 알아낼 수

있다. 세 번째 줄의 부등식은 등호가 성립하는데, 이것은 $p(x) > 0$인 모든 x에 대해 $\ln(q(x)/p(x)) = 1 - q(x)/p(x)$를 뜻한다. 하지만 이런 상황은 $p(x) > 0$인 모든 x에 대해 $q(x)/p(x) = 1$에서만 발생할 수 있으며, $p = q$임이 증명된다. $\square$

이제, 위 정리의 몇 가지 따름정리를 빠르게 증명할 수 있다.

【성질 10.1.5, 정리 10.4.1, 정리 10.2.1의 증명】 10.1.2절에서 $|\mathcal{X}|$가 X의 알파벳의 크기일 때 엔트로피 $H(X)$가 최댓값 $\log|\mathcal{X}|$를 갖는다는 것을 증명했던 것을 생각해보자. 그 증명 방법은 라그랑주 승수법을 이용했다. 여기서는 상대 엔트로피 $D(p_X\|\{1/|\mathcal{X}|\})$를 계산하고 상대 엔트로피의 비음수성을 작용해 간단히 이 결과를 증명할 수 있다. 이때 p_X는 X의 확률 밀도 함수이고 $\{1/|\mathcal{X}|\}$는 균일 밀도다.

$$0 \leq D(p_X\|\{1/|\mathcal{X}|\}) \tag{10.50}$$

$$= \sum_x p_X(x) \log\left(\frac{p_X(x)}{\frac{1}{|\mathcal{X}|}}\right) \tag{10.51}$$

$$= -H(X) + \sum_x p_X(x) \log|\mathcal{X}| \tag{10.52}$$

$$= -H(X) + \log|\mathcal{X}| \tag{10.53}$$

첫 줄을 마지막 줄과 엮으면 $H(X) \leq \log|\mathcal{X}|$가 유도된다. 상호 정보의 비음수성(정리 10.4.1)은 $I(X;Y) = D(p_{X,Y}\|p_X \otimes p_Y)$와 상대 엔트로피의 비음수성을 적용해 유도할 수 있다. 등호 조건은 $D(p\|q) = 0$의 등호 조건에서 유도된다. 조건화가 엔트로피를 증가시키지 않음(정리 10.2.1)은 $I(X;Y) = H(X) - H(X|Y)$를 고려해서 정리 10.4.1을 적용하면 유도된다. $\square$

10.7.2 자료 처리 부등식

고전 정보 이론의 또 다른 중요한 부등식은 **자료 처리 부등식**data-processing inequality이다. 여기에는 적어도 두 가지 변형이 있다. 첫 번째는 그 변수에만 의존하는 어떤 확률적 함수에 따라 변수를 처리한 다음에는 무작위 변수 사이의 상관성은 감소할 뿐이라는 것이다. 두 번째는 만약 어떤 선로에 이 논의를 모두 적용한다면 상대 엔트로피는 증가할 수 없다는 것이다. 이 자료 처리 부등식은 부호화 정리의 역증명(통신 속도의 최적성 증명)에서 그 응용을 찾을 수 있다.

상호 정보 자료 처리 부등식

첫 번째 자료 처리 부등식을 적용하는 상황을 자세히 알아보자. 처음에 2개의 무작위 변수 X와 Y를 갖고 있다고 하자. 그러면 무작위 변수 Y는 X를 통계적 사상 $\mathcal{N}_1$ $\equiv p_{Y|X}(y|x)$에 따라 처리하여 X로부터 나온다고 할 수 있다. 즉, 두 무작위 변수는 먼저 X를 확률 밀도 함수 $p_X(x)$에 따라 고르고, X를 확률적 사상 $\mathcal{N}_1$에 따라 처리해 만들어진다. 상호 정보 $I(X;Y)$는 두 무작위 변수 사이의 상관성을 정량화한다. 그런 다음 무작위 변수 Z를 생성하기 위해 Y를 또 다른 확률적 사상 $\mathcal{N}_2 \equiv p_{Z|Y}(z|y)$에 따라 처리한다고 하자(이 사상은 또한 결정론적일 수도 있음에 주의하자. 왜냐하면 통계적 사상의 집합은 결정론적 사상의 집합을 포함하기 때문이다). 첫 번째 자료 처리 부등식은 X와 Z 사이의 상관성이 X와 Y의 상관성보다 반드시 작아야 함을 의미한다.

$$I(X;Y) \geq I(X;Z) \tag{10.54}$$

왜냐하면 임의의 확률적 사상 $\mathcal{N}_2$에 따라 자료를 처리하는 것은 상관성을 증가시킬 수 없기 때문이다. 그림 10.5(a)는 위에 묘사된 상황을 나타낸다. 그림 10.5(b)는 다음 장의 11.9.2절에서 이어서 말할 양자 자료 처리의 개념에 대한 직관을 형성하는 데 도움이 되는 조금 다른 자료 처리 상황을 나타낸다. 아래의 정리 10.7.2는 고전 자료 처리 부등식을 말한다.

위의 문단에서 설명한 상황은 핵심 가정을 포함한다. 무작위 변수 Z를 생성하는 확률적 사상 $p_{Z|Y}(z|y)$가 무작위 변수 Y에만 의존한다는 것이다. 즉, X에 대한 의존성은 없다. 다시 말해

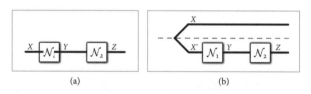

(a)   (b)

그림 10.5 자료 처리 부등식에서 조금 다른 두 가지 상황: (a) 사상 $\mathcal{N}_1$은 무작위 변수 X를 처리해 무작위 변수 Y를 생성하고, 사상 $\mathcal{N}_2$는 무작위 변수 Y를 처리해 무작위 변수 Z를 생성한다. 부등식 $I(X;\,Y) \geq I(X;\,Z)$는 여기서 자료 처리 후 상관성이 줄어들 수만 있기 때문에 적용된다. (b) 이 그림은 양자 세계에서 자료 처리에 대한 직관을 구성하는 데 도움이 되는 자료 처리 묘사다. 이 통신 규약은 2개의 완벽하게 상관된 무작위 변수 X와 X'을 갖고 시작한다. 완벽한 상관성이란 $p_{X,X'}(x,\,x') = p_X(x)\delta_{x,x'}$을 뜻하고, $H(X) = I(X;\,X')$임을 뜻한다. 무작위 변수 X'을 확률적 사상 $\mathcal{N}_1$으로 처리해 무작위 변수 Y를 생성하고, 거기에 Y를 확률적 사상 $\mathcal{N}_2$로 처리해 무작위 변수 Z를 생성한다. 자료 처리 부등식에 의하면, 다음의 연쇄적 부등식 $I(X;\,X') \geq I(X;\,Y) \geq I(X;\,Z)$가 성립한다.

$$p_{Z|Y,X}(z|y,x) = p_{Z|Y}(z|y) \tag{10.55}$$

라는 뜻이다. 이 가정은 마르코프 가정이라고 하며, 자료 처리 부등식의 증명에 중요한 가정이다. 세 가지 무작위 변수 X, Y, Z에 대해 **마르코프 연쇄**Markov chain를 구성한다고 하며, 그 확률적 관계를 나타내기 위해 $X \to Y \to Z$라는 표기법을 이용한다.

【정리 10.7.2】자료 처리 부등식 3개의 무작위 변수 X, Y, Z가 마르코프 연쇄 $X \to Y \to Z$를 구성한다고 하자. 그러면 다음의 자료 처리 부등식이 성립한다.

$$I(X;Y) \geq I(X;Z) \tag{10.56}$$

【증명】 마르코프 조건 $X \to Y \to Z$는 무작위 변수 X와 Z가 Y를 통해 조건부로 독립임을 뜻한다. 이것은

$$p_{X,Z|Y}(x,z|y) = p_{Z|Y,X}(z|y,x)p_{X|Y}(x|y) \tag{10.57}$$
$$= p_{Z|Y}(z|y)p_{X|Y}(x|y) \tag{10.58}$$

이기 때문이다. 상호 정보 $I(X;YZ)$를 잘 쓰면 자료 처리 부등식을 증명할 수 있다. 다음의 부등식을 생각해보자.

$$I(X;YZ) = I(X;Y) + I(X;Z|Y) = I(X;Y) \tag{10.59}$$

첫 번째 등식은 상호 정보의 연쇄 규칙으로부터 유도된다(연습문제 10.6.2). 두 번째 등식은 조건부 상호 정보 $I(X;Z|Y)$가 마르코브 연쇄 $X \to Y \to Z$에 대해 소멸하기 때문에 유도된다. 즉, X와 Z는 Y를 통해 조건부로 독립이다(정리 10.6.1을 적용). 상호 정보 $I(X;YZ)$를 다른 방식으로 전개하여 다음을 얻을 수 있다.

$$I(X;YZ) = I(X;Z) + I(X;Y|Z) \tag{10.60}$$

그런 다음 식 (10.59)를 이용하면 마르코프 연쇄 $X \to Y \to Z$에 대해 다음의 등식이 성립한다.

$$I(X;Y) = I(X;Z) + I(X;Y|Z) \tag{10.61}$$

정리 10.7.2의 부등식은 임의의 무작위 변수 X, Y, Z에 대해 $I(X;Y|Z)$가 음수가 아니기 때문에 유도된다(정리 10.6.1을 적용). □

이 증명을 살펴보면 다음을 알 수 있다.

【따름정리 10.7.1】 마르코프 연쇄 $X \rightarrow Y \rightarrow Z$에 대해 다음의 부등식이 성립한다.

$$I(X;Y) \geq I(X;Y|Z) \tag{10.62}$$

상대 엔트로피 자료 처리 부등식

상대 엔트로피에 대해 상대 엔트로피의 단조성이라는 또 다른 종류의 자료 처리 부등식이 성립한다. 이것 또한 정리 10.7.1의 상대 엔트로피 비음수성의 결과다.

【따름정리 10.7.2】 상대 엔트로피의 단조성 p가 알파벳 $\mathcal{X}$에 대한 확률 분포이고 $q : \mathcal{X} \rightarrow [0, \infty)$라고 하자. $N(y|x)$가 조건부 확률 분포(즉, 고전 통신 선로)라고 하자. 그러면 상대 엔트로피는 이 선로 $N(y|x)$가 p와 q에 작용한 후에 증가하지 않는다.

$$D(p\|q) \geq D(Np\|Nq) \tag{10.63}$$

여기서 Np는 $(Np)(y) \equiv \sum_x N(y|x)p(x)$인 원소를 갖는 확률 분포이고, Nq는 $(Nq)(y) = \sum_x N(y|x)q(x)$인 원소를 갖는 벡터다. R이 다음의 방정식을 만족하도록 정의된 선로라고 하자.

$$R(x|y)(Nq)(y) = N(y|x)q(x) \tag{10.64}$$

식 (10.63)의 부등식이 등호가 성립한다(즉, $D(p\|q) = D(Np\|Np)$)는 것은 $RNp = p$와 필요충분조건이다. 여기서 RNp는 $(RNp)(x) = \sum_{y,x'} R(x|y)N(y|x')p(x')$인 원소를 갖는 확률 분포다.

【증명】 먼저, p와 q가 $\text{supp}(p) \not\subseteq \text{supp}(q)$라고 하자. 이 경우 $D(p\|q) = +\infty$이기 때문에 이 부등식은 자명하게 참이다. 그러므로 $\text{supp}(p) \subseteq \text{supp}(q)$라고 하자. 이것은 $\text{supp}(Np) \subseteq \text{supp}(Nq)$임을 의미한다. 첫 번째 단계는 이 부등식을 다시 적는 것이다. 그렇게 하면, 다음의 대수적 계산을 해야 한다.

$$D(Np\|Nq) = \sum_y (Np)(y) \log \left(\frac{(Np)(y)}{(Nq)(y)} \right) \tag{10.65}$$

$$= \sum_{y,x} N(y|x)p(x) \log \left(\frac{(Np)(y)}{(Nq)(y)} \right) \tag{10.66}$$

$$= \sum_x p(x) \left[\sum_y N(y|x) \log \left(\frac{(Np)(y)}{(Nq)(y)} \right) \right] \tag{10.67}$$

$$= \sum_x p(x) \log \exp \left[\sum_y N(y|x) \log \left(\frac{(Np)(y)}{(Nq)(y)} \right) \right] \tag{10.68}$$

이것은

$$D(p\|q) - D(Np\|Nq) = D(p\|r) \tag{10.69}$$

임을 뜻한다. 여기서

$$r(x) \equiv q(x) \exp \left[\sum_y N(y|x) \log \left(\frac{(Np)(y)}{(Nq)(y)} \right) \right] \tag{10.70}$$

이제

$$\sum_x r(x) = \sum_x q(x) \exp \left[\sum_y N(y|x) \log \left(\frac{(Np)(y)}{(Nq)(y)} \right) \right] \tag{10.71}$$

$$\leq \sum_x q(x) \sum_y N(y|x) \exp \left[\log \left(\frac{(Np)(y)}{(Nq)(y)} \right) \right] \tag{10.72}$$

$$= \sum_x q(x) \sum_y N(y|x) \left(\frac{(Np)(y)}{(Nq)(y)} \right) \tag{10.73}$$

$$= \sum_y \left[\sum_x q(x) N(y|x) \right] \frac{(Np)(y)}{(Nq)(y)} \tag{10.74}$$

$$= \sum_y (Np)(y) = 1 \tag{10.75}$$

임을 생각해보자. 두 번째 줄의 부등식은 지수함수의 볼록성에서 유도된다. r이 $\sum_x r(x) \leq 1$인 벡터이기 때문에, 정리 10.7.1로부터 $D(p\|r) \geq 0$이라고 결론지을 수 있고, 식 (10.69)에 의해 이것은 식 (10.63)과 같다.

이제 등호가 성립할 조건을 따져보자. 먼저, $RNp = p$라고 하자. 선로 R을 적용하는 것에 대한 상대 엔트로피의 단조성(방금 증명함)에 의해

$$D(Np\|Nq) \geq D(RNp\|RNq) = D(p\|q) \tag{10.76}$$

임을 알 수 있다. 여기서 등호는 $RNp = p$라는 가정과 $RNq = q$라는 사실에 의해 성립한다. 마지막 줄은

$$(RNq)(x) = \sum_y R(x|y)(Nq)(y) = \sum_y N(y|x)q(x) = q(x) \qquad (10.77)$$

이므로 유도된다. 또 다른 의미인 $D(p||q) = D(Np||Nq) \Rightarrow RNp = p$는 나중에 보일 정리 10.8.4의 결과다. $\square$

10.7.3 파노 부등식

이제 고려해볼 또 다른 엔트로피 부등식은 파노 부등식Fano's inequality이다. 이 부등식도 부호화 정리의 역증명에서 응용된다.

파노 부등식은 일반적인 고전 통신 상황에 적용된다. 앨리스가 어떤 무작위 변수 X를 갖고, 유잡음 통신 선로를 통해 밥에게 전송한다고 하자. $p_{Y|X}(y|x)$가 유잡음 통신 선로에 대응되는 확률적 사상을 나타낸다고 하자. 밥은 통신 선로를 통해 무작위 변수 Y를 받고, 이를 어떤 방법으로 처리하여 원래의 무작위 변수 X에 대한 최선의 추측인 $\hat{X}$를 생성한다. 그림 10.6이 이 상황을 묘사한다.

이런 통신 상황의 자연스러운 성능 척도는 오류 확률 $p_e \equiv \Pr\{\hat{X} \neq X\}$이다. 낮은 오류 확률은 좋은 성능에 대응된다. 반면에, 조건부 엔트로피 $H(X|Y)$를 생각해보자. 앞에서는 조건부 엔트로피를 누군가가 이미 Y를 알고 있을 때 X에 대한 불확실성으로 해석했다. 만약 통신 선로가 무잡음($p_{Y|X}(y|x) = \delta_{y,x}$)이라면, Y가 X와 똑같기 때문에 X에 대해 불확실성이 없을 것이다.

$$H(X|Y) = 0 \qquad (10.78)$$

통신 선로가 유잡음이 되면서, 조건부 엔트로피 $H(X|Y)$는 0에서부터 멀어져 증가한다. 이 관점에서 조건부 엔트로피 $H(X|Y)$는 통신 선로 잡음으로 손실된 X에 대

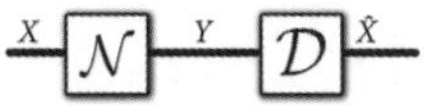

그림 10.6 파노 부등식에 관련된 고전 통신 상황. 앨리스가 무작위 변수 X를 유잡음 통신 선로 $\mathcal{N}$을 통해 보내서 무작위 변수 Y를 생성한다. 밥은 Y를 받아서 어떤 복호화 사상 $\mathcal{D}$를 이용해 처리하여 X의 최선의 추정인 $\hat{X}$를 생성한다.

한 정보를 정량화한다. 그러면 자연스럽게 오류 확률 p_e와 조건부 엔트로피 $H(X|Y)$ 사이에 어떤 관계가 존재할 것이라고 예상할 수 있다. 즉, 오류 확률이 낮으면 통신 선로에서 정보 손실의 양이 낮아야 한다. 파노 부등식은 이 아이디어에 해당하는 정량적 한계를 제시한다.

【정리 10.7.3】 파노 부등식 앨리스가 무작위 변수 X를 유잡음 통신 선로를 통해 전송하여 무작위 변수 Y를 생성한다고 하자. 그리고 Y를 처리해 X의 추정 $\hat{X}$를 얻는다고 하자. 따라서 $X \to Y \to \hat{X}$는 마르코프 연쇄를 구성한다. $p_e \equiv \Pr\{\hat{X} \neq X\}$가 오류 확률을 나타낸다고 하자. 그러면 다음의 오류 확률 p_e의 함수는 선로 잡음으로 손실된 정보의 한계를 정한다.

$$H(X|Y) \leq H(X|\hat{X}) \leq h_2(p_e) + p_e \log\left(|\mathcal{X}| - 1\right) \tag{10.79}$$

여기서 $h_2(p_e)$는 이항 엔트로피 함수다. 특히,

$$\lim_{p_e \to 0} h_2(p_e) + p_e \log\left(|\mathcal{X}| - 1\right) = 0 \tag{10.80}$$

임을 알아두자. 이 한계는 등호를 만족시키는 무작위 변수 X와 Y의 선택이 존재한다는 관점에서 날카롭다.

【증명】 E는 오류가 일어날지 나타내는 지시자 무작위 변수를 나타낸다고 하자.

$$E = \begin{cases} 0 & : & X = \hat{X} \\ 1 & : & X \neq \hat{X} \end{cases} \tag{10.81}$$

다음의 엔트로피를 생각해보자.

$$H(EX|\hat{X}) = H(X|\hat{X}) + H(E|X\hat{X}) \tag{10.82}$$

만약 X와 $\hat{X}$ 둘 다를 알고 있다면, 지시자 무작위 변수 E에 대해 불확정성이 없기 때문에 우변의 엔트로피 $H(E|X\hat{X})$는 소멸한다. 따라서

$$H(EX|\hat{X}) = H(X|\hat{X}) \tag{10.83}$$

또한 자료 처리 부등식을 마르코프 연쇄 $X \to Y \to \hat{X}$에 적용한다.

$$I(X;Y) \geq I(X;\hat{X}) \tag{10.84}$$

이것은 다음의 부등식을 뜻한다.

$$H(X|\hat{X}) \geq H(X|Y) \tag{10.85}$$

다음의 연쇄적인 부등식들을 생각해보자.

$$H(EX|\hat{X}) = H(E|\hat{X}) + H(X|E\hat{X}) \tag{10.86}$$
$$\leq H(E) + H(X|E\hat{X}) \tag{10.87}$$
$$= h_2(p_e) + p_e H(X|\hat{X}, E = 1)$$
$$+ (1 - p_e)\, H(X|\hat{X}, E = 0) \tag{10.88}$$
$$\leq h_2(p_e) + p_e \log\left(|\mathcal{X}| - 1\right) \tag{10.89}$$

첫 번째 등식은 엔트로피 $H(EX|\hat{X})$를 전개해 유도된다. 첫 번째 부등식은 조건화가 엔트로피를 줄이기 때문에 유도된다. 두 번째 등식은 조건부 엔트로피 $H(X|E\hat{X})$를 오류 무작위 변수 E의 두 가능성에 대해 명시적으로 전개해 유도된다. 마지막 부등식은 다음의 사실들에서 유도된다. 오류가 없고($E = 0$인 경우) $\hat{X}$가 사용 가능할 때 X에 대해 불확실성이 없고, 오류가 있고($E = 1$인 경우) $\hat{X}$가 사용 가능하면 X에 대한 불확실성은 다른 가능성 전부에 대해 균일 분포 $\dfrac{1}{|\mathcal{X}| - 1}$의 불확실성보다 작다. 파노 부등식은 식 (10.85), 식 (10.83), 식 (10.89)를 모아서 유도한다.

$$H(X|Y) \leq H(X|\hat{X}) = H(EX|\hat{X}) \leq h_2(p_e) + p_e \log\left(|\mathcal{X}| - 1\right) \tag{10.90}$$

등호가 성립하려면, X가 균일한 무작위 변수이고 X'이 그 사본이라고 하자(즉, 결합 분포가 $p_{X,X'}(x,\, x') = \delta_{x,x'}/|\mathcal{X}|$이다. 여기서 $\mathcal{X}$는 알파벳이다). $p_{Y|X'}$이 $1 - \varepsilon$의 확률로 그 입력 x'을 제대로 전송하고, $\varepsilon/(|\mathcal{X}| - 1)$의 확률로 $|\mathcal{X}| - 1$개의 다른 문자 중 하나를 전송하는 대칭적 통신 선로를 나타낸다고 하자. $p_{Y|X'}$이 대칭적 통신 선로임이 주어지면 Y가 균일 무작위 변수임을 살펴보자. 그러면 $\Pr\{X \neq Y\} = \varepsilon$이고,

$$H(X|Y) = H(Y|X) + H(X) - H(Y) = H(Y|X) = h_2(\varepsilon) + \varepsilon \log\left(|\mathcal{X}| - 1\right) \tag{10.91}$$

임을 알 수 있다. 이것으로 증명은 끝난다. □

10.7.4 엔트로피의 연속성

엔트로피가 연속 함수라는 것은 $-x \log x$ 함수가 연속이라는 사실에서 유도된다. 하지만 연속성의 한계를 알고 있으면 응용할 때 유용하게 쓰인다. 그 한계를 제시하기 전에, 확률 분포들 사이의 거리를 어떻게 측정할지 따져봐야 한다.

【정의 10.7.1】 **고전적 대각합 거리** $p, q : \mathcal{X} \to \mathbb{R}$이라고 하자. $\mathcal{X}$는 유한한 알파벳이다. p와 q 사이의 고전적 대각합 거리는 다음과 같다.

$$\|p - q\|_1 \equiv \sum_x |p(x) - q(x)| \tag{10.92}$$

고전적 대각합 거리는 정의 9.1.2에서 p와 q의 값들을 어떤 정사각형 행렬의 대각선 성분에 놓아서 만든 대각합 거리의 특수한 경우다. 만약 p와 q가 확률 분포라면, 고전적 대각합 거리의 조작적 의미는 완전히 양자적인 경우와 같다. 즉, 임의의 이항 가설 검정을 이용해 p와 q를 성공적으로 구분할 확률의 편향이다. 최적의 시험법은 다음 보조정리가 제시한다.

【보조정리 10.7.1】 p와 q를 유한한 알파벳 $\mathcal{X}$의 확률 분포라고 하고, $A \equiv \{x : p(x) \geq q(x)\}$라고 하자. 그러면

$$\frac{1}{2} \|p - q\|_1 = p(A) - q(A) \tag{10.93}$$

여기서 $p(A) \equiv \sum_{x \in A} p(x)$이고 $q(A) \equiv \sum_{x \in A} q(x)$이다.

【증명】 이 보조정리의 증명은 보조정리 9.1.1의 증명과 매우 유사하다. 간단하므로 다시 소개하겠다.

$$0 = \sum_x [p(x) - q(x)] \tag{10.94}$$

$$= \sum_{x \in A} [p(x) - q(x)] + \sum_{x \in A^c} [p(x) - q(x)] \tag{10.95}$$

임을 생각해보자. 이것은

$$\sum_{x \in A} [p(x) - q(x)] = \sum_{x \in A^c} [q(x) - p(x)] \tag{10.96}$$

을 의미한다. 이제

$$\|p - q\|_1 = \sum_x |p(x) - q(x)| \tag{10.97}$$

$$= \sum_{x \in A} [p(x) - q(x)] + \sum_{x \in A^c} [q(x) - p(x)] \tag{10.98}$$

$$= 2 \sum_{x \in A} [p(x) - q(x)] \tag{10.99}$$

여기서 마지막 줄은 식 (10.96)에서 유도된다. □

집합 A와 그 여집합 A^c를 확률 분포 p나 q로부터 표본 x를 (표본을 생성하는 데 어떤 확률 분포를 썼는지 알지 못하면서) 받은 후 수행할 수 있는 이항 가설 검정으로 해석할 수 있다. 만약 표본 x가 A에 속한다면, p가 x를 생성했다고 결정할 수 있다. 아니라면 q가 x를 생성했다고 할 수 있다. p와 q를 구분할 성공 확률은 다음과 같다.

$$\frac{1}{2} \left[\sum_{x \in A} p(x) + \sum_{x \in A^c} q(x) \right] = \frac{1}{2} \left[1 + \sum_{x \in A} [p(x) - q(x)] \right] \tag{10.100}$$

$$= \frac{1}{2} \left[1 + \frac{1}{2} \|p - q\|_1 \right] \tag{10.101}$$

이 시험법이 최적의 시험법인 것은 9.1.4절에 제시된 논증과 같은 이유로 유도된다. 따라서 고전적 대각합 거리를 확률 분포 사이의 구분 가능성의 중요한 척도로 해석할 수 있고, 그 조작적 해석은 위에 주어진 것과 같다.

이제, 중요한 엔트로피 연속성 한계를 설명할 수 있다.

【정리 10.7.4】 장^{Zhang}**-오데나르트**^{Audenaert} X와 Y가 유한한 알파벳 $\mathcal{A}$에서 값을 가져오는 이산 무작위 변수라고 하고, p_X와 p_Y를 각각 그 확률 분포라고 하자. 그러면 다음의 한계가 성립한다.

$$|H(X) - H(Y)| \le T \log(|\mathcal{A}| - 1) + h_2(T) \tag{10.102}$$

여기서 $T \equiv \frac{1}{2}\|p_X - p_Y\|_1$이다. 게다가 이 한계는 최적이다. 즉, 모든 $T \in [0, 1]$과 알파벳 크기 $|\mathcal{A}|$에 대해 등호를 만족시키는 무작위 변수의 쌍이 존재한다는 뜻이다.

이 정리를 증명하려면, 두 무작위 변수의 최대 결합^{maximal coupling}이라는 개념을 만들어야 한다.

【정의 10.7.2】 결합 두 무작위 변수의 어떤 쌍 (X, Y)의 결합^{coupling}은 X 및 Y와 동일한 한계 확률 분포를 갖는 또 다른 두 무작위 변수의 쌍 $(\hat{X}, \hat{Y})$이다.

【정의 10.7.3】 최대 결합 두 무작위 변수의 쌍 (X, Y)의 결합 $(\hat{X}, \hat{Y})$는 $\Pr\{\hat{X} = \hat{Y}\}$가 모든 X와 Y의 결합에 대해 최댓값을 가지면 최대다.

이제 고전적 대각합 거리를 최대 결합에 관련지을 수 있다.

【보조정리 10.7.2】 X와 Y가 유한한 알파벳 $\mathcal{A}$에서 값을 가져오는 이산 무작위 변수라고 하자. p_X와 p_Y를 각각 그 확률 분포라고 하자. 그러면 다음의 부등식이 성립한다.

$$\Pr\{\hat{X} = \hat{Y}\} = \sum_{u \in \mathcal{A}} \min\{p_X(u), p_Y(u)\} \tag{10.103}$$

$$\Pr\{\hat{X} \neq \hat{Y}\} = \frac{1}{2} \|p_X - p_Y\|_1 \tag{10.104}$$

【증명】 $\mathcal{B} = \{u \in \mathcal{A} : p_X(u) < p_Y(u)\}$라고 하자. $\mathcal{B}^c = \mathcal{A} \backslash \mathcal{B}$라고 하자. 그러면 (X, Y)의 모든 결합 $(\hat{X}, \hat{Y})$에 대해 다음이 성립한다.

$$\Pr\{\hat{X} = \hat{Y}\} = \Pr\{\hat{X} = \hat{Y} \wedge \hat{Y} \in \mathcal{B}\} + \Pr\{\hat{X} = \hat{Y} \wedge \hat{Y} \in \mathcal{B}^c\} \tag{10.105}$$

$$\leq \Pr\{\hat{X} \in \mathcal{B}\} + \Pr\{\hat{Y} \in \mathcal{B}^c\} \tag{10.106}$$

$$= \Pr\{X \in \mathcal{B}\} + \Pr\{Y \in \mathcal{B}^c\} \tag{10.107}$$

$$= \sum_{u \in \mathcal{B}} p_X(u) + \sum_{u \in \mathcal{B}^c} p_Y(u) \tag{10.108}$$

$$= \sum_{u \in \mathcal{B}} \min\{p_X(u), p_Y(u)\} + \sum_{u \in \mathcal{B}^c} \min\{p_X(u), p_Y(u)\} \tag{10.109}$$

$$= \sum_{u \in \mathcal{A}} \min\{p_X(u), p_Y(u)\} \tag{10.110}$$

이제, 위의 한계에 도달하는 결합을 구성하여 그것이 최대임을 보일 것이다. $q \equiv \sum_{u \in \mathcal{A}} \min\{p_X(u), p_Y(u)\}$라고 하자. U, V, W, J는 독립적인 이산 무작위 변수다. 그리고 $p_J(0) = 1 - q$이고 $p_J(1) = q$이다. U, V, W가 다음의 확률 분포를 갖는다고 하자.

$$p_U(u) = \frac{1}{q}\left[\min\{p_X(u), p_Y(u)\}\right] \tag{10.111}$$

$$p_V(v) = \frac{1}{1-q}\left[p_X(v) - \min\{p_X(v), p_Y(v)\}\right] \tag{10.112}$$

$$p_W(w) = \frac{1}{1-q}\left[p_Y(w) - \min\{p_X(w), p_Y(w)\}\right] \tag{10.113}$$

여기서 u, v, $w \in \mathcal{A}$이다. 만약 $J = 1$이면 $\hat{X} = \hat{Y} = U$이고, $J = 0$이면 $\hat{X} = V$이고 $\hat{Y} = W$라고 하자. 그러면 모든 x, $y \in \mathcal{A}$에 대해

$$p_{\hat{X}}(x) = q\,p_{X|J}(x|1) + (1-q)\,p_{X|J}(x|0) \tag{10.114}$$

$$= q\,p_U(x) + (1-q)\,p_V(x) \tag{10.115}$$

$$= p_X(x) \tag{10.116}$$

임을 알 수 있다. 비슷한 이유로, $p_{\hat{Y}}(y) = p_Y(y)$임을 유도할 수 있고, 구성된 $(\hat{X}, \hat{Y})$가 (X, Y)의 결합이라고 결론지을 수 있다. 이 결합은 최대다. 왜냐하면

$$\Pr\{\hat{X} = \hat{Y}\} \geq \Pr\{J = 1\} = q \tag{10.117}$$

이고, 식 (10.110)으로부터 $\Pr\{\hat{X} = \hat{Y}\} = q$라고 결론지을 수 있기 때문이다. 식 (10.104)의 등식은 식 (10.103)과, 모든 a, $b \in \mathbb{R}$에 대해 성립하는 다음의 등식 $\min\{a, b\} = \frac{1}{2}[a + b - |a - b|]$에서 유도된다. $\square$

이제, 위의 결과와 파노 부등식(정리 10.7.3)을 이용해 정리 10.7.4의 증명을 제시하겠다.

【정리 10.7.4의 증명】 $(\hat{X}, \hat{Y})$를 (X, Y)의 최대 결합이라고 하자. 그러면 다음이 성립한다.

$$|H(X) - H(Y)| = \left| H(\hat{X}) - H(\hat{Y}) \right| \tag{10.118}$$

$$= \left| H(\hat{X}) - H(\hat{X}\hat{Y}) + H(\hat{X}\hat{Y}) - H(\hat{Y}) \right| \tag{10.119}$$

$$= \left| H(\hat{X}|\hat{Y}) - H(\hat{Y}|\hat{X}) \right| \tag{10.120}$$

$$\leq \max\left\{ H(\hat{X}|\hat{Y}), H(\hat{Y}|\hat{X}) \right\} \tag{10.121}$$

$$\leq \Pr\{\hat{X} \neq \hat{Y}\}\log(|\mathcal{A}| - 1) + h_2(\Pr\{\hat{X} \neq \hat{Y}\}) \tag{10.122}$$

$$= T\log(|\mathcal{A}| - 1) + h_2(T) \tag{10.123}$$

첫 번째 등식은 $(\hat{X}, \hat{Y})$가 (X, Y)의 최대 결합이기 때문에 유도된다. 두 번째 부등식은 파노 부등식(정리 10.7.3)의 응용이다. 마지막 등식은 식 (10.104)에서 유도된다.

이 정리에서 주장하는 한계는 최적이다. 이 한계에서 등식을 성립시키는 확률 분포 p_X와 p_Y의 쌍은 예를 들면

$$p_X = \begin{bmatrix} 1 & 0 & \cdots & 0 \end{bmatrix} \tag{10.124}$$

$$p_Y = \begin{bmatrix} 1-\varepsilon & \varepsilon/(|\mathcal{A}|-1) & \cdots & \varepsilon/(|\mathcal{A}|-1) \end{bmatrix} \tag{10.125}$$

이 있다. 여기서 $\varepsilon \in [0, 1]$이다. p_X와 p_Y 사이의 정규화된 고전적 대각합 거리는 $\frac{1}{2}\|p_X - p_Y\|_1 = \varepsilon$이다. 그리고 명시적으로 계산하면

$$|H(X) - H(Y)| = H(Y) = \varepsilon \log(|\mathcal{A}|-1) + h_2(\varepsilon) \tag{10.126}$$

임을 보일 수 있고, 이는 증명을 완료한다. □

10.8 엔트로피 부등식이 거의 등식인 경우

앞 절에서 논의한 엔트로피 부등식은 고전 정보 이론에서 근본적이다. 사실, 이 엔트로피 부등식을 사용하면 여러 고전 용량 정리의 역 부분을 증명할 수 있다. 따라서 이들을 더 자세히 배우고 더 개량된 문장의 가능성을 탐색하는 것은 그럴 만한 가치가 있다. 예를 들어, 이 엔트로피 부등식 각각에는 등식이 성립할 조건이 있다. 상대 엔트로피의 비음수성에서 등식이 성립하는 것은 $p = q$인 것과 필요충분조건이고, 상호 정보의 비음수성에서 등식이 성립하는 것은 X와 Y가 독립인 것과 필요충분조건이다. 따라서 이 엔트로피 부등식들이 거의 등식에 가까울 때 어떤 주장을 할 수 있는지 생각해보는 것은 자연스러운 질문이다.

10.8.1 핀스커 부등식

고전적인 경우에 엔트로피 부등식을 개량하기 위한 기본 도구 중 하나는 핀스커 부등식Pinsker inequality이다. 이 부등식은 상대 엔트로피와 고전적 대각합 거리 사이의 관계를 제시한다.

【정리 10.8.1】 **핀스커 부등식** p가 유한한 알파벳 $\mathcal{X}$에 대한 확률 분포라고 하자. 그리

고 $q : \mathcal{X} \to [0, 1]$이고 $\sum_x q(x) \leq 1$을 만족시킨다고 하자. 그러면 다음이 성립한다.

$$D(p\|q) \geq \frac{1}{2\ln 2} \|p - q\|_1^2 \tag{10.127}$$

핀스커 부등식의 유용함은 구분 가능성의 한 척도를 다른 척도와 연관 짓고, 따라서 엔트로피 부등식의 거의 등식에 가까운 경우에 대해 정확한 진술을 만들 수 있게 해준다는 것이다. 예를 들어, 정리 10.7.1은 위에서 주어진 것과 같은 p와 q에 대해 $D(p\|q) \geq 0$이라고 한다. 핀스커 부등식은 이 엔트로피 부등식의 강한 개량이다. 즉, $\|p - q\|_1 \geq 0$이라는 사실을 고려하면 $D(p\|q) \geq 0$보다 더 많은 것을 말해준다. q를 위에서처럼 준정규화하면 핀스커 부등식을 적용할 때 유연성을 좀 더 얻을 수 있다.

이를 증명하기 전에, 다음의 보조정리를 증명하자.

【보조정리 10.8.1】 $a, b \in [0, 1]$이라고 하자. 그러면 $a \ln \left(\frac{a}{b}\right) + (1 - a) \ln \left(\frac{1 - a}{1 - b}\right)$ $\geq 2(a - b)^2$이다.

【증명】 이 한계는 기초 미적분학으로 유도할 수 있다. 먼저, $b = 0$이거나 $b = 1$이면 위의 부등식은 자명하게 성립한다. 따라서 $b \in (0, 1)$이라고 하자. 더불어, (일단은) $a \geq b$라고 가정하자. 이제 다음의 함수를 생각해보자.

$$g(a, b) \equiv a \ln \left(\frac{a}{b}\right) + (1 - a) \ln \left(\frac{1 - a}{1 - b}\right) - 2 \left(a - b\right)^2 \tag{10.128}$$

그러면 $g(a, b)$는 보조정리에 있는 수식의 좌변과 우변의 차이에 해당한다. 그러면 다음이 성립한다.

$$\frac{\partial g(a, b)}{\partial b} = -\frac{a}{b} + \frac{1 - a}{1 - b} - 4 \left(b - a\right) \tag{10.129}$$

$$= -\frac{a \left(1 - b\right)}{b \left(1 - b\right)} + \frac{b \left(1 - a\right)}{b \left(1 - b\right)} - 4 \left(b - a\right) \tag{10.130}$$

$$= \frac{b - a}{b \left(1 - b\right)} - 4 \left(b - a\right) \tag{10.131}$$

계속해서,

$$= \frac{\left(b - a\right) \left(4b^2 - 4b + 1\right)}{b \left(1 - b\right)} \tag{10.132}$$

$$= \frac{(b-a)(2b-1)^2}{b(1-b)} \tag{10.133}$$

$$\leq 0 \tag{10.134}$$

마지막 단계는 $a \geq b$이고 $b \in (0, 1)$이라는 가정에서 유도된다. 또한 $a = b$일 때 $\partial g(a, b)/\partial b = 0$과 $g(a, b) = 0$임을 생각해보자. 따라서 $g(a, b)$는 $b \leq a$인 모든 a에 대해 b에 따라 감소하고, $b = a$에서 최솟값에 도달한다. 따라서 $a \geq b$이면 항상 $g(a, b) \geq 0$이다. $a' \equiv 1 - a$, $b' \equiv 1 - b$로 정의하면 $b' \geq a'$이므로, 이 보조정리는 일반적으로 성립한다. $\square$

【핀스커 부등식(정리 10.8.1)의 증명】 핵심 아이디어는 상대 엔트로피의 단조성과 위의 보조정리를 이용하는 것이다. 먼저, q가 확률 분포라고 하자. $\mathcal{A}$를 $x \in A$이면 출력이 1이고 $x \in A^c$이면 출력이 0이 되는 고전적인 '굵게 갈린' 선로를 나타낸다고 하자. 여기서 $\mathcal{A}$는 보조정리 10.7.1에서 정의된 집합이다(즉, $A \equiv \{x : p(x) \geq q(x)\}$이다). 그러면 다음이 성립한다.

$$D(p\|q) \geq D(\mathcal{A}(p)\|\mathcal{A}(q)) \tag{10.135}$$

$$= p(A) \log\left(\frac{p(A)}{q(A)}\right) + (1 - p(A)) \log\left(\frac{1 - p(A)}{1 - q(A)}\right) \tag{10.136}$$

$$\geq \frac{2}{\ln 2}(p(A) - q(A))^2 \tag{10.137}$$

$$= \frac{2}{\ln 2}\left(\frac{1}{2}\|p - q\|_1\right)^2 \tag{10.138}$$

$$= \frac{1}{2\ln 2}\|p - q\|_1^2 \tag{10.139}$$

첫 번째 부등식은 보조정리 10.7.1에서 정의된 $p(A)$와 $q(A)$를 쓰면 상대 엔트로피의 단조성에서 유도된다(따름정리 10.7.2). 두 번째 부등식은 보조정리 10.8.1을 적용한 것이다. $\ln 2$는 자연로그를 2진 로그로 바꾸는 과정에서 붙었다. 두 번째 부등식은 보조정리 10.7.1에서 유도된다.

q가 확률 분포가 아니면($\sum_x q(x) < 1$이면), q가 확률 분포가 되도록 추가적인 문자를 $\mathcal{X}$에 추가할 수 있다. 즉, 첫 $|\mathcal{X}|$개의 항목은 q가 되도록 하고, 나머지는 $1 - \sum_x q(x)$가 되도록 확률 분포 q'을 정의한다. 또한 증강된 확률 분포 p'을 첫 $|\mathcal{X}|$개의 항목은 p가 되도록 하고 나머지는 0이 되도록 정의한다. 그러면 $0 \cdot \log(0/[1 -$

$\sum_x q(x)]) = 0$이고

$$D(p\|q) = D(p'\|q') \tag{10.140}$$

$$\geq \frac{1}{2\ln 2}\|p' - q'\|_1^2 \tag{10.141}$$

$$= \frac{1}{2\ln 2}\left(\|p - q\|_1 + \left[1 - \sum_x q(x)\right]\right)^2 \tag{10.142}$$

$$\geq \frac{1}{2\ln 2}\|p - q\|_1^2 \tag{10.143}$$

이므로 증명이 끝난다. □

10.8.2 엔트로피 부등식의 개량

여기서 제시할 엔트로피 부등식의 첫 번째 개량은 상호 정보의 비음수성과 그 최댓값에 대한 것이다.

【정리 10.8.2】 X와 Y가 각각 알파벳 $\mathcal{X}$와 $\mathcal{Y}$에서 값을 가져오는 이산 무작위 변수라 하고, p_{XY}가 그 결합 확률 분포라고 하자. 그리고 $p_X \otimes p_Y$는 그 한계 확률 분포의 곱을 나타낸다. 그러면

$$I(X;Y) \geq \frac{2}{\ln 2}\Delta^2 \tag{10.144}$$

이고,

$$I(X;Y) \leq \Delta \log(\min\{|\mathcal{X}|, |\mathcal{Y}|\} - 1) + h_2(\Delta) \tag{10.145}$$

가 성립한다. 여기서 $\Delta = \frac{1}{2}\|p_{XY} - p_X \otimes p_Y\|_1$이다.

【증명】 첫 번째 부등식은 핀스커 부등식(정리 10.8.1)을 직접 적용하고,

$$I(X;Y) = D(p_{XY}\|p_X \otimes p_Y) \tag{10.146}$$

를 사용한 것이다. 두 번째 부등식을 증명하기 위해, $\hat{X}$와 $\hat{Y}$를 결합 확률 분포 $p_X \otimes p_Y$를 갖는 무작위 변수의 쌍을 나타낸다고 하자. 그러면 다음이 성립한다.

$$I(X;Y) = \left| I(X;Y) - I(\hat{X};\hat{Y}) \right| \tag{10.147}$$

$$= \left| H(X|Y) - H(\hat{X}|\hat{Y}) \right| \tag{10.148}$$

$$= \left| \sum_y p_Y(y) \left[H(X|Y=y) - H(\hat{X}|\hat{Y}=y) \right] \right| \tag{10.149}$$

첫 번째 등식은 $I(\hat{X};\hat{Y}) = 0$이기 때문에 유도된다. 두 번째 등식은 $I(X;Y) = H(X) - H(X|Y)$, $I(\hat{X};\hat{Y}) = H(\hat{X}) - H(\hat{X}|\hat{Y})$이고 $H(X) = H(\hat{X})$이기 때문에 유도된다. 세 번째 등식은 조건부 엔트로피의 정의에서 유도된다. 계속해서

$$\leq \sum_y p_Y(y) \left| H(X|Y=y) - H(\hat{X}|\hat{Y}=y) \right| \tag{10.150}$$

$$\leq \sum_y p_Y(y) \left[\Delta(y) \log(|\mathcal{X}| - 1) + h_2(\Delta(y)) \right] \tag{10.151}$$

$$\leq \Delta \log(|\mathcal{X}| - 1) + h_2(\Delta) \tag{10.152}$$

이다. 첫 번째 부등식은 삼각부등식의 결과다. 두 번째 부등식은 정리 10.7.4를 적용하고 다음을 정의해 유도한다.

$$\Delta(y) = \frac{1}{2} \sum_x \left| p_{X|Y}(x|y) - p_X(x) \right| \tag{10.153}$$

마지막 부등식은

$$\Delta = \frac{1}{2} \sum_{x,y} \left| p_{XY}(x,y) - p_X(x)p_Y(y) \right| \tag{10.154}$$

$$= \sum_y p_Y(y) \left[\frac{1}{2} \sum_x \left| p_{X|Y}(x|y) - p_X(x) \right| \right] \tag{10.155}$$

$$= \sum_y p_Y(y) \Delta(y) \tag{10.156}$$

라는 사실과 이항 엔트로피가 오목하다는 사실에서 유도된다. 다른 한계인

$$I(X;Y) \leq \Delta \log(|\mathcal{Y}| - 1) + h_2(\Delta) \tag{10.157}$$

는 $I(X;Y) = |I(X;Y) - I(\hat{X};\hat{Y})| = |H(Y|X) - H(\hat{Y}|\hat{X})|$으로 상호 정보를 전개하고, 마찬가지 방식으로 논의하면 얻어진다. $\square$

조건부 상호 정보에 대해 유사한 진술을 증명할 수 있다.

【정리 10.8.3】 X, Y, Z가 각각 알파벳 $\mathcal{X}$, $\mathcal{Y}$, $\mathcal{Z}$에서 값을 가져오는 이산 무작위 변수라고 하자. p_{XYZ}를 이들의 결합 확률 분포라고 하고 $p_{X|Z}p_{Y|Z}p_Z$를 마르코프 연쇄 $X - Z - Y$에 해당하는 또 다른 확률 분포라고 하자. 그러면

$$I(X;Y|Z) \geq \frac{2}{\ln 2}\Delta^2 \tag{10.158}$$

이고,

$$I(X;Y|Z) \leq \Delta \log(\min\{|\mathcal{X}|,|\mathcal{Y}|\} - 1) + h_2(\Delta) \tag{10.159}$$

이다. 여기서 $\Delta = \frac{1}{2}\|p_{XYZ} - p_{X|Z}p_{Y|Z}p_Z\|_1$이다.

【증명】 첫 번째 부등식의 증명은 식 (10.144)의 증명과 유사하다. 일단 $I(X;Y|Z) = \sum_z p_Z(z)I(X;Y|Z=z)$라고 적자. 그리고 핀스커 부등식(정리 10.8.1)과 제곱 함수와 대각합 노름의 볼록성을 적용하자. 아니면 $I(X;Y|Z) = D(p_{XYZ}\|p_{X|Z}p_{Y|Z}p_Z)$를 직접 계산하고 핀스커 부등식(정리 10.8.1)을 적용할 수도 있다.

두 번째 부등식의 증명은 식 (10.145)와 유사하다. $\hat{X}$, $\hat{Y}$, $\hat{Z}$가 결합 확률 분포 $p_{X|Z}p_{Y|Z}p_Z$를 갖는 3개의 무작위 변수를 나타낸다고 하자. 그러면 다음이 성립한다.

$$I(X;Y|Z) = \left| I(X;Y|Z) - I(\hat{X};\hat{Y}|\hat{Z}) \right| \tag{10.160}$$

$$= \left| H(Y|Z) - H(Y|XZ) - \left[H(\hat{Y}|\hat{Z}) - H(\hat{Y}|\hat{X}\hat{Z}) \right] \right| \tag{10.161}$$

$$= \left| H(\hat{Y}|\hat{X}\hat{Z}) - H(Y|XZ) \right| \tag{10.162}$$

여기서 첫 번째 등식은 $I(\hat{X};\hat{Y}|\hat{Z}) = 0$에서 유도되고, 두 번째 등식은 조건부 상호 정보를 전개해 유도한다. 세 번째 등식은 $H(Y|Z) = H(\hat{Y}|\hat{Z})$이기 때문에 성립한다. 나머지 단계는 식 (10.145)의 증명처럼 진행된다. 그러면

$$I(X;Y|Z) \leq \Delta \log(|\mathcal{Y}| - 1) + h_2(\Delta) \tag{10.163}$$

를 유도할 수 있다. $I(X;Y|Z) \leq \Delta\log(|\mathcal{X}| - 1) + h_2(\Delta)$에 대한 증명은 조건부 상호 정보 $I(X;Y|Z)$를 다른 방향으로, 즉 $I(X;Y|Z) = H(X|Z) - H(X|YZ)$로 전개해 유도할 수 있다. $\square$

끝으로, 다음의 정리는 상대 엔트로피(따름정리 10.7.2)의 강한 개량을 제시한다. 그 중요한 의미는 만약 상대 엔트로피가 감소하면 $D(p\|q) - D(Np\|Nq)$는 고전 선로 N의 작용에 대해 너무 크지 않아서 식 (10.165)를 만족시키는 복원 선로 R을 수행하여 복원된 분포 RNp가 원래의 분포 p에 가깝도록 만들 수 있다는 뜻이다.

【정리 10.8.4】 상대 엔트로피의 개량된 단조성 p가 유한한 알파벳 $\mathcal{X}$의 확률 분포라고 하고 $q : \mathcal{X} \rightarrow [0, \infty)$가 $\text{supp}(p) \subseteq \text{supp}(q)$인 함수라고 하자. $N(y|x)$가 고전부 확률 분포(고전적 선로)라고 하자. 그러면 상대 엔트로피의 단조성에 대해 다음과 같이 개량할 수 있다.

$$D(p\|q) - D(Np\|Nq) \geq D(p\|RNp) \tag{10.164}$$

여기서 Np는 $(Np)(y) \equiv \sum_x N(y|x)p(x)$를 원소로 갖는 확률 분포이고, Nq는 (Nq) $(y) = \sum_x N(y|x)q(x)$를 원소로 갖는 벡터다. 그리고 복원 선로 $R(x|y)$(조건부 확률 분포)는 다음의 방정식으로 정의된다.

$$R(x|y)(Nq)(y) = N(y|x)q(x) \tag{10.165}$$

이 방정식은 q가 확률 분포라면 베이즈 정리에 해당한다. 또한 RNp는 $(RNp)(x) = \sum_{y,x'} R(x|y)N(y|x')p(x')$을 원소로 갖는 확률 분포다.

【증명】 다음을 생각해보자.

$$(RNp)(x) = \sum_y \frac{N(y|x)q(x)}{(Nq)(y)} [(Np)(y)] \tag{10.166}$$

$$= q(x) \sum_y \frac{N(y|x)(Np)(y)}{(Nq)(y)} \tag{10.167}$$

따라서

$$D(p\|RNp) = \sum_x p(x) \log \left(\frac{p(x)}{q(x) \sum_y \frac{N(y|x)(Np)(y)}{(Nq)(y)}} \right)$$

이고, 정의에 의해

$$D(p\|q) = \sum_x p(x) \log\left(\frac{p(x)}{q(x)}\right) \tag{10.168}$$

$$D(Np\|Nq) = \sum_y (Np)(y) \log\left(\frac{(Np)(y)}{(Nq)(y)}\right) \tag{10.169}$$

임을 알 수 있다. 그러면 다음이 성립한다.

$$D(p\|q) - D(p\|RNp) = \sum_x p(x) \log\left(\sum_y \frac{N(y|x)(Np)(y)}{(Nq)(y)}\right) \tag{10.170}$$

$$\geq \sum_x p(x) \sum_y N(y|x) \log\left(\frac{(Np)(y)}{(Nq)(y)}\right) \tag{10.171}$$

$$= \sum_y \left[\sum_x N(y|x)p(x)\right] \log\left(\frac{(Np)(y)}{(Nq)(y)}\right) \tag{10.172}$$

$$= \sum_y (Np)(y) \log\left(\frac{(Np)(y)}{(Nq)(y)}\right) \tag{10.173}$$

$$= D(Np\|Nq) \tag{10.174}$$

위에서 1개 있는 부등호는 로그함수의 오목성의 결과다. □

10.9 양자계에서의 고전 정보

양자계를 정보 전달자로 사용해 항상 고전 정보를 처리할 수 있다. 양자 통신 규약에 대한 입력과 출력은 모두 고전적이 될 수 있다. 예를 들어, 어떤 무작위 변수 X에 대해 양자 상태를 준비한다고 하자. 앙상블 $\{p_X(x), \rho_x\}$가 이 아이디어를 나타낸다. 측정을 수행하면 어떤 무작위 변수 Y의 형태로 양자 상태에서 고전 정보를 꺼낼수 있다. POVM $\{\Lambda_y\}$가 이 개념을 나타낸다(만약 측정 후의 상태에 신경 쓰지 않는다면 4.2.1절에서의 POVM 형식 체계를 이용한다는 것을 생각하자). 앨리스가 양자 상태를 앙상블 $\{p_X(x), \rho_x\}$에 따라 준비하고, 밥이 POVM $\{\Lambda_y\}$에 따라 측정한다고 하자. 다음의 공식이 조건부 확률 $p_{Y|X}(y|x)$를 준다는 것을 생각해보자.

$$p_{Y|X}(y|x) = \mathrm{Tr}\left\{\Lambda_y \rho_x\right\} \tag{10.175}$$

양자계를 이용해 고전 정보를 처리하는 데 어떤 이득이 있을까? 나중에 20장에서는 양자 자원을 사용해 고전적 자료를 처리하면 일반적으로 더 높은 통신 속도에 도달할 수 있기 때문에 사실상 성능 향상이 있음을 보게 된다. 지금은 위의 아이디어를 포함하도록 엔트로피 개념을 손쉽게 확장해보자.

10.9.1 POVM의 섀넌 엔트로피

확장할 수 있는 첫 개념은 섀넌 엔트로피로, POVM의 섀넌 엔트로피를 결정해보자. 앨리스가 양자 상태 ρ(여기서 고전적 지표는 없다.)를 준비한다고 하자. 그러면 밥이 특정한 POVM $\{\Lambda_x\}$를 수행하여 양자계에 대해 알아낼 수 있다. X가 POVM의 고전적 출력에 해당하는 무작위 변수를 나타낸다고 하자. 무작위 변수 X의 확률 밀도 함수 $p_X(x)$는 다음과 같다.

$$p_X(x) = \text{Tr}\{\Lambda_x \rho\} \tag{10.176}$$

POVM $\{\Lambda_x\}$의 섀넌 엔트로피 $H(X)$는 다음과 같다.

$$H(X) = -\sum_x p_X(x) \log(p_X(x)) \tag{10.177}$$

$$= -\sum_x \text{Tr}\{\Lambda_x \rho\} \log(\text{Tr}\{\Lambda_x \rho\}) \tag{10.178}$$

다음 장에서는 랭크 1인 모든 POVM에 대한 섀넌 엔트로피의 최솟값이 밀도 연산자 ρ의 양자 엔트로피라고 알려진 양임을 증명하겠다.

10.9.2 접근 가능한 정보

이제 이 절의 시작 부분에서 소개한 상황을 생각해보자. 앨리스가 앙상블 $\mathcal{E} \equiv \{p_X(x), \rho_x\}$를 준비하고, 밥이 POVM $\{\Lambda_y\}$를 수행한다. 밥이 사실 무작위 변수 X에 대해 가능한 한 많은 정보를 복원하려고 시도한다고 하자. 밥이 무작위 변수 Y를 갖고 있다면, 무작위 변수 X에 대해 얼마나 많은 정보를 알아낼 수 있는지 정하는 양은 상호 정보 $I(X;Y)$이다. 하지만 여기서 밥은 사실상 어떤 측정을 수행해야 할지 고를 수 있고, X에 대한 그의 정보를 최대화하는 측정을 수행하면 된다. 그 결괏값은 앙상블 $\mathcal{E}$의 접근 가능한 정보^{accessible information} $I_{\text{acc}}(\mathcal{E})$라고 한다(이것은 밥이 무작위 변수 X에 대해 접근할 수 있는 정보이기 때문이다).

$$I_{\mathrm{acc}}(\mathcal{E}) \equiv \max_{\{\Lambda_y\}} I(X;Y) \tag{10.179}$$

여기서 한계 확률 밀도 $p_X(x)$는 앙상블과 조건부 확률 밀도 $p_{Y|X}(y|x)$로부터 식 (10.175)에서 주어졌다. 다음 장에서 **홀레보 한계**$^{\text{Holevo bound}}$라고 하는 이 양의 자연적 한계를 어떻게 구하는지 살펴본다. 이 한계는 자료 처리 부등식의 양자적 일반화에서 유도된다.

10.9.3 2분할 상태의 고전적 상호 정보

여기서 소개할 마지막 양은 2분할 상태 ρ_{AB}의 고전적 상호 정보 $I_c(\rho_{AB})$이다. 앨리스와 밥이 어떤 2분할 상태 ρ_{AB}를 갖고, 그로부터 최대의 고전적 상관성을 추출하려고 한다고 하자. 즉, 이들은 각자 국소적 POVM $\{\Lambda_A^x\}$와 $\{\Lambda_B^x\}$를 2분할 상태 ρ_{AB}의 자신이 가진 부분에 수행해 무작위 변수를 복원하려고 한다. 이 측정은 각각 무작위 변수 X와 Y를 생성하고, 앨리스와 밥은 X와 Y가 가능한 한 상관되기를 바란다. 국소 양자정보 처리 과정으로부터 얻을 수 있는 고전적 상관성 결과의 좋은 척도는 다음과 같다.

$$I_c(\rho_{AB}) \equiv \max_{\{\Lambda_A^x\},\{\Lambda_B^y\}} I(X;Y) \tag{10.180}$$

여기서 결합 확률 분포는

$$p_{X,Y}(x,y) \equiv \mathrm{Tr}\left\{\left(\Lambda_A^x \otimes \Lambda_B^y\right)\rho_{AB}\right\} \tag{10.181}$$

상태 ρ_{AB}가 고전적이라고 하자. 즉,

$$\rho_{AB} = \sum_{x,y} p_{X,Y}(x,y)|x\rangle\langle x|_A \otimes |y\rangle\langle y|_B \tag{10.182}$$

의 형태를 갖고 있다. 여기서 상태 $|x\rangle_A$는 정규직교 기저를 구성하며, $|y\rangle_B$도 정규직교 기저를 구성한다. 이 경우 최적 측정은 앨리스가 $|x\rangle_A$ 기저에서 완전한 사영 측정을 수행하고, 그 결과를 밥에게 알려서 $|y\rangle_B$ 기저에서 비슷한 측정을 하도록 하는 것이다. 이들이 추출해낸 상관성의 양은 $I(X;Y)$와 같다.

【연습문제 10.9.1】 식 (10.180)을 계산할 때 랭크 1인 POVM에 대해 최대화하는 것을 고려하는 것으로 충분함을 증명하라(힌트: POVM $\{\Lambda_x\}$를 랭크 1 POVM인 $\{|\phi_{x,z}\rangle\langle\phi_{x,z}|\}$로 개량하는 것을 생각해보라. 여기서 Λ_x는 $\sum_z |\phi_{x,z}\rangle\langle\phi_{x,z}|$로 스펙트럼 분해가 되며, 그러면 자료 처리 부등식을 이용할 수 있다).

10.10 역사와 더 읽을거리

커버^{Cover}와 토마스^{Thomas}(2006)는 엔트로피와 정보 이론에 대한 탁월한 소개를 제시했다(이 장의 몇 가지 설명은 그 책에서 본 것과 유사하다). 맥케이^{MacKay}(2003)도 좋은 설명을 제시한다. E. T. 제인스^{Jaynes}는 최대 엔트로피 원리의 지지자였고, 몇 가지 원천의 유용성을 보였다(Jaynes, 1957a; Jaynes, 1957b; Jaynes, 2003). 파노 부등식의 소개는 스콜라피디아^{Scholarpedia}에 있다(Fano, 2008). 정리 10.7.4(엔트로피 한계의 연속성)는 장^{Zhang}(2007)과 오데나르트^{Audenaert}(2007)의 덕분이다. 이 장에서 제시한 특정한 증명은 장^{Zhang}(2007)의 증명이다. 하지만 사손^{Sason}(2013)의 발표를 사용했다. 핀스커 부등식은 처음에 핀스커^{Pinsker}(1960)가 증명했고, 뒤이어서 치사르(Csiszar, 1967), 켐퍼만^{Kemperman}(1969), 쿨백^{Kullback}(1967) 등이 개선했다. 정리 10.8.2는 안드레아스 윈터$^{Andreas\ Winter}$(2015년 8월)와의 개인적인 교류에서 알려졌다. 정리 10.8.4의 상대 엔트로피 단조성의 개량은 리^{Li}와 윈터^{Winter}(2014)가 정립했다.

11

양자정보와 엔트로피

11장에서는 양자계에서 나타나는 정보와 상호 작용의 양을 정량화하는 데 중요한 정보 척도를 논의한다. 여기서 소개할 첫 번째 기본 척도는 폰 노이만 엔트로피(또는 단순히 **양자 엔트로피**)다. 이것은 섀넌 엔트로피의 양자 일반화이지만, 양자 상태의 고전 불확실성과 양자 불확실성을 모두 포괄한다.[1] 양자 엔트로피는 **정보 큐비트**information qubit의 개념에 의미를 부여한다. 이 개념은 물리 큐비트와 다른 개념이다. 물리 큐비트는 전자나 광자의 양자 상태를 묘사한다. 정보 큐비트는 근본적인 양자정보의 측정 단위로, 양자계에 얼마나 많은 양자정보가 존재하는지 알려준다.

여기서 처음의 정의는 엔트로피의 고전적 정의와 유사하지만, 곧이어 앞 장에서의 직관적인 고전적 개념에서 빠르게 벗어난다. 조건부 양자 엔트로피는 어떤 양자 상태에서는 음수가 될 수도 있다. 고전 세계에서는 음수인 경우가 그저 일어나지 않을 뿐이지만, 양자정보 이론에서는 특별한 의미를 갖는다. 얽혀 있는 순수 양자 상태는 고전적 상관성보다 더 강한 상관성을 갖고, 음의 조건부 엔트로피를 갖는 상태

---

1 여기서는 고전 엔트로피와 양자 엔트로피의 역사적 발전에 대한 아이러니를 설명해야 한다. 폰 노이만 엔트로피는 현대 양자정보 이론에서 매우 널리 사용 중이고, 그러다 보니 폰 노이만이 이 양을 섀넌보다 훨씬 나중에 발견한 것으로 생각할 수 있다. 하지만 사실은 그 반대가 맞다. 폰 노이만이 처음에 지금 폰 노이만 엔트로피라고 알려진 것을 발견했고, 통계물리학 문제에 적용했다. 한참 후에 섀넌이 정보 이론의 공식을 알아내서 폰 노이만에게 그것을 뭐라고 불러야 하는지 물어봤다. 폰 노이만은 두 가지 이유에서 엔트로피라고 부르라고 조언했다. 1) 폰 노이만 엔트로피의 특수한 경우이고, 2) 폰 노이만이 그 당시에 엔트로피를 진짜 이해한 사람이 아무도 없다고 주장했기 때문에 섀넌은 토론에서 항상 우위를 차지했다.

의 사례다. 조건부 양자 엔트로피의 음수성은 양자정보 이론에서 결맞은 정보^{coherent}라는 특별한 이름을 붙일 정도로 매우 중요하다. 결맞은 정보가 양자정보 처리 부등식을 따르고, 양자 상관성의 특정한 정보 척도로 확실한 발자국을 남기는 것을 알게 될 것이다.

이어서, 고전 세계에서와 유사한 정의를 갖지만 섀넌 엔트로피를 양자 엔트로피로 대체한 양자 상호 정보와 같은 양자정보 척도를 정의한다. 이 대체는 어쩌면 양자 엔트로피를 겉보기에는 매우 당연하게 만드는 것 같지만, 간단한 계산을 통해 2개의 큐비트가 최대로 얽힌 상태가 양자 상호 정보의 '2비트'를 갖고 있음을 보여준다(2개의 최대로 상관성 있는 비트의 경우 고전 세계에서는 최대 1비트의 상호 정보를 가질 수 있음을 떠올려보자). 그리고 양자정보 처리에서 중요한 역할을 하는 몇 가지 엔트로피 부등식을 논의할 텐데, 양자 상대 엔트로피의 단조성, 강한 준가법성, 양자정보 처리 부등식, 양자 엔트로피의 연속성 등이다.

11.1 양자 엔트로피

양자계는 고전적 불확실성뿐만 아니라 불확정성 원리로부터 나오는 양자 불확실성도 갖고 있기 때문에 양자계의 엔트로피의 척도는 앞 장에서 배운 엔트로피의 고전적 척도와 크게 다를 것이라고 예상할 수도 있다. 하지만 밀도 연산자가 두 가지 종류의 불확실성을 모두 포함하고, 주어진 계에 대한 어떤 측정 결과에 대해서도 확률을 알아낼 수 있도록 한다는 걸 생각해보자. 따라서 고전적 불확정성의 척도가 확률밀도 함수의 직접적 함수였던 것과 마찬가지로, 불확정성의 양자 척도는 밀도 연산자의 직접적 함수가 돼야 한다. 아래에서 볼 수 있듯이, 이 함수는 고전 엔트로피와 놀랍도록 형태가 유사하다는 사실을 알 수 있다.

【정의 11.1.1】양자 엔트로피 앨리스가 $\rho_A = \mathcal{D}(\mathcal{H}_A)$ 상태에 있는 어떤 양자계 A를 준비한다고 하자. 그러면 이 상태의 엔트로피 $H(A)_\rho$는 다음과 같이 정의된다.

$$H(A)_\rho \equiv - \operatorname{Tr} \{\rho_A \log \rho_A\} \tag{11.1}$$

양자계의 엔트로피는 **폰 노이만 엔트로피**^{von Neumann entropy}, 또는 **양자 엔트로피**^{quantum entropy}라고도 하지만, 단순히 **엔트로피**라고만 하기도 한다. 이것을 밀도 연산자 ρ_A의 명시적 의존성을 보이기 위해 $H(A)_\rho$ 또는 $H(\rho_A)$로 나타낼 것이다. 양자 엔트로피는 밀도 연산자의 고윳값과 특별한 관계가 있다. 다음 연습문제에서 확인해보자.

【연습문제 11.1.1】 다음의 스펙트럼 분해를 갖는 밀도 연산자 ρ_A를 생각해보자.

$$\rho_A = \sum_x p_X(x)|x\rangle\langle x|_A \tag{11.2}$$

양자 엔트로피 $H(A)_\rho$가 확률 분포 $p_X(x)$를 갖는 무작위 변수 X의 섀넌 엔트로피 $H(X)$와 같음을 보여라.

여기서 정의한 양자 엔트로피에 대해, 양자계의 엔트로피를 나타내기 위해 고전적 엔트로피와 같은 기호 H를 사용한다. 이 기호가 양자 엔트로피인지 고전적 엔트로피인지는 문맥에 따라 명확할 것이다.

양자 엔트로피는 직관적 해석이 된다. 앨리스가 어떤 확률 밀도 함수 $p_Y(y)$에 따르는 양자 상태 $|\psi_y\rangle$를 실험실에서 만들었다고 하자. 더불어서, 밥이 앨리스로부터 상태를 받지 못했고 앨리스가 어떤 것을 보낼지 모르는 상태라고 하자. 밥의 관점에서 기대 밀도 연산자는 다음과 같다.

$$\sigma = \mathbb{E}_Y\{|\psi_Y\rangle\langle\psi_Y|\} = \sum_y p_Y(y)|\psi_y\rangle\langle\psi_y| \tag{11.3}$$

엔트로피 $H(\sigma)$의 해석은 앨리스가 보낸 상태에 대한 밥의 불확실성을 정량화한다. 앨리스가 보낸 상태를 받아서 측정할 때 밥의 기대 정보 이득은 $H(\sigma)$개의 큐비트다. 18장에서 설명할 슈마허의 무잡음 양자 부호화 정리는 밥이 압축된 양자 상태를 복호화할 수 있으려면 앨리스가 밥에게 $H(\sigma)$의 속도로 큐비트를 보내야 한다는 것을 증명하여 양자 엔트로피의 조작적 정의를 대신 제시했다.

양자 엔트로피에 대한 위의 해석은 정량적으로 고전 엔트로피의 해석과 비슷하다. 하지만 섀넌 엔트로피와 양자 엔트로피의 차이를 보여주는 중대한 양적 차이가 있다. 예를 들어보자. 앨리스가 다음의 BB84 앙상블

$$\{\{1/4, |0\rangle\}, \{1/4, |1\rangle\}, \{1/4, |+\rangle\}, \{1/4, |-\rangle\}\} \tag{11.4}$$

에 따라 양자 상태 $|\psi_1\rangle|\psi_2\rangle\cdots|\psi_n\rangle$을 생성한다고 하자. 앨리스와 밥이 무잡음 고전 선로를 공유한다고 하자. 만약 앨리스가 섀넌의 고전적 무잡음 부호화 통신 규약을 사

용한다면, 밥이 앨리스가 전송한 상태열을 재생하는 데 필요한 고전 자료를 신뢰성 있게 복원할 수 있도록 하기 위해 앨리스는 고전 자료를 원천 상태 $|\psi_i\rangle$당 2개의 고전 선로를 사용하는 속도로 밥에게 보내야 한다(균일 분포 1/4의 섀넌 엔트로피는 2비트다).

이제 위의 앙상블에 대해 양자 엔트로피를 계산해보자. 먼저, 앨리스의 앙상블의 기대 밀도 연산자를 결정한다.

$$\frac{1}{4}\left(|0\rangle\langle0| + |1\rangle\langle1| + |+\rangle\langle+| + |-\rangle\langle-|\right) = \pi \tag{11.5}$$

여기서 π는 최대로 섞인 상태다. π의 고윳값이 둘 다 1/2이기 때문에 위의 밀도 연산자의 양자 엔트로피는 1큐비트다. 이제 무잡음 양자 선로가 앨리스와 밥을 연결한다고 하자. 즉, 이 통신 선로는 환경과의 어떤 상호 작용 없이 양자 결맞음을 보존할 수 있다. 만약 앨리스가 슈마허 압축으로 알려진 통신 규약(이 통신 규약은 18장에서 자세히 배운다.)을 사용한다면 앨리스는 원천 부호 1개당 1개의 선로만을 사용하는 속도로 큐비트를 보내면 된다. 밥은 이제 앨리스가 보낸 큐비트를 신뢰성 있게 복호화할 수 있다. 또한 이 통신 규약은 상태에 약간의 왜곡을 만들어낼 수 있지만, 원천을 여러 번 호출하는 극한에서 그 왜곡은 사라진다. 고전 정보 이론에서 위와 같은 출발은 일반적으로 성립한다. 이 장의 연습문제 11.9.3에서 임의의 앙상블에 대한 섀넌 엔트로피가 그 기대 밀도 연산자의 양자 엔트로피보다 절대 더 작을 수 없음을 증명하게 한다.

11.1.1 양자 엔트로피의 수학적 성질

이제 양자 엔트로피의 수학적 성질을 논의해보자. 비음수성, 최솟값, 최댓값, 등척변환에 대한 불변성, 오목성 등이다. 이 성질 중 앞의 세 가지는 밀도 연산자의 양자 엔트로피는 그 고윳값의 섀넌 엔트로피이기 때문에 고전 세계의 비슷한 성질로부터 유도된다(연습문제 11.1.1 참고). 엄밀하게는 다음과 같이 쓴다.

【성질 11.1.1】비음수성　임의의 밀도 연산자 ρ에 대한 양자 엔트로피 $H(\rho)$는 음수가 아니다.

$$H(\rho) \geq 0 \tag{11.6}$$

【증명】 이 결과는 섀넌 엔트로피의 비음수성에서 유도된다. □

【성질 11.1.2】 최솟값 양자 엔트로피의 최솟값은 0이고, 이것은 밀도 연산자가 순수 상태일 때 나타난다.

【증명】 최솟값은 밀도 연산자의 고윳값이 하나의 고유벡터에 집중되고 나머지는 모두 0으로 분포된 경우에 나타나며, 이것은 밀도 연산자가 랭크 1이고 순수 상태에 해당된다. □

왜 순수 양자 상태의 엔트로피는 소멸돼야 할까? 상태 자체에 내재된 양자 불확실성이 존재한다는 것과 양자 불확실성의 척도가 이 사실을 포착해야 할 것으로 보인다. 앞의 관측은 어떤 상태가 준비됐는지 전혀 모르는 경우에만 성립한다. 하지만 상태가 어떻게 준비됐는지 정확히 안다면 이것을 확인하는 특별한 양자 측정을 수행할 수 있고, 그 결과는 항상 확실하기 때문에 이 측정으로부터 아무것도 알아낼 것이 없다. 예를 들어, 앨리스가 $|\phi\rangle$ 상태를 준비하고 밥은 앨리스가 그랬다는 것을 안다고 하자. 밥은 $\{|\phi\rangle\langle\phi|, I - |\phi\rangle\langle\phi|\}$에 따라 측정하여 앨리스가 이 상태를 준비했는지 검증할 수 있다. 앨리스는 측정에서 항상 첫 번째 결과를 얻을 것이고, 이로부터는 어떤 정보도 얻을 수 없다. 따라서 이런 관점에서 보면 순수 상태의 엔트로피가 소멸해야 한다는 것은 합리적이다.

【성질 11.1.3】 최댓값 양자 엔트로피의 최댓값은 $\log d$다. 여기서 d는 계의 차원이고, 최대로 섞인 상태일 때 나타난다.

【증명】 위 성질의 증명은 고전적 경우와 같다. □

【성질 11.1.4】 오목성 $\rho_x \in \mathcal{D}(\mathcal{H})$라고 하고, $p_X(x)$가 확률 분포라고 하자. 엔트로피는 밀도 연산자에 대해 오목하다.

$$H(\rho) \geq \sum_x p_X(x)H(\rho_x) \tag{11.7}$$

여기서 $\rho \equiv \sum_x p_X(x)\rho_x$이다.

오목성의 물리적 해석은 앞에서 설명한 고전적 엔트로피와 같다. 엔트로피는 섞음 연산에서 결코 감소할 수 없다. 이 부등식은 엔트로피의 근본적 성질이고, 중요한 엔트로피 도구 몇 가지를 배운 후 증명할 것이다(연습문제 11.6.10 참고).

【성질 11.1.5】 등척 불변성 $\rho \in \mathcal{D}(\mathcal{H})$이고 $U : \mathcal{H} \rightarrow \mathcal{H}'$이 등척변환이라고 하자. 밀

도 연산자의 엔트로피는 다음과 같이 등척변환에 대해 불변이다.

$$H(\rho) = H(U\rho U^\dagger) \tag{11.8}$$

【증명】 엔트로피의 등척 불변성은 밀도 연산자의 고윳값이 등척변환에 대해 불변이라는 사실로부터 유도된다.

$$U\rho U^\dagger = U \sum_x p_X(x)|x\rangle\langle x|U^\dagger \tag{11.9}$$

$$= \sum_x p_X(x)|\phi_x\rangle\langle\phi_x| \tag{11.10}$$

여기서 $\{|\phi_x\rangle\}$는 $U|x\rangle = |\phi_x\rangle$를 만족시키는 어떤 정규직교 기저다. 위의 성질은 엔트로피가 밀도 연산자의 고윳값의 함수이기 때문에 유도된다. □

이 맥락에서 유니터리 연산자나 등척 연산자는 순열 연산자의 양자 일반화다(고전 엔트로피의 성질 10.1.3을 떠올려보자).

11.1.2 양자 엔트로피의 다른 특징

랭크 1 POVM이 상태 ρ에 수행될 때, 최소 섀넌 엔트로피로 ρ의 양자 엔트로피를 나타내는 또 다른 흥미로운 특징이 있다(10.9.1절에서 간략하게 논의했다). 이 관점에서는 그 엔트로피가 양자 엔트로피와 같도록 하는 ρ에 수행되는 어떤 최적 측정이 존재하고, 이 최적 측정은 '물어봐야 할 올바른 질문'이다(1.2.2절의 첫 부분에서 논의했다).

【정리 11.1.1】 $\rho \in \mathcal{D}(\mathcal{H})$라고 하자. 양자 엔트로피 $H(\rho)$는 다음의 특성을 갖는다.

$$H(\rho) = \min_{\{\Lambda_y\}} \left[-\sum_y \mathrm{Tr}\{\Lambda_y\rho\} \log\left(\mathrm{Tr}\{\Lambda_y\rho\}\right) \right] \tag{11.11}$$

여기서 최솟값은 랭크 1 POVM에 대한 것으로 한정된다(여기서 $\mathrm{Tr}\{|\phi_y\rangle\langle\phi_y|\} \le 1$과 $\sum_y |\phi_y\rangle\langle\phi_y| = I$를 만족시키는 어떤 벡터 $|\phi_y\rangle$에 대해 $\Lambda_y = |\phi_y\rangle\langle\phi_y|$이다).

【증명】 위의 결과를 증명하려면, 먼저 ρ의 고유기저에 대한 완전한 사영 측정이 최솟값에 도달한다는 사실을 알아야 한다. 즉, 만약 $\rho = \sum_x p_X(x)|x\rangle\langle x|$라면 그 측정 $\{|x\rangle\langle x|\}$가 최솟값에 도달한다고 예상할 수 있다. 연습문제 11.1.1에서 논의했듯이

이 측정의 섀넌 엔트로피는 $p_X(x)$의 섀넌 엔트로피와 같다.

이제 다른 랭크 1 POVM이 이 측정보다 더 높은 엔트로피를 갖는다는 것을 보이겠다. $\{|\phi_y\rangle\langle\phi_y|\}$에 대한 측정 결과의 분포가 다음과 같다고 하자.

$$\mathrm{Tr}\{|\phi_y\rangle\langle\phi_y|\rho\} = \sum_x |\langle\phi_y|x\rangle|^2 p_X(x) \tag{11.12}$$

그러면 $|\langle\phi_y|x\rangle|^2$을 조건부 확률 분포라고 생각할 수 있다. 오목 함수인 $\eta(p) \equiv -p \log p$를 도입하면, 양자 엔트로피를 다음과 같이 적을 수 있다.

$$H(\rho) = \sum_x \eta(p_X(x)) \tag{11.13}$$

$$= \sum_x \eta(p_X(x)) + \eta(p_X(x_0)) \tag{11.14}$$

여기서 x_0는 $p_X(x_0) = 0$이 되도록 x의 알파벳에 추가된 기호다. 그렇게 x'을 갖는 확대된 알파벳으로 $H(\rho) = \sum_{x'} \eta(p_X(x'))$이 되도록 하자. $\{|\phi_y\rangle\langle\phi_y|\}$ 집합이 POVM을 구성하고 $|x\rangle$가 정규화된 상태라는 사실로부터 $\sum_y |\langle\phi_y|x\rangle|^2 = 1$임을 알 수 있다. 또한 랭크 1 POVM에 대해 $\mathrm{Tr}\{|\phi_y\rangle\langle\phi_y|\} \le 1$이기 때문에 $\sum_x |\langle\phi_y|x\rangle|^2 \le 1$임을 알 수 있다. $|\langle\phi_y|x\rangle|^2$이 x에 대한 확률 분포임을 생각해보면, 확률 $1 - \langle\phi_y|\phi_y\rangle$를 갖는 기호 x_0을 추가하여 정규화된 분포로 만들 수 있다. 이 확률 분포를 $p(x'|y)$라고 하자. 그러면

$$H(\rho) = \sum_x \eta(p_X(x)) \tag{11.15}$$

$$= \sum_{x,y} |\langle\phi_y|x\rangle|^2 \eta(p_X(x)) \tag{11.16}$$

$$= \sum_{x',y} p(x'|y)\eta(p_X(x')) \tag{11.17}$$

$$= \sum_y \left(\sum_{x'} p(x'|y)\eta(p_X(x')) \right) \tag{11.18}$$

$$\le \sum_y \eta \left(\sum_{x'} p(x'|y)p_X(x') \right) \tag{11.19}$$

$$= \sum_y \eta \left(\mathrm{Tr}\{|\phi_y\rangle\langle\phi_y|\rho\} \right) \tag{11.20}$$

임을 알 수 있다. 세 번째 등식은 추가된 기호 x_0에 대해 $p_X(x_0) = 0$이라는 사실에서 유도된다. 부등호는 η의 오목성에서 유도된다. 마지막 표현식은 상태 ρ에 수행된 POVM $\{|\phi_y\rangle\langle\phi_y|\}$의 섀넌 엔트로피와 같다. □

11.2 결합 양자 엔트로피

2분할계 AB에 대한 밀도 연산자 $\rho_{AB} \in \mathcal{D}(\mathcal{H}_A \otimes \mathcal{H}_B)$의 결합 양자 엔트로피 $H(AB)_\rho$는 양자 엔트로피의 정의로부터 자연스럽게 유도된다.

$$H(AB)_\rho \equiv - \operatorname{Tr}\{\rho_{AB} \log \rho_{AB}\} \tag{11.21}$$

이제 ρ_{ABC}가 3분할 상태라고 하자. 즉, $\mathcal{D}(\mathcal{H}_A \otimes \mathcal{H}_B \otimes \mathcal{H}_C)$에 있다. 이 경우의 엔트로피 $H(AB)_\rho$는 위와 같이 정의된다. 여기서 $\rho_{AB} = \operatorname{Tr}_C\{\rho_{ABC}\}$와 같다. 이것은 이 책 전체에서 사용할 표기법이다. 아래의 절에서 결합 양자 엔트로피의 몇 가지 성질을 소개하겠다.

11.2.1 순수 2분할 상태의 한계 엔트로피

앞 절에서 양자 엔트로피의 다섯 가지 성질은 양자정보의 성질이 고전 정보의 성질과 크게 다르지 않다는 인상을 줬을 것이다. 이 성질들은 고전적인 경우에 대해 모두 증명됐고, 양자정보의 경우에 대한 증명도 비슷해 보인다. 심지어 처음 세 가지는 고전 정보에서의 증명을 가져다 썼다!

아래의 정리 11.2.1은 고전 세계에서 처음으로 급격하게 멀어지는 시작점이다. 이 정리는 순수 2분할 상태의 한계 엔트로피는 같고, 전체 상태의 엔트로피는 0이라는 뜻이다. 두 무작위 변수 X와 Y의 결합 엔트로피 $H(X, Y)$는 각각의 한계 엔트로피 $H(X)$나 $H(Y)$보다 더 작을 수 없다는 사실을 생각해보자.

$$H(X,Y) \geq H(X), \qquad H(X,Y) \geq H(Y) \tag{11.22}$$

위의 부등식은 고전적 조건부 엔트로피의 비음수성에서 유도된다. 하지만 양자 세계에서는 이 부등식이 항상 성립하진 않는다. 그리고 다음 정리에서 보이듯이, 슈미트 랭크가 1보다 큰 임의의 순수 2분할 양자 상태에 대해 성립하지 않는다(슈미트 랭크의 정의는 정리 3.8.1을 참고하라). 결합 양자 엔트로피가 한계 엔트로피보다 작을 수 있다는 사실은 고전 정보와 양자정보의 가장 근본적인 차이 중 하나다.

【정리 11.2.1】 순수 2분할 상태 $|\phi\rangle_{AB}$의 한계 엔트로피 $H(A)_\phi$와 $H(B)_\phi$는 같다.

$$H(A)_\phi = H(B)_\phi \tag{11.23}$$

그리고 그 결합 엔트로피 $H(AB)_\phi$는 소멸한다.

$$H(AB)_\phi = 0 \tag{11.24}$$

【증명】 이 정리를 증명하는 데 있어 가장 중요한 부분은 슈미트 분해(정리 3.8.1)다. 임의의 2분할 상태 $|\phi\rangle_{AB}$가 다음과 같은 형태의 슈미트 분해를 갖는다고 하자.

$$|\phi\rangle_{AB} = \sum_i \sqrt{\lambda_i}\, |i\rangle_A \, |i\rangle_B \tag{11.25}$$

여기서 모든 i에 대해 $\lambda_i > 0$이고, $\sum_i \lambda_i = 1$이다. $\{|i\rangle_A\}$는 A계의 어떤 정규직교 벡터의 집합이고, $\{|i\rangle_B\}$는 B계의 어떤 정규직교 벡터의 집합이다. 슈미트 랭크가 0이 아닌 계수 λ_i의 개수와 같다는 것을 생각해보자. 그러면 A계와 B계의 한계 상태 ρ_A와 ρ_B는 다음과 같다.

$$\rho_A = \sum_i \lambda_i |i\rangle\langle i|_A, \qquad \rho_B = \sum_i \lambda_i |i\rangle\langle i|_B \tag{11.26}$$

따라서 한계 상태는 같은 고윳값의 스펙트럼 분해를 갖는다. 양자 엔트로피는 주어진 스펙트럼 분해의 고윳값에만 의존하기 때문에 이 정리가 유도된다. □

이 정리는 두 계 A와 B뿐만 아니라, 2분할로 나눌 수만 있다면 임의의 수의 계에도 적용된다. 예를 들어 그 상태가 $|\phi\rangle_{ABCDE}$라고 하면, 다음의 등식 및 다른 조합에 대한 등식이 모두 정리 11.2.1과 일러두기 3.8.1에 의해 성립한다.

$$H(A)_\phi = H(BCDE)_\phi \tag{11.27}$$
$$H(AB)_\phi = H(CDE)_\phi \tag{11.28}$$
$$H(ABC)_\phi = H(DE)_\phi \tag{11.29}$$
$$H(ABCD)_\phi = H(E)_\phi \tag{11.30}$$

위의 성질이 고전 세계와 가장 비슷한 예는 무작위 변수 X를 복사하는 경우다. 즉,

X가 $p_X(x)$라는 분포를 갖고 $\hat{X}$이 그 사본이라고 하면, 결합 무작위 변수 $X\hat{X}$의 확률 분포는 $p_X(x)\delta_{x,\hat{x}}$이다. 그러면 한계 엔트로피 $H(X)$와 $H(\hat{X})$은 서로 같다. 하지만 결합 엔트로피 $H(X\hat{X})$도 $H(X)$와 같다는 것을 생각하면, 이 부분에서 유사성이 깨진다. 즉, 양자정화의 개념에 대해 강력한 고전적 유사 사례는 없다.

11.2.2 가법성

【성질 11.2.1】 가법성 $\rho_A \in \mathcal{D}(\mathcal{H}_A)$이고 $\sigma_B \in \mathcal{D}(\mathcal{H}_B)$라고 하자. 텐서 곱 상태에 대한 양자 엔트로피는 가법적이다.

$$H(\rho_A \otimes \sigma_B) = H(\rho_A) + H(\sigma_B) \tag{11.31}$$

두 밀도 연산자를 모두 대각화하고 고윳값의 결합 섀넌 엔트로피의 가법성을 이용하면 이 성질을 간단히 확인할 수 있다.

가법성은 어떤 정보 척도에 대해서도 성립할 것으로 생각되는 직관적 특성이다. 예를 들어, 앨리스가 앙상블 $\{p_X(x), |\psi_x\rangle\}$에 따라 양자 상태의 큰 수열 $|\psi_{x_1}\rangle|\psi_{x_2}\rangle \cdots |\psi_{x_n}\rangle$을 생성한다고 하자. 앨리스는 고전 지표 $x_1 x_2 \cdots x_n$을 알고 있지만, 앨리스가 보낸 양자 수열을 받을 제3자는 이 값을 모른다. 이 제3자의 상태를 묘사하면 $\rho \otimes \cdots \otimes \rho$이다. 여기서 $\rho \equiv \mathbb{E}_X \{|\psi_X\rangle\langle\psi_X|\}$이고, 이런 n중 텐서 곱 상태의 양자 엔트로피는 식 (11.31)을 반복 적용하면 $H(\rho \otimes \cdots \otimes \rho) = nH(\rho)$이다.

11.2.3 고전-양자 상태의 결합 양자 엔트로피

정의 4.3.5를 떠올려보면, 고전-양자 상태는 고전계와 양자계가 고전적으로 상관된 2분할 상태다. 그런 상태는 예를 들어 다음과 같다.

$$\rho_{XB} \equiv \sum_x p_X(x)|x\rangle\langle x|_X \otimes \rho_B^x \tag{11.32}$$

이 상태의 결합 양자 엔트로피는 고전 세계에서 엔트로피와 유사하게 나타나는 특별한 형태가 된다.

【정리 11.2.2】 식 (11.32)와 같은 고전-양자 상태의 결합 엔트로피 $H(XB)_\rho$는 다음과 같다.

$$H(XB)_\rho = H(X) + \sum_x p_X(x) H(\rho_B^x) \qquad (11.33)$$

여기서 $H(X)$는 확률 분포 $p_X(x)$를 갖는 무작위 변수 X의 엔트로피다.

【증명】 $H(XB)_\rho = -\mathrm{Tr}\{\rho_{XB} \log \rho_{XB}\}$임을 생각해보자. 따라서 ρ_{XB}가 고전-양자 상태이기 때문에 $\log \rho_{XB}$ 연산자를 계산하고, 그 간단한 형태를 찾아야 한다.

$$\log \rho_{XB} = \log\left[\sum_x p_X(x)|x\rangle\langle x|_X \otimes \rho_B^x\right] \qquad (11.34)$$

$$= \log\left[\sum_x |x\rangle\langle x|_X \otimes p_X(x)\rho_B^x\right] \qquad (11.35)$$

$$= \sum_x |x\rangle\langle x|_X \otimes \log\left[p_X(x)\rho_B^x\right] \qquad (11.36)$$

그러면 다음이 성립한다.

$$-\mathrm{Tr}\left\{\rho_{XB} \log \rho_{XB}\right\}$$

$$= -\mathrm{Tr}\left\{\left[\sum_x p_X(x)|x\rangle\langle x|_X \otimes \rho_B^x\right]\left[\sum_{x'} |x'\rangle\langle x'|_X \otimes \log\left[p_X(x')\rho_B^{x'}\right]\right]\right\} \quad (11.37)$$

$$= -\mathrm{Tr}\left\{\sum_x p_X(x)|x\rangle\langle x|_X \otimes (\rho_B^x \log\left[p_X(x)\rho_B^x\right])\right\} \qquad (11.38)$$

$$= -\sum_x p_X(x)\, \mathrm{Tr}\left\{\rho_B^x \log\left[p_X(x)\rho_B^x\right]\right\} \qquad (11.39)$$

다음을 생각해보자.

$$\log\left[p_X(x)\rho_B^x\right] = \log\left(p_X(x)\right) I + \log \rho_B^x \qquad (11.40)$$

위의 식은 식 (11.39)가

$$-\sum_x p_X(x)\left[\mathrm{Tr}\left\{\rho_B^x \log\left[p_X(x)\right]\right\} + \mathrm{Tr}\left\{\rho_B^x \log \rho_B^x\right\}\right] \qquad (11.41)$$

$$= -\sum_x p_X(x)\left[\log\left[p_X(x)\right] + \mathrm{Tr}\left\{\rho_B^x \log \rho_B^x\right\}\right] \qquad (11.42)$$

와 같다는 뜻이다. 위의 마지막 줄은 정리의 주장과 동등하다. □

11.3 조건부 양자 엔트로피의 아직 불만족스러운 잠재적 정의

조건부 양자 엔트로피는 양자 이론에서 조건부 확률에 대한 엄밀한 개념이 없기 때문에 처음 보기엔 조금 정의하기 어려워 보일 수도 있다. 하지만 조건부 확률의 개념에 가장 가까운 두 가지 관점이 있다. 둘 다 조건부 양자 엔트로피의 만족스러운 정의에는 이르지 못하지만, 두 가지 개념을 대략 탐색해보는 것이 교육적이다. 첫 번째 관점은 유잡음 양자 이론에서 나오고, 두 번째는 정화된 양자 이론에서 나온다.

첫 번째 개념부터 알아보자. 임의의 2분할 상태 ρ_{AB}를 생각해보자. 앨리스가 완전한 사영 연산 $\Pi \equiv \{|x\rangle\langle x|\}$를 자신의 계에 수행한다고 하자. 여기서 $\{|x\rangle\}$는 정규직교 기저다. 이 과정은 $\{p_X(x), |x\rangle\langle x|_A \otimes \rho_B^x\}$를 유도한다. 여기서

$$\rho_B^x \equiv \frac{1}{p_X(x)} \text{Tr}_A \left\{ (|x\rangle\langle x|_A \otimes I_B) \, \rho_{AB} \, (|x\rangle\langle x|_A \otimes I_B) \right\} \tag{11.43}$$

$$p_X(x) \equiv \text{Tr} \left\{ (|x\rangle\langle x|_A \otimes I_B) \, \rho_{AB} \right\} \tag{11.44}$$

밀도 연산자 ρ_B^x가 측정 결과에 대해 조건화됐다고 생각할 수도 있다. 그리고 이 밀도 연산자가 측정 결과에 대해 지식이 주어진 밥의 상태를 설명한다고 생각할 수 있다.

식 (10.17)의 고전 엔트로피 정의와 유사하게, 잠재적으로 조건부 엔트로피를 다음과 같이 정의할 수 있다.

$$H(B|A)_{\Pi} \equiv \sum_x p_X(x) H(\rho_B^x) \tag{11.45}$$

이 접근법은 조건부 양자 엔트로피에 유용한 정의를 이끌어내는 것 같다. 하지만 측정의 선택에 따라 엔트로피가 달라진다는 문제가 있다($H(B|A)_{\Pi}$라는 표기가 이 의존성을 명시적으로 나타낸다). 이 문제는 고전계에서는 나타나지 않는다. 왜냐하면 측정 결과에 대한 확률은 측정 결과에 굵은 체로 걸러내기를 적용하지 않는 한 선택된 측정 그 자체에는 의존하지 않기 때문이다. 그러나 측정에 대한 이런 의존성은 양자 이론의 근본적 측면이다.

그러면 가능한 모든 측정에 대해 $H(B|A)_{\Pi}$를 최소화하여 조건부 양자 엔트로피를 정의함으로써 특정한 측정 Π에 대한 의존성을 위의 정의에서 없애보자. 여기서의 직관은 엔트로피가 다른 값 중에서 가능한 최선의 측정을 사용한 후 계의 조건부 불확

정성의 최소량이 된다는 것이다. 하지만 문제 하나를 없애는 것은 또 다른 문제를 만든다. 이제 조건부 확률을 알면 조건부 엔트로피의 계산이 간단한 고전 세계와는 다르게, 이 최적화된 조건부 엔트로피는 계가 커짐에 따라 계산하기가 어려워진다. 위의 아이디어는 유용하지만, 지금은 그냥 넘어가자. 왜냐하면 양자정보 이론에서 근본적 역할을 하는 조건부 양자 엔트로피의 더 간단한 정의가 있기 때문이다.

조건부 확률의 두 번째 개념은 사실상 위의 개념과 유사하지만, 그것을 양자정화된 관점에서 제시한다. 계 A, B, C에 대해 3분할 상태 $|\psi\rangle_{ABC}$와 2분할 나눔 $A|BC$를 생각해보자. 정리 3.8.1에 따르면 모든 2분할 상태는 슈미트 분해를 갖는다고 하고, $|\psi\rangle_{ABC}$도 예외가 아니다. 따라서 그에 대한 슈미트 분해는 다음과 같이 적을 수 있다.

$$|\psi\rangle_{ABC} = \sum_x \sqrt{p_X(x)}|x\rangle_A |\phi_x\rangle_{BC} \tag{11.46}$$

여기서 $p_X(x)$는 어떤 확률 분포이고, $\{|x\rangle\}$는 A계에 대한 정규직교 기저다. $\{|\phi_x\rangle\}$는 BC계에 대한 정규직교 기저다. 각 상태 $|\phi_x\rangle_{BC}$는 순수한 2분할 상태이고, 따라서 각 상태에 다시 슈미트 분해를 적용할 수 있다.

$$|\phi_x\rangle_{BC} = \sum_y \sqrt{p_{Y|X}(y|x)}|y_x\rangle_B |y_x\rangle_C \tag{11.47}$$

여기서 $p_{Y|X}(y|x)$는 x에 의존하는 어떤 조건부 확률 분포다. 그리고 $\{|y_x\rangle_B\}$와 $\{|y_x\rangle_C\}$는 둘 다 x의 값에 의존하는 정규직교 기저다. 따라서 전체 상태는 다음 형태와 같다.

$$|\psi\rangle_{ABC} = \sum_{x,y} \sqrt{p_{Y|X}(y|x)p_X(x)}|x\rangle_A |y_x\rangle_B |y_x\rangle_C \tag{11.48}$$

앨리스가 $\{|x\rangle\langle x|_A\}$ 기저에서 완전한 사영 측정을 수행한다고 하자. 그러면 밥과 찰리의 계의 상태는 $|\psi_x\rangle_{BC}$가 되고, B와 C에 대한 각 계는 한계 엔트로피 $H(\sigma_x)$를 갖는다. 여기서 $\sigma_x \equiv \sum_y p_{Y|X}(y|x)|y_x\rangle\langle y_x|$이다. 잠재적으로 조건부 양자 엔트로피를

$$\sum_x p_X(x)H(\sigma_x) \tag{11.49}$$

라고 정의할 수 있다. 이 양은 앞에서처럼 측정에 의존하지 않는다. 단순히 슈미트 분

해로부터 측정을 선택했기 때문이다. 하지만 이러한 조건부 양자 엔트로피 개념에는 많은 문제가 있다. 이 양은 순수 양자 상태에 대해서만 정의된다. 2분할 상태에 어떻게 적용해야 하는지 분명하지 않다. 앨리스에 의해 주어진 밥의 계의 조건부 엔트로피와 앨리스에 의해 주어진 찰리의 계의 조건부 엔트로피가 같다(이게 가장 이상할 것이다!). 따라서 이런 조건부 확률 개념은 조건부 양자 엔트로피의 정의에 유용하지 않다.

11.4 조건부 양자 엔트로피

양자정보 이론에서 가장 유용한 조건부 양자 엔트로피의 정의는 다음과 같이 간단한데, 연습문제 10.3.1의 결합 엔트로피와 한계 엔트로피 사이의 관계에서 착안한 것이다.

【정의 11.4.1】 조건부 양자 엔트로피 $\rho_{AB} \in \mathcal{D}(\mathcal{H}_A \otimes \mathcal{H}_B)$라고 하자. ρ_{AB}의 조건부 양자 엔트로피 $H(A|B)_\rho$는 결합 양자 엔트로피 $H(AB)_\rho$와 한계 엔트로피 $H(B)_\rho$의 차이다.

$$H(A|B)_\rho \equiv H(AB)_\rho - H(B)_\rho \tag{11.50}$$

위의 정의는 가장 자연스러운 것이다. 임의의 2분할 상태에 대해 곧바로 계산할 수 있고, 고전적 조건부 엔트로피가 따르는 많은 관계식(엔트로피 연쇄 규칙과 조건화가 엔트로피를 감소시킴)을 따르기 때문이다. 이 관계식에 대해 이후의 절에서 많이 탐색해볼 것이다. 일단 '조건화가 엔트로피를 증가시킬 수 없다'를 다음 정리에서 이야기하고, 그 증명은 몇 가지 도구를 더 배울 때까지 미루겠다.

【정리 11.4.1】 조건화는 엔트로피를 증가시키지 않는다.   2분할 양자 상태 ρ_{AB}를 생각해보자. 그러면 다음의 부등식이 한계 엔트로피 $H(A)_\rho$와 조건부 양자 엔트로피 $H(A|B)_\rho$에 적용된다.

$$H(A)_\rho \geq H(A|B)_\rho \tag{11.51}$$

위의 부등식을 조건화 계가 양자계라고 해도 조건화가 엔트로피를 증가시킬 수 없다고 해석할 수 있다.

11.4.1 고전-양자 상태에 대한 조건부 엔트로피

고전-양자계는 고전 세계에서처럼 조건부 양자 엔트로피가 행동하는 상태의 사례다. 두 참여자가 고전-양자 상태 ρ_{XB}를 식 (11.32)의 형태로 공유한다고 하자. X계는 고전적이고 B계는 양자적이다. 그리고 두 계의 상관성은 완전히 고전적이고, 확률 분포 $p_X(x)$에 의해 정해진다. 이 상태에 대한 조건부 양자 엔트로피 $H(B|X)_\rho$를 계산해보자.

$$H(B|X)_\rho = H(XB)_\rho - H(X)_\rho \tag{11.52}$$
$$= H(X)_\rho + \sum_x p_X(x)H(\rho_B^x) - H(X)_\rho \tag{11.53}$$
$$= \sum_x p_X(x)H(\rho_B^x) \tag{11.54}$$

첫 번째 등식은 정의 11.4.1에서 유도된다. 두 번째 등식은 정리 11.2.2에서 유도된다. 마지막 정의는 계산해보면 된다.

조건부 엔트로피에 대한 위의 형태는 식 (10.17)에서의 고전적 공식과 완전히 유사하며, 조건화 계가 고전적일 때는 항상 성립한다.

11.4.2 음의 조건부 양자 엔트로피

정의 11.4.1의 조건부 양자 엔트로피의 성질 중 처음 볼 때 비상식적인 것 하나는 음수가 될 수 있다는 것이다. 이 음수성은 얽힘비트 $|\Phi^+\rangle_{AB}$가 앨리스와 밥 사이에 공유됐을 때 성립한다. 밥의 계에 대한 한계 상태는 최대로 얽힌 상태 π_B이다. 따라서 한계 엔트로피 $H(B)$는 1과 같다. 하지만 결합 엔트로피는 사라졌다. 따라서 조건부 양자 엔트로피 $H(A|B) = -1$이다.

이 결과를 어떻게 만들어냈을까? 이것은 고전 세계와 양자 세계의 근본적인 차이 중 하나로, 정보 이론적 관점에서 가장 핵심적이다. 이 정보 이론적 주장은 때로는 양자계의 결합 상태를 파악하는 것이 각 부분을 따로 파악하는 것보다 더 분명할 수도 있다는 뜻이다. 그리고 이것이 조건부 양자 엔트로피가 음수가 될 수 있는 이유다. 이것은 사실 슈뢰딩거가 얽힘 상태에 대해 같은 관찰을 했었다(Schrödinger, 1935).

"각각의 대푯값으로 상태를 알고 있는 두 계가 둘 사이에 알려진 힘에 의해 잠깐 동안 물리적 상호 작용을 하게 될 때, 그리고 서로 영향을 주고받고 나서 다시 분리됐을 때, 그러면 이들은 더 이상 그 이전과 같은 방식으로 설명할 수 없다. 즉, 각각 자신만의 상태를 갖고 있다고 할 수 없다. 나는 이것을 양자역학의 특징이라고 하기보다는 고전적인 생각으로부터 완전히 벗어나도록 강제하는 것이라고 본다. 상호 작용에 의해 두 표현(양자 상태)은 얽혔다. 이 이상한 상황을 설명하는 또 다른 방식은 전체에 대한 가능한 최선의 지식이 그 각 부분에 대한 가능한 최선의 지식을 포함할 필요는 없다는 것이다. 심지어 이들이 완전히 분리되고, 따라서 사실상 '가능한 가장 잘 알려진' 것이라고 할 수 있다고 하더라도 말이다. 지식의 부족은 상호 작용에 대해 충분히 알지 못했기 때문이 결코 아니다. 적어도 상호 작용에 대해 더 완전하게 알아내는 것은 불가능하다. 이것은 상호 작용 그 자체 때문이다."

이 설명은 음의 조건부 엔트로피를 이해하는 데 어떤 도움이 될 수도 있다. 하지만 정보 척도를 정말로 이해했는지에 대한 궁극적인 시험법은 어떤 조작적 작업인지를 답해야 한다. 조건부 양자 엔트로피에 해석을 제시하는 이 작업은 **상태 병합**state merging 이라고 한다. 앨리스와 밥이 2분할 상태 ρ_{AB}의 사본 n개를 공유한다고 하자. 여기서 n은 큰 수이고, A와 B는 큐비트 계다. 또한 이들이 고전적 보조 선로를 자유롭게 쓸 수 있도록 하지만, 무잡음 양자 선로의 사용은 사용 횟수를 계산한다. 앨리스는 무잡음 양자 선로를 통해 밥에게 큐비트를 전송하고, 밥이 상태 ρ_{AB}의 앨리스가 가진 부분을 받도록 하려고 한다. 즉, 밥이 A의 전부를 갖도록 한다. 가장 생각하기 쉬운 접근법은 앨리스가 단순히 자신의 상태를 무잡음 양자 선로를 통해 전송하는 것이다. 즉, 앨리스가 n개를 보내기 위해 양자 선로를 n번 사용한다. 하지만 상태 병합 통신 규약은 상태 ρ_{AB}에 따라서는 앨리스가 더 잘할 수 있게 해준다. 만약 상태 ρ_{AB}가 양의 조건부 양자 엔트로피를 갖고 있으면, 앨리스는 $\approx nH(A|B)$번의 무잡음 양자 선로만을 사용하면 된다(나중에 큐비트 계에서 임의의 2분할 상태에 대해 $H(A|B) \leq 1$임을 증명할 것이다). 하지만 조건부 양자 엔트로피가 음수라면 앨리스는 무잡음 양자 선로가 전혀 필요하지 않고, 통신 규약이 끝나면 앨리스와 밥은 $\approx nH(A|B)$개의 무잡음 얽힘 비트를 공유한다. 그러면 두 사람은 이 얽힘비트를 양자원격전송이나 초고밀도 부호화 통신 규약(6장 참고) 등 나중의 통신 용도로 사용할 수 있다. 따라서 음의 조건부 양자 엔트로피는 앨리스와 밥이 미래의 양자 통신에 대한 잠재력을 얻는다는 뜻이며,

음의 조건부 양자 엔트로피가 의미하는 것을 조작적 관점에서 명확하게 한다[2](이 통신 규약은 22장에서 다룰 것이다).

【연습문제 11.4.1】 $\sigma_{ABC} = \rho_{AB} \otimes \tau_C$라고 하자. 여기서 $\rho_{AB} \in \mathcal{D}(\mathcal{H}_A \otimes \mathcal{H}_B)$이고, $\tau_C \in \mathcal{D}(\mathcal{H}_C)$이다. $H(A|B)_\rho = H(A|BC)_\sigma$임을 보여라.

11.5 결맞은 정보

조건부 양자 엔트로피의 음수성은 양자정보 이론에서 매우 중요하여, 음의 조건부 양자 엔트로피를 나타내는 정보량과 특별한 표기를 만들 정도다.

【정의 11.5.1】 결맞은 정보   2분할 상태 $\rho_{AB} \in \mathcal{D}(\mathcal{H}_A \otimes \mathcal{H}_B)$의 결맞은 정보coherent information $I(A\rangle B)_\rho$는 다음과 같다.

$$I(A\rangle B)_\rho \equiv H(B)_\rho - H(AB)_\rho \tag{11.55}$$

이 양이 정의 11.4.1의 음의 조건부 양자 엔트로피임을 즉시 알아차릴 것이다. 하지만 결맞은 정보를 단지 음의 조건부 엔트로피라고 생각하기보다 그 안의 올바른 정보량이라고 생각하는 편이 더 유용하다. 이것이 그에 대해 별도의 표기를 사용하는 이유다. 결맞은 정보가 고전적인 경우에서의 상호 정보와 매우 비슷하게 양자 상관성을 측정하는 정보량이기 때문에 'I'라고 나타낸다. 예를 들어, 얽힘비트 하나의 결맞은 정보는 1과 같음을 이미 알고 있다. 따라서 결맞은 정보는 전체에 대해 아는 것보다 일부분에 대해 얼마나 덜 아는지를 측정한다. 놀랍게도, 결맞은 정보는 양자정보 처리 부등식을 따른다(11.9.2절에서 논의함). 이것은 'I'로 표시하는 것을 더 지지해준다. 디랙 기호 '$\rangle$'는 이 양이 양자정보량임을 나타내며, 양자 세계에서만 실제로 좋은 의미를 가짐을 나타낸다. '$\langle$보다 '$\rangle$'를 선택한 것은 또한 앨리스에서 밥으로 간다는 방향을 나타내며, 이 표기는 13장에서 양자 선로의 결맞은 정보를 논의할 때 더와 닿을 것이다.

---

2 호로데키, 오펜하임, 윈터가 상태 병합 통신 규약을 발표한 이후(Horodecki et al., 2005) 『브리스톨 이브닝 포스트(Bristol Evening Post)』는 안드레아스 윈터에 대한 이야기를 조건부 양자 엔트로피의 잠재적인 음수성과 관련해서 '아무것도 모르기보다 덜 아는 과학자'라는 재미있는 제목의 특집으로 실었다. 물론, 그런 제목은 비전문가에게는 조금 비상식적인 것 같지만, 어떤 양자계의 전체에 대해 아는 것보다 일부분에 대해 아는 것이 더 적을 수도 있다는 아이디어를 잘 잡아냈다.

【연습문제 11.5.1】 다음의 최대로 얽힌 상태

$$|\Phi\rangle_{AB} \equiv \frac{1}{\sqrt{d}} \sum_{i=1}^{d} |i\rangle_A |i\rangle_B \tag{11.56}$$

에 대해 결맞은 정보 $I(A\rangle B)_\Phi$를 계산하라. 다음의 최대로 상관된 상태

$$\overline{\Phi}_{AB} \equiv \frac{1}{d} \sum_{i=1}^{d} |i\rangle\langle i|_A \otimes |i\rangle\langle i|_B \tag{11.57}$$

에 대해 결맞은 정보 $I(A\rangle B)_{\overline{\Phi}}$를 계산하라.

【연습문제 11.5.2】 $\rho_{AB} \in \mathcal{D}(\mathcal{H}_A \otimes \mathcal{H}_B)$라고 하자. 어떤 환경계 E에 대한 이 상태의 양자정화 $|\psi\rangle_{ABE}$를 생각해보자. 다음을 보여라.

$$I(A\rangle B)_\rho = H(B)_\psi - H(E)_\psi \tag{11.58}$$

따라서 결맞은 정보는 밥의 불확정성과 환경 불확정성 사이의 차이를 측정한다는 관점이 있다.

【연습문제 11.5.3】 **조건부 엔트로피의 쌍대성** 위의 예제에 나온 양자정화에 대해 $-H(A|B)_\rho = I(A\rangle B)_\rho = H(A|E)_\psi$임을 보여라.

결맞은 정보는 계산해야 하는 2분할 상태에 따라 음수일 수도 있고 양수일 수도 있지만, 임의로 커지거나 임의로 작아질 수는 없다. 다음의 정리는 그 절댓값에 유용한 한계를 준다.

【정리 11.5.1】 $\rho_{AB} \in \mathcal{D}(\mathcal{H}_A \otimes \mathcal{H}_B)$라고 하자. 다음의 한계가 조건부 엔트로피 $H(A|B)_\rho$의 절댓값에 적용된다.

$$|H(A|B)_\rho| \leq \log \dim(\mathcal{H}_A) \tag{11.59}$$

이 한계는 $\rho_{AB} = \pi_A \otimes \sigma_B$와 $\rho_{AB} = \Phi_{AB}$(최대로 얽힌 상태)에 대해 등호가 성립한다. 여기서 π_A는 최대로 섞인 상태이고 $\sigma_B \in \mathcal{D}(\mathcal{H}_B)$이다.

【증명】 부등식 $H(A|B)_\rho \leq \log \dim(\mathcal{H}_A)$를 먼저 증명하겠다.

$$H(A|B)_\rho \leq H(A)_\rho \leq \log \dim(\mathcal{H}_A) \tag{11.60}$$

첫 번째 부등식은 조건화가 엔트로피를 줄이기 때문에 유도된다(정리 11.4.1). 두 번째 부등식은 엔트로피 $H(A)_\rho$의 최댓값이 $\log \dim(\mathcal{H}_A)$이기 때문에 유도된다. 이제 $H(A|B)_\rho \geq -\log \dim(\mathcal{H}_A)$를 증명하겠다. ρ_{AB} 상태의 양자정화 $|\psi\rangle_{EAB}$를 생각해보자. 그러면 다음이 성립한다.

$$H(A|B)_\rho = -H(A|E)_\psi \tag{11.61}$$
$$\geq -H(A)_\rho \tag{11.62}$$
$$\geq -\log \dim(\mathcal{H}_A) \tag{11.63}$$

첫 번째 등식은 연습문제 11.5.3에서 유도된다. 첫 번째와 두 번째 부등식은 앞 문단의 부등식과 같은 이유로 유도된다. □

【연습문제 11.5.4】조건부 결맞은 정보   3분할 상태 ρ_{ABC}를 생각해보자. 다음을 보여라.

$$I(A\rangle BC)_\rho = I(A\rangle B|C)_\rho \tag{11.64}$$

여기서 $I(A\rangle B|C)_\rho \equiv H(B|C)_\rho - H(AB|C)_\rho$는 조건부 결맞은 정보다.

【연습문제 11.5.5】고전-양자 상태의 조건부 결맞은 정보   고전-양자 상태 σ_{XAB}를 갖고 있다고 하자. 여기서

$$\sigma_{XAB} = \sum_x p_X(x)|x\rangle\langle x|_X \otimes \sigma_{AB}^x \tag{11.65}$$

그리고 p_X는 유한한 알파벳 $\mathcal{X}$의 확률 분포이고, 모든 $x \in \mathcal{X}$에 대해 $\sigma_{AB}^x \in \mathcal{D}(\mathcal{H}_A \otimes \mathcal{H}_B)$이다. 다음을 보여라.

$$I(A\rangle BX)_\sigma = \sum_x p_X(x)I(A\rangle B)_{\sigma^x} \tag{11.66}$$

11.6 양자 상호 정보

고전 세계에서 상관성의 표준 정보 척도는 상호 정보이고, 그런 양은 양자 세계에서도 고전 상관성과 양자 상관성을 측정하는 데 핵심적인 역할을 한다.

【정의 11.6.1】양자 상호 정보 2분할 상태 $\rho_{AB} \in \mathcal{D}(\mathcal{H}_A \otimes \mathcal{H}_B)$의 양자 상호 정보는 다음과 같이 정의된다.

$$I(A;B)_\rho \equiv H(A)_\rho + H(B)_\rho - H(AB)_\rho \tag{11.67}$$

다음의 관계식은 고전적 경우와 유사하게 양자 상호 정보에서도 성립한다.

$$I(A;B)_\rho = H(A)_\rho - H(A|B)_\rho \tag{11.68}$$
$$= H(B)_\rho - H(B|A)_\rho \tag{11.69}$$

이 식은 즉시 양자상호 정보와 결맞은 정보 사이의 다음 관계식을 이끌어낸다.

$$I(A;B)_\rho = H(A)_\rho + I(A\rangle B)_\rho \tag{11.70}$$
$$= H(B)_\rho + I(B\rangle A)_\rho \tag{11.71}$$

아래의 정리는 양자 상호 정보의 기본적인 하계를 제시한다. 여기서는 내용만 설명하고 전체 증명은 나중에 제시하겠다.

【정리 11.6.1】양자 상호 정보의 비음수성 임의의 2분할 상태 ρ_{AB}의 양자 상호 정보 $I(A;B)_\rho$는 음수가 아니다.

$$I(A;B)_\rho \geq 0 \tag{11.72}$$

【연습문제 11.6.1】조건화는 엔트로피를 증가시키지 않는다. 양자 상호 정보의 비음수성이 조건화가 엔트로피를 증가시키지 않음(정리 11.4.1)을 함의함을 보여라.

【연습문제 11.6.2】 최대로 얽힌 상태 Φ_{AB}의 양자 상호 정보 $I(A;B)_\Phi$를 계산하라. 최대로 상관된 상태 $\overline{\Phi}_{AB}$의 양자 상호 정보 $I(A;B)_{\overline{\Phi}}$를 계산하라.

【연습문제 11.6.3】양자 상호 정보의 한계 $\rho_{AB} \in \mathcal{D}(\mathcal{H}_A \otimes \mathcal{H}_B)$라고 하자. 양자 상호 정보에 대한 다음의 한계를 증명하라.

$$I(A;B)_\rho \leq 2\log\left[\min\left\{\dim(\mathcal{H}_A), \dim(\mathcal{H}_B)\right\}\right] \tag{11.73}$$

이 한계에서 등호가 성립하는 상태의 사례는 무엇일까?

【연습문제 11.6.4】 순수 상태 $|\psi\rangle_{RA} \in \mathcal{H}_R \otimes \mathcal{H}_A$를 생각해보자. 등척변환 $U : \mathcal{H}_A \to \mathcal{H}_B \otimes \mathcal{H}_E$가 $|\psi\rangle_{RA}$의 A계에 작용하여 순수 상태 $|\phi\rangle_{RBE} \in \mathcal{H}_R \otimes \mathcal{H}_B \otimes \mathcal{H}_E$를

만들어냈다. 다음을 보여라.

$$I(R;B)_\phi + I(R;E)_\phi = I(R;A)_\psi \tag{11.74}$$

【연습문제 11.6.5】 3분할 순수 상태 $|\psi\rangle_{SRA} \in \mathcal{H}_S \otimes \mathcal{H}_R \otimes \mathcal{H}_A$를 생각해보자. 등척 변환 $U : \mathcal{H}_A \to \mathcal{H}_B \otimes \mathcal{H}_E$가 $|\phi\rangle_{SRA}$의 A계에 작용하여 순수 상태 $|\phi\rangle_{SRBE} \in \mathcal{H}_S \otimes \mathcal{H}_R \otimes \mathcal{H}_B \otimes \mathcal{H}_E$를 만들어낸다고 하자. 다음을 증명하라.

$$I(R;A)_\psi + I(R;S)_\psi = I(R;B)_\phi + I(R;SE)_\phi \tag{11.75}$$

【연습문제 11.6.6】 엔트로피, 결맞은 정보, 상호 정보 ABE계에 대한 순수 상태 $|\phi\rangle_{ABE}$를 생각해보자. 2분할 나눔 $A \mid BE$에 대해 슈미트 분해를 사용하면, $|\phi\rangle_{ABE}$를 A계의 어떤 정규직교 상태 $\{|x\rangle_A\}_{x \in \mathcal{X}}$와 결합계 BE의 어떤 정규직교 상태 $\{|\phi_x\rangle_{BE}\}$에 대해 다음과 같이 적을 수 있다.

$$|\phi\rangle_{ABE} = \sum_x \sqrt{p_X(x)}|x\rangle_A \otimes |\phi_x\rangle_{BE} \tag{11.76}$$

다음을 증명하라.

$$I(A\rangle B)_\phi = \frac{1}{2}I(A;B)_\phi - \frac{1}{2}I(A;E)_\phi \tag{11.77}$$

$$H(A)_\phi = \frac{1}{2}I(A;B)_\phi + \frac{1}{2}I(A;E)_\phi \tag{11.78}$$

【연습문제 11.6.7】 결맞은 정보와 비밀 정보   연습문제 11.6.6의 상태에서 A계를 $\{|x\rangle_A\}_{x \in \mathcal{X}}$ 기저에 대해 측정하여 결잃은 판본인 $\overline{\phi}_{ABE}$를 얻었다. 이제 측정 후에는 고전계가 되었으므로, A계를 X계로 나타내자.

$$\overline{\phi}_{XBE} = \sum_x p_X(x)|x\rangle\langle x|_X \otimes \phi_{BE}^x \tag{11.79}$$

다음 관계식을 증명하라.

$$I(A\rangle B)_\phi = I(X;B)_{\overline{\phi}} - I(X;E)_{\overline{\phi}} \tag{11.80}$$

밥이 접근할 수 있지만 도청자에게 비밀인 고전 정보 X를 정량화한다는 점에서, 우변의 양은 비밀 정보private information라고 한다.

【연습문제 11.6.8】가법성 $\rho_{A_1B_1} \in \mathcal{D}(\mathcal{H}_{A_1} \otimes \mathcal{H}_{B_1})$이고 $\sigma_{A_2B_2} \in \mathcal{D}(\mathcal{H}_{A_2} \otimes \mathcal{H}_{B_2})$라고 하자. $\omega_{A_1B_1A_2B_2} \equiv \rho_{A_1B_1} \otimes \sigma_{A_2B_2}$라고 두자. $I(A_1A_2; B_1B_2)_\omega = I(A_1; B_1)_\rho + I(A_2; B_2)_\sigma$임을 증명하라.

11.6.1 홀레보 정보

앨리스가 어떤 고전 앙상블 $\mathcal{E} \equiv \{p_X(x), \rho_B^x\}$를 준비하여 이 앙상블을 고전 지표 x에 대한 언급 없이 밥에게 넘겨준다고 하자. 이 앙상블의 기대 밀도 연산자는

$$\rho_B \equiv \mathbb{E}_X\left\{\rho_B^X\right\} = \sum_x p_X(x)\rho_B^x \tag{11.81}$$

이고, 이 밀도 연산자 ρ_B는 밥의 관점에서 이 상태를 특징짓는다. 왜냐하면 밥은 고전 지표 x에 대해 알지 못하기 때문이다. 밥의 과제는 자신의 B계에 어떤 측정을 수행해 고전 지표 x를 알아내는 것이다. 10.9.2절에서 접근 가능한 정보는 밥이 자신의 계 B에 어떤 최적 측정 $\{\Lambda_y\}$를 수행한 후의 정보 이득을 정량화한다는 점을 상기해보자.

$$I_{\text{acc}}(\mathcal{E}) = \max_{\{\Lambda_y\}} I(X;Y) \tag{11.82}$$

여기서 Y는 측정 결과에 해당하는 무작위 변수다.

앙상블의 접근 가능한 정보는 무엇일까? 일반적으로 이 양은 계산하기 어렵다. 하지만 홀레보 정보$^{\text{Holevo information}}$라고 하는 다른 양은 유용한 상계를 제시한다. 앙상블의 홀레보 정보 $\chi(\mathcal{E})$는 다음과 같다.

$$\chi(\mathcal{E}) \equiv H(\rho_B) - \sum_x p_X(x)H(\rho_B^x) \tag{11.83}$$

연습문제 11.9.2를 풀 때 양자 상호 정보에 대한 양자정보 처리 부등식을 배운 다음 이 상계를 증명해보자. 홀레보 정보는 고전 변수 X와 양자계 B 사이의 상관성을 특징짓는다.

【연습문제 11.6.9】고전-양자 상태의 상호 정보 앙상블 $\mathcal{E}$를 표현하는 다음의 고전-양자 상태를 생각해보자.

$$\sigma_{XB} \equiv \sum_x p_X(x)|x\rangle\langle x|_X \otimes \rho_B^x \qquad (11.84)$$

홀레보 정보 $\chi(\mathcal{E})$가 상호 정보 $I(X;B)_\sigma$와 같음을 보여라.

$$\chi(\mathcal{E}) = I(X;B)_\sigma \qquad (11.85)$$

이런 점에서, 고전-양자 상태의 양자 상호 정보는 섀넌의 고전 상호 정보와 가장 유사하다.

【연습문제 11.6.10】 양자 엔트로피의 오목성 엔트로피의 오목성(성질 11.1.4)을 정리 11.6.1과 연습문제 11.6.9의 결과를 이용해 증명하라.

【연습문제 11.6.11】 차원 한계 $\sigma_{XB} \in \mathcal{D}(\mathcal{H}_X \otimes \mathcal{H}_B)$가 다음과 같은 형태의 고전-양자 상태라고 하자.

$$\sigma_{XB} = \sum_x p_X(x)|x\rangle\langle x|_X \otimes \sigma_B^x \qquad (11.86)$$

다음의 한계가 홀레보 정보에 적용됨을 증명하라.

$$I(X;B)_\sigma \leq \log\left[\min\left\{\dim(\mathcal{H}_X), \dim(\mathcal{H}_B)\right\}\right] \qquad (11.87)$$

이 한계의 등호를 만족시키는 상태의 사례로는 어떤 것이 있을까?

11.7 조건부 양자 상호 정보

임의의 3분할 상태 $\rho_{ABC} \in \mathcal{D}(\mathcal{H}_A \otimes \mathcal{H}_B \otimes \mathcal{H}_C)$의 조건부 양자 상호 정보 $I(A;B|C)_\rho$를 고전적인 경우에서 했던 것과 유사한 방법으로 정의한다.

$$I(A;B|C)_\rho \equiv H(A|C)_\rho + H(B|C)_\rho - H(AB|C)_\rho \qquad (11.88)$$

이후, '조건부 양자 상호 정보 Conditional Quantum Mutual Information'를 줄여서 CQMI라고 하겠다.

위의 정의와 양자 상호 정보의 정의를 이용해 양자 상호 정보에 대한 연쇄 규칙을 증명할 수 있다.

【성질 11.7.1】 양자 상호 정보의 연쇄 규칙 양자 상호 정보는 다음의 연쇄 규칙을 따른다.

$$I(A;BC)_\rho = I(A;B)_\rho + I(A;C|B)_\rho \tag{11.89}$$

이 연쇄 규칙의 해석은 A와 BC 사이의 상관성을 두 단계로 만들 수 있다는 뜻이다. 첫 단계에서 A와 B 사이의 상관성을 만들면, 이제 B가 사용 가능하다(따라서 조건화됐다). 그리고 A와 C 사이의 상관성을 만들면 된다.

【연습문제 11.7.1】 양자 상호 정보 연쇄 규칙을 이용해 다음을 증명하라.

$$I(A;BC)_\rho = I(AC;B)_\rho + I(A;C)_\rho - I(B;C)_\rho \tag{11.90}$$

11.7.1 CQMI의 비음수성

고전 세계에서는 조건부 상호 정보의 비음수성은 상호 정보의 비음수성에서 자명하게 유도됐다(정리 10.6.1을 생각하자). 양자 세계에서 조건부 양자 상호 정보의 비음수성은 조건화 계가 고전적이지 않은 한 자명함과는 거리가 멀다(연습문제 11.7.2 참고). 이 양의 비음수성이 성립한다는 것은 근본적인 결과다. 왜냐하면 양자정보 이론의 매우 많은 부분이 이 정리의 어깨 위에 기대고 있기 때문이다(사실, 이 부등식을 양자정보 이론의 '주춧돌'이라고 할 수 있다). 그 따름정리의 목록은 양자 자료 처리 부등식, 양자 섀년 이론의 어떤 가법성에 대한 질문의 답, 홀레보 한계 등을 포함한다. 정리 11.7.1의 증명은 양자 상대 엔트로피(정리 11.8.1)의 단조성에서 직접 유도되며, 12장에서 증명할 것이다. 사실, 양자 상대 엔트로피의 단조성은 강한 준가법성에서도 유도할 수 있고, 그래서 두 엔트로피 부등식은 기본적으로는 동등한 내용이다.

【정리 11.7.1】 CQMI의 비음수성 $\rho_{ABC} \in \mathcal{D}(\mathcal{H}_A \otimes \mathcal{H}_B \otimes \mathcal{H}_C)$라고 하자. 그러면 조건부 양자 상호 정보는 음수가 아니다.

$$I(A;B|C)_\rho \geq 0 \tag{11.91}$$

이 조건은 연습문제 11.7.7의 강한 준가법성 부등식과 동등하며, 이 엔트로피 부등식을 강한 준가법성이라고 말해도 된다.

【연습문제 11.7.2】 고전-양자 상태의 CQMI 식 (11.65)의 형태인 고전-양자 상태 σ_{XAB}

를 생각해보자. 다음 관계식을 증명하라.

$$I(A;B|X)_\sigma = \sum_x p_X(x) I(A;B)_{\sigma_x} \tag{11.92}$$

조건화 계가 고전적이라는 특별한 경우에는 조건부 양자 상호 정보의 비음수성은 자명함을 보여라. 양자 상호 정보의 비음수성(정리 11.6.1)을 이용하면 된다.

【연습문제 11.7.3】 조건화는 엔트로피를 증가시키지 않는다. $\rho_{ABC} \in \mathcal{D}(\mathcal{H}_A \otimes \mathcal{H}_B \otimes \mathcal{H}_C)$라고 하자. 정리 11.7.1이 정리 11.4.1의 다음과 같은 더 강화된 형태와 동등함을 보여라.

$$H(B|C)_\rho \geq H(B|AC)_\rho \tag{11.93}$$

【연습문제 11.7.4】 조건부 엔트로피와 복원 가능성 만약 $\rho_{ABC} \in \mathcal{D}(\mathcal{H}_A \otimes \mathcal{H}_B \otimes \mathcal{H}_C)$에 대해 $\rho_{ABC} = \mathcal{R}_{C \to AC}(\rho_{BC})$를 만족시키는 복구 선로 $\mathcal{R}_{C \to AC}$가 존재한다면 $H(B|C)_\rho = H(B|AC)_\rho$임을 보여라(나중에 이 내용이 '필요충분조건'으로 강화될 수 있음을 살펴보겠다).

【연습문제 11.7.5】 조건부 양자 엔트로피의 오목성 강한 준가법성이 조건부 엔트로피가 오목함을 의미한다는 것을 증명하라. 즉, 다음을 증명하라.

$$\sum_x p_X(x) H(A|B)_{\rho^x} \leq H(A|B)_\rho \tag{11.94}$$

여기서 p_X는 유한한 알파벳 $\mathcal{X}$의 확률 분포다. 그리고 모든 $x = \mathcal{X}$에 대해 $\rho_{AB}^x \in \mathcal{D}(\mathcal{H}_A \otimes \mathcal{H}_B)$이고 $\rho_{AB} \equiv \sum_x p_X(x) \rho_{AB}^x$이다.

【연습문제 11.7.6】 결맞은 정보의 볼록성 위 연습문제의 결과를 활용해 결맞은 정보가 볼록함을 증명하라.

$$\sum_x p_X(x) I(A\rangle B)_{\rho^x} \geq I(A\rangle B)_\rho \tag{11.95}$$

【연습문제 11.7.7】 강한 준가법성 정리 11.7.1은 '강한 준가법성'이라고 부르기도 한다. 왜냐하면 강하게 준가법적인 함수 ϕ의 사례이기 때문이다.

$$\phi(E) + \phi(F) \geq \phi(E \cap F) + \phi(E \cup F) \tag{11.96}$$

$\rho_{ABC} \in \mathcal{D}(\mathcal{H}_A \otimes \mathcal{H}_B \otimes \mathcal{H}_C)$라고 하자. 조건부 양자 상호 정보의 비음수성이 다음의 양자 엔트로피의 강한 준가법성과 동등함을 보여라.

$$H(AC)_\rho + H(BC)_\rho \geq H(C)_\rho + H(ABC)_\rho \tag{11.97}$$

여기서 식 (11.96)의 ϕ를 엔트로피 함수 H로 생각하고, 식 (11.96)의 함수 인자 E를 AC로 생각하고, 식 (11.96)의 함수 인자 F를 BC로 생각하자.

【연습문제 11.7.8】 CQMI의 쌍대성 $|\psi\rangle_{ABCD} \in \mathcal{H}_A \otimes \mathcal{H}_B \otimes \mathcal{H}_C \otimes \mathcal{H}_D$가 순수 상태라고 하자. 다음을 증명하라.

$$I(A;B|C)_\psi = I(A;B|D)_\psi \tag{11.98}$$

【연습문제 11.7.9】 차원 한계 $\rho_{ABC} \in \mathcal{D}(\mathcal{H}_A \otimes \mathcal{H}_B \otimes \mathcal{H}_C)$라고 하자. 다음의 차원 한계dimension bound를 증명하라.

$$I(A;B|C)_\rho \leq 2\log\left[\min\left\{\dim(\mathcal{H}_A), \dim(\mathcal{H}_B)\right\}\right] \tag{11.99}$$

$\sigma_{XBC} \in \mathcal{D}(\mathcal{H}_X \otimes \mathcal{H}_B \otimes \mathcal{H}_C)$가 다음의 형태를 갖는 고전-양자-양자 상태라고 하자.

$$\sum_x p_X(x)|x\rangle\langle x|_X \otimes \sigma_{BC}^x \tag{11.100}$$

다음을 증명하라.

$$I(X;B|C)_\sigma \leq \log\dim(\mathcal{H}_X) \tag{11.101}$$

【연습문제 11.7.10】 아라키-리브 삼각부등식 Araki–Lieb Triangle Inequality $\rho_{AB} \in \mathcal{D}(\mathcal{H}_A \otimes \mathcal{H}_B)$라고 하자. 다음을 보여라.

$$|H(A)_\rho - H(B)_\rho| \leq H(AB)_\rho \tag{11.102}$$

11.8 양자 상대 엔트로피

양자 상대 엔트로피는 양자정보 이론에서 가장 중요한 엔트로피양이다. 주로 앞 절에서 제시한 많은 엔트로피를 양자 상대 엔트로피를 이용해 다시 적을 수 있기 때문이다. 이어서, 상대 엔트로피의 성질로부터 이 양의 많은 성질을 찾아낼 수 있도록 한다. 그 정의는 고전적 상대 엔트로피 정의(정의 10.5.2 참고)의 자연스러운 확장이다. 이것을 정의하기 전에, 연산자의 서포트 개념이 필요하다.

【정의 11.8.1】 커널과 서포트   연산자 $A \in \mathcal{L}(\mathcal{H}, \mathcal{H}')$의 커널은 다음과 같이 정의된다.

$$\ker(A) \equiv \{|\psi\rangle \in \mathcal{H} : A|\psi\rangle = 0\} \tag{11.103}$$

A의 서포트는 커널에 직교하는 $\mathcal{H}$의 부분공간이다.

$$\mathrm{supp}(A) \equiv \{|\psi\rangle \in \mathcal{H} : A|\psi\rangle \neq 0\} \tag{11.104}$$

만약 A가 에르미트 연산자이고, 따라서 스펙트럼 분해 $A = \sum_{i:a_i \neq 0} a_i |i\rangle\langle i|$를 갖는다면 $\mathrm{supp}(A) = \mathrm{span}\{|i\rangle : a_i \neq 0\}$이다. A의 서포트 위로의 사영 연산자는

$$\Pi_A \equiv \sum_{i:a_i \neq 0} |i\rangle\langle i| \tag{11.105}$$

로 나타낸다.

【정의 11.8.2】 양자 상대 엔트로피   밀도 연산자 $\rho \in \mathcal{D}(\mathcal{H})$와 양의 준정부호 연산자 $\sigma = \mathcal{L}(\mathcal{H})$ 사이의 양자 상대 엔트로피 $D(\rho\|\sigma)$는 서포트 조건이 만족된다면 다음과 같이 정의된다.

$$D(\rho\|\sigma) \equiv \mathrm{Tr}\left\{\rho\left[\log \rho - \log \sigma\right]\right\} \tag{11.106}$$

서포트 조건은 다음과 같다.

$$\mathrm{supp}(\rho) \subseteq \mathrm{supp}(\sigma) \tag{11.107}$$

서포트 조건이 만족되지 않으면 $+\infty$로 정의된다.

이 정의는 정의 10.5.2의 고전적 정의와 잘 합치한다. 하지만 고전적 정의를 일반화하여 상대 엔트로피의 양자적 정의를 얻는 데는 몇 가지 방법이 있음을 알아둬야 한다. 예를 들어 정의에 의해

$$D'(\rho\|\sigma) = \mathrm{Tr}\left\{\rho \log\left(\rho^{1/2}\sigma^{-1}\rho^{1/2}\right)\right\} \tag{11.108}$$

라고 적을 수 있으며, 이것은 정의 10.5.2의 고전적 정의로 환원시킬 수도 있다. 사실, 상대 엔트로피의 고전적 정의의 양자적 일반화가 무한히 많이 있음을 보이기는 쉽다. 그렇다면 그중 어떤 정의가 사용하기에 올바른 것인지 어떻게 골라낼 수 있을까? 식 (11.106)에 제시된 정의는 양자 가설 검정의 맥락에서 의미 있는 양자정보 처리 작업에 대한 답이다(여기서 이 내용을 더 자세히 설명하지는 않고, 다만 이것이 양자 스테인 보조정리quantum Stein's lemma임을 언급해둔다). 게다가 이 정의는 이 장에서 제시된 양자 엔트로피양을 일반화하며, 나중에 보면 의미 있는 양자정보 처리 작업에 대한 답이 된다. 이런 이유로, 식 (11.106)에 제시된 정의를 '그' 양자 상대 엔트로피[3]로 정하겠다. 같은 이유로 고전적인 경우에 엔트로피와 상호 정보를 정보의 의미 있는 척도로 골라낼 수 있었음을 다시 한번 생각해보자.

고전적인 경우와 마찬가지로, 직관적으로는 양자 상대 엔트로피를 양자 상태 사이의 거리 척도로 생각할 수 있다. 하지만 양자 상대 엔트로피는 삼각부등식을 따르지 않기 때문에 수학적 관점에서 엄밀하게는 거리 척도가 아니다.

다음의 명제는 위에서 주어진 대로 특정한 서포트 조건을 갖도록 양자 상대 엔트로피를 선택하는 이유를 정당화한다.

【명제 11.8.1】 $\rho \in \mathcal{D}(\mathcal{H})$와 $\sigma = \mathcal{L}(\mathcal{H})$가 양의 준정부호라고 하자. 양자 상대 엔트로피는 다음의 극한에서 잘 합치한다.

$$D(\rho \| \sigma) = \lim_{\varepsilon \searrow 0} D(\rho \| \sigma + \varepsilon I) \tag{11.109}$$

【증명】 먼저 $\sigma + \varepsilon I$가 모든 $\varepsilon > 0$에 대해 $\mathcal{H}$와 같은 서포트를 갖고, 따라서 모든 $\varepsilon > 0$에 대해 $D(\rho \| \sigma + \varepsilon I)$가 유한하다는 점을 관찰하자. 식 (11.107)이 만족된다면 이 극한이 유한하고 식 (11.106)과 합치하며, 만족되지 않는다면 무한대로 발산함을 살펴볼 것이다. 이 명제를 증명하는 아이디어는 ρ와 σ를 둘 다 $\mathcal{H} = \text{supp}(\sigma) \oplus \text{ker}(\sigma)$로 분해하여 나타낸다는 것이다. Π_σ를 $\text{supp}(\sigma)$ 위로의 사영 연산자라고 하고, $\Pi_\sigma^\perp$를 $\text{ker}(\sigma)$ 위로의 사영 연산자라고 하자. 따라서 다음을 선택하자.

$$\rho = \begin{bmatrix} \rho_{00} & \rho_{01} \\ \rho_{10} & \rho_{11} \end{bmatrix}, \qquad \sigma = \begin{bmatrix} \sigma_0 & 0 \\ 0 & 0 \end{bmatrix} \tag{11.110}$$

---

3 원문에서는 'the quantum relative entropy'로, 유일한 하나임을 강조하고 있다. – 옮긴이

먼저, 식 (11.107)의 서포트 조건이 만족된다고 하자. 그러면 이것은 $\rho_{01} = \rho_{10}^\dagger = 0$ 이고 $\rho_{11} = 0$임을 뜻한다. 다음을 관찰해보자.

$$D(\rho\|\sigma + \varepsilon I) = \mathrm{Tr}\{\rho \log \rho\} - \mathrm{Tr}\{\rho \log(\sigma + \varepsilon I)\} \tag{11.111}$$

첫 번째 항은 임의의 ρ에 대해 유한하다. 따라서 문제가 생길 수 있는 두 번째 항에만 집중해도 된다. 그러면

$$
\begin{aligned}
\mathrm{Tr}\{\rho \log(\sigma + \varepsilon I)\} &= \mathrm{Tr}\left\{ \begin{bmatrix} \rho_{00} & 0 \\ 0 & 0 \end{bmatrix} \log \begin{bmatrix} \sigma_0 + \varepsilon\Pi_\sigma & 0 \\ 0 & \varepsilon\Pi_\sigma^\perp \end{bmatrix} \right\} \\
&= \mathrm{Tr}\left\{ \begin{bmatrix} \rho_{00} & 0 \\ 0 & 0 \end{bmatrix} \begin{bmatrix} \log(\sigma_0 + \varepsilon\Pi_\sigma) & 0 \\ 0 & \log(\varepsilon\Pi_\sigma^\perp) \end{bmatrix} \right\} \quad (11.112) \\
&= \mathrm{Tr}\{\rho_{00} \log(\sigma_0 + \varepsilon\Pi_\sigma)\} + \mathrm{Tr}\{0 \cdot \log(\varepsilon\Pi_\sigma^\perp)\} \quad (11.113) \\
&= \mathrm{Tr}\{\rho_{00} \log(\sigma_0 + \varepsilon\Pi_\sigma)\} \quad (11.114)
\end{aligned}
$$

극한 $\varepsilon \searrow 0$을 취하면,

$$\lim_{\varepsilon \searrow 0} \mathrm{Tr}\{\rho_{00} \log(\sigma_0 + \varepsilon\Pi_\sigma)\} = \mathrm{Tr}\{\rho_{00} \log \sigma_0\} = \mathrm{Tr}\{\rho \log \sigma\} \tag{11.115}$$

를 얻는다. 따라서 이 경우

$$\lim_{\varepsilon \searrow 0} D(\rho\|\sigma + \varepsilon I) = \mathrm{Tr}\{\rho \log \rho\} - \mathrm{Tr}\{\rho \log \sigma\} \tag{11.116}$$

라고 결론지을 수 있다.

이제 식 (11.107)의 서포트 조건이 만족되지 않는다고 하자. 그러면 $\rho_{11} \neq 0$이고,

$$
\begin{aligned}
\mathrm{Tr}\{\rho \log(\sigma + \varepsilon I)\} &= \mathrm{Tr}\left\{ \begin{bmatrix} \rho_{00} & \rho_{01} \\ \rho_{10} & \rho_{11} \end{bmatrix} \begin{bmatrix} \log(\sigma_0 + \varepsilon\Pi_\sigma) & 0 \\ 0 & \log(\varepsilon\Pi_\sigma^\perp) \end{bmatrix} \right\} \\
&= \mathrm{Tr}\{\rho_{00} \log(\sigma_0 + \varepsilon\Pi_\sigma)\} + \mathrm{Tr}\{\rho_{11} \cdot \log(\varepsilon\Pi_\sigma^\perp)\} \quad (11.117)
\end{aligned}
$$

이다. 따라서 $\lim_{\varepsilon \searrow 0} D(\rho\|\sigma + \varepsilon I) = +\infty$이고, $\lim_{\varepsilon \searrow 0}[-\log \varepsilon] = +\infty$가 증명된다. $\square$

양자정보 이론에서 가장 기본적인 엔트로피 부등식 중 하나는 양자 상대 엔트로피의 단조성이다. 양자 상대 엔트로피에 대한 입력이 양자 상태일 때, 엔트로피 부등식의 물리적 해석은 이 양자 상태에 잡음이 작용할 때 상태들이 덜 구분 가능해진

다는 것이다. 이 정리의 증명은 더 강력한 정리를 알게 되는 12장으로 미뤄두겠다.

【정리 11.8.1】양자 상대 엔트로피의 단조성 $\rho \in \mathcal{D}(\mathcal{H})$이고, $\sigma \in \mathcal{L}(\mathcal{H})$가 양의 준정부호이며, $\mathcal{N} : \mathcal{L}(\mathcal{H}) \to \mathcal{L}(\mathcal{H}')$이 양자 선로라고 하자. 만약 ρ와 σ를 같은 양자 선로 $\mathcal{N}$에 적용한다면 양자 상대 엔트로피는 감소하거나 같을 수만 있다.

$$D(\rho\|\sigma) \geq D(\mathcal{N}(\rho)\|\mathcal{N}(\sigma)) \tag{11.118}$$

정리 11.8.1은 특정한 경우에 양자 상대 엔트로피의 비음수성을 뜻한다.

【정리 11.8.2】비음수성 $\rho \in \mathcal{D}(\mathcal{H})$이고, $\sigma \in \mathcal{L}(\mathcal{H})$가 양의 준정부호이며 $\mathrm{Tr}\{\sigma\} \leq 1$이라고 하자. 그러면 양자 상대 엔트로피 $D(\rho\|\sigma)$는 음수가 아니다.

$$D(\rho\|\sigma) \geq 0 \tag{11.119}$$

그리고 $D(\rho\|\sigma) = 0$과 $\rho = \sigma$는 서로 필요충분조건이다.

【증명】 정리의 첫 부분은 양자 선로에 대각합을 취하는 사상이 되도록 선택하여 정리 11.8.1을 적용해 유도할 수 있다. 그럼 다음을 얻는다.

$$D(\rho\|\sigma) \geq D(\mathrm{Tr}\{\rho\}\|\,\mathrm{Tr}\{\sigma\}) = \mathrm{Tr}\{\rho\} \log\left(\frac{\mathrm{Tr}\{\rho\}}{\mathrm{Tr}\{\sigma\}}\right) \geq 0 \tag{11.120}$$

만약 $\rho = \sigma$라면 식 (11.107)의 서포트 조건이 만족되고, 식 (11.106)에 대입하면 $D(\rho\|\sigma) = 0$이다. 이제 $D(\rho\|\sigma) = 0$이라고 하자. 그러면 위 부등식의 등호가 성립한다는 뜻이며, 따라서 $\mathrm{Tr}\{\sigma\} = \mathrm{Tr}\{\rho\} = 1$이고 σ는 밀도 연산자다. $\mathcal{M}$이 임의의 측정 선로라고 하자. 양자 상대 엔트로피의 단조성(정리 11.8.1)에 의해, $D(\mathcal{M}(\rho)\|\mathcal{M}(\sigma))$ = 0이라고 결론지을 수 있다. 고전 상대 엔트로피의 비음수성에 대한 등호 조건(정리 10.7.1)은 이제 $\mathcal{M}(\rho) = \mathcal{M}(\sigma)$라는 뜻이다. 이제, 이 등식은 임의의 가능한 측정 선로에 대해 성립하므로 $\rho = \sigma$라고 결론지을 수 있다(예를 들어, $\mathcal{M}$을 대각합 거리의 최적 측정으로 선택하면 $\max_{\mathcal{M}}\|\mathcal{M}(\rho) - \mathcal{M}(\sigma)\|_1 = \|\rho - \sigma\|_1 = 0$이고 따라서 $\rho = \sigma$이다). □

11.8.1 양자 상대 엔트로피에서 다른 엔트로피의 유도

양자 상대 엔트로피를 양자 엔트로피, 조건부 양자 엔트로피, 양자 상호 정보, 조건부 양자 상호 정보와 같은 양자정보 이론의 다른 엔트로피에 대한 '부모 양'으로 보는 관점이 있다. 다음의 연습문제에서 이 관계들을 살펴볼 것이다. 이 연습문제들을 해결하는 기본 도구는 양자 상대 엔트로피의 비음수성이다.

【연습문제 11.8.1】 연산자 로그함수 $P_A \in \mathcal{L}(\mathcal{H}_A)$와 $Q_B \in \mathcal{L}(\mathcal{H}_B)$가 양의 준정부호 연산자라고 하자. 다음의 항등식이 성립한다.

$$\log\left(P_A \otimes Q_B\right) = \log\left(P_A\right) \otimes I_B + I_A \otimes \log\left(Q_B\right) \tag{11.121}$$

【연습문제 11.8.2】 상호 정보와 상대 엔트로피 $\rho_{AB} \in \mathcal{D}(\mathcal{H}_A \otimes \mathcal{H}_B)$라고 하자. 다음의 항등식이 성립함을 보여라.

$$I(A;B)_\rho = D(\rho_{AB} \| \rho_A \otimes \rho_B) \tag{11.122}$$
$$= \min_{\sigma_B} D(\rho_{AB} \| \rho_A \otimes \sigma_B) \tag{11.123}$$
$$= \min_{\omega_A} D(\rho_{AB} \| \omega_A \otimes \rho_B) \tag{11.124}$$
$$= \min_{\omega_A, \sigma_B} D(\rho_{AB} \| \omega_A \otimes \sigma_B) \tag{11.125}$$

여기서 최적화는 모두 $\omega_A \in \mathcal{D}(\mathcal{H}_A)$와 $\sigma_B \in \mathcal{D}(\mathcal{H}_B)$에 대한 것이다.

【연습문제 11.8.3】 조건부 엔트로피와 상대 엔트로피 $\rho_{AB} \in \mathcal{D}(\mathcal{H}_A \otimes \mathcal{H}_B)$라고 하자. 다음의 항등식이 성립함을 보여라.

$$I(A \rangle B)_\rho = D(\rho_{AB} \| I_A \otimes \rho_B) \tag{11.126}$$
$$= \min_{\sigma_B \in \mathcal{D}(\mathcal{H}_B)} D(\rho_{AB} \| I_A \otimes \sigma_B) \tag{11.127}$$

이 항등식이 다음과 동등함을 알아두자.

$$H(A|B)_\rho = -D(\rho_{AB} \| I_A \otimes \rho_B) \tag{11.128}$$
$$= -\min_{\sigma_B \in \mathcal{D}(\mathcal{H}_B)} D(\rho_{AB} \| I_A \otimes \sigma_B) \tag{11.129}$$

【연습문제 11.8.4】 CQMI와 상대 엔트로피 $\rho_{ABC} \in \mathcal{D}(\mathcal{H}_A \otimes \mathcal{H}_B \otimes \mathcal{H}_C)$라고 하자. ω_{ABC}가 다음의 양의 준정부호 연산자라고 하자.

$$\omega_{ABC} \equiv 2^{[\log \rho_{AC} + \log \rho_{BC} - \log \rho_C]} \tag{11.130}$$

여기에 적혀 있지 않은 항등식들은 암묵적으로 나타나 있다(가령, ρ_{BC}는 $I_A \otimes \rho_{BC}$를 줄인 것이다).

다음을 보여라.

$$I(A;B|C)_\rho = D(\rho_{ABC}\|\omega_{ABC}) \tag{11.131}$$

【연습문제 11.8.5】 차원 한계 $\rho_{ABC} \in \mathcal{D}(\mathcal{H}_A \otimes \mathcal{H}_B \otimes \mathcal{H}_C)$라고 하자. 다음의 차원 한계를 증명하라.

$$I(A\rangle BC)_\rho \leq I(AC\rangle B)_\rho + \log \dim(\mathcal{H}_C) \tag{11.132}$$

(힌트: 한 가지 방법은 식 (11.127)의 공식을 사용하는 것이다. 또 다른 방법은 연쇄 규칙과 이전의 차원 한계를 사용하는 것이다.)

【따름정리 11.8.1】 양자 엔트로피의 준가법성   양자 엔트로피는 2분할 상태 ρ_{AB}에 대해 준가법적이다.

$$H(A)_\rho + H(B)_\rho \geq H(AB)_\rho \tag{11.133}$$

【증명】 엔트로피의 준가법성은 양자 상호 정보의 비음수성과 동등하다. 연습문제 11.8.2의 결과와 양자 상대 엔트로피의 비음수성(정리 11.8.2)를 이용해 비음수성을 증명할 수 있다. □

11.8.2 양자 상대 엔트로피의 수학적 성질

이 절에서는 양자 엔트로피와 그 등척 불변성, 텐서 곱 상태에 대한 가법성, 고전 양자 상태의 형태(이들은 연습문제로 남겨졌다.)에 대한 몇 가지 보조적인 수학적 성질을 포함한다. 상대 엔트로피 계산에 공통적으로 사용되는 두 가지 성질이 있다.

【연습문제 11.8.6】 등척 불변성 $\rho \in \mathcal{D}(\mathcal{H})$이고, $\sigma \in \mathcal{L}(\mathcal{H})$가 양의 준정부호라고 하자. 등척변환 $U : \mathcal{H} \to \mathcal{H}'$에 대해 양자 상대 엔트로피가 불변임을 보여라.

$$D(\rho\|\sigma) = D(U\rho U^\dagger \| U\sigma U^\dagger) \tag{11.134}$$

【연습문제 11.8.7】 양자 상대 엔트로피의 가법성 $\rho_1 \in \mathcal{D}(\mathcal{H}_1)$과 $\rho_2 \in \mathcal{D}(\mathcal{H}_2)$가 밀도 연

산자이고, $\sigma_1 \in \mathcal{L}(\mathcal{H}_1)$과 $\sigma_2 \in \mathcal{L}(\mathcal{H}_2)$가 양의 준정부호 연산자라고 하자. 양자 상대 엔트로피가 다음의 관점에서 가법적임을 보여라.

$$D(\rho_1 \otimes \rho_2 \| \sigma_1 \otimes \sigma_2) = D(\rho_1 \| \sigma_1) + D(\rho_2 \| \sigma_2) \tag{11.135}$$

위의 가법성 관계식을 반복적으로 사용해 다음의 결론을 얻을 수 있다.

$$D(\rho^{\otimes n} \| \sigma^{\otimes n}) = nD(\rho \| \sigma) \tag{11.136}$$

여기서 $\rho \in \mathcal{D}(\mathcal{H})$와 $\sigma = \mathcal{L}(\mathcal{H})$는 양의 준정부호다.

【연습문제 11.8.8】 고전-양자 상태의 상대 엔트로피　고전-양자 상태 ρ_{XB}와 σ_{XB} 사이의 양자 상대 엔트로피가 다음과 같음을 보여라.

$$D(\rho_{XB} \| \sigma_{XB}) = \sum_x p_X(x) D(\rho_B^x \| \sigma_B^x) \tag{11.137}$$

여기서

$$\rho_{XB} \equiv \sum_x p_X(x) |x\rangle\langle x|_X \otimes \rho_B^x, \quad \sigma_{XB} \equiv \sum_x p_X(x) |x\rangle\langle x|_X \otimes \sigma_B^x \tag{11.138}$$

여기서 p_X는 유한한 알파벳 $\mathcal{X}$에 대한 확률 분포이고, 모든 $x \in \mathcal{X}$에 대해 $\rho_B^x \in \mathcal{D}(\mathcal{H}_B)$이고 $\sigma_B^x \in \mathcal{L}(\mathcal{H}_B)$는 양의 준정부호다.

【연습문제 11.8.9】　$a, b > 0$, $\rho \in \mathcal{D}(\mathcal{H})$이고, $\sigma = \mathcal{L}(\mathcal{H})$가 양의 준정부호라고 하자. 다음을 보여라.

$$D(a\rho \| b\sigma) = a\left[D(\rho \| \sigma) + \log(a/b)\right] \tag{11.139}$$

(그 첫 번째 입력 인자가 밀도 연산자와 같은 경우만 양자 상대 엔트로피를 정의했지만, 더 일반적으로는 첫 번째 입력 인자가 양의 준정부호이면 된다는 점을 알아두자.)

【명제 11.8.2】　$\rho \in \mathcal{D}(\mathcal{H})$이고 $\sigma, \sigma' \in \mathcal{L}(\mathcal{H})$가 양의 준정부호라고 하자. $\sigma \le \sigma'$라고 하자. 그러면 다음이 성립한다.

$$D(\rho \| \sigma') \le D(\rho \| \sigma) \tag{11.140}$$

【증명】　$\sigma \le \sigma'$라는 가정은 $\sigma' - \sigma$가 양의 준정부호인 것과 동등하다. 그러면 $\sigma \otimes$

$|0\rangle\langle0|_X + (\sigma' - \sigma) \otimes |1\rangle\langle1|_X$가 양의 준정부호 연산자다. 그리고 결과적으로,

$$D(\rho\|\sigma) = D(\rho \otimes |0\rangle\langle0|_X \| [\sigma \otimes |0\rangle\langle0|_X + (\sigma' - \sigma) \otimes |1\rangle\langle1|_X]) \quad (11.141)$$

이다. 이는 직접 계산에 의해 유도된다(기본적으로 연습문제 11.8.8을 풀 때 사용한 것과 같은 이유다). 양자 상대 엔트로피의 단조성(정리 11.8.1)에 의해 양자 상대 엔트로피는 X 계를 폐기한 후에 증가하지 않고, 따라서

$$D(\rho \otimes |0\rangle\langle0|_X \| [\sigma \otimes |0\rangle\langle0|_X + (\sigma' - \sigma) \otimes |1\rangle\langle1|_X])$$
$$\geq D(\rho\| [\sigma + (\sigma' - \sigma)]) = D(\rho\|\sigma') \quad (11.142)$$

이 되어 증명이 마무리된다. □

11.9 양자 엔트로피 부등식

양자 상대 엔트로피의 단조성은 그 따름정리로 양자정보 이론에서 많은 중요한 엔트로피 부등식을 갖는다(하지만 이들 중 몇 가지는 또한 양자 상대 엔트로피의 단조성을 뜻한다는 것을 염두에 두자).

【따름정리 11.9.1】 강한 준가법성 $\rho_{ABC} \in \mathcal{D}(\mathcal{H}_A \otimes \mathcal{H}_B \otimes \mathcal{H}_C)$라고 하자. 양자 엔트로피는 다음과 같은 점에서 강하게 준가법적이다.

$$H(AC)_\rho + H(BC)_\rho \geq H(ABC)_\rho + H(C)_\rho \quad (11.143)$$

【증명】 연습문제 11.7.7에서부터 생각하자.

$$I(A;B|C)_\rho = H(AC)_\rho + H(BC)_\rho - H(ABC)_\rho - H(C)_\rho \quad (11.144)$$

그러면 다음이 성립한다.

$$I(A;B|C)_\rho = H(B|C)_\rho - H(B|AC)_\rho \quad (11.145)$$

연습문제 11.8.3에서 다음을 알 수 있다.

$$-H(B|AC)_\rho = D(\rho_{ABC}\|I_B \otimes \rho_{AC}) \quad (11.146)$$
$$H(B|C)_\rho = -D(\rho_{BC}\|I_B \otimes \rho_C) \quad (11.147)$$

그러면

$$D(\rho_{ABC}\|I_B \otimes \rho_{AC}) \geq D(\mathrm{Tr}_A\{\rho_{ABC}\}\|\mathrm{Tr}_A\{I_B \otimes \rho_{AC}\}) \qquad (11.148)$$

$$= D(\rho_{BC}\|I_B \otimes \rho_C) \qquad (11.149)$$

이 부등식은 양자 상대 엔트로피의 단조성(정리 11.8.1)에 $\rho = \rho_{ABC}$, $\sigma = I_B \otimes \rho_{AC}$, $\mathcal{N} = \mathrm{Tr}_A$가 되도록 선택한 결과다. 식 (11.144) ~ 식 (11.147)에 의해, 식 (11.148)과 식 (11.149)의 부등식은 이 따름정리의 주장에 있는 부등식과 동등하다. □

【따름정리 11.9.2】 양자 상대 엔트로피의 결합 볼록성 p_X가 유한한 알파벳 $\mathcal{X}$에 대한 확률 분포라고 하자. 모든 $x \in \mathcal{X}$에 대해 $\rho^x \in \mathcal{D}(\mathcal{H})$이고, 모든 $x \in \mathcal{X}$에 대해 $\sigma^x \in \mathcal{L}(\mathcal{H})$가 양의 준정부호라고 하자. $\bar{\rho} \equiv \sum_x p_X(x)\rho^x$이고 $\bar{\sigma} \equiv \sum_x p_X(x)\sigma^x$이라고 두자. 양자 상태 엔트로피는 그 입력 인자에 대해 결합적으로 볼록하다.

$$\sum_x p_X(x)D(\rho^x\|\sigma^x) \geq D(\bar{\rho}\|\bar{\sigma}) \qquad (11.150)$$

【증명】   다음의 형태를 갖는 고전-양자 상태를 생각해보자.

$$\rho_{XB} \equiv \sum_x p_X(x)|x\rangle\langle x|_X \otimes \rho_B^x \qquad (11.151)$$

$$\sigma_{XB} \equiv \sum_x p_X(x)|x\rangle\langle x|_X \otimes \sigma_B^x \qquad (11.152)$$

$\bar{\rho} = \rho_B$이고 $\bar{\sigma} = \sigma_B$임을 확인하자. 그러면

$$\sum_x p_X(x)D(\rho_B^x\|\sigma_B^x) = D(\rho_{XB}\|\sigma_{XB}) \geq D(\rho_B\|\sigma_B) \qquad (11.153)$$

위의 등식은 연습문제 11.8.8에서 유도되고, 부등식은 양자 상대 엔트로피의 단조성(정리 11.8.1)에서 선로를 X계에 대해 부분 대각합을 취하는 것으로 유도된다. □

【따름정리 11.9.3】 단위적 선로는 엔트로피를 증가시킨다. $\rho \in \mathcal{D}(\mathcal{H})$이고 $\mathcal{N} : \mathcal{L}(\mathcal{H}) \to \mathcal{L}(\mathcal{H})$가 단위적 양자 선로(정의 4.4.7 참고)라고 하자. 그러면 다음이 성립한다.

$$H(\mathcal{N}(\rho)) \geq H(\rho) \qquad (11.154)$$

【증명】   다음을 생각해보자.

$$H(\rho) = -D(\rho\|I) \tag{11.155}$$
$$H(\mathcal{N}(\rho)) = -D(\mathcal{N}(\rho)\|I) = -D(\mathcal{N}(\rho)\|\mathcal{N}(I)) \tag{11.156}$$

마지막 등식에서 $\mathcal{N}$이 단위적 양자 선로임을 사용했다. 식 (11.154)의 부등식은 $D(\rho\|I) \geq D(\mathcal{N}(\rho)\|\mathcal{N}(I))$이기 때문에 양자 상대 엔트로피 단조성(정리 11.8.1)의 결과다. □

단위적 선로의 특정한 사례는 밀도 연산자 ρ가 어떤 위상완화 기저 $\{|y\rangle\}$에 대해 완전한 위상완화가 일어날 때 나타난다. ω를 ρ의 위상완화된 상태라고 하자.

$$\omega \equiv \Delta_Y(\rho) = \sum_y |y\rangle\langle y|\rho|y\rangle\langle y| \tag{11.157}$$

여기서 완전히 위상완화된 상태의 엔트로피 $H(\omega)$는 원래 상태의 엔트로피 $H(\rho)$보다 절대로 더 작을 수 없다. 더 일반적으로 만약 $\sum_x \Pi_x = I$를 만족하는 사영 연산자 $\{\Pi_x\}$를 갖고 있다면, 선로 $\rho \to \sum_x \Pi_x\rho\Pi_x$는 단위적이고, 따라서

$$H\left(\sum_x \Pi_x\rho\Pi_x\right) \geq H(\rho) \tag{11.158}$$

양자 상대 엔트로피 그 자체는 거리 척도가 아니지만, 실질적으로 두 양자 상태의 대각합 거리의 상계를 제시한다. 이 결과는 양자 핀스커 부등식quantum Pinsker inequality으로 알려져 있다. 따라서 이 관점에서 양자 상대 엔트로피가 작은 경우에는 거리 척도로 비교해도 괜찮을 수 있다. 즉, 만약 두 양자 상태 사이의 양자 상대 엔트로피가 작다면 그 대각합 거리도 작을 것이다. 양자 핀스커 부등식을 양자 상대 엔트로피가 음수가 아니라는 주장(정리 11.8.2)을 개량한 것으로 생각할 수 있다.

【정리 11.9.1】양자 핀스커 부등식 $\rho \in \mathcal{D}(\mathcal{H})$이고 $\sigma \in \mathcal{L}(\mathcal{H})$가 $\mathrm{Tr}\{\sigma\} \leq 1$인 양의 준정부호 연산자라고 하자. 그러면 다음이 성립한다.

$$D(\rho\|\sigma) \geq \frac{1}{2\ln 2}\|\rho - \sigma\|_1^2 \tag{11.159}$$

【증명】 이것은 고전 핀스커 부등식(정리 10.8.1)과 측정이 대각합 거리에 도달한다(연습문제 9.1.10 참고)는 사실의 직접적인 결과다. 준규격화된 σ에 대한 주장을 얻으려면, 힐베르트 공간 $\mathcal{H}$에 추가적인 차원을 더해야 한다. $\rho' \equiv \rho \oplus [0]$이고 $\sigma' \equiv \sigma \oplus [1$

$- \text{Tr}\{\sigma\}]$라고 하자. 그러면 σ'은 밀도 연산자가 된다. $\mathcal{M}$이 ρ'과 σ'에 대해 대각합 거리에 도달하는 측정을 나타낸다고 하자(연습문제 9.1.10 참고). 그러면

$$D(\rho\|\sigma) = D(\rho'\|\sigma') \tag{11.160}$$

$$\geq D(\mathcal{M}(\rho')\|\mathcal{M}(\sigma')) \tag{11.161}$$

$$\geq \frac{1}{2\ln 2}\|\mathcal{M}(\rho') - \mathcal{M}(\sigma')\|_1^2 \tag{11.162}$$

$$= \frac{1}{2\ln 2}\|\rho' - \sigma'\|_1^2 \tag{11.163}$$

$$= \frac{1}{2\ln 2}[\|\rho - \sigma\|_1 + (1 - \text{Tr}\{\sigma\})]^2 \tag{11.164}$$

$$\geq \frac{1}{2\ln 2}\|\rho - \sigma\|_1^2 \tag{11.165}$$

첫 번째 부등식은 양자 상대 엔트로피 단조성(정리 11.8.1)의 결과다. 두 번째 부등식은 고전 핀스커 부등식(정리 10.8.1)에서 유도된다. 두 번째 등식은 측정 선로 $\mathcal{M}$이 대각합 선로에 도달하도록 선택됐기 때문에 유도된다. □

11.9.1 양자 엔트로피 부등식들의 동등함

양자 상대 엔트로피의 단조성(정리 11.8.1)이 어떻게 양자정보 이론의 다른 많은 엔트로피 부등식을 유도하는지는 이미 살펴봤다. 하지만 이 다른 엔트로피 부등식 중 어떤 것들이 또한 양자 상대 엔트로피의 단조성을 유도할 수 있다는 점은 분명하지 않다. 따라서, 말하자면 정보, 상관성, 또는 구분 가능성은 양자 선로가 작용하면 감소하거나, 아니면 조건화 계에 양자 선로가 작용하면 조건부 불확실성이 증가한다는 것으로, 이 엔트로피 부등식은 양자정보 이론의 '법칙^{law}'을 구성한다고 합쳐서 말할 수 있다. 이 등가성을 다음과 같이 공식화할 수 있다.

【정리 11.9.2】 다음의 주장은 이들 중 하나를 이용해 다른 주장을 증명할 수 있다는 점에서 모두 동등하다.

1. 양자 상대 엔트로피는 양자 선로에 대해 단조적이다. 즉, ρ, $\sigma \in \mathcal{D}(\mathcal{H})$이고 $\mathcal{N} : \mathcal{L}(\mathcal{H}) \to \mathcal{L}(\mathcal{H}')$이 양자 선로일 때, $D(\rho\|\sigma) \geq D(\mathcal{N}(\rho)\|\mathcal{N}(\sigma))$이다.

2. 양자 상대 엔트로피는 부분 대각합에 대해 단조적이다. 즉, ρ_{AB}, $\sigma_{AB} \in \mathcal{D}(\mathcal{H}_A \otimes \mathcal{H}_B)$일 때 $D(\rho_{AB}\|\sigma_{AB}) \geq D(\rho_B\|\sigma_B)$이다.

3. 양자 상대 엔트로피는 결합적으로 볼록하다. 즉, p_X가 유한한 알파벳 $\mathcal{X}$에 대한 확률 분포이고, 모든 $x \in \mathcal{X}$에 대해 ρ^x, $\sigma^x \in \mathcal{D}(\mathcal{H})$이고, $\rho \equiv \sum_x p_X(x)\rho^x$이고 $\sigma \equiv \sum_x p_X(x)\sigma^x$일 때 $\sum_x p_X(x)D(\rho^x \| \sigma^x) \geq D(\bar{\rho} \| \bar{\sigma})$이다.

4. 조건부 양자 상호 정보는 음수가 아니다. 즉, $I(A; B|C)_\rho \geq 0$이다. 여기서 $\rho_{ABC} \in \mathcal{D}(\mathcal{H}_A \otimes \mathcal{H}_B \otimes \mathcal{H}_C)$이다.

5. 조건부 양자 엔트로피는 볼록하다. 즉, p_X가 유한한 알파벳 $\mathcal{X}$에 대한 확률 분포이고, 모든 $x \in \mathcal{X}$에 대해 $\rho^x_{AB} \in \mathcal{D}(\mathcal{H}_A \otimes \mathcal{H}_B)$이고, $\rho_{AB} \equiv \sum_x p_X(x)\rho^x_{AB}$일 때 $H(A|B)_\rho \geq \sum_x p_X(x)H(A|B)_{\rho^x}$이다.

【증명】 이미 1번으로부터 2번, 3번, 4번을 증명했고, 4번으로부터 5번을 증명했다 (몇 가지는 연습문제로 남겨뒀다). 따라서 결과를 보강하기 위해 남은 것은 다른 주장으로부터 1번을 유도하는 것이다. 2번으로부터 1번을 유도하는 것은 스타인스프링 지연 정리$^{\text{Stinespring dilation theorem}}$를 이용할 수 있다. 즉, $U : \mathcal{H} \to \mathcal{H}' \otimes \mathcal{H}_E$가 선로 $\mathcal{N}$의 등척 확장이라고 하자. 그러면 다음이 성립한다.

$$D(\rho\|\sigma) = D(U\rho U^\dagger \| U\sigma U^\dagger) \tag{11.166}$$
$$\geq D(\mathrm{Tr}_E\{U\rho U^\dagger\} \| \mathrm{Tr}_E\{U\sigma U^\dagger\}) \tag{11.167}$$
$$= D(\mathcal{N}(\rho)\|\mathcal{N}(\sigma)) \tag{11.168}$$

첫 번째 등식은 등척변환에 대해 양자 상대 엔트로피의 불변성(연습문제 11.8.6)에서 유도된다. 위의 부등식은 부분 대각합에 대한 단조성(가정에 의함)에서 유도된다. 그리고 마지막 등식은 U가 $\mathcal{N}$의 등척 확장이라는 사실에서 유도된다.

관련된 접근법으로 3에서 1을 얻을 수 있다. $d = \dim(\mathcal{H}_E)$이고 $\{V^i_E\}$가 환경계 E에 대한 유니터리 연산자의 하이젠베르크-와일 집합이라고 하자.

$$D(\mathcal{N}(\rho)\|\mathcal{N}(\sigma)) = D(\mathcal{N}(\rho) \otimes \pi_E \| \mathcal{N}(\sigma) \otimes \pi_E) \tag{11.169}$$

$$= D\left(\frac{1}{d^2}\sum_i V^i_E U\rho U^\dagger \left(V^i_E\right)^\dagger \,\middle\|\, \frac{1}{d^2}\sum_i V^i_E U\sigma U^\dagger \left(V^i_E\right)^\dagger\right) \tag{11.170}$$

$$\leq \frac{1}{d^2}\sum_i D(V^i_E U\rho U^\dagger \left(V^i_E\right)^\dagger \| V^i_E U\sigma U^\dagger \left(V^i_E\right)^\dagger) \tag{11.171}$$

$$= D(\rho\|\sigma) \tag{11.172}$$

첫 번째 등식은 양자 상대 엔트로피의 가법성(연습문제 11.8.7)과 $D(\pi_E \| \pi_E) = 0$이라는 사실에서 유도된다. 두 번째 등식은 하이젠베르크-와일 유니터리 연산자의 무작위 적용은 E계를 대각합으로 취해서 버리고 π_E로 대체한 것과 같다(연습문제 4.7.6 참고)는 사실에서 유도된다. 위의 부등식은 결합 볼록성(가정에 의함)에서 유도되고, 마지막 등식은 등척변환에 대한 양자 상대 엔트로피의 불변성(연습문제 11.8.6)에서 유도된다.

이제 조건부 엔트로피의 오목성이 양자 상대 엔트로피의 단조성을 이끌어냄을 보이자. 이 증명은 가장 많은 분량을 차지한다. 그렇게 하기 전에, 행렬 해석학에서 좀 더 고급 정리를 가져와야 한다. f가 어떤 자기수반 연산자 A의 스펙트럼의 열린 근방에 대해 미분 가능한 함수라고 하자. 그러면 A에서의 미분 Df는 다음과 같다.

$$Df(A) : K \to \sum_{\lambda, \eta} f^{[1]}(\lambda, \eta) P_A(\lambda) K P_A(\eta) \tag{11.173}$$

여기서 $A = \sum_\lambda \lambda P_A(\lambda)$는 A의 스펙트럼 분해이고 $f^{[1]}$은 1차 분할된 차분 함수라고 한다. 특히, $x \mapsto A(x) \in \mathcal{L}(\mathcal{H})$(여기서 $A(x)$는 양의 준정부호다.)가 $\mathbb{R}$의 열린 구간에서 미분 가능한 함수이고 그 도함수를 A'이라고 한다면

$$\frac{d}{dx} f(A(x)) = \sum_{\lambda, \eta} f^{[1]}(\lambda, \eta) P_{A(x)}(\lambda) A'(x) P_{A(x)}(\eta) \tag{11.174}$$

이고, 따라서

$$\frac{d}{dx} \mathrm{Tr} \{ f(A(x)) \} = \mathrm{Tr} \{ f'(A(x)) A'(x) \} \tag{11.175}$$

이다. 이제 식 (11.175)가 보통의 연쇄 규칙과 유사하게 나타나는지 보자. 만약 $A(x) = A + xB$라고 하면 다음이 성립한다.

$$\frac{d}{dx} \mathrm{Tr} \{ f(A(x)) \} = \mathrm{Tr} \{ f'(A(x)) B \} \tag{11.176}$$

이 공식은 증명해야 할 핵심 공식이다. 다음으로 $A(x) = \sigma_{AB} + x\rho_{AB}$로 선택한다. 여기서 $\rho_{AB}, \sigma_{AB} \in \mathcal{D}(\mathcal{H}_A \otimes \mathcal{H}_B)$이고 $x > 0$이다. 만약 $\mathrm{supp}(\rho_{AB}) \subseteq \mathrm{supp}(\sigma_{AB})$를 만족시키지 못한다면, $\varepsilon \in (0, 1)$과 최대로 섞인 상태 π_{AB}에 대해 $\sigma'_{AB} \equiv (1 - \varepsilon)\sigma_{AB} + \varepsilon\pi_{AB}$로 선택한다. 그런 다음, $\varepsilon \to 0$인 극한을 취할 것이다. 또한 $f : X \to$

X^{-1}인 함수는 역연산이 존재하는 밀도 연산자의 집합에 대해 모든 영역에서 미분 가능하다는 일반적인 사실도 사용한다. 그리고 역행렬이 존재하는 X에서 그 도함수 는 $f'(X) : Y \rightarrow -X^{-1}YX^{-1}$이다. 조건부 엔트로피가 다음의 관점에서 균질하다 는 점을 생각해보자.

$$H(A|B)_{xG} = xH(A|B)_G \tag{11.177}$$

여기서 $G_{AB} \in \mathcal{L}(\mathcal{H}_A \otimes \mathcal{H}_B)$는 양의 준정부호 연산자다.

$$\xi_{YAB} \equiv \frac{1}{x+1}|0\rangle\langle 0|_Y \otimes \sigma_{AB} + \frac{x}{x+1}|1\rangle\langle 1|_Y \otimes \rho_{AB} \tag{11.178}$$

라고 하자. 그러면 조건부 엔트로피의 균질성과 오목성(가정에 의해 5번이 참이라고 하면) 으로부터 다음이 유도된다.

$$H(A|B)_{\sigma+x\rho} = (x+1)H(A|B)_\xi \tag{11.179}$$
$$\geq (x+1)\left[\frac{1}{x+1}H(A|B)_\sigma + \frac{x}{x+1}H(A|B)_\rho\right] \tag{11.180}$$
$$= H(A|B)_\sigma + xH(A|B)_\rho \tag{11.181}$$

위의 부등식을 변형하면

$$\frac{H(A|B)_{\sigma+x\rho} - H(A|B)_\sigma}{x} \geq H(A|B)_\rho \tag{11.182}$$

을 얻는다. 그리고 $x \searrow 0$인 극한을 취하면 다음이 성립한다.

$$\lim_{x \searrow 0} \frac{H(A|B)_{\sigma+x\rho} - H(A|B)_\sigma}{x} = \left.\frac{d}{dx}H(A|B)_{\sigma+x\rho}\right|_{x=0} \geq H(A|B)_\rho \tag{11.183}$$

이제 좌변의 극한을 계산하자. 그러면

$$\frac{d}{dx}H(A|B)_{\sigma+x\rho} = \frac{d}{dx}\left[-\mathrm{Tr}\left\{(\sigma_{AB} + x\rho_{AB})\log(\sigma_{AB} + x\rho_{AB})\right\}\right]$$
$$+ \frac{d}{dx}\mathrm{Tr}\left\{(\sigma_B + x\rho_B)\log(\sigma_B + x\rho_B)\right\} \tag{11.184}$$

를 생각해야 한다. 이 식은 $\frac{d}{dy}[g(y)\log g(y)] = [\log g(y) + 1]g'(y)$(2진 로그를 사용해 계수가 $\ln 2$만큼의 차이가 있다.)와 식 (11.176)을 이용해 계산할 수 있다. 그러면

$$\frac{d}{dx} \mathrm{Tr}\left\{(\sigma_{AB} + x\rho_{AB}) \log(\sigma_{AB} + x\rho_{AB})\right\} = \mathrm{Tr}\left\{[\log(\sigma_{AB} + x\rho_{AB}) + I_{AB}]\rho_{AB}\right\}$$

$$(11.185)$$

를 얻고,

$$\frac{d}{dx} H(A|B)_{\sigma+x\rho} = -\mathrm{Tr}\left\{\rho_{AB} \log(\sigma_{AB} + x\rho_{AB})\right\} + \mathrm{Tr}\left\{\rho_B \log(\sigma_B + x\rho_B)\right\}$$

$$(11.186)$$

가 성립하며, 따라서

$$\left.\frac{d}{dx} H(A|B)_{\sigma+x\rho}\right|_{x=0} = -\mathrm{Tr}\left\{\rho_{AB} \log\sigma_{AB}\right\} + \mathrm{Tr}\left\{\rho_B \log\sigma_B\right\} \quad (11.187)$$

이다. 식 (11.183)의 부등식에 다시 대입하면,

$$-\mathrm{Tr}\left\{\rho_{AB} \log\sigma_{AB}\right\} + \mathrm{Tr}\left\{\rho_B \log\sigma_B\right\} \geq -\mathrm{Tr}\left\{\rho_{AB} \log\rho_{AB}\right\} + \mathrm{Tr}\left\{\rho_B \log\rho_B\right\}$$

$$(11.188)$$

을 얻고, 이것은

$$D(\rho_{AB}\|\sigma_{AB}) \geq D(\rho_B\|\sigma_B) \tag{11.189}$$

와 동등하다. 만약 서포트 조건 $\mathrm{supp}(\rho_{AB}) \subseteq \mathrm{supp}(\sigma_{AB})$가 성립하지 않는다면, σ'_{AB}을 앞에서 말했던 대로 선택하고, 그러면 위의 전개 과정은 그대로 성립한다. 결과적으로 $\varepsilon \to 0$인 극한을 취하여 $D(\rho_{AB}\|\sigma_{AB}) = +\infty$를 보일 수 있고, 그러면 이 경우 부등식은 자명하게 성립한다. □

11.9.2 양자 자료 처리

다음에 논의할 양자 자료 처리 부등식은 고전 자료 처리 부등식과 기본 정신은 유사하다. 고전 자료 처리 부등식이 고전 자료의 처리를 고전 상관성으로 환원시킨다는 내용임을 생각해보자. 양자 자료 처리 부등식은 양자 자료의 처리를 양자 상관성으로 환원시킨다는 내용이다.

다음 상황에 한 가지 변형을 적용하겠다. 앨리스와 밥이 어떤 2분할 상태 ρ_{AB}를 공유한다고 하자. 결맞은 정보 $I(A\rangle B)_\rho$는 이 상태에서 보이는 양자 상관성의 한 척도다. 그리고 밥이 자신의 B계에 어떤 양자 선로 $\mathcal{N}_{B\to B'}$에 따라 어떤 양자계 B'을 생성하고, 그 결과를 $\sigma_{AB'}$이라고 나타낸다. 양자 자료 처리 부등식은 이런 양자 자료 처리가 다음과 같은 관점에서 양자 상관성을 감소시킨다는 뜻이다.

$$I(A\rangle B)_\rho \geq I(A\rangle B')_\sigma \tag{11.190}$$

【정리 11.9.3】 결맞은 정보에 대한 자료 처리 $\rho_{AB} \in \mathcal{D}(\mathcal{H}_A \otimes \mathcal{H}_B)$이고, $\mathcal{N} : \mathcal{L}(\mathcal{H}_B) \to \mathcal{L}(\mathcal{H}_{B'})$이 어떤 양자 선로라고 하자. $\sigma_{AB'} \equiv \mathcal{N}_{B\to B'}(\rho_{AB})$로 두자. 그러면 다음의 양자 자료 처리 부등식이 성립한다.

$$I(A\rangle B)_\rho \geq I(A\rangle B')_\sigma \tag{11.191}$$

【증명】   이 정리는 연습문제 11.8.3과 정리 11.8.1의 결과다. 연습문제 11.8.3에 의해

$$I(A\rangle B)_\rho = D(\rho_{AB}\|I_A \otimes \rho_B) \tag{11.192}$$
$$I(A\rangle B')_\sigma = D(\sigma_{AB'}\|I_A \otimes \sigma_{B'}) \tag{11.193}$$
$$= D(\mathcal{N}_{B\to B'}(\rho_{AB})\|I_A \otimes \mathcal{N}_{B\to B'}(\rho_B)) \tag{11.194}$$
$$= D(\mathcal{N}_{B\to B'}(\rho_{AB})\|\mathcal{N}_{B\to B'}(I_A \otimes \rho_B)) \tag{11.195}$$

임을 알고 있다. 정리 11.8.1에 $\rho = \rho_{AB}$, $\sigma = I_A \otimes \rho_B$, $\mathcal{N} = \mathrm{id}_A \otimes \mathcal{N}_{B\to B'}$으로 두면 양자 상대 엔트로피의 단조성으로부터 정리가 증명된다. □

【정리 11.9.4】 상호 정보의 자료 처리 $\rho_{AB} \in \mathcal{D}(\mathcal{H}_A \otimes \mathcal{H}_B)$이고, $\mathcal{N} : \mathcal{L}(\mathcal{H}_A) \to \mathcal{L}(\mathcal{H}_{A'})$이 어떤 양자 선로라고 하자. 그리고 $\mathcal{M} : \mathcal{L}(\mathcal{H}_B) \to \mathcal{L}(\mathcal{H}_{B'})$이 어떤 양자 선로라고 하자. $\sigma_{A'B'} \equiv (\mathcal{N}_{A\to A'} \otimes \mathcal{M}_{B\to B'})(\rho_{AB})$라고 두자. 그러면 다음의 양자 자료 처리 부등식이 양자 상호 정보에 적용된다.

$$I(A;B)_\rho \geq I(A';B')_\sigma \tag{11.196}$$

【증명】   연습문제 11.8.2로부터

$$I(A;B)_\rho = D(\rho_{AB}\|\rho_A \otimes \rho_B) \tag{11.197}$$
$$I(A';B')_\sigma = D(\sigma_{A'B'}\|\sigma_{A'} \otimes \sigma_{B'}) \tag{11.198}$$
$$= D((\mathcal{N}_{A\to A'} \otimes \mathcal{M}_{B\to B'})(\rho_{AB})\|\mathcal{N}_{A\to A'}(\rho_A) \otimes \mathcal{M}_{B\to B'}(\rho_B)) \tag{11.199}$$
$$= D((\mathcal{N}_{A\to A'} \otimes \mathcal{M}_{B\to B'})(\rho_{AB})\|(\mathcal{N}_{A\to A'} \otimes \mathcal{M}_{B\to B'})(\rho_A \otimes \rho_B)) \tag{11.200}$$

임을 알 수 있다. 이제 정리 11.8.1에 $\rho = \rho_{AB}$, $\sigma = \rho_A \otimes \rho_B$, $\mathcal{N} = \mathcal{N}_{A \to A'} \otimes \mathcal{M}_{B \to B'}$이라고 두면, 양자 상대 엔트로피의 단조성으로부터 정리가 증명된다. □

【연습문제 11.9.1】 $\rho_{AB} \in \mathcal{D}(\mathcal{H}_A \otimes \mathcal{H}_B)$이고, $\mathcal{N} : \mathcal{L}(\mathcal{H}_A) \to \mathcal{L}(\mathcal{H}_{A'})$이 단위적 양자 선로이며, $\mathcal{M} : \mathcal{L}(\mathcal{H}_B) \to \mathcal{L}(\mathcal{H}_{B'})$이 양자 선로라고 하자. $\sigma_{A'B'} \equiv (\mathcal{N}_{A \to A'} \otimes \mathcal{M}_{B \to B'})(\rho_{AB})$라고 두자. 다음을 증명하라.

$$I(A \rangle B)_\rho \geq I(A' \rangle B')_\sigma \tag{11.201}$$

【연습문제 11.9.2】 홀레보 한계 양자 자료 처리 부등식을 이용해 홀레보 정보 $\chi(\mathcal{E})$가 접근 가능한 정보 $I_{\mathrm{acc}}(\mathcal{E})$의 상계임을 보여라.

$$I_{\mathrm{acc}}(\mathcal{E}) \leq \chi(\mathcal{E}) \tag{11.202}$$

여기서 $\mathcal{E}$는 양자 상태의 앙상블이다(접근 가능한 정보의 정의는 10.9.2절을 참고하라).

【연습문제 11.9.3】 섀넌 엔트로피 대 폰 노이만 엔트로피 앙상블 $\{p_X(x), |\psi_x\rangle\}$를 생각해 보자. 이 앙상블의 기대 밀도 연산자는 다음과 같다.

$$\rho \equiv \sum_x p_X(x) |\psi_x\rangle\langle\psi_x| \tag{11.203}$$

양자 자료 처리 부등식을 사용해 섀넌 엔트로피 $H(X)$가 기대 밀도 연산자 ρ의 양자 엔트로피보다 절대로 작을 수 없음을 보여라.

$$H(X) \geq H(\rho) \tag{11.204}$$

(힌트: 공유된 고전적 무작위성 상태 $\sum_x p_X(x)|x\rangle\langle x|_X \otimes |x\rangle\langle x|_{X'}$으로 시작해서, X'계에 준비 선로를 적용하라.) 앙상블의 상태가 직교하지 않을 때는 이 앙상블의 섀넌 엔트로피가 항상 양자 엔트로피보다 엄격하게 더 크다는 것을 증명하라.

【연습문제 11.9.4】 위 연습문제의 아이디어를 사용해 ρ_{XB}가 고전-양자 상태일 때는 조건부 엔트로피 $H(X|B)_\rho$가 항상 음수가 아님을 보여라.

$$\rho_{XB} \equiv \sum_x p_X(x)|x\rangle\langle x|_X \otimes \rho_B^x \tag{11.205}$$

추가로 $H(X|B)_\rho \geq 0$가 $H(B)_\rho \leq H(X)_\rho + H(B|X)_\rho$이고 $I(X;B)_\rho \leq H(X)_\rho$임

과 동등함을 보여라.

【연습문제 11.9.5】결맞은 정보의 분리 가능성과 음수성 임의의 분리 가능한 상태 ρ_{AB}에 대해 다음의 부등식이 성립함을 보여라.

$$\max\left\{I(A\rangle B)_\rho, I(B\rangle A)_\rho\right\} \leq 0 \tag{11.206}$$

【연습문제 11.9.6】CQMI에 대한 양자 자료 처리 $\rho_{ABC} \in \mathcal{D}(\mathcal{H}_A \otimes \mathcal{H}_B \otimes \mathcal{H}_C)$, $\mathcal{N} : \mathcal{L}(\mathcal{H}_A) \to \mathcal{L}(\mathcal{H}_{A'})$이 양자 선로이고, $\mathcal{M} : \mathcal{L}(\mathcal{H}_B) \to \mathcal{L}(\mathcal{H}_{B'})$이 양자 선로라고 하자. $\sigma_{A'B'C} \equiv (\mathcal{N}_{A\to A'} \otimes \mathcal{M}_{B\to B'})(\rho_{ABC})$라고 두자. 다음을 증명하라.

$$I(A;B|C)_\rho \geq I(A';B'|C)_\sigma \tag{11.207}$$

11.9.3 엔트로피 불확정성 원리

3.4.2절에서 살펴본 불확정성 원리는 양자역학의 근본적 특성을 포착하는 것이 목적이다. 즉, 호환되지 않는 (가환이 아닌) 관측 가능량의 측정 결과에서 피할 수 없는 불확정성이 존재한다는 것이다. 이 불확정성 원리는 위치와 운동량 같은 호환되지 않는 관측 가능량을 측정하는 데 아무런 장애물도 없는 것처럼 보였던 고전적 직관으로부터의 급진적인 출발점이다.

하지만 앞에서 살펴본 (교재들 대부분의 표준 내용인) 불확정성 원리는 몇 가지 부족한 점이 있다. 먼저, 불확정성의 척도가 표준편차인데 이것은 측정 결과의 확률의 함수일 뿐만 아니라 측정 결괏값의 함수다. 따라서 측정 결괏값이 불확정성 척도를 왜곡할 수 있다(그러나 이 어려움을 피하기 위해 항상 값들을 다시 이름 붙일 수 있다). 하지만 더 중요한 것은 정보 이론적 관점에서 볼 때, 엔트로피에 대해 존재하는 표준편차에 대한 조작적 해석이 분명하지 않다는 점이다. 두 번째로, 식 (3.88)의 하계는 관측 가능량에 의존할 뿐만 아니라 상태에도 의존한다. 연습문제 3.4.5에서는 측정 결과에 해당하는 분포가 사실 불확정성을 갖고 있을 때조차 이 하계가 상태에 대해 어떻게 소멸될 수 있는지 살펴봤다. 따라서 이상적으로는 이 하계를 두 항으로 나눌 수 있는데, 측정의 비호환성에만 의존하는 항과 상태에만 의존하는 항이다.

추가로, 두 참가자가 최대로 얽힌 상태에 접근하도록 하는 것은 불확정성 원리를 무시하도록 하는 것처럼 보일 수 있다(그리고 이것이 양자역학이 만들어진 이후 아인슈타

인, 포돌스키, 로젠을 당혹스럽게 만든 부분이다). 실제로, 앨리스와 밥이 벨 상태 $|\Phi^+\rangle = 2^{-1/2}(|00\rangle + |11\rangle) = 2^{-1/2}(|++\rangle + |--\rangle)$를 공유하고 있다고 하자. 만약 앨리스가 파울리 Z 관측 가능량을 자신의 계에 측정하면, 밥은 앨리스의 측정 결과를 확실하게 알 수 있다. 또한 만약 앨리스가 파울리 X 관측 가능량을 자신의 계에 측정했다면, 밥은 앨리스의 측정 결과를 확실하게 알 수 있다. Z와 X가 호환되지 않는 관측 가능량이라는 사실에도 불구하고 말이다. 따라서 불확정성 원리를 개선하려면 밥이 앨리스의 계와 상관된 **양자 메모리**quantum memory를 공유하는 상황에서의 이런 가능성에 대해 분명히 짚고 넘어가야 한다.

양자 메모리가 존재할 때의 불확정성 원리는 위에서 필요하다고 말했던 모든 것을 아우르는 그런 개선판이다. 이 개선판은 표준편차보다는 양자 엔트로피를 이용해 불확정성을 정량화하고, 관찰자가 측정되는 계와 연관된 양자 메모리를 갖고 있는 상황에 대해서도 설명한다. 그러면 앨리스와 밥이 어떤 상태 ρ_{AB}에 있는 A계와 B계를 공유하고 있다고 하자. 만약 앨리스가 POVM $\{\Lambda_A^x\}$에 해당하는 측정 선로를 자신의 A계에 수행하면, 측정 후의 상태는 다음과 같다.

$$\sigma_{XB} \equiv \sum_x |x\rangle\langle x|_X \otimes \mathrm{Tr}_A\{(\Lambda_A^x \otimes I_B)\rho_{AB}\} \tag{11.208}$$

위의 고전-양자 상태에서 측정 결과 x는 고전 레지스터 X의 정규직교 상태 $\{|x\rangle\}$에 부호화됐고, x를 얻을 확률은 $\mathrm{Tr}\{(\Lambda_A^x \otimes I_B)\rho_{AB}\}$이다. 밥이 측정 결과에 대해 가질 불확정성을 정량화하고, 그렇게 하는 자연스러운 양은 조건부 양자 엔트로피 $H(X|B)_\sigma$를 가질 것이다. 마찬가지로, 상태 ρ_{AB}에서 시작하여 앨리스가 POVM $\{\Gamma_A^z\}$에 해당하는 다른 어떤 측정을 자신의 A계에 수행하기로 할 수도 있다. 이 경우, 측정 후의 상태는 다음과 같다.

$$\tau_{ZB} \equiv \sum_z |z\rangle\langle z|_Z \otimes \mathrm{Tr}_A\{(\Gamma_A^z \otimes I_B)\rho_{AB}\} \tag{11.209}$$

이는 앞서와 비슷한 해석을 갖는다. 측정 결과 z에 대한 밥의 불확정성을 조건부 양자 엔트로피 $H(Z|B)_\tau$를 이용해 정량화할 수 있다. 측정 결과에 대한 밥의 전체 불확정성을 두 엔트로피의 합으로 정의한다. 즉, $H(X|B)_\sigma + H(Z|B)_\tau$이다. 이것을 식 (3.88)의 불확정성 곱과 유사한 방식으로, **불확정성 합**uncertainty sum이라고 할 것이다.

위에서 호환 불가능한 측정 항과 상태에 의존하는 항으로 구성된 불확정성 합의 하계를 알고 싶다고 설명했다. POVM $\{\Lambda_A^x\}$와 $\{\Gamma_A^z\}$의 호환 불가능성을 정량화하는 한 방법은 다음의 양을 이용하는 것이다.

$$c \equiv \max_{x,z} \left\| \sqrt{\Lambda_A^x} \sqrt{\Gamma_A^z} \right\|_\infty^2 \tag{11.210}$$

여기서 $\|\cdot\|_\infty$는 연산자의 무한 노름infinity norm이다(유한 차원의 경우, $\|A\|_\infty$는 단지 $|A|$의 최대 고윳값이다). 이 호환 불가능성 척도에 대한 직관을 떠올리려면, $\{\Lambda_A^x\}$와 $\{\Gamma_A^z\}$가 실질적으로 하나의 공통 원소를 갖는 완전한 사영 측정이라고 하자. 이 경우 $c = 1$임을 알 수 있고, 따라서 측정은 최대로 호환된다고 할 수 있다. 반면에, 만약 측정이 파울리 관측 가능량 X와 Z라면 이들은 2차원 힐베르트 공간에 대해 최대로 호환 불가능하고 $c = 1/2$이다. 이제, 양자 메모리가 존재할 때 불확정성 원리를 말할 수 있다.

【정리 11.9.5】양자 메모리가 존재할 때의 불확정성 원리   앨리스와 밥이 상태 ρ_{AB}를 공유하고, 앨리스가 POVM $\{\Lambda_A^x\}$나 $\{\Gamma_A^z\}$ 중 하나를 자신이 가진 상태에 수행한다고 하자($\{\Lambda_A^x\}$나 $\{\Gamma_A^z\}$ 중 적어도 하나는 랭크 1의 POVM이다). 그러면 측정 결과에 대한 밥의 전체 불확정성은 다음의 하계를 갖는다.

$$H(X|B)_\sigma + H(Z|B)_\tau \geq \log(1/c) + H(A|B)_\rho \tag{11.211}$$

여기서 상태 σ_{XB}와 τ_{ZB}는 식 (11.208)과 식 (11.209)에서 각각 정의됐고, 측정의 호환 불가능성은 식 (11.210)에 정의됐다.

흥미롭게도, 위의 정리에서 제시된 하계는 측정의 호환 불가능성과 상태에 의존하는 항 $H(A|B)_\rho$로 이뤄져 있다. 연습문제 11.9.5에서 알았듯이, 조건부 양자 엔트로피 $H(A|B)_\rho$가 음수가 될 때 이것은 상태 ρ_{AB}가 얽혀 있다는 뜻이다(하지만 그 역이 성립할 필요는 없다). 따라서 음의 조건부 엔트로피는 불확실성 합의 하계가 $\log(1/c)$보다 더 낮아질 수 있다는 뜻이고, 거기에 측정 결과에 대한 밥의 전체 불확실성을 0까지 줄일 수도 있다는 뜻이다. 실제로, 예를 들면 앞에서 언급했던 최대로 얽힌 벨 상태에 대한 파울리 X와 Z의 측정이 바로 그 경우다. 이 경우에 대해 $\log(1/c) = 1$이고 $H(A|B) = -1$임을 알 수 있을 것이고, 따라서 이 사례에 대해 $H(X|B)_\sigma + H(Z|B)_\tau = 0$인 것과 잘 합치함을 알 수 있다. 이제 위의 정리를 증명하는 길을 제시하겠다(마지막 단계는 연습문제로 남겨둔다).

【증명】 다음의 불확정성 관계식을 대신 증명하겠다.

$$H(X|B)_\sigma + H(Z|E)_\omega \geq \log(1/c) \tag{11.212}$$

여기서 ω_{ZE}는 다음과 같은 형태의 고전-양자 상태다.

$$\omega_{ZE} \equiv \sum_z |z\rangle\langle z|_Z \otimes \mathrm{Tr}_{AB}\left\{(\Gamma_A^z \otimes I_{BE})\,\phi_{ABE}^\rho\right\} \tag{11.213}$$

그리고 ϕ_{ABE}^ρ는 ρ_{AB}의 양자정화다. 위의 불확정성 관계식이 Γ_A^z가 랭크 1 POVM이면 항상 위 정리의 주장을 유도할 수 있음을 증명하는 것은 연습문제로 남겨둔다. $\{\Lambda_A^x\}$와 $\{\Gamma_A^z\}$에 대해 다음의 등척 확장을 생각해보자.

$$U_{A \to XX'A} \equiv \sum_x |x\rangle_X \otimes |x\rangle_{X'} \otimes \sqrt{\Lambda_A^x} \tag{11.214}$$

$$V_{A \to ZZ'A} \equiv \sum_z |z\rangle_Z \otimes |z\rangle_{Z'} \otimes \sqrt{\Gamma_A^z} \tag{11.215}$$

여기서 $\{|x\rangle\}$와 $\{|z\rangle\}$는 둘 다 정규직교 기저다. $\omega_{ZZ'ABE}$가 다음의 상태를 나타낸다고 하자.

$$|\omega\rangle_{ZZ'ABE} \equiv V_{A \to ZZ'A} |\phi^\rho\rangle_{ABE} \tag{11.216}$$

따라서 $\omega_{ZE} = \mathrm{Tr}_{Z'AB}\{\omega_{ZZ'ABE}\}$이다. 연습문제 11.5.3에 따르면

$$H(Z|E)_\omega = -H(Z|Z'AB)_\omega \tag{11.217}$$

이고, 따라서 식 (11.212)는

$$-H(Z|Z'AB)_\omega \geq \log(1/c) - H(X|B)_\sigma \tag{11.218}$$

와 동등하다. 연습문제 11.8.3의 결과를 가져오면, 식 (11.218)이

$$D(\omega_{ZZ'AB}\|I_Z \otimes \omega_{Z'AB}) \geq \log(1/c) + D(\sigma_{XB}\|I_X \otimes \sigma_B) \tag{11.219}$$

와 동등함을 알 수 있다. 여기서 $\sigma_B = \omega_B$임을 알아두자. 따라서 식 (11.219)를 증명하면 된다. 다음의 연쇄적인 부등식을 보자.

$$D(\omega_{ZZ'AB}\|I_Z \otimes \omega_{Z'AB}) \tag{11.220}$$

$$\geq D\left(\omega_{ZZ'AB} \big\| VV^\dagger \left(I_Z \otimes \omega_{Z'AB}\right) VV^\dagger\right) \tag{11.221}$$

$$= D\left(\rho_{AB} \big\| V^\dagger \left(I_Z \otimes \omega_{Z'AB}\right) V\right) \tag{11.222}$$

$$= D\left(U\rho_{AB}U^\dagger \big\| UV^\dagger \left(I_Z \otimes \omega_{Z'AB}\right) VU^\dagger\right) \tag{11.223}$$

첫 번째 부등식은 선로 $\rho \to \Pi\rho\Pi + (I - \Pi)\,\rho\,(I - \Pi)$에 대해 양자 상대 엔트로피의 단조성으로부터 유도되고, 또한 $(I - \Pi)\omega_{ZZ'AB}(I - \Pi) = 0$에서도 유도할 수 있다. 여기서 $\Pi \equiv VV^\dagger$는 사영 연산자다. 첫 번째 등식은 등척변환에 대해 양자 상대 엔트로피가 불변이라는 사실(연습문제 11.8.6)과 $\omega_{ZZ'AB} = V\rho_{AB}V^\dagger$라는 사실에서 유도된다. 두 번째 등식은 다시 등척변환에 대해 양자 상대 엔트로피의 불변성으로부터 유도된다. $\sigma_{XX'ABE}$를

$$|\sigma\rangle_{XX'ABE} \equiv U_{A \to XX'A} |\phi^\rho\rangle_{ABE} \tag{11.224}$$

라고 정의하자. 그러면 식 (11.223)은

$$D\left(\sigma_{XX'AB} \big\| UV^\dagger \left(I_Z \otimes \omega_{Z'AB}\right) VU^\dagger\right) \tag{11.225}$$

와 같음을 알 수 있고, $UV^\dagger(I_Z \otimes \omega_{Z'AB})VU^\dagger$를 명시적으로 계산하면

$$UV^\dagger \left(I_Z \otimes \omega_{Z'AB}\right) VU^\dagger \tag{11.226}$$

$$= U \sum_{z',z} \langle z'|z\rangle_Z \left(\langle z'|_{Z'} \otimes \sqrt{\Gamma_A^{z'}}\right) \omega_{Z'AB} \left(|z\rangle_{Z'} \otimes \sqrt{\Gamma_A^z}\right) U^\dagger \tag{11.227}$$

$$= U \sum_{z} \left(\langle z|_{Z'} \otimes \sqrt{\Gamma_A^z}\right) \omega_{Z'AB} \left(|z\rangle_{Z'} \otimes \sqrt{\Gamma_A^z}\right) U^\dagger \tag{11.228}$$

이기 때문에, 식 (11.225)는

$$D\left(\sigma_{XX'AB} \bigg\| U \sum_{z} \left(\langle z|_{Z'} \otimes \sqrt{\Gamma_A^z}\right) \omega_{Z'AB} \left(|z\rangle_{Z'} \otimes \sqrt{\Gamma_A^z}\right) U^\dagger\right) \tag{11.229}$$

와 같다. $X'A$ 계에 대해 대각합을 취하고, 양자 상대 엔트로피의 단조성과 대각합의 순환성을 이용해 위의 식이

$$D\left(\sigma_{XB} \bigg\| \sum_{z,x} |x\rangle\langle x|_X \otimes \mathrm{Tr}_{Z'A} \left\{ \left(|z\rangle\langle z|_{Z'} \otimes \sqrt{\Gamma_A^z}\Lambda_A^x \sqrt{\Gamma_A^z}\right) \omega_{Z'AB} \right\}\right) \tag{11.230}$$

보다 작지 않음을 보일 수 있다. $\sqrt{\Gamma_A^z} \Lambda_A^x \sqrt{\Gamma_A^z} = |\sqrt{\Gamma_A^z}\sqrt{\Lambda_A^x}|^2 \leq cI$라는 사실을 이용하면

$$\sum_{z,x} |x\rangle\langle x|_X \otimes \mathrm{Tr}_{Z'A} \left\{ \left(|z\rangle\langle z|_{Z'} \otimes \left[cI_A - \sqrt{\Gamma_A^z} \Lambda_A^x \sqrt{\Gamma_A^z} \right] \right) \omega_{Z'AB} \right\} \quad (11.231)$$

가 양의 준정부호 연산자임을 유도할 수 있고, 또는 동등하게

$$\sum_{z,x} |x\rangle\langle x|_X \otimes \mathrm{Tr}_{Z'A} \left\{ \left(|z\rangle\langle z|_{Z'} \otimes \sqrt{\Gamma_A^z} \Lambda_A^x \sqrt{\Gamma_A^z} \right) \omega_{Z'AB} \right\} \leq c\, I_X \otimes \omega_B \quad (11.232)$$

를 유도할 수 있다. 명제 11.8.2와 연습문제 11.8.9는 식 (11.230)이

$$D(\sigma_{XB} \| c\, I_X \otimes \omega_B) = \log(1/c) + D(\sigma_{XB} \| I_X \otimes \omega_B) \quad (11.233)$$
$$= \log(1/c) + D(\sigma_{XB} \| I_X \otimes \sigma_B) \quad (11.234)$$

보다 작지 않음을 의미한다. 이것으로 식 (11.212)의 부등식을 증명한다. 식 (11.212)의 부등식에서 이 정리의 주장을 증명하는 것은 연습문제로 남겨둔다.

【연습문제 11.9.7】 식 (11.212)로부터 정리 11.9.5를 증명하라.

【연습문제 11.9.8】 정리 11.9.5를 이용해 단일 계의 상태 ρ_A에 대한 다음의 엔트로피 불확정성 관계를 증명하라.

$$H(X) + H(Z) \geq \log(1/c) + H(A)_\rho \quad (11.235)$$

여기서 $H(X)$와 $H(Z)$는 측정 결과의 섀넌 엔트로피다.

11.10 양자 엔트로피의 연속성

두 밀도 연산자 ρ와 σ가 대각합 거리에 대해 가까이 있다고 하자. 그러면 몇 가지 성질이 성립할 것을 예상할 수 있다. 즉, 둘 사이의 충실도가 1에 가까울 것이고 그 엔트로피가 가까워야 할 것이다. 정리 9.3.1은 대각합 거리가 작으면 충실도가 1에 가깝다는 내용이다.

아래의 중요한 정리인 파네스-오데나르트 부등식Fannes-Audenaert inequality은 양자 엔트로피도 가깝다는 내용이다. 이 정리는 통상적으로 양자 섀넌 이론의 역정리의 증

명에서 응용된다. 보통은 어떤 좋은 통신 규약의 명세에도(점근적으로 오류가 소멸한다는 관점에서) 통신 규약의 결과로 얻은 실제 상태와 생성해야 하는 이상적인 상태 사이의 대각합 거리에 대한 한계를 포함한다. 파네스-오데나르트 부등식은 오류에 대한 이 주장을 임의의 좋은 통신 규약의 점근적 통신 속도 한계를 말하는 정보에 대한 주장으로 바꿔준다.

【정리 11.10.1】파네스-오데나르트 부등식 $\rho, \sigma \in \mathcal{D}(\mathcal{H})$이고 $\frac{1}{2}||\rho - \sigma||_1 \leq \varepsilon \in [0, 1]$이라고 하자. 그러면 다음의 부등식이 성립한다.

$$|H(\rho) - H(\sigma)| \leq \begin{cases} \varepsilon \log\left[\dim(\mathcal{H}) - 1\right] + h_2(\varepsilon) & \varepsilon \in [0, 1 - 1/\dim(\mathcal{H})]\text{인 경우} \\ \log\dim(\mathcal{H}) & \text{그 외} \end{cases}$$

(11.236)

이 결과를 합치면, 전체적인 한계는 다음과 같다.

$$|H(\rho) - H(\sigma)| \leq \varepsilon \log\dim(\mathcal{H}) + h_2(\varepsilon) \tag{11.237}$$

【증명】 이 정리의 증명은 정리 10.7.4의 고전적 결과를 응용하는 것에서 유도된다. 먼저, $\varepsilon \in [0, 1 - 1/\dim(\mathcal{H})]$인 경우

$$H(\rho) - H(\sigma) \leq \varepsilon \log\left[\dim(\mathcal{H}) - 1\right] + h_2(\varepsilon) \tag{11.238}$$

임을 증명한다. 우선, $f(\varepsilon) \equiv \varepsilon \log\left[\dim(\mathcal{H}) - 1\right] + h_2(\varepsilon)$이라는 함수는 $[0, 1 - 1/\dim(\mathcal{H})]$ 구간에서 단조적으로 감소하지 않는다는 점을 생각해보자. 이것은 $\varepsilon \in [0, 1 - 1/\dim(\mathcal{H})]$의 구간에서 $f'(\varepsilon) = \log\left[\dim(\mathcal{H}) - 1\right] + \log\left(\frac{1-\varepsilon}{\varepsilon}\right) \geq 0$이기 때문이다. $\sigma = \sum_y p(y)|y\rangle\langle y|$이 σ의 스펙트럼 분해라고 하자. $\overline{\Delta}_\sigma$가 다음의 완전한 위상 완화 선로를 나타낸다고 하자.

$$\overline{\Delta}_\sigma(\omega) = \sum_y |y\rangle\langle y|\omega|y\rangle\langle y| \tag{11.239}$$

$\overline{\Delta}_\sigma(\sigma) = \sigma$와 따름정리 11.9.3에 의해 $H(\rho) \leq H(\overline{\Delta}_\sigma(\rho))$를 알 수 있다. 그러면

$$H(\rho) - H(\sigma) \leq H(\overline{\Delta}_\sigma(\rho)) - H(\overline{\Delta}_\sigma(\sigma)) \tag{11.240}$$

동시에, 통신 선로에 대해 다음과 같은 대각합 거리의 단조성도 알고 있다(연습문제 9.1.9).

$$\|\rho - \sigma\|_1 \geq \left\|\overline{\Delta}_\sigma(\rho) - \overline{\Delta}_\sigma(\sigma)\right\|_1 \tag{11.241}$$

이 사실들을 합치면 다음을 유도할 수 있다.

$$H(\rho) - H(\sigma) \leq H(\overline{\Delta}_\sigma(\rho)) - H(\overline{\Delta}_\sigma(\sigma)) \tag{11.242}$$

$$\leq f\left(\frac{1}{2}\left\|\overline{\Delta}_\sigma(\rho) - \overline{\Delta}_\sigma(\sigma)\right\|_1\right) \tag{11.243}$$

$$\leq f\left(\frac{1}{2}\|\rho - \sigma\|_1\right) \tag{11.244}$$

여기서 두 번째 부등식은 정리 10.7.4에서 유도되고, 마지막 부등식은 f가 구간 $[0, 1 - 1/\dim(\mathcal{H})]$에서 단조적으로 감소하지 않기 때문에 유도된다.

또 다른 부등식 $H(\sigma) - H(\rho) \leq \varepsilon \log\left[\dim(\mathcal{H}) - 1\right] + h_2(\varepsilon)$은 같은 증명 방법으로 유도되지만, 대신에 ρ의 고유기저에 대한 위상완화를 사용한다. $|H(\rho) - H(\sigma)| \leq \log(\dim(\mathcal{H}))$라는 한계는 엔트로피가 음수가 아니고 $\log(\dim(\mathcal{H}))$를 넘을 수 없다는 사실에서 자명하다. □

이 정리의 또 다른 변형을 아래에서 설명한다. 다만, 전체 증명을 제시하지는 않고 논의만을 제시한다. 이 증명 밑그림은 오데나르트의 원래 식견(Audenaert, 2007)을 사용한다.

【정리 11.10.2】 **파네스-오데나르트 부등식** $\rho, \sigma \in \mathcal{D}(\mathcal{H})$이고 $T \equiv \frac{1}{2}\|\rho - \sigma\|_1$이라고 하자. 그러면 다음의 부등식이 성립한다.

$$|H(\rho) - H(\sigma)| \leq T \log\left[\dim(\mathcal{H}) - 1\right] + h_2(T) \tag{11.245}$$

게다가, 모든 $T \in [0, 1]$과 차원 $\dim(\mathcal{H})$에 대해 등호가 성립하는 상태의 짝이 존재하기 때문에 이 한계는 최적이다.

【증명】 다음의 부등식은 행렬 해석학 이론에서 알려졌다(Bhatia, 1997, Inequality IV.62).

$$T_0 \equiv \frac{1}{2}\left\|\text{Eig}^\downarrow(\rho) - \text{Eig}^\downarrow(\sigma)\right\|_1 \leq T = \frac{1}{2}\|\rho - \sigma\|_1$$
$$\leq T_1 \equiv \frac{1}{2}\left\|\text{Eig}^\downarrow(\rho) - \text{Eig}^\uparrow(\sigma)\right\|_1 \tag{11.246}$$

$\text{Eig}^{\downarrow}(A)$는 에르미트 행렬 A의 증가하지 않는 순서로 적은 고윳값의 목록이고, $\text{Eig}^{\uparrow}(A)$는 감소하지 않는 순서로 적은 고윳값의 목록이다. 그러면 엔트로피는 고윳값에만 의존하며 이들 사이의 치환에는 불변이라는 사실을 적용해,

$$|H(\rho) - H(\sigma)| = \left| H(\text{Eig}^{\downarrow}(\rho)) - H(\text{Eig}^{\downarrow}(\sigma)) \right| \tag{11.247}$$

$$\leq T_0 \log\left[\dim(\mathcal{H}) - 1\right] + h_2(T_0) \tag{11.248}$$

임을 알 수 있다. 여기서 부등식은 정리 10.7.4에서 유도된다. 마찬가지로,

$$|H(\rho) - H(\sigma)| = \left| H(\text{Eig}^{\downarrow}(\rho)) - H(\text{Eig}^{\uparrow}(\sigma)) \right| \tag{11.249}$$

$$\leq T_1 \log\left[\dim(\mathcal{H}) - 1\right] + h_2(T_1) \tag{11.250}$$

식 (11.246)으로부터 어떤 $\lambda \in [0, 1]$에 대해 $T = \lambda T_0 + (1 - \lambda)T_1$이다. 이항 엔트로피의 오목성을 적용하면

$$\begin{aligned}
|H(\rho) - H(\sigma)| &\leq \lambda\left[T_0 \log\left[\dim(\mathcal{H}) - 1\right] + h_2(T_0)\right] \\
&\quad + (1 - \lambda)\left[T_1 \log\left[\dim(\mathcal{H}) - 1\right] + h_2(T_1)\right] \\
&\leq T \log\left[\dim(\mathcal{H}) - 1\right] + h_2(T) \quad (11.251)
\end{aligned}$$

임을 알 수 있다. 위의 부등식은 최적이다. 왜냐하면 $\rho = |0\rangle\langle 0|$으로 두고 $\sigma = (1 - \varepsilon)$ $|0\rangle\langle 0| + \varepsilon/(d - 1)|1\rangle\langle 1| + \cdots + \varepsilon/(d - 1)|d - 1\rangle\langle d - 1|$이라고 두면 모든 $\varepsilon \in [0, 1]$과 모든 차원 d에 대해 등호가 성립하기 때문이다. $\square$

아래의 중요한 정리는 알리키-파네스-윈터 부등식AFW(Alicki-Fannes-Winter) inequality이라고 하며, 조건부 양자 엔트로피도 가깝다는 내용이다. 이 주장은 파네스-오데나르트 부등식에서 직접 유도되지만, AFW 부등식의 핵심적인 장점은 그 상계가 조건부 엔트로피에서 첫 번째 계의 차원에만 의존한다는 것이다(조건화 계에는 의존성이 없다). AFW 부등식은 또한 양자 섀넌 이론의 역정리 증명에서 응용된다.

【정리 11.10.3】AFW 부등식 $\rho_{AB}, \sigma_{AB} \in \mathcal{D}(\mathcal{H}_A \otimes \mathcal{H}_B)$라고 하자. $\varepsilon \in [0, 1]$에 대해

$$\frac{1}{2}\|\rho_{AB} - \sigma_{AB}\|_1 \leq \varepsilon \tag{11.252}$$

라고 하자. 그러면 다음이 성립한다.

$$|H(A|B)_\rho - H(A|B)_\sigma| \le 2\varepsilon \log \dim(\mathcal{H}_A) + (1+\varepsilon)h_2\left(\varepsilon/\left[1+\varepsilon\right]\right) \qquad (11.253)$$

만약 ρ_{XB}와 σ_{XB}가 고전-양자 상태이고 다음과 같은 형태를 갖는다고 하자.

$$\rho_{XB} = \sum_x p(x)|x\rangle\langle x|_X \otimes \rho_B^x \qquad (11.254)$$

$$\sigma_{XB} = \sum_x q(x)|x\rangle\langle x|_X \otimes \sigma_B^x \qquad (11.255)$$

여기서 p와 q는 유한한 알파벳 $\mathcal{X}$에 대해 정의된 확률 분포이고, $\{|x\rangle\}$는 정규직교 기저이며, 모든 $x \in \mathcal{X}$에 대해 $\rho_B^x, \sigma_B^x \in \mathcal{D}(\mathcal{H}_B)$이다. 그러면 다음이 성립한다.

$$|H(X|B)_\rho - H(X|B)_\sigma| \le \varepsilon \log \dim(\mathcal{H}_X) + (1+\varepsilon)h_2\left(\varepsilon/\left[1+\varepsilon\right]\right) \qquad (11.256)$$

$$|H(B|X)_\rho - H(B|X)_\sigma| \le \varepsilon \log \dim(\mathcal{H}_B) + (1+\varepsilon)h_2\left(\varepsilon/\left[1+\varepsilon\right]\right) \qquad (11.257)$$

【증명】 $\varepsilon = 0$일 때 이 한계는 자명하게 성립한다. 따라서 $\varepsilon \in (0, 1]$이라고 가정한다. 모든 상계는 ε에 대해 단조적으로 감소하지 않는다. 따라서 $\frac{1}{2}\|\rho_{AB} - \sigma_{AB}\|_1 = \varepsilon$이라고 가정하면 충분하다. $\rho_{AB} - \sigma_{AB} = P_{AB} - Q_{AB}$가 그 양수인 부분 $P_{AB} \ge 0$과 음수인 부분 $Q_{AB} \ge 0$으로의 $\rho_{AB} - \sigma_{AB}$의 분해라고 하자(보조정리 9.1.1의 증명에서처럼). $\Delta_{AB} \equiv P_{AB}/\varepsilon$이라고 하자. $\mathrm{Tr}\{P_{AB}\} = \frac{1}{2}\|\rho_{AB} - \sigma_{AB}\|_1$이기 때문에(보조정리 9.1.1의 증명 참고) Δ_{AB}가 밀도 연산자임이 유도된다. 이제 다음을 생각해보자.

$$\rho_{AB} = \sigma_{AB} + (\rho_{AB} - \sigma_{AB}) \qquad (11.258)$$

$$= \sigma_{AB} + P_{AB} - Q_{AB} \qquad (11.259)$$

$$\le \sigma_{AB} + P_{AB} \qquad (11.260)$$

$$= \sigma_{AB} + \varepsilon\Delta_{AB} \qquad (11.261)$$

$$= (1+\varepsilon)\left(\frac{1}{1+\varepsilon}\sigma_{AB} + \frac{\varepsilon}{1+\varepsilon}\Delta_{AB}\right) \qquad (11.262)$$

$$= (1+\varepsilon)\,\omega_{AB} \qquad (11.263)$$

여기서 $\omega_{AB} \equiv \frac{1}{1+\varepsilon}\sigma_{AB} + \frac{\varepsilon}{1+\varepsilon}\Delta_{AB}$라고 정의했다. 이제 $\Delta'_{AB} \equiv \frac{1}{\varepsilon}[(1+\varepsilon)\,\omega_{AB} - \rho_{AB}]$라고 하자. 그러면 식 (11.258) ~ 식 (11.263)에 의해 Δ'_{AB}이 양의 준정부호임이 유도된다. 게다가, $\mathrm{Tr}\{\Delta'_{AB}\} = 1$도 알 수 있다. 따라서 Δ'_{AB}은 밀도 연산자다. 그러면

$$\omega_{AB} = \frac{1}{1+\varepsilon}\rho_{AB} + \frac{\varepsilon}{1+\varepsilon}\Delta'_{AB} = \frac{1}{1+\varepsilon}\sigma_{AB} + \frac{\varepsilon}{1+\varepsilon}\Delta_{AB} \qquad (11.264)$$

임을 빠르게 점검해볼 수 있다. 이제

$$H(A|B)_\omega = -D(\omega_{AB}\|I_A \otimes \omega_B) \tag{11.265}$$

$$= H(\omega_{AB}) + \text{Tr}\{\omega_{AB} \log \omega_B\} \tag{11.266}$$

$$\leq h_2\left(\frac{\varepsilon}{1+\varepsilon}\right) + \frac{1}{1+\varepsilon}H(\rho_{AB}) + \frac{\varepsilon}{1+\varepsilon}H(\Delta'_{AB})$$
$$+ \frac{1}{1+\varepsilon}\text{Tr}\{\rho_{AB}\log\omega_B\} + \frac{\varepsilon}{1+\varepsilon}\text{Tr}\{\Delta'_{AB}\log\omega_B\} \tag{11.267}$$

$$= h_2\left(\frac{\varepsilon}{1+\varepsilon}\right) - \frac{1}{1+\varepsilon}D(\rho_{AB}\|I_A \otimes \omega_B)$$
$$- \frac{\varepsilon}{1+\varepsilon}D(\Delta'_{AB}\|I_A \otimes \omega_B) \tag{11.268}$$

$$\leq h_2\left(\frac{\varepsilon}{1+\varepsilon}\right) + \frac{1}{1+\varepsilon}H(A|B)_\rho + \frac{\varepsilon}{1+\varepsilon}H(A|B)_{\Delta'} \tag{11.269}$$

임을 생각해보자. 첫 번째 등식은 연습문제 11.8.3에서 유도되고, 두 번째 등식은 양자 상대 엔트로피의 정의에서 유도된다. 첫 번째 부등식은 Y계와 AB계의 고전 양자 상태에 대해 $H(AB) \leq H(Y) + H(AB|Y)$이기 때문에(연습문제 11.9.4 참고) 유도된다. 여기서 그 상태는

$$\frac{1}{1+\varepsilon}|0\rangle\langle0|_Y \otimes \rho_{AB} + \frac{\varepsilon}{1+\varepsilon}|1\rangle\langle1|_Y \otimes \Delta'_{AB} \tag{11.270}$$

으로 선택한다. 세 번째 등식은 양자 상대 엔트로피의 정의와 대수적 계산을 통해 유도된다. 마지막 부등식은 연습문제 11.8.3에서 유도된다. 조건부 엔트로피의 오목성(연습문제 11.7.5)으로부터

$$H(A|B)_\omega \geq \frac{1}{1+\varepsilon}H(A|B)_\sigma + \frac{\varepsilon}{1+\varepsilon}H(A|B)_\Delta \tag{11.271}$$

임을 알 수 있다. $H(A|B)_\omega$에 대한 상계와 하계를 합치면

$$H(A|B)_\sigma - H(A|B)_\rho \leq (1+\varepsilon)h_2\left(\frac{\varepsilon}{1+\varepsilon}\right) + \varepsilon[H(A|B)_{\Delta'} - H(A|B)_\Delta] \tag{11.272}$$

$$\leq (1+\varepsilon)h_2\left(\frac{\varepsilon}{1+\varepsilon}\right) + 2\varepsilon \log \dim(\mathcal{H}_A) \tag{11.273}$$

임을 알 수 있다. 여기서 두 번째 부등식은 조건부 엔트로피의 차원 한계(정리 11.5.1)

로부터 유도된다.

고전-양자 상태에 대한 주장은 밀도 연산자 Δ가 이 경우에 고전-양자 상태이고, $H(X|B)_\Delta$, $H(B|X)_\Delta \geq 0$이므로(연습문제 11.9.4 참고) 유도된다. $\square$

【연습문제 11.10.1】결맞은 정보에 대한 AFW 부등식 다음을 증명하라.

$$|I(A\rangle B)_\rho - I(A\rangle B)_\sigma| \leq 2\varepsilon \log \dim(\mathcal{H}_A) + (1+\varepsilon)h_2\left(\varepsilon/\left[1+\varepsilon\right]\right) \quad (11.274)$$

이때 $\frac{1}{2}\|\rho_{AB} - \sigma_{AB}\|_1 \leq \varepsilon \in [0, 1]$이다.

【연습문제 11.10.2】양자 상호 정보에 대한 AFW 부등식 임의의 ρ_{AB}와 σ_{AB}에 대해 다음을 증명하라.

$$|I(A; B)_\rho - I(A; B)_\sigma| \leq 3\varepsilon \log \dim(\mathcal{H}_A) + 2(1+\varepsilon)h_2\left(\varepsilon/\left[1+\varepsilon\right]\right) \quad (11.275)$$

이때 $\frac{1}{2}\|\rho_{AB} - \sigma_{AB}\|_1 \leq \varepsilon \in [0, 1]$이다.

또한 이 결과를 이용해 상호 정보와 조건부 상호 정보에 대한 상호 정보의 비음수성과 차원 상계의 개량을 얻을 수 있다. 조건부 상호 정보(강한 준가법성)의 비음수성의 개량은 12장에서 볼 것이다. 상호 정보의 개량은 ρ_{AB}와 그 한계의 곱 사이의 대각합으로 정량화된다. 조건부 상호 정보의 강화는 ρ_{ABC}와 ρ_{BC}의 '복원된 판본' 사이의 대각합 거리로 정량화된다. 이것은 마르코프 연쇄의 양자 일반화를 표현한다. 이 결과는 정리 10.8.2와 정리 10.8.3의 주장들을 양자적으로 일반화한 것을 표현한다.

【정리 11.10.4】 $\rho_{AB} \in \mathcal{D}(\mathcal{H}_A \otimes \mathcal{H}_B)$이고 $\Delta \equiv \frac{1}{2}\|\rho_{AB} - \rho_A \otimes \rho_B\|_1$이라고 하자. 그러면 다음이 성립한다.

$$I(A; B) \geq \frac{2}{\ln 2}\Delta^2 \quad (11.276)$$

$$I(A; B)_\rho \leq 2\Delta \log\left[\min\left\{\dim(\mathcal{H}_A), \dim(\mathcal{H}_B)\right\}\right] + (1+\Delta)h_2(\Delta/\left[1+\Delta\right]) \quad (11.277)$$

【증명】 첫 번째 부등식은 연습문제 11.8.2와 양자 핀스커 부등식(정리 11.9.1)을 직접 적용한 것이다. $\omega_{AB} \equiv \rho_A \otimes \rho_B$라고 하자. 두 번째 부등식은

$$I(A; B)_\rho = |I(A; B)_\rho - I(A; B)_\omega| \quad (11.278)$$

$$= |H(A)_\rho - H(A|B)_\rho - [H(A)_\omega - H(A|B)_\omega]| \quad (11.279)$$

$$= |H(A|B)_\omega - H(A|B)_\rho| \tag{11.280}$$

$$\leq 2\Delta \log \dim(\mathcal{H}_A) + (1 + \Delta)h_2(\Delta / [1 + \Delta]) \tag{11.281}$$

이기 때문에 유도된다. 여기서 마지막 줄은 정리 11.10.3을 적용했다.

$$I(A; B)_\rho \leq 2\Delta \log \dim(\mathcal{H}_B) + (1 + \Delta)h_2(\Delta / [1 + \Delta]) \tag{11.282}$$

또 다른 부등식은 상호 정보를 다른 방향으로 전개해서 유도한다. □

【정리 11.10.5】 $\rho_{ABC} \in \mathcal{D}(\mathcal{H}_A \otimes \mathcal{H}_B \otimes \mathcal{H}_C)$라고 하자. 그리고

$$\Delta \equiv \frac{1}{2} \inf_{\mathcal{R}_{C \to AC}} \|\rho_{ABC} - \mathcal{R}_{C \to AC}(\rho_{BC})\|_1 \tag{11.283}$$

라고 하자. 여기서 최적화는 선로 $\mathcal{R} : \mathcal{L}(\mathcal{H}_C) \to \mathcal{L}(\mathcal{H}_A \otimes \mathcal{H}_C)$에 대해 이뤄진다. 그러면 다음이 성립한다.

$$I(A; B|C)_\rho, \ I(A; B|C)_\sigma \leq 2\Delta \log \dim(\mathcal{H}_B) + (1 + \Delta)h_2(\Delta / [1 + \Delta]) \tag{11.284}$$

여기서 $\sigma_{ABC} \equiv \mathcal{R}^*_{C \to AC}(\rho_{BC})$이고, $\mathcal{R}^*_{C \to AC}$는 식 (11.283)의 최적 복원 선로다.

【증명】 어떤 $\mathcal{R}_{C \to AC}$에 대해 $\Delta_\mathcal{R} \equiv \frac{1}{2}\|\rho_{ABC} - \mathcal{R}_{C \to AC}(\rho_{BC})\|_1$이라고 하자. 그리고 $\omega_{ABC} \equiv \mathcal{R}_{C \to AC}(\rho_{BC})$라고 정의하자. 그러면 다음이 성립한다.

$$I(A; B|C)_\rho = H(B|C)_\rho - H(B|AC)_\rho \tag{11.285}$$

$$\leq H(B|AC)_\omega - H(B|AC)_\rho \tag{11.286}$$

$$\leq 2\Delta_\mathcal{R} \log \dim(\mathcal{H}_B) + (1 + \Delta_\mathcal{R})h_2(\Delta_\mathcal{R} / [1 + \Delta_\mathcal{R}]) \tag{11.287}$$

첫 번째 부등식은 양자 자료 처리(정리 11.9.3)에서 유도된다. 두 번째 부등식은 정리 11.10.3에서 유도된다. 이 부등식은 모든 복원 선로에 대해 성립하고, 그 상계는 $\Delta_\mathcal{R}$에 대해 단조적이고 감소하지 않으므로, 이 정리의 부등식이 성립한다고 결론지을 수 있다. 이제

$$I(A; B|C)_\sigma = H(B|C)_\sigma - H(B|AC)_\sigma \tag{11.288}$$

$$\leq H(B|C)_\sigma - H(B|C)_\rho \tag{11.289}$$

$$\leq 2\Delta \log \dim(\mathcal{H}_B) + (1 + \Delta)h_2(\Delta / [1 + \Delta]) \tag{11.290}$$

가 성립함을 보자. 이 부등식들의 정당화는 앞서의 증명과 같다(추가적으로 부분 대각합에 대한 대각합 거리의 단조성을 사용한다). □

11.11 역사와 더 읽을거리

양자 엔트로피와 그 친족들, 즉 조건부 엔트로피와 상호 정보는 유용한 정보 척도이고, 이 책에서 배우기에 충분하다. 하지만 양자 엔트로피는 분명 정보 척도로만 배울 가치가 있는 것은 아니다. 최근, 최소 엔트로피와 최대 엔트로피 같은 엔트로피 척도들이 나타났다(그리고 매끄러운 변형도 나타났다). 그리고 이들은 이 상황에서 가정하는 i.i.d. 상황을 넘어서 적용되는 더 일반적인 이론을 개발하는 데 유용하다. 사실, 이 이론을 이 책에서 제시된 이론보다 더 근본적으로 볼 수도 있다. '한 방one-shot' 결과가 이 책에서 배운 i.i.d.를 함의하기 때문이다. 이 이론을 완전히 발전시키기보다, 이 주제를 다룬 탁월한 참고문헌을 제시하겠다(Renner, 2005; Datta, 2009; Datta & Renner, 2009; Koenig et al., 2009; Tomamichel, 2016).

조건부 엔트로피가 음수일 수 있다는 사실은 웨얼Wehrl(1978), 호로데키Horodecki와 호로데키(1994), 서프Cerf와 에이다미Adami(1997)가 논의했다. 홀레보Holevo(1973a)는 자신의 이름이 붙은 중요한 부등식을 증명했다. 나중에 이 한계가 양자 상대 엔트로피 단조성의 결과라는 것이 이해됐다. 리브Lieb와 러스카이Ruskai(1973b, 1973a)는 리브(1973)의 초기 결과를 이용해 양자 엔트로피의 강한 준가법성과 조건부 양자 엔트로피의 오목성을 증명했다. 또한 리브와 러스카이(1973b)는 부분 대각합에 대한 조건부 양자 엔트로피 단조성이 조건부 양자 엔트로피 오목성의 결과임을 증명했다(덕분에 정리 11.9.2의 증명이 제시됐다). 아라키와 리브(1970)는 연습문제 11.7.10의 부등식을 증명했다. 우메가키Umegaki(1962)는 양자 상대 엔트로피의 현대적 정의를 제시했다. 이것이 상태에 대해 음수가 아니라는 사실은 클라인 부등식Klein's inequality이라고 알려진 결과다([Lanford & Robinson, 1968] 참고. 클라인의 결과로 간주된다). 린드블라드Lindblad(1975)는 리브와 러스카이(1973b)의 결과에 기반하여 분리 가능한 힐베르트 공간에 대해 양자 상대 엔트로피의 단조성을 증명했다. 리브와 러스카이(1973a), 울만Uhlmann(1977)은 린드블라드의 결과를 더 일반적인 상황으로 확장했다. 콜스Coles, 콜벡Colbeck, 유Yu, 즈월락Zwolak(2012)은 명제 11.8.2를 증명했다. 오야Ohya와 페츠Petz(1993, 정리 1.15)는 양자 핀스커 부등식을 증명했다(여기서는 정리 11.9.1로 언급됨) 결맞은 정보는 슈마허^{Schumacher}와 닐센^{Nielsen}(1996)이 처음 언급했고, 여기서 이들은 결맞은 정보가 양자 자료 처리 부등식을 따름을 증명했다(이것이 결맞은 정보가 양자 용량을 특징짓는 중요한 정보량일 수 있다는 첫 번째 단서다).

엔트로피 불확정성 관계식은 길고 흥미로운 역사가 있다. 그 역사를 여기서 살펴보지는 않겠지만, 대신에 연구논문을 제시한다(Coles et al., 2015). 엔트로피 불확정성 관계식에 관심이 많은데, 아마 양자 메모리가 있을 때 엔트로피 불확정성 관계식을 가장 눈에 띄게 개선할 수 있기 때문일 것이다(Berta et al., 2010). 정리 11.9.5에 제시한 증명은 콜스 등(2012)이 제시한 것과 같고, 여기서는 토마미첼^{Tomamichel}과 레너^{Renner}(2011)의 아이디어를 사용했다.

파네스^{Fannes}(1973)는 자신의 이름이 붙은 부등식을 증명했고, 오데나르트^{Audenaert}(2007)는 이것을 매우 개선했다. 윈터^{Winter}(2015a)는 정리 11.10.3의 부등식을 증명했다. 얼리어^{Earlier}, 알리키^{Alicki}, 파네스(2004)는 정리 11.10.3 부등식의 더 약한 판본을 증명했다(다만, 양자정보 이론의 여러 목적으로 엄청나게 유용하다). 베르타^{Berta}, 세샤드리산^{Seshadreesan}, 윌디^{Wilde}(2015)는 정리 11.10.5를 증명했다([Fawzi & Renner, 2015]도 참고하라).

12

양자 엔트로피 부등식과 복원 가능성

앞 장에서 논의한 양자 엔트로피 부등식은 양자 섀넌 이론의 핵심에 놓여 있고, 사실 불확정성 원리와 같은 중요한 물리학 원리의 근간에 있다(11.9.3절 참고). 사실, 이 책의 마지막 2개 부에서 등장할 모든 부호화 정리의 역부분을 증명하는 데 이 엔트로피 부등식이 사용된다. 양자 섀넌 이론과 다른 물리학 분야에서의 그 중요성은 이 부등식들을 더 자세히 연구하게 만들었다. 많은 고전 엔트로피 부등식에 대해 10장에서 깊이 이해했으며, 그 과정에서 부등식에서 등호를 만족시키는 필요조건과 충분조건을 찾아냈다(10.7.1절). 또한 엔트로피 부등식의 등호가 거의 만족되는 경우에 대해서도 이해했다(10.8절). 12장의 목표는 앞 장에서 소개한 양자 엔트로피 부등식에 대해 그와 비슷한 과정을 가져오는 것이다. 그 결과, 양자 상대 엔트로피의 단조성(정리 11.8.1)에 대한 증명을 할 것이다. 그리고 이 양자 엔트로피 부등식의 등호가 만족되는 경우와 거의 만족되는 경우를 이해하는 추가적인 이득도 볼 것이다.

12.1 복원 가능성 정리

이 장의 핵심 정리를 쉽게 풀어서 말하자면 다음과 같다. 만약 양자 선로가 작용한 후 두 상태 사이의 양자 상대 엔트로피 감소 정도가 상대적으로 작다면, 복원 선로가 한 상태를 완벽하게 복원할 수 있고, 다른 하나는 근사적으로 복원할 수 있다. 이 진술은 양자 선로의 작용을 얼마나 잘 되돌릴 수 있는지를 정량화하는 것으로 해석될 수 있다. 다음의 정의에서 주어진 ρ, σ, $\mathcal{N}$을 사용하겠다.

【정의 12.1.1】 $\rho \in \mathcal{D}(\mathcal{H})$라고 하고, $\sigma \in \mathcal{L}(\mathcal{H})$는 $\mathrm{supp}(\rho) \subseteq \mathrm{supp}(\sigma)$를 만족시키는 양의 준정부호 연산자라고 하자. $\mathcal{N} : \mathcal{L}(\mathcal{H}) \to \mathcal{L}(\mathcal{H}')$은 양자 선로다.

복원 가능성 정리의 엄밀한 표현은 다음과 같다.

【정리 12.1.1】 정의 12.1.1에서 주어진 ρ, σ, $\mathcal{N}$에 대해, σ와 $\mathcal{N}$에만 의존하는 복원 선로 $\mathcal{R}_{\sigma,\mathcal{N}} : \mathcal{L}(\mathcal{H}') \to \mathcal{L}(\mathcal{H})$가 존재한다. 이 복원 선로는 다음을 만족한다.

$$D(\rho\|\sigma) - D(\mathcal{N}(\rho)\|\mathcal{N}(\sigma)) \geq -\log F(\rho, (\mathcal{R}_{\sigma,\mathcal{N}} \circ \mathcal{N})(\rho)) \quad \text{그리고} \quad (12.1)$$

$$(\mathcal{R}_{\sigma,\mathcal{N}} \circ \mathcal{N})(\sigma) = \sigma \quad (12.2)$$

양자 충실도 F는 0에서 1 사이의 값을 가지며, 즉시 다음과 같은 결론을 얻을 수 있다.

$$-\log F(\rho, (\mathcal{R}_{\sigma,\mathcal{N}} \circ \mathcal{N})(\rho)) \geq 0 \quad (12.3)$$

따라서 위의 정리는 결과적으로 양자 상대 엔트로피의 단조성(정리 11.8.1)을 의미한다. 게다가 식 (12.1)을 만족시키는 복원 선로는 식 (12.2)를 만족시키는 $\mathcal{N}(\sigma)$로부터 σ를 완벽하게 복원할 수 있다는 특징을 갖는다. 식 (12.2)는 나중에 증명할 사실이자 식 (12.1)의 부등식을 자명하지 않게 만든다.

정리 12.1.1에 대해 여기서 제시할 증명은 복소 보간법과 상대 엔트로피 차이의 레니 일반화Rényi generalization라는 개념에 의존한다. 증명으로 넘어가기 전에 이 배경지식을 먼저 훑어보겠다. 정리 12.1.1의 결과 중 하나는 이전 장에서 논의했던 많은 양자 엔트로피 부등식, 가령 강한 준가법성, 양자 상대 엔트로피의 결합 볼록성, 조건부 양자 엔트로피의 오목성 등과 같은 양에 물리적으로 의미 있는 개선을 제공한다는 것이다. 이 결과들은 12.6절에서 살펴볼 것이다.

12.2 샤튼 노름과 복소 보간법

여기서 제시할 정리 12.1.1의 증명은 깊이 파고들기 전에 몇 가지 수학적 배경지식이 필요하다. 따라서 먼저 샤튼 노름과 몇 가지 성질을 정의하는 것으로 시작한다. 그런 다음 복소해석학의 기초적인 결과를 다시 살펴보고, 스테인-허쉬만 보간 정리 Stein-Hirschman interpolation theorem로 알려진 복소 보간법 정리를 유도한다.

12.2.1 샤튼 노름과 쌍대성

여기서 제시할 증명의 중요한 기술적 도구는 연산자 A의 샤튼 p-노름Schatten p-norm으로, 다음과 같이 정의된다.

$$\|A\|_p \equiv \left[\mathrm{Tr}\left\{|A|^p\right\}\right]^{1/p} \tag{12.4}$$

여기서 $A \in \mathcal{L}(\mathcal{H})$, $|A| \equiv \sqrt{A^\dagger A}$, $p \geq 1$이다. 이 노름의 두 가지 특수한 경우에 대해서는 이미 배웠다. 하나는 $p = 1$일 때의 대각합 노름이고(9.1.1절), 다른 하나는 $p = 2$일 때의 힐베르트-슈미트 노름이다(9.6절). 명제 9.1.1의 증명과 같은 선상에서, $\|A\|_p$가 A의 특잇값들의 p-노름과 같다는 것을 보일 수 있다. 즉, 만약 $\sigma_i(A)$가 A의 특잇값들의 벡터라면

$$\|A\|_p = \left[\sum_i \sigma_i(A)^p\right]^{1/p} \tag{12.5}$$

이다. 여기서 $\|A\|_\infty$는 A의 가장 큰 특잇값으로 정의하는 것이 관례다. 왜냐하면 $\|A\|_p$는 $p \to \infty$일 때 이 값으로 수렴하기 때문이다. 정리 12.1.1의 증명에서 $\|A\|_p$가 유니터리 변환에 대해 불변이라는 사실을 반복해서 사용한다. 즉, $U, V \in \mathcal{L}(\mathcal{H}, \mathcal{H}')$이 $U^\dagger U = I_\mathcal{H}$와 $V^\dagger V = I_\mathcal{H}$를 만족하는 선형 등척변환일 때, $\|A\|_p = \|UAV^\dagger\|_p$이기 때문에 $\|A\|_p$는 선형 등척변환에 대해 불변이다. 등척 불변성은 식 (12.5)와 이 등척변환이 A의 특잇값을 바꾸지 않기 때문에 유도된다. 이 노름을 이용하면, 양자 상태와 선로를 관련지을 수 있는 정보 척도를 정의할 수 있다. 그중 여기서 사용되는 중요한 것은 상대 엔트로피 차이의 레니 일반화로 알려진 것이다.

코시-슈바르츠 부등식을 확장하면 다음의 횔더 부등식Hölder inequality으로 알려진 중

요한 부등식이 된다.

$$|\langle A, B \rangle| = \left|\text{Tr}\{A^\dagger B\}\right| \le \|A\|_p \|B\|_q \tag{12.6}$$

이 부등식은 $p, q \in [1, \infty]$에 대해 $\frac{1}{p} + \frac{1}{q} = 1$과 $A, B \in \mathcal{L}(\mathcal{H})$인 경우에 만족된다. $p, q \in [1, \infty]$이고 $\frac{1}{p} + \frac{1}{q} = 1$이라면, p와 q는 서로의 횔더 켤레라고 한다. 코시-슈바르츠 부등식은 $p = q = 2$라는 특수한 경우다. 만약 A와 B가 어떤 상수 $a \ge 0$에 대해 $A^\dagger = a|B|^{q/p} U^\dagger$라고 하면, 식 (12.6)에서 등호가 성립한다. 여기서 U는 $B = U|B|$이 B의 좌측 극분해(정리 A.0.1 참고)가 되는 유니터리 연산자다. 등호의 충분조건을 따르는 횔더 부등식은 p-노름에 대해 그 횔더 쌍대인 q-노름을 이용해서 다음의 변분적 표현을 유도하기에 충분하다.

$$\|A\|_p = \max_{\|B\|_q \le 1} \text{Tr}\{A^\dagger B\} \tag{12.7}$$

이 표현은 계산에서 매우 유용하다.

【연습문제 12.2.1】 $p, q = [1, \infty]$에 대해 $\frac{1}{p} + \frac{1}{q} = 1$이고 $A, B \in \mathcal{L}(H)$일 때 $\|AB\|_1 \le \|A\|_p\|B\|_q$를 증명하라.

전체적으로, 정의 3.3.1을 적용하여, 함수 f와 양의 준정부호 연산자 A에 대해 $f(A)$를 $f(A) \equiv \sum_{i:\lambda_i \ne 0} f(\lambda_i)|i\rangle\langle i|$로 정의한다. 여기서 $A = \sum_i \lambda_i |i\rangle\langle i|$는 A의 스펙트럼 분해다. A의 서포트를 $\text{supp}(A)$로 나타내고, Π_A를 A의 서포트 위로의 사영 연산자로 나타내겠다.

12.2.2 복소해석학

이제 복소해석학의 몇 가지 개념을 살펴보자. 이 결과를 자세히 증명하지는 않고 다만 필요에 따라 사용할 것이다. 자세한 증명에 관심 있는 독자들은 복소해석학 참고 서적들을 따라갈 수 있을 것이다. 이 전개 과정의 끝에는 스테인-허쉬만 보간 정리(정리 12.2.3)가 있다.

복소숫값을 갖는 함수 $f : \mathbb{C} \to \mathbb{C}$에 대해 $z_0 \in \mathbb{C}$에서의 도함수는 보통 다음과 같이 정의된다.

$$\frac{df(z)}{dz}\bigg|_{z=z_0} = \lim_{z \to z_0} \frac{f(z) - f(z_0)}{z - z_0} \qquad (12.8)$$

이 극한이 존재하려면, 복소평면에서 z_0에 접근하는 가능한 모든 방향에 대해 같아야 한다. 그리고 이 요구조건이 실수 함수와 복소함수의 미분 가능성의 중요한 차이를 경계 짓는다. 복소함수의 미분 가능성은 실수 함수의 미분 가능성과 몇 가지 성질을 공유한다. 즉, 미분 가능성은 선형이며, 곱셈 규칙을 따르고, 몫의 미분법을 따르며, 연쇄 규칙을 따른다. 만약 f가 열린 집합 U에 있는 모든 점 z_0에 대해 복소 미분 가능하다면, f를 U에 대해 **해석적**holomorphic이라고 한다.

실수 미분 가능성과 복소 미분 가능성 사이의 연관성은 코시-리만 방정식Cauchy-Riemann equation에 의해 주어진다. $f(x + iy) = u(x, y) + iv(x, y)$라고 하자. 여기서 x, $y \in \mathbb{R}$이고 $u, v : \mathbb{R} \to \mathbb{R}$이라고 하자. f가 해석적이면, u와 v는 x와 y에 대해 1차 편도함수partial derivative를 갖고 코시-리만 방정식을 만족시킨다.

$$\frac{\partial u}{\partial x} = \frac{\partial v}{\partial y}, \qquad \frac{\partial u}{\partial y} = -\frac{\partial v}{\partial x} \qquad (12.9)$$

그 역이 항상 참은 아니다. 하지만 만약 u와 v의 1차 편도함수가 연속이고 코시-리만 방정식을 만족한다면 f는 해석적이다. 여기서 사용할 중요한 해석적 함수는 다음의 연습문제에서 제시된다.

【연습문제 12.2.2】 $f(z) = a^z = e^{[\ln a]z}$가 복소평면 전체에 대해 해석적임을 보여라. 여기서 $a > 0$이고 $z \in \mathbb{C}$이다(힌트: $z = x + iy$와 x, $y = \mathbb{R}$에 대해 $e^z = e^x[\cos(y) + i \sin(y)]$임을 이용하라).

해석적 함수는 좋은 폐포closure 성질을 갖는다. 즉, 해석적 함수의 합, 곱, 합성은 다시 해석적이고, 그뿐만 아니라 복소 미분은 선형이며, 곱, 몫, 연쇄 규칙을 만족시킨다. 두 해석적 함수의 몫은 분모가 0이 아닌 모든 곳에서 해석적이다.

최대 절댓값 원리maximum modulus principle는 해석적 함수가 따르는 중요한 원리다. 엄밀하게 말하자면, 다음과 같이 진술한다. $f : \mathbb{C} \to \mathbb{C}$가 $\mathbb{C}$의 어떤 연결되고 유계인 열린 부분집합 U에 대해 해석적 함수라고 하자. 만약 $z_0 \in U$가 z_0 근방의 모든 z에 대해 $|f(z_0)| \geq |f(z)|$라면, f는 U에 대해 상수다. 그 결과, 만약 f가 $\mathbb{C}$의 어떤 유계이고 연결된 열린 부분집합 U에 대해 상수가 아니면 그 최댓값은 U의 경계에 존재한다.

최대 절댓값 원리는 ℂ의 유계가 아닌 띠에 대해 확장을 갖는데, 이를 **띠에 대한 최대 절댓값 원리**라고 한다. S를 ℂ의 표준적인 띠라고 하고, $\overline{S}$를 그 폐포라고 하고, ∂S를 그 경계라고 하자.

$$S \equiv \{z \in \mathbb{C} : 0 < \text{Re}\{z\} < 1\} \tag{12.10}$$

$$\overline{S} \equiv \{z \in \mathbb{C} : 0 \leq \text{Re}\{z\} \leq 1\} \tag{12.11}$$

$$\partial\overline{S} \equiv \{z \in \mathbb{C} : \text{Re}\{z\} = 0 \vee \text{Re}\{z\} = 1\} \tag{12.12}$$

$f : \overline{S} \to \mathbb{C}$가 $\overline{S}$에서 유계이고, S에서 해석적이며 $\partial\overline{S}$에서 연속이라고 하자. 그러면 $|f|$의 상한은 $\partial\overline{S}$에 있다. 즉, $\sup_{z \in \overline{S}} |f(z)| = \sup_{z \in \partial\overline{S}} |f(z)|$이다.

띠에 대한 최대 절댓값 원리는 아다마르 3줄 정리Hadamard three-lines theorem로 알려진 결과를 유도한다.

【정리 12.2.1】 아다마르 3줄 정리 $f : \overline{S} \to \mathbb{C}$가 $\overline{S}$에 유계이고, S에서 해석적이며 경계 $\partial\overline{S}$에 대해 연속이라고 하자. $\theta \in (0, 1)$이고 $M(\theta) \equiv \sup_{t \in \mathbb{R}}|f(\theta + it)|$라고 하자. 그러면 $\ln M(\theta)$는 $[0, 1]$에 대해 볼록 함수이며

$$\ln M(\theta) \leq (1 - \theta) \ln M(0) + \theta \ln M(1) \tag{12.13}$$

임을 뜻한다. 허쉬만이 아다마르 3줄 정리를 강화했는데, 이는 사실상 아다마르 3줄 정리를 유도한다.

【정리 12.2.2】 허쉬만 정리 $f(z) : \overline{S} \to \mathbb{C}$가 $\overline{S}$에서 유계이고, S에서 해석적이며 경계 $\partial\overline{S}$에서 연속이라고 하자. 그러면 $\theta \in (0, 1)$에 대해 다음의 한계가 성립한다.

$$\ln |f(\theta)| \leq \int_{-\infty}^{\infty} dt \, \left(\alpha_\theta(t) \ln \left[|f(it)|^{1-\theta} \right] + \beta_\theta(t) \ln \left[|f(1+it)|^{\theta} \right] \right) \tag{12.14}$$

여기서

$$\alpha_\theta(t) \equiv \frac{\sin(\pi\theta)}{2(1 - \theta)\left[\cosh(\pi t) - \cos(\pi\theta)\right]} \tag{12.15}$$

$$\beta_\theta(t) \equiv \frac{\sin(\pi\theta)}{2\theta\left[\cosh(\pi t) + \cos(\pi\theta)\right]} \tag{12.16}$$

고정된 $\theta \in (0, 1)$에 대해, 모든 $t \in \mathbb{R}$에 대한 $\alpha_\theta(t)$, $\beta_\theta(t) \geq 0$가 있어서

$$\int_{-\infty}^{\infty} dt \ \alpha_\theta(t) = \int_{-\infty}^{\infty} dt \ \beta_\theta(t) = 1 \tag{12.17}$$

라고 하면(예를 들어, [Grafakos, 2008]의 연습문제 1.3.8을 참고하라), $\alpha_\theta(t)$와 $\beta_\theta(t)$는 확률 밀도 함수로 해석할 수 있다. 더불어,

$$\lim_{\theta \searrow 0} \beta_\theta(t) = \frac{\pi}{2} \left[\cosh(\pi t) + 1\right]^{-1} \equiv \beta_0(t) \tag{12.18}$$

도 알 수 있다. 여기서 β_0는 $\mathbb{R}$에 대한 확률 밀도 함수다. 이런 관찰 결과로, 허쉬만 정리가 아다마르 3줄 정리를 유도할 수 있음을 보일 수 있고 기댓값이 상한을 결코 넘을 수 없다는 사실이 주어진다.

12.2.3 샤튼 노름의 복소 보간법

위의 전개 과정을 연산자-값 함수로 확장할 수 있고, 이는 정리 12.1.1을 증명하는 데 필요하다. $G : \mathbb{C} \to \mathcal{L}(\mathcal{H})$가 연산자-값 함수라고 하자. 만약 z에서 행렬 원소로 대응시키는 모든 함수가 해석적이면 $G(z)$가 해석적이라고 한다. 앞으로의 목적에 비춰보면, A^z 형태의 연산자-값 함수에 특히 관심을 가져야 한다. 이 경우 정리 3.3.1의 관행과 $A^z = \sum_{i : \lambda_i \neq 0} \lambda_i^z |i\rangle\langle i|$를 취하자. 여기서 모든 i에 대해 $\lambda_i \geq 0$이고, $A = \sum_i \lambda_i |i\rangle\langle i|$가 A의 고윳값 분해다. 연습문제 12.2.2의 결과를 앞에서 말한 해석적 함수의 폐포 성질과 결합하면, A가 양의 준정부호 연산자인 경우 A^z가 해석적임을 증명할 수 있다.

이제 허쉬만 정리를 연산자-값 함수에 적용하여 샤튼 노름을 한정 짓도록 하는 허쉬만 정리의 판본을 구성할 수 있다. 이것은 정리 12.1.1을 증명하는 데 필요한 기술적 핵심 도구 중 하나다.

【정리 12.2.3】 스테인-허쉬만 정리 $G : \bar{S} \to L(\mathcal{H})$가 $\bar{S}$에 유계이고, S에서 해석적이고, 경계 $\partial \bar{S}$에 대해 연속인 연산자-값 함수라고 하자. $\theta \in (0, 1)$이라고 하고 p_θ를

$$\frac{1}{p_\theta} = \frac{1 - \theta}{p_0} + \frac{\theta}{p_1} \tag{12.19}$$

로 정의하자. 여기서 $p_0, p_1 \in [1, \infty]$이다. 그러면 다음 한계가 성립한다.

$$\ln \|G(\theta)\|_{p_\theta} \leq \int_{-\infty}^{\infty} dt \ \left(\alpha_\theta(t) \ln \left[\|G(it)\|_{p_0}^{1-\theta} \right] + \beta_\theta(t) \ln \left[\|G(1+it)\|_{p_1}^{\theta} \right] \right)$$
$$(12.20)$$

여기서 $\alpha_\theta(t)$와 $\beta_\theta(t)$는 식 (12.15)와 식 (12.16)에서 정의됐다.

【증명】 고정된 $\theta \in (0, 1)$에 대해, q_θ가 다음과 같이 정의된 p_θ의 횔더 켤레라고 하자.

$$\frac{1}{p_\theta} + \frac{1}{q_\theta} = 1 \tag{12.21}$$

마찬가지로, q_0와 q_1은 각각 p_0와 p_1의 횔더 켤레다. 횔더 부등식에 대해 등호의 충분조건에서, $\|X\|_{q_\theta} = 1$과 $\mathrm{Tr}\{XG(\theta)\} = \|G(\theta)\|_{p_\theta}$를 만족하는 연산자 X를 찾을 수 있다. X의 특잇값 분해를 $X = UD^{1/q_\theta}V$로 다시 쓸 수 있다($\mathrm{Tr}\{D\} = 1$임을 가정한다). $z \in S$에 대해

$$X(z) \equiv UD^{\frac{1-z}{q_0} + \frac{z}{q_1}}V \tag{12.22}$$

를 정의하자. 결과적으로 $X(z)$는 $\bar{S}$에 유계이고, S에서 해석적이며, 경계 $\partial\bar{S}$에서 연속이다. 또한 $X(\theta) = X$이다. 따라서 다음의 함수는 정리 12.2.2를 적용하는 데 필요한 요구사항을 만족한다.

$$g(z) \equiv \mathrm{Tr}\{X(z)G(z)\} \tag{12.23}$$

실제로, 다음을 알고 있다.

$$\ln \|G(\theta)\|_{p_\theta} = \ln |g(\theta)| \tag{12.24}$$
$$\leq \int_{-\infty}^{\infty} dt \ \left(\alpha_\theta(t) \ln \left[|g(it)|^{1-\theta} \right] + \beta_\theta(t) \ln \left[|g(1+it)|^{\theta} \right] \right) \tag{12.25}$$

이제 횔더 부등식을 적용하고 $\|X(it)\|_{q_0} = 1 = \|X(1+it)\|_{q_1}$이라는 사실을 적용하면 다음을 알 수 있다.

$$|g(it)| = |\mathrm{Tr}\{X(it)G(it)\}| \leq \|X(it)\|_{q_0} \|G(it)\|_{p_0} = \|G(it)\|_{p_0} \tag{12.26}$$

그리고

$$|g(1+it)| = |\text{Tr}\{X(1+it)G(1+it)\}| \tag{12.27}$$

$$\leq \|X(1+it)\|_{q_1} \|G(1+it)\|_{p_1} \tag{12.28}$$

$$= \|G(1+it)\|_{p_1} \tag{12.29}$$

식 (12.25)를 위의 부등식을 이용해 한계를 정하면 식 (12.20)을 얻는다. □

위의 정리는 사용 가능한 다른 노름을 이용해 '중간'의 노름을 추측할 수 있도록 한다는 점에서 복소 보간법 정리라고 한다. 게다가, $G(z)$에 의해 주어지는 연산자의 해석적 부류를 보간할 수 있다.

12.3 페츠 복원 사상

정리 12.1.1의 하계를 보이는 선로는 명시적 형태를 갖고, 페츠 복원 사상^{Petz recovery map}이라는 사상으로부터 구성할 수 있다. 이는 다음과 같이 정의한다.

【정의 12.3.1】 $\sigma \in \mathcal{L}(\mathcal{H})$가 양의 준정부호 연산자이고, $\mathcal{N} : \mathcal{L}(\mathcal{H}) \to \mathcal{L}(\mathcal{H}')$이 양자 선로라고 하자. 페츠 복원 사상 $\mathcal{P}_{\sigma,\mathcal{N}} : \mathcal{L}(\mathcal{H}') \to \mathcal{L}(\mathcal{H})$는 완전한 양성이고 대각합 비증가 선형 사상이며, $Q \in \mathcal{L}(\mathcal{H}')$에 대해 다음과 같이 정의된다.

$$\mathcal{P}_{\sigma,\mathcal{N}}(Q) \equiv \sigma^{1/2}\mathcal{N}^\dagger\left([\mathcal{N}(\sigma)]^{-1/2} Q [\mathcal{N}(\sigma)]^{-1/2}\right)\sigma^{1/2} \tag{12.30}$$

페츠 복원 사상 $\mathcal{P}_{\sigma,\mathcal{N}}$은 선형이고, 완전한 양성이다. 왜냐하면 세 가지 완전한 양성 사상 $Q \to [\mathcal{N}(\sigma)]^{-1/2}Q[\mathcal{N}(\sigma)]^{-1/2}$, $Q \to \mathcal{N}^\dagger(Q)$, 그리고 $M \in \mathcal{L}(\mathcal{H})$에 대한 $M \to \sigma^{1/2}M\sigma^{1/2}$의 직렬 연결이기 때문이다. 이 사상은 대각합 비증가 사상이다. 왜냐하면 양의 준정부호 연산자 Q에 대해 다음이 성립하기 때문이다.

$$\text{Tr}\{\mathcal{P}_{\sigma,\mathcal{N}}(Q)\} = \text{Tr}\left\{\sigma\mathcal{N}^\dagger\left([\mathcal{N}(\sigma)]^{-1/2} Q [\mathcal{N}(\sigma)]^{-1/2}\right)\right\} \tag{12.31}$$

$$= \text{Tr}\left\{\mathcal{N}(\sigma)[\mathcal{N}(\sigma)]^{-1/2} Q [\mathcal{N}(\sigma)]^{-1/2}\right\} \tag{12.32}$$

$$= \text{Tr}\{\Pi_{\mathcal{N}(\sigma)}Q\} \leq \text{Tr}\{Q\} \tag{12.33}$$

페츠 복원 사상의 중요한 특수한 경우로 σ와 $\mathcal{N}$이 실질적으로 고전적일 때가 있다. 즉, $\mathcal{N}$이 고전 대 고전 선로이고, 그 크라우스 연산자가 $\{\sqrt{N(y|x)}|y\rangle\langle x|\}$(4.6.4절 참고)라고 하자. 여기서 $N(y|x)$는 조건부 확률 분포다. 게다가, 모든 x에 대해 $q(x) \geq$

0을 갖는 $\sigma = \sum_x q(x)|x\rangle\langle x|$라고 하자. 이 경우 페츠 복원 사상은 크라우스 연산자 $\{\sqrt{R(x|y)}|x\rangle\langle y|\}$를 갖는 고전 대 고전 선로다. 여기서 $R(x|y)$는 베이즈 정리에 의해 주어지는 조건부 확률 분포이며 모든 x와 y에 대해 다음을 만족한다.

$$R(x|y)(Nq)(y) = N(y|x)q(x) \tag{12.34}$$

여기서 $(Nq)(y) = \sum_x N(y|x)q(x)$이다. 계산의 자세한 부분은 독자들에게 연습문제로 남겨두고, 이 복원 선로가 정리 10.8.4의 고전 상대 엔트로피의 단조성 개량에서 등장한다는 점을 지적해두겠다.

다음과 같이 부분 등척 사상 $\mathcal{U}_{\sigma,t}$를 정의할 수 있다.

$$\mathcal{U}_{\sigma,t}(M) \equiv \sigma^{it} M \sigma^{-it} \tag{12.35}$$

$\sigma^{it}\sigma^{-it} = \Pi_\sigma$이기 때문에 다음을 알 수 있다.

$$\mathcal{U}_{\sigma,t}(\sigma) = \sigma \tag{12.36}$$

그러면 이 등척 사상은 σ가 입력일 때는 아무런 효과도 갖지 않는다. σ가 양성 확정 연산자이면, $\mathcal{U}_{\sigma,t}$는 유니터리 선로다. 그러면 회전된, 또는 '돌아간' 페츠 사상을 정의할 수 있다. 이 사상은 정의 12.1.1의 하계를 만족시키는 복원 선로를 구성하는 데 중요한 역할을 한다.

【정의 12.3.2】회전된 페츠 사상 $\sigma \in \mathcal{L}(\mathcal{H})$가 양의 준정부호라고 하고, $\mathcal{N} : \mathcal{L}(\mathcal{H}) \to \mathcal{L}(\mathcal{H}')$이 양자 선로라고 하자. 회전된 페츠 사상은 $Q \in \mathcal{L}(\mathcal{H}')$에 대해 다음과 같이 정의된다.

$$\mathcal{R}_{\sigma,\mathcal{N}}^t(Q) \equiv (\mathcal{U}_{\sigma,-t} \circ \mathcal{P}_{\sigma,\mathcal{N}} \circ \mathcal{U}_{\mathcal{N}(\sigma),t})(Q) \tag{12.37}$$

【명제 12.3.1】완벽한 복원 $\sigma \in \mathcal{L}(\mathcal{H})$가 양의 준정부호라고 하고, $\mathcal{N} : \mathcal{L}(\mathcal{H}) \to \mathcal{L}(\mathcal{H}')$이 양자 선로라고 하자. 회전된 페츠 사상 $\mathcal{R}_{\sigma,\mathcal{N}}^t$은 $\mathcal{N}(\sigma)$에서 σ를 완벽하게 복원한다.

$$\mathcal{R}_{\sigma,\mathcal{N}}^t(\mathcal{N}(\sigma)) = \sigma \tag{12.38}$$

【증명】 다음을 생각해보자.

$$\mathcal{P}_{\sigma,\mathcal{N}}(\mathcal{N}(\sigma)) = \sigma^{1/2}\mathcal{N}^{\dagger}\left([\mathcal{N}(\sigma)]^{-1/2}\,\mathcal{N}(\sigma)\,[\mathcal{N}(\sigma)]^{-1/2}\right)\sigma^{1/2} \qquad (12.39)$$

$$= \sigma^{1/2}\mathcal{N}^{\dagger}(\Pi_{\mathcal{N}(\sigma)})\sigma^{1/2} \qquad (12.40)$$

$$\leq \sigma^{1/2}\mathcal{N}^{\dagger}(I)\sigma^{1/2} = \sigma^{1/2}I\sigma^{1/2} = \sigma \qquad (12.41)$$

위의 부등식은 $\Pi_{\mathcal{N}(\sigma)} \leq I$이고 $\mathcal{N}^{\dagger}$가 완전한 양성이기 때문에 유도된다. 끝에서 두 번째 등식은 수반행렬이 단위적이기 때문에 유도된다.

이제 다른 연산자 부등식 $\mathcal{P}_{\sigma,\mathcal{N}}(\mathcal{N}(\sigma)) \geq \sigma$를 증명하자. 이것은 $\mathcal{P}_{\sigma,\mathcal{N}}(\mathcal{N}(\sigma)) = \sigma$라고 결론지을 수 있게 해준다. $U : \mathcal{H} \to \mathcal{H}' \otimes \mathcal{H}_E$가 선로 $\mathcal{N}$의 등척 확장이라고 하자. 보조정리 A.0.4에서 $\mathrm{supp}(U\sigma U^{\dagger}) \subseteq \mathrm{supp}(\mathcal{N}(\sigma) \otimes I_E)$임을 알고 있다. 이것은 $\Pi_{U\sigma U^{\dagger}} \leq \Pi_{\mathcal{N}(\sigma)\otimes I_E} = \Pi_{\mathcal{N}(\sigma)} \otimes I_E$임을 의미한다. 그러면 임의의 벡터 $|\psi\rangle \in \mathcal{H}$에 대해

$$\langle\psi|\Pi_{\sigma}|\psi\rangle = \langle\psi|U^{\dagger}\Pi_{U\sigma U^{\dagger}}U|\psi\rangle \qquad (12.42)$$

$$\leq \langle\psi|U^{\dagger}\left(\Pi_{\mathcal{N}(\sigma)} \otimes I_E\right)U|\psi\rangle \qquad (12.43)$$

$$= \mathrm{Tr}\{U|\psi\rangle\langle\psi|U^{\dagger}\left(\Pi_{\mathcal{N}(\sigma)} \otimes I_E\right)\} \qquad (12.44)$$

$$= \mathrm{Tr}\{\mathcal{N}(|\psi\rangle\langle\psi|)\Pi_{\mathcal{N}(\sigma)}\} \qquad (12.45)$$

$$= \mathrm{Tr}\{|\psi\rangle\langle\psi|\mathcal{N}^{\dagger}(\Pi_{\mathcal{N}(\sigma)})\} \qquad (12.46)$$

$$= \langle\psi|\mathcal{N}^{\dagger}(\Pi_{\mathcal{N}(\sigma)})|\psi\rangle \qquad (12.47)$$

를 얻는다. $|\psi\rangle$가 임의적이므로, 위의 식은 $\Pi_{\sigma} \leq \mathcal{N}^{\dagger}(\Pi_{\mathcal{N}(\sigma)})$가 된다. 그러면 이 연산자 부등식으로부터

$$\mathcal{P}_{\sigma,\mathcal{N}}(\mathcal{N}(\sigma)) = \sigma^{1/2}\mathcal{N}^{\dagger}(\Pi_{\mathcal{N}(\sigma)})\sigma^{1/2} \qquad (12.48)$$

$$\geq \sigma^{1/2}\Pi_{\sigma}\sigma^{1/2} = \sigma \qquad (12.49)$$

임을 알 수 있다. 끝으로,

$$\mathcal{R}_{\sigma,\mathcal{N}}^{t}(\mathcal{N}(\sigma)) = (\mathcal{U}_{\sigma,-t} \circ \mathcal{P}_{\sigma,\mathcal{N}} \circ \mathcal{U}_{\mathcal{N}(\sigma),t})(\mathcal{N}(\sigma)) \qquad (12.50)$$

$$= (\mathcal{U}_{\sigma,-t} \circ \mathcal{P}_{\sigma,\mathcal{N}})(\mathcal{N}(\sigma)) \qquad (12.51)$$

$$= \mathcal{U}_{\sigma,-t}(\sigma) = \sigma \qquad (12.52)$$

라고 결론지을 수 있다. 여기서 두 번째와 세 번째 등식은 식 (12.36)에서 유도된다. $\square$

【연습문제 12.3.1】　회전된 페츠 사상이 양의 준정부호인 $Q \in \mathcal{L}(\mathcal{H}')$에 대해 다음을 만족시킴을 확인하라.

$$\text{Tr}\{\mathcal{R}^t_{\sigma,\mathcal{N}}(Q)\} = \text{Tr}\{\Pi_{\mathcal{N}(\sigma)}Q\} \leq \text{Tr}\{Q\} \tag{12.53}$$

위의 식은 회전된 페츠 사상이 대각합 비증가 사상임을 뜻한다.

【연습문제 12.3.2】 ω가 양의 준정부호이고, $\langle A, B\rangle_\omega = \text{Tr}\{A^\dagger \omega^{1/2} B \omega^{1/2}\}$라고 하자. 페츠 복원 사상의 (힐베르트-슈미트 내적에 대한) 수반 사상은 다음과 같다.

$$\mathcal{P}^\dagger_{\sigma,\mathcal{N}}(M) = [\mathcal{N}(\sigma)]^{-1/2} \mathcal{N}\left(\sigma^{1/2} M \sigma^{1/2}\right)[\mathcal{N}(\sigma)]^{-1/2} \tag{12.54}$$

여기서 $M \in \mathcal{L}(\mathcal{H})$이다. $\mathcal{R}^\dagger_{\sigma,\mathcal{N}}$이 모든 $M \in \mathcal{L}(\mathcal{H})$와 $Q \in \mathcal{L}(\mathcal{H}')$에 대해 정의역으로 $\text{supp}(\sigma)$를 갖고 치역으로 $\text{supp}(\mathcal{N}(\sigma))$를 갖는 유일한 선형 사상이며 다음을 만족시킴을 보여라.

$$\langle M, \mathcal{N}^\dagger(Q)\rangle_\sigma = \left\langle \mathcal{P}^\dagger_{\sigma,\mathcal{N}}(M), Q\right\rangle_{\mathcal{N}(\sigma)} \tag{12.55}$$

(힌트: $M = |i\rangle\langle j|$로, $Q = |k\rangle\langle l|$로 선택해보자.)

12.4 레니 정보 척도

정의 12.1.1에 주어진 ρ, σ, $\mathcal{N}$을 갖고서, 상대 엔트로피 차이의 레니 일반화로 알려진 레니 정보 척도 $\widetilde{\Delta}_\alpha$를 정의할 수 있다.

$$\widetilde{\Delta}_\alpha(\rho, \sigma, \mathcal{N}) \equiv \frac{1}{\alpha - 1}\ln \widetilde{Q}_\alpha(\rho, \sigma, \mathcal{N}) \tag{12.56}$$

$$\widetilde{Q}_\alpha(\rho, \sigma, \mathcal{N}) \equiv \left\| \left([\mathcal{N}(\rho)]^{\frac{1-\alpha}{2\alpha}}[\mathcal{N}(\sigma)]^{\frac{\alpha-1}{2\alpha}} \otimes I_E\right) U \sigma^{\frac{1-\alpha}{2\alpha}} \rho^{1/2}\right\|^{2\alpha}_{2\alpha} \tag{12.57}$$

여기서 $\alpha \in (0, 1) \cup (1, \infty)$이고, $U : \mathcal{H} \to \mathcal{H}' \otimes \mathcal{H}_E$는 선로 $\mathcal{N}$의 등척 확장이다. 즉, U는 $\text{Tr}_E\{U(\cdot)U^\dagger\} = \mathcal{N}(\cdot)$과 $U^\dagger U = I_\mathcal{H}$를 만족시키는 선형 등척 연산자다. 어떤 선로의 모든 등척 확장은 환경계 E에 작용하는 등척 확장에 의해 관련지어지므로, 식 (12.56)의 정의는 어떻게 골라도 불변이다. 명제 5.2.1로부터 선로의 수반 선로 $\mathcal{N}^\dagger$가 등척 확장 U에 의해 $\mathcal{N}^\dagger(\cdot) = U^\dagger((\cdot) \otimes I_E)U$로 주어짐을 떠올려보자.

다음의 보조정리는 $\widetilde{\Delta}_\alpha(\rho, \sigma, \mathcal{N})$을 상대 엔트로피 차이의 레니 일반화라고 말할 수 있는 핵심적 근거 중 하나다.

【보조정리 12.4.1】 정의 12.1.1에서 주어진 ρ, σ, $\mathcal{N}$에 대해 다음의 극한이 성립한다.

$$\frac{1}{\ln 2} \lim_{\alpha \to 1} \widetilde{\Delta}_\alpha(\rho, \sigma, \mathcal{N}) = D(\rho \| \sigma) - D(\mathcal{N}(\rho) \| \mathcal{N}(\sigma)) \tag{12.58}$$

【증명】 Π_ω가 ω의 서포트 위로의 사영 연산자라고 하자. $\mathrm{supp}(\rho) \subseteq \mathrm{supp}(\sigma)$라는 조건으로부터, $\mathrm{supp}(\mathcal{N}(\rho)) \subseteq \mathrm{supp}(\mathcal{N}(\sigma))$가 유도된다(보조정리 A.0.5 참고). 그러면 다음이 증명된다.

$$\Pi_\sigma \Pi_\rho = \Pi_\rho, \qquad \Pi_{\mathcal{N}(\rho)} \Pi_{\mathcal{N}(\sigma)} = \Pi_{\mathcal{N}(\rho)} \tag{12.59}$$

또한 $\mathrm{supp}(U\rho U^\dagger) \subseteq \mathrm{supp}(\mathcal{N}(\rho) \otimes I_E)$도 알고 있다(보조정리 A.0.4 참고). 그러면

$$\left(\Pi_{\mathcal{N}(\rho)} \otimes I_E \right) \Pi_{U\rho U^\dagger} = \Pi_{U\rho U^\dagger} \tag{12.60}$$

$\alpha = 1$일 때, 위의 사실로부터 다음을 유도할 수 있다.

$$\widetilde{Q}_1(\rho, \sigma, \mathcal{N}) = \left\| \left(\Pi_{\mathcal{N}(\rho)} \Pi_{\mathcal{N}(\sigma)} \otimes I_E \right) U \Pi_\sigma \rho^{1/2} \right\|_2^2 \tag{12.61}$$

$$= \left\| \left(\Pi_{\mathcal{N}(\rho)} \otimes I_E \right) U \Pi_\rho \rho^{1/2} \right\|_2^2 \tag{12.62}$$

$$= \left\| \left(\Pi_{\mathcal{N}(\rho)} \otimes I_E \right) \Pi_{U\rho U^\dagger} U \rho^{1/2} \right\|_2^2 \tag{12.63}$$

$$= \left\| \Pi_{U\rho U^\dagger} U \rho^{1/2} \right\|_2^2 = \left\| \rho^{1/2} \right\|_2^2 = 1 \tag{12.64}$$

이때 도함수의 정의로부터 다음이 성립한다.

$$\lim_{\alpha \to 1} \widetilde{\Delta}_\alpha(\rho, \sigma, \mathcal{N}) = \lim_{\alpha \to 1} \frac{\ln \widetilde{Q}_\alpha(\rho, \sigma, \mathcal{N}) - \ln \widetilde{Q}_1(\rho, \sigma, \mathcal{N})}{\alpha - 1} \tag{12.65}$$

$$= \frac{d}{d\alpha} \left[\ln \widetilde{Q}_\alpha(\rho, \sigma, \mathcal{N}) \right] \Big|_{\alpha=1} \tag{12.66}$$

$$= \frac{1}{\widetilde{Q}_1(\rho, \sigma, \mathcal{N})} \frac{d}{d\alpha} \left[\widetilde{Q}_\alpha(\rho, \sigma, \mathcal{N}) \right] \Big|_{\alpha=1} \tag{12.67}$$

$$= \frac{d}{d\alpha} \left[\widetilde{Q}_\alpha(\rho, \sigma, \mathcal{N}) \right] \Big|_{\alpha=1} \tag{12.68}$$

$\alpha' \equiv \dfrac{\alpha - 1}{\alpha}$이라고 하자. 이제

$$\widetilde{Q}_\alpha(\rho, \sigma, \mathcal{N})$$
$$= \text{Tr}\left\{\left[\rho^{1/2}\sigma^{-\alpha'/2}\mathcal{N}^\dagger\left(\mathcal{N}(\sigma)^{\alpha'/2}\mathcal{N}(\rho)^{-\alpha'}\mathcal{N}(\sigma)^{\alpha'/2}\right)\sigma^{-\alpha'/2}\rho^{1/2}\right]^\alpha\right\} \quad (12.69)$$

를 생각해보자. 다음과 같은 함수를 정의한다.

$$\widetilde{Q}_{\alpha,\beta}(\rho, \sigma, \mathcal{N})$$
$$\equiv \text{Tr}\left\{\left[\rho^{1/2}\sigma^{-\alpha'/2}\mathcal{N}^\dagger\left(\mathcal{N}(\sigma)^{\alpha'/2}\mathcal{N}(\rho)^{-\alpha'}\mathcal{N}(\sigma)^{\alpha'/2}\right)\sigma^{-\alpha'/2}\rho^{1/2}\right]^\beta\right\} \quad (12.70)$$

그리고 다음을 생각해보자.

$$\frac{d}{d\alpha}\left[\widetilde{Q}_\alpha(\rho,\sigma,\mathcal{N})\right]\bigg|_{\alpha=1} = \frac{d}{d\alpha}\widetilde{Q}_{\alpha,\alpha}(\rho,\sigma,\mathcal{N})\bigg|_{\alpha=1} \quad (12.71)$$

$$= \frac{d}{d\alpha}\widetilde{Q}_{\alpha,1}(\rho,\sigma,\mathcal{N})\bigg|_{\alpha=1} + \frac{d}{d\beta}\widetilde{Q}_{1,\beta}(\rho,\sigma,\mathcal{N})\bigg|_{\beta=1} \quad (12.72)$$

먼저, $\widetilde{Q}_{1,\beta}(\rho, \sigma, \mathcal{N})$을 다음과 같이 계산할 수 있다.

$$\widetilde{Q}_{1,\beta}(\rho, \sigma, \mathcal{N}) = \text{Tr}\left\{\left[\rho^{1/2}\Pi_\sigma\mathcal{N}^\dagger(\Pi_{\mathcal{N}(\sigma)}\Pi_{\mathcal{N}(\rho)}\Pi_{\mathcal{N}(\sigma)})\Pi_\sigma\rho^{1/2}\right]^\beta\right\} \quad (12.73)$$

$$= \text{Tr}\left\{\left[\rho^{1/2}\mathcal{N}^\dagger(\Pi_{\mathcal{N}(\rho)})\rho^{1/2}\right]^\beta\right\} \quad (12.74)$$

$$= \text{Tr}\left\{\left[\rho^{1/2}U^\dagger\left(\Pi_{\mathcal{N}(\rho)}\otimes I_E\right)U\rho^{1/2}\right]^\beta\right\} \quad (12.75)$$

$$= \text{Tr}\left\{\left[\left(\Pi_{\mathcal{N}(\rho)}\otimes I_E\right)U\rho U^\dagger\left(\Pi_{\mathcal{N}(\rho)}\otimes I_E\right)\right]^\beta\right\} \quad (12.76)$$

$$= \text{Tr}\left\{\left[U\rho U^\dagger\right]^\beta\right\} = \text{Tr}\left\{\rho^\beta\right\} \quad (12.77)$$

그러면

$$\frac{d}{d\beta}\widetilde{Q}_{1,\beta}(\rho,\sigma,\mathcal{N})\bigg|_{\beta=1} = \frac{d}{d\beta}\text{Tr}\left\{\rho^\beta\right\}\bigg|_{\beta=1} = \text{Tr}\left\{\rho^\beta\ln\rho\right\}\big|_{\beta=1} \quad (12.78)$$

$$= \text{Tr}\left\{\rho\ln\rho\right\} \quad (12.79)$$

이다. 이제 다른 항 $\frac{d}{d\alpha}\widetilde{Q}_{\alpha,1}(\rho, \sigma, \mathcal{N})$을 살펴보자. 먼저,

$$\frac{d}{d\alpha}(-\alpha') = \frac{d}{d\alpha}\left(\frac{1-\alpha}{\alpha}\right) = \frac{d}{d\alpha}\left(\frac{1}{\alpha}-1\right) = -\frac{1}{\alpha^2} \quad (12.80)$$

$$\widetilde{Q}_{\alpha,1}(\rho, \sigma, \mathcal{N})$$
$$= \text{Tr}\left\{\rho\sigma^{-\alpha'/2}\mathcal{N}^\dagger\left(\mathcal{N}(\sigma)^{\alpha'/2}\mathcal{N}(\rho)^{-\alpha'}\mathcal{N}(\sigma)^{\alpha'/2}\right)\sigma^{-\alpha'/2}\right\} \quad (12.81)$$

임을 생각해보자. 이제 $\frac{d}{d\alpha}\widetilde{Q}_{\alpha,1}(\rho,\,\sigma,\,\mathcal{N})$이 다음과 같음을 보이자.

$$\frac{d}{d\alpha}\text{Tr}\left\{\rho\sigma^{-\alpha'/2}\mathcal{N}^\dagger\left(\mathcal{N}(\sigma)^{\alpha'/2}\mathcal{N}(\rho)^{-\alpha'}\mathcal{N}(\sigma)^{\alpha'/2}\right)\sigma^{-\alpha'/2}\right\}$$
$$= \text{Tr}\left\{\rho\left[\frac{d}{d\alpha}\sigma^{-\alpha'/2}\right]\mathcal{N}^\dagger\left(\mathcal{N}(\sigma)^{\alpha'/2}\mathcal{N}(\rho)^{-\alpha'}\mathcal{N}(\sigma)^{\alpha'/2}\right)\sigma^{-\alpha'/2}\right\}$$
$$+ \text{Tr}\left\{\rho\sigma^{-\alpha'/2}\mathcal{N}^\dagger\left(\left[\frac{d}{d\alpha}\mathcal{N}(\sigma)^{\alpha'/2}\right]\mathcal{N}(\rho)^{-\alpha'}\mathcal{N}(\sigma)^{\alpha'/2}\right)\sigma^{-\alpha'/2}\right\}$$
$$+ \text{Tr}\left\{\rho\sigma^{-\alpha'/2}\mathcal{N}^\dagger\left(\mathcal{N}(\sigma)^{\alpha'/2}\left[\frac{d}{d\alpha}\mathcal{N}(\rho)^{-\alpha'}\right]\mathcal{N}(\sigma)^{\alpha'/2}\right)\sigma^{-\alpha'/2}\right\}$$
$$+ \text{Tr}\left\{\rho\sigma^{-\alpha'/2}\mathcal{N}^\dagger\left(\mathcal{N}(\sigma)^{\alpha'/2}\mathcal{N}(\rho)^{-\alpha'}\left[\frac{d}{d\alpha}\mathcal{N}(\sigma)^{\alpha'/2}\right]\right)\sigma^{-\alpha'/2}\right\}$$
$$+ \text{Tr}\left\{\rho\sigma^{-\alpha'/2}\mathcal{N}^\dagger\left(\mathcal{N}(\sigma)^{\alpha'/2}\mathcal{N}(\rho)^{-\alpha'}\mathcal{N}(\sigma)^{\alpha'/2}\right)\left[\frac{d}{d\alpha}\sigma^{-\alpha'/2}\right]\right\} \quad (12.82)$$

$$= \frac{1}{\alpha^2}\left[-\frac{1}{2}\text{Tr}\left\{\rho\left[\ln\sigma\right]\sigma^{-\alpha'/2}\mathcal{N}^\dagger\left(\mathcal{N}(\sigma)^{\alpha'/2}\mathcal{N}(\rho)^{-\alpha'}\mathcal{N}(\sigma)^{\alpha'/2}\right)\sigma^{-\alpha'/2}\right\}\right.$$
$$+ \frac{1}{2}\text{Tr}\left\{\rho\sigma^{-\alpha'/2}\mathcal{N}^\dagger\left(\left[\ln\mathcal{N}(\sigma)\right]\mathcal{N}(\sigma)^{\alpha'/2}\mathcal{N}(\rho)^{-\alpha'}\mathcal{N}(\sigma)^{\alpha'/2}\right)\sigma^{-\alpha'/2}\right\}$$
$$- \text{Tr}\left\{\rho\sigma^{-\alpha'/2}\mathcal{N}^\dagger\left(\mathcal{N}(\sigma)^{\alpha'/2}\left[\ln\mathcal{N}(\rho)\right]\mathcal{N}(\rho)^{-\alpha'}\mathcal{N}(\sigma)^{\alpha'/2}\right)\sigma^{-\alpha'/2}\right\}$$
$$+ \frac{1}{2}\text{Tr}\left\{\rho\sigma^{-\alpha'/2}\mathcal{N}^\dagger\left(\mathcal{N}(\sigma)^{\alpha'/2}\mathcal{N}(\rho)^{-\alpha'}\mathcal{N}(\sigma)^{\alpha'/2}\left[\ln\mathcal{N}(\sigma)\right]\right)\sigma^{-\alpha'/2}\right\}$$
$$\left.- \frac{1}{2}\text{Tr}\left\{\rho\sigma^{-\alpha'/2}\mathcal{N}^\dagger\left(\mathcal{N}(\sigma)^{\alpha'/2}\mathcal{N}(\rho)^{-\alpha'}\mathcal{N}(\sigma)^{\alpha'/2}\right)\sigma^{-\alpha'/2}\left[\ln\sigma\right]\right\}\right] \quad (12.83)$$

$\alpha \to 1$로 가는 극한을 취하면

$$\frac{d}{d\alpha}\widetilde{Q}_{\alpha,1}(\rho,\sigma,\mathcal{N})\bigg|_{\alpha=1} = -\frac{1}{2}\text{Tr}\left\{\rho\left[\ln\sigma\right]\Pi_\sigma\mathcal{N}^\dagger\left(\Pi_{\mathcal{N}(\sigma)}\Pi_{\mathcal{N}(\rho)}\Pi_{\mathcal{N}(\sigma)}\right)\Pi_\sigma\right\}$$
$$+ \frac{1}{2}\text{Tr}\left\{\rho\Pi_\sigma\mathcal{N}^\dagger\left(\left[\ln\mathcal{N}(\sigma)\right]\Pi_{\mathcal{N}(\sigma)}\Pi_{\mathcal{N}(\rho)}\Pi_{\mathcal{N}(\sigma)}\right)\Pi_\sigma\right\}$$
$$- \text{Tr}\left\{\rho\Pi_\sigma\mathcal{N}^\dagger\left(\Pi_{\mathcal{N}(\sigma)}\left[\ln\mathcal{N}(\rho)\right]\Pi_{\mathcal{N}(\rho)}\Pi_{\mathcal{N}(\sigma)}\right)\Pi_\sigma\right\}$$
$$+ \frac{1}{2}\text{Tr}\left\{\rho\Pi_\sigma\mathcal{N}^\dagger\left(\Pi_{\mathcal{N}(\sigma)}\Pi_{\mathcal{N}(\rho)}\Pi_{\mathcal{N}(\sigma)}\left[\ln\mathcal{N}(\sigma)\right]\right)\Pi_\sigma\right\}$$
$$- \frac{1}{2}\text{Tr}\left\{\rho\Pi_\sigma\mathcal{N}^\dagger\left(\Pi_{\mathcal{N}(\sigma)}\Pi_{\mathcal{N}(\rho)}\Pi_{\mathcal{N}(\sigma)}\right)\left[\ln\sigma\right]\Pi_\sigma\right\}$$
$$(12.84)$$

를 얻는다. 이제 처음 세 항을 간략히 하고, 마지막 두 항이 처음의 두 항의 에르미트 켤레임을 생각하면

$$\text{Tr}\left\{\rho\left[\ln\sigma\right]\Pi_\sigma\mathcal{N}^\dagger(\Pi_{\mathcal{N}(\sigma)}\Pi_{\mathcal{N}(\rho)}\Pi_{\mathcal{N}(\sigma)})\Pi_\sigma\right\}$$

$$= \text{Tr}\left\{\rho\left[\ln\sigma\right]\mathcal{N}^\dagger(\Pi_{\mathcal{N}(\rho)})\right\} \tag{12.85}$$

$$= \text{Tr}\left\{\mathcal{N}(\rho\left[\ln\sigma\right])\left(\Pi_{\mathcal{N}(\rho)}\right)\right\} \tag{12.86}$$

$$= \text{Tr}\left\{U\rho\left[\ln\sigma\right]U^\dagger\left(\Pi_{\mathcal{N}(\rho)}\otimes I_E\right)\right\} \tag{12.87}$$

$$= \text{Tr}\left\{\Pi_{U\rho U^\dagger}U\rho U^\dagger U\left[\ln\sigma\right]U^\dagger\left(\Pi_{\mathcal{N}(\rho)}\otimes I_E\right)\right\} \tag{12.88}$$

$$= \text{Tr}\left\{U\rho U^\dagger U\left[\ln\sigma\right]U^\dagger\right\} \tag{12.89}$$

$$= \text{Tr}\left\{\rho\left[\ln\sigma\right]\right\} \tag{12.90}$$

$$\text{Tr}\left\{\rho\Pi_\sigma\mathcal{N}^\dagger(\left[\ln\mathcal{N}(\sigma)\right]\Pi_{\mathcal{N}(\sigma)}\Pi_{\mathcal{N}(\rho)}\Pi_{\mathcal{N}(\sigma)})\Pi_\sigma\right\}$$

$$= \text{Tr}\left\{\rho\mathcal{N}^\dagger(\left[\ln\mathcal{N}(\sigma)\right]\Pi_{\mathcal{N}(\rho)})\right\} \tag{12.91}$$

$$= \text{Tr}\left\{\mathcal{N}(\rho)\left[\ln\mathcal{N}(\sigma)\right]\Pi_{\mathcal{N}(\rho)}\right\} \tag{12.92}$$

$$= \text{Tr}\left\{\mathcal{N}(\rho)\left[\ln\mathcal{N}(\sigma)\right]\right\} \tag{12.93}$$

$$\text{Tr}\left\{\rho\Pi_\sigma\mathcal{N}^\dagger(\Pi_{\mathcal{N}(\sigma)}\left[\ln\mathcal{N}(\rho)\right]\Pi_{\mathcal{N}(\rho)}\Pi_{\mathcal{N}(\sigma)})\Pi_\sigma\right\}$$

$$= \text{Tr}\left\{\rho\mathcal{N}^\dagger(\left[\ln\mathcal{N}(\rho)\right]\Pi_{\mathcal{N}(\rho)})\right\} \tag{12.94}$$

$$= \text{Tr}\left\{\mathcal{N}(\rho)\left(\left[\ln\mathcal{N}(\rho)\right]\Pi_{\mathcal{N}(\rho)}\right)\right\} \tag{12.95}$$

$$= \text{Tr}\left\{\mathcal{N}(\rho)\left[\ln\mathcal{N}(\rho)\right]\right\} \tag{12.96}$$

이다. 그러면 다음의 등식이 성립함을 알 수 있다.

$$\frac{d}{d\alpha}\widetilde{Q}_{\alpha,1}(\rho,\sigma,\mathcal{N})\bigg|_{\alpha=1} = -\text{Tr}\left\{\mathcal{N}\left(\rho\left[\ln\sigma\right]\right)\right\}$$
$$+ \text{Tr}\left\{\mathcal{N}(\rho)\left[\ln\mathcal{N}(\sigma)\right]\right\} - \text{Tr}\left\{\mathcal{N}(\rho)\left[\ln\mathcal{N}(\rho)\right]\right\} \tag{12.97}$$

식 (12.68), (12.72), (12.79), (12.97)을 모으면 정리의 진술이 증명된다. □

$\alpha = 1/2$에 대해

$$\widetilde{\Delta}_{1/2}(\rho,\sigma,\mathcal{N}) = -\ln\left\|\left(\left[\mathcal{N}(\rho)\right]^{1/2}\left[\mathcal{N}(\sigma)\right]^{-1/2}\otimes I_E\right)U\sigma^{1/2}\rho^{1/2}\right\|_1^2 \tag{12.98}$$

$$= -\ln F(\rho,\mathcal{P}_{\sigma,\mathcal{N}}(\mathcal{N}(\rho))) \tag{12.99}$$

를 생각해보자. 여기서 $F(\rho,\sigma) \equiv \|\sqrt{\rho}\sqrt{\sigma}\|_1^2$는 양자 충실도다. 따라서 만약 $\widetilde{\Delta}_\alpha(\rho, \sigma, \mathcal{N})$이 α에 대해 단조적이고 감소하지 않는다면, 이 관찰들을 조합해 다음과 같

이 결론지을 수 있다.

$$D(\rho\|\sigma) - D(\mathcal{N}(\rho)\|\mathcal{N}(\sigma)) = \frac{1}{\ln 2}\widetilde{\Delta}_1(\rho,\sigma,\mathcal{N}) \tag{12.100}$$

$$\overset{?}{\geq} \frac{1}{\ln 2}\widetilde{\Delta}_{1/2}(\rho,\sigma,\mathcal{N}) \tag{12.101}$$

$$= -\log F\left(\rho, \mathcal{P}_{\sigma,\mathcal{N}}(\mathcal{N}(\rho))\right) \tag{12.102}$$

만약 이것이 참이라면, 정리 12.1.1도 참이라고 결론지을 수 있고, 페츠 복원 사상이 되는 복원 선로를 알아낼 수 있다. 하지만 이것이 참인지는 아직 알려지지 않았고, 대신에 스테인-허쉬만 정리를 이용해서 회전된 페츠 사상의 볼록 조합이 정리 12.1.1의 한계를 만족시킨다고 결론지을 것이다.

12.5 복원 가능성 정리의 증명

이 절에서는 정리 12.1.1의 증명을 제시한다. 사실은 더 강한 주장을 증명할 것이다. 이 주장은 아래에서 설명할 특정한 복원 선로에 대해 정리 12.1.1을 함의한다.

【정리 12.5.1】 정의 12.1.1에서 주어진 대로 ρ, σ, $\mathcal{N}$을 생각하자. 그러면 다음의 부등식이 성립한다.

$$D(\rho\|\sigma) - D(\mathcal{N}(\rho)\|\mathcal{N}(\sigma)) \geq -\int_{-\infty}^{\infty} dt\ \beta_0(t)\ \log\left[F\left(\rho, (\mathcal{R}_{\sigma,\mathcal{N}}^{t/2} \circ \mathcal{N})(\rho)\right)\right] \tag{12.103}$$

여기서 $\beta_0(t) = \frac{\pi}{2}[\cosh(\pi t) + 1]^{-1}$은 $t \in \mathbb{R}$에 대한 확률 밀도 함수이고, $\mathcal{R}_{\sigma,\mathcal{N}}^{t/2}$은 정의 12.3.2의 회전된 페츠 복원 사상이다.

【증명】 이 결과는 정리 12.2.3을 이용해 증명할 수 있다. 먼저, 식 (12.103)의 부등식을 만들어본다. $U : \mathcal{H} \to \mathcal{H}' \otimes \mathcal{H}_E$가 선로 $\mathcal{N}$의 등척 확장이라고 하자.

$$G(z) \equiv \left([\mathcal{N}(\rho)]^{z/2}\, [\mathcal{N}(\sigma)]^{-z/2} \otimes I_E\right) U\sigma^{z/2}\rho^{1/2} \tag{12.104}$$

라고 하자. $z \in \bar{S}$, $p_0 = 2$, $p_1 = 1$, $\theta \in (0, 1)$이고, $p_\theta = \frac{2}{1+\theta}$로 고정한다. 연산자-값 함수 $G(z)$는 정리 12.2.3을 사용하기 위해 필요한 조건을 만족시킨다. 위와 같이 선택하면

$$\|G(\theta)\|_{2/(1+\theta)} = \left\| \left([\mathcal{N}(\rho)]^{\theta/2} \, [\mathcal{N}(\sigma)]^{-\theta/2} \otimes I_E \right) U \sigma^{\theta/2} \rho^{1/2} \right\|_{2/(1+\theta)} \quad (12.105)$$

$$\|G(it)\|_2 = \left\| \left([\mathcal{N}(\rho)]^{it/2} \, [\mathcal{N}(\sigma)]^{-it/2} \otimes I_E \right) U \sigma^{it/2} \rho^{1/2} \right\|_2$$

$$\leq \left\| \rho^{1/2} \right\|_2$$

$$= 1 \quad (12.106)$$

$$\|G(1+it)\|_1 = \left\| \left([\mathcal{N}(\rho)]^{(1+it)/2} \, [\mathcal{N}(\sigma)]^{-(1+it)/2} \otimes I_E \right) U \sigma^{(1+it)/2} \rho^{1/2} \right\|_1$$

$$= \left\| \left([\mathcal{N}(\rho)]^{\frac{it}{2}} [\mathcal{N}(\rho)]^{\frac{1}{2}} [\mathcal{N}(\sigma)]^{-\frac{it}{2}} [\mathcal{N}(\sigma)]^{-\frac{1}{2}} \otimes I_E \right) U \sigma^{\frac{1}{2}} \sigma^{\frac{it}{2}} \rho^{\frac{1}{2}} \right\|_1$$

$$= \left\| \left([\mathcal{N}(\rho)]^{1/2} [\mathcal{N}(\sigma)]^{-it/2} [\mathcal{N}(\sigma)]^{-1/2} \otimes I_E \right) U \sigma^{1/2} \sigma^{it/2} \rho^{1/2} \right\|_1$$

$$= \sqrt{F\left(\rho, \left(\mathcal{U}_{\sigma, -t/2} \circ \mathcal{P}_{\sigma, \mathcal{N}} \circ \mathcal{U}_{\mathcal{N}(\sigma), t/2} \right) (\mathcal{N}(\rho)) \right)}$$

$$= \sqrt{F\left(\rho, (\mathcal{R}_{\sigma, \mathcal{N}}^{t/2} \circ \mathcal{N})(\rho) \right)} \quad (12.107)$$

임을 알 수 있다. 그러면 정리 12.2.3을 적용해 다음과 같이 결론지을 수 있다.

$$\ln \left\| \left([\mathcal{N}(\rho)]^{\theta/2} \, [\mathcal{N}(\sigma)]^{-\theta/2} \otimes I_E \right) U \sigma^{\theta/2} \rho^{1/2} \right\|_{2/(1+\theta)}$$

$$\leq \int_{-\infty}^{\infty} dt \, \beta_\theta(t) \ln \left[F\left(\rho, (\mathcal{R}_{\sigma, \mathcal{N}}^{t/2} \circ \mathcal{N})(\rho) \right)^{\theta/2} \right] \quad (12.108)$$

이는 다음을 함의한다.

$$-\frac{2}{\theta} \ln \left\| \left([\mathcal{N}(\rho)]^{\theta/2} \, [\mathcal{N}(\sigma)]^{-\theta/2} \otimes I_E \right) U \sigma^{\theta/2} \rho^{1/2} \right\|_{2/(1+\theta)}$$

$$\geq -\int_{-\infty}^{\infty} dt \, \beta_\theta(t) \, \ln \left[F\left(\rho, (\mathcal{R}_{\sigma, \mathcal{N}}^{t/2} \circ \mathcal{N})(\rho) \right) \right] \quad (12.109)$$

$\theta = (1-\alpha)/\alpha$라고 두면, 위의 식이 다음과 같아진다.

$$\widetilde{\Delta}_\alpha(\rho, \sigma, \mathcal{N}) \geq -\int_{-\infty}^{\infty} dt \, \beta_{(1-\alpha)/\alpha}(t) \, \ln \left[F\left(\rho, (\mathcal{R}_{\sigma, \mathcal{N}}^{t/2} \circ \mathcal{N})(\rho) \right) \right] \quad (12.110)$$

식 (12.109)의 부등식이 모든 $\theta \in (0, 1)$에 대해 성립하므로, 식 (12.110)도 모든 $\alpha \in (1/2, 1)$에 대해 성립해야 하고, $\alpha \nearrow 1$인 극한을 취하고 식 (12.58)을 적용하면 지배 수렴 정리dominated convergence theorem에 의해 식 (12.103)이 성립한다고 결론지을 수 있다. □

위의 정리를 갖고 있으면, 정리 12.1.1은 $\mathcal{R}_{\sigma, \mathcal{N}}$을 다음의 복원 선로로 선택하여 얻을 수 있다.

$$\mathcal{R}_{\sigma,\mathcal{N}}(Q) \equiv \int_{-\infty}^{\infty} dt\; \beta_0(t)\; \mathcal{R}_{\sigma,\mathcal{N}}^{t/2}(Q) + \mathrm{Tr}\{(I - \Pi_{\mathcal{N}(\sigma)})Q\}\omega \qquad (12.111)$$

여기서 $Q \in \mathcal{L}(\mathcal{H}')$이고 $\omega \in \mathcal{D}(\mathcal{H})$이다. 이것은

$$-\int_{-\infty}^{\infty} dt\; \beta_0(t)\; \log\left[F\left(\rho, (\mathcal{R}_{\sigma,\mathcal{N}}^{t/2} \circ \mathcal{N})(\rho)\right)\right]$$
$$\geq -\log\left[F\left(\rho, \left(\int_{-\infty}^{\infty} dt\; \beta_0(t)\mathcal{R}_{\sigma,\mathcal{N}}^{t/2} \circ \mathcal{N}\right)(\rho)\right)\right]$$
$$\geq -\log\left[F(\rho, (\mathcal{R}_{\sigma,\mathcal{N}} \circ \mathcal{N})(\rho))\right] \qquad (12.112)$$

이기 때문이다. 여기서 첫 번째 부등식은 로그함수와 충실도가 둘 다 오목하기 때문에 성립한다. 두 번째 부등식은 $\mathrm{supp}(\rho) \subseteq \mathrm{supp}(\sigma)$라는 가정과 명제 11.8.2의 증명에서 사용한 것과 유사한 논증으로 유도된다(이 마지막 단계는 제곱근 함수의 연산자 단조성으로부터 증명할 수도 있다).

추가적인 항 $\mathrm{Tr}\{(I - \Pi_{\mathcal{N}(\sigma)})Q\}\omega$는 $\mathcal{R}_{\sigma,\mathcal{N}}$이 완전한 양성에 추가적으로 대각합 보존임을 보증하기 위해 필요하다. $\mathcal{R}_{\sigma,\mathcal{N}}$의 대각합 보존은

$$\mathrm{Tr}\{\mathcal{R}_{\sigma,\mathcal{N}}(Q)\} = \int_{-\infty}^{\infty} dt\; \beta_0(t)\; \mathrm{Tr}\{\mathcal{R}_{\sigma,\mathcal{N}}^{t/2}(Q)\} + \mathrm{Tr}\{(I - \Pi_{\mathcal{N}(\sigma)})Q\} \qquad (12.113)$$
$$= \int_{-\infty}^{\infty} dt\; \beta_0(t)\; \mathrm{Tr}\{\Pi_{\mathcal{N}(\sigma)}Q\} + \mathrm{Tr}\{(I - \Pi_{\mathcal{N}(\sigma)})Q\} \qquad (12.114)$$
$$= \mathrm{Tr}\{\Pi_{\mathcal{N}(\sigma)}Q\} + \mathrm{Tr}\{(I - \Pi_{\mathcal{N}(\sigma)})Q\} = \mathrm{Tr}\{Q\} \qquad (12.115)$$

이기 때문에 유도된다. 여기서 두 번째 등식은 연습문제 12.3.1에서 유도된다. 이 복원 선로가 식 (12.2)에서 언급된 'σ의 완벽한 복원' 성질을 가짐을 관찰하자. 이것은 명제 12.3.1과 식 (12.111)의 특정한 형태로부터 유도된다.

정리 12.5.1의 따름정리로, 양자 상대 엔트로피의 단조성에 대한 등호 조건을 얻는다.

【따름정리 12.5.1】 등호 조건   정의 12.1.1에서 주어진 대로 ρ, σ, $\mathcal{N}$을 생각해보자. 그러면

$$D(\rho\|\sigma) = D(\mathcal{N}(\rho)\|\mathcal{N}(\sigma)) \qquad (12.116)$$

인 것은 모든 회전된 페츠 복원 선로가 $\mathcal{N}(\rho)$로부터 ρ를

$$\forall t \in \mathbb{R} : (\mathcal{R}_{\sigma,\mathcal{N}}^t \circ \mathcal{N})(\rho) = \rho \qquad (12.117)$$

와 같이 완벽하게 복원한다는 것과 필요충분조건이다.

【증명】 명제 12.3.1을 다시 생각해보자. 즉, 따름정리의 주장에서 조건과 독립적으로, 모든 $t \in \mathbb{R}$에 대해 $(\mathcal{R}_{\sigma,\mathcal{N}}^t \circ \mathcal{N})(\sigma) = \sigma$가 성립한다.

'충분조건' 부분을 먼저 증명한다. $\forall t \in \mathbb{R} : (\mathcal{R}_{\sigma,\mathcal{N}}^t \circ \mathcal{N})(\rho) = \rho$라고 하자. 그러면 특정한 $t \in \mathbb{R}$에 대해 양자 상대 엔트로피의 단조성은

$$D(\rho\|\sigma) \geq D(\mathcal{N}(\rho)\|\mathcal{N}(\sigma)) \qquad (12.118)$$
$$D(\mathcal{N}(\rho)\|\mathcal{N}(\sigma)) \geq D((\mathcal{R}_{\sigma,\mathcal{N}}^t \circ \mathcal{N})(\rho)\|(\mathcal{R}_{\sigma,\mathcal{N}}^t \circ \mathcal{N})(\sigma)) \qquad (12.119)$$
$$= D(\rho\|\sigma) \qquad (12.120)$$

임을 유도할 수 있고, 그러면 $D(\rho\|\sigma) = D(\mathcal{N}(\rho)\|\mathcal{N}(\sigma))$임을 알 수 있다.

이제 정리의 '필요조건' 부분을 증명하겠다. $D(\rho\|\sigma) = D(\mathcal{N}(\rho)\|\mathcal{N}(\sigma))$라고 하자. 정의 12.5.1에 의해 다음을 알 수 있다.

$$\int_{-\infty}^{\infty} dt\, \beta_0(t) \left[-\log \left[F\left(\rho, (\mathcal{R}_{\sigma,\mathcal{N}}^{t/2} \circ \mathcal{N})(\rho) \right) \right] \right] = 0 \qquad (12.121)$$

$\beta_0(t)$는 모든 $t \in \mathbb{R}$에 대해 양성 확정 함수이므로 $-\log F \geq 0$이고, 복원 사상 $\mathcal{R}_{\sigma,\mathcal{N}}^{t/2}$은 t에 대해 연속이며 충실도도 연속이다. 따라서 모든 $t \in \mathbb{R}$에 대해

$$-\log \left[F\left(\rho, (\mathcal{R}_{\sigma,\mathcal{N}}^{t/2} \circ \mathcal{N})(\rho) \right) \right] = 0 \qquad (12.122)$$

임을 알 수 있다. 이것은 모든 $t \in \mathbb{R}$에 대해 $F(\rho, (\mathcal{R}_{\sigma,\mathcal{N}}^{t/2} \circ \mathcal{N})(\rho)) = 1$과 같다. 그러면 두 상태 사이의 충실도가 1인 것과 두 상태가 같은 것은 필요충분조건이기 때문에 식 (12.117)이 성립함을 알 수 있다. □

12.6 양자 엔트로피 부등식의 개량

정리 12.1.1은 양자 엔트로피의 강한 준가법성, 조건부 엔트로피의 오목성, 상대 엔트로피의 결합 볼록성, 양자 불일치의 비음수성, 홀레보 한계 등 많은 양자 엔트로

피 부등식을 강화한다. 다음 절에서 이 따름정리들을 소개하고 간단한 증명을 제시하겠다.

12.6.1 강한 준가법성

3분할 상태 ρ_{ABC}의 조건부 양자 상호 정보

$$I(A;B|C)_\rho \equiv H(AC)_\rho + H(BC)_\rho - H(C)_\rho - H(ABC)_\rho \qquad (12.123)$$

을 떠올려보자. 강한 준가법성은 모든 3분할 상태 ρ_{ABC}에 대해 $I(A\,;\,B|C)_\rho \geq 0$이라는 내용이다.

아래에서 따름정리 12.6.1은 강한 준가법성을 개선해 제시한다. 이것은 정리 12.1.1을

$$\rho = \rho_{ABC}, \qquad \sigma = \rho_{AC} \otimes I_B, \qquad \mathcal{N} = \text{Tr}_A \qquad (12.124)$$

로 선택하면 직접 유도된다. 그러면

$$\mathcal{N}(\rho) = \rho_{BC}, \qquad \mathcal{N}(\sigma) = \rho_C \otimes I_B, \qquad \mathcal{N}^\dagger(\cdot) = (\cdot) \otimes I_A \qquad (12.125)$$

이고,

$$\begin{aligned} D(\rho\|\sigma) - D(\mathcal{N}(\rho)\|\mathcal{N}(\sigma)) &= D(\rho_{ABC}\|\rho_{AC} \otimes I_B) - D(\rho_{BC}\|\rho_C \otimes I_B) \\ &= I(A;B|C)_\rho \end{aligned} \qquad (12.126)$$

$$\begin{aligned} \mathcal{P}_{\sigma,\mathcal{N}}(\cdot) &= \sigma^{1/2}\mathcal{N}^\dagger\left([\mathcal{N}(\sigma)]^{-1/2}(\cdot)[\mathcal{N}(\sigma)]^{-1/2}\right)\sigma^{1/2} \\ &= \rho_{AC}^{1/2}\left[\rho_C^{-1/2}(\cdot)\rho_C^{-1/2} \otimes I_A\right]\rho_{AC}^{1/2} \end{aligned} \qquad (12.127)$$

이다.

【따름정리 12.6.1】 $\rho_{ABC} \in \mathcal{D}(\mathcal{H}_A \otimes \mathcal{H}_B \otimes \mathcal{H}_C)$라고 하자. 그러면 다음의 부등식이 성립한다.

$$I(A;B|C)_\rho \geq -\log\left[F(\rho_{ABC}, \mathcal{R}_{C\to AC}(\rho_{BC}))\right] \qquad (12.128)$$

여기서 복원 선로 $\mathcal{R}_{C\to AC} = \int_{-\infty}^{\infty} dt\, \beta_0(t)\, \mathcal{R}_{\rho_{AC}, \text{Tr}_A}^{t/2}$는 ρ_C로부터 ρ_{AC}를 완벽하게 복원한다.

12.6.2 조건부 양자 엔트로피의 오목성

$\mathcal{E} \equiv \{p_X(x), \rho_{AB}^x\}$가 2분할 양자 상태의 앙상블이라고 하고, 그 기댓값을 $\bar{\rho}_{AB} \equiv \sum_x p_X(x)\rho_{AB}^x$라고 하자. 조건부 엔트로피의 오목성은 다음과 같다.

$$H(A|B)_{\bar{\rho}} \geq \sum_x p_X(x)H(A|B)_{\rho^x} \tag{12.129}$$

ω_{XAB}가 앙상블 $\mathcal{E}$를 부호화하는 데 사용한 고전-양자 상태를 나타낸다고 하자.

$$\omega_{XAB} \equiv \sum_x p_X(x)|x\rangle\langle x|_X \otimes \rho_{AB}^x \tag{12.130}$$

그러면 다음과 같이 다시 적을 수 있다.

$$H(A|B)_{\bar{\rho}} - \sum_x p_X(x)H(A|B)_{\rho^x}$$

$$= H(A|B)_\omega - H(A|BX)_\omega \tag{12.131}$$

$$= I(A;X|B)_\omega \tag{12.132}$$

$$= H(X|B)_\omega - H(X|AB)_\omega \tag{12.133}$$

$$= D(\omega_{XAB}\|I_X \otimes \omega_{AB}) - D(\omega_{XB}\|I_X \otimes \omega_B) \tag{12.134}$$

식 (12.58)의 우변에서 $\rho = \omega_{XAB}$, $\sigma = I_X \otimes \omega_{AB}$, $\mathcal{N} = \text{Tr}_A$로 선택하여 정의하면, 마지막 줄은 상대 엔트로피 차이임을 볼 수 있다.

정리 12.1.1과 연습문제 9.2.10을 적용하면, 조건부 엔트로피 오목성의 다음과 같은 개선을 찾을 수 있다.

【따름정리 12.6.2】 앙상블 $\mathcal{E}$가 위에서처럼 주어져 있다고 하자. 그러면 다음의 부등식이 성립한다.

$$H(A|B)_{\bar{\rho}} - \sum_x p_X(x)H(A|B)_{\rho^x}$$
$$\geq -2\log \sum_x p_X(x)\sqrt{F}(\rho_{AB}^x, \mathcal{R}_{B\to AB}(\rho_B^x)) \tag{12.135}$$

여기서 복원 선로 $\mathcal{R}_{B\to AB} \equiv \int_{-\infty}^{\infty} dt\, \beta_0(t)\, \mathcal{R}_{\bar{\rho}_{AB}, \text{Tr}_A}^{t/2}$는 $\bar{\rho}_B$로부터 $\bar{\rho}_{AB}$를 완벽하게 복원한다.

12.6.3 양자 상대 엔트로피의 결합 볼록성

$\{p_X(x),\ \rho_x\}$가 밀도 연산자의 앙상블이고, $\{p_X(x),\ \sigma_x\}$가 모든 x에 대해 $\text{supp}(\rho_x)$ $\subseteq \text{supp}(\sigma_x)$를 만족시키는 양의 준정부호 연산자의 앙상블이라고 하자. 그 기댓값은 $\bar{\rho} \equiv \sum_x p_X(x)\rho_x$와 $\bar{\sigma} \equiv \sum_x p_X(x)\sigma_x$라고 하자. 양자 상대 엔트로피의 결합 볼록성은 고전적 표지를 없애도 이 앙상블의 구분 가능성이 증가하지 않는다는 주장이다.

$$H(A|B)_{\bar{\rho}} - \sum_x p_X(x)H(A|B)_{\rho^x} \tag{12.136}$$

다음과 같이 정하고

$$\rho = \rho_{XB} \equiv \sum_x p_X(x)|x\rangle\langle x|_X \otimes \rho_x \tag{12.137}$$

$$\sigma = \sigma_{XB} \equiv \sum_x p_X(x)|x\rangle\langle x|_X \otimes \sigma_x \tag{12.138}$$

$$\mathcal{N} = \text{Tr}_X \tag{12.139}$$

정리 12.1.1을 적용하면 양자 상대 엔트로피의 결합 볼록성에 대한 다음의 개선을 얻을 수 있다.

【따름정리 12.6.3】 위와 같이 주어진 앙상블이 있다고 하자. 그러면 다음의 부등식이 성립한다.

$$\sum_x p_X(x)D(\rho_x\|\sigma_x) - D(\bar{\rho}\|\bar{\sigma}) \geq -\log F(\rho_{XB}, \mathcal{R}_{\sigma_{XB}, \text{Tr}_X}(\bar{\rho})) \tag{12.140}$$

여기서 복원 사상 $\mathcal{R}_{\sigma_{XB},\ \text{Tr}_X} = \int_{-\infty}^{\infty} dt\ \beta_0(t)\ \mathcal{R}_{\sigma_{XB}, \text{Tr}_X}^{t/2}$는 σ_B로부터 σ_{XB}를 완벽하게 복원한다.

12.6.4 양자 불일치의 비음수성

ρ_{AB}가 2분할 밀도 연산자이고, $\{|\varphi_x\rangle\langle\varphi_x|_A\}$가 A계에 대한 랭크 1 양자 측정이라고 하자(즉, 벡터 $|\varphi_x\rangle_A$는 $\Sigma_x|\varphi_x\rangle\langle\varphi_x|_A = I_A$를 만족시킨다). 모든 양자 측정은 랭크 1 형태를 갖도록 개량되어, 실험장치를 관찰하는 실험가들에게 더 많은 고전 정보를 전달하도록 할 수 있기 때문에, 이 논의에서는 랭크 1 측정만 고려하면 충분하다. 그러면 (최적화

되지 않은) 양자 불일치quantum discord는 다음의 양자 상호 정보 사이의 차이로 정의된다.

$$I(A;B)_\rho - I(X;B)_\omega, \text{ where} \tag{12.141}$$

$$\omega_{XB} \equiv \mathcal{M}_{A\to X}(\rho_{AB}) \tag{12.142}$$

$$\mathcal{M}_{A\to X}(\cdot) \equiv \sum_x \langle\varphi_x|_A(\cdot)|\varphi_x\rangle_A |x\rangle\langle x|_X \tag{12.143}$$

양자 선로 $\mathcal{M}_{A\to X}$는 측정 선로이고, ω_{XB}는 측정으로부터 얻은 고전-양자 상태다. 집합 $\{|x\rangle_X\}$는 X가 고전계가 되는 정규직교 기저다. 양자 불일치는 음수가 아니고, 정리 12.1.1에 의해 이 엔트로피 부등식의 다음과 같은 개선을 얻을 수 있다.

【따름정리 12.6.4】 ρ_{AB}와 $\mathcal{M}_{A\to X}$가 위와 같이 주어졌다고 하자. 그러면 다음의 부등식이 성립한다.

$$I(A;B)_\rho - I(X;B)_\omega \geq -\log F(\rho_{AB}, \mathcal{E}_A(\rho_{AB})) \tag{12.144}$$

여기서

$$\mathcal{E}_A \equiv \int_{-\infty}^{\infty} dt\, \beta_0(t)\, (\mathcal{U}_{\rho_A,t} \circ \mathcal{P}_{\rho_A,\mathcal{M}_{A\to X}} \circ \mathcal{M}_{A\to X}) \tag{12.145}$$

는 얽힘파괴 사상이고, $\mathcal{P}_{\rho_A,\mathcal{M}_{A\to X}} \circ \mathcal{M}_{A\to X}$는 다음과 같은 얽힘파괴 사상이다.

$$(\mathcal{P}_{\rho_A,\mathcal{M}_{A\to X}} \circ \mathcal{M}_{A\to X})(\cdot) = \sum_x \langle\varphi_x|_A(\cdot)|\varphi_x\rangle_A \frac{\rho_A^{1/2}|\varphi_x\rangle\langle\varphi_x|_A\rho_A^{1/2}}{\langle\varphi_x|_A\rho_A|\varphi_x\rangle_A} \tag{12.146}$$

여기서 $\mathcal{U}_{\rho_A,t}$는 식 (12.35)에서 정의된 사상이다. $\int_{-\infty}^{\infty} dt\, \beta_0(t)\, (\mathcal{U}_{\rho_A,t} \circ \mathcal{P}_{\rho_A,\mathcal{M}_{A\to X}})$는 $\mathcal{M}_{A\to X}(\rho_A)$로부터 ρ_A를 완벽하게 복원한다.

【증명】 수식을 다음과 같이 다시 적으면서 시작하겠다.

$$I(A;B)_\rho - I(X;B)_\omega = D\left(\rho_{AB}\|\rho_A \otimes I_B\right) - D\left(\omega_{XB}\|\omega_X \otimes I_B\right) \tag{12.147}$$

이 식은 $\rho = \rho_{AB}$, $\sigma = \rho_A \otimes I_B$, $\mathcal{N} = \mathcal{M}_{A\to X}$로 정하고, 정리 12.1.1을 적용해 유도한다. 그러면 $\int_{-\infty}^{\infty} dt\, \beta_0(t)\, \mathcal{R}_{\rho_A,\mathcal{M}_{A\to X}}^{t/2}$와 같은 형태의 복원 사상을 갖는 따름정리를 보일 수 있다.

선로 $\mathcal{R}_{\rho_A,\mathcal{M}_{A\to X}}^{t} \circ \mathcal{M}_{A\to X}$는 준비 과정에 뒤따르는 측정 선로 $\mathcal{M}_{A\to X}$로 구성됐기

때문에 얽힘파괴 선로다. 이제 식 (12.144)의 복원 선로 형태를 갖고 논의하겠다. $\mathcal{M}_{A \to X}(\rho_A) = \sum_x \langle \varphi_x |_A \rho_A |\varphi_x \rangle_A |x\rangle \langle x|_X$를 생각해보면 다음이 성립한다.

$$\mathcal{U}_{\mathcal{M}_{A \to X}(\rho_A), -t}(\cdot)$$
$$= \left[\sum_x [\langle \varphi_x |_A \rho_A |\varphi_x \rangle_A]^{-it} |x\rangle \langle x|_X \right] (\cdot) \left[\sum_{x'} [\langle \varphi_{x'} |_A \rho_A |\varphi_{x'} \rangle_A]^{it} |x'\rangle \langle x'|_X \right] \tag{12.148}$$

따라서 $\mathcal{M}_{A \to X}$를 $\mathcal{U}_{\mathcal{M}_{A \to X}(\rho_A), -t}$와 결합하면 위상은 상쇄되고, 관계식 $\mathcal{U}_{\mathcal{M}_{A \to X}(\rho_A), -t}$ $(\mathcal{M}_{A \to X}(\cdot)) = \mathcal{M}_{A \to X}(\cdot)$을 얻는다. 그러면

$$(\mathcal{P}_{\rho_A, \mathcal{M}_{A \to X}} \circ \mathcal{M}_{A \to X})(\cdot)$$
$$= \rho_A^{1/2} \mathcal{M}^\dagger \left([\mathcal{M}_{A \to X}(\rho_A)]^{-1/2} \mathcal{M}_{A \to X}(\cdot) [\mathcal{M}_{A \to X}(\rho_A)]^{-1/2} \right) \rho_A^{1/2} \tag{12.149}$$
$$= \sum_x \langle \varphi_x |_A (\cdot) |\varphi_x \rangle_A \frac{\rho_A^{1/2} |\varphi_x \rangle \langle \varphi_x |_A \rho_A^{1/2}}{\langle \varphi_x |_A \rho_A |\varphi_x \rangle_A} \tag{12.150}$$

임을 계산할 수 있다. 이것으로 증명이 끝난다. □

12.6.5 홀레보 한계

홀레보 한계는 ρ_{AB}가 양자 고전 상태인 경우에 양자 불일치의 비음수성의 특수한 경우다. 명시적으로 적는다면

$$\rho_{AB} = \sum_y p_Y(y) \rho_A^y \otimes |y\rangle \langle y|_Y \tag{12.151}$$

이고, 각 ρ_A^y는 밀도 연산자이며 $\rho_A = \sum_y p_Y(y) \rho_A^y$가 성립한다. 홀레보 한계에 따르면 식 (12.151)의 상태 ρ_{AB}의 상호 정보는 A계가 측정된 후의 상호 정보보다 절대로 더 작을 수 없다. 따름정리 12.6.4와 식 (9.146)을 적용하면, 다음의 개선된 홀레보 한계를 얻는다.

【따름정리 12.6.5】홀레보 한계 ρ_{AB}가 식 (12.151)에 정의된 것이고, $\mathcal{M}_{A \to X}$와 ω_{XB}가 12.6.4절에서 정의된 것과 같다고 하자. 그러면 다음의 부등식이 성립한다.

$$I(A;B)_\rho - I(X;B)_\omega \geq -2 \log \sum_y p_Y(y) \sqrt{F} \left(\rho_A^y, \mathcal{E}_A(\rho_A^y) \right) \tag{12.152}$$

여기서 $\mathcal{E}_A$는 식 (12.146)의 형태를 갖는 얽힘파괴 사상이고, 부분 등척 사상 $\mathcal{U}_{\rho_A,t}$는 식 (12.35)에서 정의됐다.

12.7 역사와 더 읽을거리

11.11절에서 양자정보에 등장하는 많은 양자 엔트로피 부등식의 역사를 소개했다. 여기서는 개량의 역사를 자세히 소개할 것이다. 페츠[Petz](1986, 1988)는 페츠 복원 사상(또는 '전치 선로[transpose channel]'라고 한다.)으로 알려진 양자 상대 엔트로피의 단조성 등호 조건을 연구했고, 유사한 많은 등호 조건을 제시했다. 그중 하나는 $D(\rho\|\sigma) = D(\mathcal{N}(\rho)\|\mathcal{N}(\sigma))$가 페츠 복원 사상이 $\mathcal{N}(\rho)$로부터 ρ를 $(\mathcal{P}_{\sigma,\mathcal{N}} \circ \mathcal{N})(\rho) = \rho$처럼 완벽하게 복원할 수 있다는 것과 필요충분조건이라는 것이다. 나중에 헤이든[Hayden], 조사[Jozsa], 페츠, 윈터[Winter](2004)는 페츠의 결과를 사용해 양자 엔트로피의 강한 준가법성에 대해 등식을 만족하는 3분할 상태의 구조를 규명했다. 모소니[Mosonyi]와 페츠(2004)는 페츠의 결과를 이용해 양자 상대 엔트로피의 단조성에서 등식이 성립하는 3요소 $(\rho, \sigma, \mathcal{N})$의 구조를 구성했다([Mosony, 2005]도 참고하라). 전치 선로는 페츠의 연구 이후 여러 해가 지난 후 근사적 양자 오류 보정의 맥락에서 바넘[Barnum]과 닐[Knill](2002)에 의해 독립적으로 밝혀졌다.

양자 엔트로피 부등식의 등호가 거의 성립하는 경우에 대한 주제는 더 최근의 발전이다. 브랜다오[Brandao] 등(2011)은 1-LOCC 노름에 대해 두 조건화되지 않은 계가 얽혀 있는 방법과 연관 지어서 조건부 상호 정보의 하계를 구성했다. 그런 다음 관심사는 대각합 노름으로 하계를 얻는 것으로 옮겨갔다. 매우 최근의 작업 중 많은 부분은 윈터와 리니(2012)의 투고와 김[Kim](2013)의 발표에 영감을 얻었다. σ와 $\mathcal{N}$에만 의존하고 $(\mathcal{R}_{\sigma,\mathcal{N}} \circ \mathcal{N})(\sigma) = \sigma$를 만족시키는 어떤 복원 선로 $\mathcal{R}_{\sigma,\mathcal{N}}$에 대한 윈터와 리(2012)의 핵심 추측은(아직까지 증명되지 않음) 다음과 같다.

$$D(\rho\|\sigma) - D(\mathcal{N}(\rho)\|\mathcal{N}(\sigma)) \geq D(\rho\|(\mathcal{R}_{\sigma,\mathcal{N}} \circ \mathcal{N})(\rho)) \tag{12.153}$$

칼렌[Carlen]과 리브[Lieb](2014)는 부분 대각합으로 양자 상대 엔트로피의 단조성에 대한 흥미로운 하계를 구성했고, 이는 장[Zhang](2014)이 $I(A;B|C)_\rho = D(\rho_{ABC}\|I_B \otimes \rho_{AC}) - D(\rho_{BC}\|I_B \otimes \rho_C)$를 이용해 지적했듯이 조건부 양자 상호 정보에 대한 관련된 하계를 유도했다. 이런 전개 과정에 힘입어 베르타[Berta], 세샤드리에산[Seshadreesan], 윌디

Wilde(2015)는 조건부 상호 정보의 레니 일반화를 정의했다. 이 개념과 레니 엔트로피의 알려진 성질은 이들이 $I(A\;;\;B|C)_\rho \geq -\log F(\rho_{ABC}, \mathcal{P}_{\rho_{AC}, \mathrm{Tr}_A}(\rho_{BC}))$라는 추측을 제시하게 했다. 이 추측은 아직까지 증명되지 않고 남아 있다. 그 직후 세샤드리에산, 베르타, 윌디(2015)는 상대 엔트로피 차이의 레니 일반화 개념을 더 발전시켰고, 정리 12.1.1의 증명에 사용된 핵심 도구 중 하나가 됐다.

포치Fawzi와 레너Renner(2015)는 다음을 보였다.

$$I(A; B|C)_\rho \geq -\log F(\rho_{ABC}, \mathcal{R}_{C\rightarrow AC}(\rho_{BC})) \tag{12.154}$$

여기서 $\mathcal{R}_{C\rightarrow AC}$는 C에 작용하는 어떤 유니터리 연산에 이어지는 페츠 복원 사상 $\mathcal{P}_{\rho_{AC}, \mathrm{Tr}_A}$와 AC에 작용하는 어떤 유니터리 연산으로 구성된 복원 선로다. 이들의 논증은 확률적 방법을 썼기 때문에, 앞에서 언급한 유니터리 연산자에 대해 더 많은 정보를 얻을 수는 없었다. 동시에, 세샤드리에산과 윌디(2015)는 조건부 상호 정보와 유사한 정보 척도로서 다음의 '복원 충실도'

$$F(A; B|C)_\rho \equiv \sup_{\mathcal{R}_{C\rightarrow AC}} F(\rho_{ABC}, \mathcal{R}_{C\rightarrow AC}(\rho_{BC})) \tag{12.155}$$

를 정의하고 여러 성질을 증명했다. 리와 윈터(2014)는 윈터와 리(2012)의 논의에 기반하고, 포치와 레너(2015)의 결과를 사용해 몰입된 양자얽힘squashed entanglement이라고 알려진 얽힘 척도에 대한 하계를 보였고, 식 (12.153)의 추측을 더 정교하게 만들었다. 브랜다오Brandao 등(2014)은 양자 상태 재분배를 이용해 $I(A\;;\;B|C)_\rho \geq -\log F(A\;;\;B|C)_\rho$라는 한계를 증명했지만, 이 방법은 복원 선로의 구조에 대해서는 더 적은 정보를 준다. 윌디(2014)는 식 (12.154)의 한계를 다분할 정보 척도의 하계를 제시하는 데 어떻게 사용해야 하는지 보였고 국소 복원 가능성이라는 용어로 해석했다. 베르타, 렘Lemm, 윌디(2015)는 포치와 레너(2015)의 기법을 사용해 상대 엔트로피 차이에 대한 비자명한 하계를 구성했다. 다타Datta와 윌디(2015)는 다른 연관된 진술에 덧붙여 모든 $\alpha \in (1/2, 1) \cup (1, \infty)$에 대해 $\tilde{\Delta}_\alpha(\rho, \sigma, \mathcal{N}) \geq 0$임을 증명했다. 베르타와 토마미첼Tomamichel(2016)은 텐서 곱 상태에 대해 복원의 충실도가 승법적multiplicative임을 보였고, 이것으로 $I(A\;;\;B|C)_\rho \geq -\log F(A\;;\;B|C)_\rho$라는 한계의 증명을 더 간단하게 했다. 서터Sutter 등(2016)은 식 (12.154)의 복원 사상이 $\mathcal{R}_{C\rightarrow AC}$가 한계 상태 ρ_{AC}에만 의존하도록 정할 수 있다는 점에서 광역적 성질을 가짐을 보였다. 이 논증에서도 ρ_C와 ρ_{AC}에 가환이 되도록 유니터리 연산자를 선택해 결론에 도달했다.

월디(2015)는 아다마르 3줄 정리와 상대 엔트로피 차이에 대한 레니 일반화의 개념을 이용하여 다음의 한계를 보였다.

$$D(\rho\|\sigma) - D(\mathcal{N}(\rho)\|\mathcal{N}(\sigma)) \geq -\log\left[\sup_{t\in\mathbb{R}} F(\rho, (\mathcal{R}_{\sigma,\mathcal{N}}^t \circ \mathcal{N})(\rho))\right] \quad (12.156)$$

여기서 $(\mathcal{R}_{\sigma,\mathcal{N}}^t \circ \mathcal{N})(\sigma) = \sigma$이다. 위의 복원 사상은 최적의 t가 ρ에 의존할 수 있기 때문에 광역적이지 않음을 알아두자. 월디(2015)는 또한 $D(\rho\|\sigma) - D(\mathcal{N}(\rho)\|\mathcal{N}(\sigma))$에 대한 상계를 찾았고, 이는 어떤 경우에는 복원 가능성에 대한 해석이 있다. 뒤뛰 Dupuis와 월디(2016)는 이어서 베르타, 세샤드리에산, 월디(2015)와 세샤드리에산, 베르타, 월디(2015)가 제기한 미해결 질문 중 몇 가지를 해결하기 위해 '돌아간 레니 엔트로피swiveled Rényi entropy'를 정의했다. 이 작업의 결과로 $D(\rho\|\sigma) - D(\mathcal{N}(\rho)\|\mathcal{N}(\sigma))$에 개선된 상계와 하계를 구성할 수 있었다. 서터 등(2015)은 '꼬집힌 페츠 복원'이라는 다른 증명 기법을 이용해

$$D(\rho\|\sigma) - D(\mathcal{N}(\rho)\|\mathcal{N}(\sigma)) \geq D_M(\rho\|(\mathcal{R}_{\rho,\sigma,\mathcal{N}} \circ \mathcal{N})(\rho)) \quad (12.157)$$

임을 보였다. 여기서 $(\mathcal{R}_{\rho,\sigma,\mathcal{N}} \circ \mathcal{N})(\sigma) = \sigma$이고 $\mathcal{R}_{\rho,\sigma,\mathcal{N}}$은 회전된 페츠 사상의 어떤 볼록 결합이며, D_M은 '측정된 상대 엔트로피'로 $D_M \geq -\log F$를 만족한다. 융에 Junge 등(2015)은 아다마르 3줄 정리에 대한 허쉬만Hirschman(1952)의 개선과 월디(2015)의 증명 방법을 이용해 정리 12.1.1을 보였고, σ와 $\mathcal{N}$에만 의존하고 $(\mathcal{R}_{\sigma,\mathcal{N}} \circ \mathcal{N})(\sigma) = \sigma$를 만족시키는 명시적 복원 선로 $\mathcal{R}_{\sigma,\mathcal{N}}$을 가짐을 이끌어냈다. 이 접근법은 페츠(1986, 1988)의 등식 조건을 직접 되살린다.

복소 보간법 이론에 대한 더 많은 정보는 베르그Bergh와 뢰프스트룀(Löfström, 1976), 리드Reed와 사이먼Simon의 논문(1975)에서 찾아볼 수 있다. 그라파코스Grafakos(2008)는 허쉬만 정리를 탁월하게 설명했다. 스테인Stein(1956)은 스테인-허쉬만 보간 정리를 증명했고, 이것은 정리 12.1.1의 기본이다. 주렉Zurek(2000) 및 올리비에Ollivier와 주렉(2001)은 양자 불일치를 정의했다. 젠코바Jencova(2012)는 $t = 0$인 경우에 대한 명제 12.3.1을 증명했다.

13

양자 선로의 정보

10장과 11장에 걸쳐서 몇 가지 고전 엔트로피양과 양자 엔트로피양을 소개했다. 엔트로피, 조건부 엔트로피, 결합 엔트로피, 상호 정보, 상대 엔트로피, 조건부 상호 정보 등이다. 이런 엔트로피양 각각은 무작위 변수나 특정 참여자가 소유한 양자계에 대해 계산된다는 점에서 정적이다.

13장에서는 고전적이든 양자적이든 선로에 대한 몇 가지 동적 엔트로피양을 소개한다. 이 척도는 앞의 2개 장에서 공부한 정적 척도를 이용해 유도할 것이다. 상태의 한쪽을 선로를 통해 보내고, 입력-출력 상태에 대한 정적 척도를 계산하고, 선로를 통해 전송할 수 있는 모든 가능한 상태에 대해 정적 척도를 최대화하는 방식으로 유도된다. 그러면 이 과정은 상관성을 보존하는 선로의 능력을 정량화하는 동적 척도를 이끌어낸다. 가령, 순수한 얽힌 상태 $|\phi\rangle_{AA'}$을 양자 선로 $\mathcal{N}_{A'\to B}$를 통해 전송할 수 있고, 이 전송은 어떤 2분할 상태 $\mathcal{N}_{A'\to B}(\phi_{AA'})$을 만들어낸다. 그러면 결과 상태의 상호 정보를 계산하고, 그런 모든 입력 상태에 대해 상호 정보를 최대화할 수 있다.

$$\max_{\phi_{AA'}} I(A;B)_\omega \tag{13.1}$$

여기서 $\omega_{AB} \equiv \mathcal{N}_{A'\to B}(\phi_{AA'})$이다. 위의 양은 상관성을 보존하는 선로의 능력에 대한 동적 정보 척도다. 13.4절에서 이 양을 선로 $\mathcal{N}$의 상호 정보로 소개할 것이다.

지금은 이 장에서 배울 양들을 단순히 상관성을 보존하는 선로 능력의 척도로 생각하면 된다. 나중에 이 양들이 고전 정보나 양자정보를 전송하는 것과 같은 특정한 작업을 수행하는 선로의 능력이라는 명시적인 조작적 해석을 가짐을 보일 것이다.[1] 그런 조작적 해석은 엔트로피 척도에 의미를 부여하며, 다르게 말하면 그에 해당하는 특정한 조작적 작업을 갖지 않으면 정보 이론적 관점의 척도란 이해하기 어렵다는 뜻이다.

엔트로피가 임의의 두 독립적인 무작위 변수 X_1과 X_2에 대해 가법 성질을 따른다는 것을 생각해보자.

$$H(X_1, X_2) = H(X_1) + H(X_2) \tag{13.2}$$

위의 가법 성질은 독립적이고 동등하게 분포된 무작위 변수의 많은 수열 $X_1, \ldots, X_n$으로 확장할 수 있다. 즉, 식 (13.2)를 여러 번 사용해서 $nH(X)$가 이 수열의 엔트로피와 같음을 보일 수 있다.

$$H(X_1, \ldots, X_n) = \sum_{i=1}^{n} H(X_i) = \sum_{i=1}^{n} H(X) = nH(X) \tag{13.3}$$

여기서 무작위 변수 X는 각각 $X_1, \ldots, X_n$에 해당하며 같은 분포를 갖는다. 마찬가지로, 곱 상태 $\rho \otimes \sigma$에 있는 임의의 두 양자계에 대한 양자 엔트로피는 가법적이다.

$$H(\rho \otimes \sigma) = H(\rho) + H(\sigma) \tag{13.4}$$

그리고 식 (13.4)를 양자 상태의 수열에 여러 번 적용하면 $H(\rho^{\otimes n}) = nH(\rho)$라는 유사한 간단한 공식을 얻는다. 가법성은 필요한 성질이고 독립된 계에 대해 어떤 정보의 척도를 계산할 때 자연스럽게 기대된다.

정적 척도와 마찬가지로, 동적 정보 척도에 대해서도 가법성이 성립하기를 바란다. 가법성이 성립하지 않으면 척도를 합리적으로 만들 수 없는데, 왜냐하면 잠재적으로 무한한 수의 독립적인 선로를 사용하는 경우에 대해 척도를 계산해야 하기 때문이다. 그렇게 많은 선로 사용에 대한 이런 계산은 일반적으로 불가능한 최적화 문제다. 게다가, 그렇게 많은 선로 사용에 대해 최대화해야 한다는 요구조건은 어떤 작업을 수행하는 선로 능력의 단일한 척도로서 주어진 척도를 구분해내지 못한다. 일

반적으로 많은 수의 선로를 사용하는 극한에서는 원래의 것과 같은 또 다른 척도가 존재할 수 있다. 따라서 만약 가법성이 성립하지 않는다면 많은 실질적인 의미를 갖지 않는다.

이 장은 몇 가지 동적 척도를 논의하는 데 할애할 것이다. 가법성은 일반적으로 여기서 제시하는 세 가지 동적 척도에 대해서만 성립한다. 즉, 고전 선로의 상호 정보, 고전 도청 선로의 비밀 정보, 양자 선로의 상호 정보다. 다른 모든 척도에 대해서는 선로의 가법성이 성립하지 않는 반례가 알려져 있다. 이 장에서 그런 반례는 논의하지 않겠지만, 대신에 가법성이 성립하는 선로 부류를 기술적인 측면에서 이해하고자 노력할 것이다. 가법성에 대한 증명 기법은 앞의 2개 장에서 소개한 많은 아이디어를 사용하고, 앞에서 배운 양자 섀넌 이론의 가장 중요한 문제들 중 하나를 실제로 사용해볼 기회를 제공한다.

13.1 고전 선로의 상호 정보

이제 고전 선로 $\mathcal{N}$을 통해 얼마나 많은 정보를 보낼 수 있는지 정해보자. 2장에서의 고전 선로 $\mathcal{N}$에 대한 단순화된 모형을 떠올려보면, 어떤 조건부 확률 분포 $p_{Y|X}(y|x)$가 잡음의 효과를 모형화한다. 즉, 선로에 무작위 변수 X를 입력하면 어떤 무작위 변수 Y를 얻는다.

이 선로에서 처리된 정보의 좋은 척도는 무엇일까? 아마 상호 정보가 가장 좋은 시작점일 것이다. X와 Y가 베르누이 무작위 변수라고 하자. 만약 고전 선로가 무잡음이고 X가 완전히 무작위라면, 상호 정보 $I(X;Y)$는 1비트와 같고, 송신자는 예상대로 전송할 때마다 1비트를 전송할 수 있다. 만약 고전 선로가 완전한 유잡음이라면 (입력과 무관한 상수 확률 분포를 갖는 출력이 준비된다는 점에서), 입력과 출력 무작위 변수는 독립이고 상호 정보는 0비트가 된다. 이 관찰 결과는 완전히 유잡음 선로를 통해서는 송신자가 어떤 정보도 보낼 수 없어야 한다는 직관과 잘 맞아떨어진다.

고전 선로에 대한 위의 모형에서, 조건부 확률 밀도 $p_{Y|X}(y|x)$는 고정됐지만, 입력 무작위 변수 X의 확률 밀도 분포 $p_X(x)$를 바꿈으로써 이것을 갖고 '놀아볼' 수 있다.[2] 따라서 여전히 입력 확률 밀도를 바꿈으로써 선로 $\mathcal{N}$의 상호 정보를 최적화할 수 있는 '여유공간'을 갖고 있다. 이것은 다음의 정의를 제시한다.

---

2   2.2.4절의 아이디어를 떠올려보자. 앨리스와 밥은 사실상 확률 밀도 $p_X(x)$에 따른 무작위 선로에 대한 부호를 선택했다.

【정의 13.1.1】고전 선로의 상호 정보   고전 선로 $\mathcal{N} \equiv p_{Y|X}$의 상호 정보 $I(\mathcal{N})$은 다음과 같이 정의된다.

$$I(\mathcal{N}) \equiv \max_{p_X(x)} I(X;Y) \tag{13.5}$$

13.1.1 고전 선로의 정규화된 상호 정보

이제 고전 선로 $\mathcal{N}$을 여러 번 사용하는 것을 허용하고, 입력들 사이의 상관성을 허용하는 것이 그 상호 정보를 증가시킬 수 있는지를 생각해보자. 즉, 양자 선로 $\mathcal{N}$을 두 번 독립적으로 사용하는 것을 허용한다고 하자. X_1과 X_2가 각각 선로에 대해 첫 번째와 두 번째로 입력하는 사본에 해당하는 무작위 변수라고 하자. 그리고 Y_1과 Y_2가 출력 무작위 변수라고 하자. 선로를 이렇게 두 번 사용한 것 각각은 $p_{Y|X}(y|x)$를 대응시킨 것과 동등하다. 따라서 이 선로 사용은 독립적이고 동등한 분포다. $\mathcal{N} \otimes \mathcal{N}$을 다음의 사상에 해당하는 **결합 선로**joint channel라고 하자.

$$p_{Y_1,Y_2|X_1,X_2}(y_1,y_2|x_1,x_2) = p_{Y_1|X_1}(y_1|x_1)p_{Y_2|X_2}(y_2|x_2) \tag{13.6}$$

여기서 $p_{Y_1|X_1}(y_1|x_1)$과 $p_{Y_2|X_2}(y_2|x_2)$는 $p_{Y|X}(y|x)$ 사상과 같다. 고전적 결합 선로의 상호 정보는 다음과 같다.

$$I(\mathcal{N} \otimes \mathcal{N}) \equiv \max_{p_{X_1,X_2}(x_1,x_2)} I(X_1,X_2;Y_1,Y_2) \tag{13.7}$$

상관된 분포 $p_{X_1,X_2}(x_1,x_2)$를 통해 선로에 입력들 사이의 상관성을 허용하면 이 고전 선로의 상호 정보를 증가시킬 수 있다고 생각할 수 있다. 즉, 만약 고전적 결합 선로 $\mathcal{N} \otimes \mathcal{N}$의 상호 정보가 두 각각의 상호 정보보다 엄격하게 더 크다면 어떤 초가법적인 효과가 있을 수 있다.

$$I(\mathcal{N} \otimes \mathcal{N}) \overset{?}{>} 2I(\mathcal{N}) \tag{13.8}$$

그림 13.1은 위의 질문에 해당하는 상황을 묘사한다.

고전 선로의 정규화된 상호 정보 $I_{\mathrm{reg}}(\mathcal{N})$을 다음과 같이 정의하여, 사실 위의 논증을 극한으로 끌고 갈 수 있다.

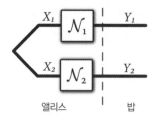

그림 13.1 이 그림은 두 고전 선로 $\mathcal{N}_1$과 $\mathcal{N}_2$의 상호 정보가 가법적인지 판단하는 상황을 묘사한다. 가법성에 대한 질문은 두 고전 선로의 상호 정보를 증대시킬 수 있는 고전적 상관성의 가능성과 동등하다. 정리 13.1.1에서 증명된 결과에 따르면 임의의 두 고전 선로에 대해 상호 정보는 가법적이며, 따라서 고전 상관성은 상호 정보를 증대시킬 수 없다.

$$I_{\mathrm{reg}}(\mathcal{N}) \equiv \lim_{n \to \infty} \frac{1}{n} I(\mathcal{N}^{\otimes n}) \tag{13.9}$$

위의 정의에서 $I(\mathcal{N}^{\otimes n})$이라는 양은 다음과 같이 정의된다.

$$I(\mathcal{N}^{\otimes n}) \equiv \max_{p_{X^n}(x^n)} I(X^n; Y^n) \tag{13.10}$$

그리고 $\mathcal{N}^{\otimes n}$은 다음의 조건부 확률 분포에 해당하는 n개의 선로를 나타낸다.

$$p_{Y^n|X^n}(y^n|x^n) = \prod_{i=1}^{n} p_{Y_i|X_i}(y_i|x_i) \tag{13.11}$$

여기서 $X^n \equiv X_1, X_2, \ldots, X_n$, $x^n \equiv x_1, x_2, \ldots, x_n$이다. 그리고 $Y^n \equiv Y_1, Y_2, \ldots, Y_n$이다. 잠재적 초가법적 효과는 식 (13.8)의 부등식을 정규화하여 자기 자신과 비교하는[3] 다음과 같은 형태를 가질 것이다.

$$I_{\mathrm{reg}}(\mathcal{N}) \overset{?}{>} I(\mathcal{N}) \tag{13.12}$$

【연습문제 13.1.1】 $I_{\mathrm{reg}}(\mathcal{N})$에 대한 유한한 상계를 결정하라. 따라서 이 양은 항상 유한하다.

다음 절에서는 고전 선로에 대해 위의 엄격한 부등식이 성립하지 않음을 보일 것이다. 이것은 상호 정보에 대해 그런 초가법적 효과는 일어나지 않는다는 뜻이다. 사

---

3 여기서 저자는 'bootstrapping'이라는 용어를 사용하고 있다. 이 단어는 구두끈을 잡아당겨서 자기 자신을 들어올린다는 뜻으로, 자기완결적인 증명을 뜻한다. – 옮긴이

실, 고전 선로의 상호 정보는 고전 정보 이론에 대한 이해의 주춧돌 중 하나를 나타내는 가법 성질을 따른다. 이 가법 성질은 임의의 두 고전 선로 $\mathcal{N}$과 $\mathcal{M}$에 대한 다음의 진술이다.

$$I(\mathcal{N} \otimes \mathcal{M}) = I(\mathcal{N}) + I(\mathcal{M}) \tag{13.13}$$

따라서 수학적 귀납 논증에 의해

$$I_{\text{reg}}(\mathcal{N}) = I(\mathcal{N}) \tag{13.14}$$

그러므로 입력 사이의 고전적 상관성은 고전 선로의 상호 정보를 증가시키지 않는다.

최근 연구에 따르면 양자 섀넌 이론에서는 초가법적 효과가 나타날 수 있다는 것이 보였기 때문에(예를 들어 20.5절을 참고하라), 여기서 고전 정보 이론의 가법성의 중요성을 강조해둔다. 이 양자적 결과는 양자 섀넌 이론에 대한 우리의 이해가 완전하지 않다는 것을 뜻한다. 하지만 양자 상관성이 양자 선로의 정보 처리량을 늘릴 수 있다는 대단히 흥미로운 결과를 보인 것이기도 하다.

13.1.2 가법성

고전 선로의 상호 정보는 가법성이라는 중요하고 자연적인 성질을 만족한다. 두 고전 선로의 상호 정보에 대해 나타날 수 있는 가법성의 가장 강력한 형태를 증명하겠다. $\mathcal{N}_1$과 $\mathcal{N}_2$가 각기 다른 고전 선로라고 하고, 각각 사상 $p_{Y_1|X_1}(y_1|x_1)$과 $p_{Y_2|X_2}(y_2|x_2)$에 대응된다고 하자. $\mathcal{N}_1 \otimes \mathcal{N}_2$는 다음의 사상에 해당하는 결합 선로를 나타낸다고 하자.

$$p_{Y_1,Y_2|X_1,X_2}(y_1,y_2|x_1,x_2) = p_{Y_1|X_1}(y_1|x_1)p_{Y_2|X_2}(y_2|x_2) \tag{13.15}$$

그러면 이 결합 선로의 상호 정보는 다음과 같다.

$$I(\mathcal{N}_1 \otimes \mathcal{N}_2) \equiv \max_{p_{X_1,X_2}(x_1,x_2)} I(X_1, X_2; Y_1, Y_2) \tag{13.16}$$

다음의 정리가 가법 성질을 설명한다.

【정리 13.1.1】고전 선로 상호 정보의 가법성   고전적 결합 선로 $\mathcal{N}_1 \otimes \mathcal{N}_2$의 상호 정보는 각각의 상호 정보의 합이다.

$$I(\mathcal{N}_1 \otimes \mathcal{N}_2) = I(\mathcal{N}_1) + I(\mathcal{N}_2) \tag{13.17}$$

【증명】 먼저 부등식 $I(\mathcal{N}_1 \otimes \mathcal{N}_2) \geq I(\mathcal{N}_1) + I(\mathcal{N}_2)$를 먼저 증명한다. 이 부등식은 반대 방향보다 증명하기가 더 쉽다. $p^*_{X_1}(x_1)$과 $p^*_{X_2}(x_2)$가 각각 $I(\mathcal{N}_1)$과 $I(\mathcal{N}_2)$의 최댓값에 도달하는 확률 분포를 나타낸다고 하자. 그러면 모든 입력과 출력 무작위 변수에 대한 결합 확률 분포는 다음과 같다.

$$p_{X_1,X_2,Y_1,Y_2}(x_1,x_2,y_1,y_2) = p^*_{X_1}(x_1)p^*_{X_2}(x_2)p_{Y_1|X_1}(y_1|x_1)p_{Y_2|X_2}(y_2|x_2) \tag{13.18}$$

X_1과 Y_1은 X_2 및 Y_2와는 독립적임을 알아두자. 그러면 다음의 연쇄적 부등식이 성립한다.

$$I(\mathcal{N}_1) + I(\mathcal{N}_2) = I(X_1;Y_1) + I(X_2;Y_2) \tag{13.19}$$
$$= I(X_1,X_2;Y_1,Y_2) \tag{13.20}$$
$$\leq I(\mathcal{N}_1 \otimes \mathcal{N}_2) \tag{13.21}$$

첫 번째 등식은 최대화하는 분포인 $p^*_{X_1}(x_1)$과 $p^*_{X_2}(x_2)$에 대해 상호 정보 $I(\mathcal{N}_1)$과 $I(\mathcal{N}_2)$를 계산하면 유도된다. 두 번째 등식은 상호 정보가 독립적인 결합 무작위 변수 $(X_1,\ Y_1)$과 $(X_2,\ Y_2)$에 대해 가법적이기 때문에 성립한다. 마지막의 부등식은 $p^*_{X_1}(x_1)$ $p^*_{X_2}(x_2)$가 결합 선로 $\mathcal{N}_1 \otimes \mathcal{N}_2$의 상호 정보를 최대화하는 데 필요한 더 일반적인 형태 $p_{Y_1,X_2}(x_1,\ x_2)$의 특정한 입력 형태이기 때문에 성립한다.

이제 자명하지 않은 부등식 $I(\mathcal{N}_1 \otimes \mathcal{N}_2) \leq I(\mathcal{N}_1) + I(\mathcal{N}_2)$를 증명하겠다. $p^*_{X_1,X_2}(x_1,\ x_2)$가 $I(\mathcal{N}_1 \otimes \mathcal{N}_2)$를 최대화하는 확률 분포라고 하자.

$$q_{X_1|X_2}(x_1|x_2) \text{ 그리고 } q_{X_2}(x_2) \tag{13.22}$$

가 다음의 조건

$$p^*_{X_1,X_2}(x_1,x_2) = q_{X_1|X_2}(x_1|x_2)q_{X_2}(x_2) \tag{13.23}$$

를 만족하는 확률 분포라고 하자. 결합 선로 $\mathcal{N}_1 \otimes \mathcal{N}_2$에 대한 조건부 확률 분포가 다음과 같음을 생각해보자.

$$p_{Y_1,Y_2|X_1,X_2}(y_1,y_2|x_1,x_2) = p_{Y_1|X_1}(y_1|x_1)p_{Y_2|X_2}(y_2|x_2) \tag{13.24}$$

y_2에 대해 합을 취하면, Y_1과 X_2는 X_1에 대해 조건부로 독립적임을 알 수 있다. 왜 냐하면

$$p_{Y_1|X_1,X_2}(y_1|x_1,x_2) = p_{Y_1|X_1}(y_1|x_1) \tag{13.25}$$

이기 때문이다. 또한 결합 확률 분포 $p_{X_1,Y_1,Y_2|X_2}(x_1, y_1, y_2|x_2)$는 다음과 같은 형태를 갖는다.

$$p_{X_1,Y_1,Y_2|X_2}(x_1,y_1,y_2|x_2) = p_{Y_1|X_1}(y_1|x_1)q_{X_1|X_2}(x_1|x_2)p_{Y_2|X_2}(y_2|x_2) \tag{13.26}$$

그러면 Y_2는 X_2에 조건화될 때 X_1과 Y_1에 조건부로 독립이다. 다음의 연쇄적인 부등식을 생각해보자.

$$\begin{aligned}
I(\mathcal{N}_1 \otimes \mathcal{N}_2) &= I(X_1, X_2; Y_1, Y_2) & (13.27)\\
&= H(Y_1, Y_2) - H(Y_1, Y_2|X_1, X_2) & (13.28)\\
&= H(Y_1, Y_2) - H(Y_1|X_1, X_2) - H(Y_2|Y_1, X_1, X_2) & (13.29)\\
&= H(Y_1, Y_2) - H(Y_1|X_1) - H(Y_2|X_2) & (13.30)\\
&\leq H(Y_1) + H(Y_2) - H(Y_1|X_1) - H(Y_2|X_2) & (13.31)\\
&= I(X_1; Y_1) + I(X_2; Y_2) & (13.32)\\
&\leq I(\mathcal{N}_1) + I(\mathcal{N}_2) & (13.33)
\end{aligned}$$

첫 번째 등식은 식 (13.16)의 $I(\mathcal{N}_1 \otimes \mathcal{N}_2)$의 정의와 확률 분포인 $p^*_{X_1,X_2}(x_1, x_2)$, $p_{Y_1|X_1}(y_1|x_1)$, $p_{Y_2|X_2}(y_2|x_2)$에 대한 상호 정보를 계산하여 유도된다. 두 번째 등식은 $I(X_1, X_2; Y_1, Y_2)$를 전개하여 유도된다. 세 번째 등식은 엔트로피 연쇄 규칙에서 유도된다. 네 번째 등식은 식 (13.24)에서 지적했던 대로, X_1에 의해 조건화될 때 Y_1이 X_2와 독립적이면 $H(Y_1|X_1, X_2) = H(Y_1|X_1)$이기 때문에 성립한다. 또한 식 (13.26)에서 지적했던 대로, Y_2가 X_1과 Y_1에 대해 조건부로 독립이면 $H(Y_2|Y_1, X_1, X_2) = H(Y_2|X_2)$이기 때문에 성립한다. 첫 번째 부등식은 엔트로피의 준가법성(연습문제 10.3.3)에서 유도된다. 마지막 등식은 상호 정보의 정의에서 유도되고, 마지막 부등식은 X_1과 X_2는 각각 최대화하는 한계 확률 분포 $I(\mathcal{N}_1)$ 및 $I(\mathcal{N}_2)$와 같거나 더 작은 상호 정보에 도달할 수 있을 뿐이기 때문에 유도된다. □

정리 13.1.1의 간단한 따름정리는 입력 무작위 변수 사이의 상관성이 고전 선로의 상호 정보를 증가시킬 수 없다는 것이다. 그 증명은 간단한 수학적 귀납법 논증을 통

해 증명할 수 있다. 따라서 고전 정보의 상호 정보에 대한 식 (13.5)의 **1글자** 표현은 입력과 출력 사이의 상관성을 유지하는 고전 선로의 능력을 이해하기에 충분하다.

【따름정리 13.1.1】 고전 선로의 정규화된 상호 정보는 그 상호 정보와 같다.

$$I_{\text{reg}}(\mathcal{N}) = I(\mathcal{N}) \tag{13.34}$$

【증명】 n에 대한 수학적 귀납법을 사용해 모든 n에 대해 $I(\mathcal{N}^{\otimes n}) = nI(\mathcal{N})$을 보여서 결과를 증명한다. 이것은 식 (13.9)의 극한이 필요 없다는 뜻이다. 기본적으로 $n = 1$에 대해서는 자명하다. 어떤 n에 대해 $I(\mathcal{N}^{\otimes n}) = nI(\mathcal{N})$이 성립한다고 하자. 다음의 연쇄적 등식은 수학적 귀납법을 증명한다.

$$I(\mathcal{N}^{\otimes n+1}) = I(\mathcal{N} \otimes \mathcal{N}^{\otimes n}) \tag{13.35}$$
$$= I(\mathcal{N}) + I(\mathcal{N}^{\otimes n}) \tag{13.36}$$
$$= I(\mathcal{N}) + nI(\mathcal{N}) \tag{13.37}$$

첫 번째 등식은 선로 $\mathcal{N}^{\otimes n+1}$이 $\mathcal{N}$과 $\mathcal{N}^{\otimes n}$의 병렬연결과 동등하기 때문에 성립한다. 두 번째의 중요한 등식은 $\mathcal{N}$과 $\mathcal{N}^{\otimes n}$의 분포가 식 (13.24)처럼 인수분해되기 때문에 정리 13.1.1을 적용하여 성립한다. 마지막 등식은 수학적 귀납법 가설에서 유도된다. □

13.1.3 정규화와 관련된 문제

정규화된 정보량과 관련된 핵심 문제는 고전적이든 양자적이든 주어진 정보 처리 작업에 대한 선로의 용량이 유일하게 특징지어지지 않는다는 점이다. 이것은 정보량의 가법성을 증명하는 작업을 촉발한다.

이제 이 점을 예를 들어 묘사해보겠다. $I_a(\mathcal{N})$이 고전 선로 $\mathcal{N}$에 대한 다음의 함수를 나타낸다고 하자.

$$I_a(\mathcal{N}) = \max_{p_X(x)} [H(X) - aH(X|Y)] \tag{13.38}$$

여기서 $a > 1$이다. 정의로부터 다음과 같이 결론지을 수 있다.

$$I(\mathcal{N}) \geq I_a(\mathcal{N}) \tag{13.39}$$

그리고 사실은 임의의 고정된 양의 정수 n에 대해 다음이 성립한다.

$$\frac{1}{n} I(\mathcal{N}^{\otimes n}) \geq \frac{1}{n} I_a(\mathcal{N}^n) \tag{13.40}$$

그러나 $I_a(\mathcal{N})$이라는 양을 정규화할 때 흥미로운 일이 발생한다. 즉, 다음의 극한을 고려해보자.

$$\lim_{n \to \infty} \frac{1}{n} I_a(\mathcal{N}^{\otimes n}) = \lim_{n \to \infty} \frac{1}{n} \max_{p_{X^n}(x^n)} \left[H(X^n) - a H(X^n|Y^n) \right] \tag{13.41}$$

n이 고정된 큰 수라고 하자(큰 수의 법칙이 역할을 할 만큼 충분히 크다고 하자). 즉, $\varepsilon \in (0, 1)$과 $\delta > 0$으로 상수들을 고정할 수 있다. 섀넌의 선로 부호화 정리로부터, 선로 $\mathcal{N}$에 대해 복호화할 때 오류 확률이 ε보다 더 크지 않음을 만족시키며 속도 $\frac{1}{n} \log |\mathcal{M}| = I(\mathcal{N}) - \delta$를 갖고 길이가 n인 $\{x^n(m)\}_{m \in \mathcal{M}}$이라는 부호화가 존재함을 알고 있다. 따라서 $p_{X^n}(x^n)$이 이 부호에 대해 부호단어에 대해 균일한 분포가 되도록 고를 수 있고, 이렇게 고르면

$$H(X^n) = \log |\mathcal{M}| = n \left[I(\mathcal{N}) - \delta \right] \tag{13.42}$$

를 얻는다. 게다가, 파노 부등식(정리 10.7.3)을 적용하여

$$H(X^n|Y^n) \leq h_2(\varepsilon) + \varepsilon \log \left[|\mathcal{M}| - 1 \right] \tag{13.43}$$

$$\leq h_2(\varepsilon) + \varepsilon n \left[I(\mathcal{N}) - \delta \right] \tag{13.44}$$

라고 결론지을 수 있다. 이 부등식들을 하나로 모으면

$$\frac{1}{n} I_a(\mathcal{N}^{\otimes n}) = \frac{1}{n} \max_{p_{X^n}(x^n)} \left[H(X^n) - a H(X^n|Y^n) \right] \tag{13.45}$$

$$\geq \frac{1}{n} \left(n \left[I(\mathcal{N}) - \delta \right] - a \left[h_2(\varepsilon) + \varepsilon n \left[I(\mathcal{N}) - \delta \right] \right] \right) \tag{13.46}$$

$$= (1 - a\varepsilon) I(\mathcal{N}) - a\delta\varepsilon - \frac{1}{n} \left[\delta - a h_2(\varepsilon) \right] \tag{13.47}$$

을 함의한다. 여기에 $n \to \infty$인 극한을 취하면

$$\lim_{n \to \infty} \frac{1}{n} I_a(\mathcal{N}^{\otimes n}) \geq (1 - a\varepsilon) I(\mathcal{N}) - a\delta\varepsilon \tag{13.48}$$

을 얻는다. 그러나 n이 커짐에 따라 ε과 δ를 둘 다 0으로 만들 수 있다(원리적으로는 $n \to \infty$일 때 ε과 δ를 n에 대해 0으로 가는 명시적 함수로 적을 수 있다). 이 사실은

$$\lim_{n\to\infty} \frac{1}{n} I_a(\mathcal{N}^{\otimes n}) \geq I(\mathcal{N}) \tag{13.49}$$

을 보인다. 그러나 모든 n에 대해

$$\frac{1}{n}\left[H(X^n) - aH(X^n|Y^n)\right] \leq \frac{1}{n}\left[H(X^n) - H(X^n|Y^n)\right] \tag{13.50}$$

$$\leq \lim_{n\to\infty} \frac{1}{n} I(\mathcal{N}^{\otimes n}) \tag{13.51}$$

$$= I(\mathcal{N}) \tag{13.52}$$

임을 알고 있다. 여기서 마지막 등식은 따름정리 13.1.1에서 유도된다. 이 두 한계는 다음과 같은 결론을 이끌어낸다.

$$\lim_{n\to\infty} \frac{1}{n} I_a(\mathcal{N}^{\otimes n}) = I(\mathcal{N}) \tag{13.53}$$

따라서 주어진 선로 $\mathcal{N}$에 대해 1개 사본 수준에서 $I_a(\mathcal{N})$과 $I(\mathcal{N})$ 사이의 엄밀한 부등식을 갖고 있다고 하더라도(그리고 유한한 n에 대한 다수의 사본 수준에 대해서도), 이 차이는 임의의 유한한 $a > 1$에 대해 $n \to \infty$인 극한에서 씻겨나가거나, 또는 '희미'해진다. 이런 이유로, 용량의 정규화 특성은 이것이 불완전하다는 걸 알기 때문에 항상 조심해야 한다. 주어진 정보 처리 작업에 대한 용량을 완전히 특징지을 수 있다고 결론지을 수 있는 정보량의 가법성을 갖고 있을 때만 성립한다. 불행히도, 정규화는 (21장에서 논의할 얽힘보조 고전 통신과 같은 몇 가지 작업을 제외하면) 양자 섀넌 이론을 많이 괴롭히는 문제다.

13.1.4 고전 선로의 상호 정보를 최적화하기

식 (13.5)의 정의는 고전 선로의 상호 정보에 대한 납득할 만한 정의처럼 보이지만, 최대화 문제를 정리하려면 얼마나 어려울까? 아래의 정리 13.1.2는 이 질문에 답할 수 있게 해주는 상호 정보 $I(X;Y)$의 중요한 성질을 설명한다. 조건부 확률 밀도 $p_{Y|X}(y|x)$는 고정했지만 입력 밀도 함수 $p_X(x)$는 바뀔 수 있다고 하자. 정리 13.1.2는 상호 정보 $I(X;Y)$가 확률 밀도 $p_X(x)$의 오목한 함수라고 주장한다. 특히, 이 결

과는 선로 상호 정보 $I(\mathcal{N})$이 광역적 최댓값을 가짐을 함의하고, 이 최적화 문제는 따라서 볼록 최적화 기법을 사용할 수 있는 쉬운 계산 문제가 된다.

【정리 13.1.2】 조건부 확률 밀도 함수 $p_{Y|X}(y|x)$를 고정하자. 그러면 상호 정보 $I(X; Y)$는 한계 확률 밀도 $p_X(x)$에 대해 오목하다.

$$\lambda I(X_1; Y) + (1 - \lambda) I(X_2; Y) \leq I(Z; Y) \tag{13.54}$$

여기서 무작위 변수 X_1은 확률 밀도 $p_{X_1}(x)$를 갖고, X_2는 확률 밀도 $p_{X_2}(x)$를 가지며, Z는 $\lambda \in [0, 1]$에 대해 확률 밀도 $\lambda p_{X_1}(x) + (1 - \lambda)p_{X_2}(x)$를 갖는다.

【증명】 확률 밀도 $p_{Y|X}(y|x)$를 고정하자. $p_Y(y) = \sum_x p_{Y|X}(y|x)p_X(x)$이므로 확률 밀도 $p_Y(y)$는 $p_X(x)$의 선형 함수다. 따라서 $H(Y)$는 $p_X(x)$에 대해 오목하다. 조건부 엔트로피가 $H(Y|X) = \sum_x p_X(x)H(Y|X = x)$라는 사실을 생각해보자. 조건부 확률 밀도 $p_{Y|X}(y|x)$가 고정됐을 때 엔트로피 $H(Y|X = x)$도 고정된다. 따라서 $H(Y|X)$는 $p_X(x)$의 선형 함수다. 이 두 가지 결과는 조건부 확률 밀도 함수 $p_{Y|X}(y|x)$가 고정됐을 때 $I(X; Y)$가 한계 밀도 함수 $p_X(x)$에 대해 오목함을 함의한다.

13.2 도청 선로의 비밀 정보

이제 위에서 논의한 양자 간 고전 통신 상황을 3자 간 통신 상황으로 확장해보자. 여기서 참여자는 앨리스, 밥, 도청자다. 앨리스가 도청자로부터 자신의 메시지를 비밀로 유지하면서 밥과 통신하고 싶다고 하자. 이 상황에 해당하는 선로 $\mathcal{N}$은 도청 선로 wiretap channel라고 하며, 다음과 같은 조건부 확률 밀도를 갖는다.

$$p_{Y,Z|X}(y, z|x) \tag{13.55}$$

앨리스는 입력 무작위 변수 X에 접근할 수 있고, 밥은 출력 무작위 변수 Y를 받으며, 도청자는 무작위 변수 Z를 받는다. 그림 13.2가 이 상황을 묘사한다.

이 상황에서 처리되는 정보의 척도를 만들어보자. 직관적으로 보면 이것은 앨리스가 밥과 형성한 상관성의 양에서 도청자가 받은 상관성만큼 작아야 한다. 즉, $I(X; Y) - I(X; Z)$이다. 그러나 더 일반적인 절차는 앨리스가 보조적인 무작위 변수 U를 골라서 U의 값에 따라 X를 고를 수 있도록 하여, 다음의 정보량을 이끌어낼 수 있다.

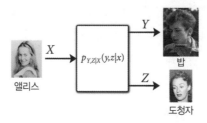

그림 13.2 고전 도청 선로의 상황

$$I(U;Y) - I(U;Z) \tag{13.56}$$

그러나 앨리스는 자신이 가진 쪽에서 그런 모든 입력 확률 분포 $p_{U,X}(u, x)$에 대해 최대화할 수 있다. 이것은 다음의 정의를 이끌어낸다.

【정의 13.2.1】 도청 선로의 비밀 정보 고전 도청 선로 $\mathcal{N} \equiv p_{Y,Z|X}$의 비밀 정보 $P(\mathcal{N})$은 다음과 같이 정의된다.

$$P(\mathcal{N}) \equiv \max_{p_{U,X}(u,x)} [I(U;Y) - I(U;Z)] \tag{13.57}$$

그러면 비밀 정보의 조작적 해석을 제시할 수 있지만, 여기서 그렇게 하지는 않을 것이다. 대신에 비밀 정보 $P(\mathcal{N})$의 가법 성질에 집중하겠다.

어쩌면 두 상호 정보의 차이와 비밀 정보가 같은 경우 위의 양이 음수가 아닌지 궁금할 수도 있다. 비음수성은 성립하며, 이 사실은 간단히 증명된다.

【성질 13.2.1】 도청 선로의 비밀 정보 $P(\mathcal{N})$은 음수가 아니다.

$$P(\mathcal{N}) \geq 0 \tag{13.58}$$

【증명】 $P(\mathcal{N})$의 최대화에서 결합 확률 밀도 $p_{U,X}(u, x)$가 어떤 값 u_0와 x_0에 대해 퇴화된 분포 $p_{U,X}(u, x) = \delta_{u,u_0}\delta_{x,x_0}$가 되도록 정할 수 있다. 그러면 두 상호 정보 $I(U; Y)$와 $I(U; Z)$는 소멸하고, 그 차이도 소멸한다. 비밀 정보 $P(\mathcal{N})$은 0과 같거나 더 클 수밖에 없다. 왜냐하면 위의 선택이 밀도 함수 $p_{U,X}(u, x)$의 특정 선택이고, $P(\mathcal{N})$은 그런 분포 전체에 대해 최대화를 해야 하기 때문이다. □

【연습문제 13.2.1】 보조적인 무작위 변수를 추가하는 것이 고전 선로의 상호 정보를

증가시킬 수 없음을 보여라. 즉, $\mathcal{N} \equiv p_{Y|X}$라고 할 때 $I(\mathcal{N}) = \max_{p_{U,X}} I(U; Y)$임을 보여라. 보조적인 무작위 변수가 어째서 고전 도청 선로의 비밀 정보를 증가시킬 수 있는지 그 이유를 설명하라.

13.2.1 비밀 정보의 가법성

일반적인 고전 도청 선로의 비밀 정보는 가법적이다. 이 결과는 기본적으로 상호 정보의 연쇄 규칙을 적용해서 유도한다. 그림 13.3이 비밀 정보가 가법적인지 결정하는 데 필요한 분석에 해당하는 상황을 묘사한다.

【정리 13.2.1】비밀 정보의 가법성 $\mathcal{N}_i$가 $i \in \{1, 2\}$에 대해 확률 분포 $p_{Y_i, Z_i|X_i}$를 갖는 고전 도청 선로라고 하자. 고전 결합 선로 $\mathcal{N}_1 \otimes \mathcal{N}_2$의 비밀 정보는 각 선로의 개별적 비밀 정보의 합이다.

$$P(\mathcal{N}_1 \otimes \mathcal{N}_2) = P(\mathcal{N}_1) + P(\mathcal{N}_2) \tag{13.59}$$

【증명】 부등식 $P(\mathcal{N}_1 \otimes \mathcal{N}_2) \geq P(\mathcal{N}_1) + P(\mathcal{N}_2)$는 자명하므로 독자들이 완성할 수 있게 연습문제로 남겨둔다.

따라서 다음의 비자명한 부등식 $P(\mathcal{N}_1 \otimes \mathcal{N}_2) \leq P(\mathcal{N}_1) + P(\mathcal{N}_2)$를 증명한다. $p_{U, X_1, X_2}(u, x_1, x_2)$를 $P(\mathcal{N}_1 \otimes \mathcal{N}_2)$라는 양에 대해 고려할 수 있는 임의의 확률 분포라고 하자. 여기서 U는 보조적 무작위 변수다. 결합 선로는 다음의 확률 분포를 갖는다.

$$p_{Y_1, Z_1|X_1}(y_1, z_1|x_1)p_{Y_2, Z_2|X_2}(y_2, z_2|x_2) \tag{13.60}$$

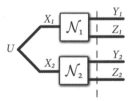

그림 13.3 이 그림은 두 고전적 도청 선로 $\mathcal{N}_1$과 $\mathcal{N}_2$의 비밀 정보가 가법적인지 정하는 상황을 나타낸다. 가법성에 대한 질문은 두 고전적 도청 선로의 비밀 정보를 증대시킬 수 있는 고전적 상관성의 가능성과 동등하다. 정리 13.2.1은 두 도청 선로에 대해 비밀 정보가 가법적이고 따라서 고전 상관성은 비밀 정보를 증대시킬 수 없다는 내용이다.

다음의 연쇄적 등식을 생각해보자.

$$I(U; Y_1 Y_2) - I(U; Z_1 Z_2)$$

$$= I(U; Y_1) + I(U; Y_2|Y_1) - I(U; Z_2) - I(U; Z_1|Z_2) \tag{13.61}$$

$$= I(U; Y_1|Z_2) + I(U; Y_2|Y_1) - I(U; Z_2|Y_1) - I(U; Z_1|Z_2) \tag{13.62}$$

$$= I(U; Y_1|Z_2) - I(U; Z_1|Z_2) + I(U; Y_2|Y_1) - I(U; Z_2|Y_1) \tag{13.63}$$

첫 번째 등식은 상호 정보에 대한 연쇄 규칙을 적용하여 유도한다. 두 번째 등식은 정의를 이용해서 확인할 수 있는 다음의 항등식

$$I(U; Y_1) - I(U; Z_2) = I(U; Y_1|Z_2) - I(U; Z_2|Y_1) \tag{13.64}$$

에 의해 성립한다. 세 번째 등식은 단순한 재배열이다. 이제 $I(U; Y_1|Z_2) - I(U; Z_1|Z_2)$ 항에 집중해보자. 이 무작위 변수에 대한 확률 분포를 다음과 같이 적을 수 있음을 생각해보자.

$$p_{Y_1, Z_1|X_1}(y_1, z_1|x_1) p_{X_1|U}(x_1|u) p_{U|Z_2}(u|z_2) p_{Z_2}(z_2) \tag{13.65}$$

여기서 $p_{U|Z_2}(u|z_2) = \sum_{x_2} p_{U, X_2|Z_2}(u, x_2|z_2)$이다(이런 식으로 확률 분포가 인수분해된다는 사실이 독립적 도청 선로에 대한 가정이 역할을 하는 부분이다). 그러면

$$I(U; Y_1|Z_2) - I(U; Z_1|Z_2)$$

$$= \sum_{z_2} p_{Z_2}(z_2) \left[I(U; Y_1|Z_2 = z_2) - I(U; Z_1|Z_2 = z_2) \right] \tag{13.66}$$

$$\leq \max_{z_2} \left[I(U; Y_1|Z_2 = z_2) - I(U; Z_1|Z_2 = z_2) \right] \tag{13.67}$$

$$\leq P(\mathcal{N}_1) \tag{13.68}$$

을 생각해보자. 첫 번째 등식은 조건부 상호 정보가 상호 정보의 볼록 결합으로 전개될 수 있기 때문에 성립한다. 마지막 부등식은 $p_{U|Z_2}(u|z_2)$가 보조 무작위 변수 $U|Z_2 = z_2$의 특정한 확률 분포이기 때문에 유도된다. 같은 이유로, 다음을 알 수 있다.

$$I(U; Y_2|Y_1) - I(U; Z_2|Y_1) \leq P(\mathcal{N}_2) \tag{13.69}$$

그리고 다음과 같은 결론을 얻는다.

$$I(U; Y_1 Y_2) - I(U; Z_1 Z_2) \leq P(\mathcal{N}_1) + P(\mathcal{N}_2) \tag{13.70}$$

이 부등식은 임의의 보조 무작위 변수 U에 대해 성립하므로, 결과적으로 $P(\mathcal{N}_1 \otimes \mathcal{N}_2) \leq P(\mathcal{N}_1) + P(\mathcal{N}_2)$임을 결론지을 수 있다. □

【연습문제 13.2.2】 개별 비밀 정보의 합은 고전적 결합 선로의 비밀 정보보다 절대로 클 수 없음을 보여라.

$$P(\mathcal{N}_1 \otimes \mathcal{N}_2) \geq P(\mathcal{N}_1) + P(\mathcal{N}_2) \tag{13.71}$$

【연습문제 13.2.3】 도청 선로 $\mathcal{N}$의 정규화된 비밀 정보는 그 비밀 정보와 같음을 보여라. 즉, $\lim_{n \to \infty} \frac{1}{n} P(\mathcal{N}^{\otimes n}) = P(\mathcal{N})$이다.

13.2.2 감쇠된 도청 선로

도청 선로의 특정 유형에 대한 비밀 정보 공식은 간단해지며, 이것을 물리적으로 감쇠된 도청 선로라고 한다. 만약 X, Y, Z가 다음의 마르코프 연쇄 $X \to Y \to Z$를 구성한다면 도청 선로는 물리적으로 감쇠된다. 즉, 선로 확률 분포가 $p_{Y,Z|X}(y, z|x) = p_{Z|Y}(z|y)p_{Y|X}(y|x)$처럼 인수분해되고, 그러면 선로 $p_{Z|X}(z|x)$를 도청자에게 시뮬레이션하기 위해 밥이 자신의 출력에 적용할 수 있는 어떤 선로 $p_{Z|Y}(z|y)$가 존재한다.

$$p_{Z|X}(z|x) = \sum_y p_{Z|Y}(z|y)p_{Y|X}(y|x) \tag{13.72}$$

이 조건은 자료처리 부등식을 감쇠된 도청 선로의 비밀 정보에 대한, 다음과 같이 보조적 무작위 변수가 필요하지 않아서 간략해진 공식을 만들기 위해 사용할 수 있도록 한다.

【명제 13.2.1】 감쇠된 고전 도청 선로 $\mathcal{N} \equiv p_{Y,Z|X}$의 비밀 정보 $P(\mathcal{N})$은 다음과 같이 간략해진다.

$$P(\mathcal{N}) \equiv \max_{p_X(x)} [I(X;Y) - I(X;Z)] \tag{13.73}$$

【증명】 좌변의 확률 분포를 $p_{U,X}(u, x) = p_X(x)\delta_{x,u}$로 고르면 항상 다음이 성립함을 생각해보자.

$$\max_{p_{U,X}(u,x)} [I(U;Y) - I(U;Z)] \geq \max_{p_X(x)} [I(X;Y) - I(X;Z)] \qquad (13.74)$$

즉, U가 선로 입력과 같은 알파벳 크기를 갖는 무작위 변수가 되도록 해서 단지 U를 선로를 통해 직접 전송하기만 하면 되도록 할 수 있다. 다른 부등식을 증명하려면, 감쇄 가능성의 가정을 이용해야 하는데, 이것은 $U - X - Y - Z$가 마르코프 연쇄임을 의미한다. 다음을 생각해보자.

$$I(U;Y) = I(X;Y) + I(U;Y|X) - I(X;Y|U) \qquad (13.75)$$
$$= I(X;Y) - I(X;Y|U) \qquad (13.76)$$

첫 번째 등식은 상호 정보에 대한 연쇄 규칙을 두 번 적용해서 유도된다. 두 번째 등식은 $U - X - Y$가 마르코프 연쇄이고, $I(U;\ Y|X) = 0$이기 때문에 성립한다. 같은 이유로, $I(U;\ Z) = I(X;\ Z) - I(X;\ Z|U)$도 유도된다. 그러면 다음이 성립한다.

$$I(U;Y) - I(U;Z) = I(X;Y) - I(X;Y|U) - [I(X;Z) - I(X;Z|U)] \qquad (13.77)$$
$$= I(X;Y) - I(X;Z) - [I(X;Y|U) - I(X;Z|U)] \qquad (13.78)$$
$$\leq I(X;Y) - I(X;Z) \qquad (13.79)$$
$$\leq \max_{p_X(x)} [I(X;Y) - I(X;Z)] \qquad (13.80)$$

위의 부등식은 도청 선로가 감쇄됐다는 가정에서 유도되며, 그러면 자료처리 부등식을 적용할 수 있고 $I(X;\ Y|U) \geq I(X;\ Z|U)$라고 결론지을 수 있다. 이 부등식은 임의의 보조적 무작위 변수 U에 대해 성립하므로

$$\max_{p_{U,X}(u,x)} [I(U;Y) - I(U;Z)] \leq \max_{p_X(x)} [I(X;Y) - I(X;Z)] \qquad (13.81)$$

를 증명할 수 있고, 이것으로 증명이 완료된다. □

감쇄 가능성과 유사한 개념이 양자적 상황에서 존재한다. 그리고 13.5절에서 감쇄 가능한 양자 선로가 가법적인 결맞은 정보를 가짐을 보일 것이다. 양자 선로의 결맞은 정보는 송신자가 그 선로를 통해 수신자에게 얼마나 많은 양자정보를 보낼 수 있는지의 척도이고, 따라서 양자 자료 전송에 있어 고려해야 하는 중요한 양이다.

【연습문제 13.2.4】 감쇄된 도청 선로의 비밀 정보는 또한 $\max_{p_X(x)} I(X;\ Y|Z)$로 적을 수 있음을 보여라.

13.3 양자 선로의 홀레보 정보

이제 양자 선로에 대한 동적 정보 척도의 경우로 관심을 돌려보자. 고전적 상관성의 척도에서 시작하겠다. 앨리스가 밥과 양자 선로를 수단으로 해서 고전적 상관성을 구성한다고 하자. 앨리스는 앙상블 $\{p_X(x), \rho^x\}$를 자신의 실험실에 준비할 수 있고, 여기서 상태 ρ^x는 양자 선로에서 받아들일 수 있는 입력이다. 앨리스는 어떤 고전 레지스터 X에 고전적 지표 x의 사본을 보관해둔다. 이 앙상블의 기대 밀도 연산자는 다음의 고전-양자 상태다.

$$\rho_{XA} \equiv \sum_x p_X(x)|x\rangle\langle x|_X \otimes \rho_A^x \tag{13.82}$$

이런 준비 과정은 앨리스가 양자 상태를 선로에 입력해 고전 자료를 상관시킬 수 있는 가장 일반적인 방법이다. ρ_{XB}가 양자 선로 $\mathcal{N}_{A \to B}$를 통해 A계를 보내서 만들어진 상태라고 하자.

$$\rho_{XB} \equiv \sum_x p_X(x)|x\rangle\langle x|_X \otimes \mathcal{N}_{A \to B}(\rho_A^x) \tag{13.83}$$

고전적 상관성을 보존하는 양자 선로의 능력에 대한 척도를 정하려고 한다. 11장에서 살펴본 정적인 양자 척도를 포함하면서 13.1절에서 살펴본 고전적인 경우로부터 나온 아이디어에 관심을 가져볼 수 있다. 입력-출력 고전 상관성의 좋은 척도는 위의 고전-양자 상태의 홀레보 정보 $I(X;B)_\rho$이다. 이 척도는 앨리스가 선택한 특정한 준비 방법에 해당한다. 하지만 앨리스는 가장 높은 가능한 상관성에 도달하기 위한 방법에 따라 입력 앙상블을 준비할 수 있음을 살펴보자. 모든 가능한 준비 방식에 대해 홀레보 정보를 최대화하는 것은 선로의 홀레보 정보라고 하는 동적 척도를 제공한다.

【정의 13.3.1】 양자 선로의 홀레보 정보　　선로 $\mathcal{N}$의 홀레보 정보 $\chi(\mathcal{N})$은 앨리스가 밥과 만들 수 있는 고전적 상관성의 척도다.

$$\chi(\mathcal{N}) \equiv \max_{\rho_{XA}} I(X;B)_\rho \tag{13.84}$$

여기서 최대화는 식 (13.82)의 형태를 갖는 모든 입력 고전-양자 상태에 대해 이뤄지고, $I(X;B)_\rho$는 식 (13.83)의 상태에 대해 계산된다.

13.3.1 특정 선로에 대한 홀레보 정보의 가법성

양자 선로의 홀레보 정보는 일반적으로 가법적이지 않다(결코 이것이 명백하지는 않다!).
이 경우에 대한 가법성 질문은 고전적 상관성이 홀레보 정보를 증대시킬 수 있느냐
가 아니라, 양자 상관성이 홀레보 정보를 증대시킬 수 있느냐다. 즉, 앨리스가 양자
선로를 두 번 사용하는 입력에 대해 $\{p_X(x), \rho_{A_1A_2}^x\}$의 형태인 앙상블을 선택할 수 있
다. 조건부 밀도 연산자 $\rho_{A_1A_2}^x$는 얽힐 수 있고, 이 양자 상관성은 잠재적으로 홀레보
정보를 증가시킬 수도 있다.

양자 선로의 홀레보 정보의 가법성에 대한 질문은 양자정보 이론에서 오랫동안 미
해결 추측이었다. 많은 학자가 양자 상관성이 홀레보 정보를 증대시킬 수 없고, 가법
성이 성립한다고 생각했다. 하지만 최근 연구는 가법성 추측에 반례를 제시했고, 다
알고 나면 놀랍지 않을 수도 있겠지만, 이 반례는 초가법성을 보여준(20.5절 참고) 최
대로 얽힌 상태를 사용한다. 그림 13.4는 홀레보 정보의 가법성에 대한 질문에 해당
하는 상황을 묘사한다.

홀레보 정보의 가법성은 모든 양자 선로에 대해 성립하진 않지만, 특정 부류의 양
자 선로에 대해 성립한다는 것은 증명할 수 있다. 가법성이 성립하는 그런 부류를 얽
힘파괴 선로 부류라고 하고, 가법성의 증명은 이 경우에 대한 것이 가장 간단할 것
이다.

【정리 13.3.1】얽힘파괴 선로에 대한 가법성 양자 선로 $\mathcal{N}^{\mathrm{EB}}$가 얽힘파괴 선로이고, 또
다른 선로 $\mathcal{M}$은 임의적이라고 하자. 그러면 텐서 곱 선로 $\mathcal{N}^{\mathrm{EB}} \otimes \mathcal{M}$의 홀레보 정
보 $\chi(\mathcal{N}^{\mathrm{EB}} \otimes \mathcal{M})$은 개별 홀레보 정보 $\chi(\mathcal{N}^{\mathrm{EB}})$와 $\chi(\mathcal{M})$의 합이다.

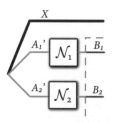

그림 13.4 두 양자 선로 $\mathcal{N}_1$과 $\mathcal{N}_2$의 홀레보 정보가 가법적인지 정하는 상황. 가법성에 대한 질문은 두 양자 선
로의 홀레보 정보를 증가시킬 수 있는 양자 상관성의 가능성과 동등하다. 정리 13.3.1에서 설명하는 결과에 따
르면, 홀레보 정보는 얽힘파괴 선로와 임의의 다른 양자 선로의 텐서 곱에 대해 가법적이고, 이 경우 양자 상관
성이 홀레보 정보를 증대시키는 것은 불가능하다. 이것은 얽힘파괴 선로가 양자 얽힘의 형태로 있던 양자 상관
성을 파괴시키기 때문에 직관적인 결과다.

$$\chi(\mathcal{N}^{\mathrm{EB}} \otimes \mathcal{M}) = \chi(\mathcal{N}^{\mathrm{EB}}) + \chi(\mathcal{M}) \tag{13.85}$$

【증명】 자명한 부등식 $\chi(\mathcal{N}^{\mathrm{EB}} \otimes \mathcal{M}) \geq \chi(\mathcal{N}^{\mathrm{EB}}) + \chi(\mathcal{M})$은 임의의 두 양자 선로 $\mathcal{N}^{\mathrm{EB}}$와 $\mathcal{M}$에 대해 성립한다. 왜냐하면 좌변의 입력 앙상블이 우변의 항을 개별적으로 최대화하는 앙상블의 텐서 곱이 되도록 고를 수 있기 때문이다.

이제 $\mathcal{N}^{\mathrm{EB}}$가 얽힘파괴일 때 성립하는 비자명한 부등식 $\chi(\mathcal{N}^{\mathrm{EB}} \otimes \mathcal{M}) \leq \chi(\mathcal{N}^{\mathrm{EB}})$ $+ \chi(\mathcal{M})$을 증명한다. $\rho_{XB_1B_2}$가 홀레보 정보 $\chi(\mathcal{N}^{\mathrm{EB}} \otimes \mathcal{M})$을 최대화하는 상태라고 하자. 여기서

$$\rho_{XB_1B_2} \equiv (\mathcal{N}^{\mathrm{EB}}_{A_1 \to B_1} \otimes \mathcal{M})(\rho_{XA_1A_2}) \tag{13.86}$$

$$\rho_{XA_1A_2} \equiv \sum_x p_X(x)|x\rangle\langle x|_X \otimes \rho^x_{A_1A_2} \tag{13.87}$$

$\rho_{XB_1A_2}$가 얽힘파괴 선로 $\mathcal{N}^{\mathrm{EB}}_{A_1 \to B_1}$이 작용한 직후의 상태라고 하자. 이 상태를 다음과 같이 적을 수 있다.

$$\rho_{XB_1A_2} \equiv \mathcal{N}^{\mathrm{EB}}_{A_1 \to B_1}(\rho_{XA_1A_2}) = \sum_x p_X(x)|x\rangle\langle x|_X \otimes \mathcal{N}^{\mathrm{EB}}_{A_1 \to B_1}(\rho^x_{A_1A_2}) \tag{13.88}$$

$$= \sum_x p_X(x)|x\rangle\langle x|_X \otimes \sum_y p_{Y|X}(y|x)\, \sigma^{x,y}_{B_1} \otimes \theta^{x,y}_{A_2} \tag{13.89}$$

$$= \sum_{x,y} p_{Y|X}(y|x)p_X(x)|x\rangle\langle x|_X \otimes \sigma^{x,y}_{B_1} \otimes \theta^{x,y}_{A_2} \tag{13.90}$$

세 번째 등식은 선로 $\mathcal{N}^{\mathrm{EB}}$가 $\rho^x_{A_1A_2}$에 있는 어떤 얽힘이라도 파괴하여 분리 가능한 상태인 $\sum_y p_{Y|X}(y|x)\, \sigma^{x,y}_{B_1} \otimes \theta^{x,y}_{A_2}$만을 남기기 때문이다. 따라서 $\rho_{XB_1B_2}$는 다음의 형태를 갖는다.

$$\rho_{XB_1B_2} = \sum_{x,y} p_{Y|X}(y|x)p_X(x)|x\rangle\langle x|_X \otimes \sigma^{x,y}_{B_1} \otimes \mathcal{M}(\theta^{x,y}_{A_2}) \tag{13.91}$$

$\omega_{XYB_1B_2}$가 $\rho_{XB_1B_2}$의 확장이라고 하자. 여기서

$$\omega_{XYB_1B_2} \equiv \sum_{x,y} p_{Y|X}(y|x)p_X(x)|x\rangle\langle x|_X \otimes |y\rangle\langle y|_Y \otimes \sigma^{x,y}_{B_1} \otimes \mathcal{M}(\theta^{x,y}_{A_2}) \tag{13.92}$$

이고, $\mathrm{Tr}_Y\{\omega_{XYB_1B_2}\} = \rho_{XB_1B_2}$이다. 그러면 다음의 연쇄적 부등식이 성립한다.

$$\chi(\mathcal{N}^{\mathrm{EB}} \otimes \mathcal{M}) = I(X; B_1 B_2)_\rho \tag{13.93}$$

$$= I(X; B_1)_\rho + I(X; B_2|B_1)_\rho \tag{13.94}$$

$$\leq \chi(\mathcal{N}^{\mathrm{EB}}) + I(X; B_2|B_1)_\rho \tag{13.95}$$

첫 번째 등식은 $\rho_{XB_1B_2}$를 텐서 곱 선로 $\mathcal{N}^{\mathrm{EB}} \otimes \mathcal{M}$의 홀레보 정보 $\chi(\mathcal{N}^{\mathrm{EB}} \otimes \mathcal{M})$을 최대화하는 상태가 되도록 선택했기 때문에 성립한다. 두 번째 등식은 조건부 상호 정보의 연쇄 규칙(명제 11.7.1)을 적용해서 유도한다. 부등식은 상호 정보 $I(X; B_1)_\rho$가 다음의 상태

$$\rho_{XB_1} \equiv \sum_x p_X(x)|x\rangle\langle x|_X \otimes \mathcal{N}^{\mathrm{EB}}_{A_1 \to B_1}(\rho^x_{A_1}) \tag{13.96}$$

에 관한 것이지만, 선로 $\mathcal{N}^{\mathrm{EB}}_{A_1 \to B_1}$의 홀레보 정보는 모든 입력 앙상블에 대해 최대 홀레보 정보로 정의되기 때문에 성립한다. 이제 그다음 항 $I(X; B_2|B_1)_\rho$에 집중해보자. 다음을 생각해보자.

$$I(X; B_2|B_1)_\rho = I(X; B_2|B_1)_\omega \tag{13.97}$$

$$\leq I(XB_1; B_2)_\omega \tag{13.98}$$

$$\leq I(XYB_1; B_2)_\omega \tag{13.99}$$

$$= I(XY; B_2)_\omega + I(B_1; B_2|XY)_\omega \tag{13.100}$$

$$= I(XY; B_2)_\omega \tag{13.101}$$

$$\leq \chi(\mathcal{M}) \tag{13.102}$$

첫 번째 등식은 X, B_1, B_2계에 대해 $\omega_{XYB_1B_2}$의 축소된 상태가 $\rho_{XB_1B_2}$와 같기 때문에 성립한다. 첫 번째 부등식은 $I(X; B_2|B_1) = I(XB_1; B_2) - I(B_1; B_2) \leq I(XB_1; B_2)$라는 연쇄 규칙에서 유도된다. 두 번째 부등식은 양자 자료처리 부등식에서 유도된다. 두 번째 등식은 다시, 조건부 상호 정보의 연쇄 규칙에서 유도된다. 세 번째 등식은 얽힘파괴 성질을 이용하는 중요한 것이다. 이 등식은 식 (13.92)를 시험해보고, B_1과 B_2계의 $\omega_{XYB_1B_2}$ 상태가 고전 변수 X와 Y에 의해 조건화될 때 곱 상태이고, 그래서 X와 Y 모두에 의해 주어지는 B_1과 B_2계 사이의 조건부 상호 정보가 0이기 때문에 성립한다. 마지막 부등식은 ω_{XYB_2}가 $\chi(\mathcal{M})$의 최대화에서 필요한 형태의 특정한 상태이기 때문에 성립한다. □

【따름정리 13.3.1】 얽힘파괴 선로 $\mathcal{N}^{\mathrm{EB}}$의 정규화된 홀레보 정보는 그 홀레보 정보와 같다.

$$\chi_{\text{reg}}(\mathcal{N}^{\text{EB}}) = \chi(\mathcal{N}^{\text{EB}}) \tag{13.103}$$

【증명】 이 성질의 증명은 따름정리 13.1.1과 같은 수학적 귀납법 논증을 사용하며, 정리 13.3.1의 가법 성질을 이용한다. □

13.3.2 홀레보 정보의 최적화

순수 상태는 충분하다

다음의 정리는 식 (13.84)에서 시작한 최적화 문제를 단순화할 수 있게 한다. 즉, 입력에 순수 상태의 앙상블을 생각하는 것으로 충분함을 보일 것이다.

【정리 13.3.2】 홀레보 정보를 다음의 순수 상태에 대해 최대화하는 것으로 충분하다.

$$\chi(\mathcal{N}) = \max_{\rho_{XA}} I(X;B)_\rho = \max_{\tau_{XA}} I(X;B)_\tau \tag{13.104}$$

여기서

$$\tau_{XA} \equiv \sum_x p_X(x)|x\rangle\langle x|_X \otimes |\phi_x\rangle\langle\phi_x|_A \tag{13.105}$$

이고, ρ_{XB}와 τ_{XB}는 각각 ρ_{XA}와 τ_{XA}의 양자 선로 $\mathcal{N}_{A \to B}$를 통해 A계를 보낸 결과로 얻은 상태다.

【증명】 ρ_{XA}가 식 (13.82)의 형태인 임의의 상태라고 하자. 상태 ρ_A^x의 스펙트럼 분해를 생각해보자.

$$\rho_A^x = \sum_y p_{Y|X}(y|x)\psi_A^{x,y} \tag{13.106}$$

여기서 상태 $\psi_A^{x,y}$는 순수 상태다. σ_{XYA}가 다음의 상태를 나타낸다고 하자.

$$\sigma_{XYA} \equiv \sum_x p_{Y|X}(y|x)p_X(x)|x\rangle\langle x|_X \otimes |y\rangle\langle y|_Y \otimes \psi_A^{x,y} \tag{13.107}$$

그러면 $\text{Tr}_Y\{\sigma_{XYA}\} = \rho_{XA}$이다. 또한 σ_{XYA}가 고전계 XY를 갖는 τ_{XA} 형태의 상태라는 점을 관찰하자. σ_{XYB}가 양자 선로 $\mathcal{N}_{A \to B}$를 통해 A계를 보낸 결과로 얻은 상태라고 하자. 이때 다음의 관계식이 성립한다.

$$I(X;B)_\rho = I(X;B)_\sigma \le I(XY;B)_\sigma \tag{13.108}$$

위의 등식은 $\mathrm{Tr}_Y\{\sigma_{XYB}\} = \rho_{XB}$이기 때문에 성립하고, 위의 부등식은 양자 자료 처리 부등식에서 유도된다. 그러면 σ_{XYB}는 고전계로 행동하는 결합계 XY를 갖는 τ_{XB} 형태의 상태이기 때문에, 순수 상태를 갖는 앙상블만을 생각해도 충분하다. $\square$

분포에 대한 오목성과 신호 상태에 대한 볼록성

이제 신호 상태가 고정됐을 때 홀레보 정보가 입력 분포의 함수로서 오목함을 보이 겠다.

【정리 13.3.3】 홀레보 정보 $I(X;B)$는 입력 상태가 고정됐을 때, 다음과 같은 관점 에서 입력 분포에 대해 오목하다.

$$\lambda I(X;B)_\sigma + (1-\lambda)\, I(X;B)_\tau \le I(X;B)_\omega \tag{13.109}$$

여기서 σ_{XB}와 τ_{XB}는

$$\sigma_{XB} \equiv \sum_x p_X(x)|x\rangle\langle x|_X \otimes \mathcal{N}(\rho^x) \tag{13.110}$$

$$\tau_{XB} \equiv \sum_x q_X(x)|x\rangle\langle x|_X \otimes \mathcal{N}(\rho^x) \tag{13.111}$$

의 형태이고, ω_{XB}는 σ_{XB}와 τ_{XB}의 섞임이며 다음의 형태를 갖는다.

$$\omega_{XB} \equiv \sum_x [\lambda p_X(x) + (1-\lambda)\, q_X(x)]\, |x\rangle\langle x|_X \otimes \mathcal{N}(\rho^x) \tag{13.112}$$

여기서 $0 \le \lambda \le 1$이다.

【증명】 ω_{XUB}가 다음의 상태

$$\omega_{XUB} \equiv \sum_x [p_X(x)|x\rangle\langle x|_X \otimes \lambda|0\rangle\langle 0|_U + q_X(x)|x\rangle\langle x|_X \otimes (1-\lambda)\,|1\rangle\langle 1|_U]\otimes\mathcal{N}(\rho^x) \tag{13.113}$$

라고 하자. $\mathrm{Tr}_U\{\omega_{XUB}\} = \omega_{XB}$임을 관찰해두자. 그러면 오목성에 대한 위의 진술은 $I(X;B|U)_\omega \le I(X;B)_\omega$와 동등하다. 이 식을 $H(B|U)_\omega - H(B|U\,X)_\omega \le H(B)_\omega - H(B|X)_\omega$라고 다시 적을 수 있다. $H(B|U\,X)_\omega = H(B|X)_\omega$임을 살펴보자. 즉, 이

조건부 엔트로피가 둘 다

$$\sum_x \left[\lambda p_X(x) + (1-\lambda) q_X(x)\right] H(\mathcal{N}(\rho^x)) \tag{13.114}$$

와 같음을 계산할 수 있다. 그러면 위의 오목성에 대한 진술은 $H(B|U)_\omega \le H(B)_\omega$ 가 되며, 이는 양자 엔트로피의 오목성에 의해 성립한다. □

홀레보 정보는 입력 분포가 고정됐을 때 신호 상태의 함수로서 볼록하다.

【정리 13.3.4】 홀레보 정보 $I(X;B)$는 입력 분포가 고정됐을 때 신호 상태에 대해 다음과 같은 관점으로 볼록하다.

$$\lambda I(X;B)_\sigma + (1-\lambda)\, I(X;B)_\tau \ge I(X;B)_\omega \tag{13.115}$$

여기서 σ_{XB}와 τ_{XB}는 다음의 형태

$$\sigma_{XB} \equiv \sum_x p_X(x)|x\rangle\langle x|_X \otimes \mathcal{N}(\sigma^x) \tag{13.116}$$

$$\tau_{XB} \equiv \sum_x p_X(x)|x\rangle\langle x|_X \otimes \mathcal{N}(\tau^x) \tag{13.117}$$

를 갖고, ω_{XB}는 σ_{XB}와 τ_{XB}의 섞임으로 다음의 형태를 갖는다.

$$\omega_{XB} \equiv \sum_x p_X(x)|x\rangle\langle x|_X \otimes \mathcal{N}(\lambda\sigma^x + (1-\lambda)\,\tau^x) \tag{13.118}$$

여기서 $0 \le \lambda \le 1$이다.

【증명】 ω_{XUB}가 다음의 상태

$$\omega_{XUB} \equiv \sum_x p_X(x)|x\rangle\langle x|_X \otimes \left[\lambda|0\rangle\langle 0|_U \otimes \mathcal{N}(\sigma^x) + (1-\lambda)\,|1\rangle\langle 1|_U \otimes \mathcal{N}(\tau^x)\right] \tag{13.119}$$

이라고 하자. $\mathrm{Tr}_U\{\omega_{XUB}\} = \omega_{XB}$라는 사실을 관찰해두자. 그러면 입력 상태에 대한 볼록성은 $I(X;B|U)_\omega \ge I(X;B)_\omega$라는 진술과 동등하다. 양자 상호 정보의 연쇄 규칙에 의해 $I(X;B|U)_\omega = I(X;BU)_\omega - I(X;U)_\omega$임을 생각해보자. 입력 분포 $p_X(x)$가 고정됐으므로, X와 볼록성 변수 U 사이에는 상관성이 없고 $I(X;U)_\omega =$

0이다. 따라서 앞의 부등식은 $I(X\,;\,BU)_\omega \geq I(X\,;\,B)_\omega$와 같고, 이것은 양자 자료처리 부등식에서 유도된다. $\square$

위의 두 정리에서 홀레보 정보는 신호 상태나 입력 상태가 고정됐는가에 따라 오목하거나 볼록하다. 따라서 일반적인 양자 선로에 대한 홀레보 정보의 계산은 홀레보 정보의 국소적 최댓값이 광역적 최댓값이어야 할 필요가 없기 때문에 그 선로의 차원이 커짐에 따라 어려워진다. 그러나 만약 선로가 고전 입력과 양자 출력을 갖는다면 홀레보 정보의 계산은 쉬워진다. 왜냐하면 입력 매개변수가 입력 분포일 뿐이고, 홀레보 정보는 입력 분포에 대해 오목 함수임을 증명했기 때문이다.

13.4 양자 선로의 상호 정보

이제 양자 상관성을 보존하는 양자 선로의 능력에 대한 척도를 생각해보자. 이 척도에 도달하는 방법은 앞에서 사용한 것과 유사하다. 앨리스가 어떤 순수 양자 상태 $\phi_{AA'}$을 자신의 실험실에서 준비하고, A'계를 양자 선로 $\mathcal{N}_{A'\to B}$에 입력한다. 이 전송은 다음의 2분할 상태를 이끌어낸다.

$$\rho_{AB} = \mathcal{N}_{A'\to B}(\phi_{AA'}) \tag{13.120}$$

양자 상호 정보 $I(A\,;\,B)_\rho$는 상태 ρ_{AB}에 주어진 상관성의 정적 척도다. 양자 선로가 구성할 수 있는 상관성을 최대화하기 위해, 앨리스는 자신이 선로 $\mathcal{N}_{A'\to B}$에 입력할 수 있는 모든 가능한 순수 상태에 대해 양자 상호 정보 $I(A\,;\,B)_\rho$를 최대화해야 한다. 이 절차는 양자 선로의 상호 정보 $I(\mathcal{N})$의 정의를 이끌어낸다.

$$I(\mathcal{N}) \equiv \max_{\phi_{AA'}} I(A; B)_\rho \tag{13.121}$$

양자 선로의 상호 정보는 앞의 논의로부터 특별히 명백하지는 않은 중요한 조작적 작업에 해당한다. 앨리스와 밥이 필요하다면 무제한적인 2분할 얽힘을 공유한다고 하자. 그리고 이들이 선로 $\mathcal{N}_{A'\to B}$를 많은 횟수로 독립적으로 사용할 수 있다고 하자. 그러면 선로의 상호 정보는 이런 상황에서 이들이 전송할 수 있는 고전 정보의 최대량에 해당한다. 이 상황은 6장에서 논의한(6.4절의 논의를 생각해보자.) 초고밀도 부호화 통신 규약의 유잡음 상황과 유사하다. 양자 양자원격전송에 의해, 이들이 전송할 수 있는 양자정보의 최대량은 선로의 상호 정보의 절반이다. 이 진술을 어떻게 증명하는지는 21장에서 엄밀하게 논의할 것이다.

13.4.1 가법성

홀레보 정보가 가법적이지 않은데 양자 선로의 양자 상호 정보가 가법적일 것이라고 예측하기에는 근거가 없어 보인다. 하지만 놀랍게도 양자 선로의 상호 정보에 대해 가법성이 분명히 성립한다. 이 결과는 정보 처리량의 척도를 완전히 이해했다는 뜻이고, 또한 그에 해당하는 조작적 작업(앞 절에서 논의한 얽힘보조 고전 부호화)을 이해했다는 뜻이다.

이 조작적 작업을 이용해 이 현상을 직관적으로 설명해보자. 앨리스와 밥은 이미 자신의 단말에 무제한적인 얽힘을 공유하고 있고, 따라서 선로의 입력은 홀레보 정보에 대해 그랬던 것처럼 어떤 초가법적 효과도 이끌어내지 않는다. 이 설명은 어쩌면 대충이지만, 왜 가법성이 성립하는지 가장 잘 설명하는 가법성 증명일 것이다. 이 증명의 중요한 도구는 상호 정보의 연쇄 규칙과 엔트로피의 준가법성을 적용한 것이다(따름정리 11.8.1). 그림 13.5는 양자 선로의 상호 정보 가법성에 대한 분석에 해당하는 상황을 묘사한다.

【정리 13.4.1】양자 선로의 양자 상호 정보 가법성 $\mathcal{N}$과 $\mathcal{M}$을 임의의 양자 선로라고 하자. 그러면 텐서 곱 선로 $\mathcal{N} \otimes \mathcal{M}$의 상호 정보는 각 상호 정보의 합이다.

$$I(\mathcal{N} \otimes \mathcal{M}) = I(\mathcal{N}) + I(\mathcal{M}) \tag{13.122}$$

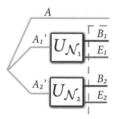

그림 13.5 이 그림은 두 양자 선로 $\mathcal{N}_1$과 $\mathcal{N}_2$의 상호 정보가 가법적인지 결정하는 상황을 묘사한다. 가법성에 대한 질문은 두 양자 선로의 상호 정보를 증대시키는 선로 입력 사이의 양자 상관성의 가능성과 동등하다. 정리 13.4.1에 따르면 상호 정보는 임의의 두 양자 선로에 대해 가법적이며, 따라서 양자 상관성은 상호 정보를 증대시킬 수 없다.

【증명】 먼저, 자명한 부등식 $I(\mathcal{N} \otimes \mathcal{M}) \geq I(\mathcal{N}) + I(\mathcal{M})$을 증명한다. $\phi_{A_1 A_1'}$과 $\psi_{A_2 A_2'}$이 각각 상호 정보 $I(\mathcal{N})$과 $I(\mathcal{M})$을 최대화하는 상태라고 하자.

$$\rho_{A_1 A_2 B_1 B_2} \equiv (\mathcal{N}_{A_1' \to B_1} \otimes \mathcal{M}_{A_2' \to B_2})(\phi_{A_1 A_1'} \otimes \psi_{A_2 A_2'}) \qquad (13.123)$$

이라고 하자. 상태 $\rho_{A_1 A_2 B_1 B_2}$가 $A \equiv A_1 A_2$로 선택하여 $I(\mathcal{N} \otimes \mathcal{M})$의 최대화에 필요한 형태의 특정한 상태라고 하자. 그러면 다음이 성립한다.

$$I(\mathcal{N}) + I(\mathcal{M}) = I(A_1; B_1)_{\mathcal{N}(\phi)} + I(A_2; B_2)_{\mathcal{M}(\psi)} \qquad (13.124)$$
$$= I(A_1 A_2; B_1 B_2)_{\rho} \qquad (13.125)$$
$$\leq I(\mathcal{N} \otimes \mathcal{M}) \qquad (13.126)$$

첫 번째 등식은 상호 정보 $I(\mathcal{N})$과 $I(\mathcal{M})$을 최대화하는 상태 $\phi_{A_1 A_1'}$과 $\psi_{A_2 A_2'}$에 대해 계산하여 유도한다. 두 번째 등식은 텐서 곱 상태에 대해 상호 정보가 가법적이라는 사실(연습문제 11.6.8)에서 유도된다. 마지막 부등식은 입력 상태 $\phi_{A_1 A_1'} \otimes \psi_{A_2 A_2'}$이 텐서 곱 선로 $\mathcal{N} \otimes \mathcal{M}$의 양자 상호 정보 최대화에 필요한 더 일반적인 형태 $\phi_{AA_1' A_2'}$의 특수한 입력 상태이기 때문에 성립한다.

이제 자명하지 않은 부등식 $I(\mathcal{N} \otimes \mathcal{M}) \leq I(\mathcal{N}) + I(\mathcal{M})$을 증명해보자. $\phi_{AA_1' A_2'}$이 $I(\mathcal{N} \otimes \mathcal{M})$을 최대화하는 상태라고 하자. 그리고

$$\rho_{AB_1 B_2} \equiv (\mathcal{N}_{A_1' \to B_1} \otimes \mathcal{M}_{A_2' \to B_2})(\phi_{AA_1' A_2'}) \qquad (13.127)$$

라고 하자. 다음의 연쇄적 부등식을 생각해보자.

$$I(\mathcal{N} \otimes \mathcal{M}) = I(A; B_1 B_2)_{\rho} \qquad (13.128)$$
$$= I(A; B_1)_{\rho} + I(AB_1; B_2)_{\rho} - I(B_1; B_2)_{\rho} \qquad (13.129)$$
$$\leq I(A; B_1)_{\rho} + I(AB_1; B_2)_{\rho} \qquad (13.130)$$
$$\leq I(\mathcal{N}) + I(\mathcal{M}) \qquad (13.131)$$

첫 번째 등식은 식 (13.121)의 $I(\mathcal{N} \otimes \mathcal{M})$ 정의와 $I(A; B_1 B_2)$를 최대화하는 상태 ϕ에 대해 계산하여 유도된다. 두 번째 등식은 연습문제 11.7.1을 이용해 양자 상호 정보를 전개하여 성립한다. 첫 번째 부등식은 $I(B_1; B_2)_{\rho} \geq 0$이기 때문에 성립한다. 마지막 부등식은 $I(A; B_1)_{\rho} \leq I(\mathcal{N})$과 $I(AB_1; B_2)_{\rho} \leq I(\mathcal{M})$이기 때문에 성립한다. 여기서 연습문제 13.4.4의 결과와 A계가 선로 $\mathcal{N}$의 입력인 A_1계를 확장한다는 사실과 AB_1계가 선로 $\mathcal{M}$의 입력인 A_2계를 확장한다는 사실을 사용했다. □

【따름정리 13.4.1】 양자 선로 $\mathcal{N}$의 정규화된 상호 정보는 그 상호 정보와 같다.

$$I_{\text{reg}}(\mathcal{N}) = I(\mathcal{N}) \tag{13.132}$$

【증명】 이 성질의 증명은 따름정리 13.1.1에서 사용한 수학적 귀납법 논증과 정리 13.4.1에 있는 가법성 성질을 사용한다. □

【연습문제 13.4.1】 양자 상호 정보의 대안적 상호 정보 ρ_{XAB}가 다음의 형태를 갖는 상태라고 하자.

$$\rho_{XAB} \equiv \sum_x p_X(x)|x\rangle\langle x|_X \otimes \mathcal{N}_{A' \to B}(\phi^x_{AA'}) \tag{13.133}$$

양자 상호 정보의 다음과 같은 대안적 정의를 생각해보자.

$$I_{\text{alt}}(\mathcal{N}) \equiv \max_{\rho_{XAB}} I(AX; B) \tag{13.134}$$

여기서 최대화는 ρ_{XAB}의 형태를 갖는 상태에 대해 이뤄진다.

$$I_{\text{alt}}(\mathcal{N}) = I(\mathcal{N}) \tag{13.135}$$

임을 보여라.

【연습문제 13.4.2】 위상완화 매개변수 p를 갖는 위상완화 선로의 상호 정보를 계산하라.

【연습문제 13.4.3】 삭제 매개변수 ε을 갖는 삭제 선로의 상호 정보를 계산하라.

【연습문제 13.4.4】 순수 상태이면 충분하다. $\mathcal{N}_{A' \to B}$가 양자 선로라고 하자. 양자 선로의 상호 정보를 결정하는 데 있어 순수 상태 $\phi_{AA'}$만 고려하면 충분함을 보여라. 즉, 최적화 작업에서 섞인 상태 $\rho_{AA'}$을 고려할 필요가 없다. 왜냐하면

$$\max_{\phi_{AA'}} I(A; B)_{\mathcal{N}(\phi)} = \max_{\rho_{AA'}} I(A; B)_{\mathcal{N}(\rho)} \tag{13.136}$$

이기 때문이다(힌트: 양자 정화와 양자 자료처리 부등식을 고려하라).

13.4.2 양자 선로의 상호 정보를 최적화하기

이제 양자 선로의 상호 정보가 입력 상태의 함수로서 오목함을 보일 것이다. 이 결과는 표준적인 볼록 최적화 기법을 이용해 이 양을 계산할 수 있도록 한다.

【정리 13.4.2】 상호 정보 $I(A; B)$는 입력 상태에 대해 다음과 같은 관점에서 오목하다.

$$\sum_x p_X(x) I(A; B)_{\rho_x} \leq I(A; B)_\sigma \tag{13.137}$$

여기서 $\rho_{AB}^x \equiv \mathcal{N}_{A' \to B}(\phi_{AA'}^x)$이고, $\sigma_{A'} \equiv \sum_x p_X(x)\rho_{A'}^x$이며, $\phi_{AA'}$은 $\sigma_{A'}$의 양자정화이고, $\sigma_{AB} \equiv \mathcal{N}_{A' \to B}(\phi_{AA'})$이다.

【증명】 ρ_{XABE}가 다음의 고전-양자 상태라고 하자.

$$\rho_{XABE} \equiv \sum_x p_X(x)|x\rangle\langle x|_X \otimes \mathcal{U}_{A' \to BE}^{\mathcal{N}}(\phi_{AA'}^x) \tag{13.138}$$

여기서 $U_{A' \to BE}^{\mathcal{N}}$는 이 선로의 등척 확장이다. 다음의 연쇄적인 부등식을 생각해보자.

$$\sum_x p_X(x) I(A; B)_{\rho_x} = I(A; B|X)_\rho \tag{13.139}$$

$$= H(A|X)_\rho + H(B|X)_\rho - H(AB|X)_\rho \tag{13.140}$$

$$= H(BE|X)_\rho + H(B|X)_\rho - H(E|X)_\rho \tag{13.141}$$

$$= H(B|EX)_\rho + H(B|X)_\rho \tag{13.142}$$

$$\leq H(B|E)_\rho + H(B)_\rho \tag{13.143}$$

$$= H(B|E)_\sigma + H(B)_\sigma \tag{13.144}$$

$$= I(A; B)_\sigma \tag{13.145}$$

첫 번째 등식은 $I(A; B|X)_\rho$의 조건화 계 X가 고전적이기 때문에 성립한다. 두 번째 등식은 양자 상호 정보를 전개하여 유도한다. 세 번째 등식은 ABE에 대한 상태가 X에 대해 조건화됐을 때는 순수하기 때문에 유도된다. 네 번째 등식은 조건부 양자 엔트로피의 정의에서 유도된다. 부등식은 양자 엔트로피의 강한 준가법성과 오목성에 의해 성립한다. 다섯 번째 등식은 σ 상태의 정의를 살펴보면 유도할 수 있고, 마지막 등식은 ABE계에 대해 이 상태가 순수하기 때문에 성립한다. $\square$

13.5 양자 선로의 결맞은 정보

이 절에서는 양자 상관성을 보존하는 양자 선로 능력의 중요한 대안적인 척도를 제시한다. 즉, 선로의 결맞은 정보다. 이 척도에 도달하는 방법은 양자 선로의 상호 정보에 대해 했던 방법과 유사하다. 앨리스가 순수 상태 $\phi_{AA'}$을 준비해서 A'계를 양자 선로 $\mathcal{N}_{A' \to B}$에 입력한다. 이 전송은 다음과 같은 2분할 상태 ρ_{AB}를 이끌어낸다.

$$\rho_{AB} = \mathcal{N}_{A' \to B}(\phi_{AA'}) \tag{13.146}$$

이 선로에서 나타난 결맞은 정보는 $I(A\rangle B)_\rho = H(B)_\rho - H(AB)_\rho$로, 다음의 정의를 이끌어낸다.

【정의 13.5.1】 **양자 선로의 결맞은 정보**   양자 선로의 결맞은 정보 $Q(\mathcal{N})$은 모든 순수 입력 상태에 대해 결맞은 정보의 최댓값이다.

$$Q(\mathcal{N}) \equiv \max_{\phi_{AA'}} I(A\rangle B)_\rho \tag{13.147}$$

양자 선로의 결맞은 정보는 중요한 조작적 작업에 해당한다(아마 양자정보에서 가장 중요할 것이다). 이것은 앨리스가 밥에게 양자정보를 전송하는 능력의 좋은 하계를 제시하지만, 사실상 어떤 특별한 경우에는 양자 선로의 그 양자 통신용량과 같다. 이 결과는 24장에서 증명할 것이다.

【연습문제 13.5.1】 $I_c(\rho, \mathcal{N})$이 상태 ρ가 그 입력인 선로 $\mathcal{N}$의 결맞은 정보를 나타낸다고 하자.

$$I_c(\rho, \mathcal{N}) \equiv H(\mathcal{N}(\rho)) - H(\mathcal{N}^c(\rho)) \tag{13.148}$$

여기서 $\mathcal{N}^c$는 원래 선로 $\mathcal{N}$의 상보적 선로다. 다음을 보여라.

$$Q(\mathcal{N}) = \max_\rho I_c(\rho, \mathcal{N}) \tag{13.149}$$

위의 수식에서 우변은 동등하게 다음과 같이 적을 수 있다.

$$\max_{\phi_{AA'}} [H(B)_\psi - H(E)_\psi] \tag{13.150}$$

여기서 $|\psi\rangle_{ABE} \equiv U^{\mathcal{N}}_{A' \to BE} |\phi\rangle_{AA'}$이고, $U^{\mathcal{N}}_{A' \to BE}$는 선로 $\mathcal{N}$의 등척 확장이다.

다음 성질은 임의의 주어진 상태의 결맞은 정보는 어떤 경우 음수일 수 있음에도 불구하고, 선로의 결맞은 정보는 항상 음이 아님을 지적한다.

【성질 13.5.1】 선로의 결맞은 정보의 비음수성   양자 선로 $\mathcal{N}$의 결맞은 정보 $Q(\mathcal{N})$은 음수가 아니다.

$$Q(\mathcal{N}) \geq 0 \tag{13.151}$$

【증명】   입력 상태 $\phi_{AA'}$이 $\psi_A \otimes \varphi_{A'}$의 형태인 곱 상태가 되도록 고를 수 있다. 이 상태의 결맞은 정보는 소멸한다.

$$\begin{aligned}
I(A\rangle B)_{\psi \otimes \mathcal{N}(\varphi)} &= H(B)_{\mathcal{N}(\varphi)} - H(AB)_{\psi \otimes \mathcal{N}(\varphi)} \tag{13.152} \\
&= H(B)_{\mathcal{N}(\varphi)} - H(A)_\psi - H(B)_{\mathcal{N}(\varphi)} \tag{13.153} \\
&= 0 \tag{13.154}
\end{aligned}$$

첫 번째 등식은 곱 상태에 대한 결맞은 정보를 계산하여 유도한다. 두 번째 등식은 AB의 상태가 곱 상태이기 때문에 성립한다. 마지막 등식은 A에 대한 상태가 순수 상태이기 때문에 성립한다. 이것이 모든 입력 상태에 대한 최대화를 포함하고, 위의 상태가 특정 입력 상태로 주어졌으면 선로의 결맞은 정보는 이 값과 같거나 더 클 수밖에 없기 때문에 비음수성이 성립한다. □

13.5.1 몇몇 선로에 대한 결맞은 정보의 가법성

양자 선로의 결맞은 정보는 일반적으로 임의의 양자 선로에 대해 가법적이지 않다. 잠재적으로는 이 상황을 불행하게 볼 수도 있지만, 양자 섀넌 이론이 고전 섀넌 이론보다 더 풍부한 이론이라는 뜻이다. 왜, 그리고 어떻게 이 양이 가법적이지 않은지 이해하려는 시도는 많은 혁신을 이끌었다(24.8절 참고).

감쇠 가능한degradable 양자 선로는 결맞은 정보가 가법적인 특수한 부류의 선로다. 이 선로는 13.2절에서 다룬 감쇠된 도청 선로의 성질과 유사한 성질을 갖는다. 이 성질을 이해하기 위해, 임의의 양자 선로 $\mathcal{N}_{A' \to B}$는 선로의 등척 확장을 생각하고 밥의 계에 대해 대각합을 취하여 구현되는 상보적 선로 $\mathcal{N}_{A' \to E}^c$를 가짐을 떠올려 보자.

【정의 13.5.2】 감쇠 가능한 양자 선로   임의의 입력 상태 $\rho_{A'}$에 대해 다음을 만족하는 감쇠 선로 $\mathcal{D}_{B \to E}$가 존재하면 양자 선로 $\mathcal{N}_{A' \to B}$는 감쇠 가능하다.

$$\mathcal{N}_{A' \to E}^c (\rho_{A'}) = \mathcal{D}_{B \to E}(\mathcal{N}_{A' \to B}(\rho_{A'})) \tag{13.155}$$

여기서 $\mathcal{N}_{A' \to E}^c$는 $\mathcal{N}_{A' \to B}$에 대한 상보적 선로다.

감쇠 가능한 양자 선로에 숨은 직관은 앨리스가 도청자에 대한 선로를 자신의 계에 감쇠 가능한 선로를 적용해 시뮬레이션할 수 있다는 관점에서 앨리스에서 도청자에게 향하는 선로가 앨리스에서 밥에게 향하는 선로보다 더 잡음이 심하다는 것이다. 가법성의 해석에 대한 그림은 그림 13.5와 같다.

반대 방향으로 정의된 반감쇠 가능한^{antidegradable} 선로도 있다.

【정의 13.5.3】 반감쇠 가능한 양자 선로 만약 임의의 입력 상태 $\rho_{A'}$에 대해 다음을 만족하는 감쇠 선로 $\mathcal{D}_{E \to B}$가 존재한다면 양자 선로 $\mathcal{N}_{A' \to B}$는 반감쇠 가능하다.

$$\mathcal{D}_{E \to B}(\mathcal{N}_{A' \to E}^c (\rho_{A'})) = \mathcal{N}_{A' \to B}(\rho_{A'}) \tag{13.156}$$

여기서 $\mathcal{N}_{A' \to E}^c$는 $\mathcal{N}_{A' \to B}$의 상보적 선로다.

【정리 13.5.1】 감쇠 가능한 양자 선로에 대한 가법성 $\mathcal{N}$과 $\mathcal{M}$이 감쇠 가능한 임의의 양자 선로라고 하자. 그러면 텐서 곱 선로 $\mathcal{N} \otimes \mathcal{M}$의 결맞은 정보는 그 개별적인 결맞은 정보의 합이다.

$$Q(\mathcal{N} \otimes \mathcal{M}) = Q(\mathcal{N}) + Q(\mathcal{M}) \tag{13.157}$$

【증명】 부등식 $Q(\mathcal{N} \otimes \mathcal{M}) \geq Q(\mathcal{N}) + Q(\mathcal{M})$의 증명은 연습문제 13.5.3으로 남겨두겠다. 그리고 비자명한 부등식 $Q(\mathcal{N} \otimes \mathcal{M}) \leq Q(\mathcal{N}) + Q(\mathcal{M})$이 양자 선로 $\mathcal{N}$과 $\mathcal{M}$이 감쇠 가능할 때 성립한다는 것을 증명하겠다. $\phi_{AA_1'A_2'}$가 두 양자 선로의 입력으로 제공된다고 하자. $U_{A_1 \to B_1 E_1}^{\mathcal{N}}$이 첫 번째 선로의 등척 확장이고, $U_{A_2 \to B_2 E_2}^{\mathcal{M}}$가 두 번째 선로의 등척 확장이라고 하자.

$$\sigma_{AB_1 E_1 A_2'} \equiv U^{\mathcal{N}} \phi \left(U^{\mathcal{N}}\right)^{\dagger} \tag{13.158}$$

$$\theta_{AA_1' B_2 E_2} \equiv U^{\mathcal{M}} \phi \left(U^{\mathcal{M}}\right)^{\dagger} \tag{13.159}$$

$$\rho_{AB_1 E_1 B_2 E_2} \equiv \left(U^{\mathcal{N}} \otimes U^{\mathcal{M}}\right) \phi \left(\left(U^{\mathcal{N}}\right)^{\dagger} \otimes \left(U^{\mathcal{M}}\right)^{\dagger}\right) \tag{13.160}$$

이라고 하자. 두 선로가 감쇠 가능할 때 $Q(\mathcal{N} \otimes \mathcal{M}) = Q(\mathcal{N}) + Q(\mathcal{M})$을 보여야 한다. 게다가 $\rho_{AB_1 E_1 B_2 E_2}$가 $Q(\mathcal{N} \otimes \mathcal{M})$을 최대화하는 상태라고 하자. 다음의 연쇄

적인 부등식을 생각해보자.

$$Q(\mathcal{N} \otimes \mathcal{M}) = I(A\rangle B_1 B_2)_\rho \tag{13.161}$$

$$= H(B_1 B_2)_\rho - H(AB_1 B_2)_\rho \tag{13.162}$$

$$= H(B_1 B_2)_\rho - H(E_1 E_2)_\rho \tag{13.163}$$

$$= H(B_1)_\rho - H(E_1)_\rho + H(B_2)_\rho - H(E_2)_\rho$$
$$- [I(B_1; B_2)_\rho - I(E_1; E_2)_\rho] \tag{13.164}$$

$$\leq H(B_1)_\rho - H(E_1)_\rho + H(B_2)_\rho - H(E_2)_\rho \tag{13.165}$$

$$= H(B_1)_\sigma - H(AA_2'B_1)_\sigma + H(B_2)_\theta - H(AA_1'B_2)_\theta \tag{13.166}$$

$$= I(AA_2'\rangle B_1)_\sigma + I(AA_1'\rangle B_2)_\theta \tag{13.167}$$

$$\leq Q(\mathcal{N}) + Q(\mathcal{M}) \tag{13.168}$$

첫 번째 등식은 $Q(\mathcal{N} \otimes \mathcal{M})$의 정의와 ρ가 텐서 곱 선로의 결맞은 정보를 최대화하는 상태이기 때문에 성립한다. 두 번째 등식은 결맞은 정보의 정의로부터 유도된다. 세 번째 등식은 ρ가 $AB_1 E_1 B_2 E_2$계에서 순수 상태이기 때문에 유도된다. 네 번째 등식은 앞 줄의 엔트로피를 전개하여 유도한다. 첫 번째 부등식은 B_1에서 E_1으로 가는 감쇠 가능한 선로와 B_2에서 E_2로 가는 감쇠 가능한 선로가 모두 존재하여, 양자 자료처리 부등식을 적용해서 $I(B_1; B_2)_\rho \geq I(E_1; E_2)_\rho$를 얻을 수 있게 해주기 때문에 유도된다. 다섯 번째 등식은 주어진 환원된 계에 대한 ρ, σ, θ의 엔트로피가 같고, $AA_2'B_1 E_1$계에 대한 상태 σ가 순수 상태이고 $AA_1'B_2 E_2$계에 대한 상태 θ가 순수 상태이기 때문에 성립한다. 마지막 등식은 결맞은 정보의 정의에서 유도된다. 그리고 마지막 부등식은 결맞은 정보는 그에 해당하는 모든 가능한 상태에 대한 최대화보다 작기 때문에 성립한다. □

【따름정리 13.5.1】 감쇠 가능한 양자 선로의 정규화된 결맞은 정보는 그 결맞은 정보와 같다. 즉, $Q_{\text{reg}}(\mathcal{N}) = Q(\mathcal{N})$이다.

【증명】 이 성질의 증명은 따름정리 13.1.1과 같은 수학적 귀납법 논증을 사용하고 정리 13.5.1의 가법 성질을 사용한다. □

【연습문제 13.5.2】 삭제 매개변수 $\varepsilon \in [0, 1/2]$인 양자 삭제 선로를 생각해보자. 선로를 입력에서 환경으로 재생하여 이 선로를 감쇠시키는 선로를 찾아라.

【연습문제 13.5.3】 결맞은 정보의 초가법성 텐서 곱 선로 $\mathcal{N} \otimes \mathcal{M}$의 결맞은 정보는 그 개별 결맞은 정보의 합보다 절대로 작을 수 없음을 보여라. 즉, $Q(\mathcal{N} \otimes \mathcal{M}) \geq$

$Q(\mathcal{N}) + Q(\mathcal{M})$이다.

【연습문제 13.5.4】 상대 엔트로피의 단조성을 사용해 감쇠 가능한 선로에 대해 결맞은 정보가 준가법적임을 증명하라. 즉, $Q(\mathcal{N}) + Q(\mathcal{M}) \geq Q(\mathcal{N} \otimes \mathcal{M})$이다.

【연습문제 13.5.5】 역결맞은 정보^{reverse coherent information}라고 알려진 다음의 양을 생각해보자.

$$Q_{\text{rev}}(\mathcal{N}) \equiv \max_{\phi_{AA'}} I(B \rangle A)_\omega \tag{13.169}$$

여기서 $\omega_{AB} \equiv \mathcal{N}_{A' \to B}(\phi_{AA'})$이다. 임의의 양자 선로 $\mathcal{N}$과 $\mathcal{M}$에 대해 역결맞은 정보가 가법적임을 보여라. 즉, $Q_{\text{rev}}(\mathcal{N} \otimes \mathcal{M}) = Q_{\text{rev}}(\mathcal{N}) + Q_{\text{rev}}(\mathcal{M})$이다.

【연습문제 13.5.6】 반감쇠 가능한 선로의 결맞은 정보는 0과 같음을 증명하라(힌트: 연습문제 11.6.6의 항등식을 사용하라).

【연습문제 13.5.7】 얽힘파괴 선로가 반감쇠 가능함을 증명하라.

13.5.2 결맞은 정보를 최적화하기

양자 선로의 결맞은 정보를 최대화하는 것이 얼마나 어려운지 결정하려고 한다. 일반적인 선로에 대해 이 문제는 어렵다. 하지만 감쇠 가능한 양자 선로의 부류에 대해서는 쉬워진다. 아래의 정리 13.5.2는 감쇠 가능한 양자 선로 $\mathcal{N}$의 결맞은 정보 $Q(\mathcal{N})$의 중요한 성질이 이 질문에 대한 답을 할 수 있도록 해준다는 내용이다. 이 정리는 감쇠 가능한 양자 선로의 결맞은 정보 $Q(\mathcal{N})$이 최대화해야 하는 입력 밀도 연산자 $\rho_{A'}$에 대한 오목 함수라는 내용이다. 특히, 이 결과는 밀도 연산자의 집합이 볼록이기 때문에 결맞은 정보 $Q(\mathcal{N})$의 국소 최댓값이 광역 최댓값임을 함의하고, 따라서 최적화 문제가 볼록 최적화 기법을 사용할 수 있는 쉬운 계산이 된다는 뜻이다. 아래의 정리는 연습문제 13.5.1로부터 얻은 선로의 결맞은 정보의 특성을 이용한다.

【정리 13.5.2】 양자 선로 $\mathcal{N}$이 감쇠 가능하다고 하자. 그러면 결맞은 정보 $I_c(\rho, \mathcal{N})$은 입력 밀도 연산자에 대해 오목하다.

$$\sum_x p_X(x) I_c(\rho_x, \mathcal{N}) \leq I_c \left(\sum_x p_X(x) \rho_x, \mathcal{N} \right) \tag{13.170}$$

여기서 $p_X(x)$는 확률 밀도 함수이고 각 ρ_x는 밀도 연산자다.

【증명】 다음의 진술을 생각해보자.

$$\sigma_{XB} \equiv \sum_x p_X(x)|x\rangle\langle x|_X \otimes \mathcal{N}(\rho_x) \tag{13.171}$$

$$\theta_{XE} \equiv \sum_x p_X(x)|x\rangle\langle x|_X \otimes (\mathcal{T} \circ \mathcal{N})(\rho_x) \tag{13.172}$$

여기서 $\mathcal{T}$는 선로 $\mathcal{N}$에 대한 감쇠 선로이고, 따라서 $\mathcal{T} \circ \mathcal{N} = \mathcal{N}^c$이다. 그러면 다음의 진술이 성립한다.

$$I(X;B)_\sigma \geq I(X;E)_\theta \tag{13.173}$$

$$\therefore \quad H(B)_\sigma - H(B|X)_\sigma \geq H(E)_\theta - H(E|X)_\theta \tag{13.174}$$

$$\therefore \quad H(B)_\sigma - H(E)_\theta \geq H(B|X)_\sigma - H(E|X)_\theta \tag{13.175}$$

$$\therefore \quad H\left(\mathcal{N}\left(\sum_x p_X(x)\rho_x\right)\right) - H\left(\mathcal{N}^c\left(\sum_x p_X(x)\rho_x\right)\right)$$
$$\geq \sum_x p_X(x)\left[H(\mathcal{N}(\rho_x)) - H(\mathcal{N}^c(\rho_x))\right] \tag{13.176}$$

$$\therefore \quad I_c\left(\sum_x p_X(x)\rho_x, \mathcal{N}\right) \geq \sum_x p_X(x)I_c(\rho_x, \mathcal{N}) \tag{13.177}$$

첫 번째 진술이 중요하며, 양자 자료처리 부등식과 사상 $\mathcal{T}$가 밥의 상태를 도청자의 상태로 감쇠시킨다는 사실에서 유도된다. 두 번째와 세 번째 진술은 양자 상호 정보의 정의와 엔트로피를 재배치해서 유도된다. 네 번째 진술은 밀도 연산자를 앞 줄의 엔트로피에 대입하면 유도된다. 마지막 진술은 연습문제 13.5.1의 결맞은 정보의 대안적 정의에서 유도된다. □

13.6 양자 선로의 비밀 정보

양자 선로의 비밀 정보는 이 장에서 생각해보는 마지막 정보 척도다. 앨리스가 밥과 고전 상관성을 구성하고 싶지만, 선로의 환경은 이 고전적인 상관성에 접근하는 것을 원하지 않는다. 앨리스가 준비할 앙상블은 홀레보 정보에 대해 고려했던 것과 유사하다. 앨리스가 준비할 앙상블의 기대 밀도 연산자는 다음과 같은 형태의 고전-양자 상태다.

$$\rho_{XA'} \equiv \sum_x p_X(x)|x\rangle\langle x|_X \otimes \rho_{A'}^x \tag{13.178}$$

A'계를 양자 선로 $\mathcal{N}$의 등척 확장 $U_{A'\to BE}^{\mathcal{N}}$를 통해 전송하면 상태 ρ_{XBE}가 된다. 앨리스가 밥과 구성할 수 있는 비밀 고전 상관성의 좋은 척도는 앨리스가 밥과 구성할 수 있는 고전 상관성에서 도청자가 얻을 수 있는 고전 상관성만큼의 차이인 $I(X;B)_\rho - I(X;E)_\rho$이고, 다음 정의를 이끌어낸다(23장에서 이 정보량에 해당하는 조작적 작업을 논의할 것이다).

【정의 13.6.1】 양자 선로의 비밀 정보   양자 선로 $\mathcal{N}$의 비밀 정보 $P(\mathcal{N})$은 다음과 같이 정의된다.

$$P(\mathcal{N}) \equiv \max_{\rho_{XA'}} I(X;B)_\rho - I(X;E)_\rho \tag{13.179}$$

여기서 최대화는 식 (13.178)의 형태인 모든 상태에 대해 이뤄지고, 이 엔트로피양은 상태 $U_{A'\to BE}^{\mathcal{N}}(\rho_{XA'})$에 대해 계산된다.

【성질 13.6.1】   양자 선로 $\mathcal{N}$의 비밀 정보 $P(\mathcal{N})$은 음수가 아니다.

$$P(\mathcal{N}) \geq 0 \tag{13.180}$$

【증명】   입력 상태 $\rho_{XA'}$을 $|0\rangle\langle 0|_X \otimes \psi_{A'}$ 형태의 상태가 되도록 정할 수 있다. 여기서 $\psi_{A'}$은 순수 상태다. 출력 상태의 비밀 정보는 소멸한다.

$$I(X;B)_{|0\rangle\langle 0|\otimes\mathcal{N}(\psi)} - I(X;E)_{|0\rangle\langle 0|\otimes\mathcal{N}^c(\psi)} = 0 \tag{13.181}$$

이 등식은 위의 상태에 대한 두 상호 정보를 계산하면 유도된다. 위의 성질은 그럼 모든 입력 상태에 대한 최대화를 포함하고, 위의 상태가 특정 입력 상태라고 주어져 있으므로 선로의 비밀 정보가 이 값보다 크거나 같을 수만 있기 때문에 성립한다. □

정규화된 비밀 정보는 다음과 같다.

$$P_{\mathrm{reg}}(\mathcal{N}) = \lim_{n \to \infty} \frac{1}{n} P(\mathcal{N}^{\otimes n}) \tag{13.182}$$

13.6.1 비밀 정보와 결맞은 정보

선로의 비밀 정보는 그 선로의 결맞은 정보와 특수한 관계에 놓여 있다. 비밀 정보는 항상 최소한 선로의 결맞은 정보만큼은 커야 하고, 어떤 선로에 대해서는 같다. 다음의 정리는 앞의 부등식을 이야기하고, 그다음 정리는 감쇠 가능한 양자 선로에 대한 등가성을 말한다.

【정리 13.6.1】 임의의 양자 선로 $\mathcal{N}$의 비밀 정보 $P(\mathcal{N})$은 그 결맞은 정보 $Q(\mathcal{N})$보다 절대로 더 작을 수 없다.

$$Q(\mathcal{N}) \leq P(\mathcal{N}) \tag{13.183}$$

【증명】 이 관계식을 몇 단계에 걸쳐서 알아볼 것이다. 결맞은 정보 $Q(\mathcal{N})$을 최대화하는 순수 상태 $\phi_{AA'}$을 생각해보자. 그리고 ϕ_{ABE}가 선로 $\mathcal{N}$의 등척 확장 $U_{A' \to BE}^{\mathcal{N}}$를 통해 전송된 A'계에서 나온 상태를 나타낸다고 하자. 이 상태가 다음과 같은 스펙트럼 분해가 된다고 하자.

$$\phi_{A'} = \sum_x p_X(x) |\phi_x\rangle\langle\phi_x|_{A'} \tag{13.184}$$

그러면 지표 x를 갖고 고전 변수와 상관되는 증강된 고전-양자 상태를 생성할 수 있다.

$$\sigma_{XA'} \equiv \sum_x p_X(x) |x\rangle\langle x|_X \otimes |\phi_x\rangle\langle\phi_x|_{A'} \tag{13.185}$$

σ_{XBE}가 선로 $\mathcal{N}$의 등척 확장 $U_{A' \to BE}^{\mathcal{N}}$를 통해 전송된 A'계에서 만들어진 결과 상태라고 하자. 그러면 다음의 연쇄적인 부등식이 성립한다.

$$Q(\mathcal{N}) = I(A\rangle B)_\phi \tag{13.186}$$
$$= H(B)_\phi - H(E)_\phi \tag{13.187}$$
$$= H(B)_\sigma - H(E)_\sigma \tag{13.188}$$
$$= H(B)_\sigma - H(B|X)_\sigma - H(E)_\sigma + H(B|X)_\sigma \tag{13.189}$$
$$= I(X;B)_\sigma - H(E)_\sigma + H(E|X)_\sigma \tag{13.190}$$

$$= I(X;B)_\sigma - I(X;E)_\sigma \tag{13.191}$$

$$\leq P(\mathcal{N}) \tag{13.192}$$

첫 번째 등식은 선로의 결맞은 정보를 최대화하는 상태 ϕ_{ABE}의 결맞은 정보를 계산하여 유도된다. 두 번째 등식은 ϕ_{ABE}가 순수 상태이기 때문에 성립한다. 세 번째 등식은 식 (13.185)의 σ_{XBE} 정의와 ϕ_{ABE}의 관계에서 유도된다. 네 번째 등식은 $H(B|X)_\sigma$를 더하고 빼서 유도한다. 그다음 등식은 상호 정보 $I(X;B)_\sigma$의 정의와 B계와 E계에 대한 σ_{XBE}의 상태가 X에 의해 조건화됐을 때는 순수 상태라는 사실에서 유도된다. 마지막 등식은 상호 정보 $I(X;E)_\sigma$의 정의에서 유도된다. 마지막 부등식은 상태 σ_{XBE}가 식 (13.187)의 형태를 갖는 특정한 상태이고, $P(\mathcal{N})$이 이런 형태의 모든 상태에 대한 최대화를 포함하기 때문에 성립한다. $\square$

【정리 13.6.2】 양자 선로 $\mathcal{N}$이 감쇠 가능하다고 하자. 그러면 그 비밀 정보 $P(\mathcal{N})$은 그 결맞은 정보 $Q(\mathcal{N})$과 같다.

$$P(\mathcal{N}) = Q(\mathcal{N}) \tag{13.193}$$

【증명】 감쇠 가능한 선로에 대해 부등식 $P(\mathcal{N}) \leq Q(\mathcal{N})$을 증명한다. 왜냐하면 임의의 양자 선로 $\mathcal{N}$에 대해 $Q(\mathcal{N}) \leq P(\mathcal{N})$임을 이미 증명했기 때문이다. 고전-양자 상태 ρ_{XBE}가 이 선로의 등척 확장 $U^{\mathcal{N}}_{A'\to BE}$를 통해 전송된 A'계의 식 (13.178)의 형태를 갖는 상태라고 하자. 게다가, 이 상태가 $P(\mathcal{N})$을 최대화한다고 하자. 그러면 이 앙상블에 들어 있는 각 $\rho^x_{A'}$의 스펙트럼 분해를 다음과 같이 취할 수 있다.

$$\rho^x_{A'} = \sum_y p_{Y|X}(y|x)\psi^{x,y}_{A'} \tag{13.194}$$

여기서 각 상태 $\psi^{x,y}_{A'}$는 순수 상태다. ρ_{XBE} 상태의 다음과 같은 확장을 구성할 수 있다.

$$\sigma_{XYBE} \equiv \sum_{x,y} p_{Y|X}(y|x)p_X(x)|x\rangle\langle x|_X \otimes |y\rangle\langle y|_Y \otimes \mathcal{U}^{\mathcal{N}}_{A'\to BE}(\psi^{x,y}_{A'}) \tag{13.195}$$

그러면 다음의 연쇄적 부등식이 성립한다.

$$P(\mathcal{N}) = I(X;B)_\rho - I(X;E)_\rho \tag{13.196}$$

$$= I(X;B)_\sigma - I(X;E)_\sigma \tag{13.197}$$

$$= I(XY;B)_\sigma - I(Y;B|X)_\sigma - [I(XY;E)_\sigma - I(Y;E|X)_\sigma] \qquad (13.198)$$

$$= I(XY;B)_\sigma - I(XY;E)_\sigma - [I(Y;B|X)_\sigma - I(Y;E|X)_\sigma] \qquad (13.199)$$

첫 번째 등식은 $P(\mathcal{N})$의 정의와 ρ가 비밀 정보를 최대화하는 상태가 되도록 정했기 때문에 성립한다. 두 번째 등식은 $\rho_{XBE} = \mathrm{Tr}_Y\{\sigma_{XYBE}\}$이므로 성립한다. 세 번째 등식은 양자 상호 정보의 연쇄 규칙에서 성립한다. 네 번째 등식은 엔트로피를 재배열한 것이다. 계속해서,

$$\leq I(XY;B)_\sigma - I(XY;E)_\sigma \qquad (13.200)$$

$$= H(B)_\sigma - H(B|XY)_\sigma - H(E)_\sigma + H(E|XY)_\sigma \qquad (13.201)$$

$$= H(B)_\sigma - H(B|XY)_\sigma - H(E)_\sigma + H(B|XY)_\sigma \qquad (13.202)$$

$$= H(B)_\sigma - H(E)_\sigma \qquad (13.203)$$

$$\leq Q(\mathcal{N}) \qquad (13.204)$$

첫 번째 부등식(중요함)은 B에서 E로 보내는 감쇠 가능한 선로가 존재하여, 양자 자료처리 부등식에 의해 $I(Y;\ B|X)_\sigma \geq I(Y;\ E|X)_\sigma$이기 때문에 성립한다. 두 번째 등식은 엔트로피를 다시 적은 것이고, 세 번째 등식은 고전계 X와 Y에 의해 조건화될 때 B와 E계에 대한 상태 σ는 순수 상태이기 때문에 유도된다. 네 번째 등식은 엔트로피를 상쇄시킨 것이다. 마지막 부등식은 엔트로피 차이 $H(B)_\sigma - H(E)_\sigma$가 모든 가능한 입력 상태에 대해 그 차이의 최댓값보다 작기 때문에 성립한다. □

13.6.2 감쇠 가능한 선로의 비밀 정보의 가법성

일반적인 양자 선로의 비밀 정보는 가법적이지 않다. 하지만 감쇠 가능한 양자 선로의 경우에는 가법적이다. 이 증명 방법은 정리 13.5.1의 증명에서 사용한 방법과 유사하게 기본적으로는 감쇠 가능성이라는 성질을 이용한다. 그림 13.6이 비밀 정보의 가법성에 대해 고려하는 상황을 묘사한다.

【정리 13.6.3】 감쇠 가능한 양자 선로의 가법성　$\mathcal{N}$과 $\mathcal{M}$이 감쇠 가능한 임의의 양자 선로라고 하자. 그러면 텐서 곱 선로 $\mathcal{N} \otimes \mathcal{M}$의 비밀 정보는 그 개별 비밀 정보의 합이다.

$$P(\mathcal{N} \otimes \mathcal{M}) = P(\mathcal{N}) + P(\mathcal{M}) \qquad (13.205)$$

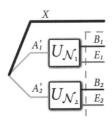

그림 13.6 이 그림은 두 양자 선로 $\mathcal{N}_1$과 $\mathcal{N}_2$의 비밀 정보가 가법적인지 결정하는 상황을 나타낸다. 이 가법성에 대한 질문은 두 양자 선로의 비밀 정보를 증대시킬 수 있는 선로 입력들 사이의 양자 상관성의 가능성과 동등하다. 정리 13.6.3의 결과에 따르면 임의의 두 감쇠 가능한 양자 선로에 대해 비밀 정보는 가법적이며, 따라서 이 경우 양자 상관성은 비밀 정보를 증대시킬 수 없다.

게다가, 다음이 성립한다.

$$P(\mathcal{N} \otimes \mathcal{M}) = Q(\mathcal{N} \otimes \mathcal{M}) = Q(\mathcal{N}) + Q(\mathcal{M}) \tag{13.206}$$

【증명】 먼저 더 자명한 부등식 $P(\mathcal{N} \otimes \mathcal{M}) \geq P(\mathcal{N}) + P(\mathcal{M})$을 증명하겠다. $\rho_{X_1 A_1'}$ 과 $\sigma_{X_2 A_2'}$이 식 (13.178)의 형태를 갖고, 각각 비밀 정보 $P(\mathcal{N})$과 $P(\mathcal{M})$을 최대화하는 상태라고 하자. $\theta_{X_1 X_2 A_1' A_2'}$이 이 두 상태의 텐서 곱이라고 하자. 즉, $\theta = \rho \otimes \sigma$이다. $\rho_{X_1 B_1 E_1}$과 $\sigma_{X_2 B_2 E_2}$가 각각 $\rho_{X_1 A_1'}$과 $\sigma_{X_2 A_2'}$을 등척 선로 $U_{A_1' \to B_1 E_1}^{\mathcal{N}}$과 $U_{A_2' \to B_2 E_2}^{\mathcal{M}}$를 통해 전송된 결과 상태라고 하자. $\theta_{X_1 X_2 B_1 B_2 E_1 E_2}$가 $\theta_{X_1 X_2 A_1' A_2'}$을 텐서 곱 선로 $\mathcal{U}_{A_1' \to B_1 E_1}^{\mathcal{N}} \otimes \mathcal{U}_{A_2' \to B_2 E_2}^{\mathcal{M}}$를 통해 전송돼서 만들어진 상태라고 하자. 그러면

$$
\begin{aligned}
&P(\mathcal{N}) + P(\mathcal{M}) \\
&= I(X_1; B_1)_\rho - I(X_1; E_1)_\rho + I(X_2; B_2)_\sigma - I(X_2; E_2)_\sigma \tag{13.207} \\
&= I(X_1 X_2; B_1 B_2)_\theta - I(X_1 X_2; E_1 E_2)_\theta \tag{13.208} \\
&\leq P(\mathcal{N} \otimes \mathcal{M}) \tag{13.209}
\end{aligned}
$$

첫 번째 등식은 비밀 정보 $P(\mathcal{N})$과 $P(\mathcal{M})$의 정의와 $\rho_{X_1 A_1'}$과 $\sigma_{X_2 A_2'}$이 각각 이 비밀 정보를 최대화하는 상태에 대해 계산된다는 점에서 유도된다. 두 번째 등식은 상호 정보가 텐서 곱 상태에 대해 가법적이기 때문에(연습문제 11.6.8 참고) 유도된다. 마지막 부등식은 $\theta_{X_1 X_2 B_1 B_2 E_1 E_2}$가 텐서 곱 선로 $\mathcal{N} \otimes \mathcal{M}$의 비밀 정보를 최대화하는 데 필요한 형태의 특정한 형태이기 때문에 성립한다.

이제 부등식 $P(\mathcal{N} \otimes \mathcal{M}) \leq P(\mathcal{N}) + P(\mathcal{M})$을 증명한다. $\rho_{X A_1' A_2'}$이 $P(\mathcal{N} \otimes \mathcal{M})$을 최대화하는 상태라고 하자. 여기서

$$\rho_{XA_1'A_2'} \equiv \sum_x p_X(x)|x\rangle\langle x|_X \otimes \rho_{A_1'A_2'}^x \tag{13.210}$$

이고, $\rho_{XB_2B_2E_1E_2}$는 텐서 곱 선로 $\mathcal{U}_{A_1'\to B_1E_1}^{\mathcal{N}} \otimes \mathcal{U}_{A_2'\to B_2E_2}^{\mathcal{M}}$를 통해 $\rho_{XA_1'A_2'}$을 전송하여 생성된 상태라고 하자. 각 상태 $\rho_{A_1'A_2'}^x$의 스펙트럼 분해를 생각해보자.

$$\rho_{A_1'A_2'}^x = \sum_y p_{Y|X}(y|x)\psi_{A_1'A_2'}^{x,y} \tag{13.211}$$

여기서 각 상태 $\psi_{A_1'A_2'}^{x,y}$은 순수 상태다. $\sigma_{XYA_1'A_2'}$이 $\rho_{XA_1'A_2'}$의 확장이라고 하자. 여기서

$$\sigma_{XYA_1'A_2'} \equiv \sum_{x,y} p_{Y|X}(y|x)p_X(x)|x\rangle\langle x|_X \otimes |y\rangle\langle y|_Y \otimes \psi_{A_1'A_2'}^{x,y} \tag{13.212}$$

이고, $\sigma_{XYB_1E_1B_2E_2}$는 텐서 곱 선로 $\mathcal{U}_{A_1'\to B_1E_1}^{\mathcal{N}} \otimes \mathcal{U}_{A_2'\to B_2E_2}^{\mathcal{M}}$를 통해 전송된 $\sigma_{XYA_1'A_2'}$으로부터 만들어진 상태라고 하자. 다음의 연쇄적인 부등식을 생각해보자.

$$
\begin{align}
&P(\mathcal{N} \otimes \mathcal{M}) \tag{13.213}\\
&= I(X;B_1B_2)_\rho - I(X;E_1E_2)_\rho \tag{13.214}\\
&= I(X;B_1B_2)_\sigma - I(X;E_1E_2)_\sigma \tag{13.215}\\
&= I(XY;B_1B_2)_\sigma - I(XY;E_1E_2)_\sigma \notag\\
&\quad - [I(Y;B_1B_2|X)_\sigma - I(Y;E_1E_2|X)_\sigma] \tag{13.216}\\
&\leq I(XY;B_1B_2)_\sigma - I(XY;E_1E_2)_\sigma \tag{13.217}\\
&= H(B_1B_2)_\sigma - H(B_1B_2|XY)_\sigma - H(E_1E_2)_\sigma + H(E_1E_2|XY)_\sigma \tag{13.218}\\
&= H(B_1B_2)_\sigma - H(B_1B_2|XY)_\sigma - H(E_1E_2)_\sigma + H(B_1B_2|XY)_\sigma \tag{13.219}\\
&= H(B_1B_2)_\sigma - H(E_1E_2)_\sigma \tag{13.220}\\
&= H(B_1)_\sigma - H(E_1)_\sigma + H(B_2)_\sigma - H(E_2)_\sigma \notag\\
&\quad - [I(B_1;B_2)_\sigma - I(E_1;E_2)_\sigma] \tag{13.221}\\
&\leq H(B_1)_\sigma - H(E_1)_\sigma + H(B_2)_\sigma - H(E_2)_\sigma \tag{13.222}\\
&\leq Q(\mathcal{N}) + Q(\mathcal{M}) \tag{13.223}\\
&= P(\mathcal{N}) + P(\mathcal{M}) \tag{13.224}
\end{align}
$$

첫 번째 등식은 $P(\mathcal{N} \otimes \mathcal{M})$의 정의와 이것을 최대화하는 상태 ρ에 대해 계산하여 유도된다. 두 번째 등식은 상태 $\sigma_{XYB_1E_1B_2E_2}$가 Y계에 대해 대각합을 취한 후에는 상태 $\rho_{XB_1E_1B_2E_2}$와 같기 때문에 성립한다. 세 번째 등식은 상호 정보에 대한 연쇄 규칙 $I(XY;B_1B_2) = I(Y;B_1B_2|X) + I(X;B_1B_2)$에 의해 유도된다. B_1에서 E_1으로 보내고, B_2에서 E_2로 보내는 감쇠 선로가 존재하기 때문에 $I(Y;B_1B_2|X)_\sigma \geq I(Y;$

$E_1 E_2|X)_\sigma$가 성립한다. 그러면 $I(Y; B_1 B_2|X)_\sigma - I(Y; E_1 E_2|X)_\sigma \geq 0$이 성립하기 때문에 첫 번째 부등식이 유도된다. 네 번째 등식은 상호 정보를 전개하여 유도된다. 다섯 번째 등식은 고전계 X와 Y에 의해 조건화될 때 $B_1 B_2 E_1 E_2$계에 대한 상태 σ는 순수 상태이기 때문에 성립한다. 여섯 번째 등식은 대수적으로 유도할 수 있고, 일곱 번째 등식은 엔트로피를 다시 적은 것이다. B_1에서 E_1으로 보내고, B_2에서 E_2로 보내는 감쇠 선로가 존재하기 때문에 $I(B_1; B_2)_\sigma \geq I(E_1; E_2)_\sigma$가 성립한다. 그러면 $I(B_1; B_2)_\sigma - I(E_1; E_2)_\sigma \geq 0$이기 때문에 두 번째 부등식이 유도된다. 세 번째 부등식은 엔트로피 차이 $H(B_i) - H(E_i)$는 항상 선로의 결맞은 정보보다 더 작아야 하기 때문에 성립한다. 마지막 등식은 선로의 결맞은 정보는 선로가 감쇠 가능한 경우 그 비밀 정보와 같기 때문에 성립한다(정리 13.6.2). □

【따름정리 13.6.1】 양자 선로 $\mathcal{N}$이 감쇠 가능하다고 하자. 그러면 그 선로의 정규화된 비밀 정보 $P_\mathrm{reg}(\mathcal{N})$은 그 비밀 정보 $P(\mathcal{N})$과 같다.

$$P_\mathrm{reg}(\mathcal{N}) = P(\mathcal{N}) \tag{13.225}$$

【증명】 이 증명은 따름정리 13.1.1과 같은 수학적 귀납법 논증과 정리 13.6.3의 결과를 이용하고, 원래의 선로 $\mathcal{N}$이 감쇠 가능하면 텐서 거듭제곱 선로 $\mathcal{N}^{\otimes n}$이 감쇠 가능하다는 사실에서 유도된다. □

13.7 정리

고전 선로의 상호 정보 $I(p_{Y|X})$, 고전 도청 선로의 비밀 정보 $P(p_{Y,Z|X})$, 양자 선로의 홀레보 정보 $\chi(\mathcal{N})$, 양자 선로의 상호 정보 $I(\mathcal{N})$, 양자 선로의 결맞은 정보 $Q(\mathcal{N})$, 양자 선로의 비밀 정보 $P(\mathcal{N})$에 대한 핵심 결과를 요약하는 표를 제시하며 이번 장을 마무리 짓는다. 이 표는 다음의 정의를 사용한다.

$$\rho_{XA'} \equiv \sum p_X(x)|x\rangle\langle x|_X \otimes \phi_{A'}^x \tag{13.226}$$

$$\sigma_{XA'} \equiv \sum p_X(x)|x\rangle\langle x|_X \otimes \rho_{A'}^x \tag{13.227}$$

양	입력	출력	공식	단일 문자
$I(p_{Y\|X})$	p_X	$p_X p_{Y\|X}$	$\max_{p_X} I(X;Y)$	모든 선로
$P(p_{Y,Z\|X})$	p_X	$p_X p_{Y,Z\|X}$	$\max_{p_{U,X}} I(U;Y) - I(U;Z)$	모든 선로
$\chi(\mathcal{N})$	$\rho_{XA'}$	$\mathcal{N}_{A' \to B}(\rho_{XA'})$	$\max_{\rho} I(X;B)$	몇몇 선로
$I(\mathcal{N})$	$\phi_{AA'}$	$\mathcal{N}_{A' \to B}(\phi_{AA'})$	$\max_{\phi} I(A;B)$	모든 선로
$Q(\mathcal{N})$	$\phi_{AA'}$	$\mathcal{N}_{A' \to B}(\phi_{AA'})$	$\max_{\phi} I(A\rangle B)$	감쇠 가능 선로
$P(\mathcal{N})$	$\sigma_{XA'}$	$U^{\mathcal{N}}_{A' \to BE}(\sigma_{XA'})$	$\max_{\sigma} I(X;B) - I(X;E)$	감쇠 가능 선로

13.8 역사와 더 읽을거리

보이드^{Boyd}와 밴던베르게^{Vandenberghe}(2004)의 책은 볼록 최적화의 이론과 실제를 다룬 좋은 참고문헌이며, 용량 공식을 계산하는 데 도움이 된다. 와이너^{Wyner}(1975)는 고전 도청 선로를 도입하고 감쇠된 도청 선로에 대해 비밀 정보가 가법적임을 증명했다. 사이자^{Csiszár}와 쾨르너^{Körner}(1978)는 일반적인 도청 선로에 대해 비밀 정보가 가법적임을 증명했다. 홀레보^{Holevo}(1998) 및 슈마허^{Schumacher}와 웨스트모어랜드^{Westmoreland}(1997)는 양자 선로의 홀레보 정보에 대해 조작적 해석을 제시했다. 쇼어^{Shor}(2002a)는 얽힘파괴 선로에 대한 홀레보 정보의 가법성을 보였다. 아다미^{Adami}와 서프^{Cerf}(1997)는 양자 선로의 상호 정보를 도입하고, 이 장에서 살펴본 몇 가지 중요한 성질인 비음수성, 가법성, 오목성을 증명했다. 베넷^{Bennett} 등(1999, 2002)은 이후에 양자 선로의 얽힘보조 고전 용량으로서 정보량에 대한 조작적 해석을 제시했다. 로이드^{Lloyd}(1997), 쇼어(2002b), 데브택^{Devetak}(2005)은 양자 선로의 결맞은 정보가 양자 통신에 대해 도달 가능한 속도라는 사실에 대해 점점 엄밀해지는 증명을 제시했다. 데브택과 쇼어(2005)는 양자 선로의 결맞은 정보가 감쇠 가능한 선로에 대해 가법적임을 보였다. 야드^{Yard} 등(2008)은 선로가 감쇠 가능할 때는 항상 양자 선로의 결맞은 정보가 입력 상태의 오목 함수임을 증명했다. 데브택 등(2006)과 가르시아^{García}-패트론^{Patrón} 등(2009)은 양자 선로의 역결맞은 정보에 대해 논의하고, 이것이 모든 양자 선로에 대해 가법적임을 보였다. 데브택(2005)과 카이^{Cai} 등(2004)은 독립적으로 양자 선로의 비밀 고전 용량을 도입했고, 둘 다 비밀 고전 용량이 양자 선로를 통한 비밀 고전 통신의 도달 가능한 속도임을 증명했다. 스미스^{Smith}(2008)는 비밀 고전 정보가 감쇠 가능한 양자 선로에 대해 가법적이고 결맞은 정보와 같음을 보였다.

14

고전 전형성

이 장은 점근적 정보 이론으로 들어가려는 기술적인 첫 시도로 시작한다. 점근적 양자정보 이론을 파고들기 전에, 고전적 상황에 대해 점근적 거동에 대한 직관을 먼저 구성하는 것으로 시작한다.

이 장의 중심 개념은 점근적 등분배 성질이다. 이 성질의 이름은 처음에는 어쩌면 기술적으로 들릴 수도 있지만, 단지 이것은 어떤 무작위 변수 X에 대해 확률 분포 $p_X(x)$로부터 독립적이고 동등한 수열에 큰 수의 법칙을 적용한 것일 뿐이다. 점근적 등분배 성질은 그 길이가 커짐에 따라 수열을 두 가지 부류로 나눌 수 있다는 뜻이다. 즉, 한 부류에서는 어떤 일이 압도적으로 나타나고, 다른 쪽에서는 압도적으로 그런 일이 일어나지 않는다. 그런 일이 일어나는 수열을 **전형적 수열**typical sequence이라고 하고, 그런 일이 일어나지 않는 수열을 **비전형적 수열**atypical sequence이라고 한다. 추가로, 수열을 생성하는 무작위 변수가 균일하지 않을 때는 전형적 수열의 집합 크기가 모든 수열의 집합 크기보다 지수함수적으로 작다. 이 성질은 '측도 집중measure concentration'이라고 하는 더 일반적인 수학적 현상의 한 사례로, 고차원 공간에 대한 매끄러운 함수 또는 많은 수의 무작위 변수에 대한 매끄러운 함수는 높은 확률로 상수constant에 집중되는 경향이 있다는 내용이다.

점근적 등분배 성질은 즉시 고전 정보를 압축하는 데 대한 섀넌의 기법에 숨어 있는 직관을 이끌어낸다. 이 기법은 먼저 무작위 수열의 구현체를 생성하고, 질문을 던진다. 생성된 수열이 전형적인가, 아니면 비전형적인가? 만약 전형적이면 압축하라. 그렇지 않다면 버려라. 이 압축 기법의 오류 확률은 임의의 고정된 길이의 수열에 대해 0이 아니지만, 점근적 극한에서는 소멸한다. 왜냐하면 이 수열이 전형적 집합에 있을 확률이 1에 수렴하고, 비전형적 집합에 있을 확률은 0에 수렴하기 때문이다. 이 압축 기법은 양자적 상황으로 곧바로 일반화되며, 여기서는 고전 비트 대신에 큐비트를 압축할 것이다.

이 장의 많은 부분은 정보의 점근적 정보 이론의 엄밀한 주장을 만드는 데 필요한 많은 기술적인 자세한 내용을 제시한다. 먼저 사례를 들어서 설명을 시작하고, 이어서 전형적 수열, 전형적 집합의 엄밀한 정의와 전형적 집합의 세 가지 중요한 성질을 증명한다. 그러면 결합 전형성과 조건부 전형성 같은 형태의 전형성을 논의할 수 있다. 이런 다른 개념은 섀넌의 고전 용량 정리를 증명하는 데도 유용하게 사용된다(섀넌 정리는 송신자가 고전 정보를 고전 선로를 통해 수신자에게 보낼 수 있는 궁극적인 속도를 제시한다는 점을 생각해보라). 또한 형식 기법^{method of types}을 소개한다. 형식 기법은 고전 정보 이론에서 강력한 기술이며, 이 기술을 사용해 전형성의 더 강한 개념을 구성할 것이다. 이 장은 결합 전형성과 조건부 전형성의 강한 개념을 발전시키면서, 섀넌의 선로 용량 정리의 상세한 증명으로 마무리된다.

14.1 전형성의 사례

앨리스가 2진 무작위 변수 X를 갖고 있다고 하자. 이 변수는 3/4의 확률로 0이 나오고 1/4의 확률로 1이 나온다. 그런 무작위 원천은 다음의 수열을 생성할 수 있다.

$$0110001101 \tag{14.1}$$

만약 10개의 독립적인 구현체를 생성하면, 어떤 수열이 나타날 확률은

$$\left(\frac{1}{4}\right)^5 \left(\frac{3}{4}\right)^5 \tag{14.2}$$

이고, 위의 수열에서 단순히 1과 0의 수를 세고 원천이 i.i.d라는 조건을 적용해 결정된다.

위 수열의 **정보 내용**information content은 그 확률의 로그값을 길이로 나눈 것이다.

$$-\frac{1}{10} \log \left(\left(\frac{1}{4} \right)^5 \left(\frac{3}{4} \right)^5 \right) = -\frac{5}{10} \log \left(\frac{1}{4} \right) - \frac{5}{10} \log \left(\frac{3}{4} \right) \approx 1.207 \quad (14.3)$$

또한 이 양을 **표본 엔트로피**sample entropy라고 한다. 이 원천의 참 엔트로피true entropy는 다음과 같다.

$$-\frac{1}{4} \log \left(\frac{1}{4} \right) - \frac{3}{4} \log \left(\frac{3}{4} \right) \approx 0.8113 \quad (14.4)$$

무작위 수열의 표본 엔트로피는 수열의 길이가 길어질수록 참 엔트로피에 접근할 것으로 기대할 수 있다. 왜냐하면 큰 수의 법칙에 의해 0의 수는 대략적으로 $n(3/4)$가될 것이고 1의 수는 대략적으로 $n(1/4)$가 될 것이기 때문이다.

길이가 100인 또 다른 수열은 다음과 같다.

$$00000000100010001000000000000011001101000000001000000$$
$$00000110101001000000001000000100000001000010000010000 \quad (14.5)$$

이 수열은 81개의 0과 19개의 1이 있다. 그 표본 엔트로피는

$$-\frac{1}{100} \log \left(\left(\frac{1}{4} \right)^{19} \left(\frac{3}{4} \right)^{81} \right) = -\frac{19}{100} \log \left(\frac{1}{4} \right) - \frac{81}{100} \log \left(\frac{3}{4} \right) \approx 0.7162 \quad (14.6)$$

위의 표본 엔트로피는 그 앞에 있던 수열의 표본 엔트로피보다 식 (14.4)의 참 엔트로피에 더 가깝지만, 여전히 유의미하게 떨어져 있다.

그림 14.1은 확률 분포 $\left(\frac{3}{4}, \frac{1}{4} \right)$에 따라 무작위 수열을 생성해 이 게임을 계속한 것이고, 그 결과는 $n \approx 10^6$ 정도에서 참 엔트로피 주변에 집중되기 시작한다. 즉, 수열의 길이를 증가시킨다면 무작위 수열의 표본 엔트로피는 참 엔트로피에 가까이 있을 가능성이 매우 높아지고, 이 사실은 그림 14.1에서 생성된 구현체에 대해 성립한다.

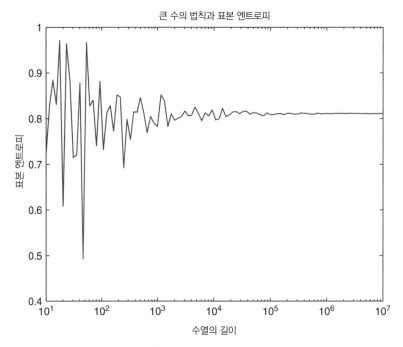

그림 14.1 이 그림은 무작위 2진 수열 구현체의 표본 엔트로피를 그 길이에 대한 함수로 나타낸다. 2진 무작위 변수의 원천은 확률 분포 (3/4, 1/4)이다. 이렇게 생성된 구현체에 대해, 수열의 표본 엔트로피는 원천의 참 엔트로피에 수렴하고 있다.

14.2 약한 전형성

이 절에서는 앞의 사례를 임의의 이산적인, 유한한 농도^{cardinality}의 무작위 변수에 대한 경우로 일반화해본다. 전형성에 대한 첫 개념은 앞의 사례에서 논의한 것과 같다. 만약 표본 엔트로피가 그것을 생성한 무작위 변수의 참 엔트로피에 가까우면 그 수열을 전형적이라고 정의한다. 이런 전형성 개념은 **약한 전형성**$^{weak\ typicality}$이라고 한다. 14.7절에서 약한 전형성을 포함하지만 이 포함 관계가 반대 방향으로는 성립하지 않는 다른 전형성 개념을 소개할 것이다. 이런 이유로, 이 두 가지 전형성 개념을 약한 전형성과 강한 전형성$^{strong\ typicality}$으로 구분한다.

무작위 변수 X가 농도 $|\mathcal{X}|$을 갖는 알파벳 $\mathcal{X}$에서 값을 선택한다고 하자. 알파벳의 기호들을 a_1, a_2, ..., $a_{|\mathcal{X}|}$이라고 표시하겠다. i.i.d.인 정보 원천은 무작위 변수 X의 분포로부터 **독립적으로** 표본을 추출하고, n개의 구현체 x_1, ..., x_n을 내보낸다. $X^n \equiv X_1 \cdots X_n$을 이 정보 원천을 묘사하는 n개의 무작위 변수를 나타낸다고 하자. 그

리고 $x^n \equiv x_1 \cdots x_n$을 X^n에서 나온 구현체라고 하자. 특정 문자열 x^n의 확률 $p_{X^n}(x^n)$은 다음과 같다.

$$p_{X^n}(x^n) \equiv p_{X_1,\ldots,X_n}(x_1,\ldots,x_n) \tag{14.7}$$

그리고 $p_{X^n}(x^n)$은 원천이 i.i.d.이기 때문에 다음과 같이 인수분해된다.

$$p_{X^n}(x^n) = p_{X_1}(x_1) \cdots p_{X_n}(x_n) = p_X(x_1) \cdots p_X(x_n) = \prod_{i=1}^{n} p_X(x_i) \tag{14.8}$$

대강 말하자면, n이 커지면 큰 수의 법칙에 의해 긴 문자열 x^n이 $np_X(a_1)$의 확률로 기호 a_1을 포함하고, $np_X(a_2)$의 확률로 기호 a_2를 포함하고, 그렇게 이어질 것으로 예상된다. 만약 이렇게 된다면, 원천이 특정 문자열 x^n을 내보낼 확률은 근사적으로

$$p_{X^n}(x^n) = p_X(x_1) \cdots p_X(x_n) \approx p_X(a_1)^{np_X(a_1)} \cdots p_X(a_{|\mathcal{X}|})^{np_X(a_{|\mathcal{X}|})} \tag{14.9}$$

이고, 따라서 이 문자열의 정보 내용은 대략적으로 다음과 같다.

$$-\frac{1}{n}\log(p_{X^n}(x^n)) \approx -\sum_{i=1}^{|\mathcal{X}|} p_X(a_i)\log(p_X(a_i)) = H(X) \tag{14.10}$$

위의 직관적인 논증은 정보 내용을 수열의 길이로 나눈 것이 n이 커지는 극한에서 대략적으로 엔트로피와 같아짐을 보여준다. 이런 점에서 이 양을 수열 x^n의 **표본 엔트로피**sample entropy로 생각할 수 있다.

【정의 14.2.1】 표본 엔트로피 확률 분포 $p_X(x)$에 대한 수열 x^n의 표본 엔트로피 $\overline{H}(x^n)$은 다음과 같이 정의된다.

$$\overline{H}(x^n) \equiv -\frac{1}{n}\log(p_{X^n}(x^n)) \tag{14.11}$$

여기서 $p_{X^n}(x^n) = \Pi_{i=1}^{n} p_X(x_i)$이다.

표본 엔트로피에 대한 이 정의는 점근적 정보 이론의 첫 번째 중요한 정의를 이끌어낸다.

【정의 14.2.2】 전형적 수열 만약 표본 엔트로피 $\overline{H}(x^n)$이 무작위 변수 X의 엔트로피

$H(X)$에 δ-근접이면, 수열 x^n은 **δ-전형적**$^{\delta\text{-typical}}$이라고 한다. 여기서 무작위 변수는 수열의 원천이다.

【정의 14.2.3】 전형적 집합　δ-전형적 집합$^{\delta\text{-typical set}}$ $T_\delta^{X^n}$은 모든 δ-전형적 수열 x^n의 집합이다.

$$T_\delta^{X^n} \equiv \left\{ x^n : \left| \overline{H}(x^n) - H(X) \right| \leq \delta \right\} \tag{14.12}$$

14.3 전형적 집합의 성질

전형적 수열의 집합은 우리가 '큰 수의 영역'에 첫발을 내디딜 때 나타나는 유용하고 아름답도록 놀라운 성질 세 가지를 보여준다. 이 성질은 다음과 같이 요약된다. 전형적 집합이 거의 모든 확률을 포함한다. 그런데 전형적 집합은 모든 수열의 집합보다 지수함수적으로 작다. 그리고 각 전형적 집합은 거의 균일한 확률을 갖는다. 그림 14.2에서 전형적 집합의 핵심 아이디어를 묘사하려고 했다.

【성질 14.3.1】 단위 확률　전형적 집합은 점근적으로 1의 확률을 갖는다. 따라서 n이 커짐에 따라, 원천은 전형적 수열을 내보낼 확률이 매우 높다. 이 성질은 엄밀하게 말하면 다음과 같다. 모든 $\varepsilon \in (0,\ 1)$과 $\delta > 0$, 그리고 충분히 큰 n에 대해

$$\mathrm{Pr}\left\{ X^n \in T_\delta^{X^n} \right\} = \sum_{x^n \in T_\delta^{X^n}} p_{X^n}(x^n) \geq 1 - \varepsilon \tag{14.13}$$

이 성립한다.

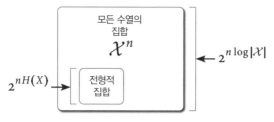

그림 14.2 이 그림은 X가 균일한 무작위 변수가 아닌 경우에는 언제나 $|\mathcal{X}|^n = 2^{n \log|\mathcal{X}|} > 2^{nH(X)}$이기 때문에 모든 수열의 집합보다 전형적 집합이 지수함수적으로 작다는 아이디어를 나타낸다. 그런데 이 지수함수적으로 작은 집합이 확률을 거의 전부 다 가져간다.

【성질 14.3.2】지수함수적으로 작은 농도 δ-전형적 수열의 수 $|T_\delta^{X^n}|$은 모든 무작위 변수 X가 균일한 무작위 변수만 아니면 모든 수열의 수 $|\mathcal{X}|^n$보다 지수함수적으로 작다. 이 성질은 엄밀하게 말하면 다음과 같다.

$$\left| T_\delta^{X^n} \right| \leq 2^{n(H(X)+\delta)} \tag{14.14}$$

또한 δ-전형적 집합의 크기는 모든 $\varepsilon \in (0,\ 1)$, $\delta > 0$과 충분히 큰 n에 대해 아래쪽 한계도 있다.

$$\left| T_\delta^{X^n} \right| \geq (1 - \varepsilon)\, 2^{n(H(X)-\delta)} \tag{14.15}$$

【성질 14.3.3】등분배   특정한 δ-전형적 수열 x^n의 확률은 근사적으로 균일하다.

$$2^{-n(H(X)+\delta)} \leq p_{X^n}(x^n) \leq 2^{-n(H(X)-\delta)} \tag{14.16}$$

이 마지막 성질은 n이 커질 때 모든 전형적 수열이 거의 같은 확률로 나타난다는 점에서 '점근적 등분배 성질'에서 '등분배^{equipartition}'를 나타낸다.

무작위 변수 X가 균일할 때만 $H(X) = \log|\mathcal{X}|$이기 때문에 δ-전형적 집합의 크기 $|T_\delta^{X^n}|$은 근사적으로 수열의 전체 수 $|\mathcal{X}|^n$과 같고, 따라서

$$\left| T_\delta^{X^n} \right| \leq 2^{n(H(X)+\delta)} = 2^{n(\log|\mathcal{X}|+\delta)} = |\mathcal{X}|^n \cdot 2^{n\delta} \approx |\mathcal{X}|^n \tag{14.17}$$

14.3.1 전형적 집합 성질의 증명

【단위 확률 성질(성질 14.3.1)의 증명】   큰 수의 약한 법칙은 표본 평균은 확률적으로 기댓값에 수렴한다는 내용이다. 더 정확히 하면, i.i.d.인 무작위 변수 $Z_1, \ldots, Z_n$의 수열이 각각 평균값 μ를 갖는 경우를 생각해보자. 이 수열의 표본 평균은 다음과 같다.

$$\overline{Z} = \frac{1}{n} \sum_{i=1}^{n} Z_i \tag{14.18}$$

큰 수의 법칙에 대한 엄밀한 표현은 $\forall \varepsilon \in (0,\ 1)$, $\delta > 0 \; \exists n_0 : \forall n > n_0$에 대해

$$\Pr\left\{ |\overline{Z} - \mu| \leq \delta \right\} \geq 1 - \varepsilon \tag{14.19}$$

이다. 이제 무작위 변수의 수열 $-\log(p_X(X_1))$, ..., $-\log(p_X(X_n))$을 생각해보자. 이 수열의 표본 평균은 X^n의 표본 엔트로피와 같다.

$$-\frac{1}{n}\sum_{i=1}^{n}\log(p_X(X_i)) = -\frac{1}{n}\log(p_{X^n}(X^n)) \tag{14.20}$$

$$= \overline{H}(X^n) \tag{14.21}$$

식 (10.3)으로부터 무작위 변수 $-\log(p_X(X))$의 기댓값은 그 섀넌 엔트로피와 같음을 생각해보자.

$$\mathbb{E}_X\{-\log(p_X(X))\} = H(X) \tag{14.22}$$

그러면 큰 수의 법칙을 적용할 수 있고, $\forall \varepsilon \in (0, 1)$, $\delta > 0$ $\exists n_0 : \forall n > n_0$에 대해

$$\Pr\left\{\left|\overline{H}(X^n) - H(X)\right| \le \delta\right\} \ge 1 - \varepsilon \tag{14.23}$$

이 만족됨을 알 수 있다. $\{|\overline{H}(X^n) - H(X)| \le \delta\}$라는 사건은 정확히 무작위 수열 X^n이 전형적 집합 $T_\delta^{X^n}$이 될 조건이고, 이 사건의 확률은 n이 커짐에 따라 1에 가까워진다. □

【지수함수적으로 작은 농도 성질(성질 14.3.2)의 증명】 다음의 연쇄적인 부등식을 생각해보자.

$$1 = \sum_{x^n \in \mathcal{X}^n} p_{X^n}(x^n) \ge \sum_{x^n \in T_\delta^{X^n}} p_{X^n}(x^n)$$

$$\ge \sum_{x^n \in T_\delta^{X^n}} 2^{-n(H(X)+\delta)} = 2^{-n(H(X)+\delta)}\left|T_\delta^{X^n}\right| \tag{14.24}$$

첫 번째 부등식은 전형적 집합의 확률은 모든 수열의 집합의 확률보다 작다는 사실을 이용한다. 두 번째 부등식은 전형적 집합의 등분배 성질(아래에서 증명함)을 이용한다. 식 (14.24)의 가장 오른편을 다시 배열하면

$$\left|T_\delta^{X^n}\right| \le 2^{n(H(X)+\delta)} \tag{14.25}$$

임을 알 수 있다. 이 성질의 두 번째 부분은 충분히 큰 n에 대해 '단위 확률' 성질이 성립하기 때문에 유도된다. 그러면 다음의 연쇄적인 부등식이 성립한다.

$$1 - \varepsilon \leq \Pr\left\{X^n \in T_\delta^{X^n}\right\} = \sum_{x^n \in T_\delta^{X^n}} p_{X^n}(x^n)$$

$$\leq \sum_{x^n \in T_\delta^{X^n}} 2^{-n(H(X)-\delta)} = 2^{-n(H(X)-\delta)} \left|T_\delta^{X^n}\right| \quad (14.26)$$

전형적 집합의 크기는 모든 $\varepsilon \in (0, 1)$, $\delta > 0$와 충분히 큰 n에 대해 다음과 같은 한계를 갖는다.

$$\left|T_\delta^{X^n}\right| \geq 2^{n(H(X)-\delta)}(1 - \varepsilon) \qquad (14.27) \square$$

【등분배 성질(성질 14.3.3)의 증명】 이 성질은 전형적 집합의 정의를 이용해 직접적으로 유도된다. $\square$

14.4 응용: 자료 압축

전형적 수열에 대한 위의 세 가지 성질은 즉시 점근적 정보 이론의 첫 번째 응용 분야를 제공한다. 즉, 섀넌의 통신 규약이며, 이것은 i.i.d.인 정보 원천의 출력을 압축하는 기법이다.

정보 처리 과정을 정의하고 그에 해당하는 (n, R, ε) 원천 부호^{source code}를 정의하는 것으로 시작한다. 그림 2.1의 묘사를 다시 살펴보면 도움이 될 것이다. 정보 원천이 출력 x^n을 내보낸다고 하자. 정보 원천이 어떤 무작위 변수 X의 분포에 따라 독립적으로 끄집어낸 x^n을 출력한다. 송신자 앨리스는 이 수열을 어떤 부호화 사상 E에 따라서 부호화한다. 여기서

$$E : \mathcal{X}^n \to \{0, 1\}^{nR} \qquad (14.28)$$

이다. 부호화는 모든 수열의 집합 $\mathcal{X}^n$의 원소들을 크기 2^{nR}인 집합 $\{0, 1\}^{nR}$로 가져온다. 그러면 앨리스는 무잡음 고전 비트 선로를 nR번 사용해 부호단어를 전송한다. 밥은 복호화 사상 $D : \{0, 1\}^{nR} \to \mathcal{X}^n$에 따라 복호화한다. (n, R, ε) 원천 부호에 대한 오류 확률은 다음과 같다.

$$p(e) \equiv \Pr\left\{(D \circ E)(X^n) \neq X^n\right\} \leq \varepsilon \qquad (14.29)$$

여기서 $\varepsilon \in (0, 1)$이다. 원천 부호의 속도는 선로를 사용한 횟수를 수열의 길이로 나눈 것과 같고, 위의 기법에서는 R과 같다. 만약 모든 $\varepsilon \in (0, 1)$, $\delta > 0$과 충분히 큰 n에 대해 $(n, R + \delta, \varepsilon)$인 원천 부호가 존재하면 특정 압축률[1] R은 X에 대해 **도달 가능**achievable하다. 이제 섀넌의 무손실 압축 정리를 논의할 수 있다.

【정리 14.4.1】섀넌 압축 이산 무작위 변수 X로 기술되는 정보 원천의 엔트로피는 가장 작은 도달 가능한 압축률이다.

$$\inf \{R : X\text{에 대해 도달 가능한 } R\} = H(X) \tag{14.30}$$

이 정리의 증명은 두 부분으로 구성되며, 전통적으로 직접 부호화 정리와 역정리라고 한다. 직접 부호화 정리는 좌변 $\le$ 우변의 방향으로, 도달 가능한 압축률을 가진 부호화 기법을 만들고 그 압축률이 점근적 극한에서 엔트로피에 수렴한다는 것을 보인다. 역정리는 좌변 $\ge$ 우변의 방향으로, 최적성에 관한 논의다. 즉, 어떤 부호화 기법도 엔트로피보다 더 아래의 압축률에는 도달할 수 없다. 각 부분의 증명은 통상적으로 완전히 다르다. 직접 부호화 정리를 증명하기 위해서는 전형적 수열과 그 성질을 이용하지만, 그 역방향을 증명하는 데는 10장의 엔트로피 부등식을 이용한다.[2] 일단은 직접 부호화 정리를 증명하고, 역정리는 18장의 양자정보에 대한 슈마허 압축을 배울 때까지 미뤄두겠다. 여기서의 핵심 목표는 전형적 수열의 간단한 응용을 묘사하는 것이고, 어떤 관점에서 섀넌 압축은 슈마허 압축의 특수한 경우이기 때문에 역정리는 미뤄둘 수 있다.

직접 부호화 정리의 증명에 숨은 아이디어는 간단하다. 전형적 수열은 놔두고 나머지를 버리는 것이다. 이 부호화 전략은 점근적으로 전형적 집합이 확률을 전부 가져가기 때문에 오류 확률이 점근적으로 소멸하여 성공한다. 통신 규약에서는 오류 확률만 신경 쓰기 때문에, 확률 전부가 집중된 집합을 추적하면 된다. 성질 14.3.1이 성립하도록 $\varepsilon \in (0, 1)$, $\delta > 0$과 충분히 큰 n을 선택하자. 그러면 성질 14.3.2가 성립하여, 전형적 집합의 크기는 $2^{n[H(X)+\delta]}$보다 클 수 없다는 점을 생각해보자. f가 전형적 수열을 $\{0, 1\}^{nR}$의 2진 수열에 대응시키는 어떤 1 대 1 함수 f가 되도록 부호화를 선택한다. 여기서 $R = H(X) + \delta$이다. f를 임의의 비전형적 수열을 0^n으로 대응

---

1 여기서 압축률은 압축 이전 크기와 압축 이후 크기 사이의 비율이다. – 옮긴이

2 양자 부호화 정리의 직접적인 부분은 전형적 부분공간의 성질(15장에서 논의함)을 이용할 수 있고, 양자정보에 대한 역정리의 증명은 통상적으로 11장의 양자 엔트로피 부등식을 사용한다.

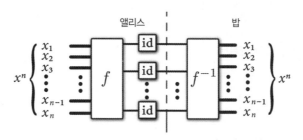

그림 14.3 고전 자료의 압축에 대한 섀넌의 기법. 부호화기 f는 전형적 집합을 크기가 $\approx 2^{nH(X)}$인 2진 수열의 집합으로 보내는 사상이다. 여기서 $H(X)$는 정보 원천의 엔트로피. 사상 f는 전형적 집합에 대해 가역적이지만, 비전형적 집합은 상수로 사상시킨다. 그러면 앨리스는 압축된 자료를 $\approx nH(X)$회의 무잡음 고전 선로를 사용해 전송한다. 역사상 f^{-1}(복호화기)는 전형적 집합으로 가는 f의 역함수로, 나머지는 어떤 오류 수열로 복호화한다.

시키는 것으로 정의하자. 비전형적 수열은 없다고 할 수 있을 정도로 작은 확률을 갖기 때문에, 이 기법은 비전형적 수열의 부호화를 포기한다. 복호화 연산은 f의 역함수가 되도록 정의한다. 이 기법은 성질 14.3.1을 생각하면 ε보다 작은 오류 확률을 갖는다. 그림 14.3이 이 부호화 기법을 묘사한다.

섀넌의 압축 기법은 고전 정보 이론과 양자정보 이론의 모든 결과를 좀먹는 문제로부터 자유롭지 않다. 이 증명은 점근적 극한에서 엔트로피의 오류율로 압축할 수 있는 기법이 존재함을 보증한다. 하지만 부호화와 복호화의 복잡도는 현실과 동떨어져 있다. 즉, 부호화에 더 상세한 명세가 없으면 수열의 길이에 따라 말도 안 되게 지수함수적으로 증가하는 자원이 필요할 수 있다.

위의 기법은 분명 고전 정보의 도달 가능한 압축률을 제시하지만, 그것이 최적인지는 어떻게 알 수 있을까? 역정리가 이 부분을 처리한다(역정리는 특정 통신 규약의 최적성에 대한 관점을 제공한다는 걸 생각해보자). 그리고 고전 정보의 압축 가능성에 대한 근본적 한계라는 엔트로피의 조작적 해석을 완성한다. 슈마허 압축의 역정리 증명이 섀넌 압축에도 적용되므로 지금은 역정리를 증명하지 않고, 대신에 슈마허 압축을 다룰 때까지 기다리기로 한다.

14.5 약한 결합 전형성

결합 전형성은 전형성의 개념과 유사하다. 하지만 그 차이는 임의의 두 무작위 변수 X와 Y에 적용된다는 점이다. 즉, 결합된 무작위 변수 (X, Y)에 대한 전형성 개념과 유사하다.

【정의 14.5.1】결합 표본 엔트로피 각각 무작위 변수 X와 Y에 대한 n개의 독립된 구현체 $x^n = x_1 \cdots x_n$과 $y^n = y_1 \cdots y_n$을 생각해보자. 이 두 수열의 결합 표본 엔트로피 $\overline{H}(x^n, y^n)$은 다음과 같다.

$$\overline{H}(x^n, y^n) \equiv -\frac{1}{n} \log\left(p_{X^n, Y^n}(x^n, y^n)\right) \tag{14.31}$$

여기서 결합 확률 분포 $p_{X^n, Y^n}(x^n, y^n)$이 i.i.d. 성질을 갖는다고 가정한다. 즉, 다음이 성립한다.

$$p_{X^n, Y^n}(x^n, y^n) \equiv p_{X,Y}(x_1, y_1) \cdots p_{X,Y}(x_n, y_n) \tag{14.32}$$

결합 표본 엔트로피 개념은 즉시 결합 전형성에 대한 다음의 정의를 이끌어낸다. 그림 14.4에서 결합 전형성의 개념을 묘사해봤다.

【정의 14.5.2】결합된 전형적 수열 만약 두 수열 x^n, y^n의 결합 표본 엔트로피 $\overline{H}(x^n, y^n)$이 무작위 변수 X와 Y의 결합 엔트로피 $H(X, Y)$에 δ-근접하고 x^n과 y^n이 둘 다 한계적으로 전형적이면 두 수열 x^n과 y^n은 δ-결합적으로 **전형적**이다.

【정의 14.5.3】결합된 전형적 집합 δ-결합된 **전형적 집합** $T_{\delta}^{X^n Y^n}$은 모든 δ-결합된 전형적 수열로 구성된다.

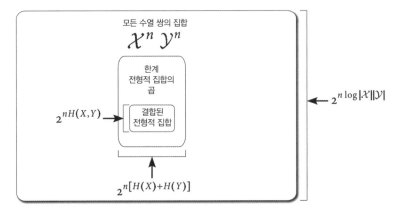

그림 14.4 결합된 전형적 집합의 묘사. 어떤 수열의 쌍 (x^n, y^n)은 x^n이 전형적이거나 y^n이 전형적이지만 결합적으로 전형적인 쌍은 그보다 훨씬 적다. 결합된 전형적 집합은 대략 $2^{nH(X,Y)}$와 같은 크기를 갖는다. 이것은 무작위 변수 X와 Y가 독립이 아니라면 한계 전형적 집합의 데카르트 곱보다 더 적다.

$$T_\delta^{X^nY^n} \equiv \left\{(x^n, y^n) : \left|\overline{H}(x^n, y^n) - H(X, Y)\right| \le \delta, \quad x^n \in T_\delta^{X^n}, \quad y^n \in T_\delta^{Y^n}\right\}$$

$$(14.33)$$

한계 표본 엔트로피에 대한 추가 조건은 결합 전형성의 합리적 정의를 갖기 위해 필요하다. 즉, 만약 결합된 엔트로피가 참 엔트로피에 가깝다면 한계 표본 엔트로피가 한계 참 엔트로피에 가깝다는 것에서 이 조건이 유도될 필요가 없지만, 직관적으로 이 조건이 성립해야 한다는 것을 알 수 있다. 따라서 결합된 전형적 수열의 정의에 이 추가 조건을 넣는다. 나중에 14.7절에서 전형성의 다른 정의를 도입할 때 이 직관적 함의(한계 조건을 포함할 필요가 없음)가 성립함을 알게 된다.

14.5.1 결합된 전형적 집합의 성질

결합된 전형적 수열의 집합 $T_\delta^{X^nY^n}$은 14.2절에서 살펴본 것과 유사한 세 가지 성질을 갖고, 그 성질의 증명도 14.2절의 내용과 거의 같다.

【성질 14.5.1】**단위 확률** 결합된 전형적 집합은 점근적으로 1의 확률을 갖는다. 따라서 n이 커짐에 따라 원천이 결합된 전형적 수열을 내보낼 가능성은 매우 높다. 이 성질을 엄밀하게 말하면 다음과 같다. 모든 $\varepsilon \in (0, 1)$, $\delta > 0$과 충분히 큰 n에 대해

$$\Pr\left\{(X^n, Y^n) \in T_\delta^{X^nY^n}\right\} \ge 1 - \varepsilon \tag{14.34}$$

이다.

【성질 14.5.2】**지수함수적으로 작은 농도** 균일하지 않은 임의의 결합 무작위 변수 (X, Y)에 대해 δ-결합된 전형적 수열의 수 $|T_\delta^{X^nY^n}|$은 수열의 전체 수 $(|\mathcal{X}||\mathcal{Y}|)^n$보다 지수함수적으로 작다. 이 성질을 엄밀하게 말하면 다음과 같다. 모든 $\varepsilon \in (0, 1)$, $\delta > 0$과 충분히 큰 n에 대해

$$\left|T_\delta^{X^nY^n}\right| \le 2^{n(H(X,Y)+\delta)} \tag{14.35}$$

δ-결합된 전형적 집합의 크기는 다음과 같은 아래쪽 한계를 갖는다.

$$\left|T_\delta^{X^nY^n}\right| \ge (1 - \varepsilon)\, 2^{n(H(X,Y)-\delta)} \tag{14.36}$$

【성질 14.5.3】등분배 δ-결합된 전형적 수열 $x^n y^n$의 확률은 근사적으로 균일하다.

$$2^{-n(H(X,Y)+\delta)} \leq p_{X^n,Y^n}(x^n, y^n) \leq 2^{-n(H(X,Y)-\delta)} \tag{14.37}$$

【연습문제 14.5.1】 결합된 전형적 집합에 대한 위의 세 가지 성질을 증명하라.

위의 세 가지 성질은 앞에서 살펴본 것과 유사할 수 있지만, 결합된 전형적 수열에는 아래에서 제시할 또 다른 흥미로운 성질이 있다. 이 성질은 한계 분포 $p_X(x)$와 $p_Y(x)$에 따라 독립적으로 생성된 두 수열이 확률 $\approx 2^{-nI(X;Y)}$을 갖는 결합 확률 분포 $p_{X,Y}(x, y)$에 따라 결합적으로 전형적이라는 뜻이다. 이 성질은 상호 정보를 2.2절에서 간략하게 논의했던 고전 선로 용량으로서 가장 중요한 조작적 해석에 연관시키는 간단한 해석을 제시한다.

【성질 14.5.4】결합 전형성의 확률 두 독립 무작위 변수 $\tilde{X}^n$과 $\tilde{Y}^n$의 확률 밀도 함수 $p_{\tilde{X}^n}(x^n)$과 $p_{\tilde{Y}^n}(y^n)$이 그 결합 확률 분포 $p_{X^n,Y^n}(x^n, y^n)$의 한계 확률 밀도와 같은 경우를 생각해보자.

$$(\tilde{X}^n, \tilde{Y}^n) \sim p_{X^n}(x^n) p_{Y^n}(y^n) \tag{14.38}$$

그러면 두 무작위 변수 $\tilde{X}^n$과 $\tilde{Y}^n$이 결합된 전형적 집합 $T_\delta^{X^n Y^n}$에 있을 확률은 다음과 같은 한계를 갖는다.

$$\Pr\left\{ (\tilde{X}^n, \tilde{Y}^n) \in T_\delta^{X^n Y^n} \right\} \leq 2^{-n(I(X;Y)-3\delta)} \tag{14.39}$$

【연습문제 14.5.2】 성질 14.5.4를 증명하라(힌트: 다음을 생각해보자.

$$\Pr\left\{ (\tilde{X}^n, \tilde{Y}^n) \in T_\delta^{X^n Y^n} \right\} = \sum_{x^n, y^n \in T_\delta^{X^n Y^n}} p_{X^n}(x^n) p_{Y^n}(y^n) \tag{14.40}$$

그리고 이 확률에 한계를 정하는 전형적 집합과 결합된 전형적 집합의 성질을 사용하라).

14.6 약한 조건부 전형성

조건부 전형성은 임의의 두 무작위 변수에 대해 성립할 것이라고 예상되는 성질이다. 즉, 부호화 정리의 증명에서도 유용한 도구다. 두 무작위 변수 X와 Y가 각각의

알파벳 $\mathcal{X}$와 $\mathcal{Y}$를 갖고, 결합 확률 분포 $p_{X,Y}(x, y)$를 갖는다고 하자. 그러면 결합 확률 분포 $p_{X,Y}(x, y)$를 한계 확률 분포 $p_X(x)$와 조건부 확률 분포 $p_{Y|X}(y|x)$로 인수분해할 수 있고, 이 인수분해는 결합 무작위 변수의 구현체를 생성하는 것에 대해 생각해볼 수 있는 특정한 방법을 이끌어낸다. 무작위 변수 Y가 X의 유잡음 판본인 경우를 생각해보자. 그러면 무작위 변수 X의 구현체 x를 확률 분포 $p_X(x)$에 따라 먼저 생성하고, 이어서 조건부 확률 분포 $p_{Y|X}(y|x)$에 따라 무작위 변수 Y의 구현체 y를 생성한다.

무작위 변수 X에 대한 n개의 독립적 구현체를 생성하여 수열 $x^n = x_1 \cdots x_n$을 얻는다고 하자. 그러면 이 값들을 기록하고, 조건부 분포 $p_{Y|X}(y|x)$를 n회 사용하여 무작위 변수 Y의 n개에 대한 독립적 구현체를 생성할 수 있다. 그 결과로 얻은 수열을 $y^n = y_1 \cdots y_n$이라고 하자.

【정의 14.6.1】 조건부 표본 엔트로피 $p_{X,Y}(x, y) = p_X(x)p_{Y|X}(y|x)$에 대한 두 수열 x^n과 y^n의 조건부 표본 엔트로피 $\overline{H}(y^n|x^n)$은 다음과 같다.

$$\overline{H}(y^n|x^n) = -\frac{1}{n} \log p_{Y^n|X^n}(y^n|x^n) \tag{14.41}$$

여기서

$$p_{Y^n|X^n}(y^n|x^n) \equiv p_{Y|X}(y_1|x_1) \cdots p_{Y|X}(y_n|x_n) \tag{14.42}$$

【정의 14.6.2】 조건부 전형적 집합 $x^n \in \mathcal{X}^n$이라고 하자. δ-조건부 전형적 집합 $T_\delta^{Y^n|X^n}$은 그 조건부 표본 엔트로피가 참 조건부 엔트로피에 δ-근접인 모든 수열로 구성된다.

$$T_\delta^{Y^n|x^n} \equiv \left\{ y^n : \left| \overline{H}(y^n|x^n) - H(Y|X) \right| \leq \delta \right\} \tag{14.43}$$

그림 14.5는 조건부 전형성의 개념을 직관적으로 나타낸 그림이다.

14.6.1 조건부 전형적 집합의 성질

조건부 전형적 수열의 집합 $T_\delta^{Y^n|x^n}$은 앞에서 살펴본 것과 유사한 성질을 갖는데, 완결성을 위해 목록을 제시한다.

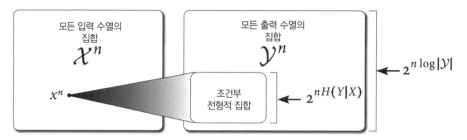

그림 14.5 조건부 전형적 집합의 개념. $T_\delta^{X^n}$에 있는 전형적 수열 x^n은 조건부 확률 분포 $p_{Y|X}(y|x)$를 여러 번 시행하여 추계적으로 어떤 수열 y^n에 대응된다. n이 커짐에 따라 y^n이 조건부 전형적 집합 $T_\delta^{Y^n|x^n}$에 있을 가능성은 압도적으로 높아진다. 이 조건부 전형적 집합은 $2^{nH(Y|X)}$ 정도의 크기를 갖는다. 이 집합이 거의 모든 확률을 가지지만 모든 수열의 집합 $\mathcal{Y}^n$보다 지수함수적으로 더 작다.

【성질 14.6.1】 단위 확률   집합 $T_\delta^{Y^n|x^n}$은 무작위 수열 X^n에 대해 평균을 취하면 점근적으로 1의 확률을 갖는다. 따라서 n이 커짐에 따라 Y^n이 (X^n에 대해 평균적으로) 조건부 전형적 수열이 되는 무작위 수열 Y^n과 X^n이 나올 확률이 매우 높다. 이 성질을 엄밀하게 말하면 다음과 같다. 모든 $\varepsilon \in (0, 1)$, $\delta > 0$과 충분히 큰 n에 대해 다음이 성립한다.

$$\mathbb{E}_{X^n}\left\{\Pr_{Y^n|X^n}\left\{Y^n \in T_\delta^{Y^n|X^n}\right\}\right\} \geq 1 - \varepsilon \tag{14.44}$$

【성질 14.6.2】 지수함수적으로 작은 농도   균일하지 않은 임의의 조건부 무작위 변수 $Y|X$에 대해 δ-조건부 전형적 집합의 수 $|T_\delta^{Y^n|x^n}|$은 모든 수열의 수 $|\mathcal{Y}|^n$보다 지수함수적으로 더 작다. 이 성질을 엄밀하게 말하면 다음과 같다. 모든 $\varepsilon \in (0, 1)$, $\delta > 0$과 충분히 큰 n에 대해

$$\left|T_\delta^{Y^n|x^n}\right| \leq 2^{n(H(Y|X)+\delta)} \tag{14.45}$$

이다. 또한 x^n이 무작위 수열일 때 δ-조건부 전형적 집합의 기대되는 크기는 다음과 같은 아래쪽 한계를 갖는다.

$$\mathbb{E}_{X^n}\left\{\left|T_\delta^{Y^n|X^n}\right|\right\} \geq (1 - \varepsilon)\, 2^{n(H(Y|X)-\delta)} \tag{14.46}$$

【성질 14.6.3】 등분배   주어진 δ-조건부 전형적 수열 (수열 x^n에 대응하는) y^n의 확률은 근사적으로 균일하다.

$$2^{-n(H(Y|X)+\delta)} \leq p_{Y^n|X^n}(y^n|x^n) \leq 2^{-n(H(Y|X)-\delta)} \qquad (14.47)$$

요약하면, 무작위 변수 X^n의 구현체에 대해 평균을 취하면 조건부 전형적 집합 $T_\delta^{Y^n|X^n}$은 거의 모든 확률을 갖고, 그 크기는 모든 수열의 집합 크기에 비해 지수함수적으로 작다. 각 구현체 X^n에 대해, 각각의 δ-조건부 전형적 수열은 근사적으로 균일한 출현 확률을 갖는다.

약한 조건부 전형적 집합에 대해 마지막으로 알아둘 것은 상대적으로 쉬운 증명이 되는 성질 14.6.1의 진술에 절묘함이 있다는 점이다. 이 절묘함은 수열 X^n에 대해 평균을 취할 수도 있고, 증명을 구성하기 위해 추가적인 무작위성을 이용할 수 있게 한다. 나중에 14.9절에서 강한 조건부 전형적 수열의 개념을 도입할 때 그런 제약조건을 도입하지는 않는다. 대신 수열 x^n이 강한 전형적 수열인 제약조건을 도입하고, 이 성질은 유사한 성질이 강한 조건부 전형적 집합에 대해 성립함을 증명하기에 충분하다.

이제 첫 번째 성질을 증명한다. 이것은 결국 큰 수의 법칙을 다르게 적용한 것일 뿐이다. 다음을 생각해보자.

$$\mathbb{E}_{X^n} \left\{ \Pr_{Y^n|X^n} \left\{ Y^n \in T_\delta^{Y^n|X^n} \right\} \right\}$$

$$= \mathbb{E}_{X^n} \left\{ \mathbb{E}_{Y^n|X^n} \left\{ I_{T_\delta^{Y^n|X^n}}(Y^n) \right\} \right\} \qquad (14.48)$$

$$= \mathbb{E}_{X^n,Y^n} \left\{ I_{T_\delta^{Y^n|X^n}}(Y^n) \right\} \qquad (14.49)$$

$$= \sum_{x^n \in \mathcal{X}^n, y^n \in \mathcal{Y}^n} p_{X^n,Y^n}(x^n,y^n) I_{T_\delta^{Y^n|x^n}}(y^n) \qquad (14.50)$$

여기서 I는 지시자 함수indicator function다. 무작위 변수 X와 Y가 주어졌을 때, 무작위 변수 $g(X, Y) = -\log p_{Y|X}(Y|X)$를 정의한다. 이 무작위 변수의 기댓값은 다음과 같다.

$$\mathbb{E}_{X,Y}\{g(X,Y)\} = \mathbb{E}_{X,Y}\{[-\log p_{Y|X}(Y|X)]\} \qquad (14.51)$$

$$= \sum_{x,y} p_{X,Y}(x,y) [-\log p_{Y|X}(y|x)] \qquad (14.52)$$

$$= H(Y|X) \qquad (14.53)$$

무작위 수열 X^n과 Y^n의 조건부 표본 엔트로피 $\bar{H}(Y^n|X^n)$이 다음과 같이 인수분해됨을 생각해보자.

$$\overline{H}(Y^n|X^n) = -\frac{1}{n} \log p_{Y^n|X^n}(Y^n|X^n) \tag{14.54}$$

$$= \frac{1}{n} \sum_{i=1}^{n} \left[-\log p_{Y|X}(Y_i|X_i) \right] \tag{14.55}$$

$$= \frac{1}{n} \sum_{i=1}^{n} g(X_i, Y_i) \tag{14.56}$$

이것은 모든 $i \in \{1, ..., n\}$에 대한 무작위 변수 $g(X_i, Y_i)$의 표본 평균이다. 위의 모든 것과 약한 조건부 전형성이 있으면, 식 (14.50)을 다음과 같이 다시 적을 수 있다.

$$\Pr_{X^n Y^n} \left\{ \left| \frac{1}{n} \sum_{i=1}^{n} g(X_i, Y_i) - \mathbb{E}_{X,Y}\{g(X, Y)\} \right| \leq \delta \right\} \tag{14.57}$$

큰 수의 법칙을 적용하면, 모든 $\varepsilon \in (0, 1)$, $\delta > 0$과 충분히 큰 n에 대해 이 값이 $\geq 1 - \varepsilon$이 된다.

【연습문제 14.6.1】 약한 조건부 전형적 집합에 대해 성질 14.6.2와 성질 14.6.3을 증명하라.

14.7 강한 전형성

앞 절의 전개 과정에서, 어떻게 큰 수의 법칙이 전형적 수열에 해당되는 많은 흥미로운 결과를 증명하는 데 뒷받침되는 방법이 되는지 살펴봤다. 이 결과는 만족스럽고, 충분히 긴 수열에 대한 참 엔트로피에 접근하는 표본 엔트로피라는 아이디어를 통해 전형성의 직관적 개념을 제공한다.

다른 정의를 갖는 전형성의 더 강한 개념을 발전시키는 것도 가능하다. 무작위 수열의 표본 엔트로피가 충분히 긴 수열에 대한 분포의 참 엔트로피에 가깝기를 요구하는 대신에, 강한 전형성은 무작위 수열 기호의 경험적 분포나 상대빈도가 충분히 긴 수열 길이에 대해 참 확률 분포에서 조금만 떨어져 있을 것을 요구한다.

전형성의 강한 개념을 묘사하는 데 도움을 주는 간단한 사례로 시작해보겠다. 확률 분포 $p(0) = 1/4$와 $p(1) = 3/4$에 해당하는 i.i.d.인 2진 수열을 생성한다고 하자. 그런 무작위 생성 과정은 다음의 수열을 만들 수 있다.

$$0110111010 \qquad\qquad (14.58)$$

이 수열의 표본 엔트로피를 계산하고 그것을 참 엔트로피와 비교하기보다, 이 수열에 나타난 0과 1의 수를 세서 정규화한 것을 실제 정보 원천의 참 분포와 비교한다. 위의 사례에서는 0의 수가 4이고, 1의 수(이 수열의 해밍 가중치^{Hamming weight})는 6과 같다.

$$\mid 0110111010) = 4, \qquad\qquad N(1 \mid 0110111010) = 6 \qquad (14.59)$$

수열의 길이로 위의 수를 정규화하면 이 수열의 경험적 분포를 계산할 수 있다.

$$\frac{1}{10} N(0 \mid 0110111010) = \frac{2}{5}, \qquad\qquad \frac{1}{10} N(1 \mid 0110111010) = \frac{3}{5} \qquad (14.60)$$

이 경험적 분포는 다음의 크기만큼 참 분포로부터 떨어져 있다.

$$\max \left\{ \left| \frac{1}{4} - \frac{2}{5} \right|, \left| \frac{3}{4} - \frac{3}{5} \right| \right\} = \frac{3}{20} \qquad (14.61)$$

이 정도면 꽤 의미 있는 차이다. 그러나 수열의 길이가 큰 수의 법칙이 역할을 할 정도로 커진다고 해보자. 그러면 높은 가능성으로 무작위 수열의 경험적 분포가 참 분포로부터 많이 떨어지지 않을 것이라고 예측할 수 있다. 그리고 큰 수의 법칙은 다시금 이 직관에 이론적 뒷받침을 해준다. 이 사례는 강한 전형성의 정수를 제시한다.

위 사례의 또 다른 중요한 측면을 강조해야 한다. 식 (14.58)의 특정한 수열은 6이라는 해밍 가중치를 갖지만, 이 수열은 이런 해밍 가중치를 갖는 유일한 수열이 아니다. 간단히 계산해보면, $\binom{10}{6} - 1 = 209$가지의 같은 길이와 같은 해밍 가중치를 갖는 다른 수열이 존재한다. 즉, 이 다른 모든 수열은 같은 경험적 분포를 갖고, 따라서 식 (14.58)의 원래 수열과 참 분포로부터 같은 편차를 갖는다. 이 모든 수열은 같은 '형식류^{type class}'에 있다고 한다. 이것은 단순히 이들이 같은 경험적 분포를 갖는다는 뜻이다. 따라서 형식류는 수열의 경험적 분포가 동치관계^{equivalent relation}인 수열들의 동치류^{equivalent class}다.

더 엄밀한 정의를 제시하기 전에 형식류의 몇 가지 흥미로운 성질을 언급하겠다. 모든 가능한 수열의 집합을 형식류에 따라 나눌 수 있다. 길이가 10인 모든 2진 수열의 집합은 2^{10}의 크기를 갖는다. 전부 0을 갖고 있는 하나의 수열이 존재하고, 해밍 가중치가 1이 되는 $\binom{10}{1}$개의 수열이 존재하고, 해밍 가중치가 2가 되는 $\binom{10}{2}$개의 수열이 존재하고, 그렇게 계속할 수 있다. 이항 정리는 모든 수열의 수가 모든 형식류에 속하는 수열의 수와 같음을 보장한다.

$$2^{10} = \sum_{i=0}^{10} \binom{10}{i} \tag{14.62}$$

이제 베르누이 분포 $p(0) = 1/4$, $p(1) = 3/4$인 10개의 i.i.d. 구현체를 생성한다고 하자. 다른 지식이 없으면, 이 무작위 수열 분포의 최선의 묘사는

$$p(x_1, \ldots, x_{10}) = p(x_1) \cdots p(x_{10}) \tag{14.63}$$

이다. 여기서 x_1, ..., x_{10}은 2진 무작위 변수의 다른 구현체다. 하지만 제3자가 생성된 수열의 해밍 가중치 w_0를 알려줬다고 하자. 이 정보는 이 수열의 분포에 대한 지식을 갱신하도록 하고, w_0와 같은 해밍 가중치를 갖는 어떤 수열이라도 확률이 0이라고 말할 수 있다. 같은 해밍 가중치를 갖는 모든 수열은 같은 분포를 갖는다. 왜냐하면 수열을 i.i.d. 방식으로 생성했고, 해밍 가중치 w_0를 갖는 각 수열은 재정규화를 한 후에 균일 분포를 갖기 때문이다. 따라서 해밍 가중치 w_0에 조건화되어, 무작위 수열의 분포에 대한 최선의 묘사는 다음과 같다.

$$p(x_1, \ldots, x_{10} | w_0) = \begin{cases} 0 & : \quad w(x_1, \ldots, x_{10}) \neq w_0 \\ \binom{10}{w_0}^{-1} & : \quad w(x_1, \ldots, x_{10}) = w_0 \end{cases} \tag{14.64}$$

여기서 w는 2진 수열의 해밍 가중치를 주는 함수다. 이 성질은 i.i.d. 분포로부터 균일 무작위성을 추출할 수 있는 방법을 제시하기 때문에 점근적 정보 처리에 대해 중요한 결과를 갖고, 나중에 이 성질을 몇 가지 양자정보 처리 규약에도 응용할 수 있음을 살펴볼 것이다.

14.7.1 형식과 강한 전형성

이제 형식과 강한 전형성의 개념을 엄밀하게 전개하겠다. x^n은 각각의 x_i가 알파벳 $\mathcal{X}$에 속하는 수열 $x_1 x_2 \ldots x_n$이다. $|\mathcal{X}|$을 X의 농도라고 하자. $N(x|x^n)$이 x^n에서 기호 $x \in \mathcal{X}$의 출현 횟수를 나타낸다고 하자.

【정의 14.7.1】형식 형식type 또는 수열 x^n의 경험적 분포 t_{x^n}은 그 원소가 $t_{x^n}(x)$인 확

률 질량함수다. 여기서

$$t_{x^n}(x) \equiv \frac{1}{n}N(x|x^n) \tag{14.65}$$

【정의 14.7.2】강한 전형적 집합 δ-강한 전형적 집합 $T_\delta^{X^n}$은 참 분포 $p_X(x)$로부터 최대 편차 δ를 갖는 경험적 분포 $\frac{1}{n}N(x|x^n)$을 갖는 모든 수열의 집합이다. 게다가, $T_\delta^{X^n}$에 속한 임의의 수열의 경험적 분포 $\frac{1}{n}N(x|x^n)$은 $p_X(x) = 0$인 임의의 문자 x에 대해 소멸한다.

$$T_\delta^{X^n} \equiv \left\{ x^n : \forall x \in \mathcal{X}, \ p_X(x) > 0 \text{인 경우} \left| \frac{1}{n}N(x|x^n) - p_X(x) \right| \leq \delta, \right.$$
$$\left. \text{그 외의 경우} \ \frac{1}{n}N(x|x^n) = 0 \right\} \tag{14.66}$$

$p_X(x) = 0$일 때 $\frac{1}{n}N(x|x^n) = 0$이라는 추가 조건은 어떻게 보면 기술적 조건이지만, 직관적이다. 이 조건은 강한 전형적 집합에 대해 세 가지 필요한 성질을 증명할 때 필요하다. 또한 약한 전형적 집합과 강한 전형적 집합을 둘 다 나타내기 위해 $T_\delta^{X^n}$이라는 같은 표기법을 사용하지만, 그중 어떤 것이 적절한지는 맥락에 따라 명확할 것이고, 아니면 명시적으로 어떤 것을 사용하는지 표시해둘 것이다.

형식류의 개념은 나중에 전개 과정에서 유용해진다. 즉, 같은 경험적 분포를 갖는 모든 수열을 함께 묶는 간단한 방법이다. 가장 중요한 쓸모는 임의의 i.i.d. 분포로부터 균일한 분포를 얻기 위한 방법으로 사용하는 것이다(특정 유형에 대해 조건화하여 이 것을 얻을 수 있음을 생각해보자).

【정의 14.7.3】형식류 $T_t^{X^n}$이 특정 형식 t에 대한 **형식류**를 나타낸다고 하자. 형식류 $T_t^{X^n}$은 길이 n과 형식 t를 갖는 모든 수열의 집합이다.

$$T_t^{X^n} \equiv \{ x^n \in \mathcal{X}^n : t_{x^n} = t \} \tag{14.67}$$

【성질 14.7.1】형식의 수에 대한 한계   알파벳 $\mathcal{X}$에서 나온 기호를 포함하는 길이 n의 어떤 주어진 수열에 대한 형식의 수는 정확히 다음과 같다.

$$\binom{n + |\mathcal{X}| - 1}{|\mathcal{X}| - 1} \tag{14.68}$$

형식의 수에 대한 좋은 상계는 $(n + 1)^{|\mathcal{X}|}$이다.

【증명】 형식의 수는 길이 n의 수열에 있는 기호를 $|\mathcal{X}|$개의 서로 다른 부분으로 나누는 문제와 같다. 다음의 시각적 표현을 보자.

$$\bullet\bullet\bullet\bullet\bullet\,|\,\bullet\bullet\bullet\bullet\bullet\bullet\,|\,\bullet\bullet\bullet\bullet\bullet\bullet\bullet\,|\,\bullet\bullet\bullet\bullet \tag{14.69}$$

형식의 수는 n개의 점을 $|\mathcal{X}|$개의 서로 다른 부분으로 나누기 위해 $|\mathcal{X}| - 1$개의 수직선을 늘어놓는 서로 다른 방법의 수로 생각할 수 있다. 그러면 식 (14.68)을 얻는다. 그 상계는 간단한 논증으로 유도할 수 있다. 형식의 수는 $|\mathcal{X}|$개의 양수를 더해서 n을 만드는 서로 다른 방법의 수다. 계산을 과대추측하면 $n + 1$개의 다른 방법으로 첫 번째 수를 고를 수 있고(0에서 n까지 아무 수나 될 수 있다), $n + 1$개의 다른 방법으로 $|\mathcal{X}| - 1$개의 다른 수를 고를 수 있다. 이 모든 가능성을 모두 곱하면 형식의 수에 대한 상계 $(n + 1)^{|\mathcal{X}|}$을 얻는다. 이 한계는 형식의 수가 수열의 길이 n에 대해 **다항식** polynomial만이 가능하다는 것을 묘사한다(길이 n이 되는 모든 수열의 수 $|\mathcal{X}|^n$은 수열의 길이에 지수함수적이라는 것과 비교해보자). □

【정의 14.7.4】 전형적 형식 $p_X(x)$가 알파벳 $\mathcal{X}$에 있는 기호 x의 참 확률 분포를 나타낸다고 하자. $\delta > 0$에 대해, τ_δ가 참 확률 분포 $p_X(x)$로부터 최대 δ의 편차를 갖는 **전형적** 형식을 나타낸다고 하자.

$$\tau_\delta \equiv \{t : \forall x \in \mathcal{X},\ p_X(x) > 0\text{인 경우 } |t(x) - p_X(x)| \leq \delta,$$
$$\text{그 외의 경우 } t(x) = 0\} \tag{14.70}$$

그러면 동등하게, τ_δ에 있는 전형적 형식의 모든 형식류에 대한 합집합으로 길이 n의 강한 δ-전형적 수열의 집합을 정의할 수 있다.

$$T_\delta^{X^n} = \bigcup_{t \in \tau_\delta} T_t^{X^n} \tag{14.71}$$

14.7.2 강한 전형적 집합의 성질

강한 전형적 집합은 많은 유용한 성질을 갖고 있다(약한 전형적 집합과 유사하다).

【성질 14.7.2】 단위 확률 강한 전형적 집합은 점근적으로 1의 확률을 갖는다. 따라서

n이 커짐에 따라, 원천이 강한 전형적 수열을 내보낼 가능성이 매우 높아진다. 이 성질을 엄밀하게 말하면 다음과 같다. 모든 $\varepsilon \in (0, 1)$, $\delta > 0$과 충분히 큰 n에 대해 다음이 성립한다.

$$\Pr\left\{X^n \in T_\delta^{X^n}\right\} \geq 1 - \varepsilon \tag{14.72}$$

【성질 14.7.3】 지수함수적으로 작은 농도 δ-전형적 수열의 수 $|T_\delta^{X^n}|$은 대부분의 무작위 변수 X에 대해 수열의 전체 수 $|\mathcal{X}|^n$보다 지수함수적으로 적다. 이 성질을 엄밀하게 말하면 다음과 같다. 모든 $\varepsilon \in (0, 1)$, $\delta > 0$과 충분히 큰 n에 대해 다음이 성립한다.

$$\left|T_\delta^{X^n}\right| \leq 2^{n(H(X)+c\delta)} \tag{14.73}$$

여기서 c는 어떤 양의 상수다. 또한 δ-전형적 집합의 크기는 다음과 같은 아래쪽 한계를 갖는다.

$$\left|T_\delta^{X^n}\right| \geq (1 - \varepsilon)\,2^{n(H(X)-c\delta)} \tag{14.74}$$

【성질 14.7.4】 등분배 주어진 δ-전형적 수열 x^n이 나타날 확률은 근사적으로 균일하다.

$$2^{-n(H(X)+c\delta)} \leq p_{X^n}(x^n) \leq 2^{-n(H(X)-c\delta)} \tag{14.75}$$

강한 전형성의 이 마지막 성질은 상수 c를 빼면 약한 전형성을 함의함을 보일 수 있다.

14.7.3 강한 전형적 집합의 성질 증명

【단위 확률 성질(성질 14.7.2)의 증명】 이 증명은 약한 전형적 집합에 대한 단위 확률 성질의 증명과 유사하게 진행된다. 큰 수의 법칙에 의하면 무작위 수열의 표본 평균은 수열을 생성하는 무작위 변수의 기댓값에 확률적으로 수렴한다. 따라서 수열의 각 무작위 변수가 기댓값 μ를 갖는 i.i.d.인 무작위 변수의 수열 $Z_1, ..., Z_n$을 생각해보자. 이 수열의 표본 평균은 다음과 같다.

$$\overline{Z} \equiv \frac{1}{n} \sum_{i=1}^{n} Z_i \tag{14.76}$$

큰 수의 약한 법칙의 정확한 진술은 $\forall \varepsilon \in (0, 1), \delta > 0$에 대해 $\exists n_0 : \forall n > n_0$가

$$\Pr\left\{ \left| \overline{Z} - \mu \right| > \delta \right\} < \varepsilon \tag{14.77}$$

을 만족시킨다는 것이다. 그러면 이제 지시자 무작위 변수 $I(X_1 = a), \ldots, I(X_n = a)$를 생각해보자. 이 지시자 변수의 무작위 수열의 표본 평균은 경험적 분포 $N(a|X^n)/n$과 같다.

$$\frac{1}{n} \sum_{i=1}^{n} I(X_i = a) = \frac{1}{n} N(a|X^n) \tag{14.78}$$

그리고 지시자 무작위 변수 $I(X = a)$의 기댓값은 기호 a의 확률과 같다.

$$\mathbb{E}_X \left\{ I(X = a) \right\} = p_X(a) \tag{14.79}$$

또한 임의의 무작위 수열 X^n은 그 기호 x_i가 $p_X(x_i) = 0$이면 확률이 0이다. 따라서 $\frac{1}{n} N(a|X^n) = 0$일 확률은 $p_X(a) = 0$일 때는 항상 1과 같다.

$$\Pr\left\{ \frac{1}{n} N(a|X^n) = 0 : p_X(a) = 0 \right\} = 1 \tag{14.80}$$

그리고 $p_X(a) > 0$인 경우를 생각할 수 있다. 큰 수의 법칙을 적용하면 다음을 알 수 있다.

$$\forall \varepsilon \in (0,1), \delta > 0 \ \exists n_{0,a} : \forall n > n_{0,a} \quad \Pr\left\{ \left| \frac{1}{n} N(a|X^n) - p_X(a) \right| > \delta \right\} < \frac{\varepsilon}{|\mathcal{X}|} \tag{14.81}$$

$n_0 = \max_{a \in \mathcal{X}} \{n_{0,a}\}$를 선택하면, 확률론의 합집합 한계에 의해 다음의 조건이 성립한다.

$$\forall \varepsilon \in (0,1), \delta > 0 \ \exists n_0 : \forall n > n_0$$

$$\Pr\left\{ \bigcup_{a \in \mathcal{X}} \left| \frac{1}{n} N(a|X^n) - p_X(a) \right| > \delta \right\}$$

$$\leq \sum_{a \in \mathcal{X}} \Pr \left\{ \left| \frac{1}{n} N\left(a|X^n\right) - p_X(a) \right| > \delta \right\} < \varepsilon \quad (14.82)$$

따라서 좌변의 위 사건의 여사건은 높은 확률을 갖는다. 즉, $\forall \varepsilon \in (0, 1)$, $\delta > 0$에 대해 $\exists n_0 : \forall n > n_0$가

$$\Pr \left\{ \forall a \in \mathcal{X}, \ \left| \frac{1}{n} N\left(a|X^n\right) - p_X(a) \right| \leq \delta \right\} \geq 1 - \varepsilon \quad (14.83)$$

을 만족시킨다. 사건 $\{\forall a \in \mathcal{X}, |\frac{1}{n} N(a|X^n) - p_X(a)| \leq \delta\}$는 무작위 변수 X^n이 강한 전형적 집합 $T_\delta^{X^n}$에 있을 조건이고, 이 사건이 일어날 확률은 n이 충분히 커짐에 따라 1이 된다. □

【지수함수적으로 작은 농도 성질(성질 14.7.3)의 증명】 성질 14.7.4의 증명(다음 페이지에서 증명됨)에 의해, 다음의 관계식이 강한 전형적 집합의 임의의 수열에 대해 성립함을 알고 있다.

$$2^{-n(H(X)+c\delta)} \leq p_{X^n}(x^n) \leq 2^{-n(H(X)-c\delta)} \quad (14.84)$$

여기서 c는 성질 14.7.4를 증명할 때 정의한 어떤 양의 상수다. 전형적 집합의 모든 수열에 대해 더하면 다음의 부등식을 얻는다.

$$\sum_{x^n \in T_\delta^{X^n}} 2^{-n(H(X)+c\delta)} \leq \Pr\left\{ X^n \in T_\delta^{X^n} \right\} \leq \sum_{x^n \in T_\delta^{X^n}} 2^{-n(H(X)-c\delta)} \quad (14.85)$$

$$\Rightarrow 2^{-n(H(X)+c\delta)} \left| T_\delta^{X^n} \right| \leq \Pr\left\{ X^n \in T_\delta^{X^n} \right\} \leq 2^{-n(H(X)-c\delta)} \left| T_\delta^{X^n} \right| \quad (14.86)$$

강한 전형적 집합의 단위 확률 성질에 의해, 충분히 큰 n에 대해 다음의 관계식이 성립함을 알고 있다.

$$1 \geq \Pr\left\{ X^n \in T_\delta^{X^n} \right\} \geq 1 - \varepsilon \quad (14.87)$$

위의 부등식을 결합하면 다음의 부등식을 얻는다.

$$2^{n(H(X)-c\delta)} (1 - \varepsilon) \leq \left| T_\delta^{X^n} \right| \leq 2^{n(H(X)+c\delta)} \quad (14.88)$$

이것으로 증명이 마무리된다. □

【등분배 성질(성질 14.7.4)의 증명】 확률 분포 $p_{X^n}(x^n)$의 i.i.d. 성질과 수열 x^n이 강하게 전형적이기 때문에 다음의 관계식이 성립한다.

$$p_{X^n}(x^n) = \prod_{x \in \mathcal{X}^+} p_X(x)^{N(x|x^n)} \tag{14.89}$$

여기서 $\mathcal{X}^+$는 $p_X(x) > 0$인 $\mathcal{X}$의 모든 문자 x를 나타낸다(정의 14.7.2에 따라 수열 x^n이 강하게 전형적이라는 사실이 이 변형된 알파벳을 사용할 수 있도록 해준다). 위의 표현에 로그를 취하면 다음과 같다.

$$\log(p_{X^n}(x^n)) = \sum_{x \in \mathcal{X}^+} N(x|x^n) \log(p_X(x)) \tag{14.90}$$

양변에 $-\frac{1}{n}$을 곱하면 다음과 같다.

$$-\frac{1}{n} \log(p_{X^n}(x^n)) = -\sum_{x \in \mathcal{X}^+} \frac{1}{n} N(x|x^n) \log(p_X(x)) \tag{14.91}$$

다음의 관계식은 X^n이 강하게 전형적이기 때문에 성립한다.

$$\forall x \in \mathcal{X}^+ : \left| \frac{1}{n} N(x|x^n) - p_X(x) \right| \le \delta \tag{14.92}$$

그러면 다음이 유도된다.

$$\Rightarrow \forall x \in \mathcal{X}^+ : -\delta + p_X(x) \le \frac{1}{n} N(x|x^n) \le \delta + p_X(x) \tag{14.93}$$

이제 식 (14.93)에 $-\log(p_X(x)) > 0$을 곱하고, 알파벳 $\mathcal{X}^+$의 모든 문자에 대해 더하고, 식 (14.91)에 대입하자. 이렇게 하면 다음의 부등식들을 얻을 수 있다.

$$-\sum_{x \in \mathcal{X}^+} (-\delta + p_X(x)) \log(p_X(x)) \le -\frac{1}{n} \log(p_{X^n}(x^n))$$

$$\le -\sum_{x \in \mathcal{X}^+} (\delta + p_X(x)) \log(p_X(x)) \tag{14.94}$$

$$\Rightarrow -c\delta + H(X) \le -\frac{1}{n} \log(p_{X^n}(x^n)) \le c\delta + H(X) \tag{14.95}$$

$$\Rightarrow 2^{-n(H(X)+c\delta)} \le p_{X^n}(x^n) \le 2^{-n(H(X)-c\delta)} \qquad (14.96)$$

여기서

$$c \equiv - \sum_{x \in \mathcal{X}^+} \log\left(p_X(x)\right) \ge 0 \qquad (14.97)$$

이제 강한 전형성의 정의(정의 14.7.2)에 기술적 조건이 왜 필요했는지 분명해질 것이다. 그게 없었다면 상수 c가 유한하지 않을 수 있고, 강한 전형적 수열의 확률에 합리적인 한계를 얻을 수 없었을 것이다. □

14.7.4 전형적 형식류의 농도

전형적 형식류가 같은 경험적 분포를 갖는 모든 수열의 집합으로 정의됐음을 생각해보자. 그 경험적 분포는 참 확률 분포에서 최대 δ만큼 편차가 나타나는 것이다. 전형적 형식류 $T_t^{X^n}$의 크기 $|T_t^{X^n}|$은 강한 전형적 집합의 크기보다 더 작아야 할 것처럼 보인다. 하지만 다음의 성질은 이 직관을 뒤집으며, 충분히 큰 n에 대해 주어진 전형적 형식류 $T_t^{X^n}$은 어떤 점에서는 강한 전형적 집합 $T_\delta^{X^n}$만큼이나 많은 수열을 갖고 있다.

【성질 14.7.5】전형적 형식류의 최소 농도 X를 알파벳 $\mathcal{X}$를 갖는 무작위 변수라고 하자. $\delta \in (0, 2/|\mathcal{X}|]$로 고정하자. $t \in \tau_\delta$에 대해, 전형적 형식류 $T_t^{X^n}$의 크기 $|T_t^{X^n}|$은 다음과 같은 하계를 갖는다.

$$\left| T_t^{X^n} \right| \ge \frac{1}{(n+1)^{|\mathcal{X}|}} 2^{n[H(X) - \eta(|\mathcal{X}|\delta)]} = 2^{n\left[H(X) - \eta(|\mathcal{X}|\delta) - |\mathcal{X}|\frac{1}{n}\log(n+1)\right]} \qquad (14.98)$$

여기서 $\eta(\delta)$는 $\delta \to 0$에 따라 $\eta(\delta) \to 0$을 만족시키는 어떤 함수다. 따라서 전형적 형식류는 $n \to \infty$이고 $\delta \to 0$일 때 대략 $2^{nH(X)}$의 크기를 갖는다(n이 커짐에 따라 그 크기가 전형적 집합만큼 커진다).

【증명】   먼저, 만약 $X_1, \ldots, X_n$이 확률 분포 $q(x)$로부터 이끌어내진 i.i.d.의 무작위 변수라면 특정 수열 x^n의 확률 $q^n(x^n)$은 다음과 같이 그 형식에만 의존한다는 것을 보이겠다.

$$q^n(x^n) = 2^{-n(H(t_{x^n}) + D(t_{x^n} \| q))} \qquad (14.99)$$

여기서 $D(t_{x^n}\|q)$는 t_{x^n}과 q 사이의 상대 엔트로피다. 이것을 보이려면, 다음의 연쇄적 등식을 생각해보자.

$$q^n(x^n) = \prod_{i=1}^{n} q(x_i) = \prod_{x \in \mathcal{X}} q(x)^{N(x|x^n)} = \prod_{x \in \mathcal{X}} q(x)^{nt_{x^n}(x)} \tag{14.100}$$

$$= \prod_{x \in \mathcal{X}} 2^{nt_{x^n}(x)\log q(x)} = 2^{n\sum_{x \in \mathcal{X}} t_{x^n}(x)\log q(x)} \tag{14.101}$$

$$= 2^{n\sum_{x \in \mathcal{X}} t_{x^n}(x)\log q(x) - t_{x^n}(x)\log t_{x^n}(x) + t_{x^n}(x)\log t_{x^n}(x)} \tag{14.102}$$

$$= 2^{-n(D(t_{x^n}\|q) + H(t_{x^n}))} \tag{14.103}$$

그러면 $q(x) = t_{x^n}(x)$일 때 수열 x^n의 확률은 $2^{-nH(t_{x^n})}$이라는 것이 유도된다. 이제 각 형식류 $T_t^{X^n}$이

$$\binom{n}{nt_{x^n}(x_1), \ldots, nt_{x^n}(x_{|\mathcal{X}|})} \tag{14.104}$$

의 크기를 가짐을 생각해보자. 여기서 분포 $t = \big(t_{x^n}(x_1), \ldots, t_{x^n}(x_{|\mathcal{X}|})\big)$이고 $\mathcal{X}$의 문자는 $x_1, \ldots, x_{|\mathcal{X}|}$이다. 이 결과는 형식류의 크기가 길이 n의 수열에 $nt_{x^n}(x_1), \ldots, nt_{x^n}(x_{|\mathcal{X}|})$을 늘어놓는 방법의 수일 뿐이기 때문에 성립한다. 이제 확률 분포가 t일 때 형식류 $T_t^{X^n}$이 모든 형식류 중에서 가장 높은 확률을 가짐을 증명한다.

$$t^n(T_t^{X^n}) \geq t^n(T_{t'}^{X^n}) \quad (\text{모든 } t' \in \mathcal{P}_n \text{에 대해}) \tag{14.105}$$

여기서 t^n은 형식 t에 의해 유도된 i.i.d. 분포이고, $\mathcal{P}_n$은 모든 형식류의 집합이다. 다음의 등식을 생각해보자.

$$\frac{t^n(T_t^{X^n})}{t^n(T_{t'}^{X^n})} = \frac{\left|T_t^{X^n}\right| \prod_{x \in \mathcal{X}} t_{x^n}(x)^{nt_{x^n}(x)}}{\left|T_{t'}^{X^n}\right| \prod_{x \in \mathcal{X}} t_{x^n}(x)^{nt'_{x^n}(x)}} \tag{14.106}$$

$$= \frac{\binom{n}{nt_{x^n}(x_1), \ldots, nt_{x^n}(x_{|\mathcal{X}|})} \prod_{x \in \mathcal{X}} t_{x^n}(x)^{nt_{x^n}(x)}}{\binom{n}{nt'_{x^n}(x_1), \ldots, nt'_{x^n}(x_{|\mathcal{X}|})} \prod_{x \in \mathcal{X}} t_{x^n}(x)^{nt'_{x^n}(x)}} \tag{14.107}$$

$$= \prod_{x \in \mathcal{X}} \frac{nt'_{x^n}(x)!}{nt_{x^n}(x)!} t_{x^n}(x)^{n(t_{x^n}(x) - t'_{x^n}(x))} \tag{14.108}$$

이제 $\frac{m!}{n!} \geq n^{m-n}$이라는 한계를 적용하면(이 식은 임의의 양수 m과 n에 대해 성립한다.)

$$\frac{t^n(T_t^{X^n})}{t^n(T_{t'}^{X^n})} \geq \prod_{x \in \mathcal{X}} [nt_{x^n}(x)]^{n(t'_{x^n}(x) - t_{x^n}(x))} t_{x^n}(x)^{n(t_{x^n}(x) - t'_{x^n}(x))} \quad (14.109)$$

$$= \prod_{x \in \mathcal{X}} n^{n(t'_{x^n}(x) - t_{x^n}(x))} \quad (14.110)$$

$$= n^{n \sum_{x \in \mathcal{X}} t'_{x^n}(x) - t_{x^n}(x)} \quad (14.111)$$

$$= n^{n(1-1)} \quad (14.112)$$

$$= 1 \quad (14.113)$$

을 얻는다. 따라서 모든 t'에 대해 $t^n(T_t^{X^n}) \geq t^n(T_{t'}^{X^n})$이 성립한다. 이제 성질 14.7.5 에서 필요한 한계를 얻는 데 가까이 왔다. 다음의 연쇄적 부등식을 생각해보자.

$$1 = \sum_{t' \in \mathcal{P}_n} t^n(T_{t'}^{X^n}) \leq \sum_{t' \in \mathcal{P}_n} \max_{t'} t^n(T_{t'}^{X^n}) = \sum_{t' \in \mathcal{P}_n} t^n(T_t^{X^n}) \quad (14.114)$$

$$\leq (n+1)^{|\mathcal{X}|} t^n(T_t^{X^n}) = (n+1)^{|\mathcal{X}|} \sum_{x^n \in T_t^{X^n}} t^n(x^n) \quad (14.115)$$

$$= (n+1)^{|\mathcal{X}|} \sum_{x^n \in T_t^{X^n}} 2^{-nH(t)} \quad (14.116)$$

$$= (n+1)^{|\mathcal{X}|} 2^{-nH(t)} \left| T_t^{X^n} \right| \quad (14.117)$$

t가 전형적 형식임을 생각해보면, 모든 x에 대해 $|t(x) - p(x)| \leq \delta$가 성립한다. 그러면 두 확률 분포 사이의 변분적 거리가 작다는 것이 유도된다.

$$\sum_x |t(x) - p(x)| \leq |\mathcal{X}| \delta \quad (14.118)$$

엔트로피의 연속성(정리 11.10.1)을 적용해 엔트로피 차이에 대한 한계를 얻을 수 있다.

$$|H(t) - H(X)| \leq \frac{1}{2} |\mathcal{X}| \delta \log |\mathcal{X}| + h_2(|\mathcal{X}| \delta/2) \quad (14.119)$$

그러면 필요한 한계는 $\eta(|\mathcal{X}|\delta) \equiv |\mathcal{X}| \delta/2 \log |\mathcal{X}| + h_2(|\mathcal{X}| \delta/2)$로 두면 된다. $\square$

【연습문제 14.7.1】 $2^{nH(t)}$가 형식 t의 수열 x^n 개수의 상계임을 증명하라.

$$\left| T_t^{X^n} \right| \leq 2^{nH(t)} \quad (14.120)$$

이 한계와 식 (14.103)을 사용해 각 수열이 확률 분포 $q(x)$에 따라 생성된 i.i.d.일 때 형식류의 확률에 대한 다음의 한계를 증명하라.

$$\Pr\left\{T_t^{X^n}\right\} \leq 2^{-nD(t\|q)} \tag{14.121}$$

14.8 강한 결합 전형성

위의 강한 전형성의 개념을 결합된 전형적 수열로 확장할 수 있다. 약한 전형성의 경우와 차이점이 있는데, 강한 결합 전형성이 한계 전형성을 함의함을 보일 수 있다. 따라서 이 정의에서는 제약조건을 언급할 필요가 없다.

각 수열 x^n과 y^n에 대해 $N(x, y|x^n, y^n)$이 기호 $x = \mathcal{X}$, $y = \mathcal{Y}$의 출현 수를 나타낸다고 하자. x^n과 y^n의 형식 또는 경험적 분포 $t_{x^n y^n}$은 그 원소가 $t_{x^n y^n}(x, y)$인 확률 질량 함수다.

$$t_{x^n y^n}(x, y) \equiv \frac{1}{n} N(x, y|x^n, y^n) \tag{14.122}$$

【정의 14.8.1】강하게 결합된 전형적 수열 두 수열 x^n, y^n은 두 수열의 경험적 분포가 참 확률 분포로부터 최대 δ의 편차를 갖고 $p_{X,Y}(x, y) = 0$인 임의의 두 기호 x, y에 대해 소멸할 때 δ-강하게 결합된 **전형적** 수열이라 한다.

【정의 14.8.2】강하게 결합된 전형적 집합 δ-결합된 **전형적 집합** $T_\delta^{X^n Y^n}$은 모든 δ-결합된 전형적 수열의 집합이다.

$$T_\delta^{X^n Y^n} \equiv$$
$$\left\{ x^n, y^n : \forall (x,y) \in \mathcal{X} \times \mathcal{Y} \quad \begin{array}{ll} \left|\frac{1}{n}N(x,y|x^n,y^n) - p_{X,Y}(x,y)\right| \leq \delta & p_{X,Y}(x,y) > 0\text{인 경우} \\ \frac{1}{n}N(x,y|x^n,y^n) = 0 & \text{그 외} \end{array} \right\} \tag{14.123}$$

위의 정의로부터 강한 결합 전형성이 두 수열 x^n과 y^n에 대해 한계 전형성을 뜻한다는 것이 유도된다. 이 진술을 정당화하는 것은 다음의 연습문제로 남겨둔다.

【연습문제 14.8.1】 강한 결합 전형성이 수열 x^n이나 y^n에 대해 한계 전형성을 함의한다는 것을 증명하라.

14.8.1 강하게 결합된 전형적 집합의 성질

강하게 결합된 전형적 수열의 집합 $T_\delta^{X^n Y^n}$은 앞에서 살펴본 것과 유사한 성질을 갖는다.

【성질 14.8.1】단위 확률   강하게 결합된 전형적 집합 $T_\delta^{X^n Y^n}$은 점근적으로 1의 확률을 갖는다. 따라서 n이 커짐에 따라, 원천은 강한 결합된 전형적 수열을 내보낼 가능성이 매우 높아진다. 이 성질은 엄밀하게 말하면 다음과 같다. 모든 $\varepsilon \in (0, 1)$, $\delta > 0$과 충분히 큰 n에 대해 다음이 성립한다.

$$\Pr\left\{ X^n Y^n \in T_\delta^{X^n Y^n} \right\} \geq 1 - \varepsilon \tag{14.124}$$

【성질 14.8.2】지수함수적으로 작은 농도   균일하지 않은 확률을 갖는 임의의 결합 무작위 변수 (X, Y)에 대해 δ-결합된 전형적 수열의 수 $|T_\delta^{X^n Y^n}|$은 모든 수열의 수 $(|\mathcal{X}||\mathcal{Y}|)^n$보다 지수함수적으로 작다. 이 성질은 엄밀하게 다음과 같이 말할 수 있다. 모든 $\varepsilon \in (0, 1)$, $\delta > 0$과 충분히 큰 n에 대해 다음이 성립한다.

$$\left| T_\delta^{X^n Y^n} \right| \leq 2^{n(H(X,Y) + c\delta)} \tag{14.125}$$

여기서 c는 양의 상수다. 또한 모든 δ-결합된 전형적 집합의 크기는 다음의 하계를 갖는다.

$$\left| T_\delta^{X^n Y^n} \right| \geq (1 - \varepsilon)\, 2^{n(H(X,Y) - c\delta)} \tag{14.126}$$

【성질 14.8.3】등분배   주어진 δ-결합된 전형적 수열 $x^n y^n$이 나타날 확률은 근사적으로 균일하다.

$$2^{-n(H(X,Y) + c\delta)} \leq p_{X^n, Y^n}(x^n, y^n) \leq 2^{-n(H(X,Y) - c\delta)} \tag{14.127}$$

여기서 c는 양의 상수다.

【성질 14.8.4】강한 결합 전형성의 확률   확률 밀도 함수가 $p_{\tilde{X}^n}(x^n)$과 $p_{\tilde{Y}^n}(y^n)$이 되는 두 독립 무작위 변수 $\tilde{X}^n$과 $\tilde{Y}^n$이 결합 확률 밀도 함수 $p_{X^n, Y^n}(x^n, y^n)$의 한계 확률 밀도와 같음을 생각해보자.

$$(\tilde{X}^n, \tilde{Y}^n) \sim p_{X^n}(x^n) p_{Y^n}(y^n) \tag{14.128}$$

그러면 두 무작위 변수 $\tilde{X}^n$과 $\tilde{Y}^n$이 결합된 전형적 집합 $T_\delta^{X^n Y^n}$에 있을 확률은 다음과 같은 한계가 있다.

$$\Pr\left\{(\tilde{X}^n, \tilde{Y}^n) \in T_\delta^{X^n Y^n}\right\} \leq 2^{-n(I(X;Y) - 3c\delta)} \tag{14.129}$$

처음 세 가지 성질의 증명은 앞 절과 같다. 마지막 성질의 증명은 약한 전형성의 경우에 대한 것과 같다.

14.9 강한 조건부 전형성

강한 조건부 전형성은 강한 전형성과 몇 가지 유사성을 갖지만, 따로 논의해야 할 만큼 충분히 다르다. 먼저, 간단한 사례를 들어서 소개하겠다.

알파벳 {0, 1, 2}로부터 다음의 확률 분포

$$p_X(0) = \frac{1}{4}, \qquad p_X(1) = \frac{1}{4}, \qquad p_X(2) = \frac{1}{2} \tag{14.130}$$

에 따라 수열을 뽑아낸다고 하자. 이 수열의 특정 구현체는 다음과 같을 수 있다.

$$2010201020120212122220202222 \tag{14.131}$$

각 기호가 나타난 경우를 세면 다음을 알 수 있다.

$$N(0 \mid 2010201020120212122220202222) = 8 \tag{14.132}$$
$$N(1 \mid 2010201020120212122220202222) = 5 \tag{14.133}$$
$$N(2 \mid 2010201020120212122220202222) = 15 \tag{14.134}$$

원천의 참 확률 분포에 대한 수열의 경험적 분포의 최대 편차는 다음과 같다.

$$\max\left\{\left|\frac{1}{4} - \frac{8}{28}\right|, \left|\frac{1}{4} - \frac{5}{28}\right|, \left|\frac{1}{2} - \frac{15}{28}\right|\right\} = \max\left\{\frac{1}{28}, \frac{2}{28}, \frac{1}{28}\right\} = \frac{1}{14} \tag{14.135}$$

이제 알파벳 {a, b, c}로부터 다른 수열을 생성한다고 해보자. 하지만 다음의 조건부 확률 분포에 따라 생성한다.

$$\begin{bmatrix} p_{Y|X}(a|0) = \frac{1}{5} & p_{Y|X}(a|1) = \frac{1}{6} & p_{Y|X}(a|2) = \frac{2}{4} \\ p_{Y|X}(b|0) = \frac{2}{5} & p_{Y|X}(b|1) = \frac{3}{6} & p_{Y|X}(b|2) = \frac{1}{4} \\ p_{Y|X}(c|0) = \frac{2}{5} & p_{Y|X}(c|1) = \frac{2}{6} & p_{Y|X}(c|2) = \frac{1}{4} \end{bmatrix} \qquad (14.136)$$

따라서 두 번째로 생성된 수열은 원래 수열과 상관성을 가져야 한다. 두 번째 수열의 가능한 구현체는 다음과 같다.

$$abbcbccabcabcabcabcbcbabacba \qquad (14.137)$$

이제 모든 입력 수열과 출력 수열에 대해 참 조건부 확률 분포에 경험적 조건부 확률 분포가 얼마나 가까운지 분석하려고 한다. 첫 단계로 유용한 개념은 첫 번째 수열에 치환^{permutation}을 적용하여 모든 기호가 사전식 순서대로 나타나게 하고, 두 번째 수열에도 같은 치환을 적용하는 것이다.

$$2\ 0\ 1\ 0\ 2\ 0\ 1\ 0\ 2\ 0\ 1\ 2\ 0\ 2\ 1\ 2\ 1\ 2\ 2\ 2\ 2\ 0\ 2\ 0\ 2\ 2\ 2\ 2$$
$$a\ b\ b\ c\ b\ c\ c\ a\ b\ c\ a\ b\ c\ a\ b\ c\ a\ b\ c\ b\ c\ b\ a\ b\ a\ c\ b\ a$$

$$\xrightarrow{\text{치환}}$$

$$0\ 0\ 0\ 0\ 0\ 0\ 0\ 0\ 1\ 1\ 1\ 1\ 1\ 2\ 2\ 2\ 2\ 2\ 2\ 2\ 2\ 2\ 2\ 2\ 2\ 2\ 2\ 2$$
$$b\ c\ c\ a\ c\ c\ b\ b\ b\ c\ a\ b\ a\ a\ b\ b\ b\ a\ c\ b\ c\ b\ c\ a\ a\ c\ b\ a$$
$$(14.138)$$

이 재배열은 두 번째 수열의 경험적 조건부 확률 분포를 세기 쉽게 만들어준다. 먼저 기호의 결합 출현 횟수를 다음의 행렬로 나타낸다.

$$\begin{bmatrix} N(0,a) = 1 & N(1,a) = 2 & N(2,a) = 5 \\ N(0,b) = 3 & N(1,b) = 2 & N(2,b) = 6 \\ N(0,c) = 4 & N(1,c) = 1 & N(2,c) = 4 \end{bmatrix} \qquad (14.139)$$

그리고 위 행렬의 원소를 첫 번째 수열의 한계 확률 분포로 나눠서 경험적 조건부 확률 분포 행렬을 얻는다.

$$\begin{bmatrix} \frac{N(0,a)}{N(0)} = \frac{1}{8} & \frac{N(1,a)}{N(1)} = \frac{2}{5} & \frac{N(2,a)}{N(2)} = \frac{5}{15} \\ \frac{N(0,b)}{N(0)} = \frac{3}{8} & \frac{N(1,b)}{N(1)} = \frac{2}{5} & \frac{N(2,b)}{N(2)} = \frac{6}{15} \\ \frac{N(0,c)}{N(0)} = \frac{4}{8} & \frac{N(1,c)}{N(1)} = \frac{1}{5} & \frac{N(2,c)}{N(2)} = \frac{4}{15} \end{bmatrix} \qquad (14.140)$$

그러면 이 행렬의 원소와 식 (14.136)의 추계적 행렬 원소와의 최대 편차를 비교한다.

$$\max \left\{ \left| \frac{1}{5} - \frac{1}{8} \right|, \left| \frac{2}{5} - \frac{3}{8} \right|, \left| \frac{2}{5} - \frac{4}{8} \right|, \left| \frac{1}{6} - \frac{2}{5} \right|, \left| \frac{3}{6} - \frac{2}{5} \right|, \left| \frac{2}{6} - \frac{1}{5} \right| \right.$$
$$\left. \left| \frac{2}{4} - \frac{5}{15} \right|, \left| \frac{1}{4} - \frac{6}{15} \right|, \left| \frac{1}{4} - \frac{4}{15} \right| \right\}$$
$$= \max \left\{ \frac{3}{40}, \frac{1}{40}, \frac{1}{10}, \frac{7}{30}, \frac{1}{10}, \frac{2}{15}, \frac{1}{6}, \frac{3}{20}, \frac{1}{60} \right\} = \frac{7}{30} \qquad (14.141)$$

위의 분석은 조건부 전형성의 개념을 묘사하는 최종 구현체에 적용된다. 그리고 이 경우 참 확률 분포로부터 큰 편차가 존재한다. 다시, 수열의 길이가 커지는 극한에서 무작위 수열에 대해 이 편차가 소멸할 것을 예상할 수 있다.

14.9.1 강한 조건부 전형성의 정의

이제 강한 조건부 전형성의 엄밀한 정의를 제시한다.

【정의 14.9.1】 경험적 조건부 확률 분포   경험적 조건부 확률 분포 $t_{y^n|x^n}(y|x)$는 다음과 같다.

$$t_{y^n|x^n}(y|x) = \frac{t_{x^n y^n}(x,y)}{t_{x^n}(x)} \qquad (14.142)$$

【정의 14.9.2】 강한 조건부 전형성   수열 x^n이 $T_\delta^{X^n}$에 있는 강한 전형적 수열이라고 하자. 그러면 수열 x^n에 대응하는 δ-강한 조건부 전형적 집합 $T_\delta^{Y^n|X^n}$은 그 경험적 결합 확률 분포 $\frac{1}{n}N(x,y|x^n,y^n)$이 참 조건부 확률 분포 $p_{Y|X}(y|x)$와 한계 경험적 확률 분포 $\frac{1}{n}N(x|x^n)$의 곱에 δ-근접인 모든 수열로 구성된다.

$$T_\delta^{Y^n|x^n} \equiv$$
$$\left\{ y^n : \forall (x,y) \in \mathcal{X} \times \mathcal{Y} \quad \begin{matrix} |N(x,y|x^n,y^n) - p(y|x)N(x|x^n)| \leq n\delta & p(y|x) > 0\text{인 경우} \\ N(x,y|x^n,y^n) = 0 & \text{그 외} \end{matrix} \right\}$$
$$(14.143)$$

여기서 $p_{Y|X}(y|x)$를 $p(y|x)$로 줄여서 적었다.

강한 조건부 전형성에 대한 위의 정의는 다음과 같은 관점에서 경험적 조건부 확률 분포가 참 조건부 확률 분포에 가까움을 뜻한다.

$$\left| \frac{t_{x^n y^n}(x, y)}{t_{x^n}(x)} - p_{Y|X}(y|x) \right| \leq \frac{1}{t_{x^n}(x)}\delta \tag{14.144}$$

물론, 그런 관계식은 경험적 한계 확률 분포 $t_{x^n}(x)$가 0이 아닌 경우에만 말이 된다.

이번에도 정의 14.9.2에서 추가적인 기술적 조건($p_{Y|X}(y|x) = 0$인 경우 $N(x, y|x^n, y^n)$ $= 0$)은 강한 전형성의 등분배 성질(성질 14.7.4)의 증명에서 그 이유를 찾을 수 있다.

14.9.2 강한 조건부 전형적 집합의 성질

조건부 전형적 수열의 집합 $T_\delta^{Y^n|x^n}$은 몇 가지 유용한 성질을 갖고 있고, 약한 조건부 전형적 집합에 대해 살펴본 것과 유사하다. 하지만 초기 수열 x^n이 결정론적일 수 있다. 그러나 강한 전형성을 가져야 한다는 조건을 도입하지 않고도 그에 해당하는 강한 조건부 전형적 수열에 대한 유용한 성질을 증명할 수 있다. 따라서 어떤 $\delta' > 0$에 대해 주어진 수열 $x^n \in T_{\delta'}^{X^n}$을 가정한다.

【성질 14.9.1】단위 확률   집합 $T_\delta^{Y^n|x^n}$은 점근적으로 1의 확률을 갖는다. 따라서 n이 커짐에 따라 어떤 주어진 전형적 수열 x^n에 대응하는 무작위 수열 Y^n이 조건부 전형적 수열일 가능성이 매우 높아진다. 이 성질을 엄밀하게 말하면 다음과 같다. 모든 $\varepsilon \in (0, 1)$과 $\delta > 0$, 그리고 충분히 큰 n에 대해 다음이 성립한다.

$$\Pr\left\{ Y^n \in T_\delta^{Y^n|x^n} \right\} \geq 1 - \varepsilon \tag{14.145}$$

【성질 14.9.2】지수함수적으로 작은 농도 δ-조건부 전형적 수열의 수 $|T_\delta^{Y^n|x^n}|$은 균일하지 않은 확률을 갖는 임의의 조건부 무작위 변수 Y에 대한 수열의 전체 수 $|\mathcal{Y}|^n$보다 지수함수적으로 작다. 이 성질은 엄밀하게 말하면 다음과 같다. 모든 $\varepsilon \in (0, 1)$과 $\delta > 0$, 그리고 충분히 큰 n에 대해 다음이 성립한다.

$$\left| T_\delta^{Y^n|x^n} \right| \leq 2^{n\left(H(Y|X) + c(\delta + \delta') \right)} \tag{14.146}$$

또한 δ-조건부 전형적 집합의 크기는 다음과 같은 하계를 갖는다.

$$\left| T_\delta^{Y^n|x^n} \right| \geq (1 - \varepsilon)\, 2^{n\left(H(Y|X) - c(\delta + \delta') \right)} \tag{14.147}$$

【성질 14.9.3】등분배 특정한 δ-조건부 전형적 수열 y^n의 확률은 근사적으로 균일하다.

$$2^{-n\left(H(Y|X)+c(\delta+\delta')\right)} \le p_{Y^n|X^n}(y^n|x^n) \le 2^{-n\left(H(Y|X)-c(\delta+\delta')\right)} \quad (14.148)$$

요약하면, 무작위 변수 X^n의 구현체 x^n이 주어질 경우 조건부 전형적 집합 $T_\delta^{Y^n|x^n}$은 거의 모든 확률을 가져가고, 그 크기는 모든 수열의 집합 크기보다 지수함수적으로 작고, 각각의 δ-조건부 전형적 수열은 거의 균일한 출현 확률을 갖는다.

14.9.3 강한 조건부 전형적 집합의 성질 증명

【단위 확률 성질(성질 14.9.1)의 증명】 강한 조건부 전형성에 대한 이 성질의 증명은 어쩌면 좀 더 복잡하다. i.i.d. 확률 분포를 다루고 있기 때문에 알파벳 X의 순서대로 수열 x^n을 사전식으로 배열할 수 있다고 가정한다. 그러면 사전식 배열은 수열 x^n을 다음과 같이 적을 수 있다는 뜻이다.

$$x^n = \underbrace{x_1 \cdots x_1}_{N(x_1|x^n)} \underbrace{x_2 \cdots x_2}_{N(x_2|x^n)} \cdots \underbrace{x_{|\mathcal{X}|} \cdots x_{|\mathcal{X}|}}_{N(x_{|\mathcal{X}|}|x^n)} \quad (14.149)$$

x^n의 전형성으로부터 $N(x|x^n) \ge n(p_X(x) - \delta')$이 유도된다. 그리고 길이 $N(x_i|x^n)$을 갖는 각 덩어리 $x_i \cdots x_i$에 대해 이 길이가 충분히 커지면 큰 수의 법칙이 역할을 하기 시작한다. $p_{Y|X=x}(y)$가 조건부 무작위 변수 $Y|(X=x)$에 대한 확률 분포라고 하자. 그러면 다음은 조건부 전형성의 개념을 적는 동등한 방법이다.

$$\left\{ y^n \in T_\delta^{Y^n|x^n} \right\} \Leftrightarrow \bigwedge_{x \in \mathcal{X}} \left\{ y^{N(x|x^n)} \in T_\delta^{(Y|(X=x))^{N(x|x^n)}} \right\} \quad (14.150)$$

여기서 기호 $\wedge$는 문자열 연결을 뜻한다(x^n을 사전식 순서로 늘어놓은 것은 수열 y^n의 배열에도 작용한다는 것을 알아두자). 또한 $T_\delta^{(Y|(X=x))^{N(x|x^n)}}$은 조건부 무작위 변수 $Y|(X=x)$에 대해 길이 $N(x|x^n)$을 갖는 전형적 집합이다.

$$T_\delta^{(Y|(X=x))^{N(x|x^n)}} \equiv \left\{ y^{N(x|x^n)} : \forall y \in \mathcal{Y}, \; \left| \frac{N(y|y^{N(x|x^n)})}{N(x|x^n)} - p_{Y|X=x}(y) \right| \le \delta \right\} \quad (14.151)$$

길이 $N(x|x^n)$이 커지면 이 전형적 집합 $T_\delta^{(Y|(X=x))^{N(x|x^n)}}$의 각각에 큰 수의 법칙을 적용할 수 있다. 그러면

$$\Pr\left\{Y^n \in T_\delta^{Y^n|x^n}\right\} = \prod_{x \in \mathcal{X}} \Pr\left\{Y^{N(x|x^n)} \in T_\delta^{(Y|(X=x))^{N(x|x^n)}}\right\} \quad (14.152)$$

$$\geq (1 - \varepsilon)^{|\mathcal{X}|} \quad (14.153)$$

$$\geq 1 - |\mathcal{X}|\varepsilon \quad (14.154)$$

을 유도할 수 있고, 이것으로 증명이 마무리된다. □

【등분배 성질(성질 14.9.3)의 증명】 조건부 확률 분포 $p_{Y^n|X^n}(y^n|x^n)$의 i.i.d. 성질과 정의 14.9.2에 따라 수열 y^n은 강한 조건부 전형적 수열이기 때문에 다음의 관계식이 성립한다.

$$p_{Y^n|X^n}(y^n|x^n) = \prod_{(\mathcal{X},\mathcal{Y})^+} p_{Y|X}(y|x)^{N(x,y|x^n,y^n)} \quad (14.155)$$

여기서 $(\mathcal{X},\mathcal{Y})^+$는 $\mathcal{X}$, $\mathcal{Y}$에서 $p_{Y|X}(y|x) > 0$인 모든 문자 x, y를 나타낸다. 위의 표현에 로그를 취하면

$$\log\left(p_{Y^n|X^n}(y^n|x^n)\right) = \sum_{x,y \in (\mathcal{X},\mathcal{Y})^+} N(x,y|x^n,y^n)\log\left(p_{Y|X}(y|x)\right) \quad (14.156)$$

이고, 양변에 $-\frac{1}{n}$을 곱하면

$$-\frac{1}{n}\log\left(p_{Y^n|X^n}(y^n|x^n)\right) = -\sum_{x,y \in (\mathcal{X},\mathcal{Y})^+} \frac{1}{n}N(x,y|x^n,y^n)\log\left(p_{Y|X}(y|x)\right)$$

$$(14.157)$$

이다. 수열 x^n은 강한 전형적 수열이고, y^n은 강한 조건부 전형적 수열이기 때문에 다음의 관계식이 성립한다.

$$\forall x \in \mathcal{X}^+ : \left|\frac{1}{n}N(x|x^n) - p_X(x)\right| \leq \delta' \quad (14.158)$$

$$\Rightarrow \forall x \in \mathcal{X}^+ : -\delta' + p_X(x) \leq \frac{1}{n}N(x|x^n) \leq \delta' + p_X(x) \quad (14.159)$$

$$\forall x,y \in (\mathcal{X},\mathcal{Y})^+ : \left|\frac{1}{n}N(x,y|x^n,y^n) - p_{Y|X}(y|x)\frac{1}{n}N(x|x^n)\right| \leq \delta \quad (14.160)$$

$$\Rightarrow \forall x, y \in (\mathcal{X}, \mathcal{Y})^+ : -\delta + p_{Y|X}(y|x)\frac{1}{n}N(x|x^n) \le \frac{1}{n}N(x, y|x^n, y^n)$$

$$\le \delta + p_{Y|X}(y|x)\frac{1}{n}N(x|x^n) \quad (14.161)$$

이제 식 (14.161)에 $-\log(p_{Y|X}(y|x)) > 0$을 곱하고, $(\mathcal{X}, \mathcal{Y})^+$에 있는 모든 문자에 대해 합하고, 식 (14.157)에 대입하자. 이 과정은 다음의 부등식들을 유도한다.

$$- \sum_{x,y\in(\mathcal{X},\mathcal{Y})^+} \left(-\delta + p_{Y|X}(y|x)\frac{1}{n}N(x|x^n) \right) \log\left(p_{Y|X}(y|x) \right)$$

$$\le -\frac{1}{n}\log\left(p_{Y^n|X^n}(y^n|x^n) \right)$$

$$\le - \sum_{x,y\in(\mathcal{X},\mathcal{Y})^+} \left(\delta + p_{Y|X}(y|x)\frac{1}{n}N(x|x^n) \right) \log\left(p_{Y|X}(y|x) \right) \quad (14.162)$$

이제 식 (14.159)의 부등식을 ($x \in \mathcal{X}^+$에 대해 $p_X(x) \ge \delta'$를 가정하고) 적용하면 다음을 얻는다.

$$\Rightarrow - \sum_{x,y\in(\mathcal{X},\mathcal{Y})^+} \left(-\delta + p_{Y|X}(y|x)\left(-\delta' + p_X(x) \right) \right) \log\left(p_{Y|X}(y|x) \right) \quad (14.163)$$

$$\le -\frac{1}{n}\log\left(p_{Y^n|X^n}(y^n|x^n) \right) \quad (14.164)$$

$$\le - \sum_{x,y\in(\mathcal{X},\mathcal{Y})^+} \left(\delta + p_{Y|X}(y|x)\left(\delta' + p_X(x) \right) \right) \log\left(p_{Y|X}(y|x) \right) \quad (14.165)$$

$$\Rightarrow -c(\delta + \delta') + H(Y|X) \le -\frac{1}{n}\log\left(p_{Y^n|X^n}(y^n|x^n) \right) \le c(\delta + \delta') + H(Y|X) \quad (14.166)$$

$$\Rightarrow 2^{-n\left(H(Y|X)+c(\delta+\delta') \right)} \le p_{Y^n|X^n}(y^n|x^n) \le 2^{-n\left(H(Y|X)-c(\delta+\delta') \right)} \quad (14.167)$$

여기서

$$c \equiv - \sum_{x,y\in(\mathcal{X},\mathcal{Y})^+} \log\left(p_{Y|X}(y|x) \right) \ge 0 \quad (14.168)$$

다시, 이것으로 강한 조건부 전형성의 정의(정의 14.9.2)에 기술적인 조건이 필요한 이유가 명확해진다. 만약 그 조건이 없으면 상수 c를 유한하다고 할 수 없고, 그러면 강한 조건부 전형적 수열의 확률에 타당한 한계를 설정할 수 없었을 것이다. $\square$

강한 조건부 전형성, 한계 전형성, 결합 전형성을 관련짓는 보조정리를 소개하며 이 절을 마무리한다.

【보조정리 14.9.1】 y^n이 $T_\delta^{Y^n|x^n}$에 있는 조건부 전형적 수열이라고 하자. 그리고 조건화 수열 x^n이 $T_{\delta'}^{X^n}$의 전형적 수열이라고 하자. 그러면 x^n과 y^n은 집합 $T_{\delta+\delta'}^{X^nY^n}$에서 결합 전형적이고, y^n은 $T_{|\mathcal{X}|(\delta+\delta')}^{Y^n}$에 있는 전형적 수열이다.

【증명】 위의 조건으로부터, $\forall x \in \mathcal{X},\ y \in \mathcal{Y}$에 대해 다음이 성립한다.

$$p_X(x) - \delta' \leq \frac{1}{n}N(x|x^n) \leq \delta' + p_X(x) \tag{14.169}$$

$$p_{Y|X}(y|x)\frac{1}{n}N(x|x^n) - \delta \leq \frac{1}{n}N(x,y|x^n,y^n) \leq \delta + p_{Y|X}(y|x)\frac{1}{n}N(x|x^n) \tag{14.170}$$

$\frac{1}{n}N(x|x^n)$에 대한 상계를 대입하면 다음이 성립한다.

$$\frac{1}{n}N(x,y|x^n,y^n) \leq \delta + p_{Y|X}(y|x)\left(\delta' + p_X(x)\right) \tag{14.171}$$

$$= \delta + p_{Y|X}(y|x)\delta' + p_X(x)p_{Y|X}(y|x) \tag{14.172}$$

$$= \delta + p_{Y|X}(y|x)\delta' + p_X(x)p_{Y|X}(y|x) \tag{14.173}$$

마찬가지로, $\frac{1}{n}N(x|x^n)$에 대한 하계를 대입하면

$$\frac{1}{n}N(x,y|x^n,y^n) \geq p_{X,Y}(x,y) - \delta - \delta' \tag{14.174}$$

위의 양쪽 한계를 함께 적으면 다음의 한계를 얻는다.

$$\left|\frac{1}{n}N(x,y|x^n,y^n) - p_{X,Y}(x,y)\right| \leq \delta + \delta' \tag{14.175}$$

그러면 수열 x^n과 y^n이 강하게 결합된 전형적 집합 $T_{\delta+\delta'}^{X^nY^n}$에 있음을 뜻한다. 연습문제 14.8.1의 결과로부터 $y^n \in T_{|\mathcal{X}|(\delta+\delta')}^{Y^n}$이 유도된다. □

14.10 응용: 선로 용량 정리

이 장의 기술적 부분을 조건부 전형성의 놀라운 응용법인 섀넌의 선로 용량 정리로 마무리한다. 2.2.3절에서 논의했듯이 이 정리는 고전 정보 이론의 핵심 결과 중 하나로, 섀넌의 기념비적인 논문에 등장한다. 이 정리는 고전 선로를 여러 번 독립적으로 사용하는 통신에서 도달 가능한 최대 속도는 선로의 어떤 간단한 함수와 같음을 보인다.

정보 처리 과정과 그에 대응하는 (n, R, ε) 선로 부호를 정의하여 시작하겠다. 고전 선로 $\mathcal{N} \equiv p_{Y|X}(y|x)$를 통한 통신에 대한 일반적인 통신 규약을 묘사하는 그림 2.4를 다시 보면 도움이 될 것이다. 통신을 시작하기 전, 송신자 앨리스와 수신자 밥은 이미 구성된 부호책^{codebook} $\{x^n(m)\}_{m \in \mathcal{M}}$을 갖고, 이 책의 부호단어 $x^n(m)$은 앨리스가 밥에게 보내려고 하는 메시지 m에 대응한다. 만약 앨리스가 메시지 m을 보내고 싶으면, 앨리스는 부호단어 $x^n(m)$을 i.i.d. 선로 $\mathcal{N}^n \equiv p_{Y^n|X^n}(y^n|x^n)$에 입력한다. 더 엄밀하게 말하면, 앨리스의 부호화는 어떤 사상 $E^n : \mathcal{M} \to \mathcal{X}^n$이다. 그러면 앨리스는 그 선로를 n회 사용해 $x^n(m)$을 전송한다. 밥은 어떤 수열 y^n을 선로의 출력에서 받으며, 복호화 $\mathcal{D}^n : \mathcal{Y}^n \to \mathcal{M}$을 수행하여 앨리스가 전송한 메시지 m을 복원한다. 이 부호의 속도 R은 $[\log|\mathcal{M}|]/n$과 같고, 사용한 선로당 비트로 측정된다. 어떤 (n, R, ε) 선로 부호에 대한 오류 확률 p_e는 다음과 같이 위쪽으로 유계다.

$$p_e \equiv \max_m \Pr\{D^n(\mathcal{N}^n(E^n(m))) \neq m\} \leq \varepsilon \qquad (14.176)$$

모든 $\varepsilon \in (0, 1)$과 $\delta > 0$, 그리고 충분히 큰 n에 대해 $(n, R - \delta, \varepsilon)$ 선로 부호가 존재하면 통신 속도 R은 선로 $\mathcal{N}$에 대해 **도달 가능**하다. $\mathcal{N}$의 선로 용량 $C(\mathcal{N})$은 $\mathcal{N}$에 대해 모든 도달 가능한 속도의 상한이다. 이제 섀넌의 선로 용량 정리를 설명할 수 있다.

【정리 14.10.1】섀넌의 선로 용량　최대 상호 정보 $I(\mathcal{N})$은 선로 $\mathcal{N} \equiv p_{Y|X}(y|x)$의 용량 $C(\mathcal{N})$과 같다.

$$C(\mathcal{N}) = I(\mathcal{N}) \equiv \max_{p_X(x)} I(X;Y) \qquad (14.177)$$

【증명】 증명은 두 부분으로 구성된다. 첫 번째 부분은 직접 부호화 정리라고 하며,

우변 ≤ 좌변임을 보인다. 즉, 속도 $I(\mathcal{N})$을 갖는 선로 부호의 수열이 존재하여 이 속도가 도달 가능함을 보인다. 두 번째 부분은 역정리라고 하며, 좌변 ≤ 우변임을 보인다. 즉, 우변에 대한 속도가 최적이며 이것을 넘어서는 도달 가능한 속도는 불가능함을 보인다. 여기서는 직접 부호화 정리를 증명하고, 역정리 부분은 20장의 HSW 정리에 도착할 때까지 미뤄두겠다. 왜냐하면 그쪽에서의 역정리가 이 고전적 정리의 역정리를 충분히 포함하기 때문이다. 직접 부호화 정리의 증명은 2.2.4절에서 이미 개략적으로 소개했고, 그 부분을 이 절에서 다시 살펴보면 도움이 될 것이다. 특히, 이 증명은 세 부분으로 나뉜다. 부호화를 구성하는 무작위 부호화, 수신자에 대한 복호화 알고리듬, 그리고 오류 분석이다. 필요한 모든 도구를 이 장에서 구성했기 때문에, 이제 증명의 기술적으로 자세한 부분을 전부 제시하겠다.

부호 구성 통신을 시작하기 전, 앨리스와 밥은 다음의 무작위 선택 절차를 통해 구성된 부호를 쓰기로 동의한다. 모든 메시지 $m \in \mathcal{M}$에 대해, i.i.d.인 곱 확률 분포 $p_{X^n}(x^n)$을 통해 부호단어 $x^n(m)$을 생성하자. 여기서 $p_X(x)$는 $I(\mathcal{N})$을 최대화하는 확률 분포다. 중요한 것은, 이 무작위 구성은 모든 부호단어가 다른 부호단어와 독립적으로 생성된다는 점이다.

부호화 메시지 m을 보내기 위해, 앨리스는 부호단어 $x^n(m)$을 선로에 입력한다.

복호화 알고리듬 선로에서 수열 y^n을 수신한 후, 밥은 y^n이 $p_Y(y) \equiv \sum_x p_{Y|X}(y|x) p_X(x)$에 대응하는 전형적인 집합 $T_\delta^{Y^n}$에 들어 있는지 검사한다. 만약 없다면 오류를 보고한다. 그러면 y^n이 조건부 전형적 집합 $T_\delta^{Y^n|x^n(m)}$에 있는 어떤 메시지 m이 존재하는지 검사한다. 만약 m이 $y^n \in T_\delta^{Y^n|x^n(m)}$을 만족시키는 유일한 메시지라면, 밥은 m이 전송된 메시지라고 단정짓는다. 만약 $y^n \in T_\delta^{Y^n|x^n(m)}$인 m이 없거나 $y^n \in T_\delta^{Y^n|x^n(m')}$인 m'이 여러 개 있다면, 밥은 오류를 보고한다. 부호화가 선로의 함수이고, 따라서 선로 부호를 '선로로부터' 구성했다고 말할 수 있음을 살펴보라.

오류 분석 위의 복호화 알고리듬에서 논의했듯이, 앨리스가 부호단어 $x^n(m)$을 선로를 통해 보냈을 때 이 통신 기법에서 나타날 수 있는 세 가지 종류의 오류가 존재한다.

$\mathcal{E}_0(m)$: 선로 출력 y^n이 전형적 집합 $T_\delta^{Y^n}$에 없는 경우
$\mathcal{E}_1(m)$: 선로 출력 y^n이 $T_\delta^{Y^n}$에 있지만, 조건부 전형적 집합 $T_\delta^{Y^n|x^n(m)}$에는 없는 경우

$\mathcal{E}_2(m)$: 선로 출력 y^n이 $T_\delta^{Y^n}$에 있지만, 어떤 다른 메시지에 대한 조건부 전형적 집합에 있는 경우

$$\left\{y^n \in T_\delta^{Y^n}\right\} \text{ 그리고 } \left\{\exists m' \neq m : y^n \in T_\delta^{Y^n|x^n(m')}\right\} \tag{14.178}$$

2.2.4절에서 평균 오류 확률의 기댓값을 분석한 것이 도움이 됐음을 생각해보자. 그때 기댓값은 부호의 무작위 선택에 대한 것이었고, 평균은 메시지 m의 균일한 무작위 선택에 대해 계산했다. $\mathcal{C} \equiv \{X^n(1), X^n(2), \ldots, X^n(|\mathcal{M}|)\}$이 부호의 무작위 선택에 해당하는 무작위 변수라고 하자. 무작위적으로 선택된 부호의 평균 오류 확률의 기댓값은 다음과 같다.

$$\mathbb{E}_\mathcal{C}\left\{\frac{1}{|\mathcal{M}|}\sum_m \Pr\left\{\mathcal{E}_0(m) \cup \mathcal{E}_1(m) \cup \mathcal{E}_2(m)\right\}\right\} \tag{14.179}$$

첫 번째 '움직임'은 기댓값과 급수를 교환하는 것이다. 이것은 기댓값의 선형성에 의해 성립한다.

$$\frac{1}{|\mathcal{M}|}\sum_m \mathbb{E}_\mathcal{C}\left\{\Pr\left\{\mathcal{E}_0(m) \cup \mathcal{E}_1(m) \cup \mathcal{E}_2(m)\right\}\right\} \tag{14.180}$$

모든 부호단어가 같은 방식으로 선택됐으므로(무작위적이고 메시지 m에 독립적이며 같은 확률 분포 $p_{X^n}(x^n)$에 따라), 다음의 등식이 모든 $m, m' \in \mathcal{M}$에 대해 성립한다.

$$\mathbb{E}_\mathcal{C}\left\{\Pr\left\{\mathcal{E}_0(m) \cup \mathcal{E}_1(m) \cup \mathcal{E}_2(m)\right\}\right\}$$
$$= \mathbb{E}_\mathcal{C}\left\{\Pr\left\{\mathcal{E}_0(m') \cup \mathcal{E}_1(m') \cup \mathcal{E}_2(m')\right\}\right\} \tag{14.181}$$

이 식은 하나의 메시지 m에 대한 $\mathbb{E}_\mathcal{C}\{\Pr\{\mathcal{E}_0(m) \cup \mathcal{E}_1(m) \cup \mathcal{E}_2(m)\}\}$만 분석하면 충분함을 뜻한다. 일반성을 잃지 않고, $m = 1$(첫 번째 메시지)이라고 선택할 수 있다. 위의 논의를 이용하면, 평균 오류 확률의 기댓값을 다음과 같이 간단히 할 수 있음을 알 수 있다.

$$\frac{1}{|\mathcal{M}|}\sum_m \mathbb{E}_\mathcal{C}\left\{\Pr\left\{\mathcal{E}_0(m) \cup \mathcal{E}_1(m) \cup \mathcal{E}_2(m)\right\}\right\}$$
$$= \mathbb{E}_\mathcal{C}\left\{\Pr\left\{\mathcal{E}_0(1) \cup \mathcal{E}_1(1) \cup \mathcal{E}_2(1)\right\}\right\} \tag{14.182}$$

그러면 다음의 합집합 한계를 적용할 수 있다.

$$\mathbb{E}_{\mathcal{C}} \left\{ \Pr \left\{ \mathcal{E}_0(1) \cup \mathcal{E}_1(1) \cup \mathcal{E}_2(1) \right\} \right\}$$
$$\leq \mathbb{E}_{\mathcal{C}} \left\{ \Pr \left\{ \mathcal{E}_0(1) \right\} \right\} + \mathbb{E}_{\mathcal{C}} \left\{ \Pr \left\{ \mathcal{E}_1(1) \right\} \right\} + \mathbb{E}_{\mathcal{C}} \left\{ \Pr \left\{ \mathcal{E}_2(1) \right\} \right\} \quad (14.183)$$

이제 각 오류를 개별적으로 분석해보자. 위의 사건 각각에 대해, 오류 분석을 간단히 하기 위해 지시자 함수를 이용한다(이렇게 하면 이 고전적 증명과 16장에서 살펴볼 양자적 경우에 대한 포장 보조정리$^{packing\ lemma}$ 접근법 사이의 다리를 놓는 데 도움이 된다. 즉, 어떤 관점에서는 사영 연산자가 나중에 지시자 함수를 대체한다). 지시자 함수 $I_\mathcal{A}(x)$가 $x \in \mathcal{A}$이면 1과 같고 아니면 0이라는 것을 생각해보자. 따라서 다음의 1과 같거나 더 큰 세 함수는 각각 $\mathcal{E}_0(1)$, $\mathcal{E}_1(1)$, $\mathcal{E}_2(1)$에 대응된다.

$$1 - I_{T_\delta^{Y^n}}(y^n) \quad (14.184)$$

$$I_{T_\delta^{Y^n}}(y^n) \left(1 - I_{T_\delta^{Y^n|x^n(1)}}(y^n) \right) \quad (14.185)$$

$$\sum_{m' \neq 1} I_{T_\delta^{Y^n}}(y^n) I_{T_\delta^{Y^n|x^n(m')}}(y^n) \quad (14.186)$$

(지시자의 마지막 급수는 오류 $\mathcal{E}_2(1)$에 합집합 한계를 다시 적용한 결과로, 그 자체가 사건들의 합집합이다.)

식 (14.184)의 지시자 함수를 이용하면

$$\mathbb{E}_{\mathcal{C}} \left\{ \Pr \left\{ \mathcal{E}_0(1) \right\} \right\} = \mathbb{E}_{X^n(1)} \left\{ \mathbb{E}_{Y^n|X^n(1)} \left\{ 1 - I_{T_\delta^{Y^n}}(Y^n) \right\} \right\} \quad (14.187)$$

$$= 1 - \mathbb{E}_{X^n(1),Y^n} \left\{ I_{T_\delta^{Y^n}}(Y^n) \right\} \quad (14.188)$$

$$= 1 - \mathbb{E}_{Y^n} \left\{ I_{T_\delta^{Y^n}}(Y^n) \right\} \quad (14.189)$$

$$= \Pr \left\{ Y^n \notin T_\delta^{Y^n} \right\} \leq \varepsilon \quad (14.190)$$

임을 알 수 있다. 여기서 첫 번째 줄은 Y^n이 조건부 확률 분포 $p_{Y^n|X^n}$에 따라 생성됐다는 것과 $X^n(1)$로부터 유도된다(첫 번째 메시지가 전송됐으므로). 그리고 나머지 다른 모든 부호는 이 시험에 아무 역할을 하지 않고, 따라서 다른 부호들은 제외시킬 수 있다. 마지막 줄에서는 전형적 집합 $T_\delta^{Y^n}$의 높은 확률 성질을 사용했다. 위의 전개 과정에서 $\mathbb{E}\{I_\mathcal{A}\} = \Pr\{\mathcal{A}\}$라는 사실도 사용했다. 식 (14.185)의 지시자 함수를 이용하면

$$\mathbb{E}_{\mathcal{C}}\left\{\Pr\left\{\mathcal{E}_1(1)\right\}\right\}$$

$$= \mathbb{E}_{X^n(1)}\left\{\mathbb{E}_{Y^n|X^n(1)}\left\{I_{T_\delta^{Y^n}}(Y^n)\left(1-I_{T_\delta^{Y^n|X^n(1)}}(Y^n)\right)\right\}\right\} \tag{14.191}$$

$$\leq \mathbb{E}_{X^n(1)}\left\{\mathbb{E}_{Y^n|X^n(1)}\left\{1-I_{T_\delta^{Y^n|X^n(1)}}(Y^n)\right\}\right\} \tag{14.192}$$

$$= 1 - \mathbb{E}_{X^n(1)}\left\{\mathbb{E}_{Y^n|X^n(1)}\left\{I_{T_\delta^{Y^n|X^n(1)}}(Y^n)\right\}\right\} \tag{14.193}$$

$$= \mathbb{E}_{X^n(1)}\left\{\Pr_{Y^n|X^n(1)}\left\{Y^n \notin T_\delta^{Y^n|X^n(1)}\right\}\right\} \leq \varepsilon \tag{14.194}$$

임을 알 수 있다. 여기서 마지막 줄에서는 조건부 전형적 집합 $T_\delta^{Y^n|X^n(1)}$의 높은 확률 성질을 사용했다. 마지막으로, 식 (14.186)의 지시자 함수를 사용해 마지막 종류의 오류 확률을 생각해보자.

$$\mathbb{E}_{\mathcal{C}}\left\{\Pr\left\{\mathcal{E}_2(1)\right\}\right\}$$

$$\leq \mathbb{E}_{\mathcal{C}}\left\{\sum_{m'\neq 1} I_{T_\delta^{Y^n}}(y^n)I_{T_\delta^{Y^n|X^n(m')}}(y^n)\right\} \tag{14.195}$$

$$= \sum_{m'\neq 1} \mathbb{E}_{\mathcal{C}}\left\{I_{T_\delta^{Y^n}}(y^n)I_{T_\delta^{Y^n|X^n(m')}}(y^n)\right\} \tag{14.196}$$

$$= \sum_{m'\neq 1} \mathbb{E}_{X^n(1),X^n(m'),Y^n}\left\{I_{T_\delta^{Y^n}}(y^n)I_{T_\delta^{Y^n|X^n(m')}}(y^n)\right\} \tag{14.197}$$

$$= \sum_{m'\neq 1}\sum_{x^n(1),x^n(m'),y^n} p_{X^n}(x^n(1))p_{X^n}(x^n(m'))$$
$$\times p_{Y^n|X^n}(y^n|x^n(1))I_{T_\delta^{Y^n}}(y^n)I_{T_\delta^{Y^n|x^n(m')}}(y^n) \tag{14.198}$$

$$= \sum_{m'\neq 1}\sum_{x^n(m'),y^n} p_{X^n}(x^n(m'))p_{Y^n}(y^n)I_{T_\delta^{Y^n}}(y^n)I_{T_\delta^{Y^n|x^n(m')}}(y^n) \tag{14.199}$$

첫 번째 부등식은 합집합 한계에서 유도되고, 첫 번째 등식은 여기서 무작위 부호를 선택한 방법, 즉 모든 메시지 m에 대해 부호단어가 p_{X^n}에 대해 무작위로 선택됐고, 결합 무작위 변수 $X^n(1)X^n(m')Y^n$에 대한 확률 분포가

$$p_{X^n}(x^n(1))\,p_{X^n}(x^n(m'))\,p_{Y^n|X^n}(y^n|x^n(1)) \tag{14.200}$$

이라는 사실에서 유도된다. 두 번째 등식은 $X^n(1)$에 대해 제외시켜서 유도한다. 계속하면

$$\leq 2^{-n[H(Y)-\delta]} \sum_{m' \neq 1} \sum_{x^n(m'),y^n} p_{X^n}(x^n(m')) I_{T_\delta^{Y^n|x^n(m')}}(y^n) \tag{14.201}$$

$$= 2^{-n[H(Y)-\delta]} \sum_{m' \neq 1} \sum_{x^n(m')} p_{X^n}(x^n(m')) \sum_{y^n} I_{T_\delta^{Y^n|x^n(m')}}(y^n) \tag{14.202}$$

$$\leq 2^{-n[H(Y)-\delta]} 2^{n[H(Y|X)+\delta]} \sum_{m' \neq 1} \sum_{x^n(m')} p_{X^n}(x^n(m')) \tag{14.203}$$

$$\leq |\mathcal{M}| \, 2^{-n[I(X;Y)-2\delta]} \tag{14.204}$$

임을 알 수 있다. 첫 번째 부등식은 전형적 수열에 대해 성립하는 한계 $p_{Y^n}(y^n)$ $I_{T_\delta^{Y^n}}(y^n) \leq 2^{-n[H(Y)-\delta]}$로부터 유도된다. 두 번째 부등식은 조건부 전형적 집합에 대한 농도 한계 $|T_\delta^{Y^n|x^n(m')}| \leq 2^{n[H(Y|X)+\delta]}$로부터 유도된다. 마지막 부등식은

$$\sum_{x^n(m')} p_{X^n}(x^n(m')) = 1 \tag{14.205}$$

이고, $|\mathcal{M}|$은 $\sum_{m' \neq 1} 1 = |\mathcal{M}| - 1$에 대한 상계라는 점, 그리고 항등식 $I(X; Y) = H(Y) - H(Y|X)$에 의해 성립한다. 따라서 메시지 집합 크기를 $|\mathcal{M}| = 2^{n[I(X;Y)-3\delta]}$로 선택하여 이 오류를 임의로 작게 만들 수 있다. 지금까지의 모든 것을 합치면, 앞에서 주어진 대로 메시지 집합을 선택하는 한 식 (14.179)에 대한 다음과 같은 한계를 유도할 수 있다.

$$\varepsilon' \equiv 2\varepsilon + 2^{-n\delta} \tag{14.206}$$

그러면 그 평균 오류 확률에 대한 같은 오류 한계를 갖는 특정한 부호가 존재함을 유도할 수 있다. 그럼 2.2.4절에서 논의했던 대로 평균 오류 한계를 가장 큰 것으로 바꾸기 위해 불필요한 부분을 삭제하는 논증을 이용할 수 있다(불필요한 부분의 삭제 단계는 부호단어에서 더 나쁜 절반을 버리고, 최대 오류 확률에 대한 $2\varepsilon'$의 한계를 보증한다). 따라서 모든 $\delta' > 0$과 $\varepsilon' \in (0, 1/2)$, 그리고 충분히 큰 n(여기서 $\delta' = 3\delta + 1/n$)에 대해 부호단어 $(n, C(\mathcal{N}) - \delta', 2\varepsilon')$의 도달 가능성을 보였다. 끝으로, 간단한 관측을 통해 위의 이 증명이 사용된 조건부 전형성의 정의가 강한 것인지 약한 것인지에는 의존하지 않음을 알 수 있다. $\square$

14.11 맺음말

이 장에서는 고전 세계의 전형성에 대한 많은 정의와 유형을 다뤘다. 하지만 기본 주제는 정보 이론에 큰 수의 법칙을 적용한다는 섀넌의 중심 통찰이다. 정보 이론에서 중심 목표는 정보의 전송이나 압축에서 오류 확률을 분석하는 것이다. 따라서 확률을 다루고, 모든 수열에 대해 일어나는 일들은 많이 신경 쓰지 않는다. 대신에, 주로 나타날 수열에 대해 일어나는 일만 신경 쓴다. 이런 생각의 틀은 전형적 수열의 정의를 이끌어내고, 전형적 수열만 추적해 정보의 압축에 대한 간단한 기법을 이끌어냈다. 그리고 성능이 점근적 극한에서 최적임을 알아냈다. 고전적 정보 이론과 비교했을 때 양자정보의 달라 보이는 특성에도 불구하고, 이 장에서 발전시킨 직관은 양자 전형성의 몇 가지 개념을 정의하는 다음 장에서 양자 세계로도 가져갈 수 있다.

14.12 역사와 더 읽을거리

커버Cover와 토마스Thomas(2006)는 고전적 경우에 대해 전형성의 위대함을 소개한다. 성질 14.7.5의 증명은 커버와 토마스의 책에서 직접 유도된다. 버거Berger(1977)는 강한 전형성을 도입했고, 사이자Csiszár와 쾨르너Körner(2011)는 이를 체계적으로 발전시켰다. 정보 이론을 다룬 또 다른 도움이 되는 책으로는 버거Berger(1971)와 영Yeung(2002)의 책이 있다. 가말Gamal과 김Kim(2012) 및 울포비츠Wolfowitz(1978)가 소개한 것을 포함한 전형성에 대한 다른 유용한 개념이 있다. 이 책에 실린 섀넌의 선로 용량 정리 증명은 사보프Savov(2012)의 것과 유사하다.

15

양자 전형성

15장은 양자정보의 점근적 이론에 대한 연구를 시작하는 장으로, 이 이론을 뒷받침하는 기술적 도구를 개발한다. 이 직관은 앞 장에서 만든 전형적 수열에 대한 직관과 유사한 직관이다. 하지만 고전적 경우와 양자적 경우 사이의 중요한 차이점을 알게 될 것이다.

지금까지 양자 섀넌 이론에서 단일하게 알려진 정보 처리 과정은 없고, 이 장에서 나오는 도구는 양자 섀넌 이론에서 부호화 정리의 도달 가능성 부분을 증명하는 데 도움이 되지 않는다. 대개는 양자정보의 점근적 이론에서 사용하기 위해 앞 장의 전형적 수열 아이디어에서 많은 부분을 직접적으로 가져올 수 있다. 하지만 애초에 그렇게 하는 데는 몇 가지 장애물이 있다고 생각할 수 있다. 가령, 양자정보 원천과 유사한 것은 뭘까? 일단 이 개념을 구성했다면, 양자정보 원천으로부터 방출된 상태가 전형적 상태인지 어떻게 결정할 수 있을까? 고전적 상황에서 전형성을 정하는 간단한 방법은 수열에 있는 모든 비트를 조사하는 것이다. 하지만 이 접근법은 양자 영역에서는 문제가 있다. '양자 비트를 바라본다'는 것은 측정을 수행하는 것과 같고, 그렇게 하면 뒤이어질 양자정보 처리 과정에서 보존하고 싶을 수도 있는 민감한 중첩상태를 파괴한다.

방금 말한 문제를 해결하고 양자 전형성의 유용한 개념을 구성하려면 어떻게 할 수 있을까? 가능한 답이 2개뿐인 질문에 대한 답을 결정할 때는 그렇게 파괴적이지 않아야 한다. 결국, 오직 "상태가 전형적인가 아닌가?"만을 물어봐야 하고, 이 질문을 물어보는 방법을 좀 더 섬세하게 할 수 있다. 비유적으로, 밥이 앨리스가 해변에 있는 멋진 식당에서 자신과 저녁을 먹을 수 있는지 결정하는 데 관심 있다고 하자. 밥은 앨리스에게 전화를 걸어서 상냥하게 물어볼 수밖에 없다. "사랑스러운 앨리스, 예쁜 해변 식당에서 저녁 먹을 수 있을까?" 또는 반대로 앨리스의 아파트로 쳐들어가서 앨리스의 달력을 찾아서 앨리스가 포함된 모든 약속을 살펴보고, 앨리스가 가능하다면 앨리스에게 자신과 함께할 것을 요구할 것이다. 후자의 불법침입은 앨리스를 심각하게 방해해서 아마 밥과 두 번 다시 대화하려고 하지 않을 수 있다(그리고 이런 두 가지 통신 없이 양자 섀넌 이론이 말이 될 것인가!). 양자정보의 경우에도 마찬가지다. 즉, 양자 상태를 다룰 때는 정중해야 한다. 그렇지 않으면, 그 상태를 방해해서 양자 상태가 미래에 있을 임의의 양자정보 처리 과정에서 쓸모없어질 수 있다.

두 가지 결과만을 갖는 불완전한 측정을 구성해 양자계의 이항 질문을 부드럽게 물어볼 수 있다. 만약 한쪽 출력이 높은 출현 확률을 갖는다면, 이 출력을 알아낸 후 상태에 대해 많은 것을 알아낼 수 없고, 따라서 이 질의가 그 상태를 많이 방해하지 않았다고 예상할 수 있다. 위의 경우, 질문을 다음과 같이 정식화할 수 있다. "상태가 전형적인가 아닌가?"가 이 질문에 대한 답을 되돌려주고 그 이상의 정보는 알려주지 않는 이항 질문이다. 사실 그 상태가 전형적 상태일 가능성이 매우 높기 때문에, 이 질의는 그 상태를 많이 방해하지 않을 것이라고 예상할 수 있고, 나중에 추가적인 양자정보 처리 과정을 위해 사용할 수 있다. 이것이 이 장의 기본적인 내용이고, 이를 엄밀하게 뒷받침하기 위해 몇 가지 기술적인 부분이 필요하다.

이 장의 구조는 다음과 같다. 먼저 전형적 부분공간의 개념을 논의한다(전형적 집합의 양자 유사품이다). 양자 전형성의 정의에 전형성의 약한 개념과 강한 개념을 이용할 수 있다. 그런 다음 15.2절에서 조건부 양자 전형성과, 고전 수열에 따라 무작위로 선택된 양자 상태에 적용할 수 있는 양자 전형성의 형태를 논의한다. 이 장은 양자계에 대한 형식 기법을 간략히 논의하면서 마무리한다. 이 모든 전개 과정은 양자 이론의 점근적 특성을 이해하고 양자 매체를 이용한 저장과 전송의 궁극적 극한을 결정하는 데 중요하다.

15.1 전형적 부분공간

첫 번째 작업은 양자정보 원천의 개념을 세우는 것이다. 이것은 원천이 어떤 확률 분포에 따라 양자 상태를 무작위적으로 출력한다는 점에서 고전 정보 원천의 개념과 유사하지만, 출력된 상태가 고전적 상황에서처럼 꼭 구분 가능해야 할 필요는 없다.

【정의 15.1.1】 **양자정보 원천**   양자정보 원천quantum information source은 유한한 차원의 힐베르트 공간 $\mathcal{H}_A$에 있는 순수 큐디트 상태를 무작위적으로 방출하는 어떤 장치다.

양자정보 원천에 대한 양자계를 나타내는 데 기호 A가 사용됐다. 원천이 어떤 확률 분포 $p_Y(y)$에 따라 상태 $|\psi_y\rangle$를 무작위적으로 출력한다고 하자. $|\psi_y\rangle$는 정규직교 집합을 구성할 필요가 없음을 알아두자. 그러면 이 정보 원천의 밀도 연산자 ρ_A는 다음과 같이 방출된 기대 상태다.

$$\rho_A \equiv \mathbb{E}_Y \{|\psi_Y\rangle\langle\psi_Y|_A\} = \sum_y p_Y(y)|\psi_y\rangle\langle\psi_y|_A \tag{15.1}$$

밀도 연산자를 랭크 1 사영 연산자의 볼록합으로 분해하는 많은 방법이 있다(그리고 위의 분해는 그중 한 사례다). 하지만 그런 분해 중 가장 중요한 것은 밀도 연산자 ρ의 스펙트럼 분해일 것이다.

$$\rho_A = \sum_{x\in\mathcal{X}} p_X(x)|x\rangle\langle x|_A \tag{15.2}$$

위의 상태 $|x\rangle_A$는 ρ_A의 고유벡터이고, 힐베르트 공간 $\mathcal{H}_A$의 완전한 정규직교 기저를 구성한다. 그리고 음이 아닌 볼록한 실수 $p_X(x)$는 ρ_A의 고윳값이다.

여기서 상태 $|x\rangle_A$와 고윳값 $p_X(x)$를 제안한다는 개념으로 적었다. 왜냐하면 사실상 이 양자 원천을 고전 정보 원천으로 생각할 수가 있기 때문이다. 방출된 상태 $\{|x\rangle_A\}_{x\in\mathcal{X}}$는 정규직교이고 그에 해당하는 고윳값 $p_X(x)$는 $|x\rangle_A$의 선택에 대한 확률로 작용한다. 그러면 이 원천은 직교하고, 따라서 구분 가능한 상태 $|x\rangle_A$를 확률 $p_X(x)$에 따라 내보내기 때문에 고전적이라고 말할 수 있다. 이 설명은 앙상블 $\{p_Y(y), |\psi_y\rangle\}_y$와 동등하다. 왜냐하면 두 앙상블이 같은 밀도 연산자를 이끌어내기 때문이다(같은 밀도 연산자를 갖는 두 앙상블은 계에 대해 수행되는 임의의 측정 결과에 대해 같은 확률을 보여주기 때문에 본질적으로 동등하다는 점을 떠올려보자). 이 양자정보 원천은 다

음의 순수 상태 앙상블

$$\{p_X(x), |x\rangle_A\}_{x \in \mathcal{X}} \tag{15.3}$$

에 대응된다.

이 밀도 연산자 ρ_A의 양자 엔트로피 $H(A)_\rho$가 다음과 같음을 생각해보자(정의 11.1.1).

$$H(A)_\rho \equiv -\operatorname{Tr}\{\rho_A \log \rho_A\} \tag{15.4}$$

기저 상태 $|x\rangle_A$가 정규직교이기 때문에, 이 양자 엔트로피 $H(A)_\rho$가 확률 분포 $p_X(x)$를 갖는 무작위 변수 X의 섀넌 엔트로피 $H(X)$와 같음을 보이기는 쉽다.

이제 양자정보 원천이 많은 수 n개의 무작위 양자 상태를 내보낸다고 하면, 방출된 상태를 묘사하는 밀도 연산자는 다음과 같다.

$$\rho_{A^n} \equiv \underbrace{\rho_{A_1} \otimes \cdots \otimes \rho_{A_n}}_{n} = (\rho_A)^{\otimes n} \tag{15.5}$$

표지 $A_1, \ldots, A_n$은 다른 양자계에 해당하는 힐베르트 공간을 나타내지만, 밀도 연산자는 각 양자계 $A_1, \ldots, A_n$에 대해 같고 ρ_A이다. 양자 원천에 대한 위의 묘사는 양자 영역에 대한 i.i.d. 상황에 있다. 식 (15.5) 상태의 스펙트럼 분해는 다음과 같다.

$$\rho_{A^n} = \sum_{x_1 \in \mathcal{X}} p_X(x_1)|x_1\rangle\langle x_1|_{A_1} \otimes \cdots \otimes \sum_{x_n \in \mathcal{X}} p_X(x_n)|x_n\rangle\langle x_n|_{A_n} \tag{15.6}$$

$$= \sum_{x_1, \cdots, x_n \in \mathcal{X}} p_X(x_1) \cdots p_X(x_n) \left(|x_1\rangle \cdots |x_n\rangle\right) \left(\langle x_1| \cdots \langle x_n|\right)_{A_1, \ldots, A_n} \tag{15.7}$$

$$= \sum_{x^n \in \mathcal{X}^n} p_{X^n}(x^n)|x^n\rangle\langle x^n|_{A^n} \tag{15.8}$$

여기서는 다음과 같이 줄여서 적었다.

$$p_{X^n}(x^n) \equiv p_X(x_1) \cdots p_X(x_n), \qquad |x^n\rangle_{A^n} \equiv |x_1\rangle_{A_1} \cdots |x_n\rangle_{A_n} \tag{15.9}$$

밀도 연산자에 대한 위의 양자적 묘사는 본질적으로는 고윳값 $p_{X_1}(x_1) \cdots p_{X_n}(x_n)$을 갖는 무작위 변수 X의 구현체 n개에 대한 고전적 묘사와 동등하다. 왜냐하면 상태의 집합 $\{|x_1\rangle \cdots |x_n\rangle_{A_1, \ldots, A_n}\}_{x_1, \ldots, x_n \in \mathcal{X}}$이 정규직교 집합이기 때문이다.

이제 '양자화'한다. 즉, 양자정보 원천의 전형성 개념을 확장하겠다. 이 정의는 14

장의 고전적 정의로부터 직접 유도된다. 전형성의 양자적 정의는 정의 14.2.3의 약한 개념과 정의 14.7.2의 강한 개념 중 어느 것이든지 이용할 수 있다. 어떤 종류의 전형성을 이용하고 있는지는 맥락에 따라 명확할 것이기 때문에, 전형적 부분공간과 전형적 집합에 대해 표기법을 구분하지는 않을 것이다.

【정의 15.1.2】 전형적 부분공간　δ-**전형적 부분공간**^{typical subspace} $T_{A^n}^\delta$는 전체 힐베르트 공간 $\mathcal{H}_{A^n} = \mathcal{H}_{A_1} \otimes \cdots \otimes \mathcal{H}_{A_n}$의 부분공간으로, 밀도 연산자의 여러 사본과 연관되어 있고 이것은 식 (15.2)와 같다. 이 공간은 δ-전형적인 고전적 수열 x^n에 해당하는 상태 $|x^n\rangle_{A^n}$에 의해 펼쳐진다.

$$T_{A^n}^\delta \equiv \mathrm{span}\left\{ |x^n\rangle_{A^n} : x^n \in T_\delta^{X^n} \right\} \tag{15.10}$$

여기서 좌변의 전형적 부분공간 $T_{A^n}^\delta$는 밀도 연산자 ρ에 대한 것이고, 우변의 전형적 집합 $T_\delta^{X^n}$은 식 (15.2)의 ρ의 스펙트럼 분해에서 나온 확률 분포 $p_X(x)$에 대한 것이다. 만약 ρ에 대한 공간의 의존성을 더 명시적으로 만들고 싶다면 그 부분공간을 $T_{A_n}^{\rho,\delta}$로 나타낸다.

15.1.1 전형적 부분공간 측정

전형적 부분공간의 정의(정의 15.1.2)는 n개의 큐디트에 대한 힐베르트 공간을 두 부분공간으로 나누는 방법을 제시한다. 즉, 전형적 부분공간과 비전형적 부분공간이다. 전형적 부분공간의 성질은 전형적 수열에서 알아낸 것과 유사하다. 즉, 전형적 부분공간은 n개 큐디트의 전체 힐베르트 공간보다 지수함수적으로 작지만 거의 모든 확률을 가져간다(아래에서 보일 관점에서). 전형적 부분공간의 이런 성질에 대한 직관은 일단 밀도 연산자의 스펙트럼 분해를 하고 나면 그림 14.2에서 묘사했던 것과 같이 고전적인 경우와 같다.

전형적 사영 연산자^{typical projector}는 전형적 부분공간 위로의 사영 연산자이고, 그 상보적 사영 연산자는 비전형적 부분공간 위로 사영시킨다. 이 사영 연산자들은 이들로부터 양자 측정을 구성할 수 있기 때문에 양자 섀넌 이론에서 중요한 조작적 역할을 수행한다. 즉, 이 측정은 다음의 질문 "상태가 전형적인가 아닌가?"를 물어보는 가장 좋은 방법이다. 왜냐하면 전형적 사영 연산자가 이 1비트짜리 정보를 얻어내면서도 상태를 최소한으로 흐트러트리기 때문이다.

【정의 15.1.3】 전형적 사영 연산자 $\Pi_{A^n}^\delta$가 식 (15.2)의 스펙트럼 분해를 갖는 밀도 연산자 ρ_A의 전형적 부분공간에 대한 전형적 사영 연산자를 나타낸다고 하자. 이 사영 연산자는 전형적 부분공간 위로의 사영 연산자다.

$$\Pi_{A^n}^\delta \equiv \sum_{x^n \in T_\delta^{X^n}} |x^n\rangle\langle x^n|_{A^n} \tag{15.11}$$

여기서 급수 아래의 x^n은 전형적 집합 $T_\delta^{X^n}$의 고전적 수열이고, 상태 $|x^n\rangle$은 식 (15.9)의 양자 상태로 식 (15.2)의 스펙트럼 분해를 통해 고전적 수열 x^n과 연관됐음이 묵시적으로 가정됐다. 또한 만약 ρ에 대한 의존성을 명시적으로 나타내고 싶다면 전형적 사영 연산자를 $\Pi_{A^n}^{\rho,\delta}$로 나타낼 수 있다.

밀도 연산자 ρ_{A^n}에 전형적 사영 연산자 $\Pi_{A^n}^\delta$를 곱한 작용은 전형적 부분공간에 있고 원래의 밀도 연산자 ρ_{A^n}에 가까운 다음과 같은 '썰린sliced' 연산자 $\tilde{\rho}_{A^n}$

$$\tilde{\rho}_{A^n} \equiv \Pi_{A^n}^\delta \rho_{A^n} \Pi_{A^n}^\delta = \sum_{x^n \in T_\delta^{X^n}} p_{X^n}(x^n)|x^n\rangle\langle x^n|_{A^n} \tag{15.12}$$

을 구성하는 모든 ρ_{A^n}을 골라내는 것이다. 즉, 전형적 부분공간 $T_{A^n}^\delta$ 위로의 상태를 사영시키는 효과는 전형적 부분공간 $T_{A^n}^\delta$에 놓여 있지 않은 상태 ρ_{A^n}의 어떤 부분이든지 전부 '썰어내는' 것이다.

【연습문제 15.1.1】   전형적 사영 연산자 $\Pi_{A^n}^\delta$이 밀도 연산자 ρ_{A^n}과 가환임을 보여라.

$$\rho_{A^n}\Pi_{A^n}^\delta = \Pi_{A^n}^\delta \rho_{A^n} \tag{15.13}$$

전형적 사영 연산자는 질문 "상태가 전형적인가 아닌가?"를 부드럽게 물어볼 수 있는 조작적 방법을 구성할 수 있게 해준다. 그러면 두 가지 결과로 구성되는 양자 측정을 만들어볼 수 있다. 출력 '1'은 상태가 전형적 부분공간에 있음을 나타내고, '0'은 그렇지 않음을 나타낸다. 이 전형적 부분공간 측정은 종종 양자 섀넌 이론의 대부분의 통신 규약에서 첫 번째 중요한 단계의 하나가 된다.

【정의 15.1.4】 전형적 부분공간 측정   다음의 사상은 전형적 부분공간 측정을 구현하는 양자 기기(4.6.8절 참고)다.

$$\sigma \to \left(I - \Pi_{A^n}^\delta\right) \sigma \left(I - \Pi_{A^n}^\delta\right) \otimes |0\rangle\langle 0| + \Pi_{A^n}^\delta \sigma \Pi_{A^n}^\delta \otimes |1\rangle\langle 1| \qquad (15.14)$$

여기서 σ는 힐베르트 공간 $\mathcal{H}_{A^n}$에 작용하는 어떤 밀도 연산자다. 이 측정은 측정 결과를 고전 레지스터와 연관시킨다. 즉, 고전 레지스터의 값은 σ의 서포트가 전형적 부분공간에 없으면 $|0\rangle$이고, σ의 서포트가 부분공간에 있으면 $|1\rangle$과 같다.

양자 섀넌 이론의 결과 중 많은 부분을 증명하기 위해 필요한 측도 집중 효과를 갖고 싶다면 전형적 부분공간 측정의 실현은 현재로서는 실험적으로 접근 가능한 현실과 멀리 떨어져 있다. 그림 14.1을 생각해보면, 필요한 측도 집중 효과를 얻기 위해 대략 백만 개의 비트를 갖는 수열이 필요하다. 양자정보 원천으로부터 방출된 큐비트도 비슷한 수가 필요할 것이다. 게다가, 전형적 부분공간 측정을 실현하기 위해 대략 백만 개 이상의 큐비트에 대한 무잡음 결맞은 연산을 수행할 수 있는 능력이 필요하다. 그런 무시무시한 요구조건은 분명히 양자 섀넌 이론을 현재의 실험적 현실과 가까운 연결을 만들 수 있는 이론이라기보다는 '매우 이론적인 이론'으로 놓아둔다.[1]

15.1.2 전형적 집합과 전형적 부분공간의 차이

이제, 전형적 집합과 관련된 고전적 관점과 전형적 부분공간과 관련된 양자적 관점 사이의 차이를 논의하기 위한 간단한 사례를 제시하겠다. 양자정보 원천이 1/2의 확률로 $|+\rangle$를 내보내고, 1/2의 확률로 $|0\rangle$을 내보낸다고 하자. 두 상태 $|+\rangle$와 $|0\rangle$이 완벽하게 구분 가능한 상태가 아니라는 사실은 잠시만 무시하고, 일단 그렇다고 하자. 그러면 이 원천에서 방출되는 거의 모든 수열은 전형적 수열이다. 왜냐하면 원천의 확률 분포가 균일하기 때문이다. 전형적 집합이 대략 $2^{nH(X)}$와 같은 크기를 갖는다고 하자. 그리고 이 경우 확률 분포 $\left(\frac{1}{2}, \frac{1}{2}\right)$의 엔트로피는 1비트와 같다. 따라서 $2^{nH(X)}$ = 2^n이기 때문에 이 확률 분포에 대한 전형적 집합의 크기는 대략 모든 수열의 집합 크기와 같다.

이제 두 상태 $|+\rangle$와 $|0\rangle$이 완벽하게 구분 가능한 상태가 아니라는 사실을 고려하고, 정의 15.1.2에 제시된 전형적 부분공간에 대한 처방을 사용하자. 위 앙상블의 밀도 연산자는 다음과 같다.

---

[1] 이것은 클로드 섀넌이 1948년에 정보 이론을 개발했을 때, 정보 이론에서도 같은 상황이었음을 알아두자. 하지만 그로부터 수년이 지난 후, 고전 선로의 고전 용량을 달성하기 위한 실제 고전 부호의 개발에 많은 발전이 있었다.

$$\frac{1}{2}|+\rangle\langle+| + \frac{1}{2}|0\rangle\langle0| = \begin{bmatrix} \frac{3}{4} & \frac{1}{4} \\ \frac{1}{4} & \frac{1}{4} \end{bmatrix} \tag{15.15}$$

여기서 그 행렬 표현은 계산 기저에 대해 나타냈다. 이 밀도 연산자의 스펙트럼 분해는 다음과 같다.

$$\cos^2(\pi/8)|\psi_0\rangle\langle\psi_0| + \sin^2(\pi/8)|\psi_1\rangle\langle\psi_1| \tag{15.16}$$

여기서 상태 $|\psi_0\rangle$와 $|\psi_1\rangle$은 직교이고, 따라서 한쪽을 다른 쪽과 구분할 수 있다. $|0\rangle$과 $|+\rangle$를 같은 확률로 출력하는 양자정보 원천은 따라서 $\cos^2(\pi/8)$의 확률로 $|\psi_0\rangle$를 출력하고 $\sin^2(\pi/8)$의 확률로 $|\psi_1\rangle$을 출력하는 정보 원천과 동등하다.

그러면 상태 $|0\rangle\langle0|$과 $|+\rangle\langle+|$보다는 상태 $|\psi_0\rangle\langle\psi_0|$와 $|\psi_1\rangle\langle\psi_1|$으로 전형적 문자열의 합을 취하여 전형적 부분공간 위로의 사영 연산자를 구성해보자. 이 전형성은 확률 분포 $(\cos^2(\pi/8),\ \sin^2(\pi/8))$를 갖는다. 양자정보 원천에 대응되는 전형적 부분공간의 차원은 확률 분포 $(1/2,\ 1/2)$에 대응되는 앞에서 언급한 전형적 집합의 크기와는 한참 다르다. 이것은 $2^{0.6n}$과 같은데, 확률 분포 $(\cos^2(\pi/8),\ \sin^2(\pi/8))$의 엔트로피가 대략 0.6비트이기 때문이다. 크기에서 보이는 이런 극명한 차이는 앙상블의 원래 묘사에서 나온 상태의 비직교성에 의한다. 즉, 앙상블에 있는 상태의 비직교성은 전형적 부분공간의 크기가 앙상블의 상태의 확률 분포에 해당하는 전형적인 집합의 크기보다 잠재적으로는 극적으로 작아질 수도 있음을 함의한다. 이 결과는 양자정보의 압축성에 대한 함의를 갖고, 더 자세한 내용은 18장에서 논의할 것이다. 일단은 전형적 부분공간에 대한 자세한 기술적인 내용을 계속하겠다.

15.1.3 전형적 부분공간의 성질

전형적 부분공간 $T_{A^n}^\delta$는 전형적 수열의 성질의 '양자화된' 판본이 되는 몇 가지 유용한 성질을 갖는다.

【성질 15.1.1】 단위 확률   상태 ρ_{A^n}의 전형적 부분공간 측정을 수행한다고 하자. 그러면 양자 상태 ρ_{A^n}이 전형적 부분공간 $T_{A^n}^\delta$에 있을 확률은 n이 커짐에 따라 1에 수렴한다. 즉, 모든 $\varepsilon \in (0,\ 1)$과 $\delta > 0$, 그리고 충분히 큰 n에 대해 다음이 성립한다.

$$\mathrm{Tr}\left\{\Pi_{A^n}^\delta \rho_{A^n}\right\} \geq 1 - \varepsilon \tag{15.17}$$

여기서 $\Pi_{A^n}^{\delta}$는 정의 15.1.3의 전형적 부분공간 사영 연산자다.

【성질 15.1.2】지수함수적으로 작은 차원 δ-전형적 부분공간의 차원 $\dim(T_{A^n}^{\delta})$는 양자 정보 원천의 출력이 최대로 섞인 상태가 아닐 때 양자 상태의 전체 공간의 차원 $|A|^n$ 보다 지수함수적으로 작다. 이 성질은 엄밀하게 말하면 다음과 같다.

$$\mathrm{Tr}\left\{\Pi_{A^n}^{\delta}\right\} \leq 2^{n(H(A)+c\delta)} \tag{15.18}$$

여기서 c는 약한 전형성 개념을 사용했는지 강한 전형성 개념을 사용했는지에 따라 달라지는 어떤 양의 상수다. δ-전형적 부분공간의 차원 $\dim(T_{A^n}^{\delta})$는 모든 $\varepsilon \in (0, 1)$ 과 $\delta > 0$, 그리고 충분히 큰 n에 대해 다음과 같은 하계를 갖는다.

$$\mathrm{Tr}\left\{\Pi_{A^n}^{\delta}\right\} \geq (1-\varepsilon)\, 2^{n(H(A)-c\delta)} \tag{15.19}$$

【성질 15.1.3】등분배 연산자 $\Pi_{A^n}^{\delta}\rho_{A^n}\Pi_{A^n}^{\delta}$는 밀도 연산자 ρ_{A^n}을 '썰어낸' 것에 대응되고, 이것은 전형적 부분공간의 서포트를 갖는 부분만을 썰어내서 유지한다. 그러면 썰린 연산자 $\Pi_{A^n}^{\delta}\rho_{A^n}\Pi_{A^n}^{\delta}$의 모든 고윳값은 다음과 같은 한계를 갖는다.

$$2^{-n(H(A)+c\delta)}\Pi_{A^n}^{\delta} \leq \Pi_{A^n}^{\delta}\rho_{A^n}\Pi_{A^n}^{\delta} \leq 2^{-n(H(A)-c\delta)}\Pi_{A^n}^{\delta} \tag{15.20}$$

위의 부등식은 연산자 부등식이다. 위의 진술은 연산자 $\Pi_{A^n}^{\delta}\rho_{A^n}\Pi_{A^n}^{\delta}$와 $\Pi_{A^n}^{\delta}$의 고윳값에 관한 것으로, 이 연산자들은 가환이기 때문에 같은 고유벡터를 갖는다. 따라서 위의 부등식은 고전적인 경우에 적용하는 다음의 부등식과 동등하다.

$$\forall x^n \in T_{\delta}^{X^n} : 2^{-n(H(A)+c\delta)} \leq p_{X^n}(x^n) \leq 2^{-n(H(A)-c\delta)} \tag{15.21}$$

이 등가성은 각 확률 분포 $p_{X^n}(x^n)$이 $\Pi_{A^n}^{\delta}\rho_{A^n}\Pi_{A^n}^{\delta}$의 고윳값이기 때문에 성립한다.

δ-전형적 부분공간의 차원 $\dim(T_{A^n}^{\delta})$는

$$\mathrm{Tr}\left\{\Pi_{A^n}^{\delta}\right\} \leq |A|^n \cdot 2^{n\delta} \simeq |A|^n \tag{15.22}$$

이기 때문에, 양자정보 원천의 밀도 연산자가 최대로 섞였을 때에만 전체 공간의 차원 $|\mathcal{X}|^n$과 근사적으로 같다.

이러한 성질들의 증명은 양자 전형성의 강한 개념과 약한 개념 중 어떤 것을 쓰는

가에 상관없이 기본적으로 14.7.3절과 14.9.3절에서 다뤘던 고전적 상황의 것과 같다. 이 증명은 아래의 연습문제 3개로 남겨둔다.

【연습문제 15.1.2】 δ-전형적 부분공간의 단위 확률 성질(성질 15.1.1)을 증명하라. 먼저, 밀도 연산자의 많은 사본이 δ-전형적 부분공간에 있을 확률이 무작위 수열이 δ-전형적일 확률과 같음을 보여라.

$$\text{Tr}\left\{\Pi_{A^n}^\delta \rho_{A^n}\right\} = \Pr\left\{X^n \in T_\delta^{X^n}\right\} \tag{15.23}$$

【연습문제 15.1.3】 δ-전형적 부분공간의 지수함수적으로 작은 차원 성질(성질 15.1.2)을 증명하라. 먼저, 전형적 사영 연산자 $\Pi_{A^n}^\delta$의 대각합이 전형적 부분공간 $T_{A^n}^\delta$의 차원과 같음을 보여라.

$$\dim(T_{A^n}^\delta) = \text{Tr}\left\{\Pi_{A^n}^\delta\right\} \tag{15.24}$$

【연습문제 15.1.4】 δ-전형적 부분공간의 등분배 성질(성질 15.1.3)을 보여라. 먼저

$$\Pi_{A^n}^\delta \rho_{A^n} \Pi_{A^n}^\delta = \sum_{x^n \in T_\delta^{X^n}} p_{X^n}(x^n)|x^n\rangle\langle x^n|_{A^n} \tag{15.25}$$

을 보이고, 증명을 논증하라.

다음 연습문제의 결과는 썰린 연산자 $\tilde{\rho}_{A^n} \equiv \Pi_{A^n}^\delta \rho_{A^n} \Pi_{A^n}^\delta$가 상태의 많은 사본이 있는 극한에서 원래 상태 ρ_{A^n}의 좋은 근사이고, 양자 자료 압축의 기법을 실질적으로 제시한다(이에 대해 18장에서 더 자세히 다룬다).

【연습문제 15.1.5】 약한 연산자 보조정리(보조정리 9.4.2)를 사용해 n이 클 때 ρ_{A^n}이 썰린 연산자 $\tilde{\rho}_{A^n}$에 $2\sqrt{\varepsilon}$-근접임을 보여라.

$$\|\rho_{A^n} - \tilde{\rho}_{A^n}\|_1 \leq 2\sqrt{\varepsilon} \tag{15.26}$$

약한 측정 보조정리(보조정리 9.4.1)를 이용해 썰린 상태

$$\left[\text{Tr}\left\{\Pi_{A^n}^\delta \rho_{A^n}\right\}\right]^{-1} \tilde{\rho}_{A^n} \tag{15.27}$$

이 대각합 거리에 대해 $\tilde{\rho}_{A^n}$에 $2\sqrt{\varepsilon}$-근접임을 보여라.

【연습문제 15.1.6】 썰린 상태 $\tilde{\rho}_{A^n}$의 순도 $\mathrm{Tr}\{(\tilde{\rho}_{A^n})^2\}$이 충분히 큰 n과 임의의 $\varepsilon \in (0, 1)$에 대해 다음의 한계를 만족시킴을 보여라(약한 양자 전형성을 이용하라).

$$(1 - \varepsilon)\, 2^{-n(H(A)+\delta)} \leq \mathrm{Tr}\left\{\left(\tilde{\rho}_{A^n}\right)^2\right\} \leq 2^{-n(H(A)-\delta)} \tag{15.28}$$

【연습문제 15.1.7】 임의의 $\varepsilon \in (0, 1)$과 충분히 큰 n에 대해, 썰린 상태 $\tilde{\rho}_{A^n}$의 랭크와 ∞-노름에 대해 다음의 한계가 성립함을 보여라.

$$(1 - \varepsilon)\, 2^{n(H(A)-\delta)} \leq \mathrm{rank}(\tilde{\rho}_{A^n}) \leq 2^{n(H(A)+\delta)} \tag{15.29}$$

$$2^{-n(H(A)+\delta)} \leq \|\tilde{\rho}_{A^n}\|_{\infty} \leq 2^{-n(H(A)-\delta)} \tag{15.30}$$

(연산자의 랭크는 서포트의 크기와 같고, 무한대 노름은 최대 고윳값과 같음을 생각해보자. 이번에도 약한 양자 전형성을 사용하라.)

15.1.4 2분할 또는 다분할 상태의 전형적 부분공간

14.5절을 다시 생각해보면, $x^n y^n$의 결합 표본 엔트로피가 결합 엔트로피 $H(X, Y)$에 가깝고 각 수열의 표본 엔트로피가 각각의 한계 엔트로피 $H(X)$와 $H(Y)$에 가까우면 두 고전적 수열 x^n과 y^n은 약하게 결합된 전형적 수열이다. 여기서 엔트로피는 어떤 결합 분포 $p_{X,Y}(x, y)$에 대해 계산한다. 그러면 이 조건이 성립하는지 실제로 어떻게 점검할 수 있을까? 가장 분명한 방법은 수열 $x^n y^n$을 쳐다보고 결합 표본 엔트로피를 계산해서 그 양을 참 결합 엔트로피와 비교하고, 그 차이가 문턱값 δ보다 아래인지를 정하는 것이다. 그리고 한계 수열에 대해서도 마찬가지로 반복한다. 먼저 한계 수열이 전형적인지를 정할 수 있고, 그러면 결합 수열이 전형적 수열인지를 정할 수 있다. 또는 어떤 것을 먼저 하든 그 반대로 해도 마찬가지라는 점에서 이 두 연산은 가환이다.

하지만 양자 세계에서 이 교환 관계는 성립할 필요가 없다. 양자 상태가 전형적인지 결정하는 방법은 전형적 부분공간 측정을 수행하는 것이다. 만약 전체 계의 전형적 부분공간 측정을 수행하고, 이어서 한계 수열에 측정을 하면, 그 결과 상태는 한계 측정을 먼저 수행하고 이어서 결합 측정을 한 것과 같을 필요가 없다. 이런 이유로, 정의 14.5.3에 제시된 약한 결합 전형성의 개념은 양자적 상황에서는 일반적으로 존재하지 않는다. 그러나 여전히 그런 경우를 어떻게 다룰 수 있는지 간략히 살펴보고,

약한 결합 전형성이 성립하는 상태의 제한된 부류의 사례를 나중에 제시할 것이다.

두 참여자 A와 B 사이에 공유된 섞인 상태 ρ_{AB}에 있는 양자 상태를 갖고 있다고 하자. 이 섞인 상태를 스펙트럼 정리를 통해 다음과 같이 분해할 수 있다.

$$\rho_{AB} = \sum_{z \in \mathcal{Z}} p_Z(z) |\psi_z\rangle\langle\psi_z|_{AB} \tag{15.31}$$

여기서 상태 $\{|\psi_z\rangle_{AB}\}_{z \in \mathcal{Z}}$는 결합된 양자계 AB에 대한 정규직교 기저를 형성하고, 각 상태 $|\psi_z\rangle_{AB}$는 일반적으로 얽혀 있다.

위 상태의 n번째 확장 $\rho_{A^n B^n}$을 고려하고, 그 스펙트럼 분해를 다음과 같이 나타내자.

$$\rho_{A^n B^n} \equiv (\rho_{AB})^{\otimes n} = \sum_{z^n \in \mathcal{Z}^n} p_{Z^n}(z^n) |\psi_{z^n}\rangle\langle\psi_{z^n}|_{A^n B^n} \tag{15.32}$$

여기서

$$p_{Z^n}(z^n) \equiv p_Z(z_1) \cdots p_Z(z_n) \tag{15.33}$$

$$|\psi_{z^n}\rangle_{A^n B^n} \equiv |\psi_{z_1}\rangle_{A_1 B_1} \cdots |\psi_{z_n}\rangle_{A_n B_n} \tag{15.34}$$

이 전개 과정은 즉시 2분할 상태에 대한 전형적 부분공간의 정의를 이끌어낸다.

【정의 15.1.5】2분할 상태의 전형적 부분공간　ρ_{AB}의 δ-전형적 부분공간 $T^\delta_{A^n B^n}$는 그에 해당하는 고전적 수열 z^n이 전형적 집합 $T^{Z^n}_\delta$에 있는 상태 $|\psi_{z^n}\rangle_{A^n B^n}$에 의해 펼쳐지는 공간이다.

$$T^\delta_{A^n B^n} \equiv \mathrm{span}\left\{ |\psi_{z^n}\rangle_{A^n B^n} : z^n \in T^{Z^n}_\delta \right\} \tag{15.35}$$

상태 $|\psi_{z^n}\rangle_{A^n B^n}$은 ρ_{AB}의 스펙트럼 분해에서 나오고, 고전적 수열 z^n의 전형성에 대해 고려한 확률 분포는 그 스펙트럼 분해에서 나온 $p_Z(z)$이다.

【정의 15.1.6】2분할 상태의 전형적 사영 연산자　$\Pi^\delta_{A^n B^n}$이 ρ_{AB}의 전형적 부분공간 위로의 사영 연산자를 나타낸다고 하자.

$$\Pi^\delta_{A^n B^n} \equiv \sum_{z^n \in T^{Z^n}_\delta} |\psi_{z^n}\rangle\langle\psi_{z^n}|_{A^n B^n} \tag{15.36}$$

따라서 궁극적으로는 2분할 상태의 전형적 부분공간과 단일 참여자 상태의 전형적 부분공간 사이에는 아무런 차이가 없다. 왜냐하면 두 경우 모두에 대해 스펙트럼 분해가 전형적 부분공간과 전형적 사영 연산자를 결정하는 방법을 제시하기 때문이다. 아마 유일한 차이라면 AB가 2분할계를 나타내는데 Z가 스펙트럼 분해로부터 주어진 확률 분포를 나타내는 무작위 변수를 나타낸다는 외형적인 부분일 것이다. 끝으로, 성질 15.1.1 ~ 성질 15.1.3은 2분할 상태의 양자적 전형성에 대해서도 성립한다.

15.1.5 고전 상태에 대한 결합된 전형적 부분공간

일반적인 경우에는 약한 결합 전형성의 개념이 성립할 수 없지만, 완전히 고전적인 상태의 특수한 부류에 대해서는 성립한다. 이제 두 참여자 A와 B 사이에 공유된 섞인 상태 ρ_{AB}가 다음의 특수한 형태

$$\rho_{AB} = \sum_{x \in \mathcal{X}} \sum_{y \in \mathcal{Y}} p_{X,Y}(x,y) \left(|x\rangle \otimes |y\rangle \right) \left(\langle x| \otimes \langle y| \right)_{AB} \tag{15.37}$$

$$= \sum_{x \in \mathcal{X}} \sum_{y \in \mathcal{Y}} p_{X,Y}(x,y) |x\rangle\langle x|_A \otimes |y\rangle\langle y|_B \tag{15.38}$$

를 갖는다고 하자. 여기서 상태 $\{|x\rangle_A\}_{x \in \mathcal{X}}$와 상태 $\{|y\rangle_B\}_{y \in \mathcal{Y}}$는 각각 $\mathcal{X}$계와 $\mathcal{Y}$계의 정규직교 기저를 구성한다. 이 상태는 앨리스와 밥이 단순히 국소적 연산과 고전 통신에 의해 준비했기 때문에 오직 고전적 상관성만을 갖는다. 즉, 앨리스는 자신의 실험실에 있는 확률 분포 $p_{X,Y}(x, y)$로부터 표본을 추출해 밥에게 변수 y를 전송할 수 있다. 게다가, A와 B의 상태는 국소적으로 구분 가능한 집합을 형성한다.

위 상태의 n번째 확장 $\rho_{A^n B^n}$을 생각할 수 있다.

$$\rho_{A^n B^n} \equiv (\rho_{AB})^{\otimes n} \tag{15.39}$$

$$= \sum_{x^n \in \mathcal{X}^n, y^n \in \mathcal{Y}^n} p_{X^n, Y^n}(x^n, y^n) \left(|x^n\rangle \otimes |y^n\rangle \right) \left(\langle x^n| \otimes \langle y^n| \right)_{A^n B^n} \tag{15.40}$$

$$= \sum_{x^n \in \mathcal{X}^n, y^n \in \mathcal{Y}^n} p_{X^n, Y^n}(x^n, y^n) |x^n\rangle\langle x^n|_{A^n} \otimes |y^n\rangle\langle y^n|_{B^n} \tag{15.41}$$

이 전개 과정은 즉시 이 특별한 경우에 대한 약하게 결합된 전형적 부분공간의 정의를 이끌어낸다.

【정의 15.1.7】 결합된 전형적 부분공간   약한 δ-결합된 전형적 부분공간 $T^\delta_{A^nB^n}$는 그에 대응되는 고전 수열 x^ny^n이 결합된 전형적 집합에 있는 상태 $|x^n\rangle|y^n\rangle_{A^nB^n}$에 의해 펼쳐지는 공간이다.

$$T^\delta_{A^nB^n} \equiv \text{span}\left\{|x^n\rangle_{A^n}|y^n\rangle_{B^n} : x^ny^n \in T^{X^nY^n}_\delta\right\} \tag{15.42}$$

【정의 15.1.8】 결합된 전형적 사영 연산자 $\Pi^\delta_{A^nB^n}$가 결합된 전형적 사영 연산자라고 하자. 이것은 결합된 전형적 부분공간 위로의 사영 연산자다.

$$\Pi^\delta_{A^nB^n} \equiv \sum_{x^n,y^n \in T^{X^nY^n}_\delta} |x^n\rangle\langle x^n|_{A^n} \otimes |y^n\rangle\langle y^n|_{B^n} \tag{15.43}$$

고전 상태에 대한 결합된 전형적 사영 연산자의 성질

성질 15.1.1 ~ 성질 15.1.3은 결합된 전형적 부분공간 $T^\delta_{A^nB^n}$에도 적용된다. 왜냐하면 이것도 전형적 부분공간이기 때문이다. 다음의 성질은 결합된 전형성에 대한 성질 14.5.4와 유사한데, 상태 ρ_{AB}가 식 (15.37)의 특수한 형태를 갖는 경우에는 항상 성립한다.

【성질 15.1.4】 결합된 전형성의 확률 $\rho_{A^nB^n}$이 식 (15.39)에 주어진 것과 같은 고전적 상태라고 하자. 다음의 한계 밀도 연산자를 생각해보자.

$$\rho_{A^n} \equiv \text{Tr}_{B^n}\{\rho_{A^nB^n}\}, \qquad \rho_{B^n} \equiv \text{Tr}_{A^n}\{\rho_{A^nB^n}\} \tag{15.44}$$

$\rho_{\tilde{A}^n\tilde{B}^n}$을 다음의 밀도 연산자로 정의하자.

$$\rho_{\tilde{A}^n\tilde{B}^n} \equiv \rho_{A^n} \otimes \rho_{B^n} \neq \rho_{A^nB^n} \tag{15.45}$$

따라서 $\rho_{\tilde{A}^n\tilde{B}^n}$의 한계 밀도 연산자는 $\rho_{A^nB^n}$의 한계 밀도 연산자와 같다. 그러면 상태 $\rho_{\tilde{A}^n\tilde{B}^n}$이 전형적 부분공간 $T^\delta_{A^nB^n}$에 있을 확률은 다음과 같은 한계를 갖는다.

$$\text{Tr}\left\{\Pi^\delta_{A^nB^n}\rho_{\tilde{A}^n\tilde{B}^n}\right\} \leq 2^{-n(I(A;B)-3\delta)} \tag{15.46}$$

【연습문제 15.1.8】   성질 15.1.4의 한계를 증명하라.

$$\text{Tr}\left\{\Pi^\delta_{A^nB^n}\rho_{\tilde{A}^n\tilde{B}^n}\right\} \leq 2^{-n(I(A;B)-3\delta)} \tag{15.47}$$

15.2 조건부 양자 전형성

조건부 양자 전형성은 어쩌면 고전적 영역에서의 조건부 전형성 개념과 유사하다. 하지만 다른 양자 상태가 완벽하게 구분 가능할 필요가 없다는 점 때문에 어떤 차이점이 있음을 금방 알아차릴 수 있다. 이 절에서 개발할 조건부 양자 전형성에 대한 기술적 도구는 공개된 고전 정보와 비밀 양자정보를 양자 선로를 통해 전송하는 기법(20장과 23장에서 논의할 주제)을 개발할 때 중요하다.

먼저, 조건부 양자정보 원천의 개념을 만들자. 확률 분포 $p_X(x)$를 갖는 무작위 변수 X를 생각하자. $\mathcal{X}$가 무작위 변수의 알파벳이고, $|\mathcal{X}|$이 그 농도^{cardinality}라고 하자. 그리고 그 구현체를 표현하기 위해 정규직교 집합 $\{|x\rangle\}_{x \in \mathcal{X}}$를 이용하자. 이번에도 알파벳 $\mathcal{X}$의 원소를 $\{x\}_{x \in \mathcal{X}}$라고 표시할 것이다.

무작위 변수 X의 구현체 x를 그 확률 분포 $p_X(x)$에 따라 생성하고, 이어서 어떤 조건부 확률 분포에 따라 무작위 양자 상태를 생성한다고 하자. 그러면 이 절차는 양자정보 원천 $|\mathcal{X}|$의 집합을 준다(각각은 정의 15.1.1과 같다). 여기에 지표를 고전 지표 x로 붙이고, 내보내진 고전 지표가 x이면 양자정보 원천은 기대 밀도 연산자 ρ_B^x를 갖는다. 더불어서, 각 ρ_B^x가 같은 차원을 갖는다는 제약조건을 도입하자(이것은 낮은 차원의 상태를 더 큰 힐베르트 공간으로 집어넣으면 된다). 따라서 이 양자정보 원천은 '조건부 양자정보 원천'이다. $\mathcal{H}_B$와 B를 각각 조건부 양자정보 원천의 양자 출력에 대응되는 힐베르트 공간과 계 표지를 나타낸다고 하자. 그 결과 앙상블을 '고전 양자 앙상블'이라고 하고, '고전 양자정보 원천'이 고전 양자 앙상블을 생성했다고 말할 수 있다. 고전 양자 앙상블은 다음과 같다.

$$\{p_X(x), |x\rangle\langle x|_X \otimes \rho_B^x\}_{x \in \mathcal{X}} \tag{15.48}$$

여기서 고전 상태 $|x\rangle_X$를 조건부 양자정보 원천의 밀도 연산자 ρ_B^x와 상관시켰다. 위의 고전 양자 앙상블의 기대 밀도 연산자는 다음의 고전 양자 상태다(4.3.4절에서 논의함).

$$\rho_{XB} \equiv \sum_{x \in \mathcal{X}} p_X(x) |x\rangle\langle x|_X \otimes \rho_B^x \tag{15.49}$$

고전 양자 상태 ρ_{XB}의 조건부 양자 엔트로피 $H(B|X)_\rho$는 다음과 같다.

$$H(B|X)_\rho = \sum_{x \in \mathcal{X}} p_X(x) H(\rho_B^x) \tag{15.50}$$

각각의 조건부 밀도 연산자 ρ_B^x의 스펙트럼 분해를 다음과 같이 적을 수 있다.

$$\sum_{y \in \mathcal{Y}} p_{Y|X}(y|x) |y_x\rangle\langle y_x|_B \tag{15.51}$$

집합 $\{y\}_{y \in \mathcal{Y}}$의 원소는 알파벳 $\mathcal{Y}$의 원소를 표시하고, 정규직교 집합 $\{|y_x\rangle_B\}_{y \in \mathcal{Y}}$는 ρ_B^x의 고유벡터 집합이다. 그리고 그에 해당하는 고윳값은 $\{p_{Y|X}(y|x)\}_{y \in \mathcal{Y}}$이다. 그 분해가 다른 밀도 연산자 ρ_B^x에 대해서는 다를 수도 있기 때문에, 정규직교 집합 $\{|y_x\rangle_B\}_{y \in \mathcal{Y}}$에 대해 x로 표시할 필요가 있다. 고윳값 $p_{Y|X}(y|x)$가 조건부 확률에 해당하고 고유벡터의 집합 $\{|y_x\rangle_B\}$가 표지 x에 대해 조건화된 양자 상태의 정규직교 집합에 해당하기 때문에 위의 표기법이 제안된다. 이런 표현을 갖고서, 조건부 엔트로피 $H(B|X)$는 고전 조건부 엔트로피에 대한 것과 같아 보이는 공식으로 줄어든다.

$$H(B|X) = \sum_{x \in \mathcal{X}} p_X(x) H(\rho_B^x) \tag{15.52}$$

$$= \sum_{x \in \mathcal{X}, y \in \mathcal{Y}} p_X(x) p_{Y|X}(y|x) \log \frac{1}{p_{Y|X}(y|x)} \tag{15.53}$$

이제, 고전 양자정보 원천이 많은 수 n개의 상태를 내보내는 경우를 생각해보자. 그 출력 상태 $\rho_{X^n B^n}$에 대한 밀도 연산자는 다음과 같다.

$$\rho_{X^n B^n}$$
$$\equiv (\rho_{XB})^{\otimes n} \tag{15.54}$$

$$= \left(\sum_{x_1 \in \mathcal{X}} p_X(x_1) |x_1\rangle\langle x_1|_{X_1} \otimes \rho_{B_1}^{x_1} \right) \otimes \cdots \otimes \left(\sum_{x_n \in \mathcal{X}} p_X(x_n) |x_n\rangle\langle x_n|_{X_n} \otimes \rho_{B_n}^{x_n} \right) \tag{15.55}$$

$$= \sum_{x_1, \ldots, x_n \in \mathcal{X}} p_X(x_1) \cdots p_X(x_n) |x_1\rangle \cdots |x_n\rangle\langle x_1| \cdots \langle x_n|_{X^n} \otimes \left(\rho_{B_1}^{x_1} \otimes \cdots \otimes \rho_{B_n}^{x_n} \right) \tag{15.56}$$

이 상태를 다음과 같이 축약할 수 있다.

$$\sum_{x^n \in \mathcal{X}^n} p_{X^n}(x^n) |x^n\rangle\langle x^n|_{X^n} \otimes \rho_{B^n}^{x^n} \tag{15.57}$$

여기서

$$p_{X^n}(x^n) \equiv p_X(x_1) \cdots p_X(x_n), \tag{15.58}$$

$$|x^n\rangle_{X^n} \equiv |x_1\rangle_{X_1} \cdots |x_n\rangle_{X_n}, \qquad \rho_{B^n}^{x^n} \equiv \rho_{B_1}^{x_1} \otimes \cdots \otimes \rho_{B_n}^{x_n} \tag{15.59}$$

이고, 상태 $\rho_{B^n}^{x^n}$에 대한 스펙트럼 분해는 다음과 같다.

$$\rho_{B^n}^{x^n} = \sum_{y^n \in \mathcal{Y}^n} p_{Y^n|X^n}(y^n|x^n) |y_{x^n}^n\rangle\langle y_{x^n}^n|_{B^n} \tag{15.60}$$

여기서

$$p_{Y^n|X^n}(y^n|x^n) \equiv p_{Y_1|X_1}(y_1|x_1) \cdots p_{Y_n|X_n}(y_n|x_n) \tag{15.61}$$

$$|y_{x^n}^n\rangle_{B^n} \equiv |\, y_{1\,x_1}\rangle_{B_1} \cdots |\, y_{n\,x_n}\rangle_{B_n} \tag{15.62}$$

위의 전개 과정은 약한 조건부 양자 전형성과 강한 조건부 양자 전형성의 정의를 구성하는 단계 중 하나다.

15.2.1 약한 조건부 양자 전형성

약한 고전적 조건부 전형성의 개념을 '양자화'하여, 고전 양자정보 원천에 적용할 수 있다.

【정의 15.2.1】 (약한 조건부 전형적 부분공간) 조건부 전형적 부분공간 $T_{B^n|x^n}^{\delta}$는 특정 수열 x^n과 앙상블 $\{p_X(x), \rho_B^x\}$에 대응된다. 이것은 그 조건부 표본 엔트로피가 참 조건부 양자 엔트로피에 δ-근접인 상태 $|y_{x^n}^n\rangle_{B^n}$에 의해 펼쳐진 부분공간이다.

$$T_{B^n|x^n}^{\delta} \equiv \mathrm{span}\left\{ |y_{x^n}^n\rangle_{B^n} : \left|\overline{H}(y^n|x^n) - H(B|X)\right| \le \delta \right\} \tag{15.63}$$

여기서 상태 $|y_{x^n}^n\rangle_{B^n}$은 밀도 연산자 ρ_B^x(식 (15.62)의 형태를 갖는다.)의 고유상태로부터 구성되고, 표본 엔트로피는 식 (15.51)의 확률 분포 $p_{Y|X}(y|x)$에 대해 계산된다.

【정의 15.2.2】약한 조건부 전형적 사영 연산자 조건부 전형적 부분공간 $T_{B^n|x^n}^\delta$ 위로의 사영 연산자 $\Pi_{B^n|x^n}^\delta$는 다음과 같다.

$$\Pi_{B^n|x^n}^\delta \equiv \sum_{y_{x^n}^n \in T_\delta^{Y^n|x^n}} |y_{x^n}^n\rangle\langle y_{x^n}^n|_{B^n} \tag{15.64}$$

15.2.2 약한 조건부 전형적 부분공간의 성질

약한 조건부 전형적 부분공간 $T_{B^n|x^n}^\delta$는 14.6절에서 논의한 약한 조건부 전형적 수열에 대한 성질의 '양자화된' 판본에 해당하는 몇 가지 유용한 성질을 갖는다. 특정 수열 x^n에 대해 성질들 중 몇 가지는 실제로 성립한다고 할 수 없지만, 무작위 수열 X^n의 평균에 대해서는 그렇게 할 수 있다. 따라서 이 성질 중 몇 가지는 무작위 수열 X^n에 대한 기대 거동을 준다. 약한 양자 조건부 전형성에 대한 이 관행은 14.6절에서의 고전적인 약한 조건부 전형성에 대해 했던 것과 같다.

【성질 15.2.1】단위 확률 무작위 양자 상태 $\rho_{B^n}^{X^n}$이 조건부 전형적 부분공간 $T_{B^n|X^n}^\delta$에서 측정될 확률의 기댓값은 n이 커짐에 따라 1에 접근한다. 즉, 모든 $\varepsilon \in (0, 1)$과 $\delta > 0$, 그리고 충분히 큰 n에 대해 다음이 성립한다.

$$\mathbb{E}_{X^n}\left\{\mathrm{Tr}\left\{\Pi_{B^n|X^n}^\delta \rho_{B^n}^{X^n}\right\}\right\} \geq 1 - \varepsilon \tag{15.65}$$

【성질 15.2.2】지수함수적으로 작은 차원 δ-조건부 전형적 부분공간의 차원 $\dim(T_{B^n|x^n}^\delta)$은 대부분의 고전 양자정보 원천에 대한 양자 상태의 전체 공간의 차원 $|\mathcal{Y}|^n$보다 지수함수적으로 작다. 이 성질은 엄밀하게 말하면 다음과 같다.

$$\mathrm{Tr}\left\{\Pi_{B^n|x^n}^\delta\right\} \leq 2^{n(H(B|X)+\delta)} \tag{15.66}$$

δ-조건부 전형적 부분공간의 차원 $\dim(T_{B^n|x^n}^\delta)$는 모든 $\varepsilon \in (0, 1)$과 $\delta > 0$, 그리고 충분히 큰 n에 대해 다음과 같은 하계를 갖는다.

$$\mathbb{E}_{X^n}\left\{\mathrm{Tr}\left\{\Pi_{B^n|X^n}^\delta\right\}\right\} \geq (1 - \varepsilon)\, 2^{n(H(B|X)-\delta)} \tag{15.67}$$

【성질 15.2.3】등분배 밀도 연산자 $\rho_{B^n}^{x^n}$은 조건부 전형적 부분공간으로 사영됐을 때 근

사적으로 최대로 섞인 것으로 보인다. 즉,

$$2^{-n(H(B|X)+\delta)}\Pi_{B^n|x^n}^\delta \leq \Pi_{B^n|x^n}^\delta \rho_{B^n}^{x^n} \Pi_{B^n|x^n}^\delta \leq 2^{-n(H(B|X)-\delta)}\Pi_{B^n|x^n}^\delta \quad (15.68)$$

【연습문제 15.2.1】 약한 조건부 양자 전형성에 대한 위의 세 가지 성질을 모두 증명하라.

15.2.3 강한 조건부 양자 전형성

이제 강한 조건부 양자 전형성의 개념을 만들어보자. 다시, 이 개념은 앙상블이나 식 (15.49)에 주어진 것과 같은 고전 양자 상태에 적용된다. 하지만 조건부 양자계의 점근적 거동에 대한 더 강한 진술을 증명할 수 있기 때문에, 약한 조건부 양자 전형성과는 다르다(14.9절의 고전적 상황에서 했던 것과 마찬가지다). 이 절은 이런 직관을 만들어주는 사례로 시작한다. 이어서 강한 조건부 양자 전형성의 엄밀한 정의를 제시하고, 강한 조건부 전형적 부분공간의 몇 가지 성질을 증명하며 마무리한다.

14.7절의 사례를 다시 생각해보자. 이 사례와 비슷한 방법으로, 알파벳 {0, 1, 2}에서 다음의 확률 분포에 따라 수열을 꺼낼 수 있다.

$$p_X(0) = \frac{1}{4}, \quad p_X(1) = \frac{1}{4}, \quad p_X(2) = \frac{1}{2} \quad (15.69)$$

어떤 잠재적 실제 수열은 다음과 같다.

$$201020102212 \quad (15.70)$$

위의 수열은 4개의 '0', 3개의 '1', 5개의 '2'를 갖는다. 그러므로 이 수열의 경험적 확률 분포는 (1/3, 1/4, 5/12)이고, 식 (15.69)의 참 확률 분포로부터 최대 편차 1/12를 갖는다.

위 수열의 각 기호에 대해, 고전적 지표가 0, 1, 2 중 어떤 것인지에 기반하여 세 가지 양자정보 원천 중 하나로부터 꺼낼 수 있다. 첫 번째 양자정보 원천의 기대 밀도 연산자가 ρ^0, 두 번째는 ρ^1, 세 번째는 ρ^2라고 하자. 그러면 양자 상태의 결과 수열에 대한 밀도 연산자는 다음과 같다.

$$\rho_{B_1}^2 \otimes \rho_{B_2}^0 \otimes \rho_{B_3}^1 \otimes \rho_{B_4}^0 \otimes \rho_{B_5}^2 \otimes \rho_{B_6}^0 \otimes \rho_{B_7}^1 \otimes \rho_{B_8}^0 \otimes \rho_{B_9}^2 \otimes \rho_{B_{10}}^2 \otimes \rho_{B_{11}}^1 \otimes \rho_{B_{12}}^2 \quad (15.71)$$

여기서 아래첨자는 통상적으로 계를 나타내는 표시다. 따라서 B_1, B_5, B_9, B_{10}, B_{12} 계의 상태는 ρ^2의 다섯 사본과 같고, B_2, B_4, B_6, B_8계의 상태는 ρ^0의 네 사본과 같고, B_3, B_7, B_{11}계의 상태는 ρ^1의 세 사본과 같다. I_x가 각 $x \in \{0, 1, 2\}$에 대한 지시자 집합이라고 하자. 그러면 I_x는 각 기호가 x와 같은 수열의 모든 지표로 구성된다. 위의 사례에 대해서는

$$I_0 = \{2, 4, 6, 8\}, \qquad I_1 = \{3, 7, 11\}, \qquad I_2 = \{1, 5, 9, 10, 12\} \quad (15.72)$$

이다. 이 집합은 밀도 연산자가 같은 것들을 묶는 방법을 제시한다. 왜냐하면 이 집합이 같은 고전적 기호에 대응되기 때문이다. 그리고 점근적 상황으로 가져갈 때 측도의 집중 효과를 생각하려면 그렇게 하는 것이 중요하다. 같은 밀도 연산자를 함께 묶어서 보고 싶으면, 시각적인 보조로서 식 (15.71)의 밀도 연산자 순서를 치환할 수 있다.

$$\rho^0_{B_2} \otimes \rho^0_{B_4} \otimes \rho^0_{B_6} \otimes \rho^0_{B_8} \otimes \rho^1_{B_3} \otimes \rho^1_{B_7} \otimes \rho^1_{B_{11}} \otimes \rho^2_{B_1} \otimes \rho^2_{B_5} \otimes \rho^2_{B_9} \otimes \rho^2_{B_{10}} \otimes \rho^2_{B_{12}} \quad (15.73)$$

그러면 밀도 연산자 ρ^0을 갖는 처음 4개의 계에 대한 전형적 사영 연산자가 있고, 밀도 연산자 ρ^1을 갖는 그다음 3개의 계에 대한 다른 전형적 사영 연산자가 있고, 밀도 연산자 ρ^2를 갖는 마지막 5개의 계에 대한 또 다른 전형적 사영 연산자가 있다(하지만 위의 양자 수열의 길이는 어떤 측도 집중 효과를 보기에는 전혀 충분히 크지 않다!). 따라서 지시자 집합 I_x는 어떤 계가 같은 밀도 연산자를 갖는지 식별하여 어떤 계에 특정 사영 연산자가 작용해야 하는지 알려준다.

이 사례는 강한 조건부 양자 전형성의 직관을 구성하도록 돕는다. 그리고 이제 점근적 상황에서 예측되는 것을 말할 수 있다. 원래의 고전적 수열이 크고 강한 전형적 수열이라고 하자. 이 수열은 대략 $n/4$회의 '0'이 나타나고, $n/4$회의 '1'이 나타나고, $n/2$회의 '2'가 나타난다. 그러면 n이 충분히 클 때 $n/4$와 $n/2$에 대해 큰 수의 법칙이 역할을 할 것이라고 기대할 수 있다. 따라서 고전적 수열을 어떤 양자계가 같은 밀도 연산자를 갖고 있는지 식별하는 데 사용할 수 있고, 양자계의 부분집합 각각에 대해 전형적 사영 연산자를 적용할 수 있다. 그러면 n이 충분히 클 때는 항상 전형적 부분공간의 유용한 점근적 성질 전부를 적용할 수 있다.

이제, 강한 조건부 전형적 부분공간과 강한 조건부 전형적 사영 연산자의 정의를 말해보자. 그리고 전형적 부분공간의 성질을 이용해 그 점근적 성질 중 몇 가지를 증

명하겠다.

【정의 15.2.3】 강한 조건부 전형적 부분공간 강한 조건부 전형적 부분공간은 수열 x^n과 앙상블 $\{p_X(x),\, \rho_B^x\}$에 대응된다. 각 상태 ρ_B^x의 스펙트럼 분해가 식 (15.51)처럼 확률 분포 $p_{Y|X}(y|x)$와 그에 대응되는 고유상태 $|y_x\rangle$라고 하자. 그러면 강한 조건부 전형적 부분공간 $T_{B^n|X^n}^{\delta}$는 다음과 같다.

$$T_{B^n|x^n}^{\delta} \equiv \operatorname{span}\left\{ \bigotimes_{x \in \mathcal{X}} |y_x^{I_x}\rangle_{B^{I_x}} : \forall x, \quad y^{I_x} \in T_{\delta}^{(Y|x)^{|I_x|}} \right\} \qquad (15.74)$$

여기서 $I_x \equiv \{i : x_i = x\}$는 지시자 집합으로, i번째 기호 x_i가 $x \in \mathcal{X}$인 수열 x^n의 지표 i를 선택한다. B^{I_x}는 고전적 수열 x^n이 기호 x인 B^n으로부터 계를 선택한다. $|y_x^{I_x}\rangle$는 집합 $\{|y_x\rangle\}$에서 나온 어떤 상태의 문자열이다. y^{I_x}는 이 상태의 문자열에 해당하는 고전적 문자열이다. $Y|x$는 확률 분포 $p_{Y|X}(y|x)$를 갖는 무작위 변수다. $|I_x|$은 지시자 집합 I_x의 농도다.

【정의 15.2.4】 강한 조건부 전형적 사영 연산자 강한 조건부 전형적 사영 연산자는 수열 x^n과 앙상블 $\{p_X(x),\, \rho_B^x\}$에 대응된다. 이것은 앙상블에 있는 각 상태 ρ_B^x에 대한 전형적 사영 연산자의 텐서 곱이다.

$$\Pi_{B^n|x^n}^{\delta} \equiv \bigotimes_{x \in \mathcal{X}} \Pi_{B^{I_x}}^{\rho_x, \delta} \qquad (15.75)$$

여기서 I_x는 정의 15.2.3에서 정의됐고, B^{I_x}는 ρ_x에 대한 특정한 전형적 사영 연산자가 그 위로 사영시키는 계를 나타낸다.[2]

15.2.4 강한 조건부 전형적 부분공간의 성질

강한 조건부 전형적 부분공간은 앞에서 살펴본 것과 유사한 몇 가지 유용한 점근적 성질을 갖고 있다. 그리고 이들 전부에 대한 증명 전략은 14.9.3절에서 강한 조건부 전형적 집합에 대해 유사한 성질을 증명했을 때 사용한 방법과 유사하다. 확률 분포 $p_X(x)$로부터 수열 x^n을 꺼낸다고 하자. 그리고 원하는 만큼 표본을 추출해 높은 가

---

2 아래첨자에 조건부 밀도 연산자를 주는 것은 이 장 전체의 관례와는 어긋난다. 하지만 여기서는 명시적으로 어떤 밀도 연산자가 전형적 사영 연산자에 해당하는지 나타내는 것이 유용하다.

능성으로 수열 x^n이 강한 전형적 수열이 되도록 하고 각 기호 x의 출현도 $N(x|x^n)$이 원하는 만큼 크다고 하자. 그러면 다음의 성질이 강하게 전형적인 x^n과 각 $N(x|x^n)$이 큰 경우에 대해 성립한다.

【성질 15.2.4】단위 확률 양자 상태 $\rho_{B^n}^{x^n}$이 조건부 전형적 부분공간 $T_{B^n|x^n}^{\delta}$에 있는 것으로 측정될 확률은 모든 $\varepsilon \in (0, 1)$과 $\delta > 0$, 그리고 충분히 큰 n에 대해 다음의 하계를 갖는다.

$$\mathrm{Tr}\left\{ \Pi_{B^n|x^n}^{\delta} \rho_{B^n}^{x^n} \right\} \geq 1 - \varepsilon \tag{15.76}$$

【성질 15.2.5】지수함수적으로 작은 차원 δ-조건부 전형적 부분공간의 차원 $\dim(T_{B^n|x^n}^{\delta})$는 모든 고전 양자정보 원천에 대한 양자 상태의 전체 공간의 차원 $|B|^n$보다 지수함수적으로 작고, 게다가 그 밀도 연산자 전부는 최대로 섞여 있다. 이 성질을 엄밀히 말하면 다음과 같다.

$$\mathrm{Tr}\left\{ \Pi_{B^n|x^n}^{\delta} \right\} \leq 2^{n\left(H(B|X)+\delta''\right)} \tag{15.77}$$

여기서 δ''은 식 (15.92)에서 주어진 것과 같다. 또한 모든 $\varepsilon \in (0, 1)$과 $\delta > 0$, 그리고 충분히 큰 n에 대해 δ-조건부 전형적 부분공간의 차원 $\dim(T_{\delta}^{Y^n|x^n})$은 다음과 같은 하계를 갖는다.

$$\mathrm{Tr}\left\{ \Pi_{B^n|x^n}^{\delta} \right\} \geq (1 - \varepsilon)\, 2^{n\left(H(B|X)-\delta''\right)} \tag{15.78}$$

【성질 15.2.6】등분배 상태 $\rho_{B^n}^{x^n}$은 강한 조건부 전형적 부분공간 위로 사영될 때 근사적으로 최대로 섞였다.

$$2^{-n\left(H(B|X)+\delta''\right)}\Pi_{B^n|x^n}^{\delta} \leq \Pi_{B^n|x^n}^{\delta} \rho_{B^n}^{x^n} \Pi_{B^n|x^n}^{\delta} \leq 2^{-n\left(H(B|X)-\delta''\right)}\Pi_{B^n|x^n}^{\delta} \tag{15.79}$$

여기서 δ''은 식 (15.92)에서 주어졌다.

15.2.5 강한 조건부 전형적 부분공간의 성질 증명

【단위 확률 성질(성질 15.2.4)의 증명】 이 성질의 증명은 강한 조건부 전형적 집합에 대한 성질 14.9.1의 증명과 유사하다. i.i.d.인 확률 분포를 다루고 있기 때문에, 수열

x^n이 알파벳 $\mathcal{X}$의 순서에 따라 사전식으로 정렬돼 있다고 가정해도 일반성을 잃지 않는다. $\mathcal{X}$의 원소를 $a_1, \ldots, a_{|\mathcal{X}|}$으로 적는다. 그러면 사전식 순서는 양자 상태 ρ_{x^n}의 수열을 다음과 같이 적을 수 있다는 뜻이다.

$$\rho_{x^n} = \underbrace{\rho_{a_1} \otimes \cdots \otimes \rho_{a_1}}_{N(a_1|x^n)} \otimes \underbrace{\rho_{a_2} \otimes \cdots \otimes \rho_{a_2}}_{N(a_2|x^n)} \otimes \cdots \otimes \underbrace{\rho_{a_{|\mathcal{X}|}} \otimes \cdots \otimes \rho_{a_{|\mathcal{X}|}}}_{N(a_{|\mathcal{X}|}|x^n)} \tag{15.80}$$

이것은 x^n의 전형성으로부터 나온 $N(a_i|x^n) \geq n(p_X(a_i) - \delta')$에서 유도된다. 따라서 큰 수의 법칙은 길이 $N(a_i|x^n)$을 갖는 각 덩어리 $a_i \cdots a_i$에 적용된다. 이 계에 대한 강한 전형적 조건부 사영 연산자 $\Pi^\delta_{B^n|x^n}$는 다음과 같다.

$$\Pi^\delta_{B^n|x^n} \equiv \bigotimes_{x \in \mathcal{X}} \Pi^{\rho_x,\delta}_{B^{N(x|x^n)}} \tag{15.81}$$

왜냐하면 수열 x^n에 기호의 사전적 순서를 가정했기 때문이다. 위의 텐서 곱에 있는 각 사영 연산자 $\Pi^{\rho_x,\delta}_{B^{N(x|x^n)}}$는 $N(x|x^n) \approx n p_X(x)$가 매우 커질 때 밀도 연산자 ρ_x에 대한 전형적인 사영 연산자다. 그러면 이 사영 연산자 각각에 단위 확률 성질(성질 15.1.1)을 적용할 수 있고, 다음이 유도된다.

$$\text{Tr}\left\{\Pi^\delta_{B^n|x^n} \rho^{x^n}_{B^n}\right\} = \text{Tr}\left\{\bigotimes_{x \in \mathcal{X}} \Pi^{\rho_x,\delta}_{B^{N(x|x^n)}} \rho_x^{\otimes N(x|x^n)}\right\} \tag{15.82}$$

$$= \prod_{x \in \mathcal{X}} \text{Tr}\left\{\Pi^{\rho_x,\delta}_{B^{N(x|x^n)}} \rho_x^{\otimes N(x|x^n)}\right\} \tag{15.83}$$

$$\geq (1 - \varepsilon)^{|\mathcal{X}|} \tag{15.84}$$

$$\geq 1 - |\mathcal{X}|\varepsilon \tag{15.85}$$

이것으로 증명이 완료된다. □

【등분배 성질(성질 15.2.6)의 증명】 먼저 일반성을 잃지 않고 식 (15.80)에 있는 대로 상태 $\rho^{x^n}_{B^n}$을 사전식 순서로 적을 수 있다고 가정한다. 이때 강한 조건부 사영 연산자는 이번에도 식 (15.81)에 있는 것과 같다. 그러면

$$\Pi^\delta_{B^n|x^n} \rho_{x^n} \Pi^\delta_{B^n|x^n} = \bigotimes_{x \in \mathcal{X}} \Pi^{\rho_x,\delta}_{B^{N(x|x^n)}} \rho_x^{\otimes N(x|x^n)} \Pi^{\rho_x,\delta}_{B^{N(x|x^n)}} \tag{15.86}$$

가 유도된다. 각 전형적 사영 연산자 $\Pi^{\rho_x,\delta}_{B^{N(x|x^n)}}$에 대한 전형적 부분공간의 등분배 성질

(성질 15.1.3)을 적용할 수 있다.

$$\bigotimes_{x \in \mathcal{X}} \Pi_{B^{N(x|x^n)}}^{\rho_x, \delta} 2^{-N(x|x^n)(H(\rho_x)+c\delta)} \leq \bigotimes_{x \in \mathcal{X}} \Pi_{B^{N(x|x^n)}}^{\rho_x, \delta} \rho_x^{\otimes N(x|x^n)} \Pi_{B^{N(x|x^n)}}^{\rho_x, \delta}$$

$$\leq \bigotimes_{x \in \mathcal{X}} \Pi_{B^{N(x|x^n)}}^{\rho_x, \delta} 2^{-N(x|x^n)(H(\rho_x)-c\delta)} \quad (15.87)$$

정의 14.7.2에 정의된 대로 수열 x^n은 강한 전형적 수열이므로 다음의 부등식이 성립한다.

$$\bigotimes_{x \in \mathcal{X}} \Pi_{B^{N(x|x^n)}}^{\rho_x, \delta} 2^{-n(p_X(x)+\delta')(H(\rho_x)+c\delta)} \leq \Pi_{B^n|x^n}^{\delta} \rho_{x^n} \Pi_{B^n|x^n}^{\delta}$$

$$\leq \bigotimes_{x \in \mathcal{X}} \Pi_{B^{N(x|x^n)}}^{\rho_x, \delta} 2^{-n(p_X(x)-\delta')(H(\rho_x)-c\delta)} \quad (15.88)$$

텐서 곱에서 각 항 $2^{-n(p_X(x)+\delta')(H(\rho_x)+c\delta)}$를 인수분해할 수 있다.

$$\prod_{x \in \mathcal{X}} 2^{-n(p_X(x)+\delta')(H(\rho_x)+c\delta)} \bigotimes_{x \in \mathcal{X}} \Pi_{B^{N(x|x^n)}}^{\rho_x, \delta} \leq \Pi_{B^n|x^n}^{\delta} \rho_{x^n} \Pi_{B^n|x^n}^{\delta}$$

$$\leq \prod_{x \in \mathcal{X}} 2^{-n(p_X(x)-\delta')(H(\rho_x)-c\delta)} \bigotimes_{x \in \mathcal{X}} \Pi_{B^{N(x|x^n)}}^{\rho_x, \delta} \quad (15.89)$$

그러면 $|\mathcal{X}|$개의 $2^{-n(p_X(x)+\delta')(H(\rho_x)+c\delta)}$ 항을 묶어서 꺼낼 수 있다.

$$2^{-n\left(H(B|X)+\sum_x \left(H(\rho_x)\delta'+cp_X(x)\delta+c\delta\delta'\right)\right)} \Pi_{B^n|x^n}^{\delta} \leq \Pi_{B^n|x^n}^{\delta} \rho_{x^n} \Pi_{B^n|x^n}^{\delta}$$

$$\leq 2^{-n\left(H(B|X)+\sum_x c\delta\delta'-H(\rho_x)\delta'-cp_X(x)\delta\right)} \Pi_{B^n|x^n}^{\delta} \quad (15.90)$$

다음의 마지막 단계는 $\sum_x p_X(x) = 1$이고 d가 밀도 연산자 ρ_x의 차원일 때 한계 $\sum H(\rho_x) \leq |\mathcal{X}| \log d$가 적용되기 때문에 성립한다.

$$2^{-n\left(H(B|X)+\delta''\right)} \Pi_{B^n|x^n}^{\delta} \leq \Pi_{B^n|x^n}^{\delta} \rho_{x^n} \Pi_{B^n|x^n}^{\delta} \leq 2^{-n\left(H(B|X)-\delta''\right)} \Pi_{B^n|x^n}^{\delta} \quad (15.91)$$

여기서

$$\delta'' \equiv \delta' |\mathcal{X}| \log d + c\delta + |\mathcal{X}| c\delta\delta' \quad (15.92)$$

이것으로 증명이 마무리된다. $\square$

【연습문제 15.2.2】 성질 15.2.5를 증명하라.

15.2.6 강한 조건부 양자 전형성과 한계 양자 전형성

앙상블에서 나온 상태와 앙상블의 기대 밀도 연산자의 전형적 부분공간에 적용하는 마지막 성질을 증명하며 강한 조건부 양자 전형성을 다룬 이번 절을 마무리한다.

【성질 15.2.7】 기대 밀도 연산자 $\rho \equiv \sum_x p_X(x)\rho_x$를 갖는 앙상블의 형태 $\{p_X(x), \rho_x\}$를 생각해보자. x^n이 확률 분포 $p_X(x)$에 대해 강하게 전형적인 수열이고, 조건부 밀도 연산자 ρ_{x^n}을 이끌어낸다고 하자. 그러면 모든 $\varepsilon \in (0, 1)$과 $\delta > 0$, 그리고 충분히 큰 n에 대해 ρ의 강한 전형적 부분공간 ρ_{x^n}을 측정할 확률은 높다.

$$\mathrm{Tr}\left\{\Pi^n_{\rho,\delta}\ \rho_{x^n}\right\} \geq 1 - \varepsilon \tag{15.93}$$

여기서 전형적 사영 연산자 $\Pi^n_{\rho,\delta}$는 밀도 연산자 ρ에 대해 계산한다.

【증명】 기대 밀도 연산자가 다음의 스펙트럼 분해를 갖는다고 하자.

$$\rho = \sum_z p_Z(z)|z\rangle\langle z| \tag{15.94}$$

이제 '끼움^{pinching}' 연산을 기저 $\{|z\rangle\}$에 대한 위상완화로 정의한다.

$$\sigma \rightarrow \Delta(\sigma) \equiv \sum_z |z\rangle\langle z|\sigma|z\rangle\langle z| \tag{15.95}$$

$\overline{\rho}_x$가 조건부 밀도 연산자 ρ_x의 '끼워진' 판본을 나타낸다고 하자.

$$\overline{\rho}_x \equiv \Delta(\rho_x) = \sum_z |z\rangle\langle z|\rho_x|z\rangle\langle z| = \sum_z p_{Z|X}(z|x)|z\rangle\langle z| \tag{15.96}$$

여기서 $p_{Z|X}(z|x) \equiv \langle z|\rho_x|z\rangle$이다. 이 끼움은 증명의 중요한 통찰이다. 왜냐하면 모든 끼인 밀도 연산자 $\overline{\rho}_x$가 공통 고유기저를 갖고, 분석이 강한 한계, 조건부, 결합 전형성의 성질을 이용하는 양자적인 것에서 고전적인 것으로 줄어든다. 위의 정의를 이용하면 다음의 연쇄적 부등식이 성립한다.

$$\mathrm{Tr}\left\{\Pi_{\rho,\delta}^n \rho_{x^n}\right\} = \mathrm{Tr}\left\{\sum_{z^n \in T_\delta^{Z^n}} |z^n\rangle\langle z^n|\rho_{x^n}\right\} \tag{15.97}$$

$$= \mathrm{Tr}\left\{\sum_{z^n \in T_\delta^{Z^n}} |z^n\rangle\langle z^n|z^n\rangle\langle z^n|\rho_{x^n}\right\} \tag{15.98}$$

$$= \mathrm{Tr}\left\{\sum_{z^n \in T_\delta^{Z^n}} |z^n\rangle\langle z^n|\rho_{x^n}|z^n\rangle\langle z^n|\right\} \tag{15.99}$$

$$= \mathrm{Tr}\left\{\sum_{z^n \in T_\delta^{Z^n}} p_{Z^n|X^n}(z^n|x^n)|z^n\rangle\langle z^n|\right\} \tag{15.100}$$

$$= \sum_{z^n \in T_\delta^{Z^n}} p_{Z^n|X^n}(z^n|x^n) \tag{15.101}$$

첫 번째 등식은 전형적 사영 연산자 $\Pi_{\rho,\delta}^n$의 정의에서 유도된다. 두 번째 등식은 $|z^n\rangle$ $\langle z^n|$이 사영 연산자이기 때문에 성립한다. 세 번째 등식은 대각합의 선형성과 순환성에서 유도된다. 네 번째 등식은

$$\langle z^n|\rho_{x^n}|z^n\rangle = \prod_{i=1}^n \langle z_i|\,\rho_{x_i}\,|z_i\rangle = \prod_{i=1}^n p_{Z|X}(z_i|x_i) \equiv p_{Z^n|X^n}(z^n|x^n) \tag{15.102}$$

때문에 성립한다. 이제 마지막 표현 $\sum_{z^n \in T_\delta^{Z^n}} p_{Z^n|X^n}(z^n|x^n)$을 생각해보자. 이것은 조건부 무작위 수열 $Z^n|x^n$이 $p_Z(z)$에 대한 전형적 집합에 있을 확률과 같다.

$$\mathrm{Pr}\left\{Z^n|x^n \in T_\delta^{Z^n}\right\} \tag{15.103}$$

n을 충분히 크게 가지면, 큰 수의 법칙은 매우 높은 가능성(임의의 $\varepsilon > 0$에 대해 $1 - \varepsilon$ 보다 큰 확률)으로 이 무작위 변수 $Z^n|x^n$이 어떤 d'에 대해 조건부 전형적 집합 $T_{\delta'}^{Z^n|x^n}$에 있을 것을 보장한다. 그러면 이 조건부 수열이 무조건적인 전형적 집합 $T_\delta^{Z^n}$에 있을 높은 확률을 갖는다는 것이 유도된다. 왜냐하면 수열 x^n이 강한 전형적 수열이라고 가정했고 보조정리 14.9.1에 의하면 x^n이 강한 전형적 수열이고 z^n이 강한 조건부 전형적 수열이면 수열 z^n은 무조건적으로 전형적 수열이기 때문이다. $\square$

15.3 양자계에 대한 형식 기법

이 장에서 마지막으로 만들어볼 것은 양자 영역에서 형식 기법을 구성하는 것이다. 그리고 14.7절의 고전적 도구는 직접적인 일반화를 갖는다.

마치 모든 수열의 집합을 다른 형식류로 분할한 것과 같이, n개 큐디트의 힐베르트 공간은 다른 형식류 부분공간으로 분할할 수 있다. 가령, 3큐비트의 힐베르트 공간을 생각해보자. 그 계산 기저는 3큐비트 힐베르트 공간 전체에 대한 정규직교 기저다.

$$\{|000\rangle, |001\rangle, |010\rangle, |011\rangle, |100\rangle, |101\rangle, |110\rangle, |111\rangle\} \tag{15.104}$$

그러면 같은 해밍 가중치를 갖는 계산 기저 상태는 각 형식류 부분공간의 기저를 구성한다. 따라서 위의 사례에 대해 형식류 부분공간은 다음과 같다.

$$T_0 \equiv \{|000\rangle\} \tag{15.105}$$
$$T_1 \equiv \{|001\rangle, |010\rangle, |100\rangle\} \tag{15.106}$$
$$T_2 \equiv \{|011\rangle, |101\rangle, |110\rangle\} \tag{15.107}$$
$$T_3 \equiv \{|111\rangle\} \tag{15.108}$$

그리고 다른 형식류 부분공간 위로의 사영 연산자는 다음과 같다.

$$\Pi_0 \equiv |000\rangle\langle 000| \tag{15.109}$$
$$\Pi_1 \equiv |001\rangle\langle 001| + |010\rangle\langle 010| + |100\rangle\langle 100| \tag{15.110}$$
$$\Pi_2 \equiv |011\rangle\langle 011| + |101\rangle\langle 101| + |110\rangle\langle 110| \tag{15.111}$$
$$\Pi_3 \equiv |111\rangle\langle 111| \tag{15.112}$$

위의 사례를 형식 기법을 사용해 큐디트 계의 n중 텐서 곱으로 일반화할 수 있다.

【정의 15.3.1】형식류 부분공간 형식류 부분공간은 같은 형식을 갖는 모든 상태에 의해 펼쳐진 부분공간이다.

$$T_{A^n}^t \equiv \text{span}\left\{|x^n\rangle_{A^n} : x^n \in T_t^{X^n}\right\} \tag{15.113}$$

여기서 좌변의 표기 $T_{A^n}^t$는 형식류 부분공간을 나타내고, 우변의 $T_t^{X^n}$은 고전적 수열 x^n의 형식류를 나타낸다.

【정의 15.3.2】형식류 사영 연산자 $\Pi_{A^n}^t$는 형식류 부분공간 사영 연산자를 나타낸다.

$$\Pi_{A^n}^t \equiv \sum_{x^n \in T_t^{X^n}} |x^n\rangle\langle x^n|_{A^n} \tag{15.114}$$

【성질 15.3.1】형식류 부분공간을 갖는 항등원의 분해 모든 형식류 사영 연산자의 합은 n 개 큐디트의 힐베르트 공간 $\mathcal{H}_{A^n}$ 전체에 대한 항등원의 분해^{resolution of the identity}를 구성한다.

$$I_{A^n} = \sum_t \Pi_{A^n}^t \tag{15.115}$$

여기서 I_{A^n}은 $\mathcal{H}_{A^n}$에 대한 항등 연산자다.

【정의 15.3.3】최대로 섞인 형식류 상태 형식류 부분공간 사영 연산자에 비례하는 최대로 섞인 밀도 연산자는 다음과 같다.

$$\pi_{A^n}^t \equiv D_t^{-1} \Pi_{A^n}^t \tag{15.116}$$

여기서 D_t는 형식류의 차원이다.

$$D_t \equiv \mathrm{Tr}\left\{\Pi_{A^n}^t\right\} \tag{15.117}$$

정의 14.7.4를 떠올려보면, δ-전형적 형식은 경험적 확률 분포가 참 확률 분포로부터 최대 편차 δ를 갖는 것이다. 그리고 τ_δ는 모든 δ-전형적 형식의 집합이다. 양자적 상황에서, 참 확률 분포 $p_X(x)$로부터(이것은 밀도 연산자 ρ의 스펙트럼 분해에서 온 확률 분포다.) 어떤 형식의 최대 편차 δ를 정해야 한다. 이 정의는 ρ의 강한 δ-전형적 부분공간 사영 연산자 $\Pi_{A^n}^\delta$를 모든 δ-전형적 형식류 사영 연산자 $\Pi_{A^n}^t$의 합으로 적을 수 있게 한다.

$$\Pi_{A^n}^\delta = \sum_{t \in \tau_\delta} \Pi_{A^n}^t \tag{15.118}$$

19장의 얽힘집중과 같은 양자 섀넌 이론의 어떤 통신 규약은 형식으로의 전형적 부분공간 사영 연산자의 위와 같은 분해를 이용한다. 그런 통신 규약이 작동하는 방식은 먼저 상태의 많은 사본에 대한 전형적 부분공간 측정을 수행하고, 이 측정은 높은 확률로 성공한다. 그러면 이 통신 규약에 들어온 한 참여자가 형식류 측정 $\{\Pi_{A^n}^t\}_t$를 수행한다. 만약 이 상태가 형식류 안의 상태에 대해 균일한 분포를 갖기를 원한다면 이 통신 규약에서 후자의 측정을 수행한다. 남은 상태의 차원이 특별히 크지 않을 것이라고 생각할 수 있지만, 다음과 같이 임의의 전형적 형식류 사영 연산자의 차원에 대한 유용한 하계를 얻을 수 있기 때문에 여전히 차원이 크다는 것이 성립한다.

【성질 15.3.2】전형적 형식류 사영 연산자의 최소 차원 $p_X(x)$가 밀도 연산자 ρ의 스펙트럼 분해에서 나온 확률 분포라고 하자. τ_δ는 확률 분포 $p_X(x)$로부터 최대 편차 δ를 갖는 모든 형식류 부분공간의 모음이다. 그러면 임의의 형식 $t \in \tau_\delta$와 충분히 큰 n에 대해, 형식류 사영 연산자 $\Pi_{A^n}^t$의 차원은 다음과 같은 하계를 갖는다.

$$\mathrm{Tr}\left\{\Pi_{A^n}^t\right\} \geq 2^{n\left[H(\rho) - \eta(d\delta) - d\frac{1}{n}\log(n+1)\right]} \tag{15.119}$$

여기서 d는 ρ가 작용하는 힐베르트 공간의 차원이고, $\delta \to 0$일 때 함수 $\eta(d\delta) \to 0$ 이다.

【증명】 이 증명은 앞 장의 성질 14.7.5를 이용해 직접 유도된다. □

15.4 맺음말

이 장은 i.i.d. 환경에서 양자정보의 점근적 성질을 다뤘다. 핵심적인 기술은 전형적 부분공간의 개념이고, 여기서 접근법은 단순히 앞 장의 전형적 집합의 정의를 '양자화'하는 것이다. 전형적 부분공간은 전형적 집합과 유사한 성질을 갖는다. 전형적 부분공간에 있는 밀도 연산자의 많은 사본은 사본의 수가 무한대에 접근하면서 1에 가까운 확률을 갖는다. 전형적 부분공간의 차원은 전체 힐베르트 공간의 차원보다 지수함수적으로 작다. 그리고 밀도 연산자의 많은 사본은 전형적 부분공간에서 근사적으로 최대로 섞인 것으로 보인다. 이 장의 나머지 내용은 이 아이디어를 조건부 양자 전형성으로 확장한 것이다.

이 장의 내용은 나중에 빠르게 인용할 것들의 엄격한 배경지식을 제공한다. 그리고 일단 이 장의 결과가 다음 2개 장의 도구와 함께 익숙해지고 나면, 양자 섀넌 이론의 수많은 중요한 결과를 증명할 준비가 될 것이다.

15.5 역사와 더 읽을거리

오야Ohya와 페츠Petz(1993)는 전형적 부분공간의 개념을 고안했고, 나중에 슈마허Schumacher(1995)도 자신의 이름이 붙은 양자 자료 압축 정리를 증명했을 때 독립적으로 이 개념을 고안했다. 홀레보Holevo(1998) 및 슈마허와 웨스트모어랜드Westmoreland(1997)는 HSW 부호화 정리를 증명하기 위해 조건부 전형적 부분공간을 도입했다. 윈터Winter의 학위논문(1999b)은 양자 전형성의 몇 가지 성질을 증명하는 좋은 자료다. 닐슨Nielsen과 추앙Chuang(2000)은 HSW 정리를 증명하기 위해 약한 조건부 양자 전형성을 사용했다. 베넷Bennett 등(2002)과 홀레보(2002b)는 얽힘보조 고전 용량 정리를 증명하기 위해 빈도 전형적(또는 강한 전형적) 부분공간을 양자정보 이론에 도입했다. 데브택Devetak은 강한 전형성을 이용해 자신의 논문(2005) 부록 B의 HSW 부호화 정리를 증명했다.

16

포장 보조정리

포장 보조정리$^{\text{packing lemma}}$는 한 참여자가 고전 정보를 '포장'하여, 또는 힐베르트 공간으로 부호화하여 다른 참여자가 부호화된 메시지를 구분할 수 있도록 하는 일반적인 방법이다. 첫 번째 참여자는 양자 상태의 앙상블을 준비하고, 다른 참여자는 양자 측정을 구성할 수 있는 사영 연산자 집합에 접근할 수 있다. 만약 앙상블과 사영 연산자가 포장 보조정리의 조건을 만족하면, 첫 번째 참여자가 준비한 고전 메시지를 두 번째 참여자가 구분할 수 있는 기법이 존재함이 보증된다.

포장 보조정리의 진술은 매우 일반적이고, 이 접근법은 많은 부호화 정리의 원형으로 사용될 수 있기 때문에 큰 장점이 있다. 포장 보조정리를 사용해 증명할 수 있는 부호화 정리의 사례로 양자 선로를 통해 고전 정보를 전송하기 위한 홀레보-슈마허-웨스트모어랜드$^{\text{HSW, Holevo-Schumacher-Westmoreland}}$ 정리, 얽힘보조 양자 선로를 통해 고전 정보를 전송하기 위한 얽힘보조 고전 용량 정리 등이 있다(게다가 22장은 이 두 통신 규약이 양자 섀넌 이론의 가장 잘 알려진 통신 규약을 생성하는 데 충분하다는 것을 보인다). 다음 장의 덮음 보조정리$^{\text{covering lemma}}$와 결합하면 포장 보조정리는 양자 선로를 통해 비밀 고전 정보를 전송하기 위한 방법을 제공하고, 따라서 이 기술은 양자 선로를 통해 양자정보를 통신하는 방법도 제시한다. 포장 보조정리의 조건을 만족시키는 앙상블과 사영 연산자를 결정할 수 있는 한, 포장 보조정리는 쉽게 적용할 수 있다. 가령,

20장의 HSW 부호화 정리는 앞 장에서 증명한 전형적 부분공간과 조건부 전형적 부분공간의 성질에 많이 의존하여 증명된다. 그리고 이 성질들 중 몇 가지는 포장 보조정리의 조건과 동등하다.

포장 보조정리는 '한 방' 보조정리다. 왜냐하면 양자 선로의 i.i.d.인 사용에만 제한되지 않는 일반적인 상황에 적용할 수 있기 때문이다. 이 '한 방' 접근법은 이 보조정리를 다양한 상황에 적용할 수 있는 이유 중 일부를 차지한다. '한 방' 결과를 증명하는 기술과 이것을 i.i.d. 상황에 적용하는 것은 양자 섀넌 이론의 공통적인 공략법이다(17장에서도 덮음 보조정리를 구성하여 이렇게 하는데, 그러면 양자 선로를 통해 비밀 고전 정보를 보내는 방법을 결정하는 데 도움이 된다).

다음 절은 포장 보조정리의 핵심 아이디어를 묘사하는 간단한 사례를 통해 시작하겠다. 그러고 나서 이 상황을 일반화하고 포장 보조정리의 주장을 제시한다. 그 증명은 부호의 무작위 선택, 양자 측정('제곱근 측정'이라고 함)의 구성, 오류 분석으로 나뉘어 몇 개 절에 걸쳐 있다. 그리고 어떻게 포장 보조정리를 비무작위화하는지 보여서, 각 고전 메시지를 정하는 데 있어 무시할 수 있는 오류 확률을 갖는 힐베르트 공간으로 고전 정보를 포장하기 위한 어떤 기법이 존재함을 보인다. 끝으로, 순차적 복호화기라고 하는 다른 양자 측정이 수신자가 전송된 메시지를 복호화하는 데 어떻게 사용될 수 있는지 살펴보겠다.

16.1 사례 소개

앨리스가 고전 정보를 밥에게 통신하려고 한다. 더불어, 앨리스가 밥에게 BB84 앙상블을 이용해서 메시지를 준비한다고 하자.

$$\{|0\rangle, |1\rangle, |+\rangle, |-\rangle\} \tag{16.1}$$

이 상태들은 같은 확률로 나타난다. 위의 상태에 고전 지표 a, b, c, d를 붙여보자. 즉, a는 $|0\rangle$, b는 $|1\rangle$ 등등으로 나타낸다. 앨리스는 고전 정보를 전송하는 데 위의 모든 상태를 사용할 수 없다. 왜냐하면 가령 $|0\rangle$과 $|+\rangle$는 직교 상태가 아니라서 이들을 높은 확률로 구분할 수 있는 측정이 존재하지 않기 때문이다.

앨리스와 밥이 이 앙상블을 아용해 어떻게 통신할 수 있을까? 앨리스는 고전 정보를 전송하기 위해 BB84 앙상블의 부분집합을 고를 수 있다. 앨리스는 $|0\rangle$과 $|1\rangle$을

고전 1비트 정보의 부호화를 위해 고를 수 있다. 그러면 밥은 {$|0\rangle$, $|1\rangle$} 기저에서 완전한 사영 연산을 수행해 앨리스가 부호화한 메시지를 알아낼 수 있다. 대신에, 앨리스와 밥은 상태 $|+\rangle$와 $|-\rangle$를 사용해 비슷한 방식으로 고전 1비트 정보를 부호화할 수도 있다.

위의 사례에서 앨리스는 a와 b라는 표지만을 사용해 두 메시지를 보낼 수 있다. 그러면 표지 a와 b가 **부호**code를 구성한다고 할 수 있다. 상태 $|0\rangle$과 $|1\rangle$은 **부호단어**codeword라고 하고, 사영 연산자 $|0\rangle\langle0|$과 $|1\rangle\langle1|$은 **부호단어 사영 연산자**codeword projector라고 한다. 그리고 사영 연산자 $|0\rangle\langle0| + |1\rangle\langle1|$은 **부호 사영 연산자**code projector라고 한다(이 경우 부호 사영 연산자는 전체 힐베르트 공간 위로 사영시킨다).

위의 사례 구성은 어떤 앙상블을 사용해 힐베르트 공간으로 고전 정보를 '포장'하는 방법을 제시한다. 하지만 포장을 위해 매우 많은 공간이 있을 뿐이다. 예를 들어, 고전 정보를 다른 참여자가 신뢰성 있게 접근할 수 있도록 하는 방식으로 고전 정보 1비트보다 많은 정보를 1개의 큐비트에 부호화하는 것은 불가능하다. 이것이 홀레보 한계의 내용이다(연습문제 11.9.2).

16.2 포장 보조정리의 상황

위의 사례를 일반화하여 밥이 높은 확률로 복원할 수 있도록 어떻게 앨리스가 효과적으로 고전 정보를 힐베르트 공간 안에 포장할 수 있는지 보이겠다. 앨리스의 통신을 위한 자원이 밥을 위해 앨리스가 준비할 수 있는 양자 상태의 앙상블 {$p_X(x)$, σ_x}$_{x\in\mathcal{X}}$라고 하자. 여기서 σ_x가 완전히 구분 가능할 필요는 없다. 이 앙상블을 다음과 같이 정의한다.

【정의 16.2.1】(앙상블) $\mathcal{X}$가 크기가 $|\mathcal{X}|$이고 원소가 x인 집합이라고 하자. 그리고 X가 확률 밀도 함수 $p_X(x)$를 갖는 무작위 변수라고 하자. 양자 상태의 앙상블 {$p_X(x)$, σ_x}$_{x\in\mathcal{X}}$를 갖고 있다고 하자. 여기서 각 구현체 x를 양자 상태 $\sigma_x \in \mathcal{D}(\mathcal{H})$에 부호화한다. 이 앙상블의 기대 밀도 연산자는 다음과 같다.

$$\sigma \equiv \sum_{x\in\mathcal{X}} p_X(x)\sigma_x \tag{16.2}$$

이 앙상블을 사용해 앨리스가 밥에게 어떻게 신뢰성 있게 고전 정보를 전송할 수 있을까? 앞 절의 사례에서 제시했던 대로 앨리스는 집합 $\mathcal{X}$에서 메시지의 부분집합을 고를 수 있고, 밥의 작업은 이 상태의 부분집합을 가능한 최선을 다해서 구분하는 것이다. 밥은 어떤 도구를 장착하고 있다. 즉, **부호** 부분공간 사영 연산자 Π와 어떤 필요한 성질을 갖는 **부호단어** 부분공간 사영 연산자의 집합 $\{\Pi_x\}_{x\in\mathcal{X}}$이다(이러한 용어들은 아래에서 더 자세하게 설명할 것이다). 대략 설명하자면, 밥은 앨리스가 보낸 메시지를 알아내는 양자 측정을 구성하기 위해 이 사영 연산자를 사용할 수 있다. 밥은 부호 부분공간 사영 연산자 Π가 그 위로 사영시키는 부분공간에 놓인 수신 상태가 거의 확실하기를 바란다. 밥은 또한 앨리스가 보낸 메시지를 알아내기 위해 부호단어 부분공간 사영 연산자 $\{\Pi_x\}_{x\in\mathcal{X}}$를 사용하려고 한다. 만약 앙상블과 사영 연산자가 어떤 조건을 만족한다면, 즉 포장 보조정리의 네 가지 조건을 만족한다면, 밥이 앨리스와 신뢰성 있게 통신할 수 있는 측정을 구성하는 것이 가능하다.

앨리스가 고전 정보를 부호화하기 위해 $\mathcal{X}$의 어떤 부분집합 $\mathcal{C}$를 선택했다고 하자. 앨리스가 고른 부분집합 $\mathcal{C}$는 **부호**를 구성한다. 이 부호 $\mathcal{C}$를 m으로 표지된 원소를 갖는 메시지 집합 $\mathcal{M}$으로 표시한다고 하자. 집합 $\mathcal{M}$은 앨리스가 밥에게 전송하려는 메시지를 담고 있고, 앨리스가 각 메시지 m을 같은 확률로 고를 것이라고 가정한다. 앨리스가 고전 정보를 전송하는 데 사용하는 부분 앙상블은 다음과 같다.

$$\left\{ \frac{1}{|\mathcal{M}|}, \sigma_{c_m} \right\} \tag{16.3}$$

여기서 각 c_m은 메시지 m에 의존하며 $\mathcal{X}$에서 값을 취하는 **부호단어**다.

밥은 앨리스가 전송한 고전 메시지를 알아낼 방법이 필요하다. 양자역학이 고전 정보를 복원하기 위해 제공하는 가장 일반적인 방법은 POVM이다. 따라서 밥은 POVM $\{\Lambda_m\}_{m\in\mathcal{M}}$으로 묘사되는 어떤 측정을 수행한다. 밥은 부호단어 부분공간 사영 연산자 $\{\Pi_x\}_{x\in\mathcal{X}}$와 부호 부분공간 사영 연산자 Π를 이용해 이 POVM을 구성한다(포장 보조정리의 증명에서 '제곱근' 측정이라고 하는 명시적 구성법을 제시한다. 나중에 순차적 복호화라는 구성법도 제시하겠다). 만약 앨리스가 메시지 m을 전송했다면, 밥이 이 메시지 m을 정확히 복원할 확률은 다음과 같다.

$$\mathrm{Tr}\left\{ \Lambda_m \sigma_{c_m} \right\} \tag{16.4}$$

따라서 부호 $\mathcal{C}$를 사용하면서 주어진 메시지 m에 대한 오류 확률은 다음과 같다.

$$p_e(m, \mathcal{C}) \equiv 1 - \mathrm{Tr}\left\{\Lambda_m \sigma_{c_m}\right\} \tag{16.5}$$

$$= \mathrm{Tr}\left\{(I - \Lambda_m)\,\sigma_{c_m}\right\} \tag{16.6}$$

앨리스와 밥이 선택한 부호 $\mathcal{C}$의 성능에 관심을 갖고, 세 가지 성능 척도를 고려해보자.

1. 첫 번째, 그리고 가장 강한 성능 척도는 **부호 $\mathcal{C}$의 최대 오류 확률**이다. 만약

$$\varepsilon = \max_{m \in \mathcal{M}} p_e(m, \mathcal{C}) \tag{16.7}$$

이면, 부호 $\mathcal{C}$는 최대 오류 확률 ε을 갖는다.

2. 좀 더 약한 성능 척도는 **부호 $\mathcal{C}$의 평균 오류 확률** $\bar{p}_e(\mathcal{C})$이다.

$$\bar{p}_e(\mathcal{C}) \equiv \frac{1}{|\mathcal{M}|} \sum_{m=1}^{|\mathcal{M}|} p_e(m, \mathcal{C}) \tag{16.8}$$

3. 세 번째 성능 척도는 앞의 2개보다 훨씬 약하지만 수학적 증명에서 가장 쓸모 있다고 알려졌다. 이 방법은 **무작위 부호**^{random code}라는 개념적으로 다른 부호 개념을 사용한다. 앨리스와 밥이 부호 $\mathcal{C}$를 모든 가능한 부호의 집합에서 어떤 확률 밀도 $p_\mathcal{C}$에 따라 선택한다고 하자(따라서 부호 $\mathcal{C}$ 자체가 무작위 변수가 된다!). 세 번째 성능 척도는 **무작위 부호 $\mathcal{C}$의 평균 오류 확률의 기댓값**이다. 여기서 기댓값은 모든 가능한 부호의 집합에 대해 계산하고, 각 부호는 어떤 확률 밀도 $p_\mathcal{C}$에 대해 선택된다.

$$\mathbb{E}_\mathcal{C}\left\{\bar{p}_e(\mathcal{C})\right\} \equiv \mathbb{E}_\mathcal{C}\left\{\frac{1}{|\mathcal{M}|} \sum_{m=1}^{|\mathcal{M}|} p_e(m, \mathcal{C})\right\} \tag{16.9}$$

$$= \sum_\mathcal{C} p_\mathcal{C} \left(\frac{1}{|\mathcal{M}|} \sum_{m=1}^{|\mathcal{M}|} p_e(m, \mathcal{C})\right) \tag{16.10}$$

이 성능 기준을 고려하면 포장 보조정리의 증명에서 수학적 논의가 간단해지는 것을 보게 될 것이다. 그러면 이 가장 약한 성능 기준을 이용해서 첫 번째의 가장 강력한 성능 기준까지 강화하는 일련의 논증을 이용할 수 있다.

16.3 포장 보조정리의 내용

【보조정리 16.3.1】포장 보조정리   정의 16.2.1의 내용대로 앙상블을 갖고 있다고 하자. 부호 부분공간 사영 연산자 Π와 부호단어 부분공간 사영 연산자 $\{\Pi_x\}_{x \in \mathcal{X}}$가 존재한다고 하자. 이 사영 연산자들은 $\mathcal{H}$의 부분공간 위로의 사영 연산자이고, 이 사영 연산자와 앙상블은 다음의 조건을 만족한다.

$$\text{Tr}\{\Pi \sigma_x\} \geq 1 - \varepsilon \tag{16.11}$$

$$\text{Tr}\{\Pi_x \sigma_x\} \geq 1 - \varepsilon \tag{16.12}$$

$$\text{Tr}\{\Pi_x\} \leq d \tag{16.13}$$

$$\Pi \sigma \Pi \leq \frac{1}{D} \Pi \tag{16.14}$$

여기서 $\varepsilon \in (0, 1)$, $D > 0$이고 $d \in (0, D)$이다. $\mathcal{M}$이 크기 $|\mathcal{M}|$이고 원소 m을 갖는 집합이라고 하자. 무작위 변수 $\mathcal{C}_m$의 집합 $\mathcal{C} = \{\mathcal{C}_m\}_{m \in \mathcal{M}}$을 독립적으로 $p_X(x)$에 따라 무작위로 생성하자. 각 무작위 변수 $\mathcal{C}_m$은 $\mathcal{X}$에서 값을 가져오고 메시지 m에 대응하지만, 그 분포는 특정한 메시지 m에는 의존하지 않는다. 집합 $\mathcal{C}$는 무작위 부호를 구성한다. 그러면 그에 해당하는 POVM $\{\Lambda_m\}_{m \in \mathcal{M}}$이 존재하여, D/d가 크고, $|\mathcal{M}| \ll D/d$이고, ε은 작을 때 정확한 상태를 검출할 평균 확률의 기댓값이 높다는 관점에서 상태 $\{\sigma_{\mathcal{C}_m}\}_{m \in \mathcal{M}}$을 신뢰성 있게 구분할 수 있다.

$$\mathbb{E}_{\mathcal{C}} \left\{ \frac{1}{|\mathcal{M}|} \sum_{m \in \mathcal{M}} \text{Tr}\{\Lambda_m \sigma_{\mathcal{C}_m}\} \right\} \geq 1 - 2\left(\varepsilon + 2\sqrt{\varepsilon}\right) - 4|\mathcal{M}|\frac{d}{D} \tag{16.15}$$

조건식 (16.11)은 사영 연산자 Π를 갖는 부호 부분공간은 각 메시지 σ_x를 높은 확률로 포함하고 있다는 내용이다. 조건식 (16.12)는 각 부호단어 부분공간 사영 연산자 Π_x가 높은 확률로 그에 해당하는 상태 σ_x를 포함한다는 내용이다. 조건식 (16.13)은 각 부호단어 부분공간 사영 연산자 Π_x의 차원이 어떤 양수 $d \in (0, D)$보다 작다는 내용이다. 조건식 (16.14)는 이 앙상블의 기대 밀도 연산자 σ가 사영 연산자 Π를 갖는 부분공간 위로 사영될 때 근사적으로 최대로 섞인 상태라는 내용이다. 식 (16.11)에서 식 (16.14)까지의 조건은

$$\text{Tr}\{\Pi\} \geq D\left(1 - \varepsilon\right) \tag{16.16}$$

이 되어서, ε이 작다면 부호 부분공간 사영 연산자 Π의 차원이 근사적으로 D임을 함의한다. 앨리스가 보내려는 메시지를 갖는 부호를 어떻게 만드는지 보이겠다. 앞의 네 가지 조건은 높은 확률로 부호화된 메시지를 구분할 수 있도록 필요한 성질을 갖는 복호화하는 POVM을 구성하는 데 중요하다.

포장 보조정리의 핵심 아이디어는 $|\mathcal{M}|$개의 고전 메시지를 그에 대응하는 사영 연산자 Π의 부분공간으로 포장할 수 있다는 것이다. 그러면 부호단어 부분공간 사영 연산자 Π_x를 사용해 고전적 메시지를 검출하려고 할 때 작은 오류 확률이 있다. 이런 직관은 그림 2.6에서 묘사된 것과 같다. 크기가 d인 다수의 부분공간을 더 큰 크기 D인 공간으로 포장하려고 한다. 20장의 HSW 부호화 정리의 증명에서 D는 그 크기가 $\approx 2^{nH(B)}$가 되고, d는 $\approx 2^{nH(B|X)}$의 크기가 될 것으로, $\approx 2^{n[H(B)-H(B|X)]} = 2^{nI(X;B)}$개의 메시지를 여전히 신뢰성 있게 구분할 수 있게 하면서 포장할 수 있다.

16.4 포장 보조정리의 증명

이 증명 기법은 부호를 무작위로 생성하는 유사 섀넌 논증을 사용한다. 먼저 POVM, '꽤 괜찮은', 또는 '제곱근' 측정을 어떻게 구성하는지 보인다. 이것은 고전적 메시지를 높은 확률로 복호화할 수 있다. 그러면 평균 오류 확률의 기댓값이 작다는 것을 증명한다(여기서 기댓값은 모든 무작위 부호에 대해 계산한다). 다음 절에서 그 따름정리로, 표준 유사 섀넌 논증을 사용해 모든 메시지에 대한 최대 오류 확률이 작은 부호가 존재함을 보인다.

16.4.1 부호 구성

여기서는 수학적인 부분을 간략히 하기 위해 유사 섀넌 무작위 부호 논증을 제시한다. 확률 분포 $p_X(x)$에 따라 독립적으로 $|\mathcal{M}|$개의 부호단어를 생성해 부호 $\mathcal{C}$를 무작위로 구성한다. $\mathcal{C} \equiv \{c_m\}_{m \in \mathcal{M}}$이 $|\mathcal{M}|$개의 독립 무작위 변수 C_m의 구현체 c_m의 모음이라고 하자. 각 C_m은 $\mathcal{X}$에서 값 c_m을 확률 $p_X(c_m)$에 따라 취하고, 무작위 부호 $\mathcal{C}$의 고전 부호단어를 나타낸다. 특정한 부호 $\mathcal{C}$를 선택할 확률 $p(\mathcal{C})$는 다음과 같다.

$$p(\mathcal{C}) = \prod_{m=1}^{|\mathcal{M}|} p_X(c_m) \tag{16.17}$$

이 방식으로 부호를 선택하면 큰 이점이 있다. 2개의 무작위 변수 C_m과 $C_{m'}$의 두 함수 f와 g의 임의의 곱 $f(C_m)g(C_{m'})$의 기댓값은, 기댓값을 부호의 무작위 선택에 대해 계산할 때 다음과 같이 인수분해된다.

$$\mathbb{E}_\mathcal{C}\{f(C_m)g(C_{m'})\} = \sum_c p(c)f(c_m)g(c_{m'}) \qquad (16.18)$$

$$= \sum_{c_1 \in \mathcal{X}} p_X(c_1) \cdots \sum_{c_{|\mathcal{M}|} \in \mathcal{X}} p_X(c_{|\mathcal{M}|})f(c_m)g(c_{m'}) \quad (16.19)$$

$$= \sum_{c_m \in \mathcal{X}} p_X(c_m)f(c_m) \sum_{c_{m'} \in \mathcal{X}} p_X(c_{m'})g(c_{m'}) \qquad (16.20)$$

$$= \mathbb{E}_X\{f(X)\}\,\mathbb{E}_X\{g(X)\} \qquad (16.21)$$

이 인수분해는 부호를 무작위 방식으로 선택했기 때문에 가능하며, 이 사실을 포장 보조정리의 증명에 이용할 것이다. 다음의 사건을 순서대로 사용한다.

1. 위에서 설명한 대로 무작위 부호를 고른다.

2. 수신자와 송신자에게 부호를 알려준다(즉, 이들은 통신이 시작되기 전에 전략에 대해 동의하기 위해 만날 수 있다).

3. 송신자가 $\mathcal{M}$으로부터 메시지 m을 무작위로 고른다(어떤 무작위 변수 M에 따라 균일한 확률에 따른다). 그리고 m을 부호단어 c_m으로 부호화한다. 그러면 송신자가 전송하는 양자 상태는 σ_{c_m}과 같다.

4. 수신자는 POVM $\{\Lambda_m\}_{m \in \mathcal{M}}$을 수행하여 송신자가 전송한 메시지를 알아낸다. 그리고 각 POVM의 원소 Λ_m을 부호의 메시지 m에 대응시킨다. 수신자는 측정으로부터 고전적 결과를 얻고, 이것을 무작위 변수 M'으로 모형화한다. 이 측정으로부터 정확한 결과를 얻을 조건부 확률 $\Pr\{M' = m | M = m\}$은 다음과 같다.

$$\Pr\{M' = m | M = m\} = \mathrm{Tr}\{\Lambda_m \sigma_{c_m}\} \qquad (16.22)$$

5. 만약 $M' = M$이면 수신자는 정확히 복호화한 것이고, $M' \neq M$이라면 틀리게 복호화한 것이다.

16.4.2 POVM 구성

POVM의 사영 연산자 Π_x를 직접 결정할 수 없다. 왜냐하면 그 사영 연산자는 POVM이 존재하기 위한 조건을 만족하지 않기 때문이다. 즉, $\sum_{x\in\mathcal{X}} \Pi_x = I$가 참일 필요가 없다. 게다가, 부호단어 부분공간 사영 연산자 Π_x의 서포트는 부호 부분공간 사영 연산자 Π의 서포트 바깥에 있을 수도 있다. 포장 보조정리의 조건 식 (16.14)를 사용해야 하기 때문에 이 분석에 포함되는 부호 부분공간 사영 연산자가 있어야 한다.

이 문제를 해결하기 위해, 먼저 다음의 연산자 집합을 생각해보자.

$$\forall x \quad \Upsilon_x \equiv \Pi\Pi_x\Pi \tag{16.23}$$

연산자 Υ_x는 양의 준정부호 연산자다. 부호 부분공간 사영 연산자 Π를 갖는 부호단어 부분공간 사영 연산자 Π_x를 '감싸는' 효과는 Π의 서포트가 아닌 Π_x의 서포트의 어떤 부분이라도 썰어내 버리는 것이다. 포장 보조정리의 조건식 (16.11)과 (16.12)에서, 관심 있는 상태가 Π의 서포트 바깥에 있는 Π_x의 서포트의 안쪽 일부분에 있을 작은 확률이 존재해야 한다. 연산자 Υ_x는 부호 부분공간 사영 연산자 Π에 해당하는 부분공간 안쪽으로만 서포트를 갖는 필요한 성질을 갖는다. 따라서 위에 설명한 두 번째 문제를 해결했다. 연습문제 16.5.4에서는 이 문제를 해결하는 대안적 방법을 탐색한다.

이제 다음의 원소

$$\Lambda_m \equiv \left(\sum_{m'=1}^{|\mathcal{M}|} \Upsilon_{c_{m'}}\right)^{-1/2} \Upsilon_{c_m} \left(\sum_{m'=1}^{|\mathcal{M}|} \Upsilon_{c_{m'}}\right)^{-1/2} \tag{16.24}$$

를 갖는 집합 $\{\Lambda_m\}_{m\in\mathcal{M}}$을 구성하여 위에 설명한 첫 번째 문제를 해결한다. 집합 $\{\Lambda_m\}_{m\in\mathcal{M}}$의 원소는 '꽤 괜찮은' 또는 '제곱근' 측정으로 구성된다. 이 원소는 일반적으로 $\sum_{m=1}^{|\mathcal{M}|} \Lambda_m \leq I$인 성질을 갖고, 원소 $\Lambda_0 \equiv I - \sum_{m=1}^{|\mathcal{M}|} \Lambda_m$을 집합 $\{\Lambda_m\}_{m\in\mathcal{M}}$에 삽입하여 전체 POVM이 되도록 그 집합을 '완성'할 수 있다. 추가 원소 Λ_0는 실패한 복호화에 해당한다. 어떤 양의 준정부호 연산자 A의 역제곱근 연산자 $A^{-1/2}$은 A의 서포트에 대해서만 작용하는 역제곱근 연산으로 정의되고, 정의 3.3.1의 통상적인 관례를 따른다. 꽤 괜찮은 측정의 아이디어는 POVM 원소 $\{\Lambda_m\}_{m=1}^{|\mathcal{M}|}$이 발송된 메시지에 해당하고, Λ_0는 오류 결과(어떤 메시지도 식별하는 것이 불가능함)에 해당한

다는 것이다.

16.4.3 오류 분석

오류 분석을 진행하기 전에, 다음의 연산자 부등식이 필요하다. 이것은 오류 확률 분석에 도움이 될 것이다.

【보조정리 16.4.1】하야시-나가오카 $S,\ T \in \mathcal{L}(\mathcal{H})$가 양의 준정부호 연산자라고 하고, $I - S$도 양의 준정부호라고 하자. 그러면 엄격하게 양의 상수인 c에 대해 다음의 연산자 부등식이 성립한다.

$$I - (S + T)^{-1/2} S (S + T)^{-1/2} \leq (1 + c)(I - S) + \left(2 + c + c^{-1}\right) T \quad (16.25)$$

【증명】 임의의 두 연산자 $A,\ B \in \mathcal{L}(\mathcal{H})$에 대해, 다음의 연산자 부등식이 성립한다.

$$(A - cB)^{\dagger} (A - cB) \geq 0 \quad\quad (16.26)$$

이것은 다음과 동등하다.

$$c^{-1} A^{\dagger} A + c B^{\dagger} B \geq A^{\dagger} B + B^{\dagger} A \quad\quad (16.27)$$

이제 $A = \sqrt{T} R$과 $B = \sqrt{T}(I - R)$로 고르자. 여기서 $R \in \mathcal{L}(\mathcal{H})$이고, 이것을 위에 대입하면

$$c^{-1} R^{\dagger} T R + c (I - R)^{\dagger} T (I - R) \geq R^{\dagger} T (I - R) + (I - R)^{\dagger} T R \quad (16.28)$$

을 알 수 있다. 따라서

$$T = R^{\dagger} T R + R^{\dagger} T (I - R) + (I - R)^{\dagger} T R + (I - R)^{\dagger} T (I - R) \quad (16.29)$$

$$\leq \left(1 + c^{-1}\right) R^{\dagger} T R + (1 + c)(I - R)^{\dagger} T (I - R) \quad\quad (16.30)$$

임을 알 수 있다. $R = (S + T)^{1/2}$으로 두자. 그러면

$$T \leq \left(1 + c^{-1}\right) (S + T)^{1/2} T (S + T)^{1/2}$$
$$+ (1 + c) \left(I - (S + T)^{1/2}\right) T \left(I - (S + T)^{1/2}\right) \quad (16.31)$$

임을 알 수 있다. $T \leq S + T$이므로 다음과 같이 결론지을 수 있다.

$$T \leq \left(1 + c^{-1}\right)(S + T)^{1/2} T (S + T)^{1/2}$$
$$+ (1 + c)\left(I - (S + T)^{1/2}\right)(S + T)\left(I - (S + T)^{1/2}\right) \tag{16.32}$$

$$= (S + T)^{1/2}\left[\left(1 + c^{-1}\right)T + (1 + c)\left(I + S + T - 2(S + T)^{1/2}\right)\right](S + T)^{1/2} \tag{16.33}$$

$$= (S + T)^{1/2}\left[\left(2 + c + c^{-1}\right)T + (1 + c)\left(I + S - 2(S + T)^{1/2}\right)\right](S + T)^{1/2} \tag{16.34}$$

$$\leq (S + T)^{1/2}\left[\left(2 + c + c^{-1}\right)T + (1 + c)(I + S - 2S)\right](S + T)^{1/2} \tag{16.35}$$

$$= (S + T)^{1/2}\left[\left(2 + c + c^{-1}\right)T + (1 + c)(I - S)\right](S + T)^{1/2} \tag{16.36}$$

마지막 부등식은 $S \leq S^{1/2} \leq (S + T)^{1/2}$이므로 성립한다. 이것은 $S \leq I$라는 가정과 제곱근 함수가 연산자 단조라는 사실을 이용한다. 연산자 단조는 양의 준정부호인 X와 Y에 대해 $X \leq Y$이면 $X^{1/2} \leq Y^{1/2}$임을 뜻한다. 이 연산자 부등식의 양변에 $(S + T)^{-1/2}$를 곱하면

$$(S + T)^{-1/2} T (S + T)^{-1/2} \leq \left(2 + c + c^{-1}\right)T + (1 + c)\left(\Pi_{S+T} - S\right) \tag{16.37}$$

임을 알 수 있다. 여기서 Π_{S+T}는 $S + T$의 서포트 위로의 사영 연산자를 나타낸다. 그러므로 $\Pi_{S+T} T \Pi_{S+T} = T$이고 $\Pi_{S+T} S \Pi_{S+T} = S$이다. 그러면 다음을 생각해보자.

$$I - (S + T)^{-1/2} S (S + T)^{-1/2}$$
$$= I - (S + T)^{-1/2}(S + T)(S + T)^{-1/2} + (S + T)^{-1/2} T (S + T)^{-1/2} \tag{16.38}$$

$$= I - \Pi_{S+T} + (S + T)^{-1/2} T (S + T)^{-1/2} \tag{16.39}$$

$$\leq (1 + c)\left(I - \Pi_{S+T}\right) + \left(2 + c + c^{-1}\right)T + (1 + c)\left(\Pi_{S+T} - S\right) \tag{16.40}$$

$$= \left(2 + c + c^{-1}\right)T + (1 + c)(I - S) \tag{16.41}$$

이것으로 증명이 완료된다. □

특정한 부호 $\mathcal{C}$를 골랐다고 하자. $p_e(m, \mathcal{C})$가 부호 $\mathcal{C}$를 보내서 메시지 m이 전송됐을 때 틀리게 복호화될 확률이라고 하자.

$$p_e(m, \mathcal{C}) \equiv \text{Tr}\left\{(I - \Lambda_m)\sigma_{c_m}\right\} \tag{16.42}$$

보조정리 16.4.1에서 다음과 같이 됐다.

$$T = \sum_{m' \neq m}^{|\mathcal{M}|} \Upsilon_{c_{m'}}, \qquad S = \Upsilon_{c_m} \tag{16.43}$$

그리고 $c = 1$로 정했다.[1] 따라서 식 (16.25)의 한계는 다음과 같다.

$$I - \Lambda_m \leq 2 \left(I - \Upsilon_{c_m} \right) + 4 \sum_{m' \neq m}^{|\mathcal{M}|} \Upsilon_{c_{m'}} \tag{16.44}$$

그러면 식 (16.44)와 대각합의 선형성을 이용해, 오류 확률에 대한 다음이 상계를 얻는다.

$$p_e(m, \mathcal{C}) \leq 2 \operatorname{Tr} \left\{ \left(I - \Upsilon_{c_m} \right) \sigma_{c_m} \right\} + 4 \sum_{m' \neq m}^{|\mathcal{M}|} \operatorname{Tr} \left\{ \Upsilon_{c_{m'}} \sigma_{c_m} \right\} \tag{16.45}$$

부호 $\mathcal{C}$의 메시지 오류 확률에 대한 위의 한계는 고전적 유사 섀넌 증명에서와 마찬가지로 유사한 해석을 갖는다. 전송된 메시지(식 (16.45)의 두 번째 항)와 다른 메시지 $c_{m'}$으로 전송된 메시지를 혼동할 확률과 합쳐진 메시지 연산자 Υ_{c_m}(식 (16.45)의 첫 번째 항)을 갖는 메시지 m을 부정확하게 복호화할 확률로 오류 확률을 한정할 수 있다.

식 (16.45)의 우변에 대한 첫 번째 항 $\operatorname{Tr}\{(I - \Upsilon_{c_m})\sigma_{c_m}\}$을 생각해보자. 그러면 이 항은 단순히 식 (16.11)과 식 (16.12)를 적용하고 약한 연산자 보조정리(보조정리 9.4.2)를 적용하면 작은 수의 상계를 줄 수 있다. 다음의 연쇄적 부등식을 생각해보자.

$$\operatorname{Tr} \left\{ \Upsilon_{c_m} \sigma_{c_m} \right\} = \operatorname{Tr} \left\{ \Pi \Pi_{c_m} \Pi \sigma_{c_m} \right\} \tag{16.46}$$

$$= \operatorname{Tr} \left\{ \Pi_{c_m} \Pi \sigma_{c_m} \Pi \right\} \tag{16.47}$$

$$\geq \operatorname{Tr} \left\{ \Pi_{c_m} \sigma_{c_m} \right\} - \left\| \Pi \sigma_{c_m} \Pi - \sigma_{c_m} \right\|_1 \tag{16.48}$$

$$\geq 1 - \varepsilon - 2\sqrt{\varepsilon} \tag{16.49}$$

첫 번째 등식은 식 (16.23)의 Υ_{c_m}의 정의에서 유도한다. 두 번째 등식은 대각합의 순환성에서 유도한다. 첫 번째 부등식은 연습문제 9.1.8을 적용해서 유도한다. 마지막 부등식은 식 (16.11)을 $\operatorname{Tr}\{\Pi_{c_m}\sigma_{c_m}\}$에 적용하고, 식 (16.12)와 약한 연산자 보조정

---

1 여기서는 매개변수를 $c = 1$로 골라도 충분하지만, 좀 더 정밀한 오류 분석을 위해서는 다른 부호 매개변수에 따라 다른 c를 고르는 것이 기본이다.

리(보조정리 9.4.2)를 $\|\Pi\sigma_{c_m}\Pi - \sigma_{c_m}\|_1$에 적용하여 유도한다. 그러면 앞의 한계는 다음을 함의한다.

$$\text{Tr}\left\{(I - \Upsilon_{c_m})\sigma_{c_m}\right\} = 1 - \text{Tr}\left\{\Upsilon_{c_m}\sigma_{c_m}\right\} \leq \varepsilon + 2\sqrt{\varepsilon} \tag{16.50}$$

그리고 식 (16.45)에 대입하면, 다음의 오류 확률에 대한 한계를 얻는다.

$$p_e(m, \mathcal{C}) \leq 2\left(\varepsilon + 2\sqrt{\varepsilon}\right) + 4\sum_{m' \neq m}^{|\mathcal{M}|} \text{Tr}\left\{\Upsilon_{c_{m'}}\sigma_{c_m}\right\} \tag{16.51}$$

만약 앨리스가 메시지 m을 균일 확률 분포에 따라 선택했다고 가정한다면, 부호 $\mathcal{C}$에 대해 전송된 전체 메시지에 대한 평균 오류 확률 $\bar{p}_e(\mathcal{C})$는 다음과 같다.

$$\bar{p}_e(\mathcal{C}) = \frac{1}{|\mathcal{M}|}\sum_{m=1}^{|\mathcal{M}|} p_e(m, \mathcal{C}) \tag{16.52}$$

식 (16.51)로부터, 평균 오류 확률 $\bar{p}_e(\mathcal{C})$가 다음의 한계를 따름을 알 수 있다.

$$\bar{p}_e(\mathcal{C}) \leq 2\left(\varepsilon + 2\sqrt{\varepsilon}\right) + \frac{4}{|\mathcal{M}|}\sum_{m=1}^{|\mathcal{M}|}\sum_{m' \neq m}^{|\mathcal{M}|} \text{Tr}\left\{\Upsilon_{c_{m'}}\sigma_{c_m}\right\} \tag{16.53}$$

여기서 고려해야만 할 수도 있는 $\text{Tr}\{\Upsilon_{c_m}, \sigma_{c_m}\}$ 항의 조합의 온전한 수가 주어졌을 때 평균 오류 확률을 더 제한하는 것은 조금 어렵다. 따라서 수학적 부분을 간략히 하기 위해 고전 섀넌 논증을 가져온다. 평균 오류 확률을 고려하는 대신에, 모든 가능한 무작위 부호 $\mathcal{C}$에 대해 계산한 평균 오류 확률의 기댓값 $\mathbb{E}_{\mathcal{C}}\{\bar{p}_e(\mathcal{C})\}$를 고려한다. 이 오류량을 고려하는 것은 부호를 구성한 방법 때문에 유의미하게 수학적 계산을 줄인다. 확률 분포 $p_X(x)$에 따라서 부호를 구성했기 때문에 이 확률 분포를 사용해서 기댓값 $\mathbb{E}_{\mathcal{C}}$를 계산할 수 있다. 위의 한계는 다음과 같다. 이제부터 각 부호단어를 무작위 변수 C_m으로 적는다.

$$\mathbb{E}_{\mathcal{C}}\left\{\bar{p}_e(\mathcal{C})\right\} \leq \mathbb{E}_{\mathcal{C}}\left\{2\left(\varepsilon + 2\sqrt{\varepsilon}\right) + \frac{4}{|\mathcal{M}|}\sum_{m=1}^{|\mathcal{M}|}\sum_{m' \neq m}^{|\mathcal{M}|} \text{Tr}\left\{\Upsilon_{C_{m'}}\sigma_{C_m}\right\}\right\} \tag{16.54}$$

$$= 2\left(\varepsilon + 2\sqrt{\varepsilon}\right) + \frac{4}{|\mathcal{M}|}\sum_{m=1}^{|\mathcal{M}|}\sum_{m' \neq m}^{|\mathcal{M}|} \mathbb{E}_{\mathcal{C}}\left\{\text{Tr}\left\{\Upsilon_{C_{m'}}\sigma_{C_m}\right\}\right\} \tag{16.55}$$

여기서 등식은 기댓값의 선형성에서 유도된다.

이제 $\mathrm{Tr}\{\Upsilon_{C_m}, \sigma_{C_m}\}$의 기댓값을 모든 무작위 부호 $\mathcal{C}$에 대해 계산한다.

$$\mathbb{E}_{\mathcal{C}}\left\{\mathrm{Tr}\left\{\Upsilon_{C_{m'}}\sigma_{C_m}\right\}\right\} = \mathbb{E}_{\mathcal{C}}\left\{\mathrm{Tr}\left\{\Pi\Pi_{C_{m'}}\Pi\sigma_{C_m}\right\}\right\} \tag{16.56}$$

$$= \mathbb{E}_{\mathcal{C}}\left\{\mathrm{Tr}\left\{\Pi_{C_{m'}}\Pi\sigma_{C_m}\Pi\right\}\right\} \tag{16.57}$$

$$= \mathbb{E}_{C_m,C_{m'}}\left\{\mathrm{Tr}\left\{\Pi_{C_{m'}}\Pi\sigma_{C_m}\Pi\right\}\right\} \tag{16.58}$$

첫 번째 등식은 식 (16.23)의 정의에서 유도된다. 두 번째 등식은 대각합의 순환성에서 유도된다. 세 번째 등식은 m과 m'에 대한 부호단어만이 고려됐기 때문에 유도된다. 무작위 변수 C_m과 $C_{m'}$의 독립성(부호 구성에서 유도됨)은 위의 표현이 다음과 같음을 준다.

$$\mathrm{Tr}\left\{\mathbb{E}_{C_{m'}}\{\Pi_{C_{m'}}\}\Pi\mathbb{E}_{C_m}\{\sigma_{C_m}\}\Pi\right\} = \mathrm{Tr}\left\{\mathbb{E}_{C_{m'}}\{\Pi_{C_{m'}}\}\Pi\sigma\Pi\right\} \tag{16.59}$$

$$\leq \mathrm{Tr}\left\{\mathbb{E}_{C_{m'}}\{\Pi_{C_{m'}}\}\frac{1}{D}\Pi\right\} \tag{16.60}$$

$$= \frac{1}{D}\mathrm{Tr}\left\{\mathbb{E}_{C_{m'}}\{\Pi_{C_{m'}}\}\Pi\right\} \tag{16.61}$$

첫 번째 등식에서 $\mathbb{E}_{C_m}\{\sigma_{C_m}\} = \sum_{x\in\mathcal{X}} p(x)\sigma_x = \sigma$와 Π가 기댓값에 대해 상수라는 사실을 사용했다. 첫 번째 부등식은 포장 보조정리의 네 번째 조건식 (16.14)와 $\Pi\sigma\Pi$, Π, $\Pi_{C_{m'}}$이 모두 양의 준정부호 연산자이고, $C \geq 0$에 대해 $\mathrm{Tr}\{CA\} \geq \mathrm{Tr}\{CB\}$라는 사실과 $A \geq B$라는 사실을 사용했다. 이어서

$$\frac{1}{D}\mathrm{Tr}\left\{\mathbb{E}_{C_{m'}}\{\Pi_{C_{m'}}\}\Pi\right\} \leq \frac{1}{D}\mathrm{Tr}\left\{\mathbb{E}_{C_{m'}}\{\Pi_{C_{m'}}\}\right\} \tag{16.62}$$

$$= \frac{1}{D}\mathbb{E}_{C_{m'}}\left\{\mathrm{Tr}\{\Pi_{C_{m'}}\}\right\} \tag{16.63}$$

$$\leq \frac{d}{D} \tag{16.64}$$

를 알 수 있다. 첫 번째 부등식은 $\Pi \leq I$라는 사실과 $\Pi_{C_{m'}}$이 양의 준정부호 연산자라는 사실에서 유도된다. 마지막 부등식은 식 (16.13)에서 유도된다. 식 (16.56)에서 식 (16.64)까지의 전개 과정을 고려하면 다음의 부등식이 성립한다.

$$\mathbb{E}_{\mathcal{C}}\left\{\mathrm{Tr}\left\{\Upsilon_{C_{m'}}\sigma_{C_m}\right\}\right\} \leq \frac{d}{D} \tag{16.65}$$

모든 부호에 대한 평균 오류 확률 $\overline{p}_e(\mathcal{C})$의 기댓값 $\mathbb{E}_{\mathcal{C}}\{\overline{p}_e(\mathcal{C})\}$가 포장 보조정리에서

설명한 한계를 따른다는 것을 보이기 위해 식 (16.55)를 대입한다.

$$\mathbb{E}_{\mathcal{C}}\left\{\bar{p}_e(\mathcal{C})\right\} \leq 2\left(\varepsilon + 2\sqrt{\varepsilon}\right) + \frac{4}{|\mathcal{M}|}\sum_{m=1}^{|\mathcal{M}|}\sum_{m'\neq m}^{|\mathcal{M}|}\mathbb{E}_{\mathcal{C}}\left\{\mathrm{Tr}\left\{\sigma_{c_m}\Upsilon_{c_{m'}}\right\}\right\} \qquad (16.66)$$

$$\leq 2\left(\varepsilon + 2\sqrt{\varepsilon}\right) + \frac{4}{|\mathcal{M}|}\sum_{m=1}^{|\mathcal{M}|}\sum_{m'\neq m}^{|\mathcal{M}|}\frac{d}{D} \qquad (16.67)$$

$$\leq 2\left(\varepsilon + 2\sqrt{\varepsilon}\right) + 4\left(|\mathcal{M}| - 1\right)\frac{d}{D} \qquad (16.68)$$

$$\leq 2\left(\varepsilon + 2\sqrt{\varepsilon}\right) + 4\,|\mathcal{M}|\,\frac{d}{D} \qquad (16.69)$$

16.5 비무작위화와 삭제

포장 보조정리의 위의 판본은 평균 오류 확률의 기댓값이 어떻게 작을 수 있는지 보여주는 무작위화된 판본이다. 이제 각 메시지에 대한 최대 오류 확률이 작은 부호의 존재성을 보증하는 비무작위화된 판본을 증명하겠다. 마지막 두 논증은 전통적으로 **비무작위화**derandomization와 **삭제**expurgation라고 한다.

【따름정리 16.5.1】 정의 16.2.1에 있는 대로 앙상블이 있다고 하자. 부호 부분공간 사영 연산자 Π와 부호단어 부분공간 사영 연산자 $\{\Pi_x\}_{x\in\mathcal{X}}$가 존재한다고 하자. 이 연산자들은 $\mathcal{H}$의 부분공간 위로 사영시킨다. 그리고 이 사영 연산자와 앙상블은 다음의 성질을 갖고 있다고 하자.

$$\mathrm{Tr}\left\{\Pi\sigma_x\right\} \geq 1 - \varepsilon \qquad (16.70)$$
$$\mathrm{Tr}\left\{\Pi_x\sigma_x\right\} \geq 1 - \varepsilon \qquad (16.71)$$
$$\mathrm{Tr}\left\{\Pi_x\right\} \leq d \qquad (16.72)$$
$$\Pi\sigma\Pi \leq \frac{1}{D}\Pi \qquad (16.73)$$

여기서 $\varepsilon \in (0,\,1)$이고 $d \in (0,\,D)$이다. $\mathcal{M}$이 원소 m을 갖는 크기 $|\mathcal{M}|$의 집합이라고 하자. 만약 ε이 작고 $|\mathcal{M}| \ll D/d$라면, 메시지 m에 의존하는 부호단어 c_m을 갖고 $\mathcal{X}$에서 값을 취하는 부호 $\mathcal{C}_0 = \{c_m\}_{m\in\mathcal{M}}$이 존재한다. 그리고 정확한 상태를 검출할 확률이 높다는 관점에서 상태 $\{\sigma_{c_m}\}_{m\in\mathcal{M}}$을 신뢰성 있게 구분할 수 있는 해당하는 POVM $\{\Lambda_m\}_{m\in\mathcal{M}}$이 존재한다.

$$\forall m \in \mathcal{M} \qquad \mathrm{Tr}\left\{\Lambda_m \sigma_{c_m}\right\} \geq 1 - 4\left(\varepsilon + 2\sqrt{\varepsilon}\right) - 16\left|\mathcal{M}\right|\frac{d}{D} \qquad (16.74)$$

그러면 높은 성공 확률로 $|\mathcal{M}|$개의 고전적 메시지를 부호화하고 복호화하는 데 각각 $\mathcal{C}_0$와 POVM $\{\Lambda_m\}_{m \in \mathcal{M}}$을 사용할 수 있다.

【증명】 앞의 보조정리에서 구성한 방법에 따라 무작위 부호를 생성하자. 그러면 평균 오류 확률의 기댓값이 포장 보조정리의 한계를 만족시킨다. 이제 앞의 보조정리 결과를 강화하는 몇 가지 표준적인 유사 섀넌 논증을 만든다.

비무작위화 평균 오류 확률의 기댓값 $\mathbb{E}_{\mathcal{C}}\left\{\bar{p}_e(\mathcal{C})\right\}$는 다음의 한계를 만족시킨다.

$$\mathbb{E}_{\mathcal{C}}\left\{\bar{p}_e(\mathcal{C})\right\} \leq 2\left(\varepsilon + 2\sqrt{\varepsilon}\right) + 4\left|\mathcal{M}\right|\frac{d}{D} \qquad (16.75)$$

그러면 적어도 한 부호 $\mathcal{C}_0 = \{c_m\}_{m \in \mathcal{M}}$의 평균 오류 확률이 같은 한계를 따른다는 것이 유도된다.

$$\bar{p}_e(\mathcal{C}_0) \leq 2\left(\varepsilon + 2\sqrt{\varepsilon}\right) + 4\left|\mathcal{M}\right|\frac{d}{D} \qquad (16.76)$$

이 부호 $\mathcal{C}_0$를 정리에 사용할 그 부호로 선택하자. 그리고 이 부호 $\mathcal{C}_0$를 소모적인 탐색을 통해 찾아낼 수 있다. 이 과정을 **비무작위화**라고 한다.

【연습문제 16.5.1】 마르코프 부등식을 사용해 다음의 강한 진술을 증명하라. 만약 $\varepsilon' \equiv 2(\varepsilon + 2\sqrt{\varepsilon}) + 4|\mathcal{M}|\frac{d}{D}$가 작으면, 무작위적으로 구성된 부호의 압도적인 분율 $1 - \sqrt{\varepsilon'}$으로 $\sqrt{\varepsilon'}$보다 작은 평균 오류 확률을 갖는다.

삭제 이제, 삭제 논증을 사용해 평균 오류 확률 대신에 최대 오류 확률로 넘어간다. 연습문제 2.2.1에서 적어도 절반의 지표에 대해 $p_e(m) \leq 2[2(\varepsilon + 2\sqrt{\varepsilon}) + 4|\mathcal{M}|\frac{d}{D}]$임을 알고 있다(만약 사실이 아니라면, 이 지표들은 평균 오류 확률 $\bar{p}_e$에 ε'보다 더 많이 기여할 수 있다). 가장 나쁜 복호화 확률을 갖는 부호단어의 절반을 폐기하고 새로운 지표 집합에 따라 부호를 다시 정의하자. 만약 메시지 집합 $\mathcal{M}'$을 메시지의 크기가 $|\mathcal{M}'| = |\mathcal{M}|/2$를 만족시키도록 다시 정의한다면, 오류의 한계는 $p_e(m) \leq 2[2(\varepsilon + 2\sqrt{\varepsilon}) + 8|\mathcal{M}'|\frac{d}{D}$가 된다. 그러면 원래 부호로부터 POVM 복호화를 사용할 수 있고, 모든 부호단어가 이보다 더 많은 양의 오류 확률을 가질 수 없도록 보장할 수 있다(대

신에, 삭제 후에 남아 있는 부호단어 부분공간 사영 연산자로부터 구성되어 변형된 제곱근 복호화 POVM을 사용할 수도 있다). 이 단계는 나중에 많은 횟수의 유잡음 양자 선로를 사용하는 것을 고려하면 부호의 매개변수에 무시해도 괜찮은 영향을 준다. □

【연습문제 16.5.2】 마르코프 부등식을 사용해 훨씬 더 강한 삭제 논증을 (연습문제 16.5.1의 결과에 따라) 증명하라. 부호단어의 $1 - \sqrt[4]{\varepsilon'}$만큼의 큰 분율을 유지하고(그중 $\sqrt[4]{\varepsilon'}$을 삭제하여) 남아 있는 각 부호단어가 $\sqrt[4]{\varepsilon'}$보다 작은 오류 확률을 가짐을 증명하라.

【연습문제 16.5.3】 포장 보조정리와 그 따름정리가 같은 앙상블과 다음의 조건이 성립하는 사영 연산자 집합에 대해 성립함을 증명하라.

$$\sum_{x \in \mathcal{X}} p_X(x) \operatorname{Tr}\{\sigma_x \Pi\} \geq 1 - \varepsilon \tag{16.77}$$

$$\sum_{x \in \mathcal{X}} p_X(x) \operatorname{Tr}\{\sigma_x \Pi_x\} \geq 1 - \varepsilon \tag{16.78}$$

$$\operatorname{Tr}\{\Pi_x\} \leq d \tag{16.79}$$

$$\Pi \sigma \Pi \leq \frac{1}{D}\Pi \tag{16.80}$$

【연습문제 16.5.4】 포장 보조정리의 변형이 다음의 형태를 갖는 POVM에 대해 성립함을 증명하라.

$$\Lambda_m \equiv \left(\sum_{m'=1}^{|\mathcal{M}|} \Pi_{c_{m'}}\right)^{-1/2} \Pi_{c_m} \left(\sum_{m'=1}^{|\mathcal{M}|} \Pi_{c_{m'}}\right)^{-1/2} \tag{16.81}$$

즉, 사실상 전체 메시지 부분공간 사영 연산자를 갖는 제곱근 측정의 각 연산자를 '감싸줄' 필요가 없다.

16.6 순차적 복호화

이제 **순차적 복호화**sequential decoding라는 완전히 다른 복호화 기법을 이용하는 포장 보조정리의 변형을 증명한다. 이 기법은 수신자에게 부호단어 부분공간 사영 연산자를 사용해 "첫 번째 부호단어가 전송됐는가?", "두 번째는?", "세 번째는?" 등등을 그중 한 번의 측정 결과가 '그렇다'가 될 때까지 순차적으로 '물어보는' 순차적 시험을 수행하게 한다.

그런 측정 전략이 작동한다는 것이 비직관적일 수 있다. 이해하고 나면, 이 지점에서 측정이 양자계의 상태를 흐트러트릴 수 있음을 잘 알게 된다. 하지만 포장 보조정리가 보여준 것은 만약 좋은 부호단어 사영 연산자가 사용 가능하고 너무 많은 메시지를 포장하려고 시도하지만 않는다면, 신뢰성 있는 복호화가 가능하다는 것이다. 또한 이것은 선택된 부호단어가 근사적으로 직교한다는 것을 뜻한다. 이런 점에서, 구분되어야 할 상태가 근사적으로 직교한다는 것을 알고 있으면 그런 순차적 복호화 전략이 작동한다는 사실이 덜 놀라울 수 있다. 순차적 복호화의 성능을 분석하는 기본 도구는 확률 이론의 합집합 한계를 일반화한 '비가환 합집합 한계non-commutative union bound'(보조정리 16.6.1)다.

여기서 증명을 몇 부분으로 나눈다. 그리고 분석 중 몇 가지는 앞 절에서 소개한 것과 유사하다. 증명의 각 부분은 부호책codebook 생성, POVM 구성, 오류 분석이다. 포장 보조정리(보조정리 16.3.1)의 개념과 전제를 모두 갖고서 시작한다.

부호책 생성 이 부분은 앞에서 제시된 것과 정확히 같다. 따라서 이 부분의 논의는 16.4.1절을 참고하자.

POVM 구성 앨리스가 전송한 상태를 밥이 복호화하는 방법은 다음과 같다. 밥이 먼저 질문한다. "수신된 상태가 부호 부분공간에 있는가?" 밥은 측정 $\{\Pi, I - \Pi\}$를 수행하여 이 질문을 조작적으로 할 수 있다. 이어서 밥이 순차적으로 질문한다. "수신된 부호단어가 i번째 부호단어 부분공간에 있는가?" 이 질문은 어떤 관점에서는 다음 질문과 동등하다. "수신된 부호단어가 i번째 전송된 부호단어인가?" 밥은 부호단어 부분공간 측정 $\{\Pi_{c_i}, I - \Pi_{c_i}\}$를 수행하여 이 질문을 조작적으로 할 수 있다.

이런 순차적 복호화 기법은 왜 잘 작동할까? 앨리스가 메시지 m을 전송했다고 하면, 한 가지 이유는 식 (16.11)에서 살펴봤듯이 부호화된 상태 σ_{c_m}이 높은 확률로 부호 부분공간에 있다는 것이다. 또한 사영 연산자 Π_{c_m}은 식 (16.12)에 의해 부호화된 상태 σ_{c_m}에 대한 '좋은 검출기'다.

오류 분석 m번째 부호단어가 순차적 복호화 기법에서 정확하게 검출될 확률은

$$\mathrm{Tr}\left\{ \Pi_{c_m} \hat{\Pi}_{c_{m-1}} \cdots \hat{\Pi}_{c_1} \Pi \sigma_{c_m} \Pi \hat{\Pi}_{c_1} \cdots \hat{\Pi}_{c_{m-1}} \Pi_{c_m} \right\} \tag{16.82}$$

과 같다. 여기서 $\hat{\Pi}_{c_m} \equiv I - \Pi_{c_m}$으로 축약했다. 즉, 수신자는 부호 부분공간으로 사영시킨 것에 대해 '그렇다'는 대답을 처음에 얻고, $m-1$개의 '아니다'를 얻은 다음, 끝으로 m번째 시험에서는 '그렇다'를 얻는다. 따라서 m번째 부호단어의 부정확한 검출 확률은

$$1 - \mathrm{Tr}\left\{\Pi_{c_m}\hat{\Pi}_{c_{m-1}}\cdots\hat{\Pi}_{c_1}\Pi\sigma_{c_m}\Pi\hat{\Pi}_{c_1}\cdots\hat{\Pi}_{c_{m-1}}\Pi_{c_m}\right\} \tag{16.83}$$

으로 주어진다. 그리고 이 기법의 평균 오류 확률은

$$1 - \frac{1}{|\mathcal{M}|}\sum_m \mathrm{Tr}\left\{\Pi_{c_m}\hat{\Pi}_{c_{m-1}}\cdots\hat{\Pi}_{c_1}\Pi\sigma_{c_m}\Pi\hat{\Pi}_{c_1}\cdots\hat{\Pi}_{c_{m-1}}\Pi_{c_m}\right\} \tag{16.84}$$

과 같다. 평균 오류 확률을 분석하는 대신에, 평균 오류 확률의 기댓값을 분석하자. 이 기댓값은 부호의 무작위 선택에 대해 계산한다.

$$1 - \mathbb{E}_\mathcal{C}\left\{\frac{1}{|\mathcal{M}|}\sum_m \mathrm{Tr}\left\{\Pi_{C_m}\hat{\Pi}_{C_{m-1}}\cdots\hat{\Pi}_{C_1}\Pi\sigma_{C_m}\Pi\hat{\Pi}_{C_1}\cdots\hat{\Pi}_{C_{m-1}}\Pi_{C_m}\right\}\right\} \tag{16.85}$$

위의 표현을 조금 고쳐서 다시 적어보자. 먼저, 다음을 살펴보자.

$$1 = \mathbb{E}_\mathcal{C}\left\{\frac{1}{|\mathcal{M}|}\sum_m \mathrm{Tr}\left\{\sigma_{C_m}\right\}\right\} \tag{16.86}$$

$$= \mathbb{E}_\mathcal{C}\left\{\frac{1}{|\mathcal{M}|}\sum_m \mathrm{Tr}\left\{\Pi\sigma_{C_m}\right\} + \mathrm{Tr}\left\{\hat{\Pi}\sigma_{C_m}\right\}\right\} \tag{16.87}$$

$$\leq \mathbb{E}_\mathcal{C}\left\{\frac{1}{|\mathcal{M}|}\sum_m \mathrm{Tr}\left\{\Pi\sigma_{C_m}\Pi\right\}\right\} + \varepsilon \tag{16.88}$$

여기서 마지막 줄에서는 식 (16.11)을 이용했다. 식 (16.85)에 대입하면(그리고 작은 ε 항을 일단 무시하면)

$$\mathbb{E}_\mathcal{C}\left\{\frac{1}{|\mathcal{M}|}\sum_m \mathrm{Tr}\left\{\Pi\sigma_{C_m}\Pi\right\} - \mathrm{Tr}\left\{\Pi_{C_m}\hat{\Pi}_{C_{m-1}}\cdots\hat{\Pi}_{C_1}\Pi\sigma_{C_m}\Pi\hat{\Pi}_{C_1}\cdots\hat{\Pi}_{C_{m-1}}\Pi_{C_m}\right\}\right\}$$
$$\tag{16.89}$$

의 상계를 준다.

이제 이 오류 확률을 분석할 도구가 필요한데, 이를 비가환 합집합 한계라고 한다.

【보조정리 16.6.1】비가환 합집합 한계 ω가 $\omega \geq 0$이고 $\text{Tr}\{\omega\} \leq 1$이라고 하자. P_1, ..., P_L이 에르미트 사영 연산자라고 하자. 그러면 다음이 성립한다.

$$\text{Tr}\{\omega\} - \text{Tr}\{P_L \cdots P_1 \omega P_1 \cdots P_L\} \leq 2\sqrt{\sum_{i=1}^{L} \text{Tr}\{(I - P_i)\omega\}} \tag{16.90}$$

【증명】 $\||\psi\rangle\|_2^2 \leq 1$을 만족시키는 벡터 $|\psi\rangle$에 대해 다음의 한계를 증명하면 충분하다.

$$\||\psi\rangle\|_2^2 - \|P_L \cdots P_1 |\psi\rangle\|_2^2 \leq 2\sqrt{\sum_{i=1}^{L} \|(I - P_i)|\psi\rangle\|_2^2} \tag{16.91}$$

이것은

$$\||\psi\rangle\|_2^2 = \text{Tr}\{|\psi\rangle\langle\psi|\} \tag{16.92}$$

$$\|P_L \cdots P_1 |\psi\rangle\|_2^2 = \text{Tr}\{P_L \cdots P_1 |\psi\rangle\langle\psi| P_1 \cdots P_L\} \tag{16.93}$$

$$\|(I - P_i)|\psi\rangle\|_2^2 = \text{Tr}\{(I - P_i)|\psi\rangle\langle\psi|\} \tag{16.94}$$

이고, 주어진 조건을 만족하는 임의의 ω를 볼록 결합 $\omega = \sum_z p(z)|\psi_z\rangle\langle\psi_z|$로 적을 수 있기 때문이다. 여기서 $p(z)$는 확률 분포이고 각 $|\psi_z\rangle$는 $\||\psi_z\rangle\|_2^2 \leq 1$을 만족시킨다. 그러면 제곱근 함수의 오목성에 의해 식 (16.91)로부터 식 (16.90)이 유도된다. 이제 식 (16.91)을 증명하는 데 집중해보자. 다음을 보이면서 시작하겠다.

$$\||\psi\rangle - P_L \cdots P_1 |\psi\rangle\|_2^2 \leq \sum_{i=1}^{L} \|(I - P_i)|\psi\rangle\|_2^2 \tag{16.95}$$

이것을 알아보려면

$$\||\psi\rangle - P_L \cdots P_1 |\psi\rangle\|_2^2$$
$$= \|(I - P_L)|\psi\rangle\|_2^2 + \|P_L(|\psi\rangle - P_{L-1} \cdots P_1 |\psi\rangle)\|_2^2 \tag{16.96}$$

$$\leq \|(I - P_L)|\psi\rangle\|_2^2 + \||\psi\rangle - P_{L-1} \cdots P_1 |\psi\rangle\|_2^2 \tag{16.97}$$

$$\leq \sum_{i=1}^{L} \|(I - P_i)|\psi\rangle\|_2^2 \tag{16.98}$$

를 살펴보자. 첫 번째 등식은 피타고라스 정리에서 유도된다. 두 번째 부등식은 사영 연산자는 벡터의 노름을 증가시키지 않기 때문에 성립한다. 마지막 부등식은 수학적 귀납법으로 유도한다. 이제 식 (16.95)의 제곱근을 취하자.

$$\||\psi\rangle - P_L \cdots P_1 |\psi\rangle\|_2 \leq \sqrt{\sum_{i=1}^{L} \|(I - P_i)|\psi\rangle\|_2^2} \tag{16.99}$$

그러면 삼각부등식에 의해 다음을 증명할 수 있다.

$$\||\psi\rangle\|_2 - \|P_L \cdots P_1|\psi\rangle\|_2 \leq \sqrt{\sum_{i=1}^{L} \|(I - P_i)|\psi\rangle\|_2^2} \tag{16.100}$$

이 표현을 다시 배치하면 다음과 같다.

$$\||\psi\rangle\|_2 - \sqrt{\sum_{i=1}^{L} \|(I - P_i)|\psi\rangle\|_2^2} \leq \|P_L \cdots P_1|\psi\rangle\|_2 \tag{16.101}$$

그리고 양변을 제곱하면

$$\left(\||\psi\rangle\|_2 - \sqrt{\sum_{i=1}^{L} \|(I - P_i)|\psi\rangle\|_2^2} \right)^2$$

$$= \||\psi\rangle\|_2^2 - 2\||\psi\rangle\|_2 \sqrt{\sum_{i=1}^{L} \|(I - P_i)|\psi\rangle\|_2^2} + \sum_{i=1}^{L} \|(I - P_i)|\psi\rangle\|_2^2 \tag{16.102}$$

$$\leq \|P_L \cdots P_1|\psi\rangle\|_2^2 \tag{16.103}$$

음수가 아닌 항 $\sum_{i=1}^{L}\|(I - P_i)|\psi\rangle\|_2^2$를 버리면 식 (16.91)이 유도된다. □

【일러두기 16.6.1】 식 (16.90)의 한계를 '비가환 합집합 한계'로 생각할 수도 있다. 이 것은 확률론에 나오는 다음의 합집합 한계와 유사하기 때문이다.

$$\Pr\{(A_1 \cap \cdots \cap A_N)^c\} = \Pr\{A_1^c \cup \cdots \cup A_N^c\} \leq \sum_{i=1}^{N} \Pr\{A_i^c\} \tag{16.104}$$

여기서 $A_1, \ldots, A_N$은 사건이다. 만약 $P_1 \cdots P_N$을 부분공간의 교집합 위로의 사영 연산자로 생각한다면, 사영 연산자 논리에 대한 유사한 한계는

$$\text{Tr}\left\{(I - P_1 \cdots P_N \cdots P_1)\,\rho\right\} \leq \sum_{i=1}^{N} \text{Tr}\left\{(I - P_i)\,\rho\right\} \tag{16.105}$$

가 될 수 있다. 그러나 위의 한계는 사영 연산자 $P_1, \ldots, P_N$이 가환인 경우에만 성립한다(반례로 $P_1 = |+\rangle\langle+|$, $P_2 = |0\rangle\langle0|$, $\rho = |0\rangle\langle0|$이 있다). 만약 사영 연산자가 비가환이면 비가환 합집합 한계가 그다음으로 최선인 선택이고, 여기서의 목적에는 충분하다.

계속해서, 식 (16.89)의 표현식에 나온 비가환 합집합 한계를 $\omega = \Pi\sigma_{C_m}\Pi$와 순차적 사영 연산자 $\Pi_{C_m}, \hat{\Pi}_{C_{m-1}}, \ldots, \hat{\Pi}_{C_1}$을 대입해 적용하자.

$$\mathbb{E}_{\mathcal{C}}\left\{\frac{1}{|\mathcal{M}|}\sum_m 2\left[\text{Tr}\left\{(I - \Pi_{C_m})\Pi\sigma_{C_m}\Pi\right\} + \sum_{i=1}^{m-1}\text{Tr}\left\{\Pi_{C_i}\Pi\sigma_{C_m}\Pi\right\}\right]^{1/2}\right\}$$

$$\leq 2\left[\mathbb{E}_{\mathcal{C}}\left\{\frac{1}{|\mathcal{M}|}\sum_m \text{Tr}\left\{(I - \Pi_{C_m})\Pi\sigma_{C_m}\Pi\right\} + \sum_{i\neq m}\text{Tr}\left\{\Pi_{C_i}\Pi\sigma_{C_m}\Pi\right\}\right\}\right]^{1/2} \tag{16.106}$$

여기서 부등식은 제곱근 함수의 오목성과 모든 부호단어에 대한 합이 m번째 부호단어와 같지 않다는 점에서 유도된다(이 항들은 표현식을 증가시킬 수 있을 뿐이다). 이런 점에서 식 (16.45)의 오류 항과 본질적으로 같은 2개의 오류 항을 분석해야 한다. 따라서 앞에서 사용했던 분석을 가져와서

$$\text{Tr}\left\{(I - \Pi_{c_m})\Pi\sigma_{c_m}\Pi\right\} \leq \varepsilon + 2\sqrt{\varepsilon} \tag{16.107}$$

$$\mathbb{E}_{\mathcal{C}}\left\{\frac{1}{|\mathcal{M}|}\sum_m\sum_{i\neq m}\text{Tr}\left\{\Pi_{C_i}\Pi\sigma_{C_m}\Pi\right\}\right\} \leq |\mathcal{M}|\frac{d}{D} \tag{16.108}$$

라고 결론지을 수 있다. 끝으로, 위의 식은

$$1 - \mathbb{E}_{\mathcal{C}}\left\{\frac{1}{|\mathcal{M}|}\sum_m \text{Tr}\left\{\Pi_{C_m}\hat{\Pi}_{C_{m-1}}\cdots\hat{\Pi}_{C_1}\Pi\sigma_{C_m}\Pi\hat{\Pi}_{C_1}\cdots\hat{\Pi}_{C_{m-1}}\Pi_{C_m}\right\}\right\}$$

$$\leq 2\sqrt{\varepsilon + 2\sqrt{\varepsilon} + |\mathcal{M}|\frac{d}{D}} + \varepsilon \tag{16.109}$$

이라는 한계를 이끌어낸다. 그러면 앞에서 설명한 대로 $4(\varepsilon + 2\sqrt{\varepsilon} + 2|\mathcal{M}|d/D)^{1/2}$ $+ 2\varepsilon$보다 크지 않은 최대 오류 확률을 갖는 부호의 존재성과 순차적 복호화기를 구성하여 부호단어를 비무작위화하고 삭제할 수 있다.

【연습문제 16.6.1】 연습문제 16.5.4를 따라서 순차적 복호화기의 변형을 보여라. 이 변형은 초기 부호 부분공간 사영 연산자가 없고, 전송된 메시지를 복호화하는 데 잘 작동한다.

【연습문제 16.6.2】 연습문제 16.5.3의 조건만을 가정했을 때, 순차적 복호화 전략이 작동함을 보여라.

16.7 역사와 더 읽을거리

홀레보[Holevo](1998) 및 슈마허[Schumacher]와 웨스트모어랜드[Westmoreland](1997)는 포장 보조정리를 이용해 고전 부호화 정리를 증명하지 않았지만, 대신에 오류 확률을 한정 짓는 다른 논증을 사용했다. 식 (16.25)의 연산자 부등식은 포장 보조정리의 핵심이다. 하야시[Hayashi]와 나가오카[Nagaoka](2003)는 양자정보 스펙트럼 기법의 더 일반적인 상황을 개발하기 위해 이 연산자 부등식을 증명했다. 이 상황은 i.i.d. 제약조건이 없고 기본적으로 선로에 대한 구조도 없다. 시에[Hsieh], 데브택[Devetak], 윈터[Winter](2008)는 이후에 얽힘보조 고전 부호화 연구에 이 연산자 부등식을 이용했고, 포장 보조정리를 증명하기 위해 하야시와 나가오카(2003)의 접근법을 따랐다.

지오바네티[Giovannetti] 등(2012)과 로이드[Lloyd] 등(2011)은 양자정보 이론에 순차적 복호화 기법을 도입했다. 센[Sen](2011)은 비가환 합집합 한계를 증명했고 이것을 양자정보 이론의 다양한 문제에 적용했다. 윌디[Wilde](2013)는 비가환 합집합 한계를 사영적이지 않은 시험($\Lambda \geq 0$에 대해 $\{\Lambda, I - \Lambda\}$인 형태를 갖는 것들)으로 확장했고, 고전 통신의 순차적 복호화에 대한 '한 방' 특성을 구성했다.

17

덮음 보조정리

덮음 보조정리^{covering lemma}의 목표는 포장 보조정리의 목표와 반대일 것이다. 왜냐하면 (앞 절의 포장 보조정리에서처럼 구분 가능하게 만드는 대신에) 한 참여자가 다른 참여자는 구분 불가능하도록 메시지를 만드는 상황을 적용하는 것이기 때문이다. 즉, 덮음 보조정리는 한 참여자가 다른 참여자에게 무잡음 선로가 아니라 유잡음 선로를 시뮬레이션하려고 시도할 때 유용하다. 한 참여자는 이 작업을 다른 참여자의 힐베르트 공간을 무작위적으로 '덮음'으로써 완수할 수 있다(이 관점이 덮음 보조정리의 이름을 보여준다).

양자 상태의 큰 집합으로부터 무작위로 균일하게 양자 상태를 선택하여, 선택된 양자 상태를 제3자에게 전달해 어떤 상태가 선택됐는지 알려주지 않으면서 확실히 잡음을 시뮬레이션할 수 있다. 이 접근법의 문제는 만약 무작위 상태를 고르는 집합이 크다면, 그리고 잡음을 시뮬레이션하기 위해 가능한 한 적은 자원을 쓰고 싶다면, 이 방법은 잠재적으로 비용이 비쌀 수도 있다는 점이다. 즉, 잡음을 시뮬레이션할 때 무작위로 균일한 양자 상태를 고를 집합을 가능한 한 작게 만들고 싶다. 응용에 필요한 조건이 일반적이고(사영 연산자와 앙상블에 대한 한계를 포함하여), 이 기법을 i.i.d. 가정에서 사용할 때 잡음을 시뮬레이션하는 유효한 기법을 제시한다는 점에서 덮음 보조정리는 포장 보조정리와 유사하다.

양자 섀넌 이론 덮음 보조정리의 한 응용 분야는 양자 선로를 통해 비밀 고전 정보를 전송하는 부호의 구성에 있다(23장에서 논의함). 비밀 고전 정보에 대한 증명 기법은 밥이 이들을 구분할 수 있도록 메시지를 포장하지만 도청자가 밥이 받도록 의도된 메시지를 구분할 수 없는 방법으로 도청자의 공간을 덮는 영리한 조합을 포함한다. 덮음 보조정리의 다른 응용 분야는 비밀키 증류, 2분할 상태의 상관성을 파괴하기 위한 잡음의 양을 결정하는 것, 그리고 i.i.d. 양자 상태에 대한 i.i.d. 측정 결과를 압축하는 것이다.

덮음 보조정리에 숨은 핵심 아이디어를 설명하는 간단한 사례로 이번 장을 시작할 것이다. 그런 다음 17.2절에서는 일반적으로 적용하는 상황과 그 내용을 논의한다. 이 증명을 다음과 같은 여러 부분으로 나눌 텐데, '체르노프 앙상블'의 구성, '체르노프 부호'의 구성, 연산자 체르노프 한계의 적용, 오류 분석이다.

덮음 보조정리를 증명하는 데 사용한 중심 도구는 연산자 체르노프 한계^{operator} Chernoff bound다. 이 한계는 확률론에서 표준 체르노프 한계의 일반화로, 순차적인 i.i.d. 무작위 변수 수열의 표본 평균은 참 평균에 지수함수적으로 빠르게 수렴한다는 내용이다. 체르노프 한계의 연산자 판본의 증명은 17.3절에 나온다. 체르노프 한계의 지수함수적 수렴성은 체비셰프^{Chebyshev} 부등식의 다항식 수렴성보다 훨씬 강하고, 23장에서 우수한 비밀 고전 부호의 존재성을 구성하는 데 도움이 된다.

17.1 사례 소개

앞서와 마찬가지로 앨리스가 밥과 통신한다고 하자. 하지만 이번에는 통신을 엿듣는 도청자가 있다. 앨리스는 자신이 밥에게 보낸 메시지가 비밀이 되어서 도청자는 앨리스가 보낸 메시지에 대한 어떤 정보도 얻을 수 없도록 하고 싶다.

앨리스는 어떻게 자신이 비밀을 보낼 수 있는 정보를 만들 수 있을까? 보안의 가장 강력한 기준은 앨리스가 뭘 수신하든 간에 상관없이 앨리스가 보낸 내용과 독립적임이 보장되는 것이다. 앨리스는 비밀성을 갖기 위해 밥과 통신할 수 있는 정보의 양을 양보해야 할 수도 있지만, 밥이 수신할 메시지에 대해 도청자가 아무것도 알지 못하기를 원하기 때문에 이 정도의 양보는 그럴 만한 가치가 있다.

먼저 앨리스가 자신의 정보를 비밀로 만들기 위해 사용할 수 있는 일반적인 방법을 생각나게 만드는 예를 제시하겠다. 앨리스가 4개의 메시지 $\{a, b, c, d\}$ 중 하나를 밥에게 전달한다고 하자. 그리고 밥은 메시지를 완벽하게 구분 가능한 상태로 받는다고 하자. 앨리스는 같은 확률로 메시지를 고른다. 게다가, 앨리스와 도청자는 도청자가 앨리스의 메시지 각각이 다음의 네 가지 상태 중 하나를 받을 것임을 알고 있다.

$$a \to |0\rangle, \qquad b \to |1\rangle, \qquad c \to |+\rangle, \qquad d \to |-\rangle \qquad (17.1)$$

도청자의 상태 각각이 큐비트의 2차원 힐베르트 공간에 놓여 있음을 살펴보자. 여기서 위의 앙상블에 있는 양자 상태를 '도청자의 앙상블'이라고 부르겠다.

이 사례의 목적을 위해, 밥이 받은 내용에는 큰 관심을 기울이지 않겠지만 앨리스가 보낸 4개의 메시지를 밥이 구분할 수 있다는 가정만 해두겠다. 일반성을 잃지 않고, 밥이 $\{|a\rangle, |b\rangle, |c\rangle, |d\rangle\}$와 같은 어떤 선호하는 정규직교 기저에서 바뀌지 않은 메시지를 받아서 4개의 메시지를 구분할 수 있다고 가정하겠다. 이 앙상블을 '밥의 앙상블'이라고 부르겠다.

만약 앨리스가 어떤 메시지를 선택했는지 도청자가 모른다면, 앨리스와 도청자는 둘 다 도청자 앙상블의 기대 밀도 연산자가 최대로 섞인 상태임을 안다.

$$\frac{1}{4}|0\rangle\langle 0| + \frac{1}{4}|1\rangle\langle 1| + \frac{1}{4}|+\rangle\langle +| + \frac{1}{4}|-\rangle\langle -| = \pi \qquad (17.2)$$

여기서 $\pi \equiv I/2$는 큐비트의 최대로 섞인 상태다. 앨리스는 도청자의 정보가 앨리스가 보낸 메시지와 독립적임을 어떻게 확신할 수 있을까? 앨리스는 도청자 앙상블의 기대 밀도 연산자를 시뮬레이션하기 위해 도청자의 앙상블에 있는 상태의 부분집합, 또는 부분 앙상블을 선택할 수 있다. 이 시뮬레이션하는 앙상블을 '가짜 앙상블'이라고 부르자. 앨리스는 도청자의 지식을 무작위화하기 위해 균일한 분포에 따라 가짜 가짜 앙상블에 소속된 상태들을 고를 수 있다. 각각의 새로운 가짜 앙상블의 밀도 연산자는 '가짜 기대 밀도 연산자'다.

가짜 앙상블의 구성원으로 있기 위해 어떤 상태가 좋을까? $|0\rangle$과 $|1\rangle$의 같은 확률로 섞은 상태는 도청자 앙상블의 기대 밀도 연산자를 시뮬레이션하기에 충분하다. 왜냐하면 이 새로운 앙상블의 가짜 기대 밀도 연산자가 $[|0\rangle\langle 0| + |1\rangle\langle 1|]/2 = \pi$이기 때문이다. $|+\rangle$와 $|-\rangle$를 같은 확률로 섞은 상태도 또한 잘 작동한다. 왜냐하면 이 또 다른 가짜 앙상블의 기대 밀도 연산자는 $[|+\rangle\langle +| + |-\rangle\langle -|]/2 = \pi$이기 때문이다.

따라서 앨리스가 이 방법으로 비밀 비트를 부호화하는 것이 가능하다. 앨리스는 먼저 각각의 가짜 앙상블 안에 특정 메시지를 고를 무작위 비트를 생성한다. 만약 앨리

스가 밥에게 비밀리에 '0'을 전송하고 싶다면 무작위 비트에 따라 앨리스는 a나 b를 선택한다. 그리고 만약 밥에게 비밀리에 '1'을 전송하고 싶다면 무작위 비트에 따라 c 나 d를 선택한다. 각각의 경우에서 도청자가 결국 얻게 될 기대 밀도 연산자는 최대로 섞인 상태다. 따라서 앨리스가 무작위 추측 전략보다 더 잘할 수는 없다는 점에서 앨리스가 전송한 원래의 메시지를 구분하기 위해 도청자가 수행할 수 있는 측정은 없다. 반면에, 밥은 앨리스의 비밀 비트를 알아내기 위해 $\{|a\rangle, |b\rangle, |c\rangle, |d\rangle\}$라는 기저에서 측정을 수행할 수 있다. 1개의 비밀 비트가 전송되는 경우 앨리스는 1/2의 확률로 정확한 값을 추측할 수 있지만, 만약 앨리스가 이 기술을 사용해 더 많은 수의 비밀 비트를 보낸다면 앨리스는 이 확률을 지수함수적으로 작게 만들 수 있다(<small>n개의 비트가 이 방법으로 전송된다면 추측 확률은 2^{-n}이다</small>).

그러면 비밀 비트에 대한 도청자의 정보를 명시적으로 계산할 수 있다. 앨리스가 어떤 메시지를 전송했는지 도청자가 알지 못하는 경우, 즉 다음의 상태 $\{|0\rangle, |1\rangle,$ $|+\rangle, |-\rangle\}$의 균일한 섞임(<small>최대로 섞인 상태 π와 같다</small>)인 경우 도청자 상태의 묘사를 생각해보자. 만약 앨리스가 어떤 메시지를 전송했는지 도청자가 안다면, 도청자의 상태 묘사는 각각이 밀도 연산자 π인 $\{|0\rangle, |1\rangle\}$이나 $\{|+\rangle, |-\rangle\}$ 상태의 균일한 섞임으로 '개선'될 수 있다. 다음의 고전 양자 상태가 이 상황을 묘사한다.

$$\rho_{MKE} \equiv \frac{1}{4}|0\rangle\langle0|_M \otimes |0\rangle\langle0|_K \otimes |0\rangle\langle0|_E$$
$$+ \frac{1}{4}|0\rangle\langle0|_M \otimes |1\rangle\langle1|_K \otimes |1\rangle\langle1|_E$$
$$+ \frac{1}{4}|1\rangle\langle1|_M \otimes |0\rangle\langle0|_K \otimes |+\rangle\langle+|_E$$
$$+ \frac{1}{4}|1\rangle\langle1|_M \otimes |1\rangle\langle1|_K \otimes |-\rangle\langle-|_E \tag{17.3}$$

여기서 앨리스는 레지스터 K에는 절대 접근할 수 없다고 가정했다. 레지스터 K에 대해 대각합을 취해버리면 축소된 상태 ρ_{ME}를 얻는다.

$$\rho_{ME} = \frac{1}{4}|0\rangle\langle0|_M \otimes |0\rangle\langle0|_E + \frac{1}{4}|0\rangle\langle0|_M \otimes |1\rangle\langle1|_E$$
$$+ \frac{1}{4}|1\rangle\langle1|_M \otimes |+\rangle\langle+|_E + \frac{1}{4}|1\rangle\langle1|_M \otimes |-\rangle\langle-|_E \tag{17.4}$$
$$= \frac{1}{2}|0\rangle\langle0|_M \otimes \frac{1}{2}\left[|0\rangle\langle0|_E + |1\rangle\langle1|_E\right]$$
$$+ \frac{1}{2}|1\rangle\langle1|_M \otimes \frac{1}{2}\left[|+\rangle\langle+|_E + |-\rangle\langle-|_E\right] \tag{17.5}$$

$$= \frac{1}{2}|0\rangle\langle 0|_M \otimes \pi_E + \frac{1}{2}|1\rangle\langle 1|_M \otimes \pi_E \qquad (17.6)$$

$$= \pi_M \otimes \pi_E \qquad (17.7)$$

그러면 도청자의 레지스터는 M의 고전 비트와 완전히 독립이고, M에 있는 비밀 비트에 대한 도청자의 정보는 축소된 상태 ρ_{ME}의 상호 정보를 계산하여 주어진다. 이 상태는 곱 상태이므로 $I(M; E)_\rho = 0$이다. 따라서 이 기법을 사용하면, 도청자는 앞에서 논의했던 것과 같이 비밀 비트에 대해 아무런 정보가 없다.

앨리스는 여전히 비밀을 유지하면서 밥에게 할 수 있는 한 많은 정보를 전송하고 싶기 때문에, 이 기법이 매우 적은 잡음을 사용하도록 만드는 데 관심이 있다. 따라서 앨리스는 가능한 한 아주 적은 무작위성을 사용해 가짜 앙상블을 만들려고 해야 한다. 위의 사례에서, 더 작은 크기는 도청자에게 정보가 유출될 수도 있기 때문에 앨리스는 더 작은 가짜 앙상블을 만들 수 없다.

17.2 덮음 보조정리의 상황과 내용

덮음 보조정리의 상황은 위의 사례에서 나온 상황의 일반화다. 기본적으로는 정보를 비밀로 만드는 데 같은 전략을 사용하지만, 더 일반적인 상황에서 수학적 분석이 더 많이 포함된다. 일반적으로는 위의 사례에서처럼 완벽한 비밀은 가질 수 없고, 대신에 근사적 비밀만을 요청할 수 있다. 그러면 근사적 비밀은 i.i.d. 상황에서 점근적 극한을 취하면 완벽해진다.

먼저, 덮음 보조정리를 위해 관련된 앙상블을 정의한다. 이것을 '가짜 앙상블'과 구분하기 위해 '진짜 앙상블'이라고 부르겠다.

【정의 17.2.1】 진짜 앙상블 $\mathcal{X}$가 크기 $|\mathcal{X}|$을 갖고 원소가 x인 집합이라고 하자. 각 값이 어떤 무작위 변수 X에 따르는 확률 $p_X(x)$에 따라 x로 주어지는 양자 상태의 앙상블 $\{p_X(x), \sigma_x\}_{x \in \mathcal{X}}$를 갖고 있다고 하자. 그리고 양자 상태 $\sigma_x \in \mathcal{D}(\mathcal{H})$로 각 값 x를 부호화한다고 하자. 이 앙상블의 기대 밀도 연산자는 $\sigma \equiv \sum_{x \in \mathcal{X}} p_X(x)\sigma_x$이다.

가짜 앙상블에 대한 정의는 사례에서 만들었던 가짜 앙상블과 유사한 방식이다. 가짜 앙상블은 균일한 분포에 따라 진짜 앙상블에서 선택된 상태의 부분집합일 뿐이다.

【정의 17.2.2】 가짜 앙상블 $\mathcal{S}$가 $\mathcal{S} \subseteq \mathcal{X}$인 집합이라고 하자. 가짜 앙상블은 다음과 같

이 정의된다.

$$\{1/|\mathcal{S}|, \sigma_s\}_{s \in \mathcal{S}} \tag{17.8}$$

$\bar{\sigma}$는 가짜 앙상블의 '가짜 기대 밀도 연산자'를 나타낸다.

$$\bar{\sigma}(\mathcal{S}) \equiv \frac{1}{|\mathcal{S}|} \sum_{s \in \mathcal{S}} \sigma_s \tag{17.9}$$

앞의 사례에서는 앨리스가 도청자로부터 완벽한 비밀성을 얻을 수 있었다. 일반적으로는 완벽한 비밀성을 얻을 수 없고 근사적 비밀성만을 얻을 수 있기 때문에 비밀성의 좋은 척도가 필요하다. 이 척도는 도청자가 받은 상태를 앨리스가 얼마나 잘 혼동시킬 수 있는지 정하기 때문에 '혼동 오류[obfuscation error]'라고 부른다.

【정의 17.2.3】혼동 오류 집합 $\mathcal{S}$의 혼동 오류 $o_e(\mathcal{S})$는 가짜 기대 밀도 연산자 $\bar{\sigma}(\mathcal{S})$가 실제 기대 밀도 연산자에 얼마나 가까운지를 나타내는 척도다.

$$o_e(\mathcal{S}) = \|\bar{\sigma}(\mathcal{S}) - \sigma\|_1 \tag{17.10}$$

앨리스의 목표는 자신의 가짜 앙상블의 크기를 가능한 한 작게 만들면서 도청자로부터 비밀성을 유지하는 것이다. 덮음 보조정리는 어떤 혼동 오류를 얻기 위해 각각의 가짜 앙상블이 얼마나 작아야 하는지 결정하여 이 절충점을 정량화한다.

덮음 보조정리의 가정은 어쩌면 포장 보조정리의 가정과 유사하다. 하지만 이 장의 서두에서 말했듯이 덮음 보조정리의 목표는 매우 다르다.

【보조정리 17.2.1】덮음 보조정리 $\{p_X(x), \sigma_x\}_{x \in \mathcal{X}}$가 정의 17.2.1 대로 정의된 앙상블이라고 하자. 전체 부분공간 사영 연산자 Π와 부호단어 부분공간 사영 연산자 $\{\Pi_x\}_{x \in \mathcal{X}}$가 주어졌다고 하자. 이 사영 연산자들은 $\mathcal{H}$의 부분공간 위로의 사영 연산자이고, 이 사영 연산자와 각 상태 σ_x는 다음의 조건을 만족한다.

$$\mathrm{Tr}\{\sigma_x \Pi\} \geq 1 - \varepsilon \tag{17.11}$$
$$\mathrm{Tr}\{\sigma_x \Pi_x\} \geq 1 - \varepsilon \tag{17.12}$$
$$\mathrm{Tr}\{\Pi\} \leq D \tag{17.13}$$
$$\Pi_x \sigma_x \Pi_x \leq \frac{1}{d}\Pi_x \tag{17.14}$$

여기서 $\varepsilon \in (0, 1)$, $D > 0$, $d \in (0, D)$이다. $\mathcal{M}$을 크기 $|\mathcal{M}|$이고 그 원소가 m인 집합이라고 하자. 무작위 덮음 부호 $\mathcal{C} \equiv \{C_m\}_{m \in \mathcal{M}}$이 무작위 부호단어 C_m으로 이뤄졌다고 하자. 여기서 부호단어 C_m은 확률 분포 $p_X(x)$에 따라 독립적으로 선택됐고, 가짜 앙상블 $\{1/|\mathcal{M}|, \sigma_{C_m}\}_{m \in \mathcal{M}}$을 이끌어낸다. 그러면 무작위 덮음 부호 $\mathcal{C}$의 혼동 오류 $o_e(\mathcal{C})$가 작을 확률이 크다.

$$\Pr_{\mathcal{C}}\left\{o_e(\mathcal{C}) \leq \varepsilon + 4\sqrt{\varepsilon} + 24\sqrt[4]{\varepsilon}\right\} \geq 1 - 2D \exp\left(-\frac{\varepsilon^3}{4\ln 2}\frac{|\mathcal{M}|d}{D}\right) \quad (17.15)$$

여기서 ε은 작고, $|\mathcal{M}| \gg \varepsilon^3 d/D$이다. 따라서 주어진 가짜 앙상블 $\{1/|\mathcal{M}|, \sigma_{c_m}\}_{m \in \mathcal{M}}$은 원래 앙상블 $\{p_X(x), \sigma_x\}_{x \in \mathcal{X}}$의 밀도 연산자와 구분할 수 없는 그 기대 밀도 연산자를 갖는다. 이런 관점에서 가짜 앙상블 $\{1/|\mathcal{M}|, \sigma_{c_m}\}_{m \in \mathcal{M}}$은 원래의 앙상블 $\{p_X(x), \sigma_x\}_{x \in \mathcal{X}}$를 '덮는다'.

17.3 연산자 체르노프 한계

덮음 보조정리의 증명을 제시하기 전에, 먼저 연산자 체르노프 한계를 설명하고 증명하겠다. 이것은 덮음 보조정리를 구성하는 데 가장 결정적인 도구다. 연산자 체르노프 한계는 큰 편차의 이론에서 나온 정리로, (연산자 값 무작위 변수에 대한 몇 가지 제약조건을 갖고) 많은 수의 i.i.d. 연산자 값 무작위 변수의 표본 평균이 그 기댓값에 가깝다는 내용이다.

【보조정리 17.3.1】 (연산자 체르노프 한계) $\xi_1, \ldots, \xi_K \in \mathcal{L}(\mathcal{H})$가 K개의 i.i.d. 양의 준정부호 연산자 값 무작위 변수라고 하자. 각각의 ξ_k가 모두 0과 1 사이에서 그 고윳값을 갖는다고 하자.

$$\forall k \in [K] : 0 \leq \xi_k \leq I \quad (17.16)$$

$\bar{\xi}$가 K개의 연산자 값 무작위 변수의 표본 평균이라고 하자.

$$\bar{\xi} = \frac{1}{K}\sum_{k=1}^{K}\xi_k \quad (17.17)$$

각 연산자 $\mathbb{E}_\xi\{\xi_k\} \equiv \mu$의 기댓값은 양수이고, 따라서 μ는 항등 연산자에 $a \in (0,$

1): $\mu \geq aI$인 수를 곱한 것보다 크다. $0 < \eta < 1/2$이고 $(1 + \eta)a \leq 1$인 모든 η에 대해, 표본 평균 $\overline{\xi}$가 연산자 구간 $[(1 \pm \eta)\mu]$에 있을 확률을 한정할 수 있다.

$$\Pr_{\xi}\left\{(1 - \eta)\,\mu \leq \overline{\xi} \leq (1 + \eta)\,\mu\right\} \geq 1 - 2\dim(\mathcal{H})\exp\left(-\frac{K\eta^2 a}{4\ln 2}\right) \quad (17.18)$$

따라서 K가 커짐에 따라 표본 평균 연산자 $\overline{\xi}$가 실제 기대 연산자 μ에 가까이 있을 확률은 매우 높다.

연산자 체르노프 한계의 증명 내내 연산자 마르코프 부등식을 통한 진행으로 위의 보조정리를 증명하겠다. 만약 $A - B$가 양의 준정부호라면 $A \geq B$라고 쓰고, 아니면 $A \not\geq B$라고 적는 것을 생각해보자. 그런 다음, 관행적으로 어떤 에르미트 연산자 A와 그 스펙트럼 분해 $A = \sum_i a_i|i\rangle\langle i|$에 대해 $\exp\{A\} = \sum_i \exp(a_i)|i\rangle\langle i|$라고 적는다(이것은 $\exp\{A\} = \sum_{i:a_i \neq 0} \exp(a_i)|i\rangle\langle i|$라고 적는 관행과는 다르다).

【보조정리 17.3.2】연산자 마르코프 부등식 $X = \mathcal{L}(\mathcal{H})$가 양의 준정부호 연산자 값 무작위 변수이고, $\mathbb{E}\{X\}$는 그 기댓값이라고 하자. A를 $\mathcal{L}(\mathcal{H})$에 고정된 양의 정부호 연산자라고 하자. 그러면 다음이 성립한다.

$$\Pr\{X \not\geq A\} \leq \operatorname{Tr}\{\mathbb{E}\{X\}A^{-1}\} \quad (17.19)$$

【증명】 $X \not\geq A$이면 $A^{-1/2}XA^{-1/2} \not\geq I$임을 생각해보자. 이것은 $A^{-1/2}XA^{-1/2}$의 가장 큰 고윳값이 1보다 크다는 뜻이다. 즉, $\|A^{-1/2}XA^{-1/2}\|_\infty > 1$이다. $I_{X\not\geq A}$가 $X \not\geq A$ 사건의 지시자 함수를 나타낸다고 하자. 그러면 다음이 성립한다.

$$I_{X\not\geq A} \leq \operatorname{Tr}\left\{A^{-1/2}XA^{-1/2}\right\} \quad (17.20)$$

위의 부등식은 지시자가 0이라면 우변이 음수가 될 수 없기 때문에 유도된다. 만약 지시자가 1이면 우변은 1보다 크다. 왜냐하면 그 가장 큰 고윳값이 1보다 크고, 대각합은 양의 준정부호 연산자에 대한 가장 큰 고윳값보다 크기 때문이다. 그러면 다음의 부등식을 얻는다.

$$\Pr\{X \not\geq A\} = \mathbb{E}\left\{I_{X\not\geq A}\right\} \leq \mathbb{E}\left\{\operatorname{Tr}\left\{A^{-1/2}XA^{-1/2}\right\}\right\} \quad (17.21)$$

$$= \mathbb{E}\left\{\operatorname{Tr}\left\{XA^{-1}\right\}\right\} = \operatorname{Tr}\left\{\mathbb{E}\{X\}A^{-1}\right\} \quad (17.22)$$

이 부등식은 식 (17.20)에서 유도되고, 두 번째 등식은 대각합의 순환성에서 유도된다. □

【보조정리 17.3.3】베른슈타인 기교 $X, X_1, \ldots, X_K \in \mathcal{L}(\mathcal{H})$가 i.i.d.인 에르미트 연산자 값 무작위 변수라고 하자. 그리고 A가 고정된 에르미트 연산자라고 하자. 그러면 임의의 가역 연산자 T에 대해 다음의 한계가 성립한다.

$$\Pr \left\{ \sum_{k=1}^{K} X_k \nleq KA \right\} \leq \dim(\mathcal{H}) \left\| \mathbb{E} \left\{ \exp \left\{ T \left(X - A \right) T^\dagger \right\} \right\} \right\|_\infty^K \quad (17.23)$$

【증명】 이 보조정리의 증명은 임의의 두 에르미트 연산자 A와 B에 대해 성립하는 통계역학의 골든-톰슨 대각합 부등식^Golden-Thompson trace inequality에 의존한다(증명 없이 사용한다).

$$\mathrm{Tr} \left\{ \exp \left\{ A + B \right\} \right\} \leq \mathrm{Tr} \left\{ \exp \left\{ A \right\} \exp \left\{ B \right\} \right\} \quad (17.24)$$

다음의 연쇄적 부등식을 생각해보자.

$$\Pr \left\{ \sum_{k=1}^{K} X_k \nleq KA \right\} = \Pr \left\{ \sum_{k=1}^{K} (X_k - A) \nleq 0 \right\} \quad (17.25)$$

$$= \Pr \left\{ \sum_{k=1}^{K} T \left(X_k - A \right) T^\dagger \nleq 0 \right\} \quad (17.26)$$

$$= \Pr \left\{ \exp \left\{ \sum_{k=1}^{K} T \left(X_k - A \right) T^\dagger \right\} \nleq I \right\} \quad (17.27)$$

$$\leq \mathrm{Tr} \left\{ \mathbb{E} \left\{ \exp \left\{ \sum_{k=1}^{K} T \left(X_k - A \right) T^\dagger \right\} \right\} \right\} \quad (17.28)$$

처음의 두 부등식은 쉽게 유도된다. 세 번째 등식은 교환 가능한 연산자 A와 B에 대해 $A \leq B$가 $\exp\{A\} \leq \exp\{B\}$와 동등하기 때문에 성립한다. 위의 부등식은 연산자 마르코프 부등식(보조정리 17.3.2)을 적용하여 유도한다. 계속해서,

$$= \mathbb{E} \left\{ \mathrm{Tr} \left\{ \exp \left\{ \sum_{k=1}^{K} T \left(X_k - A \right) T^\dagger \right\} \right\} \right\} \quad (17.29)$$

$$\le \mathbb{E}\left\{\mathrm{Tr}\left\{\exp\left\{\sum_{k=1}^{K-1}T\left(X_k-A\right)T^\dagger\right\}\exp\left\{T\left(X_K-A\right)T^\dagger\right\}\right\}\right\} \tag{17.30}$$

$$= \mathbb{E}_{X_1,\dots,X_{K-1}}\left\{\mathrm{Tr}\left\{\exp\left\{\sum_{k=1}^{K-1}T\left(X_k-A\right)T^\dagger\right\}\right.\right.$$
$$\left.\left.\mathbb{E}_{X_K}\left\{\exp\left\{T\left(X_K-A\right)T^\dagger\right\}\right\}\right\}\right\} \tag{17.31}$$

$$= \mathbb{E}_{X_1,\dots,X_{K-1}}\left\{\mathrm{Tr}\left\{\exp\left\{\sum_{k=1}^{K-1}T\left(X_k-A\right)T^\dagger\right\}\mathbb{E}_X\left\{\exp\left\{T\left(X-A\right)T^\dagger\right\}\right\}\right\}\right\} \tag{17.32}$$

첫 번째 등식은 기댓값과 대각합을 교환해서 유도한다. 위의 부등식은 골든-톰슨 대각합 부등식을 적용하여 유도한다. 두 번째와 세 번째 등식은 i.i.d. 가정에서 유도된다. 이어서

$$\le \mathbb{E}_{X_1,\dots,X_{K-1}}\left\{\mathrm{Tr}\left\{\exp\left\{\sum_{k=1}^{K-1}T\left(X_k-A\right)T^\dagger\right\}\right\}\right\}$$
$$\left\|\mathbb{E}_X\left\{\exp\left\{T\left(X-A\right)T^\dagger\right\}\right\}\right\|_\infty \tag{17.33}$$

$$\le \mathrm{Tr}\left\{I\right\}\left\|\mathbb{E}_X\left\{\exp\left\{T\left(X-A\right)T^\dagger\right\}\right\}\right\|_\infty^K \tag{17.34}$$

$$= \dim(\mathcal{H})\left\|\mathbb{E}_X\left\{\exp\left\{T\left(X-A\right)T^\dagger\right\}\right\}\right\|_\infty^K \tag{17.35}$$

첫 번째 부등식은 양의 준정부호인 A에 대해 $\mathrm{Tr}\{AB\}\le\mathrm{Tr}\{A\}\|B\|_\infty$에서 유도된다. 두 번째 부등식은 마찬가지 단계를 반복 적용해서 얻는다. 마지막 등식은 항등 연산자의 대각합이 힐베르트 공간의 차원과 같기 때문에 유도된다. 이것으로 '베른슈타인 기교Bernstein trick' 보조정리가 증명된다. □

【연산자 체르노프 한계(보조정리 17.3.1)의 증명】 먼저 다음의 부등식이 $\mathbb{E}\{X\}\le mI$, $A\ge aI$, $1\ge a>m\ge0$을 만족하는 i.i.d.인 에르미트 연산자 값 무작위 변수 X, $X_1,\dots,X_K$에 대해 성립함을 증명한다.

$$\Pr\left\{\sum_{k=1}^K X_k\not\preceq KA\right\}\le\dim(\mathcal{H})\exp\left\{-KD(a\|m)\right\} \tag{17.36}$$

여기서 $D(a\|m)$은 2진 상호 엔트로피다.

$$D(a\|m) = a \ln a - a \ln m + (1-a) \ln (1-a) - (1-a) \ln (1-m) \quad (17.37)$$

먼저, $t > 0$에 대해 $T = \sqrt{t}I$를 써서 베른슈타인 기교(보조정리 17.3.3)를 적용한다.

$$\Pr \left\{ \sum_{k=1}^{K} X_k \npreceq KA \right\} \leq \Pr \left\{ \sum_{k=1}^{K} X_k \npreceq KaI \right\} \quad (17.38)$$

$$\leq \dim(\mathcal{H}) \left\| \mathbb{E} \left\{ \exp \{tX\} \exp \{-ta\} \right\} \right\|_\infty^K \quad (17.39)$$

따라서 t를 다음과 같이 최적화하는 것이 최선임은 명백하다.

$$\left\| \mathbb{E} \left\{ \exp \{tX\} \exp \{-ta\} \right\} \right\|_\infty < 1 \quad (17.40)$$

그러면 K가 커짐에 따라 지수함수적으로 감소한다. 이제 다음의 부등식을 생각해 보자.

$$\exp \{tX\} - I \leq X (\exp \{t\} - 1) \quad (17.41)$$

이 부등식은 $x \in [0, 1]$인 실수에 대해 비슷한 부등식인

$$(\exp \{tx\} - 1) \leq x(\exp \{t\} - 1) \quad (17.42)$$

이 성립하기 때문에 성립한다. 이 부등식을 적용하면

$$\mathbb{E} \left\{ \exp \{tX\} \right\} \leq \mathbb{E} \left\{ X \right\} (\exp \{t\} - 1) + I \quad (17.43)$$

$$\leq mI (\exp \{t\} - 1) + I \quad (17.44)$$

$$= (m \exp \{t\} + 1 - m) I \quad (17.45)$$

를 얻는다. 그러면

$$\left\| \mathbb{E} \left\{ \exp \{tX\} \exp \{-ta\} \right\} \right\|_\infty \leq (m \exp \{t\} + 1 - m) \exp \{-ta\} \quad (17.46)$$

임을 유도할 수 있다.

$$t = \ln \left(\frac{a}{m} \cdot \frac{1-m}{1-a} \right) > 0 \quad (17.47)$$

처럼 선택하자. 그러면 $a > m$이라는 가정으로부터

$$(m \exp\{t\} + 1 - m) \exp\{-ta\}$$

$$= \left(m \left(\frac{a}{m} \cdot \frac{1-m}{1-a} \right) + 1 - m \right) \exp \left\{ -\ln \left(\frac{a}{m} \cdot \frac{1-m}{1-a} \right) a \right\} \tag{17.48}$$

$$= \left(a \cdot \frac{1-m}{1-a} + 1 - m \right) \exp \left\{ -a \ln \left(\frac{a}{m} \right) - a \ln \left(\frac{1-m}{1-a} \right) \right\} \tag{17.49}$$

$$= \left(\frac{1-m}{1-a} \right) \exp \left\{ -a \ln \left(\frac{a}{m} \right) - a \ln \left(\frac{1-m}{1-a} \right) \right\} \tag{17.50}$$

$$= \exp \left\{ -a \ln \left(\frac{a}{m} \right) - (1-a) \ln \left(\frac{1-a}{1-m} \right) \right\} \tag{17.51}$$

$$= \exp\{-D(a\|m)\} \tag{17.52}$$

을 얻으며, 이것은 식 (17.36)의 필요한 한계를 증명한다.

식 (17.36)에 $Y_k = I - X_k$, $B = I - A$를 대입하고, 반대인 조건 $\mathbb{E}\{X\} \geq mI$, $A \leq aI$, $0 \leq a < m \leq 1$을 가정하면 다음의 부등식이 i.i.d. 연산자 X, X_1, ..., X_K 에 대해 성립함을 보일 수 있다.

$$\Pr \left\{ \sum_{k=1}^{K} X_k \not\geq KA \right\} \leq \dim(\mathcal{H}) \exp\{-KD(a\|m)\} \tag{17.53}$$

연산자 체르노프 한계의 증명을 마무리 짓기 위해 $\mu \equiv \mathbb{E}\{X\} \geq LI$를 갖는 변수 $Z_k = L\mu^{-1/2} X_k \mu^{-1/2}$를 생각해보자. 그러면 $\mathbb{E}\{Z_k\} = LI$이고 $0 \leq Z_i \leq I$이다. 따라서 다음의 사건은 동등하다.

$$(1-\eta)\mu \leq \frac{1}{K} \sum_{k=1}^{K} X_k \leq (1+\eta)\mu$$

$$\iff (1-\eta) LI \leq \frac{1}{K} \sum_{k=1}^{K} Z_k \leq (1+\eta) LI \tag{17.54}$$

그리고 식 (17.36), 식 (17.53), 그리고 합집합 한계를 적용하면

$$\Pr \left\{ \left((1-\eta)\mu \not\leq \frac{1}{K} \sum_{k=1}^{K} X_k \right) \bigcup \left(\frac{1}{K} \sum_{k=1}^{K} X_k \not\leq (1+\eta)\mu \right) \right\}$$

$$\leq \dim(\mathcal{H}) \exp\{-KD((1-\eta)L\|L)\}$$

$$\qquad + \dim(\mathcal{H}) \exp\{-KD((1+\eta)L\|L)\} \tag{17.55}$$

$$\leq 2 \dim(\mathcal{H}) \exp \left\{ -K \frac{\eta^2 L}{4 \ln 2} \right\} \tag{17.56}$$

을 얻는다. 여기서는 마지막 줄에서 다음의 부등식이 $-1/2 \leq \eta \leq 1/2$와 $(1 + \eta)L$ ≤ 1에 대해 성립함을 이용했다.

$$D\left((1+\eta)L\|L\right) \geq \frac{1}{4\ln 2}\eta^2 L \tag{17.57}$$

이것으로 보조정리 17.3.1의 증명을 마무리한다. □

17.4 덮음 보조정리의 증명

덮음 보조정리 증명의 첫 단계는 연산자 체르노프 한계(보조정리 17.3.1)의 조건을 만족하는 원래 앙상블에 가까운 대안적 앙상블을 구성하는 것이다. 이 대안 앙상블을 '체르노프 앙상블Chernoff ensemble'이라고 하겠다. 그러면 무작위 부호, 즉 M개의 i.i.d. 무작위 변수의 집합을 체르노프 앙상블을 이용해 생성할 수 있다. 이 무작위 부호를 '체르노프 부호Chernoff code'라고 하자. 체르노프 부호 혼동 오류의 좋은 한계를 얻기 위해 연산자 체르노프 한계를 체르노프 부호에 적용하겠다. 끝으로, 원래의 앙상블이 체르노프 앙상블과 대각합 거리에서 가깝기 때문에 원래 앙상블에 의해 생성된 덮음 부호에 대해 이 한계가 성립함을 보이겠다.

17.4.1 체르노프 앙상블의 구성

먼저, 중간 단계 앙상블을 구성하는 몇 가지 정의를 만든다. 그러면 체르노프 앙상블을 구성하는 데 중간 단계 앙상블을 사용한다. 상태 σ_x의 서포트 중 일부를 썰어내기 위해 사영 연산자 Π_x를 사용해 먼저 '프라임이 붙은' 앙상블 $\{p_X(x), \sigma'_x\}$을 구성한다.

$$\forall x \quad \sigma'_x \equiv \Pi_x \sigma_x \Pi_x \tag{17.58}$$

위의 '썰어내는' 연산은 σ_x의 서포트 중 Π_x의 서포트가 아닌 어떤 부분이든지 썰어낸다. 첫 번째 프라임이 붙은 앙상블에 대한 기대 연산자 σ'은 다음과 같다.

$$\sigma' \equiv \sum_{x \in \mathcal{X}} p_X(x)\sigma'_x \tag{17.59}$$

계속해서 사영 연산자 Π로 썰어내면 두 번째 프라임이 붙은 앙상블 $\{p_X(x), \sigma''_x\}$을 다음과 같이 얻는다.

$$\forall x \quad \sigma''_x \equiv \Pi\sigma'_x\Pi \tag{17.60}$$

그러면 두 번째 프라임이 붙은 앙상블에 대한 기대 연산자는 다음과 같다.

$$\sigma'' \equiv \sum_{x\in\mathcal{X}} p_X(x)\sigma''_x \tag{17.61}$$

$\hat{\Pi}$을 σ''의 ε/D보다 큰 고윳값에 해당하는 고유벡터에 의해 펼쳐진 부분공간 위로의 사영 연산자라고 하자. 이 추가적인 썰어냄이 D가 크고 ε가 작을 때 상태를 아주 많이 바꾸지는 않을 것이라고 기대할 수 있다. 사영 연산자 Π를 이용해 원래 앙상블의 서포트에서 원소를 조금 더 썰어내는 것으로 ω_x 상태를 구성한다.

$$\forall x \quad \omega_x \equiv \hat{\Pi}\sigma''_x\hat{\Pi} \tag{17.62}$$

이제, 체르노프 앙상블에 대한 기대 연산자 ω는 다음과 같다.

$$\omega \equiv \sum_{x\in\mathcal{X}} p_X(x)\omega_x \tag{17.63}$$

이 체르노프 앙상블은 연산자 체르노프 한계를 적용하기 위해 필요한 조건을 만족시킨다. 연산자 체르노프 한계를 적용하는 것은 잠시 미뤄두고, 일단 무작위 덮음 부호를 어떻게 구성하는지 살펴보겠다.

17.4.2 체르노프 부호의 구성

여기서는 섀넌 무작위 부호 논증과 유사한 논증을 제시한다. 덮음 부호 $\mathcal{C}$를 확률 분포 $p_X(x)$에 따라 $|\mathcal{M}|$개의 부호단어를 독립적으로 무작위 생성하여 덮음 부호 $\mathcal{C}$를 구성한다. $\mathcal{C} = \{c_m\}_{m\in\mathcal{M}}$이 $|\mathcal{M}|$개의 독립적인 무작위 변수 C_m의 구현체 c_m의 모음이라고 하자. 각 C_m은 $\mathcal{X}$에서 확률 $p_X(c_m)$에 따르는 값 c_m을 갖고, 무작위 부호 $\mathcal{C}$의 부호단어를 나타낸다. 이 과정은 $|\mathcal{M}|$개의 양자 상태 $\{\omega_{c_m}\}_{m\in\mathcal{M}}$으로 이뤄진 체르노프 부호 $\mathcal{C}$를 생성한다. 이 체르노프 부호에 있는 상태의 가짜 기대 연산자 $\overline{\omega}(\mathcal{C})$는 다음과 같다.

$$\overline{\omega}(\mathcal{C}) \equiv \frac{1}{|\mathcal{M}|}\sum_{m=1}^{|\mathcal{M}|}\omega_{c_m} \tag{17.64}$$

왜냐하면 앨리스가 체르노프 부호에 있는 부호단어를 균일 분포에 따라 무작위화했다고 가정했기 때문이다(부호를 선택하는 데 사용한 확률 분포와 앨리스가 선택된 부호단어를 무작위화하는 데 사용한 확률 분포에는 차이가 있음을 생각하자). 덮음 부호를 구성한 방법 때문에 각 연산자 ω_{C_m}의 기댓값 $\mathbb{E}_{\mathcal{C}}\{\omega_{C_m}\}$은 기대 연산자 ω와 같다. 프라임이 붙은 앙상블에 대한 부호 $\{\sigma_{c_m}\}_{m \in \mathcal{M}}$, $\{\sigma'_{c_m}\}_{m \in \mathcal{M}}$, $\{\sigma''_{c_m}\}_{m \in \mathcal{M}}$도 다음과 같이 정의할 수 있다.

$$\overline{\sigma}(\mathcal{C}) \equiv \frac{1}{|\mathcal{M}|} \sum_{m=1}^{|\mathcal{M}|} \sigma_{c_m} \tag{17.65}$$

$$\overline{\sigma}'(\mathcal{C}) \equiv \frac{1}{|\mathcal{M}|} \sum_{m=1}^{|\mathcal{M}|} \sigma'_{c_m} \tag{17.66}$$

$$\overline{\sigma}''(\mathcal{C}) \equiv \frac{1}{|\mathcal{M}|} \sum_{m=1}^{|\mathcal{M}|} \sigma''_{c_m} \tag{17.67}$$

연산자 체르노프 한계의 적용　연산자 체르노프 한계를 적용하기 전에 마지막 변형을 만든다. 연산자 ω_{c_m}은 0과 $\frac{1}{d}\hat{\Pi}$ 사이의 연산자 구간에 있다.

$$\forall m \in \mathcal{M} : 0 \leq \omega_{c_m} \leq \frac{1}{d}\hat{\Pi} \tag{17.68}$$

위의 진술은 σ'_x이 $\sigma'_x = \Pi_x \sigma_x \Pi_x \leq \frac{1}{d}\Pi_x$를 만족시키기 때문에 성립한다(덮음 보조정리의 네 번째 조건). 그리고 이 조건에서 다음의 부등식이 성립한다.

$$\sigma'_x = \Pi_x \sigma_x \Pi_x \leq \frac{1}{d}\Pi_x \tag{17.69}$$

$$\Rightarrow \Pi\sigma'_x\Pi = \sigma''_x \leq \frac{1}{d}\Pi\Pi_x\Pi \leq \frac{1}{d}\Pi \tag{17.70}$$

$$\Rightarrow \omega_x = \hat{\Pi}\sigma''_x\hat{\Pi} \leq \frac{1}{d}\hat{\Pi}\Pi\hat{\Pi} \leq \frac{1}{d}\hat{\Pi} \tag{17.71}$$

따라서 각각의 ω_{c_m}을 d만큼 곱한 또 다른 연산자 집합이 다음을 만족시킨다(밀도 연산자일 필요는 없다).

$$\forall m \in \mathcal{M} : 0 \leq d\omega_{c_m} \leq \hat{\Pi} \tag{17.72}$$

이 부호는 $a = \varepsilon d/D$와 자신이 사영하는 부분공간에 대해 항등원으로 작용하는 Π로 두면 연산자 체르노프 부등식의 조건을 만족시킨다. 이제, 표본 평균 $\overline{\omega} \equiv |\mathcal{M}|^{-1}$

$\sum_{m \in \mathcal{M}} \omega_{c_m}$이 연산자 구간 $[(1 \pm \varepsilon)\omega]$로 들어올 확률을 제한하는 데 연산자 체르노프 한계를 적용할 수 있다.

$$\Pr\left\{(1-\varepsilon)\,\omega \le \overline{\omega} \le (1+\varepsilon)\,\omega\right\}$$
$$= \Pr\left\{d\,(1-\varepsilon)\,\omega \le d\overline{\omega} \le d\,(1+\varepsilon)\,\omega\right\} \tag{17.73}$$

$$\ge 1 - 2\,\mathrm{Tr}\left\{\hat{\Pi}\right\}\exp\left(-\frac{|\mathcal{M}|\,\varepsilon^2\,(\varepsilon d/D)}{4\ln 2}\right) \tag{17.74}$$

$$\ge 1 - 2D\exp\left(-\frac{\varepsilon^3}{4\ln 2}\frac{|\mathcal{M}|\,d}{D}\right) \tag{17.75}$$

17.4.3 덮음 부호의 혼동 오류

무작위 덮음 부호는 $|\mathcal{M}|$개 양자 상태의 집합 $\{\sigma_{C_m}\}_{m \in \mathcal{M}}$으로, 이 양자 상태는 원래 앙상블에서 나온 것이다. 여기서 목표가 무작위 덮음 부호 $\mathcal{C}$의 혼동 오류를 보이는 것이라는 점을 생각해보자. 즉,

$$o_e(\mathcal{C}) = \|\overline{\sigma}(\mathcal{C}) - \sigma\|_1 \tag{17.76}$$

이 높은 확률로 작다.

이제, 체르노프 앙상블과 관련지어서 이 무작위 덮음 부호의 혼동 오류가 높은 확률로 작다는 것을 보이겠다. 이 증명 방법은 단순히 삼각부등식, 약한 연산자 보조정리(보조정리 9.4.2), 연습문제 9.1.8을 여러 번 사용한다. 삼각부등식은 혼동 오류에 다음의 한계를 준다.

$$o_e(\mathcal{C}) = \|\overline{\sigma}(\mathcal{C}) - \sigma\|_1$$
$$= \|\overline{\sigma}(\mathcal{C}) - \overline{\sigma}''(\mathcal{C}) - (\overline{\omega}(\mathcal{C}) - \overline{\sigma}''(\mathcal{C})) + (\overline{\omega}(\mathcal{C}) - \omega) + (\omega - \sigma'') - (\sigma - \sigma'')\|_1 \tag{17.77}$$

$$\le \|\overline{\sigma}(\mathcal{C}) - \overline{\sigma}''(\mathcal{C})\|_1 + \|\overline{\omega}(\mathcal{C}) - \overline{\sigma}''(\mathcal{C})\|_1$$
$$+ \|\overline{\omega}(\mathcal{C}) - \omega\|_1 + \|\omega - \sigma''\|_1 + \|\sigma - \sigma''\|_1 \tag{17.78}$$

위의 5개 항 각각에 대한 좋은 한계를 얻는 방법을 살펴보자.

먼저, 식 (17.78)의 가장 오른쪽에 있는 $\|\sigma - \sigma''\|_1$을 보자. 식 (17.12)와 약한 연산자 보조정리를 적용하여 사영된 상태 $\sigma_x' = \Pi_x \sigma_x \Pi_x$가 원래의 상태 σ_x와 가깝다는 것을 알 수 있다.

$$\|\sigma_x - \sigma'_x\|_1 \leq 2\sqrt{\varepsilon} \tag{17.79}$$

다음의 식

$$\|\sigma'_x - \sigma''_x\|_1 \leq 2\sqrt{\varepsilon + 2\sqrt{\varepsilon}} \tag{17.80}$$

은 $\sigma''_x = \Pi\sigma'_x\Pi$와 약한 연산자 보조정리를

$$\text{Tr}\{\Pi\sigma'_x\} \geq \text{Tr}\{\Pi\sigma_x\} - \|\sigma_x - \sigma'_x\|_1 \tag{17.81}$$
$$\geq 1 - \varepsilon - 2\sqrt{\varepsilon} \tag{17.82}$$

에 적용하면 유도된다. 여기서 첫 번째 부등식은 연습문제 9.1.8의 결과이고, 두 번째 부등식은 식 (17.11)과 식 (17.79)에서 유도된다. 그러면 모든 x에 대해 σ''_x은 원래 상태 σ_x에 가깝다. 왜냐하면

$$\|\sigma_x - \sigma''_x\|_1 \leq \|\sigma_x - \sigma'_x\|_1 + \|\sigma'_x - \sigma''_x\|_1 \tag{17.83}$$
$$\leq 2\sqrt{\varepsilon} + 2\sqrt{\varepsilon + 2\sqrt{\varepsilon}} \tag{17.84}$$

이기 때문이다. 여기서 먼저 삼각부등식, 식 (17.79)의 한계와 식 (17.80)의 한계를 적용한다. 그러면 대각합 거리의 볼록성이 $\|\sigma - \sigma''\|_1$에 한계를 준다.

$$\|\sigma - \sigma''\|_1 = \left\|\sum_{x\in\mathcal{X}} p_X(x)\sigma_x - \sum_{x\in\mathcal{X}} p_X(x)\sigma''_x\right\|_1 \tag{17.85}$$

$$= \left\|\sum_{x\in\mathcal{X}} p_X(x)\left(\sigma_x - \sigma''_x\right)\right\|_1 \tag{17.86}$$

$$\leq \sum_{x\in\mathcal{X}} p_X(x)\|\sigma_x - \sigma''_x\|_1 \tag{17.87}$$

$$\leq \sum_{x\in\mathcal{X}} p_X(x)\left(2\sqrt{\varepsilon} + 2\sqrt{\varepsilon + 2\sqrt{\varepsilon}}\right) \tag{17.88}$$

$$= 2\sqrt{\varepsilon} + 2\sqrt{\varepsilon + 2\sqrt{\varepsilon}} \tag{17.89}$$

이제 식 (17.78)의 오른쪽에서 두 번째 항을 생각해보자. 덮음 보조정리의 세 번째 조건인 식 (17.13)에 의해 σ''의 서포트는 D보다 작은 차원을 갖는다. 따라서 ε/D 보다 작은 고윳값들은 $\text{Tr}\{\sigma''\}$에 대해 최대 ε의 기여를 하게 된다. 특히, 만약 $\sum_i \lambda_i |i\rangle\langle i|$가 모든 i에 대해 $\lambda_i \geq 0$이고 $\sum_i \lambda_i \leq 1$이 되는 σ''의 스펙트럼 분해라면

다음이 성립한다.

$$\text{Tr}\{\sigma''\} - \text{Tr}\{\omega\} = \sum_i \lambda_i - \sum_{i:\lambda_i \geq \varepsilon/D} \lambda_i \tag{17.90}$$

$$= \sum_{i:\lambda_i < \varepsilon/D} \lambda_i \leq \frac{\varepsilon}{D} \cdot D = \varepsilon \tag{17.91}$$

여기서 ω의 대각합에 다음과 같이 한계를 줄 수 있다.

$$\text{Tr}\{\omega\} \geq \text{Tr}\{\sigma''\} - \varepsilon \tag{17.92}$$

$$= \sum_{x \in \mathcal{X}} p_X(x)\,\text{Tr}\{\sigma''_x\} - \varepsilon \tag{17.93}$$

$$\geq \left(\sum_{x \in \mathcal{X}} p_X(x)\right)\left(1 - \varepsilon - 2\sqrt{\varepsilon}\right) - \varepsilon \tag{17.94}$$

$$= 1 - 2\left(\varepsilon + \sqrt{\varepsilon}\right) \tag{17.95}$$

첫 번째 부등식은 위의 '고윳값 한계 주기' 논증을 적용했고, 두 번째 부등식은 식 (17.82)의 한계를 사용했다. 이 논증은 체르노프 앙상블의 평균 연산자가 1과 거의 같은 대각합을 갖는다는 것을 보여준다. 그러면 약한 연산자 보조정리를 $\text{Tr}\{\omega\} \geq 1 - 2(\varepsilon + \sqrt{\varepsilon})$에 적용하여 다음을 얻는다.

$$\|\omega - \sigma''\|_1 \leq 2\sqrt{2\left(\varepsilon + \sqrt{\varepsilon}\right)} \tag{17.96}$$

식 (17.78)의 가운데에 있는 항 $\|\overline{\omega} - \omega\|_1$을 살펴보자. 체르노프 한계는 앞에서 보인 다른 두 한계 같은 결정론적 추정이 아니라 확률적 추정을 제공한다. 따라서 이제 체르노프 부호의 가짜 연산자 $\overline{\omega}$가 체르노프 앙상블의 평균 연산자 ω에 가깝다고 하자.

$$\overline{\omega}(\mathcal{C}) \equiv \frac{1}{|\mathcal{M}|} \sum_{m \in \mathcal{M}} \omega_{c_m} \in [(1 \pm \varepsilon)\,\omega] \tag{17.97}$$

이 가정을 하면 다음이 성립한다.

$$\|\overline{\omega}(\mathcal{C}) - \omega\|_1 \leq \varepsilon \tag{17.98}$$

여기서 부록 A의 보조정리 A.0.2와 $\text{Tr}\{\omega\} \leq 1$을 이용했다.

식 (17.78)의 왼쪽에서 두 번째 항 $\|\overline{\omega}(\mathcal{C}) - \overline{\sigma}''(\mathcal{C})\|_1$을 살펴보자. 다음의 부등식이 성립한다.

$$\mathrm{Tr}\{\overline{\omega}(\mathcal{C})\} \geq 1 - 3\varepsilon - 2\sqrt{\varepsilon} \tag{17.99}$$

왜냐하면 식 (17.95)에서 $\mathrm{Tr}\{\omega\} \geq 1 - 2(\varepsilon + \sqrt{\varepsilon})$을 보였고, 삼각부등식에 의하면 다음이 성립하기 때문이다.

$$\mathrm{Tr}\{\overline{\omega}(\mathcal{C})\} = \|\overline{\omega}(\mathcal{C})\|_1 \tag{17.100}$$
$$= \|\omega - (\omega - \overline{\omega}(\mathcal{C}))\|_1 \tag{17.101}$$
$$\geq \|\omega\|_1 - \|\omega - \overline{\omega}(\mathcal{C})\|_1 \tag{17.102}$$
$$= \mathrm{Tr}\{\omega\} - \|\omega - \overline{\omega}(\mathcal{C})\|_1 \tag{17.103}$$
$$\geq \left(1 - 2\left(\varepsilon + \sqrt{\varepsilon}\right)\right) - \varepsilon \tag{17.104}$$
$$= 1 - 3\varepsilon - 2\sqrt{\varepsilon} \tag{17.105}$$

약한 연산자 보조정리를 $\mathrm{Tr}\{\overline{\omega}(\mathcal{C})\} \geq 1 - 3\varepsilon - 2\sqrt{\varepsilon}$에 적용하면

$$\|\overline{\omega}(\mathcal{C}) - \overline{\sigma}''(\mathcal{C})\|_1 \leq 2\sqrt{3\varepsilon + 2\sqrt{\varepsilon}} \tag{17.106}$$

을 얻는다.

이제, 식 (17.78)의 가장 왼쪽에 있는 항 $\|\overline{\sigma}(\mathcal{C}) - \overline{\sigma}''(\mathcal{C})\|_1$을 생각해보자. 대각합 거리의 볼록성과 식 (17.84)를 이용해 다음의 한계를 얻을 수 있다.

$$\|\overline{\sigma}(\mathcal{C}) - \overline{\sigma}''(\mathcal{C})\|_1 \leq \frac{1}{|\mathcal{M}|} \sum_{m \in \mathcal{M}} \|\sigma_{C_m} - \sigma''_{C_m}\|_1 \tag{17.107}$$
$$\leq 2\sqrt{\varepsilon} + 2\sqrt{\varepsilon + 2\sqrt{\varepsilon}} \tag{17.108}$$

덮음 부호 $\mathcal{C}$의 혼동 오류를 한정 짓기 위해 위의 모든 한계를 삼각부등식과 결합하자.

$$o_e(\mathcal{C}) = \|\overline{\sigma}(\mathcal{C}) - \sigma\|_1 \tag{17.109}$$
$$= \|\overline{\sigma}(\mathcal{C}) - \overline{\sigma}''(\mathcal{C}) - (\overline{\omega}(\mathcal{C}) - \overline{\sigma}''(\mathcal{C})) + (\overline{\omega}(\mathcal{C}) - \omega)$$
$$+ (\omega - \sigma'') - (\sigma - \sigma'')\|_1 \tag{17.110}$$
$$\leq \|\overline{\sigma}(\mathcal{C}) - \overline{\sigma}''(\mathcal{C})\|_1 + \|\overline{\omega}(\mathcal{C}) - \overline{\sigma}''(\mathcal{C})\|_1$$
$$+ \|\overline{\omega}(\mathcal{C}) - \omega\|_1 + \|\omega - \sigma''\|_1 + \|\sigma - \sigma''\|_1 \tag{17.111}$$

$$\leq \left(2\sqrt{\varepsilon} + 2\sqrt{\varepsilon + 2\sqrt{\varepsilon}}\right) + \left(2\sqrt{3\varepsilon + 2\sqrt{\varepsilon}}\right) + \varepsilon$$
$$+ \left(2\sqrt{2\left(\varepsilon + \sqrt{\varepsilon}\right)}\right) + \left(2\sqrt{\varepsilon} + 2\sqrt{\varepsilon + 2\sqrt{\varepsilon}}\right) \tag{17.112}$$

$$= \varepsilon + 4\sqrt{\varepsilon} + 4\sqrt{\varepsilon + 2\sqrt{\varepsilon}} + 2\sqrt{3\varepsilon + 2\sqrt{\varepsilon}} + 2\sqrt{2\left(\varepsilon + \sqrt{\varepsilon}\right)} \tag{17.113}$$

$$\leq \varepsilon + 4\sqrt{\varepsilon} + 24\sqrt[4]{\varepsilon} \tag{17.114}$$

위의 식에서, ε이라는 양이 상태 ω_{C_m}을 갖는 체르노프 부호의 혼동 오류 $o_e(\mathcal{C})$를 한정 짓는 상황은 $\varepsilon + 4\sqrt{\varepsilon} + 24\sqrt[4]{\varepsilon}$이라는 양이 상태 σ_{C_m}을 갖는 원래 부호의 혼동 오류 $o_e(\mathcal{C})$를 한정 짓는다는 상황을 함의한다. 따라서 체르노프 한계를 적용하여 덮음 부호의 혼동 오류 확률을 제한할 수 있다.

$$\Pr\left\{o_e(\mathcal{C}, \{\sigma_{C_m}\}) \leq \varepsilon + 4\sqrt{\varepsilon} + 24\sqrt[4]{\varepsilon}\right\}$$
$$\geq \Pr\left\{o_e(\mathcal{C}, \{\omega_{C_m}\}) \leq \varepsilon\right\} \tag{17.115}$$
$$\geq 1 - 2D \exp\left(-\frac{\varepsilon^3}{4\ln 2}\frac{|\mathcal{M}|\,d}{D}\right) \tag{17.116}$$

이 논증은 무작위 덮음 부호가 낮은 혼동 오류를 갖는다는 점에서 그 무작위 덮음 부호가 우수할 가능성이 매우 높음을 보인다.

【연습문제 17.4.1】 덮음 보조정리가 같은 앙상블과 다음의 조건이 성립하는 사영 연산자 집합에 대해 성립함을 증명하라.

$$\sum_{x \in \mathcal{X}} p_X(x) \operatorname{Tr}\{\sigma_x \Pi\} \geq 1 - \varepsilon \tag{17.117}$$

$$\sum_{x \in \mathcal{X}} p_X(x) \operatorname{Tr}\{\sigma_x \Pi_x\} \geq 1 - \varepsilon \tag{17.118}$$

$$\operatorname{Tr}\{\Pi\} \leq D \tag{17.119}$$

$$\Pi_x \sigma_x \Pi_x \leq \frac{1}{d}\Pi_x \tag{17.120}$$

【연습문제 17.4.2】 혼동 오류가 작다는 성질을 갖는 특정 덮음 부호가 존재함을 보여라.

17.5 역사와 더 읽을거리

알스베데Ahlswede와 윈터Winter(2002)는 양자 식별의 맥락에서 연산자 체르노프 한계를 도입했다. 윈터와 마사르Massar(2001) 및 윈터(2004)는 이것을 나중에 양자 측정 압축에 적용했다. 데브택Devetak과 윈터(2003)는 양자 부정보를 이용한 고전적 압축과 양자 상태로부터 비밀키의 증류에 덮음 보조정리를 적용했다. 데브택(2005)과 카이Cai 등(2004)은 이것을 양자 선로를 통한 비밀 고전 통신에 적용했고, 그로이스만Groisman (2005)은 이것을 2분할 상태의 상관성 파괴 연구에 적용했다.

5부

무잡음 양자 섀넌 이론

18

슈마허 압축

고전 정보 이론의 근본적인 작업 중 하나는 정보의 압축이다. 무잡음 고전 선로를 여러 번 사용할 수 있게 되면, 송신자와 수신자가 압축된 자료 전송을 위해 이 자원으로부터 얼마나 만들어내는 것이 최선일까? 섀넌의 압축 정리는 i.i.d. 상황(14.4절의 전개를 생각해보자.)에서 섀넌 엔트로피가 압축률에 대한 근본적 한계임을 보여준다. 즉, 만약 섀넌 엔트로피보다 더 큰 크기로 압축하면 점근적 한계에서 압축된 정보를 완벽하게 복원하는 것이 가능하다. 그렇지 않으면, 그렇게 하는 것이 불가능하다.[1] 이 정리는 섀넌의 정보 이론에서 엔트로피의 중요한 역할을 구성한다.

양자 세계에서 언젠가는 송신자와 수신자가 무잡음 양자 선로를 많이 사용하고,[2] 송신자가 이 자원을 이용해 압축된 양자정보를 전송하는 것이 가능해질 수 있다. 양자정보 원천의 간단한 모형은 양자 상태의 앙상블 $\{p_X(x), |\psi_x\rangle\}$이다. 즉, 원천이 확률 $p_X(x)$에 따라 상태 $|\psi_x\rangle$를 출력하고, 상태 $\{|\psi_x\rangle\}$가 정규직교 기저를 구성할 필요는 없다. 실제로 그럴 필요가 없는 상황이긴 하지만, 잠깐만 고전 자료 x도 사용 가능하다고 하자. 이 양자정보 원천을 압축하는 순진한 전략은 출력되는 양자 상태는

---

1 기술적으로는 섀넌의 자료 압축 정리의 역 부분을 증명하지 않았지만, 이 장의 역정리는 섀넌의 고전 정리에 대해서도 충분하다.

2 이렇게 되기를 바란다! 만약 이게 실현된다면, 결맞은 내결함성 양자 컴퓨터가 어느 날 실현되고 양자 압축 통신 규약으로부터 이득을 누릴 것이다.

무시하고 그 대신 고전 자료를 다뤄서, 14.4절의 섀넌의 압축 통신 규약을 이용하는 것이다. 즉, 송신자가 섀넌 엔트로피 $H(X)$의 속도로 양자정보 원천으로부터 나온 수열 x^n을 압축하고, 압축된 고전 비트를 무잡음 양자 선로를 통해 보내고, 수신자는 그 고전 수열 x^n을 자신의 단말에서 복원하고, 끝으로 고전 수열 x^n에 대응되는 양자 상태의 수열 $|\psi_{x^n}\rangle$을 재구성한다.

위의 전략은 분명히 작동하지만, 무잡음 양자 선로가 양자적이라는 사실을 전혀 사용하지 않는다! 무잡음 양자 선로가 실제로 비싸다는 것은 분명하고, 위의 전략은 이런 점에서 낭비적이다. 왜냐하면 같은 목표를 달성하기 위해 고전 선로(중첩 상태를 보존하지 못하는 선로)를 사용할 수도 있었기 때문이다. 슈마허 압축^{Schumacher compression}은 양자 선로를 효과적으로 사용해 양자정보 원천을 양자 엔트로피와 같은 정도로까지 작게 만드는 전략이다. 이것은 현실적 관점에서 큰 이점이 있다. 연습문제 11.9.3을 다시 떠올려보면, 앙상블의 상태가 직교하지 않을 경우 양자정보 원천의 양자 엔트로피는 원천의 섀넌 엔트로피보다 엄격하게 더 작다. 이 통신 규약을 실행하려면, 송신자와 수신자는 단순히 원천의 밀도 연산자 $\rho \equiv \sum_x p_X(x)|\psi_x\rangle\langle\psi_x|$를 알면 된다. 게다가, 슈마허 압축은 위의 형태에 따라 양자 엔트로피보다 더 작은 크기로 양자정보 원천을 압축하는 어떤 통신 규약도 점근적 한계에서 오류를 소멸시킬 수 없다는 점에서 분명히 최적이다.

따라서 슈마허 압축은 양자 자료 압축률의 근본적 한계라는 양자 엔트로피의 조작적 해석을 제공한다. 또한 '큐비트'라는 용어를 양자정보 원천에 '포함된' 양자정보의 양의 척도라고 하는, 정보 이론적 관점에서 견고한 기반 위에 세워준다.

이 장은 양자 자료 압축에 대응하는 일반적 정보 처리 작업을 자세히 다루면서 시작한다. 그런 다음 양자 엔트로피가 도달 가능한 압축률임을 보이고, 이어서 그것이 최적임을 보이겠다(이 두 부분은 각각 양자 자료 압축에 대한 직접 부호화 정리와 역정리에 해당한다). 특정한 사례를 자세히 다뤄서 양자 자료 압축에서 얼마나 많이 절약할 수 있는지를 설명하겠다. 이 장의 마지막 절은 슈마허 압축의 더 일반적인 형태를 제시하며 마무리한다.

18.1 정보 처리 작업

먼저, 임의의 양자 압축 통신 규약이 달성하려고 하는 일반적인 작업을 논의하겠다. 3개의 매개변수 n, R, ε은 각각 원래 양자 자료 수열의 길이, 압축률, 오류에 해당하며, 그러한 어떤 통신 규약이라도 특징지을 수 있다. (n, R, ε)인 양자 압축 부호는 4단계로 구성된다. 즉, 상태 생성, 부호화, 전송, 복호화다. 그림 18.1에서 양자 압축의 일반적인 통신 규약을 묘사했다.

상태 준비 양자정보 원천은 양자 상태의 수열 $|\psi_{x^n}\rangle_{A^n}$을 앙상블 $\{p_X(x), |\psi_x\rangle\}$에 따라서 내보낸다. 여기서

$$|\psi_{x^n}\rangle_{A^n} \equiv |\psi_{x_1}\rangle_{A_1} \otimes \cdots \otimes |\psi_{x_n}\rangle_{A_n} \tag{18.1}$$

고전 수열 x^n의 몇 가지를 무시하면, 밀도 연산자는 텐서 거듭제곱 $\rho^{\otimes n}$과 같다. 여기서

$$\rho \equiv \sum_x p_X(x)|\psi_x\rangle\langle\psi_x| \tag{18.2}$$

또한 위의 밀도 연산자의 양자정화를 생각할 수 있다. 즉, 관련된 그림은 양자정보 원천이 다음의 형태

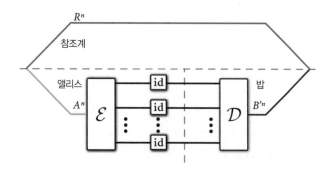

그림 18.1 양자 압축에 대한 가장 일반적인 통신 규약. 앨리스는 그 밀도 연산자가 어떤 계 A^n에 있는 $\rho^{\otimes n}$인 어떤 양자정보 원천의 출력을 갖고 시작한다. 접근할 수 없는 참조계는 이 밀도 연산자의 양자정화를 성립시킨다. 앨리스는 CPTP 부호화 사상 $\mathcal{E}$를 수행하고, 압축된 큐비트를 nR회의 무잡음 큐비트 선로를 사용해 보내고, 밥은 어떤 CPTP 복호화 사상 $\mathcal{D}$를 수행하여 큐비트의 압축을 푼다. 초기 상태와 나중 상태가 $n \to \infty$인 점근적 극한에서 구분 불가능해지면 이 기법은 성공적이다.

$$|\varphi_\rho\rangle_{RA} \equiv \sum_x \sqrt{p_X(x)}|x\rangle_R|\psi_x\rangle_A \tag{18.3}$$

인 상태를 생성한다고 상상하는 것이다. 여기서 R은 접근 불가능한 참조계에 대한 표지다(압축률 R과 혼동하면 안 된다!). 그 결과로 생성된 i.i.d. 상태는 $(|\varphi_\rho\rangle_{RA})^{\otimes n}$이다.

부호화 앨리스는 계 A^n을 어떤 압축 선로 $\mathcal{E}_{A^n \to W}$에 따라 부호화한다. W는 크기가 2^{nR}인 양자계다. R이 압축률임을 생각하자.

$$R = \frac{1}{n}\log\dim(\mathcal{H}_W) \tag{18.4}$$

전송 앨리스는 계 W를 nR회의 무잡음 큐비트 선로를 사용해 밥에게 전송한다.

복호화 밥은 계 W를 압축해제 선로 $\mathcal{D}_{W \to \hat{A}^n}$을 통해 보낸다.

압축된 상태와 복원된 상태가 원래 상태 $(|\varphi_\rho\rangle_{RA})^{\otimes n}$에 정규화된 대각합 거리에서 ε-근접이면 이 통신 규약은 $\varepsilon \in [0, 1]$의 오류를 갖는다.

$$\frac{1}{2}\left\|(\varphi_{RA}^\rho)^{\otimes n} - (\mathcal{D}_{W \to \hat{A}^n} \circ \mathcal{E}_{A^n \to W})((\varphi_{RA}^\rho)^{\otimes n})\right\|_1 \leq \varepsilon \tag{18.5}$$

만약 모든 $\delta > 0$, $\varepsilon \in (0, 1)$, 그리고 충분히 큰 n에 대해 $(n, R + \delta, \varepsilon)$인 양자 압축 부호가 존재하면 압축률 R은 **도달 가능**하다고 한다. ρ의 **양자 자료 압축 극한**quantum data compression limit은 모든 도달 가능한 양자 압축률의 하한과 같다.

【**연습문제 18.1.1**】 슈마허 압축의 대안적 성능 척도로 평균 앙상블 대각합 거리가 있다.

$$\frac{1}{2}\sum_{x^n} p_{X^n}(x^n)\left\|\psi_{x^n} - (\mathcal{D}_{W \to \hat{A}^n} \circ \mathcal{E}_{A^n \to W})(\psi_{x^n})\right\|_1 \tag{18.6}$$

식 (18.5)를 만족시키는 양자 압축 통신 규약은 평균 앙상블 대각합 거리도 ε보다 크지 않음을 증명하라(힌트: 양자 선로에 대한 대각합 거리의 단조성을 사용하고 특정 선로를 갖는 참조계에 작용하는 것을 생각해보라).

18.2 양자 자료 압축 정리

슈마허의 압축 정리는 양자 자료 압축의 근본적 한계로 양자 엔트로피를 제시한다.

【정리 18.2.1】양자 자료 압축 ρ_A가 양자정보 원천에 해당하는 밀도 연산자라고 하자. 그러면 양자 엔트로피 $H(A)_\rho$는 ρ의 양자 자료 압축 한계와 같다.

18.2.1 직접 부호화 정리

슈마허의 압축 통신 규약은 양자 엔트로피 $H(A)_\rho$가 양자 자료 압축의 도달 가능한 압축률임을 보여준다. 14.4절에서 살펴본 섀넌의 압축 통신 규약과 놀랍도록 유사하지만, 양자적 환경에 필요한 미묘한 차이점이 있다. 부호화의 기본 단계는 전형적 부분공간 측정과 전형적 부분공간을 압축하는 등척변환을 수행하는 것이다. 그러면 복호화기는 상태의 압축을 푸는 등척변환의 역연산을 수행한다. 이 통신 규약은 전형적 부분공간 측정이 성공적으로 전형적 부분공간 위로 사영시키면 성공적이고, 아니면 실패한 것이다. 고전적인 경우와 똑같이, 이 통신이 $n \to \infty$인 점근적 극한에서 성공적임을 큰 수의 법칙이 보장한다. 그림 18.2는 통신 규약의 묘사를 보여주고, 이제 엄밀한 증명을 제시하겠다.

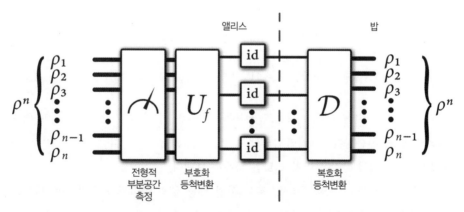

그림 18.2 슈마허의 압축 통신 규약. 앨리스는 양자정보 원천 출력의 많은 사본을 갖고 시작한다. 앨리스는 상태 ρ의 전형적 부분공간 위로의 측정을 수행하고, 전형적 부분공간의 압축 등척변환을 $n[H(\rho) + \delta]$개의 큐비트에 해당하는 $2^{n[H(\rho)+\delta]}$의 차원을 갖는 공간으로 수행한다. 앨리스는 이렇게 압축된 큐비트를 $n[H(\rho) + \delta]$번의 무잡음 큐비트 선로를 사용해 전송한다. 밥은 큐비트의 압축을 해제하기 위한 등척변환의 역연산을 수행한다. 이 통신 규약은 전형적 부분공간의 성질에 의해 점근적 극한에서 성공적이다.

앨리스는 상태의 n개 사본 $(\varphi_{RA}^\rho)^{\otimes n}$을 갖고 시작한다. ρ의 스펙트럼 분해가 다음과 같다고 하자.

$$\rho = \sum_z p_Z(z)|z\rangle\langle z| \tag{18.7}$$

여기서 $p_Z(z)$는 어떤 확률 분포이고, $\{|z\rangle\}$는 어떤 정규직교 기저다. 앨리스의 첫 단계는 A^n의 전형적 부분공간 위로의 전형적 부분공간 측정을 수행하는 것이다. 여기서 전형적 사영 연산자는 밀도 연산자 ρ에 대한 것이다. 14.4절에서 살펴본 섀넌의 압축 통신 규약을 생각해보면, 전형적 수열의 집합을 2진 수열의 집합 $\{0, 1\}^{n[H(\rho)+\delta]}$로 보내는 1 대 1 함수 f를 사용했다. 이제 선형 사상 고전 함수 f의 결맞은 판본인 U_f를 구성한다. 이것은 단순히 정규직교 기저 $\{|z^n\rangle_{A^n}\}$을 기저 $\{|f(z^n)\rangle_W\}$로 대응시킨다.

$$U_f \equiv \sum_{z^n \in T_\delta^{Z^n}} |f(z^n)\rangle_W \langle z^n|_{A^n} \tag{18.8}$$

여기서 Z는 확률 분포 $p_Z(z)$에 대한 무작위 변수이고, $T_\delta^{Z^n}$은 전형적 집합이다. 입력 공간인 $\operatorname{span}\{|z^n\rangle_{A^n} : z^n \in T_\delta^{Z^n}\}$이 크기 $[\dim(\mathcal{H}_A)]^n$의 크기를 갖는 더 큰 공간에 포함된 최대 $2^{n[H(\rho)+\delta]}$ 크기의 부분공간이고, 출력 공간은 크기가 최대 $2^{n[H(\rho)+\delta]}$이기 때문에 위 연산자의 역연산은 등척변환이다(성질 15.1.2를 생각해보자). 따라서 앨리스의 다음 단계는 성공적인 전형적 부분공간 측정에 조건화된 압축을 수행하는 것이다. 따라서 단일 양자 선로로 부호화하는 것을 다음과 같이 적을 수 있다.

$$\mathcal{E}_{A^n \to W}(X_{A^n}) \equiv U_f \Pi_{A^n}^\delta X_{A^n} \Pi_{A^n}^\delta U_f^\dagger + \operatorname{Tr}\{(I_{A^n} - \Pi_{A^n}^\delta)X_{A^n}\}\sigma_W \tag{18.9}$$

여기서 $X_{A^n} \in \mathcal{L}(\mathcal{H}_{A^n})$과 σ_W는 그 서포트가 $\operatorname{span}\{|f(z^n)\rangle_W : z^n \in T_\delta^{Z^n}\}$에 있는 임의의 밀도 연산자다. 그러면 앨리스는 $\mathcal{E}_{A^n \to W}((\varphi_{RA}^\rho)^{\otimes n})$의 W계(압축된 큐비트)를 $n[H(\rho)+\delta]$회의 무잡음 양자 선로를 사용해 보낸다.

밥의 복호화 $\mathcal{D}_{W \to A^n}$은 기본적으로는 선형 사상 U_f의 역연산을 수행하며, 다음의 양자 선로로 구현된다.

$$\mathcal{D}_{W \to A^n}(Y_W) \equiv U_f^\dagger Y_W U_f + \operatorname{Tr}\{(I - U_f U_f^\dagger)Y_W\}\tau_{A^n} \tag{18.10}$$

여기서 $Y_W \in \mathcal{L}(\mathcal{H}_W)$이고 $\tau_{A^n} \in \mathcal{D}(\mathcal{H}_{A^n})$이다.

이제 이 통신 규약이 식 (18.5)의 성능 기준에 따라 어떻게 작동하는지 분석해보자. 다음을 생각하자.

$$(\mathcal{D}_{W \to A^n} \circ \mathcal{E}_{A^n \to W})\left((\varphi_{RA}^\rho)^{\otimes n}\right)$$

$$= \mathcal{D}_{W \to A^n}\left(U_f \Pi_{A^n}^\delta (\varphi_{RA}^\rho)^{\otimes n} \Pi_{A^n}^\delta U_f^\dagger + \mathrm{Tr}_{A^n}\{(I_{A^n} - \Pi_{A^n}^\delta)(\varphi_{RA}^\rho)^{\otimes n}\} \otimes \sigma_W\right) \quad (18.11)$$

$$= \mathcal{D}_{W \to A^n}\left(U_f \Pi_{A^n}^\delta (\varphi_{RA}^\rho)^{\otimes n} \Pi_{A^n}^\delta U_f^\dagger\right)$$
$$\quad + \mathcal{D}_{W \to A^n}\left(\mathrm{Tr}_{A^n}\{(I_{A^n} - \Pi_{A^n}^\delta)(\varphi_{RA}^\rho)^{\otimes n}\} \otimes \sigma_W\right) \quad (18.12)$$

$$= \Pi_{A^n}^\delta (\varphi_{RA}^\rho)^{\otimes n} \Pi_{A^n}^\delta + \mathrm{Tr}_{A^n}\{(I_{A^n} - \Pi_{A^n}^\delta)(\varphi_{RA}^\rho)^{\otimes n}\} \otimes \mathcal{D}_{W \to A^n}(\sigma_W) \quad (18.13)$$

그러면 다음이 성립한다.

$$\left\|(\varphi_{RA}^\rho)^{\otimes n} - (\mathcal{D}_{W \to A^n} \circ \mathcal{E}_{A^n \to W})\left((\varphi_{RA}^\rho)^{\otimes n}\right)\right\|_1$$
$$\leq \left\|(\varphi_{RA}^\rho)^{\otimes n} - \Pi_{A^n}^\delta (\varphi_{RA}^\rho)^{\otimes n} \Pi_{A^n}^\delta\right\|_1$$
$$\quad + \left\|\mathrm{Tr}_{A^n}\{(I_{A^n} - \Pi_{A^n}^\delta)(\varphi_{RA}^\rho)^{\otimes n}\} \otimes \mathcal{D}_{W \to A^n}(\sigma_W)\right\|_1 \quad (18.14)$$
$$\leq 2\sqrt{\varepsilon} + \varepsilon \quad (18.15)$$

첫 번째 부등식은 삼각 부등식에서 유도된다. 두 번째 부등식은 전형적 부분공간의 첫 번째 성질

$$\mathrm{Tr}\left\{\Pi_{A^n}^\delta (\varphi_{RA}^\rho)^{\otimes n}\right\} = \mathrm{Tr}\left\{\Pi_{A^n}^\delta \rho^{\otimes n}\right\} \geq 1 - \varepsilon \quad (18.16)$$

과 약한 연산자 보조정리(보조정리 9.4.2), 그리고

$$\left\|\mathrm{Tr}_{A^n}\{(I_{A^n} - \Pi_{A^n}^\delta)(\varphi_{RA}^\rho)^{\otimes n}\} \otimes \mathcal{D}_{W \to A^n}(\sigma_W)\right\|_1$$
$$= \left\|\mathrm{Tr}_{A^n}\{(I_{A^n} - \Pi_{A^n}^\delta)(\varphi_{RA}^\rho)^{\otimes n}\}\right\|_1 \|\mathcal{D}_{W \to A^n}(\sigma_W)\|_1 \quad (18.17)$$
$$\leq \mathrm{Tr}\{(I_{A^n} - \Pi_{A^n}^\delta)(\varphi_{RA}^\rho)^{\otimes n}\} \leq \varepsilon \quad (18.18)$$

이라는 사실에서 유도된다.

식 (18.9)의 전형적 부분공간 측정이 (설명한 대로) 비파괴적 양자 측정으로 구현된

것이 중요함을 강조해둔다. 즉, 이 측정이 알아야 할 유일한 정보는 이 상태가 전형적인가 아닌가이다. 아니라면, 양자정보에 너무 많은 왜곡이 생기고 이 통신 규약은 압축에 필요한 작업에 실패한다. 매우 많은 큐비트에 대한 그런 정밀한 제어는 원리적으로는 가능하겠지만, 실제로 구현하려면 그보다 어려울 것이다!

18.2.2 역정리

이제 식 (18.5)에서의 성공 기준에 맞는 가장 일반적인 압축 통신 규약을 고려하고, 0으로 수렴하는 오류가 있는 그런 통신 규약의 수열은 압축된 크기가 원천의 양자 엔트로피보다 커야 한다는 양자 자료 압축의 역정리를 증명한다. 앨리스가 힐베르트 공간 A^n에 작용하는 상태 $\rho^{\otimes n}$을 압축하려고 한다. 이 상태의 어떤 양자정화 $\phi_{R^n A^n} \equiv (\varphi_{RA}^\rho)^{\otimes n}$은 결합계 A^n과 R^n의 상태를 나타낸다. 여기서 R^n은 정화계다(다시 말하지만, 참조계 R^n을 압축률 R과 혼동하면 안 된다). 만약 앨리스가 A^n 위의 임의의 계를 압축하고 신뢰성 있게 복원할 수 있다면, 앨리스는 그 상태의 양자정화에 대해서도 그렇게 할 수 있어야 한다. 어떤 $(n, R + \delta, \varepsilon)$ 압축 부호는 단지 ε의 오류만을 갖고서 $R + \delta \equiv [\log \dim(\mathcal{H}_W)]/n$의 압축률로 압축할 수 있는 성질이 있다. 양자 자료처리는

$$A^n \quad \xrightarrow{\mathcal{E}_{A^n \to W}} \quad W \quad \xrightarrow{\mathcal{D}_{W \to \hat{A}^n}} \quad \hat{A}^n \tag{18.19}$$

이고, 다음의 부등식이 ε의 오류를 갖는 양자 압축 통신 규약에 대해 성립한다.

$$\frac{1}{2} \left\| \omega_{R^n \hat{A}^n} - (\varphi_{RA}^\rho)^{\otimes n} \right\|_1 \leq \varepsilon \tag{18.20}$$

여기서

$$\omega_{R^n \hat{A}^n} \equiv \mathcal{D}_{W \to \hat{A}^n}(\mathcal{E}_{A^n \to W}((\varphi_{RA}^\rho)^{\otimes n})) \tag{18.21}$$

$\tau_{R^n W} \equiv \mathcal{E}_{A^n \to W}((\varphi_{RA}^\rho)^{\otimes n})$이라고 하자. 다음의 연쇄적 부등식을 생각해보자.

$$2 \log \dim(\mathcal{H}_W) \geq I(W; R^n)_\tau \tag{18.22}$$

$$\geq I(\hat{A}^n; R^n)_\omega \tag{18.23}$$

$$\geq I(A^n; R^n)_{\varphi^{\otimes n}} - f(n, \varepsilon) \tag{18.24}$$

$$= nI(A; R)_\varphi - f(n, \varepsilon) \tag{18.25}$$

$$= 2nH(A)_\varphi - f(n, \varepsilon) \tag{18.26}$$

첫 번째 부등식은 양자 상호 정보의 차원 한계 $I(E; F) \leq 2 \log(\min\{|E|, |F|\})$의 결과다(연습문제 11.6.3 참고). 두 번째 부등식은 양자 자료처리 부등식에서 유도된다(밥이 $\hat{A}^n$을 얻기 위해 복호화기를 사용해 W를 처리한다). 세 번째 부등식은 $H(R^n)_\omega = H(R^n)_{\varphi^{\otimes n}}$이고, 따라서

$$\left| I(\hat{A}^n; R^n)_\omega - I(A^n; R^n)_{\varphi^{\otimes n}} \right|$$

$$= \left| H(R^n)_\omega - H(R^n|\hat{A}^n)_\omega - \left[H(A^n)_{\varphi^{\otimes n}} - H(R^n|A^n)_{\varphi^{\otimes n}} \right] \right| \tag{18.27}$$

$$= \left| H(R^n|A^n)_{\varphi^{\otimes n}} - H(R^n|\hat{A}^n)_\omega \right| \tag{18.28}$$

$$\leq f(n, \varepsilon) \equiv 2\varepsilon n \log \dim(\mathcal{H}_R) + (1 + \varepsilon)h_2(\varepsilon/[1 + \varepsilon]) \tag{18.29}$$

이기 때문에 유도된다. 위의 부등식은 AFW 부등식(정리 11.10.3)을 식 (18.20)의 성공 기준에 적용하여 직접 유도된다. 함수 $f(n, \varepsilon)$은 $\lim_{\varepsilon \to 0} \lim_{n \to \infty} \frac{1}{n}f(n, \varepsilon) = 0$이라는 성질을 갖는다. 식 (18.25)의 등식은 양자 상호 정보가 텐서 곱 상태에 대해 가법적이기 때문에 성립한다. 식 (18.26)의 등식은 순수한 2분할 상태의 양자 상호 정보는 한계 엔트로피의 2배이기 때문에 유도된다. 모든 것을 합치면 다음을 알 수 있다.

$$R + \delta = \frac{1}{n} \log \dim(\mathcal{H}_W) \geq H(A)_{\varphi^\rho} - \frac{1}{2n}f(n, \varepsilon) \tag{18.30}$$

$n \to \infty$와 ε, $\delta \to 0$인 극한을 취하면 양자 자료 압축의 도달 가능한 압축률 R이 $R \geq H(A)_{\varphi^\rho}$를 당연히 만족시켜야 한다고 결론지을 수 있다.

【연습문제 18.2.1】 식 (18.5)의 오류 기준에 대해 슈마허 압축의 역정리를 증명했다. 하지만 만약 식 (18.6)의 덜 엄격한 기준을 사용하면 더 작은 양자 자료 압축을 달성할 수 있을지도 모른다. 덜 엄격한 오류 기준에도 역정리가 성립함을 보여서 그렇지 않음을 보여라(힌트: 전개 과정은 i.i.d. 앙상블에서 선택된 고전적 표지를 포함하는 고전적 참조계를 갖고 있다는 점을 제외하면, 기본적으로 식 (18.22) ~ 식 (18.26)과 같다).

18.3 양자 압축의 사례

이제, 무잡음 양자 선로가 사용 가능하다면 슈마허 압축이 압축률에서 선로 사용을 크게 절약할 수 있는 특정한 사례를 강조하려고 한다. 다음과 같은 형태의 앙상블을 생각해보자.

$$\left\{\left(\frac{1}{2}, |0\rangle\right), \left(\frac{1}{2}, |+\rangle\right)\right\} \qquad (18.31)$$

이 앙상블은 양자키 분배를 위한 베넷 통신 규약에서 유용하기 때문에 베넷-92[Bennett-92] 앙상블이라고 알려졌다. 순진한 전략은 앨리스와 밥이 섀넌의 압축 통신 규약을 사용하는 것이다. 즉, 앨리스가 상태의 양자적 특성을 무시하고, 사용 가능한 고전적 표시를 이용해 고전적 표시에 부호화하는 것이다. 하지만 두 상태에 대한 균일 분포의 엔트로피는 1비트이고, 앨리스는 선로를 한 번 사용할 때마다 1비트라는 속도로 고전 메시지를 전송해야만 할 것이다.

다른 전략은 슈마허 압축을 사용하는 것이다. 위의 앙상블에 대한 밀도 연산자는

$$\frac{1}{2}|0\rangle\langle 0| + \frac{1}{2}|+\rangle\langle +| \qquad (18.32)$$

이고, 이것은 다음의 스펙트럼 분해를 갖는다.

$$\cos^2(\pi/8)\,|+'\rangle\,\langle +'| + \sin^2(\pi/8)\,|-'\rangle\,\langle -'| \qquad (18.33)$$

여기서

$$|+'\rangle \equiv \cos(\pi/8)|0\rangle + \sin(\pi/8)|1\rangle \qquad (18.34)$$
$$|-'\rangle \equiv \sin(\pi/8)|0\rangle - \cos(\pi/8)|1\rangle \qquad (18.35)$$

확률 분포 $[\cos^2(\pi/8), \sin^2(\pi/8)]$의 2진 엔트로피 $h_2(\cos^2(\pi/8))$은 근사적으로

$$0.6009 \text{ 큐비트} \qquad (18.36)$$

와 같고, 따라서 슈마허 압축을 사용하면 압축률에 있어서 상당한 양을 절약할 수 있다. 이런 종류의 절약은 앙상블이 직교하지 않는 양자 상태를 포함하는 경우 항상 나타난다.

【연습문제 18.3.1】 위의 사례에서, 앨리스가 그 상태를 고전적 표시에 연관시켜서 앙상블이

$$\left\{ \left(\frac{1}{2}, |0\rangle\langle 0| \otimes |0\rangle\langle 0| \right), \left(\frac{1}{2}, |1\rangle\langle 1| \otimes |+\rangle\langle +| \right) \right\} \tag{18.37}$$

이라고 하자. 이것이 앨리스가 밥에게 전송해야 하는 큐비트의 양을 줄이는 데 도움이 되는가?

18.4 슈마허 문제의 변형

슈마허 압축 문제의 몇 가지 변형을 제안할 수 있다. 예를 들어, 양자정보 원천이 다음의 앙상블에 대응한다고 하자.

$$\{p_X(x), \rho_A^x\} \tag{18.38}$$

여기서 각 ρ_x는 섞인 상태다. 이 상황은 양자정보 원천의 간단한 모형에서처럼 '명확한 분리'가 되지 않고, 이 원천의 엔트로피는 궁극적 압축률의 하계로 작용할 필요가 없다. 이것은 섞인 상태 압축에 대해 고른 성능 척도에 의존하고, 최소한 세 가지의 생각해볼 수 있는 흥미로운 성능 척도가 있다. 다른 것들을 보려면, 다음의 상태가 식 (18.38)의 섞인 상태 정보 원천의 양자정화로 작동함을 살펴보자.

$$|\phi\rangle_{XX'RA} \equiv \sum_x \sqrt{p_X(x)} |x\rangle_X |x\rangle_{X'} \left| \phi^{\rho^x} \right\rangle_{RA} \tag{18.39}$$

여기서 $|\phi^{\rho^x}\rangle_{RA}$는 ρ_A^x의 양자정화로, 정화계 A는 결합계 $XX'R$이다. 임의의 부호화-복호화 쌍 $(\mathcal{E}_{A^n \to W}, \mathcal{D}_{W \to \hat{A}^n})$에 대해 생각해볼 세 가지 성능 척도는 다음과 같다.

$$\frac{1}{2} \left\| \phi_{XX'RA}^{\otimes n} - (\mathcal{D}_{W \to \hat{A}^n} \circ \mathcal{E}_{A^n \to W})(\phi_{XX'RA}^{\otimes n}) \right\|_1 \tag{18.40}$$

$$\frac{1}{2} \sum_{x^n} p_{X^n}(x^n) \left\| \phi_{R^n A^n}^{\rho^{x^n}} - (\mathcal{D}_{W \to \hat{A}^n} \circ \mathcal{E}_{A^n \to W})(\phi_{R^n A^n}^{\rho^{x^n}}) \right\|_1 \tag{18.41}$$

$$\frac{1}{2} \sum_{x^n} p_{X^n}(x^n) \left\| \rho_{A^n}^{x^n} - (\mathcal{D}_{W \to \hat{A}^n} \circ \mathcal{E}_{A^n \to W})(\rho_{A^n}^{x^n}) \right\|_1 \tag{18.42}$$

어떤 $\varepsilon \in [0, 1]$에 대해 첫 번째 오류 기준을 만족시킨다는 것은 두 번째 기준도 만족시킨다는 것을 의미하고, 이어서 세 번째 기준도 만족시킨다는 뜻이다(이것은 연습문제 18.1.1의 힌트와 유사한 이유에서 유도된다).

이 섞인 원천의 경우를 일반적으로 어떻게 다뤄야 할까? 직접 부호화 정리와 역정리를 생각해보자. 이 경우에 대한 직접 부호화 정리는 기본적으로 양자 압축에 대한 슈마허 통신 규약과 같다. 일반적인 경우에 대해 더 좋은 접근법은 없다. 이 원천의 밀도 연산자는

$$\rho_A = \sum_x p_X(x)\rho_A^x \tag{18.43}$$

와 같다. 만약 상태 $(\rho_A)^{\otimes n}$ 위로의 전형적 부분공간 사영 연산자 $\Pi_{A^n}^\delta$로부터 전형적 부분공간 측정을 구성하고, 앞에서의 오류 분석이 식 (18.40)의 오류 기준에 대해 성립한다는 것을 보여준다면, 이것은 위에서 언급한 다른 두 오류 기준에 대해 성립함을 의미하고, 압축률 $R \geq H(A)_\rho$를 달성할 수 있다.

직접 부호화 정리는 똑같이 남아 있지만, 역정리는 조금 바뀐다. 만약 역정리가 식 (18.40)의 오류 기준에 대해 성립하길 바란다면, 식 (18.22) ~ 식 (18.26)의 증명 방법은 엔트로피 $H(A)_\rho$가 역 한계로 행동함을 보여준다. 따라서 이 경우 최적성에 대한 진술을 얻는다. 하지만 역정리가 식 (18.41)에서의 오류 기준에 대해 성립하길 바란다면, 같은 증명 방법이 $\frac{1}{2}I(XR; A)_\phi$의 역 한계를 제시한다. 만약 식 (18.42)의 성능 기준에 대해 역정리가 성립하길 바란다면, 연습문제 18.2.1의 증명 기법이 역 한계 $I(X; A)_\phi$를 제시한다. 일반적으로 뒤의 두 가지 하계는 비교할 수가 없지만, 식 (18.41)에서의 오류 기준을 만족시키는 각 압축 기법들의 나열은 $\max\{\frac{1}{2}I(XR; A)_\phi, I(X; A)_\phi\}$와 같거나 더 큰 압축률을 가져야 하고, 식 (18.41)의 오류 기준은 식 (18.42)의 오류 기준보다 더 엄격함을 유도할 수 있다.

위 상황의 특수한 사례를 생각해보면, 식 (18.40)과 식 (18.42)의 두 가지 오류 기준과 최적 압축률을 비교해볼 수 있다. 섞인 상태 ρ_x가 직교 부분공간에 작용하고, $\rho_A = \sum_x p_X(x)\rho_x$가 이 앙상블의 기대 밀도 연산자를 나타낸다고 하자. $\{\rho_x\}$의 상태는 그 사영 연산자가 다른 직교 부분공간 위로 사영시키는 측정에 의해 완벽하게 구분 가능하다. 결과적으로 앨리스는 이 측정을 수행하고 고전적 표시를 상태 각각과 연결할 수 있어서, 다음의 고전 양자 상태를 이끌어낸다.

$$\sigma_{XA} \equiv \sum_x p_X(x)|x\rangle\langle x|_X \otimes \rho_A^x \qquad (18.44)$$

게다가, 앨리스는 원리적으로는 어떤 방법으로도 상태를 흐트러트리지 않고 이것을 수행할 수 있다. 따라서 상태 σ_{XA}의 엔트로피는 상태의 원래 엔트로피 ρ_A와 동등하다.

$$H(A)_\rho = H(XA)_\sigma \qquad (18.45)$$

그런 정보 원천에 슈마허 압축을 적용하는 것은 $H(A)_\rho$와 같은 최적 압축률에서 식 (18.40)의 오류 기준을 만족한다. 이 압축률은

$$H(XA)_\sigma = H(X)_\sigma + H(A|X)_\sigma \qquad (18.46)$$

와 같다. 그리고 이 경우 조건화 계가 고전적이기 때문에 $H(A|X)_\sigma \geq 0$이다. 게다가, 적어도 하나의 ρ^x가 참으로 섞인 상태라면 엄격한 부등식 $H(A|X)_\sigma > 0$을 얻는다. 그러나 식 (18.42)의 오류 기준을 만족하는 방법에만 관심이 있다면, 슈마허 압축보다 훨씬 좋은 전략은 앨리스가 고전 변수 X를 직접 측정하여 그것을 섀넌 압축으로 압축해 밥에게 전송하고, 밥이 이 통신 선로의 수신 측에서 양자 상태를 재구성하는 것이다. 여기서 이 압축률은 섀넌 엔트로피 $H(X)_\sigma$와 같고, 이 사례에 대해서는 확실히 $H(XA)_\rho$보다 작다. $I(X;A)_\sigma = H(X)_\sigma$이기 때문에(아래의 연습문제 참고), 이 사례는 식 (18.42)의 오류 기준에 대해 최적의 압축률을 갖고, 섞인 상태의 압축에 다른 오류 기준을 생각한다면 최적 압축률에서 엄밀하게는 다를 수 있음을 볼 수 있다.

다음 연습문제에서 직교 부분공간에 대한 섞인 상태의 앙상블이 $I(X;A)_\phi$의 하계에 등호를 성립시킴을 확인해보자.

【연습문제 18.4.1】 직교 부분공간 위의 섞인 상태에 대한 앙상블의 홀레보 정보가, 그 홀레보 정보와 같은 크기의 섀넌 정보를 가짐을 보여라. 따라서 이것은 압축 가능성에 대한 하계 $I(X;A)_\phi$를 만족시키는 앙상블 부류의 한 사례다.

18.5 맺음말

슈마허 압축은 밝혀진 첫 번째 양자 섀넌 이론적 결과이고, 이 책에서 마주친 가장

간단한 것이다. 그 증명은 섀넌의 무잡음 부호화 정리의 증명과 놀랍도록 유사하다. 핵심적 차이점은 측정을 수행할 때, 필요한 것보다 임의의 더 많은 정보를 알아낼 수 없다는 양자적 상황에 더 많이 주의해야 한다는 것이다. 미래의 양자 통신 규약에 대해 얻을 수 있는 직관은 만약 중요한 목표가 통신 작업에서 작은 오류 확률을 갖는 것이라면 전체 공간 그 자체보다는 높은 확률의 부분공간에서 무슨 일이 일어나는지를 신경 쓰는 것만으로 충분한 경우가 자주 있다는 점이다. 사실, 이 직관은 얽힘집중, 고전 통신, 비밀 고전 통신, 양자 통신과 같은 정보 처리 작업을 이해하는 데 필요한 것과 같다.

섞인 상태의 양자정보 원천의 양자 압축률에 대한 하계와 상계를 특정하는 문제는 이 방향의 많은 노력이 있음에도 불구하고 아직 미해결 문제다. 18.4절에서 언급한 사례와 같이 특수한 경우에서만 슈마허의 원래 정리에서처럼 상계와 하계가 만난다는 것을 알 뿐이다.

18.6 역사와 더 읽을거리

오야^{Ohya}와 페츠^{Petz}(1993)는 전형적 부분공간 개념을 고안했고, 슈마허^{Schumacher}(1995)는 독립적으로 전형적 부분공간을 도입하고 추가로 양자 자료 압축 정리를 증명했다. 조사^{Jozsa}와 슈마허(1994)는 나중에 이 증명을 일반화했고, 로^{Lo}(1995)는 이 정리를 섞인 상태의 정보 원천으로 더 일반화했다. 다른 일반화는 호로데키^{Horodecki}(1998)와 바넘^{Barnum}, 케이브스^{Caves}, 푹스^{Fuchs}, 조사, 슈마허의 논문(2001)이 있다. 범용 양자 자료 압축에 대한 몇 가지 기법이 존재한다(Jozsa et al., 1998; Jozsa & Presnell, 2003; Bennett et al., 2006). 여기서는 송신자가 그 출력을 압축하기 위해 양자정보 원천의 묘사를 가질 필요가 없다. 양자 허프만 부호$^{\text{quantum Huffman code}}$에 대해 작동이 논의된 현실적인 양자 자료 압축 기법도 있다(Braunstein et al., 2000).

여기서 고려한 상황을 넘어서면, 학자들은 오류 지수$^{\text{error exponent}}$, 강한 역정리, 양자 자료 압축에 대한 2차 특성화 등을 고려했다(이 용어들이 의미하는 것은 20.7절에서 설명한다). 윈터^{Winter}(1999b)는 강한 역정리를 구성했고, 하야시^{Hayashi}(2002)는 오류 지수를 유도했으며, 다타^{Datta}와 레디츠키^{Leditzky}(2015)는 2차 특성화를 구성했다.

19

얽힘 다루기

얽힘은 양자정보에서 가장 유용한 자원 중 하나다. 만약 앨리스와 밥이 무잡음 얽힘을 최대로 얽힌 상태의 형태로 공유한다면, 둘은 고전 통신의 도움을 받아 양자 비트를 서로 원격전송할 수 있다. 또는 둘은 고전 정보를 전송하는 데 있어 무잡음 양자 선로의 능력을 두 배로 만들 수도 있다. 양자 선로를 통해 고전 자료나 양자 자료를 전송하는 데 도움이 되도록 무잡음 얽힘을 사용할 수 있는 방법으로 21장에서 더 많은 응용 분야를 살펴볼 것이다.

최대 얽힘의 효용성이 주어지면, 물어볼 만한 합리적인 질문은 만약 최대로 얽히지 않은 순수 얽힘 상태를 공유한다면 공간적으로 분리된 두 참여자가 얼마나 달성할 수 있는가이다. 양자 섀넌 이론의 상황에서는 여기에 두 참여자가 순수하게 얽힌 같은 상태의 많은 사본을 공유한다는 가정을 추가할 수 있다. 이 장에서는 참여자들이 자신의 계에 대한 국소적 연산을 수행하여 최대 얽힘이 아닌 상태를 최대로 얽힌 얽힘비트로 '집중'시킬 수 있고, 그렇게 할 수 있는 최적의 비율은 '얽힘의 엔트로피(원래 상태의 한계 밀도 연산자의 양자 엔트로피)'와 같음을 알아보겠다. 얽힘집중entanglement concentration은 '얽힘비트ebit'라는 용어의 견고한 양자정보 이론적 해석을 제시한다는 점에서(슈마허 압축이 '큐비트'라는 용어에 그랬듯이) 아마 슈마허 압축에 대해 보완적인 관계이고, 얽힘의 엔트로피가 어떻게 순수한 2분할 상태에 대한 얽힘의 고유한 척도인지 보여주는 부분에서 역할을 한다.

더 일반적으로는, 앨리스와 밥이 국소적 연산과 고전 메시지 교환만을 수행하여 (이것은 국소 연산과 고전 통신Local Operation and Classical Communication을 줄여서 'LOCC'라고 한다.) 순수 상태 $|\psi\rangle_{AB}$의 많은 수의 사본을 다른 2분할 순수 상태 $|\phi\rangle_{AB}$로 가능한 한 많이 변환하려고 할 수 있다. 사용되는 연산에 제약조건을 두는 것이 중요하다. 즉, 만약 이들이 자신의 계에 임의의 광역 연산을 수행할 수 있다면 작업은 자명해진다. 앞서 설명한 얽힘집중 작업의 일반화로 그런 작업을 '얽힘 다루기entanglement manipulation'라고 한다.

이 장의 중심 결과는 그런 얽힘 다루기 작업에 대한 최적 변환 비율이 $H(A)_\psi/H(A)_\phi$와 같다는 것이다. 즉, 만약 목표가 LOCC에 의해 $|\psi\rangle_{AB}^{\otimes n}$을 $|\phi\rangle_{AB}^{\otimes nE}$에 대해 매우 높은 충실도를 갖는 상태로 변환하는 것이라면, 이 변환은 큰 n에 대해 $E \leq H(A)_\psi/H(A)_\phi$인 경우, 그리고 그런 경우에만 가능하다. 이 정리의 도달성 부분은 작업을 두 부분으로 쪼개서 유도된다. 첫 부분에서 앨리스는 $|\psi\rangle_{AB}^{\otimes n}$을 $\approx nH(A)_\psi$개의 얽힘비트로 변환하기 위한 얽힘집중을 수행한다. 다음 부분에서는 '얽힘희석entanglement dilution'이라는 통신 규약을 사용해, $nH(A)_\phi$개의 얽힘비트를 LOCC를 이용하여 $|\phi\rangle_{AB}$의 $\approx n$개의 사본으로 변환한다. 적절한 변환율에 따라 $nH(A)_\psi$개의 얽힘비트는 $|\phi\rangle_{AB}$에 대한 $\approx n[H(A)_\psi/H(A)_\phi]$개의 사본으로 변환될 수 있고, 이것으로 직접 부분이 증명된다. 이 정리의 역부분은 얽힘의 상대 엔트로피라고 하는 정보량의 성질을 이용해 유도된다(필요한 핵심 성질은 LOCC 선로의 작용에 대해 얽힘의 상대 엔트로피가 증가하지 않음, 결맞은 정보보다 절대 작을 수 없음, 그리고 얽힘의 상대 엔트로피가 순수 상태에 대한 얽힘의 엔트로피와 같다는 성질이다).

위에서 설명한 얽힘 다루기 정리는 양자 얽힘의 자원 이론에서 가장 중요한 결과 중 하나다. 이 정리는 많은 사본에 대한 극한에서 한 형태에서 다른 형태로 순수 상태 얽힘의 변환이 기본적으로 가역적이라는 것을 보여준다. 즉, n이 매우 크면 앨리스와 밥은 먼저 $|\psi\rangle_{AB}^{\otimes n}$을 $\approx nH(A)_\psi$개의 얽힘비트로 집중시킬 수 있다. 그러면 이들은 얽힘희석 통신 규약을 실행해서 이런 $\approx nH(A)_\psi$개의 얽힘비트를 원래 상태 $|\psi\rangle_{AB}^{\otimes n(1-\delta)}$로 되돌릴 수 있다. 여기서 $\delta \in (0, 1)$은 n이 커짐에 따라 0으로 가도록 만들 수 있는 작은 수다. 대신에, 얽힘의 엔트로피 비율로 주어진 정도로 원래 상태를 얽힘비트가 아닌 다른 어떤 '사이에 끼인' 상태로 가져갈 수도 있다. 하지만 얽힘비트의 핵심 장점은 그 얽힘의 엔트로피가 1과 같아서, 단위 자원으로 생각할 수 있다는 점이다.

양자 엔트로피가 얽힘집중에 대해 도달 가능한 비율임을 증명하기 위한 기술은 14.7절에서 소개한 고전적 전형성과 15.3절에서 소개한 양자적 전형성의 형식 기법을 사용한다(가장 중요한 성질은 엔트로피를 지수함수에 넣은 것이 전형적 형식류의 크기에 대한 한계를 준다는 내용의 성질 14.7.5다). 나중에 알고 나면, 전형적 형식류가 n이 큰 극한에서 (전형적 집합 그 자체와 같은 정도로) 지수함수적으로 크다는 사실에 놀랄 수 있다. 그리고 이 결과의 양자 섀넌 이론적인 결과를 곧 발견할 것이다. 얽힘희석에 대한 통신 규약은 어떤 점에서는 단지 얽힘집중을 '거꾸로 작동'시킨 것에 추가로 양자 원격전송을 사용한 것에 불과하다고 할 수 있다.

이 장은 상태의 사본 3개에 대한 얽힘집중의 간단한 사례를 논의하며 시작한다. 그리고 더 일반적인 얽힘집중과 얽힘희석 통신 규약이 어떻게 작동하는지 밑그림을 그린다. 19.2절에서는 LOCC의 엄밀한 정의를 제시하고, 얽힘의 상대 엔트로피(LOCC 단조)를 소개한다. 19.3절에서는 얽힘 다루기를 위한 정보 처리 작업을 자세히 설명하고, 19.4절은 얽힘 다루기 정리를 설명하고 그 직접 부호 부분과 역부분을 모두 증명한다.

19.1 얽힘 다루기의 밑그림

이 절에서는 얽힘집중과 얽힘희석에 깔린 핵심 아이디어의 밑그림을 그린다.

19.1.1 3개 사본 얽힘집중 사례

간단한 사례로 얽힘의 집중에 숨은 핵심 아이디어를 묘사하겠다. 다음의 부분적으로 얽힌 상태를 생각해보자.

$$|\Phi_\theta\rangle_{AB} \equiv \cos(\theta)|00\rangle_{AB} + \sin(\theta)|11\rangle_{AB} \qquad (19.1)$$

여기서 θ는 $0 < \theta < \pi/2$인 어떤 매개변수다. 슈미트 분해(정리 3.8.1)는 위의 상태가 큐비트의 순수한 2분할 얽힘 상태에 대해 생각할 수 있는 가장 일반적인 형태임을 보장한다. 이제 앨리스와 밥이 위 상태의 사본 3개를 공유한다고 하자. 위 상태의 사본 3개는 간단한 산수를 통해 다시 적을 수 있다.

$$|\Phi_\theta\rangle_{A_1B_1}|\Phi_\theta\rangle_{A_2B_2}|\Phi_\theta\rangle_{A_3B_3} = \cos^3(\theta)|000\rangle_A|000\rangle_B + \sin^3(\theta)|111\rangle_A|111\rangle_B$$
$$+ \sqrt{3}\cos(\theta)\sin^2(\theta)\frac{1}{\sqrt{3}}\left(|110\rangle_A|110\rangle_B + |101\rangle_A|101\rangle_B + |011\rangle_A|011\rangle_B\right)$$
$$+ \sqrt{3}\cos^2(\theta)\sin(\theta)\frac{1}{\sqrt{3}}\left(|100\rangle_A|100\rangle_B + |010\rangle_A|010\rangle_B + |001\rangle_A|001\rangle_B\right)$$
$$(19.2)$$

여기서 앨리스 쪽의 계와 밥 쪽의 계를 각각 $A \equiv A_1A_2A_3$, $B \equiv B_1B_2B_3$으로 전부 표시했다. 그 상태에 1이 없는 $\cos^3(\theta)$의 계수를 갖는 부분공간은 1차원이라는 점을 확인하자. 그 상태에 1이 3개인 부분공간도 1차원이다. 하지만 그 상태에 1이 2개인 $\cos(\theta)\sin^2(\theta)$의 계수를 갖는 부분공간은 3차원이고, 그 상태에 1이 1개인 부분공간에 대해서도 마찬가지다.

그러면 이 상황에서 얽힘집중에 대한 통신 규약은 간단하다. 앨리스가 연산자 Π_0, Π_1, Π_2, Π_3로 구성된 사영 측정을 수행한다. 여기서 이 연산자들은 다음과 같다.

$$\Pi_0 \equiv |000\rangle\langle000|_A \tag{19.3}$$
$$\Pi_1 \equiv |001\rangle\langle001|_A + |010\rangle\langle010|_A + |100\rangle\langle100|_A \tag{19.4}$$
$$\Pi_2 \equiv |110\rangle\langle110|_A + |101\rangle\langle101|_A + |011\rangle\langle011|_A \tag{19.5}$$
$$\Pi_3 \equiv |111\rangle\langle111|_A \tag{19.6}$$

사영 연산자 Π_i의 아래첨자 i는 대응되는 부분공간 기저 상태의 해밍 가중치에 해당한다. 밥은 같은 '해밍 가중치' 측정을 자신의 측면에서 수행할 수 있다. $\cos^6(\theta) + \sin^6(\theta)$의 확률로 이 절차는 실패한다. 왜냐하면 얽힘이 전혀 없는 곱 상태인 $|000\rangle_A|000\rangle_B$나 $|111\rangle_A|111\rangle_B$가 되기 때문이다. 하지만 $3\cos^2(\theta)\sin^4(\theta)$의 확률을 갖고 이 상태는 해밍 가중치 2를 갖는 부분공간에 있게 되고 다음의 형태를 갖는다.

$$\frac{1}{\sqrt{3}}\left(|110\rangle_A|110\rangle_B + |101\rangle_A|101\rangle_B + |011\rangle_A|011\rangle_B\right) \tag{19.7}$$

그리고 $3\cos^4(\theta)\sin^2(\theta)$의 확률로 해밍 가중치 1을 갖는 부분공간에 있고 다음의 형태가 된다.

$$\frac{1}{\sqrt{3}}\left(|100\rangle_A|100\rangle_B + |010\rangle_A|010\rangle_B + |001\rangle_A|001\rangle_B\right) \tag{19.8}$$

그러면 앨리스와 밥은 각자 자신의 계에 국소적 등척 연산을 수행하여 위의 상태를 슈미트 랭크 3을 갖는 최대로 얽힌 상태로 회전시킬 수 있다.

$$\frac{1}{\sqrt{3}}\left(|0\rangle_A|0\rangle_B + |1\rangle_A|1\rangle_B + |2\rangle_A|2\rangle_B\right) \tag{19.9}$$

19.1.2 얽힘집중의 밑그림

위에서 설명한 간단한 통신 규약은 얽힘집중 통신 규약의 기본이지만, 불행히도 이 경우는 무시할 수 없는 확률로 실패한다. 반면에 앨리스와 밥이 순수한 2분할 얽힘 상태의 사본을 많이 가져도 된다면, 실패할 확률은 전형성의 성질 때문에 점근적 극한에서 무시할 수 있게 되고, 각 형식류 부분공간은 지수함수적으로 큰 최대로 얽힌 상태를 포함한다. 19.4.2절의 직접 부호화 정리의 증명은 이 직관을 정교하게 만든다.

위에서 설명한 절차를 원하는 만큼 많은 사본에 대해 일반화하는 것은 직접적이다. 앨리스와 밥이 부분적으로 얽힘 상태 $|\Phi_\theta\rangle$의 사본 n개를 공유한다고 하자. 그러면 그 상태를 다음과 같이 적을 수 있다.

$$|\Phi_\theta\rangle_{A^n B^n} = \sum_{k=0}^{n} \cos^{n-k}(\theta)\sin^k(\theta) \sum_{x:w(x)=k} |x\rangle_{A^n}|x\rangle_{B^n} \tag{19.10}$$

$$= \sum_{k=0}^{n} \sqrt{\binom{n}{k}} \cos^{n-k}(\theta)\sin^k(\theta)\left(\frac{1}{\sqrt{\binom{n}{k}}}\sum_{x:w(x)=k}|x\rangle_{A^n}|x\rangle_{B^n}\right) \tag{19.11}$$

여기서 $w(x)$는 2진수 벡터 x의 해밍 가중치다. 앨리스는 그 사영 연산자가 다음과 같은 '해밍 가중치' 측정을 수행한다.

$$\Pi_k = \sum_{x:w(x)=k} |x\rangle\langle x|_{A^n} \tag{19.12}$$

그러면 이들이 공유할 최대로 얽힌 상태의 슈미트 랭크는 $\binom{n}{k}$이다.

n이 커질 때 스털링 근사^{Stirling's approximation}를 써서 위 통신 규약의 성능에 대한 대략적인 분석을 제시할 수 있다(n이 큰 경우에 대한 $\binom{n}{k}$ 항들만을 다루면 된다). 스털링 근사가 $n! \approx \sqrt{2\pi n}(n/e)^n$임을 생각해보면 다음을 얻는다.

$$\binom{n}{k} = \frac{n!}{k!n-k!} \approx \frac{\sqrt{2\pi n}\,(n/e)^n}{\sqrt{2\pi k}\,(k/e)^k\,\sqrt{2\pi(n-k)}\,((n-k)/e)^{n-k}} \tag{19.13}$$

$$= \sqrt{\frac{n}{2\pi k(n-k)}}\,\frac{n^n}{(n-k)^{n-k}\,k^k} \tag{19.14}$$

$$= \mathrm{poly}(n)\,\left(\frac{n-k}{n}\right)^{-(n-k)}\left(\frac{k}{n}\right)^{-k} \tag{19.15}$$

$$= \mathrm{poly}(n)\,2^{n[-((n-k)/n)\log((n-k)/n)-(k/n)\log(k/n)]} \tag{19.16}$$

$$= \mathrm{poly}(n)\,2^{nh_2(k/n)} \tag{19.17}$$

여기서 h_2는 식 (1.1)의 이항 엔트로피이고, $\mathrm{poly}(n)$은 기껏해야 n에 대한 다항식인 항을 의미한다. n이 커질 때 지수함수 항인 $2^{nh_2(k/n)}$은 다항식 $\sqrt{n/2\pi k(n-k)}$를 압도하고, 다항식 항은 거의 상수처럼 행동하게 된다. 따라서 이 통신 규약은 앨리스가 확률 분포 $(\cos^2(\theta),\ \sin^2(\theta))$에 따라 강한 전형적 부분공간 측정을 수행하는 것이고, 높은 확률로 이 상태는 다음과 같이 된다.

$$\frac{1}{\sqrt{\mathcal{N}}}\sum_{\substack{k=0\ :\\ |k/n-\sin^2(\theta)|\le\delta,\\ |(n-k)/n-\cos^2(\theta)|\le\delta}}^{n}\sqrt{\binom{n}{k}}\cos^{n-k}(\theta)\sin^k(\theta)\left(\frac{1}{\sqrt{\binom{n}{k}}}\sum_{x:w(x)=k}|x\rangle_{A^n}|x\rangle_{B^n}\right) \tag{19.18}$$

여기서 $\mathcal{N} \ge 1-\varepsilon$은 적절한 정규화 상수다. 그러면 앨리스와 밥은 둘 다 해밍 가중치 측정을 수행하고, 이 상태는 측정의 결과 k에 따라 다음의 형태를 갖는 상태로 축소된다.

$$\frac{1}{\sqrt{\mathrm{poly}(n)2^{nh_2(k/n)}}}\sum_{x:w(x)=k}|x\rangle_{A^n}|x\rangle_{B^n} \tag{19.19}$$

위의 상태는 슈미트 랭크 $\mathrm{poly}(n)2^{nh_2(k/n)}$을 갖는 최대로 얽힌 상태로, 상태를 먼저 전형적 부분공간으로 사영한다는 가정으로부터 다음이 성립한다.

$$h_2(k/n) \ge h_2(\cos^2(\theta)) - \delta \tag{19.20}$$

그러면 앨리스와 밥은 국소적 연산을 수행하여 이 상태를 근사적으로 $nh_2(\cos^2(\theta))$개의 얽힘비트가 되도록 회전시킬 수 있다. 따라서 이 절차는 식 (19.1)의 상태 $|\Phi_\theta\rangle_{AB}$의 얽힘 엔트로피와 같은 비율로 원래의 최대로 얽히지 않은 상태를 얽힘비트로 집중

시킨다. 이 증명은 조금 간단하며, 순수 상태의 얽힌 큐비트 계에만 적용된다. 19.4.2 절의 직접 부호화 정리는 이 증명을 d차원계의 순수한 얽힘 상태로 일반화한다.

19.1.3 얽힘희석의 밑그림

통신 규약의 고전 통신 비용에 신경 쓰지 않는다면 얽힘희석의 밑그림 그리기는 더 쉽다. 목표는 $\approx nH(A)_\phi$개의 얽힘비트로부터 $|\phi\rangle_{AB}$의 사본 n개를 만드는 것이다. 그러면 앨리스는 $|\phi\rangle_{AB}$의 사본 n개를 자신의 실험실에서 준비할 수 있다. 앨리스는 슈마허 압축을 B계에 수행하고, 그러면 B계는 $\approx nH(A)_\phi$개의 큐비트로 압축되면서 그 상태에는 작은 왜곡만을 유발한다(n이 클 때). 만약 앨리스와 밥이 $\approx nH(A)_\phi$개의 얽힘비트를 공유한다면, 앨리스는 밥에게 이 압축된 큐비트를 양자원격전송할 수 있다(이것은 $\approx n2H(A)_\phi$개의 고전 비트를 소모한다). 밥은 이 압축된 큐비트를 받아서 압축을 해제하고, 이것으로 통신 규약이 끝난다. 따라서 얽힘희석 통신 규약의 이 판본은 좀 더 직접적이다. 나중에 어떻게 고전 통신 비용이 훨씬 작아질 수 있는지 살펴보겠다. 사실, 변형된 통신 규약은 n의 부선형^{sublinear}인 수의 고전 비트를 필요로 하고, 필요한 고전 통신량은 n이 커지는 극한에서는 사라진다.

19.2 LOCC와 얽힘의 상대 엔트로피

얽힘 다루기를 위한 정보 처리 작업을 설명하기 전에, LOCC의 의미를 허용되는 연산 집합으로 엄밀하게 정의해야 한다. LOCC 선로는 다음과 같은 유한한 수의 조합으로 구성된다.

1. 앨리스가 양자 기기를 수행한다. 이것은 양자적 출력과 고전적 출력을 둘 다 갖는다. 앨리스가 밥에게 고전적 출력을 전송하면, 밥은 수신한 고전 자료의 조건에 따라 양자 선로를 수행한다. 이 행동 순서는 다음 형태의 선로에 해당한다.

$$\sum_x \mathcal{F}_A^x \otimes \mathcal{G}_B^x \tag{19.21}$$

여기서 $\{\mathcal{F}_A^x\}$는 $\sum_x \mathcal{F}_A^x$가 양자 선로인 완전한 양성 사상의 모임이고, $\{\mathcal{G}_B^x\}$는 양자 선로의 모임이다.

2. 상황이 뒤집힌다. 밥이 처음의 양자 기기를 수행하고 앨리스에게 고전 자료를 전송하면, 앨리스가 고전 자료의 조건에 따라 양자 선로를 수행한다. 이 행동 순서는 식 (19.21) 형태의 선로에서 A와 B의 표시를 바꾼 것에 해당한다.

만약 LOCC 선로에 대해 정보 척도가 증가하지 않으면 그 정보 척도는 **LOCC 단조**^{LOCC monotone}다. 그런 정보 척도 중 하나는 얽힘의 상대 엔트로피로 다음과 같이 정의된다.

【정의 19.2.1】 얽힘의 상대 엔트로피 $\rho_{AB} \in \mathcal{D}(\mathcal{H}_A \otimes \mathcal{H}_B)$라고 하자. ρ_{AB}의 얽힘 상대 엔트로피는 ρ_{AB}와 가장 가까운 분리 가능한 상태 사이의 '상대 엔트로피 거리'와 같다.

$$E_R(A;B)_\rho \equiv \min_{\sigma_{AB} \in \text{SEP}(A:B)} D(\rho_{AB} \| \sigma_{AB}) \qquad (19.22)$$

$E_R(A;B)_\rho$가 LOCC 단조인 것은 선로에 대한 상대 엔트로피의 단조성(정리 11.8.1)과 LOCC 선로가 분리 가능한 상태를 분리 가능한 상태로 보낸다는 사실에서 유도된다. 즉, 위에 주어진 LOCC 선로의 정의로부터 그런 연산은 $\{F_A^z \otimes G_B^z\}$ 형태인 크라우스^{Kraus} 연산자를 갖고, LOCC 선로 Λ_{AB}는 분리 가능한 상태 $\sigma_{AB} = \sum_y p(y) \omega_A^y \otimes \tau_B^y$에 다음과 같이 작용한다.

$$\Lambda_{AB}(\sigma_{AB}) = \sum_z (F_A^z \otimes G_B^z) \left[\sum_y p(y) \omega_A^y \otimes \tau_B^y \right] (F_A^z \otimes G_B^z)^\dagger \qquad (19.23)$$

$$= \sum_{z,y} p(y) F_A^z \omega_A^y (F_A^z)^\dagger \otimes G_B^z \tau_B^y (G_B^z)^\dagger \qquad (19.24)$$

그리고 이것은 분명 분리 가능한 상태다. 따라서 이것은 임의의 분리 가능한 상태 σ_{AB}와 LOCC 선로 $\Lambda_{AB \to A'B'}$에 대해

$$D(\rho_{AB} \| \sigma_{AB}) \geq D(\Lambda_{AB \to A'B'}(\rho_{AB}) \| \Lambda_{AB \to A'B'}(\sigma_{AB})) \geq E_R(A';B')_{\Lambda(\rho)}$$
$$(19.25)$$

임을 뜻한다. 여기서 첫 번째 부등식은 상대 엔트로피의 단조성(정리 11.8.1)에서 유도된다. 이 부등식은 모든 $\sigma_{AB} \in \text{SEP}(A:B)$에 대해 성립하므로, 다음과 같이 결론지을 수 있다.

$$E_R(A; B)_\rho \geq E_R(A'; B')_{\Lambda(\rho)} \tag{19.26}$$

그리고 이것은 다음과 동등하다.

【정리 19.2.1】 얽힘의 상대 엔트로피는 LOCC 단조다.

얽힘의 상대 엔트로피의 두 가지 성질이 있다.

【명제 19.2.1】 $\rho_{AB} \in \mathcal{D}(\mathcal{H}_A \otimes \mathcal{H}_B)$라고 하자. 그러면 얽힘의 상대 엔트로피는 그 결맞은 정보보다 더 작을 수 없다.

$$E_R(A; B)_\rho \geq \max\{I(A\rangle B)_\rho, I(B\rangle A)_\rho\} \tag{19.27}$$

【증명】 $\sigma_{AB} \in \mathrm{SEP}(A : B)$라고 하자. 그러면

$$\sigma_{AB} = \sum_y p(y)\omega_A^y \otimes \tau_B^y \leq \sum_y p(y)I_A \otimes \tau_B^y = I_A \otimes \sigma_B \tag{19.28}$$

이다. 위의 연산자 부등식은 $\sum_y p(y)(I_A - \omega_A^y) \otimes \tau_B^y$가 양의 준정부호임을 함의하는 $\omega_A^y \leq I_A$ 때문에 유도된다. 그러면 다음과 같이 결론지을 수 있다.

$$D(\rho_{AB}\|\sigma_{AB}) \geq D(\rho_{AB}\|I_A \otimes \sigma_B) \tag{19.29}$$
$$\geq \min_{\sigma_B} D(\rho_{AB}\|I_A \otimes \sigma_B) \tag{19.30}$$
$$= I(A\rangle B)_\rho \tag{19.31}$$

첫 번째 부등식은 명제 11.8.2에서 유도된다. 그리고 등식은 연습문제 11.8.3에서 유도된다. 이 부등식이 모든 $\sigma_{AB} \in \mathrm{SEP}(A : B)$에 대해 성립하므로, $E_R(A; B)_\rho \geq I(A\rangle B)_\rho$임을 결론지을 수 있다. 다른 부등식은 증명의 대칭성에 의해 유도된다. □

【명제 19.2.2】 $|\psi\rangle_{AB} \in \mathcal{H}_A \otimes \mathcal{H}_B$가 순수한 2분할 상태라고 하자. 그러면 얽힘의 상대 엔트로피는 얽힘의 엔트로피와 같다.

$$H(A)_\psi = E_R(A; B)_\psi \tag{19.32}$$

【증명】 명제 19.2.1로부터 $E_R(A; B)_\psi \geq I(A\rangle B)_\psi = H(A)_\psi$임을 알고 있다. 따라서 반대쪽 부등식을 증명한다. $|\psi\rangle_{AB}$가 다음과 같은 슈미트 분해를 갖는다고 하자.

$$|\psi\rangle_{AB} = \sum_x \sqrt{p(x)}|x\rangle_A \otimes |x\rangle_B \tag{19.33}$$

Δ가 다음의 선로를 나타낸다고 하자.

$$\Delta(X) \equiv PXP + (I - P)X(I - P) \tag{19.34}$$

여기서 $P \equiv \sum_x |x\rangle\langle x|_A \otimes |x\rangle\langle x|_B$이다. 이때

$$\overline{\psi}_{AB} \equiv \sum_x p(x)|x\rangle\langle x|_A \otimes |x\rangle\langle x|_B \tag{19.35}$$

라고 하자. $\overline{\psi}_{AB}$가 분리 가능한 상태임을 주의하고, 다음을 생각해보자.

$$\begin{align}
H(A)_\psi &= I(A\rangle B)_\psi \tag{19.36}\\
&= D(\psi_{AB}\|I_A \otimes \psi_B) \tag{19.37}\\
&\geq D(\Delta(\psi_{AB})\|\Delta(I_A \otimes \psi_B)) \tag{19.38}\\
&= D(\psi_{AB}\|\overline{\psi}_{AB}) \tag{19.39}\\
&\geq \min_{\sigma_{AB}\in\mathrm{SEP}(A:B)} D(\psi_{AB}\|\sigma_{AB}) \tag{19.40}\\
&= E_R(A;B)_\psi \tag{19.41}
\end{align}$$

두 번째 등식은 연습문제 11.8.3에서 유도된다. 첫 번째 부등식은 양자 상대 엔트로피의 단조성(정리 11.8.1)에서 유도된다. 세 번째 등식은 $\Delta(\psi_{AB}) = \psi_{AB}$와

$$\begin{align}
\Delta(I_A \otimes \psi_B) &= P(I_A \otimes \psi_B)P + (I - P)(I_A \otimes \psi_B)(I - P) \tag{19.42}\\
&= \overline{\psi}_{AB} + (I - P)(I_A \otimes \psi_B)(I - P) \tag{19.43}
\end{align}$$

에서 유도된다. ψ_{AB}는 P가 사영시키는 부분공간 바깥에 서포트를 갖지 않으므로 다음이 유도된다.

$$D(\psi_{AB}\|\overline{\psi}_{AB} + (I - P)(I_A \otimes \psi_B)(I - P)) = D(\psi_{AB}\|\overline{\psi}_{AB}) \tag{19.44}$$

이것으로 증명이 마무리된다. □

19.3 얽힘 다루기 작업

이제 $(n, m/n, \varepsilon)$인 얽힘 다루기 통신 규약을 정의할 수 있다. 앨리스와 밥이 순수

한 2분할 얽힘 상태 $|\psi\rangle_{AB}$의 사본 n개를 갖고 시작한다. 그러면 두 사람은 LOCC 선로 $\Lambda^{(n)}_{A^nB^n \to A^mB^m}$을 수행하여 원래 상태 $(|\psi\rangle_{AB})^{\otimes n}$을 또 다른 2분할 순수 상태 $|\phi\rangle_{AB}$의 사본 m개로 변환시키려고 한다. $w_{A^mB^m}$을 LOCC 선로 이후의 상태라고 하자. 즉,

$$\omega_{A^mB^m} \equiv \Lambda^{(n)}_{A^nB^n \to A^mB^m}(\psi^{\otimes n}_{AB}) \tag{19.45}$$

이 통신 규약은 마지막 상태 $w_{A^mB^m}$이 $\phi^{\otimes m}_{AB}$에 ε-근접이면 ε의 오류를 갖는다.

$$\frac{1}{2}\left\| \omega_{A^mB^m} - \phi^{\otimes m}_{AB} \right\|_1 \le \varepsilon \tag{19.46}$$

여기서 $\varepsilon \in [0, 1]$이고, 얽힘 변환의 비율은 m/n이다.

　모든 $\varepsilon \in (0, 1)$, $\delta > 0$, 그리고 충분히 큰 n에 대해 $(n, E - \delta, \varepsilon)$인 얽힘 다루기 통신 규약이 존재하면 얽힘 다루기의 특정 비율 E는 달성 가능하다고 한다. $|\psi\rangle_{AB}$ $\to |\phi\rangle_{AB}$ 변환에 대해 **얽힘 다루기 극한**^{entanglement manipulation limit} $E(\psi \to \phi)$는 모든 도달 가능한 비율의 상한과 같다.

19.4 얽힘 다루기 정리

먼저, 얽힘 다루기 정리를 설명하고 아래에서 두 부분으로 나눠 증명하겠다(역정리와 직접 부호화 정리).

【정리 19.4.1】 얽힘 다루기　$|\psi\rangle_{AB}, |\phi\rangle_{AB} \in \mathcal{H}_A \otimes \mathcal{H}_B$가 순수한 2분할 상태라고 하자. $|\psi\rangle_{AB} \to |\phi\rangle_{AB}$ 변환에 대한 얽힘 다루기 극한은 비율 $H(A)_\psi/H(A)_\phi$와 같다.

$$E(\psi \to \phi) = \frac{H(A)_\psi}{H(A)_\phi} \tag{19.47}$$

【일러두기 19.4.1】　정리 19.4.1은 얽힘집중과 얽힘희석 통신 규약이 각자 최적임을 의미한다. 즉, 만약 $|\psi\rangle_{AB}$의 사본 n개를 가능한 한 많은 얽힘비트로 변환하는 것이 목표라면 얽힘비트 생성의 최대 비율은 $H(A)_\psi$와 같다. 게다가, 만약 목표가 nR개의 얽힘비트를 $|\psi\rangle_{AB}$의 사본 n개로 변환하는 것이 목표라면 얽힘비트 소모의 최소 비율 R은 $H(A)_\psi$와 같다.

19.4.1 역정리

이제 얽힘 다루기의 역정리를 증명한다. 즉, $|\psi\rangle_{AB} \rightarrow |\phi\rangle_{AB}$ 변환에 대한 얽힘 다루기 극한이 $H(A)_\psi / H(A)_\phi$를 초과할 수 없다는 것이다. LOCC 변환의 수열 $\{\Lambda^{(n)}\}$이 있다고 하자. 각각은 순수 상태 $|\psi\rangle_{AB}$의 사본 n개를 순수 상태 $|\phi\rangle_{AB}$의 근사적 사본 m_n개로 변환한다. 즉, $\Lambda^{(n)}$은

$$\frac{1}{2} \left\| \Lambda^{(n)}(\psi_{AB}^{\otimes n}) - \phi_{AB}^{\otimes m_n} \right\|_1 \leq \varepsilon \tag{19.48}$$

여기서 $\varepsilon \in (0, 1)$이다. $\omega_{A^{m_n}B^{m_n}} \equiv \Lambda^{(n)}(\psi_{AB}^{\otimes n})$이라고 하자. 비율 m_n/n을 한정 짓기 위해 얽힘의 상대 엔트로피를 사용한다. 다음을 생각해보자.

$$nH(A)_\psi = H(A^n)_{\psi^{\otimes n}} \tag{19.49}$$
$$= E_R(A^n; B^n)_{\psi^{\otimes n}} \tag{19.50}$$
$$\geq E_R(A^{m_n}; B^{m_n})_\omega \tag{19.51}$$
$$\geq I(A^{m_n}\rangle B^{m_n})_\omega \tag{19.52}$$
$$\geq I(A^{m_n}\rangle B^{m_n})_{\phi^{\otimes m_n}} - f(m_n, \varepsilon) \tag{19.53}$$
$$= H(A^{m_n})_{\phi^{\otimes m_n}} - f(m_n, \varepsilon) \tag{19.54}$$
$$= m_n H(A)_\phi - f(m_n, \varepsilon) \tag{19.55}$$

첫 번째 등식은 엔트로피가 텐서 곱 상태에 대해 가법적이기 때문에 성립한다. 두 번째 등식은 명제 19.2.2에서 유도된다. 첫 번째 부등식은 얽힘의 상대 엔트로피가 LOCC 단조(정리 19.2.1)이기 때문에 유도된다. 두 번째 부등식은 명제 19.2.1에서 유도된다. 세 번째 부등식은 $f(m_n, \varepsilon) \equiv 2\varepsilon m_n \log \dim(\mathcal{H}_A) + (1 + \varepsilon)h_2(\varepsilon/[1 + \varepsilon])$ 이라고 두면 조건부 엔트로피 연속성(AFW 부등식)의 결과다. 세 번째 등식은 순수 상태의 결맞은 정보가 한계 엔트로피와 같기 때문에 성립한다. 마지막 등식은 텐서 곱 상태의 엔트로피가 가법적이기 때문에 유도된다. 모든 것을 합치면 다음이 성립한다.

$$\frac{m_n}{n} \left(1 - 2\varepsilon \log \dim(\mathcal{H}_A)/H(A)_\phi\right) \leq \frac{H(A)_\psi}{H(A)_\phi} + \frac{(1 + \varepsilon)\, h_2(\varepsilon/[1 + \varepsilon])}{nH(A)_\phi} \tag{19.56}$$

따라서 만약 $\lim_{n\to\infty} \delta_n = 0$을 만족시키는 $(n, m_n/n, \varepsilon)$ 얽힘 다루기 통신 규약의 수열을 생각한다면, 위의 한계는

$$(E - \delta_n)\left(1 - 2\varepsilon \log \dim(\mathcal{H}_A)/H(A)_\phi\right) \leq \frac{H(A)_\psi}{H(A)_\phi} + \frac{(1 + \varepsilon)\, h_2(\varepsilon/[1 + \varepsilon])}{nH(A)_\phi} \tag{19.57}$$

이 된다. $n \to \infty$와 $\varepsilon \to 0$인 극한을 취하면 $\psi \to \phi$에 대한 얽힘 다루기의 도달 가능한 비율 E가 다음의 한계를 만족해야 한다는 것을 알 수 있다.

$$E \leq \frac{H(A)_\psi}{H(A)_\phi} \tag{19.58}$$

19.4.2 직접 부호화 정리

이 장의 도입부에서 논의했듯이 직접 부호화 정리를 얽힘집중과 얽힘희석의 두 부분으로 쪼갠다. 얽힘집중부터 시작해보자. 그렇게 하려면, 무작위성 집중화라고 알려진 관련된 독점적 고전 작업을 논의하는 것이 도움이 된다(무작위성 추출이라고도 한다).

무작위성 집중

무작위성 집중 통신 규약에서 목표는 주어진 확률 분포로부터 가능한 한 근사적으로 균일한 무작위 비트를 추출하는 것이다. 여기서는 양자 섀넌 이론 영역에서 계산 중이므로, 수열 x^n이 i.i.d. 확률 분포에 따라 생성됐다고 해보자.

$$p_{X^n}(x^n) \equiv \prod_{i=1}^{n} p_X(x_i) \tag{19.59}$$

14.7.1절에서 본 형식 기법을 생각해보자. 앨리스가 다음의 사상을 수행한다고 하자.

$$x^n \to (t(x^n), f_t(x^n)) \tag{19.60}$$

여기서 $t(x^n)$이 수열 x^n의 형식(또는 경험적 분포)이고 함수 $f_t(x^n)$은 주어진 형식류 $T_t^{X^n}$에 대해 수열 x^n에 있는 기호의 순서를 추적하는 지표다. 이 사상은 가역적임을 알아두자(출력이 주어지면, 유일한 입력을 알아낼 수 있다).

예를 들어, 모든 3비트 수열은 다음과 같이 사상된다.

$$000 \rightarrow (0,0), \quad 001 \rightarrow (1,0), \quad 010 \rightarrow (1,1) \tag{19.61}$$

$$011 \rightarrow (2,0), \quad 100 \rightarrow (1,2), \quad 101 \rightarrow (2,1) \tag{19.62}$$

$$110 \rightarrow (2,2), \quad 111 \rightarrow (3,0) \tag{19.63}$$

2진 수열에 대해 이 형식은 해밍 가중치다. 따라서 000은 형식 0을 갖고, 이 형식류의 유일한 수열이며, 따라서 지표 0을 받는다. 또한 011은 형식 2를 갖고, 이 형식류의 첫 번째 수열로 표시하여 지표 0을 준다. 수열 101은 형식 2를 갖고, 이 형식류의 두 번째 수열이어서 지표 1을 준다.

이 사상을 수행하는 것은 무엇에 쓸까? 먼저, 특정 형식 t와 지표 f를 관찰할 결합 확률이

$$p_{t(X^n), f_t(X^n)}(t, f) = p_{X^n}(x^n) \tag{19.64}$$

과 같음을 생각해보자. 여기서 $x^n \in T_t^{X^n}$이다. 이것은 $x^n \rightarrow (t(x^n), f_t(x^n))$이 가역적이기 때문이다. 더불어, $x^n \in T_t^{X^n}$에 대해

$$p_{X^n}(x^n) = \prod_{x \in \mathcal{X}} p_X(x)^{N(x|x^n)} = \prod_{x \in \mathcal{X}} p_X(x)^{N(x|x_t^n)} = p_{X^n}(x_t^n) \tag{19.65}$$

이다. 여기서 x_t^n은 형식류 $T_t^{X^n}$의 대표 수열이다(또한 형식 t를 갖는다). 그러면 특정 형식 t를 관찰할 확률은 다음과 같다.

$$p_{t(X^n)}(t) = \sum_{x^n \in T_t^{X^n}} p_{X^n}(x^n) = \sum_{x^n \in T_t^{X^n}} p_{X^n}(x_t^n) = \left| T_t^{X^n} \right| \prod_{x \in \mathcal{X}} p_X(x)^{N(x|x_t^n)} \tag{19.66}$$

즉, $p_{t(X^n)}(t)$는 형식류의 크기 $|T_t^{X^n}|$과 형식 t의 경험적 확률 분포에만 의존한다. 이런 것들을 고려하면 조건부 확률 분포 $p_{f_t(X^n)|t(X^n)}$은 균일하다. 왜냐하면

$$p_{f_t(X^n)|t(X^n)}(f|t) = \frac{p_{t(X^n), f_t(X^n)}(t, f)}{p_{t(X^n)}(t)} = \frac{1}{\left| T_t^{X^n} \right|} \tag{19.67}$$

이기 때문이다. 즉, 특정 형식 t가 관찰되는 것을 조건으로, 형식류 $T_t^{X^n}$에 있는 모든 수열은 균일하게 분포된다. 따라서 $x^n \rightarrow (t(x^n), f_t(x^n))$은 위에 있는 방식으로 x^n 분포의 '모양을 바꾼다'.

이 '분포 모양 바꾸기'는 무작위성 집중 통신 규약의 첫 번째 아이디어를 이끌어낸

다. 어떤 수열 x^n이 주어지면, 이 수열을 가역적인 사상 $x^n \rightarrow (t(x^n), f_t(x^n))$을 통해 보낸다. 형식 t가 주어지면 값 $f = f_t(x^n)$은 집합의 크기 $|T_t^{X^n}|$에 대해 균일하게 무작위적이고, $\log|T_t^{X^n}|$개의 균일한 무작위 비트를 복원한 것이다.

위의 기법은 두 가지 중대한 문제가 있다. 첫째, 어떤 형식류는 아주 작아서 무작위성이 거의 없거나 아예 없어질 수가 있다. 둘째, 위의 절차에서 유도되는 무작위성의 양이 일정하지 않다. 즉, 형식에 따라서 바뀐다. 좀 더 좋은 것은 무작위 수열 X^n을 골라서 이것을 nR개의 비트가 거의 구분 불가능할 정도로 균일 분포에 가깝도록 정확히 nR개의 비트에 사상시키는 방법을 갖는 것이다.

이것을 어떻게 달성할 수 있을까? 먼저, x^n이 강한 전형적 수열이라면 그 경우에만 위의 방법을 수행하고 아니면 나중에 선언하는 전처리 단계가 필요하다. 동등하게, 만약 $t(x^n)$이 강한 전형적 수열이어서 그 경험적 분포 $N(x|x^n)$이 어떤 $\delta > 0$에 대해 $\max_x |N(x|x^n) - p_X(x)| \leq \delta$를 만족시키는 경우에만 진행한다. 충분히 큰 n에 대해, 이 전처리 단계는 큰 수의 법칙(또는 전형성의 '높은 확률' 성질) 때문에 임의의 작은 상수 $\varepsilon \in (0, 1)$보다 크지 않은 확률로 실패함이 보장된다. 성질 14.7.5에 의해, 이 전처리 단계는 모든 강한 전형적 형식류가 다음과 같이 제한된 크기를 갖도록 한다.

$$\left| T_t^{X^n} \right| \geq 2^{n[H(X) - \eta(|\mathcal{X}|\delta) - |\mathcal{X}|\frac{1}{n}\log(n+1)]} \tag{19.68}$$

또한 어떤 상수 $c > 0$에 대해 전형적 형식류의 크기가 강한 전형적 집합의 크기를 초과할 수 없기 때문에 다음의 상계도 갖는다.

$$\left| T_t^{X^n} \right| \leq 2^{n[H(X) + c\delta]} \tag{19.69}$$

따라서 이 전처리 단계는 성공한 경우에 최소한 $n[H(X) - \eta(|\mathcal{X}|\delta) - |\mathcal{X}|\frac{1}{n}\log(n + 1)]$개의 균일한 무작위 비트를 갖도록 보장하기 때문에 첫 번째 문제를 해결한다.

이제부터 모든 전형적 형식류를 $2^{n[H(X) - \eta(|\mathcal{X}|\delta) - |\mathcal{X}|\frac{1}{n}\log(n+1)]}2^{-n\delta}$의 크기를 갖는 집합으로 해시^{hash}하여, 집합의 크기를 $2^{n\delta}$의 인수만큼 줄이기 위해 해시 함수$^{hash function}$를 수행하면 두 번째 문제를 풀 수 있다. 이렇게 줄어든 크기가 n에 대해 지수함수적이라고 해도 무작위성 집중의 비율에서 δ만을 잃어버릴 뿐이고, 이 비율은 n이 커지는 극한에서 관심 있는 핵심 매개변수다. 즉, 통신 규약의 끝에서는 균일한 무작위 비트와 거의 구분할 수 없는 $n[H(X) - \eta(|\mathcal{X}|\delta) - |\mathcal{X}|\frac{1}{n}\log(n + 1) - \delta]$개의 비트만이 남을 것이다. $n \rightarrow \infty$에서 무작위성 집중의 비율은 원천 기호당 $H(X)$개의 균

일한 무작위 비트와 같아진다.

증명을 완성하기 위해, 다음의 해시 보조정리가 필요하다. 이것은 큰 집합의 균일한 무작위 변수를 훨씬 작은 집합으로 줄이는 방법을 준다.

【보조정리 19.4.1】해시 k와 l이 $k \geq l$을 만족시키는 양의 정수라고 하자(실제로는 k가 l보다 훨씬 크다고 생각하자). W_k가 집합 $\{1, ..., k\}$에 대해 균일하게 분포하고, W_l은 집합 $\{1, ..., l\}$에 대해 균일하게 분포하며, W_r은 집합 $\{1, ..., r = [k/l]\}$에 대해 균일하게 분포한다고 하자. 그러면 1 대 1 함수 $g : \{1, ..., k\} \rightarrow \{1, ..., l\} \times \{1, ..., r\}$이 존재하여 다음을 만족시킨다.

$$\frac{1}{2} \left\| p_{W_l} \times p_{W_r} - p_{g(W_k)} \right\|_1 \leq \frac{l}{k} \tag{19.70}$$

【증명】 집합 $\{1, ..., k\}$를 l개의 칸으로 나누자. 각 칸은 $r = [k/l]$보다 크지 않은 크기를 갖는다. $g(w_k)$가 칸의 번호와 그 칸 안에서의 위치를 출력하는 1 대 1 대응이라고 하자. 분포 $g(W_k)$는 k에 대해 $l \cdot \lceil k/l \rceil$개의 가능한 출력값과 나머지($k/l$이 정수가 아닌 경우의 빈 자리)는 0인 균일한 무작위로, 확률은 $1/k$와 같다. 결합 무작위 변수(W_l, W_r)는 또한 균일한 무작위로, 가능한 $l \cdot \lceil k/l \rceil$개의 값 각각에 대해 확률이 $1/(l \cdot \lceil k/l \rceil)$과 같다. 그러면 이 확률 분포들은 정확히 k개의 가능한 출력값에서 겹치고, 이것은 두 분포 사이의 대각합 거리가 다음과 같음을 함의한다.

$$\left\| p_{g(W_k)} - p_{W_l} \times p_{W_r} \right\|_1 = k \left| \frac{1}{k} - \frac{1}{l \cdot \lceil k/l \rceil} \right| + (l \cdot \lceil k/l \rceil - k) \left| \frac{1}{l \cdot \lceil k/l \rceil} \right| \tag{19.71}$$

다음을 생각해보자.

$$k \left| \frac{1}{k} - \frac{1}{l \cdot \lceil k/l \rceil} \right| = k \left| \frac{\lceil k/l \rceil}{k \cdot \lceil k/l \rceil} - \frac{k/l}{k \cdot \lceil k/l \rceil} \right| \tag{19.72}$$

$$= \frac{1}{\lceil k/l \rceil} \left| \lceil k/l \rceil - k/l \right| \leq \frac{1}{\lceil k/l \rceil} \leq \frac{l}{k} \tag{19.73}$$

게다가

$$(l \cdot \lceil k/l \rceil - k) \left| \frac{1}{l \cdot \lceil k/l \rceil} \right| = (\lceil k/l \rceil - k/l) \left| \frac{1}{\lceil k/l \rceil} \right| \tag{19.74}$$

$$\leq \frac{1}{\lceil k/l \rceil} \leq \frac{l}{k} \tag{19.75}$$

이다. 이것으로 증명이 완료된다. □

이제, 무작위성 집중에 대한 완전한 통신 규약을 설명하겠다. $p_{X^n}(x^n)$에 따라 무작위로 생성된 수열 x^n에서 시작한다. 앨리스는 이 수열이 강한 전형적 수열인지 계산하여, 그렇지 않은 경우 통신 규약의 실패를 선언한다. $\tilde{X}^n$이 다음의 분포를 갖는 무작위 변수라고 하자.

$$p_{\tilde{X}^n}(x^n) \equiv \begin{cases} p_{X^n}(x^n)/\sum_{x^n \in T_\delta^{X^n}} p_{X^n}(x^n) & x^n \in T_\delta^{X^n}인 \ 경우 \\ 0 & 그 \ 외 \end{cases} \tag{19.76}$$

여기서 $T_\delta^{X^n}$은 강한 전형적 집합이다. 이 무작위 변수는 강한 전형성이 되는 것에 조건부인 수열의 분포를 나타낸다. 변환 비율을 다음과 같이 정하자.

$$R = H(X) - \eta(|\mathcal{X}|\delta) - |\mathcal{X}|\frac{1}{n}\log(n+1) - \delta \tag{19.77}$$

길이가 n이고 편차가 δ인 수열에 대해, τ_δ가 확률 분포 p_X에 대한 모든 강한 전형적 형식의 집합을 나타낸다고 하자. $|\tau_\delta| \leq (n+1)^{|\mathcal{X}|}$(성질 14.7.1)이어서 $|\mathcal{X}|\log(n+1)$개의 비트가 형식을 기록하는 데 필요하다는 사실을 알아두자. 만약 x^n이 강하게 전형적이라면, 앨리스는 1 대 1 사상

$$x^n \rightarrow (t(x^n), g_t(f_t(x^n))) \tag{19.78}$$

을 적용한다. 여기서

$$t : T_\delta^{X^n} \rightarrow \tau_\delta \tag{19.79}$$
$$g_t : T_t^{X^n} \rightarrow \{0,1\}^{nR} \times \{0,1\}^{n[(1+c)\delta + \eta(|\mathcal{X}|\delta) + |\mathcal{X}|\frac{1}{n}\log(n+1)]} \tag{19.80}$$

g_t는 보조정리 19.4.1에 의해 보장되는 1 대 1 함수다. $k = |T_t^{X^n}|$이고 $l = 2^{nR}$이다. W_{out}이 집합 $\{0,1\}^{nR}$에 대한 균일한 무작위 변수를 나타낸다고 하자. 그리고 $W_{\text{rem}}|t(\tilde{X}^n) = t$는 크기가 $[k/l]$인 $\{0,1\}^{n[(1+c)\delta + \eta(|\mathcal{X}|\delta) + |\mathcal{X}|\frac{1}{n}\log(n+1)]}$의 부분집합에 대해 균일한 조건부 무작위 변수를 나타낸다고 하자. 식 (19.67) 근처에서의 논의로부터, $t \in \tau_\delta$에 대해 조건부 무작위 변수 $f_t(\tilde{X}^n)|t(\tilde{X}^n) = t$가 균일한 무작위 변수임을

생각해보자. 따라서 $k = |T_t^{X^n}|$이고 $l = 2^{nR}$이라고 하여 보조정리 19.4.1을 적용할 수 있다. 그러면

$$\frac{1}{2}\left\|p_{g_t(f_t(\widetilde{X}^n))|t(\widetilde{X}^n)=t} - p_{W_{\text{out}}} \times p_{W_{\text{rem}}|t(\widetilde{X}^n)=t}\right\|_1 \leq \frac{2^{nR}}{\left|T_t^{X^n}\right|}$$

$$\leq \frac{2^{n\left[H(X)-\eta(|\mathcal{X}|\delta)-|\mathcal{X}|\frac{1}{n}\log(n+1)-\delta\right]}}{2^{n\left[H(X)-\eta(|\mathcal{X}|\delta)-|\mathcal{X}|\frac{1}{n}\log(n+1)\right]}} = 2^{-n\delta} \quad (19.81)$$

임을 알 수 있다. 이 한계는 다음과 같은 결론을 얻기에 충분하다.

$$\frac{1}{2}\left\|p_{t(\widetilde{X}^n),g_t(f_t(\widetilde{X}^n))} - p_{t(\widetilde{X}^n),W_{\text{rem}}} \times p_{W_{\text{out}}}\right\|_1 \leq 2^{-n\delta} \quad (19.82)$$

왜냐하면

$$\left\|p_{t(\widetilde{X}^n),g_t(f_t(\widetilde{X}^n))} - p_{t(\widetilde{X}^n),W_{\text{rem}}} \times p_{W_{\text{out}}}\right\|_1$$
$$= \sum_{t \in \tau_\delta} p_{t(\widetilde{X}^n)}(t)\left\|p_{g_t(f_t(\widetilde{X}^n))|t(\widetilde{X}^n)=t} - p_{W_{\text{out}}} \times p_{W_{\text{rem}}|t(\widetilde{X}^n)=t}\right\|_1 \quad (19.83)$$

이기 때문이다.

모든 $\varepsilon \in (0, 1)$과 충분히 큰 n에 대해, $P \equiv \sum_{x^n \in T_\delta^{X^n}} p_{X^n}(x^n) \geq 1 - \varepsilon$임을 알고 있다. 그러면 $p_{\widetilde{X}^n}$과 p_{X^n}을 거의 구분할 수 없다는 결론을 얻는다. 왜냐하면

$$\left\|p_{X^n} - p_{\widetilde{X}^n}\right\|_1 = \sum_{x^n \in T_\delta^{X^n}} \left|p_{X^n}(x^n) - p_{X^n}(x^n)/P\right| + \sum_{x^n \notin T_\delta^{X^n}} p_{X^n}(x^n) \quad (19.84)$$

$$= \sum_{x^n \in T_\delta^{X^n}} |1 - P|\frac{p_{X^n}(x^n)}{P} + \sum_{x^n \notin T_\delta^{X^n}} p_{X^n}(x^n) \quad (19.85)$$

$$\leq 2\varepsilon \quad (19.86)$$

이기 때문이다. 그러면 삼각부등식을 식 (19.82)와 식 (19.86)에 적용하여 최종적으로 다음과 같은 결론을 얻는다.

$$\frac{1}{2}\left\|p_{t(X^n),g_t(f_t(X^n))} - p_{t(\widetilde{X}^n),W_{\text{rem}}} \times p_{W_{\text{out}}}\right\|_1 \leq \varepsilon + 2^{-n\delta} \quad (19.87)$$

여기서는 무작위 변수 Z와 Y, 그리고 1 대 1 사상 r에 대해

$$\left\| p_{r(Z)} - p_{r(Y)} \right\|_1 = \left\| p_Z - p_Y \right\|_1 \tag{19.88}$$

이라는 사실을 이용했다.

무작위성 집중 통신 규약의 마지막 단계는 t를 포함하는 형식 레지스터와 W_{rem} 레지스터를 폐기하는 것으로 구성된다. 폐기에 따른 대각합 거리의 단조성은

$$\frac{1}{2} \left\| \mathrm{Tr}_{W_{\mathrm{rem}}}\{ p_{g_t(f_t(X^n))} \} - p_{W_{\mathrm{out}}} \right\|_1 \leq \varepsilon + 2^{-n\delta} \tag{19.89}$$

임을 의미한다. 이후 얽힘집중에 대해 논의하면 바로 알게 되겠지만, 폐기는 얽힘희석 통신 규약의 전개에서 본질적으로 필요하기 때문에, 무작위성 집중의 마지막 단계가 이처럼 폐기로 구성됐다고 해도 1 대 1 함수를 사용해 통신 규약을 만들어낼 수 있다.

얽힘집중

앞 절에서 무작위성 집중 기법을 전개하면서 '어려운 일'의 대부분은 이미 다 해놨다. 이제 얽힘집중 기법을 얻기 위해 식 (19.78)의 1 대 1 사상을 결맞은 방식으로 적용하는 것이 필요할 뿐이다. 얽힘집중의 상황에서 앨리스와 밥은 상태 $|\psi\rangle_{AB}$의 사본 n개를 가지고 시작한다. $|\psi\rangle_{AB}$가 다음 형태의 슈미트 분해를 갖는다고 하자.

$$|\psi\rangle_{AB} = \sum_{x \in \mathcal{X}} \sqrt{p_X(x)} |x\rangle_A |x\rangle_B \tag{19.90}$$

그러면 상태 $|\psi\rangle_{AB}^{\otimes n}$은 다음의 형태를 갖는다.

$$|\psi\rangle_{AB}^{\otimes n} = \sum_{x^n \in \mathcal{X}^n} \sqrt{p_{X^n}(x^n)} |x^n\rangle_{A^n} |x^n\rangle_{B^n} \tag{19.91}$$

따라서 앨리스와 밥이 이 상태를 가능한 한 많은 얽힘비트로 변환하기 위해 각자 수행할 수 있는 국소적 양자 선로를 규명할 필요가 있다. 그렇게 하기 전에, 다음의 보조정리를 설명하겠다. 이것은 고전 통신 규약의 결맞은 판본의 성능을 정량화할 수 있게 해줄 것이다.

【보조정리 19.4.2】 p_X와 q_X는 확률 분포로, 다음을 만족시킨다고 하자.

$$\| p_X - q_X \|_1 \leq \varepsilon \tag{19.92}$$

그러면 두 상태 $|\psi^p\rangle_{AB} \equiv \sum_x \sqrt{p_X(x)}|x\rangle_A|x\rangle_B$와 $|\psi^q\rangle_{AB} \equiv \sum_x \sqrt{q_X(x)}|x\rangle_A|x\rangle_B$는 다음을 만족시킨다.

$$\|\psi^p_{AB} - \psi^q_{AB}\|_1 \leq 2\sqrt{\varepsilon} \tag{19.93}$$

【증명】 $|\psi^p\rangle_{AB}$와 $|\psi^q\rangle_{AB}$ 사이의 양자 충실도가 확률 분포 p_X와 q_X의 고전적 충실도와 같음을 생각해보자.

$$\sqrt{F(\psi^p_{AB}, \psi^q_{AB})} = |\langle\psi^q|\psi^p\rangle_{AB}| = \sum_x \sqrt{q_X(x)p_X(x)} \tag{19.94}$$

따름정리 9.3.1로부터, $F(\psi^p_{AB}, \psi^q_{AB}) \geq 1 - \varepsilon$임을 결론지을 수 있다. 그리고 따름정리 9.3.2는 식 (19.93)을 함의한다. □

$U_{A^n \to TW_{\text{out}}W_{\text{rem}}}$이 다음과 같은 식 (19.78)의 1 대 1 사상의 등척변환인 구현을 나타낸다고 하자.

$$U_{A^n \to TW_{\text{out}}W_{\text{rem}}} \equiv \sum_{x^n \in T_\delta^{X^n}} |t(x^n), g_t(f_t(x^n))\rangle_{TW_{\text{out}}W_{\text{rem}}} \langle x^n|_{A^n} \tag{19.95}$$

그러면 앨리스의 부호화를 다음의 양자 선로로 두자.

$$\mathcal{E}_{A^n \to TW_{\text{out}}W_{\text{rem}}}(Y_{A^n}) \equiv U\Pi^\delta_{A^n} Y_{A^n}\Pi^\delta_{A^n} U^\dagger + \text{Tr}\{(I_{A^n} - \Pi^\delta_{A^n})Y_{A^n}\}\sigma_{TW_{\text{out}}W_{\text{rem}}} \tag{19.96}$$

여기서 $\Pi^\delta_{A^n}$은 상태 $\sum_{x \in \mathcal{X}} p_X(x)|x\rangle\langle x|_A$에 대한 강한 전형적 사영 연산자다. 그리고 $\sigma_{TW_{\text{out}}W_{\text{rem}}}$은 레지스터 $TW_{\text{out}}W_{\text{rem}}$의 어떤 상태다. 이 선로는 등척적으로 앨리스의 계에 대한 전형적 부분공간을 레지스터 $TW_{\text{out}}W_{\text{rem}}$으로 집어넣는다. $\mathcal{E}_{B^n \to (TW_{\text{out}}W_{\text{rem}})_B}$는 밥에 대해 같은 부호화를 나타낸다고 하자. $\mathcal{E}_{A^n}$과 $\mathcal{E}_{B^n}$은 앨리스와 밥의 부호화를 각각 줄여서 적은 것이라고 하자.

$|\widetilde{\psi}^n\rangle_{A^n B^n}$이 다음의 상태를 나타낸다고 하자.

$$|\widetilde{\psi}^n\rangle_{A^n B^n} \equiv \sum_{x^n \in \mathcal{X}^n} \sqrt{p_{\widetilde{X}^n}(x^n)}|x^n\rangle_{A^n}|x^n\rangle_{B^n} \tag{19.97}$$

여기서 확률 분포 $p_{\widetilde{X}^n}$은 식 (19.76)에서 정의된 것이다. 식 (19.86)과 보조정리 19.4.2를 이용하면

$$\left\| \psi_{AB}^{\otimes n} - \widetilde{\psi}_{A^n B^n}^n \right\|_1 \leq 2\sqrt{2\varepsilon} \tag{19.98}$$

을 얻는다. 그러면 대각합 거리의 단조성이

$$\left\| (\mathcal{E}_{A^n} \otimes \mathcal{E}_{B^n})(\psi_{AB}^{\otimes n}) - (\mathcal{E}_{A^n} \otimes \mathcal{E}_{B^n})(\widetilde{\psi}_{A^n B^n}^n) \right\|_1 \leq 2\sqrt{2\varepsilon} \tag{19.99}$$

을 유도한다. 확률 분포 $p_{t(\tilde{X}^n), W_{\mathrm{rem}}} \times p_{W_{\mathrm{out}}}$의 결맞은 판본이 다음의 상태임을 생각해보자.

$$\Upsilon_{T_A W_{A'} T_B W_{B'}} \otimes \left(\Phi_{AB}^+ \right)^{\otimes nR} \tag{19.100}$$

여기서 $\Upsilon_{T_A W_{A'} T_B W_{B'}}$은 확률 분포 $p_{t(\tilde{X}^n), W_{\mathrm{rem}}}$의 결맞은 판본으로, 다음과 같이 정의된다.

$$|\Upsilon\rangle_{T_A W_{A'} T_B W_{B'}} \equiv \sum_{t \in \tau_\delta, w} \sqrt{p_{t(\widetilde{X}^n), W_{\mathrm{rem}}}(t, w)} |t, w\rangle_{T_A W_{A'}} |t, w\rangle_{T_B W_{B'}} \quad (19.101)$$

그리고 $|\Phi^+\rangle_{AB} \equiv [|00\rangle_{AB} + |11\rangle_{AB}]/\sqrt{2}$이다. 식 (19.82)와 보조정리 19.4.2를 가져오면 다음이 성립한다.

$$\left\| (\mathcal{E}_{A^n} \otimes \mathcal{E}_{B^n})(\widetilde{\psi}_{A^n B^n}^n) - \Upsilon_{T_A W_{A'} T_B W_{B'}} \otimes \left(\Phi_{AB}^+ \right)^{\otimes nR} \right\|_1 \leq 2\sqrt{2 \cdot 2^{-n\delta}} \quad (19.102)$$

식 (19.99)와 식 (19.102)에 삼각부등식을 적용하면

$$\left\| (\mathcal{E}_{A^n} \otimes \mathcal{E}_{B^n})(\psi_{AB}^{\otimes n}) - \Upsilon_{T_A W_{A'} T_B W_{B'}} \otimes \left(\Phi_{AB}^+ \right)^{\otimes nR} \right\|_1$$
$$\leq 2 \left[\sqrt{2\varepsilon} + \sqrt{2 \cdot 2^{-n\delta}} \right] \quad (19.103)$$

임을 알 수 있다.

마지막 단계는 앨리스와 밥이 레지스터 $T_A T_B W_{A'} W_{B'}$을 폐기하여

$$\left\| ((\mathrm{Tr}_{T_A W_{A'}} \circ \mathcal{E}_{A^n}) \otimes (\mathrm{Tr}_{T_B W_{B'}} \circ \mathcal{E}_{B^n}))(\psi_{AB}^{\otimes n}) - \left(\Phi_{AB}^+ \right)^{\otimes nR} \right\|_1$$
$$\leq 2 \left[\sqrt{2\varepsilon} + \sqrt{2 \cdot 2^{-n\delta}} \right] \quad (19.104)$$

임을 유도한다. 얽힘비트 생성의 비율은 $R = H(A)_\psi - \eta(|\mathcal{X}|\delta) - |\mathcal{X}| \frac{1}{n} \log(n +$

1) $-\delta$와 같다. 고전 통신은 필요 없다. 이것으로 얽힘집중의 증명을 완료한다.

얽힘희석

19.1.3절에서 이미 얽힘희석 통신 규약을 대강 설명했다. 하지만 거기서 밑그림을 그렸던 통신 규약은 필요한 것보다 훨씬 많은 고전 통신을 사용한다. 여기서는 얽힘희석에 필요한 고전 통신이 n이 커짐에 따라 소멸하는 것을 보일 것이다. 이 결과는 세어봐야 할 자원은 얽힘 변환의 비율이고 고전 통신의 비율은 무시할 수 있다는 점에서 순수 상태에 대한 얽힘 자원 이론이 참으로 가역적 이론임을 보여준다.

이제 그런 얽힘희석 통신 규약을 논의하겠다. 핵심 아이디어는 앞 절에서의 얽힘집중 통신 규약을 가져와서 '반대 방향으로 작동'시키는 것이다. 따라서 앞 절에서 사용한 계의 표시는 그대로 유지하겠다. 앨리스와 밥은 시작하면서 다음의 최대로 얽힌 상태를 공유한다.

$$\Phi_{T_A W_{A'} T_B W_{B'}} \otimes \left(\Phi_{AB}^+\right)^{\otimes nR} \tag{19.105}$$

다음의 식이

$$\log \dim(\mathcal{H}_{T_A}) = |\mathcal{X}| \log n \tag{19.106}$$
$$\log \dim(\mathcal{H}_{W_{A'}}) = n(1+c)\delta + n\eta(|\mathcal{X}|\,\delta) + |\mathcal{X}| \log n \tag{19.107}$$

상태 $\Phi_{T_A W_{A'} T_B W_{B'}}$에 있는 얽힘비트의 전체 수가 $n(1+c)\delta + n\eta(|\mathcal{X}|\delta) + 2|\mathcal{X}| \log n$과 같고, 두 사람이 공유하는 얽힘비트의 전체 수가 $nH(A)_\psi + nc\delta + |\mathcal{X}| \log n$과 같음을 유도한다는 것을 생각해보자. 앨리스가 상태 $\Upsilon_{T_A W_{A'} T_B W_{B'}}$을 자신의 실험실에 국소적으로 준비하고, $\Phi_{T_A W_{A'} T_B W_{B'}}$ 상태를 사용해 Υ의 $T_B W_{B'}$계를 밥에게 양자원격전송한다. 이것은 고전 통신의

$$2\left[n(1+c)\delta + n\eta(|\mathcal{X}|\,\delta) + 2\,|\mathcal{X}| \log n\right] \tag{19.108}$$

개의 비트를 필요로 한다. 이 시점에서 앨리스와 밥은 다음의 상태를 공유한다.

$$\Upsilon_{T_A W_{A'} T_B W_{B'}} \otimes \left(\Phi_{AB}^+\right)^{\otimes nR} \tag{19.109}$$

그러면 둘은 각자 다음의 양자 선로를 수행하는데, 각각은 기본적으로 식 (19.96)에서 부호화의 '반전'이다.

$$\mathcal{E}^{(-1)}(Z) = U^\dagger Z U + \mathrm{Tr}\{(I - UU^\dagger)Z\}\omega \tag{19.110}$$

여기서 U는 식 (19.95)에 정의된 등척변환이고, ω는 $\mathrm{span}\{|x^n\rangle : x^n \in T_\delta^{X^n}\}$에 있는 서포트를 갖는 임의의 상태다. 사실 $\tilde{\psi}^n_{A^n B^n}$이 $\mathrm{span}\{|x^n\rangle : x^n \in T_\delta^{X^n}\}$에 독점적으로 서포트를 갖기 때문에

$$(\mathcal{E}^{(-1)}_{A^n} \otimes \mathcal{E}^{(-1)}_{B^n})(\mathcal{E}_{A^n} \otimes \mathcal{E}_{B^n})(\tilde{\psi}^n_{A^n B^n}) = \tilde{\psi}^n_{A^n B^n} \tag{19.111}$$

이 유도된다. 이것은 식 (19.102)에 적용된 대각합 거리의 단조성을 쓰면

$$\left\| \tilde{\psi}^n_{A^n B^n} - (\mathcal{E}^{(-1)}_{A^n} \otimes \mathcal{E}^{(-1)}_{B^n})\left(\Upsilon_{T_A W_{A'} T_B W_{B'}} \otimes (\Phi^+_{AB})^{\otimes nR}\right) \right\|_1 \leq 2\sqrt{2 \cdot 2^{-n\delta}} \tag{19.112}$$

를 함의한다. 식 (19.98)과 식 (19.112)에 삼각부등식을 적용하면

$$\left\| \psi^{\otimes n}_{AB} - (\mathcal{E}^{(-1)}_{A^n} \otimes \mathcal{E}^{(-1)}_{B^n})\left(\Upsilon_{T_A W_{A'} T_B W_{B'}} \otimes (\Phi^+_{AB})^{\otimes nR}\right) \right\|_1 \leq 2\left[\sqrt{\varepsilon} + \sqrt{2 \cdot 2^{-n\delta}}\right] \tag{19.113}$$

임을 알 수 있다. 이것으로 오류 분석을 마무리한다.

$\psi^{\otimes n}_{AB}$을 구성하는 데 필요한 얽힘비트의 비율은 ψ_{AB}의 사본당 $H(A)_\psi + c\delta + \frac{|\mathcal{X}|}{n} \log n$개의 얽힘비트와 같고, ψ_{AB}의 사본당 $2[(1 + c)\delta + \eta(|\mathcal{X}|\delta) + 2|\mathcal{X}|\frac{1}{n}\log n]$개의 크비트가 필요하다. 큰 n에 대해, δ가 $\sqrt{n}$의 크기가 되도록 정하고 중심 극한 정리central limit theorem를 쓰면 임의의 상수 오류 $\varepsilon \in (0, 1)$에 도달할 수 있다(이것은 n에 따라 δ가 변하는 전형성의 수정된 판본이다). 동시에, 얽힘비트 비율은 $H(A)_\psi$에 수렴하고 고전 통신 비율은 소멸한다.

얽힘 다루기

이제 얽힘집중과 얽힘희석을 합쳐서 얽힘 다루기 통신 규약에 대한 일반적인 도달 가능한 전략을 제시한다. 여기서 목표는 ψ_{AB}의 사본 n개를 ϕ_{AB}의 가능한 한 많은 사본으로 변환하는 것이다. 그렇게 하기 위해, 앨리스와 밥은 얽힘집중 통신 규약을 수행하여 ψ_{AB}의 사본 n개를 근사적으로 $\approx nH(A)_\psi$개의 얽힘비트로 바꾼다. 그러면 얽힘희석과 무시할 만한 비율의 고전 통신을 사용해 근사적으로 $\approx nH(A)_\psi$개의 얽힘비트를 근사적으로 $\approx n[H(A)_\psi/H(A)_\phi]$개의 ϕ_{AB}의 사본으로 변환한다. 이 통신 규약

의 정확성은 임의로 작아질 수 있고 얽힘 변환 비율은 n이 커지는 극한에서 $H(A)_\psi/H(A)_\phi$로 접근한다.

19.5 맺음말

얽힘집중은 양자 섀넌 이론에서 가장 초기에 발견된 통신 규약 중 하나다. 이 통신 규약은 고전 정보 이론의 기본 도구 중 하나(형식 기법)를 사용하지만, 이 기법을 결맞은 방식으로 적용하여 형식류 측정이 형식만을 알고 그 이상은 모르도록 한다. 이 통신 규약은 이런 점에서 슈마허 압축과 유사하고(슈마허 압축은 단지 통신 규약을 실행하고 결맞은 중첩 상태를 보존하는 데 필요한 정보를 알 뿐이다.) 미래의 양자 섀넌 이론 통신 규약에 결맞은 방식으로 고전적 기법을 적용한다는 아이디어를 계속해서 알아볼 것이다. 예를 들어, 양자 선로를 통한 양자 통신에 대한 통신 규약은 양자 선로를 통한 비밀 고전 정보를 전송하는 통신 규약의 결맞은 판본이다.

19.6 역사와 더 읽을거리

엘리아스^{Elias}(1972)는 초창기 논문에서 무작위성 집중에 대한 통신 규약을 구성했다. 베넷^{Bennett}, 베른슈타인^{Bernstein}, 팝스큐^{Popescu}, 슈마허^{Schumacher}(1996)는 얽힘집중의 두 가지 통신 규약을 제시했다(그중 하나가 이 장에서 설명한 것이다). 닐슨^{Nielsen}(1999)은 나중에 얽힘집중 통신 규약을 다수결 이론과 연결했다. 로^{Lo}와 팝스큐(1999, 2001)는 얽힘집중과 그 반전된 통신 규약(얽힘희석)의 고전 통신 비용을 연구했다. 헤이든^{Hayden}과 윈터^{Winter}(2003)는 얽힘희석의 고전 통신 비용을 특징짓고, 해로우^{Harrow}와 로(2004), 카예^{Kaye}와 모스카^{Mosca}(2001)가 얽힘집중에 대한 현실적 네트워크를 개발했다. 그리고 최근 블룸-코아웃$^{Blume-Kohout}$ 등(2014)은 얽힘집중에 대한 실시간 통신 규약을 생각하여 이 연장선에서 한 단계 더 나갔다. 하야시^{Hayashi}와 마츠모토^{Matsumoto}(2001)는 또한 범용 얽힘집중 통신 규약을 개발했다.

베드랄^{Vedral}과 플레니오^{Plenio}(1998)는 양자정보 이론의 첫 번째 LOCC 단조 중 하나로 얽힘의 상대 엔트로피를 도입했다. 명제 19.2.1은 플레니오 등(2001)이 제시했다.

여기서 고려한 상황을 넘어서, 학자들은 얽힘 다루기 작업에 대한 2차 오류 지수

^{error exponent}, 강한 역정리, 2차 특성화를 고려했다(이 용어의 뜻은 20.7절에서 설명하겠다). 로와 팝스큐(2001)는 얽힘집중에 대한 강한 역정리를 구성했다. 하야시 등(2003)은 얽힘집중에 대한 오류 지수와 정확한 강한 역정리를 유도했다. 쿠마가이^{Kumagai}와 하야시(2013)는 얽힘집중과 얽힘희석에 정확한 2차 특성화를 구성했다.

6부

유잡음 양자 섀넌 이론

소개

양자정보 이론이 독립된 분과가 되기 전, 존 피어스John R. Pierce는 정보 이론의 역사를 다룬 1973년의 회고록(Pierce, 1973) 끝부분에서 다음과 같은 문제를 제시했다.

"나는 정보 이론을 이해한 물리학자를 한 번도 만난 적이 없다고 생각한다. 내가 바라는 건 정보 이론을 재구성하는 것에 대한 얘기는 그만두고 특수한 사례만 많이 가져오기보다는 양자 효과를 갖는 선로 용량의 일반적인 표현을 제시하는 것이다."

피어스의 회고록이 게재된 이래, 양자역학과 정보 이론에 대해서는 그 시대에 상상할 수 있었던 것보다 훨씬 많이 알고 있지만 아직도 밝혀내야 할 것들이 한참 많이 남았음을 깨달았다. 우리가 알고 있는 모든 것에도 불구하고, 불행히도 완전한 일반성에 대한 위의 인용문에 나타난 피어스의 걱정을 해소할 수 있는 것은 아니다.

양자 섀넌 이론에서 물어볼 수 있는 가장 기본적인 질문은(그리고 피어스가 걱정한 것은) 양자 선로를 사용해 송신자가 수신자에게 얼마나 많은 고전 정보를 전달할 수 있는지다. 고전 용량을 알고 있는 양자 선로의 여러 특수한 경우에 대해서는 알아냈지만, 일반적인 경우에 이 기본적인 질문은 아직도 큰 미해결 문제임을 알고 있다.

피어스가 그 시대에 상상할 수 없었던 것은 양자 선로가 고전 선로보다 훨씬 다양한 용량을 갖는다는 점이다. 가령, 송신자와 수신자 사이에 얽힘에 의해 보조를 받는 양자 선로의 고전 용량을 알아내려고 할 수 있다. 가장 간단한 경우에 대해 그런 무잡음 양자 선로와 얽힘이 공유되면 고전 용량을 2비트까지 향상할 수 있고, 이 현상을 이제는 초고밀도 부호화 효과(6장)라고 부른다. 흥미롭게도, 양자 선로의 얽힘보조 용량은 통신 선로의 전송 용량을 완전히 이해하기 위해 생각할 수 있는 몇 안 되는 상황 중 하나라는 것이다. 얽힘보조 용량에 대한 결과로부터, 공유된 얽힘은 양자 섀넌 이론과 양자정보 과학의 다른 하위 분야 모두에 대해 결과를 단순화하는 경향이 있기 때문에 종종 '친구'가 된다.

추가로, 양자정보를 전송하기 위한 양자 선로의 용량을 생각할 수 있다. 1973년에는 '양자정보'가 무슨 뜻인지조차도 분명하지 않았지만, 그 이후로 그 의미를 공식화할 수 있게 됐고 양자 선로의 양자 용량을 특징지을 수 있게 됐다. 양자 선로를 통한 양자정보의 전송 작업은 양자 선로를 통한 비밀 고전 정보를 전송하는 작업과 몇몇 유사성이 있다. 이것은 선로의 환경으로부터 고전 정보를 비밀로 유지하는 것과 관련된다. 이 연관성은 유잡음 양자 선로를 통해 좋은 양자 통신 속도에 도달하기 위한 직관들을 줬고, 심지어 양자 용량에 대한 좋은 표현(선로의 결맞은 정보로 나타나는 표현)을 이미 갖고 있는 어떤 부류의 선로가 존재한다. 하지만 일반적인 경우에 양자 용량에 대한 좋은 표현을 알아내는 문제는 아직도 큰 미해결 문제다.

이 책의 남은 장에서 지난 수십 년간 양자정보 학계에서 알아낸 많은 내용을 요약하려고 시도했고, 그 모든 것은 피어스의 걱정을 다양한 방식으로 해결해보려는 노력들이다. 양자 섀넌 이론에서 가장 중요한 미해결 문제는 이 용량에 대한 더 좋은 표현을 찾아서 임의의 양자 선로에 대해 실질적으로 용량을 계산할 수 있게 되는 것이다.

20

고전 통신

20장은 양자 섀넌 이론의 '동적' 정보 처리 과정을 탐색하며 시작한다. 여기서 '동적' 이라는 용어는 양자 선로가 송신자와 수신자를 연결하고 이들의 목표가 이 통신 자원을 사용하는 것임을 나타낸다. 특별히, 송신자 앨리스가 수신자 밥에게 고전 정보를 통신하려고 하는 상황을 생각해보자. 여기서 증명할 용량 정리는 섀넌의 유잡음 선로 부호화 정리(2.2절에서 살펴봄)의 한 가지 특정한 일반화다. 그 이후의 장에서 섀넌 정리의 다른 일반화를 살펴볼 것이고, 이것은 이들이 통신을 보조하기 위해 어떤 자원을 사용하는지, 또는 통신하려는 것이 고전 정보인지 양자정보인지에 따라 달라진다. 이런 이유 등으로 양자 섀넌 이론은 고전 정보 이론보다 좀 더 풍부하다.

양자 선로를 통해 고전 정보를 통신하기 위한 가장 순진한 접근법은 앨리스와 밥이 단순히 섀넌의 유잡음 선로 부호화 정리를 사용한 접근을 시뮬레이션하는 것이다. 즉, 어떤 분포 $p_X(x)$에 따라 고전 부호를 무작위적으로 선택하고, 밥이 어떤 POVM에 따라 양자 선로의 출력을 개별적으로 측정한다. 출력에 있는 POVM은 어떤 조건부 확률 분포 $p_{Y|X}(y|x)$를 만들어내고, 그러면 이것은 유도된 고전 선로로 생각할 수 있다. 이 선로의 고전 상호 정보 $I(X;Y)$는 통신의 도달 가능한 속도가 되고, 앨리스와 밥의 최선의 전략은 앨리스가 선로에 입력한 것 전부와 앨리스가 출력에서 수행할 수 있는 모든 측정에 대한 상호 정보를 최적화하는 것이다. 그 결과로 나타난

양은 밥의 최적화된 접근 가능한 정보와 같고, 이것은 이전에 10.9.2절에서 논의했었다.

만약 방금 말한 부호화 전략이 최적이라면, 고전 통신의 정보 처리 작업에 대해 논의할 만한 더 이상의 흥미로운 것이 있을 수 없다(사실 15장과 16장에서 만든 도구 전부가 필요 없을 수도 있다!). 이것은 아마 위의 전략이 최적일 필요가 없다는 첫 번째 단서일 것이다. 게다가, 11장에서 홀레보 정보가 접근 가능한 정보의 상계임을 알아봤고, 이 한계는 접근 가능한 정보가 도달 가능한 경우 그 상계가 고전 정보에 대해 도달 가능한 속도가 되는지 궁금하게 만든다.

이 장의 핵심 정리는 고전 용량 정리(홀레보-슈마허-웨스트모어랜드 정리라고도 함)이고, 그 내용은 양자 선로의 홀레보 정보가 고전 통신의 도달 가능한 속도라는 것이다. 홀레보 정보는 수학적으로 접근 가능한 정보보다 더 다루기 쉽다. 그 도달 가능성의 증명은 앞서 언급한 전략이 일반적으로 최적이 아님을 보여주고, 또한 모든 선로 출력에 대해 집합적 측정을 수행하는 것이 송신자와 수신자가 고전 통신을 위한 속도로 홀레보 정보에 어떻게 도달할 수 있도록 하는지 보여준다.

고전 용량 정리의 한 가지 중대한 단점은(또한 양자 섀넌 이론의 다른 많은 결과에 대해서도) 홀레보 정보가 고전 통신의 도달 가능한 속도임을 보이기만 한다는 것이다. 역정리는 '다문자multi-letter' 역정리로, 일반적으로는 잠정적으로 무한한 수의 선로를 사용해 홀레보 정보를 계산해야 할 수도 있다는 뜻이다. 용량 정리의 이런 다문자 특성은 일반적 선로에 대한 최적화 작업이 다루기 어렵고, 따라서 일반적인 양자 선로의 실질적 고전 용량에 대해 알 수 있는 것이 거의 없음을 뜻한다. 이제, 탈분극화된 선로나 결어긋남 선로와 같이 그 고전 용량이 알려진 많은 자연적 양자 선로가 존재하고 (홀레보 정보는 이 선로에 대해 '단일 문자'가 된다.) 그 결과는 이 선로의 고전 정보 전송 용량을 완전히 이해했음을 뜻한다. 이 모든 결과는 양자 선로의 홀레보 정보의 가법성을 가져야 하고, 이것은 이전에 13장에서 배웠다.

홀레보-슈마허-웨스트모어랜드 부호화 전략이 부호화기에 얽힌 입력을 사용하지 않는다는 것을 언급했다. 하지만 자연스러운 질문은 많은 양자 통신 규약을 위한 자원이 있다고 하면 부호화기에서 얽힘이 고전 정보 전달 속도를 증대시킬 수 있느냐는 것이다. 이 질문은 가법성 추측으로도 알려졌고 여러 해 동안 미해결로 남아 있었지만, 헤이스팅스Hastings(2009)가 얽힌 입력이 어떤 선로에 대해 통신 속도를 향상할 수 있다는 증명을 제시했다. 따라서 이 선로의 경우 단일 문자 홀레보 정보는 고전 용량의 고유한 특징이 아니다(하지만 이것이 고전 용량에 대해 단일 문자가 될 수 있는 홀레보 정보가 아닌 어떤 대안적인 특징이 존재한다고 말하는 것은 아니다). 이 결과는 일반적인 경우에서는 고전 통신에 대해 아는 것이 여전히 거의 없음을 보여주고, 게다가 양자 섀넌 이론이 활발한 연구 영역임도 보여준다.

이 장의 구조는 다음과 같다. 먼저 앞서 언급한 순진한 전략을 자세히 논의하면 이 전략과 홀레보-슈마허-웨스트모어랜드 전략의 차이를 이해할 수 있다. 20.2절은 양자 선로를 통한 고전 통신을 위한 임의의 통신 규약에서 필요한 단계를 설명한다. 20.3절은 고전 용량 정리의 내용을 제시하고, 그 부절에서는 그에 해당하는 직접 부호화 정리와 역정리를 증명한다. 직접 부호화 정리는 두 가지 도구를 사용한다. 즉, 15장의 양자 전형성과 16장의 포장 보조정리다. 역정리는 11장에서의 엔트로피 연속성(정리 11.10.3의 AFW 부등식)과 양자 자료처리 부등식(정리 11.9.4)이라는 두 가지 도구를 사용한다. 그런 다음, 양자 아다마르 선로, 삭제 선로, 탈분극화 선로와 같은 몇 가지 선로의 사례를 들어 고전 용량을 어떻게 계산하는지 자세히 살펴본다. 이 선로들은 그 고전 용량을 완전히 이해한 것이다. 끝으로, 홀레보 정보가 초가법적일 수 있다는 증명(즉, 부호화기에 얽힌 입력은 어떤 선로에 대해서는 고전 통신 속도를 향상할 수 있다.)을 논의하며 이 장을 마무리한다.

20.1 순진한 접근법: 곱 측정

송신자와 수신자가 양자 선로를 여러 번 사용해 고전 정보를 전송하기 위해 쓸 수 있는 가장 순진한 전략을 더 자세히 논의하면서 시작한다. 그림 20.1은 이 순진한 접근법을 묘사한다. 이 첫 번째 접근법은 양자역학적 효과를 전혀 사용하지 않는 섀넌의 고전적 접근법의 어떤 특징들을 시뮬레이션한다. 앨리스와 밥은 사전에 부호책 codebook에 있는 각각의 고전적 부호단어 $x^n(m)$이 앨리스가 전송하려는 어떤 메시지 m에 대응하게 되어 있는 부호책을 쓰기로 동의한다. 앨리스는 양자 선로에 입력으로 작용하기 위해 밀도 연산자의 어떤 집합 $\{\rho_x\}$를 사용할 수 있다. 즉, 양자 부호단어의 형태는 다음과 같다.

$$\rho_{x^n(m)} \equiv \rho_{x_1(m)} \otimes \rho_{x_2(m)} \otimes \cdots \otimes \rho_{x_n(m)} \tag{20.1}$$

그러면 밥은 어떤 POVM $\{\Lambda_j\}$를 사용해 양자 선로의 출력에 개별적 측정을 수행한

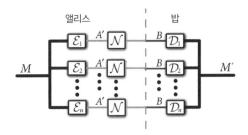

앨리스 밥

그림 20.1 앨리스와 밥이 양자 선로를 여러 번 독립적으로 사용해 고전 정보를 통신하기 위한 가장 순진한 전략. 앨리스는 어떤 메시지 M을 보내려고 하고, 선로에 대한 입력으로 메시지 M에 조건화되어 어떤 텐서 곱 상태를 고른다. 앨리스는 선로를 통해 이 부호단어를 전송하고, 밥은 그것의 잡음이 섞인 판본을 받는다. 밥은 자신의 양자계에 개별적 측정을 수행해 원래 메시지 M의 어떤 추정치인 M'을 생성한다. 이 기법은 얽힘이나 집합적 측정 같은 양자역학적 특징을 전혀 사용하지 않았기 때문에 실질적으로 고전적 기법이다.

다. 이 기법은 다음의 조건부 확률 분포를 만들어낸다.

$$p_{Y_1 \cdots Y_n | X_1 \cdots X_n}(y_1 \cdots y_n | x_1(m) \cdots x_n(m))$$
$$= \mathrm{Tr}\left\{ \Lambda_{y_1} \otimes \cdots \otimes \Lambda_{y_n} \left(\mathcal{N} \otimes \cdots \otimes \mathcal{N} \right)\left(\rho_{x_1(m)} \otimes \cdots \otimes \rho_{x_n(m)} \right) \right\} \quad (20.2)$$
$$= \mathrm{Tr}\left\{ \left(\Lambda_{y_1} \otimes \cdots \otimes \Lambda_{y_n} \right)\left(\mathcal{N}(\rho_{x_1(m)}) \otimes \cdots \otimes \mathcal{N}(\rho_{x_n(m)}) \right) \right\} \quad (20.3)$$
$$= \prod_{i=1}^n \mathrm{Tr}\left\{ \Lambda_{y_i} \mathcal{N}(\rho_{x_i(m)}) \right\} \quad (20.4)$$

다음과 같은 고전 선로의 많은 i.i.d. 사례와 동등하다는 사실을 바로 알 수 있다.

$$p_{Y|X}(y|x) \equiv \mathrm{Tr}\left\{ \Lambda_y \mathcal{N}(\rho_x) \right\} \quad (20.5)$$

따라서 만약 두 사람이 이 기법을 사용한다면, 이들이 통신할 수 있는 최적 속도는 다음의 표현과 같다.

$$I_{\mathrm{acc}}(\mathcal{N}) \equiv \max_{\{p_X(x), \rho_x, \Lambda\}} I(X;Y) \quad (20.6)$$

여기서 고전 상호 정보에 대한 최대화는 밥이 선로의 출력에서 수행할 수 있는 모든 입력 분포와 모든 입력 밀도 연산자, 모든 POVM에 대해 수행된다. 이 정보량은 선로의 접근 가능한 정보라고 한다.

선로가 참 양자 선로라면, 즉 얽힘이나 집합적 측정 같은 양자 효과를 전혀 사용하지 않는다면(집합적 측정의 사례로 양자원격전송의 벨 측정이 있다.) 위의 전략이 최적 전략일 필요는 없다. 이 통신 규약에서 그런 효과를 허용하는 첫 번째 간단한 변형은 원

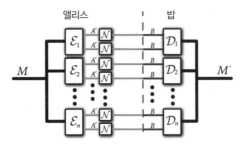

그림 20.2 앞의 순수한 전략보다 우월할 수 있는 부호화 전략으로, 단순히 부호화기와 복호화기에 얽힘을 사용한다.

래 선로가 아니라 $\mathcal{N} \otimes \mathcal{N}$의 텐서 곱 선로에 대해 부호화하는 것이 있을 수 있다. 입력 상태는 두 선로에 걸쳐서 얽혀 있을 수 있고, 출력 측정은 두 선로 출력에 대해 한 번에 이뤄질 수도 있다. 이 방법으로, 부호화기에서 얽힘 상태를 사용하고 복호화기에서 집합적 측정을 할 수 있다. 그림 20.2는 변형된 통신 규약과, 그런 전략에서 도달할 수 있는 통신 속도가 $\frac{1}{2}I_{\mathrm{acc}}(\mathcal{N} \otimes \mathcal{N})$이라는 점을 보여준다. 이 양은 항상 적어도 $I_{\mathrm{acc}}(\mathcal{N})$만큼은 크다. 왜냐하면 텐서 곱 선로 $\mathcal{N} \otimes \mathcal{N}$에 대한 전략의 특수한 경우가 확률 분포 $p_X(x)$, 상태 ρ_x, POVM Λ가 $I_{\mathrm{acc}}(\mathcal{N})$을 최대화하는 것의 텐서 곱이 되도록 고르는 것이기 때문이다. 텐서 곱 선로 $\mathcal{N}^{\otimes k}$(여기서 k는 양의 정수다.)에 대한 부호를 구성해 이 구성법을 순차적으로 확장할 수 있고, 이 확장된 전략은 임의의 유한한 k에 대해 $\frac{1}{k}I_{\mathrm{acc}}(\mathcal{N}^{\otimes k})$의 고전 통신 속도에 도달한다. 이 결과는 이 선로의 궁극적 고전 용량이 선로의 접근 가능한 정보의 정규화라는 것을 제안한다.

$$I_{\mathrm{reg}}(\mathcal{N}) \equiv \lim_{k \to \infty} \frac{1}{k} I_{\mathrm{acc}}(\mathcal{N}^{\otimes k}) \tag{20.7}$$

접근 가능한 정보의 정규화는 일반적인 양자 선로의 경우 다루기 어렵지만, 만약 접근 가능한 정보가 가법적이라면(13장에서 논의한 관점에서의 가법적) 최적화 작업은 엄청나게 간단해질 수 있다. 이 경우 정규화된 접근 가능한 정보 $I_{\mathrm{reg}}(\mathcal{N})$은 접근 가능한 정보 $I_{\mathrm{acc}}(\mathcal{N})$과 같을 것이다. 하지만 아무리 이 양이 가법적이라고 해도, 최적화는 여전히 실제로 수행하기는 어려울 수 있다. 접근 가능한 정보에 대한 간단한 상계는 선로의 홀레보 정보 $\chi(\mathcal{N})$으로, 다음과 같이 정의된다.

$$\chi(\mathcal{N}) \equiv \max_{\rho} I(X; B) \tag{20.8}$$

여기서 최대화는 다음 형태의 고전 양자 상태 ρ_{XB}에 대해 이뤄진다.

$$\rho_{XB} \equiv \sum_x p_X(x)|x\rangle\langle x|_X \otimes \mathcal{N}_{A'\to B}(\psi_{A'}^x) \qquad (20.9)$$

홀레보 정보는 항상 접근 가능한 정보에 대한 상계이면서 측정에 대한 최적화를 포함하지 않기 때문에 양자 선로를 통한 고전 통신을 특징짓는 데 더 쓸 만한 양이다.

따라서 자연스러운 질문은 앨리스와 밥이 홀레보 정보 속도에 도달할 수 있느냐는 것이고, 이 장의 핵심 정리는 그렇게 할 수 있다는 내용이다. 그 결과 부호화 기법은 섀넌의 선로 부호화 정리의 기술과 어떤 유사성이 있지만, 핵심적 차이는 복호화하는 POVM이 선로 출력 전체에 대한 집합적 측정이라는 점이다.

20.2 정보 처리 작업

20.2.1 고전 통신

이제 정보 처리 작업의 가장 일반적인 형태를 논의하고 도달 가능한 고전 통신 속도 C에 대한 기준을 제시하겠다. 즉, 양자 선로를 통한 고전 통신에 대해 (n, C, ε) 부호를 정의한다. 앨리스가 밥에게 전송하려는 어떤 고전 메시지 m을 선택해 시작한다. 즉, 앨리스는 $\{1, ..., |\mathcal{M}|\}$의 메시지 집합에서 선택한다. M이 앨리스의 메시지 선택에 해당하는 무작위 변수라고 하고, $|\mathcal{M}|$은 그 농도라고 하자. 앨리스는 어떤 상태 $\rho_{A'^n}^m$을 이 선로에 대한 다수의 독립적인 사용에 넣을 입력으로 준비한다. 즉, 입력계는 선로에 입력할 계 A'의 n개 사본이다. 앨리스는 이 상태를 선로 $\mathcal{N}$의 n회 독립적 사용으로 전송하고, 밥이 수신한 상태는 다음과 같다.

$$\mathcal{N}^{\otimes n}(\rho_{A'^n}^m) \qquad (20.10)$$

밥은 어떤 복호화 POVM $\{\Lambda_m\}$을 갖고, 이것을 사용해 앨리스가 전송한 메시지를 알아낼 수 있다. 그림 20.3은 양자 선로를 통한 고전 통신에 대해 그러한 일반적인 통신 규약을 묘사한다.

M'이 메시지에 대한 밥의 추측을 나타내는 무작위 변수라고 하자. 밥이 정확한 메시지 m을 알아낼 확률은 다음과 같다.

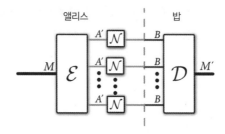

그림 20.3 양자 선로를 통한 고전 통신의 가장 일반적인 통신 규약. 앨리스가 어떤 메시지 M을 선택해 유잡음 양자 선로의 많은 독립적 사용에 넣을 입력에 대한 양자 부호단어로 부호화한다. 밥은 앨리스가 전송한 메시지를 알아내기 위해 모든 선로 출력에 대해 어떤 POVM를 수행한다.

$$\Pr\left\{M' = m | M = m\right\} = \mathrm{Tr}\left\{\Lambda_m \mathcal{N}^{\otimes n}(\rho_{A'^n}^m)\right\} \tag{20.11}$$

따라서 특정 메시지 m에 대한 오류 확률은 다음과 같다.

$$p_e(m) \equiv 1 - \Pr\left\{M' = m | M = m\right\} \tag{20.12}$$
$$= \mathrm{Tr}\left\{(I - \Lambda_m)\mathcal{N}^{\otimes n}(\rho_{A'^n}^m)\right\} \tag{20.13}$$

그러면 임의의 부호화 기법에 대한 최대 오류 확률은 다음과 같다.

$$p_e^* \equiv \max_{m \in \mathcal{M}} p_e(m) \tag{20.14}$$

통신 속도 C는

$$C \equiv \frac{1}{n}\log|\mathcal{M}| \tag{20.15}$$

이고, 이 부호는 $p_e^* \leq \varepsilon$인 경우에 $\varepsilon \in [0, 1]$의 오류를 갖는다.

만약 모든 $\delta > 0$과 $\varepsilon \in (0, 1)$, 그리고 충분히 큰 n에 대해 $(n, C - \delta, \varepsilon)$ 부호가 존재하면 고전 통신의 속도 C는 선로 $\mathcal{N}$에 대해 **도달 가능**하다. $\mathcal{N}$의 고전 용량 $C(\mathcal{N})$은 고전 통신에 대한 모든 도달 가능한 속도의 상한과 같다.

20.2.2 무작위성 분배

송신자와 수신자는 대안적이지만 관련된 작업인 **무작위성 분배**^{randomness distribution}를 위해 양자 선로를 사용할 수 있다. 여기서 앨리스가 국소적 고전계를 균일한 무작위 상태로 준비해 그 사본을 만드는데, 그 목표는 밥이 해당 사본을 갖게 해서 앨리스와 밥이 이 통신 규약의 끝에서는 다음과 같은 형태의 상태를 공유하도록 하는 것이다.

$$\overline{\Phi}_{MM'} \equiv \sum_{m \in \mathcal{M}} \frac{1}{|\mathcal{M}|} |m\rangle\langle m|_M \otimes |m\rangle\langle m|_{M'} \qquad (20.16)$$

그런 공유된 무작위성은 자원으로서는 특별히 유용하지 않지만, 이 장의 역정리를 증명할 때 그리고 나중에 양자 섀넌 이론에서 다른 정보 처리 작업을 마주쳤을 때 이런 관점이 도움이 된다. 알아둬야 할 핵심은 무잡음 고전 비트 선로가 항상 1비트의 공유된 무잡음 무작위성을 생성할 수 있다는 점이다. 따라서 만약 양자 선로가 고전 통신에 대해 특정한 용량을 갖는다면, 이 선로는 무작위성 분배에 대해서도 항상 같은 용량을 갖는다. 사실, 무작위성 분배의 용량은 고전 통신보다 더 클 수만 있다. 왜냐하면 공유된 무작위성은 고전 통신보다 더 약한 자원이기 때문이다. 이 관계는 고전 통신의 용량에 무작위성 분배의 용량이라는 상계를 준다.

무작위성 분배의 가장 일반적인 통신 규약은 다음과 같다. 앨리스가 국소적으로 식 (20.16)의 형태인 상태를 준비하여 시작한다. 그러면 앨리스는 이 상태를 다음과 같은 상태로 변환하는 부호화 선로를 수행한다.

$$\sum_{m \in \mathcal{M}} \frac{1}{|\mathcal{M}|} |m\rangle\langle m|_M \otimes \rho_{A'^n}^m \qquad (20.17)$$

그리고 앨리스는 양자 선로 $\mathcal{N}$을 n회 독립적으로 사용해 A'^n계를 전송하고, 다음의 상태를 생성한다.

$$\omega_{MB^n} \equiv \sum_{m \in \mathcal{M}} \frac{1}{|\mathcal{M}|} |m\rangle\langle m|_M \otimes \mathcal{N}^{\otimes n}(\rho_{A'^n}^m) \qquad (20.18)$$

그러면 밥은 수신한 계에 대한 양자 기기를 (어떤 POVM $\{\Lambda_m\}$을 사용해) 수행하고, 그 결과 상태는

$$\sum_{m,m' \in \mathcal{M}} \frac{1}{|\mathcal{M}|} |m\rangle\langle m|_M \otimes \sqrt{\Lambda_{m'}} \mathcal{N}^{\otimes n}(\rho_{A'^n}^m) \sqrt{\Lambda_{m'}} \otimes |m'\rangle\langle m'|_{M'} \qquad (20.19)$$

이 된다. 다음의 상태

$$\omega_{MM'} = \sum_{m,m'\in\mathcal{M}} \frac{1}{|\mathcal{M}|} \operatorname{Tr}\left\{\Lambda_{m'}\mathcal{N}^{\otimes n}(\rho_{A'^n}^m)\right\} |m\rangle\langle m|_M \otimes |m'\rangle\langle m'|_{M'} \quad (20.20)$$

은 무작위성 분배에 대한 $(n,\ C,\ \varepsilon)$ 통신 규약 때문에 대각합 거리에 대해 식 (20.16)의 원래 상태와 ε-근접이어야 한다.

$$\frac{1}{2}\left\|\overline{\Phi}_{MM'} - \omega_{MM'}\right\|_1 \le \varepsilon \quad (20.21)$$

만약 모든 $\delta > 0$, $\varepsilon \in (0,\ 1)$, 그리고 충분히 큰 n에 대해 $(n,\ C-\delta,\ \varepsilon)$인 무작위성 분배가 존재한다면 무작위성 분배에 대해 속도 C는 달성 가능하다. 무작위성 분배의 용량은 모든 도달 가능한 속도의 상한과 같다. 그 정의로부터 명백하게, 선로의 고전 용량은 무작위성 분배의 용량을 절대로 초과할 수 없음이 유도된다.

20.3 고전 용량 정리

이제 이 장의 핵심 정리인 고전 용량 정리classical capacity theorem를 설명하겠다.

【정리 20.3.1】홀레보-슈마허-웨스트모어랜드　양자 선로의 고전 용량은 해당 선로의 홀레보 정보의 정규화와 같다.

$$C(\mathcal{N}) = \chi_{\mathrm{reg}}(\mathcal{N}) \quad (20.22)$$

여기서

$$\chi_{\mathrm{reg}}(\mathcal{N}) \equiv \lim_{k\to\infty} \frac{1}{k}\chi(\mathcal{N}^{\otimes k}) \quad (20.23)$$

이고, 선로 $\mathcal{N}$의 홀레보 정보 $\chi(\mathcal{N})$은 식 (20.8)에서 정의됐다.

위의 특성화에서 정규화는 양자 선로의 고전 용량에 대한 더 좋은 공식을 무시한다는 것을 반영한다. 다음 2개 절에서 나올 위 정리의 증명은 위의 양이 사실상 고전 용량과 같지만 정규화는 일반적인 양자 선로에 대해 위의 특성화가 다루기 어려움을 암시하고 있음을 보여준다. 하지만 만약 특정 선로의 홀레보 정보가 (13장에서 논의한 관점에서) 가법적이면 $\chi_{\mathrm{reg}}(\mathcal{N}) = \chi(\mathcal{N})$이고, 고전 용량 공식은 그런 선로에 대해 단순해진다. 그리고 선로의 고전 전송 용량을 완전히 이해했다고 말할 수 있다. 용량에 대한 이런 '모 아니면 도' 상황은 양자 섀넌 이론에서 대체로 공통적이고, 양자 선로를 통한 고전 정보 통신에 대해 이해할 것이 여전히 많이 남았음을 뜻한다.

이어지는 2개 절에서는 위의 용량 정리를 두 부분으로 나눠 증명한다. 즉, 직접 부호화 정리와 역정리다. 직접 부호화 정리의 증명은 식 (20.22)에서 좌변 ≥ 우변인 부등식을 보인다. 즉, 정규화된 홀레보 정보가 고전 통신에 대해 도달 가능한 속도임을 보이는데, 그렇게 하기 위해 전형적 부분공간, 조건부 전형적 부분공간과 포장 보조정리를 사용한다. 역정리의 증명은 식 (20.22)의 좌변 ≤ 우변인 부등식을 보인다. 즉, 도달 가능한 속도 C를 (n이 커지는 극한에서 소멸하는 오류와 함께) 갖는 통신 규약의 임의의 수열은 그 속도가 정규화된 홀레보 정보보다 아래에 있어야 한다. 역정리의 증명은 앞서 언급한 무작위성 분배의 성질, 엔트로피의 연속성, 그리고 양자 자료처리 부등식을 사용한다.

20.3.1 직접 부호화 정리

먼저, 직접 부호화 정리를 증명한다. 양자 선로 $\mathcal{N}$이 앨리스와 밥을 연결하고, 이들은 이 양자 선로를 독립적으로 여러 번 사용할 수 있다. 앨리스는 이 선로에 대해 무작위 부호를 만들기 위해 사용할 수 있는 어떤 상태의 앙상블 $\{p_X(x), \rho^x\}$을 선택할 수 있다. 앨리스는 $|\mathcal{M}|$개의 부호단어 $\{x^n(m)\}_{m \in \{1, \ldots, |\mathcal{M}|\}}$을 다음의 확률 분포에 따라 독립적으로 선택한다.

$$p'_{X'^n}(x^n) = \begin{cases} \left[\sum_{x^n \in T_\delta^{X^n}} p_{X^n}(x^n) \right]^{-1} p_{X^n}(x^n) & : x^n \in T_\delta^{X^n} \\ 0 & : x^n \notin T_\delta^{X^n} \end{cases} \qquad (20.24)$$

여기서 X'^n은 $p'_{X'^n}(x^n)$인 확률 분포를 갖는 무작위 변수이고, $p_{X^n}(x^n) = p_X(x_1) \cdots p_X(x_n)$이고, $T_\delta^{X^n}$은 이 확률 분포 $p_{X^n}(x^n)$에 대해 강한 전형적 수열의 집합을 나타낸다(14.7절 참고). 이 '가지치기'된 확률 분포는 전형적 집합의 확률 질량이 거의 1이기 때문에 근사적으로 i.i.d. 분포 $p_{X^n}(x_n)$에 가깝다. 사실, 식 (19.86)으로부터 만약 $\Pr\{X^n \in T_\delta^{X^n}\} \geq 1 - \varepsilon$이면 다음의 식이 성립함을 알고 있다.

$$\sum_{x^n \in \mathcal{X}^n} |p'_{X'^n}(x^n) - p_{X^n}(x^n)| \leq 2\varepsilon \qquad (20.25)$$

사실, 전형성에 의해 모든 $\varepsilon \in (0, 1)$과 충분히 큰 n에 대해 $\Pr\{X^n \in T_\delta^{X^n}\} \geq 1 -$

ε이 성립함을 알고 있다.

이 고전적 부호단어 $\{x^n(m)\}_{m \in \{1, \ldots, |\mathcal{M}|\}}$은 앙상블 $\{p_X(x), \rho^x\}$에 있는 양자 상태를 사용해 다음 형태의 양자 부호단어를 이끌어낸다.

$$\rho^{x^n(m)} \equiv \rho^{x_1(m)} \otimes \cdots \otimes \rho^{x_n(m)} \tag{20.26}$$

그러면 앨리스는 이 부호단어를 선로를 통해 전송하여, 다음의 텐서 곱 밀도 연산자를 만들어낸다.

$$\sigma^{x^n(m)} \equiv \sigma^{x_1(m)} \otimes \cdots \otimes \sigma^{x_n(m)} \tag{20.27}$$
$$\equiv \mathcal{N}(\rho^{x_1(m)}) \otimes \cdots \otimes \mathcal{N}(\rho^{x_n(m)}) \tag{20.28}$$

그러면 밥은 선로 출력 전체에 작용하는 어떤 검출법 POVM $\{\Lambda_m\}$을 사용해 앨리스가 전송한 부호단어를 검출한다.

이 지점에서 포장 보조정리(16장의 보조정리 16.3.1)를 사용한다. 포장 보조정리를 적용하기 위해 필요한 네 가지가 있는데, 각각은 네 가지 부등식을 만족해야 한다. 첫 번째는 그 안에서 부호를 무작위로 선택할 수 있는 앙상블이고, 이 앙상블은 이 경우에 $\{p'_{X'^n}(x^n), \sigma^{x^n}\}$이다. 그다음으로, 이 앙상블의 기대 밀도 연산자가 필요하다.

$$\mathbb{E}_{X'^n}\left\{\sigma^{X'^n}\right\} = \sum_{x^n \in \mathcal{X}^n} p'_{X'^n}(x^n)\sigma^{x^n} \tag{20.29}$$

끝으로, 메시지 부분공간 사영 연산자와 전체 부분공간 사영 연산자가 필요하며, 이들은 각각 조건부 전형적 사영 연산자로서 상태 σ^{x^n}에 대해 $\Pi^\delta_{B^n|x^n}$이고, 텐서 곱 상태 $\sigma^{\otimes n}$에 대해서는 $\Pi^\delta_{B^n}$이다. 여기서 $\sigma \equiv \sum_x p_X(x)\sigma^x$이다. 직관적으로 텐서 곱 상태 $\sigma^{\otimes n}$은 기대 상태 $\mathbb{E}_{X'^n}\{\sigma^{X'^n}\}$에 가까운데, 다음 연습문제에서 이 주장을 확인해보자.

【연습문제 20.3.1】 기대 상태 $\mathbb{E}_{X'^n}\{\sigma^{X'^n}\}$과 텐서 곱 상태 $\sigma^{\otimes n}$ 사이의 대각합 거리는 모든 충분히 큰 n에 대해 작다.

$$\left\|\mathbb{E}_{X'^n}\left\{\sigma^{X'^n}\right\} - \sigma^{\otimes n}\right\|_1 \leq 2\varepsilon \tag{20.30}$$

여기서 ε은 $\Pr\{X^n \in T^{X^n}_\delta\} \geq 1 - \varepsilon$을 만족하는 임의의 작은 양수다.

식 (16.11)에서 식 (16.14)를 살펴보자. 만약 포장 보조정리의 네 가지 조건이 만족되면, 부호에 있는 메시지의 수가 너무 많지 않은 한 임의로 낮은 최대 오류 확률을 갖는 검출 POVM을 갖는 부호화 기법이 존재한다. 이제, 전형적 사영 연산자와 조건부 사영 연산자의 성질을 사용해 그 네 가지 성질이 어떻게 만족되는지 보이겠다.

$$\mathrm{Tr}\left\{\Pi_{B^n}^\delta \sigma_{B^n}^{x^n}\right\} \geq 1 - \varepsilon \tag{20.31}$$

$$\mathrm{Tr}\left\{\Pi_{B^n|x^n}^\delta \sigma_{B^n}^{x^n}\right\} \geq 1 - \varepsilon \tag{20.32}$$

$$\mathrm{Tr}\left\{\Pi_{B^n|x^n}^\delta\right\} \leq 2^{n(H(B|X)+c\delta)} \tag{20.33}$$

여기서 c는 엄격히 양수인 상수다. 첫 번째 부등식은 성질 15.2.7에서 유도된다. 두 번째 부등식은 성질 15.2.4에서 유도된다. 그리고 세 번째 부등식은 성질 15.2.5에서 유도된다. 포장 보조정리에 대한 네 번째 부등식의 증명은 연습문제로 남겨두겠다.

【연습문제 20.3.2】 다음의 부등식이 성립함을 증명하라.

$$\Pi_{B^n}^\delta \mathbb{E}_{X'^n}\left\{\sigma_{B^n}^{X'^n}\right\} \Pi_{B^n}^\delta \leq [1-\varepsilon]^{-1}\, 2^{-n\left(H(B)-c'\delta\right)} \Pi_{B^n}^\delta \tag{20.34}$$

여기서 c'은 엄격히 양의 상수다(힌트: 먼저 $\mathbb{E}_{X'^n}\{\sigma_{B^n}^{X'^n}\} \leq [1-\varepsilon]^{-1}\, \sigma_{B^n}$임을 보이고, 전형적 부분공간의 세 번째 성질(성질 15.1.3)을 적용하라).

이 네 가지 조건이 성립하면, 따름정리 16.5.1(포장 보조정리의 비무작위화 판본)에서 메시지의 크기 $|\mathcal{M}|$이 충분히 작은 한 임의로 낮은 최대 오류 확률을 갖도록 전송된 상태를 검출할 수 있는 결정론적 부호와 POVM $\{\Lambda_m\}$이 존재함을 유도할 수 있다.

$$p_e^* \equiv \max_m \mathrm{Tr}\left\{(I-\Lambda_m)\mathcal{N}^{\otimes n}(\rho^{x^n(m)})\right\} \tag{20.35}$$

$$\leq 4\left(\varepsilon + 2\sqrt{\varepsilon}\right) + 16\,[1-\varepsilon]^{-1}\, 2^{-n\left(H(B)-H(B|X)-(c+c')\delta\right)}|\mathcal{M}| \tag{20.36}$$

$$= 4\left(\varepsilon + 2\sqrt{\varepsilon}\right) + 16\,[1-\varepsilon]^{-1}\, 2^{-n\left(I(X;B)-(c+c')\delta\right)}|\mathcal{M}| \tag{20.37}$$

따라서 메시지의 크기가 $|\mathcal{M}| = 2^{n(I(X;B)-(c+c'+1)\delta)}$가 되도록 선택하여 통신 속도가 홀레보 정보 $I(X;B)$가 되도록 할 수 있다.

$$\frac{1}{n}\log|\mathcal{M}| = I(X;B) - (c+c'+1)\delta \tag{20.38}$$

그리고 최대 오류 확률의 한계는

$$p_e^* \leq 4\left(\varepsilon + 2\sqrt{\varepsilon}\right) + 16\left[1 - \varepsilon\right]^{-1} 2^{-n\delta} \tag{20.39}$$

가 된다. $\varepsilon' \in (0, 1)$과 $\delta' > 0$이 있다고 하자. 충분히 큰 n을 고르면, 분명히 $4(\varepsilon + 2\sqrt{\varepsilon}) + 16[1 - \varepsilon]^{-1} 2^{-n\delta} \leq \varepsilon'$과 $(c + c' + 1)\delta \leq \delta'$이 둘 다 성립한다. 따라서 홀레보 정보 $I(X; B)_\rho$는 다음의 고전 양자 상태

$$\rho_{XB} \equiv \sum_{x \in \mathcal{X}} p_X(x) |x\rangle\langle x|_X \otimes \mathcal{N}(\rho^x) \tag{20.40}$$

에 대해, $\mathcal{N}$을 통해 도달 가능한 고전 정보의 전송 속도다.

앨리스와 밥은 단순히 $I(X; B)_\rho$를 최대화하는 앙상블 $\{p_X(x), \rho^x\}$에 따라 무작위 부호를 선택하여 선로 $\mathcal{N}$의 홀레보 정보 $\chi(\mathcal{N})$에 도달할 수 있다. 끝으로, 텐서 곱 선로 $\mathcal{N}^{\otimes k}$에 대해 부호화하여 $\frac{1}{k}\chi(\mathcal{N}^{\otimes k})$라는 속도에 도달할 수 있고, 이 결과는 부호화하는 덩어리를 임의로 크게 만들어서 정규화 $\chi_{\text{reg}}(\mathcal{N})$에 도달할 수 있음을 의미한다. 이것으로 부호화 정리의 직접 부분의 증명이 마무리된다.

역정리의 증명으로 넘어가기 전에 부호화기에서 얽힘의 역할을 좀 더 설명하겠다. 먼저, 선로 $\mathcal{N}$에 대한 위의 부호화 기법은 부호화기에 얽힌 입력을 사용하지 않았다. 왜냐하면 부호단어 상태 $\rho^{x^n(m)}$이 선로 입력에 대해 분리 가능하기 때문이다. 얽힘이 역할을 하는 것은 텐서 곱 선로 $\mathcal{N}^{\otimes k}$에 대해 부호화할 때만 그렇다. 여기서 부호단어 상태는 다음의 형태

$$\rho_{x^n}(m) \equiv \rho_{A'^k}^{x_1(m)} \otimes \cdots \otimes \rho_{A'^k}^{x_n(m)} \tag{20.41}$$

을 갖는다. 즉, 상태 $\rho_{A'^k}^{x_i(m)}$은 k개 선로 입력의 텐서 곱 힐베르트 공간에 작용하고, k개의 계에 걸쳐서 얽힐 수 있다. 부호화기에서 얽힘이 일반 양자 선로를 통한 고전 통신 속도를 증가시킬 수 있는지는 지난 몇 년간 집중적인 연구 주제였는데, 이제 부호화기에서 얽힘을 사용하는 것이 얽힘을 사용하지 않은 것보다 엄격하게 더 좋은 선로가 존재함이 알려졌다(20.5절 참고).

수신 측의 복호화 POVM을 더 잘 이해하기 위해 포장 보조정리(보조정리 16.3.1)의 증명을 다시 검토해보는 것도 가치 있다. 포장 보조정리에서 사용된 특정 복호화 POVM 원소는 다음과 같은 형태를 갖는다.

$$\Lambda_m \equiv \left(\sum_{m' \in \mathcal{M}} \Gamma_{m'} \right)^{-\frac{1}{2}} \Gamma_m \left(\sum_{m' \in \mathcal{M}} \Gamma_{m'} \right)^{-\frac{1}{2}} \tag{20.42}$$

$$\Gamma_m \equiv \Pi_{B^n}^{\delta} \Pi_{B^n | x^n(m)}^{\delta} \Pi_{B^n}^{\delta} \tag{20.43}$$

(단순히 조건부 전형적 사영 연산자 $\Pi_{B^n | x^n(m)}^{\delta}$와 전형적 사영 연산자 $\Pi_{B^n}^{\delta}$를 식 (16.24)에 대입한 것이다.) 위의 원소를 갖는 POVM은 그 생김새 때문에 '제곱근' 측정이라고 알려져 있다. 저렇게 생긴 측정은 평균 오류 확률의 기댓값에 좋은 한계를 얻도록 해주는 멋진 해석적 성질을 갖기 때문에 복호화기에서 사용한다(특히, 보조정리 16.4.1에서 연산자 부등식을 사용할 수 있다). 이 측정은 조건부 전형적 사영 연산자와 전형적 사영 연산자가 둘 다 선로 출력 전체에 작용하고, 이 사영 연산자로부터 제곱근 측정을 구성했기 때문에 집합적 측정이다. 그런 복호화 POVM은 20.1절에서 밥이 선로 출력을 개별적으로 측정할 때 살펴봤던 순진한 전략보다 훨씬 더 기묘하다. 그러니까 홀레보, 슈마허, 웨스트모어랜드가 그들의 업적 때문에 찬양을 받는 이유는 이 복호화 POVM의 구성과 이것이 점근적으로 좋은 성질을 갖고 있다는 증명 때문이다. 그러나 섀넌의 유잡음 고전 선로 부호화 정리의 증명에 복호화기에 대한 복호화 POVM을 효율적으로 구현하는 방법이 알려지지 않았고, 원래의 효율성 문제가 양자 세계의 복호화기를 괴롭힌다.

그 대신, 밥의 복호화 연산은 16.6절에서 논의한 것과 같이 순차적 복호화기 형태를 취할 수 있다. 즉, 밥이 어떤 메시지가 전송됐는지 알아내려는 시도를 하면서 하나씩 측정 $\{\Pi_{B^n | x^n(m)}^{\delta}, I_{B^n} - \Pi_{B^n | x^n(m)}^{\delta}\}$를 수행할 수 있다. 위의 측정 각각이 선로 출력 전체에 작용하는 집합적 측정이기 때문에 이 복호화 전략은 또한 집합적 측정 전략이다. 이 기법은 또한 비효율적이다. 아무리 개별적 시험 각각에 대해 효율적인 구현이 존재한다고 해도, 부호책에 지수함수적인 수의 메시지(n의 지수함수)가 있기 때문에 최악의 경우에 수행해야 하는 측정 수가 지수함수적으로 많기 때문이다.

【연습문제 20.3.3】 다음 형태의 POVM 원소를 갖는 측정이 양자 선로의 홀레보 정보를 달성하는 데 충분함을 보여라.

$$\Lambda_m \equiv \left(\sum_{m' \in \mathcal{M}} \Pi_{B^n | x^n(m')}^{\delta} \right)^{-1/2} \Pi_{B^n | x^n(m)}^{\delta} \left(\sum_{m' \in \mathcal{M}} \Pi_{B^n | x^n(m')}^{\delta} \right)^{-1/2} \tag{20.44}$$

직접 부분의 또 다른 증명

HSW 정리의 직접 부분에는 적어도 두 가지 증명이 있고, 다른 상황에 대한 기반으로서 유용할 수 있다. 첫 번째는 약한 전형성에 기반하고, 두 번째는 **상수 합성 부호화**constant-composition coding 접근법이라고 한다. 이것들을 여기서 간단히 논의하겠다.

$\{p_X(x), \rho_{A'}^x\}$가 선로 $\mathcal{N}_{A' \to B}$의 입력에 대한 상태의 앙상블이라고 하고, 출력에 앙상블 $\{p_X(x), \sigma_B^x\}$를 이끌어낸다고 하자. 여기서 $\sigma_B^x \equiv \mathcal{N}_{A' \to B}(\rho_{A'}^x)$이다. $\sigma_B \equiv \sum_x p_X(x)\sigma_B^x$가 출력 앙상블의 기대 밀도 연산자라고 하자. 약한 전형성 접근법에서 부호단어 $\{x^n(m)\}$은 곱 확률 분포 $p_{X^n}(x^n) = \prod_{i=1}^{n} p_X(x_i)$에 따라 독립적이고 무작위적으로 선택된다. 그러면 전체 부분공간 사영 연산자를 $\sigma_B^{\otimes n}$에 대한 약한 전형적 사영 연산자 $\Pi_{B^n}^\delta$로 두고, (부호단어 $x^n(m)$에 대한) 각 메시지 부분공간 사영 연산자를 약한 조건부 전형적 사영 연산자 $\Pi_{B^n|x^n(m)}^\delta$로 둔다. 약한 전형성의 성질로부터(15장 참고), 포장 보조정리(연습문제 16.5.3 참고)의 평균 판본에 대해 다음의 조건이 만족된다.

$$\sum_{x^n \in \mathcal{X}^n} p_{X^n}(x^n) \operatorname{Tr}\left\{\Pi_{B^n}^\delta \sigma_{B^n}^{x^n}\right\} \geq 1 - \varepsilon \tag{20.45}$$

$$\sum_{x^n \in \mathcal{X}^n} p_{X^n}(x^n) \operatorname{Tr}\left\{\Pi_{B^n|x^n}^\delta \sigma_{B^n}^{x^n}\right\} \geq 1 - \varepsilon \tag{20.46}$$

$$\operatorname{Tr}\left\{\Pi_{B^n|x^n}^\delta\right\} \leq 2^{n(H(B|X)+\delta)} \tag{20.47}$$

$$\Pi_{B^n}^\delta \sigma_B^{\otimes n} \Pi_{B^n}^\delta \leq 2^{-n(H(B)-\delta)} \Pi_{B^n}^\delta \tag{20.48}$$

그러면 이렇게 약간 다른 기법을 써서 속도 $I(X; B)$가 $\mathcal{N}_{A' \to B}$를 통한 고전 통신에 대해 도달 가능하다고 결론지을 수 있다(홀레보 정보는 출력 앙상블 $\{p_X(x), \sigma_B^x\}$에 대해 계산한다).

여기서 언급할 다음 기법은 상수 합성 부호화 기법이다. 다시 한번, 기대 연산자 $\sigma_B \equiv \sum_x p_X(x)\sigma_B^x$를 갖는 출력 앙상블 $\{p_X(x), \sigma_B^x\}$를 생각해보자. 이제, 정의 14.7.4와 14.7.4절에서 논의했던 것처럼 전형적 형식류 T_t를 선택한다. 이것은 경험적 확률 분포 $p_X(x)$로부터 $\delta > 0$보다 크지 않은 편차를 갖는 경험적 확률 분포 $t(x)$를 갖는 모든 수열 x^n의 집합이다. 같은 형식류에 속한 모든 수열은 치환에 의해 다른 것과 연관되고, 이들은 모두 강하게 전형적이다. 이제, 이렇게 부호를 무작위로 선택한다는 아이디어는 전형적 형식류 t에서 독립적이고 균일하게 무작위로 부호단어를 전부 고르는 것이 된다. 따라서 부호단어를 선택해서 만든 앙상블은 이제 $\{1/|T_t|,$

$\sigma_{B^n}^{x^n}\}_{x^n \in T_t}$이고, 그렇게 하면서 보이려는 것은 여전히 $I(X; B)$와 같은 속도에 도달할 수 있다는 것이다.

$$\widetilde{\sigma}_{B^n} \equiv |T_t|^{-1} \sum_{x^n \in T_t} \sigma_{B^n}^{x^n}, \qquad \overline{\sigma}_B \equiv \sum_{x \in \mathcal{X}} t(x)\sigma_B^x \tag{20.49}$$

라고 하자. $\frac{1}{2}||\overline{\sigma}_B - \sigma_B||_1 \leq |\mathcal{X}|\delta/2$이고, 따라서 $|H(B)_{\overline{\sigma}} - H(B)_\sigma| \leq \eta(|\mathcal{X}|\delta)$임을 관찰하자. 여기서 $\eta(\cdot)$는 식 (14.119) 직후에 정의됐고 $\lim_{\delta \to 0} \eta(|\mathcal{X}|\delta) = 0$을 만족시킨다. 이제 전체 부분공간 사영 연산자가 $\overline{\sigma}_B^{\otimes n}$에 대해 강한 전형적 사영 연산자 $\Pi_{B^n}^\delta$가 되도록 정할 수 있고, (부호단어 $x^n(m)$에 대한) 메시지 부분공간 사영 연산을 강한 조건부 전형적 사영 연산자 $\Pi_{B^n|x^n(m)}^\delta$로 정할 수 있다. 그런 다음 포장 보조정리의 조건(따름정리 16.5.1)이 성립하는지 확인해야 한다. 다음을 생각해보자.

$$\mathrm{Tr}\left\{\Pi_{B^n}^\delta \sigma_{B^n}^{x^n}\right\} \geq 1 - \varepsilon \tag{20.50}$$

$$\mathrm{Tr}\left\{\Pi_{B^n|x^n}^\delta \sigma_{B^n}^{x^n}\right\} \geq 1 - \varepsilon \tag{20.51}$$

$$\mathrm{Tr}\left\{\Pi_{B^n|x^n}^\delta\right\} \leq 2^{n(H(B|X)+c\delta)} \tag{20.52}$$

첫 번째 부등식은 각 $x^n \in T_t$가 $t(x)$에 대해 강하게 전형적이고, 따라서 성질 15.2.7을 적용할 수 있으므로 성립한다. 두 번째 부등식 2개는 강한 조건부 전형성의 성질이다. 따라서 마지막 조건에 대한 것만 알아내면 된다. $t^n(x^n) \equiv \prod_{i=1}^n t(x_i)$라고 하자. 즉, $t(x)$에 의해 구현된 곱 확률 분포다. 다음을 생각해보자.

$$\widetilde{\sigma}_{B^n} = \frac{1}{|T_t|} \sum_{x^n \in T_t} \sigma_{B^n}^{x^n} = \sum_{x^n \in \mathcal{X}^n} \frac{I(x^n \in T_t)}{|T_t|} \sigma_{B^n}^{x^n} \tag{20.53}$$

$$\leq \sum_{x^n \in \mathcal{X}^n} (n+1)^{|\mathcal{X}|} t^n(x^n)\sigma_{B^n}^{x^n} = (n+1)^{|\mathcal{X}|} \overline{\sigma}_B^{\otimes n} \tag{20.54}$$

위의 부등식은 식 (14.114) ~ 식 (14.117)의 전개 과정으로부터 유도된다. 이것을 사용하면 다음을 알 수 있다.

$$\Pi_{B^n}^\delta \widetilde{\sigma}_{B^n} \Pi_{B^n}^\delta \leq 2^{-n(H(B)_{\overline{\sigma}} - \frac{1}{n}|\mathcal{X}|\log(n+1))} \Pi_{B^n}^\delta \tag{20.55}$$

이것은 포장 보조정리(따름정리 16.5.1)에 필요한 마지막 조건이다. 그러면 $H(B)_{\overline{\sigma}} - H(B|X)$의 속도는 상수 합성 부호를 사용한 고전 통신에서 도달 가능하다. 그러나

$|H(B)_{\bar{\sigma}} - H(B)_{\sigma}| \leq \eta(|\mathcal{X}|\delta)$이기 때문에, 또한 속도 $I(X; B)$는 상수 합성 부호를 사용한 고전 통신에서 도달 가능하다고 결론지을 수 있다. 여기서 홀레보 정보는 원래의 출력 앙상블 $\{p_X(x), \sigma_B^x\}$에 대해 계산한다.

20.3.2 역정리

고전 용량 정리의 두 번째 부분은 역정리이고, 이 절에서는 그에 대해 간단한 증명을 제시하겠다. 앨리스와 밥이 고전 통신보다는 무작위성 분배를 달성하려 한다고 하자. 앞서 20.2절에서 설명했듯이 고전 통신의 용량보다 무작위성 분배의 용량은 더 커야만 한다. 그런 작업에서, 앨리스는 먼저 최대로 상관된 상태 $\bar{\Phi}_{MM'}$을 준비하여 무작위성 분배의 속도가 $\frac{1}{n}\log|\mathcal{M}|$과 같아지게 한다. 앨리스와 밥은 부호화, 선로 전송, 복호화를 한 후에 식 (20.19)의 형태인 상태를 공유한다. 이제, 식 (20.23)의 정규화된 홀레보 정보가 무작위성 분배의 용량을 한정 짓는 것을 보이겠다. 결과적으로, 정규화된 홀레보 정보는 또한 고전 통신의 용량에 대한 상계를 준다. 다음의 연쇄적 부등식을 생각해보자.

$$\log|\mathcal{M}| = I(M; M')_{\bar{\Phi}} \tag{20.56}$$
$$\leq I(M; M')_{\omega} + f(|\mathcal{M}|, \varepsilon) \tag{20.57}$$
$$\leq I(M; B^n)_{\omega} + f(|\mathcal{M}|, \varepsilon) \tag{20.58}$$
$$\leq \chi(\mathcal{N}^{\otimes n}) + f(|\mathcal{M}|, \varepsilon) \tag{20.59}$$

첫 번째 등식은 공유된 무작위성 상태 $\bar{\Phi}_{MM'}$의 상호 정보가 $\log|\mathcal{M}|$개의 비트와 같기 때문에 유도된다. 첫 번째 부등식은 식 (20.21)의 오류 기준과 AFW 부등식(정리 11.10.3)을 적용하여 유도된다. 즉, $H(M)_{\bar{\Phi}} = H(M)_{\omega}$로부터 다음을 알고 있다.

$$|I(M; M')_{\bar{\Phi}} - I(M; M')_{\omega}| \tag{20.60}$$
$$= |H(M)_{\bar{\Phi}} - H(M|M')_{\bar{\Phi}} - [H(M)_{\omega} - H(M|M')_{\omega}]| \tag{20.61}$$
$$= |H(M|M')_{\omega} - H(M|M')_{\bar{\Phi}}| \tag{20.62}$$
$$\leq f(|\mathcal{M}|, \varepsilon) \equiv \varepsilon \log|\mathcal{M}| + (1 + \varepsilon) h_2(\varepsilon/[1 + \varepsilon]) \tag{20.63}$$

두 번째 부등식은 양자 상호 정보에 대한 양자 자료처리 부등식(정리 11.9.4)의 결과다. 밥이 고전계 M'을 얻기 위해 양자 기기로 B^n계를 처리한다는 것을 생각하자. 또한 양자 상호 정보는 식 (20.18)의 형태인 고전 양자 상태에 대해 계산된다. 마지막 부등식은 식 (20.18)의 고전 양자 상태가 상태들의 특정한 확률 분포와 선택을 갖고 있고, 이 선택은 항상 텐서 곱 선로 $\mathcal{N}^{\otimes n}$의 홀레보 정보보다 더 클 수 없는 양자 상호 정보의 값을 이끌어내기 때문에 성립한다. 모든 것을 합치면

$$\frac{1}{n}\log|\mathcal{M}|\,(1-\varepsilon) \le \frac{1}{n}\chi(\mathcal{N}^{\otimes n}) + \frac{1}{n}\,(1+\varepsilon)\,h_2(\varepsilon/\left[1+\varepsilon\right]) \qquad (20.64)$$

임을 알 수 있다. 따라서 만약 $\lim_{n\to\infty}\varepsilon_n = \lim_{n\to\infty}\delta_n = 0$을 만족시키는 $C - \delta_n$ $= \frac{1}{n}\log|\mathcal{M}|$의 속도를 갖는 고전적 통신 규약 $(n, [\log|\mathcal{M}|]/n, \varepsilon_n)$의 수열을 생각한다면, 위의 한계는

$$(C-\delta_n)\,(1-\varepsilon_n) \le \frac{1}{n}\chi(\mathcal{N}^{\otimes n}) + \frac{1}{n}\,(1+\varepsilon_n)\,h_2(\varepsilon_n/\left[1+\varepsilon_n\right]) \qquad (20.65)$$

이 된다. $n \to \infty$인 극한을 취하면, 도달 가능한 속도 C는 $C \le \chi_{\mathrm{reg}}(\mathcal{N})$을 만족시켜야 한다. 여기서 $\chi_{\mathrm{reg}}(\mathcal{N})$은 식 (20.23)에 주어진 정규화된 홀레보 공식이다.

20.4 선로의 사례

속도 C에 대한 식 (20.59)의 최종적인 상계가 그 선로의 다문자 홀레보 정보임을 관찰해두자. C에 대한 상계는 $\chi(\mathcal{N})$이 $\frac{1}{n}\chi(\mathcal{N}^{\otimes n})$보다 더 괜찮을 수 있다. 이것은 전자가 더 간단하고, 후자는 최적화 문제를 풀려고 할 때 (큰 n에 대해) 유한한 계산 자원을 사용해 일반적으로는 간단히 계산하기가 불가능하기 때문이다. 그러나 만약 선로의 구조에 대해 더 이상 잘 모른다면 식 (20.59)의 상계는 가장 잘 알고 있는 상계가 된다. 그리고 이런 이유로, 고전 용량의 가장 잘 알려진 특성화는 식 (20.22)에 주어진 것이다.

만약 임의적으로 많은 자기 자신의 사본을 갖는 어떤 선로의 텐서 곱 홀레보 정보가 가법적이면 정규화 $\chi_{\mathrm{reg}}(\mathcal{N})$은 필요가 없고, 정리 20.3.1의 특성화는 아주 좋은 것으로, 즉 홀레보 정보 $\chi(\mathcal{N})$으로 간단해진다. 선로의 홀레보 정보로 간단해지는 고전 용량에 대해서는 많은 사례가 있다. 그리고 이 절에서 그런 부류의 사례로 얽힘파괴 선로, 양자 아다마르 선로, 삭제 선로, 양자 탈분극화 선로를 자세히 다루겠다. 이 선로 각각에 대한 홀레보 정보의 가법성을 보이는 증명은 각각의 구조적 특성에 명시적으로 의존하고, 불행히도 일반적인 양자 선로 홀레보 정보의 가법성에 대해 뭐

라도 말하기 위해 이 증명에서 알아낼 수 있는 것은 많지 않다. 그렇지만 고전 용량을 계산할 수 있는 어떤 자연스러운 선로를 갖는다는 것은 좋은 점이고, 홀레보 정보를 가법적으로 만드는 각 선로에 대해 자세히 이해하기 위해 이 증명을 검토해보는 것은 교육적이다.

20.4.1 얽힘파괴 선로의 고전 용량

이미 얽힘파괴 선로의 홀레보 정보가 가법적임은 13.3.1절에서 살펴봤다. 결과적으로, 얽힘파괴 선로 $\mathcal{N}$의 용량이 $\chi(\mathcal{N})$에 의해 주어진다고 결론지을 수 있다.

이제 논의를 cq 선로에 집중해보자. 4.6.7절에서 만약 선로의 작용이 먼저 입력에 대해 완전한 사영 측정을 수행하고 그 측정으로부터 결과로 나온 고전 변수의 값을 조건으로 양자 상태를 준비한다면, 그 양자 선로는 특정 종류의 얽힘파괴 선로(cq 선로)임을 떠올려보자. 추가적으로, 정리 13.3.3은 홀레보 정보가 그런 선로에 대해 최적화해야 할 입력 분포의 오목 함수라는 내용이다. 따라서 cq 선로의 고전 용량을 계산하는 것은 홀레보 정보가 이 선로에 대해 가법적이기 때문에 최적화 기술에 의해 수행될 수 있다.

일반적인 선로와의 관계

임의의 양자 선로 $\mathcal{N}$의 고전 용량에 대한 합리적인 하계를 얻기 위해 cq 얽힘파괴 선로에 대한 위의 결과를 항상 사용할 수 있다. 송신자 앨리스는 임의의 양자 입력에서 처리 과정을 변경해 얽힘파괴 선로를 시뮬레이션할 수 있다. 앨리스는 먼저 $\{|x\rangle\langle x|\}$ 기저에서 시뮬레이션한 선로에 대해 입력을 측정하고, 그 측정 결과를 조건으로 상태 ρ_x를 준비하고, 이어서 이 상태를 선로 $\mathcal{N}$에 공급한다. 이 작용은 다음의 선로와 동등하다.

$$\sigma \to \sum_x \langle x|\sigma|x\rangle \mathcal{N}(\rho_x) \tag{20.66}$$

그리고 이렇게 시뮬레이션한 선로의 용량은

$$I(X;B)_\rho \tag{20.67}$$

와 같다. 여기서

$$\rho_{XB} \equiv \sum_x p_X(x)|x\rangle\langle x|_X \otimes \mathcal{N}(\rho_x) \tag{20.68}$$

$$p_X(x) \equiv \langle x|\sigma|x\rangle \tag{20.69}$$

물론 앨리스는 시뮬레이션한 선로에 입력하고 싶은 상태 σ를 어떤 것이든 준비할 수 있는 자유가 있으며, 또한 첫 번째 측정 결과에 조건부로 어떤 상태 ρ_x든지 준비할 수 있는 능력이 있다. 따라서 앨리스는 이 모든 입력에 대해 홀레보 정보를 최대화할 수 있어야 한다. 따라서 이 현실적인 선로로 구성된 얽힘파괴 선로의 용량은 원래 선로의 홀레보 정보와 같다.

$$\max_{p_X(x),\rho_x} I(X;B)_\rho \tag{20.70}$$

이 용량은 선로의 곱 상태 용량product-state capacity이라고 한다. 왜냐하면 부호화기에 얽히지 않은 분리된 상태를 넣어서 도달할 수 있고(앨리스는 사실 곱 상태를 입력할 수 있을 뿐이다.) 부호화기에서 얽힘을 허용하지 않는다 하더라도 양자 선로의 참 고전 용량에 대한 좋은 하계를 줄 수 있기 때문이다.

20.4.2 양자 아다마르 선로의 고전 용량

5.2.3절에서 양자 아다마르 선로는 얽힘파괴인 상보 선로를 갖고, 이 성질은 원래 선로의 홀레보 정보가 가법적임을 증명하게 해준다. 몇 가지 중요한 자연적 선로가 양자 아다마르 선로들이다. 자명한 사례는 무잡음 큐비트 선로인데, 밥이 자신의 계에 사영 측정을 수행할 수 있고 도청자에게는 상수 상태를 보낼 수 있기 때문이다. 양자 아다마르 선로의 덜 자명한 사례는 일반화된 걸어긋남 선로(5.2.3절 참고)이지만, 이 선로는 선호하는 정규직교 기저를 오류 없이 전송하기 때문에 자명하게 선로 사용당 $\log d$개의 비트라는 최대 고전 용량을 갖는다. 더 흥미로운 고전 용량을 갖는 양자 아다마르 선로는 복제 선로cloning channel로, 이 선로는 범용 복제 기계에서 유도된다(하지만 이 선로에 대해서는 자세히 다루지 않을 것이다).

【정리 20.4.1】 양자 아다마르 선로 $\mathcal{N}_H$와 임의의 다른 선로 $\mathcal{N}$의 홀레보 정보는 가법적이다.

$$\chi(\mathcal{N}_H \otimes \mathcal{N}) = \chi(\mathcal{N}_H) + \chi(\mathcal{N}) \tag{20.71}$$

【증명】 우선 정리 13.3.2로부터, 그 홀레보 정보가 최대화될 때 해당 선로의 입력에 순수 상태의 앙상블을 고려하는 것으로 충분함을 상기해보자. 즉, 다음의 형태를 갖는 고전 양자 상태만 고려하면 된다.

$$\sigma_{XA'} \equiv \sum_x p_X(x)|x\rangle\langle x|_X \otimes |\phi_x\rangle\langle\phi_x|_{A'} \tag{20.72}$$

여기서 A'은 어떤 선로 $\mathcal{N}_{A'\to B}$에 대한 입력이다. $\omega_{XBE} \equiv \mathcal{U}_{A'\to BE}^{\mathcal{N}}(\sigma_{XA'})$이라고 하자. 여기서 $\mathcal{U}_{A'\to BE}^{\mathcal{N}}$은 그 선로의 등척 확장이고 $\mathcal{U}_{A'\to BE}^{\mathcal{N}}$은 그에 해당하는 선로를 나타낸다. 따라서 $\mathcal{N}_{A'\to B}$의 홀레보 정보는 다음의 또 다른 표현식과 같다.

$$\chi(\mathcal{N}) \equiv \max_\sigma I(X;B)_\omega \tag{20.73}$$

$$= \max_\sigma [H(B)_\omega - H(B|X)_\omega] \tag{20.74}$$

$$= \max_\sigma [H(B)_\omega - H(E|X)_\omega] \tag{20.75}$$

여기서 두 번째 등식은 양자 상호 정보의 정의에서 유도되고, 세 번째 등식은 X에 조건부로 이 선로에 대한 입력이 순수하고 엔트로피 $H(B|X)_\omega$와 $H(E|X)_\omega$가 같기 때문에 유도된다.

【연습문제 20.4.1】 고전 양자 상태에 대한 다음의 엔트로피 차이를 최대화할 때 순수 상태 입력을 고려하면 충분함을 증명하라.

$$\max_\sigma [H(B)_\omega - H(E|X)_\omega] \tag{20.76}$$

이제, σ가 결합 선로 $\mathcal{N}_H \otimes \mathcal{N}$의 홀레보 정보를 최대화하는 상태라고 하자.

$$\sigma_{XA_1'A_2'} \equiv \sum_x p_X(x)|x\rangle\langle x|_X \otimes |\phi_x\rangle\langle\phi_x|_{A_1'A_2'} \tag{20.77}$$

또한

$$\omega_{XB_1B_2E_1E_2} \equiv (\mathcal{U}_{A_1'\to B_1E_1}^{\mathcal{N}_H} \otimes \mathcal{U}_{A_2'\to B_2E_2}^{\mathcal{N}})(\sigma_{XA_1'A_2'}) \tag{20.78}$$

이라고 하자. 아다마르 선로는 분해 가능하고, 밥에서 도청자로 가는 분해되는 선로는 특정한 형태를 취한다. 즉, 고전 변수 Y를 생성하는 측정이 있어서, 측정 결과를 조건으로 하는 상태를 준비한다. $\mathcal{D}_{B_1\to Y}^1$를 고전 변수 Y를 생성하는 분해되는 선로의

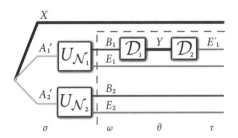

그림 20.4 한 선로가 양자 아다마르 선로인 경우, 가법성 질문에 대한 구조적 관계의 요약. 앨리스가 먼저 식 (20.77)의 형태로 상태를 준비한다. 앨리스가 한 계 A_1'을 양자 아다마르 선로를 통해 전송하고, 다른 계 A_2'은 다른 선로를 통해 전송한다. 양자 아다마르 선로의 출력에서 밥의 첫 번째 계 B_1이 도청자의 첫 번째 계 E_1을 향하는 선로를 시뮬레이션할 수 있다. 이것은 첫 번째 선로가 양자 아다마르 선로이기 때문이다. 밥은 자신의 계에 완전한 사영 측정을 수행하여 고전 변수 Y를 이끌어내고, 이어서 고전 변수 Y의 값에 조건부로 어떤 계를 준비한다. 그림 하단의 표시는 각 단계에서 계의 상태를 나타낸다.

첫 번째 부분이라고 하고, 여기서 $\theta_{XYE_1B_2E_2} \equiv \mathcal{D}_{B_1 \to Y}^1(\omega_{XB_1B_2E_1E_2})$라고 하자. $\mathcal{D}_{Y \to E_1'}^2$를 고전 변수 Y에 조건화된 상태 E_1을 생성하는 분해되는 선로의 두 번째 부분이라고 하고, 여기서 $\tau_{XE_1'E_1B_2E_2} \equiv \mathcal{D}_{Y \to E_1'}^2(\theta_{XYE_1B_2E_2})$라고 하자. 그림 20.4에 이 구조적 관계를 요약했다. 다음의 연쇄적 부등식을 생각해보자.

$$I(X;B_1B_2)_\omega = H(B_1B_2)_\omega - H(B_1B_2|X)_\omega \tag{20.79}$$

$$= H(B_1B_2)_\omega - H(E_1E_2|X)_\omega \tag{20.80}$$

$$\leq H(B_1)_\omega + H(B_2)_\omega - H(E_1|X)_\omega - H(E_2|E_1X)_\omega \tag{20.81}$$

$$= H(B_1)_\omega - H(E_1|X)_\omega + H(B_2)_\omega - H(E_2|E_1'X)_\tau \tag{20.82}$$

$$\leq H(B_1)_\omega - H(E_1|X)_\omega + H(B_2)_\theta - H(E_2|YX)_\theta \tag{20.83}$$

$$\leq \chi(\mathcal{N}_{\mathrm{H}}) + \chi(\mathcal{N}) \tag{20.84}$$

첫 번째 등식은 양자 상호 정보의 정의에서 유도된다. 두 번째 등식은 선로에 대한 조건부 입력 $|\phi_x\rangle_{A_1'A_2'}$이 순수 상태일 때 $H(B_1B_2|X)_\omega = H(E_1E_2|X)_\omega$이기 때문에 성립한다. 그다음 부등식은 엔트로피의 준가법성 $H(B_1B_2)_\omega \leq H(B_1)_\omega + H(B_2)_\omega$와 엔트로피의 연쇄 법칙 $H(E_1E_2|X)_\omega = H(E_1|X)_\omega + H(E_2|E_1X)_\omega$에서 유도된다. 세 번째 등식은 각 항들을 재배열하고 $E_1'E_2X$계에 대한 τ의 상태가 같은 계에 대한 ω의 상태와 같기 때문에 성립한다. 두 번째 부등식은 양자 자료처리 부등식 $I(E_2; E_1|X)_\tau \leq I(E_2; Y|X)_\theta$에서 유도된다. 마지막 부등식은 연습문제 20.4.1의 결과와 엔트로피 차이는 첫 번째 선로에 대한 홀레보 정보보다 결코 더 클 수 없는데 상태 ω가 식 (20.75)의 형태이기 때문에 성립한다. 같은 논리가 다른 엔트로피 차이에 대해

서도 고전계가 복합계 XY임을 이용하면 성립한다. □

20.4.3 양자 삭제 선로의 고전 용량

양자 삭제 선로는 그 고전 용량을 계산할 수 있는 가장 간단한 선로 중 하나다. 4.7.6
절에서 큐디트 삭제 선로가 다음과 같이 정의됐음을 생각해보자.

$$\rho \to (1 - \varepsilon)\rho + \varepsilon|e\rangle\langle e| \tag{20.85}$$

여기서 ρ는 d차원 큐디트 입력 상태이고, $\varepsilon \in [0, 1]$이며, $|e\rangle$는 선로의 입력 공간에
대해 직교하는 삭제 기호다.

【정리 20.4.2】 삭제 선로의 고전 용량 d차원 양자 삭제 선로의 고전 용량은 $(1 - \varepsilon) \log$
d와 같다.

【증명】 $(1 - \varepsilon) \log d$라는 속도는 입력 앙상블이 $\{1/d, |i\rangle\}$가 되도록 고르고 홀레보
정보를 계산하여 도달 가능하다. 따라서 그보다 더 빠른 속도에 도달하는 것이 가능
하지 않음을 보이면 된다. $\mathcal{M}_{A_1 \to B_1}$이 어떤 양자 선로이고, $\mathcal{N}^{\varepsilon}_{A_2 \to B_2}$이 양자 삭제 선로
를 나타낸다고 하자. $\rho_{XA_1A_2}$가 다음의 고전 양자 상태를 나타낸다고 하자.

$$\rho_{XA_1A_2} \equiv \sum_x p_X(x)|x\rangle\langle x|_X \otimes \phi^x_{A_1A_2} \tag{20.86}$$

그리고 이 상태가 홀레보 정보 $\chi(\mathcal{M} \otimes \mathcal{N}^{\varepsilon})$에 도달한다고 하자. 다음을 생각해보자.

$$\omega_{XB_1B_2}$$
$$\equiv (\mathcal{M}_{A_1 \to B_1} \otimes \mathcal{N}^{\varepsilon}_{A_2 \to B_2})(\rho_{XA_1A_2}) \tag{20.87}$$
$$= \sum_x p_X(x)|x\rangle\langle x|_X \otimes \left[(1 - \varepsilon)\mathcal{M}_{A_1 \to B_1}(\phi^x_{A_1A_2}) + \varepsilon\mathcal{M}_{A_1 \to B_1}(\phi^x_{A_1}) \otimes |e\rangle\langle e|_{B_2} \right]$$
$$\tag{20.88}$$

그리고 등척변환 $[|0\rangle\langle 0|_{B_2} + \cdots |d - 1\rangle\langle d - 1|_{B_2}] \otimes |0\rangle_Y + |e\rangle\langle e|_{B_2} \otimes |1\rangle_Y$를 위의
상태에 취하면 다음을 얻는다.

$$\omega_{XB_1B_2Y} \equiv \sum_x p_X(x)|x\rangle\langle x|_X \otimes \mathcal{M}_{A_1 \to B_1}(\phi^x_{A_1A_2}) \otimes (1 - \varepsilon)|0\rangle\langle 0|_Y$$
$$+ \sum_x p_X(x)|x\rangle\langle x|_X \otimes \mathcal{M}_{A_1 \to B_1}(\phi^x_{A_1}) \otimes |e\rangle\langle e|_{B_2} \otimes \varepsilon|1\rangle\langle 1|_Y \tag{20.89}$$

따라서 Y 레지스터는 삭제가 발생했는지 알려주는 표시^{flag}다. 그러면

$$\chi(\mathcal{M} \otimes \mathcal{N}^\varepsilon) = I(X; B_1 B_2)_\omega \qquad (20.90)$$
$$= I(X; B_1 B_2 Y)_\omega \qquad (20.91)$$
$$= I(X; B_1 B_2 | Y)_\omega + I(X; Y)_\omega \qquad (20.92)$$
$$= I(X; B_1 B_2 | Y)_\omega \qquad (20.93)$$
$$= (1 - \varepsilon) I(X; B_1 A_2)_{\mathcal{M}(\phi^x)} + \varepsilon I(X; B_1)_{\mathcal{M}(\phi^x)} \qquad (20.94)$$
$$\leq (1 - \varepsilon) \chi(\mathcal{M} \otimes \mathrm{id}) + \varepsilon \chi(\mathcal{M}) \qquad (20.95)$$
$$= \chi(\mathcal{M}) + (1 - \varepsilon) \chi(\mathrm{id}) \qquad (20.96)$$
$$= \chi(\mathcal{M}) + (1 - \varepsilon) \log d \qquad (20.97)$$

두 번째 등식은 방금 언급한 등척변환이 $B_1 B_2$를 $B_1 B_2 Y$로 가져가기 때문에 성립한다. 세 번째 등식은 상호 정보의 연쇄 규칙 때문에 유도되고, 네 번째 등식은 $I(X; Y)_\omega = 0$이기 때문에 유도된다. 다섯 번째 등식은 Y가 고전계라서 상호 정보를 개별 상호 정보의 볼록 결합으로 확장할 수 있기 때문에 성립한다. 부등식은 홀레보 정보를 모든 입력 앙상블에 대해 최대화해서 유도한다. 끝에서 두 번째 등식은 항등 선로가 아다마르 선로라서 정리 20.4.1이 $\chi(\mathcal{M} \otimes \mathrm{id}) = \chi(\mathcal{M}) + \chi(\mathrm{id})$를 함의하기 때문에 성립한다.

$\mathcal{M} = (\mathcal{N}^\varepsilon)^{\otimes [n-1]}$로 두고 위의 논의를 반복하면, $\chi((\mathcal{N}^\varepsilon)^{\otimes n}) \leq n(1 - \varepsilon) \log d$가 성립하여 정규화된 홀레보 정보가 $(1 - \varepsilon) \log d$를 초과할 수 없음을 알 수 있다. 따라서 이 속도는 도달 가능하고, 증명이 완료된다. $\square$

20.4.4 탈분극화 선로의 고전 용량

큐디트 탈분극화 선로는 그 고전 용량을 계산할 수 있는 선로 중 또 다른 사례다. 추가로, 이 선로의 고전 용량에 도달하려면 상당히 '고전적인' 전략이 필요하다는 것을 보게 된다. 즉, 선로 입력에 고전 상태 $\{|x\rangle\langle x|\}$를 준비하고 같은 기저에서 각 출력 선로를 측정하면 충분하다(연습문제 20.4.3 참고). 하지만 탈분극화 선로가 그 양자 용량을 고려할 때 그 고전 용량의 특징이 고전적인데도 불구하고 좀 더 기이한, 어떤 독특한 양자적 특징을 갖는다는 것은 나중에 24장에서 살펴볼 것이다.

4.7.4절에서 탈분극화 선로가 다음의 사상이라는 것을 떠올려보자.

$$\mathcal{N}_{\mathrm{D}}(\rho) = (1 - p)\rho + p\pi \qquad (20.98)$$

여기서 π는 최대로 섞인 상태다.

【정리 20.4.3】 탈분극화 선로의 고전 용량 큐디트 탈분극화 선로 $\mathcal{N}_D$의 고전 용량은 다음과 같다.

$$\chi(\mathcal{N}_D) = \log d + \left(1 - p + \frac{p}{d}\right) \log \left(1 - p + \frac{p}{d}\right) + (d-1)\frac{p}{d} \log \left(\frac{p}{d}\right) \quad (20.99)$$

【증명】 이 정리의 첫 번째 부분은 어떤 기술적 결과에 의존한다. 말하자면 텐서 곱 선로 $\mathcal{N}_D \otimes \mathcal{N}$의 홀레보 정보가 가법적이라는 것이다(여기서 첫 번째 선로는 탈분극화 선로이고 다른 하나는 어떤 것이든 좋다).

$$\chi(\mathcal{N}_D \otimes \mathcal{N}) = \chi(\mathcal{N}_D) + \chi(\mathcal{N}) \quad (20.100)$$

이 결과는 킹^{King}(2003)이 유도했고, 탈분극화 선로의 몇몇 성질을 사용했다. 그 결과는 탈분극화 선로의 고전 용량이 그 홀레보 정보와 같음을 의미한다. 이제 탈분극화 선로의 홀레보 정보를 어떻게 계산하는지 보이겠다. 그렇게 하려면, 먼저 선로의 최소 출력 엔트로피를 정의해야 한다.

【정의 20.4.1】 최소 출력 엔트로피 선로 $\mathcal{N}$의 최소 출력 엔트로피 $H^{\min}(\mathcal{N})$은 선로의 출력에서 엔트로피의 최소량이다.

$$H^{\min}(\mathcal{N}) \equiv \min_{\rho} H(\mathcal{N}(\rho)) \quad (20.101)$$

여기서 최소화는 선로 입력 전체에 대해 수행된다.

【연습문제 20.4.2】 최소 출력 엔트로피를 계산할 때 선로에 넣는 순수 상태 입력에 대해서만 최소화하면 충분함을 보여라. 즉,

$$H^{\min}(\mathcal{N}) = \min_{|\psi\rangle} H(\mathcal{N}(|\psi\rangle\langle\psi|)) \quad (20.102)$$

탈분극화 선로는 고도로 대칭적인 선로다. 예를 들어, 선로에 순수 상태 $|\psi\rangle$를 입력하면 출력은 다음과 같다.

$$(1-p)\psi + p\pi = (1-p)\psi + \frac{p}{d}I \quad (20.103)$$

$$= (1 - p)\psi + \frac{p}{d}(\psi + I - \psi) \tag{20.104}$$

$$= \left(1 - p + \frac{p}{d}\right)\psi + \frac{p}{d}(I - \psi) \tag{20.105}$$

출력 상태의 고윳값이 임의의 순수 상태에 대해 같고, 중복도가 1이면 $1 - p + \frac{p}{d}$와 같고, 중복도가 $d - 1$이면 $\frac{p}{d}$와 같다는 사실을 관찰하자. 따라서 탈분극화 선로의 최소 출력 엔트로피는 다음과 같다.

$$H^{\min}(\mathcal{N}_{\mathrm{D}}) = -\left(1 - p + \frac{p}{d}\right)\log\left(1 - p + \frac{p}{d}\right) - (d - 1)\frac{p}{d}\log\left(\frac{p}{d}\right) \tag{20.106}$$

이제 탈분극화 선로의 홀레보 정보를 계산할 수 있다. 정리 13.3.2에서 순수 상태인 조건부 상태를 갖는 고전 양자 상태(식 (20.72)의 형태를 갖는 $\sigma_{XA'}$ 상태)에 대해서만 홀레보 정보를 최적화하는 것이면 충분했음을 생각해보자. 또한 홀레보 정보의 형태는 다음과 같다.

$$\max_{\sigma} I(X; B)_{\omega} = \max_{\sigma} [H(B)_{\omega} - H(B|X)_{\omega}] \tag{20.107}$$

여기서 ω_{XB}는 출력 상태다. 다음의 증강된 입력 앙상블을 생각해보자.

$$\rho_{XIJA'} \equiv$$
$$\frac{1}{d^2}\sum_x\sum_{i,j=0}^{d-1} p_X(x)|x\rangle\langle x|_X \otimes |i\rangle\langle i|_I \otimes |j\rangle\langle j|_J \otimes X(i)Z(j)\psi_{A'}^x Z^{\dagger}(j)X^{\dagger}(i) \tag{20.108}$$

여기서 $X(i)$와 $Z(j)$는 3.7.2절의 일반화된 파울리 연산자다. IJ계에 대해 대각합을 취하자. 그러면 상태 $\rho_{XA'}$은 연습문제 4.7.6의 결과를 적용하면 다음과 같아진다.

$$\rho_{XA'} = \sum_x p_X(x)|x\rangle\langle x|_X \otimes \pi_{A'} \tag{20.109}$$

또한 최대로 섞인 상태를 탈분극화 선로에 넣는 것은 출력에서도 최대로 섞인 상태로 나온다. 다음의 연쇄적 부등식을 생각해보자.

$$I(X; B)_{\omega} = H(B)_{\omega} - H(B|X)_{\omega} \tag{20.110}$$

$$\leq H(B)_{\rho} - H(B|X)_{\omega} \tag{20.111}$$

$$= \log d - H(B|XIJ)_{\rho} \tag{20.112}$$

$$= \log d - \sum_x p_X(x) H(B)_{\mathcal{N}_D(\psi^x)} \tag{20.113}$$

$$\leq \log d - \min_x H(B)_{\mathcal{N}_D(\psi^x)} \tag{20.114}$$

$$\leq \log d - H^{\min}(\mathcal{N}_D) \tag{20.115}$$

첫 번째 등식은 양자 상호 정보를 확장해서 유도된다. 첫 번째 부등식은 엔트로피의 오목성에서 유도된다. 두 번째 등식은 B계의 상태 ρ가 최대로 얽힌 상태 π인 것과, 다음의 등식으로부터 유도된다.

$$H(B|XIJ)_\rho = \frac{1}{d^2} \sum_x \sum_{i,j=0}^{d-1} p_X(x) H(B)_{\mathcal{N}_D(X(i)Z(j)\psi^x Z^\dagger(j)X^\dagger(i))} \tag{20.116}$$

$$= \frac{1}{d^2} \sum_x \sum_{i,j=0}^{d-1} p_X(x) H(B)_{X(i)Z(j)\mathcal{N}_D(\psi^x)Z^\dagger(j)X^\dagger(i)} \tag{20.117}$$

$$= \sum_x p_X(x) H(B)_{\mathcal{N}_D(\psi^x)} \tag{20.118}$$

$$= H(B|X)_\omega \tag{20.119}$$

식 (20.113)의 세 번째 등식은 위의 등식들로부터 유도된다. 식 (20.114)의 두 번째 부등식은 기댓값이 최솟값보다 절대로 작을 수 없기 때문에 유도된다(이 단계는 탈분극화 선로의 경우 엄격히 필요하지는 않다). 마지막 부등식은 (탈분극화 선로의 경우에는 사실상 등식이긴 해도) $\min_x H(B)_{\mathcal{N}_D(\psi^x)} \geq H^{\min}(\mathcal{N}_D)$이기 때문에 유도된다.

다음 형태의 앙상블은 A'계 위로 축소된 상태가 최대로 섞인 상태이면 되므로 탈분극화 선로의 고전 용량에 충분히 도달한다.

$$\frac{1}{d} \sum_{i=0}^{d-1} |i\rangle\langle i|_I \otimes |i\rangle\langle i|_{A'} \tag{20.120}$$

탈분극화 선로의 고전 용량에 대한 마지막 표현식은 정리 20.4.3에 설명한 대로, 차원 d와 탈분극화 매개변수 p의 함수로 그림 20.5에 그린 것과 같다. □

【연습문제 20.4.3】탈분극화 선로의 고전 용량에 도달하기 사실상 탈분극화 선로의 고전 용량에 도달하기 위한 방법에 있어 훨씬 더 많은 것이 참이라는 걸 안다. 앙상블 $\{\frac{1}{d}, |x\rangle\langle x|\}$에서 상태를 고르고 각 선로의 출력에 대해 같은 기저에서 완전한 사영 측정을 수행하여 탈분극화 선로의 고전 용량에 도달하는 것이 가능함을 증명하라. 즉,

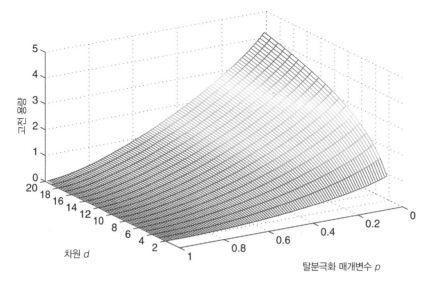

그림 20.5 선로의 차원 d와 탈분극화 매개변수 p의 함수로 그린 양자 탈분극화 선로의 고전 용량. 고전 용량은 선로가 입력을 최대로 섞인 상태로 대체시키기 때문에 $p = 1$일 때 소멸한다. 고전 용량은 $p = 0$일 때 잡음이 없기 때문에 최대이며 $\log d$가 된다. 이 양 극단 사이에서 고전 용량은 식 (20.99)의 표현으로 주어진 p와 d의 매끄러운 함수다.

20.1절에서 개략적으로 소개한 순진한 기법이 탈분극화 선로의 고전 용량을 얻기에 충분하다(힌트: 먼저, 탈분극화 선로에 상태 $|x\rangle$를 넣고 그 출력에서 $|y\rangle$를 측정해서 유도된 고전 선로 $p_{Y|X}(y|x)$가 다음과 같음을 보여라.

$$p_{Y|X}(y|x) = (1-p)\delta_{x,y} + \frac{p}{d} \tag{20.121}$$

그리고 확률 분포 $p_X(x)$가 균일하면 $p_Y(y)$도 균일함을 보여라. 끝으로, 다음을 보여라.

$$H(Y|X) = -\left(1 - p + \frac{p}{d}\right)\log\left(1 - p + \frac{p}{d}\right) - (d-1)\left(\frac{p}{d}\right)\log\left(\frac{p}{d}\right) \tag{20.122}$$

유도된 선로 $p_{Y|X}(y|x)$의 고전 용량이 양자 탈분극화 선로에 대한 고전 용량과 같음을 결론지으면 된다).

【연습문제 20.4.4】 공변 선로 $\mathcal{N}_C$는 그 선로에 넣기 전의 입력 상태에 유니터리 연산자 U를 적용해 나온 상태가 선로의 출력에 작용하는 유니터리 연산자 U의 유니터리 표현 R_U가 존재하는 것과 같은 선로다.

$$\mathcal{N}_C(U\rho U^\dagger) = R_U \mathcal{N}_C(\rho) R_U^\dagger \tag{20.123}$$

공변 선로의 홀레보 정보 $\chi(\mathcal{N}_C)$는 다음과 같음을 보여라.

$$\chi(\mathcal{N}_C) = \log d - H(\mathcal{N}_C(\psi)) \tag{20.124}$$

여기서 ψ는 임의의 순수 상태다.

20.5 홀레보 정보의 초가법성

많은 학자는 한때 홀레보 정보가 모든 양자 선로에 가법적일 것이어서 일반적으로 고전 용량에 대해 좋은 성질이 될 수 있다고 생각했었다. 이 추측을 가법성 추측이라고 한다. 학자들은 이 성질이 성립하는 몇 가지 선로가 밝혀졌기 때문에 이 추측이 성립할 것이라 생각했지만, 다른 선로에 대한 증명에서는 어떤 공통적인 모양이 나타나지 않았으므로 학자들은 곧 반대 방향에서 이를 반증할 반례를 찾기 시작했다. 얼마 후 헤이스팅스[Hastings](2009)가 가법성 추측의 반례의 존재를 알아냈고, 이 추측이 일반적으로 성립할 수 없음을 보여줬다. 이 결과는 심지어 양자 섀넌 이론의 가장 기본적인 질문 중 하나가 아직도 미해결이고 부호화기에서의 얽힘이 양자 선로를 통한 고전 통신 속도를 향상하는 데 도움이 될 수 있음을 보여준다.

먼저 텐서 곱 선로의 홀레보 정보와 최소 출력 엔트로피 사이의 관계를 살펴보겠다. 두 선로 $\mathcal{N}$과 $\mathcal{M}$을 갖고 있다고 하자. 만약

$$\chi(\mathcal{N} \otimes \mathcal{M}) = \chi(\mathcal{N}) + \chi(\mathcal{M}) \tag{20.125}$$

이 성립하면 텐서 곱 선로의 홀레보 정보는 가법적이다. 홀레보 정보는 임의의 두 선로에 대해 항상 초가법적이기 때문에, 즉

$$\chi(\mathcal{N} \otimes \mathcal{M}) \geq \chi(\mathcal{N}) + \chi(\mathcal{M}) \tag{20.126}$$

이 성립하기 때문에(정리 13.3.1 시작 부분의 주장을 생각해보자.) 만약 다음과 같이 엄격하게 초가법적이라면, 즉

$$\chi(\mathcal{N} \otimes \mathcal{M}) > \chi(\mathcal{N}) + \chi(\mathcal{M}) \tag{20.127}$$

이라면 이는 가법적이지 않다. 텐서 곱 선로의 최소 출력 엔트로피 $H^{\min}(\mathcal{N} \otimes \mathcal{M})$은 홀레보 정보와 관련된 양이다(정의 20.4.1 참고). 만약

$$H^{\min}(\mathcal{N} \otimes \mathcal{M}) = H^{\min}(\mathcal{N}) + H^{\min}(\mathcal{M}) \tag{20.128}$$

이면 최소 출력 엔트로피는 가법적이다. 최소 출력 엔트로피는 항상 준가법적이므로, 즉

$$H^{\min}(\mathcal{N} \otimes \mathcal{M}) \le H^{\min}(\mathcal{N}) + H^{\min}(\mathcal{M}) \tag{20.129}$$

이므로, 만약 엄격하게 준가법적이라면, 즉

$$H^{\min}(\mathcal{N} \otimes \mathcal{M}) < H^{\min}(\mathcal{N}) + H^{\min}(\mathcal{M}) \tag{20.130}$$

이면 최소 출력 엔트로피는 가법적이 아니라고 할 수 있다. 이 두 양의 가법성은 사실 연관되어 있다. 즉, 홀레보 정보의 가법성은 최소 출력 엔트로피의 가법성을 유도할 수 있고, 그 반대도 마찬가지다(이 유도 과정 중 하나를 연습문제로 남겨둔다). 따라서 다루기에 더 간단한 양이라는 이유에서 학자들은 홀레보 정보의 가법성보다는 최소 출력 엔트로피의 가법성에 집중했다.

【연습문제 20.5.1】 최소 출력 엔트로피의 비가법성이 홀레보 정보의 비가법성을 함의함을 증명하라.

$$H^{\min}(\mathcal{N}_1 \otimes \mathcal{N}_2) < H^{\min}(\mathcal{N}_1) + H^{\min}(\mathcal{N}_2)$$
$$\Rightarrow \quad \chi(\mathcal{N}_1 \otimes \mathcal{N}_2) > \chi(\mathcal{N}_1) + \chi(\mathcal{N}_2) \tag{20.131}$$

(힌트: 각 선로 $\mathcal{N}_i$의 증강된 판본 $\mathcal{N}_i'$을 생각해보자. 이것은 그 첫 번째 입력이 $\mathcal{N}_i$에 대한 입력과 같고, 두 번째 입력은 제어 입력이어서, 선로의 작용이 보조 입력 σ를 측정하여 일반화된 파울리 연산자를 적용하는 것과 동등하다.

$$\mathcal{N}_i'(\rho \otimes \sigma) \equiv \sum_{k,l} X(k)Z(l)\mathcal{N}_i(\rho)Z^\dagger(l)X^\dagger(k) \; \langle k| \langle l|\sigma|k\rangle |l\rangle \tag{20.132}$$

증강된 선로 $\mathcal{N}_i'$의 홀레보 정보는 무엇일까? 증강된 선로의 텐서 곱 $\mathcal{N}_1' \otimes \mathcal{N}_2'$의 홀레보 정보는 무엇일까?) 위의 주장을 증명한 다음, 홀레보 정보의 가법성이 최소 출력 엔트로피의 가법성을 이끌어낸다고 결론지을 수도 있다.

홀레보 정보가 가법적이지 않은 선로를 구성하는 것의 이면에 숨은 핵심 아이디어를 간략히 살펴보겠다. 다음 형태의 무작위 유니터리 선로를 생각해보자.

$$\mathcal{E}(\rho) \equiv \sum_{i=1}^{D} p_i U_i \rho U_i^\dagger \qquad (20.133)$$

여기서 입력 상태의 차원은 N이고, 무작위 유니터리 연산자의 수는 D이다. 이 선로는 '무작위 유니터리' 선로인데, 왜냐하면 특정한 유니터리 연산 U_i를 확률 p_i로 상태 ρ에 적용하기 때문이다. 이런 구성의 영리함은 사실상 이 선로의 결정론적 실체를 제시하는 것이 아니라, 그보다는 확률 분포와 유니터리 연산자가 둘 다 무작위로 선택된 선로의 무작위적 실체를 제시하는 것이다. 선택된 유니터리 연산자의 차원 N과 개수 D가 다음의 관계를 만족시킨다.

$$1 \ll D \ll N \qquad (20.134)$$

가법성을 부정하기 위해 고안된 다른 선로는 켤레 선로

$$\overline{\mathcal{E}}(\rho) \equiv \sum_{i=1}^{D} p_i \overline{U}_i \rho \overline{U}_i^\dagger \qquad (20.135)$$

이다. 여기서 p_i와 U_i는 각각 선로 $\mathcal{E}$의 확률 분포와 유니터리 연산자다. 여기서 $\overline{U}_i$는 U_i의 복소켤레 연산자를 나타낸다. 그러면 목표는

$$H^{\min}(\mathcal{E} \otimes \overline{\mathcal{E}}) < H^{\min}(\mathcal{E}) + H^{\min}(\overline{\mathcal{E}}) \qquad (20.136)$$

와 같이 최소 출력 엔트로피가 가법적이지 않은 이런 형태의 모든 선로에 대해 0이 아닌 확률이 존재함을 보이는 것이다.

텐서 곱 선로의 최소 출력 엔트로피 $H^{\min}(\mathcal{E} \otimes \overline{\mathcal{E}})$에서 등호를 성립시킬 수 있는 상태에 대한 좋은 후보는 최대로 얽힌 상태 $|\Phi\rangle$이다. 여기서

$$|\Phi\rangle \equiv \frac{1}{\sqrt{N}} \sum_{i=0}^{N-1} |i\rangle|i\rangle \qquad (20.137)$$

최대로 얽힌 상태 Φ에 대한 텐서 곱 선로 $\mathcal{E} \otimes \overline{\mathcal{E}}$의 효과를 생각해보자.

$$(\mathcal{E} \otimes \overline{\mathcal{E}})(\Phi)$$

$$= \sum_{i,j=1}^{D} p_i p_j (U_i \otimes \overline{U}_j) \Phi (U_i^\dagger \otimes \overline{U}_j^\dagger) \tag{20.138}$$

$$= \sum_{i=j} p_i^2 (U_i \otimes \overline{U}_i) \Phi (U_i^\dagger \otimes \overline{U}_i^\dagger) + \sum_{i \neq j} p_i p_j (U_i \otimes \overline{U}_j) \Phi (U_i^\dagger \otimes \overline{U}_i^\dagger) \tag{20.139}$$

$$= \left(\sum_{i=1}^{D} p_i^2 \right) \Phi + \sum_{i \neq j} p_i p_j (U_i \otimes \overline{U}_j) \Phi (U_i^\dagger \otimes \overline{U}_i^\dagger) \tag{20.140}$$

여기서 마지막 줄에서는 임의의 연산자 M에 대해 $(M \otimes I)|\Phi\rangle = (I \otimes M^T)|\Phi\rangle$라는 사실을 사용했다(이것은 $(U \otimes \overline{U})|\Phi\rangle = |\Phi\rangle$임을 뜻한다). 위의 상태를 곱 상태를 이 선로에 입력해 나온 결과 상태와 비교할 때, 무작위 유니터리 연산자(같은 지표를 갖는 것들) 조합의 D가 최대로 얽힌 상태에 대해 효과가 없기 때문에 곱 상태보다 위의 상태가 잡음이 덜하다는 관점이 있다. 헤이스팅스(2009)의 기술을 사용하면 이 직관을 정밀하게 만들어서, N과 D가 충분히 큰 경우의 최소 출력 엔트로피에 대한 다음의 상계를 얻을 수 있다.

$$H^{\min}(\mathcal{E} \otimes \overline{\mathcal{E}}) \leq H((\mathcal{E} \otimes \overline{\mathcal{E}})(\Phi)) \tag{20.141}$$

$$\leq 2 \ln D - \frac{\ln D}{D} \tag{20.142}$$

그러나 같은 논문의 기술을 사용하면 다음을 또한 보일 수 있다.

$$H^{\min}(\mathcal{E}) \geq \ln D - \delta S^{\max} \tag{20.143}$$

여기서

$$\delta S^{\max} \equiv \frac{c}{D} + \mathrm{poly}(D) O \left(\sqrt{\frac{\ln N}{N}} \right) \tag{20.144}$$

c는 상수이며, $\mathrm{poly}(D)$는 D에 대해 다항식인 항을 나타낸다. 따라서 충분히 큰 D와 N에 대해 다음이 성립한다.

$$2 \delta S^{\max} < \frac{\ln D}{D} \tag{20.145}$$

그리고 가법성의 위반이 나타나는 선로의 존재성을 얻는다. 이것은

$$H^{\min}(\mathcal{E} \otimes \overline{\mathcal{E}}) \leq 2 \ln D - \frac{\ln D}{D} \tag{20.146}$$

$$< 2 \ln D - 2\delta S^{\max} \tag{20.147}$$

$$\leq H^{\min}(\mathcal{E}) + H^{\min}(\overline{\mathcal{E}}) \tag{20.148}$$

이기 때문이다.

20.6 맺음말

HSW 정리는 어떤 선로 부류의 고전 용량의 좋은 특성화를 제공하지만, 동시에 일반적인 양자 선로를 통한 고전 통신의 이해가 부족함을 보여준다. 더 정확히 하자면, 홀레보 정보는 가법적이기만 하면 항상 양자 선로 고전 용량의 유용한 특성화이지만, 정규화된 홀레보 정보는 이 양을 계산조차 할 수 없기 때문에 특성화로서 특별히 유용하지 않다. 이것은 고전 용량을 특성화하는 (만약 그런 공식이 가법적이라면) 더 좋은 공식이 존재할 수 있음을 시사한다. 이 책을 집필하는 시점에 그런 공식은 알려지지 않았다.

HSW 정리의 단점에도 불구하고, 이 정리는 적어도 정규화된 접근 가능한 정보를 이용해서 양자 선로 고전 용량의 가장 순진한 특성화를 넘어선 단계를 제공하기 때문에 여전히 흥미롭다. HSW 정리의 가장 큰 통찰은 송신자와 수신자가 선로의 홀레보 정보와 같은 속도로 통신할 수 있게 해주는 (부호의 무작위 선택에 대응하는) 명시적 POVM의 구성이다. 이 정리는 또한 다른 통신 상황에서 도달 가능한 속도를 정하는 데도 유용하다. 예를 들어 두 송신자가 유잡음 매체를 통해 하나의 수신자에게 통신하려고 할 때, 또는 한 명의 송신자가 수신자에게 고전 정보와 양자정보를 둘 다 전송하려고 할 때가 있다.

탈분극화 선로는 그 고전 용량에 대한 간단한 표현이 있는 양자 선로의 사례다. 게다가, 그 표현식은 선로의 용량에 도달하는 데 필요한 기법이 좀 더 고전적이라는 점, 즉 송신자가 부호단어를 어떤 정규직교 기저에서 균일하게 무작위로 선택하고, 수신자는 같은 정규직교 기저에서 개별 선로 출력에 측정을 수행하기만 하면 된다는 점을 드러낸다. 따라서 얽힘이 부호화기에서 아무런 역할을 하지 않고 복호화 측정이 개별 선로 출력에 작용하기 때문에 이 부호화 기법은 고전적이다.

끝으로, 그럴듯했던 가법성 추측이 성립하지 않는 헤이스팅스의 양자 선로 구성을 논의했다. 즉, 부호화기에 대한 얽힘이 통신 속도를 향상할 수 있는 선로가 존재한다. 이 초가법적 효과는 독특한 양자적 현상이다(정리 13.1.1이 고전 선로의 고전 상호 정보가 가법적이고 따라서 입력에서의 상관성이 용량을 증가시키지 않는다는 내용임을 생각해보자). 이 결과는 선로의 홀레보 정보로 나타낸 양자 선로 고전 용량의 가장 잘 알려진 특성화가 참 용량의 만족스러운 특성화로부터는 한참 멀다는 뜻이고, 여기서 밝혀내야 할 것이 여전히 매우 많이 남아 있다.

20.7 역사와 더 읽을거리

홀레보[Holevo](1973a)는 양자 선로를 사용하는 고전 정보의 통신에 대해 그의 이름이 걸린 한계를 처음으로 증명했다. 그리고 여러 해 후에 홀레보(1998) 및 슈마허[Schumacher]와 웨스트모어랜드[Westmoreland](1997)는 홀레보 정보가 고전 자료 전송에 있어 도달 가능한 속도임을 증명했다. 그 작업 바로 직전에, 하우스라덴[Hausladen] 등(1996)이 고전 입력을 받아들여서 그 입력에 조건부로 순수 상태를 내놓는 선로의 특수한 경우에 대한 홀레보 정보의 도달 가능성을 증명했다. 이들은 또한 그의 기초지식이 되는 논문(Hausladen et al., 1995)을 출판했고, 여기서 (순수 상태의 특수한 경우에 대한) 다음과 같은 핵심 질문에 답했다. "양자역학적으로 비트에 얼마나 많은 비트를 집어넣을 수 있는가?"

쇼어[Shor](2002a)는 얽힘파괴 선로에 대한 홀레보 정보의 가법성을 구성했다. 보웬[Bowen]과 나가라얀[Nagarajan](2005)은 얽힘파괴 선로의 고전 용량이 수신자에서 송신자로 보내지는 고전적 되먹임 선로[feedback channel]에 의해 더 향상되지 않음을 증명했다. 킹[King](2002)은 단위적 큐비트 선로에 대해 홀레보 정보의 가법성을 증명했고, 이후 탈분극화 선로에 대해서도 가법성을 보였다(King, 2003). 쇼어(2004a)는 나중에 몇 가지 가법성 추측의 등가성을 보였다(이 추측들은 전부 참이거나 전부 추측이다). 헤이든[Hayden](2007), 윈터[Winter](2007)의 논문과 이들의 공동논문(Hayden & Winter, 2008)은 가법성 추측의 반례를 보여준 헤이스팅스[Hastings](2009)의 작업을 이끌어내게 해준 몇 가지 결과를 증명했다. 따라서 방금 언급한 쇼어의 논문에 의해, 모든 가법성 추측은 일반적으로 거짓이다. 헤이스팅스의 결과를 이해하려는 시도의 후속작업이 많이 이뤄졌다(Brandao & Horodecki, 2010; Fukuda & King, 2010; Fukuda et al., 2010; Aubrun et al., 2011).

획기적인 결과로, 홀레보와 베르너^{Werner}(2001)의 결과에서 시작된 길고 긴 일련의 작업 위에, 지오바네티^{Giovannetti} 등(2015)이 모든 위상 둔감 양자 가우시안 선로의 고전 용량을 구성했다.

몇몇 논문에서는 가설 검정이라는 관점에서 HSW 부호화 정리를 이해하려는 시도가 있었다. 하야시^{Hayashi}와 나가오카^{Nagaoka}(2003)는 이 작업의 많은 부분을 시작했고, 하야시(2006)는 양자 가설 검정을 자신의 책에서 어느 정도 다뤘다. 모소니^{Mosonyi}와 다타^{Datta}(2009)는 같은 연장선상에서 몇 가지 후속작업을 했고, 왕^{Wang}과 레너^{Renner}(2012), 윌디^{Wilde}(2013)도 후속연구를 했다.

학자들은 오류 지수, 강한 역지수, 2차 특성화를 이용해 HSW 정리를 개선하는 데 노력을 기울였다. 이 장에서 제시한 HSW 정리의 증명으로부터, 만약 고전 통신의 속도 R이 가법적 상수에 의한 용량보다 작도록 고른다면 복호화 오류는 선로 사용 횟수 n이 증가함에 따라 지수함수적으로 빠르게 0으로 감소할 수 있음을 살펴봤다. 주어진 통신 속도에서 오류의 최적 지수함수적 감쇠 속도는 오류 지수라고 한다. 부르나셰프^{Burnashev}와 홀레보(1998)는 순수 상태 고전 양자 선로에 대한 최적 오류 지수의 하계를 유도했고, 홀레보(2000)는 섞인 상태 고전 양자 선로에 대한 오류 지수의 하계를 유도했다. 달라이^{Dalai}(2013)는 고전 양자 선로의 최적 오류 지수 상계를 유도했는데, 구 채우기 한계$^{sphere-packing\ bound}$라고 한다.

통신 속도가 가법적 상수에 의한 용량을 초과할 때 오류 확률의 거동이 궁금할 수 있다. 이 영역은 강한 역영역$^{strong\ converse\ regime}$이라고 하며, 통신 속도가 용량을 초과했을 때 오류 확률이 1에 가까워진다면 선로가 강한 역성질을 따른다. 윈터(1999a) 및 오가와^{Ogawa}와 나가오카(1999)는 고전 양자 선로의 고전 용량에 대한 강한 역정리를 증명했고, 쾨니히^{Koenig}와 웨너^{Wehner}(2009)는 어떤 대칭성을 갖는 선로에 대해, 윌디 등(2014)은 얽힘파괴 선로와 아다마르 선로에 대해, 바르단^{Bardhan} 등(2015)은 위상 둔감 양자 가우시안 선로에 대해, 딩^{Ding}과 윌디(2015)는 무잡음 고전 되먹임 선로의 보조를 받는 얽힘파괴 선로에 대해 증명했다.

2차 특성화는 오류 확률이 상수로 고정됐다면 통신 속도가 얼마나 빨리 용량에 수렴하는지 묻는다. 여기서 핵심 도구 중 하나는 중심 극한 정리의 베리-에센 개량$^{Berry-Esseen\ refinement}$이다(예를 들어, [Feller, 1971]이나 [Tyurin, 2010]을 참고하라). 토마미첼^{Tomamichel}과 탠^{Tan}(2015)은 고전 양자 선로에 대한 최적 2차 특성화를 유도했다(심지어

이를 넘어서 '가상 가법적image-additive' 선로에 대해 구성했다). 윌디 등(2016)은 순수 손실 보손 선로pure-loss bosonic channel에 대해 도달 가능한 2차 전략을 특징지었다(그 역 부분은 미해결 상태다).

21

얽힘보조 고전 통신

이제까지, 공유된 얽힘이 양자 통신에서 자주 도움이 되는 것을 살펴봤다. 이것은 무잡음 큐비트 선로의 경우 어느 정도 사실이다. 공유된 얽힘이 없으면 송신자가 무잡음 양자 선로를 통해 신뢰성 있게 보낼 수 있는 가장 고전적인 정보는 단지 1 고전 비트다(연습문제 4.2.2와 연습문제 11.9.2의 홀레보 한계를 생각해보자). 공유된 얽힘이 있으면 7장의 초고밀도 부호화 자원 부등식에 도달할 수 있다.

$$[q \rightarrow q] + [qq] \geq 2\,[c \rightarrow c] \tag{21.1}$$

즉, 1개의 무잡음 큐비트 선로와 1개의 공유된 무잡음 얽힘비트를 사용해 송신자는 2개의 고전 비트를 신뢰성 있게 전송할 수 있다.

그러면 자연스럽게 고려해야 할 질문은 유잡음 양자 선로 $\mathcal{N}$을 통한 고전 정보의 전송에 공유된 얽힘이 도움이 될 수 있는가다. 간략화할 첫 번째 가정으로, 앨리스와 밥이 원하는 만큼 무한한 수의 얽힘을 공급받는다고 하자. 그리고 얼마나 많은 고전 정보를 앨리스가 밥에게 그런 얽힘보조 양자 선로를 통해 신뢰성 있게 전송할 수 있는지 알고 싶다고 하자. 즉, 다음의 자원 부등식에서 고전 통신의 가장 높은 도달 가능한 속도 C를 결정하려는 것이다.

$$\langle \mathcal{N} \rangle + \infty\,[qq] \geq C\,[c \rightarrow c] \tag{21.2}$$

이 질문에 대한 답은 양자 섀넌 이론의 가장 강력한 알려진 결과 중 하나로, 얽힘보조 고전 용량 정리가 답을 준다. 이 정리는 양자 선로 $\mathcal{N}$의 상호 정보 $I(\mathcal{N})$이 얽힘보조 고전 용량과 같다는 내용이다. 여기서

$$I(\mathcal{N}) \equiv \max_{\varphi_{AA'}} I(A; B)_\rho \tag{21.3}$$

이고, $\rho_{AB} \equiv \mathcal{N}_{A' \to B}(\varphi_{AA'})$이다. 그리고 최대화는 $\varphi_{AA'}$ 형태를 갖는 모든 순수한 2분할 상태에 대해 이뤄진다. 용량을 특성화하기 위해 이 공식을 정규화할 필요가 없음을 강조한다(이전 장에서 했던 대로, 그리고 양자 섀넌 이론에서는 꽤 자주 필요하다). 이 공식의 값은 용량과 같다. 또한 식 (21.3)의 공식을 시작하는 최적화 작업은 쉬운 볼록 최적화 절차다. 양자 상호 정보가 입력 상태 $\varphi_{A'}$에 대해 오목이고(13장의 정리 13.4.2를 생각해보자.) 밀도 연산자의 집합이 볼록이기 때문에 임의의 국소적 최댓값은 광역 최댓값이다.

정보 이론가의 관점에서, 특정 조작적 작업에 도달하기 위한 최적 속도와 같은 다루기 쉬운 공식이 존재할 때만 용량 정리가 풀렸다고 말할 수 있다. 이 공식은 임의의 양자 선로에 적용될 수 있어야 하고, 그 선로의 함수가 되어야 한다. 반면에, 용량 정리는 여전히 풀리지 않았다. 위의 문장에는 더 자세히 설명해야 하는 조작적 단어들이 있다. 공식이 다루기 쉬워야 한다는 것은 선로의 입력계 차원에 대해 풀기 위해 효율적인 최적화 작업을 개시할 수 있다는 뜻이다. 이 공식은 주어진 정보 처리 작업에 대해 최적의 도달 가능한 속도를 제시해야 하는데, 이것은 만약 속도가 선로의 용량을 초과한다면 임의의 그러한 통신 규약의 오류 확률이 0을 벗어나 선로의 사용 횟수가 커짐에 따라 늘어난다는 것이다.[1] 끝으로, 아마 가장 강한(관련되긴 했지만) 기준은 공식 그 자체가(그 정규화가 아니라) 임의의 양자 선로의 용량을 제시해야 한다는 점이다. 어떤 선로의 홀레보 정보가 고전 통신에 대해 도달 가능한 속도임을 보여준 HSW 부호화 정리의 성공에도 불구하고, 양자 선로의 고전 용량은 여전히 풀리지 않았다. 왜냐하면 홀레보 정보가 그 선로의 용량과 같지 않은 선로의 사례가 있기 때문이다(20.5절 참고). 따라서 이 공식이 용량을 줘야 한다는 점에서 출발하는 강한 요구사항이 주어졌을 때 식 (21.3)의 공식이 임의의 선로의 얽힘보조 고전 용량과 같다는 것은 좀 더 인상적이다. 이런 점에서 공유된 얽힘은 양자 섀넌 이론을 단순화한다.

---

[1] 이 요구조건을 점근적 극한에서 오류 확률이 지수함수적으로 커져서 1에 가까워질 것이라고 훨씬 강화할 수도 있다. 그런 요구조건을 만족시키는 것은 **강한 역정리**(strong converse theorem)의 증명을 구성할 것이다.

이 장은 얽힘보조 고전 용량 정리의 이해할 수 있는 연구를 제시한다. 얽힘보조 양자 선로를 통한 고전 통신에 대한 일반적인 통신 규약의 모든 단계로 구성된 정보 처리 작업을 정의하여 시작한다. 그리고 초고밀도 부호화의 영감을 받은, 그리고 일반적 경우에 대한 전략에 영감을 주는 얽힘보조 고전 부호화 전략의 간단한 사례를 제시한다. 21.3절은 얽힘보조 고전 용량 정리를 설명한다. 21.4절은 15장의 강한 양자 전형성과 16장의 포장 보조정리를 사용해 직접 부호화 정리의 증명을 제시한다. 이 정리는 식 (21.3)의 속도가 얽힘보조 고전 통신에서 도달 가능한 속도임을 보인다. 이 통신 규약에서 한 발짝 물러서면, 이것이 단지 미화된 초고밀도 부호화가 유잡음 양자 선로에 적용된 것임을 깨닫게 된다. 21.5절은 얽힘보조 고전 용량 정리의 역의 증명을 제시한다. 이 증명은 AFW 부등식, 양자 자료처리 부등식, 양자 상호 정보의 연쇄 규칙과 같은 익숙한 도구(모두 11장에서 제시됨)를 사용하고 마지막 부분에서는 양자 선로의 상호 정보(13장에서 나옴)의 가법성을 사용한다. 역정리는 식 (21.3)의 속도가 최적임을 말한다. 용량 정리의 증명을 완료하면, 양자 되먹임 선로에 의해 보조받는 양자 선로의 고전 용량이 그 선로의 얽힘보조 고전 용량과 같다는 흥미로운 결과를 보일 것이다. 이 장은 양자 삭제 선로와 진폭 감쇠 선로 둘 다의 얽힘보조 고전 용량을 계산하며 마무리된다. 두 가지 선로의 얽힘보조 용량 계산은 연습문제로 남겨두겠다.

21.1 정보 처리 작업

얽힘보조 고전 통신의 정보 처리 작업을 명시적으로 정의하면서 시작하겠다. 즉, (n, C, ε) 얽힘보조 부호를 정의하는데, 그 의미는 C라는 속도에 도달 가능하다는 것이다. 통신 규약을 시작하기 전에, 앨리스와 밥이 어떤 형태로든지 순수 상태 얽힘을 공유하고 있다고 가정한다. $\Psi_{T_A T_B}$가 이 상태를 나타낸다고 하자. 앨리스가 메시지의 집합 M에서 어떤 메시지 m을 고른다. M은 앨리스가 고른 메시지에 해당하는 무작위 변수를 나타낸다고 하고, $|M|$은 집합 M의 농도다. 앨리스는 어떤 부호화 선로 $\mathcal{E}^m_{T_A \to A'^n}$을 자신의 선택에 의존하는 얽힘 상태 $\Psi_{T_A T_B}$에서 자신이 가진 부분에 적용한다. 그러면 전체 상태는

$$\mathcal{E}^m_{T_A \to A'^n}(\Psi_{T_A T_B}) \tag{21.4}$$

가 된다. 앨리스는 유잡음 선로 $\mathcal{N}_{A' \to B}$를 독립적으로 n회 사용해 A'^n계를 전송하는

데, 다음의 상태가 유도된다.

$$\mathcal{N}_{A'^n \to B^n}(\mathcal{E}^m_{T_A \to A'^n}(\Psi_{T_A T_B})) \tag{21.5}$$

여기서 $\mathcal{N}_{A'^n \to B^n} \equiv (\mathcal{N}_{A' \to B})^{\otimes n}$이다. 밥은 계 B^n을 수신하여 얽힘 상태의 자기 부분 T_B와 결합하고, 앨리스가 전송한 메시지 m을 검출하기 위해 출력 선로 B^n과 얽힘의 자기 부분 T_B에 대해 POVM $\{\Lambda^m_{B^n T_B}\}$을 수행한다. 그림 21.1은 얽힘보조 고전 통신에 대한 그러한 일반적 통신 규약을 묘사한다.

M'이 밥의 복호화 POVM의 출력(이것은 메시지에 대한 밥의 추정을 나타낸다.)에 대응하는 무작위 변수를 나타낸다고 하자. 밥이 앨리스의 메시지를 정확히 복원할 가능성은

$$\Pr\{M' = m | M = m\} = \text{Tr}\{\Lambda^m_{B^n T_B} \mathcal{N}_{A'^n \to B^n}(\mathcal{E}^m_{T_A \to A'^n}(\Psi_{T_A T_B}))\} \tag{21.6}$$

이고, 메시지 m의 오류 확률 $p_e(m)$은 다음과 같다.

$$p_e(m) \equiv \text{Tr}\{(I - \Lambda^m_{B^n T_B}) \mathcal{N}_{A'^n \to B^n}(\mathcal{E}^m_{T_A \to A'^n}(\Psi_{T_A T_B}))\} \tag{21.7}$$

이 부호화 기법에서 최대 오류 확률 p_e^*는

$$p_e^* \equiv \max_{m \in \mathcal{M}} p_e(m) \tag{21.8}$$

이고, 통신 속도 C는 다음과 같다.

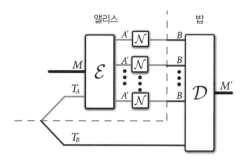

그림 21.1 얽힘보조 고전 통신의 가장 일반적인 통신 규약. 앨리스가 자신의 고전 메시지 M과 얽힘 상태에서 자신이 가진 부분 T_A에 부호화기를 적용하고, 부호화된 계 A'^n을 통신 선로를 여러 번 사용해 입력한다. 밥은 선로의 출력을 수신하여 얽힘의 자기 부분과 결합하고, 앨리스가 전송한 메시지를 추정하기 위해 어떤 부호화 연산을 수행한다.

$$C \equiv \frac{1}{n} \log |\mathcal{M}| \tag{21.9}$$

이 부호는 $p_e^* \leq \varepsilon$인 경우 ε의 오류를 갖는다.

모든 $\varepsilon \in (0, 1)$, $\delta > 0$과 충분히 큰 n에 대해 어떤 $(n, C - \delta, \varepsilon)$인 얽힘보조 고전 부호가 존재한다면, 얽힘보조 고전 통신의 속도 C는 도달 가능하다. 양자 선로 $\mathcal{N}$의 얽힘보조 고전 용량 $C_{\mathrm{EA}}(\mathcal{N})$은 모든 도달 가능한 속도의 상한과 같다.

21.2 예비적 사례

먼저, 큐디트에 대한 몇 가지 항목을 다시 떠올려보자. 최대로 얽힌 큐디트 상태는 $|\Phi\rangle_{AB} \equiv d^{-1/2} \sum_{i=0}^{d-1} |i\rangle_A |i\rangle_B$로 정의된다. 3.7.2절에서 하이젠베르크-와일 연산자 $X(x)$와 $Z(z)$가 파울리 행렬을 d차원으로 확장한 것임을 떠올려보자.

$$X(x) \equiv \sum_{x'=0}^{d-1} |x + x'\rangle\langle x'|, \qquad Z(z) \equiv \sum_{z'=0}^{d-1} e^{2\pi i z z'/d} |z'\rangle\langle z'| \tag{21.10}$$

$|\Phi^{x,z}\rangle_{AB}$가 앨리스가 연산자 $X(x)Z(z)$를 최대로 얽힌 상태 $|\Phi\rangle_{AB}$의 자기 부분에 적용했을 때의 결과 상태를 나타낸다고 하자.

$$|\Phi^{x,z}\rangle_{AB} \equiv (X_A(x)Z_A(z) \otimes I_B) |\Phi\rangle_{AB} \tag{21.11}$$

연습문제 3.7.11을 떠올려보면, 상태 $\{|\Phi^{x,z}\rangle_{AB}\}_{x,z=0}^{d-1}$이 완전한 정규직교 기저를 형성한다.

$$\langle \Phi^{x_1,z_1} | \Phi^{x_2,z_2} \rangle_{AB} = \delta_{x_1,x_2} \delta_{z_1,z_2}, \qquad \sum_{x,z=0}^{d-1} |\Phi^{x,z}\rangle\langle\Phi^{x,z}|_{AB} = I_{AB} \tag{21.12}$$

π_{AB}가 앨리스와 밥의 계에 최대로 섞인 상태를 나타낸다고 하자. 즉, $\pi_{AB} = I_{AB}/d^2$이다. 그리고 π_A와 π_B가 각각 앨리스와 밥의 계에 최대로 섞인 상태를 나타낸다고 하자. 즉, $\pi_A \equiv I_A/d$이고 $\pi_B \equiv I_B/d$이다. $\pi_{AB} = \pi_A \otimes \pi_B$임을 알아두자.

이제 단순한 전략을 생각해본다. 이 전략은 초고밀도 부호화와 정리 20.3.1의 HSW 부호화 기법에서 영감을 얻은 것으로, 앨리스와 밥이 얽힘보조 고전 통신을 사용할 수 있다는 것이다. 즉, 얽힘보조 고전 통신에 대해 좋은 부호가 존재함을 보이기

위해 HSW 부호화 정리를 적용할 수 있도록 초고밀도 부호화와 유사한 전략을 써서 밥이 수신하는 쪽에 특정한 앙상블을 만들어내는 것이다. 앨리스와 밥이 최대로 얽힌 큐디트 상태 $|\Phi\rangle_{AB}$를 갖고 있다고 하자. 앨리스는 각각 $\{0, ..., d-1\}$에서 두 기호 x와 z를 균일하게 무작위로 선택한다. 앨리스는 연산자 $X(x)Z(z)$를 최대로 얽힌 상태 $|\Phi\rangle_{AB}$의 자기 부분에 적용하고, 그 결과 상태는 $|\Phi^{x,z}\rangle_{AB}$이다. 그런 다음, 자신의 계 A를 유잡음 선로 $\mathcal{N}_{A\to B'}$을 통해 전송하고, 밥은 선로로부터 출력 B'을 받는다. 전체 계에 대한 유잡음 선로는 $\mathcal{N}_{A\to B'} \otimes \mathrm{id}_B$이고, 밥이 받은 앙상블은 다음과 같다.

$$\{d^{-2}, (\mathcal{N}_{A\to B'} \otimes \mathrm{id}_B)(\Phi^{x,z}_{AB})\} \tag{21.13}$$

이것은 선로를 한 번만 쓰고 1개의 공유된 얽힘 상태를 한 번 사용해서 준비할 수 있는 앙상블을 구성한다(그림 21.2가 이 모든 단계를 묘사한다). 하지만 일반적으로는 선로를 여러 번 사용하도록 할 수 있고, 아무리 많은 얽힘이라도 필요한 만큼 사용하도록 한다. 그러면 밥은 앨리스가 전송한 메시지를 알아내기 위해 얽힘의 자기 부분과 선로 출력 모두에 대한 집합적 측정을 수행할 수 있다.

위의 상황이 HSW 부호화와 유사함을 생각해보자. 20장의 정리 20.3.1은 위 앙상블의 홀레보 정보가 이런 얽힘보조 양자 선로를 통한 고전 통신의 도달 가능한 속도라는 내용이다. 따라서 식 (21.13) 앙상블의 홀레보 정보를 계산한 것만으로도 정리 20.3.1의 다음과 같은 따름정리를 이미 설명하고 증명한 것이다.

【따름정리 21.2.1】 상태 $\sigma_{AB} \equiv \mathcal{N}_{A'\to B}(\Phi_{AA'})$의 양자 상호 정보 $I(A;B)_\sigma$는 양자 선로 $\mathcal{N}_{A'\to B}$를 통한 얽힘보조 고전 통신에 대해 도달 가능한 속도다.

【증명】 식 (21.13)의 앙상블이 다음의 고전 양자 상태로 사상시킴을 생각해보자.

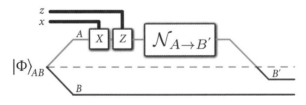

그림 21.2 초고밀도 부호화에서 영감을 받은 간단한 기법. 밥의 수신 측에서 앙상블을 구성하기 위해 앨리스와 밥이 공유된 얽힘과 유잡음 선로를 사용한다.

$$\rho_{XZB'B} \equiv \sum_{x,z=0}^{d-1} \frac{1}{d^2} |x\rangle\langle x|_X \otimes |z\rangle\langle z|_Z \otimes (\mathcal{N}_{A \to B'} \otimes \mathrm{id}_B)(\Phi_{AB}^{x,z}) \qquad (21.14)$$

이 양자 상태의 홀레보 정보는 $I(XZ;\ B'B)_\rho = H(B'B)_\rho - H(B'B|XZ)_\rho$이고, 정리 20.3.1의 직접 부분에 의해 선로 $\mathcal{N}_{A' \to B}$를 통해 얽힘보조 고전 통신에 대해 도달 가능한 속도다. 이제 계산을 해보자. 먼저, 고전 레지스터 XZ에 대해 대각합을 취하여 엔트로피 $H(B'B)_\rho$를 결정한다.

$$\mathrm{Tr}_{XZ}\{\rho_{XZB'B}\} = \sum_{x,z=0}^{d-1} \frac{1}{d^2}(\mathcal{N}_{A \to B'} \otimes \mathrm{id}_B)(\Phi_{AB}^{x,z}) \qquad (21.15)$$

$$= (\mathcal{N}_{A \to B'} \otimes \mathrm{id}_B)\left(\sum_{x,z=0}^{d-1} \frac{1}{d^2}\Phi_{AB}^{x,z}\right) \qquad (21.16)$$

$$= (\mathcal{N}_{A \to B'} \otimes \mathrm{id}_B)(\pi_{AB}) \qquad (21.17)$$

$$= \mathcal{N}_{A \to B'}(\pi_A) \otimes \pi_B \qquad (21.18)$$

여기서 세 번째 등식은 식 (21.12)에서 유도된다. 따라서 엔트로피 $H(B'B)$는 다음과 같다.

$$H(B'B) = H(\mathcal{N}_{A \to B'}(\pi_A)) + H(\pi_B) \qquad (21.19)$$

이제 조건부 양자 엔트로피 $H(B'B|XZ)_\rho$를 결정한다.

$$H(B'B|XZ)_\rho$$

$$= \sum_{x,z=0}^{d-1} \frac{1}{d^2} H((\mathcal{N}_{A \to B'} \otimes \mathrm{id}_B)(\Phi_{AB}^{x,z})) \qquad (21.20)$$

$$= \frac{1}{d^2}\sum_{x,z=0}^{d-1} H\left(\mathcal{N}_{A \to B'}\left[(X_A(x)Z_A(z))(\Phi_{AB})\left(Z_A^\dagger(z)X_A^\dagger(x)\right)\right]\right) \qquad (21.21)$$

$$= \frac{1}{d^2}\sum_{x,z=0}^{d-1} H\left(\mathcal{N}_{A \to B'}\left[Z_B^T(z)X_B^T(x)(\Phi_{AB})X_B^*(x)Z_B^*(z)\right]\right) \qquad (21.22)$$

$$= \frac{1}{d^2}\sum_{x,z=0}^{d-1} H\left(Z_B^T(z)X_B^T(x)\left[(\mathcal{N}_{A \to B'})(\Phi_{AB})\right](X_B^*(x)Z_B^*(z))\right) \qquad (21.23)$$

$$= H(\mathcal{N}_{A \to B'}(\Phi_{AB})) \qquad (21.24)$$

첫 번째 등식은 계 XZ가 고전적이기 때문에 유도된다(11.4.1절에서의 결과를 떠올려보자). 두 번째 등식은 상태 $\Phi_{AB}^{x,z}$의 정의에서 유도된다. 세 번째 등식은 연습문제 3.7.12의 '전치 기교'를 사용해 유도한다. 네 번째 등식은 밥의 계에 작용하는 전치된 유니터리 연산자가 선로의 작용과 교환 가능하기 때문에 성립한다. 끝으로, 상태의 엔트로피는 유니터리 연산에 대해 불변이므로 성립한다. 따라서 식 (21.14)의 상태 $\rho_{XZB'B}$의 홀레보 정보 $I(XZ; B'B)_\rho$는

$$I(XZ; B'B)_\rho = H(\mathcal{N}(\pi_A)) + H(\pi_B) - H((\mathcal{N}_{A\to B'} \otimes \mathrm{id}_B)(\Phi_{AB})) \quad (21.25)$$

와 같다. 동등하게, 이것을 상태 $\rho_{AB} \equiv \mathcal{N}_{A'\to B}(\Phi_{AA'})$에 대해 계산된 양자 상호 정보 $I(A; B)_\sigma$로 적을 수도 있다. □

어떤 선로에 대해, 따름정리 21.2.1의 양자 상호 정보는 그 선로의 얽힘보조 고전 용량과 같다. 몇 가지 예를 들자면 이것은 탈분극화 선로, 결어긋남 선로, 삭제 선로에 대해 발생한다. 하지만 진폭 감쇠 선로와 같은 선로 사례가 있다. 이 경우에는 따름정리 21.2.1의 양자 상호 정보가 얽힘보조 용량과 같지 않다. 일반적으로는 식 (21.3)의 선로의 양자 상호 정보가 선로의 얽힘보조 용량과 같다는 것이 직관적일 것이다. 다음 절의 목표는 이것을 증명하는 것이다.

【연습문제 21.2.1】 얽힘보조 탈분극화 선로에 대해 고전 정보를 전송하고 검출하는 다음의 전략을 생각해보자. 앨리스는 상태 $|\Phi^{x_1,z_1}\rangle_{AB}$를 균일하게 무작위로 선택하고, A 계를 탈분극화 선로 $\mathcal{N}_{A\to B'}^D$를 통해 전송한다. 여기서

$$\mathcal{N}_{A\to B'}^D(\rho) \equiv (1-p)\rho + p\pi \quad (21.26)$$

밥은 계의 출력 B'을 수신하고, 얽힘의 자기 부분 B와 결합한다. 그리고 밥은 벨 기저 $\{|\Phi^{x_2,z_2}\rangle\langle\Phi^{x_2,z_2}|_{B'B}\}$에서 이 계에 측정을 수행한다. 유도된 고전 선로 $p_{Z_2X_2|Z_1X_1}(z_2, x_2|z_1, x_1)$에 대해 단순화된 표현을 알아내라. 여기서

$$
\begin{aligned}
&p_{Z_2X_2|Z_1X_1}(z_2, x_2|z_1, x_1) \\
&\equiv \langle\Phi^{x_2,z_2}| (\mathcal{N}_{A\to B'}^D \otimes \mathrm{id}_B) (|\Phi^{x_1,z_1}\rangle\langle\Phi^{x_1,z_1}|_{AB}) |\Phi^{x_2,z_2}\rangle \quad (21.27)
\end{aligned}
$$

선로 $p_{Z_2X_2|Z_1X_1}(z_2, x_2|z_1, x_1)$의 고전 용량은 탈분극화 선로의 얽힘보조 고전 용량과 같음을 보여라(탈분극화 선로의 얽힘보조 고전 용량을 따름정리 21.2.1에 주어진 대로 사용해

도 무방하다). 따라서 용량에 도달하기 위해 수신자가 다수의 선로 출력에 대한 집합적 측정을 수행할 필요가 없고, 수신 측에서 한 채널에 대한 벨 측정을 수행하는 것으로 충분하다.

21.3 얽힘보조 용량 정리

이제 얽힘보조 고전 용량 정리를 설명하겠다. 21.4절에서는 이 정리의 직접 부분을 증명하고, 21.5절에서는 그 역 부분을 증명한다.

【정리 21.3.1】베넷-쇼어-스몰린-타피리얄 양자 선로의 얽힘보조 고전 용량은 그 선로의 상호 정보와 같다.

$$C_{\text{EA}}(\mathcal{N}) = I(\mathcal{N}) \tag{21.28}$$

여기서 선로 $\mathcal{N}$의 상호 정보 $I(\mathcal{N})$은 $I(\mathcal{N}) \equiv \max_{\varphi_{AA'}} I(A\,;\,B)_\rho$로 정의되며, $\rho_{AB} \equiv \mathcal{N}_{A'\to B}(\varphi_{AA'})$이고, $\varphi_{AA'}$은 순수한 2분할 상태다.

21.4 직접 부호화 정리

직접 부호화 정리는 도달 가능성에 대한 진술이다.

【정리 21.4.1】직접 부호화 다음의 자원 부등식은 양자 선로 $\mathcal{N}_{A'\to B}$를 통한 얽힘보조 고전 통신에 대한 도달 가능한 통신 규약에 해당한다.

$$\langle\mathcal{N}\rangle + H(A)_\rho\,[qq] \geq I(A;B)_\rho\,[c\to c] \tag{21.29}$$

여기서 $\rho_{AB} \equiv \mathcal{N}_{A'\to B}(\varphi_{AA'})$이다.

【증명】 앨리스와 밥이 임의의 순수한 2분할 얽힘 상태 $|\varphi\rangle_{AB}$의 사본 n개를 공유한다고 하자. 이것은 21.1절에서 논의했듯이 얽힘보조 통신의 상황에서 허용된다. 대신에, 둘은 19.4.2절에서 논의한 얽힘희석 통신 규약을 사용해 $nH(A)$개의 공유된 얽힘 비트를 $|\varphi\rangle_{AB}$의 사본 $\approx n$개로 변환할 수 있다(그렇게 하려면 부선형적인 양의 고전 통신이 필요할 수 있는데, 그 정도는 무시할 수 있다). 21.2절에서 개략적으로 설명한 대로 유사한 부호화 기법을 적용할 것이다. 예를 들어, 연습문제 3.7.12에서 전치 기교를 사용하

면 유용할 수 있지만, 이 기교는 최대로 얽힌 상태에만 적용할 수 있기 때문에 직접적으로 그렇게 하지는 않을 것이다. 하지만 대신에 앨리스와 밥이 최대로 얽힌 상태의 직합$^{\text{direct sum}}$으로 분해되는 상태 $|\varphi\rangle_{AB}$의 사본 다수를 공유한다는 사실을 사용할 수 있다. 먼저, 모든 순수 2분할 상태가 슈미트 분해를 가짐을 생각해보자(정리 3.8.1).

$$|\varphi\rangle_{AB} \equiv \sum_x \sqrt{p_X(x)}|x\rangle_A|x\rangle_B \tag{21.30}$$

여기서 모든 x에 대해 $p_X(x) > 0$이고 $\sum_x p_X(x) = 1$이며, $\{|x\rangle_A\}$와 $\{|x\rangle_B\}$는 각각 앨리스와 밥에 대한 정규직교 기저다. 위의 상태에 대해 다음과 같은 형태의 사본 n개를 취한다고 하자.

$$|\varphi\rangle_{A^nB^n} \equiv \sum_{x^n} \sqrt{p_{X^n}(x^n)}|x^n\rangle_{A^n}|x^n\rangle_{B^n} \tag{21.31}$$

여기서 $x^n \equiv x_1\cdots x_n$, $p_{X^n}(x^n) \equiv p_X(x_1)\cdots p_X(x_n)$, $|x^n\rangle \equiv |x_1\rangle\cdots|x_n\rangle$이다. 그러면 위의 상태를 그 형식 분해로 적을 수 있다(14.7.1절 참고).

$$|\varphi\rangle_{A^nB^n} = \sum_t \sum_{x^n \in T_t} \sqrt{p_{X^n}(x^n)}|x^n\rangle_{A^n}|x^n\rangle_{B^n} \tag{21.32}$$

$$= \sum_t \sqrt{p_{X^n}(x_t^n)} \sum_{x^n \in T_t} |x^n\rangle_{A^n}|x^n\rangle_{B^n} \tag{21.33}$$

$$= \sum_t \sqrt{p_{X^n}(x_t^n)d_t} \frac{1}{\sqrt{d_t}} \sum_{x^n \in T_t} |x^n\rangle_{A^n}|x^n\rangle_{B^n} \tag{21.34}$$

$$= \sum_t \sqrt{p(t)}|\Phi_t\rangle_{A^nB^n} \tag{21.35}$$

이것은 다음의 정의로부터 유도된다.

$$p(t) \equiv p_{X^n}(x_t^n)d_t \tag{21.36}$$

$$|\Phi_t\rangle_{A^nB^n} \equiv \frac{1}{\sqrt{d_t}} \sum_{x^n \in T_t} |x^n\rangle_{A^n}|x^n\rangle_{B^n} \tag{21.37}$$

식 (21.32)의 첫 번째 등식은 상태를 또 다른 형식류 부분공간으로 분해하여 유도한다. 그다음 등식은 $p_{X^n}(x^n)$이 같은 형식류에 있는 모든 수열 x^n에 대해 똑같고, 확률 분포가 i.i.d.이기 때문에 유도된다(x_t^n을 형식류 T_t에 있는 모든 수열의 어떤 대표적 수열이라고 하자). 세 번째 등식은 형식류 부분공간 T_t의 차원으로 d_t를 도입하여 유도한다.

식 (21.35)의 마지막 등식은 정의에서 유도된다. 상태 $|\Phi_t\rangle_{A^nB^n}$이 최대로 얽혀 있음을 알아두자.

각 상태 $|\Phi_t\rangle_{A^nB^n}$은 슈미트 랭크 d_t를 갖는 최대로 얽힌 상태이고, 따라서 형식류 부분공간에 작용하는 연산자에 대해 전치 기교를 적용할 수 있다. 21.2절의 초고밀도 부호화와 유사한 전략에서 착안하여, 앨리스가 $|\Phi_t\rangle_{A^nB^n}$의 A^n쪽에 작용하는 d_t^2개의 하이젠베르크-와일 연산자 집합에서 유니터리 연산자를 고르게 한다. 이 연산자 중 하나를 $V(x_t, z_t) \equiv X(x_t)Z(z_t)$라고 나타내고, 여기서 $x_t, z_t \in \{0, ..., d_t - 1\}$이다. 만약 앨리스가 모든 형식류 부분공간에 대해 이렇게 하고, 각 부분공간에 위상 $(-1)^{b_t}$를 적용하면, 그 결과 앨리스의 A^n계 전체에 작용하는 유니터리 연산자 $U(s)$는 이 모든 유니터리 연산자의 직합이다.

$$U(s) \equiv \bigoplus_t (-1)^{b_t} V(x_t, z_t) \tag{21.38}$$

여기서 s는 유니터리 연산자 $U(s)$를 특정하는 데 필요한 표시를 전부 포함하는 벡터다.

$$s \equiv ((x_t, z_t, b_t))_t \tag{21.39}$$

$\mathcal{S}$가 모든 가능한 벡터 s의 집합을 나타낸다고 하자. 이 특정한 유니터리 연산에 대한 전치 기교는 다음과 같이 성립한다.

$$(U_{A^n}(s) \otimes I_{B^n}) |\varphi\rangle_{A^nB^n} = \left(I_{A^n} \otimes U_{B^n}^T(s)\right) |\varphi\rangle_{A^nB^n} \tag{21.40}$$

이것은 다음과 같이 전치 기교가 각 형식류 부분공간에서 적용되기 때문이다.

$$
\begin{aligned}
&(U_{A^n}(s) \otimes I_{B^n}) |\varphi\rangle_{A^nB^n} \\
&= \left(\bigoplus_t (-1)^{b_t} V_{A^n}(x_t, z_t)\right) \sum_t \sqrt{p(t)} |\Phi_t\rangle_{A^nB^n} \tag{21.41} \\
&= \sum_t \sqrt{p(t)} (-1)^{b_t} V_{A^n}(x_t, z_t) |\Phi_t\rangle_{A^nB^n} \tag{21.42} \\
&= \sum_t \sqrt{p(t)} (-1)^{b_t} V_{B^n}^T(x_t, z_t) |\Phi_t\rangle_{A^nB^n} \tag{21.43} \\
&= \left(\bigoplus_t (-1)^{b_t} V_{B^n}^T(x_t, z_t)\right) \sum_t \sqrt{p(t)} |\Phi_t\rangle_{A^nB^n} \tag{21.44}
\end{aligned}
$$

$$= \left(I_{A^n} \otimes U_{B^n}^T(s) \right) |\varphi\rangle_{A^n B^n} \qquad (21.45)$$

앨리스가 무작위 부호를 선택할 수 있는 방법을 구성해야 한다. 앨리스가 전송하려는 모든 메시지 $m \in \mathcal{M}$에 대해 앨리스는 벡터 $s \in \mathcal{S}$의 원소를 균일하게 무작위로 고를 수 있어서, 특정한 유니터리 연산자 $U(s)$를 이끌어낼 수 있다. 벡터 s와 메시지 m 사이의 명시적 연관성을 나타내기 위해 단지 s라고 적는 대신에 $s(m)$이라고 적을 수 있다. 즉, 각각의 선택된 벡터 $s(m)$을 $\{s(m)\}_{m \in \{1,\dots,|\mathcal{M}|\}}$이라는 부호책의 고전 부호단어로 생각할 수 있다. 이 무작위 선택 절차는 다음 형태의 얽힘보조 양자 부호단어를 유도한다.

$$|\varphi_m\rangle_{A^n B^n} \equiv \left(U_{A^n}(s(m)) \otimes I_{B^n} \right) |\varphi\rangle_{A^n B^n} \qquad (21.46)$$

그러면 앨리스는 자신의 계 A^n을 양자 선로 $\mathcal{N}_{A \to B'}$을 여러 번 사용해 전송하고, 완전히 밥의 통제에 있는 다음의 상태를 이끌어낸다.

$$\mathcal{N}_{A^n \to B'^n}(|\varphi_m\rangle\langle\varphi_m|_{A^n B^n}) \qquad (21.47)$$

흥미롭게도, 식 (21.40)의 전치 기교를 사용하면 위의 상태는 아래의 식 (21.50)과 같다.

$$\mathcal{N}_{A^n \to B'^n}(|\varphi_m\rangle\langle\varphi_m|_{A^n B^n})$$
$$= \mathcal{N}_{A^n \to B'^n}(U_{A^n}(s(m))|\varphi\rangle\langle\varphi|_{A^n B^n} U_{A^n}^\dagger(s(m))) \qquad (21.48)$$
$$= \mathcal{N}_{A^n \to B'^n}(U_{B^n}^T(s(m))|\varphi\rangle\langle\varphi|_{A^n B^n} U_{B^n}^*(s(m))) \qquad (21.49)$$
$$= U_{B^n}^T(s(m)) \mathcal{N}_{A^n \to B'^n}(|\varphi\rangle\langle\varphi|_{A^n B^n}) U_{B^n}^*(s(m)) \qquad (21.50)$$

이 전치 기교가 따름정리 21.2.1의 증명 사례와 마찬가지로, 앨리스의 부호화 유니터리 연산자 $U(s(m))$을 선로의 작용과 교환 가능하게 해줌을 알아두자.

$$\rho_{B'^n B^n} \equiv \mathcal{N}_{A^n \to B'^n}(|\varphi\rangle\langle\varphi|_{A^n B^n}) \qquad (21.51)$$

이라고 하자. 그러면 다음이 성립한다.

$$\mathcal{N}_{A^n \to B'^n}(|\varphi_m\rangle\langle\varphi_m|_{A^n B^n}) = U_{B^n}^T(s(m))\rho_{B'^n B^n} U_{B^n}^*(s(m)) \qquad (21.52)$$

【일러두기 21.4.1】텐서 거듭제곱 선로 출력 상태 위에 주어진 부호화 기법을 사용할 때, 선로 출력의 축소된 상태(B^n의 얽힘에서 밥의 부분을 무시하여 얻음)는 텐서 거듭제곱 상태

와 같고, 앨리스가 선로 입력에 적용한 유니터리 연산자와 독립이다.

$$\text{Tr}_{B^n}\{\mathcal{N}_{A^n \to B'^n}(|\varphi_m\rangle\langle\varphi_m|_{A^n B^n})\} = \rho_{B'^n} \tag{21.53}$$

$$= \mathcal{N}_{A^n \to B'^n}(\varphi_{A^n}) \tag{21.54}$$

여기서 $\varphi_{A^n} = (\text{Tr}_B\{\varphi_{AB}\})^{\otimes n}$이다. 이것은 식 (21.52)와 B^n에 대해 부분대각합을 취하여 직접 유도된다. 이 특징은 다음 장에서 사용되며, 공유된 얽힘의 도움을 받는 고전 정보와 양자정보 둘 다를 전송하는 부호를 구성한다.

앨리스가 자신의 얽힘보조 양자 부호단어를 선로를 통해 전송한 다음, 앨리스의 작업은 앨리스가 어떤 메시지 m을 전송했는지 알아내는 것이 된다. 그리고 밥은 무작위 부호단어에 의존하는 어떤 POVM $\{\Lambda^m\}$을 이용해서 그렇게 해야 한다. 그림 21.3이 그 통신 규약을 묘사한다.

이 지점에서, 밥이 신뢰성 있게 복호화하는 POVM의 존재를 규명하기 위해 16장의 포장 보조정리를 사용한다. 포장 보조정리가 네 가지 양을 필요로 하고, 또한 이 네 가지 양이 식 (16.11) ~ 식 (16.14)의 네 가지 부등식을 만족시켜야 함을 떠올려 보자. 필요한 첫 번째 양은 앨리스와 밥이 무작위로 선택한 부호에서 유도한 앙상블이고, 이 경우 그 앙상블은 다음과 같다.

$$\left\{\frac{1}{|\mathcal{S}|}, U_{B^n}^T(s)\rho_{B'^n B^n}U_{B^n}^*(s)\right\}_{s\in\mathcal{S}} \tag{21.55}$$

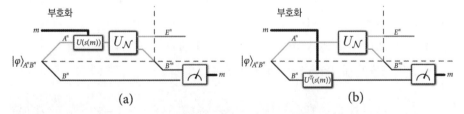

그림 21.3 (a) 앨리스가 순수 2분할 상태 $|\varphi\rangle^{\otimes n}$의 사본 다수를 밥과 공유한다. 앨리스는 식 (21.38)의 형태인 어떤 유니터리 연산자를 이용해 메시지 m을 부호화한다. 앨리스는 양자 선로를 여러 번 사용해 얽힘보조 양자 부호단어의 자기 부분을 전송하고, 앨리스가 어떤 메시지를 보냈는지 결정하는 것이 밥의 작업이 된다. (b) 앨리스가 얽힘 $|\varphi\rangle^{\otimes n}$의 자기 부분 A^n에 유니터리 연산자 $U(s(m))$을 국소적으로 적용하는 것은 앨리스가 얽힘의 밥의 부분 B^n에 비국소적인 연산 $U^T(s(m))$을 적용한 것과 같다. 이것은 식 (21.38)의 유니터리 연산자의 특정 구조 때문에 성립한다.

그다음으로 필요한 양은 이 앙상블의 기대 밀도 연산자다.

$$\bar{\rho}_{B'^n B^n} \equiv \mathbb{E}_S \left\{ U^T(S)_{B^n} \rho_{B'^n B^n} U^*(S)_{B^n} \right\} \tag{21.56}$$

$$= \frac{1}{|\mathcal{S}|} \sum_{s \in \mathcal{S}} U_{B^n}^T(s) \rho_{B'^n B^n} U_{B^n}^*(s) \tag{21.57}$$

나중에 이 기대 밀도 연산자가 다음의 더 간단한 형태를 가짐을 증명할 것이다.

$$\bar{\rho}_{B'^n B^n} = \sum_t p(t)\, \mathcal{N}_{A^n \to B'^n}(\pi_{A^n}^t) \otimes \pi_{B^n}^t \tag{21.58}$$

여기서 $p(t)$는 식 (21.36)에서의 확률 분포이고 $\pi_{A^n}^t$는 형식류 부분공간에서의 최대로 섞인 상태다. 즉, $\pi_{A^n}^t \equiv I_t / d_t$이다. 포장 보조정리를 사용하기 위해 필요한 마지막 두 가지 양은 메시지 부분공간 사영 연산자와 전체 부분공간 사영 연산자다. 각각은

$$U_{B^n}^T(s) \Pi_{B'^n B^n}^{\rho,\delta} U_{B^n}^*(s) \tag{21.59}$$

$$\Pi_{B'^n}^{\rho,\delta} \otimes \Pi_{B^n}^{\rho,\delta} \tag{21.60}$$

로 둘 수 있다. 여기서 $\Pi_{B'^n B^n}^{\rho,\delta}$, $\Pi_{B'^n}^{\rho,\delta}$, $\Pi_{B^n}^{\rho,\delta}$는 각각 $\rho_{B'B} \equiv \mathcal{N}_{A \to B'}(\varphi_{AB})$, $\rho_{B'} = \mathrm{Tr}_B\{\rho_{B'B}\}$, $\rho_B = \mathrm{Tr}_{B'}\{\rho_{B'B}\}$의 다수의 사본에 대한 전형적 사영 연산자다. 각 메시지 부분공간 사영 연산자의 크기가 $\approx 2^{nH(B'B)}$이고, 전체 부분공간 사영 연산자의 크기는 $\approx 2^{n[H(B')+H(B)]}$임을 관찰해두자. 차원을 고려하면, $\approx 2^{n[H(B')+H(B)]}/2^{nH(B'B)}$ $= 2^{nI(B';B)}$개의 메시지를 이 부호화 기법을 사용해 포장할 수 있음을 알 수 있다.

만약 포장 보조정리의 네 가지 조건이 만족되면(식 (16.11) ~ 식 (16.14) 참고), 부호에 들어 있는 메시지의 수가 너무 많지 않은 한 앨리스가 전송한 메시지를 신뢰성 있게 복호화할 수 있는 검출 POVM이 존재한다. 식 (16.11) ~ 식 (16.14)의 네 가지 조건은 이 경우 다음의 네 가지 조건으로 번역할 수 있다.

$$\mathrm{Tr}\left\{ \left(\Pi_{B'^n}^{\rho,\delta} \otimes \Pi_{B^n}^{\rho,\delta} \right) \left(U_{B^n}^T(s) \rho_{B'^n B^n} U_{B^n}^*(s) \right) \right\} \geq 1 - \varepsilon \tag{21.61}$$

$$\mathrm{Tr}\left\{ \left(U_{B^n}^T(s) \Pi_{B'^n B^n}^{\rho,\delta} U_{B^n}^*(s) \right) \left(U_{B^n}^T(s) \rho_{B'^n B^n} U_{B^n}^*(s) \right) \right\} \geq 1 - \varepsilon \tag{21.62}$$

$$\mathrm{Tr}\left\{ U_{B^n}^T(s) \Pi_{B'^n B^n}^{\rho,\delta} U_{B^n}^*(s) \right\} \leq 2^{n[H(B'B)_\rho + c\delta]} \tag{21.63}$$

$$\left(\Pi_{B'^n}^{\rho,\delta} \otimes \Pi_{B^n}^{\rho,\delta}\right) \overline{\rho}_{B'^n B^n} \left(\Pi_{B'^n}^{\rho,\delta} \otimes \Pi_{B^n}^{\rho,\delta}\right)$$
$$\leq 2^{-n[H(B')_\rho + H(B)_\rho - \eta(n,\delta) - c\delta]} \left(\Pi_{B'^n}^{\rho,\delta} \otimes \Pi_{B^n}^{\rho,\delta}\right) \quad (21.64)$$

여기서 c는 어떤 양의 상수이고, $\eta(n,\,\delta)$는 $n \to \infty$와 $\delta \to 0$에 따라 0으로 수렴하는 함수다.

이제, 점점 어려워지는 순서대로 공략하여 식 (21.61) ~ 식 (21.64)의 네 가지 부등식을 증명하겠다. 식 (21.62)의 조건은

$$\mathrm{Tr}\left\{\left(U_{B^n}^T(s)\Pi_{B'^n B^n}^{\rho,\delta}U_{B^n}^*(s)\right)\left(U_{B^n}^T(s)\rho_{B'^n B^n}U_{B^n}^*(s)\right)\right\}$$
$$= \mathrm{Tr}\left\{\Pi_{B'^n B^n}^{\rho,\delta}\rho_{B'^n B^n}\right\} \quad (21.65)$$
$$\geq 1 - \varepsilon \quad (21.66)$$

이기 때문에 성립한다. 위의 등식은 대각합의 순환성과 $U^*U^T = I$이기 때문에 성립한다. 위의 부등식은 사영 연산자의 단위 확률 성질을 이용하면 성립한다(성질 15.1.1). 이 부등식에서 각 메시지 부분공간 사영 연산자를 선택하여, 이 사영 연산자가 높은 확률로 얽힘보조 양자 부호단어 $U_{B^n}^T(s)\rho_{B'^n B^n}U_{B^n}^*(s)$를 식별할 수 있는 바로 그것임을 알아두자.

이어서 식 (21.63)의 조건을 고려해보자.

$$\mathrm{Tr}\left\{U_{B^n}^T(s)\Pi_{B'^n B^n}^{\rho,\delta}U_{B^n}^*(s)\right\} = \mathrm{Tr}\left\{\Pi_{B'^n B^n}^{\rho,\delta}\right\} \quad (21.67)$$
$$\leq 2^{n[H(B'B)_\rho + c\delta]} \quad (21.68)$$

위의 등식은 다시 대각합의 순환성에 의해 성립하고, 부등식은 전형적 부분공간의 '지수함수적으로 작은 농도' 성질(성질 15.1.2)에서 유도된다.

식 (21.61)의 조건을 생각해보자. 먼저, $\hat{P} = I - P$라고 정의한다. 그러면

$$\Pi_{B'^n}^{\rho,\delta} \otimes \Pi_{B^n}^{\rho,\delta} = (I - \hat{\Pi}_{B'^n}^{\rho,\delta}) \otimes (I - \hat{\Pi}_{B^n}^{\rho,\delta}) \quad (21.69)$$
$$= (I_{B'^n} \otimes I_{B^n}) - (\hat{\Pi}_{B'^n}^{\rho,\delta} \otimes I_{B^n})$$
$$\quad - (I_{B'^n} \otimes \hat{\Pi}_{B^n}^{\rho,\delta}) + (\hat{\Pi}_{B'^n}^{\rho,\delta} \otimes \hat{\Pi}_{B^n}^{\rho,\delta}) \quad (21.70)$$
$$\geq (I_{B'^n} \otimes I_{B^n}) - (\hat{\Pi}_{B'^n}^{\rho,\delta} \otimes I_{B^n}) - (I_{B'^n} \otimes \hat{\Pi}_{B^n}^{\rho,\delta}) \quad (21.71)$$

다음의 연쇄적 부등식을 생각해보자.

$$\text{Tr}\left\{(\Pi^{\rho,\delta}_{B'^n} \otimes \Pi^{\rho,\delta}_{B^n})\left(U^T_{B^n}(s)\rho_{B'^n B^n}U^*_{B^n}(s)\right)\right\}$$

$$\geq \text{Tr}\left\{U^T_{B^n}(s)\rho_{B'^n B^n}U^*_{B^n}(s)\right\}$$

$$- \text{Tr}\left\{(\hat{\Pi}^{\rho,\delta}_{B'^n} \otimes I_{B^n})\left(U^T_{B^n}(s)\rho_{B'^n B^n}U^*_{B^n}(s)\right)\right\}$$

$$- \text{Tr}\left\{(I_{B'^n} \otimes \hat{\Pi}^{\rho,\delta}_{B^n})\left(U^T_{B^n}(s)\rho_{B'^n B^n}U^*_{B^n}(s)\right)\right\} \tag{21.72}$$

$$= 1 - \text{Tr}\left\{\hat{\Pi}^{\rho,\delta}_{B'^n}\rho_{B'^n}\right\} - \text{Tr}\left\{\hat{\Pi}^{\rho,\delta}_{B^n}\rho_{B^n}\right\} \tag{21.73}$$

$$\geq 1 - 2\varepsilon \tag{21.74}$$

식 (21.69) ~ 식 (21.71)의 전개 과정에서 첫 번째 부등식이 유도된다. 첫 번째 등식은 $\text{Tr}\{U^T_{B^n}(s)\rho_{B'^n B^n}U^*_{B^n}(s)\} = 1$이고 B^n과 B'^n에 대한 부분대각합을 각각 취하여 유도한다(두 번째 부분대각합에 전치 기교를 사용할 수 있음을 알아두자). 마지막 부등식은 전형적 사영 연산자 $\Pi^{\rho,\delta}_{B'^n}$와 $\Pi^{\rho,\delta}_{B^n}$의 단위 확률 성질(성질 15.1.1)에서 유도된다.

마지막 부등식 (21.64)를 증명하기 위해서는 가장 노력을 많이 기울여야 한다. 먼저, 기대 밀도 연산자 $\bar{\rho}_{B'^n B^n}$이 식 (21.58)로 주어진 형태를 가짐을 증명해야 한다. 전개를 단순화하기 위해, 적용된 선로를 뺀 기댓값을 계산하고, 전개 과정 끝에서 상태에 선로를 적용할 것이다. 다음을 생각하자.

$$\bar{\rho}_{A^n B^n} = \frac{1}{|\mathcal{S}|}\sum_{s\in\mathcal{S}}U^T_{B^n}(s)|\varphi\rangle\langle\varphi|_{A^n B^n}U^*_{B^n}(s) \tag{21.75}$$

$$= \frac{1}{|\mathcal{S}|}\sum_{s\in\mathcal{S}}U^T_{B^n}(s)\left(\sum_t \sqrt{p(t)}|\Phi_t\rangle_{A^n B^n}\right)\left(\sum_{t'}\langle\Phi_{t'}|_{A^n B^n}\sqrt{p(t')}\right)U^*_{B^n}(s) \tag{21.76}$$

$$= \frac{1}{|\mathcal{S}|}\sum_{s\in\mathcal{S}}\left(\sum_t \sqrt{p(t)}(-1)^{b_t(s)}\left(V^T_{B^n}((z_t,x_t)(s))\right)|\Phi_t\rangle_{A^n B^n}\right)$$
$$\left(\sum_{t'}\langle\Phi_{t'}|_{A^n B^n}(-1)^{b_{t'}(s)}\left(V^*_{B^n}((z_{t'},x_{t'})(s))\right)\sqrt{p(t')}\right) \tag{21.77}$$

먼저, $t = t'$인 경우를 생각해보자. 그러면 식 (21.77)의 표현식은

$$\frac{1}{|\mathcal{S}|}\sum_{s\in\mathcal{S}}\sum_t p(t)\left(V^T_{B^n}((z_t,x_t)(s))\right)|\Phi_t\rangle\langle\Phi_t|_{A^n B^n}\left(V^*_{B^n}((z_t,x_t)(s))\right)$$

$$= \sum_t p(t)\left[\frac{1}{d_t^2}\sum_{x_t,z_t}V^T_{B^n}(z_t,x_t)|\Phi_t\rangle\langle\Phi_t|_{A^n B^n}V^*_{B^n}(z_t,x_t)\right] \tag{21.78}$$

$$= \sum_t p(t)\pi_{A^n}^t \otimes \pi_{B^n}^t \tag{21.79}$$

가 된다. 이 등식은 $\mathcal{S}$의 모든 원소에 대한 합이 형식류 부분공간에 대한 최대로 얽힌 상태 $|\Phi_t\rangle_{A^nB^n}$을 균일하게 섞는 것임을 함의하고, 연습문제 4.7.6이 각 형식류 부분공간의 결과 상태가 $\text{Tr}_{B^n}\{[\Phi_t]_{A^nB^n}\} \otimes \pi_{B^n}^t = \pi_{A^n}^t \otimes \pi_{B^n}^t$와 같음을 알려주기 때문에 성립한다. 이제 $t \neq t'$인 경우를 생각해보자. 그러면 식 (21.77)의 표현은

$$\frac{1}{|\mathcal{S}|} \sum_{s\in\mathcal{S}} \sum_{t',t\neq t'} \sqrt{p(t)p(t')}(-1)^{b_t(s)+b_{t'}(s)}$$
$$\times \left(V_{B^n}^T((z_t,x_t)(s))\right)|\Phi_t\rangle\langle\Phi_{t'}|_{A^nB^n}\left(V_{B^n}^*((z_{t'},x_{t'})(s))\right)$$
$$= \sum_{t',t\neq t'} \frac{1}{d_t^2 d_{t'}^2 4} \sum_{b_t,b_{t'},x_t,z_t,x_{t'},z_{t'}} \sqrt{p(t)p(t')}(-1)^{b_t+b_{t'}}$$
$$\times V_{B^n}^T(z_t,x_t)|\Phi_t\rangle\langle\Phi_{t'}|_{A^nB^n}V_{B^n}^*(z_{t'},x_{t'}) \tag{21.80}$$
$$= \sum_{t',t\neq t'} \frac{1}{d_t^2 d_{t'}^2} \sum_{b_t,b_{t'}} \frac{(-1)^{b_t+b_{t'}}}{4}$$
$$\times \left(\sum_{x_t,z_t,x_{t'},z_{t'}} \sqrt{p(t)p(t')}V_{B^n}^T(z_t,x_t)|\Phi_t\rangle\langle\Phi_{t'}|_{A^nB^n}V_{B^n}^*(z_{t'},x_{t'})\right) \tag{21.81}$$
$$= 0 \tag{21.82}$$

이 된다. 그러면

$$\frac{1}{|\mathcal{S}|} \sum_{s\in\mathcal{S}} U_{B^n}^T(s)|\varphi\rangle\langle\varphi|_{A^nB^n}U_{B^n}^*(s) = \sum_t p(t)\pi_{A^n}^t \otimes \pi_{B^n}^t \tag{21.83}$$

이고, 선형성에 의해 다음이 성립한다.

$$\frac{1}{|\mathcal{S}|} \sum_{s\in\mathcal{S}} U_{B^n}^T(s)\mathcal{N}_{A^n\to B'^n}(|\varphi\rangle\langle\varphi|_{A^nB^n})U_{B^n}^*(s)$$
$$= \sum_t p(t)\mathcal{N}_{A^n\to B'^n}(\pi_{A^n}^t) \otimes \pi_{B^n}^t \tag{21.84}$$

이제, 포장 보조정리에 대한 식 (21.64)의 마지막 조건을 증명하겠다. 다음의 연쇄적 부등식이 성립함을 생각해보자.

$$\left(\Pi_{B'^n}^{\rho,\delta} \otimes \Pi_{B^n}^{\rho,\delta}\right) \overline{\rho}_{B'^n B^n} \left(\Pi_{B'^n}^{\rho,\delta} \otimes \Pi_{B^n}^{\rho,\delta}\right)$$

$$= \left(\Pi_{B'^n}^{\rho,\delta} \otimes \Pi_{B^n}^{\rho,\delta}\right) \left(\sum_t p(t) \mathcal{N}_{A^n \to B'^n}(\pi_{A^n}^t) \otimes \pi_{B^n}^t \right) \left(\Pi_{B'^n}^{\rho,\delta} \otimes \Pi_{B^n}^{\rho,\delta}\right) \qquad (21.85)$$

$$= \sum_t p(t) \left(\Pi_{B'^n}^{\rho,\delta} \mathcal{N}_{A^n \to B'^n}(\pi_{A^n}^t) \Pi_{B'^n}^{\rho,\delta} \otimes \Pi_{B^n}^{\rho,\delta} \pi_{B^n}^t \Pi_{B^n}^{\rho,\delta}\right) \qquad (21.86)$$

$$= \sum_t p(t) \left(\Pi_{B'^n}^{\rho,\delta} \mathcal{N}_{A^n \to B'^n}(\pi_{A^n}^t) \Pi_{B'^n}^{\rho,\delta} \otimes \Pi_{B^n}^{\rho,\delta} \frac{\Pi_{B^n}^t}{\mathrm{Tr}\left\{\Pi_{B^n}^t\right\}} \Pi_{B^n}^{\rho,\delta}\right) \qquad (21.87)$$

$$\leq \sum_t p(t) \left(\Pi_{B'^n}^{\rho,\delta} \mathcal{N}_{A^n \to B'^n}(\pi_{A^n}^t) \Pi_{B'^n}^{\rho,\delta} \otimes 2^{-n[H(B)_\rho - \eta(n,\delta)]} \Pi_{B^n}^{\rho,\delta}\right) \qquad (21.88)$$

첫 번째 등식은 식 (21.84)에서 유도된다. 두 번째 등식은 간단한 계산으로 유도된다. 세 번째 등식은 최대로 섞인 상태 $\pi_{B^n}^t$가 정규화된 형식류 사영 연산자 $\Pi_{B^n}^t$와 같기 때문에 성립한다. 위의 부등식은 성질 15.3.2와 $\Pi_{B^n}^{\rho,\delta} \Pi_{B^n}^t \Pi_{B^n}^{\rho,\delta} \leq \Pi_{B^n}^{\rho,\delta}$로부터 유도된다(전형적 형식 사영 연산자의 서포트는 항상 전형적 사영 연산자 안에 있고, 비전형적 형식의 서포트와 전형적 사영 연산자의 교집합은 공집합이다). 이어서, 선형성에 의해 위의 마지막 줄은 다음과 같다.

$$\Pi_{B'^n}^{\rho,\delta} \mathcal{N}_{A^n \to B'^n} \left(\sum_t p(t) \pi_{A^n}^t\right) \Pi_{B'^n}^{\rho,\delta} \otimes 2^{-n[H(B)_\rho - \eta(n,\delta)]} \Pi_{B^n}^{\rho,\delta}$$

$$= \Pi_{B'^n}^{\rho,\delta} \mathcal{N}_{A^n \to B'^n}(\varphi_{A^n}) \Pi_{B'^n}^{\rho,\delta} \otimes 2^{-n[H(B)_\rho - \eta(n,\delta)]} \Pi_{B^n}^{\rho,\delta} \qquad (21.89)$$

$$\leq 2^{-n[H(B')_\rho - c\delta]} \Pi_{B'^n}^{\rho,\delta} \otimes 2^{-n[H(B)_\rho - \eta(n,\delta)]} \Pi_{B^n}^{\rho,\delta} \qquad (21.90)$$

$$= 2^{-n[H(B')_\rho + H(B)_\rho - \eta(n,\delta) - c\delta]} \Pi_{B'^n}^{\rho,\delta} \otimes \Pi_{B^n}^{\rho,\delta} \qquad (21.91)$$

와 첫 번째 등식은 $\varphi_{A^n} = \sum_t p(t)\pi_{A^n}^t$이기 때문에 성립한다. 위의 부등식은 전형적 사영 연산자의 등분배 성질(성질 15.1.3)로부터 유도된다. 마지막 등식은 항을 재배열한 것이다.

식 (21.61) ~ 식 (21.64)의 네 가지 조건이 성립하면, 따름정리 16.5.1(포장 보조정리의 비무작위화 판본)에 따라 메시지 집합의 크기 $|\mathcal{M}|$이 충분히 작은 한 임의의 낮은 최대 오류 확률로 전송된 상태를 검출할 수 있는 결정론적 부호와 POVM $\{\Lambda_{B'^n B^n}^m\}$이 존재한다.

$$p_e^* \equiv \max_m \mathrm{Tr}\left\{(I - \Lambda_{B'^n B^n}^m) U_{B^n}^T(s(m)) \rho_{B'^n B^n} U_{B^n}^*(s(m))\right\} \qquad (21.92)$$

$$\leq 4\left(2\varepsilon + 2\sqrt{2\varepsilon}\right) + 16 \cdot 2^{-n\left[H(B')_\rho + H(B)_\rho - \eta(n,\delta) - c\delta\right]} 2^{n\left[H(B'B)_\rho + c\delta\right]} |\mathcal{M}| \tag{21.93}$$

$$= 4\left(2\varepsilon + 2\sqrt{2\varepsilon}\right) + 16 \cdot 2^{-n\left[I(B';B)_\rho - \eta(n,\delta) - 2c\delta\right]} |\mathcal{M}| \tag{21.94}$$

메시지 집합의 크기가 $|\mathcal{M}| = 2^{n\left[I(B';B) - \eta(n,\delta) - 3c\delta\right]}$가 되도록 선택하면 통신 속도가

$$\frac{1}{n}\log|\mathcal{M}| = I(B';B) - \eta(n,\delta) - 3c\delta \tag{21.95}$$

이고, 최대 오류 확률의 한계가

$$p_e^* \leq 4\left(2\varepsilon + 2\sqrt{2\varepsilon}\right) + 16 \cdot 2^{-nc\delta} \tag{21.96}$$

이다. $\varepsilon' \in (0,\ 1)$이고 $\delta' > 0$이라고 하자. 그러면 충분히 큰 n과 충분히 작은 δ를 고르면 $4(2\varepsilon + 2\sqrt{2\varepsilon}) + 16 \cdot 2^{-nc\delta} \leq \varepsilon'$과 $\eta(n,\ \delta) + 3c\delta \leq \delta'$이 성립하도록 할 수 있음은 명백하다. 따라서 상태 $\rho_{B'B} \equiv \mathcal{N}_{A \to B'}(\varphi_{AB})$에 대한 양자 상호 정보 $I(B';\ B)_\rho$는 양자 선로 $\mathcal{N}$을 통한 고전 정보의 얽힘보조 전송에 대해 도달 가능한 속도다. 정리 21.3.1의 정확한 진술을 얻기 위해서는 단순히 양자 상호 정보를 상태 $\rho_{AB} \equiv \mathcal{N}_{A' \to B}(\varphi_{AA'})$에 대한 $I(A;\ B)_\rho$로 다시 적으면 된다. 앨리스와 밥은 양자 상호 정보 $I(A;\ B)_\rho$를 최대화하는 상태 $\varphi_{AA'}$을 결정하고 상태 ρ_{AB}로부터 얽힘보조 고전 부호를 생성하여 간단히 통신의 최대 속도에 도달할 수 있다. $\square$

21.5 역정리

이 절은 얽힘보조 고전 용량 정리의 역 부분의 증명을 포함한다. 앨리스와 밥이 얽힘보조 선로를 여러 번 사용해 무작위성 분배 작업을 완수하려 한다고 하자(20.3.2절에서 고전 용량 정리의 역 부분에 대해 이와 같은 접근법을 사용했음을 떠올려보자). 무잡음 고전 선로는 무작위성을 분배할 수 있으므로 앨리스가 밥에게 무작위성을 분배할 수 있는 속도의 상계는 이들이 통신할 수 있는 속도의 상계를 주기도 한다. 그런 작업에서 앨리스와 밥은 어떤 상태 $\Psi_{T_A T_B}$에 있는 얽힘을 공유한다. 앨리스는 먼저 식 (20.16)에서 정의된 것과 같은 최대로 상관된 상태 $\bar{\Phi}_{MM'}$을 준비한다. 이 상태에 있는 무작위성의 속도는 $\frac{1}{n}\log|\mathcal{M}|$이다. 그러면 앨리스는 어떤 부호화 선로 $\mathcal{E}_{M' T_A \to A^n}$을 고전계 M'과

$\Psi_{T_A T_B}$의 자기 부분 T_A에 적용한다. 그 결과 상태는 다음과 같다.

$$\theta_{M A^n T_B} \equiv \mathcal{E}_{M' T_A \to A^n}(\overline{\Phi}_{MM'} \otimes \Psi_{T_A T_B}) \tag{21.97}$$

앨리스는 자신의 A^n계를 선로 $\mathcal{N}_{A \to B}$를 여러 번 사용한 $\mathcal{N}_{A^n \to B^n}$을 통해 보내고, 밥은 B^n계를 받아서 다음의 상태를 구성한다.

$$\omega_{M T_B B^n} \equiv \mathcal{N}_{A^n \to B^n}(\mathcal{E}_{M' T_A \to A^n}(\overline{\Phi}_{MM'} \otimes \Psi_{T_A T_B})) \tag{21.98}$$

끝으로, 밥은 어떤 복호화 선로 $\mathcal{D}_{B^n T_B \to \hat{M}}$을 위의 상태에 적용하여

$$\omega'_{M \hat{M}} \equiv \mathcal{D}_{B^n T_B \to \hat{M}}(\omega_{M T_B B^n}) \tag{21.99}$$

을 얻는다. 무작위성 분배를 하는 $(n, \lceil \log |\mathcal{M}| \rceil / n, \varepsilon)$ 통신 규약은 이 통신 규약에서 결과로 나온 실제 상태 $\omega'_{M \hat{M}}$이 이상적인 공유된 무작위성 상태

$$\frac{1}{2}\left\| \omega'_{M \hat{M}} - \overline{\Phi}_{M \hat{M}} \right\|_1 \leq \varepsilon \tag{21.100}$$

과 대각합 거리에 대해 ε-근접임을 만족시킨다.

이제, 선로의 양자 상호 정보가 얽힘보조 무작위성 분배에 대한 어떤 신뢰할 수 있는 통신 규약의 속도라도 그 상계를 제공한다는 것을 보이겠다. 즉, 통신 규약이 식 (21.100)의 오류 기준을 만족시킨다. 다음을 생각해보자.

$$\log |\mathcal{M}| = I(M; \hat{M})_{\overline{\Phi}} \tag{21.101}$$
$$\leq I(M; \hat{M})_{\omega'} + f(|\mathcal{M}|, \varepsilon) \tag{21.102}$$
$$\leq I(M; B^n T_B)_{\omega} + f(|\mathcal{M}|, \varepsilon) \tag{21.103}$$
$$= I(T_B M; B^n)_{\omega} + I(M; T_B)_{\omega} - I(B^n; T_B)_{\omega} + f(|\mathcal{M}|, \varepsilon) \tag{21.104}$$
$$= I(T_B M; B^n)_{\omega} - I(B^n; T_B)_{\omega} + f(|\mathcal{M}|, \varepsilon) \tag{21.105}$$
$$\leq I(T_B M; B^n)_{\omega} + f(|\mathcal{M}|, \varepsilon) \tag{21.106}$$
$$\leq I(\mathcal{N}^{\otimes n}) + f(|\mathcal{M}|, \varepsilon) \tag{21.107}$$
$$= n I(\mathcal{N}) + f(|\mathcal{M}|, \varepsilon) \tag{21.108}$$

첫 번째 등식은 공유된 무작위성 상태 $\overline{\Phi}_{M \hat{M}}$의 양자 상호 정보를 계산해 유도한다. 첫 번째 부등식은 $f(|\mathcal{M}|, \varepsilon) \equiv \varepsilon \log |\mathcal{M}| + (1 + \varepsilon) h_2(\varepsilon / [1 + \varepsilon])$으로 두면 식 (20.57)과

(HSW 정리의 역 부분의 첫 번째 부등식) 정확히 같은 이유로 성립한다. 두 번째 부등식은 양자 자료처리(정리 11.9.4)에서 유도된다. 즉, 밥이 복호화기 $\mathcal{D}_{B^n T_B \to \hat{M}}$을 사용해서 상태 $\omega_{MT_B B^n}$을 처리하여 $\omega'_{M\hat{M}}$을 얻는다. 두 번째 등식은 양자 상호 정보의 연쇄 규칙에서 유도된다(연습문제 11.7.1 참고). 세 번째 등식은 계 M과 T_B가 곱 상태라서 $I(M; T_B)_\omega$ = 0이기 때문에 유도된다. 세 번째 부등식은 $I(B^n; T_B)_\omega \geq 0$이기 때문에 유도된다. $\omega_{MT_B B^n} = \mathcal{N}_{A^n \to B^n}(\theta_{MA^n T_B})$이고, M계와 T_B계가 입력인 A^n계를 $\mathcal{N}^{\otimes n}$으로 확장함을 알아두자. 따라서 MT_B와 B^n 사이의 상호 정보는 선로의 최대 상호 정보를 초과할 수 없고, 여기서 연습문제 13.4.4의 결과를 적용해야 한다. 끝으로, 양자 선로의 상호 정보가 가법적이고(정리 13.4.1), 따라서 따름정리 13.4.1이 $I(\mathcal{N}^{\otimes n}) = nI(\mathcal{N})$이다. 그러면 위의 한계를 다음과 같이 다시 적을 수 있다.

$$\frac{1}{n} \log |\mathcal{M}| (1 - \varepsilon) \leq I(\mathcal{N}) + \frac{1 + \varepsilon}{n} h_2(\varepsilon / [1 + \varepsilon]) \qquad (21.109)$$

따라서 만약 $C - \delta_n = \frac{1}{n} \log |\mathcal{M}|$인 속도를 갖고 $\lim_{n \to \infty} \varepsilon_n = \lim_{n \to \infty} \delta_n = 0$을 만족시키는 $(n, [\log |\mathcal{M}|]/n, \varepsilon_n)$ 얽힘보조 고전 통신 통신 규약의 수열을 생각하면, 위의 한계는

$$(C - \delta_n)(1 - \varepsilon_n) \leq I(\mathcal{N}) + \frac{1 + \varepsilon_n}{n} h_2(\varepsilon_n / [1 + \varepsilon_n]) \qquad (21.110)$$

이 된다. $n \to \infty$인 극한을 취하면, 도달 가능한 속도 C가 $C \leq I(\mathcal{N})$을 만족시켜야 함을 알 수 있다. 이것은 양자 선로의 얽힘보조 고전 용량에 대한 단일 문자 상계를 보이며, 정리 21.3.1의 증명이 마무리된다.

21.5.1 되먹임은 용량을 증가시키지 않는다

얽힘보조 고전 용량 공식은 고전 선로에 대한 섀넌의 용량 공식과 형태적 유사성이 가장 가깝다. 양자 선로 $\mathcal{N}$의 상호 정보 $I(\mathcal{N})$은 모든 2분할 입력 상태에 대해 양자 상호 정보의 최적이다.

$$I(\mathcal{N}) = \max_{\phi_{AA'}} I(A; B) \qquad (21.111)$$

그리고 정리 21.4.1에 의해 주어지는 선로의 얽힘보조 고전 용량과 같다. 고전 선로

$p_{Y|X}$의 상호 정보 $I(p_{Y|X})$는 선로에 상관된 모든 입력에 대한 고전 상호 정보의 최적이다.

$$I(p_{Y|X}) = \max_{XX'} I(X;Y) \tag{21.112}$$

여기서 XX'은 확률 분포 $p_{X,X'}(x, x') = p_X(x)\delta_{x,x'}$과 상관된 무작위 변수다. 이 공식은 섀넌의 유잡음 부호화 정리에서 주어지는 고전 선로의 고전 용량과 같다. 두 공식은 형태에서 유사할 뿐만 아니라, '단일 문자'라는 존재의 중요한 성질을 갖고 있다. 즉, 위의 공식은 용량이 같다(이것은 일반적으로 앞 장의 홀레보 정보에 대한 경우가 아니다).

이제, 얽힘보조 고전 용량이 섀넌의 공식을 양자 세계로 보내는 완전한 양자적 일반화의 좋은 후보임을 보여주는 다른 방법을 생각해보자. 이것이 놀랍긴 해도, 수신자로부터 송신자로 향하는 고전 되먹임 선로에 대한 자유로운 접근이 고전 선로의 용량을 늘리지 않는다는 사실은 잘 알려져 있다. 이 결과를 다음 정리로 설명한다.

【정리 21.5.1】되먹임은 고전 용량을 증가시키지 않는다. 고전 선로 $p_{Y|X}(y|x)$의 되먹임 용량은 그 선로의 상호 정보와 같다.

$$\sup\{C : \text{되먹임을 가진 } p_{Y|X}\text{에 대해 도달 가능한 } C\} = I(p_{Y|X}) \tag{21.113}$$

여기서 $I(p_{Y|X})$는 식 (21.112)에서 정의된 것과 같다.

【증명】 먼저 $(n, C - \delta, \varepsilon)$ 고전 되먹임 부호로, 부호단어 $x^n(m)$의 모든 기호 $x_i(m, Y^{i-1})$이 메시지 $m \in \mathcal{M}$과 수신자로부터 이전에 받은 값 $Y_1, \dots, Y_{i-1}$ 전부의 함수로 정의된다. 복호화기는 복호화 함수 $g : \mathcal{Y}^n \to \{1, 2, \dots, |\mathcal{M}|\}$으로 구성되어

$$\Pr\{M' \neq M\} \leq \varepsilon \tag{21.114}$$

을 만족시킨다. 여기서 $M' \equiv g(Y^n)$이다. 좌변 $\geq$ 우변인 하계는 섀넌의 유잡음 부호화 정리를 사용해 항상 되먹임 선로의 사용을 피하여 고전 선로의 상호 정보에 도달할 수 있기 때문에 성립한다. 좌변 $\leq$ 우변인 상계는 덜 분명하지만, 선로의 비기억 구조와 되먹임 부호의 구조에서 유도된다. 다음의 연쇄적 부등식을 고려해보자.

$$\log|\mathcal{M}| = H(M) = I(M;M') + H(M|M') \tag{21.115}$$
$$\leq I(M;M') + 1 + \varepsilon \log|\mathcal{M}| \tag{21.116}$$
$$\leq I(M;Y^n) + 1 + \varepsilon \log|\mathcal{M}| \tag{21.117}$$

첫 번째 등식은 메시지 M이 균일하게 분포됐다고 가정했기 때문에 성립한다. 첫 번째 부등식은 파노 부등식(정리 10.7.3 참고)과 이 통신 규약이 ε 정도의 오류로 잘 작동한다는 식 (21.114)의 가정에서 유도된다. 마지막 부등식은 고전 자료처리 부등식에서 유도된다. 이어서 $I(M;Y^n)$에 상계를 줄 수 있다.

$$I(M;Y^n) = H(Y^n) - H(Y^n|M) = H(Y^n) - \sum_{k=1}^{n} H(Y_k|Y^{k-1}M) \qquad (21.118)$$

$$= H(Y^n) - \sum_{k=1}^{n} H(Y_k|Y^{k-1}MX_k) = H(Y^n) - \sum_{k=1}^{n} H(Y_k|X_k)$$
$$(21.119)$$

$$\leq \sum_{k=1}^{n} H(Y_k) - H(Y_k|X_k) = \sum_{k=1}^{n} I(X_k;Y_k) \qquad (21.120)$$

$$\leq n \max_{XX'} I(X;Y) \qquad (21.121)$$

첫 번째 등식은 상호 정보의 정의에서 유도된다. 두 번째 등식은 엔트로피의 연쇄 규칙에서 유도된다(연습문제 10.3.2 참고). 세 번째 등식은 X_k가 Y^{k-1}과 M의 함수이기 때문에 성립한다. 네 번째 등식은 Y_k가 X_k를 통해 Y^{k-1}과 M에 조건부로 독립적이기 때문에 성립한다($Y^{k-1}M \to X_k \to Y_k$는 마르코프 연쇄를 구성한다). 첫 번째 부등식은 엔트로피의 준가법성에서 유도된다. 다섯 번째 등식은 정의에 의해 유도되고, 마지막 부등식은 급수에 있는 개별 상호 정보가 모든 입력에 대한 최댓값을 결코 초과할 수 없기 때문에 성립한다. 모든 것을 합치면, 고전 선로의 되먹임 보조 용량에 대한 최종 한계는

$$C - \delta \leq I(p_{Y|X}) + \frac{1}{n} + \frac{\varepsilon}{n} \log |\mathcal{M}| \qquad (21.122)$$

이고, 이것은 $n \to \infty$와 $\varepsilon,\ \delta \to 0$인 극한에서 $C \leq I(p_{Y|X})$가 된다. $\square$

위의 결과가 있으면, 얽힘보조 고전 용량에 대해서도 유사한 결과가 성립할 수 있는지 궁금해질 것이다. 그런 결과는 좀 더 분명히 얽힘보조 고전 용량을 섀넌 부호화 정리의 좋은 일반화로 자리 잡을 수 있다. 사실, 다음의 정리는 이 결과가 성립한다는 내용이다.

【정리 21.5.2】양자 되먹임은 얽힘보조 고전 용량을 증가시키지 않는다. 양자 되먹임 선로에 의해 보조를 받는 양자 선로의 고전 용량은 그 선로의 얽힘보조 고전 용량과 같다.

$$\sup\{C \mid \text{양자 되먹임을 가진 } \mathcal{N}\text{에 대해 도달 가능한 } C\} = I(\mathcal{N}) \qquad (21.123)$$

여기서 $I(\mathcal{N})$은 식 (21.111)에서 정의됐다.

【증명】 양자 되먹임 선로에 대한 자유로운 접근이라는 용어를 수신자 밥에서 송신자 앨리스에게 연결된 임의의 더 큰 차원인 무잡음 양자 선로가 있다는 뜻으로 정의한다. 좌변 ≥ 우변인 한계는 밥이 앨리스와 임의로 더 많은 양의 얽힘을 구성하기 위해 양자 되먹임 선로를 사용할 수 있기 때문에 성립한다. 그러면 21.4절의 통신 규약을 실행하여 얽힘보조 고전 용량에 도달하면 된다.

좌변 ≤ 우변인 한계는 훨씬 덜 분명하고, 정리 21.5.1의 증명과는 다른 증명이 필요하다. 먼저, 양자 되먹임 선로의 보조를 받는 고전 통신에 대해 가장 일반적인 통신 규약을 정의할 필요가 있다. 그림 21.4가 그런 통신 규약을 묘사한다. 이 통신 규약은 앨리스가 전송하려는 균일한 무작위 메시지를 갖는 어떤 계 A_0'과 상관된 고전 레지스터 M을 준비하는 것으로 시작한다. 밥은 양자 되먹임 선로를 사용해 어떤 양자계 B_1'과 상관된 양자계 X_0를 앨리스에게 전송한다. 앨리스는 부호화 $\mathcal{E}^1_{A_0'X_0 \to A_1'A_1}$을 수행한다. 앨리스는 선로 $\mathcal{N}$을 처음 사용해 A_1계를 전송한다. 밥은 이제 복호화 선로 $\mathcal{D}^1_{B_1B_1' \to X_1B_2'}$을 적용한다. 앨리스의 그다음 부호화기에서도 이 절차가 반복된다. 밥의 마지막 복호화 선로는 앨리스가 전송한 메시지에 대한 밥의 예측을 포함하는 고전계 M'을 출력한다. n번째 선로 $\mathcal{N}_{A_n \to B_n}$이 적용된 다음에 레지스터 MB_nB_n'의 상태는 다음의 형태가 된다.

$$\omega^{(n)}_{MB_nB_n'} \equiv \mathcal{N}_{A_n \to B_n}(\rho^{(n)}_{MB_n'A_n}) \qquad (21.124)$$

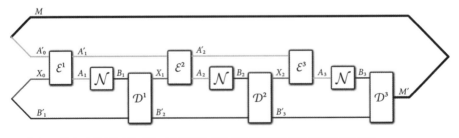

그림 21.4 양자 되먹임 선로를 가진 고전 통신에 대해 가장 일반적인 통신 규약의 3회 반복

여기서 $\rho^{(n)}_{MB'_nA_n}$은 n번째 부호화 선로가 적용된 다음의 레지스터 MB'_nA_n의 상태다. $\psi^{(n)}_{R^{(n)}MB'_nA_n}$이 $\rho^{(n)}_{MB'_nA_n}$의 양자정화라고 하고,

$$\omega^{(n)}_{R^{(n)}MB_nB'_n} \equiv \mathcal{N}_{A_n \to B_n}\left(\psi^{(n)}_{R^{(n)}MB'_nA_n}\right) \tag{21.125}$$

이라고 하자.

이 통신 규약은 양자 되먹임을 가진 고전 통신에서 가장 일반적인 것이다. 이제 좌변 ≤ 우변인 상계의 증명을 진행할 수 있다. 그렇게 하려면, 앨리스의 메시지 선택을 모형화하는 무작위 변수 M이 균일한 무작위 변수이고, 밥이 통신 규약이 끝나면 자신의 계 B_n과 B'_n 전부를 측정하여 무작위 변수 M'을 얻는다고 가정한다. 고전 통신에 대한 어떤 ε-좋은 통신 규약에 대해서도 $\Pr\{M' \neq M\} \leq \varepsilon$이라는 한계가 적용된다. 다음의 연쇄적 부등식을 생각해보자(이 단계는 기본적으로 식 (21.115) ~ 식 (21.117)에서 살펴본 것과 같다).

$$\log|\mathcal{M}| = H(M) = I(M; M') + H(M|M') \tag{21.126}$$
$$\leq I(M; M') + 1 + \varepsilon \log|\mathcal{M}| \tag{21.127}$$
$$\leq I(M; B_nB'_n)_{\omega^{(n)}} + 1 + \varepsilon \log|\mathcal{M}| \tag{21.128}$$

여기서 마지막 상호 정보는 식 (21.124)의 상태에 대해 계산한다. 이 연쇄적 부등식은 식 (21.115) ~ 식 (21.117)의 전개 과정과 같은 이유로 성립하고, 마지막 단계는 양자 자료처리 부등식에서 유도된다. 이어서

$$I(M; B_nB'_n)_{\omega^{(n)}} = I(M; B_n|B'_n)_{\omega^{(n)}} + I(M; B'_n)_{\omega^{(n)}} \tag{21.129}$$
$$\leq I(MB'_n; B_n)_{\omega^{(n)}} + I(M; B'_n)_{\omega^{(n)}} \tag{21.130}$$
$$\leq I(R^{(n)}MB'_n; B_n)_{\omega^{(n)}} + I(M; B'_n)_{\omega^{(n)}} \tag{21.131}$$

첫 번째 등식은 상호 정보의 연쇄 규칙이다. 첫 번째 부등식은 $I(M; B_n|B'_n) = I(MB'_n; B_n) - I(B'_n; B_n) \leq I(MB'_n; B_n)$이기 때문에 유도된다. 두 번째 부등식은 양자 자료처리 부등식에서 유도된다. 이제 상호 정보 $I(R^{(n)}MB'_n; B_n)$이 식 (21.124)에 대해 계산되고, 이 상태가 다음의 형태를 갖는다는 것을 알았다.

$$\mathcal{N}_{A_n \to B_n}(\phi_{RA_n}) \tag{21.132}$$

여기서 ϕ_{RA_n}은 어떤 순수 상태이고, R은 선로에 입력되지 않는 어떤 계다(여기서 $R^{(n)}$

MB'_n으로 표시함). 그러면 그러한 모든 입력에 대해 최적화하여

$$I(R^{(n)}MB'_n; B_n)_{\omega^{(n)}} \leq I(\mathcal{N}) \tag{21.133}$$

임을 알아낼 수 있다. 여기서 $I(\mathcal{N})$은 그 선로의 양자 상호 정보다. 이것은

$$I(M; B_n B'_n)_{\omega^{(n)}} \leq I(\mathcal{N}) + I(M; B'_n)_{\omega^{(n)}} \tag{21.134}$$
$$\leq I(\mathcal{N}) + I(M; B_{n-1} B'_{n-1})_{\omega^{(n-1)}} \tag{21.135}$$

임을 뜻한다. 여기서 마지막 부등식은 양자 자료처리 부등식에서 유도된다(계 B'_n은 $n-1$ 복호화기를 $B_{n-1}B'_{n-1}$에 적용해 얻은 결과다). 이 지점에서 위의 식 (21.129) $\sim$ 식 (21.135)의 단계가 $I(M; B_{n-1}B'_{n-1})_{\omega^{(n-1)}}$에 적용될 수 있어서, 이 절차를 통신 규약의 시작에 돌아갈 때까지 반복할 수 있음을 알 수 있다. 이 모든 것을 합치면, 양자 되먹임을 가진 고전 통신에 대한 임의의 도달 가능한 속도 C에 대해 다음과 같은 상계를 얻는다.

$$C - \delta \leq I(\mathcal{N}) + \frac{1}{n} + \frac{\varepsilon}{n} \log |\mathcal{M}| \tag{21.136}$$

여기서 $n \to \infty$이고 ε, $\delta \to 0$인 극한에서 $C \leq I(\mathcal{N})$이 된다. $\square$

【따름정리 21.5.1】 무제한적인 얽힘과 고전 되먹임을 가진 양자 선로의 용량은 $\mathcal{N}$의 얽힘보조 고전 용량과 같다.

【증명】 이 결과는 $I(\mathcal{N})$이 이 용량의 하계이기 때문에 유도된다(단순히 고전 되먹임 선로의 사용을 회피하여). 또한 $I(\mathcal{N})$은 이 용량에 대한 상계다. 왜냐하면 얽힘과 고전 되먹임 선로는 양자원격전송을 통해 임의로 많은 양자 되먹임을 시뮬레이션할 수 있고, 위의 정리가 이 상황에 대한 $I(\mathcal{N})$의 상계를 준다. $\square$

21.6 선로의 사례

이번 절에서는 양자 삭제 선로와 진폭 감쇠 선로 모두의 얽힘보조 고전 용량을 어떻게 계산하는지 보여준다. 양자 탈분극화 선로와 결어긋남 선로의 용량은 연습문제로 남겨둔다. 이 중 세 가지 선로(삭제, 탈분극화, 결어긋남)의 경우, 초고밀도 부호화와 유사한 전략이 용량에 도달하기에 충분하다. 이 전략은 앨리스가 밥과 공유한 얽힘비

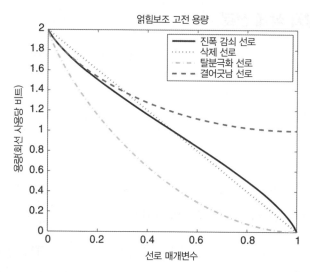

그림 21.5 각 선로의 잡음 매개변수의 함수로 나타낸 진폭 감쇠 선로, 삭제 선로, 탈분극화 선로, 걸어긋남 선로의 얽힘보조 고전 용량

트를 국소적으로 회전시키고, 그중 한쪽을 유잡음 선로를 통해 보내서 밥이 앨리스가 전송한 것을 알아내기 위해 벨 기저에서 측정을 수행하는 것이다. 이 과정은 앨리스에서 밥으로 향하는 고전 선로를 이끌어내는데, 그 용량이 원래의 양자 선로의 얽힘보조 용량과 같다(탈분극화, 걸어긋남, 삭제 선로의 경우). 진폭 감쇠 선로의 경우 이 초고밀도 부호화 전략은 용량에 도달하지 않는다. 일반적으로는 밥이 앨리스의 메시지를 알아내기 위해 큰 집합적 측정을 선로의 모든 출력에 대해 수행할 필요가 있다.

그림 21.5는 잡음 매개변수의 함수로 네 선로의 얽힘보조 용량을 그렸다. 예상대로 탈분극화 선로의 성능이 가장 나쁜데, 이것은 '최악의 경우 상황' 선로이기 때문이다. 이 선로는 상태를 전송하거나, 완전히 무작위인 상태로 교체한다. 삭제 선로의 용량은 단지 0으로 향하는 상수 기울기의 직선이다. 이것은 수신자가 선로에서 뭔가를 받을 시간의 분율을 쉽게 결정할 수 있기 때문이다. 걸어긋남 선로는 때로 완전한 고전 선로가 되는데, 얽힘이 회선 사용당 1비트 이상으로 용량을 증가시킬 수 없기 때문이다. 끝으로, 가장 흥미로운 곡선은 진폭 감쇠 선로에 대한 것이다. 이 선로의 용량은 잡음 매개변수가 1/2보다 작을 때는 볼록하고, 1/2보다 클 때는 오목하다.

21.6.1 양자 삭제 선로

양자 삭제 선로가 입력 밀도 연산자 $\rho_{A'}$에 대해 다음과 같이 작용함을 떠올려보자.

$$\rho_{A'} \rightarrow (1 - \varepsilon)\rho_B + \varepsilon|e\rangle\langle e|_B \qquad (21.137)$$

여기서 $\varepsilon \in [0, 1]$은 삭제 확률이고, $|e\rangle_B$는 입력 상태 ρ의 서포트와 직교하는 삭제 상태다.

【명제 21.6.1】 삭제 확률 ε을 갖는 양자 삭제 선로의 얽힘보조 고전 용량은 $2(1 - \varepsilon)$ $\log d_A$와 같다. 여기서 d_A는 입력계의 차원이다.

【증명】 이 선로의 얽힘보조 고전 용량을 결정하기 위해서는 해당 상호 정보를 계산해야 한다. 따라서 2분할 상태 $\phi_{AA'}$의 한쪽을 선로를 통해 전송하여 출력

$$\sigma_{AB} \equiv (1 - \varepsilon)\phi_{AB} + \varepsilon\phi_A \otimes |e\rangle\langle e|_B \qquad (21.138)$$

를 생성한다고 생각해보자. 이제, 양자 상호 정보 $I(A; B)_\sigma$를 계산하고 최적화해야 한다. 하지만 밥이 다음의 등척선로 $U_{B \rightarrow BX}$를 자신의 상태에 적용할 수 있음을 관찰하자.

$$U_{B \rightarrow BX} \equiv \Pi_B \otimes |0\rangle_X + |e\rangle\langle e|_B \otimes |1\rangle_X \qquad (21.139)$$

여기서 Π_B는 입력계 서포트 위로의 사영 연산자다(큐비트의 경우 이것은 단지 $|0\rangle\langle0|+|1\rangle$ $\langle1|$일 뿐이다). 이 등척선로는 σ_{ABX} 상태를 이끌어낸다. 여기서

$$\sigma_{ABX} \equiv U_{B \rightarrow BX}\sigma_{AB}U_{B \rightarrow BX}^\dagger \qquad (21.140)$$
$$= (1 - \varepsilon)\phi_{AB} \otimes |0\rangle\langle0|_X + \varepsilon\phi_A \otimes |e\rangle\langle e|_B \otimes |1\rangle\langle1|_X \qquad (21.141)$$

엔트로피는 등척선로 $U_{B \rightarrow BX}$에 대해 바뀌지 않으므로 양자 상호 정보 $I(A; BX)_\sigma$는 $I(A; B)_\sigma$와 같다. 이제 $I(A; BX)_\sigma$를 계산한다.

$$I(A;BX)_\sigma = H(A)_\sigma + H(BX)_\sigma - H(ABX)_\sigma \qquad (21.142)$$
$$= H(A)_\phi + H(B|X)_\sigma - H(AB|X)_\sigma \qquad (21.143)$$
$$= H(A)_\phi + (1 - \varepsilon)[H(B)_\phi - H(AB)_\phi]$$
$$+ \varepsilon[H(B)_{|e\rangle\langle e|} - H(AB)_{\phi_A \otimes |e\rangle\langle e|}] \qquad (21.144)$$

$$= H(A)_\phi + (1 - \varepsilon) H(B)_\phi - \varepsilon \left[H(A)_\phi + H(B)_{|e\rangle} \right] \quad (21.145)$$

$$= (1 - \varepsilon) \left[H(A)_\phi + H(B)_\phi \right] \quad (21.146)$$

$$= 2 (1 - \varepsilon) H(A)_\phi \quad (21.147)$$

$$\leq 2 (1 - \varepsilon) \log d_A \quad (21.148)$$

첫 번째 등식은 양자 상호 정보의 정의에서 유도된다. 두 번째 등식은 $\phi_A = \mathrm{Tr}_{BX} \{\sigma_{ABX}\}$와 엔트로피의 연쇄 규칙을 적용하고 양변에서 $H(X)$를 소거해 유도한다. 세 번째 등식은 레지스터 X가 고전 레지스터이고, 삭제가 발생했는지를 나타내기 때문에 유도된다. 네 번째 등식은 $H(AB)_\phi = 0$, $H(B)_{|e\rangle\langle e|} = 0$이고 $H(AB)_{\phi_A \otimes |e\rangle\langle e|} = H(A)_\phi + H(B)_{|e\rangle\langle e|}$이기 때문에 유도된다. 다섯 번째 등식은 한 번 더 $H(B)_{|e\rangle\langle e|} = 0$이고, 항들을 모아서 유도한다. 마지막 등식은 $H(A)_\phi = H(B)_\phi$(ϕ_{AB}는 순수한 2분할 상태다.)이기 때문에 성립한다. 마지막 부등식은 A계에 대한 상태의 엔트로피가 A의 차원 로그값보다 더 클 수 없기 때문에 성립한다. 그러면 $H(A)_\Phi = \log d_A$이기 때문에 최대로 얽힌 상태 $\Phi_{AA'}$이 양자 삭제 선로의 얽힘보조 고전 용량에 도달한다고 결론지을 수 있다. □

양자 삭제 선로의 얽힘보조 고전 용량에 도달하는 전략은 단순하다. 앨리스와 밥이 단순히 초고밀도 부호화 전략을 선로 사용량 전체에 적용하는 것이다(이것은 밥이 얽힘의 자기 부분에서 각각의 선로 출력에 대해 측정을 수행한다는 뜻이다. 즉, 선로 출력 전체에 대한 큰 집합적 측정을 할 필요가 없다). 시간 분율이 $1 - \varepsilon$일 때 이 전략은 작동하며, 앨리스가 밥과 $2 \log d_A$개의 비트를 통신할 수 있게 한다. 다른 분율 ε에서는 모든 것이 환경으로 손실된다. 이 전략을 작동시키기 위해, 앨리스와 밥은 밥에서 앨리스로 향하는 되먹임 선로를 사용해 밥이 어떤 메시지를 받고 어떤 메시지를 안 받았는지 알려줄 수 있게 해야 한다. 하지만 따름정리 21.5.1은 이 되먹임이 용량을 향상할 수 없다는 내용이다. 따라서 이들이 도달할 수 있는 속도가 용량 $2(1 - \varepsilon) \log d_A$와 같다.

21.6.2 진폭 감쇠 선로

이제 진폭 감쇠 선로 $\mathcal{N}_{\mathrm{AD}}$의 얽힘보조 고전 용량을 계산하겠다. 이 선로가 상태 ρ에 있는 입력 큐비트에 대해 다음과 같이 작용함을 떠올려보자.

$$\mathcal{N}_{\mathrm{AD}}(\rho) = A_0 \rho A_0^\dagger + A_1 \rho A_1^\dagger \quad (21.149)$$

여기서 $\gamma \in [0, 1]$이고,

$$A_0 \equiv |0\rangle\langle 0| + \sqrt{1-\gamma}|1\rangle\langle 1|, \qquad A_1 \equiv \sqrt{\gamma}|0\rangle\langle 1| \qquad (21.150)$$

【명제 21.6.2】 감쇠 계수 $\gamma \in [0, 1]$을 갖는 진폭 감쇠 선로의 얽힘보조 고전 용량은 다음과 같다.

$$I(\mathcal{N}_{\mathrm{AD}}) = \max_{p \in [0,1]} h_2(p) + h_2((1-\gamma)\,p) - h_2(\gamma p) \qquad (21.151)$$

$h_2(x) \equiv -x \log x - (1-x) \log(1-x)$는 이항 엔트로피 함수다.

【증명】 입력 큐비트 밀도 연산자 ρ의 행렬 표현이 계산 기저에 대해

$$\rho = \begin{bmatrix} 1-p & \eta^* \\ \eta & p \end{bmatrix} \qquad (21.152)$$

이라고 하자. 밥에 대한 밀도 연산자가 다음의 행렬 표현식을 가짐을 확인해볼 수 있다.

$$\mathcal{N}_{\mathrm{AD}}(\rho) = \begin{bmatrix} 1-(1-\gamma)\,p & \sqrt{1-\gamma}\,\eta^* \\ \sqrt{1-\gamma}\,\eta & (1-\gamma)\,p \end{bmatrix} \qquad (21.153)$$

그리고 원소 $\mathrm{Tr}\{A_i \rho A_j^\dagger\}|i\rangle\langle j|$를 계산하면, 도청자의 밀도 연산자도 얻을 수 있다.

$$\mathcal{N}_{\mathrm{AD}}^c(\rho) = \begin{bmatrix} 1-\gamma p & \sqrt{\gamma}\,\eta^* \\ \sqrt{\gamma}\,\eta & \gamma p \end{bmatrix} \qquad (21.154)$$

여기서 $\mathcal{N}_{\mathrm{AD}}^c$는 도청자로 가는 상보 선로다. 식 (21.153)과 식 (21.154)를 비교하면, 도청자로 향하는 선로가 감쇠 매개변수 $1-\gamma$를 갖는 진폭 감쇠 선로임을 알 수 있다. $\mathcal{N}_{\mathrm{AD}}$의 얽힘보조 고전 용량은 그 상호 정보와 같다.

$$I(\mathcal{N}_{\mathrm{AD}}) = \max_{\phi_{AA'}} I(A; B)_\sigma \qquad (21.155)$$

여기서 $\phi_{AA'}$은 어떤 순수한 2분할 입력 상태이고, $\sigma_{AB} = \mathcal{N}_{\mathrm{AD}}(\phi_{AA'})$이다. γ의 함수로 위의 공식을 최대화하는 입력 밀도 연산자를 알아내야 한다. 방금 말했듯이, 최적화는 3개의 매개변수 p, $\mathrm{Re}\{\eta\}$, $\mathrm{Im}\{\eta\}$에 의존한다. $\eta = 0$이고 p에 대해서만 최

적화를 생각하면 충분함을 보일 수 있다. 식 (21.155)의 공식은 또한 다음과 같은 형태를 갖는다.

$$I(\mathcal{N}_{\mathrm{AD}}) = \max_{\rho} \left[H(\rho) + H(\mathcal{N}_{\mathrm{AD}}(\rho)) - H(\mathcal{N}_{\mathrm{AD}}^c(\rho)) \right] \qquad (21.156)$$

이것은

$$\begin{aligned}
I(A;B)_\sigma &= H(A)_\phi + H(B)_\sigma - H(AB)_\sigma && (21.157) \\
&= H(A')_\phi + H(\mathcal{N}_{\mathrm{AD}}(\rho)) - H(E)_\sigma && (21.158) \\
&= H(\rho) + H(\mathcal{N}_{\mathrm{AD}}(\rho)) - H(\mathcal{N}_{\mathrm{AD}}^c(\rho)) && (21.159) \\
&\equiv I_{\mathrm{mut}}(\rho, \mathcal{N}_{\mathrm{AD}}) && (21.160)
\end{aligned}$$

이기 때문에 성립한다. 식 (21.156)의 세 엔트로피는 각각 식 (21.152) ~ 식 (21.154)의 세 밀도 연산자의 고윳값에만 의존하고 다음과 같다.

$$\frac{1}{2}\left(1 \pm \sqrt{(1-2p)^2 + 4|\eta|^2} \right) \qquad (21.161)$$

$$\frac{1}{2}\left(1 \pm \sqrt{(1-2(1-\gamma)p)^2 + 4|\eta|^2(1-\gamma)} \right) \qquad (21.162)$$

$$\frac{1}{2}\left(1 \pm \sqrt{(1-2\gamma p)^2 + 4|\eta|^2\gamma} \right) \qquad (21.163)$$

위의 고윳값은 앨리스, 밥, 도청자 순서다. 위의 고윳값은 모두 모양이 유사하고, 그 크기가 η에만 의존한다. 따라서 $\eta \in \mathbb{R}$인 경우만 생각하면 충분하다(이것은 매개변수 하나를 소거한다). 다음으로, η의 부호를 뒤집는 경우에도 고윳값이 변하지 않는다(이 것은 원래 상태 ρ를 Z에 의해 $Z\rho Z$로 회전시킨 것과 동등하다). 따라서 상호 정보 또한 변하지 않는다.

$$I_{\mathrm{mut}}(\rho, \mathcal{N}_{\mathrm{AD}}) = I_{\mathrm{mut}}(Z\rho Z, \mathcal{N}_{\mathrm{AD}}) \qquad (21.164)$$

위의 관계식과 입력 밀도 연산자의 양자 상호 정보의 오목성(정리 13.4.2)에 의해, 다음의 부등식이 성립한다.

$$\begin{aligned}
I_{\mathrm{mut}}(\rho, \mathcal{N}_{\mathrm{AD}}) &= \frac{1}{2}\left[I_{\mathrm{mut}}(\rho, \mathcal{N}_{\mathrm{AD}}) + I_{\mathrm{mut}}(Z\rho Z, \mathcal{N}_{\mathrm{AD}}) \right] && (21.165) \\
&\leq I_{\mathrm{mut}}((\rho + Z\rho Z)/2, \mathcal{N}_{\mathrm{AD}}) && (21.166) \\
&= I_{\mathrm{mut}}(\overline{\Delta}(\rho), \mathcal{N}_{\mathrm{AD}}) && (21.167)
\end{aligned}$$

여기서 $\bar{\Delta}$는 계산 기저에서의 완전한 결어긋남 선로다. 이것은 양자 상호 정보를 최적화할 때 대각 밀도 연산자 ρ를 고려하는 것으로 충분함을 보여준다. 따라서 식 (21.161) ~ 식 (21.163)의 고윳값들은 각각

$$\{p, 1-p\} \tag{21.168}$$
$$\{(1-\gamma)p, 1-(1-\gamma)p\} \tag{21.169}$$
$$\{\gamma p, 1-\gamma p\} \tag{21.170}$$

이 되고, 이 명제 내용의 마지막 표현식을 얻는다. $\square$

【연습문제 21.6.1】 큐비트 탈분극화 선로 $\rho \to (1-p)\rho + p\pi$를 생각해보자. 이 선로의 얽힘보조 고전 용량이

$$2 + (1 - 3p/4)\log(1 - 3p/4) + (3p/4)\log(p/4) \tag{21.171}$$

와 같음을 증명하라.

【연습문제 21.6.2】 결어긋남 선로 $\rho \to (1 - p/2)\rho + (p/2)Z\rho Z$를 생각해보자. 이 선로의 얽힘보조 고전 용량이 $2 - h_2(p/2)$와 같음을 증명하라. 여기서 p는 결어긋남 매개변수다.

21.7 맺음말

공유된 얽힘은 양자 섀넌 이론을 단순화하는 데 필요한 성질을 갖는다. 얽힘보조 용량 정리는 선로의 양자 상호 정보가 그 얽힘 보조 용량과 같다는 내용 때문에 양자 섀넌 이론의 가장 강력한 알려진 결과 중 하나다. 선로의 이 함수는 입력 상태에 대해 오목하고 입력 상태의 집합에 대해 볼록한데, 국소 최댓값을 찾는 것이 광역 최댓값을 찾는 것과 동등하다는 뜻이다. 선로 상호 정보의 역정리와 가법성은 이 공식의 정규화를 취할 필요가 없음을 보여준다. 게다가, 섀넌 상황에서의 고전적 경우와 마찬가지로 양자 되먹임이 이 용량을 증가시키지 않는다. 이런 관점에서 얽힘보조 고전 용량은 섀넌의 용량 공식을 양자적 상황으로 가장 자연스럽게 일반화한 것이다.

용량 정리의 직접 부호화 정리는 초고밀도 부호화와 유사한 전략을 사용한다. 실질적으로 이 기술은 공유된 얽힘 상태의 다수 사본으로 이뤄진 형식류 부분공간에

서 초고밀도 부호화를 수행하는 것이다. 이 장에서 소개한 특정 통신 규약들은 결맞은 초고밀도 부호화가 초고밀도 부호화 통신 규약의 결맞은 판본인 것과 유사한 방식으로 쉽게 결맞은 것으로 만들 수 있다는 매력적인 특징이 있다. 다음 장에서 이 접근법을 사용해 이 기법을 사용하는 다른 통신 규약의 전체적인 원형을 생성할 수 있음을 보이고, 끝으로는 양자 용량 정리의 직접 부호화 부분의 증명을 이끌어낸다.

이 장은 현실적 관심을 갖는 어떤 선로, 즉 탈분극화 선로, 결어긋남 선로, 진폭 감쇠 선로, 삭제 선로의 얽힘보조 고전 용량 계산을 다뤘다. 이 선로 각각은 그 잡음성을 지배하는 단일한 매개변수를 갖고, 각 경우의 용량은 이 매개변수의 직접적인 함수다. 일반적으로 볼록 최적화의 기법을 사용할 필요가 있겠지만, 임의 선로의 얽힘보조 용량을 결정하는 유사한 형태의 분석을 이끌어낼 수 있을 것이다.

불행히도, 양자 섀넌 이론은 여기서 더 복잡해질 뿐이다.[2] 비밀 고전 용량이나 양자 용량과 같이 연구해야 할 다른 용량 정리에 대해, 이들에 대해 갖고 있는 가장 좋은 표현식은 이 공식의 정규화까지만 좋을 뿐이다. 어떤 경우 이 공식들이 특정한 조작적 작업에 대한 선로의 용량을 완전히 특징지을 수 있지만, 이 공식들이 일반적으로 특별히 유용하지는 않다. 양자 섀넌 이론의 향후 연구에 있어 중요한 목표 중 하나는 이 공식들을 개선하는 것으로, 이를 통해 다른 용량에 대한 의문에 해당하는 정보 처리 작업에 도달하기 위한 최적의 전략을 더 잘 이해할 수 있기를 바란다.

21.8 역사와 더 읽을거리

아다미[Adami]와 서프[Cerf](1997)는 양자 선로의 상호 정보가 양자 섀넌 이론에서 중요한 역할을 한다는 것을 규명하고, 가장 중요한 몇 가지 성질을 증명했다. 베넷[Bennett] 등 (1999, 2002)은 이후 선로의 양자 상호 정보가 그 얽힘보조 고전 용량이란 조작적 해석을 보였다. 얽힘보조 고전 용량 정리의 직접 부분에 대한 여기서의 증명은 시에[Hsieh], 데브택[Devetak], 윈터[Winter](2008)의 내용과 같다. 이 접근법은 다음 장의 결과를 전부 유도하는데, 다시 말해 이 통신 규약이 양자 섀넌 이론의 알려진 모든 통신 규약을 생성하기에 충분하다는 뜻이기 때문에 사용했다(고전 비밀 통신의 예외가 있다). 지오바네티[Giovannetti]와 파지오[Fazio](2005)는 진폭 감쇠 선로의 몇몇 용량을 결정했고, 울프[Wolf]와 페레즈-가르시아[Pérez-García](2007)는 그에 대한 몇 가지 관찰을 더 구성했다. 보

---

2 이 '불행한' 상황은 양자 섀넌 이론의 완결되지 않은 연구를 수행하기에는 다행이라고 볼 수도 있다.

웬[Bowen](2004)은 무제한적인 양자 되먹임의 보조를 받는 선로의 고전 용량이 그 얽힘 보조 고전 용량과 같음을 보였다.

얽힘보조 용량에 대한 강한 역정리와 2차 특성화에 관한 작업도 있었다(이 용어들에 대한 논의는 20.7절을 참고하라). 베넷 등(2014)은 역방향 양자 섀넌 정리를 증명했는데, 이것은 송신자와 수신자 사이에 무제한의 공유된 얽힘이 존재할 때 양자 선로를 시뮬레이션하기 위해 필요한 고전 통신의 속도를 정량화한다. 베르타[Berta] 등(2011)은 역방향 양자 섀넌 정리의 또 다른 증명을 제시했다. 시뮬레이션 논증에 의해, 역방향 양자 섀넌 정리는 얽힘보조 용량의 강한 역정리를 함의한다(Bennett et al., 2014). 굽타[Gupta]와 월디[Wilde](2015)는 레니[Rényi] 엔트로피를 사용해 강한 역정리의 직접적 증명을 제시했다. 쿠니[Cooney] 등(2014)은 이후에 같은 강한 역정리 한계가 양자 되먹임 선로의 존재에도 여전히 성립함을 보였고, 보웬(2004)의 결과를 강화했다. 다타[Datta] 등(2014)은 얽힘보조 고전 통신에 대한 2차 도달 가능성 결과를 보였고, 어떤 선로에 대해서는 매튜[Matthews]와 웨너[Wehner](2014)의 이전 결과를 사용해 그 특성화가 까다로움을 증명했다.

22

유잡음 자원을 사용한 결맞은 통신

이 장은 7장의 결맞은 통신과 21장의 얽힘보조 고전 부호화에 대한 특정 통신 규약 모두의 힘을 보여준다. 결맞은 초고밀도 부호화는 초고밀도 부호화 통신 규약을 송신자와 수신자가 각 단계를 전부 결맞은 방식으로 수행하는 판본이다.[1] 21장의 얽힘보조 고전 부호화에 대한 통신 규약은 미화시킨 초고밀도 부호화 통신 규약일 뿐이므로, 송신자와 수신자는 각 단계를 결맞은 방식으로 수행하여 얽힘보조 결맞은 부호화를 위한 통신 규약을 생성할 수 있다. 그러면 결맞은 비트 2개는 큐비트 1개 및 얽힘비트 1개와 같다는 사실을 이용해, 이 작업을 완료하기 위해 할 수 있는 순진한 전략보다 얽힘을 훨씬 덜 소모하는 얽힘보조 양자 부호화에 대한 통신 규약을 얻는다. 그런 다음, 얽힘보조 양자 부호화 통신 규약을 얽힘 분배와 결합하여(6.2.1절) 선로의 결맞은 정보와 같은 속도인 양자 통신에 대한 통신 규약을 얻는다(13.5절). 이 순차적 과정은 24장에서 설명한 양자 용량 정리의 직접 부분에 대한 또 다른 증명이다.

얽힘보조 고전 통신은 초고밀도 부호화의 일반화 중 하나로, 유잡음 큐비트 선로가 무잡음 얽힘비트를 무잡음으로 남겨둔 채 임의의 유잡음 양자 선로가 된다. 초고밀도 부호화의 또 다른 일반화는 **유잡음 초고밀도 부호화**noisy super-dense coding라는 통신 규

---

1 통신 규약을 결맞은 방식으로 수행한다는 것은 조건부 유니터리 연산자를 제어형 유니터리 연산으로 교체하고, 측정을 제어형 게이트로 대체한다는 뜻이다(가령, 그림 6.2와 그림 7.3을 비교해보자).

약인데, 여기서는 공유된 얽힘이 공유된 유잡음 상태 ρ_{AB}가 되고 무잡음 큐비트 선로는 무잡음으로 남아 있다. 흥미롭게도, 이 장에서 유잡음 초고밀도 부호화를 위해 사용할 통신 규약은 다른 상황을 고려한 몇 가지 변형을 약간 가하면 기본적으로 앞 장의 얽힘보조 고전 통신에 대한 통신 규약과 동등하다. 또한 유잡음 초고밀도 부호화의 결맞은 판본을 구성하여, **결맞은 상태 전송**coherent state transfer이라고 하는 통신 규약을 이끌어낸다. 결맞은 상태 전송은 앨리스와 밥 사이의 결맞은 통신을 생성하는 작업일 뿐만 아니라, 앨리스가 ρ_{AB} 상태의 자기 부분을 밥에게 전송할 수 있도록 한다. 결맞은 상태 전송을 결맞은 통신 항등식 및 양자원격전송과 결합하여, 각각 양자 보조 상태 전송과 고전 보조 상태 전송에 대한 통신 규약을 얻는다. 후자의 통신 규약은 조건부 양자 엔트로피 $H(A|B)_\rho$에 조작적 정의를 준다. 이것이 만약 양수라면 통신 규약은 얽힘을 $H(A|B)_\rho$의 속도로 소모하고, 음수라면 $|H(A|B)_\rho|$의 속도로 생성한다.

이 장의 마지막 부분은 얽힘보조 고전 통신에 대한 특정 통신 규약이 심지어 첫 문단에서 제안한 것보다 훨씬 강력함을 보인다. 이 통신 규약은 송신자가 결맞은 비트와 결맞지 않은 고전 비트를 모두 수신자에게 통신할 수 있도록 하고, 이들은 두 자원을 서로 절충할 수 있다. 얽힘보조 통신 규약은 일러두기 21.4.1의 장점을 취하고 20장의 HSW 고전 통신 규약과 결합하여 이런 가능성을 허용한다. 그러면 결맞은 통신 항등식을 사용해 고전 정보와 양자정보의 얽힘보조 통신에 대한 통신 규약을 얻는다. 25장에서 이 통신 규약, 양자원격전송, 초고밀도 부호화, 얽힘 분배가 세 가지 단위 자원인 고전 비트, 큐비트, 얽힘비트를 포함하는 동적 섀넌 이론에서 임의의 작업을 완수하는 데 충분함을 보인다. 이 네 가지 통신 규약은 양자 선로와 세 가지 단위 자원을 사용해 송신자와 수신자가 완수할 수 있는 임의의 정보 처리 작업에 대한 가장 잘 알려진 특성화인 3차원 도달 가능성 속도 영역을 준다. 25장은 이 3중 절충 상황을 자세히 다룬다.

22.1 얽힘보조 양자 통신

얽힘보조 고전 용량 정리는 선로의 양자 상호 정보가 공유된 얽힘의 도움을 받는 고전 정보를 전송하는 그 선로의 용량과 같음을 보인다. 그리고 21.4절의 직접 부호화 정리는 그 용량에 도달하는 통신 규약을 제시한다. 아직 이 통신 규약이 얽힘을 소모하는 속도에 대해 자세히 다루지는 않았지만, 직접 계산을 통해 선로 사용당 $H(A)_\varphi$개의 얽

힘비트를 소비함을 밝혀냈다. 여기서 $|\varphi\rangle_{AB}$는 통신 규약이 시작되기 전에 송신자와 수신자가 공유한 2분할 상태다. 이 결과는 19장에서 배웠듯이 상태 $|\varphi\rangle_{AB}$의 사본 n개를 $\approx nH(A)_\varphi$개의 얽힘비트에 집중시킬 수 있기 때문에 성립한다. 또한 19장에서 논의했듯이, 송신자와 수신자는 자원으로 포함시켜 세지 않는 부선형적 양의 고전 통신의 도움을 받아 $nH(A)_\varphi$개의 얽힘비트를 $|\varphi\rangle_{AB}$의 사본 $\approx n$개로 '희석'할 수 있다.

이제 앨리스가 밥에게 양자정보를 전송하기 위해 선로와 공유된 얽힘을 사용하려 한다고 하자. 21.4절의 통신 규약을 양자정보를 전송하는 것으로 변환하는 간단한 (그리고 앞으로 보겠지만, 순진한) 방법이 있다. 즉, 앨리스와 밥이 이 자원을 양자원격전송과 결합하는 것이다. 이 순진한 전략은 양자원격전송과 결합하기에 충분한 얽힘을 갖기 위해 $\frac{1}{2}I(A;B)_\rho$라는 추가적인 비율의 얽힘비트를 소모해야 한다. 여기서 $\rho_{AB} \equiv \mathcal{N}_{A'\to B}(\varphi_{AA'})$이다. 이것을 살펴보려면, 다음의 자원 부등식을 생각해보자.

$$\langle\mathcal{N}\rangle + \left(H(A)_\rho + \frac{1}{2}I(A;B)_\rho\right)[qq] \geq I(A;B)_\rho\,[c\to c] + \frac{1}{2}I(A;B)_\rho\,[qq] \quad (22.1)$$

$$\geq \frac{1}{2}I(A;B)_\rho\,[q\to q] \quad\quad\quad (22.2)$$

첫 번째 부등식은 앨리스와 밥이 $I(A;B)_\rho$의 비율로 고전 통신을 생성하기 위해 선로와 $nH(A)_\rho$개의 얽힘비트를 사용하도록 하여 유도한다. 그러면 앨리스는 양자원격전송 통신 규약에서 $n\frac{1}{2}I(A;B)_\rho$개의 큐비트를 밥에게 전송하기 위해 얽힘비트와 고전 통신을 사용한다. 이 양자 통신 속도는 최적임을 입증 가능하다. 만약 그렇지 않다면 식 (22.1)과 식 (22.2)의 통신 규약을 초고밀도 부호화와 결합하여 얽힘보조 고전 용량 정리에 의해 주어진 고전 통신의 최적 속도를 깨트릴 수도 있다.

위의 통신 규약이 얽힘보조 양자 용량에 도달하긴 하지만, 양자원격전송과 초고밀도 부호화가 자원 뒤집기에 대해 쌍대적이지 않기 때문에 얽힘의 소비 속도인 선로 사용당 $H(A)_\rho + \frac{1}{2}I(A;B)_\rho$개의 얽힘비트가 필요한 것보다 조금 더 많다는 점을 생각해봐야 한다. 즉, 만약 초고밀도 부호화와 양자원격전송을 무한정 결합한다면 무한한 양의 얽힘을 소모할 것이다. 실제로, 이 '앞뒤로 왔다 갔다' 하는 양자원격전송과 초고밀도 부호화는 얽힘이라는 소중한 자원을 소모하는 나쁜 방식일 수 있다.

어떻게 공유된 얽힘을 좀 더 신중하게 사용할 수 있을까? 7장의 결맞은 통신이 최소한 무잡음인 경우에는 그렇게 하는 데 도움이 된다. 송신자와 수신자는 결맞은 양자원격전송과 결맞은 초고밀도 부호화를 얽힘의 순손실 없이 무한정 결합할 수 있다.

이것은 기본적으로 두 통신 규약은 자원 뒤집기에 대해 쌍대이기 때문이다. 다음의 정리는 21.4절의 통신 규약을 단순한 고전 통신에서 결맞은 통신을 생성하는 것으로 어떻게 승급시킬 수 있는지 보여준다. 그 결과로 나온 통신 규약은 하나의 무잡음 자원이 유잡음 자원에 의해 대체된 결맞은 초고밀도 부호화의 판본을 갖는 방법이다.

【정리 22.1.1】얽힘보조 결맞은 통신 다음의 자원 부등식은 양자 선로 $\mathcal{N}_{A' \to B}$를 통한 얽힘보조 결맞은 통신의 도달 가능한 통신 규약에 해당한다.

$$\langle \mathcal{N} \rangle + H(A)_\rho \, [qq] \geq I(A;B)_\rho \, [q \to qq] \tag{22.3}$$

여기서 $\rho_{AB} \equiv \mathcal{N}_{A' \to B}(\varphi_{AA'})$이다.

【증명】 앨리스와 밥이 어떤 순수한 2분할 얽힘 상태 $|\varphi\rangle_{AB}$의 사본 다수를 공유한다고 하자. 21.4절의 직접 부호화 정리에서 나온 부호를 생각해보자. 이 부호는 앨리스가 고를 수 있는 $D^2 \approx 2^{nI(A;B)_\rho}$개의 유니터리 연산자 $U(s(m))$ 집합이고, 앨리스가 특정 유니터리 연산자 $U(s(m))$을 메시지 m을 부호화하기 위해 얽힘의 자기 부분 A^n에 적용한다고 할 수 있다. 또한 밥은 메시지 m을 검출하기 위해 자신이 사용할 수 있는 얽힘의 자기 부분과 선로의 출력에 대해 작용하는 검출 POVM $\{\Lambda^m_{B'^n B^n}\}$을 갖는다. 7장에서 초고밀도 부호화의 모든 단계를 결맞은 방식으로 수행하여 결맞은 초고밀도 부호화 통신 규약을 구성할 수 있었던 것과 같이, 21.4절의 얽힘보조 고전 부호화 통신 규약에 대해서도 그렇게 할 수 있다. 그런 통신 규약의 단계를 추적해보자. 앨리스가 자신이 접근할 수 없는 참조계 R을 갖는 상태를 공유한다고 하자.

$$|\psi\rangle_{RA_1} \equiv \sum_{l,m=1}^{D^2} \alpha_{l,m} \, |l\rangle_R \, |m\rangle_{A_1} \tag{22.4}$$

여기서 $\{|l\rangle\}$과 $\{|m\rangle\}$은 각각 R과 A_1에 대한 어떤 정규직교 기저다. 그러면 앨리스와 밥이 위의 상태를

$$\sum_{l,m=1}^{D^2} \alpha_{l,m} \, |l\rangle_R \, |m\rangle_{A_1} \, |m\rangle_{B_1} \tag{22.5}$$

으로 변환하는 사상 $|m\rangle_{A_1} \to |m\rangle_{A_1} \, |m\rangle_{B_1}$을 실행한다면, 이들이 결맞은 선로를 구현했다고 할 수 있다. 만약 이 통신 규약으로부터 얻은 상태와 위 상태의 대각합 거리

가 ε-근접이라면, 결맞은 선로를 '근사적으로' 구현했다고 말할 수 있다. 만약 선로를 많이 사용하는 극한에서 $\varepsilon \in (0, 1)$이 0에 수렴한다는 걸 보일 수 있다면, 이 근사적 결맞은 선로를 시뮬레이션한 것은 점근적 극한에서 완벽해진다. 앨리스의 첫 단계는 얽힌 상태 $|\varphi\rangle_{A^n B^n}$의 자기 부분을 $|\psi\rangle_{RA_1}$에 덧붙이고, 자신의 계 A_1에서 자신의 계 A^n으로 가는 다음의 제어형 유니터리 연산자를 적용한다.

$$\sum_m |m\rangle\langle m|_{A_1} \otimes U_{A^n}(s(m)) \tag{22.6}$$

그 결과 광역 상태는 다음과 같다.

$$\sum_{l,m} \alpha_{l,m} |l\rangle_R |m\rangle_{A_1} U_{A^n}(s(m))|\varphi\rangle_{A^n B^n} \tag{22.7}$$

유니터리 연산자 $U(s(m))$의 구조에 의해(식 (21.38)과 식 (21.40) 참고), 위의 상태는 다음의 상태와 동등하다.

$$\sum_{l,m} \alpha_{l,m} |l\rangle_R |m\rangle_{A_1} U_{B^n}^T(s(m))|\varphi\rangle_{A^n B^n} \tag{22.8}$$

흥미롭게도, 앨리스가 식 (22.6)의 제어형 게이트를 적용한 것은 얽힌 상태 $|\varphi\rangle_{A^n B^n}$의 비국소적(아마 기괴할 것이다!) 성질 때문에 비국소적 제어형 게이트 $\sum_m |m\rangle\langle m|_{A_1} \otimes U_{B^n}^T(s(m))$을 적용한 것과 같다. 그러면 앨리스는 자신의 계 A^n을 그 등척 확장이 $U_{A\to B'E}^{\mathcal{N}}$인 양자 선로 $\mathcal{N}_{A\to B'}$을 여러 번 사용해 보낸다. $|\varphi\rangle_{B'^n E^n B^n}$이 상태 $|\varphi\rangle_{A^n B^n}$에 대해 작용하는 선로의 등척 확장 $U_{A\to B'E}^{\mathcal{N}}$를 n회 실행한 결과 상태를 나타낸다고 하자.

$$|\varphi\rangle_{B'^n E^n B^n} \equiv U_{A^n\to B'^n E^n}^{\mathcal{N}}|\varphi\rangle_{A^n B^n} \tag{22.9}$$

여기서 $U_{A^n\to B'^n E^n}^{\mathcal{N}} \equiv (U_{A\to B'E}^{\mathcal{N}})^{\otimes n}$이다. 앨리스가 등척 확장을 통해 전송한 후, 상태는

$$\sum_{l,m} \alpha_{l,m} |l\rangle_R |m\rangle_{A_1} U_{B^n}^T(s(m))|\varphi\rangle_{B'^n E^n B^n} \tag{22.10}$$

이 된다. 여기서 밥은 얽힘의 자기 부분 B^n과 선로의 출력 B'^n을 갖고 있다(식 (22.6)

의 제어형 유니터리 연산자의 작용이 선로의 작용과 교환 가능하다는 것을 관찰해두자). POVM $\{\Lambda^m_{B'^n B^n}\}$으로 결맞지 않는 측정을 수행하기보다, 밥은 결맞은 약한 측정(5.4절 참고)인 다음 형태의 등척 확장을 적용한다.

$$\sum_m \sqrt{\Lambda^m_{B'^n B^n}} \otimes |m\rangle_{B_1} \tag{22.11}$$

연습문제 5.4.1의 결과를 사용하면, 그 결과 상태가 대각합 거리에 대해 다음의 상태와 $2\sqrt{2\varepsilon}$-근접임을 쉽게 확인할 수 있다.

$$\sum_{l,m} \alpha_{l,m} |l\rangle_R |m\rangle_{A_1} U^T_{B^n}(s(m)) |\varphi\rangle_{B'^n E^n B^n} |m\rangle_{B_1} \tag{22.12}$$

따라서 통신 규약의 남은 부분에 대해 이 연산자가 위의 상태에 작용하는 것처럼 위장할 수 있다. 앨리스와 밥은 환경에 대한 그들의 지표 m과의 결합을 결맞은 상태로 삭제할 수 있고, 밥은 다음의 제어형 유니터리 연산자를 수행한다.

$$\sum_m |m\rangle\langle m|_{B_1} \otimes U^*_{B^n}(s(m)) \tag{22.13}$$

그리고 최종 상태는 다음과 같다.

$$\sum_{l,m=1}^{D^2} \alpha_{l,m} |l\rangle_R |m\rangle_{A_1} |\varphi\rangle_{B'^n E^n B^n} |m\rangle_{B_1}$$
$$= \left(\sum_{l,m=1}^{D^2} \alpha_{l,m} |l\rangle_R |m\rangle_{A_1} |m\rangle_{B_1} \right) \otimes |\varphi\rangle_{B'^n E^n B^n} \tag{22.14}$$

따라서 이 통신 규약은 D^2차원의 결맞은 선로를 임의의 작은 오류로 구현하고, 이것은 정리에서 설명하는 자원 부등식이 성립함을 뜻한다. 그림 22.1이 이 얽힘보조 결맞은 부호화 통신 규약을 묘사한다. □

이제, 7.5절의 결맞은 통신 항등식을 사용해 정리 22.1.1의 통신 규약을 얽힘보조 양자 통신에 대한 통신 규약으로 변환하는 작업은 쉽다.

【따름정리 22.1.1】 얽힘보조 양자 통신 다음의 자원 부등식은 양자 선로 $\mathcal{N}_{A'\to B}$를 통한 얽힘보조 양자 통신의 도달 가능한 통신 규약에 해당한다.

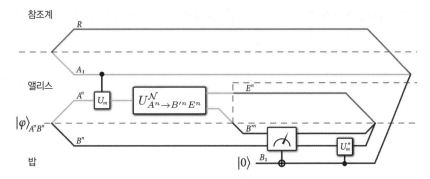

그림 22.1 얽힘보조 결맞은 통신을 위한 통신 규약. 이것이 결맞은 초고밀도 부호화가 초고밀도 부호화의 결맞은 판본인 것과 같이 얽힘보조 고전 통신에 대한 통신 규약의 결맞은 판본임을 관찰해두자(이 그림과 그림 21.3을 그림 6.2 및 그림 7.3과 비교해보자). 조건부 유니터리 연산자를 적용하는 대신에, 앨리스는 자신의 계 A_1에서 얽힘의 자기 부분으로 향하는 제어형 유니터리 연산자를 적용하고, 유잡음 선로를 여러 번 사용해 부호화된 상태를 보낸다. 밥은 POVM을 수행하기보다는 자신의 계 B'^n과 B^n에서 보조자 B_1으로 가는 결맞은 약한 측정을 수행한다. 마지막으로, 밥은 자신의 보조자 B_1에서 환경의 결합을 해제하는 유사한 제어형 유니터리 연산자를 적용한다.

$$\langle \mathcal{N} \rangle + \frac{1}{2}I(A;E)_\varphi \, [qq] \geq \frac{1}{2}I(A;B)_\varphi \, [q \to q] \tag{22.15}$$

여기서 $|\varphi\rangle_{ABE} \equiv U^{\mathcal{N}}_{A' \to BE}|\varphi\rangle_{AA'}$이고, $U^{\mathcal{N}}_{A' \to BE}$은 선로 $\mathcal{N}_{A' \to B}$의 등척 확장이다.

【증명】 7.5절의 결맞은 통신 항등식을 생각해보자. 이 항등식은 D^2차원 결맞은 선로가 D차원 양자 선로와 슈미트 랭크 D를 갖는 최대로 얽힌 상태 $|\Phi\rangle_{AB}$를 완벽하게 시뮬레이션할 수 있다는 내용이다. 고전 비트, 큐비트, 얽힘비트의 용어를 써서 말하자면, 결맞은 통신 항등식은 D차원 계에 대해 다음의 자원 등식이다.

$$2 \log D \, [q \to qq] = \log D \, [q \to q] + \log D \, [qq] \tag{22.16}$$

다음의 연쇄적 자원 부등식을 생각해보자.

$$\langle \mathcal{N} \rangle + H(A)_\varphi \, [qq] \geq I(A;B)_\varphi \, [q \to qq] \tag{22.17}$$

$$\geq \frac{1}{2}I(A;B)_\varphi \, [q \to q] + \frac{1}{2}I(A;B)_\varphi \, [qq] \tag{22.18}$$

첫 번째 자원 부등식은 정리 22.1.1의 내용이고, 두 번째 자원 부등식은 결맞은 양자 원격전송을 적용해 유도한다. 만약 촉매적 통신 규약을 허용한다면, 즉 필요한 자원

을 얼마간 사용했다가 통신 규약이 끝난 후 반환하는 것을 허용한다면, 얽힘보조 양
자 통신을 위한 통신 규약을 갖게 된다.

$$\langle \mathcal{N} \rangle + \frac{1}{2} I(A;E)_\varphi \, [qq] \geq \frac{1}{2} I(A;B)_\varphi \, [q \to q] \tag{22.19}$$

이것은 $H(A)_\varphi - \frac{1}{2} I(A;B)_\varphi = \frac{1}{2} I(A;E)_\varphi$이기 때문에 성립한다(연습문제 11.6.6 참
고). □

식 (22.1)과 식 (22.2)의 순진한 통신 규약의 얽힘 소모 속도를 따름정리 22.1.1의
통신 규약 소모 속도와 비교하면, 전자가 선로 사용당 $I(A;B)_\rho$개의 추가적인 얽힘
비트를 요구함을 알 수 있다. 또한 따름정리 22.1.1은 다음 절에서 볼 수 있듯이, 양
자 용량 정리의 도달 가능성 부분에 대한 간단한 증명을 이끌어낸다.

【연습문제 22.1.1】 앨리스가 선로 $U^{\mathcal{N}}_{A' \to BE}$의 환경 E를 얻을 수 있다고 하자. 그런
선로는 **결맞은 되먹임 등척선로**coherent feedback isometry라고 한다. 결맞은 되먹임 등척선로
$U^{\mathcal{N}}_{A' \to BE}$을 포함한 다음의 자원 부등식에 어떻게 도달할 수 있는지 보여라.

$$\langle U^{\mathcal{N}}_{A' \to BE} \rangle \geq \frac{1}{2} I(A;B)_\varphi \, [q \to q] + \frac{1}{2} I(E;B)_\varphi \, [qq] \tag{22.20}$$

여기서 $|\varphi\rangle_{ABE} = U^{\mathcal{N}}_{A' \to BE} |\varphi\rangle_{AA'}$이고 $\rho_{A'} = \text{Tr}_A\{\varphi_{AA'}\}$이다. 이 통신 규약은 $U^{\mathcal{N}}_{A' \to BE}$
이 2개의 결맞은 선로와 동등해지는 경우에 결맞은 양자원격전송으로 환원되기 때문
에 7.4절의 결맞은 양자원격전송의 일반화다.

22.2 양자 통신

정리 22.1.1의 통신 규약을 얽힘 분배와 추가로 결합하여 양자 통신에 대한 통신 규
약을 간단히 얻을 수 있다. 그 결과로 얻은 통신 규약은, 통신 규약을 시작하는 시
점에서 앨리스와 밥 사이에 어떤 양의 공유된 얽힘을 사용하지만 끝나는 시점에 같
은 양의 얽힘을 생성하여 통신 규약의 순 얽힘 소모량이 0이 되도록 한다는 점에서,
다시 얽힘을 촉매적으로 사용한다. 그 결과 양자 통신의 속도는 (그 통신 규약이 공유
된 얽힘을 촉매적으로 사용하지는 않지만) 24장의 양자 선로 부호화 정리에 대한 것과 같
음이 밝혀진다.

【따름정리 22.2.1】양자 통신 결맞은 정보 $Q(\mathcal{N})$은 양자 선로 $\mathcal{N}$을 통해 양자 통신이 도달 가능한 속도다. 즉, 다음의 자원 부등식이 성립한다.

$$\langle \mathcal{N} \rangle \geq Q(\mathcal{N}) \left[q \to q\right] \tag{22.21}$$

여기서 $Q(\mathcal{N}) \equiv \max_\varphi I(A\rangle B)_\rho$이고 $\rho_{AB} \equiv \mathcal{N}_{A' \to B}(\varphi_{AA'})$이다.

【증명】 만약 정리 22.1.1의 얽힘보조 양자 통신 통신 규약에 더해 얽힘 분배와 속도 $\frac{1}{2}I(A\,;\,E)_\rho$로 결합한다면, 다음의 자원 부등식을 얻는다.

$$\langle \mathcal{N} \rangle + \frac{1}{2}I(A;E)_\rho \left[qq\right]$$
$$\geq \frac{1}{2}\left[I(A;B)_\rho - I(A;E)_\rho\right]\left[q \to q\right] + \frac{1}{2}I(A;E)_\rho \left[q \to q\right] \tag{22.22}$$
$$\geq \frac{1}{2}\left[I(A;B)_\rho - I(A;E)_\rho\right]\left[q \to q\right] + \frac{1}{2}I(A;E)_\rho \left[qq\right] \tag{22.23}$$

자원을 양변에서 소거하면

$$\langle \mathcal{N} \rangle \geq I(A\rangle B)_\rho \left[q \to q\right] \tag{22.24}$$

가 된다. 이것은 $I(A\rangle B)_\rho = \frac{1}{2}[I(A\,;\,B)_\rho - I(A\,;\,E)_\rho]$이기 때문이다(연습문제 11.6.6 참고). 이 선로의 결맞은 정보를 최대화하는 상태 $\varphi_{AA'}$에서 부호를 생성하여 선로의 결맞은 정보에 간단히 도달할 수 있다. □

22.3 유잡음 초고밀도 부호화

초고밀도 부호화의 자원 부등식이

$$[q \to q] + [qq] \geq 2\,[c \to c] \tag{22.25}$$

임을 떠올려보자. 앞 장의 얽힘보조 고전 통신에 대한 통신 규약은 이 통신 규약을 유잡음 상황으로 일반화하는 한 가지 방식으로, 간단히 식 (22.25)의 무잡음 양자 선로를 유잡음 선로의 다수 사용으로 교체하여 얻는다. 이 교체는 앞 장에서 제시된 얽힘보조 고전 통신의 상황을 이끌어낸다.

초고밀도 부호화를 일반화하는 또 다른 방식은 양자 선로는 무잡음을 유지하면서 얼힘에 잡음이 생기도록 하는 것이다. 앨리스와 밥은 무잡음 고전 통신을 생성한다는 목표를 갖고 공유된 어떤 유잡음 상태 ρ_{AB}의 사본 다수와 무잡음 큐비트 선로를 여러 번 사용할 수 있도록 허용된다. 그 결과로 나온 통신 규약이 얼힘보조 고전 통신의 통신 규약과 유사할 것이 예상되는데, 사실 이것이 그 경우다. 그 결과로 나온 통신 규약은 **유잡음 초고밀도 부호화**^{noisy super-dense coding}라고 한다.

【정리 22.3.1】유잡음 초고밀도 부호화   다음의 자원 부등식은 양자 보조 고전 통신에 대해 공유된 양자 상태를 갖고 도달할 수 있는 통신 규약에 대응된다.

$$\langle \rho_{AB} \rangle + H(A)_\rho \, [q \to q] \geq I(A;B)_\rho \, [c \to c] \tag{22.26}$$

여기서 ρ_{AB}는 앨리스와 밥이 통신 규약을 시작할 때 공유한 어떤 2분할 상태다.

【증명】   통신 규약 존재성의 증명은 여기서 달라진 상황을 고려한 몇 가지 변형을 갖고 정리 21.4.1의 증명과 유사하게 진행된다. 간단히, 앨리스와 밥이 부호를 무작위로 선택하는 방식을 구성하면 포장 보조정리(보조정리 16.3.1)를 이용해 밥이 앨리스의 메시지를 검출하기 위해 사용할 수 있는 검출 POVM의 존재성을 보일 수 있다. 무작위 부호를 선택하는 방법은 정리 21.4.1의 증명에서 했던 것과 정확히 같으며, 이런 이유로 증명의 핵심 부분만을 강조하겠다. 먼저, 상태 ρ_{AB}를 고려하여 $|\varphi\rangle_{ABR}$이 이 상태의 양자정화라고 하자. R은 앨리스와 밥이 접근할 수 없는 어떤 참조계다. 그러면 $|\varphi\rangle_{ABR}$이 순수 상태 $|\varphi\rangle_{AA'}$의 계 A'에 작용하는 어떤 등척선로 $U^N_{A' \to BR}$에서 나왔다고 할 수 있고, 이때 $|\varphi\rangle_{AA'}$은 $|\varphi\rangle_{ABR} = U^N_{A' \to BR}|\varphi\rangle_{AA'}$으로 정의된다. 또한 상태 ρ_{AB}가 선로 $\mathcal{N}_{A' \to B}$를 통해 상태 $|\varphi\rangle_{AA'}$을 전송하고, $U^N_{A' \to BR}$의 환경 R에 대해 대각합을 취해서 얻은 것으로 생각할 수 있다. 여기서 이 상황은 정리 21.4.1 증명의 상황과 더 가까워지고, 이제 어떻게 거의 똑같아지는지 보일 것이다. 상태 $|\varphi\rangle^{\otimes n}_{AA'}$이 식 (21.32) ~ 식 (21.35)의 형식 분해와 유사한 형식 분해를 가짐을 생각해보자.

$$|\varphi\rangle^{\otimes n}_{AA'} = \sum_t \sqrt{p(t)} |\Phi_t\rangle_{A^n A'^n} \tag{22.27}$$

마찬가지로, $|\varphi\rangle^{\otimes n}_{ABR}$을

$$|\varphi\rangle^{\otimes n}_{ABR} = \sum_t \sqrt{p(t)} |\Phi_t\rangle_{A^n | B^n R^n} \tag{22.28}$$

처럼 적을 수 있다. 여기서 $A^n|B^nR^n$의 세로선은 계 A^n과 B^nR^n 사이를 2분할한다는 것을 나타낸다. 앨리스는 식 (21.38) 형태의 유니터리 연산자 $U_{A^n}(s)$를 균일한 무작위로 선택할 수 있고, 식 (21.75) ~ 식 (21.84)의 전개 과정을 이용하면 이 무작위적인 유니터리 연산자 선택에 대한 기대 밀도 연산자는 다음과 같다.

$$\bar{\rho}_{A^nB^n} \equiv \mathbb{E}_S\left\{U_{A^n}(S)\rho_{A^nB^n}U^\dagger_{A^n}(S)\right\} \tag{22.29}$$

$$= \sum_t p(t)\pi^t_{A^n} \otimes \mathcal{N}_{A'^n \to B^n}(\pi^t_{A'^n}) \tag{22.30}$$

앨리스가 전송하려는 각 메시지 m에 대해 앨리스는 식 (21.39) 형태인 벡터 s를 균일한 무작위로 선택하고, 그러면 앨리스가 선택한 이후에 메시지 m에 대한 벡터 s의 명시적 관련성을 나타내기 위해 $s(m)$이라고 적을 수 있다. 이것은 다음 형태의 양자 보조 부호단어[2]를 이끌어낸다.

$$U_{A^n}(s(m))\rho_{A^nB^n}U^\dagger_{A^n}(s(m)) \tag{22.31}$$

이제 포장 보조정리(보조정리 16.3.1)를 이용할 수 있고, 그렇게 하려면 메시지 부분공간 사영 연산자와 전체 부분공간 사영 연산자가 필요하다. 이 두 연산자 각각을 다음과 같이 고른다.

$$U_{A^n}(s)\Pi^{\rho,\delta}_{A^nB^n}U^\dagger_{A^n}(s) \tag{22.32}$$

$$\Pi^{\rho,\delta}_{A^n} \otimes \Pi^{\rho,\delta}_{B^n} \tag{22.33}$$

여기서 $\Pi^{\rho,\delta}_{A^nB^n}$, $\Pi^{\rho,\delta}_{A^n}$, $\Pi^{\rho,\delta}_{B^n}$는 각각 $\rho_{A^nB^n}$, ρ_{A^n}, ρ_{B^n}에 대한 전형적 사영 연산자다. 식 (21.61) ~ 식 (21.64)의 조건이 성립한 것과 같은 이유로 포장 보조정리에 대한 다음의 네 가지 조건이 성립한다.

$$\mathrm{Tr}\left\{\left(\Pi^{\rho,\delta}_{A^n} \otimes \Pi^{\rho,\delta}_{B^n}\right)\left(U_{A^n}(s)\rho_{A^nB^n}U^\dagger_{A^n}(s)\right)\right\} \geq 1-\varepsilon \tag{22.34}$$

$$\mathrm{Tr}\left\{\left(U_{A^n}(s)\Pi^{\rho,\delta}_{A^nB^n}U^\dagger_{A^n}(s)\right)\left(U_{A^n}(s)\rho_{A^nB^n}U^\dagger_{A^n}(s)\right)\right\} \geq 1-\varepsilon \tag{22.35}$$

$$\mathrm{Tr}\left\{U_{A^n}(s)\Pi^{\rho,\delta}_{A^nB^n}U^\dagger_{A^n}(s)\right\} \leq 2^{n[H(AB)_\rho+c\delta]} \tag{22.36}$$

---

2 밥에게 부호단어를 전송할 때 양자 통신의 도움을 허용할 것이기 때문에, 여기서 부호단어가 '양자보조'를 받는다고 한다.

$$\left(\Pi_{A^n}^{\rho,\delta} \otimes \Pi_{B^n}^{\rho,\delta} \right) \overline{\rho}_{A^n B^n} \left(\Pi_{A^n}^{\rho,\delta} \otimes \Pi_{B^n}^{\rho,\delta} \right)$$
$$\leq 2^{-n[H(A)_\rho + H(B)_\rho - \eta(n,\delta) - c\delta]} \left(\Pi_{A^n}^{\rho,\delta} \otimes \Pi_{B^n}^{\rho,\delta} \right) \quad (22.37)$$

여기서 c는 어떤 양의 상수이고, $\eta(n,\delta)$는 $n \to \infty$이고 $\delta \to 0$으로 갈 때 0에 수렴하는 어떤 함수다. 잠깐 동안만 앨리스가 단순히 자신의 계 A^n을 밥에게 무잡음 큐비트 선로를 여러 번 사용해 보낸다고 가정하자. 그러면 따름정리 16.5.1(포장 보조정리의 비무작위화된 판본)로부터 앨리스의 메시지 집합 크기 $|\mathcal{M}|$이 충분히 작은 한 임의로 작은 최대 오류 확률을 갖고 식 (22.31) 형태의 전송된 부호단어를 검출할 수 있는 부호와 POVM $\{\Lambda_{A^n B^n}^m\}$이 존재함을 유도할 수 있다.

$$p_e^* \equiv \max_m \mathrm{Tr} \left\{ (I - \Lambda_{A^n B^n}^m) U(s(m))_{B^n} \rho_{A^n B^n} U_{B^n}^*(s(m)) \right\} \quad (22.38)$$
$$\leq 4 \left(\varepsilon + 2\sqrt{\varepsilon} \right) + 16 \cdot 2^{-n[H(A)_\rho + H(B)_\rho - \eta(n,\delta) - c\delta]} 2^{n[H(AB)_\rho + c\delta]} |\mathcal{M}| \quad (22.39)$$
$$= 4 \left(\varepsilon + 2\sqrt{\varepsilon} \right) + 16 \cdot 2^{-n[I(A;B)_\rho - \eta(n,\delta) - 2c\delta]} |\mathcal{M}| \quad (22.40)$$

따라서 메시지 집합의 크기가 $|\mathcal{M}| = 2^{n[I(A;B) - \eta(n,\delta) - 3c\delta]}$가 되도록 선택할 수 있어서, 고전 통신 속도가

$$\frac{1}{n} \log |\mathcal{M}| = I(A;B)_\rho - \eta(n,\delta) - 3c\delta \quad (22.41)$$

이고, 최대 오류 확률의 한계가

$$p_e^* \leq 4 \left(\varepsilon + 2\sqrt{\varepsilon} \right) + 16 \cdot 2^{-nc\delta} \quad (22.42)$$

가 되도록 한다. $\varepsilon' \in (0, 1)$이고 $\delta' > 0$이라고 하자. n을 충분히 크게 잡고 δ를 충분히 작게 잡으면, $4(\varepsilon + 2\sqrt{\varepsilon}) + 16 \cdot 2^{-nc\delta} \leq \varepsilon'$과 $\eta(n,\delta) + 3c\delta \leq \delta'$이 되도록 만들 수 있다. 따라서 상태 ρ_{AB}에 대해 계산한 양자 상호 정보 $I(A;B)_\rho$는 ρ에 대한 유잡음 초고밀도 부호화의 도달 가능한 속도다.

이제 통신 규약을 (마지막 변형과 함께) 요약한다. 앨리스와 밥이 상태 $\rho_{A^n B^n}$을 갖고 시작한다. 앨리스가 먼저 자신의 계 A^n에 전형적 부분공간 측정을 수행한다. 이 측정은 높은 확률로 성공하며, 자신의 계 A^n의 크기를 근사적으로 $nH(A)_\rho$개의 큐비트와 같은 크기의 부분공간으로 축소시킨다. 만약 앨리스가 메시지 m을 보내고 싶다면, 앨리스는 그 상태의 자기 부분에 유니터리 연산자 $U_{A^n}(s(m))$을 적용한다. 그리

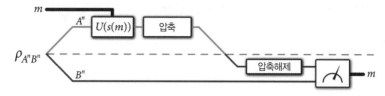

그림 22.2 정리 22.3.1의 자원 부등식에 대응하는 유잡음 초고밀도 부호화를 위한 통신 규약. 앨리스는 먼저 자기 부분을 그 전형적 부분공간(그려지지 않음)으로 사영시킨다. 그리고 자신의 메시지 m에 기반하여, 유니터리 부호화 $U(s(m))$을 상태 $\rho_{A^nB^n}$의 자기 부분에 적용한다. 앨리스는 자신의 상태를 근사적으로 $nH(A)_\rho$개의 큐비트로 압축하여 무잡음 큐비트 선로를 통해 전송한다. 밥은 상태의 압축을 해제하고 앨리스의 메시지 m을 높은 확률로 알려주는 복호화 POVM을 수행한다.

고 A^n의 부분공간에서 $nH(A)_\rho$개의 큐비트로 보내는 압축 등척선로를 수행한다. 앨리스는 자신의 큐비트를 $nH(A)_\rho$번의 무잡음 큐비트 선로를 통해 전송하고, 밥은 이것을 받는다. 밥은 $nH(A)_\rho$개의 무잡음 큐비트를 앨리스의 원래 계 A^n과 동형인 공간으로 압축을 해제하는 등척선로를 수행한다. 그러면 밥은 복호화 POVM $\{\Lambda_{A^nB^n}^m\}$을 수행하여 소멸한 것이나 마찬가지인 작은 오류 확률로 앨리스의 메시지 m을 결정한다. **참고:** 이 통신 규약에서 유일한 변형은 시작할 때의 전형적 부분공간인데, 이 측정이 식 (22.34) ~ 식 (22.37)의 조건에 전혀 영향을 주지 않음을 쉽게 점검할 수 있다. 그림 22.2가 이 통신 규약을 묘사한다. □

22.4 상태 전송

또한 정리 22.1.1의 증명이 얽힘보조 고전 통신의 결맞은 판본을 구성한 방식과 유사한 방법으로 유잡음 초고밀도 부호화의 결맞은 판본을 구성할 수도 있다. 하지만 유잡음 초고밀도 부호화의 결맞은 판본은 추가적인 작업이 필요하다. 즉, 상태 $\rho_{AB}^{\otimes n}$의 앨리스 부분을 밥에게 전송하는 것이다. 그 결과 통신 규약은 결맞은 상태 전송 coherent state transfer이라고 하며, 이 통신 규약으로부터 양자 통신 보조 상태 전송quantum-communication-assisted state transfer3 또는 줄여서 양자 보조 상태 전송에 대한 통신 규약을 유도할 수 있다.

【정리 22.4.1】 결맞은 상태 전송 다음의 자원 부등식은 상태 ρ_{AB}를 사용한 결맞은 상태

---

3 이 통신 규약은 양자 섀넌 이론의 문헌에서 상태 전송(state transfer), 완전 양자 슬레피안-울프(fully quantum Slepian-Wolf), 상태 합침(state merging), 합병 어머니(merging mother) 등의 다양한 이름으로 불린다.

전송에 대한 도달 가능한 통신 규약에 해당한다.

$$\langle W_{S \to AB} : \rho_S \rangle + H(A)_\rho \, [q \to q] \geq I(A;B)_\rho \, [q \to qq] + \langle \text{id}_{S \to \hat{B}B} : \rho_S \rangle \quad (22.43)$$

여기서 ρ_{AB}는 통신 규약의 시작 시점에 앨리스와 밥이 공유하는 2분할 상태다.

식 (22.43)의 자원 부등식은 아직 본 적이 없는 표기법으로 나타냈다. 표현식 $\langle W_{S \to AB} : \rho_S \rangle$는 원천을 가진 참여자 S가 어떤 등척선로 $W_{S \to AB}$를 상태 ρ_S에 적용하여 앨리스와 밥에게 상태 ρ_S의 사본 다수를 분배한다는 뜻이다. 이 자원은 실질적으로 $\langle \rho_{AB} \rangle$처럼 정리 22.3.1에서 표현한 자원인 앨리스와 밥이 공유하는 상태 ρ_{AB}의 많은 사본과 동등하다. $\langle \text{id}_{S \to \hat{B}B} : \rho_S \rangle$라는 표현식은 원천을 가진 참여자가 항등 사상을 ρ_S에 적용하여 완전한 상태를 밥에게 제공한다는 뜻이다. 이제 식 (22.43)의 자원 부등식 의미를 설명할 수 있다. 상태 ρ_{AB}의 사본 n개와 무잡음 큐비트 선로 $nH(A)_\rho$개를 사용해, 앨리스가 밥으로 향하는 $nI(A;B)_\rho$개의 무잡음 결맞은 선로를 동시에 밥에게 상태 $\rho_{AB}^{\otimes n}$의 자기 부분을 전송하며 시뮬레이션할 수 있다.

【증명】 이 증명은 정리 22.1.1의 증명과 유사하게 전개된다. $|\varphi\rangle_{ABR}$이 ρ_{AB}의 양자 정화라고 하자. 앨리스가 참조계 R_1과 공유하는 상태를 갖고 시작하여, 앨리스가 그에 대해 결맞은 선로를 시뮬레이션하려고 한다.

$$|\psi\rangle_{R_1 A_1} \equiv \sum_{l,m=1}^{D^2} \alpha_{l,m} |l\rangle_{R_1} |m\rangle_{A_1} \quad (22.44)$$

여기서 $D^2 \approx 2^{nI(A;B)_\rho}$이다. 앨리스는 $|\psi\rangle_{R_1 A_1}$을 $|\varphi\rangle_{A^n B^n R^n} \equiv |\varphi\rangle_{ABR}^{\otimes n}$에 덧붙이고, 자신의 계 A^n에 전형적 부분공간 측정을 적용한다(앞으로, 이 상태들이 소멸할 정도로 작은 오류를 제외하면 같기 때문에 전형적인 사영된 상태에 대해서도 같은 표기법을 사용한다). 앨리스는 자신의 계 $A_1 A^n$에 다음의 제어형 유니터리 연산자를 적용한다.

$$\sum_m |m\rangle\langle m|_{A_1} \otimes U_{A^n}(s(m)) \quad (22.45)$$

그러면 결과적으로 전체 상태는 다음과 같다.

$$\sum_{l,m} \alpha_{l,m} |l\rangle_{R_1} |m\rangle_{A_1} U_{A^n}(s(m)) |\varphi\rangle_{A^n B^n R^n} \quad (22.46)$$

앨리스가 자신의 계 A^n을 압축하여 $nH(A)_\rho$회의 무잡음 큐비트 선로를 사용해 보내고, 밥이 이것을 받는다. 밥은 이것을 압축해제하고, A^n과 동형인 $\hat{B}^n$계에 둔다. 그결과 상태는 $\hat{B}^n$으로 교체된 A^n을 가진 $|\varphi\rangle_{A^n B^n R^n}$과 같다. 밥은 다음과 같은 형태의결맞은 약한 측정을 수행한다.

$$\sum_m \sqrt{\Lambda^m_{\hat{B}^n B^n}} \otimes |m\rangle_{B_1} \tag{22.47}$$

그 결과는 대각합 거리에서 다음과 가까운 상태다.

$$\sum_{l,m} \alpha_{l,m} |l\rangle_{R_1} |m\rangle_{A_1} |m\rangle_{B_1} U_{\hat{B}^n}(s(m)) |\varphi\rangle_{\hat{B}^n B^n R^n} \tag{22.48}$$

밥은 마지막으로 제어형 유니터리 연산자

$$\sum_m |m\rangle\langle m|_{B_1} \otimes U^\dagger_{\hat{B}^n}(s(m)) \tag{22.49}$$

을 수행하여 상태

$$\left(\sum_{l,m} \alpha_{l,m} |l\rangle_{R_1} |m\rangle_{A_1} |m\rangle_{B_1} \right) \otimes |\varphi\rangle_{\hat{B}^n B^n R^n} \tag{22.50}$$

을 결과로 얻는다. 따라서 앨리스는 밥으로 향하는 $nI(A;B)_\rho$회의 결맞은 선로를 임의의 작은 오류로 시뮬레이션했고, 밥에게 상태 $|\varphi\rangle_{A^n B^n R^n}$의 자기 부분을 전송했다.그림 22.3이 이 통신 규약을 묘사한다. □

위의 통신 규약을 결맞은 통신 항등식과 결합하여 양자 보조 상태 전송에 대한 다음의 자원 부등식을 얻는다.

【따름정리 22.4.1】양자 보조 상태 전송　다음의 자원 부등식은 공유된 상태 ρ_{AB}를 사용한 양자 보조 상태 전송에 대한 도달 가능한 통신 규약에 해당한다.

$$\langle W_{S \to AB} : \rho_S \rangle + \frac{1}{2} I(A;R)_\varphi [q \to q] \geq \frac{1}{2} I(A;B)_\varphi [qq] + \langle \mathrm{id}_{S \to \hat{B}B} : \rho_S \rangle \tag{22.51}$$

여기서 ρ_{AB}는 통신 규약의 시작 시점에 앨리스와 밥이 공유하는 2분할 상태이고,

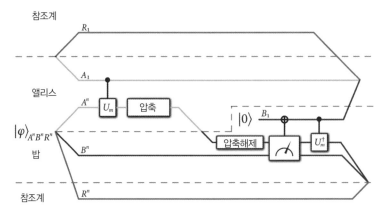

그림 22.3 결맞은 상태 전송에 대한 통신 규약. 상태 전송 작업에 결맞은 통신을 추가하여 만드는 유잡음 초고밀도 부호화 통신 규약의 결맞은 판본이다.

$|\varphi\rangle_{ABR}$은 그 양자정화다.

【증명】 다음의 연쇄적 자원 부등식을 생각해보자.

$$\langle W_{S \to AB} : \rho_S \rangle + H(A)_\varphi \, [q \to q]$$
$$\geq I(A;B)_\varphi \, [q \to qq] + \langle \mathrm{id}_{S \to \hat{B}B} : \rho_S \rangle \tag{22.52}$$
$$\geq \frac{1}{2} I(A;B)_\varphi \, [q \to q] + \frac{1}{2} I(A;B)_\varphi \, [qq] + \langle \mathrm{id}_{S \to \hat{B}B} : \rho_S \rangle \tag{22.53}$$

여기서 첫 번째 부등식은 결맞은 상태 전송에서 유도되고, 두 번째 부등식은 결맞은 통신 항등식에서 유도된다. $\frac{1}{2} I(A\,;\,R)_\varphi = H(A)_\rho - \frac{1}{2} I(A\,;\,B)_\rho$이기 때문에, 자원 소거를 하면 정리의 진술에 있는 자원 부등식을 얻는다. □

【따름정리 22.4.2】 고전 보조 상태 전송 다음의 자원 부등식은 공유된 상태 ρ_{AB}를 사용한 고전 보조 상태 전송에 대한 도달 가능한 통신 규약에 해당한다.

$$\langle W_{S \to AB} : \rho_S \rangle + I(A;R)_\varphi \, [c \to c] \geq I(A\rangle B)_\varphi \, [qq] + \langle \mathrm{id}_{S \to \hat{B}B} : \rho_S \rangle \tag{22.54}$$

여기서 ρ_{AB}는 통신 규약의 시작 시점에 앨리스와 밥이 공유하는 2분할 상태이고, $|\varphi\rangle_{ABR}$은 그 양자정화다.

【증명】 단순히 위의 통신 규약을 양자원격전송과 결합한다.

$$\langle W_{S \to AB} : \rho_S \rangle + I(A;R)_\varphi \, [c \to c] + \frac{1}{2} I(A;R)_\varphi \, [qq]$$

$$\geq \langle W_{S \to AB} : \rho_S \rangle + \frac{1}{2} I(A;R)_\varphi \, [q \to q] \tag{22.55}$$

$$\geq \frac{1}{2} I(A;B)_\varphi \, [qq] + \langle \mathrm{id}_{S \to \hat{B}B} : \rho_S \rangle \tag{22.56}$$

$\frac{1}{2} I(A \, ; \, B)_\varphi - \frac{1}{2} I(A \, ; \, R)_\varphi = I(A \rangle B)_\varphi$라는 사실을 이용하면, 따름정리의 진술에 있는 자원 부등식을 얻는다. □

위의 통신 규약은 결맞은 정보(또는 음의 조건부 엔트로피 $-H(A|B)_\rho$)에 대한 놀라운 조작적 해석을 준다. 결맞은 정보가 양수인 경우, 앨리스와 밥은 통신 규약의 끝에 그만큼의 얽힘을 공유한다(따라서 만약 여분의 고전 통신이 가능하다면 양자원격전송을 할 수 있다). 결맞은 정보가 음수일 때, 앨리스와 밥은 상태 전송 절차를 완료하기 위해 사본 1개당 $H(A|B)_\rho$개의 얽힘비트를 소모해야 한다.

【연습문제 22.4.1】 앨리스가 실제로는 위의 통신 규약에서 참조계 R을 소유한다고 하자. 앨리스와 밥이 다음의 자원 부등식에 도달할 수 있음을 보여라.

$$\langle \psi_{ABR} \rangle + \frac{1}{2} I(A;R)_\psi \, [q \to q] \geq \frac{1}{2} \left(H(A)_\psi + H(B)_\psi + H(R)_\psi \right) [qq] \tag{22.57}$$

여기서 $|\psi\rangle_{ABR}$은 어떤 순수 상태다.

22.4.1 양자 상호 정보의 이중적 역할

식 (22.15)의 얽힘보조 양자 통신에 대한 자원 부등식과 식 (22.51)의 양자보조 상태 전송에 대한 자원 부등식은 놀랍도록 유사하다. 둘 다 유잡음 자원을 포함하고, 둘 다 또 다른 무잡음 양자 자원을 생성하기 위해 무잡음 양자 자원을 소모한다. 두 통신 규약이 **원천-선로 이중성**source-channel duality에 의해 연결됐다고 할 수 있다. 한 통신 규약을 다른 통신 규약으로부터 선로를 원천으로 바꾸거나, 그 반대로 해서 얻을 수 있기 때문이다.

또한 두 통신 규약은 양자 결맞음을 보존하려고 하는 A계와 접근할 수 없는 환경 사이의 양자 상호 정보의 절반과 같은 속도로 소모되는 무잡음 양자 자원을 필요로 한다. 두 경우 모두 A계와 환경 사이의 상관성을 깨는 것이 목표이고, 양자 상호 정보는 이 상관성을 깨기 위해 얼마나 많은 양자 결맞음이 필요한지를 정량화한다. 식 (22.15)와 식 (22.51)의 두 통신 규약은 모두 A계와 B계 사이의 양자 상호 정보의 절반과 같은 속도로 무잡음 양자 자원을 생성한다. 따라서 양자 상호 정보는 또한 두 계 사이에 얼마나 많은 양자 상관성을 구성할 수 있는지를 정량화한다. 즉, 양자 상호 정보는 상관성의 파괴와 생성 모두에 대해 정량화하는 이중적 역할을 한다.

22.5 절충적 부호화

당신이 양자 통신회사에서 통신 기술자로 일한다고 생각해보자. 당신의 회사가 얽힘보조 고전 통신으로부터 꽤 수익을 냈는데, 그 이유가 당신의 회사는 네트워크에 있는 몇몇 노드들 사이의 고품질 무잡음 얽힘을 생성할 수 있는데 다른 경쟁사들은 그렇게 할 수 없어서 경쟁사가 도달할 수 있는 통신 속도보다 우월했기 때문이라고 하자. 하지만 이제 당신의 고객 기반이 얽힘보조 고전 용량 정리(정리 21.3.1)에서 제시하는 속도를 달성하는 통신 규약을 지원하는 얽힘이 존재하는 것만으로 충분하지 않을 정도로 커졌다고 하자. 당신의 상사는 당신이 고정된 얽힘 예산에 대해 최적의 고전 통신 속도를 결정하여 이 상황에서 최상의 수익을 내기를 원하며, 약간의 통신 속도 감소만이 있는 통신 규약을 설계할 수 있기를 바란다. 그래서 당신은 최선을 다하겠다고 말했다.

이 상황에서 어떻게 해야 할까? 처음에는 홀레보 정보 $\chi(\mathcal{N})$과 같은 통신 속도를 갖는 보조받지 않는 고전 부호를 이미 결정했고, 또한 선로 상호 정보 $I(\mathcal{N})$과 같은 통신 속도를 갖는 얽힘보조 부호를 결정했다고 생각할 수 있다. 두 전략을 섞는 것이 합리적인 전략인 것 같아 보인다. 즉, 어떤 비율 λ만큼의 보조받지 않는 고전 부호 선로를 사용하고, 다른 비율 $1 - \lambda$만큼 얽힘보조 선로를 사용하는 것이다. 이 전략은

$$\lambda\chi(\mathcal{N}) + (1 - \lambda)\,I(\mathcal{N}) \tag{22.58}$$

이라는 속도에 도달하고, 개별 부호의 오류 합보다 크지 않은 오류를 갖는다(즉, 오류는 점근적으로 소멸한다). 반면에 만약 E가 얽힘보조 고전 통신에 대한 원래 통신 규약이 소모하는 얽힘의 양이라면, 선로 사용당 $(1 - \lambda)E$개의 얽힘비트만큼 얽힘을 적게 소모한다. 이 간단한 혼합 전략을 **시간 공유**time sharing라고 한다. 이 전략이 잘 작동하리라 생각하고 상사에게 제안한다. 상사가 살펴본 후, 이 해법은 이미 생각해봤으

며 좀 더 영리해야 한다며 이 제안을 되돌려준다. 다시 말해, 상사는 기존의 고객 기반이 통신 속도가 떨어지는 것을 알아차릴 것이라고 의심하고 있다.

통신의 또 다른 전략은 **절충적 부호화**trade-off coding다. 이 전략을 다음 절과 25장의 더 넓은 맥락에서 탐색할 것이다. 절충적 부호화는 관심 있는 여러 선로에 대해 시간 공유를 넘어서지만, 다른 선로에 대해서는 단지 시간 공유로 환원된다. 어떤 선로가 절충적 부호화에서 이익을 얻을 수 있는지를 어떻게 결정하는지는 선험적으로 분명치 않지만, 분명히 앨리스와 밥이 부호화를 위해 사용하는 선로에 의존한다. 25장은 여기서 개발한 이 절충적 부호화 전략이 확실히 특정 선로에서는 최적이고, 일반적으로는 정규화된 공식의 관점에서 최적임을 보일 것이다. 절충적 부호화는 고정된 얽힘 예산을 갖는 위의 상황을 다루는 가장 잘 알려진 방법이고, 당신의 상사는 이 결과를 보고 기뻐할 것이다. 게다가, 이 통신 규약을 다음에 소개할 고전 정보와 양자정보 둘 다의 얽힘보조 통신에 도달하는 통신 규약으로 개선할 수도 있다.

22.5.1 제한된 얽힘을 갖는 고전 통신

먼저, 다음 정리에 주어진 자원 부등식이 도달 가능함을 보이고 절충적 부호화의 맥락에서 그 해석을 따라가겠다. 이 통신 규약은 고전 통신과 얽힘소모 사이의 절충점을 잡기 때문에 **CE 절충적 부호화**CE trade-off coding라고 이름 붙인다.

【정리 22.5.1】CE 절충적 부호화 다음의 자원 부등식은 양자 선로 $\mathcal{N}_{A' \to B}$를 통한 얽힘보조 고전 통신의 도달 가능한 통신 규약에 해당한다.

$$\langle \mathcal{N} \rangle + H(A|X)_\rho \, [qq] \geq I(AX;B)_\rho \, [c \to c] \tag{22.59}$$

여기서 ρ_{XAB}는 다음의 형태를 갖는 상태다.

$$\rho_{XAB} \equiv \sum_x p_X(x)|x\rangle\langle x|_X \otimes \mathcal{N}_{A' \to B}(\varphi^x_{AA'}) \tag{22.60}$$

그리고 상태 $\varphi^x_{AA'}$는 순수 상태다.

【증명】 위의 절충적 부호화 정리는 HSW 부호화 정리(정리 20.3.1)와 얽힘보조 고전 용량 정리(정리 21.4.1)의 직접 부분을 둘 다 사용한다. 특히, 20.3.1절에서 설명한 HSW 정리의 상수 합성 부호화 변종을 사용하고, 정리 21.4.1의 얽힘보조 양자 부호

단어가 얽힘의 밥이 가진 부분에 대해 대각합을 취한 다음의 텐서 거듭제곱 상태임을 이용한다(이것은 일러두기 21.4.1에서 언급한 관찰이다). 앨리스와 밥이 선로 $\mathcal{N}_{A' \to B}$에 대한 상수 합성 HSW 부호를 사용한다고 하자. 그런 부호는 $\approx 2^{nI(X;B)_\rho}$개의 부호단어를 갖는 부호책 $\{\rho^{x^n(m)}\}_m$으로 구성된다. 홀레보 정보 $I(X; B)_\rho$는 어떤 고전 양자 상태 ρ_{XB}에 대해 계산한다. 여기서

$$\rho_{XB} \equiv \sum_x p_X(x)|x\rangle\langle x|_X \otimes \mathcal{N}_{A' \to B}(\rho_{A'}^x) \tag{22.61}$$

그리고 각 부호단어 $\rho^{x^n(m)}$은 다음 형태의 텐서 곱 상태다.

$$\rho_{x^n(m)} = \rho^{x_1(m)} \otimes \rho^{x_2(m)} \otimes \cdots \otimes \rho^{x_n(m)} \tag{22.62}$$

이 부호책에 해당하는 것은 어떤 복호화 POVM $\{\Lambda_{B^n}^m\}$으로, 밥이 선로를 통해 모든 $\varepsilon \in (0, 1)$에 대해 임의의 높은 확률로 전송된 각 부호단어를 복호화하는 데 사용한다.

$$\forall m \quad \mathrm{Tr}\left\{\Lambda_{B^n}^m \mathcal{N}_{A'^n \to B^n}(\rho_{A'^n}^{x^n(m)})\right\} \geq 1 - \varepsilon \tag{22.63}$$

20.3.1절에서 설명한 상수 합성 HSW 부호화 변종에서, 확률 분포 $p_X(x)$에 대해 전형적 형식류에서 각 부호단어 $x^n(m)$을 선택한 것을 떠올려보자. $t(x)$가 전형적 형식류에 대한 경험적 분포를 나타낸다고 하자. 이 분포는 어떤 $\delta > 0$에 대해 $\max_x |t(x) - p_X(x)| \leq \delta$를 만족한다. 각 고전 부호단어 $x^n(m)$이 근사적으로 기호 $a_1 \in \mathcal{X}$는 $np_X(a_1)$번 나타나고, $a_2 \in \mathcal{X}$는 $np_X(a_2)$번 나타나고, 이런 식으로 알파벳 $\mathcal{X}$의 모든 문자에 대해 그렇게 됨을 의미한다. 그러나 전형적 형식류에 대해 모든 수열은 정확히 같은 경험적 분포를 가져서, 어떤 치환 π_m이 있어서 각 수열 $x^n(m)$을 알파벳 $\mathcal{X}$에 대해 사전식 순서로 재배열하도록 할 수 있다. 즉, 이 치환 π_m은 수열 $x^n(m)$을 $|\mathcal{X}|$개의 덩어리로 배열하여 각 길이가 $nt(a_1)$, ..., $nt(a_{|\mathcal{X}|})$이 되게 한다.

$$\pi_m(x^n(m)) = \underbrace{a_1 \cdots a_1}_{nt(a_1)} \underbrace{a_2 \cdots a_2}_{nt(a_2)} \cdots \underbrace{a_{|\mathcal{X}|} \cdots a_{|\mathcal{X}|}}_{nt(a_{|\mathcal{X}|})} \tag{22.64}$$

같은 내용이 수열 $x^n(m)$에 해당하는 양자 상태 $\rho^{x^n(m)}$에 적용된 대응하는 치환 연산자 π_m에 대해서도 성립한다.

$$\pi_m(\rho^{x^n(m)}) = \underbrace{\rho^{a_1} \otimes \cdots \otimes \rho^{a_1}}_{nt(a_1)} \otimes \underbrace{\rho^{a_2} \otimes \cdots \otimes \rho^{a_2}}_{nt(a_2)} \otimes \cdots \otimes \underbrace{\rho^{a_{|\mathcal{X}|}} \otimes \cdots \otimes \rho^{a_{|\mathcal{X}|}}}_{nt(a_{|\mathcal{X}|})}$$

$$(22.65)$$

이제 n이 꽤 커서 $nt(a_1)$, ..., $nt(a_{|\mathcal{X}|})$ 각각이 치환된 수열 $\pi_m(x^n(m))$과 텐서 곱 상태 $\pi_m(\rho^{x^n(m)})$에 있는 각 덩어리에 대해 큰 수의 법칙이 역할을 할 수 있을 정도로 크다고 가정하자. $\varphi^x_{AA'}$가 앙상블 $\{p_X(x), \rho^x_{A'}\}$에 있는 각 $\rho^x_{A'}$의 양자정화라고 하자. 여기서 앨리스가 A'계에 접근 가능하고 밥이 A계에 접근 가능하다고 가정했다. 그러면 모든 HSW 양자 부호단어 $\rho^{x^n(m)}_{A'^n}$에 대해 어떤 양자정화 $\varphi^{x^n(m)}_{A^n A'^n}$이 존재해서

$$\varphi^{x^n(m)}_{A^n A'^n} \equiv \varphi^{x_1(m)}_{A_1 A'_1} \otimes \varphi^{x_2(m)}_{A_2 A'_2} \otimes \cdots \otimes \varphi^{x_n(m)}_{A_n A'_n} \tag{22.66}$$

이다. 앨리스는 계 $A'^n \equiv A'_1 \cdots A'_n$에 접근할 수 있고, 밥이 $A^n \equiv A_1 \cdots A^n$에 접근할 수 있다고 하자. 임의의 양자정화된 텐서 곱 상태 φ^{x^n}에 치환 π_m을 적용하면

$$\pi_m(\varphi^{x^n(m)}) = \underbrace{\varphi^{a_1} \otimes \cdots \otimes \varphi^{a_1}}_{nt(a_1)} \otimes \underbrace{\varphi^{a_2} \otimes \cdots \otimes \varphi^{a_2}}_{nt(a_2)} \otimes \cdots \otimes \underbrace{\varphi^{a_{|\mathcal{X}|}} \otimes \cdots \otimes \varphi^{a_{|\mathcal{X}|}}}_{nt(a_{|\mathcal{X}|})}$$

$$(22.67)$$

이 된다. 여기서 치환은 양자정화계 A^n과 A'^n계 둘 다에 적용한다고 가정했다.

이제 절충적 부호화에 대한 전략을 형식화할 수 있다. 앨리스가 식 (22.64)의 형태를 갖는 사전식 순서로 배열된 표준 고전적 수열 $\hat{x}^n$을 갖고 시작한다. 이 수열에 따라, 앨리스는 상태 $\{\varphi^{a_i}_{AA'}\}$를 $|\mathcal{X}|$개의 덩어리에 있도록 하여, 각 길이가 $n_i \equiv nt(a_i) \approx np_X(a_i)$가 되도록 배열한다. 즉, 그 결과 상태는 식 (22.67)과 같은 형태를 갖는다. $nt(a_i)$가 큰 수의 법칙이 역할을 하기에 충분히 크기 때문에, 각 덩어리에 대해 $\approx 2^{n_i I(A;B)_{\mathcal{N}(\varphi^{a_i})}}$개의 얽힘보조 양자 부호단어를 갖는 얽힘보조 고전 부호가 존재한다. 여기서 양자 상호 정보 $I(A;B)_{\mathcal{N}(\varphi^{a_i})}$는 상태 $\mathcal{N}_{A'\rightarrow B}(\varphi^{a_i}_{AA'})$에 대해 계산한다. 그러면 이 $|\mathcal{X}|$개의 얽힘보조 고전 부호들 각각이 $\approx n_i H(A)_{\varphi^{a_i}_A}$개의 얽힘비트를 소모한다(즉, 각 상태 $(\varphi^{a_i})^{\otimes n_i}$는 $\approx n_i H(A)_{\varphi^{a_i}_A}$개의 얽힘비트로부터 얽힘희석과 무시할 만한 양의 고전 통신을 통해 생성된다). 각 덩어리의 얽힘보조 양자 부호단어의 형태는 다음과 같다.

$$U_{A^{n_i}}(s(l_i))(\varphi^{a_i}_{A^{n_i} A'^{n_i}})U^\dagger_{A^{n_i}}(s(l_i)) \tag{22.68}$$

여기서 l_i는 크기가 $\approx 2^{n_i I(A;B)_{\varphi^{a_i}}}$인 메시지 집합의 메시지이고, 상태는 $\varphi^{a_i}_{A^{n_i} A'^{n_i}} =$

$\varphi^{a_i}_{A_1 A'_1} \otimes \cdots \otimes \varphi^{a_i}_{A_{n_i} A'_{n_i}}$이며, 유니터리 연산자 $U_{A^{n_i}}(s(l_i))$는 식 (21.38)의 형태를 갖는다. 식 (22.68)의 부호단어가 밥의 계 A^{n_i}에 대해 대각합을 취한 후에는 앨리스가 적용한 특정 유니터리 연산자에 상관없이 모두 $\rho^{a_i}_{A'^{n_i}}$와 같음을 살펴두자(이것이 일러두기 21.4.1의 내용이다). 그러면 앨리스는 표준 수열 $\hat{x}^n$을 부호단어 수열 $x^n(m)$으로 치환하기 위해 필요한 치환 π^{-1}_m을 결정하고, 자신의 계 A'^n에 치환 연산자 π^{-1}_m을 적용하면 앨리스의 선로 입력 밀도 연산자가 HSW 양자 부호단어 $\rho^{x^n(m)}_{A'^n}$이다(여기서 밥의 계 A^n에 대해 대각합을 취하고, 이 결과를 얻기 위해 일러두기 21.4.1을 적용했다). 앨리스는 자신의 계 A'^n을 이 선로를 통해 밥에게 전송한다. 만약 밥이 A^n에 있는 얽힘의 앨리스 부분을 무시한다면, 밥이 선로에서 받은 상태는 $\mathcal{N}_{A'^n \to B^n}(\rho^{x^n(m)}_{A'^n})$이다. 그러면 밥은 자신의 HSW 측정 $\{\Lambda^m_{B^n}\}$을 선로에서 받은 계 B^n에 적용하여 수열 $x^n(m)$을 결정하며, 따라서 거의 1에 가까운 확률로 메시지 m을 알아낸다. 또한 이 측정은 상태에 무시할 만한 왜곡을 주며, 측정 후 상태가 앨리스가 선로를 통해 전송한 상태와 대각합 거리에서 $2\sqrt{\varepsilon}$-근접이다(이어서, 측정이 상태를 바꾸지 않는다고 가정하며, 증명의 끝에서 오류 항들을 모을 것이다). 이제 밥이 m을 알아서, 자신의 계 B^n에 치환 연산자 π_m을 적용한다. 그리고 밥이 이미 표준 수열 $\hat{x}^n$에 따라 사전식 순서로 배열된 얽힘의 자기 부분 A^n을 갖고 있다고 가정한다. 그러면 밥의 상태는 다음과 같다.

$$\bigotimes_{i=1}^{|\mathcal{X}|} U_{A^{n_i}}(s(l_i)) \left(\varphi^{a_i}_{A^{n_i} A'^{n_i}}\right) U^\dagger_{A^{n_i}}(s(l_i)) \tag{22.69}$$

이 지점에서 밥은 계 $A^{n_i} A'^{n_i}$에 대해 집합적 측정을 수행하여 i번째 덩어리의 메시지 l_i를 복호화할 수 있다. 밥은 $|\mathcal{X}|$개의 얽힘보조 고전 부호 각각에 대해 그렇게 하고, 이것으로 절충적 부호화에 대한 통신 규약을 완성한다. 끌어모은 전체 오류는 얽힘희석 오류, 첫 측정에 대한 ε의 합, 상태 왜곡에 대한 $2\sqrt{\varepsilon}$, 덩어리 $|\mathcal{X}|$개의 최종 측정에서 온 오류 $|\mathcal{X}|\varepsilon$보다 크지 않다. 그림 22.4는 이 통신 규약의 예를 보여준다.

이제, 어떻게 고전 통신의 전체 속도가 $I(AX; B)_\rho$만큼 추가되는지 보이겠다. 여기서 ρ_{XAB}는 식 (22.60) 형태의 상태다. 우선, 양자 상호 정보에 대한 연쇄 규칙을 적용하여 전체 속도 $I(AX; B)_\rho$가 홀레보 정보 $I(X; B)_\rho$와 조건부 양자 상호 정보 $I(A; B|X)_\rho$의 합과 같음을 관찰하자.

$$I(AX; B)_\rho = I(X; B)_\rho + I(A; B|X)_\rho \tag{22.70}$$

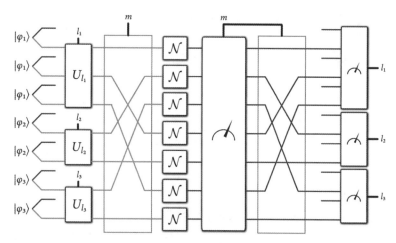

그림 22.4 보조받는 고전 통신과 보조받지 않는 고전 통신 사이의 절충적 부호화를 위한 간단한 통신 규약. 앨리스는 고전 메시지 m을 보내고, 또한 l_1, l_2, l_3의 메시지를 보내려고 한다. 앨리스의 HSW 부호책은 메시지 m을 수열 1231213에 대응시키고, 그러면 이어서 HSW 양자 부호단어는 $\rho^1 \otimes \rho^2 \otimes \rho^3 \otimes \rho^1 \otimes \rho^2 \otimes \rho^1 \otimes \rho^3$을 준다. 이 상태의 양자정화는 순수 상태들의 다음과 같은 텐서 곱 상태 $\varphi^1 \otimes \varphi^2 \otimes \varphi^3 \otimes \varphi^1 \otimes \varphi^2 \otimes \varphi^1 \otimes \varphi^3$으로, 여기서 밥은 텐서 곱의 각 상태의 양자정화를 갖는다. 앨리스는 3개의 덩어리에 사전식 순서로 이 상태를 배열하여 시작한다(이 알파벳에는 3개의 문자가 있다). 각 덩어리 i에 대해, 앨리스는 얽힘보조 고전 부호에 대한 국소적 유니터리 연산자를 사용해 메시지 l_i를 부호화한다. 그러면 앨리스는 얽힌 상태의 자기 부분을 메시지 m과 연관된 치환에 따라 치환한다. 앨리스는 자신의 계를 선로를 여러 번 사용해 입력하고, 밥은 그 출력을 받는다. 밥의 첫 번째 작용은 얽힘의 자신의 부분을 무시하고 집합적 HSW 측정을 선로 출력 전체에 대해 수행하는 것이다. 높은 확률로 밥은 선로 출력의 상태에 무시할 만한 왜곡을 유발하며 메시지 m을 결정할 수 있다. 메시지 m에 기반하여, 밥은 앨리스가 부호화기에서 사용한 치환의 역연산을 수행한다. 밥은 얽힘의 자기 부분을 치환된 선로 출력과 결합한다. 마지막 3개의 측정은 앨리스가 부호화기에서 사용했던 세 가지 얽힘보조 부호화에 의해 주어진다. 그러면 이 측정은 메시지 l_1, l_2, l_3를 높은 확률로 검출한다.

밥이 먼저 $\approx 2^{nI(X;B)}$만큼 존재할 수 있는 HSW 양자 부호단어를 복호화하기 때문에 $I(X;B)_\rho$에 도달한다. 밥의 그다음 단계는 $\approx np_X(x)$회의 선로 사용을 통해 각각이 얽힘보조 고전 부호로 구성된 $|\mathcal{X}|$개의 덩어리를 치환하고 복호화하는 것이다. 각 얽힘보조 고전 부호는 $\approx np_X(x)I(A;B)_{\mathcal{N}(\varphi^x)}$개의 비트를 통신하고 $\approx np_X(x)H(A)_{\varphi^x}$개의 얽힘비트를 소모한다. 따라서 이 마지막 부분에서 고전 통신의 전체 속도는 다음과 같다.

$$\frac{\text{생성된 비트 수}}{\text{사용된 선로 수}} \approx \frac{\sum_x n\, p_X(x)I(A;B)_{\mathcal{N}(\varphi^x)}}{\sum_x n\, p_X(x)} \tag{22.71}$$

$$= \sum_x p_X(x)I(A;B)_{\mathcal{N}(\varphi^x)} \tag{22.72}$$

$$= I(A;B|X)_\rho \qquad (22.73)$$

그리고 마찬가지로, 얽힘 소모의 전체 속도는 다음과 같다.

$$\frac{\text{소모된 얽힘비트 수}}{\text{사용된 선로 수}} \approx \frac{\sum_x n\, p_X(x) H(A)_{\varphi^x}}{\sum_x n\, p_X(x)} \qquad (22.74)$$

$$= \sum_x p_X(x) H(A)_{\varphi^x} \qquad (22.75)$$

$$= H(A|X)_\rho \qquad (22.76)$$

이것은 정리의 진술에 있는 자원 부등식을 준다. □

22.5.2 절충적 부호화는 시간 공유를 포함한다

다른 절충적 부호화 상황으로 진행하기 전에, 어떻게 시간 공유가 절충적 부호화 전략의 특수한 경우로 나타나는지 보이겠다. 식 (22.58)에서 시간 공유가 $0 \leq \lambda \leq 1$을 만족시키는 임의의 λ에 대해 $\lambda\chi(\mathcal{N}) + (1 - \lambda)I(\mathcal{N})$이라는 속도에 도달할 수 있음을 생각해보자. $\varphi_{AA'}$이 선로 상호 정보 $I(\mathcal{N})$을 최대화하는 순수 상태라고 하자. 그리고 $\{p_X(x), \psi_{A'}^x\}$가 선로 홀레보 정보 $\chi(\mathcal{N})$을 최대화하는 순수 상태의 앙상블이라고 하자(정리 13.3.2에서 선로의 홀레보 정보를 최대화할 때는 순수 상태만 생각하면 충분했음을 떠올려보자). 시간 공유는 단순히 이 두 전략을 섞는 것이고, 식 (22.60)의 형태인 고전 양자 상태를 구성할 수 있다. 그러면 이 상태에 대해 시간 공유가 구성된 절충적 부호에 의해 실행되는 전략임이 드러난다.

$$\sigma_{UXAB} \equiv (1 - \lambda)\,|0\rangle\langle 0|_U \otimes |0\rangle\langle 0|_X \otimes \mathcal{N}_{A'\to B}(\phi_{AA'})$$
$$+ \lambda|1\rangle\langle 1|_U \otimes \sum_x p_X(x)|x\rangle\langle x|_X \otimes |0\rangle\langle 0|_A \otimes \mathcal{N}_{A'\to B}(\psi_{A'}^x) \qquad (22.77)$$

위에서 레지스터 U는 부호가 얽힘보조 고전 용량에 도달하는 부호인지 선로의 홀레보 정보에 도달하는 부호인지를 나타내는 고전적 2진 표시다. 앨리스가 절충적 부호화를 사용해 밥과 통신할 수 있는 고전 비트의 양은 $I(AUX;B)_\sigma$이다. 여기서는 U와 X가 함께 고전 레지스터를 구성한다고 가정했다. 그러면 연쇄 규칙을 적용하여 이 상호 정보를 계산할 수 있다.

$$I(AUX; B)_\sigma$$
$$= I(A; B|XU)_\sigma + I(X; B|U)_\sigma + I(U; B)_\sigma \tag{22.78}$$
$$= (1 - \lambda) I(A; B)_{\mathcal{N}(\phi)} + \lambda \left[\sum_x p_X(x) I(A; B)_{|0\rangle\langle 0| \otimes \mathcal{N}(\psi^x)} \right]$$
$$\quad + (1 - \lambda) I(X; B)_{|0\rangle\langle 0| \otimes \mathcal{N}(\phi)} + \lambda I(X; B)_{\{p(x), \psi^x\}} + I(U; B)_\sigma \tag{22.79}$$
$$\geq (1 - \lambda) I(\mathcal{N}) + \lambda \chi(\mathcal{N}) \tag{22.80}$$

두 번째 등식은 처음의 두 조건부 상호 정보를 계산하여 유도한다. 이 등식은 $I(\mathcal{N})$ = $I(A; B)_{\mathcal{N}(\phi)}$와 $\chi(\mathcal{N}) = I(X; B)_{\{p(x), \psi^x\}}$라는 가정, 양자 상호 정보가 곱 상태에 대해 사라진다는 점, 그리고 $I(U; B)_\sigma \geq 0$이라는 가정에서 유도된다. 따라서 어떤 경우 이 전략은 시간 공유보다 조금 더 잘할 수 있지만, 후자의 경우에서 $I(U; B)_\sigma$ = 0이기 때문에 $\phi_{A'} = \sum_x p(x)\psi^x_{A'}$인 선로에 대해 이 전략은 시간 공유와 동등하다.

따라서 시간 공유는 절충적 부호화의 특수한 경우로 나타난다. 일반적으로, 식 (22.60)의 형태를 갖는 상태의 모든 가능한 선택에 대해 정리 22.5.1의 속도를 최적화하여 어떤 선로에 대해 절충적 부호화가 시간 공유를 깰 수 있는지 살펴볼 수 있다.

22.5.3 결맞은 정보와 고전 정보 사이의 절충

간단하게, $|\mathcal{X}|$개의 얽힘보조 고전 부호를 얽힘보조 결맞은 부호로 승급시키면 정리 22.5.1의 따름정리를 얻는다. 이 승급은 정리 22.1.1의 증명과 같은 방식을 따르고, 그런 이유로 증명은 생략한다.

【따름정리 22.5.1】 다음의 자원 부등식은 양자 선로 $\mathcal{N}$을 통한 얽힘보조 결맞은 통신의 도달 가능한 통신 규약에 해당한다.

$$\langle \mathcal{N} \rangle + H(A|X)_\rho \, [qq] \geq I(A; B|X)_\rho \, [q \to qq] + I(X; B)_\rho \, [c \to c] \tag{22.81}$$

여기서 ρ_{XAB}는 다음과 같은 형태의 상태다.

$$\rho_{XAB} \equiv \sum_x p_X(x)|x\rangle\langle x|_X \otimes \mathcal{N}_{A' \to B}(\varphi^x_{AA'}) \tag{22.82}$$

그리고 $\varphi^x_{AA'}$는 순수 상태다.

22.5.4 고전 통신과 얽힘보조 양자 통신 사이의 절충

고전 정보와 양자정보 둘 다의 얽힘보조 통신에 도달하는 통신 규약으로 이 절을 마무리한다. 이것은 양자 선로와 무잡음 고전 통신, 무잡음 양자 통신, 무잡음 얽힘이라는 세 가지 자원 사이의 절충에 있어 기본적인 것이다. 25장에서 이 절충법을 자세히 배울 것이다. 25장에서는 통신 규약을 양자원격전송, 초고밀도 부호화, 얽힘 분배와 결합하는 것으로 이 세 가지 단위 자원을 포함하는 동적 양자 섀넌 이론의 어떤 작업에든지 도달하는 데 충분함을 보인다.

【따름정리 22.5.2】 CQE 절충적 부호화 다음의 자원 부등식은 양자 선로 $\mathcal{N}_{A'\rightarrow B}$를 통한 고전 정보와 양자정보의 얽힘보조 통신에 대한 도달 가능한 통신 규약에 해당한다.

$$\langle\mathcal{N}\rangle + \frac{1}{2}I(A;E|X)_\rho\,[qq] \geq \frac{1}{2}I(A;B|X)_\rho\,[q\rightarrow q] + I(X;B)_\rho\,[c\rightarrow c] \quad (22.83)$$

여기서 ρ_{XABE}는 다음과 같은 형태의 상태다.

$$\rho_{XABE} \equiv \sum_x p_X(x)|x\rangle\langle x|_X \otimes \mathcal{U}_{A'\rightarrow BE}^{\mathcal{N}}(\varphi_{AA'}^x) \quad (22.84)$$

$\varphi_{AA'}^x$는 순수 상태이고, $U_{A'\rightarrow BE}^{\mathcal{N}}$은 선로 $\mathcal{N}_{A'\rightarrow B}$의 등척 확장이다.

【증명】 다음의 연쇄적 자원 부등식을 생각해보자.

$$\langle\mathcal{N}\rangle + H(A|X)_\rho\,[qq]$$
$$\geq I(A;B|X)_\rho\,[q\rightarrow qq] + I(X;B)_\rho\,[c\rightarrow c] \quad (22.85)$$
$$\geq \frac{1}{2}I(A;B|X)_\rho\,[qq] + \frac{1}{2}I(A;B|X)_\rho\,[q\rightarrow q] + I(X;B)_\rho\,[c\rightarrow c] \quad (22.86)$$

첫 번째 부등식은 따름정리 22.5.1의 내용이고, 두 번째 부등식은 결맞은 통신 항등식에서 유도된다. 자원을 소거하고 $H(A|X)_\rho - \frac{1}{2}I(A;B|X)_\rho = \frac{1}{2}I(A;E|X)_\rho$임을 적용하면, 그 결과로 나온 자원 부등식은 식 (22.83)의 자원 부등식과 동등하다. □

22.5.5 고전 통신과 양자 통신 사이의 절충

생각해볼 마지막 절충적 부호화 통신 규약은 고전 통신과 양자 통신 사이의 절충이다. 아래의 자원 부등식은 따름정리 22.2.1에서 썼던 것과 상당히 같은 방식으로 따름정리 22.5.2의 통신 규약을 얽힘 분배와 결합하여 유도한다. 따라서 증명을 생략한다.

【따름정리 22.5.3】 CQ 절충적 부호화   다음의 자원 부등식은 양자 선로 $\mathcal{N}_{A'\to B}$를 통해 고전 정보와 양자정보를 동시에 보내는 도달 가능한 통신 규약에 해당한다.

$$\langle\mathcal{N}\rangle \geq I(A\rangle BX)_\rho\,[q\to q] + I(X;B)_\rho\,[c\to c] \tag{22.87}$$

여기서 ρ_{XAB}는 다음과 같은 형태의 상태다.

$$\rho_{XAB} \equiv \sum_x p_X(x)|x\rangle\langle x|_X \otimes \mathcal{N}_{A'\to B}(\varphi^x_{AA'}) \tag{22.88}$$

그리고 $\varphi^x_{AA'}$는 순수 상태다.

22.6 맺음말

양자 결맞음성의 유지는 이 장의 주제다. 앨리스와 밥이 부호화와 복호화를 중첩 상태로 수행한다면 이들은 강력한 통신 규약을 실행할 수 있다. 얽힘보조 결맞은 통신과 결맞은 상태 전송 모두에서 앨리스는 조건부 게이트 대신에 제어형 게이트를 수행하고, 밥은 중첩 상태를 파괴하지 않고 보조자 레지스터에 측정 결과를 가져다 두는 결맞은 측정을 수행한다. 또한 이 두 통신 규약 모두에서 밥의 마지막 행동은 제어형 결합풀림 유니터리 연산을 수행하여, 환경의 상태가 앨리스와 밥의 최종 상태에 독립적이 되도록 확실하게 해두는 것이다. 따라서 같은 통신 규약이 얽힘보조 결맞은 통신과 결맞은 상태 전송의 다른 작업에 도달하고, 그러면 이 통신 규약을 얽힘 분배 그리고 양자원격전송과 초고밀도 부호화의 결맞은 판본 및 결맞지 않은 판본과 결합하여 다른 통신 규약의 전체적인 구성 주체host를 생성한다. 생성된 이러한 다른 통신 규약 중에는 얽힘보조 양자 통신, 양자 통신, 양자 보조 상태 전송, 고전 보조 상태 전송이 있다. 이 장의 연습문제는 앨리스가 다른 통신 규약의 환경에 접근할 수 있는 경우의 더 많은 가능성을 탐색한다. 즉, 결맞은 양자원격전송의 가장 일반적인 판본은 그런 경우에서 나타난다.

절충적 부호화는 이 장의 마지막 부분의 주제다. 여기서는 다음의 질문에 대답한다. 어떤 자원의 고정된 양이 주어지면, 앨리스와 밥이 다른 자원을 얼마나 많이 생성할 수 있을까? 유잡음 양자 선로는 정보를 전달할 수 있는 매체의 가장 근본적인 설명이고, 따라서 다양한 목적으로 그런 자원을 효과적으로 사용할 수 있는 최고의 방법을 이해하는 것이 중요하다. 간단히 고전 통신과 얽힘보조 결맞은 통신에 대해 이미 알아낸 통신 규약들을 결합하여 고전 정보와 양자정보의 얽힘보조 통신 작업에 도달하는 통신 규약을 결정한다. 25장에서는 절충적 부호화라는 이 주제를 훨씬 더 넓은 맥락에서 계속해서 논의하고, 여기서 주어진 통신 규약이 양자원격전송, 초고밀도 부호화, 얽힘 분배와 결합됐을 때 어떤 관심 있는 선로에 대해 최적이며 기본적으로는 일반적으로 최적임을 보인다.

22.7 역사와 더 읽을거리

데브택Devetak 등(2004, 2008)은 얽힘보조 고전 통신과 유잡음 결맞은 초고밀도 부호화를 만드는 것이 가능함을 보였고, 정리 22.1.1과 정리 22.4.1을 유도했다. 이 통신 규약을 얽힘 분배, 양자원격전송, 초고밀도 부호화와 결합하여 양자 섀넌 이론의 다른 많은 통신 규약을 생성했기 때문에 이 통신 규약을 각각 '아버지'와 '어머니'라고 부른다. 호로데키Horodecki 등(2001)은 유잡음 초고밀도 부호화에 대한 통신 규약을 구성했지만, 여기서의 통신 규약은 시에Hsieh, 데브택, 윈터Winter(2008)가 보인 부호화 기술을 사용한다. 쇼어Shor(2004b)는 보조받는 고전 통신과 보조받지 않는 고전 통신 사이의 절충을 위한 부호화 정리를 처음으로 증명했다. 그리고 데브택과 쇼어(2005)는 이 결과를 이어받아 고전 통신과 양자 통신 사이의 절충적 부호화를 위한 기법을 찾아냈다. 얼마 후, 시에와 윌디Wilde(2010a)는 이 두 부호화 기법을 일반화해 정리 22.5.2의 결과를 생성했다. 이 절충적 결과에 대해 이 장에서 주어진 증명은 쇼어(2004b), 데브택과 쇼어(2005), 시에와 윌디(2010a)가 제시한 것과는 다르다.

23

비밀 고전 통신

공유된 얽힘의 도움을 받을 수도 있긴 해도, 앨리스가 고전 정보나 양자정보를 밥과 어떻게 통신할 수 있는지를 20장에서 22장까지 살펴봤다. 양자 선로를 통해 정보 전송의 본질을 이해한 상태라면, 이 작업들이 양자 섀넌 이론의 가장 근본적인 작업이라고 주장할 수도 있다. 하지만 고전 정보의 통신을 논의할 때 이 고전 정보가 공개적이어야 하는지에 대해 규정한 바가 없어서 제3자가 이 정보에 완전히 접근할 수도 있고, 부분적으로 접근할 수도 있고, 또는 비밀이어서 어떤 제3자라도 접근하지 못할 수도 있다.

23장에서는 고전 비밀 용량 정리를 구성하는데, 이 정리는 앨리스가 밥에게 어떤 것을 보냈는지 이 우주에 있는 그 누구에게도 알리지 않고 비밀로 하여 고전 정보를 통신할 수 있는 최대 속도를 준다. 이 정리에 해당하는 정보 처리 작업의 변종은 양자정보 이론에서 가장 초기에 연구된 것으로, 두 참여자 사이에 공유된 비밀을 구성하기 위해 양자역학을 사용하도록 처음으로 제안된 통신 규약인 베넷-브라사드-84[BB84, Bennett-Brassard-84] 양자키 분배 통신 규약이다. 이 비밀 고전 용량 정리는 두 참여자가 공유된 비밀키를 생성할 수 있는 최대 속도를 제공하기 때문에 양자키 분배에서 중요하다.

똑같이 중요하지만 비밀 고전 통신에서 덜 분명한 또 다른 도구는 결맞은 정보 속도에서 양자 통신에 대한 통신 규약을 구성하는 것이다. 22.2절은 결맞은 정보 속도에서 신뢰할 수 있게 양자정보를 통신할 수 있다는 결론에 도달하는 어떤 우회적인 방법을 보여준다. 즉, 얽힘보조 고전 용량을 '결맞음화'시키고, 결맞은 통신 항등식과 얽힘을 촉매처럼 사용했다는 점을 생각해보자. 비밀 고전 부호화를 통해 결맞은 통신 속도의 도달 가능성을 구성하는 것은 같은 결과에 도달하는 또 다른 방법이고, 그 결과로 나온 통신 규약이 얽힘을 촉매처럼 사용할 필요가 없다는 추가적 이득이 있다.

비밀성을 통한 양자 통신에 대한 영감은 복제불가 정리에서 나타난다. 앨리스가 고전적인 비밀 메시지를 밥에게 통신할 수 있다고 하고, 선로의 환경(도청자)이 앨리스가 밥에게 어떤 메시지를 전송했는지 구분할 수 없다고 하자. 즉, 만약 전송된 메시지가 비밀이라면 도청자의 상태는 앨리스의 메시지와 완전히 독립적이다. 그러면 비밀 고전 부호단어의 중첩 상태를 사용해 이 비밀 고전 부호의 결맞은 판본을 만드는 것이 가능할 것이라고 기대할 수 있다. 도청자의 상태는 이 선로를 통해 앨리스가 전송한 양자 메시지와 독립적이기 때문에, 도청자는 앨리스의 중첩된 게이트에 결맞은 상태 중 어떤 것도 '훔칠' 수 없다. 이 방법에서 밥과 도청자의 선로 변화가 유니터리 변화이고, 도청자는 어떤 양자정보도 받을 수 없다는 사실이 주어져 있으면, 선로의 수신 측에서 양자정보가 나타나서 밥이 그것을 복호화할 수 있을 것이라고 예상된다. 도청자가 어떤 비밀 고전 정보라도 얻을 수 있었다면, 밥은 이 비밀 고전 부호의 결맞은 판본을 구성할 때 양자정보 전체를 복호화할 수 없다. 그렇지 않다면 복제불가 정리를 위반하게 된다. 다음 장에서 비밀 고전 통신의 이러한 중요한 응용 분야를 논의하겠다.

이 장은 앞 장과 유사한 구조를 따른다. 먼저 비밀 고전 통신에 대한 정보 처리 작업을 자세히 설명한다. 그리고 23.2절에서는 비밀 고전 용량 정리를 설명하고, 이어지는 두 절에서는 도달 가능성 부분과 역 부분을 증명한다. 끝으로, 비밀 고전 용량에 대한 일반적인 논의와 비밀키 보조 비밀 고전 용량을 간략히 소개하며 마무리한다.

23.1 정보 처리 작업

비밀 고전 통신에 대한 정보 처리 작업을 설명하면서 시작하겠다(즉, (n, P, ε)인 비밀 고전 부호를 정의한다). 앨리스가 메시지의 집합 $\mathcal{M}$에서 메시지 m을 선택한다. 앨리스가 어떤 상태 $\rho_{A'^n}^m$을 양자 선로 $\mathcal{N}_{A' \to B}$를 여러 번 사용하는 입력으로 준비하여 전송하고, 밥의 수신 측에서 다음의 상태를 생성한다.

$$\mathcal{N}_{A'^n \to B^n}(\rho_{A'^n}^m) \tag{23.1}$$

여기서 $\mathcal{N}_{A'^n \to B^n} \equiv (\mathcal{N}_{A' \to B})^{\otimes n}$이다.

밥은 앨리스가 전송한 메시지 m을 검출하기 위해 복호화 POVM $\{\Lambda_m\}$을 사용한다. 특정 메시지 m에 대한 오류 확률은

$$p_e(m) = \text{Tr}\left\{ (I - \Lambda_m) \mathcal{N}_{A'^n \to B^n}(\rho_{A'^n}^m) \right\} \tag{23.2}$$

이고, 최대 오류 확률은

$$p_e^* \equiv \max_{m \in \mathcal{M}} p_e(m) \tag{23.3}$$

이다. 여기서 $(n,\ P,\ \varepsilon)$ 부호에 대해 $p_e^* \le \varepsilon \in [0,\ 1]$이다. 이 부호의 속도 P는 다음과 같다.

$$P \equiv \frac{1}{n} \log |\mathcal{M}| \tag{23.4}$$

지금까지, 비밀 고전 부호의 위와 같은 규격은 20.2절에서 소개한 고전 정보의 전송에 대한 것과 거의 같다. 비밀 고전 부호가 공개된 부호와 다른 점은 비밀성을 위한 다음의 추가 조건이다. $U_{A' \to BE}^{\mathcal{N}}$가 선로 $\mathcal{N}_{A' \to B}$의 등척 확장이어서, 도청자에게 향하는 상보 선로 $\widehat{\mathcal{N}}_{A' \to E}$가 다음과 같다고 하자.

$$\widehat{\mathcal{N}}_{A' \to E}(\sigma) \equiv \text{Tr}_B\{\mathcal{U}_{A' \to BE}^{\mathcal{N}}(\sigma)\} \tag{23.5}$$

만약 앨리스가 메시지 m을 전송한다면 도청자의 상태는 다음과 같다.

$$\omega_{E^n}^m \equiv \widehat{\mathcal{N}}_{A'^n \to E^n}(\rho_{A'^n}^m) \tag{23.6}$$

ε-비밀성에 대한 조건은 도청자의 상태가 앨리스가 전송한 메시지 m에 상관없이 항상 상수 상태 σ_{E^n}에 가까운 것이다.

$$\forall m \in \mathcal{M} : \frac{1}{2} \|\omega_{E^n}^m - \sigma_{E^n}\|_1 \le \varepsilon \tag{23.7}$$

이 정의는 앨리스가 선로를 통해 전송한 메시지 m에 대해 아무것도 알아낼 수 없다

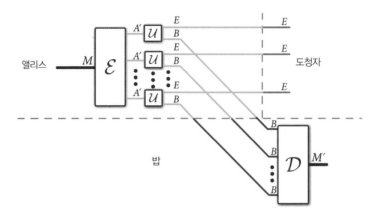

그림 23.1 비밀 고전 통신에 대한 정보 처리 작업. 앨리스가 어떤 비밀 메시지 m을 양자 부호단어 $\rho_{A'^n}^m$으로 부호화하고, 양자 선로를 여러 번 사용해 전송한다. 그런 통신 규약의 목표는 밥이 메시지를 신뢰성 있게 구분해내면서 선로의 환경인 도청자는 그에 대해 아무것도 알아내지 못하도록 하는 것이다.

는 뜻이기 때문에 비밀성의 가장 강력한 정의다. 그림 23.1이 비밀 고전 통신에 대한 이러한 정보 처리 작업을 묘사한다.

만약 모든 $\varepsilon \in (0, 1)$, $\delta > 0$과 충분히 큰 n에 대해 $(n, P - \delta, \varepsilon)$ 비밀 고전 부호가 존재한다면 비밀 고전 통신의 속도 P는 $\mathcal{N}_{A' \to B}$에 대해 도달 가능하다. 여기서 ε은 부호의 신뢰성과 비밀성 둘 다를 특징짓는다. 선로 $\mathcal{N}_{A' \to B}$의 비밀 고전 부호 $C_P(\mathcal{N})$은 비밀 고전 통신의 모든 도달 가능한 속도의 상한과 같다.

23.1.1 도청자의 상호 정보

어떻게 식 (23.7)의 조건이 도청자가 전송된 메시지에 대한 상호 정보를 거의 못 얻을 수 있다는 뜻인지 설명하겠다. 식 (23.7)에 의해 다음이 성립한다.

$$\varepsilon \geq \frac{1}{2} \sum_{m \in \mathcal{M}} \frac{1}{|\mathcal{M}|} \left\| \omega_{E^n}^m - \sigma_{E^n} \right\|_1 = \frac{1}{2} \left\| \omega_{ME^n} - \pi_M \otimes \sigma_{E^n} \right\|_1 \qquad (23.8)$$

여기서

$$\omega_{ME^n} \equiv \sum_{m \in \mathcal{M}} \frac{1}{|\mathcal{M}|} |m\rangle\langle m|_M \otimes \omega_{E^n}^m \qquad (23.9)$$

식 (23.8)의 기준은 M에 대한 도청자의 홀레보 정보가 작다는 뜻이다.

$$I(M; E^n)_\omega = H(M)_\omega - H(M|E^n)_\omega \tag{23.10}$$

$$= H(M|E^n)_{\pi \otimes \sigma} - H(M|E^n)_\omega \tag{23.11}$$

$$\leq \varepsilon \log |\mathcal{M}| + (1 + \varepsilon) h_2(\varepsilon / [1 + \varepsilon]) \tag{23.12}$$

AFW 부등식(정리 11.10.3)을 두 엔트로피에 모두 적용하면 위의 부등식이 유도된다. 따라서 만약 ε이 n에 대해 지수함수적으로 작다면(이제 이런 경우를 다룰 것이다.) 메시지에 대한 정보가 점근적 극한에서 임의적으로 작도록 만들 수 있다.

23.2 비밀 고전 용량 정리

이제 이 장의 핵심 정리인 비밀 고전 용량 정리를 설명한다.

【정리 23.2.1】데브택-카이-윈터-영 양자 선로 $\mathcal{N}_{A' \to B}$의 비밀 고전 용량 $C_P(\mathcal{N})$은 선로의 정규화된 비밀 정보와 같다.

$$C_P(\mathcal{N}) = P_{\text{reg}}(\mathcal{N}) \tag{23.13}$$

여기서

$$P_{\text{reg}}(\mathcal{N}) \equiv \lim_{k \to \infty} \frac{1}{k} P(\mathcal{N}^{\otimes k}) \tag{23.14}$$

비밀 정보 $P(\mathcal{N})$은

$$P(\mathcal{N}) \equiv \max_\rho [I(X; B)_\sigma - I(X; E)_\sigma] \tag{23.15}$$

로 정의된다. 여기서 $\rho_{XA'}$은 다음 형태의 고전 양자 상태다.

$$\rho_{XA'} \equiv \sum_x p_X(x)|x\rangle\langle x|_X \otimes \rho_{A'}^x \tag{23.16}$$

여기서 $\sigma_{XBE} \equiv U_{A' \to BE}^{\mathcal{N}}(\rho_{XA'})$이고, $U_{A' \to BE}^{\mathcal{N}}$은 선로 $\mathcal{N}_{A' \to B}$의 등척 확장이다.

먼저 부호화 정리의 도달 가능성 부분을 증명하고, 이어서 그 역을 증명한다. 비밀 정보는 선로가 감쇠 가능하면 항상 가법적이다(정리 13.6.3). 따라서 이 선로의 부류에 대해 식 (23.14)의 정규화는 필요하지 않고, 선로의 비밀 정보는 비밀 고전 용량과 같다(사실 정리 13.6.2의 결과와 다음 장에서는 감쇠 가능한 선로의 비밀 정보가 그 양자 용량과 같음을 보인다). 비밀 정보가 초가법적인 선로의 사례가 있기 때문에, 비밀 정보의 정규화는 일반적으로 비밀 용량을 특징짓기 위해 필요한 것처럼 보인다.

23.3 직접 부호화 정리

이 절은 식 (23.15)의 비밀 정보가 양자 선로 $\mathcal{N}_{A' \to B}$를 통한 비밀 고전 통신에 대해 도달 가능하다는 증명을 제시한다. 먼저, 이 통신 규약에 숨은 직관을 제시하겠다. 앨리스의 목표는 다음의 두 성질을 만족하는 이중으로 표시된 부호단어 $\{x^n(m, k)\}_{m \in \mathcal{M}, k \in \mathcal{K}}$를 구성하는 것이다.

1. 밥은 높은 확률로 메시지 m과 '쓰레기' 변수 k를 구분할 수 있어야 한다. 20장의 고전 부호화 정리에 따르면, 직관적으로는 $|\mathcal{M}||\mathcal{K}| \approx 2^{nI(X;B)}$가 만족되는 한 밥은 그렇게 할 수 있다.

2. '쓰레기' 변수 k에 대한 무작위화가 도청자의 계의 전형적 부분공간을 근사적으로 덮어서, 메시지 m에 따른 도청자의 모든 상태가 앨리스가 보낸 메시지 m에 독립적인 상수처럼 보이도록 해야 한다(이 부호가 식 (23.7)을 만족시키도록). 덮음 보조정리(17장)에서의 직관은 '쓰레기' 변수의 집합 $\mathcal{K}$는 앨리스가 근사적으로 도청자의 전형적 부분공간을 덮을 수 있도록 하기 위해 최소한 $|\mathcal{K}| \approx 2^{nI(X;E)}$가 되어야 한다.

선로를 다수 사용하는 점근적 극한에서 성립하는 전형적 성질을 사용할 수 있기 때문에, 부호를 생성하는 방법으로 무작위를 다시 사용한다. 따라서 만약 앨리스가 위의 기준을 만족시키는 부호를 선택한다면, 앨리스는 근사적으로 $|\mathcal{M}| \approx 2^{n[I(X;B)-I(X;E)]}$개의 구분 가능한 신호를 도청자는 구분할 수 없도록 하여 밥에게 보낼 수 있다. 이 절의 남은 부분은 위의 직관이 올바르다는 것을 증명하는 데 집중하겠다. 그림 23.2는 비밀 고전 부호의 내부 구조를 묘사한다.

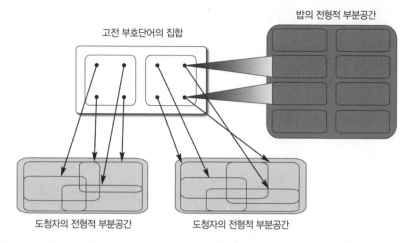

고전 부호단어의 집합

도청자의 전형적 부분공간   도청자의 전형적 부분공간

그림 23.2 비밀 고전 통신을 위한 부호의 내부 구조. 설명을 위한 이 사례에서 앨리스는 8개의 부호단어를 갖고, 각각은 •으로 나타내며 $m \in \{1, 2\}$와 $k \in \{1, 2, 3, 4\}$로 표시된다. 따라서 앨리스는 두 메시지 중 하나를 보내려고 하며, 도청자의 상태를 무작위적으로 만들 수 있도록 하는 '쓰레기' 변수 k를 갖고 있다. 각각의 고전 부호단어 $x^n(m, k)$는 밥의 전형적 부분공간의 구분 가능한 부분공간 위로 사상된다(8개의 구분 가능한 부분공간이 있지만 사상시키는 것은 2만 그렸다). 포장 보조정리에 따르면, 직관적으로 앨리스가 대략 $2^{n(X;B)}$개의 구분 가능한 신호를 보낼 수 있다. 부호단어 $\{x^n(1, k)\}_{k \in \{1,2,3,4\}}$와 $\{x^n(2, k)\}_{k \in \{1,2,3,4\}}$는 비밀 증폭 집합을 구성함을 나타내는 상자로 각각 묶여 있다. k를 무작위화할 때, 부호단어 $\{x^n(1, k)\}_{k \in \{1,2,3,4\}}$는 도청자의 전형적 부분공간을 균일하게 덮고(그리고 집합 $\{x^n(2, k)\}_{k \in \{1,2,3,4\}}$도 마찬가지다.) 앨리스가 부호단어 $\{x^n(1, k)\}_{k \in \{1,2,3,4\}}$에서 보냈는지 $\{x^n(2, k)\}_{k \in \{1,2,3,4\}}$에서 보냈는지 구분하는 것이 점근적 극한에서 거의 불가능해진다. 이 방법으로, 도청자는 앨리스가 전송한 메시지를 결정할 수 없다. 각 비밀 증폭 집합에 대해 최소 크기는 점근적 극한에서 $\approx 2^{n(X;E)}$이다.

23.3.1 차원 논증

도달 가능성의 증명을 제시하기 전에, 위의 직관을 어떤 차원 논증을 통해 확인하고 포장 보조정리와 덮음 보조정리의 조건을 어떻게 만족시키는지 보이겠다. 앨리스가 무작위 부호를 생성할 수 있는 어떤 앙상블 $\{p_X(x), \rho_A^x\}$를 갖고 있다고 하자. $\mathcal{U}_{A' \to BE}^{\mathcal{N}}$이 선로 $\mathcal{N}_{A' \to B}$의 등척 확장이고, ρ_{BE}^x는 앨리스가 $\rho_{A'}^x$를 입력한 후 밥과 도청자의 결합 상태라고 하자.

$$\rho_{BE}^x \equiv \mathcal{U}_{A' \to BE}^{\mathcal{N}}(\rho_{A'}^x) \tag{23.17}$$

어떤 문자 x가 주어졌을 때 이에 대응하는 밥과 도청자의 국소적 밀도 연산자는 각각 다음과 같다.

$$\rho_B^x \equiv \mathrm{Tr}_E\left\{\rho_{BE}^x\right\}, \qquad \rho_E^x \equiv \mathrm{Tr}_B\left\{\rho_{BE}^x\right\} \qquad (23.18)$$

밥과 도청자의 기대 밀도 연산자는 각각 다음과 같다.

$$\rho_B = \sum_x p_X(x)\rho_B^x, \qquad \rho_E = \sum_x p_X(x)\rho_E^x \qquad (23.19)$$

특정한 입력 수열 x^n이 주어지면, 위 상태의 n차 확장을 정의할 수 있다.

$$\rho_{B^n}^{x^n} \equiv \mathrm{Tr}_{E^n}\left\{\rho_{B^nE^n}^{x^n}\right\} \qquad (23.20)$$

$$\rho_{E^n}^{x^n} \equiv \mathrm{Tr}_{B^n}\left\{\rho_{B^nE^n}^{x^n}\right\} \qquad (23.21)$$

$$\rho_{B^n} = \sum_{x^n \in \mathcal{X}^n} p_{X^n}(x^n)\rho_{B^n}^{x^n} \qquad (23.22)$$

$$\rho_{E^n} = \sum_{x^n \in \mathcal{X}^n} p_{X^n}(x^n)\rho_{E^n}^{x^n} \qquad (23.23)$$

표 23.1에 이 다양한 밀도 연산자와 그에 해당하는 전형적 부분공간과 사영 연산자를 요약했다.

포장 보조정리에 해당하는 다음의 네 가지 조건은 밥의 상태 $\{\rho_{B^n}^{x^n}\}$, 밥의 평균 밀도 연산자 ρ_{B^n}, 밥의 전형적 부분공간 $T_{B^n}^\delta$, 밥의 조건부 전형적 부분공간 $T_{B^n|x^n}^\delta$에 대해 성립한다.

$$\mathrm{Tr}\left\{\Pi_{B^n}^\delta \rho_{B^n}^{x^n}\right\} \geq 1 - \varepsilon \qquad (23.24)$$

$$\mathrm{Tr}\left\{\Pi_{B^n|x^n}^\delta \rho_{B^n}^{x^n}\right\} \geq 1 - \varepsilon \qquad (23.25)$$

표 23.1 이 표는 무작위 비밀 부호의 구성에서 언급되는 수학적 양들의 목록이다. 첫 번째 열은 그 양이 속한 참여자의 목록이다. 두 번째 열은 무작위 고전 상태나 무작위 양자 상태의 목록이다. 세 번째 열은 적절한 전형적 집합이나 전형적 부분공간을 제시한다. 마지막 열은 양자 상태에 대한 전형적 부분공간 위로의 적절한 사영 연산자의 목록이다.

참여자	양	전형적 집합/부분공간	사영 연산자
앨리스	X	$T_\delta^{X^n}$	없음
밥	ρ_{B^n}	$T_{B^n}^\delta$	$\Pi_{B^n}^\delta$
x^n에 조건화된 밥	$\rho_{B^n}^{x^n}$	$T_{B^n|x^n}^\delta$	$\Pi_{B^n|x^n}^\delta$
도청자	ρ_{E^n}	$T_{E^n}^\delta$	$\Pi_{E^n}^\delta$
x^n에 조건화된 도청자	$\rho_{E^n}^{x^n}$	$T_{E^n|x^n}^\delta$	$\Pi_{E^n|x^n}^\delta$

$$\text{Tr}\left\{\Pi_{B^n|x^n}^\delta\right\} \leq 2^{n(H(B|X)+c\delta)} \tag{23.26}$$

$$\Pi_{B^n}^\delta \rho_{B^n} \Pi_{B^n}^\delta \leq 2^{-n(H(B)-c\delta)}\Pi_{B^n}^\delta \tag{23.27}$$

여기서 c는 어떤 양의 상수다(성질 15.2.7, 15.1.1, 15.1.2, 15.1.3을 참고하라).

덮음 보조정리에 해당하는 다음의 네 가지 조건은 도청자의 상태 $\{\rho_{E^n}^{x^n}\}$, 도청자의 전형적 부분공간 $T_{E^n}^\delta$, 도청자의 조건부 전형적 부분공간 $T_{E^n|x^n}^\delta$에 대해 성립한다.

$$\text{Tr}\left\{\Pi_{E^n}^\delta \rho_{E^n}^{x^n}\right\} \geq 1-\varepsilon \tag{23.28}$$

$$\text{Tr}\left\{\Pi_{E^n|x^n}^\delta \rho_{E^n}^{x^n}\right\} \geq 1-\varepsilon \tag{23.29}$$

$$\text{Tr}\left\{\Pi_{E^n}^\delta\right\} \leq 2^{n(H(E)+c\delta)} \tag{23.30}$$

$$\Pi_{E^n|x^n}^\delta \rho_{E^n}^{x^n} \Pi_{E^n|x^n}^\delta \leq 2^{-n(H(E|X)-c\delta)}\Pi_{E^n|x^n}^\delta \tag{23.31}$$

위의 성질은 비밀 부호를 구성하기 위해 포장 보조정리와 덮음 보조정리의 기법을 모두 사용할 수 있음을 보여준다. 각각 다음과 같은 크기를 갖는 두 집합 $\mathcal{M}$과 $\mathcal{K}$를 생각해보자.

$$|\mathcal{M}| = 2^{n[I(X;B)-I(X;E)-6c\delta]} \tag{23.32}$$

$$|\mathcal{K}| = 2^{n[I(X;E)+3c\delta]} \tag{23.33}$$

그러면 순서쌍 (m, k)로 표시되는 곱 집합 $\mathcal{M} \times \mathcal{K}$의 크기는 다음과 같다.

$$|\mathcal{M} \times \mathcal{K}| = |\mathcal{M}||\mathcal{K}| = 2^{n[I(X;B)-3c\delta]} \tag{23.34}$$

위 집합의 크기는 고전 정보를 전송하는 데 곱 집합 $\mathcal{M} \times \mathcal{K}$를 사용할 수 있지만, 앨리스가 메시지 m에 대한 도청자의 지식이 감소하도록 각각의 크기가 $|\mathcal{K}|$인 $|\mathcal{M}|$개의 '비밀 증폭' 집합을 사용할 수 있음을 나타낸다.

23.3.2 무작위 부호 구성

이제, 앨리스가 다음의 앙상블에 따라 무작위로 부호를 선택한다면 $P \approx I(X; B) - I(X; E)$의 속도를 갖는 좋은 비밀 고전 부호의 존재성을 논증하겠다.

$$\{p'_{X'^n}(x^n), \rho_{A'^n}^{x^n}\} \tag{23.35}$$

여기서 $p'_{X^n}(x^n)$은 가지치기된 확률 분포다(20.3.1절 참고. 이 분포가 i.i.d. 분포에 가까움을 생각해보자). 확률 분포 $p'_{X^n}(x^n)$에 따라 $|\mathcal{M}||\mathcal{K}|$개의 무작위 변수 $X^n(m, k)$를 선택한 다고 하자. 여기서 무작위 변수 $X^n(m, k)$의 구현체는 $\mathcal{X}^n$에서 값을 취한다. 이 부호 단어를 무작위로 선택한 다음, 부호 $\mathcal{C} = \{x^n(m, k)\}_{m \in \mathcal{M}, k \in \mathcal{K}}$는 메시지 m과 무작위화 변수 k에 의존하는 부호단어 $x^n(m, k)$의 고정된 집합이다.

먼저 밥이 순서쌍 (m, k)를 얼마나 잘 구별할 수 있는지 고려하고, 모든 부호에 대한 평균 오류 확률의 기댓값이 낮다는 점에서 무작위 부호가 좋은 부호임을 논증하겠다. 포장 보조정리는 이 논증의 뼈대가 된다. 포장 보조정리(보조정리 16.3.1)를 식 (23.24) ~ 식 (23.27)에 적용하면, 다음과 같은 점에서 상태 $\{\rho_{B^n}^{X^n(m,k)}\}_{m \in \mathcal{M}, k \in \mathcal{K}}$를 신뢰성 있게 구별할 수 있는 부호의 무작위 선택에 해당하는 POVM $\{\Lambda_{m,k}\}_{(m,k) \in \mathcal{M} \times \mathcal{K}}$가 존재한다.

$$\mathbb{E}_{\mathcal{C}} \{\bar{p}_e(\mathcal{C})\} = 1 - \mathbb{E}_{\mathcal{C}} \left\{ \frac{1}{|\mathcal{M}| |\mathcal{K}|} \sum_{m \in \mathcal{M}} \sum_{k \in \mathcal{K}} \mathrm{Tr} \left\{ \Lambda_{m,k} \rho_{B^n}^{X^n(m,k)} \right\} \right\} \quad (23.36)$$

$$\leq 2 \left(\varepsilon + 2\sqrt{\varepsilon} \right) + 4 \left(\frac{2^{n(H(B|X)+c\delta)} |\mathcal{M} \times \mathcal{K}|}{2^{n(H(B)-c\delta)}} \right) \quad (23.37)$$

$$= 2 \left(\varepsilon + 2\sqrt{\varepsilon} \right) + 4 \left(\frac{2^{n(H(B|X)+c\delta)} 2^{n[I(X;B)-3c\delta]}}{2^{n(H(B)-c\delta)}} \right) \quad (23.38)$$

$$= 2 \left(\varepsilon + 2\sqrt{\varepsilon} \right) + 4 \cdot 2^{-nc\delta} \equiv \varepsilon' \quad (23.39)$$

여기서 첫 번째 등식은 정의에 의해 유도되고, 첫 번째 부등식은 포장 보조정리를 식 (23.24) ~ 식 (23.27)의 조건에 적용하여 유도한다. 두 번째 등식은 식 (23.24)를 대입하여 유도한다. 마지막 등식은 계산해보면 된다. n을 충분히 크게 선택하면 ε'은 충분히 작게 만들 수 있다.

도청자에 대해 이에 해당하는 밀도 연산자 $\rho_{E^n}^{X^n(m,k)}$를 생각해보자. 무작위 부호 $\mathcal{C}$를 각각의 크기가 $|\mathcal{K}|$인 $|\mathcal{M}|$개의 비밀 증폭 집합으로 나눈다고 하자. 밀도 연산자들의 비밀 증폭 집합 $\mathcal{C}_m \equiv \{\rho_{E^n}^{X^n(m,k)}\}_{k \in \mathcal{K}}$는 덮음 보조정리(보조정리 17.2.1)에 따르면 각각이 좋은 덮음 부호를 구성한다. 각 비밀 증폭 집합 $\mathcal{C}_m$의 가짜 밀도 연산자는 다음과 같다.

$$\hat{\rho}_{E^n}^m \equiv \frac{1}{|\mathcal{K}|} \sum_{k \in \mathcal{K}} \rho_{E^n}^{X^n(m,k)} \quad (23.40)$$

왜냐하면 앨리스가 무작위 변수 k를 균일하게 무작위로 선택했기 때문이다. 각 비밀 증폭 집합 $\mathcal{C}_m$의 혼동 오류 $o_e(\mathcal{C}_m)$은 다음과 같다.

$$o_e(\mathcal{C}_m) \equiv \|\hat{\rho}_{E^n}^m - \rho_{E^n}\|_1 \tag{23.41}$$

여기서 ρ_{E^n}은 식 (23.23)에서 정의된다. 덮음 보조정리(보조정리 17.2.1)는 n이 충분히 크고 식 (23.33)에서처럼 $|\mathcal{K}|$가 선택됐다면 각각의 무작위 비밀 증폭 집합 $\mathcal{C}_m$의 혼동 오류가 작을 확률이 크다는 내용이다.

$$\Pr\left\{o_e(\mathcal{C}_m) \leq \varepsilon + 4\sqrt{\varepsilon} + 24\sqrt[4]{\varepsilon}\right\}$$
$$\geq 1 - 2d_E^n \exp\left\{\frac{-\varepsilon^3}{4\ln 2} \frac{|\mathcal{K}| \, 2^{n(H(E|X) - c\delta)}}{2^{n(H(E) + c\delta)}}\right\} \tag{23.42}$$

$$= 1 - 2d_E^n \exp\left\{\frac{-\varepsilon^3}{4\ln 2} \frac{2^{n[I(X;E) + 3c\delta]} 2^{n(H(E|X) - c\delta)}}{2^{n(H(E) + c\delta)}}\right\} \tag{23.43}$$

$$= 1 - 2d_E^n \exp\left\{\frac{-\varepsilon^3}{4\ln 2} 2^{nc\delta}\right\} \tag{23.44}$$

특히, n이 충분히 커서 다음의 한계가 성립한다고 하자.

$$\Pr\left\{o_e(\mathcal{C}_m) \leq \varepsilon + 4\sqrt{\varepsilon} + 24\sqrt[4]{\varepsilon}\right\} \geq 1 - \frac{\varepsilon}{|\mathcal{M}|} \tag{23.45}$$

이렇게 할 수 있는 이유는 n에 대해 $\exp\{-\varepsilon^3 2^{nc\delta}/(4\ln 2)\}$가 이중 지수함수적으로 감소하기 때문이다(또한 여기서는 임의로 작지만 엄격하게 양수인 δ에 의해 주어지는 '자유 재량권'을 가져야 하는 이유를 알 수 있다).

이 무작위 구성은 n을 충분히 크도록 선택했다는 점에 의해 비밀 부호에서 찾고 있는 필요한 특징 몇 가지를 이미 갖췄다. 순서쌍 m, k를 검출하는 데 있어 밥의 평균 오류 확률의 기댓값은 작고, 각 비밀 증폭 집합의 혼동 오류는 높은 확률로 작다. 여기서 바라는 것은 밥은 메시지 m을 복원할 수 있으면서 도청자의 상태는 이 메시지 m에 독립적임이 보장되는 어떤 부호의 존재다. 다음 2개의 절에서 그런 좋은 비밀 부호가 존재함을 논증하겠다.

23.3.3 비무작위화

이제 HSW 부호화 정리의 증명에서 필요했던 것과 유사한 비무작위화 논증을 적용한다. 이 경우, 좋은 비밀성이 보장되는 좋은 고전 통신이 되는 부호를 찾고 싶은 것이기 때문에 논증은 좀 더 오묘하다. 좋은 비밀 부호가 존재하는 모든 부호에 대한 확률을 결정해야 한다. 만약 그럴 확률이 0이 아니라면, 좋은 비밀 부호가 존재한다는 것을 확신할 수 있다.

이 절의 시작 부분에서 말했듯이, 좋은 비밀 부호는 두 가지 품질을 갖는다. 즉, 부호는 고전 통신에 대해서는 ε-좋음이어야 하고, 또한 ε-비밀이어야 한다. E_0가 무작위 부호 $\mathcal{C}$가 고전 통신에 대해 ε-좋음인 경우를 나타낸다고 하자.

$$E_0 = \{\bar{p}_e(\mathcal{C}) \leq \varepsilon\} \tag{23.46}$$

여기서 일단 성능 기준은 오류의 평균 확률에 한정하겠다. E_m이 무작위 부호의 m번째 메시지가 ε-비밀인 경우를 나타낸다고 하자.

$$E_m = \{o_e(\mathcal{C}_m) \leq \varepsilon\} \tag{23.47}$$

위의 모든 경우가 참이 되면 좋겠다. 또는 동등하게 위 경우들의 교집합이 발생하기를 바란다.

$$E_{\text{priv}} \equiv E_0 \cap \bigcap_{m \in \mathcal{M}} E_m \tag{23.48}$$

만약 위의 경우가 참인 모든 부호에 대해 양수인 확률이 있다면, 위의 조건을 만족하는 특정 부호가 존재한다. 그 대신, 위 경우의 여집합을 생각해보자(좋은 비밀 부호가 존재하지 않는 경우).

$$E_{\text{priv}}^c = E_0^c \cup \bigcup_{m \in \mathcal{M}} E_m^c \tag{23.49}$$

그러면 여사건 E_{priv}^c의 확률을 다음과 같이 한정하기 위해 확률론에서 합집합 한계를 이용할 수 있다.

$$\Pr\left\{E_0^c \cup \bigcup_{m \in \mathcal{M}} E_m^c\right\} \leq \Pr\{E_0^c\} + \sum_{m \in \mathcal{M}} \Pr\{E_m^c\} \tag{23.50}$$

따라서 만약 E_{priv}^c인 경우의 확률을 작게 만들 수 있다면 E_{priv}인 경우, 즉 좋은 비밀 부호가 존재하는 경우의 확률은 높다.

먼저 E_0^c인 경우의 확률을 한정해보자. 마르코프 부등식은 다음과 같이 음이 아닌 무작위 변수 Y와 엄격하게 양수인 α에 대해 성립한다.

$$\Pr\{Y \geq \alpha\} \leq \frac{\mathbb{E}\{Y\}}{\alpha} \tag{23.51}$$

그러면 무작위 평균 오류 확률 $\bar{p}_e(\mathcal{C})$가 항상 음수가 아니기 때문에 마르코프 부등식을 적용할 수 있다.

$$\Pr\{E_0^c\} = \Pr\left\{\bar{p}_e(\mathcal{C}) \geq (\varepsilon')^{3/4}\right\} \leq \frac{\mathbb{E}_{\mathcal{C}}\{\bar{p}_e(\mathcal{C})\}}{(\varepsilon')^{3/4}} \leq \frac{\varepsilon'}{(\varepsilon')^{3/4}} = \sqrt[4]{\varepsilon'} \tag{23.52}$$

따라서 여사건 E_0^c 확률의 좋은 한계를 얻었다.

이제 E_m^c인 경우의 확률을 한정해보자. 앞 절에서 이미 필요한 한계를 줬다.

$$\Pr\{E_m^c\} = \Pr\left\{o_e(\mathcal{C}_m) > \varepsilon + 4\sqrt{\varepsilon} + 24\sqrt[4]{\varepsilon}\right\} \tag{23.53}$$

$$< \frac{\varepsilon}{|\mathcal{M}|} \tag{23.54}$$

이고, 이것은 곧

$$\sum_{m \in \mathcal{M}} \Pr\{E_m^c\} < |\mathcal{M}| \frac{\varepsilon}{|\mathcal{M}|} = \varepsilon \tag{23.55}$$

임을 뜻한다.

따라서 이제 여사건의 확률이 작다는 것이 유도된다.

$$\Pr\{E_{\text{priv}}^c\} \leq \sqrt[4]{\varepsilon'} + \varepsilon \tag{23.56}$$

그리고 좋은 부호가 존재할 높은 확률이 있다.

$$\Pr\{E_{\text{priv}}\} \geq 1 - \left(\sqrt[4]{\varepsilon'} + \varepsilon\right) \tag{23.57}$$

따라서 고전 정보를 복호화하는 데 있어 평균 오류 확률이 작음을 만족하는 특정 부호 $\mathcal{C}$가 존재한다.

$$\bar{p}_e(\mathcal{C}) \leq (\varepsilon')^{3/4} \tag{23.58}$$

그리고 각 비밀 증폭 집합의 혼동 오류는 작다.

$$\forall m : o_e(\mathcal{C}_m) \leq \varepsilon + 4\sqrt{\varepsilon} + 24\sqrt[4]{\varepsilon} \tag{23.59}$$

비무작위화 부호 $\mathcal{C}$는 다음과 같다.

$$\mathcal{C} \equiv \{x^n(m,k)\}_{m \in \mathcal{M}, k \in \mathcal{K}} \tag{23.60}$$

그러면 각 부호단어 $x^n(m, k)$는 결정론적 변수다. 이 비무작위화 부호에 대한 각 비밀 증폭 집합은 다음과 같다.

$$\mathcal{C}_m \equiv \{x^n(m,k)\}_{k \in \mathcal{K}} \tag{23.61}$$

돌이켜보면 식 (23.57)의 결과는 놀라울 것이다. 비밀 부호를 무작위적 방법으로 고르고 그 비밀 부호의 충분히 큰 덩어리 길이 n을 선택하면, 이런 방식으로 구성된 부호의 압도적인 대다수가 좋은 비밀 부호다!

23.3.4 불필요한 부분의 삭제

위의 결과를 훨씬 더 강화해서, 이 부호가 낮은 평균 오류 확률뿐만 아니라 낮은 최대 오류 확률을 갖도록 하고 싶다. 앞서와 마찬가지로 부호에서 불필요한 부호단어를 삭제하지만 불필요한 부분의 삭제 이후에도 부호가 좋은 비밀성을 갖도록 확실히 해야 하기 때문에 이 불필요한 부분을 삭제하는 논증은 주의를 기울여야만 한다.

불필요한 부분의 삭제를 위해 마르코프 부등식을 연습문제 2.2.1과 유사한 방식으로 적용할 수 있다. 마르코프 부등식을 식 (23.52)의 평균 오류 확률 한계에 적용하여 부호단어의 최대 $\sqrt{\varepsilon'}$ 정도의 비율이 $\sqrt[4]{\varepsilon'}$보다 큰 오류 확률을 가짐을 보여줄 수 있다. 가장 나쁜 $\sqrt{\varepsilon'}$개의 부호단어를 비밀 부호에서 삭제했을 뿐이다. 하지만 이 방식으로 불필요한 부분을 삭제한 것은 각 비밀 증폭 집합이 같은 수의 부호단어를 가짐을 보장하지 않는다. 따라서 각 비밀 증폭 집합에서 부호단어의 $\sqrt{\varepsilon'}$만큼의 가장 나쁜 부분을 삭제한다. 그러면 비밀 증폭 집합에서 $\sqrt{\varepsilon'}$만큼의 가장 나쁜 부분을 삭제한 것이다. 그렇게 불필요한 부분이 삭제된 집합 $\mathcal{M}'$과 $\mathcal{K}'$은 둘 다 원래 집합의 $1 - \sqrt{\varepsilon'}$만큼으로 된다. 불필요한 부분이 삭제된 부호를 다음과 같이 나타낸다.

$$\mathcal{C}' \equiv \{x^n(m,k)\}_{m \in \mathcal{M}', k \in \mathcal{K}'} \tag{23.62}$$

그리고 불필요한 부분이 삭제된 부호는 다음의 비밀 증폭 집합을 갖는다.

$$\mathcal{C}'_m \equiv \{x^n(m,k)\}_{k \in \mathcal{K}'} \tag{23.63}$$

이 불필요한 부분의 삭제는 n이 클 때 비밀 부호의 속도에 무시해도 괜찮을 정도의 영향만을 준다.

위와 같이 불필요한 부분의 삭제를 수행한 다음에도 각 비밀 증폭 집합이 여전히 좋은 비밀 성질을 갖고 있을까? 각각의 불필요한 부분이 삭제된 비밀 증폭 집합의 가짜 밀도 연산자는 다음과 같다.

$$\hat{\rho}^{m'}_{E^n} \equiv \frac{1}{|\mathcal{C}'_m|} \sum_{k \in \mathcal{K}'} \rho^{x^n(m,k)}_{E^n} \tag{23.64}$$

비무작위화된 부호의 이 가짜 밀도 연산자가 불필요한 부분이 삭제된 부호의 가짜 밀도 연산자와 대각합 거리에서 $2\sqrt{\varepsilon'}$-근접임을 보일 수 있다.

$$\forall m \in \mathcal{M}' \qquad \|\hat{\rho}^{m'}_{E^n} - \hat{\rho}^m_{E^n}\|_1 \le 2\sqrt{\varepsilon'} \tag{23.65}$$

왜냐하면 이 연산자들은 불필요한 부분이 삭제된 다음에도 그 질량에서 작은 부분만이 손실되기 때문이다.

이제, 불필요한 부분이 삭제된 부호에 대해 프라임 표시를 생략하겠다. 불필요한 부분이 삭제된 부호 $\mathcal{C}$가 다음의 좋은 비밀성

$$\forall m \in \mathcal{M} \qquad \|\hat{\rho}^m_{E^n} - \rho_{E^n}\|_1 \le \varepsilon + 4\sqrt{\varepsilon} + 24\sqrt[4]{\varepsilon} + 2\sqrt{\varepsilon'} \tag{23.66}$$

과 신뢰할 수 있는 통신

$$\forall m \in \mathcal{M}, \; k \in \mathcal{K} \qquad p_e(\mathcal{C}, m, k) \le \sqrt[4]{\varepsilon'} \tag{23.67}$$

을 가짐이 성립한다. 첫 번째 표현식은 식 (23.59)와 식 (23.65)에 삼각부등식을 적용하여 얻는다.

비밀 부호의 작동을 요약하면서 증명을 마무리하겠다. 앨리스가 메시지 집합 $\mathcal{M}$에서 메시지 m을 선택하고, $\mathcal{K}$에서 균일하게 무작위로 무작위 변수 k를 선택한다. 앨리스는 이것들을 $x^n(m, k)$로 부호화하여 선로에 양자 부호단어 $\rho^{x^n(m,k)}_{B'^n}$를 입력한다. 밥은 상태 $\rho^{x^n(m,k)}_{B^n}$를 수신하고, POVM $\{\Lambda_{m,k}\}_{(m,k) \in \mathcal{M} \times \mathcal{K}}$를 수행하여 $1 - \sqrt[4]{\varepsilon'}$의 확

률로 m과 k의 짝을 정확히 결정한다. 이 부호는 도청자가 메시지 m에 대해 거의 아는 것이 없도록 보장한다. 비밀 부호의 비밀 통신 속도 P는 다음의 표현식과 같다.

$$P \equiv \frac{1}{n} \log |\mathcal{M}| = I(X;B) - I(X;E) - 6c\delta \tag{23.68}$$

이것으로 직접 부호화 정리의 증명을 마친다.

여기서 도청자가 선로의 완전한 양자정화를 얻지 않는 상황에서도 위의 증명을 적용할 수 있음을 일러둔다. 즉, 이 선로가 앨리스에 대한 하나의 입력 A'을 갖고 각각 밥과 도청자에 대한 두 출력 B와 E를 갖는다고 하자. 그러면 이 선로는 어떤 환경 F에 대한 등척 확장을 갖는다. 이 상황에서 비밀 정보 $I(X;B) - I(X;E)$는 홀레보 정보 차이가 음수가 아니게 되는 어떤 고전 양자 상태에 대해 여전히 도달 가능하다. 하지만 누군가는 항상 두 출력 E와 F를 도청자에게 제공할 수 있다(이것은 위의 정리에서 증명된 상황이다). 이 선로의 환경에 대한 완전한 양자정화가 주어지면 전송된 정보가 '우주의 나머지 부분(의도한 수신자가 아닌 누군가)'에 대해 비밀로 남아 있을 것임이 보장되고, 따라서 비밀 정보 통신을 위한 임의의 통신 규약에서 가장 높은 보안 표준을 이끌어낸다.

23.4 역정리

이제 비밀 고전 용량 정리의 역 부분을 증명하는데, 이것은 비밀 정보의 정규화가 비밀 고전 용량에 대한 상계임을 보여준다. 대신에, 앨리스와 밥이 비밀키 생성 작업을 완수하려 한다고 하자. 다른 역정리에서 논증했듯이(20.3.2절과 21.5절 참고), 이 정적인 자원을 생성하는 용량은 앨리스와 밥이 공유된 비밀키를 구성하기 위해 무잡음 비밀 선로를 항상 사용할 수 있기 때문에 비밀 고전 통신의 용량보다 더 클 수만 있다. 그런 작업에서 앨리스는 먼저 최대로 상관된 상태 $\bar{\Phi}_{MM'}$을 준비하고, M' 변수를 부호 단어 $\rho_{A'^n}^m$으로 부호화한다. 이 부호화는 앨리스가 선로를 여러 번 독립적으로 사용해 자신의 계 A'^n을 전송한 후 다음과 같은 형태의 상태를 이끌어낸다.

$$\omega_{MB^nE^n} \equiv \frac{1}{|\mathcal{M}|} \sum_{m \in \mathcal{M}} |m\rangle\langle m|_M \otimes \mathcal{U}_{A'^n \to B^nE^n}^{\mathcal{N}}(\rho_{A'^n}^m) \tag{23.69}$$

끝으로, 밥은 복호화 선로 $\mathcal{D}_{B^n \to M'}$을 적용하여 비밀키의 자기 부분을 복원한다.

$$\omega_{MM'E^n} \equiv \mathcal{D}_{B^n \to M'}(\omega_{MB^nE^n}) \tag{23.70}$$

다음의 조건이 비밀키 생성을 위한 $(n, [\log|\mathcal{M}|]/n, \varepsilon)$ 통신 규약에 대해 성립한다.

$$\frac{1}{2}\left\|\omega_{MM'E^n} - \overline{\Phi}_{MM'} \otimes \sigma_{E^n}\right\|_1 \leq \varepsilon \tag{23.71}$$

그리고 도청자의 상태 σ_{E^n}은 비밀키 $\overline{\Phi}_{MM'}$에 독립적인 상수 상태다. 특히, 위의 조건은 $\mathcal{M}$에 대한 도청자의 정보가 작음을 함의한다.

$$I(M;E^n)_\omega \leq f(|\mathcal{M}|, \varepsilon) \tag{23.72}$$

여기서 23.1.1절의 논리를 $f(|\mathcal{M}|, \varepsilon) \equiv \varepsilon \log|\mathcal{M}| + (1 + \varepsilon)h_2(\varepsilon/[1 + \varepsilon])$으로 해서 적용했다. 비밀키 생성 속도는 $\frac{1}{2}\log|\mathcal{M}|$과 같다. 다음의 연쇄적 부등식을 생각해보자.

$$\log|\mathcal{M}| = I(M;M')_{\overline{\Phi}} \tag{23.73}$$
$$\leq I(M;M')_\omega + f(|\mathcal{M}|, \varepsilon) \tag{23.74}$$
$$\leq I(M;B^n)_\omega + f(|\mathcal{M}|, \varepsilon) \tag{23.75}$$
$$\leq I(M;B^n)_\omega - I(M;E^n)_\omega + 2f(|\mathcal{M}|, \varepsilon) \tag{23.76}$$
$$\leq P(\mathcal{N}^{\otimes n}) + 2f(|\mathcal{M}|, \varepsilon) \tag{23.77}$$

첫 번째 등식은 공유된 무작위성 상태 $\overline{\Phi}_{MM'}$의 상호 정보가 $\log|\mathcal{M}|$과 같기 때문에 성립한다. 첫 번째 부등식은 AFW 부등식을 식 (23.71)에 적용해서 유도한다. 두 번째 부등식은 양자정보 처리에서 유도된다. 세 번째 부등식은 식 (23.72)에서 유도되고, 마지막 부등식은 식 (23.69)의 고전 양자 상태가 특정한 확률 분포와 상태의 선택을 갖기 때문에, 그리고 이 선택이 항상 텐서 곱 상태 $\mathcal{N}^{\otimes n}$의 비밀 정보보다 더 클 수 없는 비밀 정보 값을 이끌어내기 때문에 성립한다. 이것들을 정리하면

$$\frac{1}{n}\log|\mathcal{M}|(1 - 2\varepsilon) \leq \frac{1}{n}P(\mathcal{N}^{\otimes n}) + \frac{2}{n}(1 + \varepsilon)h_2(\varepsilon/[1 + \varepsilon]) \tag{23.78}$$

임을 알 수 있다. 따라서 만약 $\lim_{n\to\infty} \varepsilon_n = \lim_{n\to\infty} \delta_n = 0$인 극한에서 $P - \delta_n = \frac{1}{2}\log|\mathcal{M}|$의 속도를 갖는 비밀 고전 통신 규약 $(n, [\log|\mathcal{M}|]/n, \varepsilon_n)$의 수열을 고려하면, 위의 한계는

$$(P - \delta_n)(1 - 2\varepsilon_n) \leq \frac{1}{n} P(\mathcal{N}^{\otimes n}) + \frac{2}{n}(1 + \varepsilon_n) h_2(\varepsilon_n / [1 + \varepsilon_n]) \qquad (23.79)$$

이 된다. $n \to \infty$인 극한을 취하면, 도달 가능한 속도 P는 $P \leq P_{\text{reg}}(\mathcal{N})$을 만족시킴을 알 수 있다. 여기서 $P_{\text{reg}}(\mathcal{N})$은 식 (23.14)에서 주어지는 정규화된 비밀 정보다.

【연습문제 23.4.1】 앨리스에서 밥으로 향하는 전방 공개 고전 통신에 대한 자유로운 접근이 양자 선로의 비밀 고전 용량을 향상할 수 없음을 증명하라.

23.5 비밀 고전 용량에 대한 논의

이 마지막 절에서는 비밀 고전 용량의 몇 가지 중요한 측면을 논의한다. 그중 두 가지는 정리 23.2.1이 단지 비밀 고전 용량의 정규화된 특성화를 제공한다는 사실을 가지고 유도할 수 있고, 마지막에는 만약 송신자와 수신자가 통신을 시작하기 전에 비밀 키를 공유한다면 비밀 고전 통신의 어떤 속도에 도달할 수 있는지 물어본다. 완전히 자세한 내용은 양자 섀넌 이론 문헌의 원래 논문을 참고할 것을 권하겠다.

23.5.1 비밀 정보의 초가법성

정리 23.2.1은 양자 선로의 비밀 고전 용량이 선로의 정규화된 비밀 정보와 같다는 내용이다. 이전에(21장의 시작 부분) 말했듯이, 정규화된 공식은 그것이 시작해야 할 최적화 작업을 수행하는 것이 불가능하고 현실적 관점에서는 특별히 유용하지 않으며, 그런 정규화가 용량의 고유한 척도로 공식을 특정해주지도 않기 때문에 정보 이론적 관점에서도 필요가 없다.

정규화된 공식의 불만족스러운 특성에 비춰볼 때, 임의의 양자 선로에 대한 정리 23.2.1의 정규화가 정말로 필요한 것일까? 흥미롭게도, 일반적으로 그 답은 '그렇다'인 것 같다(그러나 선로가 감쇠 가능하다면 필요하지 않음을 알고 있다). 그 이유는 비밀 정보가 엄격하게 초가법적인 선로 $\mathcal{N}$의 사례가 어떤 양의 정수 m에 대해 존재하기 때문이다.

$$mP(\mathcal{N}) < P(\mathcal{N}^{\otimes m}) \qquad (23.80)$$

특히, 스미스[Smith] 등(2008)은 특정한 파울리 선로의 비밀 정보가 이 초가법성을 보임을 증명했다. 그렇게 하기 위해, 이들은 그런 선로의 비밀 정보 $P(\mathcal{N})$을 계산했다. 이어서 이들은 선로로 큐비트를 전송하기 전에 m-큐비트의 '반복 부호'를 수행했다. 반복 부호는 다음의 부호화를 수행하는 양자 부호다.

$$\alpha|0\rangle + \beta|1\rangle \rightarrow \alpha|0\rangle^{\otimes m} + \beta|1\rangle^{\otimes m} \tag{23.81}$$

특정한 상태를 반복 부호를 통해, 그리고 이 선로를 m번 사용해 전송할 때 비밀 정보를 계산하면 $mP(\mathcal{N})$보다 큰 값이 유도되고, 이것은 식 (23.80)의 엄격한 부등식을 함의한다. 따라서 비밀 정보 공식 $P(\mathcal{N})$의 가법성은 일반적인 경우에 대해 성립할 수 없다.

이 결과의 의미는 감쇠하지 않는 양자 선로를 통해 비밀스럽게 정보를 전송하는 최선의 방법을 실제로는 이해할 수 없다는 것이고, 따라서 계속된 연구 주제다.

23.5.2 비밀 고전 용량의 초가법성

특정 선로의 비밀 정보는 초가법적일 수 있으며(앞 절에서 논의한 대로), 그래서 정규화된 비밀 정보가 이 정보 처리 작업에 대한 용량을 가장 잘 특징짓는 것이다. 이런 사실에도 불구하고, 비밀 고전 용량에 대해 어떤 궁극적인 공식(비밀 정보 $P(\mathcal{N})$과는 다른 어떤 공식)이 가법적일 수 있기를 바랄 수도 있다. 흥미롭게도, 이것 또한 그렇지 않다.

이 점을 분명히 하기 위해, 비밀 고전 정보에 대해 $P^?(\mathcal{N})$이 어떤 공식이라고 하자. 만약 이것이 가법적 공식이라면, 선로의 함수로서 가법적이어야만 한다.

$$P^?(\mathcal{N} \otimes \mathcal{M}) = P^?(\mathcal{N}) + P^?(\mathcal{M}) \tag{23.82}$$

리[Li] 등(2009)은 선로 구성을 갖고 영리하게 논증하여 임의의 제안된 비밀 용량 공식에 대해 성립할 수 없음을 보였다. 특히, 이들은 단일 문자 **고전** 용량을 갖는 특정 선로 $\mathcal{N}$을 구성했다. 선로의 고전 용량이 날카롭게 상계를 갖는다는 것은 그 비밀 고전 용량도 그렇다는 뜻이다. D가 그 상계여서 $P^?(\mathcal{N}) \leq D$라고 하자. 또한 50% 삭제 선로를 고려하자. 이것은 1/2의 확률로 밥에게 입력 상태를 주고 도청자에게는 삭제 기호를 주며, 또한 1/2의 확률로 도청자에게 입력 상태를 주고 밥에게 삭제 기호를 준다. 그런 선로는 도청자가 평균적으로 밥과 같은 양의 정보를 얻기 때문에, 기본적으로 비밀 고전 정보 전송에 대해 용량이 0이다. 따라서 $P^?(\mathcal{M}) = 0$이다. 이런 사실에도 불구하고, 리 등은 텐서 곱 상태 $\mathcal{N} \otimes \mathcal{M}$이 D를 초과하는 비밀 고전 용량을 가짐을 보였다. 그러면 이 두 선로가 비밀 고전 용량의 초가법성을 허용한다고 결론지을 수 있다.

$$P^?(\mathcal{N} \otimes \mathcal{M}) > P^?(\mathcal{N}) + P^?(\mathcal{M}) \tag{23.83}$$

그리고 식 (23.82)는 일반적으로 성립할 수 없다고 결론지을 수 있다. 더 파고들자면, 이 결과는 그 특성화가 정리 23.2.1의 공식보다 더 필요함이 알려졌다고 하더라도 비밀 고전 용량 그 자체는 가법적이지 않다는 것을 보여준다. 따라서 일반적인 양자 선로에 대해 비밀 고전 용량의 필요한 특성을 얻기는 어려울 것이다.

23.5.3 비밀키 보조 비밀 고전 통신

정리 23.2.1의 직접 부호화 부분은 어떻게 비밀 고전 정보를 양자 선로 $\mathcal{N}$을 통해 비밀 정보 속도 $P(\mathcal{N})$으로 전송하는지 보였다. 생각해봐야 할 자연스러운 확장은 앨리스와 밥이 통신을 시작하기 전에 비밀키를 공유한 상황이다. 앨리스와 밥 사이에 공유되고 도청자로부터 안전한 비밀키는 다음 형태의 3분할 상태다.

$$\overline{\Phi}_{AB} \otimes \sigma_E \tag{23.84}$$

여기서 $\overline{\Phi}_{AB}$는 최대로 상관된 상태이고, σ_E는 앨리스와 밥의 공유된 키와 독립인 도청자의 계에 대한 상태다. 얽힘보조 용량 정리와 마찬가지로, 이들이 이 비밀키를 어떤 제3자로부터 얻었고 그 제3자는 키를 확실히 비밀로 유지한다고 가정한다.

그 결과 용량 정리는 비밀키 보조 비밀 고전 용량 정리secret-key-assisted private classical capacity theorem라고 하며, 비밀키 소모량과 비밀 고전 통신 사이의 절충을 특징짓는다. 이 상황의 핵심 아이디어는 선로 사용당 $I(X; B)$개의 비밀 비트라는 속도로 비밀 고전 정보를 전송하면서 선로 사용당 $I(X; E)$개의 비밀키 비트라는 속도로 비밀키를 소모하는 통신 규약의 존재성을 보이는 것이다. 여기서 정보량은 정리 23.2.1에서 설명한 내용이다. 이 속도에 도달하기 위한 통신 규약은 직접 부호화 정리의 증명에서 제시한 것과 한 가지 차이는 있지만 거의 동일하다. 도청자의 메시지에 대한 지식을 무작위화하기 위해(이 무작위화 변수가 $\approx 2^{nI(X;E)}$의 크기를 갖는 집합에서 균일하게 무작위로 선택돼야 한다는 점을 다시 생각해보자.) 고전 비트를 $I(X;E)$의 속도로 희생하는 대신에, 송신자는 비밀키를 그렇게 한다. 역정리 증명은 (다문자 특성화를 갖는) 이 전략이 최적임을 보인다. 따라서 다음의 용량 정리를 얻는다.

【정리 23.5.1】비밀키 보조 용량 정리 양자 선로 $\mathcal{N}$의 비밀키 보조 비밀 고전 용량 영역 $C_{\text{SKA}}(\mathcal{N})$은 다음과 같이 주어진다.

$$C_{\text{SKA}}(\mathcal{N}) = \overline{\bigcup_{k=1}^{\infty} \frac{1}{k} \widetilde{C}_{\text{SKA}}^{(1)}(\mathcal{N}^{\otimes k})} \tag{23.85}$$

여기서 윗줄 표기는 집합의 폐포를 나타낸다. $\widetilde{C}_{\text{SKA}}^{(1)}(\mathcal{N})$은 모든 P, $S \geq 0$의 집합으로, 다음을 만족시킨다.

$$P \leq I(X;B)_\sigma - I(X;E)_\sigma + S \tag{23.86}$$
$$P \leq I(X;B)_\sigma \tag{23.87}$$

여기서 P는 비밀 고전 통신의 속도이고, S는 비밀키 소모 속도이며, 상태 σ_{XBE}는 다음의 형태를 갖는다.

$$\sigma_{XBE} \equiv \sum_x p_X(x)|x\rangle\langle x|_X \otimes \mathcal{U}_{A' \to BE}^{\mathcal{N}}(\rho_{A'}^x) \tag{23.88}$$

그리고 $U_{A' \to BE}^{\mathcal{N}}$은 선로의 등척 확장이다.

위의 부등식이 도달 가능하다는 것은 정리 23.2.1의 직접 부호화 부분의 통신 규약과 앞서 언급한 비밀키 보조 비밀 정보 통신에 대한 통신 규약 사이의 시간 공유에 의해 유도된다.

23.6 역사와 더 읽을거리

베넷[Bennett]과 브라사드[Brasard](1984)는 양자 선로를 통해 비밀 고전 정보를 전송하는 첫 번째 통신 규약을 고안했다. 여기서 제시된 통신 규약은 양자키 분배라고 알려졌고, 이제는 하나의 독립된 분야로 발전했다(Scarani et al., 2009). 데브택[Devetak](2005)과 카이[Cai] 등(2004)은 이 장에서 제시한 비밀 고전 용량의 특성화를 (이 장에서 살펴봤던 기술을 모두 사용해) 증명했다. 시에[Hsieh], 뤄[Luo], 브런[Brun](2008)은 23.5.3절에서 제시한 비밀키 보조 통신 규약의 도달 가능성을 증명했고, 월디Wilde(2011)는 그 역을 증명했으며 비밀키 보조 용량 정리를 설명했다. 후속 작업으로 공개된 고전 통신, 비밀 고전 통신, 비밀키 사이의 완전한 절충을 특징지었다(Hsieh & Wilde, 2009; Wilde & Hsieh, 2012a). 스미스Smith 등(2008)은 비밀 정보가 초가법성을 보일 수 있음을 증명했고, 리Li 등(2009)은 비밀 고전 용량이 일반적으로 비가법적임을 보였다. 엘코우스Elkouss와 스트렐추크Strelchuck(2015)는 놀라운 초가법적 효과를 보였는데, 임의 선로의 비밀 용량을 결정하는 데 정규화된 표현식이 필요하다는 것을 제안한다. 스미스(2008)는 이후에 대칭 부선로 보조 비밀 고전 용량symmetric-side-channel-assisted private classical capacity이 가법적임을 보였다. 다타Datta와 시에(2010)는 양자 선로에 대한 범용 비밀 부호를 보였다.

보안성의 또 다른, 더 약한 개념은 도청자가 자신의 계에 수행될 수 있는 어떤 측정으로부터도 많은 것을 알아낼 수 없다는 데 기반한다. 이 개념이 이 장에서 논의했던 보안성의 개념과 유사해 보이긴 하지만 사실은 매우 다르고(König et al., 2007), 정보 잠금 효과information locking effect에 기반한다(DiVincenzo et al., 2004). 인상적인 정보 잠금 기법이 존재한다(Hayden, Leung, Shor & Winter, 2004; Dupuis et al., 2013; Fawzi et al., 2013). 그리고 최근 들어 선로의 잠금 용량이 도입됐고, 한정 지어졌으며(Guha et al., 2014), 특정 선로에 대해 계산됐고(Winter, 2015b), 더 발전했다(Lupo & Lloyd, 2014; Lupo & Lloyd, 2015).

24

양자 통신

양자 용량 정리는 양자 섀넌 이론의 가장 중요한 정리 중 하나다. 근본적으로 양자적인 정보량, 결맞은 정보가 양자 선로를 통한 양자 통신에 대해 도달 가능한 속도를 보여준다는 점에서 양자 용량 정리는 근본적으로 '양자'적인 정리다. 양자정보가 고전 섀넌 이론에서 강력한 유사품을 갖지 않는다는 사실은 정보의 양자 이론과 고전 이론을 엄밀히 분리한다.

복제불가 정리(3.5.4절)는 양자 용량 정리에 숨은 직관을 제공한다. 임의의 양자 통신 통신 규약의 목표는 앨리스가 수신자 밥과 양자 상관성을 구성하는 것이다. 이제는 모든 양자 선로가 등척 확장을 가져서 또 다른 수신자, 즉 더 큰 유니터리 변화의 두 번째 출력 창구인 환경의 도청자를 생각해야 한다는 것을 잘 알고 있다. 앨리스가 밥에게 전송하려고 한 양자정보에 대해 뭔가를 알아낼 수 있다면, 밥은 이 정보를 복원할 수 없다. 그렇지 않으면 복제불가 정리에 위배될 것이다. 따라서 앨리스는 밥만이 접근할 수 있는 앨리스의 양자정보를 놓아둘 수 있는 선로 입력의 어떤 부분공간을 규정해야 한다. 이 부분공간의 차원성이 결맞은 정보에 대해 지수함수적이라는 사실은 아마 위의 복제불가 정리에 비춰보면 놀랍지 않을 수도 있다. 결맞은 정보는 엔트로피 차이 $H(B) - H(E)$이다. 즉, 앨리스가 밥과 구성할 수 있는 양자 상관성

의 양에서 도청자가 얻을 수 있는 양만큼 적은 척도다.[1]

따름정리 22.2.1에서 양자 자료 전송을 위한 결맞은 정보의 도달 가능성을 증명했지만, 거기서는 도달 가능성을 증명하기 위해 결맞은 정보에 도달하는 양자 부호의 구조에 많은 영감을 주지는 않는 우회로를 따라갔다. 이 장의 접근법은 다른데, 그 구조에 좀 더 많은 빛을 비출 것이다. 특히, 앞 장에서 나온 비밀 고전 부호의 결맞은 판본을 어떻게 만드는지 보여줄 것이다. 이 부호의 비밀스러운 특성을 사용해, 앨리스가 도청자는 접근할 수 없는 자신의 양자정보를 저장할 수 있는 부분공간을 구성할 수 있다. 따라서 이 접근법은 위의 '복제불가 직관'을 좀 더 가깝게 따라간다.

일반적인 양자 선로의 양자 용량에 대해 갖고 있는 최선의 특성화는 정규화된 결맞은 정보다. 감쇠 가능한 선로의 부류에 대해 정규화가 필요 없다는 것은 이 선로의 양자 자료 전송 용량을 완전히 이해했음을 뜻한다. 그러나 만약 선로가 감쇠 가능하지 않다면 어떤 놀라운 결과가 있을 수 있는데, 이 결과는 일반적인 경우 양자 자료 전송을 불완전하게 이해했음을 뜻한다. 먼저, 결맞은 정보는 탈분극화 선로에 대해 엄격하게 초가법적일 수 있다. 이는 양자 용량에 도달하기 위한 최선의 전략이 선로를 한 번 사용해서 무작위 부호를 생성하는 데 사용했던 익숙한 것일 필요가 없음을 의미한다. 이 결과는 탈분극화 선로의 보조받지 않은 고전 용량과 얽힘보조 고전 용량에 도달할 수 있는 '고전적' 전략과 대조적으로 드러난다. 두 번째로, 양자 섀넌 이론에서 가장 놀라운 결과는 양자 용량을 '초활성화'할 수 있다는 점이다. 즉, 양자정보를 전송하기 위한 용량이 0인 두 선로가 있다고 하자(이런 일이 일어나기 위해 이 선로들은 특정한 선로다). 그러면 개별적으로는 양자 자료 전송에 쓸모가 없음에도 결합 선로(각 개별 선로의 텐서 곱 선로)는 0이 아닌 양자 용량을 가질 수가 있다. 후자의 결과는 이 책에서 살펴본 많은 성공에도 불구하고 완전한 정보 이론까지는 한참 멀다는 것을 뜻한다.

이 장의 구조는 다음과 같다. 먼저 양자 통신에 관련된 정보 처리 작업을 훑어본다. 이어서, 양자 삭제 선로의 특정한 사례를 제시하여 양자 용량에 대한 복제불가 직관을 어느 정도 더 자세히 논의한다. 24.3절은 양자 용량 정리를 설명하고, 이어지는 2개 절에서는 그에 해당하는 직접 부호화 정리와 역정리를 증명한다. 24.7절은 두 가

---

1 연습문제 11.6.6에서 결맞은 정보를 밥과 앨리스의 상호 정보에서 앨리스와 도청자의 상호 정보만큼 적은 값의 절반으로 적을 수 있다는 것을 생각해보자.

$$I(A \rangle B) = 1/2 \left[I(A;B) - I(A;E) \right]$$

지 감쇠 가능한 선로인 양자 삭제 선로와 진폭 감쇠 선로의 양자 용량을 계산한다. 그리고 24.8절에서 결맞은 정보의 초가법성과 양자 용량의 초활성화를 논의한다. 끝으로, 얽힘 증류 통신 규약의 존재성을 증명하는데, 그 증명은 양자 용량 정리의 직접 부호화 정리의 증명과 어떤 유사성을 갖는다.

24.1 정보 처리 작업

양자 통신의 정보 처리 작업을 설명하는 것으로 이 장의 기술적 전개를 시작한다($(n,$ $Q,$ $\varepsilon)$인 양자 통신 부호를 정의한다). 양자 통신으로 생각할 수 있는 몇 가지 작업들이 있지만, 양자 용량의 가장 강한 정의는 **얽힘 전송**entanglement transmission으로 알려진 작업에 해당한다. 앨리스가 자신이 접근할 수 없는 참조계와 얽힘을 공유한다고 하자. 그러면 목표는 앨리스가 밥에게 이 얽힘을 전송할 수 있는 양자 부호화 기법을 고안하는 것이다. 이를 위해, 앨리스와 참조계가 임의의 상태 $|\varphi\rangle_{RA_1}$을 공유한다고 하자. 여기서 계 R과 A_1은 같은 차원을 갖는다. 그러면 앨리스가 A_1계에 어떤 부호화기를 적용하여 양자 선로 $\mathcal{N}_{A'\to B}$를 여러 번 사용하는 데 필요한 입력 상태를 준비한다. 그 결과 상태는 $\mathcal{E}_{A_1\to A'^n}(\varphi_{RA_1})$과 같다. 앨리스가 A'^n계를 선로 $\mathcal{N}_{A'\to B}$를 여러 번 독립적으로 사용해 전송하면 상태 $\mathcal{N}_{A'^n\to B^n}(\mathcal{E}_{A_1\to A'^n}(\varphi_{RA_1}))$이 된다. 여기서 $\mathcal{N}_{A'^n\to B^n} \equiv (\mathcal{N}_{A'\to B})^{\otimes n}$이다. 밥이 B^n계를 선로 출력에서 수신한 다음, 밥은 어떤 복호화 선로 $\mathcal{D}_{B^n\to B_1}$을 수행한다. 여기서 B_1은 A_1과 같은 차원을 갖는 어떤 계다. 밥이 복호화한 후의 최종 상태는 다음과 같다.

$$\omega_{RB_1} \equiv \mathcal{D}_{B^n\to B_1}(\mathcal{N}_{A'^n\to B^n}(\mathcal{E}_{A_1\to A'^n}(\varphi_{RA_1}))) \tag{24.1}$$

그림 24.1이 위의 단계 전부를 묘사한다. 어떤 $(n,$ $Q,$ $\varepsilon)$ 통신 규약에 대해, 다음의 조건이 모든 상태 $|\varphi\rangle_{RA_1}$에 대해 반드시 성립해야 한다.

$$\frac{1}{2}\|\varphi_{RA_1} - \omega_{RB_1}\|_1 \leq \varepsilon \tag{24.2}$$

이 기법의 속도 Q는 선로 1회 사용당 전송된 큐비트의 수와 같다.

$$Q \equiv \frac{1}{n}\log\dim(\mathcal{H}_{A_1}) \tag{24.3}$$

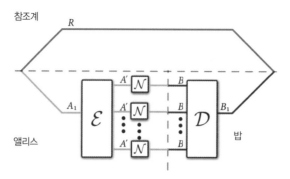

참조계

앨리스

그림 24.1 얽힘 전송을 위한 정보 처리 작업. 앨리스는 자신의 계를 부호화하여 어떤 접근 불가능한 참조계와의 얽힘을 보존하려고 하면서 유잡음 양자 선로를 여러 번 독립적으로 사용해 부호화된 양자정보를 전송하려고 한다. 밥은 자신이 수신한 계의 복호화를 수행하여, 만약 이 통신 규약이 얽힘 전송에 대해 임의로 적합하다면 이 통신 규약이 끝난 상태는 앨리스와 참조계 사이에 공유된 원래 상태에 가깝다.

만약 모든 $\varepsilon \in (0, 1)$, $\delta > 0$과 충분히 큰 n에 대해 $(n, Q - \delta, \varepsilon)$인 양자 통신 부호가 존재한다면 속도 Q는 $\mathcal{N}$에 대해 도달 가능하다. 양자 용량 $C_Q(\mathcal{N})$은 $\mathcal{N}$에 대해 모든 도달 가능한 속도의 상한으로 정의된다.

위와 같은 양자 통신의 개념은 섞인 상태 전송, 순수 상태 전송, 얽힘 생성과 같은 양자정보 처리 작업을 포함한다. 앨리스가 만약 참조계와의 얽힘을 보존할 수 있다면 임의의 섞이거나 순수한 상태를 전송할 수 있다. 또한 앨리스가 참조계와의 얽힘을 보존할 수 있다면 밥과의 얽힘을 생성할 수 있다. 앨리스가 필요한 것은 단지 국소적으로 얽힘을 생성해서 얽힘 상태의 한쪽 계에 위의 통신 규약을 적용하는 것이다.

【연습문제 24.1.1】 양자 통신에 대한 어떤 (n, Q, ε) 통신 규약이 다음을 만족시킴을 보여라.

$$\frac{1}{2} \left\| \mathrm{id}_{A_1 \to B_1} - \mathcal{D}_{B^n \to B_1} \circ \mathcal{N}_{A' \to B}^{\otimes n} \circ \mathcal{E}_{A_1 \to A'^n} \right\|_\diamond \leq \varepsilon \tag{24.4}$$

여기서 $\|\cdot\|_\diamond$은 9.1.6절에서 정의된 다이아몬드 노름이다.

24.2 복제불가와 양자 통신

양자 용량 정리를 설명하고 증명하기 전에, 양자 삭제 선로를 통한 양자 통신을 먼저 논의하겠다. 앨리스의 입력 상태를 $1 - \varepsilon$의 확률로 밥에게 전달하는 양자 삭제 선로와 ε의 확률로 밥에게 보내지는 삭제 표시를 생각해보자.

$$\rho \to (1 - \varepsilon)\,\rho + \varepsilon|e\rangle\langle e| \tag{24.5}$$

여기서 모든 입력 ρ에 대해 $\langle e|\rho|e\rangle = 0$이다. 이 선로의 등척 확장은 다음과 같다는 점을 생각해보자(연습문제 5.2.6 참고).

$$|\psi\rangle_{RA} \to \sqrt{1 - \varepsilon}|\psi\rangle_{RB}|e\rangle_E + \sqrt{\varepsilon}|\psi\rangle_{RE}|e\rangle_B \tag{24.6}$$

그러면 이제 선로는 도청자가 확률 ε으로 이 상태를 얻고, $1 - \varepsilon$의 확률로 도청자가 삭제 표시를 얻는다는 다른 해석을 갖는다.

이제 삭제 매개변수를 1/2로 두자. 그런 상황에서, 도청자로 가는 선로는 밥에게 가는 선로와 똑같다. 말하자면 둘 다 선로 $\rho \to 1/2(\rho + |e\rangle\langle e|)$를 갖는다. 그런 선로의 양자 용량은 0이 돼야 함을 복제불가 정리를 사용해 논증할 수 있다. 더 구체적으로는, 앨리스와 밥이 그런 선로를 통해 0이 아닌 속도로 양자정보를 신뢰성 있게 통신할 수 있는 어떤 방법이 있다고 하자(그림 24.1에 주어진 것과 같은 부호화기와 복호화기가 있다). 만약 그렇다면 도청자는 단순히 밥이 사용한 것과 같은 복호화기를 사용하면 되고, 도청자도 앨리스가 보낸 양자정보를 얻을 수 있다. 하지만 앨리스가 보낸 양자정보를 밥과 도청자 모두가 얻는 능력은 복제불가 정리를 위반한다. 따라서 그런 선로의 양자 용량은 없어야 한다.

【연습문제 24.2.1】 만약 감쇠 매개변수가 1/2와 같으면 진폭 감쇠 선로의 양자 용량은 소멸함을 논증하라.

복제불가 정리는 양자 선로를 통한 양자 통신의 해석에 더 일반적인 역할을 수행한다. 양자 부호의 구성에서는 도청자로부터 보호되는 입력 힐베르트 공간의 '복제불가' 부분공간을 찾으려고 할 것이다. 만약 도청자가 이 부분공간에서 어떤 양자정보를 얻을 수 있다면, 앞 문단에서 설명한 똑같은 복제불가 논증에 의해 그 양자정보는 밥에게 갈 수 없다. 이 핵심적 통찰은 이러한 비밀 고전 부호의 결맞은 판본을 만들기 위해 필요하고, 앨리스와 밥은 모든 단계를 중첩된 상태로 수행한다(22장에서 했던 것과 많이 닮았다).

24.3 양자 용량 정리

이 장의 핵심 정리는 다음의 양자 용량 정리다.

【정리 24.3.1】 양자 용량 양자 선로 $\mathcal{N}_{A'\to B}$의 양자 용량 $C_Q(\mathcal{N})$은 그 선로의 정규화된 결맞은 정보와 같다.

$$C_Q(\mathcal{N}) = Q_{\text{reg}}(\mathcal{N}) \tag{24.7}$$

여기서

$$Q_{\text{reg}}(\mathcal{N}) \equiv \lim_{k\to\infty} \frac{1}{k} Q(\mathcal{N}^{\otimes k}) \tag{24.8}$$

선로의 결맞은 정보 $Q(\mathcal{N})$은

$$Q(\mathcal{N}) \equiv \max_{\phi} I(A\rangle B)_\sigma \tag{24.9}$$

로 정의된다. 여기서 최적화는 모든 순수한 2분할 상태 $\phi_{AA'}$과 $\sigma_{AB} \equiv \mathcal{N}_{A'\to B}(\phi_{AA'})$에 대해 수행된다.

이 정리를 두 부분으로 나눠서 증명하겠다. 즉, 직접 부호화 정리와 역정리다. 직접 부호화 정리의 증명은 앞 장에서의 비밀 고전 부호를 사용해 진행한다. 역정리의 증명은 앞 절의 접근법과 유사하다. 즉, 양자 용량의 상계를 얻기 위해 AFW 부등식과 양자 자료처리를 사용할 것이다. 일반적으로, 정규화된 결맞은 정보는 양자 용량의 최선의 특성화이지만 감쇠 가능한 선로의 부류에 대해서는 정규화가 필요 없다. 관심 있는 많은 선로(결어긋남 선로, 진폭 감쇠 선로, 삭제 선로를 포함하여)는 감쇠 가능하므로, 양자 용량을 계산할 수 있다.

24.4 직접 부호화 정리

양자 용량 정리의 직접 부호화 부분의 증명은 앞 장에서 구성된(23.3절 참고) 비밀 고전 부호 성질의 장점을 이용해 유도한다. 이 구성법을 간략히 훑어보겠다. 고전-양자-양자 선로가 앨리스를 밥과 도청자에게 연결한다고 하자. 구체적으로, 만약 앨리스가 고전 문자 x를 선로에 입력한다면 밥은 밀도 연산자 ρ_B^x를 받고 도청자는 밀도 연산자 ω_E^x를 받는다. 정리 23.2.1의 직접 부호화 부분은 확률 분포 $p_X(x)$에서 선택된 부호책 $\{x^n(m, k)\}_{m \in \mathcal{M}, k \in \mathcal{K}}$의 존재성과, 밥이 앨리스의 메시지 m과 무작위화 변수 k를 높은 확률로 복호화할 수 있도록 그에 해당하는 복호화 POVM $\{\Lambda_{B^n}^{m,k}\}$를 구성한다.

$$\forall m \in \mathcal{M}, k \in \mathcal{K} : \mathrm{Tr}\left\{\Lambda_{B^n}^{m,k} \rho_{B^n}^{x^n(m,k)}\right\} \geq 1 - \varepsilon \tag{24.10}$$

그러면서 도청자는 앨리스의 메시지 m에 대해 무시할 정도로 적은 양의 정보를 얻는다.

$$\forall m \in \mathcal{M} : \left\|\frac{1}{|\mathcal{K}|}\sum_{k \in \mathcal{K}} \omega_{E^n}^{x^n(m,k)} - \omega^{\otimes n}\right\|_1 \leq \varepsilon \tag{24.11}$$

여기서 ω는 도청자의 기대 밀도 연산자다.

$$\omega \equiv \sum_x p_X(x)\omega_E^x \tag{24.12}$$

위의 진술은 모든 $\varepsilon \in (0, 1)$과 충분히 큰 n에 대해

$$|\mathcal{M}| \approx 2^{n[I(X;B)-I(X;E)]} \tag{24.13}$$

$$|\mathcal{M}| \approx 2^{n[I(X;B)-I(X;E)]} \tag{24.14}$$

가 성립하는 한 참이다.

이제, 양자 자료 전송에 있어 좋은 위 부호의 결맞은 판본을 구성할 수 있다. 먼저, 다음과 같은 스펙트럼 분해를 갖는 어떤 밀도 연산자가 있다고 하자.

$$\rho_{A'} \equiv \sum_x p_X(x)|\psi_x\rangle\langle\psi_x|_{A'} \tag{24.15}$$

이제 선로 $\mathcal{N}_{A' \to B}$는 그 등척 확장 $U_{A' \to BE}^{\mathcal{N}}$을 가져서, $|\psi_x\rangle_{A'}$을 입력하면 밥과 도청자 사이에 다음과 같은 공유된 상태가 유도된다고 하자.

$$|\psi_x\rangle_{BE} \equiv U_{A' \to BE}^{\mathcal{N}}|\psi_x\rangle_{A'} \tag{24.16}$$

정리 23.2.1의 직접 부호화 부분으로부터, 식 (24.10) ~ 식 (24.11)의 성질을 갖고 속도

$$I(X;B)_\sigma - I(X;E)_\sigma \qquad (24.17)$$

를 갖는 비밀 고전 부호 $\{x^n(m,k)\}_{m \in \mathcal{M}, k \in \mathcal{K}}$가 존재함을 알고 있다. 여기서 σ_{XBE}는 다음과 같은 형태의 고전 양자 부호다.

$$\sigma_{XBE} \equiv \sum_x p_X(x)|x\rangle\langle x|_X \otimes |\psi_x\rangle\langle\psi_x|_{BE} \qquad (24.18)$$

다음의 항등식은 식 (24.17)의 비밀 정보가 위의 특정 상태 σ_{XBE}에 대한 결맞은 정보와 같음을 보여준다.

$$\begin{aligned} I(X;B)_\sigma - I(X;E)_\sigma &= H(B)_\sigma - H(B|X)_\sigma - H(E)_\sigma + H(E|X)_\sigma && (24.19)\\ &= H(B)_\sigma - H(B|X)_\sigma - H(E)_\sigma + H(B|X)_\sigma && (24.20)\\ &= H(B)_\sigma - H(E)_\sigma && (24.21) \end{aligned}$$

첫 번째 등식은 $I(C;D) = H(D) - H(D|C)$ 항등식에서 유도된다. 두 번째 등식은 BE계에 대한 상태가 고전 변수 X에 대해 조건화될 때 순수 상태이기 때문에 유도된다. 마지막 표현식이 식 (24.15)의 밀도 연산자 ρ만의 함수이고, 또한 특정 입력 상태 ρ에 대한 선로의 결맞은 정보와 같음을 관찰해두자(연습문제 11.5.2).

이제, 결맞은 정보 속도 $H(B)_\sigma - H(E)_\sigma$에 도달할 수 있는 양자 부호를 위의 비밀 고전 부호의 결맞은 판본을 만들어서 어떻게 구성하는지 보이겠다. 앨리스가 참조계 R을 갖는 상태 $|\phi\rangle_{RA_1}$을 공유한다고 하자. 여기서

$$|\varphi\rangle_{RA_1} \equiv \sum_{l,m \in \mathcal{M}} \alpha_{l,m} |l\rangle_R |m\rangle_{A_1} \qquad (24.22)$$

이고, $\{|l\rangle_R\}$은 R에 대한 어떤 정규직교 기저이며, $\{|m\rangle_{A_1}\}$은 A_1에 대한 어떤 정규직교 기저다. 또한 $|\mathcal{M}| \approx 2^{n[H(B)_\sigma - H(E)_\sigma]}$라고 두겠다. 앨리스와 밥이 양자 통신의 통신 규약을 실행하여 밥이 위에서 말한 상태의 앨리스 부분을 자신의 계에서 앨리스가 더 이상 참조계와 얽히지 않도록 해서 재구성할 수 있기를 원한다(즉, 최종 상태가 밥이 A_1계를 갖는 경우의 $|\varphi\rangle_{RA_1}$과 가깝기를 원한다). 이렇게 하려면, 앨리스가 양자 부호단어

$$|\phi_m\rangle_{A'^n} \equiv \frac{1}{\sqrt{|\mathcal{K}|}} \sum_{k \in \mathcal{K}} e^{i\gamma_{m,k}} |\psi^{x^n(m,k)}\rangle_{A'^n} \tag{24.23}$$

을 갖고서 양자 부호책 $\{|\phi_m\rangle_{A'^n}\}_{m \in \mathcal{M}}$을 생성한다. 여기서 상태 $|\psi^{x^n(m,k)}\rangle_{A'^n}$은 식 (24.15)의 스펙트럼 분해에서 나타난 상태의 n차 확장이고, 고전 수열 $x^n(m, k)$는 비밀 고전 통신에 대한 부호책에서 온 것이다. 위상 $\gamma_{m,k}$를 어떻게 선택하는지는 나중에 설명하겠다. 모든 상태 $|\psi^{x^n(m,k)}\rangle_{A'^n}$은 정규직교다. 왜냐하면 이 상태들이 식 (24.15)의 스펙트럼 분해에서 선택됐고, 23.3.4절의 불필요한 부분의 삭제가 이들이 모두 서로 다를 것을 보장하기 때문이다(그렇지 않다면 좋은 부호단어가 아닐 것이다!). 상태 $|\psi^{x^n(m,k)}\rangle_{A'^n}$들이 정규직교라는 사실은 양자 부호단어 $|\phi_m\rangle_{A'^n}$이 또한 정규직교임을 뜻한다.

앨리스의 첫 번째 행동은 A_1 레지스터에 있는 m의 값을 다른 레지스터 A_2에 결맞도록 복사하여, 식 (24.22)의 상태를

$$\sum_{l,m} \alpha_{l,m} |l\rangle_R |m\rangle_{A_1} |m\rangle_{A_2} \tag{24.24}$$

가 되도록 하는 것이다. 그러면 앨리스는 A_2에서 A'^n으로 가는 어떤 등척 부호화를 수행하여, 위의 부호화되지 않은 상태를 다음과 같은 부호화된 상태로 가져간다.

$$\sum_{l,m} \alpha_{l,m} |l\rangle_R |m\rangle_{A_1} |\phi_m\rangle_{A'^n} \tag{24.25}$$

여기서 각각의 $|\phi_m\rangle_{A'^n}$은 식 (24.23) 형태의 양자 부호단어다. 앨리스는 양자 선로를 여러 번 사용해 A'^n계를 전송하고, 참조계, 앨리스, 밥, 도청자 사이에 공유된 다음의 상태를 이끌어낸다.

$$\sum_{l,m} \alpha_{l,m} |l\rangle_R |m\rangle_{A_1} |\phi_m\rangle_{B^n E^n} \tag{24.26}$$

여기서 $|\phi_m\rangle_{B^n E^n}$은 식 (24.16)과 식 (24.23)에서 정의됐다. 식 (24.10)에서 밥이 비밀 고전 부호에 있는 메시지 m과 변수 k를 높은 확률로 검출할 수 있었음을 떠올려보자.

$$\forall m, k : \mathrm{Tr}\left\{\Lambda_{B^n}^{m,k} \psi_{B^n}^{x^n(m,k)}\right\} \geq 1 - \varepsilon \tag{24.27}$$

따라서 밥은 그 대신에 이 POVM의 결맞은 판본을 구성한다.

$$\sum_{m \in \mathcal{M}, k \in \mathcal{K}} \sqrt{\Lambda_{B^n}^{m,k}} \otimes |m\rangle_{B_1} |k\rangle_{B_2} \tag{24.28}$$

그러면 밥은 이 결맞은 POVM을 수행하고, 그 결과 상태는

$$\sum_{\substack{m' \in \mathcal{M}, \\ k' \in \mathcal{K}}} \sum_{l,m} \sum_{k \in \mathcal{K}} \frac{1}{\sqrt{|\mathcal{K}|}} \alpha_{l,m} |l\rangle_R |m\rangle_{A_1} \sqrt{\Lambda_{B^n}^{m',k'}} e^{i\gamma_{k,m}} |\psi^{x^n(m,k)}\rangle_{B^n E^n} |m',k'\rangle_{B_1 B_2} \tag{24.29}$$

가 된다. 위의 상태가 대각합 거리에서 다음의 상태와 가까워야 한다.

$$\sum_{l,m} \sum_{k \in \mathcal{K}} \frac{1}{\sqrt{|\mathcal{K}|}} \alpha_{l,m} |l\rangle_R |m\rangle_{A_1} e^{i\delta_{m,k}} |\psi^{x^n(m,k)}\rangle_{B^n E^n} |m\rangle_{B_1} |k\rangle_{B_2} \tag{24.30}$$

여기서 $\delta_{m,k}$는 곧 특정할 어떤 위상값이다. 이렇게 하려면, 두 집합 $\{|\chi_{m,k}\rangle_{B^n E^n B_1 B_2}\}_{m,k}$ 와 $\{|\varphi_{m,k}\rangle_{B^n E^n B_1 B_2}\}_{m,k}$가 정규직교 기저를 형성한다는 것을 생각해보자. 여기서

$$|\chi_{m,k}\rangle_{B^n E^n B_1 B_2} \equiv |\psi^{x^n(m,k)}\rangle_{B^n E^n} |m\rangle_{B_1} |k\rangle_{B_2} \tag{24.31}$$

$$|\varphi_{m,k}\rangle_{B^n E^n B_1 B_2} \equiv \sum_{m' \in \mathcal{M}, k' \in \mathcal{K}} \sqrt{\Lambda_{B^n}^{m',k'}} |\psi^{x^n(m,k)}\rangle_{B^n E^n} |m'\rangle_{B_1} |k'\rangle_{B_2} \tag{24.32}$$

또한 다른 기저에 있는 대응하는 상태들 사이의 겹침이 크다는 것을 생각해보자.

$$\langle \chi_{m,k} | \varphi_{m,k} \rangle$$

$$= \langle \psi^{x^n(m,k)} |_{B^n E^n} \langle m|_{B_1} \langle k|_{B_2} \sum_{m' \in \mathcal{M}, k' \in \mathcal{K}} \sqrt{\Lambda_{B^n}^{m',k'}} |\psi^{x^n(m,k)}\rangle_{B^n E^n} |m'\rangle_{B_1} |k'\rangle_{B_2} \tag{24.33}$$

$$= \sum_{m' \in \mathcal{M}, k' \in \mathcal{K}} \langle \psi^{x^n(m,k)} |_{B^n E^n} \sqrt{\Lambda_{B^n}^{m',k'}} |\psi^{x^n(m,k)}\rangle_{B^n E^n} \langle m|m'\rangle_{B_1} \langle k|k'\rangle_{B_2} \tag{24.34}$$

$$= \langle \psi^{x^n(m,k)} |_{B^n E^n} \sqrt{\Lambda_{B^n}^{m,k}} |\psi^{x^n(m,k)}\rangle_{B^n E^n} \tag{24.35}$$

$$\geq \langle \psi^{x^n(m,k)} |_{B^n E^n} \Lambda_{B^n}^{m,k} |\psi^{x^n(m,k)}\rangle_{B^n E^n} \tag{24.36}$$

$$= \text{Tr} \left\{ \Lambda_{B^n}^{m,k} \psi_{B^n}^{x^n(m,k)} \right\} \tag{24.37}$$

$$\geq 1 - \varepsilon \tag{24.38}$$

여기서 첫 번째 부등식은 $\Lambda_{B^n}^{m,k} \leq I$에 대해 $\sqrt{\Lambda_{B^n}^{m,k}} \geq \Lambda_{B^n}^{m,k}$라는 사실에서 유도되고, 두 번째 부등식은 식 (24.27)에서 유도된다. 부록 A의 보조정리 A.0.3을 적용하면,

$$\langle \chi_m | \varphi_m \rangle \geq 1 - \varepsilon \tag{24.39}$$

을 만족시키는 위상값 $\gamma_{m,k}$와 $\delta_{m,k}$가 존재함을 알 수 있다. 여기서

$$|\chi_m\rangle_{B^n E^n B_1 B_2} \equiv \frac{1}{\sqrt{|\mathcal{K}|}} \sum_k e^{i\delta_{m,k}} |\chi_{m,k}\rangle_{B^n E^n B_1 B_2} \tag{24.40}$$

$$|\varphi_m\rangle_{B^n E^n B_1 B_2} \equiv \frac{1}{\sqrt{|\mathcal{K}|}} \sum_k e^{i\gamma_{m,k}} |\varphi_{m,k}\rangle_{B^n E^n B_1 B_2} \tag{24.41}$$

따라서 위의 부등식이 성립하도록 하는 방식으로 위상을 선택한다. 그러면 위의 결과를 식 (24.29)의 상태가 식 (24.30)의 상태와 높은 충실도를 가짐을 보이는 데 적용할 수 있다.

$$\left(\sum_{l,m} \alpha_{l,m}^* \langle l|_R \langle m|_{A_1} \langle \chi_m|_{B^n E^n B_1 B_2} \right) \left(\sum_{l',m'} \alpha_{l',m'} |l'\rangle_R |m'\rangle_{A_1} |\varphi_{m'}\rangle_{B^n E^n B_1 B_2} \right)$$

$$= \sum_{l,m,l',m'} \alpha_{l,m}^* \alpha_{l',m'} \langle l|l'\rangle_R \langle m|m'\rangle_{A_1} \langle \chi_m|\varphi_m\rangle_{B^n E^n B_1 B_2} \tag{24.42}$$

$$= \sum_{l,m} |\alpha_{l,m}|^2 \langle \chi_m|\varphi_m\rangle_{B^n E^n B_1 B_2} \tag{24.43}$$

$$\geq 1 - \varepsilon \tag{24.44}$$

따라서 밥이 결맞은 POVM을 수행한 후의 결과로 나온 상태는 다음의 상태와 대각합 거리에서 가깝다.

$$\sum_{l,m \in \mathcal{M}} \alpha_{l,m} |l\rangle_R |m\rangle_{A_1} \frac{1}{\sqrt{|\mathcal{K}|}} \sum_{k \in \mathcal{K}} e^{i\delta_{m,k}} |\psi^{x^n(m,k)}\rangle_{B^n E^n} |m\rangle_{B_1} |k\rangle_{B_2}$$

$$= \sum_{l,m \in \mathcal{M}} \alpha_{l,m} |l\rangle_R |m\rangle_{A_1} |\widetilde{\phi}_m\rangle_{B^n E^n B_2} |m\rangle_{B_1} \tag{24.45}$$

여기서

$$|\widetilde{\phi}_m\rangle_{B^n E^n B_2} \equiv \frac{1}{\sqrt{|\mathcal{K}|}} \sum_{k \in \mathcal{K}} e^{i\delta_{m,k}} |\psi^{x^n(m,k)}\rangle_{B^n E^n} |k\rangle_{B_2} \tag{24.46}$$

m의 특정 값에 대해 도청자의 상태가

$$\left[\widetilde{\phi}_m\right]_{E^n}$$
$$= \mathrm{Tr}_{B^n B_2}\left\{|\widetilde{\phi}_m\rangle\langle\widetilde{\phi}_m|_{B^n E^n B_2}\right\} \tag{24.47}$$

$$= \mathrm{Tr}_{B^n B_2}\left\{\sum_{k,k'\in\mathcal{K}}\frac{1}{|\mathcal{K}|}e^{i(\delta_{m,k'}-\delta_{m,k})}|\psi^{x^n(m,k)}\rangle\langle\psi^{x^n(m,k')}|_{B^n E^n}\otimes|k\rangle\langle k'|_{B_2}\right\} \tag{24.48}$$

$$= \frac{1}{|\mathcal{K}|}\sum_{k\in\mathcal{K}}\psi_{E^n}^{x^n(m,k)} \tag{24.49}$$

임을 생각해보자. 이제 비밀 고전 부호의 두 번째 성질을 적용할 장소에 왔다. 식 (24.11)의 비밀 조건에서, 도청자의 상태가 텐서 거듭제곱 상태 $[\mathcal{N}_{A'\rightarrow E}^c(\rho)]^{\otimes n}$과 대각합 거리에서 ε-근접인 것이 보장됨을 떠올려보자. 여기서 $\mathcal{N}_{A'\rightarrow E}^c$는 상보 선로이고, ρ는 식 (24.15)의 밀도 연산자다. $|\theta_{\mathcal{N}^c(\rho)}\rangle_{E^n B_3}$가 이 텐서 거듭제곱 상태의 어떤 양자정화라고 하자. 울만의 정리 및 대각합과 충실도 사이의 관계(정의 9.2.3과 정리 9.3.1 참고)에 의해, m의 각 값에 대해 어떤 등척선로 $U_{B^n B_2\rightarrow B_3}^m$가 존재하여 다음의 상태가 대각합 거리에서 $2\sqrt{\varepsilon}$-근접이다(연습문제 9.2.9 참고).

$$U_{B^n B_2\rightarrow B_3}^m|\widetilde{\phi}_m\rangle_{B^n E^n B_2} \quad\overset{2\sqrt{\varepsilon}}{\approx}\quad |\theta_{\mathcal{N}^c(\rho)}\rangle_{E^n B_3} \tag{24.50}$$

그러면 밥은 다음의 제어형 등척선로

$$\sum_m |m\rangle\langle m|_{B_1}\otimes U_{B^n B_2\rightarrow B_3}^m \tag{24.51}$$

를 자신의 계 B^n, B_1, B_2에 수행하여 다음의 상태와 대각합 거리에서 가까운 상태를 유도한다.

$$\left(\sum_{l,m\in\mathcal{M}}\alpha_{l,m}|l\rangle_R|m\rangle_{A_1}|m\rangle_{B_1}\right)\otimes|\theta_{\mathcal{N}^c(\rho)}\rangle_{E^n B_3} \tag{24.52}$$

이 지점에서 핵심적 관찰은 $E^n B_3$에 대한 상태가 실질적으로 R, A_1, B_1에 대한 상태로부터 결합이 풀렸고, 밥이 자신의 계 B_3를 버릴 수만 있다는 것이다. 따라서 이들은 A_1계에서 A_1B_1계로 가는 근사적으로 결맞은 선로를 성공적으로 구현했다.

이제 앨리스가 밥에게 고전 정보를 통신하여 단지 결맞은 선로가 아니라 양자 통신 선로를 구현할 수 있도록 하자(이 자유로운 전방 고전 통신이 필요하지 않다고 잠깐 동안만 주장하겠다). 앨리스는 레지스터 A_1에 푸리에 변환을 수행해 다음의 상태를 이끌어낸다.

$$\frac{1}{\sqrt{d_{A_1}}} \sum_{l,m,j \in \mathcal{M}} \alpha_{l,m} \exp\left\{2\pi imj/d_{A_1}\right\} |l\rangle_R |j\rangle_{A_1} |m\rangle_{B_1} \tag{24.53}$$

여기서 $d_{A_1} \equiv \dim(\mathcal{H}_{A_1})$이다. 그러면 앨리스는 레지스터 A_1을 계산 기저에서 측정하여, 어떤 출력 j와 다음의 측정 후 상태를 이끌어낸다.

$$\left(\sum_{l,m \in \mathcal{M}} \alpha_{l,m} \exp\left\{2\pi imj/d_{A_1}\right\} |l\rangle_R |m\rangle_{B_1} \right) \otimes |j\rangle_{A_1} \tag{24.54}$$

앨리스는 자신의 측정 결과 j를 밥에게 고전 선로를 통해 보내고, 밥이 다음의 유니터리 연산

$$Z^\dagger(j)|m\rangle_{B_1} = \exp\left\{-2\pi imj/d_{A_1}\right\} |m\rangle_{B_1} \tag{24.55}$$

을 수행하여 참조계와 밥의 계 B_1에 대한 필요한 상태를 다음과 같이 남겨두면서 통신 규약이 끝난다.

$$\sum_{l,m \in \mathcal{M}} \alpha_{l,m} |l\rangle_R |m\rangle_{B_1} \tag{24.56}$$

위의 통신 규약에서 쌓인 모든 오류는 ε인 항들의 어떤 유한한 합이고, 삼각부등식을 여러 번 적용하면 실제 상태가 큰 덩어리 길이의 점근적 극한에서 필요한 상태에 가깝다는 것을 뜻한다. 그림 24.2는 양자 통신에 대한 이 통신 규약의 모든 단계를 묘사한다.

이제 고전 통신이 필요 없음을 논증하겠다. 즉, 이 전방 고전 통신의 사용을 요구하지 않는 기법이 존재한다. 위의 통신 규약과 그림 24.2를 살펴보면, 앨리스의 부호화기가 다음 형태의 양자 기기임을 알게 된다.

$$\mathcal{E}(\rho) \equiv \sum_j \mathcal{E}_j(\rho) \otimes |j\rangle\langle j| \tag{24.57}$$

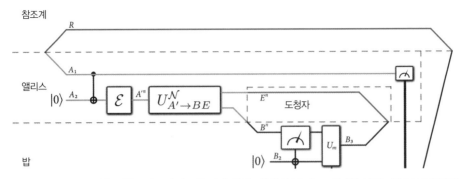

그림 24.2 양자 통신을 위한 통신 규약의 모든 단계. 앨리스와 밥의 목표는 도청자의 상태는 앨리스가 밥에게 통신하려고 한 내용에 독립적이 되도록 보장하면서 가능한 한 많은 양자정보를 통신하는 것이다. 이 그림은 앨리스와 밥이 수행하는 제어형 유니터리 게이트 순서와 앨리스에서 밥으로 가는 양자 통신을 결맞은 정보 속도로 허용하는 최종 측정과 고전 통신을 묘사한다.

각 사상 $\mathcal{E}_j$는 대각합 비증가 사상이고, 순수 상태 입력 $|\varphi\rangle_{RA_1}$에 대해 다음의 작용을 갖는다.

$$\langle j|_{A_1} F_{A_1} \left(\sum_{m'} |\phi_{m'}\rangle\langle m'|_{A_2} \right) \left(\sum_m |m\rangle\langle m|_{A_1} \otimes |m\rangle_{A_2} \right) |\varphi\rangle_{RA_1} \qquad (24.58)$$

여기서 $\sum_m |m\rangle\langle m|_{A_1}\otimes|m\rangle_{A_2}$는 식 (24.24)에 있는 앨리스의 복사기이고, $\sum_{m'}|\phi_{m'}\rangle\langle m'|_{A_2}$는 식 (24.25)에 있는 앨리스의 양자 부호화기다. F_{A_1}은 푸리에 변환이고, $\langle j|_{A_1}$은 특정한 측정 결과물 j 위로의 사영이다. 위의 표현을 다음과 같이 단순화할 수 있다.

$$= \langle j|_{A_1} \sum_{m'} |\widetilde{m}'\rangle\langle m'|_{A_1} \left(\sum_m |m\rangle\langle m|_{A_1} \otimes |\phi_m\rangle_{A_2} \right) |\varphi\rangle_{RA_1} \qquad (24.59)$$

$$= \langle j|_{A_1} \sum_m |\widetilde{m}\rangle\langle m|_{A_1} \otimes |\phi_m\rangle_{A_2} |\varphi\rangle_{RA_1} \qquad (24.60)$$

$$= \left(\frac{1}{\sqrt{|\mathcal{M}|}} \sum_m e^{i2\pi mj/|\mathcal{M}|} |\phi_m\rangle_{A_2} \langle m|_{A_1} \right) |\varphi\rangle_{RA_1} \qquad (24.61)$$

그러면 각 $\mathcal{E}_j$의 대각합이 균일하고 입력 상태 $|\varphi\rangle_{RA_1}$에 독립적인 것이 유도된다.

$$\mathrm{Tr}\left\{ \mathcal{E}_j(\varphi_{RA_1}) \right\} = \frac{1}{|\mathcal{M}|} \qquad (24.62)$$

식 (24.61)의 사상에 $\sqrt{|\mathcal{M}|}$을 곱하면 부호화로서 충분한 고유한 등척 사상이 주어짐을 관찰하자. $\mathcal{E}_j'$이 이렇게 규모를 바꾼 등척 사상이라고 하자. 각 부호화기에 해당하는 것은 식 (24.28)에 나온 밥의 결맞은 측정, 식 (24.51)에 있는 밥의 분리기, 식 (24.55)에 있는 밥의 위상 이동기phase shifter로 구성된 복호화 사상 $\mathcal{D}_j$이다. 따라서 고전적으로 조율된 통신 규약에서 나온 출력 상태를 다음과 같이 나타낼 수 있다.

$$\sum_j \mathcal{D}_j \left(\mathcal{N}^{\otimes n} \left(\mathcal{E}_j \left(\varphi_{RA_1} \right) \right) \right) \tag{24.63}$$

이전 문단에 있는 분석으로부터, 이상적인 상태와 실제 상태 사이의 대각합 거리가 고전적으로 조율된 기법에 대해 작음을 알 수 있다.

$$\left\| \sum_j \mathcal{D}_j \left(\mathcal{N}^{\otimes n} \left(\mathcal{E}_j \left(\varphi_{RA_1} \right) \right) \right) - \varphi_{RA_1} \right\|_1 \leq \varepsilon' \tag{24.64}$$

여기서 ε'은 임의의 작은 양수다. 따라서 두 상태 사이의 충실도는 높다.

$$F \left(\sum_j \mathcal{D}_j \left(\mathcal{N}^{\otimes n} \left(\mathcal{E}_j \left(\varphi_{RA_1} \right) \right) \right), \varphi_{RA_1} \right) \geq 1 - \varepsilon' \tag{24.65}$$

하지만 충실도를 다음과 같이 다시 적을 수 있다.

$$F \left(\sum_j \mathcal{D}_j \left(\mathcal{N}^{\otimes n} \left(\mathcal{E}_j \left(\varphi_{RA_1} \right) \right) \right), \varphi_{RA_1} \right)$$

$$= \langle \varphi |_{RA_1} \sum_j \mathcal{D}_j \left(\mathcal{N}^{\otimes n} \left(\mathcal{E}_j \left(\varphi_{RA_1} \right) \right) \right) | \varphi \rangle_{RA_1} \tag{24.66}$$

$$= \sum_j \langle \varphi |_{RA_1} \mathcal{D}_j \left(\mathcal{N}^{\otimes n} \left(\mathcal{E}_j \left(\varphi_{RA_1} \right) \right) \right) | \varphi \rangle_{RA_1} \tag{24.67}$$

$$= \sum_j \frac{1}{|\mathcal{M}|} \left[\langle \varphi |_{RA_1} \mathcal{D}_j \left(\mathcal{N}^{\otimes n} \left(\mathcal{E}_j' \left(\varphi_{RA_1} \right) \right) \right) | \varphi \rangle_{RA_1} \right] \tag{24.68}$$

$$\geq 1 - \varepsilon' \tag{24.69}$$

이것은 부호화기-복호화기 쌍 $(\mathcal{E}_j', \mathcal{D}_j)$ 중의 하나가 임의로 높은 충실도를 가짐을 뜻한다. 따라서 앨리스와 밥은 단순히 사전에 높은 충실도를 갖는 기법 $(\mathcal{E}_j', \mathcal{D}_j)$를 쓰기로 합의하여, 전방 고전 통신 선로에 대한 필요성을 제거할 수 있다.

여기서 제시한 통신 규약은 결맞은 정보 속도의 통신에 도달한다. 정리에서 말하는 정규화된 결맞은 정보 속도에 도달하기 위해, 앨리스와 밥은 같은 통신 규약을 선로 $\mathcal{N}_{A' \to B}$에 적용하는 대신에 초선로^{superchannel} $(\mathcal{N}_{A' \to B})^{\otimes k}$에 적용하면 된다.

24.5 역정리

이 절은 정규화된 결맞은 정보가 임의의 양자 선로에 대한 양자 용량의 상계임을 보이는 것으로 양자 용량 정리의 역 부분을 증명한다. 감쇠 가능한 선로의 부류에 대해, 결맞은 정보 그 자체는 양자 용량의 상계다. 즉, 이것은 이런 선로의 양자정보 전송 용량을 완전히 이해했음을 보여준다.

이 역을 증명하기 위해, 앨리스가 밥과 얽힘을 생성하려 한다고 가정하자. 얽힘을 구성하기 위해 항상 무잡음 양자 선로를 사용할 수 있기 때문에, 이 작업의 용량이 양자 자료 전송 용량의 한계다. 또한 앨리스가 밥에게 향하는 전방 고전 통신을 자유롭게 쓰도록 허하고, 이 자원이 양자 용량을 증가시킬 수 없음을 보일 것이다(이것은 기본적으로 결맞은 정보가 볼록이기 때문이다). 얽힘 생성을 위한 통신 규약에서 앨리스는 자신의 지역 실험실에 슈미트 랭크가 $|A|$인 최대로 얽힌 상태 Φ_{AA_1}을 준비하여 시작한다. 여기서 $\frac{1}{n}\log|A|$는 이 얽힘 상태의 속도다. 앨리스는 많은 계 A'^n과 고전 레지스터 M을 출력하는 어떤 부호화 연산 $\mathcal{E}_{A_1 \to A'^n M}$을 수행한다. 그런 다음 앨리스는 계 A'^n을 양자 선로 $\mathcal{N}_{A' \to B}$를 여러 번 사용하는 입력으로 집어넣고, 그 결과 상태는

$$\omega_{AMB^n} \equiv \mathcal{N}_{A'^n \to B^n}(\mathcal{E}_{A_1 \to A'^n M}(\Phi_{AA_1})) \tag{24.70}$$

이다. 여기서 $\mathcal{N}_{A'^n \to B^n} \equiv (\mathcal{N}_{A' \to B})^{\otimes n}$이다. 밥은 이 선로의 출력 B^n과 고전 레지스터 M을 가져와서 어떤 복호화 연산 $\mathcal{D}_{B^n M \to B_1}$을 수행하고, 그 결과 상태는

$$\omega'_{AB_1} \equiv \mathcal{D}_{B^n M \to B_1}(\omega_{AMB^n}) \tag{24.71}$$

이다. 다음의 조건은 얽힘 생성을 위한 $(n, [\log|A|]/n, \varepsilon)$ 통신 규약에 대해 성립한다.

$$\frac{1}{2}\left\|\omega'_{AB_1} - \Phi_{AB_1}\right\|_1 \le \varepsilon \tag{24.72}$$

그러면 역정리 증명은 다음의 단계로 진행한다.

$$\log |A| = I(A\rangle B_1)_\Phi \tag{24.73}$$

$$\leq I(A\rangle B_1)_{\omega'} + f(|A|, \varepsilon) \tag{24.74}$$

$$\leq I(A\rangle B^n M)_\omega + f(|A|, \varepsilon) \tag{24.75}$$

첫 번째 등식은 최대로 얽힌 상태의 결맞은 정보가 그 계 중 하나의 차원 로그값과 같기 때문에 성립한다. 첫 번째 부등식은 식 (24.7)의 조건에 $f(|A|, \varepsilon) \equiv 2\varepsilon \log|A| + (1 + \varepsilon)h_2(\varepsilon/[1 + \varepsilon])$을 써서 AFW 부등식을 적용하면 유도된다. 두 번째 부등식은 양자 자료처리에서 유도된다. 이제, ω_{MAB^n} 상태가 다음과 같은 형태의 고전 양자 상태임을 생각해보자.

$$\omega_{MAB^n} \equiv \sum_m p_M(m)|m\rangle\langle m|_M \otimes \mathcal{N}_{A'^n \to B^n}(\rho^m_{AA'^n}) \tag{24.76}$$

그러면 각 상태 ρ_m의 스펙트럼 분해를 다음과 같이 수행할 수 있다.

$$\rho^m_{AA'^n} = \sum_l p_{L|M}(l|m)|\phi_{l,m}\rangle\langle\phi_{l,m}|_{AA'^n} \tag{24.77}$$

그리고 위의 상태를 다음과 같이 보강할 수 있다.

$$\omega_{MLAB^n} \equiv \sum_{m,l} p_M(m)p_{L|M}(l|m)|m\rangle\langle m|_M \otimes |l\rangle\langle l|_L \otimes \mathcal{N}_{A'^n \to B^n}(\phi^{l,m}_{AA'^n}) \tag{24.78}$$

그러면 $\omega_{MAB^n} = \mathrm{Tr}_L\{\omega_{MLAB^n}\}$이다. 계속해서 연관된 항들을 한정 짓는다.

$$I(A\rangle B^n M)_\omega \leq I(A\rangle B^n ML)_\omega \tag{24.79}$$

$$= \sum_{m,l} p_M(m)p_{L|M}(l|m)I(A\rangle B^n)_{\mathcal{N}(\phi^{l,m})} \tag{24.80}$$

$$\leq I(A\rangle B^n)_{\mathcal{N}(\phi^*_{l,m})} \tag{24.81}$$

$$\leq Q(\mathcal{N}^{\otimes n}) \tag{24.82}$$

첫 번째 부등식은 양자 자료처리 부등식에서 유도된다. 첫 번째 등식은 레지스터 M과 L이 둘 다 고전적이고, 연습문제 11.5.5의 결과를 적용할 수 있기 때문에 유도된다. 두 번째 부등식은 기댓값이 항상 최댓값보다 작기 때문에 유도된다(여기서 $\phi^*_{l,m}$를 이 최댓값에 도달하는 상태라고 정의한다). 마지막 부등식은 선로 결맞은 정보를 모든 순수한 2분할 입력에 대한 결맞은 정보의 최댓값으로 정의했기 때문에 유도된다. 종합하면, 다음을 알 수 있다.

$$\frac{1}{n} \log |A| \, (1 - 2\varepsilon) \le \frac{1}{n} Q(\mathcal{N}^{\otimes n}) + \frac{1+\varepsilon}{n} h_2 \left(\varepsilon / \left[1 + \varepsilon \right] \right)$$

따라서 만약 $\lim_{n \to \infty} \varepsilon_n = \lim_{n \to \infty} \delta_n = 0$을 만족시키는 속도 $Q - \delta_n = \frac{1}{n} \log |A|$를 갖는 양자 통신 통신 규약 $(n, [\log|A|]/n, \varepsilon_n)$의 수열을 생각하면, 위의 한계는

$$(Q - \delta_n)(1 - 2\varepsilon_n) \le \frac{1}{n} Q(\mathcal{N}^{\otimes n}) + \frac{1+\varepsilon_n}{n} h_2(\varepsilon_n / [1 + \varepsilon_n]) \qquad (24.83)$$

이 된다. $n \to \infty$인 극한을 취하면, 도달 가능한 속도 Q가 $Q \le Q_{\mathrm{reg}}(\mathcal{N})$을 만족시키게 된다. 여기서 $Q_{\mathrm{reg}}(\mathcal{N})$은 식 (24.8)에서 주어진 정규화된 결맞은 정보다. 이것은 양자 용량 정리의 역부분 증명을 완료한다.

역정리에 대해 언급해야 할 몇 가지 사항이 있다. 첫째, 결맞은 정보가 볼록이기 때문에 고전 통신은 양자 용량을 증가시킬 수 없다. 고전 통신을 사용하지 않았다 하더라도 양자 용량에 대해 같은 한계를 얻었을 것이다. 둘째, 양자 통신을 등적적으로 부호화하는 것을 고려하는 것으로 충분하다. 즉, 부호화기에서 일반적인 유잡음 CPTP 사상을 사용할 필요가 없다. 만약 유잡음 부호화 과정이 양자 자료의 무잡음 전송에 도움이 된다면 이상해 보일 것이기 때문에 이것은 직관적으로 받아들일 수 있다. 식 (24.78)의 보강된 상태와 그 이후의 전개 과정은 이것이 그렇다는 것을 밝힌다(다시 말하지만 결맞은 정보가 볼록이기 때문이다).

감쇠 가능한 양자 선로의 부류에 대해 다음의 등식이 성립하기 때문에 양자 용량 정리의 진술을 유의미하게 강화할 수 있다.

$$Q(\mathcal{N}^{\otimes n}) = nQ(\mathcal{N}) \qquad (24.84)$$

이 등식은 감쇠 가능한 선로에 대한 결맞은 정보의 가법성에서 유도된다(정리 13.5.1). 또한 이 선로에 대한 결맞은 정보를 최적화하는 것은 이것이 입력 밀도 연산자의 오목 함수이고(정리 13.5.2) 밀도 연산자의 집합이 볼록이기 때문에 쉽게 할 수 있다.

24.6 양자 안정자 부호

이제 안정자 부호^{stabilizer code}라고 알려진 양자 오류 보정^{quantum error correction} 부호의 유명한 부류를 설명하고, 무작위로 선택된 안정자 부호가 파울리 선로의 해시 한계^{hashing bound}로 알려진 양자 통신 속도에 도달할 수 있음을 증명하겠다(해시 한계는 파울리 선로를 사용해 벨 상태의 한쪽을 보낼 때 그 파울리 선로의 결맞은 정보와 같다). 이 정리의 증명은 결맞은 정보 속도가 도달 가능하다는 위의 증명과 다르고, 이것은 파울리 선로를 독립적으로 여러 번 사용해 보내진 양자정보를 보호하는 데 사용되는 안정화 부호의 특수한 경우에 대한 또 다른 접근법을 알아보기에 교육적이다. 증명으로 깊이 들어가기 전에, 먼저 간단한 반복 부호를 소개하고 더 일반적인 안정자 양자 부호를 대략적으로 소개하겠다.

24.6.1 큐비트 반복 부호

가장 간단한 양자 오류 보정 부호는 반복 부호로, 하나의 큐비트 $|\psi\rangle \equiv \alpha|0\rangle + \beta|1\rangle$을 3개의 물리 큐비트로 다음과 같이 부호화한다.

$$\alpha|0\rangle + \beta|1\rangle \rightarrow \alpha|000\rangle + \beta|111\rangle \tag{24.85}$$

이 부호화를 하는 간단한 방법은 $|0\rangle$에 있는 2개의 보조자 큐비트를 원래의 상태에 덧붙이고 첫 번째에서 두 번째 큐비트로, 그리고 첫 번째에서 마지막 큐비트로 가는 CNOT 게이트를 수행한다. 이 부호화는 양자 오류 보정의 근본적 원리 중 하나를 묘사한다. 즉, 양자정보는 부호화가 이뤄진 다음에 세 큐비트 사이의 상관성에 펼쳐져 있다(물론, 이것은 양자 용량 정리의 직접 부분에서 구성한 부호에 대해서도 성립한다).

위의 부호화는 첫 번째, 두 번째, 또는 세 번째 큐비트가 1개의 비트 반전에 노출됐을 때의(그리고 다른 오류는 나타나지 않는) 인공적인 잡음에 대항하여 부호화된 큐비트를 보호할 것이다. 예를 들어, 두 번째 큐비트에 비트 반전이 나타난다면 부호화된 상태는 다음과 같다.

$$X_2\left(\alpha|000\rangle + \beta|111\rangle\right) = \alpha|010\rangle + \beta|101\rangle \tag{24.86}$$

여기서 X_2라는 표기법은 두 번째 큐비트에 작용하는 파울리 연산자 X를 나타낸다.

이런 오류에서 수신자가 복원하는 방법은 오류에 대해서만 알고 부호화된 양자 자료에 대해서는 아무것도 모르는 3개의 큐비트 전부에 집합적 측정을 수행하는 것이다. 이 경우, 수신자는 오류에 대해서만 알고 있는 연산자 Z_1Z_2와 Z_2Z_3의 측정을 수행하여 결맞은 중첩 상태가 보존되도록 할 수 있다. Z_1Z_2와 Z_2Z_3가 다음과 같음은 쉽게 검사할 수 있다.

$$Z_1Z_2 \equiv Z \otimes Z \otimes I \tag{24.87}$$
$$= [(|00\rangle\langle00| + |11\rangle\langle11|) - (|01\rangle\langle01| + |10\rangle\langle10|)] \otimes I \tag{24.88}$$
$$Z_2Z_3 \equiv I \otimes Z \otimes Z \tag{24.89}$$
$$= I \otimes [(|00\rangle\langle00| + |11\rangle\langle11|) - (|01\rangle\langle01| + |10\rangle\langle10|)] \tag{24.90}$$

그러면 이 측정은 만약 기저 상태의 홀짝성이 짝이면 +1을, 홀짝성이 홀이면 −1을 반환한다. 따라서 식 (24.86)의 오류 예제에서 징홋값 측정$^{\text{syndrome measurement}}$은 Z_1Z_2에 대해 −1, Z_2Z_3에 대해 −1을 반환하고, 수신자는 발생한 오류를 식별하는 데 사용할 수 있다. 그러면 밥은 비트 반전 연산자 X_2를 수행하여 오류의 작용을 되돌릴 수 있다. 다음의 징홋값 표는 어떤 종류의 오류가 발생했는지 식별한다는 것을 확인할 수 있다.

측정 결과	오류
+1, +1	I
+1, −1	X_3
−1, +1	X_1
−1, −1	X_2

$$\tag{24.91}$$

따라서 오류가 없거나 단일 큐비트 비트 반전 오류만 나타났다면 이것을 완벽하게 보정할 수 있다. 만약 이 외의 오류가 나타난다면, 이 부호를 사용해 오류를 보정할 수 없다.

24.6.2 안정자 부호

양자 안정자 부호의 부류를 공식화하는 위의 양자 반복 부호에 숨은 핵심 아이디어를 일반화할 수 있다. 그러면 이 안정자 부호는 양자적 경우에 대해 선형 오류 보정의 고전 이론을 일반화한다.

반복 부호에서, 식 (24.85)에 있는 부호화된 상태가 연산자 Z_1Z_2와 Z_2Z_3의 +1 고유 상태임을 생각해보자. 즉, 다음이 성립한다.

$$Z_1Z_2\,(\alpha|000\rangle + \beta|111\rangle) = \alpha|000\rangle + \beta|111\rangle = Z_2Z_3\,(\alpha|000\rangle + \beta|111\rangle) \quad (24.92)$$

그러면 연산자 Z_1Z_2와 Z_2Z_3가 부호화된 상태를 안정화한다고 말한다. 안정화하는 연산자는 둘을 곱한다면 또 다른 안정화하는 연산자를 얻기 때문에 곱셈에 대해 군 group을 이룬다. Z_1Z_3는 부호화된 상태를 안정화하고 $Z_1Z_3 = (Z_1Z_2)(Z_2Z_3)$이다. 또한 두 연산자 Z_1Z_2와 Z_2Z_3는 교환 가능하고, 이것은 부호화된 상태가 이 연산자의 동시 고유공간에 있음을 의미한다. 그리고 발생한 오류를 알아내기 위해 Z_1Z_2와 Z_2Z_3 연산자를 어떤 순서로든지 측정할 수 있다.

이제 양자 안정자 부호를 설명하겠다. 1큐비트에 대한 파울리 행렬이 I, X, Y, Z임을 생각해보자. 계산 기저에 대한 그 작용은 다음과 같다.

$$I|0\rangle = |0\rangle, \qquad\qquad I|1\rangle = |1\rangle \qquad\qquad (24.93)$$
$$X|0\rangle = |1\rangle, \qquad\qquad X|1\rangle = |0\rangle \qquad\qquad (24.94)$$
$$Y|0\rangle = i|1\rangle, \qquad\qquad Y|1\rangle = -i|0\rangle \qquad\qquad (24.95)$$
$$Z|0\rangle = |0\rangle, \qquad\qquad Z|1\rangle = -|1\rangle \qquad\qquad (24.96)$$

X 연산자는 '비트 반전' 연산자, Z는 '위상 반전' 연산자, Y는 '비트와 위상 반전' 연산자라고 한다. n큐비트에 작용하는 파울리 군 $\mathcal{G}_n$은 위상 계수 ± 1과 $\pm i$를 갖는 이 연산자들의 n중 텐서 곱으로 구성된다.

$$\mathcal{G}_n \equiv \{\pm 1, \pm i\} \otimes \{I, X, Y, Z\}^{\otimes n} \qquad\qquad (24.97)$$

위상 계수를 포함한 $Y = iXZ$, $Z = iYX$, $X = iZY$라는 관계식과 X, Y, Z는 다른 것과 반교환 관계라는 사실이 집합 $\mathcal{G}_n$은 곱셈에 대해 닫혀 있음을 보장한다. 이것은 기본적으로 전역 위상은 물리적으로 관찰 가능하지 않기 때문에 그 중심에 대해 나눠진 인자군, 즉 $\mathcal{G}_n/\{\pm 1,\ \pm i\}$로 파울리 군을 고려하는 양자 오류 보정의 이론에서 유용하다. 파울리 군의 축소된 판본은 4^n개의 원소를 갖는다.

$\mathcal{S}$를 파울리 군 $\mathcal{G}_n$의 가환 부분군이라고 하자. 임의의 그런 부분군 $\mathcal{S}$는 $0 \le k \le n$을 만족시키는 어떤 정수 k에 대해 2^{n-k}의 크기를 갖는다. 이 부분군 $\mathcal{S}$는 $n - k$의 크기인 집합에 의해, 즉 $\mathcal{S} = \langle S_1, \ldots, S_{n-k}\rangle$에 의해 생성될 수 있다. 만약

$$S|\psi\rangle = |\psi\rangle \qquad \forall S \in \mathcal{S} \tag{24.98}$$

가 성립하면 상태 $|\psi\rangle$는 부분군 $\mathcal{S}$에 의해 안정화된다. $\mathcal{S}$에 의해 안정화되는 n개 큐비트에 대한 전체 2^n차원 공간의 2^k차원 부분공간은 부호공간^{codespace}, 또는 동등하게 k개의 논리 큐비트를 n개의 물리 큐비트로 부호화하는 $[n, k]$ 안정자 부호라고 한다. 수신자가 수행하는 복호화 연산은 반복 부호에 대한 것과 유사하다. 즉, 수신자는 단지 $\mathcal{S}$의 어떤 생성 집합을 구성하는 $n - k$개의 연산자를 측정하고, 그 측정 결과에 기반한 복원 연산을 수행하면 된다.

$[n, k]$ 안정자 부호의 내부에 부호화된 양자정보에 대해 논리적 연산을 정의할 수 있다. 이것은 부호화된 정보를 부호공간 밖으로 꺼내지 않고 부호공간 내부의 양자정보를 다루는 연산이다. 이 논리 연산은 다음과 같이 정의된 $\mathcal{S}$의 정규자^{normalizer} 일부분이다.

$$N(\mathcal{S}) \equiv \{U \in \mathbb{U}(2^n) : U\mathcal{S}U^\dagger = \mathcal{S}\} \tag{24.99}$$

여기서 $\mathbb{U}(2^n)$은 n개 큐비트에 대한 유니터리 군을 나타낸다. 임의의 $U \in N(\mathcal{S})$가 부호공간에 있는 어떤 상태 $|\psi\rangle$를 그 밖으로 꺼내지 않는 것을 쉽게 알 수 있다. 먼저 모든 $U \in N(\mathcal{S})$에 대해 $U^\dagger \in N(\mathcal{S})$이고, 따라서 모든 $S \in \mathcal{S}$에 대해

$$SU|\psi\rangle = UU^\dagger SU|\psi\rangle = US_U|\psi\rangle = U|\psi\rangle \tag{24.100}$$

임을 알 수 있다. 여기서 정규자의 정의로부터 $S_U = U^\dagger SU$이고 $S_U \in \mathcal{S}$이다. 위의 논의로부터, 모든 $S \in \mathcal{S}$에 대해 $SU|\psi\rangle = U|\psi\rangle$가 성립하므로 $U|\psi\rangle$ 상태가 부호공간에 있다고 결론지을 수 있다. 또한 $\mathcal{S}$가 가환이기 때문에 $\mathcal{S} \subseteq N(\mathcal{S})$가 유도되고, 이것은

$$S_1 S_2 S_1^\dagger = S_2 S_1 S_1^\dagger = S_2 \qquad \forall S_1, S_2 \in \mathcal{S} \tag{24.101}$$

를 의미한다.

양자 오류 보정에서는 $\mathcal{E}$의 각 원소가 n개의 물리적 큐비트에 작용하는 식의 오류 $\mathcal{E} \subseteq \mathcal{G}_n$의 고정된 집합을 보정하는 데 신경 써야 한다. 그렇게 하다 보면, 만약 다음의 성질

$$E_1^\dagger E_2 \in N(\mathcal{S}) \tag{24.102}$$

를 만족시키는 E_1, $E_2 \in \mathcal{E}$ 쌍이 존재한다면 집합 $\mathcal{E}$의 오류를 전부 보정하는 것은 불가능할 수도 있다. 모든 $S \in \mathcal{S}$에 대해

$$E_1^\dagger E_2 S = (-1)^{g(S,E_1)+g(S,E_2)} S E_1^\dagger E_2 \tag{24.103}$$

임을 생각해보자. 여기서 모든 P, $Q \in \mathcal{G}_n$에 대해 $PQ = (-1)^{g(P,Q)} QP$로 $g(P, Q)$를 정의했다. 위의 관계식은 모든 $S \in \mathcal{S}$에 대해 다음을 의미한다.

$$E_1^\dagger E_2 S (E_1^\dagger E_2)^\dagger = (-1)^{g(S,E_1)+g(S,E_2)} S \tag{24.104}$$

$E_1^\dagger E_2 \in N(\mathcal{S})$를 가정했기 때문에 위의 관계식이 모든 $S \in \mathcal{S}$에 대해 참이 될 수 있는 방법은 $g(S, E_1) = g(S, E_2)$인 경우뿐이다. 따라서 오류 보정 절차 중에 밥은 생성자의 집합 $\{S_j\}$를 측정하게 된다. 그리고 $E|\psi\rangle$에 대한 S_j의 측정 결과가 $g(S, E)$이기 때문에, 오류 E_1과 E_2는 같은 징횟값에 배정된다. 이들이 같은 징횟값을 갖기 때문에, 수신자는 이 오류를 같은 복원 연산을 통해 복원할 수 있어야 하고, 이것은 부호공간의 모든 상태 $|\psi\rangle$에 대해 $E_1|\psi\rangle = E_2|\psi\rangle$인 경우에만 가능하다. 후자의 조건은 $E_1^\dagger E_2 \in \mathcal{S}$인 경우에만 참이고, 양자 안정자 부호에 대해 오류 보정 조건을 이끌어낸다.

【정리 24.6.1】 E_1, $E_2 \in \mathcal{E}$인 모든 짝이

$$E_1^\dagger E_2 \notin N(\mathcal{S}) \backslash \mathcal{S} \tag{24.105}$$

를 만족시키면 오류의 집합 $\mathcal{E}$를 양자 안정자 부호를 가지고 보정할 수 있다.

이 오류 보정 조건을 만족시키는 간단한 방법은 오류의 모든 쌍이 $E_1^\dagger E_2 \notin N(\mathcal{S})$를 만족시키기만 하면 된다. 그런 경우 각 오류는 유일한 징횟값에 배정되고, 이 성질을 만족시키는 오류 집합을 갖는 부호는 중복 없는 부호non-degenerate code라고 한다. 이 조건을 만족시키지 않는 오류 집합에 해당하는 부호는 중복 부호degenerate code라고 한다.

24.6.3 해시 한계

파울리 선로에 대한 해시 한계(파울리 선로를 통해 벨 상태 한쪽을 보낼 때의 결맞은 정보)가 양자 통신에 대해 도달 가능한 속도라는 증명을 제시하겠다. 양자 용량 정리의 직접 부분의 증명은 이미 이 주장을 증명하는 데 충분하다. 하지만 이 주장의 증명을

안정자 부호의 이론을 사용해 제시하는 것이 교육적이라고 생각한다. 이 증명의 핵심 아이디어는 모든 안정자 부호의 집합에서 안정자 부호를 무작위로 고르고, 그런 부호가 텐서 곱 파울리 선로에 의해 발생한 전형적 오류를 보정할 수 있음을 보여주는 것이다.

【정리 24.6.2】 해시 한계 다음 형태의 파울리 선로에 대해 해시 한계 $R = 1 - H(\mathbf{p})$에 도달하는 안정자 양자 오류 보정 부호가 존재한다.

$$\rho \to p_I \rho + p_X X \rho X + p_Y Y \rho Y + p_Z Z \rho Z \tag{24.106}$$

여기서 $\mathbf{p} = (p_I,\, p_X,\, p_Y,\, p_Z)$이고, $H(\mathbf{p})$는 이 확률 벡터의 엔트로피다.

【증명】 전형적 오류만을 보정할 수 있는 복호화기를 고려한다. 즉, 다음과 같은 전형적 오류 집합을 정의해보자.

$$T_\delta^{\mathbf{p}^n} \equiv \left\{ a^n : \left| -\frac{1}{n} \log\left(\Pr\{E_{a^n}\} \right) - H(\mathbf{p}) \right| \leq \delta \right\} \tag{24.107}$$

여기서 a^n은 파울리 연산자 $\{I,\, X,\, Y,\, Z\}$에 해당하는 문자로 구성된 어떤 수열이고, $\Pr\{E_{a^n}\}$은 i.i.d.인 확률이다. 파울리 선로는 어떤 텐서 곱 오류 $E_{a^n} \equiv E_{a_1} \otimes \cdots \otimes E_{a_n}$을 생성한다. 이 전형적 집합은 모든 $\varepsilon \in (0,\, 1)$과 충분히 큰 n에 대해

$$\sum_{a^n \in T_\delta^{\mathbf{p}^n}} \Pr\{E_{a^n}\} \geq 1 - \varepsilon \tag{24.108}$$

이라는 관점에서 일어날 법한 오류로 구성된다. 이 경우의 안정자 부호에 대한 오류 보정 조건은 a^n, $b^n \in T_\delta^{\mathbf{p}^n}$을 만족시키는 오류 E_{a^n}과 E_{b^n}의 모든 쌍에 대해

$$E_{a^n}^\dagger E_{b^n} \notin N(\mathcal{S}) \backslash \mathcal{S} \tag{24.109}$$

를 만족시킨다면 $\{E_{a^n} : a^n \in T_\delta^{\mathbf{p}^n}\}$이 오류의 보정 가능한 집합이라는 것이다. 또한 안정자 부호의 무작위 선택에 대해 오류 확률의 기댓값을 생각해보자. 다음과 같이 전개한다.

$$\mathbb{E}_{\mathcal{S}}\{p_e\} = \mathbb{E}_{\mathcal{S}}\left\{ \sum_{a^n} \Pr\{E_{a^n}\}\, I(E_{a^n} \text{은 } \mathcal{S} \text{로 수정 불가능}) \right\} \tag{24.110}$$

$$\leq \mathbb{E}_{\mathcal{S}} \left\{ \sum_{a^n \in T_\delta^{\mathbf{p}^n}} \Pr\{E_{a^n}\} \, I(E_{a^n} \text{은 } \mathcal{S} \text{로 수정 불가능}) \right\} + \varepsilon \qquad (24.111)$$

$$= \sum_{a^n \in T_\delta^{\mathbf{p}^n}} \Pr\{E_{a^n}\} \, \mathbb{E}_{\mathcal{S}} \left\{ I(E_{a^n} \text{은 } \mathcal{S} \text{로 수정 불가능}) \right\} + \varepsilon \qquad (24.112)$$

$$= \sum_{a^n \in T_\delta^{\mathbf{p}^n}} \Pr\{E_{a^n}\} \, \Pr_{\mathcal{S}}\{E_{a^n} \text{은 } \mathcal{S} \text{로 수정 불가능}\} + \varepsilon \qquad (24.113)$$

첫 번째 등식은 정의에 의해 성립한다. 여기서 I는 E_{a^n}이 $\mathcal{S}$를 사용해 수정 가능하지 않으면 1과 같고, 아니면 0인 지시자 함수다. 첫 번째 부등식은 식 (24.108)에서 유도된다. 비전형적 오류 집합이 무시할 수 있을 만한 확률 질량을 갖기 때문에, 전형적 오류만을 수정하면 된다. 두 번째 등식은 합과 기댓값을 바꾸면 성립한다. 세 번째 등식은 지시자 함수의 기댓값이 선택한 경우가 발생할 확률이기 때문에 성립한다. 계속해서, 이번엔 $a^n \in T_\delta^{\mathbf{p}^n}$일 때 확률 $\Pr_{\mathcal{S}}\{E_{a^n}$이 $\mathcal{S}$로 수정 불가능$\}$을 한정 지어보자.

$$\Pr_{\mathcal{S}}\{E_{a^n} \text{은 } \mathcal{S} \text{로 수정 불가능}\}$$

$$= \Pr_{\mathcal{S}} \left\{ \exists E_{b^n} : b^n \in T_\delta^{\mathbf{p}^n}, \; b^n \neq a^n, \; E_{a^n}^\dagger E_{b^n} \in N(\mathcal{S}) \backslash \mathcal{S} \right\} \qquad (24.114)$$

$$\leq \Pr_{\mathcal{S}} \left\{ \exists E_{b^n} : b^n \in T_\delta^{\mathbf{p}^n}, \; b^n \neq a^n, \; E_{a^n}^\dagger E_{b^n} \in N(\mathcal{S}) \right\} \qquad (24.115)$$

$$= \Pr_{\mathcal{S}} \left\{ \bigcup_{b^n \in T_\delta^{\mathbf{p}^n}, \; b^n \neq a^n} E_{a^n}^\dagger E_{b^n} \in N(\mathcal{S}) \right\} \qquad (24.116)$$

$$\leq \sum_{b^n \in T_\delta^{\mathbf{p}^n}, \; b^n \neq a^n} \Pr_{\mathcal{S}} \left\{ E_{a^n}^\dagger E_{b^n} \in N(\mathcal{S}) \right\} \qquad (24.117)$$

$$\leq \sum_{b^n \in T_\delta^{\mathbf{p}^n}, \; b^n \neq a^n} 2^{-(n-k)} \qquad (24.118)$$

$$\leq 2^{n[H(\mathbf{p})+\delta]} 2^{-(n-k)} \qquad (24.119)$$

$$= 2^{-n[1-H(\mathbf{p})-k/n-\delta]} \qquad (24.120)$$

첫 번째 등식은 양자 안정자 부호에 대한 오류 보정 조건에서 유도된다. 여기서 $N(\mathcal{S})$는 $\mathcal{S}$의 정규자다. 첫 번째 부등식은 이 부호에서 어떤 잠재적 중복이든 무시하면 성립한다. 오류가 정규자 $N(\mathcal{S})$인 경우 수정할 수 없는 오류를 고려하고, $N(\mathcal{S})\backslash\mathcal{S} \subseteq N(\mathcal{S})$이기 때문에 확률은 더 커질 수만 있다. 존재성 기준에 대한 확률과 경우의 합집합에 대한 확률이 같음을 고려하자. 두 번째 등식은 합집합 한계를 적용하여 유도한다. 세 번째 부등식은 무작위 안정자의 안정자 연산자와 교환 가능한 항등 연산자와 같지 않은 고정된 연산자 $E_{a^n}^\dagger E_{b^n}$에 대한 확률이 다음과 같은 상계를 갖는다는 사실에서 유도된다.

$$\Pr_{\mathcal{S}}\left\{E_{a^n}^\dagger E_{b^n} \in N(\mathcal{S})\right\} = \frac{2^{n+k}-1}{2^{2n}-1} \leq 2^{-(n-k)} \tag{24.121}$$

안정자 부호의 무작위 선택은 연산자 $Z_1, \ldots, Z_{n-k}$를 고정하고 균일한 무작위 클리포드^{Clifford} 유니터리 연산자 U를 수행하는 것과 동등하다. 고정된 연산자가 $UZ_1U^\dagger$, $\ldots$, $UZ_{n-k}U^\dagger$와 교환 가능할 확률은 단지 정규자에 속한 항등원이 아닌 연산자의 수 $(2^{n+k}-1)$을 항등원이 아닌 연산자의 수 $(2^{2n}-1)$로 나눈 것일 뿐이다. 위의 한계를 적용하고 나면, 전형성 한계 $|T_\delta^{p^n}| \leq 2^{n[H(\mathbf{p})+\delta]}$를 사용할 수 있다. 식 (24.113)에 대입하면

$$\mathbb{E}_{\mathcal{S}}\{p_e\} \leq 2^{-n[1-H(\mathbf{p})-k/n-\delta]} + \varepsilon \tag{24.122}$$

을 알 수 있다. 속도가 $k/n = 1 - H(\mathbf{p}) - 2\delta$인 한, 오류 확률의 기댓값은 임의로 작아질 수 있고, 따라서 오류 확률에 같은 한계를 갖는 안정자 부호의 적어도 한 가지 선택이 존재한다고 결론지을 수 있다. $\square$

24.7 선로 사례

이제 두 가지 선로의 예시를 들어 양자 용량을 어떻게 계산하는지 보이겠다. 양자 삭제 선로와 진폭 감쇠 선로다. 이 선로는 둘 다 특정 선로 매개변수에 대해 감쇠 가능하며, 그 양자 용량의 계산을 단순화해준다.

24.7.1 양자 삭제 선로

입력 밀도 연산자 $\rho_{A'}$에 대해 다음과 같이 작용하는 양자 삭제 선로를 생각해보자.

$$\rho_{A'} \to (1-\varepsilon)\rho_B + \varepsilon|e\rangle\langle e|_B \tag{24.123}$$

여기서 $\varepsilon \in [0, 1]$은 삭제 확률이고, 임의의 입력 상태 ρ의 서포트에 직교하는 $|e\rangle_B$는 삭제 상태다.

【명제 24.7.1】 d_A가 양자 삭제 선로에 대한 입력계의 차원이라고 하자. 삭제 확률 ε을 갖는 양자 삭제 선로의 양자 용량은 $\varepsilon \in [0, 1/2]$인 경우에 $(1 - 2\varepsilon) \log d_A$이고, 그 외에는 0과 같다.

【증명】 양자 삭제 선로는 $\varepsilon \in [1/2, 1]$에 대해 반감쇠 가능하다. 이것은 연습문제 5.2.6과 삭제 선로가 $\varepsilon \in [0, 1/2]$에 대해 감쇠 가능하다(연습문제 13.5.2 참고)는 사실에서 유도된다. 연습문제 13.5.6과 $\mathcal{N}$이 반감쇠 가능이면 $\mathcal{N}^{\otimes n}$도 반감쇠 가능이라는 사실로부터, 그 양자 용량이 $\varepsilon \in [1/2, 1]$에 대해 0과 같다고 결론지을 수 있다.

$\varepsilon \in [0, 1/2]$에 대한 양자 용량을 결정하기 위해, 이 범위에서 감쇠 가능하다는 사실을 알고 있으므로(연습문제 13.5.2 참고) 그 결맞은 정보를 계산하는 것으로 충분하다. 명제 21.6.1에서 사용했던 것과 유사한 방식으로 그렇게 할 수 있다. 이 선로를 통해 순수한 2분할 상태 $\phi_{AA'}$의 한쪽을 보내면 그 출력으로

$$\sigma_{AB} \equiv (1 - \varepsilon)\,\phi_{AB} + \varepsilon \phi_A \otimes |e\rangle\langle e|_B \tag{24.124}$$

가 생성된다. 그러면 밥이 자신의 상태에 다음의 등척선로 $U_{B \to BX}$를 적용할 수 있다.

$$U_{B \to BX} \equiv \Pi_B \otimes |0\rangle_X + |e\rangle\langle e|_B \otimes |1\rangle_X \tag{24.125}$$

여기서 Π_B는 입력 상태의 서포트 위로의 사영 연산자다(큐비트에 대해서는 단지 $|0\rangle\langle 0|$ $+ |1\rangle\langle 1|$이다). 이 등척선로를 적용하면 다음의 상태 σ_{ABX}가 유도된다.

$$\sigma_{ABX} \equiv U_{B \to BX} \sigma_{AB} U_{B \to BX}^\dagger \tag{24.126}$$
$$= (1 - \varepsilon)\,\phi_{AB} \otimes |0\rangle\langle 0|_X + \varepsilon \phi_A \otimes |e\rangle\langle e|_B \otimes |1\rangle\langle 1|_X \tag{24.127}$$

엔트로피가 등척선로 $U_{B \to BX}$에 대해 바뀌지 않기 때문에 그 결맞은 정보 $I(A\rangle BX)_\sigma$는 $I(A\rangle B)_\sigma$와 같다. 이제 $I(A\rangle BX)_\sigma$를 계산한다.

$$I(A\rangle BX)_\sigma = H(BX)_\sigma - H(ABX)_\sigma \tag{24.128}$$
$$= H(B|X)_\sigma - H(AB|X)_\sigma \tag{24.129}$$
$$= (1 - \varepsilon)\,[H(B)_\phi - H(AB)_\phi] $$
$$+ \varepsilon\,[H(B)_{|e\rangle\langle e|} - H(AB)_{\phi_A \otimes |e\rangle\langle e|}] \tag{24.130}$$
$$= (1 - \varepsilon)\,H(B)_\phi - \varepsilon\,[H(A)_\phi + H(B)_{|e\rangle\langle e|}] \tag{24.131}$$
$$= (1 - 2\varepsilon)\,H(A)_\phi \tag{24.132}$$
$$\leq (1 - 2\varepsilon) \log d_A \tag{24.133}$$

첫 번째 등식은 결맞은 정보의 정의로부터 유도된다. 두 번째 등식은 $\phi_A = \mathrm{Tr}_{BX}$ $\{\sigma_{ABX}\}$, 엔트로피의 연쇄 규칙, 그리고 양변에서 $H(X)$를 소거해 유도한다. 세 번째 등식은 X 레지스터가 오류가 발생했는지를 표시하는 고전 레지스터이기 때문에 성립한다. 네 번째 등식은 $H(AB)_\phi = 0$, $H(B)_{|e\rangle\langle e|} = 0$, $H(AB)_{\phi_A \otimes |e\rangle\langle e|} = H(A)_\phi$ $+ H(B)_{|e\rangle\langle e|}$이기 때문에 성립한다. 다섯 번째 등식은 다시 $H(B)_{|e\rangle\langle e|} = 0$이고, 항을 정리하고, $H(A)_\phi = H(B)_\phi$이기 때문에 성립한다(ϕ_{AB}는 순수한 2분할 상태다). 마지막 부등식은 A계에 대한 상태의 엔트로피가 A의 차원 로그값보다 절대로 더 클 수 없기 때문에 성립한다. 그러면 $H(A)_\Phi = \log d_A$이기 때문에, 최대로 얽힌 상태 $\Phi_{AA'}$이 $\varepsilon \in [0, 1/2]$인 경우 양자 삭제 선로의 양자 용량에 도달한다고 결론지을 수 있다. $\square$

24.7.2 진폭 감쇠 선로

이제 진폭 감쇠 선로 $\mathcal{N}_{AD}$의 양자 용량을 계산해보자. 이 선로가 상태 ρ에 있는 입력 큐비트에 대해 다음과 같이 작용함을 생각해보자.

$$\mathcal{N}_{AD}(\rho) = A_0 \rho A_0^\dagger + A_1 \rho A_1^\dagger \tag{24.134}$$

여기서 $\gamma \in [0, 1]$에 대해

$$A_0 \equiv |0\rangle\langle 0| + \sqrt{1-\gamma}|1\rangle\langle 1|, \qquad A_1 \equiv \sqrt{\gamma}|0\rangle\langle 1| \tag{24.135}$$

이다. 여기서의 전개 과정은 명제 21.6.2의 증명 전개 과정과 유사하다.

【명제 24.7.2】 감쇠 계수 $\gamma \in [0, 1]$을 갖는 진폭 감쇠 선로의 양자 용량은 다음과 같다.

$$\max_{p \in [0,1]} h_2((1-\gamma)p) - h_2(\gamma p) \tag{24.136}$$

여기서 $\gamma \in [0, 1/2]$이다($h_2(x)$가 2항 엔트로피 함수라는 걸 생각해보자). $\gamma \in [1/2, 1]$에 대해서 양자 용량은 0과 같다.

【증명】 입력 큐비트 밀도 연산자 ρ의 행렬 표현식이 계산 기저에서

$$\rho = \begin{bmatrix} 1-p & \eta^* \\ \eta & p \end{bmatrix} \tag{24.137}$$

이라고 하자. 밥에 대한 밀도 연산자가 다음의 행렬 표현식을 갖는다는 사실을 쉽게 확인할 수 있다.

$$\mathcal{N}_{\mathrm{AD}}(\rho) = \begin{bmatrix} 1 - (1-\gamma)\,p & \sqrt{1-\gamma}\,\eta^* \\ \sqrt{1-\gamma}\,\eta & (1-\gamma)\,p \end{bmatrix} \tag{24.138}$$

그리고 원소 $\mathrm{Tr}\{A_i \rho A_j^\dagger\}|i\rangle\langle j|$를 계산하면 도청자의 밀도 연산자 행렬 표현식을 얻을 수 있다.

$$\mathcal{N}_{\mathrm{AD}}^{\mathrm{c}}(\rho) = \begin{bmatrix} 1 - \gamma p & \sqrt{\gamma}\,\eta^* \\ \sqrt{\gamma}\,\eta & \gamma p \end{bmatrix} \tag{24.139}$$

여기서 $\mathcal{N}_{\mathrm{AD}}^{\mathrm{c}}$는 도청자로 향하는 상보 선로다. 식 (24.138)과 식 (24.139)를 비교하면, 도청자로 향하는 선로가 감쇠 매개변수 $1 - \gamma$를 갖는 진폭 감쇠 선로임을 알 수 있다. 이 선로가 $\gamma \in [1/2, 1]$에 대해 반감쇠 가능이고 $\gamma \in [0, 1/2]$에 대해 감쇠 가능함을 확인할 수 있다(연습문제: 그 감쇠하는 선로를 찾아보라). 이전의 명제에서와 같은 논리로, $\gamma \in [1/2, 1]$에 대해서는 양자 용량이 0과 같고, $\gamma \in [0, 1/2]$에 대해 양자 용량은 최적화된 결맞은 정보와 같다. 따라서 이제 후자의 경우에 집중해보자. $\mathcal{N}_{\mathrm{AD}}$의 양자 용량은 그 결맞은 정보와 같다.

$$Q(\mathcal{N}_{\mathrm{AD}}) = \max_{\phi_{AA'}} I(A\rangle B)_\sigma \tag{24.140}$$

여기서 $\phi_{AA'}$은 어떤 순수한 2분할 입력 상태이고, $\sigma_{AB} = \mathcal{N}_{\mathrm{AD}}(\phi_{AA'})$이다. γ의 함수로 위의 공식을 최대화하는 입력 밀도 연산자를 결정해야 한다. 지금까지 최적화는 3개의 매개변수 p, $\mathrm{Re}\{\eta\}$, $\mathrm{Im}\{\eta\}$에 의존했다. $\eta = 0$으로 하고 p에 대해서만 최적화하면 충분함을 보일 수 있다. 또한 식 (24.140)의 공식은 다음의 형태를 가질 수 있다.

$$Q(\mathcal{N}_{\mathrm{AD}}) = \max_\rho \left[H(\mathcal{N}_{\mathrm{AD}}(\rho)) - H(\mathcal{N}_{\mathrm{AD}}^{\mathrm{c}}(\rho)) \right] \tag{24.141}$$

왜냐하면

$$I(A\rangle B)_\sigma = H(B)_\sigma - H(AB)_\sigma \tag{24.142}$$
$$= H(\mathcal{N}_{\mathrm{AD}}(\rho)) - H(E)_\sigma \tag{24.143}$$
$$= H(\mathcal{N}_{\mathrm{AD}}(\rho)) - H(\mathcal{N}_{\mathrm{AD}}^{\mathrm{c}}(\rho)) \tag{24.144}$$
$$\equiv I_{\mathrm{coh}}(\rho, \mathcal{N}_{\mathrm{AD}}) \tag{24.145}$$

이기 때문이다. 식 (24.141)의 두 엔트로피는 각각 식 (24.138)과 식 (24.139)의 두 밀도 연산자의 고윳값에만 의존하고, 이는 다음과 같다.

$$\frac{1}{2}\left(1 \pm \sqrt{\left(1 - 2\left(1 - \gamma\right)p\right)^2 + 4\left|\eta\right|^2\left(1 - \gamma\right)}\right) \qquad (24.146)$$

$$\frac{1}{2}\left(1 \pm \sqrt{\left(1 - 2\gamma p\right)^2 + 4\left|\eta\right|^2 \gamma}\right) \qquad (24.147)$$

위의 고윳값은 밥과 도청자의 순서로 적혔다. 위의 고윳값은 모두 유사한 형태를 갖고, η에 대한 의존성은 그 크기에만 의존한다. 따라서 $\eta \in \mathbb{R}$인 경우만 고려하면 충분하다(이것으로 매개변수 하나를 소거한다). 그런 다음, 고윳값은 η의 부호를 바꾸는 경우에 대해 변하지 않는다(이것은 원래의 상태 ρ를 Z에 의해 $Z\rho Z$로 회전시킨 것과 동등하다). 따라서 결맞은 정보 역시 변하지 않는다.

$$I_{\mathrm{coh}}(\rho, \mathcal{N}_{\mathrm{AD}}) = I_{\mathrm{coh}}(Z\rho Z, \mathcal{N}_{\mathrm{AD}}) \qquad (24.148)$$

위의 관계식과 감쇠 가능한 선로에 대한 입력 밀도 연산자에서의 결맞은 정보의 오목성(정리 13.5.2)에 의해 다음의 부등식이 성립한다.

$$I_{\mathrm{coh}}(\rho, \mathcal{N}_{\mathrm{AD}}) = \frac{1}{2}\left[I_{\mathrm{coh}}(\rho, \mathcal{N}_{\mathrm{AD}}) + I_{\mathrm{coh}}(Z\rho Z, \mathcal{N}_{\mathrm{AD}})\right] \qquad (24.149)$$

$$\leq I_{\mathrm{coh}}\left(\left(\rho + Z\rho Z\right)/2, \mathcal{N}_{\mathrm{AD}}\right) \qquad (24.150)$$

$$= I_{\mathrm{coh}}(\overline{\Delta}(\rho), \mathcal{N}_{\mathrm{AD}}) \qquad (24.151)$$

여기서 $\overline{\Delta}$는 계산 기저에서 적은 완전한 결어긋남 선로다. 이것은 결맞은 정보를 최적화할 때 대각 밀도 연산자 ρ를 고려하는 것으로 충분함을 보여준다. 식 (24.146)과 식 (24.147)의 고윳값은 각각

$$\left\{\left(1 - \gamma\right)p, 1 - \left(1 - \gamma\right)p\right\} \qquad (24.152)$$

$$\left\{\gamma p, 1 - \gamma p\right\} \qquad (24.153)$$

가 되어서, 이 명제 진술의 마지막 표현식을 준다. □

【연습문제 24.7.1】 결어긋남 선로 $\rho \to (1 - p/2)\rho + (p/2)Z\rho Z$를 생각해보자. 그 양자 용량이 $1 - h_2(p/2)$와 같음을 증명하라. 여기서 p는 결어긋남 매개변수.

24.8 양자 용량에 대한 논의

양자 용량은 감쇠 가능한 선로의 부류에 대해 잘 거동하며 이해된다. 따라서 이 부류에 있는 선로에 대해서는 새로운 것이 전혀 기대되지 않는다. 만약 선로가 감쇠 가능하지 않으면 현재 그 양자 용량의 정확한 값에 대해 많은 것을 말할 수 없지만, 감쇠가능하지 않은 선로의 연구는 양자 섀넌 이론의 여러 가지 놀라운 결과를 이끌어냈고, 이 절에서는 이런 놀라운 결과 중 두 가지를 논의한다. 첫 번째는 탈분극화 선로에 대한 결맞은 정보의 초가법성이고, 두 번째는 양자 용량의 **초활성화**superactivation라고 알려진 놀라운 현상이다. 여기서 개별적으로는 양자 용량이 없는 두 선로가 0이 아닌 양자 용량을 갖는 선로를 만들기 위해 결합할 수 있다.

24.8.1 결맞은 정보의 초가법성

탈분극화 선로 $\mathcal{N}^{\mathrm{D}}$가 그 입력을 $1 - p$라는 확률로 전송하고 $p \in [0, 1]$인 확률로 최대로 얽힌 상태 π로 교체한다는 것을 생각해보자.

$$\mathcal{N}^{\mathrm{D}}(\rho) = (1 - p)\rho + p\pi \qquad (24.154)$$

이 선로의 입력과 출력이 큐비트인 경우에 집중하겠다. 이 탈분극화 선로는 감쇠 가능하지 않은 양자 선로의 사례다.[2] 그렇다면 그 양자 용량에 대해 어떤 이상한 행동을 보일 것을 기대할 수 있다. 사실, 결맞은 정보는 선로가 매우 잡음이 심해질 때 엄격하게 초가법적임이 알려져 있다.

$$5Q(\mathcal{N}^{\mathrm{D}}) < Q((\mathcal{N}^{\mathrm{D}})^{\otimes 5}) \qquad (24.155)$$

이 결과가 참이라는 것을 어떻게 보일 수 있을까? 먼저, 선로를 한 번 사용하는 것에 대해 이 선로의 결맞은 정보를 계산할 수 있다. 최대로 얽힌 상태 $\Phi_{AA'}$이 선로 결맞은 정보 $Q(\mathcal{N}^{\mathrm{D}})$를 결맞은 정보의 음이 아닌 모든 값에 대해 최대화함을 보일 수 있다. 이것을 알아보려면, 탈분극화 선로가 유니터리 공변이어서 임의의 유니터리 연산자 U와 임의의 큐비트 입력 밀도 연산자 ρ에 대해 $\mathcal{N}^{\mathrm{D}}(U\rho U^{\dagger}) = U\mathcal{N}^{\mathrm{D}}(\rho)U^{\dagger}$임을 생각해보자. 따라서 $\mathcal{N}^{\mathrm{D}}$의 결맞은 정보를 최적화하기 위해, $\sqrt{\mu}|00\rangle_{AA'} + \sqrt{1 - \mu}$

---

2 스미스(Smith)와 스몰린(Smolin)(2007)이 어떤 선로가 감쇠 가능한지에 대한 명시적 조건을 제시했다.

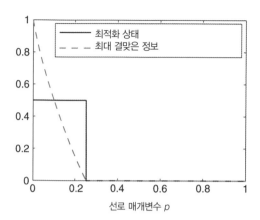

선로 매개변수 p

그림 24.3 이 그림은 탈분극화 매개변수 $p \in [0, 1]$에 대한 탈분극화 선로의 최대 결맞은 정보(점선)를 나타낸다. 또한 결맞은 정보의 값을 최적화하는 상태를 나타내는 탈분극화 매개변수 p에 대한 $\mu \in [0, 1]$(실선)을 $\sqrt{\mu}|00\rangle_{AA'} + \sqrt{1-\mu}|11\rangle_{AA'}$ 형태의 상태를 고려하여 나타낸다. 최댓값이 결맞은 정보가 0보다 큰 모든 값에 대해 $\mu = 1/2$에서(최대로 얽힌 상태) 도달하고, 그렇지 않으면 $\mu = 0$에서 도달하는 것을 보여준다.

$|11\rangle_{AA'}$인 형태의 상태를 고려하는 것으로 충분하다. 여기서 $\mu \in [0, 1]$이다. 그런 모든 상태에 대한 수치해석적 최적화가 그림 24.3에 그려져 있다. 이 그림은 결맞은 정보가 음이 아닌 탈분극화 매개변수 p의 모든 값에 대해 최대로 얽힌 상태($\mu = 1/2$)가 최적이고, 그 외의 값에 대해서는 $\mu = 0$을 갖는 곱 상태가 최적임을 보여준다. 따라서 결맞은 정보를 다음과 같이 계산할 수 있다.

$$Q(\mathcal{N}^{\mathrm{D}}) = H(B)_\Phi - H(AB)_{\mathcal{N}^{\mathrm{D}}(\Phi)} = 1 - H(AB)_{\mathcal{N}^{\mathrm{D}}(\Phi)} \qquad (24.156)$$

여기서 $H(B)_\Phi = 1$은 밥의 계에 대한 출력 상태가 선로의 입력이 최대로 얽힌 상태의 한 부분인 경우에는 언제나 최대로 얽힌 상태이기 때문에 성립한다. $H(AB)_{\mathcal{N}^{\mathrm{D}}(\Phi)}$를 계산하기 위해, AB에 대한 상태를 살펴보자.

$$(1 - p)\Phi_{AB} + p\pi_A \otimes \pi_B = (1 - p)\Phi_{AB} + \frac{p}{4}I_{AB} \qquad (24.157)$$

$$= (1 - p)\Phi_{AB} + \frac{p}{4}([I_{AB} - \Phi_{AB}] + \Phi_{AB}) \qquad (24.158)$$

$$= \left(1 - \frac{3p}{4}\right)\Phi_{AB} + \frac{p}{4}(I_{AB} - \Phi_{AB}) \qquad (24.159)$$

Φ_{AB}와 $I_{AB} - \Phi_{AB}$가 직교하기 때문에, 이 상태의 고윳값들은 중복도가 1인 $1 - 3p/4$와 중복도가 3인 $p/4$이다. 따라서 엔트로피 $H(AB)_{\mathcal{N}^{\mathrm{D}}(\Phi)}$는

$$H(AB)_{\mathcal{N}^{\mathrm{D}}(\phi)} = -\left(1 - \frac{3p}{4}\right)\log\left(1 - \frac{3p}{4}\right) - \frac{3p}{4}\log\left(\frac{p}{4}\right) \quad (24.160)$$

이고, 단일 사본 결맞은 정보에 대한 최종 표현식은

$$Q(\mathcal{N}^{\mathrm{D}}) = 1 + \left(1 - \frac{3p}{4}\right)\log\left(1 - \frac{3p}{4}\right) + \frac{3p}{4}\log\left(\frac{p}{4}\right) \quad (24.161)$$

이다.

양자 자료를 전송하는 또 다른 전략은 최대로 얽힌 상태의 한쪽을

$$\frac{1}{\sqrt{2}}\left(|00\rangle_{AA_1} + |11\rangle_{AA_1}\right)$$
$$\rightarrow \frac{1}{\sqrt{2}}\left(|000000\rangle_{AA_1A_2A_3A_4A_5} + |111111\rangle_{AA_1A_2A_3A_4A_5}\right) \quad (24.162)$$

와 같은 5큐비트 반복 부호로 부호화하고, 선로를 통해 계 $A_1\cdots A_5$를 보내서 결과로 얻은 상태에 대해 다음의 결맞은 정보를 계산하는 것이다.

$$\frac{1}{5}I(A\rangle B_1 B_2 B_3 B_4 B_5) \quad (24.163)$$

(이 속도에 도달하는 부호와 식 (24.161)의 속도에 도달하는 부호를 공정하게 비교하기 위해 5로 나눠서 위의 결맞은 정보를 정규화했다.) 식 (24.163)의 속도가 도달 가능하다는 사실을 양자 용량 정리의 직접 부분을 선로 $(\mathcal{N}^{\mathrm{D}})^{\otimes 5}$에 적용하여 알고 있고, 조작적으로 보면 이 전략은 5큐비트 반복 부호를 갖는 무작위 양자 부호를 이어 붙인 것과 같다. 놀라운 결과는 이 이어 붙이기 전략이 선로가 매우 잡음이 심해질 때 단일 사본 결맞은 정보를 깰 수 있다는 것이다. 그림 24.4는 식 (24.161)의 단일 사본 결맞은 정보가 없을 때조차도 이 이어 붙이기 전략이 양의 결맞은 정보를 가짐을 보여준다. 이것은 결맞은 정보의 초가법성을 보여준다.

이런 현상은 왜 일어날까? 가장 간단한(완전히 만족스럽지는 않더라도) 설명은 **중복** degeneracy으로 알려진 현상의 결과라는 것이다. 큐비트 $\alpha|0\rangle + \beta|1\rangle$이 반복 부호에 다음과 같이 부호화됐다고 하자.

$$\alpha|00000\rangle + \beta|11111\rangle \quad (24.164)$$

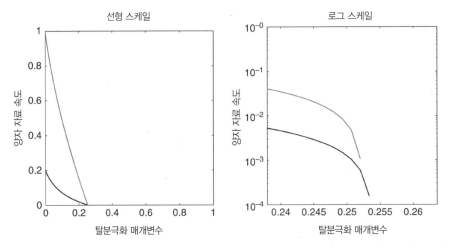

그림 24.4 이 그림은 탈분극화 잡음 매개변수 p에 대한 식 (24.161)의 결맞은 정보(두 그림에서 아래쪽 곡선)와 식 (24.163)의 결맞은 정보(두 그림에서 위쪽 곡선)를 그렸다. 왼쪽 그림은 선형 스케일에서 그렸고, 오른쪽 그림은 로그 스케일에서 그렸다. 왼쪽 그림에서 알아둘 만한 특징은 선로가 무잡음일 때 위쪽 곡선의 양자 자료 속도가 1과 같고, 아래쪽 곡선의 양자 자료 속도는 1/5라는 것이다(후자의 속도는 5큐비트 반복 부호에 대해 예측된 것이다). 두 자료 속도는 p가 0.25 근처일 때 작아지지만, 오른쪽의 그림은 심지어 무작위 부호화 전략의 속도가 0일 때에도 반복 부호 이어 붙이기 전략이 여전히 양의 결맞은 정보를 얻음을 보여준다. 이것은 결맞은 정보가 초가법적인 선로의 사례다.

만약 '오류' $Z_1 \otimes Z_2$가 발생하면, 이 상태에는 사실상 아무 효과가 없다. 이것은 다른 두 큐비트가 조합된 Z 오류에 대해서도 마찬가지로 성립한다. 선로 잡음이 적을 때, 두 큐비트 오류 조합은 나타나기 어렵기 때문에 이런 오류에 대한 부호의 중복은 많은 도움이 되지 않는다. 그러나 선로가 실제로 잡음이 심해지면 이런 오류는 더 나타나기 쉬워지고, 반복 부호의 중복에서 받는 도움이 속도에서의 손실을 상쇄할 수 있다.

탈분극화 선로의 결맞은 정보가 이런 방식으로 행동한다는 것이 이상할 수 있다. 이 선로는 충분히 간단해 보이고, 이 선로에 대해 보조를 받지 않는 고전 용량과 얽힘보조 고전 용량에 도달하는 전략은 매우 '고전적' 전략이라고 할 수 있다. 보조를 받지 않는 고전 용량에 도달하는 최선의 전략은 어떤 정규직교 기저에서 균일하게 무작위로 상태를 골라서 무작위 부호를 생성하고, 수신자가 같은 정규직교 기저에 대해 각각의 선로 출력을 측정하는 것이라는 점을 다시 생각해보자. 얽힘보조 고전 용량에 도달하기 위해, 벨 상태에서 균일하게 무작위로 상태를 골라서 무작위 부호를 선택하고, 수신자가 선로의 각 출력과 각 얽힌 상태의 자기 부분을 벨 기저에서 측정하는 것이다. 이 결과들은 모두 그에 해당하는 용량의 가법성에서 유도된다. 이와 같이 다른 방식에서의 결과에도 불구하고, 탈분극화 선로의 양자 용량에 도달하는 최선의 전략은 잘 이해되지 않고 있다.

24.8.2 양자 용량의 초활성화

양자 통신에서 가장 놀라운 결과는 아마 **초활성화**superactivation라고 알려진 현상일 것이다. 앨리스가 밥과 양자 선로 $\mathcal{N}_1$에 의해 0의 양자 자료 전송 용량을 갖고 연결됐다고 하자. 또한 이들을 연결하는 또 다른 0의 양자 용량을 갖는 선로 $\mathcal{N}_2$가 있다고 하자. 직관적으로, 앨리스가 그 텐서 곱 선로 $\mathcal{N}_1 \otimes \mathcal{N}_2$를 통해 양자 자료를 신뢰성 있게 전송할 수 없어야 한다고 예상할 수 있다. 즉, 만약 둘 다 개별적으로 양자 자료 전송에 쓸모가 없다면 이 선로들을 그렇게 병렬로 사용하는 것은 각 개별을 단독으로 사용하는 것보다 어떤 이점도 없어야 한다(이것은 용량 공식이 가법적이라면 언제나 갖게 되는 직관이다). 하지만 서로를 초활성화할 수 있어서, 그 결합 선로가 0이 아닌 양자 용량을 갖는 0-용량 선로의 두 가지 사례가 알려져 있다. 이것이 어떻게 가능할까?

먼저, 그 입력 상태를 1/2의 확률로 전송하고, 1/2의 확률로 직교하는 삭제 상태로 대체하는 50% 양자 삭제 선로 $\mathcal{N}_1$을 생각해보자. 앞서 복제불가 정리로 논의했듯이, 그런 선로는 양자 자료를 신뢰성 있게 보내는 데 0-용량을 갖는다(또한 명제 24.7.1을 참고하라). 이제, 어떤 다른 선로 $\mathcal{N}_2$를 생각해보자. 다음의 정리는 결합 선로 $\mathcal{N}_1 \otimes \mathcal{N}_2$의 결맞은 정보가 적어도 $\mathcal{N}_2$ 단독의 비밀 정보 절반과 같다는 내용이다.

【정리 24.8.1】 $\{p_X(x),\ \rho_{A_2}^x\}$가 선로 $\mathcal{N}_2$에 대한 입력의 앙상블이라고 하자. 그리고 $\mathcal{N}_1$이 50% 삭제 선로라고 하자. 그러면 결합 선로 $\mathcal{N}_1 \otimes \mathcal{N}_2$의 결맞은 정보 $H(B_1 B_2) - H(E_1 E_2)$가 두 번째 선로의 비밀 정보 $I(X;B_2) - I(X;E_2)$의 절반과 같은 순수 상태 $\varphi_{RA_1 A_2}$가 존재한다.

$$H(B_1 B_2)_\omega - H(E_1 E_2)_\omega = \frac{1}{2}\left[I(X;B_2)_\rho - I(X;E_2)_\rho\right] \qquad (24.165)$$

여기서

$$\omega_{RB_1 B_2 E_1 E_2} \equiv \left(\mathcal{U}_{A_1 \rightarrow B_1 E_1}^{\mathcal{N}_1} \otimes \mathcal{U}_{A_2 \rightarrow B_2 E_2}^{\mathcal{N}_2}\right)(\varphi_{RA_1 A_2}) \qquad (24.166)$$

$$\rho_{XB_2E_2} \equiv \sum_x p_X(x)|x\rangle\langle x|_X \otimes \mathcal{U}_{A_2 \to B_2E_2}^{\mathcal{N}_2}(\rho_{A_2}^x) \tag{24.167}$$

그리고 $U_{A_1 \to B_1E_1}^{\mathcal{N}_1}$ 과 $U_{A_2 \to B_2E_2}^{\mathcal{N}_2}$ 는 각각 $\mathcal{N}_1$ 과 $\mathcal{N}_2$ 의 등척 확장이다. 이것은 다음을 함의한다.

$$Q(\mathcal{N}_1 \otimes \mathcal{N}_2) \geq P(\mathcal{N}_2)/2 \tag{24.168}$$

【증명】 $\{p_X(x), \rho_{A_2}^x\}$ 에 대응되는 다음의 고전 양자 상태를 생각해보자.

$$\rho_{XA_2} \equiv \sum_x p_X(x)|x\rangle\langle x|_X \otimes \rho_{A_2}^x \tag{24.169}$$

$\rho_{XB_2E_2} \equiv U_{A_2 \to B_2E_2}^{\mathcal{N}_2}(\rho_{XA_2})$ 라고 하자. 이 상태의 양자정화는 다음과 같다.

$$|\varphi\rangle_{XA_1A_2} \equiv \sum_x \sqrt{p_X(x)}|x\rangle_X|x\rangle_{A_1'}|\phi_x\rangle_{A_1''A_2} \tag{24.170}$$

여기서 $A_1 \equiv A_1'A_1''$ 으로 생각하고, $|\phi_x\rangle_{A_1''A_2}$ 는 $\rho_{A_2}^x$ 의 양자정화여서, 상태 $|\varphi\rangle_{XA_1A_2}$ 가 ρ_{XA_2} 의 양자정화다. $|\varphi\rangle_{XB_1E_1B_2E_2}$ 가 A 와 A_2 를 텐서 곱 선로 $U_{A_1 \to B_1E_1}^{\mathcal{N}_1} \otimes U_{A_2 \to B_2E_2}^{\mathcal{N}_2}$ 를 통해 보낸 결과 상태라고 하자. 계를 $B_1 \equiv B_1'B_1''$ 이고 $E_1 \equiv E_1'E_1''$ 이라고 두면, 이 상태를 식 (24.6)의 삭제 선로 등척 확장을 가져와서 다음과 같이 적을 수 있다.

$$|\varphi\rangle_{XB_1E_1B_2E_2} \equiv \frac{1}{\sqrt{2}} \sum_x \sqrt{p_X(x)}|x\rangle_X|x\rangle_{B_1'}|\phi_x\rangle_{B_1''B_2E_2}|e\rangle_{E_1}$$
$$+ \frac{1}{\sqrt{2}} \sum_x \sqrt{p_X(x)}|x\rangle_X|x\rangle_{E_1'}|\phi_x\rangle_{E_1''B_2E_2}|e\rangle_{B_1} \tag{24.171}$$

밥이 자신이 원래의 상태를 받았는지 삭제 기호를 받았는지 알려주는 식 (24.125)의 형태인 B_1 에 대해 등척 연산을 수행할 수 있다는 것을 생각해보자. Z_B 가 출력물을 가리키는 표시 레지스터라고 하자. 도청자도 똑같이 할 수 있으며, Z_E 가 도청자의 표시 레지스터라고 하자. 그 결과 상태는 다음과 같다.

$$|\psi\rangle_{XB_1E_1B_2E_2Z_BZ_E} \equiv \frac{1}{\sqrt{2}}|\psi^0\rangle_{XB_1E_1B_2E_2}|0\rangle_{Z_B}|1\rangle_{Z_E}$$
$$+ \frac{1}{\sqrt{2}}|\psi^1\rangle_{XB_1E_1B_2E_2}|1\rangle_{Z_B}|0\rangle_{Z_E} \tag{24.172}$$

여기서

$$|\psi^0\rangle_{XB_1E_1B_2E_2} \equiv \sum_x \sqrt{p_X(x)}|x\rangle_X|x\rangle_{B_1'}|\phi_x\rangle_{B_1''B_2E_2}|e\rangle_{E_1} \qquad (24.173)$$

$$|\psi^1\rangle_{XB_1E_1B_2E_2} \equiv \sum_x \sqrt{p_X(x)}|x\rangle_X|x\rangle_{E_1'}|\phi_x\rangle_{E_1''B_2E_2}|e\rangle_{B_1} \qquad (24.174)$$

그러면 삭제 선로를 통해 A_1을 보내고 다른 선로 $\mathcal{N}_2$를 통해 A_2를 보낸 결과 상태의 결맞은 정보를 계산할 수 있다.

$$H(B_1B_2)_\varphi - H(E_1E_2)_\varphi$$
$$= H(B_1Z_BB_2)_\psi - H(E_1Z_EE_2)_\psi \qquad (24.175)$$
$$= H(B_1B_2|Z_B)_\psi + H(Z_B)_\psi - H(E_1E_2|Z_E)_\psi - H(Z_E)_\psi \qquad (24.176)$$
$$= H(B_1B_2|Z_B)_\psi - H(E_1E_2|Z_E)_\psi \qquad (24.177)$$
$$= \frac{1}{2}\left[H(B_1B_2)_{\psi^0} + H(B_2)_{\psi^1}\right] - \frac{1}{2}\left[H(E_2)_{\psi^0} + H(E_1E_2)_{\psi^1}\right] \qquad (24.178)$$
$$= \frac{1}{2}\left[H(XE_2)_{\psi^0} + H(B_2)_{\psi^1}\right] - \frac{1}{2}\left[H(E_2)_{\psi^0} + H(XB_2)_{\psi^1}\right] \qquad (24.179)$$
$$= \frac{1}{2}\left[H(XE_2)_\rho + H(B_2)_\rho\right] - \frac{1}{2}\left[H(E_2)_\rho + H(XB_2)_\rho\right] \qquad (24.180)$$
$$= \frac{1}{2}\left[I(X;B_2)_\rho - I(X;E_2)_\rho\right] \qquad (24.181)$$

첫 번째 등식은 밥과 도청자가 자신들이 원래 상태를 받았는지 삭제 표시를 받았는지 식별하는 등척 연산을 수행할 수 있기 때문에 성립한다. 두 번째 등식은 엔트로피의 연쇄 규칙에서 유도되고, 세 번째 등식은 표시 레지스터 Z_B와 Z_E의 엔트로피가 50% 삭제 선로에 대해 같기 때문에 성립한다. 네 번째 등식은 레지스터 Z_B와 Z_E가 다른 쪽 Z 레지스터를 대각합을 취했을 때 고전적이어서, 조건부 엔트로피를 다른 가능성의 균일한 볼록 합으로 계산할 수 있기 때문에 유도된다. 즉, 밥은 원래 상태를 전송받거나 그렇지 못하고, 도청자도 원래 상태를 전송받거나 그렇지 못한다. 다섯 번째 등식은 ψ^0과 ψ^1이 순수 상태이기 때문에 성립한다. 여섯 번째 등식은 $\psi^0_{XE_2} = \rho_{XE_2}$, $\psi^1_{B_2} = \rho_{B_2}$, $\psi^0_{E_2} = \rho_{E_2}$, $\psi^1_{XB_2} = \rho_{XB_2}$이기 때문에 성립한다. 마지막 등식은 양자 상호 정보의 정의에서 유도된다. □

위의 정리를 갖고 있으면, 0인 양자 용량을 갖지만 0이 아닌 비밀 정보를 레지스터할 수 있는 앙상블이 존재하는 양자 선로의 사례를 알아내야 한다. 만약 그런 선로가 존재했다면, 그 결합 선로에 대해 0이 아닌 결맞은 정보에(그리고 따라서 0이 아닌 양자 용량) 도달하기 위해 그 선로를 50% 삭제 선로와 결합할 수 있을 것이다. 사실 그런 선로는 존재하고, 얽힘 결합 선로entanglement-binding channel라고 한다. 이 선로는 비밀 고전 통신을 생성하는 능력은 있지만 양자정보를 전송하는 능력은 없다(이런 선로에 대한 더 자세한 내용은 [Horodecki et al., 1996]과 [Horodecki, 1997]을 참고하기 바란다). 따라서 50% 삭제 선로와 얽힘 결합 선로는 서로를 초활성화할 수 있다.

초활성화의 놀라운 현상은 양자 자료 전송에 대해 중요한 의미가 있다. 첫째로, 양자정보를 전송하는 양자 선로의 능력은 그 선로가 사용되는 맥락에 의존한다는 것이다. 가령, 만약 다른 쓸모없어 보이는 선로가 사용 가능하다면, 그 선로를 단독으로 사용했을 때 가능한 것보다 더 많은 양자정보를 전송할 수 있는 가능성이 있다. 다음으로, 그리고 양자 섀넌 이론에 대해 더 중요하게는, 양자 용량을 특징짓는 어떤 공식이(정리 24.3.1에서 정규화된 결맞은 정보가 아닌 다른 어떤 특성화) 마침내 알려지더라도, 어떤 경우에는 강하게 비가법적(초활성화라는 관점에서 강하게 비가법적)이어야 한다는 뜻이다. 즉, $Q^?(\mathcal{N})$이 $\mathcal{N}$의 양자 용량에 대한 알려지지 않은 공식이고, $Q^?(\mathcal{M})$이 $\mathcal{M}$의 양자 용량을 특성화하는 같은 공식이라고 하자. 그러면 이 공식은 어떤 경우에는 일반적으로 강하게 비가법적이어야 한다.

$$Q^?(\mathcal{N} \otimes \mathcal{M}) > Q^?(\mathcal{N}) + Q^?(\mathcal{M}) \tag{24.182}$$

초활성화의 발견은 양자 선로를 통한 신뢰성 있는 양자 통신 속도를 이해하면서 생각할 수 있었던 것보다 현재는 훨씬 더 멀리 왔음을 깨닫게 해줬다.

24.9 얽힘 증류

이 장을 정리 24.3.1의 직접 부호화 부분의 기법을 마지막으로 얽힘 증류entanglement distillation 작업에 응용해보는 것으로 마무리하겠다. 얽힘 증류는 앨리스와 밥이 어떤 2분할 상태 ρ_{AB}의 사본 다수를 가지고 시작하는 통신 규약이다. 두 사람은 여기서 국소 연산과 앨리스에서 밥으로 향하는 전방 고전 통신을 사용해 얽힘비트를 어떤 양수인 속도로 증류해내려고 한다. 만약 상태가 순수 상태라면 앨리스와 밥은 단순히 19장의 얽힘집중 통신 규약을 수행하면 되고, 전방 고전 통신은 이 경우에 필요 없다. 그렇지 않으면, 다음 정리의 증명에서 제시된 통신 규약을 수행할 수 있다.

【정리 24.9.1】데브택-윈터 앨리스와 밥이 $\rho_{AB}^{\otimes n}$ 상태를 공유한다고 하자. 여기서 n은

임의적인 큰 양의 정수다. 그런 다음 앨리스에서 밥으로 향하는 전방 고전 통신이 허용된다면 이들은 $I(A\rangle B)_\rho$의 속도로 얽힘비트를 증류해낼 수 있다.

위 정리의 진술은 이미 따름정리 22.4.2에서 제시된 통신 규약에서 증명했음을 언급해두겠다. 그렇지만 이 장의 기법을 사용해 얽힘 증류 통신 규약의 존재성을 증명하는 것은 여전히 교육적이다.

【증명】 앨리스와 밥이 양자정화 ψ_{ABE}를 갖는 일반적인 2분할 상태 ρ_{AB}를 갖고 시작한다고 하자. 슈미트 형태로 양자정화를 다음과 같이 적을 수 있다.

$$|\psi\rangle_{ABE} \equiv \sum_{x \in \mathcal{X}} \sqrt{p_X(x)}|x\rangle_A \otimes |\psi_x\rangle_{BE} \tag{24.183}$$

위 상태의 n차 확장은

$$|\psi\rangle_{A^n B^n E^n} \equiv \sum_{x^n \in \mathcal{X}^n} \sqrt{p_{X^n}(x^n)}|x^n\rangle_{A^n} \otimes |\psi_{x^n}\rangle_{B^n E^n} \tag{24.184}$$

이다. 이 통신 규약은 앨리스가 형식 사영 연산자에 의해 주어지는 형식류 측정을 수행하여 시작한다(식 (15.118)에서 형식적 사영 연산자가 형식류 사영 연산자들의 합으로 분해된다는 것을 생각하자).

$$\Pi_t^n \equiv \sum_{x^n \in T_t^{X^n}} |x^n\rangle\langle x^n| \tag{24.185}$$

만약 측정 결과로 나온 형식이 전형적 형식이 아니라면, 앨리스는 통신 규약을 취소한다(이 결과는 임의의 작은 확률로 발생한다). 만약 전형적 형식이라면, 다음 구조를 갖는 특정 형식류 t에 대한 부호를 생각할 수 있다.

$$LMK \approx |T_t| \approx 2^{nH(X)} \tag{24.186}$$
$$K \approx 2^{nI(X;E)} \tag{24.187}$$
$$MK \approx 2^{nI(X;B)} \tag{24.188}$$

여기서 t는 형식류이고, 엔트로피는 다음의 결어긋난 상태에 대한 것이다.

$$\sum_{x \in \mathcal{X}} p_X(x)|x\rangle\langle x|_X \otimes |\psi_x\rangle\langle\psi_x|_{BE} \tag{24.189}$$

그러면 $M \approx 2^{n(I(X;B)-I(X;E))} = 2^{n[H(B)-H(E)]}$이고 $L \approx 2^{nH(X|B)}$임이 유도된다. 이 부호단어를 $x^n(l, m, k)$로 표시한다. 여기서 $x^n(l, m, k) \in T_t$이다. 따라서 형식류 측정의 결과인 다음의 상태 $|\tilde{\psi}_t\rangle_{A^nB^nE^n}$에 대해 계산한다.

$$|\tilde{\psi}_t\rangle_{A^nB^nE^n} \equiv \frac{1}{\sqrt{|T_t|}} \sum_{x^n \in T_t} |x^n\rangle_{A^n} \otimes |\psi_{x^n}\rangle_{B^nE^n} \tag{24.190}$$

통신 규약은 다음과 같이 진행된다. 앨리스가 다음의 측정 연산자를 갖고 먼저 A^n계의 불완전한 측정을 수행한다.

$$\left\{ \Gamma_l \equiv \sum_{m,k} |m, k\rangle\langle x^n(l, m, k)|_{A^n} \right\}_l \tag{24.191}$$

이 측정은 위의 상태를 다음의 상태로 붕괴시킨다.

$$\frac{1}{\sqrt{MK}} \sum_{m,k} |m, k\rangle_{A^n} \otimes |\psi_{x^n(l,m,k)}\rangle_{B^nE^n} \tag{24.192}$$

앨리스는 l의 고전 정보를 $nH(X|B)$개의 고전 정보 비트를 사용해 밥에게 전송한다. 밥은 어떤 부호에서 연산해야 하는지 알아내려면 l을 알아야 한다. 그러면 밥은 식 (24.28)에서 나온 것과 유사한 결맞은 POVM인 다음의 등척 연산을 구성한다(비밀 고전 통신 부호에 대한 POVM에서 구성된 것이다).

$$\sum_{m,k} \sqrt{\Lambda_{B^n}^{m,k}} \otimes |m, k\rangle_B \tag{24.193}$$

위의 결맞은 POVM을 수행한 후에는 다음의 상태에 가까워진다.

$$\frac{1}{\sqrt{MK}} \sum_{m,k} |m, k\rangle_{A^n} \otimes |m, k\rangle_B |\psi_{x^n(l,m,k)}\rangle_{B^nE^n} \tag{24.194}$$

그러면 앨리스는 푸리에 변환된 기저에 있는 k 레지스터의 측정을 수행한다.

$$\left\{ |\hat{s}\rangle \equiv \frac{1}{\sqrt{K}} \sum_k e^{i2\pi ks/K} |k\rangle \right\}_{s \in \{1,\ldots,K\}} \tag{24.195}$$

앨리스는 밥과 도청자가 그들의 얽힘을 k 변수에 유지하기를 원하기 때문에 이 특정한 측정을 수행한다. 이 측정의 결과 상태는

$$\frac{1}{\sqrt{MK}} \sum_{m,k} |m\rangle_{A^n} \otimes e^{i2\pi ks/K} |m,k\rangle_B |\psi_{x^n(l,m,k)}\rangle_{B^n E^n} \qquad (24.196)$$

그러면 앨리스는 $nI(X;E)$개의 비트를 사용해 밥에게 s 변수를 통신하고, 밥은 위상 변환 $Z^\dagger(s)$를 레지스터 B에 있는 자신의 k 변수에 적용한다. 여기서

$$Z^\dagger(s) = \sum_k e^{-i2\pi sk/K} |k\rangle\langle k| \qquad (24.197)$$

이고, 그 결과 상태는 다음과 같다.

$$\frac{1}{\sqrt{MK}} \sum_{m,k} |m\rangle_{A^n} \otimes |m,k\rangle_B |\psi_{x^n(l,m,k)}\rangle_{B^n E^n} \qquad (24.198)$$

그러면 정리 24.3.1의 직접 부호화 부분에 있는 통신 규약의 마지막 단계인 식 (24.45) ~ 식 (24.52)를 따라서 진행하고, 다음과 같은 형태의 최대로 얽힌 상태에 가까운 상태를

$$\frac{1}{\sqrt{M}} \sum_m |m\rangle_{A^n} \otimes |m\rangle_B \qquad (24.199)$$

$(\log M)/n = H(B) - H(E)$의 속도로 추출해낸다. □

【연습문제 24.9.1】 위의 통신 규약은 따름정리 22.4.2의 통신 규약이 할 수 있는 상태 전송 작업을 수행할 수 없음을 논증하라.

24.10 역사와 더 읽을거리

양자 용량 정리는 양자정보 이론에서 중요한 발견들을 많이 이끌어낸 긴 역사를 갖고 있다. 쇼어^{Shor}(1995)는 양자 오류 보정에 대한 그의 기념비적인 논문에서 양자 선로의 양자 용량을 알아내는 문제를 처음으로 언급했다. 디빈센조^{DiVincenzo} 등(1998)은 반복 부호를 갖는 무작위 부호를 이어 붙임으로써 탈분극화 선로의 결맞은 정보가 초가법적임을 보였다(이 결과는 다 알고 나서 보면 당시에 결맞은 정보가 알려지지도 않았는데

제시된 것이 놀랍다). 이후, 스미스[Smith]와 스몰린[Smolin](2007)은 이 결과를 확장하여 파울리 선로의 몇 가지 사례에 대해 결맞은 정보가 강하게 초가법적임을 보였다. 슈마허[Schumacher]와 닐슨[Nielsen](1996)은 상호 정보에 대한 고전 자료처리 부등식과 마찬가지로 결맞은 정보가 양자 자료처리 부등식을 따름을 보였다. 슈마허와 웨스트모어랜드[Westmoreland](1998)는 비밀 통신과 양자 통신 사이의 연관성을 만들기 시작했다. 베넷[Bennett], 디빈센조, 스몰린, 우터스[Wootters](1996)와 바넘[Barnum] 등(2000)은 전방 고전 통신이 양자 용량을 증가시킬 수 없음을 보였다. 같은 논문에서 베넷, 디빈센조, 스몰린, 우터스(1996)는 얽힘 증류의 아이디어를 소개했고, 이것은 양자 용량과 연관성을 갖는다.

슈마허(1996), 슈마허와 닐슨(1996), 바넘 등(1998, 2000)은 양자 용량에 대한 고전 정보 상계를 증명하는 일련의 논문에서 양자 용량 정리의 중요한 진전을 이뤘다. 로이드[Lloyd](1997), 쇼어(2002b), 데브택[Devetak](2005)은 로이드의 증명이 이후의 두 증명에 비해 덜 엄밀하다는 사실이 밝혀지긴 했지만 일반적으로 양자 용량의 결맞은 정보 하계를 증명한 것으로 여겨진다. 쇼어(2002b)는 그 하계에 대한 자신의 증명을 강의에서 전달하지만, 학술지에 이 증명을 싣지는 않았다. 이후 헤이든[Hayden], 쇼어, 윈터[Winter](2008)는 쇼어(2002b) 증명의 정신에 가까운 것으로 간주되는 양자 용량 정리의 증명을 자세히 적어서 논문으로 출판했다. 쇼어의 증명 이후, 데브택(2005)은 비밀 고전 부호의 부호단어 중첩 상태를 분석하여 양자 용량의 하계에 대한 자세한 증명을 제시했다. 이것이 이 장에서 소개한 접근법이다. 하마다[Hamada](2005)가 무작위 안정자 부호를 사용해 어떤 입력 상태에 대해 결맞은 정보에 어떻게 도달하는지 보였다는 것과, 해링턴[Harrington]과 프레스킬[Preskill](2001)이 매우 특정한 부류의 선로에 대해 결맞은 정보 속도에 어떻게 도달하는지 보였다는 것도 언급해두겠다.

고츠먼[Gottesman](1997)은 양자 오류 보정에 대한 안정자 형식 체계를 개발했다. 이 장에서의 안정자 부호에 대한 논의는 스미스의 박사학위 논문(Smith, 2006)에서 전개한 것과 비슷하게 따라갔다.

양자 용량 정리를 증명하는 또 다른 접근법은 결합풀림 접근[decoupling approach]이다 (Hayden, Horodecki, Winter & Yard, 2008). 이 접근법은 슈마허와 웨스트모어랜드(2002)가 도입한 근본적 개념을 사용한다. 앨리스가 참조계와 얽힌 상태에서 자신이 가진 부분을 유잡음 선로를 통해 전송한 다음에, 참조계, 밥, 도청자가 3분할 순수 얽힘상태 $|\psi\rangle_{RBE}$를 공유한다고 하자. 그러면 참조계와 도청자의 계에 대해 감소된 상태 ψ_{RE}

가 근사적으로 결합이 풀리는데, 이것은

$$\|\psi_{RE} - \psi_R \otimes \sigma_E\|_1 \le \varepsilon \qquad (24.200)$$

을 뜻한다. 여기서 σ_E는 어떤 임의의 상태다. 이것은 앨리스가 밥에게 보내려고 했던 양자정보를 밥이 복호화할 수 있다는 뜻이다. 왜 그렇게 될까? 이 상태가 정확히 결합이 풀렸다고 하자. 그러면 상태 ψ_{RE}의 한 양자정화는 이들이 선로가 작용한 다음에 공유한 $|\psi\rangle_{RBE}$이다. $\psi_{RE} = \psi_R \otimes \sigma_E$의 또 다른 양자정화는 다음과 같다.

$$|\psi\rangle_{RB_1} \otimes |\sigma\rangle_{B_2E} \qquad (24.201)$$

여기서 $|\psi\rangle_{RB_1}$은 앨리스가 선로를 통해 보낸 원래 상태이고, $|\sigma\rangle_{B_2E}$는 환경의 상태 σ_E를 양자정화하는 다른 어떤 상태다. 모든 양자정화는 등척변환에 의해 연관되고, 밥은 R과 E의 양자정화를 갖고 있으므로

$$U_{B \to B_1 B_2} |\psi\rangle_{RBE} = |\psi\rangle_{RB_1} \otimes |\sigma\rangle_{B_2E} \qquad (24.202)$$

를 만족시키는 어떤 유니터리 변환 $U_{B \to B_1 B_2}$가 존재한다. 그러면 이 유니터리 변환은 밥의 복호화기다! 따라서 이 결합풀림 조건은 밥의 복호화기 존재성을 함의하고, 환경에서 참조계의 결합을 풀어내는 부호화기의 존재를 보일 필요만 남는다. 간단히 말하면, 양자역학의 구조가 이런 식으로 양자 용량 정리를 증명하는 것을 허용한다.

이제 많은 학자는 다양한 맥락에서 결합풀림 접근법을 이용한다. 이 접근법은 양자 용량 정리에 대한 데브택(2005)의 증명에서 암묵적으로 나타난다. 호로데키[Horodecki] 등(2005, 007)은 상태 병합 통신 규약[state-merging protocol]의 존재를 증명하는 데 이 접근법을 사용했다. 야드[Yard]와 데브택(2009), 예[Ye] 등(2008)은 상태 재분배 통신 규약에 대한 그들의 증명에서 이 접근법을 사용했다. 뒤퓌[Dupuis] 등(2010)은 이 접근법을 사용해 방송 선로[broadcast channel]의 얽힘보조 양자 용량의 가장 잘 알려진 특성화를 증명했다. 뒤퓌의 학위 논문과 후속 작업은 이 결합풀림 접근법을 전통적인 i.i.d. 상황을 넘어서는 상황으로 일반화했다(Dupuis, 2010; Dupuis et al., 2014). 또한 다타[Datta]와 그 동료들은 이 접근법을 다양한 맥락에서 사용했다(Buscemi & Datta, 2010; Datta & Hsieh, 2011; Datta & Hsieh, 2013). 그리고 윌디[Wilde]와 시에[Hsieh](2010)는 유잡음 선로와 유잡음 상태를 사용한 양자 통신을 연구하는 데 이 접근법을 사용했다.

베넷 등(1997)은 삭제 선로의 양자 용량을 알아냈고, 지오바네티[Giovannetti]와 파지

오^{Fazio}(2005)는 진폭 감쇠 선로의 양자 용량을 계산했다. 스미스와 야드(2008)는 초활성화를 보였고, 나중에 실험실에서 좀 더 쉽게 구현할 수 있는 선로에 대한 초활성화를 보였다(Smith et al., 2011). 데브택과 윈터(2005)는 얽힘 증류에 대해 결맞은 정보가 도달 가능함을 보였다. 큐비트^{Cubitt} 등(2015) 및 엘코우스^{Elkouss}와 스트렐추크^{Strelchuk}(2015)는 놀라운 초가법성 효과를 보였고, 여기서는 정규화된 표현이 임의 선로의 양자 용량을 결정하는 데 필요함을 제안했다.

양자 용량의 오류 지수, 강한 역정리, 2차 특성화에 대한 결과도 있다(이 용어의 의미에 대한 논의는 20.7절을 참고하라). 베르타^{Berta} 등(2013)은 양자 선로의 얽힘 비용 entanglement cost이라는 양이 양자 통신의 강한 역속도임을 증명했다. 모건^{Morgan}과 윈터(2014)는 감쇠 가능한 선로의 양자 용량에 대한 '매우 강한 역정리'라는 것을 증명했는데, 통신 속도가 양자 용량보다 아래에서 위로 올라가면 충실도가 1에서 1/2로 날카롭게 변하는 것을 뜻한다(이것은 많은 선로를 사용하는 극한이다). 윌디와 윈터(2014)는 양자 삭제 선로의 양자 용량을 초과하는 통신 속도를 갖는 무작위로 선택된 부호가 선로의 사용 횟수가 증가함에 따라 지수함수적으로 빠르게 감소하는 충실도를 유도한다는 것을 보였다(그러나 강한 역정리는 이런 거동이 모든 부호에 대해 나타남을 보여준다). 토마미첼^{Tomamichel} 등(2014)은 레인스 한계$^{Rains\ bound}$([Rains, 2001]에서 정의됨. 오덴에어트^{Audenaeart} 등(2002)의 후속 작업도 참고하라.)로 알려진 양이 임의의 선로를 통한 양자 통신의 강한 역속도임을 증명했고, 이어서 임의의 결어긋남 선로에 대한 강한 역정리를 증명했다.

베이기^{Beigi} 등(2015)과 토마미첼^{Tomamichel} 등(2015)은 양자 용량에 대한 2차 도달 가능성 특성화를 증명했다. 베이기 등(2015)은 '페츠 복원 사상' 복호화기를 사용해 증명했고, 토마미첼 등(2015)은 모건과 윈터(2014)의 결합 분리 정리의 판본을 이용했다. 토마미첼 등(2015)은 또한 레인스 한계를 사용해 양자 통신에 대한 2차 역정리를 제시했고, 결어긋남 선로에 대한 양자 통신의 정확한 2차 특성화를 얻었다.

25

통신 자원의 절충

25장에서는 이 책에서 공부한 모든 선로 부호화 정리를 통합한다. 가장 일반적인 정보 처리 작업 중 하나는 송신자와 수신자가 고전 및 양자정보를 전송하고 양자 선로를 여러 번 사용하고 고전 통신, 양자 통신, 공유된 얽힘의 보조를 받아 얽힘을 생성하는 데 성공하는 것이다.[1] 그 결과 통신 속도는 소모 속도보다 더 작은 자원의 생성 속도를 주는 **순속도**net rate다. 세 가지 자원을 갖고 있으므로, 모든 도달 가능한 속도는 3차원 용량 영역에 놓인 속도 삼중항 (C, Q, E)이다. 여기서 C는 고전 통신의 순속도, Q는 양자 통신의 순속도, E는 얽힘 소모/생성의 순속도다. 이 일반적인 상황에 대한 용량 정리는 양자 동적 용량 정리quantum dynamic capacity theorem라고 하고, 이 장에서 증명할 핵심 정리다. 앞 장의 선로 부호화 정리에서 제시된 모든 속도는 이 3차원 용량 영역의 특별한 점들이다.

양자 동적 용량 정리의 증명은 두 부분으로 나뉜다. 즉, 직접 부호화 정리와 역정리다. 직접 부호화 정리는 3차원 용량 영역의 임의의 점에 도달하기 위한 전략은 놀랍도록 간단하다는 것을 보여준다. 즉, 단지 따름정리 22.5.2의 얽힘보조 고전 및 양자 통신에 대한 통신 규약을 양자원격전송, 초고밀도 부호화, 얽힘 분배의 세 가지

---

1 8장에서 이 작업의 특수한 경우를 논의하며, 송신자와 수신자가 양자 선로를 여러 번 독립적으로 사용하지 않는 상황에 적용했었음을 떠올려보자.

단위 통신 규약과 결합하면 된다. 도달 가능한 속도 영역의 해석은 8장에서 단위 자원 용량 영역을 따름정리 22.5.2의 통신 규약을 써서 도달 가능한 점을 따라 이동시키는 것이다. 역정리의 증명에서는 양자 선로를 여러 번 독립적으로 소모하여 고전 통신, 양자 통신, 얽힘을 소모하고 생성할 수 있는 가장 일반적인 통신 규약을 분석하고, 그런 통신 규약에 대한 순속도가 도달 가능한 속도 영역의 정규화에 의해 한계를 갖는다는 것을 보일 것이다. 일반적인 경우, 이 특성화는 다문자적이다. 이것은 용량 영역의 계산이 잠재적으로 무한히 많은 수의 선로 사용에 대해 이뤄져야 하고, 따라서 매우 다루기 어렵다는 것을 뜻한다. 그러나 5.2.3절의 양자 아다마르 선로와 양자 삭제 선로는 둘 다 정규화가 필요 없는 특수한 부류의 선로들이고, 선로의 단일 사용에 대해 용량 영역을 계산할 수 있다. 용량 영역이 알려진 또 다른 중요한 선로의 부류는 순손실 보손 선로pure-loss bosonic channel의 부류다(그러나 그 최적성 증명은 오랫동안 추측으로만 남아 있고, 많은 학자가 참이라고 믿는다). 이 순손실 보손 선로는 자유공간 통신이나 광섬유 케이블의 손실을 모형화하고, 현실적 응용에서 그 중요성 때문에 연구의 추진동력을 불어넣고 있다.

이 3차원 상황으로 주어진 통신에 대해 가장 중요한 질문 중 하나는 따름정리 22.5.2에서 주어진 절충적 부호화 전략을 사용할 필요가 있는가이다. 즉, 어떤 분율로 고전 통신, 또 다른 분율로 양자 통신, 또 다른 분율로 얽힘보조 부호, 그 외 등으로 단순히 선로를 사용하는 것이 최선일까? 그런 전략은 시간 공유라고 하며, 송신자와 수신자가 용량 영역에 있는 임의의 속도 삼중항의 볼록 결합에 도달할 수 있게 한다. 이 질문에 대한 답은 선로에 의존한다. 가령, 시간 공유는 양자 삭제 선로에 대해서는 최적이지만, 결어긋남 선로나 순손실 보손 선로에 대해서는 그렇지 않다. 사실 순손실 보손 선로에 대한 절충적 부호화 시간 공유에 대해 엄청난 성능상 이익을 줄 수 있다. 일반적으로 어떤 전략이 더 좋은 성능을 보일 수 있을 것인지 어떻게 알 수 있을까? 말하기 어렵지만, 적어도 시간 공유는 22.5.2절에서 논증했던 절충적 부호화의 특수한 경우임을 안다. 따라서 이런 관점으로부터, 항상 절충적 전략을 사용하는 것은 간단히 합당하다.

이 장은 다음과 같이 엮었다. 먼저, 양자 동적 용량 영역에 해당하는 정보 처리 작업을 다시 훑어본다. 25.2절에서는 양자 동적 용량 정리를 설명하고, 앞에서 배웠던 얼마나 많은 용량 정리가 그 특별한 경우로 나타나는지 보일 것이다. 그다음 두 절은 직접 부호화 정리와 역정리를 증명한다. 25.4.2절은 양자 동적 용량 공식을 소개하는데, 이것은 양자 동적 용량 영역이 단일 문자인지 분석하는 데 중요하다. 이 장의 마지막 절에서는 결어긋남 선로, 삭제 선로, 순손실 보손 선로에 대해 양자 동적 용량 영역을 계산하겠다.

25.1 정보 처리 작업

그림 25.1은 유잡음 양자 선로 $\mathcal{N}_{A' \to B}$를 소비하여 고전 통신, 양자 통신, 얽힘을 생성하는 가장 일반적인 통신 규약을 묘사한다. 앨리스는 2개의 고전 레지스터(M으로 표시하고 $2^{nC_{out}}$의 차원을 갖는다), 참조계 R과 얽혀 있는 $2^{nQ_{out}}$차원의 양자 레지스터 A_1, 밥과 최대로 얽힌 상태 $\Phi_{T_A T_B}$의 앨리스 부분을 포함하는 $2^{nE_{in}}$차원의 또 다른 양자 레지스터 T_A를 갖고 있다.

$$\omega_{MMRA_1 T_A T_B} \equiv \overline{\Phi}_{MM} \otimes \Psi_{RA_1} \otimes \Phi_{T_A T_B} \tag{25.1}$$

앨리스는 $2^{nE_{out}}$차원의 양자 레지스터 S_A, $2^{nQ_{in}}$차원의 양자 레지스터 A_2, $2^{nC_{in}}$차원의

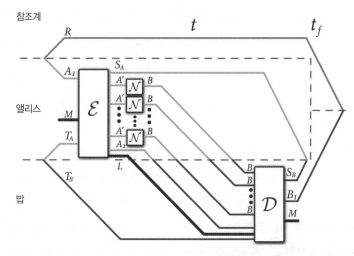

그림 25.1 각각 같은 자원과 양자 선로를 여러 번 사용해 고전 통신, 양자 통신, 얽힘을 생성하는 가장 일반적인 통신 규약. 앨리스는 자신의 레지스터 M, 양자 레지스터 A_1, 레지스터 T_A의 얽힘의 자기 부분을 갖고 시작한다. 앨리스는 양자 레지스터 S_A, 다수의 레지스터 A^m, 양자 레지스터 A_2, 고전 레지스터 L을 출력하는 어떤 부호화 선로 $\mathcal{E}$를 통해 부호화한다. 앨리스는 A^m을 양자 선로 $\mathcal{N}$을 여러 번 사용해서 입력하고, 무잡음 양자 선로를 통해 A_2를 전송하고, 무잡음 고전선로를 통해 L을 전송한다. 밥은 선로 출력 B^n, 양자 레지스터 A_2, 고전 레지스터 L을 받아서 양자정보와 고전 메시지를 복원하는 복호화 $\mathcal{D}$를 수행한다. 이 복호화는 또한 S_A계와 얽힘도 생성한다. 많은 통신 규약이 위 통신 규약의 특수한 경우다. 가령, 레지스터 L, S_A, S_B, A_2가 공집합이면 이 통신 규약은 얽힘보조 고전 통신과 양자정보다.

고전 레지스터 L, 여러 개의 양자계 A'^n을 출력하는 부호화 선로 $\mathcal{E}_{MA_1T_A \to A'^nS_ALA_2}$에 고전 레지스터와 레지스터 A_1과 T_A 중의 하나를 전달한다. S_A 레지스터는 밥과 얽힘을 생성하기 위한 것이다. 부호화 $\mathcal{E}$를 거친 후의 상태는 다음과 같다.

$$\omega_{MA'^nS_ALA_2RT_B} \equiv \mathcal{E}_{MA_1T_A \to A'^nS_ALA_2}(\omega_{MMRA_1T_AT_B}) \tag{25.2}$$

앨리스는 양자 선로 $\mathcal{N}_{A' \to B}$를 여러 번 사용한 것인 $\mathcal{N}_{A'^n \to B^n} \equiv (\mathcal{N}_{A' \to B})^{\otimes n}$을 사용해 A'^n계를 전송하고, 무잡음 고전 선로를 통해 L을 전송하고, 무잡음 양자 선로를 통해 A_2를 전송하여, 다음의 상태를 생성한다.

$$\omega_{MB^nS_ALA_2RT_B} \equiv \mathcal{N}_{A'^n \to B^n}(\omega_{MA'^nS_ALA_2RT_B}) \tag{25.3}$$

위의 상태는 다음의 형태를 갖는다.

$$\sum_x p_X(x)|x\rangle\langle x|_X \otimes \mathcal{N}_{A'^n \to B^n}(\rho^x_{AA'^n}) \tag{25.4}$$

여기서 $A \equiv RT_BA_2S_A$이고 $X \equiv ML$이다. 그러면 밥이 양자계 B_1, 양자계 S_B, 고전 레지스터 $\hat{M}$을 출력하는 복호화 선로 $\mathcal{D}_{B^nA_2T_BL \to B_1S_B\hat{M}}$을 적용한다. ω'이 최종 상태를 나타낸다고 하자. 다음의 조건이 오류 $\varepsilon \in (0, 1)$을 갖는 통신 규약에 대해 성립한다.

$$\frac{1}{2}\left\|\overline{\Phi}_{M\hat{M}} \otimes \Psi_{RB_1} \otimes \Phi_{S_AS_B} - \omega'_{MB_1S_B\hat{M}S_AR}\right\|_1 \le \varepsilon \tag{25.5}$$

이 식은 앨리스와 밥이 최대의 고전 상관성 M과 $\hat{M}$을 구성하고, S_A와 S_B 사이의 최대 얽힘을 구성함을 뜻한다. 위의 조건은 또한 부호화 기법이 참조계 R과의 얽힘을 보존함을 뜻한다. 이 통신 규약에 대한 순속도 삼중항은 $(C_{\text{out}} - C_{\text{in}}, Q_{\text{out}} - Q_{\text{in}}, E_{\text{out}} - E_{\text{in}})$과 같다. 이 통신 규약은 대응되는 속도가 양수이면 자원을 생성하고, 음수이면 자원을 소모한다. 위 형태의 통신 규약은 $(n, C_{\text{out}} - C_{\text{in}}, Q_{\text{out}} - Q_{\text{in}}, E_{\text{out}} - E_{\text{in}}, \varepsilon)$인 통신 규약이다.

모든 $\delta > 0$, $\varepsilon = (0, 1)$, 그리고 충분히 큰 n에 대해 $(n, C - \delta, Q - \delta, E - \delta, \varepsilon)$인 통신 규약의 수열이 존재하면 속도 삼중항 (C, Q, E)는 $\mathcal{N}$에 대해 도달 가능하다. 양자 동적 용량 영역 $\mathcal{C}_{\text{CQE}}(\mathcal{N})$은 모든 도달 가능한 속도의 합집합이다.

25.2 양자 동적 용량 정리

고전 통신, 양자 통신, 공유된 얽힘의 무잡음 자원과 결합됐을 때, 동적 용량 정리는 유잡음 양자 선로의 신뢰할 수 있는 통신 속도에 대한 한계를 준다. 이 정리는 통신 규약이 무잡음 자원을 소모하거나 생성하는가에 상관없이 적용된다.

【정리 25.2.1】양자 동적 용량 양자 선로 $\mathcal{N}$의 동적 용량 영역 $\mathcal{C}_{\text{CQE}}(\mathcal{N})$은 다음 표현 식과 같다.

$$\mathcal{C}_{\text{CQE}}(\mathcal{N}) = \overline{\bigcup_{k=1}^{\infty} \frac{1}{k} \mathcal{C}_{\text{CQE}}^{(1)}(\mathcal{N}^{\otimes k})} \tag{25.6}$$

여기서 윗줄 표기는 집합의 폐포^{closure}를 나타낸다. 영역 $\mathcal{C}_{\text{CQE}}^{(1)}(\mathcal{N})$은 상태 의존 영역 $\mathcal{C}_{\text{CQE},\sigma}^{(1)}(\mathcal{N})$의 합집합이다.

$$\mathcal{C}_{\text{CQE}}^{(1)}(\mathcal{N}) \equiv \bigcup_{\sigma} \mathcal{C}_{\text{CQE},\sigma}^{(1)}(\mathcal{N}) \tag{25.7}$$

상태 의존 영역 $\mathcal{C}_{\text{CQE},\sigma}^{(1)}(\mathcal{N})$은 모든 속도 C, Q, E의 집합으로 다음을 만족시킨다.

$$C + 2Q \leq I(AX;B)_{\sigma} \tag{25.8}$$
$$Q + E \leq I(A\rangle BX)_{\sigma} \tag{25.9}$$
$$C + Q + E \leq I(X;B)_{\sigma} + I(A\rangle BX)_{\sigma} \tag{25.10}$$

위의 엔트로피양들은 다음의 고전 양자 상태에 대해 계산한다.

$$\sigma_{XAB} \equiv \sum_{x} p_X(x)|x\rangle\langle x|_X \otimes \mathcal{N}_{A' \to B}(\phi_{AA'}^x) \tag{25.11}$$

그리고 상태 $\phi_{AA'}^x$는 순수 상태다. 식 (25.6)의 정규화를 취할 때 A' 대신에 A'^k에 대한 상태를 고려해야 한다는 것을 묵시적으로 가정했다.

위의 정리는 식 (25.6)의 정규화 때문에 '다문자' 용량 정리다. 하지만 25.5.1절에서 이 정규화가 선로의 아다마르 부류에 대해 필요치 않음을 보일 것이다. 위의 정리를 두 부분으로 나눠서 증명한다.

1. 25.3절에서 직접 부호화 정리는 따름정리 22.5.2의 통신 규약을 양자원격전송,

초고밀도 부호화, 얽힘 분배와 결합하여 위의 영역에 도달하는 것을 보여준다.

2. 25.4절의 역정리는 오류를 감소시키는 통신 규약의 수열이 위의 양보다 아래의 통신 속도를 가져야 한다는 점에서, 임의의 부호화 기법이 식 (25.6)의 정규화보다 더 잘할 수 없음을 보여준다.

【연습문제 25.2.1】 정리 25.2.1의 상태 의존 영역을 결정하기 위해서는 다음의 네 엔트로피를 계산하는 것만으로 충분함을 보여라.

$$H(A|X)_\sigma = \sum_x p_X(x) H(A)_{\phi_x} \tag{25.12}$$

$$H(B)_\sigma = H\left(\sum_x p_X(x) \mathcal{N}_{A' \to B}(\phi_{A'}^x)\right) \tag{25.13}$$

$$H(B|X)_\sigma = \sum_x p_X(x) H(\mathcal{N}_{A' \to B}(\phi_{A'}^x)) \tag{25.14}$$

$$H(E|X)_\sigma = \sum_x p_X(x) H(\mathcal{N}_{A' \to E}^c(\phi_{A'}^x)) \tag{25.15}$$

여기서 σ_{XABE}는 식 (25.11)의 상태를 확장하며, 다음의 형태를 갖는다.

$$\sigma_{XABE} \equiv \sum_x p_X(x)|x\rangle\langle x|_X \otimes \mathcal{U}_{A' \to BE}^{\mathcal{N}}(\phi_{AA'}^x) \tag{25.16}$$

여기서 $U_{A' \to BE}^{\mathcal{N}}$은 선로 $\mathcal{N}_{A' \to BE}$의 등척 확장이다.

25.2.1 양자 동적 용량 정리의 특수한 사례

먼저 위의 용량 정리에서 Q와 E가 없을 때, C와 E가 없을 때, 또는 C, Q, E 중 하나가 없을 때 나타나는 다섯 가지 특수한 경우를 생각해보겠다. 처음 두 가지 경우는 20장의 고전 용량 정리와 24장의 양자 용량 정리에 해당한다. 나머지 세 가지 특수한 경우 각각은 3차원 용량 영역에서 2차원의 도달 가능한 속도 영역을 대각합을 취해서 없앤 것이다. 다섯 가지 부호화 상황은 다음과 같다.

1. 얽힘보조와 양자 통신이 없을 때의 고전 통신(C): 도달 가능한 속도 영역은 원점에서 $(C, 0, 0)$ 벡터를 연장한 직선 위에 있다.

2. 얽힘보조와 고전 통신이 없을 때의 양자 통신(Q): 도달 가능한 속도 영역은 원

점에서 $(0,\ Q,\ 0)$ 벡터를 연장한 직선 위에 있다.

3. 고전 통신이 없을 때의 얽힘보조 양자 통신(QE): 도달 가능한 속도 영역은 정리 25.2.1의 3차원 영역에서 $(0,\ Q,\ -E)$의 4분면에 놓여 있다.

4. 얽힘보조가 없을 때의 고전적으로 향상된 양자 통신(CQ): 도달 가능한 속도 영역은 정리 25.2.1의 3차원 영역에서 $(C,\ Q,\ 0)$의 4분면에 놓여 있다.

5. 양자 통신이 없을 때의 얽힘보조 고전 통신(CE): 도달 가능한 속도 영역은 정리 25.2.1의 3차원 영역의 $(C,\ 0,\ -E)$의 4분면에 놓여 있다.

고전 용량

다음 정리는 고전 통신에 대한 양자 선로 $\mathcal{N}$의 1차원 용량 영역 $\mathcal{C}_C(\mathcal{N})$을 준다.

【정리 25.2.2】 홀레보-슈마허-웨스트모어랜드   고전 용량 영역 $\mathcal{C}_C(\mathcal{N})$은

$$\mathcal{C}_C(\mathcal{N}) = \overline{\bigcup_{k=1}^{\infty} \frac{1}{k} \mathcal{C}_C^{(1)}(\mathcal{N}^{\otimes k})} \tag{25.17}$$

로 주어진다. $\mathcal{C}_C^{(1)}(\mathcal{N})$ 영역은 상태 의존 영역 $\mathcal{C}_{C,\sigma}^{(1)}(\mathcal{N})$의 합집합이다. 여기서 $\mathcal{C}_{C,\sigma}^{(1)}(\mathcal{N})$은 모든 $C \geq 0$인 집합으로, 다음을 만족시킨다.

$$C \leq I(X;B)_\sigma + I(A\rangle BX)_\sigma \tag{25.18}$$

엔트로피양은 식 (25.11)의 상태 σ_{XAB}에 대해 계산한다.

식 (25.18)의 한계는 $Q = 0$이고 $E = 0$인 경우에 식 (25.10)의 한계보다 절대로 더 클 수 없으며, 따라서 $I(X;\ B)_\sigma + I(A\rangle BX)_\sigma \leq I(AX;\ B)_\sigma$가 주어진다. 고전 용량에 대한 위의 특성화는 몇 가지 관찰을 하기 전까지는 20장의 특성화와는 조금 달라 보일 수도 있다. 먼저, 결맞은 정보 $I(A\rangle BX)_\sigma$를 $H(B|X)_\sigma - H(E|X)_\sigma$라고 다시 적어보자. 그러면 $I(X;\ B)_\sigma + I(A\rangle BX)_\sigma = H(B)_\sigma - H(E|X)_\sigma$이다. 그런 다음, $|\varphi^x\rangle_{A'}$ 형태의 순수 상태는 양자 선로의 고전 용량을 이루기에 충분하다(정리 13.3.2 참고). 그러면 이 형태의 상태에 대해 $H(E|X)_\sigma = H(B|X)_\sigma$여서 $I(X;\ B)_\sigma + I(A\rangle BX)_\sigma = H(B)_\sigma - H(B|X)_\sigma = I(X;\ B)_\sigma$가 된다. 따라서 식 (25.18)의 표현식은 고전 용량을 절대로 초과할 수 없고, 정확히 홀레보 정보에서 최댓값임을 알 수 있다.

양자 용량

다음 정리는 양자 선로 $\mathcal{N}$의 1차원 양자 용량 영역 $\mathcal{C}_Q(\mathcal{N})$을 준다.

【정리 25.2.3】 양자 용량 양자 용량 영역 $\mathcal{C}_Q(\mathcal{N})$은

$$\mathcal{C}_Q(\mathcal{N}) = \overline{\bigcup_{k=1}^{\infty} \frac{1}{k} \mathcal{C}_Q^{(1)}(\mathcal{N}^{\otimes k})} \tag{25.19}$$

로 주어진다. 영역 $\mathcal{C}_Q^{(1)}(\mathcal{N})$은 상태 의존 영역 $\mathcal{C}_{Q,\sigma}^{(1)}(\mathcal{N})$의 합집합이다. 여기서 $\mathcal{C}_{Q,\sigma}^{(1)}(\mathcal{N})$은 모든 $Q \geq 0$인 집합으로, 다음을 만족시킨다.

$$Q \leq I(A \rangle BX)_\sigma \tag{25.20}$$

이 엔트로피양은 확률 밀도 $p_X(x)$가 겹침 상태라는 제한을 갖고서 식 (25.11)의 상태 σ_{XAB}에 대해 계산한다.

식 (25.20)의 한계는 식 (25.9)에서 $E = 0$인 특수한 경우다. 정리 25.2.1의 다른 한계는 C, $E = 0$일 때 식 (25.9)의 한계보다 더 느슨하다.

얽힘보조 양자 용량

다음 정리는 양자 선로 $\mathcal{N}$의 2차원 얽힘보조 양자 용량 영역 $\mathcal{C}_{QE}(\mathcal{N})$을 준다.

【정리 25.2.4】 데브택-해로-윈터 얽힘보조 양자 용량 영역 $\mathcal{C}_{QE}(\mathcal{N})$은

$$\mathcal{C}_{QE}(\mathcal{N}) = \overline{\bigcup_{k=1}^{\infty} \frac{1}{k} \mathcal{C}_{QE}^{(1)}(\mathcal{N}^{\otimes k})} \tag{25.21}$$

로 주어진다. 영역 $\mathcal{C}_{QE}^{(1)}(\mathcal{N})$은 상태 의존 영역 $\mathcal{C}_{QE,\sigma}^{(1)}(\mathcal{N})$의 합집합이다. 여기서 $\mathcal{C}_{QE,\sigma}^{(1)}(\mathcal{N})$은 모든 Q, $E \geq 0$인 집합으로, 다음을 만족시킨다.

$$2Q \leq I(AX; B)_\sigma \tag{25.22}$$
$$Q \leq I(A \rangle BX)_\sigma + |E| \tag{25.23}$$

엔트로피양은 식 (25.11)의 상태 σ_{XAB}에 대해 확률 밀도 $p_X(x)$가 겹침 상태라는 제한을 갖고서 계산한다.

식 (25.22)와 식 (25.23)의 한계는 각각 식 (25.8)과 식 (25.9)의 한계의 $C = 0$인 특수한 경우다. 정리 25.2.1의 다른 한계는 $C = 0$일 때 식 (25.8)과 식 (25.9)의 한계보다 더 느슨하다. 이 영역은 일반적인 오각형의 합집합임을 관찰해두자(이 합집합의 일반적인 오각형 중 하나의 사례로 그림 25.2의 QE 평면을 참고하라).

고전 보조 양자 용량

다음의 정리는 양자 선로 $\mathcal{N}$에 대해 고전적으로 향상된 양자 통신에 대한 2차원 용량 영역 $\mathcal{C}_{CQ}(\mathcal{N})$을 준다.

【정리 25.2.5】데브택-쇼어   고전적으로 향상된 양자 용량 영역 $\mathcal{C}_{CQ}(\mathcal{N})$은

$$\mathcal{C}_{CQ}(\mathcal{N}) = \overline{\bigcup_{k=1}^{\infty} \frac{1}{k} \mathcal{C}_{CQ}^{(1)}(\mathcal{N}^{\otimes k})} \tag{25.24}$$

로 주어진다. 영역 $\mathcal{C}_{CQ}^{(1)}(\mathcal{N})$은 상태 의존 영역 $\mathcal{C}_{CQ,\sigma}^{(1)}(\mathcal{N})$의 합집합이다. 여기서 $\mathcal{C}_{CQ,\sigma}^{(1)}(\mathcal{N})$은 $C, Q \geq 0$인 모든 집합이며, 다음을 만족시킨다.

$$C + Q \leq I(X;B)_\sigma + I(A\rangle BX)_\sigma \tag{25.25}$$
$$Q \leq I(A\rangle BX)_\sigma \tag{25.26}$$

엔트로피양은 식 (25.11)의 상태 σ_{XAB}에 대해 계산한다.

식 (25.25)와 식 (25.26)의 한계는 각각 식 (25.9)와 식 (25.10)의 한계의 $E = 0$인 특수한 경우다. 식 (25.8)의 첫 번째 부등식은 불필요한데, $Q \leq I(A\rangle BX)_\sigma = H(A|EX)_\sigma \leq H(A|X)_\sigma$이고, 이 식과 식 (25.25)를 결합하면 식 (25.8)을 주기 때문이다. 이 영역이 사다리꼴들의 합집합임을 관찰해두자(이 합집합의 직사각형 중 하나의 예는 그림 25.2의 CQ 평면이다).

제한적인 얽힘을 갖는 얽힘보조 고전 용량

【정리 25.2.6】쇼어   양자 선로 $\mathcal{N}$의 얽힘보조 고전 용량 영역 $\mathcal{C}_{CE}(\mathcal{N})$은 다음과 같다.

$$\mathcal{C}_{CE}(\mathcal{N}) = \overline{\bigcup_{k=1}^{\infty} \frac{1}{k} \mathcal{C}_{CE}^{(1)}(\mathcal{N}^{\otimes k})} \tag{25.27}$$

영역 $\mathcal{C}_{CE}^{(1)}(\mathcal{N})$은 상태 의존 영역 $\mathcal{C}_{CE,\sigma}^{(1)}(\mathcal{N})$의 합집합이다. 여기서 $\mathcal{C}_{CE,\sigma}^{(1)}(\mathcal{N})$은 $C, E \geq 0$인 모든 집합이고, 다음을 만족시킨다.

$$C \leq I(AX;B)_{\sigma} \tag{25.28}$$
$$C \leq I(X;B)_{\sigma} + I(A\rangle BX)_{\sigma} + |E| \tag{25.29}$$

여기서 엔트로피양은 식 (25.11)의 상태 σ_{XAB}에 대해 계산한다.

식 (25.28)과 식 (25.29)의 한계는 각각 식 (25.8)과 식 (25.10)의 한계의 $Q = 0$인 특수한 경우다. 이 영역이 일반적인 다면체의 합집합임을 관찰해두자(이 합집합의 일반적인 다면체 중 하나의 사례는 그림 25.2의 CE 평면을 참고하라).

25.3 직접 부호화 정리

단위 자원 도달 가능 영역은 앨리스와 밥이 얽힘 분배, 양자원격전송, 초고밀도 부호화를 사용해 도달할 수 있는 것이다(8장 참고). 이것은 다음 통신 규약에 해당하는 속도 삼중항의 원뿔이다.

$$\{\alpha(0,-1,1) + \beta(2,-1,-1) + \gamma(-2,1,-1) : \alpha, \beta, \gamma \geq 0\} \tag{25.30}$$

또한 단위 자원 용량 영역에 있는 임의의 속도 삼중항 (C, Q, E)를 행렬 방정식을 써서 적을 수 있다.

$$\begin{bmatrix} C \\ Q \\ E \end{bmatrix} = \begin{bmatrix} 0 & 2 & -2 \\ -1 & -1 & 1 \\ 1 & -1 & -1 \end{bmatrix} \begin{bmatrix} \alpha \\ \beta \\ \gamma \end{bmatrix} \tag{25.31}$$

위 행렬의 역행렬은 다음과 같다.

$$\begin{bmatrix} -\frac{1}{2} & -1 & 0 \\ 0 & -\frac{1}{2} & -\frac{1}{2} \\ -\frac{1}{2} & -\frac{1}{2} & -\frac{1}{2} \end{bmatrix} \tag{25.32}$$

그리고 식 (25.31) 행렬 방정식의 역을 취하고 α, β, $\gamma \geq 0$인 제약조건을 적용하면 단위 자원 도달 가능 영역에 대한 다음의 부등식 집합을 준다.

$$C + 2Q \leq 0 \tag{25.33}$$
$$Q + E \leq 0 \tag{25.34}$$
$$C + Q + E \leq 0 \tag{25.35}$$

이제 고전 정보와 양자정보의 얽힘보조 통신을 위해 따름정리 22.5.2에서의 통신 규약을 포함시켜보자. 따름정리 22.5.2는 $\mathcal{N}_{A' \to B}$에 대한 선로 부호화에 의해 다음의 속도 삼중항에 도달할 수 있다는 내용이다.

$$\left(I(X;B)_\sigma, \frac{1}{2}I(A;B|X)_\sigma, -\frac{1}{2}I(A;E|X)_\sigma \right) \tag{25.36}$$

여기서 임의의 상태 σ_{XABE}는 다음과 같은 형태다.

$$\sigma_{XABE} \equiv \sum_x p_X(x)|x\rangle\langle x|_X \otimes \mathcal{U}^{\mathcal{N}}_{A' \to BE}(\phi^x_{AA'}) \tag{25.37}$$

여기서 $U^{\mathcal{N}}_{A' \to BE}$은 양자 선로 $\mathcal{N}_{A' \to B}$의 등척 확장이다. 특히, 따름정리 22.5.2에서 큰 덩어리 길이인 극한에서 소멸하는 오류를 갖는 위의 속도에 도달할 수 있음을 보였다. 따라서 도달 가능 속도 영역은 식 (25.31)의 단위 자원 도달 가능 영역의 다음과 같은 평행이동이다.

$$\begin{bmatrix} C \\ Q \\ E \end{bmatrix} = \begin{bmatrix} 0 & 2 & -2 \\ -1 & -1 & 1 \\ 1 & -1 & -1 \end{bmatrix} \begin{bmatrix} \alpha \\ \beta \\ \gamma \end{bmatrix} + \begin{bmatrix} I(X;B)_\sigma \\ \frac{1}{2}I(A;B|X)_\sigma \\ -\frac{1}{2}I(A;E|X)_\sigma \end{bmatrix} \tag{25.38}$$

이제 위의 부호화 전략을 사용해 도달 가능 속도 영역에 대한 한계를 결정할 수 있다. 식 (25.31) 행렬의 역행렬을 좌변과 우변에 적용하면

$$\begin{bmatrix} -\frac{1}{2} & -1 & 0 \\ 0 & -\frac{1}{2} & -\frac{1}{2} \\ -\frac{1}{2} & -\frac{1}{2} & -\frac{1}{2} \end{bmatrix} \begin{bmatrix} C \\ Q \\ E \end{bmatrix} - \begin{bmatrix} -\frac{1}{2} & -1 & 0 \\ 0 & -\frac{1}{2} & -\frac{1}{2} \\ -\frac{1}{2} & -\frac{1}{2} & -\frac{1}{2} \end{bmatrix} \begin{bmatrix} I(X;B)_\sigma \\ \frac{1}{2}I(A;B|X)_\sigma \\ -\frac{1}{2}I(A;E|X)_\sigma \end{bmatrix} = \begin{bmatrix} \alpha \\ \beta \\ \gamma \end{bmatrix} \tag{25.39}$$

를 준다. 그런 다음, 아래의 항등식

$$I(X;B)_\sigma + I(A;B|X)_\sigma = I(AX;B)_\sigma \tag{25.40}$$

$$\frac{1}{2}I(A;B|X)_\sigma - \frac{1}{2}I(A;E|X)_\sigma = I(A\rangle BX)_\sigma \qquad (25.41)$$

를 사용하고 α, β, $\gamma \geq 0$인 제약조건을 사용해 식 (25.8) ~ 식 (25.10)의 부등식을 얻고, 이것은 정리 25.2.1의 상태 의존 영역에 정확히 대응한다. 식 (25.11)의 모든 가능한 상태 σ에 대한 합집합을 취하고, 정규화를 취하면 완전한 동적 도달 가능 속도 영역이 주어진다.

그림 25.2는 식 (25.8) ~ 식 (25.10)에 의해 규정된 일반적인 다면체의 사례를 묘

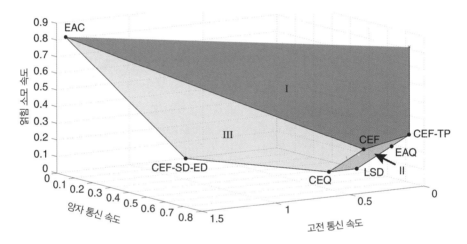

그림 25.2 결어긋남 매개변수 $p = 0.2$인 큐비트 결어긋남 선로에서 나타난 σ_{XABE} 상태에 해당하는 상태 의존 도달 가능 영역 $\mathcal{C}^{(1)}_{\text{CQE},\sigma}(\mathcal{N})$의 사례. 이 그림은 얽힘의 소모와 고전 통신과 양자 통신의 생성에 해당하는 8분공간을 묘사하고 있다. 선로 $\mathcal{N}$에 대한 입력 상태는 식 (25.42)에 정의된 $\sigma_{XAA'}$이다. 이 그래프는 상태 의존 영역에서 7개의 도달 가능한 꼭짓점을 갖는다는 특징이 있다. 임의의 두 부호화 전략의 시간 공유를 사용해 이 점 7개의 볼록껍질(convex hull)에 도달할 수 있다. 또한 필요한 것보다 더 많은 얽힘을 소모하는 도달 가능한 점보다 위에 있는 어떤 점에도 도달할 수 있다. 7개의 도달 가능 꼭짓점은 얽힘보조 양자 통신(EAQ), 고전적으로 향상된 양자 통신(CEQ)을 위한 따름정리 22.5.3에서 나온 통신 규약, 제한된 얽힘을 갖는 얽힘보조 고전 통신(EAC), CEF와 얽힘 분배 및 초고밀도 부호화의 결합(CEF-SD-ED), 고전 정보와 양자정보의 얽힘보조 통신(CEF)을 위한 따름정리 22.5.2에서 나온 통신 규약, CEF와 양자원격전송의 결합(CEF-TP)이다. CEF를 초고밀도 부호화와 결합해 EAC를 얻을 수 있고, 따라서 CEQ, CEF, EAC, CEF-SD-ED인 점들이 모두 평면 III에 있음을 알아두자. 얽힘 증류에 의해 CEF에서 CEQ를 얻을 수 있고, 얽힘 증류에 의해 EAQ로부터 LSD를, CEF-TP로부터 EAQ를 모두 얻을 수 있음을 알아두자. 따라서 CEF, CEQ, LSD, EAQ, CEF-TP는 모두 평면 II에 있다. 마지막으로, CEF를 양자원격전송, 초고밀도 부호화, 얽힘 분배의 단위 통신 규약과 결합하여 모든 꼭짓점을 얻을 수 있다. 식 (25.8) ~ 식 (25.10)의 한계는 각각 평면 I에서 III까지를 유일하게 규정한다. 상태 의존 영역 $\mathcal{C}^{(1)}_\sigma(\mathcal{N})$의 모든 상태 σ에 대해 합집합을 취하고 정리 25.2.1에서 설명한 정규화를 취하여 도달 가능한 영역 전체를 얻을 수 있다. 위의 영역은 8장에서 본 단위 자원 용량 영역에서 고전 정보와 양자정보의 얽힘보조 통신에 대한 통신 규약으로의 평행이동이다.

사한다. 여기서 선로는 큐비트 결어긋남 선로 $\rho \to (1-p)\rho + pZ\rho Z$이고, 결어긋남 매개변수는 $p = 0.2$이다. 그리고 입력 상태는 다음과 같다.

$$\sigma_{XAA'} \equiv \frac{1}{2}(|0\rangle\langle 0|_X \otimes \phi^0_{AA'} + |1\rangle\langle 1|_X \otimes \phi^1_{AA'}) \qquad (25.42)$$

여기서

$$\left|\phi^0\right\rangle_{AA'} \equiv \sqrt{1/4}|00\rangle_{AA'} + \sqrt{3/4}|11\rangle_{AA'} \qquad (25.43)$$
$$\left|\phi^1\right\rangle_{AA'} \equiv \sqrt{3/4}|00\rangle_{AA'} + \sqrt{1/4}|11\rangle_{AA'} \qquad (25.44)$$

이 선로에서 나온 상태 σ_{XABE}는 $U^{\mathcal{N}}_{A' \to BE}(\sigma_{XAA'})$이고, 여기서 $U^{\mathcal{N}}_{A' \to BE}$은 양자 결어긋남 선로의 등척 확장이다. 그림의 설명은 상태 의존 영역 $\mathcal{C}^{(1)}_{\mathrm{CQE},\sigma}$의 자세한 설명을 제공한다(그림 25.2가 상태 의존 영역을 표시하고, 전체 용량 영역을 표시하지는 않았음을 참고하라).

25.4 역정리

동적 용량 영역의 촉매적, 정보 이론적 역정리 증명을 식 (25.6)이 그 다문자 특성화를 준다는 것을 보이며 제시하겠다. 촉매적 접근법은 유잡음 양자 선로의 사용에 추가로 고전 통신, 양자 통신, 얽힘을 '소비하고 생성하는' 가장 일반적인 통신 규약을 생각하겠다는 것을 뜻한다. 이 접근법은 역정리를 '한 방에' 증명할 수 있다는 이점을 갖는다. AFW 부등식, 양자 상호 정보에 대한 연쇄 규칙, 양자 엔트로피의 기본적 성질, 양자 자료처리 부등식을 이용해 이 역정리를 증명한다.

공유된 무작위성을 생성하기 위한 용량이 고전 통신을 생성하는 데 필요한 용량보다 더 좋을 수만 있기 때문에(고전 통신은 공유된 무작위성을 생성할 수 있다), 식 (25.8) ~ 식 (25.10)의 한계가 고전 통신 대신에 무작위성 분배에 대해 성립함을 보일 것이다. 또한 양자 통신을 생성하는 통신 규약 대신에 참조계와 최대 얽힘을 보존하는 통신 규약을 고려할 것이다.

역정리가 다음과 같은 형태의 상태에 대해 성립함을 증명하겠다.

$$\sigma_{XAB^n} \equiv \sum_x p(x)|x\rangle\langle x|_X \otimes \mathcal{N}^{\otimes n}_{A' \to B}(\rho^x_{AA'^n}) \qquad (25.45)$$

여기서 상태 $\rho^x_{AA'^n}$는 섞인 상태다. 이 상태를 식 (25.3)에서 정의된 ω_{XAB^n}에 $A \equiv RS_AA_2T_B$와 $X \equiv LM$으로 둔 상태라고 본다. 식 (25.11)의 형태인 상태에 대해 증명하기보다는 이렇게 하겠다. 그러면 25.4.1절에서 섞인 상태의 앙상블을 고려할 필요가 없음을 보일 것이다. 즉, 순수 상태의 앙상블만 고려하면 정리 25.2.1의 내용이 주어진다.

먼저 식 (25.8)의 한계를 증명한다. 다음의 연쇄적 부등식을 생각해보자.

$$
n(C_{\text{out}} + 2Q_{\text{out}})
$$
$$
= I(M; \hat{M})_{\overline{\Phi}} + I(R; B_1)_{\Phi} \tag{25.46}
$$
$$
= I(RM; B_1\hat{M})_{\Phi \otimes \overline{\Phi}} \tag{25.47}
$$
$$
\leq I(RM; B_1\hat{M})_{\omega'} + n\delta' \tag{25.48}
$$
$$
\leq I(RM; B^nA_2LT_B)_{\omega} + n\delta' \tag{25.49}
$$
$$
= I(RA_2T_BLM; B^n)_{\omega} + I(RM; A_2T_BL)_{\omega} - I(B^n; A_2T_BL)_{\omega} + n\delta' \tag{25.50}
$$
$$
\leq I(RS_AA_2T_BLM; B^n)_{\omega} + I(RM; A_2T_BL)_{\omega} + n\delta' \tag{25.51}
$$
$$
= I(AX; B^n)_{\omega} + I(RM; T_B)_{\omega} + I(RM; L|T_B)_{\omega}
$$
$$
\qquad + I(RM; A_2|T_BL)_{\omega} + n\delta' \tag{25.52}
$$
$$
\leq I(AX; B^n)_{\omega} + n(C_{\text{in}} + 2Q_{\text{in}}) + n\delta' \tag{25.53}
$$

첫 번째 등식은 각각 $\overline{\Phi}_{M\hat{M}}$과 Φ_{RB_1} 상태에 대해 양자 상호 정보를 계산하면 성립한다. 두 번째 등식은 상호 정보가 텐서 곱 상태에 대해 가법적이기 때문에(연습문제 11.6.8 참고) 성립한다. 첫 번째 부등식은 식 (25.5)의 조건과 AFW 부등식을 적용해 유도한다. 여기서 δ'은 $n \to \infty$이고 $\varepsilon \to 0$인 극한에서 소멸하는 매개변수다. 두 번째 부등식은 양자 자료처리 부등식에서 유도된다. 세 번째 등식은 연습문제 11.7.1의 항등식의 결과다. 세 번째 부등식은 양자 자료처리 부등식과 $I(B^n; A_2T_BL)_{\omega} \geq 0$이라는 사실에서 유도된다. 네 번째 등식은 $A \equiv RS_AA_2T_B$와 $X \equiv LM$으로 두고 연쇄 규칙을 적용하면 $I(RM; A_2T_BL)_{\omega} = I(RM; T_B)_{\omega} + I(RM; L|T_B)_{\omega} + I(RM; A_2|T_BL)_{\omega}$가 성립하여 유도된다. 마지막 부등식은 $I(RM; T_B)_{\omega} = 0$이라는 점과, 차원 한계 $I(RM; L|T_B)_{\omega} \leq \log \dim(\mathcal{H}_L) = nC_{\text{in}}$과 $I(RM; A_2|T_BL)_{\omega} \leq 2 \log \dim(\mathcal{H}_{A_2}) = n2Q_{\text{in}}$으로부터 성립한다(연습문제 11.7.9 참고). 따라서 식 (25.8)은 순속도에 대해 성립한다.

이제 식 (25.9)의 두 번째 한계를 증명하겠다. 다음의 연쇄적 부등식을 생각해보자.

$$n(Q_{\text{out}} + E_{\text{out}}) = I(R\rangle B_1)_\Phi + I(S_A\rangle S_B)_\Phi \tag{25.54}$$

$$= I(RS_A\rangle B_1 S_B)_{\Phi \otimes \Phi} \tag{25.55}$$

$$\leq I(RS_A\rangle B_1 S_B)_{\omega'} + n\delta' \tag{25.56}$$

$$\leq I(RS_A\rangle B^n A_2 T_B LM)_\omega + n\delta' \tag{25.57}$$

$$\leq I(RS_A A_2 T_B\rangle B^n LM)_\omega + \log \dim(\mathcal{H}_{A_2} \otimes \mathcal{H}_{T_B}) + n\delta' \tag{25.58}$$

$$= I(A\rangle B^n X)_\omega + n(Q_{\text{in}} + E_{\text{in}}) + n\delta' \tag{25.59}$$

첫 번째 등식은 각각의 상태 Φ_{RB_1}과 $\Phi_{S_A S_B}$에 대해 결맞은 정보를 계산해 유도한다. 두 번째 등식은 $\Phi_{RB_1} \otimes \Phi_{S_A S_B}$가 곱 상태이고, 결맞은 정보는 곱 상태에 대해 가법적이기 때문에 성립한다. 첫 번째 부등식은 식 (25.5)의 조건과 $n \to \infty$이고 $\varepsilon \to 0$인 극한에서 소멸하는 매개변수 δ'을 갖는 AFW 부등식을 적용해 유도한다. 두 번째 부등식은 양자 자료처리 부등식에서 유도한다. 세 번째 부등식은 연습문제 11.8.5의 차원 한계에서 유도된다. 마지막 등식은 $A \equiv RS_A A_2 T_B$와 $X \equiv LM$으로 두고, $\log \dim(\mathcal{H}_{A_2}) = nQ_{\text{in}}$이고 $\log \dim(\mathcal{H}_{T_B}) = nE_{\text{in}}$임을 생각하면 성립한다. 따라서 식 (25.9)는 순속도에 대해 성립한다.

식 (25.10)의 마지막 한계를 증명하겠다. 다음의 연쇄적 부등식을 생각해보자.

$$n(C_{\text{out}} + Q_{\text{out}} + E_{\text{out}})$$
$$= I(M; \hat{M})_{\overline{\Phi}} + I(RS_A\rangle B_1 S_B)_{\Phi \otimes \Phi} \tag{25.60}$$

$$\leq I(M; \hat{M})_{\omega'} + I(RS_A\rangle B_1 S_B)_{\omega'} + n\delta' \tag{25.61}$$

$$\leq I(M; B^n A_2 T_B L)_\omega + I(RS_A\rangle B^n A_2 T_B LM)_\omega + n\delta' \tag{25.62}$$

$$= I(ML; B^n)_\omega + I(RS_A A_2 T_B\rangle B^n LM)_\omega + I(M; L)_\omega$$
$$\quad + H(A_2 T_B | B^n)_\omega - I(A_2 B^n T_B; L)_\omega + n\delta' \tag{25.63}$$

$$\leq I(X; B^n)_\omega + I(A\rangle B^n X)_\omega + I(M; L)_\omega + H(A_2 T_B | B^n)_\omega + n\delta' \tag{25.64}$$

$$\leq I(X; B^n)_\omega + I(A\rangle B^n X)_\omega + n(C_{\text{in}} + Q_{\text{in}} + E_{\text{in}}) + n\delta' \tag{25.65}$$

첫 번째 등식은 상태 $\overline{\Phi}_{M\hat{M}}$의 상호 정보와 곱 상태 $\Phi_{RB_1} \otimes \Phi_{S_A S_B}$의 결맞은 정보를 계산해 유도한다. 첫 번째 부등식은 식 (25.5)의 조건과 $n \to \infty$이고 $\varepsilon \to 0$일 때 소멸하는 δ'을 갖는 AFW 부등식을 적용해 유도한다. 두 번째 부등식은 양자 자료처리 부등식에서 유도된다. 두 번째 등식은 비조건적 엔트로피로 모든 양을 전개하고 두 항이 모두 $H(M)_\omega + H(B^n A_2 T_B L)_\omega - H(RS_A B^n A_2 T_B LM)_\omega$와 같다는 점으로부터 확인할 수 있는 항등식이다. 세 번째 부등식은 $A \equiv RT_B A_2 S_A$와 $X \equiv ML$로 두고, 또한 $I(A_2 B^n T_B; L)_\omega \geq 0$이기 때문에 성립한다. 마지막 부등식은 차원 한계 $I(M;$

$L)_\omega \leq \log \dim(\mathcal{H}_L) = nC_{\text{in}}$과 $H(A_2 T_B | B^n)_\omega \leq \log \dim(\mathcal{H}_{A_2} \otimes \mathcal{H}_{T_B}) = n(Q_{\text{in}} + E_{\text{in}})$에서 유도된다. 따라서 식 (25.10)을 순속도에 대해 적용할 수 있다. 이것으로 역정리의 증명을 마무리한다.

25.4.1 순수 상태 앙상블이면 충분하다

여기서의 역정리 증명에서, 정리 25.2.1의 진술에서 나온 대로 식 (25.45)의 섞인 상태의 앙상블이 아니라 순수 상태의 앙상블을 고려하는 것으로 충분함을 증명하겠다. 먼저 섞인 상태 앙상블의 스펙트럼 분해를 결정하고, 고전 변수 Y로 그 스펙트럼 분해의 순수 상태의 지표를 모형화하고, 고전 레지스터에 고전 변수 Y를 둔다. 그러면 통신 속도는 개선될 수만 있으며, 순수 상태의 앙상블을 고려하는 것으로 충분함이 유도된다.

식 (25.45)의 앙상블 각각이 섞인 상태가 다음 형태의 스펙트럼 분해를 받아들임을 생각해보자.

$$\rho^x_{AA'} = \sum_y p(y|x)\psi^{x,y}_{AA'} \tag{25.66}$$

따라서 이 앙상블을 다음과 같이 표현할 수 있다.

$$\rho_{XAB} \equiv \sum_{x,y} p(x)p(y|x)|x\rangle\langle x|_X \otimes \mathcal{N}_{A' \to B}(\psi^{x,y}_{AA'}) \tag{25.67}$$

식 (25.8) $\sim$ 식 (25.10)의 동적 용량 영역에 대한 부등식은 상호 정보 $I(AX; B)_\rho$, 홀레보 정보 $I(X; B)_\rho$, 결맞은 정보 $I(A\rangle BX)_\rho$를 포함한다. 아래에서 보이겠지만, 변수 y를 고전 변수의 일부가 되도록 한다면 이 각각의 엔트로피양들은 각 경우에 대해 개선될 수만 있다. 그러면 이런 개선은 동적 용량 정리에 순수 상태만 고려하면 된다는 것을 함의한다.

θ_{XYAB}가 다음 형태와 같은 증강된 상태를 나타낸다고 하자.

$$\theta_{XYAB} \equiv \sum_x p(x)p(y|x)|x\rangle\langle x|_X \otimes |y\rangle\langle y|_Y \otimes \mathcal{N}_{A' \to B}(\psi^{x,y}_{AA'}) \tag{25.68}$$

이 상태는 사실 고전 변수 X와 Y를 하나의 고전 변수로 가정한다면 식 (25.11)의 형태인 상태다. 다음의 세 부등식 각각은 양자 자료처리 부등식을 적용하면 유도된다.

$$I(X;B)_\rho = I(X;B)_\theta \le I(XY;B)_\theta \tag{25.69}$$

$$I(AX;B)_\rho = I(AX;B)_\theta \le I(AXY;B)_\theta \tag{25.70}$$

$$I(A\rangle BX)_\rho = I(A\rangle BX)_\theta \le I(A\rangle BXY)_\theta \tag{25.71}$$

이 부등식은 각각 홀레보 정보, 상호 정보, 결맞은 정보에 대해 필요한 결과를 증명하고, 정리 25.2.1의 순수 상태의 앙상블을 고려하면 충분함을 증명한다. 같은 논증이 $\mathcal{N}_{A'\to B}$를 $\mathcal{N}_{A'\to B}^{\otimes n}$으로 교체한 식에 대해서도 성립한다.

25.4.2 양자 동적 용량 공식

여기서는 양자 동적 용량 공식을 소개하고, 그 가법성이 영량 영역의 파레토 최적 절충 표면을 계산하는 데 무한히 많은 선로가 아니라 단 하나의 사본에 대한 최적화만이 필요하다는 것을 뜻함을 보이겠다. 한 자원을 깎지 않고는 또 다른 자원을 더 개선할 수 없다는 관점에서(이 점들은 기본적으로 이 경우의 영역 경계점들이다), 파레토 최적 절충 표면은 용량 영역에서 파레토 최적인 모든 점으로 구성된다. 그런 다음 이 책의 앞부분에서 논의한 중요한 용량 공식들이 어째서 양자 동적 용량 공식의 특수한 경우인지 보일 것이다.

【정의 25.4.1】 양자 동적 용량 공식   양자 선로 $\mathcal{N}$에 대한 양자 동적 용량 공식은 다음과 같다.

$$D_{\vec{\lambda}}(\mathcal{N}) \equiv \max_\sigma \lambda_1 I(AX;B)_\sigma + \lambda_2 I(A\rangle BX)_\sigma + \lambda_3 \left[I(X;B)_\sigma + I(A\rangle BX)_\sigma \right] \tag{25.72}$$

여기서 σ는 식 (25.11)의 형태인 상태이고, $\vec{\lambda} \equiv (\lambda_1, \lambda_2, \lambda_3)$는 $\lambda_1, \lambda_2, \lambda_3 \ge 0$을 만족시키는 라그랑주 승수Lagrange multiplier의 벡터다.

【정의 25.4.2】   정규화된 양자 동적 용량 공식은 다음과 같이 정의된다.

$$D_{\vec{\lambda}}^{\mathrm{reg}}(\mathcal{N}) \equiv \lim_{k\to\infty} \frac{1}{k} D_{\vec{\lambda}}(\mathcal{N}^{\otimes k}) \tag{25.73}$$

【보조정리 25.4.1】   동적 용량 정리 공식은 선로 $\mathcal{N}$과 또 다른 임의의 선로 $\mathcal{M}$에 대해 가법적이다.

$$D_{\vec{\lambda}}(\mathcal{N} \otimes \mathcal{M}) = D_{\vec{\lambda}}(\mathcal{N}) + D_{\vec{\lambda}}(\mathcal{M}) \tag{25.74}$$

그러면 $\mathcal{N}$에 대한 정규화된 동적 용량 공식은 양자 동적 용량 공식과 같다.

$$D_{\vec{\lambda}}^{\mathrm{reg}}(\mathcal{N}) = D_{\vec{\lambda}}(\mathcal{N}) \tag{25.75}$$

이런 관점에서, 정규화된 공식은 '단문자화single-letterize'된다.

【증명】 n에 대한 수학적 귀납법을 사용해 이 결과를 증명하겠다. 기본적으로 $n = 1$인 경우에는 자명하다. n에 대해 이 결과가 성립한다고 하자. 즉, $D_{\vec{\lambda}}(\mathcal{N}^{\otimes n}) = nD_{\vec{\lambda}}(\mathcal{N})$이다. 그러면 다음의 연쇄적 등식이 귀납법의 단계를 구성한다.

$$D_{\vec{\lambda}}(\mathcal{N}^{\otimes n+1}) = D_{\vec{\lambda}}(\mathcal{N} \otimes \mathcal{N}^{\otimes n}) = D_{\vec{\lambda}}(\mathcal{N}) + D_{\vec{\lambda}}(\mathcal{N}^{\otimes n}) = D_{\vec{\lambda}}(\mathcal{N}) + nD_{\vec{\lambda}}(\mathcal{N}) \tag{25.76}$$

첫 번째 등식은 텐서 곱을 전개해 유도한다. 두 번째 중요한 등식은 식 (25.74)의 가정으로부터 $\mathcal{M} = \mathcal{N}^{\otimes n}$이라고 두면 유도된다. 마지막 등식은 수학적 귀납법의 가정으로부터 성립한다. □

【정리 25.4.1】 양자 동적 용량 공식의 단문자화는 동적 용량 영역의 파레토 최적 절충 표면 계산을 선로의 단일 사본에 대해서만 최적화하면 된다는 것을 뜻한다.

【증명】 증명을 위해 최적화 이론에서 나온 아이디어를 사용하겠다([Boyd & Vandenberghe, 2004] 참고). 파레토 최적인 용량 영역의 모든 점을 특징지을 것이다. 그런 작업은 파레토 절충 분석 이론의 표준 벡터 최적화다([Boyd & Vandenberghe, 2004]의 4.7절 참고).

$\vec{w} \equiv (w_C, w_Q, w_E) \in \mathbb{R}^3$가 가중치 벡터이고, $\vec{R} \equiv (C, Q, E)$는 속도 벡터이며, $\mathcal{E} \equiv \{p_X(x), \phi_{AA'}^x\}$를 앙상블이라고 하자. 여기서의 핵심 목표는 이 계산 문제가 λ_1, λ_2, $\lambda_3 \geq 0$인 $\vec{\lambda}$에 대해 식 (25.72)의 양자 동적 용량 공식을 계산하는 것으로 축소됨을 보이는 것이다. 그렇게 하면, 이제부터 선로의 단일 사본에 집중하여 일단 설명한 정리의 내용을 연역할 수 있다. 단일 사본 용량 영역의 경계를 계산하는 작업을 다음의 최적화 문제로 설명할 수 있다.

$$P^*(\vec{w}) \equiv \sup_{\vec{R}, \mathcal{E}} \vec{w} \cdot \vec{R} \tag{25.77}$$

$$조건 \qquad C + 2Q \le I(AX;B)_\sigma \tag{25.78}$$

$$Q + E \le I(A\rangle BX)_\sigma \tag{25.79}$$

$$C + Q + E \le I(X;B)_\sigma + I(A\rangle BX)_\sigma \tag{25.80}$$

여기서 최적화는 식 (25.11)의 형태인 상태 σ_{XAB}를 갖고 모든 속도 벡터 $\vec{R} = (C,$ $Q, E)$와 앙상블 $\mathcal{E} = \{p_X(x), \phi_{AA'}^x\}$에 대해 수행된다.

이 최적화 작업의 기하학적 해석은 동적 용량 영역을 지지하는 평면을 찾으려고 한다는 것이다. 이 평면은 가중치 벡터 $\vec{w}$가 이 평면에 대해 수직이고, $\vec{R}$과의 내적 값이 평면의 절편을 결정하여, 모든 $\vec{w} \in \mathbb{R}^3$에 대한 $P^*(\vec{w})$가 영역의 경계를 특징짓는다. 최적값 $P^*(\vec{w})$는 때로는 무한대가 될 수도 있음을 알아두자. 예를 들어 $\vec{w} = (-1, -1, -1)$이면 최적 속도는 $\vec{R} = (-\infty, -\infty, -\infty)$이고, 이것은 단순히 모든 자원을 소모하는 경우에 해당한다(동적 용량 정리는 동시에 소모되는 모든 자원에 대해 어떤 제약조건도 주지 않으며, 어떤 자원이 소모되면서 다른 자원을 생성하는 것에 대한 제약조건을 준다).

이제 앙상블 $\mathcal{E}$를 고정하고, 식 (25.78) ~ 식 (25.80)의 제약조건을 전제하며 $P^*(\vec{w}, \mathcal{E}) \equiv \sup_{\vec{R}} \vec{w} \cdot \vec{R}$이라고 하자. 그러면 최적화 문제는 선형계획법$^{linear\ programming}$이라고 알려진 것으로, 목표 함수가 $\vec{R}$에 대해 선형이고 제약조건이 $\vec{R}$을 포함하는 선형 부등식으로 주어졌을 때의 문제가 된다. 다음의 라그랑지안을 정의하고, 각각 식 (25.78) ~ 식 (25.80)의 제약조건에 해당하는 라그랑주 승수 $\lambda_1, \lambda_2, \lambda_3$를 도입한다.

$$\begin{aligned}
\mathcal{L}&(\vec{w}, \vec{R}, \mathcal{E}, \vec{\lambda}) \\
&\equiv w_C C + w_Q Q + w_E E + \lambda_1 [I(AX;B)_\sigma - (C + 2Q)] \\
&\quad + \lambda_2 [I(A\rangle BX)_\sigma - (Q + E)] \\
&\quad + \lambda_3 [I(X;B)_\sigma + I(A\rangle BX)_\sigma - (C + Q + E)] \tag{25.81} \\
&= (w_C - \lambda_1 - \lambda_3) C + (w_Q - 2\lambda_1 - \lambda_2 - \lambda_3) Q + (w_E - \lambda_2 - \lambda_3) E \\
&\quad + \lambda_1 I(AX;B)_\sigma + \lambda_2 I(A\rangle BX)_\sigma + \lambda_3 [I(X;B)_\sigma + I(A\rangle BX)_\sigma] \tag{25.82}
\end{aligned}$$

라그랑주 쌍대 함수는 다음과 같이 정의된다.

$$g(\vec{w}, \mathcal{E}, \vec{\lambda}) \equiv \sup_{\vec{R}} \mathcal{L}(\vec{w}, \vec{R}, \mathcal{E}, \vec{\lambda}) \tag{25.83}$$

조사해보면 $g(\vec{w}, \mathcal{E}, \vec{\lambda})$는 $w_C = \lambda_1 + \lambda_3$, $w_Q = 2\lambda_1 + \lambda_2 + \lambda_3$, $w_E = \lambda_2 + \lambda_3$가 아닌 한 무한대다. 또는 동등하게 (이 방정식을 뒤집어서) $g(\vec{w}, \mathcal{E}, \vec{\lambda})$는

$$\lambda_1 = \frac{1}{2}\left(w_Q - w_E\right) \tag{25.84}$$

$$\lambda_2 = \frac{1}{2}\left(-2w_C + w_Q + w_E\right) \tag{25.85}$$

$$\lambda_3 = \frac{1}{2}\left(2w_C - w_Q + w_E\right) \tag{25.86}$$

가 아닌 한 무한대다. 따라서 식 (25.84) ~ 식 (25.86)이 성립한다면 다음 식

$$g(\vec{w}, \mathcal{E}, \vec{\lambda}) = \lambda_1 I(AX; B)_\sigma + \lambda_2 I(A \rangle BX)_\sigma + \lambda_3\left[I(X; B)_\sigma + I(A \rangle BX)_\sigma\right] \tag{25.87}$$

가 성립하고, 아니면 $g(\overline{w}, \mathcal{E}, \vec{\lambda}) = +\infty$임을 알 수 있다. 식 (25.87)이 식 (25.72)의 양자 동적 용량 공식의 표현식을 포함하는 것을 살펴보자.

$\lambda_1, \lambda_2, \lambda_3 \geq 0$일 때, 라그랑주 쌍대 함수는 $P^*(\overline{w}, \mathcal{E})$에 대한 상계를 준다. 이것을 알아보려면, $\vec{R}$이 고정된 $\mathcal{E}$에 대해 식 (25.78) ~ 식 (25.80)의 조건을 만족시키는 속도 벡터라고 하자. 그러면

$$\vec{w} \cdot \vec{R} \leq \mathcal{L}(\vec{w}, \vec{R}, \mathcal{E}, \vec{\lambda}) \leq g(\vec{w}, \mathcal{E}, \vec{\lambda}) \tag{25.88}$$

$\lambda_1, \lambda_2, \lambda_3 \geq 0$을 만족시키는 모든 $\vec{\lambda}$에 대해 하한을 취하여 $P^*(\overline{w}, \mathcal{E})$의 가장 빠듯한 상계를 얻을 수 있다.

$$P^*(\vec{w}, \mathcal{E}) \leq D^*(\vec{w}, \mathcal{E}) \equiv \inf_{\lambda_1, \lambda_2, \lambda_3 \geq 0} g(\vec{w}, \mathcal{E}, \vec{\lambda}) \tag{25.89}$$

우변의 최적화 문제는 **쌍대 최적화 문제**dual optimization problem라고 하고, 부등식 $P^*(\overline{w}, \mathcal{E})$ $\leq D^*(\overline{w}, \mathcal{E})$는 **약한 쌍대성**weak duality이라고 하며, 항상 성립한다.

$$\lambda_1^* = \frac{1}{2}\left(w_Q - w_E\right) \tag{25.90}$$

$$\lambda_2^* = \frac{1}{2}\left(-2w_C + w_Q + w_E\right) \tag{25.91}$$

$$\lambda_3^* = \frac{1}{2}\left(2w_C - w_Q + w_E\right) \tag{25.92}$$

조사해보면, $\lambda_1^*, \lambda_2^*, \lambda_3^* \geq 0$인 경우

$$D^*(\vec{w}, \mathcal{E}) = \lambda_1^* I(AX; B)_\sigma + \lambda_2^* I(A \rangle BX)_\sigma + \lambda_3^*\left[I(X; B)_\sigma + I(A \rangle BX)_\sigma\right] \tag{25.93}$$

가 성립하고, 그렇지 않다면 $+\infty$와 같다.

쌍대 최적값 $D^*(\vec{w}, \mathcal{E})$를 계산할 때, 먼저 라그랑지안 $\mathcal{L}(\vec{w}, \vec{R}, \mathcal{E}, \vec{\lambda})$를 속도 벡터 $\vec{R}$에 대해 최적화하고, 라그랑주 승수 $\vec{\lambda}$에 대해 최소화한다. 즉,

$$D^*(\vec{w}, \mathcal{E}) = \inf_{\lambda_1, \lambda_2, \lambda_3 \geq 0} \sup_{\vec{R}} \mathcal{L}(\vec{w}, \vec{R}, \mathcal{E}, \vec{\lambda}) \tag{25.94}$$

만약 최적화 순서를 바꿔서 수행한다면 어떤 일이 발생할까? 이를 살펴보기 위해, 다음을 생각해보자.

$$\inf_{\lambda_1, \lambda_2, \lambda_3 \geq 0} \mathcal{L}(\vec{w}, \vec{R}, \mathcal{E}, \vec{\lambda}) = \begin{cases} \vec{w} \cdot \vec{R} & \text{식 (25.78)} \sim \text{식 (25.80)이 성립하는 경우} \\ -\infty & \text{그 외} \end{cases} \tag{25.95}$$

결과적으로,

$$\sup_{\vec{R}} \inf_{\lambda_1, \lambda_2, \lambda_3 \geq 0} \mathcal{L}(\vec{w}, \vec{R}, \mathcal{E}, \vec{\lambda}) = P^*(\vec{w}, \mathcal{E}) \tag{25.96}$$

를 알게 된다. **강한 쌍대성**strong duality의 주장은 $P^*(\vec{w}, \mathcal{E}) = D^*(\vec{w}, \mathcal{E})$이고, 위의 값으로부터 최솟값과 최댓값을 교환한 것임을 알 수 있다. 강한 쌍대성은 임의의 선형계획법에 대해 성립하고([Boyd & Vandenberghe, 2004]의 연습문제 5.23 참고), 원래 문제나 쌍대 문제 중 적어도 하나가 성립함을 제시한다. 여기서 다루는 원래 문제의 경우, 이것은 식 (25.78) ~ 식 (25.80)의 제약조건을 만족시키는 값 $\vec{R}$이 반드시 존재함을 뜻한다. 항상 이것이 성립하기 때문에, 강한 쌍대성이 성립한다고 결론지을 수 있다.

$$P^*(\vec{w}, \mathcal{E}) = D^*(\vec{w}, \mathcal{E}) \tag{25.97}$$

그리고 이것은 식 (25.77)의 최적값 $P^*(\vec{w})$를

$$P^*(\vec{w}) = \sup_{\mathcal{E}} P^*(\vec{w}, \mathcal{E}) = \sup_{\mathcal{E}} D^*(\vec{w}, \mathcal{E}) \tag{25.98}$$

처럼 적을 수 있음을 뜻한다. 식 (25.93)과 비교해보면, 원래의 최적값은 $\lambda_1^*, \lambda_2^*, \lambda_3 \geq 0$인 경우에는

$$P^*(\vec{w}) = \sup_{\mathcal{E}} D^*(\vec{w}, \mathcal{E}) \tag{25.99}$$

$$= \sup_{\mathcal{E}} \lambda_1^* I(AX;B)_\sigma + \lambda_2^* I(A\rangle BX)_\sigma + \lambda_3^* [I(X;B)_\sigma + I(A\rangle BX)_\sigma] \tag{25.100}$$

에 의해 주어지고, 그 외의 경우에는 $+\infty$와 같음을 알 수 있다. 여기서 λ_1^*, λ_2^*, λ_3^*는 식 (25.90) $\sim$ 식 (25.92)로 주어진다. 따라서 식 (25.72)의 양자 동적 용량 공식이 양자 동적 용량 영역을 계산하는 데 기초적인 역할을 한다는 것이 명확하다. 이 공식이 가법적이라면, 파레토 최적 절충 표면의 계산은 선로의 단일 사본에 대해서만 최적화를 계산해도 된다. □

양자 동적 용량 공식의 특수한 경우

이제 얽힘보조 고전 용량(정리 21.3.1), 양자 용량 공식(정리 24.3.1), 고전 용량 공식(정리 20.3.1)을 포함한 양자 선로에 대한 몇 가지 용량 공식이 어째서 양자 동적 용량 공식의 특수한 경우인지 보이겠다.

증명으로 더 진행하기 전에, 먼저 이 특수한 경우의 기하학적 해석을 제시하겠다. 동적 용량 영역이 얽힘보조 고전 및 양자 통신에 대한 절충 곡선을 따라 3면을 접한 단위자원 용량 영역의 평행이동이라는 간단한 해석을 가짐을 생각해보자(걸어긋남 선로에 대한 영역의 사례로 그림 25.4를 참고하라). 식 (25.77)의 임의의 특정한 가중치 벡터 (w_C, w_Q, w_E)는 (C, Q, E) 공간을 통과해 가르는 평행한 평면의 집합을 주고, 스칼라 최적화 작업의 목표는 이 평면들 중 지지하는 평면이고 동적 용량 영역의 절충 평면 위에 있는 점(또는 점의 집합)과 교차하는 하나를 찾아내는 것이다. 세 가지 특별한 평면을 생각해보자.

1. 첫 번째 평면은 초고밀도 부호화와 양자원격전송을 포함하는 평면에 해당한다. 이 평면의 법선벡터는 $(1, 2, 0)$이고, 식 (25.77)의 가중치 벡터를 이 벡터로 두자. 그러면 최적화 절차는 이 영역에 대해 이 법선 벡터를 갖는 평면이 지지하는 평면이 되는 절충평면 위의 점의 집합을 찾아낸다. 이 최적화 절차는 식 (25.78)의 제약조건을 만족시키고, 식 (25.90) $\sim$ 식 (25.92)를 생각해보면 이것은 식 (25.100)의 양자 동적 용량 공식에서 $\vec{\lambda}^* = (1, 0, 0)$으로 둔 것과 동등하다. 양자 동적 용량 공식이 얽힘보조 용량 공식이 된다는 점에서, 이 최적화 절차가 얽힘보조 용량을 알아내는 것과 동등해짐(정리 21.3.1)을 아래에서 보일 것이다.

2. 두 번째 평면은 양자원격전송과 얽힘 분배의 벡터를 포함한다. 이 평면의 법선벡터는 $(0, 1, 1)$이다. 식 (25.77)의 가중치 벡터를 이 벡터로 두면 최적화 절차는 식 (25.79)의 제약조건을 만족시키고, 식 (25.90) $\sim$ 식 (25.92)를 생각해보

면 이것은 식 (25.100)의 양자 동적 용량 공식에서 $\vec{\lambda}^* = (0, 1, 0)$으로 둔 것과 동등하다. 양자 동적 용량 공식이 양자 용량에 대한 LSD 공식이 된다는 점에서, 이 최적화 절차가 양자 용량을 알아내는 것과 동등해짐(정리 24.3.1)을 아래에서 보일 것이다.

3. 세 번째 평면은 초고밀도 부호화와 얽힘 분배의 벡터를 포함한다. 이 평면의 법선 벡터는 (1, 1, 1)이다. 식 (25.77)의 가중치 벡터를 이 벡터가 되도록 하면 최적화 절차는 식 (25.80)의 제약조건을 만족시키고, 식 (25.90) ~ 식 (25.92)를 생각해보면 이것은 식 (25.100)의 양자 동적 용량 공식에서 $\vec{\lambda}^* = (0, 0, 1)$로 둔 것과 동등하다. 양자 동적 용량 공식이 고전 용량에 대한 HSW 공식이 된다는 점에서 이 최적화 절차가 고전 용량을 찾는 것과 동등해짐(정리 20.3.1)을 아래에서 보일 것이다.

【따름정리 25.4.1】 양자 동적 용량 정리는 $\lambda_1 = 1$, $\lambda_2 = 0$, $\lambda_3 = 0$일 때 얽힘보조 고전 용량 공식과 같다.

$$\max_{\sigma_{XAA'}} I(AX; B)_\sigma = \max_{\phi_{AA'}} I(A; B)_\rho \tag{25.101}$$

여기서 $\sigma_{XAA'} \equiv \sum_x p_X(x)|x\rangle\langle x|_X \otimes |\phi^x\rangle\langle\phi^x|_{AA'}$, $\sigma_{XAB} \equiv \mathcal{N}_{A'\to B}(\sigma_{XAA'})$, $\rho_{AB} \equiv \mathcal{N}_{A'\to B}(\phi_{AA'})$이다.

【증명】 $\max_\sigma I(AX; B)_\sigma \geq \max_{\phi_{AA'}} I(A; B)_\rho$라는 부등식은 $\sigma_{XAA'}$ 상태가 식 (25.11)의 형태이고, 항상 $p_X(x) = \delta_{x,x_0}$라고 선택할 수 있으며 또한 $\phi^{x_0}_{AA'}$가 $I(A; B)$를 최대화하도록 항상 선택할 수 있기 때문에 성립한다.

이제 반대쪽 부등식 $\max_\sigma I(AX; B)_\sigma \leq \max_{\phi_{AA'}} I(A; B)_\rho$를 보이겠다. $\sigma_{XAA'}$을 양자정화하는 다음의 상태를 생각해보자.

$$|\varphi\rangle_{XRAA'} \equiv \sum_x \sqrt{p_X(x)}|x\rangle_X|x\rangle_R|\phi^x\rangle_{AA'} \tag{25.102}$$

그러면 양자 자료처리 부등식에 의해

$$I(AX; B)_\sigma \leq I(RAX; B)_{\mathcal{N}(\varphi)} \leq \max_{\phi_{AA'}} I(A; B)_\rho \tag{25.103}$$

임을 알 수 있다. 여기서 두 번째 부등식은 $\varphi_{XRAA'}$의 RAX계가 A'을 양자정화하고,

우변의 공식이 그런 양자정화 모두에 대한 최적화를 포함하기 때문에 성립한다. □

【따름정리 25.4.2】 양자 동적 용량 공식은 $\lambda_1 = 0$, $\lambda_2 = 1$, $\lambda_3 = 0$일 때 LSD 양자 용량 공식과 같다.

$$\max_{\sigma} I(A\rangle BX) = \max_{\phi_{AA'}} I(A\rangle B) \tag{25.104}$$

【증명】 부등식 $\max_{\sigma} I(A\rangle BX) \geq \max_{\phi_{AA'}} I(A\rangle B)$는 상태 σ가 식 (25.11)의 형태이고, 항상 $p_X(x) = \delta_{x,x_0}$처럼 선택할 수 있으며 $\phi_{AA'}^{x_0}$가 $I(A\rangle B)$를 최대화하는 상태가 되도록 선택할 수 있기 때문이다. 부등식 $\max_{\sigma} I(A\rangle BX) \leq \max_{\phi_{AA'}} I(A\rangle B)$는 $I(A\rangle BX) = \sum_x p_X(x) I(A\rangle B)_{\mathcal{N}(\phi_x)}$이며 최댓값이 평균보다 절대로 더 작을 수 없기 때문에 성립한다. □

【따름정리 25.4.3】 양자 동적 용량 공식은 $\lambda_1 = 0$, $\lambda_2 = 0$, $\lambda_3 = 1$일 때 HSW 고전 용량 공식과 같다.

$$\max_{\sigma} [I(A\rangle BX)_{\sigma} + I(X;B)_{\sigma}] = \max_{\{p_X(x), \psi_x\}} I(X;B) \tag{25.105}$$

【증명】 부등식 $\max_{\sigma} I(A\rangle BX)_{\sigma} + I(X;B)_{\sigma} \geq \max_{\{p_X(x), \psi_x\}} I(X;B)$는 σ가 $I(X;B)$를 최대화하는 순수 상태 앙상블이 되도록 선택하면 $I(A\rangle BX)_{\sigma}$가 순수 상태 앙상블에 대해 소멸한다는 것을 이용해 유도된다. 이제 부등식 $\max_{\sigma} I(A\rangle BX)_{\sigma} + I(X;B)_{\sigma} \leq \max_{\{p_X(x), \psi_x\}} I(X;B)$를 증명하겠다. 상태 σ_{XABE}의 A계에 완전한 사영 측정을 수행해 얻은 상태 ω_{XYBE}를 생각해보자. 그러면

$$\begin{align} I(A\rangle BX)_{\sigma} + I(X;B)_{\sigma} &= H(B)_{\sigma} - H(E|X)_{\sigma} \tag{25.106} \\ &= H(B)_{\omega} - H(E|X)_{\omega} \tag{25.107} \\ &\leq H(B)_{\omega} - H(E|XY)_{\omega} \tag{25.108} \\ &= H(B)_{\omega} - H(B|XY)_{\omega} \tag{25.109} \\ &= I(XY;B)_{\omega} \tag{25.110} \\ &\leq \max_{\{p_X(x), \psi_x\}} I(X;B) \tag{25.111} \end{align}$$

첫 번째 등식은 조건부 결맞은 정보와 홀레보 정보를 전개하여 유도한다. 두 번째 등식은 측정된 A계가 엔트로피에 포함되지 않기 때문에 성립한다. 첫 번째 부등식은 조건화가 엔트로피를 증가시키지 않기 때문에 성립한다. 세 번째 등식은 상태 ω가 X

와 Y에 대해 조건화됐을 때 순수 상태이기 때문에 성립한다. 네 번째 등식은 정의에 의해 성립하고, 마지막 부등식은 당연히 성립한다. □

25.5 선로의 사례

이 마지막 절에서는 아다마르 선로(5.2.3절 참고)라고 하는 넓은 선로 부류가 단일 문자 동적 용량 영역을 가짐을 증명한다. 이 선로 부류에 대해 양자 동적 용량 공식을 분석하여 이 결과를 증명한다. 결어긋남 선로는 아다마르 선로의 특수한 경우이고, 따라서 그 동적 용량 영역을 계산할 수 있다. 또한 양자 삭제 선로가 단일 문자 동적 용량 영역을 가짐을 보이고, 그 과정에서 시간 공유가 이 선로에 대한 최적 부호화 전략임을 살펴본다. 끝으로 순손실 보손 선로의 동적 용량 영역을 살펴보는데, 이것은 자유 공간 통신이나 광섬유에서의 손실에 대한 좋은 모형이다. 그렇지만 이 선로의 핵심 결과를 설명만 하고 너무 자세히 파고들지는 않을 것이다(그렇게 하려면 이 책의 범위를 넘어서는 광섬유 이론과 무한 차원 힐베르트^{Hilbert} 공간을 알아야 한다). 그 결과는 절충적 부호화가 시간 공유를 넘어서는 놀라운 이익을 줄 수 있다는 것이다.

25.5.1 양자 아다마르 선로

아래에서는 양자 선로가 아다마르 선로라면 식 (25.6)의 정규화가 필요하지 않음을 보일 것이다. 이 결과는 아다마르 선로가 특수한 구조를 갖기 때문에 성립한다(5.2.3 절 참고).

【정리 25.5.1】 양자 아다마르 선로 $\mathcal{N}_H$의 동적 용량 영역 $\mathcal{C}_{\text{CQE}}(\mathcal{N}_H)$는 그 단일 문자 영역 $\mathcal{C}^{(1)}_{\text{CQE}}(\mathcal{N}_H)$와 같다.

위 정리의 증명은 두 부분으로 나뉜다. 1) 보조정리 25.5.1은 선로 중 하나가 아다마르일 때 양자 동적 용량 공식이 가법적임을 말한다. 2) 보조정리 25.4.1의 수학적 귀납법 논증으로 단일 문자화한다.

【보조정리 25.5.1】 다음의 가법성 관계식이 아다마르 선로 $\mathcal{N}_H$와 임의의 다른 선로 $\mathcal{N}$에 대해, 그리고 $\lambda_1, \lambda_2, \lambda_3 \geq 0$을 만족하는 모든 $\vec{\lambda}$에 대해 성립한다.

$$D_{\vec{\lambda}}(\mathcal{N}_H \otimes \mathcal{N}) = D_{\vec{\lambda}}(\mathcal{N}_H) + D_{\vec{\lambda}}(\mathcal{N}) \tag{25.112}$$

【증명】 먼저 부등식 $D_{\vec{\lambda}}(\mathcal{N}_H \otimes \mathcal{N}) \geq D_{\vec{\lambda}}(\mathcal{N}_H) + D_{\vec{\lambda}}(\mathcal{N})$이 단순히 최대화에 대한 상태 σ가 $D_{\vec{\lambda}}(\mathcal{N}_H)$와 $D_{\vec{\lambda}}(\mathcal{N})$ 각각을 최대화하도록 선택하면 임의의 두 선로에 대해 성립함을 알아두자.

이제 자명하지 않은 부등식 $D_{\vec{\lambda}}(\mathcal{N}_H \otimes \mathcal{N}) \leq D_{\vec{\lambda}}(\mathcal{N}_H) + D_{\vec{\lambda}}(\mathcal{N})$이 첫 번째 선로가 아다마르 선로일 때 성립함을 증명하겠다. 첫 번째 선로가 아다마르 선로이므로, 이 선로는 감쇠 가능하며 그 감쇠 가능한 선로는 특정한 구조를 갖는다. 즉, $\mathcal{D}^1_{B_1 \to Y}$과 $\mathcal{D}^2_{Y \to E_1}$ 선로가 있다. 여기서 Y는 고전 레지스터이고 이 감쇠 가능한 선로는 $\mathcal{D}^2_{Y \to E_1} \circ \mathcal{D}^1_{B_1 \to Y}$을 만족시킨다. 여기서 이 텐서 곱 선로에 입력하려고 하는 상태가

$$\rho_{X A A_1' A_2'} \equiv \sum_x p_X(x)|x\rangle\langle x|_X \otimes \phi^x_{A A_1' A_2'} \tag{25.113}$$

이고, 이 상태가 $D_{\vec{\lambda}}(\mathcal{N}_H \otimes \mathcal{N})$을 최대화하는 상태라고 하자. 첫 번째 선로의 출력이

$$\theta_{X A B_1 E_1 A_2'} \equiv \mathcal{U}^{\mathcal{N}_H}_{A_1' \to B_1 E_1}(\rho_{X A A_1' A_2'}) \tag{25.114}$$

이고, 두 번째 선로의 출력이

$$\omega_{X A B_1 E_1 B_2 E_2} \equiv \mathcal{U}^{\mathcal{N}}_{A_2' \to B_2 E_2}(\theta_{X A B_1 E_1 A_2'}) \tag{25.115}$$

이라고 하자. 끝으로, 다음의 상태를 감쇠 가능한 선로의 첫 번째 부분(완전한 사영 측정)을 ω에 적용한 결과라고 정의하자.

$$\sigma_{X Y A E_1 B_2 E_2} \equiv \mathcal{D}^1_{B_1 \to Y}(\omega_{X A B_1 E_1 B_2 E_2}) \tag{25.116}$$

특히, $A E_1 B_2 E_2$계에 대한 상태 σ는 X와 Y에 조건화됐을 때 순수 상태다. 그러면 다음의 연쇄적 부등식이 성립한다.

$$
\begin{aligned}
D_{\vec{\lambda}} & (\mathcal{N}_H \otimes \mathcal{N}) \\
&= \lambda_1 I(AX; B_1 B_2)_\omega + \lambda_2 I(A\rangle B_1 B_2 X)_\omega \\
&\quad + \lambda_3 \left[I(X; B_1 B_2)_\omega + I(A\rangle B_1 B_2 X)_\omega \right] \\
&= \lambda_1 H(B_1 B_2 E_1 E_2 | X)_\omega + \lambda_2 H(B_1 B_2 | X)_\omega + (\lambda_1 + \lambda_3) H(B_1 B_2)_\omega \\
&\quad - (\lambda_1 + \lambda_2 + \lambda_3) H(E_1 E_2 | X)_\omega
\end{aligned}
$$
(25.117)

(25.118)

$$= \lambda_1 H(B_1 E_1 | X)_\omega + \lambda_2 H(B_1 | X)_\omega + (\lambda_1 + \lambda_3) H(B_1)_\omega$$
$$- (\lambda_1 + \lambda_2 + \lambda_3) H(E_1 | X)_\omega + \lambda_1 H(B_2 E_2 | B_1 E_1 X)_\omega + \lambda_2 H(B_2 | B_1 X)_\omega$$
$$+ (\lambda_1 + \lambda_3) H(B_2 | B_1)_\omega - (\lambda_1 + \lambda_2 + \lambda_3) H(E_2 | E_1 X)_\omega \qquad (25.119)$$
$$\leq \lambda_1 H(B_1 E_1 | X)_\theta + \lambda_2 H(B_1 | X)_\theta + (\lambda_1 + \lambda_3) H(B_1)_\theta$$
$$- (\lambda_1 + \lambda_2 + \lambda_3) H(E_1 | X)_\theta + \lambda_1 H(B_2 E_2 | Y X)_\sigma + \lambda_2 H(B_2 | Y X)_\sigma$$
$$+ (\lambda_1 + \lambda_3) H(B_2)_\sigma - (\lambda_1 + \lambda_2 + \lambda_3) H(E_2 | Y X)_\sigma \qquad (25.120)$$
$$= \lambda_1 I(A A_2' X; B_1)_\theta + \lambda_2 I(A A_2' \rangle B_1 X)_\theta + \lambda_3 \left[I(X; B_1)_\theta + I(A A_2' \rangle B_1 X)_\theta \right]$$
$$+ \lambda_1 I(A E_1 Y X; B_2)_\sigma + \lambda_2 I(A E_1 \rangle B_2 Y X)_\sigma$$
$$+ \lambda_3 \left[I(Y X; B_2)_\sigma + I(A E_1 \rangle B_2 Y X)_\sigma \right] \qquad (25.121)$$
$$\leq D_{\vec{\lambda}}(\mathcal{N}_H) + D_{\vec{\lambda}}(\mathcal{N}) \qquad (25.122)$$

첫 번째 등식은 양자 동적 용량 공식 $D_{\vec{\lambda}}(\mathcal{N}_H \otimes \mathcal{N})$을 상태 ρ에 대해 계산하여 유도한다. 그다음의 두 등식은 엔트로피를 재배열하고 계 $AB_1 E_1 B_2 E_2$에 대한 상태 ω가 X에 대해 조건화됐을 때 순수 상태이기 때문에 성립한다. 가운데의 부등식은 중요한데, 선로의 아다마르 구조로부터 유도된다. 즉, 양자 선로에 대한 조건부 엔트로피의 단조성을 사용해

$$H(B_2 | B_1 X)_\omega \leq H(B_2 | Y X)_\sigma \qquad (25.123)$$
$$H(B_2 E_2 | B_1 E_1 X)_\omega \leq H(B_2 E_2 | Y X)_\sigma \qquad (25.124)$$
$$H(E_2 | Y X)_\sigma \leq H(E_2 | E_1 X)_\omega \qquad (25.125)$$
$$H(B_2 | B_1)_\omega \leq H(B_2)_\omega \qquad (25.126)$$

이다. 그다음의 등식은 엔트로피를 재배열하여 유도하고, 마지막 부등식은 θ가 첫 번째 선로에 대해 식 (25.11) 형태의 상태인데 σ는 두 번째 선로에 대해 식 (25.11) 형태의 상태이기 때문에 유도된다.

25.5.2 결어긋남 선로

다음 정리는 전체 동적 용량 영역이 유잡음 양자 선로가 큐비트 결어긋남 선로 $\overline{\Delta}_p$일 때 특정한 단순한 형태를 포함한다는 내용이다. 여기서 $\overline{\Delta}_p$는

$$\overline{\Delta}_p(\rho) \equiv (1 - p)\rho + p\overline{\Delta}(\rho) \qquad (25.127)$$
$$\overline{\Delta}(\rho) \equiv \langle 0 | \rho | 0 \rangle | 0 \rangle \langle 0 | + \langle 1 | \rho | 1 \rangle | 1 \rangle \langle 1 | \qquad (25.128)$$

이고, $p \in [0, 1]$이다. 그림 25.3이 결어긋남 매개변수 $p = 0.2$를 갖는 결어긋남 선로의 경우에 대해 이 영역을 그린다. 그림 25.4는 결어긋남 매개변수 p의 다양한 값에 대해 전체 영역의 특수한 2차원 경우를 그린다. 이 그림은 절충적 부호화가 시간 공유를 하더라도 개선이 거의 없음을 보여준다.

【정리 25.5.2】 결어긋남 매개변수 $p \in [0, 1]$을 갖는 결어긋남 선로의 동적 용량 영역 $\mathcal{C}_{\mathrm{CQE}}(\overline{\Delta}_p)$는 다음을 만족하는 모든 C, Q, E의 집합이다.

$$C + 2Q \leq 1 + h_2(\nu) - h_2(\gamma(\nu, p)) \tag{25.129}$$
$$Q + E \leq h_2(\nu) - h_2(\gamma(\nu, p)) \tag{25.130}$$
$$C + Q + E \leq 1 - h_2(\gamma(\nu, p)) \tag{25.131}$$

여기서 $\nu \in [0, 1/2]$이고, h_2는 2항 엔트로피 함수다. 또한

$$\gamma(\nu, p) \equiv \frac{1}{2} + \frac{1}{2}\sqrt{1 - 16 \cdot \frac{p}{2}\left(1 - \frac{p}{2}\right)\nu(1 - \nu)} \tag{25.132}$$

이다.

【증명】 결어긋남 선로는 아다마르 선로이고, 그 영역은 단문자화되며, 이 선로의 단일 사본에 대해 계산된 양자 동적 용량 공식을 단순화하기에 충분하다. 그러면 A'으로 축소된 것이 결어긋남 기저에 대해 대각 행렬인 순수 상태의 앙상블을 생각하면 충분하다(다음의 연습문제를 참고하라).

【연습문제 25.5.1】 다음 성질이 일반화된 결어긋남 선로 $\mathcal{N}_D$, 그 상보 선로 $\mathcal{N}_D^c$, 완전한 결어긋남 선로 $\overline{\Delta}$, 모든 입력 상태 ρ에 대해 성립함을 증명하라.

$$\mathcal{N}_D(\overline{\Delta}(\rho)) = \overline{\Delta}(\mathcal{N}_D(\rho)) \tag{25.133}$$
$$\mathcal{N}_D^c(\overline{\Delta}(\rho)) = \mathcal{N}_D^c(\rho) \tag{25.134}$$

그러면

$$H(\rho) \leq H(\overline{\Delta}(\rho)) \tag{25.135}$$
$$H(\mathcal{N}_D(\rho)) \leq H(\overline{\Delta}(\mathcal{N}_D(\rho))) = H(\mathcal{N}_D(\overline{\Delta}(\rho))) \tag{25.136}$$
$$H(\mathcal{N}_D^c(\rho)) = H(\mathcal{N}_D^c(\overline{\Delta}(\rho))) \tag{25.137}$$

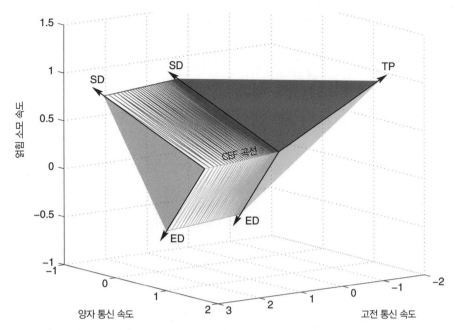

그림 25.3 결어긋남 매개변수 $p = 0.2$를 갖는 큐비트 결어긋남 선로에 대한 동적 용량 영역의 그래프. 이 그림은 CEF 절충 곡선(따름정리 22.5.2의 통신 규약)이 동적 용량 영역의 가장자리를 따라 놓여 있음을 보여준다. 이 영역의 나머지 부분은 단순히 CEF 점과 양자원격전송(TP), 초고밀도 부호화(SD), 얽힘 분배(ED)인 단위 통신 규약의 조합이다.

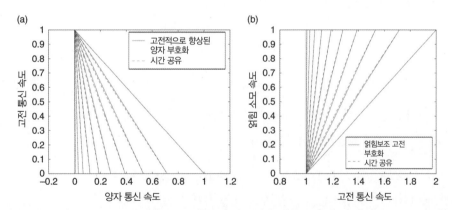

그림 25.4 $p = 0, 0.1, 0.2, ..., 0.9, 1$에 대한 p-결어긋남 큐비트 선로에 대한 (a) CQ 절충 곡선, (b) CE 절충 곡선의 그래프. $p = 0$인 절충 곡선은 무잡음 큐비트 선로에 해당하며, 각 그림에서 가장 오른쪽의 절충 곡선이다. $p = 1$에 대한 절충 곡선은 고전 선로에 해당하며 각 그림에서 가장 왼쪽의 절충 곡선이다. 양 극단 사이의 절충 곡선은 각각 시간 공유 전략을 넘어서지만, 두 극단은 시간 공유를 넘어서지는 않는다.

가 성립하여 결어긋남 선로에 대해 대각 입력 상태를 고려하면 충분함을 보여라.

그런 다음, 아래에서 이 용량 영역의 경계점을 특징짓기 위해 다음과 같은 형태의 앙상블을 고려하면 충분함을 증명한다.

$$\frac{1}{2}|0\rangle\langle0|_X \otimes \psi^0_{AA'} + \frac{1}{2}|1\rangle\langle1|_X \otimes \psi^1_{AA'} \tag{25.138}$$

여기서 $\psi^0_{AA'}$과 $\psi^1_{AA'}$은 순수 상태로, $\nu \in [0, 1/2]$에 대해 다음과 같이 정의된다.

$$\mathrm{Tr}_A\left\{\psi^0_{AA'}\right\} = \nu|0\rangle\langle0|_{A'} + (1-\nu)|1\rangle\langle1|_{A'} \tag{25.139}$$
$$\mathrm{Tr}_A\left\{\psi^1_{AA'}\right\} = (1-\nu)|0\rangle\langle0|_{A'} + \nu|1\rangle\langle1|_{A'} \tag{25.140}$$

이제 위의 주장을 증명하겠다. 일반성을 잃지 않고, 결어긋남 기저가 계산 기저라고 가정할 수 있다. 유한한 수 N개의 조건부 밀도 연산자 $\phi^x_{AA'}$를 갖고, 그 A'으로 축소된 것이 대각 행렬인 고전 양자 상태를 생각해보자.

$$\rho_{XAA'} \equiv \sum_{x=0}^{N-1} p_X(x)|x\rangle\langle x|_X \otimes \phi^x_{AA'} \tag{25.141}$$

그러면 원래 조건부 밀도 연산자를 '비트 반전'시켜서 조건부 밀도 연산자의 수가 두 배가 되는 새로운 고전 양자 상태를 구성할 수 있다.

$$\sigma_{XAA'} \equiv \frac{1}{2}\sum_{x=0}^{N-1} p_X(x)\left(|x\rangle\langle x|_X \otimes \phi^x_{AA'} + |x+N\rangle\langle x+N|_X \otimes X_{A'}\phi^x_{AA'}X_{A'}\right) \tag{25.142}$$

여기서 X는 σ_X '비트 반전' 파울리 연산자다. 다음의 연쇄적 부등식이 모든 λ_1, λ_2, $\lambda_3 \geq 0$에 대해 성립함을 생각해보자.

$$\lambda_1 I(AX;B)_\rho + \lambda_2 I(A\rangle BX)_\rho + \lambda_3\left[I(X;B)_\rho + I(A\rangle BX)_\rho\right]$$
$$= \lambda_1 H(A|X)_\rho + (\lambda_1 + \lambda_3)H(B)_\rho + \lambda_2 H(B|X)_\rho$$
$$\quad - (\lambda_1 + \lambda_2 + \lambda_3)H(E|X)_\rho \tag{25.143}$$
$$\leq (\lambda_1 + \lambda_3)H(B)_\sigma + \lambda_1 H(A|X)_\sigma + \lambda_2 H(B|X)_\sigma$$
$$\quad - (\lambda_1 + \lambda_2 + \lambda_3)H(E|X)_\sigma \tag{25.144}$$
$$= (\lambda_1 + \lambda_3) + \lambda_1 H(A|X)_\sigma + \lambda_2 H(B|X)_\sigma - (\lambda_1 + \lambda_2 + \lambda_3)H(E|X)_\sigma \tag{25.145}$$

$$= (\lambda_1 + \lambda_3)$$
$$+ \sum_x p_X(x) \left[\lambda_1 H(A)_{\phi_x} + \lambda_2 H(B)_{\phi_x} - (\lambda_1 + \lambda_2 + \lambda_3) H(E)_{\phi_x}\right] \quad (25.146)$$
$$\leq (\lambda_1 + \lambda_3) + \max_x \left[\lambda_1 H(A)_{\phi_x} + \lambda_2 H(B)_{\phi_x} - (\lambda_1 + \lambda_2 + \lambda_3) H(E)_{\phi_x}\right] \quad (25.147)$$
$$= (\lambda_1 + \lambda_3) + \lambda_1 H(A)_{\phi_*^x} + \lambda_2 H(B)_{\phi_*^x} - (\lambda_1 + \lambda_2 + \lambda_3) H(E)_{\phi_*^x} \quad (25.148)$$

첫 번째 등식은 표준 엔트로피 계산으로 유도한다. 두 번째 등식은 조건부 엔트로피 $H(B|X)$가 선로와 교환 가능한 입력 상태에 대한 비트 반전 유니터리 연산자에 대해 불변이기 때문에 성립한다. 즉, $H(B)_{X\rho_B^x X} = H(B)_{\rho_B^x}$이다. 게다가, 입력 상태에 대한 비트 반전은 결맞음 선로의 상보 선로 출력에 대한 고윳값을 바꾸지 않는다.

$$H(E)_{\mathcal{N}^c(X\rho_{A'}^x, X)} = H(E)_{\mathcal{N}^c(\rho_{A'}^x)} \quad (25.149)$$

첫 번째 부등식은 엔트로피가 오목 함수이기 때문에 성립한다. 즉, 국소적 상태 σ_B는 ρ_B의 섞인 판본이다. 세 번째 등식은

$$H(B)_{\sigma_B} = H\left(\sum_x \frac{1}{2} p_X(x)(\rho_B^x + X\rho_B^x X)\right) = H\left(\frac{1}{2}\sum_x p_X(x) I\right) = 1 \quad (25.150)$$

이기 때문에 성립한다. 네 번째 등식은 X'계가 고전적이기 때문에 성립한다. 두 번째 부등식은 무작위 변수 구현체의 최댓값은 그 기댓값보다 작을 수 없기 때문에 성립한다. 마지막 등식은 ϕ_*^x가 선로를 통해 A'으로 축소된 상태가 $\nu|0\rangle\langle 0|_{A'} + (1 - \nu)|1\rangle\langle 1|_{A'}$ 형태인 상태를 보내서 만들어진 A, B, E계에 대한 조건부 밀도 연산자가 되도록 정의해 유도한다. 따라서 식 (25.138) 같은 종류의 앙상블은 용량 영역의 경계에 있는 점에 도달하기에 충분하다. 정리 25.2.1의 엔트로피양을 위 형태의 상태에 대해 계산하면 정리 25.5.2의 용량 영역에 대한 표현식을 준다. □

25.5.3 양자 삭제 선로

또한 $\varepsilon \in [0, 1/2]$인 양자 삭제 선로에 대한 양자 동적 용량 영역의 간단한 특성화를 얻을 수 있다. 삭제 선로가 다음과 같이 정의됨을 생각해보자.

$$\mathcal{N}^{\varepsilon}(\rho) = (1 - \varepsilon)\,\rho + \varepsilon|e\rangle\langle e| \qquad (25.151)$$

여기서 ρ는 d차원 입력 상태이고, $|e\rangle$는 모든 입력 상태와 직교하는 삭제 표시 상태다(따라서 출력 공간은 $d + 1$차원이다). 그리고 $\varepsilon \in [0, 1]$은 삭제 확률이다. 정리 25.5.3은 그런 선로에 대해 양자 동적 용량 영역을 특성화하고, 시간 공유가 최적 전략임을 보여준다. 그림 25.5는 $\varepsilon \in 1/4$를 갖는 큐비트 삭제 선로에 대한 용량 영역의 사례 그래프를 보여준다.

【정리 25.5.3】 $\mathcal{N}^{\varepsilon}$이 $\varepsilon \in [0, 1/2]$인 양자 삭제 선로라고 하자. 그러면 양자 동적 용량 영역 $\mathcal{C}_{\mathrm{CQE}}(\mathcal{N}^{\varepsilon})$은 $\lambda \in [0, 1]$을 바꿔가며 얻은 다음 영역의 합집합과 같다.

$$C + 2Q \leq (1 - \varepsilon)(1 + \lambda)\log d$$
$$Q + E \leq (1 - 2\varepsilon)\lambda \log d$$
$$C + Q + E \leq (1 - \varepsilon - \varepsilon\lambda)\log d$$

이 영역은 $\varepsilon \in (1/2, 1]$에 대해 도달 가능하다.

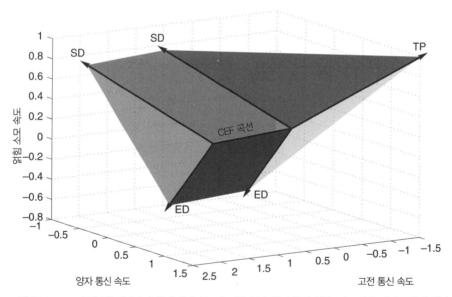

그림 25.5 $\varepsilon = 1/4$를 갖는 (큐비트) 양자 삭제 선로에 대한 양자 동적 용량 영역. 이 그림은 시간 공유가 최적임을 보여준다.

【증명】 위의 영역이 도달 가능하고, 또한 정규화된 양자 동적 용량 영역이 그 영역을 단순화한다는 것도 보여야 한다. 도달 가능성 부분을 위해, 특정 앙상블을 선택하여 위의 속도 영역이 도달 가능함을 보이겠다. $|\phi\rangle_{AA'} \equiv \sum_x \sqrt{p_X(x)}|x\rangle_A|x\rangle_{A'}$이라고 하자. 여기서 $\{|x\rangle_A\}$와 $\{|x\rangle_{A'}\}$은 각각 A계와 A'계의 표준 계산 기저다. $H(p_X)$ $= H(A)_\phi$임을 살펴두자. 입력 앙상블을 $\{1/d, X(x)_{A'}|\phi\rangle_{AA'}\}$으로 선택한다. 여기서 $X(x)_{A'}$은 하이젠베르크-와일 이동 연산자다. 이 앙상블은 A'계에 대한 기대 밀도 연산자가 최대로 섞인 상태 $\pi_{A'}$이라는 성질을 갖는다. 정리 25.2.1의 속도를 계산하기 위한 고전 양자 상태는 다음과 같다.

$$\rho_{XAB} \equiv \sum_x \frac{1}{d}|x\rangle\langle x|_X \otimes \mathcal{N}^\varepsilon_{A'\to B}[X(x)_{A'}|\phi\rangle\langle\phi|_{AA'}X^\dagger(x)_{A'}] \quad (25.152)$$

$$= (1-\varepsilon)\rho^0_{XAA'} + \varepsilon\rho^1_{XAB} \quad (25.153)$$

여기서

$$\rho^0_{XAA'} \equiv \sum_x \frac{1}{d}|x\rangle\langle x|_X \otimes X(x)_{A'}|\phi\rangle\langle\phi|_{AA'}X^\dagger(x)_{A'} \quad (25.154)$$

$$\rho^1_{XAB} \equiv \sum_x \frac{1}{d}|x\rangle\langle x|_X \otimes \phi_A \otimes |e\rangle\langle e|_B \quad (25.155)$$

그러면 정리 25.2.1로부터 다음의 세 가지 정보량, 즉 $I(AX; B)_\rho$, $I(A\rangle BX)_\rho$, $I(X; B)_\rho$를 계산하는 것으로 충분함을 알 수 있다. 정보량에 어떤 영향도 미치지 않는 B계에 대한 다음의 등척 연산을 수행할 수 있다고 하자.

$$[|0\rangle\langle 0| + \ldots + |d-1\rangle\langle d-1|] \otimes |0\rangle_Y + |e\rangle\langle e| \otimes |1\rangle_Y \quad (25.156)$$

ω_{XABY}가 그 결과 상태를 나타낸다고 하자.

$$\omega_{XABY} \equiv (1-\varepsilon)\rho^0_{XAA'} \otimes |0\rangle\langle 0|_Y + \varepsilon\rho^1_{XAB} \otimes |1\rangle\langle 1|_Y \quad (25.157)$$

$\omega_{XAY} = \pi_X \otimes \phi_A \otimes [(1-\varepsilon)|0\rangle\langle 0|_Y + \varepsilon|1\rangle\langle 1|_Y]$임을 관찰해보면,

$$I(AX; B)_\rho = I(AX; BY)_\omega = I(AX; B|Y)_\omega \quad (25.158)$$

$$I(A\rangle BX)_\rho = I(A\rangle BXY)_\omega = I(A\rangle BX|Y)_\omega \quad (25.159)$$

$$I(X; B)_\rho = I(X; BY)_\omega = I(X; B|Y)_\omega \quad (25.160)$$

임을 알 수 있다. 이제 각각을 순서대로 계산해보자.

$$I(AX;B|Y)_\omega = (1-\varepsilon)\,I(AX;A')_{\rho^0} + \varepsilon I(AX;B)_{\rho^1}$$
$$= (1-\varepsilon)\,(\log d + H(p_X)) \qquad (25.161)$$
$$I(A\rangle BX|Y)_\omega = (1-\varepsilon)\,I(A\rangle A'X)_{\rho^0} + \varepsilon I(A\rangle BX)_{\rho^1}$$
$$= (1-\varepsilon)\,H(p_X) + \varepsilon\,[-H(p_X)]$$
$$= (1-2\varepsilon)\,H(p_X) \qquad (25.162)$$
$$I(X;B|Y)_\omega = (1-\varepsilon)\,I(X;A')_{\rho^0} + \varepsilon I(X;B)_{\rho^1}$$
$$= (1-\varepsilon)\,(\log d - H(p_X)) \qquad (25.163)$$

그러면 정리 25.2.1에 의해 이 정리의 내용에 있는 속도 영역에 도달할 수 있다. 즉, 모든 $\lambda \in [0, 1]$에 대해 $H(p_X) = \lambda \log d$를 만족시키는 확률 분포 p_X를 고를 수 있다.

이제 양자 동적 용량 공식의 $(\mathcal{N}^\varepsilon)^{\otimes n}$에 대한 상계를 모든 양의 정수 n에 대해 한정 짓고, 그 결과로 이 정리의 내용에 주어진 속도 영역이 $\varepsilon \in [0, 1/2]$에 대해 최적임을 보이겠다. 시작하면서, 삭제 선로 $\mathcal{N}^\varepsilon_{A_1 \to B_1}$과 임의의 감쇠 가능한 선로 $M_{A_2 \to B_2}$에 대한 양자 동적 용량 공식을 생각해보자. 위와 같은 아이디어를 사용해, 식 (25.156) 에 있는 등척선로를 삭제 선로의 출력 B_1에 적용한다. $\mathcal{N}^\varepsilon_{A_1 \to B_1} \otimes M_{A_2 \to B_2}$에 대한 양자 동적 용량 공식은

$$\lambda_1 I(AX;B_1YB_2)_\sigma + \lambda_2 I(A\rangle B_1YB_2X)_\sigma$$
$$+ \lambda_3\,[I(X;B_1YB_2)_\sigma + I(A\rangle B_1YB_2X)_\sigma] \qquad (25.164)$$

가 된다. 여기서

$$\sigma_{XAB_1B_2Y} \equiv \sigma^0_{XAA_1B_2} \otimes (1-\varepsilon)\,|0\rangle\langle0|_Y + \sigma^1_{XAB_1B_2} \otimes \varepsilon|1\rangle\langle1|_Y \qquad (25.165)$$
$$\sigma^0_{XAA_1B_2} \equiv \sum_x p_X(x)|x\rangle\langle x|_X \otimes M_{A_2 \to B_2}(\phi^x_{AA_1A_2}), \qquad (25.166)$$
$$\sigma^1_{XAB_1B_2} \equiv \sum_x p_X(x)|x\rangle\langle x|_X \otimes M_{A_2 \to B_2}(\phi^x_{AA_2}) \otimes |e\rangle\langle e|_{B_1} \qquad (25.167)$$

$\sigma^0_{XAB_2} = \sigma^1_{XAB_2} = \sigma_{XAB_2}$임을 살펴보면,

$$\sigma_{XAB_2Y} = \sigma_{XAB_2} \otimes [(1-\varepsilon)\,|0\rangle\langle0|_Y + \varepsilon|1\rangle\langle1|_Y] \qquad (25.168)$$

이다. 먼저, 양자 상호 정보 항을 다루겠다.

$$I(AX; B_1YB_2)_\sigma = I(AX; B_1B_2|Y)_\sigma \tag{25.169}$$
$$= (1 - \varepsilon)\, I(AX; A_1B_2)_{\sigma^0} + \varepsilon I(AX; B_2)_{\sigma^1} \tag{25.170}$$
$$= (1 - \varepsilon)\, [I(AX; B_2)_{\sigma^0} + I(AX; A_1|B_2)_{\sigma^0}]$$
$$+ \varepsilon I(AX; B_2)_{\sigma^1} \tag{25.171}$$
$$= (1 - \varepsilon)\, [I(AX; B_2)_\sigma + I(AX; A_1|B_2)_{\sigma^0}]$$
$$+ \varepsilon I(AX; B_2)_\sigma \tag{25.172}$$
$$= (1 - \varepsilon)\, I(AX; A_1|B_2)_{\sigma^0} + I(AX; B_2)_\sigma \tag{25.173}$$

그러면 $I(AX; A_1|B_2)_{\sigma^0}$ 항의 상계를 다음과 같이 한정 지을 수 있다.

$$I(AX; A_1|B_2)_{\sigma^0} = H(A_1|B_2)_{\sigma^0} - H(A_1|B_2AX)_{\sigma^0} \tag{25.174}$$
$$= H(A_1|B_2)_{\sigma^0} + H(A_1|E_2X)_{\sigma^0} \tag{25.175}$$
$$\leq \log d + H(A_1|E_2X)_{\sigma^0} \tag{25.176}$$

여기서 σ^0은 아래의 식 (25.184)에서 정의된다. 그러면 다음의 한계를 얻는다.

$$I(AX; B_1YB_2)_\sigma \leq (1 - \varepsilon)\, [\log d + H(A_1|E_2X)_{\sigma^0}] + I(AX; B_2)_\sigma \tag{25.177}$$

이제 홀레보 정보 항을 다뤄보는데, 전개 과정은 유사하다.

$$I(X; B_1YB_2)_\sigma = I(X; B_1B_2|Y)_\sigma \tag{25.178}$$
$$= (1 - \varepsilon)\, I(X; A_1B_2)_{\sigma^0} + \varepsilon I(X; B_2)_{\sigma^1} \tag{25.179}$$
$$= (1 - \varepsilon)\, [I(X; B_2)_{\sigma^0} + I(X; A_1|B_2)_{\sigma^0}] + \varepsilon I(X; B_2)_{\sigma^1} \tag{25.180}$$
$$= (1 - \varepsilon)\, [I(X; B_2)_\sigma + I(X; A_1|B_2)_{\sigma^0}] + \varepsilon I(X; B_2)_\sigma \tag{25.181}$$
$$= (1 - \varepsilon)\, I(X; A_1|B_2)_{\sigma^0} + I(X; B_2)_\sigma \tag{25.182}$$

끝으로, 결맞은 정보 항을 다뤄보겠다. 이렇게 하려면 삭제 선로의 등척 확장이 $|\psi\rangle_A \to \sqrt{1-\varepsilon}|\psi\rangle_B|e\rangle_E + \sqrt{\varepsilon}|e\rangle_B|\psi\rangle_E$와 같음을 알아둬야 한다. 수신자와 환경은 둘 다 식 (25.156)의 등척 연산을 정보량에 영향을 주지 않고 수행할 수 있다. $U^{\mathcal{M}}_{A_2 \to B_2 E_2}$이 $\mathcal{M}_{A_2 \to B_2}$의 등척 확장이라 하고,

$$|\sigma\rangle_{XX'AB_1B_2E_1E_2YZ} \equiv |\sigma^0\rangle_{XX'AA_1B_2E_1E_2} \otimes \sqrt{1-\varepsilon}|0\rangle_Y|1\rangle_Z$$
$$+ |\sigma^1\rangle_{XX'AB_2B_2A_1E_2} \otimes \sqrt{\varepsilon}|1\rangle_Y|0\rangle_Z \tag{25.183}$$

를 정의하자. 여기서

$$|\sigma^0\rangle_{XX'AA_1B_2E_1E_2} \equiv \sum_x \sqrt{p_X(x)}|x\rangle_X|x\rangle_{X'} \otimes U^{\mathcal{M}}_{A_2 \to B_2 E_2}|\phi^x\rangle_{AA_1A_2}|e\rangle_{E_1}$$

$$(25.184)$$

$$|\sigma^1\rangle_{XX'AB_1B_2A_1E_2} \equiv \sum_x \sqrt{p_X(x)}|x\rangle_X|x\rangle_{X'} \otimes U^{\mathcal{M}}_{A_2 \to B_2 E_2}|\phi^x\rangle_{AA_1A_2}|e\rangle_{B_1}$$

$$(25.185)$$

그러면

$$
\begin{aligned}
I(A\rangle B_1 Y B_2 X)_\sigma &= I(A\rangle B_1 B_2 | XY)_\sigma \\
&= H(B_1 B_2 | YX)_\sigma - H(E_1 E_2 | YX)_\sigma & (25.186) \\
&= [(1-\varepsilon)\,H(A_1 B_2 | X)_{\sigma^0} + \varepsilon H(B_2 | X)_{\sigma^1}] \\
&\quad - [(1-\varepsilon)\,H(E_2 | X)_{\sigma^0} + \varepsilon H(A_1 E_2 | X)_{\sigma^1}] & (25.187) \\
&= [(1-\varepsilon)\,(H(B_2 | X)_{\sigma^0} + H(A_1 | B_2 X)_{\sigma^0}) + \varepsilon H(B_2 | X)_{\sigma^1}] \\
&\quad - [(1-\varepsilon)\,H(E_2 | X)_{\sigma^0} + \varepsilon\,(H(E_2 | X)_{\sigma^1} + H(A_1 | E_2 X)_{\sigma^1})] & (25.188) \\
&= [(1-\varepsilon)\,(H(B_2 | X)_{\sigma} + H(A_1 | B_2 X)_{\sigma^0}) + \varepsilon H(B_2 | X)_{\sigma}] \\
&\quad - [(1-\varepsilon)\,H(E_2 | X)_{\sigma} + \varepsilon\,(H(E_2 | X)_{\sigma} + H(A_1 | E_2 X)_{\sigma^1})] & (25.189) \\
&= H(B_2 | X)_{\sigma} - H(E_2 | X)_{\sigma} + (1-\varepsilon)\,H(A_1 | B_2 X)_{\sigma^0} - \varepsilon H(A_1 | E_2 X)_{\sigma^1} & (25.190) \\
&= H(B_2 | X)_{\sigma} - H(E_2 | X)_{\sigma} + (1-\varepsilon)\,H(A_1 | B_2 X)_{\sigma^0} - \varepsilon H(A_1 | E_2 X)_{\sigma^0} & (25.191)
\end{aligned}
$$

선로 $\mathcal{M}$이 감쇠 가능하다는 가정을 적용하면($H(A_1|B_2X)_{\sigma^0} \le H(A_1|E_2X)_{\sigma^0}$이다.) 다음의 상계를 알 수 있다.

$$
\begin{aligned}
&\le H(B_2 | X)_{\sigma} - H(E_2 | X)_{\sigma} + (1-\varepsilon)\,H(A_1 | E_2 X)_{\sigma^0} - \varepsilon H(A_1 | E_2 X)_{\sigma^0} & (25.192) \\
&= H(B_2 | X)_{\sigma} - H(E_2 | X)_{\sigma} + (1-2\varepsilon)\,H(A_1 | E_2 X)_{\sigma^0} & (25.193)
\end{aligned}
$$

식 (25.182)와 식 (25.191)로부터

$$
\begin{aligned}
&I(X; B_1 Y B_2)_\sigma + I(A\rangle B_1 Y B_2 X)_\sigma \\
&= (1-\varepsilon)\,I(X; A_1 | B_2)_{\sigma^0} + I(X; B_2)_\sigma + H(B_2 | X)_\sigma - H(E_2 | X)_\sigma \\
&\quad + (1-\varepsilon)\,H(A_1 | B_2 X)_{\sigma^0} - \varepsilon H(A_1 | E_2 X)_{\sigma^0} & (25.194) \\
&= I(X; B_2)_\sigma + H(B_2 | X)_\sigma - H(E_2 | X)_\sigma \\
&\quad + (1-\varepsilon)\,H(A_1 | B_2)_{\sigma^0} - (1-\varepsilon)\,H(A_1 | B_2 X)_{\sigma^0} \\
&\quad + (1-\varepsilon)\,H(A_1 | B_2 X)_{\sigma^0} - \varepsilon H(A_1 | E_2 X)_{\sigma^0} & (25.195) \\
&= I(X; B_2)_\sigma + H(B_2 | X)_\sigma - H(E_2 | X)_\sigma + (1-\varepsilon)\,H(A_1 | B_2)_{\sigma^0} \\
&\quad - \varepsilon H(A_1 | E_2 X)_{\sigma^0} & (25.196) \\
&\le I(X; B_2)_\sigma + H(B_2 | X)_\sigma - H(E_2 | X)_\sigma + (1-\varepsilon)\log d \\
&\quad - \varepsilon H(A_1 | E_2 X)_{\sigma^0} & (25.197)
\end{aligned}
$$

이 유도된다. 이제 식 (25.177), (25.193), (25.197)을 합치면, 식 (25.164)의 양자 동적 용량 공식의 상계를 다음과 같이 알아낼 수 있다.

$$\lambda_1 I(AX; B_1 Y B_2)_\sigma + \lambda_2 I(A \rangle B_1 Y B_2 X)_\sigma$$
$$+ \lambda_3 \left[I(X; B_1 Y B_2)_\sigma + I(A \rangle B_1 Y B_2 X)_\sigma \right] \tag{25.198}$$
$$\leq \lambda_1 (1 - \varepsilon) \left[\log d + H(A_1 | E_2 X)_{\sigma^0} \right] + \lambda_2 (1 - 2\varepsilon) H(A_1 | E_2 X)_{\sigma^0}$$
$$+ \lambda_3 \left[(1 - \varepsilon) \log d - \varepsilon H(A_1 | E_2 X)_{\sigma^0} \right]$$
$$+ \lambda_1 I(AX; B_2)_\sigma + \lambda_2 \left[H(B_2 | X)_\sigma - H(E_2 | X)_\sigma \right]$$
$$+ \lambda_3 \left[I(X; B_2)_\sigma + H(B_2 | X)_\sigma - H(E_2 | X)_\sigma \right] \tag{25.199}$$
$$= (\lambda_1 + \lambda_3)(1 - \varepsilon) \log d + \left[\lambda_1 (1 - \varepsilon) + \lambda_2 (1 - 2\varepsilon) - \lambda_3 \varepsilon \right] H(A_1 | E_2 X)_{\sigma^0}$$
$$+ \lambda_1 I(AX; B_2)_\sigma + \lambda_2 \left[H(B_2 | X)_\sigma - H(E_2 | X)_\sigma \right]$$
$$+ \lambda_3 \left[I(X; B_2)_\sigma + H(B_2 | X)_\sigma - H(E_2 | X)_\sigma \right] \tag{25.200}$$

$\lambda_1(1 - \varepsilon) + \lambda_2(1 - 2\varepsilon) - \lambda_3 \varepsilon \geq 0$인 경우, 자료처리 부등식($H(A_1 | E_2 X)_{\sigma^0} \leq H(A_1 | X)_{\sigma^0}$이다.)을 적용해 마지막 줄이

$$(\lambda_1 + \lambda_3)(1 - \varepsilon) \log d + \left[\lambda_1 (1 - \varepsilon) + \lambda_2 (1 - 2\varepsilon) - \lambda_3 \varepsilon \right] H(A_1 | X)_{\sigma^0}$$
$$+ \lambda_1 I(AX; B_2)_\sigma + \lambda_2 \left[H(B_2 | X)_\sigma - H(E_2 | X)_\sigma \right]$$
$$+ \lambda_3 \left[I(X; B_2)_\sigma + H(B_2 | X)_\sigma - H(E_2 | X)_\sigma \right] \tag{25.201}$$

보다 절대로 더 클 수 없음을 알 수 있다. 만약 $\mathcal{M}_{A_2 \to B_2} = (\mathcal{N}^\varepsilon)^{\otimes n-1}$로 두고, 이 전개 과정을 $n - 1$번 더 반복하면

$$\frac{1}{n} D_{\vec{\lambda}}((\mathcal{N}^\varepsilon)^{\otimes n}) \leq (\lambda_1 + \lambda_3)(1 - \varepsilon) \log d$$
$$+ \left[\lambda_1 (1 - \varepsilon) + \lambda_2 (1 - 2\varepsilon) - \lambda_3 \varepsilon \right] \left[\frac{1}{n} \sum_{i=1}^{n} H(A_i | X) \right] \tag{25.202}$$
$$\leq (\lambda_1 + \lambda_3)(1 - \varepsilon) \log d$$
$$+ \left[\lambda_1 (1 - \varepsilon) + \lambda_2 (1 - 2\varepsilon) - \lambda_3 \varepsilon \right] \max_{i,x} H(A_i)_{\phi^x} \tag{25.203}$$

임을 알 수 있다. 이것은 $\lambda_1(1 - \varepsilon) + \lambda_2(1 - 2\varepsilon) - \lambda_3 \varepsilon \geq 0$인 경우에는 항상 이 영역의 최적성을 보여준다. $\lambda_1(1 - \varepsilon) + \lambda_2(1 - 2\varepsilon) - \lambda_3 \varepsilon < 0$인 경우일 때는 식 (25.200)에서 시작하고, 선로 $\mathrm{Tr}_{B_2}\{\mathcal{U}^{\mathcal{M}}_{A_2 \to B_2 E_2}(\cdot)\}$에 대해 자료처리 부등식을 적용하면

$$H(A_1 | E_2 X)_{\sigma^0} \geq H(A_1 | A_2 X)_{\sigma^0} \tag{25.204}$$

을 얻는데, 따라서

$$(\lambda_1 + \lambda_3)(1 - \varepsilon)\log d + [\lambda_1(1 - \varepsilon) + \lambda_2(1 - 2\varepsilon) - \lambda_3\varepsilon]\,H(A_1|E_2X)_{\sigma^0}$$
$$+ \lambda_1 I(AX;B_2)_\sigma + \lambda_2\,[H(B_2|X)_\sigma - H(E_2|X)_\sigma]$$
$$+ \lambda_3\,[I(X;B_2)_\sigma + H(B_2|X)_\sigma - H(E_2|X)_\sigma]$$
$$\leq (\lambda_1 + \lambda_3)(1 - \varepsilon)\log d + [\lambda_1(1 - \varepsilon) + \lambda_2(1 - 2\varepsilon) - \lambda_3\varepsilon]\,H(A_1|A_2X)_{\sigma^0}$$
$$+ \lambda_1 I(AX;B_2)_\sigma + \lambda_2\,[H(B_2|X)_\sigma - H(E_2|X)_\sigma]$$
$$+ \lambda_3\,[I(X;B_2)_\sigma + H(B_2|X)_\sigma - H(E_2|X)_\sigma] \qquad (25.205)$$

를 알 수 있다. 이제 $\mathcal{M}_{A_2 \to B_2} = (\mathcal{N}^\varepsilon)^{\otimes n-1}$이라고 두고, 이 전개 과정을 $n - 1$번 더 반복하면

$$\frac{1}{n}D_{\vec{\lambda}}((\mathcal{N}^\varepsilon)^{\otimes n}) \leq (\lambda_1 + \lambda_3)(1 - \varepsilon)\log d$$
$$+ [\lambda_1(1 - \varepsilon) + \lambda_2(1 - 2\varepsilon) - \lambda_3\varepsilon]\left[\frac{1}{n}\sum_{i=1}^{n}H(A_i|A^{i-1}X)\right] \qquad (25.206)$$
$$= (\lambda_1 + \lambda_3)(1 - \varepsilon)\log d$$
$$+ [\lambda_1(1 - \varepsilon) + \lambda_2(1 - 2\varepsilon) - \lambda_3\varepsilon]\left[\frac{1}{n}H(A^n|X)\right] \qquad (25.207)$$
$$\leq (\lambda_1 + \lambda_3)(1 - \varepsilon)\log d \qquad (25.208)$$

를 알 수 있다. 마지막 줄은 엔트로피가 음수가 아니기 때문에 성립한다. 이 부등식은 이 정리의 진술에서 $\lambda_1(1 - \varepsilon) + \lambda_2(1 - 2\varepsilon) - \lambda_3\varepsilon < 0$인 부등식이 성립한다는 것이 $\lambda = 0$을 고르는 것(이것은 단지 보조받지 않는 고전 용량을 최대화하는 방법에 해당한다.) 이 최적임을 뜻한다는 것을 보여준다. 이것으로 증명이 완료된다. □

25.5.4 순손실 보손 선로

양자 통신에서 가장 중요한 실용적 선로 중 하나는 순손실 보손 선로pure-loss bosonic channel라고 한다. 이 선로는 자유공간이나 광섬유 케이블을 통한 광자의 통신을 모형화할 수 있는데, 이 상황에서 잡음의 원천은 광자의 손실뿐이기 때문이다. 순손실 보손 선로는 평균적으로 수신자가 선로를 통해 전달할 수 있는 광자의 분율을 특성화하는 하나의 매개변수 $\eta = [0, 1]$을 갖는다. 그 환경인 도청자는 수신자에게 도달하지 못한 광자 전부를 모을 수 있다. 즉, 이 분율은 $1 - \eta$이다. 대체로, 송신자가 이

선로를 통해 보낼 수 있는 광자의 평균 수는 제한된다(만약 그렇지 않다면 사용 가능한 에너지가 무한한 양으로 존재할 수 있는데, 현실적 관점에서 물리적이지 않고 게다가 그 용량 중 어떤 경우는 무한대가 되어, 정보 이론적 관점에서도 관심을 덜 받는다). 따라서 $N_S \in [0, \infty)$가 수신기에서 사용 가능한 광자의 평균 수라고 하자. 그러면 이 선로의 용량은 두 매개변수 η와 N_S의 함수다.

【연습문제 25.5.2】 순손실 보손 선로의 양자 용량은 $\eta = 1/2$일 때 소멸한다는 것을 증명하라.

이 절에서는 이 선로에 대한 절충적 부호화가 어떻게 시간 공유를 뛰어넘는 놀라울 만한 이득을 줄 수 있는지 보이겠다. 이 선로에 대한 절충적 부호화는 동력 공유 power-sharing 전략을 달성하는데, 이 전략은 송신자가 사용 가능한 광자 중 $\lambda \in [0, 1]$의 분율을 부호의 양자적 부분에 사용하고, $1 - \lambda$의 분율을 부호의 고전적 부분에 사용한다. 이 동력 공유 전략은 (오랜 추측에 따라) 입증할 수 있는 최적이고, 의미 있는 수준에서 시간 공유를 넘어선다(가령, 걸어긋남 선로가 할 수 있는 것보다 훨씬 많다). 구체적으로는, 절충적 부호화 전략이 송신자와 수신자가 다음과 같은 형태의 앙상블로부터 무작위 부호를 생성한다는 것을 생각해보자.

$$\{p_X(x), |\phi_x\rangle_{AA'}\} \tag{25.209}$$

여기서 $p_X(x)$는 어떤 확률 분포이고, 상태 $|\phi_x\rangle_{AA'}$은 앨리스가 선로에 A'계를 입력하는 식으로 이 확률 분포와 상관됐다. 순손실 보손 선로에 대해, 골라야 할 최선의 앙상블은 다음과 같은 형태임이 알려졌다.

$$\{p_{(1-\lambda)N_S}(\alpha), D_{A'}(\alpha)|\psi_{\text{TMS}}(\lambda)\rangle_{AA'}\} \tag{25.210}$$

여기서 α는 복소수 변수다. 확률 분포 $p_{(1-\lambda)N_S}(\alpha)$는 분산 $(1 - \lambda)N_S$를 갖는 등방 가우시안 분포다.

$$p_{(1-\lambda)N_S}(\alpha) \equiv \frac{1}{\pi(1-\lambda)N_S} \exp\left\{-|\alpha|^2 / [(1-\lambda)N_S]\right\} \tag{25.211}$$

여기서 $\lambda \in [0, 1]$은 동력 공유 또는 광자 수 공유 매개변수로, 얼마나 많은 광자가 부호의 양자적 부분에 투입되는지를 나타내고, 반대로 $1 - \lambda$는 얼마나 많은 광자가

고전적 부분에 투입되는지를 나타낸다. 식 (25.210)에서 $D_{A'}(\alpha)$는 A'계에 작용하는 '변위^{displacement}' 유니터리 연산자다(자세한 사항은 아래 참고). 그리고 $|\psi_{\text{TMS}}(\lambda)\rangle_{AA'}$은 다음 형태의 '두 모드 쥐어짜인$^{\text{TMS, Two-Mode Squeezed}}$' 상태다.

$$|\psi_{\text{TMS}}(\lambda)\rangle_{AA'} \equiv \sum_{n=0}^{\infty} \sqrt{\frac{[\lambda N_S]^n}{[\lambda N_S + 1]^{n+1}}} |n\rangle_A |n\rangle_{A'} \qquad (25.212)$$

여기서 $|n\rangle$은 광자 수가 확실하게 n인 상태다. $\theta(\lambda)$가 A 모드에 대해 대각합을 취한 결과 상태를 나타낸다고 하자.

$$\theta(\lambda) \equiv \text{Tr}_A \left\{ |\psi_{\text{TMS}}(\lambda)\rangle\langle\psi_{\text{TMS}}(\lambda)|_{AA'} \right\} \qquad (25.213)$$

$$= \sum_{n=0}^{\infty} \frac{[\lambda N_S]^n}{[\lambda N_S + 1]^{n+1}} |n\rangle\langle n|_{A'} \qquad (25.214)$$

환원된 상태 $\theta(\lambda)$는 열적 상태$^{\text{thermal state}}$라고 하고, 평균 광자 수 λN_S를 갖는다. 기하 분포 $[\lambda N_S]^n / [\lambda N_S + 1]^{n+1}$에 대해 광자 수 n의 기댓값을 계산하면 그 평균 광자 수가 λN_S임을 쉽게 검사할 수 있다.

$$\sum_{n=0}^{\infty} n \frac{[\lambda N_S]^n}{[\lambda N_S + 1]^{n+1}} = \lambda N_S \qquad (25.215)$$

지금의 목적에서 변위 연산자 $D_{A'}(\alpha)$의 가장 중요한 성질은 가우시안 분포 $p_{(1-\lambda)N_S}(\alpha)$를 따라서 각 상태 θ에 작용하는 변위 연산자를 무작위로 선택한 것에 대해 평균을 취하면 평균 광자 수가 N_S인 열적 상태를 준다는 것이다.

$$\bar{\theta} \equiv \int d\alpha \, p_{(1-\lambda)N_S}(\alpha) \, D(\alpha)\theta(\lambda)D^{\dagger}(\alpha) \qquad (25.216)$$

$$= \sum_{n=0}^{\infty} \frac{[N_S]^n}{[N_S + 1]^{n+1}} |n\rangle\langle n|_{A'} \qquad (25.217)$$

따라서 식 (25.210)의 앙상블 선택은 선로에 입력한 광자의 평균 수가 N_S와 같아야 한다는 제약조건을 만족한다.

이 순손실 보손 선로에 대한 양자 동적 용량 영역을 계산하기 위해, 평균 광자 수가 N_S인 열적 상태의 엔트로피가

$$g(N_S) \equiv (N_S + 1) \log (N_S + 1) - N_S \log(N_S) \qquad (25.218)$$

와 같음을 살펴보면 도움이 된다. 왜냐하면 열적 상태에 대한 모든 관련 있는 엔트로피를 계산할 것이기 때문이다. 연습문제 25.2.1로부터 다음의 네 가지 엔트로피만 계산하면 된다는 사실을 알고 있다.

$$H(A|X)_\sigma = \int d\alpha \ p_{(1-\lambda)N_S}(\alpha) \ H(D(\alpha)\theta(\lambda)D^\dagger(\alpha)) \qquad (25.219)$$

$$H(B)_\sigma = H(\mathcal{N}(\overline{\theta})) \qquad (25.220)$$

$$H(B|X)_\sigma = \int d\alpha \ p_{(1-\lambda)N_S}(\alpha) \ H(\mathcal{N}(D(\alpha)\theta(\lambda)D^\dagger(\alpha))) \qquad (25.221)$$

$$H(E|X)_\sigma = \int d\alpha \ p_{(1-\lambda)N_S}(\alpha) \ H(\mathcal{N}^c(D(\alpha)\theta(\lambda)D^\dagger(\alpha))) \qquad (25.222)$$

여기서 $\mathcal{N}$은 입력 광자의 η만큼을 수신자에게 전송하는 순손실 보손 선로이고, $\mathcal{N}^c$는 입력 광자의 $1 - \eta$만큼을 환경인 도청자에게 전송하는 그 상보 선로다. 위의 네 가지 엔트로피 계산은 다음과 같이 전개된다.

$$\int d\alpha \ p_{(1-\lambda)N_S}(\alpha) \ H(D(\alpha)\theta(\lambda)D^\dagger(\alpha)) = \int d\alpha \ p_{(1-\lambda)N_S}(\alpha) \ H(\theta(\lambda)) \qquad (25.223)$$

$$= H(\theta(\lambda)) = g(\lambda N_S) \qquad (25.224)$$

첫 번째 등식은 $D(\alpha)$가 유니터리 연산자이기 때문에 성립하고, 세 번째 등식은 θ가 평균 광자 수가 N_S인 열적 상태이기 때문에 유도된다. 계속해서

$$H(\mathcal{N}(\overline{\theta})) = g(\eta N_S) \qquad (25.225)$$

를 얻을 수 있다. 왜냐하면 θ가 평균 광자 수가 N_S인 열적 상태이지만, 이 선로는 평균적으로 입력한 광자의 η 분율만큼만을 통과시키기 때문이다. 식 (25.221)의 세 번째 엔트로피는 다음과 같다.

$$\int d\alpha \ p_{(1-\lambda)N_S}(\alpha) \ H(\mathcal{N}(D(\alpha)\theta(\lambda)D^\dagger(\alpha)))$$

$$= \int d\alpha \ p_{(1-\lambda)N_S}(\alpha) \ H(D(\sqrt{\eta}\alpha)\mathcal{N}(\theta(\lambda))D^\dagger(\sqrt{\eta}\alpha)) \qquad (25.226)$$

$$= \int d\alpha \ p_{(1-\lambda)N_S}(\alpha) \ H(\mathcal{N}(\theta(\lambda))) \qquad (25.227)$$

$$= H(\mathcal{N}(\theta(\lambda))) = g(\lambda \eta N_S) \qquad (25.228)$$

첫 번째 등식은 변위 연산자가 순손실 선로에 대해 공변이기 때문에 유도된다(여기서는 이것을 엄격하게 정당화하지는 않겠다). 두 번째 등식은 $D(\alpha)$가 유니터리 연산자이기 때문에 성립한다. 마지막 등식은 $\theta(\lambda)$가 평균 광자 수가 λN_S인 열적 상태이지만, 이 선로는 평균적으로 입력 광자의 η인 분율만을 통과시키기 때문에 성립한다. 같은 이유로(상보 선로가 입력 광자의 $1 - \eta$인 분율만을 통과시킨다는 점을 제외하면) 식 (25.222)의 네 번째 엔트로피는

$$\int d\alpha\, p_{(1-\lambda)N_S}(\alpha)\, H(\mathcal{N}^c(D(\alpha)\theta(\lambda)D^\dagger(\alpha)))$$

$$= \int d\alpha\, p_{(1-\lambda)N_S}(\alpha)\, H(D(\sqrt{1-\eta}\alpha)\mathcal{N}^c(\theta(\lambda))D^\dagger(\sqrt{1-\eta}\alpha)) \tag{25.229}$$

$$= \int d\alpha\, p_{(1-\lambda)N_S}(\alpha)\, H(\mathcal{N}^c(\theta(\lambda))) \tag{25.230}$$

$$= H(\mathcal{N}^c(\theta(\lambda))) = g(\lambda(1-\eta)N_S) \tag{25.231}$$

와 같다. 그러면 연습문제 25.2.1의 결과에 의해, 그리고 $\eta \geq 1/2$일 때는 항상 성립하는 그에 맞는 역에 의해,[2] 순손실 보손 선로의 양자 동적 용량 영역에 대한 다음의 특성화를 얻는다.

【정리 25.5.4】 구하[Guha](2008)의 강한 추측 2가 참이라고 하면, $\eta \geq 1/2$의 투과율을 갖는 순손실 보손 선로에 대한 양자 동적 용량 영역은 형태가 다음과 같은 영역들의 합집합이다.

$$C + 2Q \leq g(\lambda N_S) + g(\eta N_S) - g((1-\eta)\lambda N_S) \tag{25.232}$$
$$Q + E \leq g(\eta\lambda N_S) - g((1-\eta)\lambda N_S) \tag{25.233}$$
$$C + Q + E \leq g(\eta N_S) - g((1-\eta)\lambda N_S) \tag{25.234}$$

여기서 $\lambda \in [0, 1]$은 광자 수 공유 매개변수이고, $g(N)$은 식 (25.218)에서 정의된 엔트로피다. 이 영역은 모든 $\eta \in [0, 1]$에 대해 도달 가능하다.

그림 25.6은 위의 정리에서 말하는 영역의 두 가지 중요한 특수한 경우를 나타낸다. (a) 얽힘보조가 없는 고전 통신과 양자 통신 사이의 절충과 (b) 얽힘보조 고전 통신과 얽힘보조가 없는 고전 통신 사이의 절충이다. 이 그림은 시간 공유를 뛰어넘는

---

2 오랫동안 증명되지 않은 최소 출력 엔트로피 추측(minimum-output entropy conjecture)이 참인 경우에만 이 역이 성립한다는 사실을 분명히 해둔다(학자들은 이것이 참이어야 한다는 많은 증거를 모아뒀다).

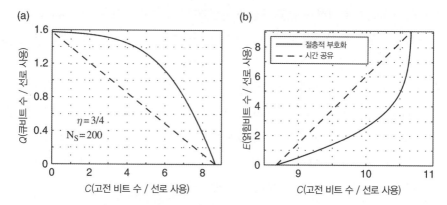

그림 25.6 (a) 평균적으로 수신자에게 3/4의 광자를 전송하고, 나머지 1/4는 경로를 벗어나 읽어버리는 선로를 생각해보자. 그런 선로는 선로 사용당 최대 log(3/4) − log(1/4) ≈ 1.58개의 큐비트를 신뢰성 있게 전송할 수 있고, 수신 측에서 선로 사용당 대략 200개의 평균 광자 소요는 이 양자 용량에 거의 도달하기에 충분하다. 같은 평균 광자 소요를 유지하면서 양자 자료 속도를 선로 사용당 대략 1.4큐비트로 낮추는 절충적 부호화 전략은 송신자가 추가적으로 선로 사용당 4.5개의 고전 비트를 신뢰성 있게 전송할 수 있도록 하는데, 시간 공유 전략은 이 광자 소요를 갖고 추가적으로 선로 사용당 1개의 고전 비트를 허용한다. 이 사례에 대해 절충적 부호화가 시간 공유를 뛰어넘는 이런 고전 자료 속도에서 6.5dB 증가는 양자 통신 엔지니어들이 그런 이론적 성능 증가의 이점을 얻기 위해 절충적 부호화를 사용하도록 만드는 데 충분히 강력하다. (b) 송신자와 수신자가 얽힘을 공유하고, 송신자는 얽힘의 소모를 최소화하면서 고전 정보를 전송하려고 한다. 입력한 광자의 3/4만을 전송하는 선로를 통해 선로 사용당 200개의 평균 광자 수를 갖고, 송신자는 선로 사용당 대략 10.7개의 고전 비트를 신뢰성 있게 전송할 수 있는데, 얽힘 소모 속도는 선로 사용당 대략 9.1개의 얽힘비트다. 절충적 부호화를 쓰면, 송신자는 얽힘비트 소모량을 선로 사용당 대략 5개의 얽힘비트까지 의미 있게 감소시킬 수 있고 여전히 선로 사용당 대략 10.5개의 고전 비트를 전송한다. 얽힘 소모 속도는 2.6dB 감소하는데 고전 통신 속도는 고작 0.08dB 감소한다. 송수신자들이 이후의 얽힘보조 통신을 수행하기 위한 추가적 얽힘을 가져야 한다면 얽힘 소모량의 절감은 유용하다.

절충적 부호화가 주는 놀라운 개선을 나타낸다.

위의 용량 영역의 다른 특수한 경우는 λ_1, λ_2, Q, $E = 0$이고 $\lambda_3 = 1$일 때 얽힘보조를 받지 않은 고전 용량 $g(\eta N_S)$와, $\lambda_2 = 1$이고, λ_1, λ_3, C, $E = 0$일 때의 양자 용량 $g(\eta N_S) - g((1 - \eta)N_S)$와, $\lambda_1 = 1$, λ_2, λ_3, $Q = 0$이고 $E = -\infty$일 때의 얽힘보조 고전 용량 $g(N_S) + g(\eta N_S) - g((1 - \eta)N_S)$이다.

25.6 역사와 더 읽을거리

쇼어[Shor](2004b)는 속도 제한된 얽힘에 의해 보조받는 선로의 고전 용량을 고려했다. 쇼어는 송신자가 무잡음 얽힘의 소모를 무잡음 고전 통신의 생성과 어떻게 최적으로 절충할 수 있는지 결정하는 절충 곡선을 계산했다. 이 절충 곡선은 또한 얽힘 소모 속도와 생성된 고전 통신 속도로 구성된 속도 영역을 한정 짓는다. 그리고 쇼어의 결과는 데브택^{Devetak}과 쇼어(2005)에게 송신자가 무잡음 고전 정보와 무잡음 양자정보를 둘 다 동시에 전송하기 위해 양자 선로를 사용하는 상황과, 나중에 양자 오류 보정 이론(Kremsky et al., 2008; Wilde & Brun, 2008)에서 형식화된 기법 이후에 시에^{Hsieh}와 윌디^{Wilde}(2010a, 2010b)가 '고전적으로 향상된 양자 부호화'라고 부르게 된 상황을 고려하도록 영감을 줬다. 데브택과 쇼어(2005)는 일반적인 선로에 대한 고전적으로 향상된 양자 용량 영역의 다문자 특성화를 제시했지만, 이들은 일반화된 결어긋남 선로와 삭제 선로가 둘 다 단일 문자 용량 영역을 포함함을 보일 수 있었다.

위의 상황은 동적 이중자원 양자 섀넌 이론의 일부분으로, 이 이론에서 송신자는 양자 선로를 2개의 무잡음 자원을 생성하기 위해 사용하거나, 무잡음 자원에 덧붙여서 또 다른 무잡음 자원을 생성하기 위해 양자 선로를 사용한다. 이 이론은 데브택 등(2004, 2008)의 작업으로 마무리됐고, 여기서 실질적으로 두 자원과 양자 선로의 고려할 수 있는 모든 조합에 대한 다문자 특성화를 제시했다. 동시대의 다른 학자들은 양자 압축(Koashi & Imoto, 2001; Barnum, Hayden, Jozsa & Winter, 2001; Hayden et al., 2002), 원격 상태 준비(Abeyesinghe & Hayden, 2003; Bennett et al., 2005), 혼합 양자 메모리(Kuperberg, 2003)와 같은 동적 이중자원 양자 섀넌 이론의 밖에 있는 작업에서 서로 상충할 때 어떻게 무잡음 자원이 절충될 수 있는지 고려했다.

시에와 윌디(2010a, 2010b, 2012b)는 고전 정보와 양자정보를 둘 다 전송하는 얽힘보조 양자 선로 능력의 다문자 특성화를 제시하여 동적 삼중자원 양자 섀넌 이론을 고려했다. 시에와 윌디(2010a)는 또한 '고전적으로 향상된 아버지 통신 규약'이라고 이름 붙인 새로운 통신 규약을 구성했는데, 이 통신 규약은 얽힘보조 양자 선로를 통해 고전 정보와 양자정보를 전송하며 시간 공유 전략을 상회하는 성능을 낸다. 브래들러^{Brádler} 등(2010)은 양자 아다마르 선로가 단일 문자 용량 영역을 갖는 것을 보였다. 정보의 절충법을 탐색하는 후속 연구가 이어졌다(Jochym-O'Connor et al., 2011; Wilde & Hsieh, 2012a).

윌디, 헤이든^{Hayden}, 구하^{Guha}(2012a, 2012b)는 순손실 보손 선로의 양자 동적 용량 영역을 찾아냈다(오래도록 증명되지 않은 최소 출력 엔트로피 추측에 의존한다). 여기서 수립한 결과는 보손 선로의 문헌에서 거대한 분량을 차지한다. 지오바네티^{Giovannetti}, 구하, 로이드^{Lloyd}, 맥콘^{Maccone}, 샤피로^{Shapiro}, 유엔^{Yuen}(2004)은 순손실 보손 선로의 고전 용량을 찾아냈다. 다른 학자들은 순손실 보손 선로의 얽힘보조 고전 용량과 얽힘보조 양자 용량(Bennett et al., 2002; Holevo & Werner, 2001; Giovannetti et al., 2003b; Giovannetti et al., 2003a) 및 그 양자 용량(Wolf et al., 2007; Guha et al., 2008)을 알아냈다. 오랫동안 풀리지 않은 최소 출력 엔트로피 추측(지오바네티 등(2015)이 증명한 것과 다른 추측)은 지오바네티, 구하, 로이드, 맥콘, 샤피로(2004), 구하 등(2008), 지오바네티 등(2010)의 논문에서 자세히 다룬다.

26

요약과 전망

이 마지막 요약 장에서는 이 책에서 제시한 많은 결과를 간략히 요약하고, 다루지 않은 정보 처리 작업을 강조하며, 새로운 방향성을 논의하겠다. 이 요약에서는 자원 부등식 형식 체계를 사용하겠다.

자원 부등식은 도달 가능성에 대한 진술이다. 즉, 다음의 식

$$\sum_k \alpha_k \geq \sum_j \beta_j \tag{26.1}$$

는 좌변의 자원 $\{\alpha_k\}$가 우변의 자원 $\{\beta_j\}$를 시뮬레이션할 수 있다는 뜻이다. 이 자원은 정확하고 유한하게, 또는 점근적으로 완벽하다. 이 자원을 다음과 같이 분류할 수 있다.

1. 단위 자원, 무잡음, 또는 유잡음

2. 동적 또는 정적. 게다가, 동적 자원은 '상대적'일 수 있다(아래 참고).

3. 고전적, 양자적, 또는 혼합적

단위 자원은 다음과 같다. $[c \to c]$는 하나의 무잡음 고전 비트 선로를 나타내고, $[q \to q]$는 하나의 무잡음 큐비트 선로를 나타내고, $[qq]$는 하나의 무잡음 얽힘비트를

나타내고, $[q \to qq]$는 하나의 무잡음 결맞은 비트 선로를 나타낸다. 또한 $[c \to c]_{\text{priv}}$는 무잡음 비밀 고전 비트 선로를 나타내고, $[cc]_{\text{priv}}$는 비밀 키의 무잡음 비트를 나타낸다. 무잡음 자원의 사례는 앨리스와 밥 사이에 공유된 순수한 2분할 상태 $|\phi\rangle_{AB}$ 또는 앨리스에서 밥으로 향하는 항등 선로 $\text{id}_{A \to B}$가 있다. 유잡음 자원의 사례는 섞인 2분할 상태 ρ_{AB}나 유잡음 선로 $\mathcal{N}_{A' \to B}$가 될 수 있다. 단위 자원은 무잡음 자원의 특수한 경우로, 또한 유잡음 자원의 특수한 경우다.

공유된 상태 ρ_{AB}는 유잡음 정적 자원의 사례이고, 선로 $\mathcal{N}$은 유잡음 동적 자원의 사례다. 이 자원들은 자원 부등식 안에서 $\langle\rho\rangle$나 $\langle\mathcal{N}\rangle$을 사용해 나타낸다. 만약 필요하다면 더 정확히 적을 수 있고, $\langle\mathcal{N}\rangle$을 동적이고 상대적인 자원 $\langle\mathcal{N}_{A' \to B} : \sigma_{A'}\rangle$으로 나타내며, 이 통신 규약은 선로에 대한 입력 상태가 $\sigma_{A'}$인 경우에만 작동한다는 것을 뜻한다.

고전적 자원이거나 양자적 자원인 경우에는 명백하며, 혼합된 자원의 사례로는 다음과 같은 고전-양자 상태가 있다.

$$\rho_{XA} = \sum_x p_X(x)|x\rangle\langle x|_X \otimes \rho_A^x \tag{26.2}$$

26.1 단위 통신 규약

6장에서는 얽힘 분배

$$[q \to q] \geq [qq] \tag{26.3}$$

양자원격전송

$$2[c \to c] + [qq] \geq [q \to q] \tag{26.4}$$

초고밀도 부호화

$$[q \to q] + [qq] \geq 2[c \to c] \tag{26.5}$$

를 논의했다. 7장에서는 결맞은 초고밀도 부호화

$$[q \to q] + [qq] \geq 2[q \to qq] \tag{26.6}$$

와 결맞은 양자원격전송

$$2\,[q \to qq] \geq [q \to q] + [qq] \tag{26.7}$$

를 소개했다. 두 자원 부등식이 자원 뒤집기에 대해 쌍대라는 사실은 결맞은 통신 항등식을 함의한다.

$$2\,[q \to qq] = [q \to q] + [qq] \tag{26.8}$$

또한 다음의 자원 부등식도 공부했다.

$$[q \to q] \geq [q \to qq] \geq [qq] \tag{26.9}$$

이 책에서 다루지 않은 그 밖의 단위 자원은 1회용 비밀번호^{OTP, One-Time Pad}

$$[c \to c]_{\mathrm{pub}} + [cc]_{\mathrm{priv}} \geq [c \to c]_{\mathrm{priv}} \tag{26.10}$$

와 비밀키 분배

$$[c \to c]_{\mathrm{priv}} \geq [cc]_{\mathrm{priv}} \tag{26.11}$$

및 비밀 정보에서 공개 정보로의 전송

$$[c \to c]_{\mathrm{priv}} \geq [c \to c]_{\mathrm{pub}} \tag{26.12}$$

이 있다. 마지막 통신 규약은 수신자가 정보를 국소적으로 복사해 도청자가 접근할 수 있는 레지스터에 둔다는 모형을 가정한다.

26.2 무잡음 양자 섀넌 이론

무잡음 양자 섀넌 이론은 단위 자원과, 항등 선로나 순수 2분할 상태와 같은 단위가 아닌 무잡음 자원을 하나 포함하는 자원 부등식으로 구성된다.

18장의 슈마허 압축은 엔트로피 $H(A)_\rho$와 같은 속도인 무잡음 큐비트 선로를 사용해 섞인 상태 ρ_A에 작용하는 항등 선로 $\mathrm{id}_{A \to B}$를 시뮬레이션하는 방법을 제시한다.

$$H(A)_\rho\,[q \to q] \geq \langle \mathrm{id}_{A \to B} : \rho_A \rangle \tag{26.13}$$

또한 만약 항등 선로를 n회 사용하는 것이 가능하다면, 양자 통신에 대한 결맞은 정보의 도달 가능성(24장)은 $H(B) - H(E)$와 같은 속도를 갖는 이 선로로 양자 자료를 내려보낼 수 있음을 의미한다는 사실을 알고 있다. 여기서 엔트로피는 어떤 입력 밀도 연산자 ρ_A에 대해 계산한다. 하지만 선로가 항등 선로이기 때문에(환경이 정보를 얻지 못한다.) $H(E) = 0$이고, 앨리스의 입력이 밥에게 직접 전달되므로 $H(B) = H(A)_\rho$이다. 이것은 다음의 자원 부등식을 준다.

$$\langle \mathrm{id}_{A \to B} : \rho_A \rangle \geq H(A)_\rho \, [q \to q] \tag{26.14}$$

그리고 식 (26.13)과 식 (26.14)를 결합하면 다음의 자원 등식을 준다.

$$\langle \mathrm{id}_{A \to B} : \rho_A \rangle = H(A)_\rho \, [q \to q] \tag{26.15}$$

19장에서 살펴본 얽힘집중은 순수한 2분할 상태 $|\phi\rangle_{AB}$의 사본 다수를 얽힘의 엔트로피와 같은 속도에서 얽힘비트로 변환한다.

$$\langle \phi_{AB} \rangle \geq H(A)_\phi \, [qq] \tag{26.16}$$

얽힘희석은 부선형적 양의 고전 통신을 사용해 얽힘비트를 순수한 2분할 상태 $|\phi\rangle_{AB}$의 사본 n개로 희석시킨다. 부선형적 속도의 고전 통신을 무시하면 다음의 자원 부등식을 준다.

$$H(A)_\phi \, [qq] \geq \langle \phi_{AB} \rangle \tag{26.17}$$

얽힘집중과 얽힘희석을 결합하면 다음의 자원 부등식을 준다.

$$\langle \phi_{AB} \rangle = H(A)_\phi \, [qq] \tag{26.18}$$

무잡음 양자 섀넌 이론은 자원 '등식'을 얻을 수 있다는 관점에서 만족스러우며, 상대적 항등 선로를 갖는 무잡음 큐비트 선로와 얽힘비트를 갖는 순수한 2분할 상태 상호 변환 가능성을 묘사한다.

26.3 유잡음 양자 섀넌 이론

유잡음 섀넌 이론은 다른 단위 자원과 상호 작용하는 유잡음 선로나 유잡음 상태와 같은 하나의 유잡음 자원을 갖는 자원 부등식을 갖는다. 자원 부등식에 포함된 유잡음 자원이 동적인지 정적인지에 따라 그 자원 부등식이 동적인지 정적인지로 더 세분할 수 있다.

먼저, 이 책에서 소개한 동적 자원 부등식을 훑어보겠다. 이 통신 규약은 다른 단위 자원과 상호 작용하는 유잡음 선로를 포함한다. 유잡음 양자 섀넌 이론에 있는 많은 통신 규약이 다음과 같은 형태의 상태로부터 무작위 부호를 생성한다.

$$\rho_{XABE} \equiv \sum_x p_X(x)|x\rangle\langle x|_X \otimes \mathcal{U}^{\mathcal{N}}_{A'\to BE}(\phi^x_{AA'}) \tag{26.19}$$

여기서 $\phi^x_{AA'}$는 순수한 2분할 상태이고, $U^{\mathcal{N}}_{A'\to BE}$은 선로 $\mathcal{N}_{A'\to B}$의 등척 확장이다. 또한 위 형태의 특수한 경우가 중요하다.

$$\sigma_{ABE} \equiv \mathcal{U}^{\mathcal{N}}_{A'\to BE}(\phi_{AA'}) \tag{26.20}$$

여기서 $\phi_{AA'}$은 순수한 2분할 상태다. 양자 선로에 대한 고전 통신의 홀레보-슈마허-웨스트모어랜드 부호화(20장)는 다음의 자원 부등식이다.

$$\langle \mathcal{N} \rangle \geq I(X;B)_\rho\,[c \to c] \tag{26.21}$$

양자 선로에 대한 비밀 고전 통신의 데브택-카이-윈터-영 부호화(23장)는 다음과 같다.

$$\langle \mathcal{N} \rangle \geq (I(X;B)_\rho - I(X;E)_\rho)\,[c \to c]_{\mathrm{priv}} \tag{26.22}$$

비밀 고전 부호를 결맞은 방식으로 작동하는 것으로 승급시키면 양자 선로를 통한 결맞은 정보에 대한 데브택의 기법(24장)을 준다.

$$\langle \mathcal{N} \rangle \geq I(A\rangle B)_\sigma\,[q \to qq] \tag{26.23}$$

위의 식은 양자 통신에 대한 통신 규약으로 다음과 같이 점근적으로 변환될 수 있음을 보여준다.

$$\langle \mathcal{N} \rangle \geq I(A\rangle B)_\sigma\,[q \to q] \tag{26.24}$$

양자 선로를 통한 얽힘보조 고전 통신에 대한 베넷-쇼어-스몰린-타피리얄 부호화(21장)는 다음의 자원 부등식이다.

$$\langle \mathcal{N} \rangle + H(A)_\sigma \, [qq] \geq I(A;B)_\sigma \, [c \to c] \tag{26.25}$$

이 통신 규약을 얽힘보조 결맞은 통신에 대한 것으로 어떻게 승급시키는지 보였다 (22장).

$$\langle \mathcal{N} \rangle + H(A)_\sigma \, [qq] \geq I(A;B)_\sigma \, [q \to qq] \tag{26.26}$$

그리고 결맞은 통신 항등식과 결합하면 얽힘보조 양자 통신에 대한 다음의 통신 규약을 준다.

$$\langle \mathcal{N} \rangle + \frac{1}{2} I(A;E)_\sigma \, [qq] \geq \frac{1}{2} I(A;B)_\sigma \, [q \to q] \tag{26.27}$$

게다가, 얽힘 분배와 결합하면 양자 통신에 대한 식 (26.24)의 자원 부등식을 준다. HSW 통신 규약과 BSST 통신 규약을 함께 결합하여(이것은 자원 부등식의 수준이 아니라 부호화 수준에서 수행돼야 한다. 22장 참고), 얽힘보조 고전 통신과 얽힘보조 양자 통신에 대한 통신 규약을 복원할 수 있다.

$$\langle \mathcal{N} \rangle + \frac{1}{2} I(A;E|X)_\sigma \, [qq] \geq \frac{1}{2} I(A;B|X)_\sigma \, [q \to q] + I(X;B)_\sigma \, [c \to c] \tag{26.28}$$

이 통신 규약은 유잡음 선로와 세 가지 단위 자원을 포함하는 동적 양자 섀넌 이론에 나오는 임의의 통신 규약을 식 (26.3) ~ 식 (26.5)의 세 가지 단위 통신 규약과 결합하여 복원한다. 중요한 특수한 경우는 제한된 얽힘을 갖는 얽힘보조 고전 통신이다.

$$\langle \mathcal{N} \rangle + H(A|X)_\sigma \, [qq] \geq I(AX;B)_\sigma \, [c \to c] \tag{26.29}$$

그리고 고전 통신과 양자 통신을 동시에 쓴 경우다.

$$\langle \mathcal{N} \rangle \geq I(X;B)_\sigma \, [c \to c] + I(A\rangle BX)_\sigma \, [q \to q] \tag{26.30}$$

22장은 정적 양자 섀넌 이론에 있는 몇몇 중요한 통신 규약을 다뤘다. 이 통신 규약들은 단위 자원과 상호 작용하는 몇 가지 유잡음 상태 ρ_{AB}를 포함한다. 결맞음 보조를 받는 상태 전송에 대한 통신 규약은 식 (26.26)의 통신 규약에 대해 정적인 대응물이다.

$$\langle W_{S \to AB} : \rho_S \rangle + H(A)_\rho \, [q \to q] \geq I(A;B)_\rho \, [q \to qq] + \langle \mathrm{id}_{S \to \hat{B}B} : \rho_S \rangle \tag{26.31}$$

여기서 W는 상태를 원천 S에서 두 참여자 A와 B에게 분배하는 어떤 등척선로이고, $\mathrm{id}_{S \to \hat{B}B}$는 항등 선로다. 위의 통신 규약에서 원천과 상태 전송을 무시하면 양자보조 결맞은 통신에 대한 통신 규약을 준다.

$$\langle \rho \rangle + H(A)_\rho \, [q \to q] \geq I(A;B)_\rho \, [q \to qq] \tag{26.32}$$

또한 식 (26.31)을 단위 통신 규약과 결합하여 양자보조 상태 전송

$$\langle W_{S \to AB} : \rho_S \rangle + \frac{1}{2} I(A;R)_\varphi \, [q \to q] \geq \frac{1}{2} I(A;B)_\varphi \, [qq] + \langle \mathrm{id}_{S \to \hat{B}B} : \rho_S \rangle \tag{26.33}$$

와 고전 보조 상태 전송

$$\langle W_{S \to AB} : \rho_S \rangle + I(A;R)_\varphi \, [c \to c] \geq I(A \rangle B)_\varphi \, [qq] + \langle \mathrm{id}_{S \to \hat{B}B} : \rho_S \rangle \tag{26.34}$$

를 얻을 수 있다. 여기서 $|\varphi\rangle_{ABR}$은 ρ_{AB}의 양자정화다. 또한 유잡음 초고밀도 부호화

$$\langle \rho \rangle + H(A)_\rho \, [q \to q] \geq I(A;B)_\rho \, [c \to c] \tag{26.35}$$

와 유잡음 양자원격전송

$$\langle \rho \rangle + I(A;B)_\rho \, [c \to c] \geq I(A \rangle B)_\rho \, [q \to q] \tag{26.36}$$

는 식 (26.32)를 결맞은 통신 항등식 및 단위 통신 규약과 결합하여 얻었다.

26.4 이 책에서 다루지 않은 통신 규약

여기서는 대부분 양자 선로를 통한 통신에 집중했기 때문에, 이 책에서 다루지 않은 많은 중요한 통신 규약이 있다. 그런 사례로 **양자 상태 재분배**quantum state redistribution가 있다. 앨리스와 밥이 3분할 상태 ρ_{ACB}의 사본 다수를 공유한다고 하자. 여기서 앨리스는 AC 부분을 갖고 밥이 B 부분을 갖는다. 상태 재분배의 목표는 그렇게 하기 위한 최소한의 자원을 사용해 앨리스가 상태의 C 부분을 밥에게 전송하는 것이다. 순수 상태 φ_{RACB}를 ρ_{ACB}의 양자정화로 두는 것이 유용하다. 여기서 R은 정화계다. 데브택과 야드(2008) 그리고 야드와 데브택(2009)은 다음의 상태 재분배 통신 규약이 존재함을 보였다.

$$\langle W_{S \to AC|B} : \rho_S \rangle + \frac{1}{2} I(C; RB)_\varphi \, [q \to q] + \frac{1}{2} I(C; A)_\varphi \, [qq] \geq$$

$$\langle W_{S \to A|CB} : \rho_S \rangle + \frac{1}{2} I(C; B)_\varphi \, [q \to q] + \frac{1}{2} I(C; B)_\varphi \, [qq] \quad (26.37)$$

여기서 $W_{S \to AC|B}$는 S계를 앨리스에 대한 AC와 밥에 대한 B로 분배하는 어떤 등 척선로이고, $W_{S \to A|CB}$도 유사하게 정의된다. 이들은 또한 위의 자원 부등식이 다음 과 같은 양자 통신 속도 Q와 얽힘 소모 속도 E에 대해 최적의 비용 순서쌍을 주는 것을 보였다.

$$Q = \frac{1}{2} I(C; R|B)_\varphi \qquad (26.38)$$

$$E = \frac{1}{2} \left[I(C; A)_\varphi - I(C; B)_\varphi \right] \qquad (26.39)$$

따라서 이들의 통신 규약은 조건부 양자 상호 정보 $\frac{1}{2} I(C; R|B)_\varphi$에 양자 상태 재분 배에 필요한 양자 통신의 순속도라는 직접적인 조작적 해석을 준다.

양자 역 섀넌 정리quantum reverse Shannon theorem의 간단한 판본은 어떤 입력 상태 $\rho_{A'}$에 대한 선로 $\mathcal{N}_{A' \to B}$의 작용을 고전 통신과 얽힘을 사용해 시뮬레이션하는 방법을 제시 한다(Bennett et al., 2002; Bennett et al., 2014; Berta et al., 2011).

$$H(B)_\sigma \, [qq] + I(R; B)_\sigma \, [c \to c] \geq \langle \mathcal{N}_{A' \to B} : \rho_{A'} \rangle \qquad (26.40)$$

여기서 $\sigma_{RB} \equiv \mathcal{N}_{A' \to B}(\varphi_{RA'})$이고 $\varphi_{RA'}$은 $\rho_{A'}$의 양자정화다. 양자 역 섀넌 정리의 한 가지 쓸모는 이것이 공유된 얽힘이 존재할 때 어떻게 해서 한 선로가 다른 선로를 시 뮬레이션하는지 표시를 준다는 것이다. 선로 $\mathcal{N}_{A' \to B}$의 시뮬레이션에서는 환경 역시 시뮬레이션되고, 결국 앨리스의 소유가 된다. 따라서 결국 양자 되먹임 선로 $\mathcal{U}^{\mathcal{N}}_{A' \to AB}$ 을 시뮬레이션하게 되고, 식 (26.40)을 다음과 같이 다시 쓸 수 있다.

$$H(B)_\sigma \, [qq] + I(R; B)_\sigma \, [c \to c] \geq \langle \mathcal{U}^{\mathcal{N}}_{A' \to AB} : \rho_{A'} \rangle \qquad (26.41)$$

고전 통신을 결맞은 통신으로 승급시켜서(Devetak, 2006), 다음의 양자 역 섀넌 정리의 결맞은 완전한 양자적 판본을 이끌어낼 수가 있다(Abeyesinghe et al., 2009).

$$\frac{1}{2} I(A; B)_\sigma \, [qq] + \frac{1}{2} I(R; B)_\sigma \, [q \to q] \geq \langle \mathcal{U}^{\mathcal{N}}_{A' \to AB} : \rho_{A'} \rangle \qquad (26.42)$$

이 자원 부등식을 연습문제 22.1.1에서 본 다음의 자원 부등식

$$\langle \mathcal{U}_{A' \to AB}^{\mathcal{N}} : \rho_{A'} \rangle \geq \frac{1}{2}I(A;B)_\sigma \, [qq] + \frac{1}{2}I(R;B)_\sigma \, [q \to q] \qquad (26.43)$$

과 결합하면 다음의 자원 등식을 만족한다.

$$\langle \mathcal{U}_{A' \to AB}^{\mathcal{N}} : \rho_{A'} \rangle = \frac{1}{2}I(A;B)_\sigma \, [qq] + \frac{1}{2}I(R;B)_\sigma \, [q \to q] \qquad (26.44)$$

위의 자원 부등식은 결맞은 통신 항등식의 일반화다. 양자 역 섀넌 정리의 더 일반적인 판본은 임의의 입력 상태에 대한 양자 선로의 수많은 사용을 시뮬레이션하는 데 필요한 자원을 정량화하며, 이 경우에 대한 증명이 더 많이 포함된다(Bennett et al., 2014; Berta et al., 2011).

이 책에서 다루지 않은 또 다른 통신 규약은 원격 상태 준비(Bennett et al., 2001; Bennett et al., 2005; Abeyesinghe & Hayden, 2003), 양자 부정보quantum side information를 갖는 고전 압축(Devetak & Winter, 2003), 공개 자원과 비밀 자원, 공개 선로와 비밀 선로의 절충(Wilde & Hsieh, 2012a), 압축에서의 절충(Hayden et al., 2002), 세 가지 단위 자원을 갖는 유잡음 상태에 대한 절충(Hsieh & Wilde, 2010b), 측정 압축(Winter, 2004), 양자 부정보를 갖는 측정 압축(Wilde, Hayden, Buscemi & Hsieh, 2012), 측정 선로 시뮬레이션(Berta et al., 2014)이다. 자원 부등식 형식 체계는 어떤 단위가 되는 자원과 다른 것은 유잡음 자원을 상상하여 양자 섀넌 이론에서 새로운 통신 규약을 고안하는 데 도움이 된다.

26.5 네트워크 양자 섀넌 이론

언젠가는 다수의 송신자가 다수의 수신자와 연결될 수 있어서 점점 복잡해지는 선로를 갖는 양자 인터넷을 다뤄야 한다는 아이디어에 힘입어, 최근 몇 년간 네트워크 양자 섀넌 이론 분야가 뜨고 있다. 양자 다중 접속 선로는 다수의 송신자와 하나의 수신자를 갖는다. 다양한 저자들이 다수의 접속 선로를 통한 고전 통신(Winter, 2001; Fawzi et al., 2012; Wilde & Savov, 2012; Wilde & Guha, 2012; Boche & Notzel, 2014), 다수의 접속을 통한 양자 통신(Horodecki et al., 2005; Yard et al., 2008), 얽힘보조 통신 규약(Hsieh, Devetak & Winter, 2008), 비가법적 효과(Czekaj & Horodecki, 2009; Grudka

& Horodecki, 2010)를 고려했다. 양자 방송 선로는 하나의 송신자와 다수의 수신자를 갖는다. 여러 저자들이 이 조건에서 유사한 상황을 다뤘다(Yard et al., 2011; Dupuis et al., 2010; Guha & Shapiro, 2007; Savov & Wilde, 2015; Radhakrishnan et al., 2014; Hirche & Morgan, 2015; Seshadreesan, Takeoka & Wilde, 2015). 양자 간섭 선로는 어떤 송신자-수신자 쌍이 통신하려고 하는 상황인 다수의 송신자와 다수의 수신자를 갖는다. 이 부분에서의 최근의 발전은 포치[Fawzi] 등(2012), 센[Sen](2011), 히르케[Hirche] 등(2016)의 논문을 참고하라. 분산된 압축 작업도 생각해볼 수 있는데, 다양한 저자들이 이 분야에 기여했다(Ahn et al., 2006; Abeyesinghe et al., 2009; Savov, 2008). 네트워크 양자 섀넌 이론의 모든 발전사항을 요약하는 몇몇 장과 그런 선로를 통해 부호화를 다루는 데 필요한 새로운 기술을 포함하는 미래의 교재를 생각해볼 수 있다. 사보프[Savov](2012)는 자신의 박사학위 논문에서 이 분야의 여러 사항들(적어도 고전 통신에 대해)을 정리했다.

26.6 앞으로의 발전

양자 섀넌 이론은 슈마허 압축의 처음의, 그리고 가장 간단한 결과에서 얼마나 많은 정보를 유잡음 양자 선로를 통해 전송할 수 있는지 또는 얼마나 많은 정보를 압축할 수 있는지를 나타내는 통신 규약의 전체 주체로 발전해왔다. 즉, 임의의 작업에 대한 핵심적 질문은 "얼마나 많은 단위 자원을 주어진 비단위 자원으로부터, 다른 비자원 자원의 도움을 받아서 추출해낼 수 있는가?"다. 이 책은 양자 섀넌 이론 분야에서 엄청나게 많은 문제가 해결됐고 미래에는 문제가 거의 남지 않을 것이라는 인상을 줬을 수도 있지만, 이것은 사실상 진실과는 한참 거리가 있다. 우리의 이해를 증진시키기 위해 해야 하는 많은 것이 남아 있으며, 이 마지막 절에서는 이 중요한 질문 중 몇 가지만을 간략히 훑어볼 것이다.

HSW 공식이 아닌 다른 고전 용량에 대한 더 좋은 공식을 찾아야 한다. 고전 용량에 대한 최선의 특성화는 HSW 공식의 정규화된 판본이고, 이것은 앞에서 언급한 몇 가지 방식에서 불만족스럽다. 마찬가지로, 비밀 고전 용량, 양자 용량, 절충적 용량에 대해서까지도 더 개선된 공식을 찾아야 한다. 이 모든 공식은 일반적인 경우에 대해 그 정규화가 필요하다는 점에서 불만족스럽다. 다른 작업에 대한 용량을 특징 짓는 데 있어 선로의 유한한 텐서 거듭제곱에 대해 계산된 엔트로피 표현식이면 충분한 경우일 수도 있지만, 이것은 대답하기 어려운 질문이다. 흥미롭게도, 최근의 성과는 이 질문이 알고리듬적으로 결정 불가능한지 알아내는지를 추구한다(Wolf et al., 2011). 양자 용량의 초가법성(24.8.2절 참고)과 비밀 용량의 비가법성(23.5.2절 참고) 같은 효과는 일반적인 경우에 해당하는 정보 처리 작업에 대해 우리가 사실상 아는 것이 얼마나 적은지를 강조해준다. 또한 이 효과를 더 완전하게 이해하는 것과 실질적 통신 기법에서 이것들을 사용하는 어떤 방법이 있는지 아는 것은 중요하다. 끝으로, 다른 방향성으로는 가법적 용량을 갖는 다수의 선로를 확장하는 것이 있다. 가령, 감쇠 가능하지 않은 양자 선로의 양자 용량을 찾는 것은 굉장한 결과다. 2차 특성화, 오류 지수, 강한 역정리 등의 많은 질문이 미해결로 남아 있다. 이러한 방향의 결과는 통신 작업에 더 좋은 특성화를 제공한다. 이미 관련 장의 끝부분에서 이런 방향의 진전을 강조해뒀다.

네트워크 양자 섀넌 이론의 탐색을 계속해야 한다. 단일 송신자, 단일 수신자 선로 상황은 연구에 유용한 모형이고 많은 실제 상황에 적용되지만, 결국은 다수의 입력을 다수의 출력과 연결하는 선로를 다루게 될 것이다. 이런 상황에서의 정보 전송에 대한 그런 이해는 실제 통신 기법을 설계하는 데 도움이 되며, 심지어 방금 설명한 미해결 문제에 빛을 비춰줄 수도 있다.

부록 A

보충 결과

부록 A에는 이 책 전체에서 특정 정리의 증명에 사용하는 유용한 정의와 보조정리를 모아뒀다.

【보조정리 A.0.1】 M과 N이 양의 준정부호 연산자라고 하자. 그러면 $M + N$, MNM, NMN 연산자들은 양의 준정부호 연산자다.

【보조정리 A.0.2】 연산자 $\hat{\omega}$과 ω가 1과 같거나 더 작은 대각합을 갖는다고 하자. $\hat{\omega}$이 연산자 구간 $[(1 - \varepsilon)\omega, (1 + \varepsilon)\omega]$에 놓여 있다고 하자. 그러면 다음이 성립한다.

$$\|\hat{\omega} - \omega\|_1 \leq \varepsilon \tag{A.1}$$

【증명】 '$\hat{\omega}$이 연산자 구간 $[(1 - \varepsilon)\omega, (1 + \varepsilon)\omega]$에 놓여 있다'는 진술은 다음의 두 조건과 동등하다.

$$(1+\varepsilon)\,\omega - \hat{\omega} = \varepsilon\omega - (\hat{\omega} - \omega) \geq 0 \tag{A.2}$$

$$\hat{\omega} - (1 - \varepsilon)\,\omega = (\hat{\omega} - \omega) + \varepsilon\omega \geq 0 \tag{A.3}$$

$\alpha \equiv \hat{\omega} - \omega$라고 하자. 보조정리 9.1.1의 증명에서 했듯이, 양의 준정부호 연산자 P와 Q를 이용해서 α를 다시 적어보자.

$$\alpha = P - Q \tag{A.4}$$

위의 조건은 다음과 같이 된다.

$$\varepsilon\omega - \alpha \geq 0 \tag{A.5}$$
$$\alpha + \varepsilon\omega \geq 0 \tag{A.6}$$

양의 사영 연산자 Π_P와 Π_Q가 각각 P와 Q의 서포트 위로 사영시킨다고 하자. 그러면 Π_P를 첫 번째 조건에 적용한다.

$$\Pi_P \left(\varepsilon\omega - \alpha \right) \Pi_P \geq 0 \tag{A.7}$$
$$\Rightarrow \varepsilon\Pi_P\omega\Pi_P - \Pi_P\alpha\Pi_P \geq 0 \tag{A.8}$$
$$\Rightarrow \varepsilon\Pi_P\omega\Pi_P - P \geq 0 \tag{A.9}$$

여기서 첫 번째 부등식은 보조정리 A.0.1에서 유도된다. 그러면 Π_Q를 두 번째 조건에 적용한다.

$$\Pi_Q \left(\alpha + \varepsilon\omega \right) \Pi_Q \geq 0 \tag{A.10}$$
$$\Rightarrow \Pi_Q\alpha\Pi_Q + \varepsilon\Pi_Q\omega\Pi_Q \geq 0 \tag{A.11}$$
$$\Rightarrow -Q + \varepsilon\Pi_Q\omega\Pi_Q \geq 0 \tag{A.12}$$

여기서 첫 번째 부등식은 다시 보조정리 A.0.1에서 유도된다. 보조정리 A.0.1에 의해 양의 준정부호 연산자 2개를 더하면 또 다른 양의 준정부호 연산자가 된다.

$$\varepsilon\Pi_P\omega\Pi_P - P - Q + \varepsilon\Pi_Q\omega\Pi_Q \geq 0 \tag{A.13}$$
$$\Rightarrow \varepsilon\Pi_P\omega\Pi_P - |\hat{\omega} - \omega| + \varepsilon\Pi_Q\omega\Pi_Q \geq 0 \tag{A.14}$$

대각합 연산을 적용하면 다음의 부등식을 얻는다.

$$\varepsilon \operatorname{Tr} \{\omega\} \geq \operatorname{Tr} \{|\hat{\omega} - \omega|\} = \|\hat{\omega} - \omega\|_1 \tag{A.15}$$

$\operatorname{Tr}\{\omega\} \leq 1$이라는 가정을 사용하면 원하는 결과를 얻는다. $\square$

【정리 A.0.1】 극좌표 분해 임의의 연산자 A는 좌극좌표 분해[left polar decomposition] $A = U\sqrt{A^\dagger A}$와 우극좌표 분해[right polar decomposition] $A = \sqrt{AA^\dagger}\, V$를 갖는다.

【증명】 우극좌표 분해에 대해서만 특잇값 분해를 사용한 간단한 증명을 제시하겠다. 임의의 연산자 A는 특잇값 분해 $A = U_1\Sigma U_2$를 갖는다. 여기서 U_1, U_2는 유니

터리 연산자이고, Σ는 양의 특잇값을 갖는 연산자다. 그러면 $AA^\dagger = U_1\Sigma U_2 U_2^\dagger\Sigma U_1^\dagger$ $= U_1\Sigma^2 U_1^\dagger$이고, 따라서 $\sqrt{AA^\dagger} = U_1\Sigma U_1^\dagger$이다. $V = U_1 U_2$라고 두면 A의 우극좌표분해 $\sqrt{AA^\dagger}\,V = U_1\Sigma U_1^\dagger U_1 U_2 = U_1\Sigma U_2 = A$를 얻는다. $\square$

【보조정리 A.0.3】 모든 j에 대해 $\langle\chi_j|\zeta_j\rangle \geq 1 - \varepsilon$을 만족시키는 정규직교 기저의 두 모음 $\{|\chi_j\rangle\}_{j\in[N]}$과 $\{|\zeta_j\rangle\}_{j\in[N]}$을 생각해보자. 추가적 위상값 γ_j와 δ_j가 있어서

$$\langle\hat{\chi}|\hat{\zeta}\rangle \geq 1 - \varepsilon \tag{A.16}$$

을 만족시킨다. 여기서

$$|\hat{\chi}\rangle = \frac{1}{\sqrt{N}}\sum_{j=1}^{N}e^{i\gamma_j}|\chi_j\rangle, \qquad |\hat{\zeta}\rangle = \frac{1}{\sqrt{N}}\sum_{j=1}^{N}e^{i\delta_j}|\zeta_j\rangle \tag{A.17}$$

【증명】 다음의 푸리에 변환된 상태를 정의하자.

$$|\hat{\chi}_s\rangle \equiv \frac{1}{\sqrt{N}}\sum_{j=1}^{N}e^{2\pi ijs/N}|\chi_j\rangle \tag{A.18}$$

그리고 마찬가지로 $|\hat{\zeta}_s\rangle$도 정의한다. 파시발의 관계식^{Parseval's relation}에 의해

$$\frac{1}{N}\sum_{s=1}^{N}\langle\hat{\chi}_s|\hat{\zeta}_s\rangle = \frac{1}{N}\sum_{j=1}^{N}\langle\chi_j|\zeta_j\rangle \geq 1 - \varepsilon \tag{A.19}$$

이 유도된다. 따라서 s 중 적어도 하나는 어떤 위상 θ_s에 대해 부등식 $e^{i\theta_s}\langle\hat{\chi}_s|\hat{\zeta}_s\rangle \geq 1 - \varepsilon$을 따른다. $\gamma_j = 2\pi js/N$과 $\delta_j = \gamma_j + \theta_s$라고 두면 보조정리의 내용이 만족된다. $\square$

다음의 '지원용 보조정리'들은 레너^{Renner}의 논문(2005, 부록 B)에서 직접 가져왔다.

【보조정리 A.0.4】 $X_{AB} \in \mathcal{L}(\mathcal{H}_A \otimes \mathcal{H}_B)$가 양의 준정부호이고, $X_A \equiv \mathrm{Tr}_B\{X_{AB}\}$와 $X_B \equiv \mathrm{Tr}_A\{X_{AB}\}$라고 하자. 그러면 $\mathrm{supp}(X_{AB}) \subseteq \mathrm{supp}(X_A) \otimes \mathrm{supp}(X_B)$이다.

【증명】 먼저 X_{AB}가 랭크 1이어서, 어떤 벡터 $|\Psi\rangle_{AB} \in \mathcal{H}_A \otimes \mathcal{H}_B$에 대해 $X_{AB} = |\Psi\rangle\langle\Psi|_{AB}$라고 하자. 슈미트 분해 정리(정리 3.8.2)에 의해

$$|\Psi\rangle_{AB} = \sum_{z \in \mathcal{Z}} \gamma_z |\theta_z\rangle_A \otimes |\xi_z\rangle_B \tag{A.20}$$

임을 알 수 있다. 여기서 $|\mathcal{Z}| \leq \min\{\dim(\mathcal{H}_A), \dim(\mathcal{H}_B)\}$이고, $\{\gamma_z\}$는 엄격하게 양수인 수의 집합이다. 그리고 $\{|\theta_z\rangle_A\}$와 $\{|\xi_z\rangle_B\}$는 정규직교 기저다. 그러면

$$\mathrm{supp}(X_{AB}) = \mathrm{span}\{|\Psi\rangle_{AB}\} \tag{A.21}$$
$$\subseteq \mathrm{span}\{|\theta_z\rangle_A : z \in \mathcal{Z}\} \otimes \mathrm{span}\{|\xi_z\rangle_B : z \in \mathcal{Z}\} \tag{A.22}$$

해당 진술은 이 경우에 대해 $\mathrm{supp}(X_A) = \mathrm{span}\{|\theta_z\rangle_A : z \in \mathcal{Z}\}$이고 $\mathrm{supp}(X_B) = \mathrm{span}\{|\xi_z\rangle_B : z \in \mathcal{Z}\}$이기 때문에 성립한다.

이제 X_{AB}가 랭크 1이 아니라고 하자. 그러면 다음과 같은 형태의 랭크 1 벡터로 분해된다.

$$X_{AB} = \sum_{x \in \mathcal{X}} |\Psi^x\rangle\langle\Psi^x|_{AB} \tag{A.23}$$

여기서 모든 $x \in \mathcal{X}$에 대해 $|\Psi^x\rangle_{AB} \in \mathcal{H}_A \otimes \mathcal{H}_B$이다. $\Psi^x_{AB} = |\Psi^x\rangle\langle\Psi^x|_{AB}$라고 두고, $\Psi^x_A \equiv \mathrm{Tr}_B\{\Psi^x_{AB}\}$와 $\Psi^x_B \equiv \mathrm{Tr}_A\{\Psi^x_{AB}\}$라고 하자. 그러면

$$\mathrm{supp}(X_{AB}) = \mathrm{span}\{|\Psi^x\rangle_{AB} : x \in \mathcal{X}\} \tag{A.24}$$
$$\subseteq \mathrm{span}\left[\bigcup_{x \in \mathcal{X}} [\mathrm{supp}(\Psi^x_A) \otimes \mathrm{supp}(\Psi^x_B)]\right] \tag{A.25}$$
$$\subseteq \mathrm{span}\left[\bigcup_{x \in \mathcal{X}} \mathrm{supp}(\Psi^x_A)\right] \otimes \mathrm{span}\left[\bigcup_{x \in \mathcal{X}} \mathrm{supp}(\Psi^x_B)\right] \tag{A.26}$$
$$= \mathrm{supp}(X_A) \otimes \mathrm{supp}(X_B) \tag{A.27}$$

으로, 증명이 마무리된다. □

【보조정리 A.0.5】 $X_{AB}, Y_{AB} \in \mathcal{L}(\mathcal{H}_A \otimes \mathcal{H}_B)$가 양의 준정부호 연산자라고 하자. 그리고 $\mathrm{supp}(X_{AB}) \subseteq \mathrm{supp}(Y_{AB})$라고 하자. 그러면 $\mathrm{supp}(X_A) \subseteq \mathrm{supp}(Y_A)$이다. 여기서 $X_A \equiv \mathrm{Tr}_B\{X_{AB}\}$이고, $Y_A \equiv \mathrm{Tr}_B\{Y_{AB}\}$이다.

【증명】 먼저, 앞의 보조정리 증명의 첫 번째 부분처럼 X_{AB}가 랭크 1이라고 하자. 그리고 앞의 보조정리와 같은 표기법을 사용하겠다. 그 보조정리를 적용하면

$$\text{supp}(X_{AB}) \subseteq \text{supp}(Y_{AB}) \subseteq \text{supp}(Y_A) \otimes \text{supp}(Y_B) \qquad \text{(A.28)}$$

를 유도할 수 있고, 이것은 $\text{supp}(X_{AB}) = \text{span}\{|\Psi\rangle_{AB}\} \subseteq \text{supp}(Y_A) \otimes \text{supp}(Y_B)$를 뜻한다. 이것은 모든 $z \in \mathcal{Z}$에 대해 $|\theta_z\rangle_A \in \text{supp}(Y_A)$를 뜻하고, 따라서 $\text{span}\{|\theta_z\rangle_A\} \in \text{supp}(Y_A)$이다. 그러면 $\text{span}\{|\theta_z\rangle_A\} = \text{supp}(X_A)$이기 때문에 이 경우에 정리의 내용을 증명할 수 있다.

이제 X_{AB}가 랭크 1이 아니라고 하자. 그러면 앞의 보조정리 증명에서와 같이, 그 분해를 할 수 있다. 같은 표기법을 사용한다면, 모든 $x \in \mathcal{X}$에 대해 $\text{supp}(\Psi_{AB}^x) \subseteq \text{supp}(Y_{AB})$가 성립함을 알 수 있다. 랭크 1 연산자에 대한 보조정리를 증명했으므로, 모든 $x \in \mathcal{X}$에 대해 $\text{supp}(\Psi_A^x) \subseteq \text{supp}(Y_A)$가 성립한다고 결론지을 수 있다. 결과적으로

$$\text{supp}(X_A) = \text{span}\left[\bigcup_{x \in \mathcal{X}} \text{supp}(\Psi_A^x)\right] \subseteq \text{supp}(Y_A) \qquad \text{(A.29)}$$

임을 알아냈고, 이것으로 증명이 마무리된다. $\square$

부록 B

양자물리적 변화의 고유한 선형 확장

4.4.1절에서 밀도 연산자의 공간 $\mathcal{D}(\mathcal{H}_A)$에 작용할 때, 어째서 임의의 양자물리적 변화 $\mathcal{N}$이 볼록 선형이어야 하는지 물리적 바탕을 논의했다.

$$\mathcal{N}(\lambda \rho_A + (1-\lambda)\sigma_A) = \lambda \mathcal{N}(\rho_A) + (1-\lambda)\mathcal{N}(\sigma_A) \tag{B.1}$$

여기서 ρ_A, $\sigma_A \in \mathcal{D}(\mathcal{H}_A)$이고, $\lambda \in [0, 1]$이다. 여기서 그 작용이 모든 연산자 $X_A \in \mathcal{L}(\mathcal{H}_A)$의 공간에 대해 잘 정의되는 $\mathcal{N}$의 유일한 선형 확장 $\widetilde{\mathcal{N}}$을 어떻게 구성하는지 보이겠다. 이 전개 과정은 하이노사아리[Heinosaari]와 지만[Ziman](2012)의 명제 2.30에 주어진 접근법을 따른다.

먼저, $\widetilde{\mathcal{N}}(0) \equiv 0$이라고 정의한다. 여기서 입력과 출력은 0 연산자로 이해된다. 그런 다음, $P_A \neq 0$인 모든 양의 준정부호 연산자에 대한 $\mathcal{N}$의 작용을 다음과 같이 확장한다.

$$\widetilde{\mathcal{N}}(P_A) \equiv \mathrm{Tr}\{P_A\}\mathcal{N}([\mathrm{Tr}\{P_A\}]^{-1}P_A) \tag{B.2}$$

여기서 $[\mathrm{Tr}\{P_A\}]^{-1}P_A$가 밀도 연산자이기 때문에 위의 식은 $\mathcal{N}$으로부터 잘 정의된다는 것이 분명하다. 이제 $s > 0$인 상수에 대해 규모 불변성을 가짐을 고려해보자.

$$\widetilde{\mathcal{N}}(sP_A) = \text{Tr}\{sP_A\}\mathcal{N}([\text{Tr}\{sP_A\}]^{-1}\,sP_A) \tag{B.3}$$

$$= s\,\text{Tr}\{P_A\}\mathcal{N}([\text{Tr}\{P_A\}]^{-1}\,P_A) \tag{B.4}$$

$$= s\widetilde{\mathcal{N}}(P_A). \tag{B.5}$$

게다가, 2개의 0이 아닌 양의 준정부호 연산자 P_A와 Q_A에 대해 다음의 가법성 관계식이 있다.

$$\widetilde{\mathcal{N}}(P_A + Q_A) = \widetilde{\mathcal{N}}(P_A) + \widetilde{\mathcal{N}}(Q_A) \tag{B.6}$$

이것은

$$\widetilde{\mathcal{N}}(P_A + Q_A)$$
$$= \text{Tr}\{P_A + Q_A\}\mathcal{N}([\text{Tr}\{P_A + Q_A\}]^{-1}(P_A + Q_A)) \tag{B.7}$$

$$= \text{Tr}\{P_A + Q_A\}\mathcal{N}\left(\frac{1}{\text{Tr}\{P_A + Q_A\}}P_A + \frac{1}{\text{Tr}\{P_A + Q_A\}}Q_A\right) \tag{B.8}$$

$$= \text{Tr}\{P_A + Q_A\}\mathcal{N}\left(\frac{\text{Tr}\{P_A\}}{\text{Tr}\{P_A + Q_A\}}\frac{P_A}{\text{Tr}\{P_A\}} + \frac{\text{Tr}\{Q_A\}}{\text{Tr}\{P_A + Q_A\}}\frac{Q_A}{\text{Tr}\{Q_A\}}\right) \tag{B.9}$$

$$= \text{Tr}\{P_A\}\mathcal{N}\left(\frac{P_A}{\text{Tr}\{P_A\}}\right) + \text{Tr}\{Q_A\}\mathcal{N}\left(\frac{Q_A}{\text{Tr}\{Q_A\}}\right) \tag{B.10}$$

$$= \widetilde{\mathcal{N}}(P_A) + \widetilde{\mathcal{N}}(Q_A) \tag{B.11}$$

이기 때문에 성립한다. 위의 네 번째 등식에서는 양자역학적 변화 $\mathcal{N}$의 볼록 선형성을 사용했다.

다음 단계로, 임의의 에르미트 연산자 T_A가 양수 부분과 음수 부분의 선형 결합으로 적을 수 있음을 생각해보자. 즉, $T_A = T_A^+ - T_A^-$이다. 여기서 T_A^+와 T_A^-는 양의 준정부호 연산자다. 이때 임의의 에르미트 연산자 T_A에 대한 $\widetilde{\mathcal{N}}$의 작용을 다음과 같이 정의한다.

$$\widetilde{\mathcal{N}}(T_A) \equiv \widetilde{\mathcal{N}}(T_A^+) - \widetilde{\mathcal{N}}(T_A^-) \tag{B.12}$$

모든 에르미트 연산자 S_A와 T_A에 대해 다음의 가법성 관계식

$$\widetilde{\mathcal{N}}(S_A + T_A) = \widetilde{\mathcal{N}}(S_A) + \widetilde{\mathcal{N}}(T_A) \tag{B.13}$$

가 성립하는 것을 보기 위해,

$$S_A + T_A = (S_A + T_A)^+ - (S_A + T_A)^- \tag{B.14}$$

임을 생각해보자. 또한

$$S_A + T_A = S_A^+ + T_A^+ - S_A^- - T_A^- \tag{B.15}$$

이다. 양변을 같게 두면

$$(S_A + T_A)^+ + S_A^- + T_A^- = (S_A + T_A)^- + S_A^+ + T_A^+ \tag{B.16}$$

임을 알 수 있다. 이제 식 (B.6)과 식 (B.12)의 정의를 사용해 식 (B.13)을 보이겠다.

마지막 단계는 $\widetilde{\mathcal{N}}$의 작용을 $X_A \in \mathcal{L}(\mathcal{H}_A)$인 모든 연산자로 확장하는 것이다. 여기서 임의의 선형 연산자를 다음과 같이 실수 부분과 허수 부분으로 적을 수 있음을 생각해보자.

$$X_A^R \equiv \frac{1}{2}\left(X_A + X_A^\dagger\right), \qquad X_A^I \equiv \frac{1}{2i}\left(X_A - X_A^\dagger\right) \tag{B.17}$$

계산해보면 X_A^R과 X_A^I는 에르미트 연산자다. 따라서

$$\widetilde{\mathcal{N}}(X_A) \equiv \widetilde{\mathcal{N}}(X_A^R) + i\widetilde{\mathcal{N}}(X_A^I) \tag{B.18}$$

를 정의한다. 이것으로 양자물리적 변화 $\mathcal{N}$의 잘 정의된 선형 확장 $\widetilde{\mathcal{N}}$의 전개를 완료한다.

이것이 유일하다는 것을 보이기 위해 식 (4.186)에서 정의된 것처럼, 임의의 연산자 X_A가 기저 $\{\rho_A^{x,y}\}$로부터 다음과 같은 밀도 연산자의 선형 결합으로 확장될 수 있음을 생각해보자.

$$X_A = \sum_{x,y} \alpha_{x,y} \rho_A^{x,y} \tag{B.19}$$

여기서 모든 x와 y에 대해 $\alpha_{x,y} \in \mathbb{C}$이다. 위의 전개 과정에서 바로 보일 수 있다.

$$\widetilde{\mathcal{N}}(X_A) = \sum_{x,y} \alpha_{x,y} \mathcal{N}(\rho_A^{x,y}) \tag{B.20}$$

이제 $\mathcal{N}'$이 모든 $\rho_A \in \mathcal{D}(\mathcal{H}_A)$에 대해 $\mathcal{N}'(\rho_A) = \mathcal{N}(\rho_A)$인 다른 어떤 선형 사상이라고 하자. 그러면 모든 $X_A \in \mathcal{L}(\mathcal{H}_A)$에 대해 다음의 등식이 성립한다.

$$\mathcal{N}'(X_A) = \sum_{x,y} \alpha_{x,y} \mathcal{N}'(\rho_A^{x,y}) = \sum_{x,y} \alpha_{x,y} \mathcal{N}(\rho_A^{x,y}) = \widetilde{\mathcal{N}}(X_A) \qquad (\text{B.21})$$

결과적으로 $X_A \in \mathcal{L}(\mathcal{H}_A)$인 모든 연산자에 대해 같은 작용을 갖기 때문에 $\mathcal{N}' = \widetilde{\mathcal{N}}$
이다.

| 참고문헌 |

Abeyesinghe, A. (2006), 'Unification of Quantum Information Theory', PhD thesis, California Institute of Technology.

Abeyesinghe, A., Devetak, I., Hayden, P. & Winter, A. (2009), 'The mother of all protocols: Restructuring quantum information's family tree', *Proceedings of the Royal Society A* **465**(2108), 2537–2563. arXiv:quant-ph/0606225.

Abeyesinghe, A. & Hayden, P. (2003), 'Generalized remote state preparation: Trading cbits, qubits, and ebits in quantum communication', *Physical Review A* **68**(6), 062319. arXiv:quant-ph/0308143.

Adami, C. & Cerf, N. J. (1997), 'von Neumann capacity of noisy quantum channels', *Physical Review A* **56**(5), 3470–3483. arXiv:quant-ph/9609024.

Aharonov, D. & Ben-Or, M. (1997), 'Fault-tolerant quantum computation with constant error', in *STOC '97: Proceedings of the Twenty-Ninth Annual ACM Symposium on Theory of Computing*, ACM, New York, NY, pp. 176–188. arXiv:quant-ph/9906129.

Ahlswede, R. & Winter, A. (2002), 'Strong converse for identification via quantum channels', *IEEE Transactions on Information Theory* **48**(3), 569–579. arXiv:quant-ph/0012127.

Ahn, C., Doherty, A., Hayden, P. & Winter, A. (2006), 'On the distributed compression of quantum information', *IEEE Transactions on Information Theory* **52**(10), 4349–4357. arXiv:quant-ph/0403042.

Alicki, R. & Fannes, M. (2004), 'Continuity of quantum conditional information', *Journal of Physics A: Mathematical and General* **37**(5), L55–L57. arXiv:quant-ph/0312081.

Araki, H. & Lieb, E. H. (1970), 'Entropy inequalities', *Communications in Mathematical Physics* **18**(2), 160–170.

Aspect, A., Grangier, P. & Roger, G. (1981), 'Experimental tests of realistic local theories via Bell's theorem', *Physical Review Letters* **47**(7), 460–463.

Aubrun, G., Szarek, S. & Werner, E. (2011), 'Hastings' additivity counterexample via Dvoretzky's theorem', *Communications in Mathematical Physics* **305**(1), 85–97. arXiv:1003.4925.

Audenaert, K., De Moor, B., Vollbrecht, K. G. H. & Werner, R. F. (2002), 'Asymptotic relative entropy of entanglement for orthogonally invariant states', *Physical Review A* **66**(3), 032310. arXiv:quant-ph/0204143.

Audenaert, K. M. R. (2007), 'A sharp continuity estimate for the von Neumann entropy', *Journal of Physics A: Mathematical and Theoretical* **40**(28), 8127. arXiv:quant-ph/0610146.

Bardhan, B. R., Garcia-Patron, R., Wilde, M. M. & Winter, A. (2015), 'Strong converse for the classical capacity of all phase-insensitive bosonic Gaussian channels', *IEEE Transactions on Information Theory* **61**(4), 1842–1850. arXiv:1401.4161.

Barnum, H., Caves, C. M., Fuchs, C. A., Jozsa, R. & Schumacher, B. (2001), 'On quantum coding for ensembles of mixed states', *Journal of Physics A: Mathematical and General* **34**(35), 6767. arXiv:quant-ph/0008024.

Barnum, H., Hayden, P., Jozsa, R. & Winter, A. (2001), 'On the reversible extraction of classical information from a quantum source', *Proceedings of the Royal Society A* **457**(2012), 2019–2039. arXiv:quant-ph/0011072.

Barnum, H. & Knill, E. (2002), 'Reversing quantum dynamics with near-optimal quantum and classical fidelity', *Journal of Mathematical Physics* **43**(5), 2097–2106. arXiv:quant-ph/0004088.

Barnum, H., Knill, E. & Nielsen, M. A. (2000), 'On quantum fidelities and channel capacities', *IEEE Transactions on Information Theory* **46**(4), 1317–1329. arXiv:quant-ph/9809010.

Barnum, H., Nielsen, M. A. & Schumacher, B. (1998), 'Information transmission through a noisy quantum channel', *Physical Review A* **57**(6), 4153–4175.

Beigi, S., Datta, N. & Leditzky, F. (2015), 'Decoding quantum information via the Petz recovery map'. arXiv:1504.04449.

Bell, J. S. (1964), 'On the Einstein–Podolsky–Rosen paradox', *Physics* **1**, 195–200.

Bennett, C. H. (1992), 'Quantum cryptography using any two nonorthogonal states', *Physical Review Letters* **68**(21), 3121–3124.

Bennett, C. H. (1995), 'Quantum information and computation', *Physics Today* **48**(10), 24–30.

Bennett, C. H. (2004), 'A resource-based view of quantum information', *Quantum Information and Computation* **4**, 460–466.

Bennett, C. H., Bernstein, H. J., Popescu, S. & Schumacher, B. (1996), 'Concentrating partial entanglement by local operations', *Physical Review A* **53**(4), 2046–2052. arXiv:quant-ph/9511030.

Bennett, C. H. & Brassard, G. (1984), 'Quantum cryptography: Public key distribution and coin tossing', in *Proceedings of IEEE International Conference on Computers Systems and Signal Processing*, Bangalore, India, pp. 175–179.

Bennett, C. H., Brassard, G., Crépeau, C., Jozsa, R., Peres, A. & Wootters, W. K. (1993), 'Teleporting an unknown quantum state via dual classical and Einstein–Podolsky–Rosen channels', *Physical Review Letters* **70**(13), 1895–1899.

Bennett, C. H., Brassard, G. & Ekert, A. K. (1992), 'Quantum cryptography', *Scientific American*, 50–57.

Bennett, C. H., Brassard, G. & Mermin, N. D. (1992), 'Quantum cryptography without Bell's theorem', *Physical Review Letters* **68**(5), 557–559.

Bennett, C. H., Brassard, G., Popescu, S., Schumacher, B., Smolin, J. A. & Wootters, W. K. (1996), 'Purification of noisy entanglement and faithful teleportation via noisy channels', *Physical Review Letters* **76**(5), 722–725. arXiv:quant-ph/9511027.

Bennett, C. H., Devetak, I., Harrow, A. W., Shor, P. W. & Winter, A. (2014), 'The quantum reverse Shannon theorem and resource tradeoffs for simulating quantum channels', *IEEE Transactions on Information Theory* **60**(5), 2926–2959. arXiv:0912.5537.

Bennett, C. H., DiVincenzo, D. P., Shor, P. W., Smolin, J. A., Terhal, B. M. & Wootters, W. K. (2001), 'Remote state preparation', *Physical Review Letters* **87**(7), 077902.

Bennett, C. H., DiVincenzo, D. P. & Smolin, J. A. (1997), 'Capacities of quantum erasure channels', *Physical Review Letters* **78**(16), 3217–3220. arXiv:quant-ph/9701015.

Bennett, C. H., DiVincenzo, D. P., Smolin, J. A. & Wootters, W. K. (1996), 'Mixed-state entanglement and quantum error correction', *Physical Review A* **54**(5), 3824–3851. arXiv:quant-ph/9604024.

Bennett, C. H., Harrow, A. W. & Lloyd, S. (2006), 'Universal quantum data compression via nondestructive tomography', *Physical Review A* **73**(3), 032336. arXiv:quant-ph/0403078.

Bennett, C. H., Hayden, P., Leung, D. W., Shor, P. W. & Winter, A. (2005), 'Remote preparation of quantum states', *IEEE Transactions on Information Theory* **51**(1), 56–74. arXiv:quant-ph/0307100.

Bennett, C. H., Shor, P. W., Smolin, J. A. & Thapliyal, A. V. (1999), 'Entanglement-assisted classical capacity of noisy quantum channels', *Physical Review Letters* **83**(15), 3081–3084. arXiv:quant-ph/9904023.

Bennett, C. H., Shor, P. W., Smolin, J. A. & Thapliyal, A. V. (2002), 'Entanglement-assisted capacity of a quantum channel and the reverse Shannon theorem', *IEEE Transactions on Information Theory* **48**(10), 2637–2655. arXiv:quant-ph/0106052.

Bennett, C. H. & Wiesner, S. J. (1992), 'Communication via one- and two-particle operators on Einstein–Podolsky–Rosen states', *Physical Review Letters* **69**(20), 2881–2884.

Berger, T. (1971), *Rate Distortion Theory: A Mathematical Basis for Data Compression*, Prentice-Hall, Englewood Cliffs, NJ.

Berger, T. (1977), 'Multiterminal source coding', *The Information Theory Approach to Communications*, Springer-Verlag, New York, NY.

Bergh, J. & Löfström, J. (1976), *Interpolation Spaces*, Springer-Verlag, Heidelberg.

Berta, M., Brandao, F. G. S. L., Christandl, M. & Wehner, S. (2013), 'Entanglement cost of quantum channels', *IEEE Transactions on Information Theory* **59**(10), 6779–6795. arXiv:1108.5357.

Berta, M., Christandl, M., Colbeck, R., Renes, J. M. & Renner, R. (2010), 'The uncertainty principle in the presence of quantum memory', *Nature Physics* **6**, 659–662. arXiv:0909.0950.

Berta, M., Christandl, M. & Renner, R. (2011), 'The quantum reverse Shannon theorem based on one-shot information theory', *Communications in Mathematical Physics* **306**(3), 579–615. arXiv:0912.3805.

Berta, M., Lemm, M. & Wilde, M. M. (2015), 'Monotonicity of quantum relative entropy and recoverability', *Quantum Information and Computation* **15**(15 & 16), 1333–1354. arXiv:1412.4067.

Berta, M., Renes, J. M. & Wilde, M. M. (2014), 'Identifying the information gain of a quantum measurement', *IEEE Transactions on Information Theory* **60**(12), 7987–8006. arXiv:1301.1594.

Berta, M., Seshadreesan, K. & Wilde, M. M. (2015), 'Rényi generalizations of the conditional quantum mutual information', *Journal of Mathematical Physics* **56**(2), 022205. arXiv:1403.6102.

Berta, M. & Tomamichel, M. (2016), 'The fidelity of recovery is multiplicative', *IEEE Transactions on Information Theory* **62**(4), 1758–1763. arXiv:1502.07973.

Bhatia, R. (1997), *Matrix Analysis*, Springer-Verlag, Heidelberg.

Blume-Kohout, R., Croke, S. & Gottesman, D. (2014), 'Streaming universal distortion-free entanglement concentration', *IEEE Transactions on Information Theory* **60**(1), 334–350. arXiv:0910.5952.

Boche, H. & Notzel, J. (2014), 'The classical–quantum multiple access channel with conferencing encoders and with common messages', *Quantum Information Processing* **13**(12), 2595–2617. arXiv:1310.1970.

Bohm, D. (1989), *Quantum Theory*, Courier Dover Publications.

Bowen, G. (2004), 'Quantum feedback channels', *IEEE Transactions on Information Theory* **50**(10), 2429–2434. arXiv:quant-ph/0209076.

Bowen, G. & Nagarajan, R. (2005), 'On feedback and the classical capacity of a noisy quantum channel', *IEEE Transactions on Information Theory* **51**(1), 320–324. arXiv:quant-ph/0305176.

Boyd, S. & Vandenberghe, L. (2004), *Convex Optimization*, Cambridge University Press, Cambridge, UK.

Brádler, K., Hayden, P., Touchette, D. & Wilde, M. M. (2010), 'Trade-off capacities of the quantum Hadamard channels', *Physical Review A* **81**(6), 062312. arXiv:1001.1732.

Brandao, F. G. S. L., Christandl, M. & Yard, J. (2011), 'Faithful squashed entanglement', *Communications in Mathematical Physics* **306**(3), 805–830. arXiv:1010.1750.

Brandao, F. G. S. L., Harrow, A. W., Oppenheim, J. & Strelchuk, S. (2014), 'Quantum conditional mutual information, reconstructed states, and state redistribution', *Physical Review Letters* **115**(5), 050501. arXiv:1411.4921.

Brandao, F. G. S. L. & Horodecki, M. (2010), 'On Hastings' counterexamples to the minimum output entropy additivity conjecture', *Open Systems & Information Dynamics* **17**(1), 31–52. arXiv:0907.3210.

Braunstein, S. L., Fuchs, C. A., Gottesman, D. & Lo, H.-K. (2000), 'A quantum analog of Huffman coding', *IEEE Transactions on Information Theory* **46**(4), 1644–1649. arXiv:quant-ph/9805080.

Brun, T. A. (n.d.), 'Quantum information processing course lecture slides', http://almaak.usc.edu/~tbrun/Course/.

Burnashev, M. V. & Holevo, A. S. (1998), 'On reliability function of quantum communication channel', *Probl. Peredachi Inform.* **34**(2), 1–13. arXiv:quant-ph/9703013.

Buscemi, F. & Datta, N. (2010), 'The quantum capacity of channels with arbitrarily correlated noise', *IEEE Transactions on Information Theory* **56**(3), 1447–1460. arXiv:0902.0158.

Cai, N., Winter, A. & Yeung, R. W. (2004), 'Quantum privacy and quantum wiretap channels', *Problems of Information Transmission* **40**(4), 318–336.

Calderbank, A. R., Rains, E. M., Shor, P. W. & Sloane, N. J. A. (1997), 'Quantum error correction and orthogonal geometry', *Physical Review Letters* **78**(3), 405–408. arXiv:quant-ph/9605005.

Calderbank, A. R., Rains, E. M., Shor, P. W. & Sloane, N. J. A. (1998), 'Quantum error correction via codes over GF(4)', *IEEE Transactions on Information Theory* **44**(4), 1369–1387. arXiv:quant-ph/9608006.

Calderbank, A. R. & Shor, P. W. (1996), 'Good quantum error-correcting codes exist', *Physical Review A* **54**(2), 1098–1105. arXiv:quant-ph/9512032.

Carlen, E. A. & Lieb, E. H. (2014), 'Remainder terms for some quantum entropy inequalities', *Journal of Mathematical Physics* **55**(4), 042201. arXiv:1402.3840.

Cerf, N. J. & Adami, C. (1997), 'Negative entropy and information in quantum mechanics', *Physical Review Letters* **79**(26), 5194–5197. arXiv:quant-ph/9512022.

Coles, P., Berta, M., Tomamichel, M. & Wehner, S. (2015), 'Entropic uncertainty relations and their applications'. arXiv:1511.04857.

Coles, P. J., Colbeck, R., Yu, L. & Zwolak, M. (2012), 'Uncertainty relations from simple entropic properties', *Physical Review Letters* **108**(21), 210405. arXiv:1112.0543.

Cooney, T., Mosonyi, M. & Wilde, M. M. (2014), 'Strong converse exponents for a quantum channel discrimination problem and quantum-feedback-assisted communication', *Communications in Mathematical Physics* **344**(3), June 2016, 797–829. arXiv:1408.3373.

Cover, T. M. & Thomas, J. A. (2006), *Elements of Information Theory*, 2nd edn, Wiley-Interscience, New York, NY.

Csiszar, I. (1967), 'Information-type measures of difference of probability distributions and indirect observations', *Studia Sci. Math. Hungar.* **2**, 299–318.

Csiszár, I. & Körner, J. (1978), 'Broadcast channels with confidential messages', *IEEE Transactions on Information Theory* **24**(3), 339–348.

Csiszár, I. & Körner, J. (2011), *Information Theory: Coding Theorems for Discrete Memoryless Systems*, Probability and Mathematical Statistics, 2nd edn, Cambridge University Press.

Cubitt, T., Elkouss, D., Matthews, W., Ozols, M., Perez-Garcia, D. & Strelchuk, S. (2015), 'Unbounded number of channel uses may be required to detect quantum capacity', *Nature Communications* **6**, 6739. arXiv:1408.5115.

Czekaj, L. & Horodecki, P. (2009), 'Purely quantum superadditivity of classical capacities of quantum multiple access channels', *Physical Review Letters* **102**(11), 110505. arXiv:0807.3977.

Dalai, M. (2013), 'Lower bounds on the probability of error for classical and classical–quantum channels', *IEEE Transactions on Information Theory* **59**(12), 8027–8056. arXiv:1201.5411.

Datta, N. (2009), 'Min- and max-relative entropies and a new entanglement monotone', *IEEE Transactions on Information Theory* **55**(6), 2816–2826. arXiv:0803.2770.

Datta, N. & Hsieh, M.-H. (2010), 'Universal coding for transmission of private information', *Journal of Mathematical Physics* **51**(12), 122202. arXiv:1007.2629.

Datta, N. & Hsieh, M.-H. (2011), 'The apex of the family tree of protocols: Optimal rates and resource inequalities', *New Journal of Physics* **13**, 093042. arXiv:1103.1135.

Datta, N. & Hsieh, M.-H. (2013), 'One-shot entanglement-assisted quantum and classical communication', *IEEE Transactions on Information Theory* **59**(3), 1929–1939. arXiv:1105.3321.

Datta, N. & Leditzky, F. (2015), 'Second-order asymptotics for source coding, dense coding, and pure-state entanglement conversions', *IEEE Transactions on Information Theory* **61**(1), 582–608. arXiv:1403.2543.

Datta, N. & Renner, R. (2009), 'Smooth entropies and the quantum information spectrum', *IEEE Transactions on Information Theory* **55**(6), 2807–2815. arXiv:0801.0282.

Datta, N., Tomamichel, M. & Wilde, M. M. (2014), 'On the Second-Order Asymptotics for Entanglement-Assisted Communication', *Quantum Information Processing* (15) 6, June 2016, 2569–2591. arXiv:1405.1797.

Datta, N. & Wilde, M. M. (2015), 'Quantum Markov chains, sufficiency of quantum channels, and Rényi information measures', *Journal of Physics A* **48**(50), 505301. arXiv:1501.05636.

Davies, E. B. & Lewis, J. T. (1970), 'An operational approach to quantum probability', *Communications in Mathematical Physics* **17**(3), 239–260.

de Broglie, L. (1924), 'Recherches sur la théorie des quanta', PhD thesis, Paris.

Deutsch, D. (1985), 'Quantum theory, the Church–Turing principle and the universal quantum computer', *Proceedings of the Royal Society of London A* **400**(1818), 97–117.

Devetak, I. (2005), 'The private classical capacity and quantum capacity of a quantum channel', *IEEE Transactions on Information Theory* **51**(1), 44–55. arXiv:quant-ph/0304127.

Devetak, I. (2006), 'Triangle of dualities between quantum communication protocols', *Physical Review Letters* **97**(14), 140503.

Devetak, I., Harrow, A. W. & Winter, A. (2004), 'A family of quantum protocols', *Physical Review Letters* **93**(23), 239503. arXiv:quant-ph/0308044.

Devetak, I., Harrow, A. W. & Winter, A. (2008), 'A resource framework for quantum Shannon theory', *IEEE Transactions on Information Theory* **54**(10), 4587–4618. arXiv:quant-ph/0512015.

Devetak, I., Junge, M., King, C. & Ruskai, M. B. (2006), 'Multiplicativity of completely bounded p-norms implies a new additivity result', *Communications in Mathematical Physics* **266**(1), 37–63. arXiv:quant-ph/0506196.

Devetak, I. & Shor, P. W. (2005), 'The capacity of a quantum channel for simultaneous transmission of classical and quantum information', *Communications in Mathematical Physics* **256**(2), 287–303. arXiv:quant-ph/0311131.

Devetak, I. & Winter, A. (2003), 'Classical data compression with quantum side information', *Physical Review A* **68**(4), 042301. arXiv:quant-ph/0209029.

Devetak, I. & Winter, A. (2004), 'Relating quantum privacy and quantum coherence: An operational approach', *Physical Review Letters* **93**(8), 080501. arXiv:quant-ph/0307053.

Devetak, I. & Winter, A. (2005), 'Distillation of secret key and entanglement from quantum states', *Proceedings of the Royal Society A* **461**(2053), 207–235. arXiv:quant-ph/0306078.

Devetak, I. & Yard, J. (2008), 'Exact cost of redistributing multipartite quantum states', *Physical Review Letters* **100**(23), 230501.

Dieks, D. (1982), 'Communication by EPR devices', *Physics Letters A* **92**, 271.

Ding, D. & Wilde, M. M. (2015), 'Strong converse exponents for the feedback-assisted classical capacity of entanglement-breaking channels'. arXiv:1506.02228.

Dirac, P. A. M. (1982), *The Principles of Quantum Mechanics (International Series of Monographs on Physics)*, Oxford University Press, USA.

DiVincenzo, D. P., Horodecki, M., Leung, D. W., Smolin, J. A. & Terhal, B. M. (2004), 'Locking classical correlations in quantum states', *Physical Review Letters* **92**(6), 067902. arXiv:quant-ph/0303088.

DiVincenzo, D. P., Shor, P. W. & Smolin, J. A. (1998), 'Quantum-channel capacity of very noisy channels', *Physical Review A* **57**(2), 830–839. arXiv:quant-ph/9706061.

Dowling, J. P. & Milburn, G. J. (2003), 'Quantum technology: The second quantum revolution', *Philosophical Transactions of The Royal Society of London Series A* **361**(1809), 1655–1674. arXiv:quant-ph/0206091.

Dupuis, F. (2010), 'The decoupling approach to quantum information theory', PhD thesis, University of Montreal. arXiv:1004.1641.

Dupuis, F., Berta, M., Wullschleger, J. & Renner, R. (2014), 'One-shot decoupling', *Communications in Mathematical Physics* **328**(1), 251–284. arXiv:1012.6044.

Dupuis, F., Florjanczyk, J., Hayden, P. & Leung, D. (2013), 'The locking-decoding frontier for generic dynamics', *Proceedings of the Royal Society of London A: Mathematical, Physical and Engineering Sciences* **469**(2159). arXiv:1011.1612.

Dupuis, F., Hayden, P. & Li, K. (2010), 'A father protocol for quantum broadcast channels', *IEEE Transactions on Information Theory* **56**(6), 2946–2956. arXiv:quant-ph/0612155.

Dupuis, F. & Wilde, M. M. (2016), 'Swiveled Rényi entropies', *Quantum Information Processing* **15**(3), 1309–1345. arXiv:1506.00981.

Dutil, N. (2011), 'Multiparty quantum protocols for assisted entanglement distillation', PhD thesis, McGill University. arXiv:1105.4657.

Einstein, A. (1905), 'Über einen die erzeugung und verwandlung des lichtes betreffenden heuristischen gesichtspunkt', *Annalen der Physik* **17**, 132–148.

Einstein, A., Podolsky, B. & Rosen, N. (1935), 'Can quantum-mechanical description of physical reality be considered complete?', *Physical Review* **47**, 777–780.

Ekert, A. K. (1991), 'Quantum cryptography based on Bell's theorem', *Physical Review Letters* **67**(6), 661–663.

Elias, P. (1972), 'The efficient construction of an unbiased random sequence', *Annals of Mathematical Statistics* **43**(3), 865–870.

Elkouss, D. & Strelchuk, S. (2015), 'Superadditivity of private information for any number of uses of the channel', *Physical Review Letters* **115**(4), 040501. arXiv:1502.05326.

Fannes, M. (1973), 'A continuity property of the entropy density for spin lattices', *Communications in Mathematical Physics* **31**, 291.

Fano, R. M. (2008), 'Fano inequality', *Scholarpedia* **3**(10), 6648.

Fawzi, O., Hayden, P., Savov, I., Sen, P. & Wilde, M. M. (2012), 'Classical communication over a quantum interference channel', *IEEE Transactions on Information Theory* **58**(6), 3670–3691. arXiv:1102.2624.

Fawzi, O., Hayden, P. & Sen, P. (2013), 'From low-distortion norm embeddings to explicit uncertainty relations and efficient information locking', *Journal of the ACM* **60**(6), 44:1–44:61. arXiv:1010.3007.

Fawzi, O. & Renner, R. (2015), 'Quantum conditional mutual information and approximate Markov chains', *Communications in Mathematical Physics* **340**(2), 575–611. arXiv:1410.0664.

Feller, W. (1971), *An Introduction to Probability Theory and Its Applications*, 2nd edn, John Wiley and Sons.

Feynman, R. P. (1982), 'Simulating physics with computers', *International Journal of Theoretical Physics* **21**, 467–488.

Feynman, R. P. (1998), *Feynman Lectures On Physics (3 Volume Set)*, Addison Wesley Longman.

Fuchs, C. (1996), 'Distinguishability and Accessible Information in Quantum Theory', PhD thesis, University of New Mexico. arXiv:quant-ph/9601020.

Fuchs, C. A. & Caves, C. M. (1995), 'Mathematical techniques for quantum communication theory', *Open Systems & Information Dynamics* **3**(3), 345–356. arXiv:quant-ph/9604001.

Fuchs, C. A. & van de Graaf, J. (1998), 'Cryptographic distinguishability measures for quantum mechanical states', *IEEE Transactions on Information Theory* **45**(4), 1216–1227. arXiv:quant-ph/9712042.

Fukuda, M. & King, C. (2010), 'Entanglement of random subspaces via the Hastings bound', *Journal of Mathematical Physics* **51**(4), 042201. arXiv:0907.5446.

Fukuda, M., King, C. & Moser, D. K. (2010), 'Comments on Hastings' additivity counterexamples', *Communications in Mathematical Physics* **296**(1), 111–143. arXiv:0905.3697.

Gamal, A. E. & Kim, Y.-H. (2012), *Network Information Theory*, Cambridge University Press. arXiv:1001.3404.

García-Patrón, R., Pirandola, S., Lloyd, S. & Shapiro, J. H. (2009), 'Reverse coherent information', *Physical Review Letters* **102**(21), 210501. arXiv:0808.0210.

Gerlach, W. & Stern, O. (1922), 'Das magnetische moment des silberatoms', *Zeitschrift für Physik* **9**, 353–355.

Giovannetti, V. & Fazio, R. (2005), 'Information-capacity description of spin-chain correlations', *Physical Review A* **71**(3), 032314. arXiv:quant-ph/0405110.

Giovannetti, V., Guha, S., Lloyd, S., Maccone, L. & Shapiro, J. H. (2004), 'Minimum output entropy of bosonic channels: A conjecture', *Physical Review A* **70**(3), 032315. arXiv:quant-ph/0404005.

Giovannetti, V., Guha, S., Lloyd, S., Maccone, L., Shapiro, J. H. & Yuen, H. P. (2004), 'Classical capacity of the lossy bosonic channel: The exact solution', *Physical Review Letters* **92**(2), 027902. arXiv:quant-ph/0308012.

Giovannetti, V., Holevo, A. S. & García-Patrón, R. (2015), 'A solution of Gaussian optimizer conjecture for quantum channels', *Communications in Mathematical Physics* **334**(3), 1553–1571.

Giovannetti, V., Holevo, A. S., Lloyd, S. & Maccone, L. (2010), 'Generalized minimal output entropy conjecture for one-mode Gaussian channels: definitions and some exact results', *Journal of Physics A: Mathematical and Theoretical* **43**(41), 415305. arXiv:1004.4787.

Giovannetti, V., Lloyd, S. & Maccone, L. (2012), 'Achieving the Holevo bound via sequential measurements', *Physical Review A* **85**, 012302. arXiv:1012.0386.

Giovannetti, V., Lloyd, S., Maccone, L. & Shor, P. W. (2003a), 'Broadband channel capacities', *Physical Review A* **68**(6), 062323. arXiv:quant-ph/0307098.

Giovannetti, V., Lloyd, S., Maccone, L. & Shor, P. W. (2003b), 'Entanglement assisted capacity of the broadband lossy channel', *Physical Review Letters* **91**(4), 047901. arXiv:quant-ph/0304020.

Glauber, R. J. (1963a), 'Coherent and incoherent states of the radiation field', *Physical Review* **131**(6), 2766–2788.

Glauber, R. J. (1963b), 'The quantum theory of optical coherence', *Physical Review* **130**(6), 2529–2539.

Glauber, R. J. (2005), 'One hundred years of light quanta', in K. Grandin, ed., *Les Prix Nobel. The Nobel Prizes 2005*, Nobel Foundation, pp. 90–91.

Gordon, J. P. (1964), 'Noise at optical frequencies; information theory', in P. A. Miles, ed., *Quantum Electronics and Coherent Light; Proceedings of the International School of Physics Enrico Fermi, Course XXXI*, Academic Press New York, pp. 156–181.

Gottesman, D. (1996), 'Class of quantum error-correcting codes saturating the quantum Hamming bound', *Physical Review A* **54**(3), 1862–1868. arXiv:quant-ph/9604038.

Gottesman, D. (1997), 'Stabilizer Codes and Quantum Error Correction', PhD thesis, California Institute of Technology. arXiv:quant-ph/9705052.

Grafakos, L. (2008), *Classical Fourier Analysis*, 2nd edn, Springer.

Grassl, M., Beth, T. & Pellizzari, T. (1997), 'Codes for the quantum erasure channel', *Physical Review A* **56**(1), 33–38. arXiv:quant-ph/9610042.

Greene, B. (1999), *The Elegant Universe: Superstrings, Hidden Dimensions, and the Quest for the Ultimate Theory*, W. W. Norton & Company.

Griffiths, D. J. (1995), *Introduction to Quantum Mechanics*, Prentice-Hall, Inc.

Groisman, B., Popescu, S. & Winter, A. (2005), 'Quantum, classical, and total amount of correlations in a quantum state', *Physical Review A* **72**(3), 032317. arXiv:quant-ph/0410091.

Grudka, A. & Horodecki, P. (2010), 'Nonadditivity of quantum and classical capacities for entanglement breaking multiple-access channels and the butterfly network', *Physical Review A* **81**(6), 060305. arXiv:0906.1305.

Guha, S. (2008), 'Multiple-User Quantum Information Theory for Optical Communication Channels', PhD thesis, Massachusetts Institute of Technology.

Guha, S., Hayden, P., Krovi, H., Lloyd, S., Lupo, C., Shapiro, J. H., Takeoka, M. & Wilde, M. M. (2014), 'Quantum enigma machines and the locking capacity of a quantum channel', *Physical Review X* **4**(1), 011016. arXiv:1307.5368.

Guha, S. & Shapiro, J. H. (2007), 'Classical information capacity of the bosonic broadcast channel', in *Proceedings of the IEEE International Symposium on Information Theory*, Nice, France, pp. 1896–1900. arXiv:0704.1901.

Guha, S., Shapiro, J. H. & Erkmen, B. I. (2007), 'Classical capacity of bosonic broadcast communication and a minimum output entropy conjecture', *Physical Review A* **76**(3), 032303. arXiv:0706.3416.

Guha, S., Shapiro, J. H. & Erkmen, B. I. (2008), 'Capacity of the bosonic wiretap channel and the entropy photon-number inequality', in *Proceedings of the IEEE International Symposium on Information Theory*, Toronto, Ontario, Canada, pp. 91–95. arXiv:0801.0841.

Gupta, M. & Wilde, M. M. (2015), 'Multiplicativity of completely bounded *p*-norms implies a strong converse for entanglement-assisted capacity', *Communications in Mathematical Physics* **334**(2), 867–887. arXiv:1310.7028.

Hamada, M. (2005), 'Information rates achievable with algebraic codes on quantum discrete memoryless channels', *IEEE Transactions on Information Theory* **51**(12), 4263–4277. arXiv:quant-ph/0207113.

Harrington, J. & Preskill, J. (2001), 'Achievable rates for the Gaussian quantum channel', *Physical Review A* **64**(6), 062301. arXiv:quant-ph/0105058.

Harrow, A. (2004), 'Coherent communication of classical messages', *Physical Review Letters* **92**(9), 097902. arXiv:quant-ph/0307091.

Harrow, A. W. & Lo, H.-K. (2004), 'A tight lower bound on the classical communication cost of entanglement dilution', *IEEE Transactions on Information Theory* **50**(2), 319–327. arXiv:quant-ph/0204096.

Hastings, M. B. (2009), 'Superadditivity of communication capacity using entangled inputs', *Nature Physics* **5**, 255–257. arXiv:0809.3972.

Hausladen, P., Jozsa, R., Schumacher, B., Westmoreland, M. & Wootters, W. K. (1996), 'Classical information capacity of a quantum channel', *Physical Review A* **54**(3), 1869–1876.

Hausladen, P., Schumacher, B., Westmoreland, M. & Wootters, W. K. (1995), 'Sending classical bits via quantum its', *Annals of the New York Academy of Sciences* **755**, 698–705.

Hayashi, M. (2002), 'Exponents of quantum fixed-length pure-state source coding', *Physical Review A* **66**(3), 032321. arXiv:quant-ph/0202002.

Hayashi, M. (2006), *Quantum Information: An Introduction*, Springer.

Hayashi, M. (2007), 'Error exponent in asymmetric quantum hypothesis testing and its application to classical–quantum channel coding', *Physical Review A* **76**(6), 062301. arXiv:quant-ph/0611013.

Hayashi, M., Koashi, M., Matsumoto, K., Morikoshi, F. & Winter, A. (2003), 'Error exponents for entanglement concentration', *Journal of Physics A: Mathematical and General* **36**(2), 527. arXiv:quant-ph/0206097.

Hayashi, M. & Matsumoto, K. (2001), 'Variable length universal entanglement concentration by local operations and its application to teleportation and dense coding'. arXiv:quant-ph/0109028.

Hayashi, M. & Nagaoka, H. (2003), 'General formulas for capacity of classical–quantum channels', *IEEE Transactions on Information Theory* **49**(7), 1753–1768. arXiv:quant-ph/0206186.

Hayden, P. (2007), 'The maximal p-norm multiplicativity conjecture is false'. arXiv:0707.3291.

Hayden, P., Horodecki, M., Winter, A. & Yard, J. (2008), 'A decoupling approach to the quantum capacity', *Open Systems & Information Dynamics* **15**(1), 7–19. arXiv:quant-ph/0702005.

Hayden, P., Jozsa, R., Petz, D. & Winter, A. (2004), 'Structure of states which satisfy strong subadditivity of quantum entropy with equality', *Communications in Mathematical Physics* **246**(2), 359–374. arXiv:quant-ph/0304007.

Hayden, P., Jozsa, R. & Winter, A. (2002), 'Trading quantum for classical resources in quantum data compression', *Journal of Mathematical Physics* **43**(9), 4404–4444. arXiv:quant-ph/0204038.

Hayden, P., Leung, D., Shor, P. W. & Winter, A. (2004), 'Randomizing quantum states: Constructions and applications', *Communications in Mathematical Physics* **250**(2), 371–391. arXiv:quant-ph/0307104.

Hayden, P., Shor, P. W. & Winter, A. (2008), 'Random quantum codes from Gaussian ensembles and an uncertainty relation', *Open Systems & Information Dynamics* **15**(1), 71–89. arXiv:0712.0975.

Hayden, P. & Winter, A. (2003), 'Communication cost of entanglement transformations', *Physical Review A* **67**(1), 012326. arXiv:quant-ph/0204092.

Hayden, P. & Winter, A. (2008), 'Counterexamples to the maximal p-norm multiplicativity conjecture for all p > 1', *Communications in Mathematical Physics* **284**(1), 263–280. arXiv:0807.4753.

Heinosaari, T. & Ziman, M. (2012), *The Mathematical Language of Quantum Theory: From Uncertainty to Entanglement*, Cambridge University Press.

Heisenberg, W. (1925), 'Über quantentheoretische umdeutung kinematischer und mechanischer beziehungen', *Zeitschrift für Physik* **33**, 879–893.

Helstrom, C. W. (1969), 'Quantum detection and estimation theory', *Journal of Statistical Physics* **1**, 231–252.

Helstrom, C. W. (1976), *Quantum Detection and Estimation Theory*, Academic, New York, NY.

Herbert, N. (1982), 'Flash—a superluminal communicator based upon a new kind of quantum measurement', *Foundations of Physics* **12**(12), 1171–1179.

Hirche, C. & Morgan, C. (2015), 'An improved rate region for the classical–quantum broadcast channel', *Proceedings of the 2015 IEEE International Symposium on Information Theory* pp. 2782–2786. arXiv:1501.07417.

Hirche, C., Morgan, C. & Wilde, M. M. (2016), 'Polar codes in network quantum information theory', *IEEE Transactions on Information Theory* **62**(2), 915–924. arXiv:1409.7246.

Hirschman, I. I. (1952), 'A convexity theorem for certain groups of transformations', *Journal d'Analyse Mathématique* **2**(2), 209–218.

Holevo, A. S. (1973a), 'Bounds for the quantity of information transmitted by a quantum communication channel', *Problems of Information Transmission* **9**, 177–183.

Holevo, A. S. (1973b), 'Statistical problems in quantum physics', in *Second Japan-USSR Symposium on Probability Theory*, Vol. 330 of *Lecture Notes in Mathematics*, Springer Berlin/Heidelberg, pp. 104–119.

Holevo, A. S. (1998), 'The capacity of the quantum channel with general signal states', *IEEE Transactions on Information Theory* **44**(1), 269–273. arXiv:quant-ph/9611023.

Holevo, A. S. (2000), 'Reliability function of general classical–quantum channel', *IEEE Transactions on Information Theory* **46**(6), 2256–2261. arXiv:quant-ph/9907087.

Holevo, A. S. (2002a), *An Introduction to Quantum Information Theory*, Moscow Center of Continuous Mathematical Education, Moscow. In Russian.

Holevo, A. S. (2002b), 'On entanglement assisted classical capacity', *Journal of Mathematical Physics* **43**(9), 4326–4333. arXiv:quant-ph/0106075.

Holevo, A. S. (2012), *Quantum Systems, Channels, Information*, de Gruyter Studies in Mathematical Physics (Book 16), de Gruyter.

Holevo, A. S. & Werner, R. F. (2001), 'Evaluating capacities of bosonic Gaussian channels', *Physical Review A* **63**(3), 032312. arXiv:quant-ph/9912067.

Horodecki, M. (1998), 'Limits for compression of quantum information carried by ensembles of mixed states', *Physical Review A* **57**(5), 3364–3369. arXiv:quant-ph/9712035.

Horodecki, M., Horodecki, P. & Horodecki, R. (1996), 'Separability of mixed states: necessary and sufficient conditions', *Physics Letters A* **223**(1-2), 1–8. arXiv:quant-ph/9605038.

Horodecki, M., Horodecki, P., Horodecki, R., Leung, D. & Terhal, B. (2001), 'Classical capacity of a noiseless quantum channel assisted by noisy entanglement', *Quantum Information and Computation* **1**(3), 70–78. arXiv:quant-ph/0106080.

Horodecki, M., Oppenheim, J. & Winter, A. (2005), 'Partial quantum information', *Nature* **436**, 673–676.

Horodecki, M., Oppenheim, J. & Winter, A. (2007), 'Quantum state merging and negative information', *Communications in Mathematical Physics* **269**(1), 107–136. arXiv:quant-ph/0512247.

Horodecki, M., Shor, P. W. & Ruskai, M. B. (2003), 'Entanglement breaking channels', *Reviews in Mathematical Physics* **15**(6), 629–641. arXiv:quant-ph/0302031.

Horodecki, P. (1997), 'Separability criterion and inseparable mixed states with positive partial transposition', *Physics Letters A* **232**(5), 333–339. arXiv:quant-ph/9703004.

Horodecki, R. & Horodecki, P. (1994), 'Quantum redundancies and local realism', *Physics Letters A* **194**(3), 147–152.

Horodecki, R., Horodecki, P., Horodecki, M. & Horodecki, K. (2009), 'Quantum entanglement', *Reviews of Modern Physics* **81**(2), 865–942. arXiv:quant-ph/0702225.

Hsieh, M.-H., Devetak, I. & Winter, A. (2008), 'Entanglement-assisted capacity of quantum multiple-access channels', *IEEE Transactions on Information Theory* **54**(7), 3078–3090. arXiv:quant-ph/0511228.

Hsieh, M.-H., Luo, Z. & Brun, T. (2008), 'Secret-key-assisted private classical communication capacity over quantum channels', *Physical Review A* **78**(4), 042306. arXiv:0806.3525.

Hsieh, M.-H. & Wilde, M. M. (2009), 'Public and private communication with a quantum channel and a secret key', *Physical Review A* **80**(2), 022306. arXiv:0903.3920.

Hsieh, M.-H. & Wilde, M. M. (2010a), 'Entanglement-assisted communication of classical and quantum information', *IEEE Transactions on Information Theory* **56**(9), 4682–4704. arXiv:0811.4227.

Hsieh, M.-H. & Wilde, M. M. (2010b), 'Trading classical communication, quantum communication, and entanglement in quantum Shannon theory', *IEEE Transactions on Information Theory* **56**(9), 4705–4730. arXiv:0901.3038.

Jaynes, E. T. (1957a), 'Information theory and statistical mechanics', *Physical Review* **106**, 620.

Jaynes, E. T. (1957b), 'Information theory and statistical mechanics II', *Physical Review* **108**, 171.

Jaynes, E. T. (2003), *Probability Theory: The Logic of Science*, Cambridge University Press.

Jencova, A. (2012), 'Reversibility conditions for quantum operations', *Reviews in Mathematical Physics* **24**(7), 1250016. arXiv:1107.0453.

Jochym-O'Connor, T., Brádler, K. & Wilde, M. M. (2011), 'Trade-off coding for universal qudit cloners motivated by the Unruh effect', *Journal of Physics A: Mathematical and Theoretical* **44**(41), 415306. arXiv:1103.0286.

Jozsa, R. (1994), 'Fidelity for mixed quantum states', *Journal of Modern Optics* **41**(12), 2315–2323.

Jozsa, R., Horodecki, M., Horodecki, P. & Horodecki, R. (1998), 'Universal quantum information compression', *Physical Review Letters* **81**(8), 1714–1717. arXiv:quant-ph/9805017.

Jozsa, R. & Presnell, S. (2003), 'Universal quantum information compression and degrees of prior knowledge', *Proceedings of the Royal Society A: Mathematical, Physical and Engineering Sciences* **459**(2040), 3061–3077. arXiv:quant-ph/0210196.

Jozsa, R. & Schumacher, B. (1994), 'A new proof of the quantum noiseless coding theorem', *Journal of Modern Optics* **41**(12), 2343–2349.

Junge, M., Renner, R., Sutter, D., Wilde, M. M. & Winter, A. (2015), 'Universal recovery from a decrease of quantum relative entropy'. arXiv:1509.07127.

Kaye, P. & Mosca, M. (2001), 'Quantum networks for concentrating entanglement', *Journal of Physics A: Mathematical and General* **34**(35), 6939. arXiv:quant-ph/0101009.

Kelvin, W. T. (1901), 'Nineteenth-century clouds over the dynamical theory of heat and light', *The London, Edinburgh and Dublin Philosophical Magazine and Journal of Science* **2**(6), 1.

Kemperman, J. H. B. (1969), 'On the optimum rate of transmitting information', *Lecture Notes in Mathematics* **89**, 126–169. In Probability and Information Theory.

Kim, I. H. (2013), 'Application of conditional independence to gapped quantum many-body systems', `www.physics.usyd.edu.au/quantum/Coogee2013`. Slide 43.

King, C. (2002), 'Additivity for unital qubit channels', *Journal of Mathematical Physics* **43**(10), 4641–4653. arXiv:quant-ph/0103156.

King, C. (2003), 'The capacity of the quantum depolarizing channel', *IEEE Transactions on Information Theory* **49**(1), 221–229. arXiv:quant-ph/0204172.

King, C., Matsumoto, K., Nathanson, M. & Ruskai, M. B. (2007), 'Properties of conjugate channels with applications to additivity and multiplicativity', *Markov Processes and Related Fields* **13**(2), 391–423. J. T. Lewis memorial issue. arXiv:quant-ph/0509126.

Kitaev, A. Y. (1997), *Uspekhi Mat. Nauk.* **52**(53).

Klesse, R. (2008), 'A random coding based proof for the quantum coding theorem', *Open Systems & Information Dynamics* **15**(1), 21–45. arXiv:0712.2558.

Knill, E. H., Laflamme, R. & Zurek, W. H. (1998), 'Resilient quantum computation', *Science* **279**, 342–345. quant-ph/9610011.

Koashi, M. & Imoto, N. (2001), 'Teleportation cost and hybrid compression of quantum signals'. arXiv:quant-ph/0104001.

Koenig, R., Renner, R. & Schaffner, C. (2009), 'The operational meaning of min- and max-entropy', *IEEE Transactions on Information Theory* **55**(9), 4337–4347. arXiv:0807.1338.

Koenig, R. & Wehner, S. (2009), 'A strong converse for classical channel coding using entangled inputs', *Physical Review Letters* **103**(7), 070504. arXiv:0903.2838.

König, R., Renner, R., Bariska, A. & Maurer, U. (2007), 'Small accessible quantum information does not imply security', *Physical Review Letters* **98**(14), 140502. arXiv:quant-ph/0512021.

Kremsky, I., Hsieh, M.-H. & Brun, T. A. (2008), 'Classical enhancement of quantum-error-correcting codes', *Physical Review A* **78**(1), 012341. arXiv:0802.2414.

Kullback, S. (1967), 'A lower bound for discrimination in terms of variation', *IEEE-IT* **13**, 126–127.

Kumagai, W. & Hayashi, M. (2013), 'Entanglement concentration is irreversible', *Physical Review Letters* **111**(13), 130407. arXiv:1305.6250.

Kuperberg, G. (2003), 'The capacity of hybrid quantum memory', *IEEE Transactions on Information Theory* **49**(6), 1465–1473. arXiv:quant-ph/0203105.

Laflamme, R., Miquel, C., Paz, J. P. & Zurek, W. H. (1996), 'Perfect quantum error correcting code', *Physical Review Letters* **77**(1), 198–201.

Landauer, R. (1995), 'Is quantum mechanics useful?', *Philosophical Transactions of the Royal Society: Physical and Engineering Sciences* **353**(1703), 367–376.

Lanford, O. E. & Robinson, D. W. (1968), 'Mean entropy of states in quantum-statistical mechanics', *Journal of Mathematical Physics* **9**(7), 1120–1125.

Levitin, L. B. (1969), 'On the quantum measure of information', in *Proceedings of the Fourth All-Union Conference on Information and Coding Theory, Sec. II*, Tashkent.

Li, K. & Winter, A. (2014), 'Squashed entanglement, k-extendibility, quantum Markov chains, and recovery maps'. arXiv:1410.4184.

Li, K., Winter, A., Zou, X. & Guo, G.-C. (2009), 'Private capacity of quantum channels is not additive', *Physical Review Letters* **103**(12), 120501. arXiv:0903.4308.

Lieb, E. H. (1973), 'Convex trace functions and the Wigner–Yanase–Dyson conjecture', *Advances in Mathematics* **11**, 267–288.

Lieb, E. H. & Ruskai, M. B. (1973a), 'A fundamental property of quantum-mechanical entropy', *Physical Review Letters* **30**(10), 434–436.

Lieb, E. H. & Ruskai, M. B. (1973b), 'Proof of the strong subadditivity of quantum-mechanical entropy', *Journal of Mathematical Physics* **14**, 1938–1941.

Lindblad, G. (1975), 'Completely positive maps and entropy inequalities', *Communications in Mathematical Physics* **40**(2), 147–151.

Lloyd, S. (1997), 'Capacity of the noisy quantum channel', *Physical Review A* **55**(3), 1613–1622. arXiv:quant-ph/9604015.

Lloyd, S., Giovannetti, V. & Maccone, L. (2011), 'Sequential projective measurements for channel decoding', *Physical Review Letters* **106**(25), 250501. arXiv:1012.0106.

Lo, H.-K. (1995), 'Quantum coding theorem for mixed states', *Optics Communications* **119**(5-6), 552–556. arXiv:quant-ph/9504004.

Lo, H.-K. & Popescu, S. (1999), 'Classical communication cost of entanglement manipulation: Is entanglement an interconvertible resource?', *Physical Review Letters* **83**(7), 1459–1462.

Lo, H.-K. & Popescu, S. (2001), 'Concentrating entanglement by local actions: Beyond mean values', *Physical Review A* **63**(2), 022301. arXiv:quant-ph/9707038.

Lupo, C. & Lloyd, S. (2014), 'Quantum-locked key distribution at nearly the classical capacity rate', *Physical Review Letters* **113**(16), 160502. arXiv:1406.4418.

Lupo, C. & Lloyd, S. (2015), 'Quantum data locking for high-rate private communication', *New Journal of Physics* **17**(3), 033022.

MacKay, D. (2003), *Information Theory, Inference, and Learning Algorithms*, Cambridge University Press.

Matthews, W. & Wehner, S. (2014), 'Finite blocklength converse bounds for quantum channels', *IEEE Transactions on Information Theory* **60**(11), 7317–7329. arXiv:1210.4722.

McEvoy, J. P. & Zarate, O. (2004), *Introducing Quantum Theory*, 3rd edn, Totem Books.

Misner, C. W., Thorne, K. S. & Zurek, W. H. (2009), 'John Wheeler, relativity, and quantum information', *Physics Today* .

Morgan, C. & Winter, A. (2014), '"Pretty strong" converse for the quantum capacity of degradable channels', *IEEE Transactions on Information Theory* **60**(1), 317–333. arXiv:1301.4927.

Mosonyi, M. (2005), 'Entropy, Information and Structure of Composite Quantum States', PhD thesis, Katholieke Universiteit Leuven. Available at https://lirias.kuleuven.be/bitstream/1979/41/2/thesisbook9.pdf.

Mosonyi, M. & Datta, N. (2009), 'Generalized relative entropies and the capacity of classical–quantum channels', *Journal of Mathematical Physics* **50**(7), 072104. arXiv:0810.3478.

Mosonyi, M. & Petz, D. (2004), 'Structure of sufficient quantum coarse-grainings', *Letters in Mathematical Physics* **68**(1), 19–30. arXiv:quant-ph/0312221.

Mullins, J. (2001), 'The topsy turvy world of quantum computing', *IEEE Spectrum* **38**(2), 42–49.

Nielsen, M. A. (1998), 'Quantum information theory', PhD thesis, University of New Mexico. arXiv:quant-ph/0011036.

Nielsen, M. A. (1999), 'Conditions for a class of entanglement transformations', *Physical Review Letters* **83**(2), 436–439. arXiv:quant-ph/9811053.

Nielsen, M. A. (2002), 'A simple formula for the average gate fidelity of a quantum dynamical operation', *Physics Letters A* **303**(4), 249 – 252.

Nielsen, M. A. & Chuang, I. L. (2000), *Quantum Computation and Quantum Information*, Cambridge University Press.

Ogawa, T. & Nagaoka, H. (1999), 'Strong converse to the quantum channel coding theorem', *IEEE Transactions on Information Theory* **45**(7), 2486–2489. arXiv:quant-ph/9808063.

Ogawa, T. & Nagaoka, H. (2007), 'Making good codes for classical–quantum channel coding via quantum hypothesis testing', *IEEE Transactions on Information Theory* **53**(6), 2261–2266.

Ohya, M. & Petz, D. (1993), *Quantum Entropy and Its Use*, Springer.

Ollivier, H. & Zurek, W. H. (2001), 'Quantum discord: A measure of the quantumness of correlations', *Physical Review Letters* **88**(1), 017901. arXiv:quant-ph/0105072.

Ozawa, M. (1984), 'Quantum measuring processes of continuous observables', *Journal of Mathematical Physics* **25**(1), 79–87.

Ozawa, M. (2000), 'Entanglement measures and the Hilbert–Schmidt distance', *Physics Letters A* **268**(3), 158–160. arXiv:quant-ph/0002036.

Pati, A. K. & Braunstein, S. L. (2000), 'Impossibility of deleting an unknown quantum state', *Nature* **404**, 164–165. arXiv:quant-ph/9911090.

Peres, A. (2002), 'How the no-cloning theorem got its name'. arXiv:quant-ph/0205076.

Petz, D. (1986), 'Sufficient subalgebras and the relative entropy of states of a von Neumann algebra', *Communications in Mathematical Physics* **105**(1), 123–131.

Petz, D. (1988), 'Sufficiency of channels over von Neumann algebras', *Quarterly Journal of Mathematics* **39**(1), 97–108.

Pierce, J. R. (1973), 'The early days of information theory', *IEEE Transactions on Information Theory* **IT-19**(1), 3–8.

Pinsker, M. S. (1960), 'Information and information stability of random variables and processes', *Problemy Peredaci Informacii* **7**. AN SSSR, Moscow. English translation: Holden-Day, San Francisco, CA, 1964.

Planck, M. (1901), 'Ueber das gesetz der energieverteilung im normalspectrum', *Annalen der Physik* **4**, 553–563.

Plenio, M. B., Virmani, S. & Papadopoulos, P. (2000), 'Operator monotones, the reduction criterion and the relative entropy', *Journal of Physics A: Mathematical and General* **33**(22), L193. arXiv:quant-ph/0002075.

Preskill, J. (1998), 'Reliable quantum computers', *Proceedings of the Royal Society A: Mathematical, Physical and Engineering Sciences* **454**(1969), 385–410. arXiv:quant-ph/9705031.

Radhakrishnan, J., Sen, P. & Warsi, N. (2014), 'One-shot Marton inner bound for classical–quantum broadcast channel'. arXiv:1410.3248.

Rains, E. M. (2001), 'A semidefinite program for distillable entanglement', *IEEE Transactions on Information Theory* **47**(7), 2921–2933. arXiv:quant-ph/0008047.

Reed, M. & Simon, B. (1975), *Methods of Modern Mathematical Physics II: Fourier Analysis, Self-Adjointness*, Academic Press.

Renner, R. (2005), 'Security of Quantum Key Distribution', PhD thesis, ETH Zurich. arXiv:quant-ph/0512258.

Rivest, R., Shamir, A. & Adleman, L. (1978), 'A method for obtaining digital signatures and public-key cryptosystems', *Communications of the ACM* **21**(2), 120–126.

Sakurai, J. J. (1994), *Modern Quantum Mechanics (2nd Edition)*, Addison Wesley.

Sason, I. (2013), 'Entropy bounds for discrete random variables via maximal coupling', *IEEE Transactions on Information Theory* **59**(11), 7118–7131. arXiv:1209.5259.

Savov, I. (2008), 'Distributed compression and squashed entanglement', Master's thesis, McGill University. arXiv:0802.0694.

Savov, I. (2012), 'Network information theory for classical–quantum channels', PhD thesis, McGill University, School of Computer Science. arXiv:1208.4188.

Savov, I. & Wilde, M. M. (2015), 'Classical codes for quantum broadcast channels', *IEEE Transactions on Information Theory* **61**(12), 7017–7028. arXiv:1111.3645.

Scarani, V. (2013), 'The device-independent outlook on quantum physics (lecture notes on the power of Bell's theorem)'. arXiv:1303.3081.

Scarani, V., Bechmann-Pasquinucci, H., Cerf, N. J., Dušek, M., Lütkenhaus, N. & Peev, M. (2009), 'The security of practical quantum key distribution', *Reviews of Modern Physics* **81**(3), 1301–1350. arXiv:0802.4155.

Scarani, V., Iblisdir, S., Gisin, N. & Acín, A. (2005), 'Quantum cloning', *Reviews of Modern Physics* **77**(4), 1225–1256. arXiv:quant-ph/0511088.

Schrödinger, E. (1926), 'Quantisierung als eigenwertproblem', *Annalen der Physik* **79**, 361–376.

Schrödinger, E. (1935), 'Discussion of probability relations between separated systems', *Proceedings of the Cambridge Philosophical Society* **31**, 555–563.

Schumacher, B. (1995), 'Quantum coding', *Physical Review A* **51**(4), 2738–2747.

Schumacher, B. (1996), 'Sending entanglement through noisy quantum channels', *Physical Review A* **54**(4), 2614–2628.

Schumacher, B. & Nielsen, M. A. (1996), 'Quantum data processing and error correction', *Physical Review A* **54**(4), 2629–2635. arXiv:quant-ph/9604022.

Schumacher, B. & Westmoreland, M. D. (1997), 'Sending classical information via noisy quantum channels', *Physical Review A* **56**(1), 131–138.

Schumacher, B. & Westmoreland, M. D. (1998), 'Quantum privacy and quantum coherence', *Physical Review Letters* **80**(25), 5695–5697. arXiv:quant-ph/9709058.

Schumacher, B. & Westmoreland, M. D. (2002), 'Approximate quantum error correction', *Quantum Information Processing* **1**(1/2), 5–12. arXiv:quant-ph/0112106.

Sen, P. (2011), 'Achieving the Han–Kobayashi inner bound for the quantum interference channel by sequential decoding'. arXiv:1109.0802.

Seshadreesan, K. P., Berta, M. & Wilde, M. M. (2015), 'Rényi squashed entanglement, discord, and relative entropy differences', *Journal of Physics A: Mathematical and Theoretical* **48**(39), 395303. arXiv:1410.1443.

Seshadreesan, K. P., Takeoka, M. & Wilde, M. M. (2015), 'Bounds on entanglement distillation and secret key agreement for quantum broadcast channels', *IEEE Transactions on Information Theory* **62**(5), May 2016, 2849–2866. arXiv:1503.08139.

Seshadreesan, K. P. & Wilde, M. M. (2015), 'Fidelity of recovery, squashed entanglement, and measurement recoverability', *Physical Review A* **92**(4), 042321. arXiv:1410.1441.

Shannon, C. E. (1948), 'A mathematical theory of communication', *Bell System Technical Journal* **27**, 379–423.

Shor, P. W. (1994), 'Algorithms for quantum computation: Discrete logarithms and factoring', in *Proceedings of the 35th Annual Symposium on Foundations of Computer Science*, IEEE Computer Society Press, Los Alamitos, California, pp. 124–134.

Shor, P. W. (1995), 'Scheme for reducing decoherence in quantum computer memory', *Physical Review A* **52**(4), R2493–R2496.

Shor, P. W. (1996), 'Fault-tolerant quantum computation', *Annual IEEE Symposium on Foundations of Computer Science* p. 56. arXiv:quant-ph/9605011.

Shor, P. W. (2002a), 'Additivity of the classical capacity of entanglement-breaking quantum channels', *Journal of Mathematical Physics* **43**(9), 4334–4340. arXiv:quant-ph/0201149.

Shor, P. W. (2002b), 'The quantum channel capacity and coherent information', in *Lecture Notes, MSRI Workshop on Quantum Computation*.

Shor, P. W. (2004a), 'Equivalence of additivity questions in quantum information theory', *Communications in Mathematical Physics* **246**(3), 453–472. arXiv:quant-ph/0305035.

Shor, P. W. (2004b), *Quantum Information, Statistics, Probability (Dedicated to A. S. Holevo on the occasion of his 60th Birthday): The classical capacity achievable by a quantum channel assisted by limited entanglement*, Rinton Press, Inc. arXiv:quant-ph/0402129.

Smith, G. (2006), 'Upper and Lower Bounds on Quantum Codes', PhD thesis, California Institute of Technology.

Smith, G. (2008), 'Private classical capacity with a symmetric side channel and its application to quantum cryptography', *Physical Review A* **78**(2), 022306. arXiv:0705.3838.

Smith, G., Renes, J. M. & Smolin, J. A. (2008), 'Structured codes improve the Bennett–Brassard-84 quantum key rate', *Physical Review Letters* **100**(17), 170502. arXiv:quant-ph/0607018.

Smith, G. & Smolin, J. A. (2007), 'Degenerate quantum codes for Pauli channels', *Physical Review Letters* **98**(3), 030501. arXiv:quant-ph/0604107.

Smith, G., Smolin, J. A. & Yard, J. (2011), 'Quantum communication with Gaussian channels of zero quantum capacity', *Nature Photonics* **5**, 624–627. arXiv:1102.4580.

Smith, G. & Yard, J. (2008), 'Quantum communication with zero-capacity channels', *Science* **321**(5897), 1812–1815. arXiv:0807.4935.

Steane, A. M. (1996), 'Error correcting codes in quantum theory', *Physical Review Letters* **77**(5), 793–797.

Stein, E. M. (1956), 'Interpolation of linear operators', *Transactions of the American Mathematical Society* **83**(2), 482–492.

Stinespring, W. F. (1955), 'Positive functions on C*-algebras', *Proceedings of the American Mathematical Society* **6**, 211–216.

Sutter, D., Fawzi, O. & Renner, R. (2016), 'Universal recovery map for approximate markov chains', *Proceedings of the Royal Society A* **472**(2186). arXiv:1504.07251.

Sutter, D., Tomamichel, M. & Harrow, A. W. (2015), 'Strengthened monotonicity of relative entropy via pinched Petz recovery map', *IEEE Transactions on Information Theory* **62**(5), 2016, 2907–2913. arXiv:1507.00303.

Tomamichel, M. (2012), 'A Framework for Non-Asymptotic Quantum Information Theory', PhD thesis, ETH Zurich. arXiv:1203.2142.

Tomamichel, M. (2016), *Quantum Information Processing with Finite Resources — Mathematical Foundations*, Vol. 5 of *SpringerBriefs in Mathematical Physics*, Springer. arXiv:1504.00233.

Tomamichel, M., Berta, M. & Renes, J. M. (2015), 'Quantum coding with finite resources', *Nature Communications* 7:11419 (2016). arXiv:1504.04617.

Tomamichel, M., Colbeck, R. & Renner, R. (2009), 'A fully quantum asymptotic equipartition property', *IEEE Transactions on Information Theory* **55**(12), 5840–5847. arXiv:0811.1221.

Tomamichel, M., Colbeck, R. & Renner, R. (2010), 'Duality between smooth min- and max-entropies', *IEEE Transactions on Information Theory* **56**(9), 4674–4681. arXiv:0907.5238.

Tomamichel, M. & Renner, R. (2011), 'Uncertainty relation for smooth entropies', *Physical Review Letters* **106**(11), 110506. arXiv:1009.2015.

Tomamichel, M. & Tan, V. Y. F. (2015), 'Second-order asymptotics for the classical capacity of image-additive quantum channels', *Communications in Mathematical Physics* **338**(1), 103–137. arXiv:1308.6503.

Tomamichel, M., Wilde, M. M. & Winter, A. (2014), 'Strong converse rates for quantum communication'. arXiv:1406.2946.

Tsirelson, B. S. (1980), 'Quantum generalizations of Bell's inequality', *Letters in Mathematical Physics* **4**(2), 93–100.

Tyurin, I. S. (2010), 'An improvement of upper estimates of the constants in the Lyapunov theorem', *Russian Mathematical Surveys* **65**(3), 201–202.

Uhlmann, A. (1976), 'The "transition probability" in the state space of a *-algebra', *Reports on Mathematical Physics* **9**(2), 273–279.

Uhlmann, A. (1977), 'Relative entropy and the Wigner–Yanase–Dyson–Lieb concavity in an interpolation theory', *Communications in Mathematical Physics* **54**(1), 21–32.

Umegaki, H. (1962), 'Conditional expectations in an operator algebra IV (entropy and information)', *Kodai Mathematical Seminar Reports* **14**(2), 59–85.

Unruh, W. G. (1995), 'Maintaining coherence in quantum computers', *Physical Review A* **51**(2), 992–997. arXiv:hep-th/9406058.

Vedral, V. & Plenio, M. B. (1998), 'Entanglement measures and purification procedures', *Physical Review A* **57**(3), 1619–1633. arXiv:quant-ph/9707035.

von Kretschmann, D. (2007), 'Information Transfer through Quantum Channels', PhD thesis, Technische Universität Braunschweig.

von Neumann, J. (1996), *Mathematical Foundations of Quantum Mechanics*, Princeton University Press.

Wang, L. & Renner, R. (2012), 'One-shot classical–quantum capacity and hypothesis testing', *Physical Review Letters* **108**(20), 200501. arXiv:1007.5456.

Watrous, J. (2015), *Theory of Quantum Information*. Available at `https://cs.uwaterloo.ca/~watrous/TQI/`.

Wehrl, A. (1978), 'General properties of entropy', *Reviews of Modern Physics* **50**(2), 221–260.

Werner, R. F. (1989), 'Quantum states with Einstein–Podolsky–Rosen correlations admitting a hidden-variable model', *Physical Review A* **40**(8), 4277–4281.

Wiesner, S. (1983), 'Conjugate coding', *SIGACT News* **15**(1), 78–88.

Wilde, M. M. (2011), 'Comment on "Secret-key-assisted private classical communication capacity over quantum channels"', *Physical Review A* **83**(4), 046303.

Wilde, M. M. (2013), 'Sequential decoding of a general classical–quantum channel', *Proceedings of the Royal Society of London A: Mathematical, Physical and Engineering Sciences* **469**(2157). arXiv:1303.0808.

Wilde, M. M. (2014), 'Multipartite quantum correlations and local recoverability', *Proceedings of the Royal Society A* **471**, 20140941. arXiv:1412.0333.

Wilde, M. M. (2015), 'Recoverability in quantum information theory', *Proceedings of the Royal Society A* **471**(2182), 20150338. arXiv:1505.04661.

Wilde, M. M. & Brun, T. A. (2008), 'Unified quantum convolutional coding', in *Proceedings of the IEEE International Symposium on Information Theory*, Toronto, Ontario, Canada, pp. 359–363. arXiv:0801.0821.

Wilde, M. M. & Guha, S. (2012), 'Explicit receivers for pure-interference bosonic multiple access channels', *Proceedings of the 2012 International Symposium on Information Theory and its Applications* pp. 303–307. arXiv:1204.0521.

Wilde, M. M., Hayden, P., Buscemi, F. & Hsieh, M.-H. (2012), 'The information-theoretic costs of simulating quantum measurements', *Journal of Physics A: Mathematical and Theoretical* **45**(45), 453001. arXiv:1206.4121.

Wilde, M. M., Hayden, P. & Guha, S. (2012a), 'Information trade-offs for optical quantum communication', *Physical Review Letters* **108**(14), 140501. arXiv:1105.0119.

Wilde, M. M., Hayden, P. & Guha, S. (2012b), 'Quantum trade-off coding for bosonic communication', *Physical Review A* **86**(6), 062306. arXiv:1105.0119.

Wilde, M. M. & Hsieh, M.-H. (2010), 'Entanglement generation with a quantum channel and a shared state', *Proceedings of the 2010 IEEE International Symposium on Information Theory* pp. 2713–2717. arXiv:0904.1175.

Wilde, M. M. & Hsieh, M.-H. (2012a), 'Public and private resource trade-offs for a quantum channel', *Quantum Information Processing* **11**(6), 1465–1501. arXiv:1005.3818.

Wilde, M. M. & Hsieh, M.-H. (2012b), 'The quantum dynamic capacity formula of a quantum channel', *Quantum Information Processing* **11**(6), 1431–1463. arXiv:1004.0458.

Wilde, M. M., Krovi, H. & Brun, T. A. (2007), 'Coherent communication with continuous quantum variables', *Physical Review A* **75**(6), 060303(R). arXiv:quant-ph/0612170.

Wilde, M. M., Renes, J. M. & Guha, S. (2016), 'Second-order coding rates for pure-loss bosonic channels', *Quantum Information Processing* **15**(3), 1289–1308. arXiv:1408.5328.

Wilde, M. M. & Savov, I. (2012), 'Joint source-channel coding for a quantum multiple access channel', *Journal of Physics A: Mathematical and Theoretical* **45**(43), 435302. arXiv:1202.3467.

Wilde, M. M. & Winter, A. (2014), 'Strong converse for the quantum capacity of the erasure channel for almost all codes', *Proceedings of the 9th Conference on the Theory of Quantum Computation, Communication and Cryptography* . arXiv:1402.3626.

Wilde, M. M., Winter, A. & Yang, D. (2014), 'Strong converse for the classical capacity of entanglement-breaking and Hadamard channels via a sandwiched

Rényi relative entropy', *Communications in Mathematical Physics* **331**(2), 593–622. arXiv:1306.1586.

Winter, A. (1999a), 'Coding theorem and strong converse for quantum channels', *IEEE Transactions on Information Theory* **45**(7), 2481–2485. arXiv:1409.2536.

Winter, A. (1999b), 'Coding Theorems of Quantum Information Theory', PhD thesis, Universität Bielefeld. arXiv:quant-ph/9907077.

Winter, A. (2001), 'The capacity of the quantum multiple access channel', *IEEE Transactions on Information Theory* **47**(7), 3059–3065. arXiv:quant-ph/9807019.

Winter, A. (2004), '"Extrinsic" and "intrinsic" data in quantum measurements: asymptotic convex decomposition of positive operator valued measures', *Communications in Mathematical Physics* **244**(1), 157–185. arXiv:quant-ph/0109050.

Winter, A. (2007), 'The maximum output p-norm of quantum channels is not multiplicative for any $p > 2$'. arXiv:0707.0402.

Winter, A. (2015a), 'Tight uniform continuity bounds for quantum entropies: conditional entropy, relative entropy distance and energy constraints'. arXiv:1507.07775.

Winter, A. (2015b), 'Weak locking capacity of quantum channels can be much larger than private capacity', *Journal of Cryptology* pp. 1–21. arXiv:1403.6361.

Winter, A. & Li, K. (2012), 'A stronger subadditivity relation?', www.maths.bris.ac.uk/$\sim$csajw/stronger$\_$subadditivity.pdf.

Winter, A. & Massar, S. (2001), 'Compression of quantum-measurement operations', *Physical Review A* **64**(1), 012311. arXiv:quant-ph/0012128.

Wolf, M. M., Cubitt, T. S. & Perez-Garcia, D. (2011), 'Are problems in quantum information theory (un)decidable?'. arXiv:1111.5425.

Wolf, M. M. & Pérez-García, D. (2007), 'Quantum capacities of channels with small environment', *Physical Review A* **75**(1), 012303. arXiv:quant-ph/0607070.

Wolf, M. M., Pérez-García, D. & Giedke, G. (2007), 'Quantum capacities of bosonic channels', *Physical Review Letters* **98**(13), 130501. arXiv:quant-ph/0606132.

Wolfowitz, J. (1978), *Coding theorems of information theory*, Springer-Verlag.

Wootters, W. K. & Zurek, W. H. (1982), 'A single quantum cannot be cloned', *Nature* **299**, 802–803.

Wyner, A. D. (1975), 'The wire-tap channel', *Bell System Technical Journal* **54**(8), 1355–1387.

Yard, J. (2005), 'Simultaneous classical–quantum capacities of quantum multiple access channels', PhD thesis, Stanford University, Stanford, CA. arXiv:quant-ph/0506050.

Yard, J. & Devetak, I. (2009), 'Optimal quantum source coding with quantum side information at the encoder and decoder', *IEEE Transactions on Information Theory* **55**(11), 5339–5351. arXiv:0706.2907.

Yard, J., Devetak, I. & Hayden, P. (2005), 'Capacity theorems for quantum multiple access channels', in *Proceedings of the International Symposium on Information Theory*, Adelaide, Australia, pp. 884–888. arXiv:cs/0508031.

Yard, J., Hayden, P. & Devetak, I. (2008), 'Capacity theorems for quantum multiple-access channels: Classical–quantum and quantum–quantum capacity regions', *IEEE Transactions on Information Theory* **54**(7), 3091–3113. arXiv:quant-ph/0501045.

Yard, J., Hayden, P. & Devetak, I. (2011), 'Quantum broadcast channels', *IEEE Transactions on Information Theory* **57**(10), 7147–7162. arXiv:quant-ph/0603098.

Ye, M.-Y., Bai, Y.-K. & Wang, Z. D. (2008), 'Quantum state redistribution based on a generalized decoupling', *Physical Review A* **78**(3), 030302. arXiv:0805.1542.

Yen, B. J. & Shapiro, J. H. (2005), 'Multiple-access bosonic communications', *Physical Review A* **72**(6), 062312. arXiv:quant-ph/0506171.

Yeung, R. W. (2002), *A First Course in Information Theory*, Information Technology: Transmission, Processing, and Storage, Springer (Kluwer Academic/Plenum Publishers), New York, NY.

Zhang, L. (2014), 'A lower bound of quantum conditional mutual information', *J. Phys. A: Math. Theor.* **47** (2014) 415303. arXiv:1403.1424.

Zhang, Z. (2007), 'Estimating mutual information via Kolmogorov distance', *IEEE Transactions on Information Theory* **53**(9), 3280–3282.

Zurek, W. H. (2000), 'Einselection and decoherence from an information theory perspective', *Annalen der Physik* **9**(11–12), 855–864. arXiv:quant-ph/0011039.

찾아보기

ㄱ

가변길이 부호 64
가짜 기대 밀도 연산자 637
가짜 앙상블 637, 639
간섭 42
감쇠 가능한 양자 선로 521
강한 쌍대성 887
게이트 원격전송 274
결맞은 되먹임 등척선로 780
결맞은 상태 전송 774, 785
결맞은 원격전송 295
결맞은 정보 406, 421
결맞은 초고밀도 부호화 293
결맞은 통신 항등식 297
결함 허용 양자 계산 265
결합된 전형적 수열 546
결합된 전형적 집합 546
결합 양자 용량 59
결합 오목성 341
결합 표본 엔트로피 546
결합풀림 344
계산 기저 99
고유기저 105
고유상태 104
고윳값 104
고전 보조 상태 전송 788
고전-양자 상태 188
고전 용량 정리 704, 711
고전적 대각합 거리 390
곱 상태 175
곱 상태 용량 722
공변 선로 730

ㄴ

공유된 무작위성 129
공유된 무작위성 분배 266
관측 가능량 110
교환자 106
국소 밀도 연산자 183
극좌표 분해 926
기대 로그 우도 비율 377
기대 충실도 336

ㄷ

다이아몬드 노름 거리 333
단위 자원 302
단위 자원 도달 가능 영역 301
단위적 사상 202
대각 기저 100
대각합 155
대각합 거리 49, 318, 322
대각합 노름 318
대각합 보존 192
대각합 씻음 선로 207
덧붙임 선로 206
도청 선로의 비밀 정보 503
되먹임 760
등척변환 208
등척 불변성 409, 436
등척 선로 208
등척 양자 선로 208
등척 확장 239

ㅁ

마르코프 연쇄 378, 384
망원경 성질 323

무작위 부호 615
무작위 부호화 81
무작위성 분배 709
무작위성 집중 685
무잡음 결맞은 비트 선로 289
무잡음 고전 비트 선로 50
무잡음 동적 자원 89
무잡음 큐비트 선로 49
밀도 연산자 157
밀도 행렬 162

ㅂ

바타차리야 겹침 335
반감쇠 가능한 양자 선로 522
반교환자 106
버림 선로 207
베넷-92 앙상블 668
베넷-브라사드-84 801
베른슈타인 기교 643
벨 기저 140
벨 부등식 130
벨 상태 140
보른 규칙 96, 110
복제불가 정리 55
부분 대각합 연산 181
부호단어 63, 574
부호책 574
분리 가능한 상태 177
분해 가능한 선로 249
불확정성 42
불확정성 합 449
블로흐 구 96
비무작위화 626
비밀 부호화 52
비밀 정보 425
비밀키 보조 용량 정리 821
비트 44

ㅅ

삭제 626
삭제 불가 정리 126
상수 합성 부호화 717
상태 병합 420

상호 정보 87, 375
샤튼 노름 465
섀넌 압축 544
섀넌의 원천 부호화 정리 48
서포트 376, 431
수반 사상 201
순도 161
순손실 보손 선로 868, 904
슈마허 압축 48
스타인스프링 지연 정리 442
스테인-허쉬만 정리 469
시간 공유 790
쌍대 최적화 문제 886

ㅇ

아다마르 3줄 정리 468
아다마르 기저 100
안정자 부호 841, 842
알리키-파네스-윈터 부등식 456
알파벳 65
약한 쌍대성 886
약한 연산자 354
약한 전형성 538
약한 측정 353
양의 연산자 값 측정 172
양의 준정부호 159
양자 게이트 36
양자 메모리 449
양자 보조 상태 전송 787
양자 불일치 486
양자 상태 재분배 919
양자 섀넌 이론 36
양자 선로 191
양자 선로 용량 정리 51
양자 선로의 비밀 정보 526
양자 아다마르 선로 248
양자 역 섀넌 정리 920
양자 용량 정리 36, 828
양자원격전송 260
양자원격전송 통신 규약 56
양자 자료 압축 663
양자 자료 압축 극한 662
양자정보 45

양자정보 원천 583
양자 핀스커 부등식 440
얽힘 43, 127
얽힘 교환 통신 규약 274
얽힘 다루기 674, 683, 695
얽힘 다루기 극한 683
얽힘디트 146, 279
얽힘보조 결맞은 통신 776
얽힘보조 고전 통신 51, 277
얽힘비트 50, 129, 673
얽힘 생성 277
얽힘 전송 825
얽힘 증류 860
얽힘집중 673, 691
얽힘 충실도 358
얽힘파괴 선로 213
얽힘희석 694
엔트로피 65, 367
역결맞은 정보 524
역정리 72
완전성 관계 101
용량 79, 88
울만 정리 338
울만 충실도 337
원격상태준비 273
원천-선로 이중성 789
위상 반전 105
위상반전 선로 221
위상 연산자 142
위상이완 선로 221
유잡음 동적 자원 90
유잡음 초고밀도 부호화 773, 782
이산 비기억 선로 78
이항 엔트로피 45, 368
일반화된 위상이완 선로 247

ㅈ

자원 계산 38
전치 기교 147
전형적 부분공간 585
전형적 부분공간 측정 586
전형적 사영 연산자 585, 586
전형적 수열 539

전형적인 부분공간 49
전형적 집합 540
전형적 형식 556
절충적 부호화 791
점근적 등분배 정리 71
정규화된 비밀 정보 526
정보 365
정보 내용 366, 537
제3자 제어 양자원격전송 273
제곱근 충실도 341
제어형 NOT 122
조건부 양자 상호 정보 427
조건부 양자 선로 227
조건부 양자 엔트로피 418
조건부 전형성 85
준비 선로 206
중복 855
중첩 43
직교 상태 99
직접 부호화 정리 72
진짜 앙상블 639
징훗값 측정 842

ㅊ

참 엔트로피 537
체르노프 부호 647, 648
체르노프 앙상블 647
초고밀도 부호화 규약 56
초활성화 853, 857, 860
최대 절댓값 원리 467
최 랭크 194
최소 출력 엔트로피 727
최 연산자 194
최-크라우스 분해 193
축소된 밀도 연산자 183
충실도 49, 334
측정 선로 212
치렐슨 한계 138

ㅋ

커널 431
코시-슈바르츠 부등식 115
큐디트 93

큐비트 46, 93
크디트 279
크라이슬러 상태 173
크비트 50, 95

ㅌ

탈분극화 선로 726
튕김 147

ㅍ

파네스-오데나르트 부등식 454, 455
파노 부등식 388
파울리 행렬 107
페츠 복원 사상 471
폰 노이만 엔트로피 405
표본 엔트로피 537, 539
핀스커 부등식 394

ㅎ

하르 측도 358
하이젠베르크-와일 연산자 142
합집합 한계 169
항등원 분해 101
해시 688
해시 한계 846
허쉬만 정리 468
형식 554
형식 기법 607
형식류 553, 555
형식류 부분공간 607
형식류 사영 연산자 607
혼동 오류 640
홀레보 정보 426
확률 진폭 96
회전 변화 108
횔더 부등식 465
힐베르트-슈미트 거리 척도 362
힐베르트-슈미트 내적 201

A

AFW(Alicki-Fannes-Winter) inequality 456
AFW 부등식 456
alphabet 65

anticommutator 106
appending channel 206
asymptotic equipartition theorem 71

B

B92 56
BB84(Bennett-Brassard-84) 55, 801
Bell basis 140
Bell's inequality 130
Bell state 140
Bhattacharyya overlap 335
binary entropy 45
bit 44
Bloch sphere 96
Born rule 96, 110

C

capacity 79, 88
Cauchy-Schwarz inequality 115
cbit 50, 95
cdit 279
CE trade-off coding 791
CE 절충적 부호화 791
Chernoff code 647
Chernoff ensemble 647
Choi rank 194
classical capacity theorem 711
classical-quantum state 188
CNOT(controlled-NOT) 122
codebook 574
codeword 63
coherent communication identity 297
coherent feedback isometry 780
coherent information 406
coherent state transfer 774
coherent super-dense coding 293
coherent teleportation 295
commutator 106
completeness relation 101
computational basis 99
conditional quantum channel 227
conditional quantum mutual information 427
conditional typicality 85

constant-composition coding 717

converse theorem 72

CQE 절충적 부호화 798

CQ 절충적 부호화 799

D

decouple 344

degeneracy 855

density matrix 162

density operator 157

dephasing channel 221

diagonal basis 100

direct coding theorem 72

discarding channel 207

discrete memoryless channel 78

dual optimization problem 886

E

ebit 50, 129, 673

eigenbasis 105

eigenstate 104

eigenvalue 104

entanglement 43, 127

entanglement-assisted classical communication 51, 277

entanglement-breaking channel 213

entanglement concentration 673

entanglement distillation 860

entanglement fidelity 358

entanglement generation 277

entanglement manipulation 674

entanglement manipulation limit 683

entanglement swapping protocol 274

entanglement transmission 825

entropy 65, 367

expected fidelity 336

F

fault-tolerant quantum computation 265

fidelity 49, 334

G

gate teleportation 274

generalized dephasing channel 247

H

Haar measure 358

Hadamard basis 100

Heisenberg-Weyl operator 142

Hilbert-Schmidt distance measure 362

Hilbert-Schmidt inner product 201

Hölder inequality 465

Holevo information 426

I

information 365

information content 366, 537

interference 42

isometric channel 208

isometric extension 239

isometric quantum channel 208

J

joint quantum capacity 59

L

local density operator 183

log-likelihood ratio 377

M

Markov chain 378, 384

maximum modulus principle 467

measurement channel 212

mutual information 87, 375

N

no-cloning theorem 55

no-deletion theorem 126

noiseless classical bit channel 50

noiseless coherent bit channel 289

noiseless dynamic resource 89

noiseless qubit channel 49

noisy dynamic resource 90

noisy super-dense coding 773, 782

O

observable 110
orthogonal state 99

P

partial trace operation 181
Pauli matrix 107
Petz recovery map 471
phase flip 105
phase-flip channel 221
phase operator 142
Pinsker inequality 394
positive semi-definite 159
POVM(Positive Operator-Valued Measure) 172
preparation channel 206
private coding 52
private information 425
probability amplitude 96
product state 175
product-state capacity 722
pure-loss bosonic channel 868, 904
purity 161

Q

quantum capacity theorem 36
quantum channel capacity theorem 51
quantum data compression limit 662
quantum discord 486
quantum gate 36
Quantum Hadamard channel 248
quantum information 45
quantum information source 583
quantum memory 449
quantum Pinsker inequality 440
quantum reverse Shannon theorem 920
quantum state redistribution 919
quantum teleportation 260
qubit 46, 93
qudit 93

R

random code 615
random coding 81

randomness distribution 709
reduced density operator 183
remote state preparation 273
resolution of the identity 101
reverse coherent information 524
ricochet 147
root fidelity 341
rotation evolution 108

S

sample entropy 537
Schumacher compression 48
separable state 177
Shannon's source coding theorem 48
shared randomness 129
shared randomness distribution 266
stabilizer code 841
state merging 420
Stinespring dilation theorem 442
strong duality 887
superactivation 853, 857
super-dense coding protocol 56
superposition 43
support 376
syndrome measurement 842

T

teleportation protocol 56
telescope property 323
third-party controlled teleportation 273
time sharing 790
trace 155
trace distance 49
trace norm 318
trace-out channel 207
trace preservation 192
trade-off coding 791
transpose trick 147
true entropy 537
Tsirelson's bound 138
type 554
type class 553
typical projector 585

typical subspace 49, 585

U

Uhlmann fidelity 337
Uhlmann's theorem 338
uncertainty 42
uncertainty sum 449
union bound 169
unit resource 302
unit resource achievable region 301

V

variable-length code 64

W

weak duality 886
weak typicality 538

양자정보 이론 2/e

2판 발행 | 2023년 7월 31일

옮긴이 | 남 기 환
지은이 | 마크 M. 윌디

펴낸이 | 권 성 준
편집장 | 황 영 주
편   집 | 김 진 아
          임 지 원
디자인 | 윤 서 빈

에이콘출판주식회사
서울특별시 양천구 국회대로 287 (목동)
전화 02-2653-7600, 팩스 02-2653-0433
www.acornpub.co.kr / editor@acornpub.co.kr

한국어판 ⓒ 에이콘출판주식회사, 2023, Printed in Korea.
ISBN 979-11-6175-773-5
http://www.acornpub.co.kr/book/quantum-info-theory-2e

책값은 뒤표지에 있습니다.